언어사용 밑바닥에 깔린 원리

Using Language

언어사용 밑바닥에 깔린 원리

Using Language

허어벗 클락 지음(Herbert H. Clark)

김지홍 뒤침

도서출판 경진

일러두기

(가) 파익(Pike, 1945)에 따르면, 영어는 강세 박자 언어(stress-timed)이지만, 우리말은 음절 박자(syllable-timed) 언어이다. 한글 맞춤법의 로마자에 대한 외래어 표기는 이런 점을 전혀 반영해 주지 못하였다. 더군다나 한글 맞춤법에서는 로마자의 경우에 '기저 음소형'을 그대로 음성으로 대응시켜 옮기도록 하는 잘못된 결정을 내렸다. 따라서 한글 외래어 이름이 원래 발음과 동떨어져 버리는 경우가 비일비재하다. 응당 '표면 음성형'으로 써 주어야 하며, 그 과정에서 영어의 강세 박자 언어의 모습도 반영해 주어야 마땅하다. 여기서는 다음 발음 사전들을 따르되, 단 거기 없는 인명과 지명은 영국 런던 토박이 발음(RP, 용인 발음)을 옮겨 적는다.

① Upton et al., 2001, *Oxford Dictionary of Pronunciation*, Oxford University Press.

② Roach, Hartman and Setter, 2006, *Cambridge English Pronouncing Dictionary*, Cambridge University Press.

③ Abate, 1999, *The Oxford Desk Dictionary of People and Places*, Oxford University Press.

④ Wells, 2000, *Longman Pronunciation Dictionary,* Longman Publishers.

(나) 그리고 영어 발음 표기에서 r과 f와 v 등은 로/루, 퐈/퓌, 뵈/뷔 등으로 표시하여 l과 p와 구별하였고, k t p 등은 일부 환경을 제외하고 된소리 끄 뜨 쁘 등으로 썼다.

(다) 종성은 내파음(8종성)을 썼다. 전문용어로 이런 표기들을 '음성 표기' 또는 '표면형 표기'라고 부른다.

(라) 영어 표기법에서 "A, B, and C"로 나열된 것은 우리말 표기법에 맞추어 "A·B·C"로 썼으며, 세미콜론 등도 우리말 표기법을 따랐다.

※ '뒤침'은 『유합』의 '뒤틸 번(飜)'에 있는 말로, '옮김(올믈 사[徙])'보다 더 올바른 듯하다(*영어로부터 한국어로 이사하다).

저자 서문

책을 쓰는 일은 마치 이름난 옛 도시를 방문하는 것과 같다. 여러분이 '미슐렝 관광 안내서'를[1] 한 권 갖고서 그 여행지에 도착하여 추천된 풍치구역들을 찾아보기 시작한다. 그러나 하나의 지역 거점으로부터 다음 지역 거점으로 걸어가면서, '미슐렝 관광 안내서'에 언급되지 않은 모습으로 그 도시를 새로 발견하게 된다. 일부 특징들은 '미슐렝 관광 안내서'에 묘사된 아름다움이나 참된 모습을 갖고 있지도 않다. 다른 특징들은 전혀 '미슐렝 관광 안내서'에 들어 있지도 않다. 어느 구역에서는 눈을 끄는 새로운 모습의 건물을 찾아내게 된다. 다른 구역에서는 모종의 도심 환경을 경험하게 된다. 여전히 다른 구역에서는, 우연히 그 나름의 완벽히 고유한 시장·음식점·종교 활동들을 지닌 이민자들의 새로운 공동체를 마주치게 된다. 여러분이 이곳에서 저곳으로 나아감에 따라, 더욱 더 많은 주민들을 만나게 된다. 이들은 여러분을 더 오래 머물도록 유혹한다. 여러분이 떠나갈 때 즈음이면, 그 도시가 여러분이 예상했던 바가 아니었음을 깨닫게 된다. 그 도시가 더욱 풍요롭고, 더욱 복잡하고, 더욱 다양하며, 여러분으로 하여금 그런 것들을 발견하도록 붙들어 두었던 것이다.

이 책을 집필하는 일이 바로 그런 경험이었다. 저자는 집필을 그렇게 신나고 구성적이며 즐겁고 오래 지속된 경험이 되도록 만드는 데에 많은 분들한테 신세를 졌다. 저자를 새로운 영역들 속으로 안내해 주시고, 저자의 인식 지평을 확대시켜 주신 많은 위대한 협력자 분들께 감사드리고 싶다. Bridget Bly, Susan Brennan, Sam Buttrick, Stuart

---

[*] 원저자의 각주와 번역자의 각주를 구분해 주기 위해, 전자에는 반드시 먼저 〈원저자 각주번호〉를 써 놓았다. 원저자의 각주는 각 장마다 새로운 번호로 시작된다. 그 이외의 것은 본문을 읽어 나가는 데 도움을 주기 위해서 번역자가 붙여 놓은 주석들이다. 번역자 각주도 각 장마다 새로 시작된다.

[1] 1900년 프랑스 여행안내 책자를 발간한 앙드레 미슐렝(André Michelin)의 전통을 이어, 현재 수십 개 나라의 관광여행을 안내해 주는 『기드 미슐렝(*Guide Michaelin*)』이라는 잡지는 좋은 음식점들을 안내해 주기로 이름이 높다. 여기서는 '미슐렝 관광 안내서'로 번역해 둔다.

Card, Thomas Carlson, Jean Fox Tree, Ellen Francik, Wade French, Richard Gerrig, Ellen Isaacs, Barbara Malt, Catherine Marshall, Daniel Morrow, Gregory Murphy, Gisela Redeker, Edward Schaefer, Michael Schober, Robert Schreuder, Elizabeth Shriberg, Dale Schunk, Vicki Smith, Heather Stark, Elizabeth Wade, Thomas Wasow, Steve Whittaker, Deanna Wilkes-Gibbs. 저자는 이 책의 더 앞선 원고에 대한 촌평과 초고에서 근본적인 변화를 일으켜 준 Randi Engle, Pim Levelt, Gisela Redeker, Michael Schober에게 각별히 신세를 입었다. Michael Schober는 이 책을 가장 오래 지연시켜 놓은 중요 생각들을 구현해 놓는 데 크게 기여했음을 밝혀 둔다. 마지막으로 Eve Clark이 없었더라면 이 책은 지금 모습으로 되지 않았을 것인데, 그녀는 내 학문의 긴 여정 동안 이상적인 동료가 되어 왔다.

이 책을 준비하는 동안에 재정적으로 국립과학재단National Science Foundation, 고등연구과제지원국Advanced Research Projects Agency, 스텐퍼드대학의 언어 및 정보연구센터Center for the Study of Language and Information와 특히 네덜란드 네이메이건Nijmegen에 있는 막스 플랭크 언어심리학연구소Max Planck Institute for Psycholinguistics의 지원을 받았음을 밝힌다.

예문들에 대하여

언어사용에 대한 책자에서는 자발적 발화 사례들을 다루지 않고서는 이해될 수 없을 것이다. 따라서 저자는 될 수 있는 대로 어디서나 참된 실생활 속의 사례들을 다루었다. 대부분의 사례들은 '런던-룬드 말뭉치London-Lund corpus'로부터 가져왔다. 이는 좐 스봐뜨뷕Jan Svartvik · 뢴돌프 퀔Randolf Quirk에 의해서, 그리고 유니버서티 칼리지 런던University College London에 있는 영어 용례의 조사Survey of English Usage 및 스웨덴의 룬드 대학University of Lund에 있는 입말 영어의 조사Survey of Spoken English에 의해서 수집되고 전사된 '영국 영어' 대화에 대한 말뭉치이다(Svartvik and Quirk, 1980).[2] 저자는 이들 사례를 그 텍스트 번호(가령, 1.1)와 어조단위 번호(가령, 245)로 매겨 놓았다. 가령 다음과 같다(1.1.245). 원래의 전사내용들은 어조단위, 억양, 중첩된 발화, 휴지, 그리고 자발적 대화의 다른 많은 특징들을 나타낸다. 쉽게 읽을 수 있도록 하기 위하여, 저자는 이들 특징의 일부만 보존해 두었고, 다음 사례(1.1.245)처럼 예시된다.

Reynard : so it's not until – next year that *the job will be advertised,*
Sam : *January I suppose there* may be an interview round about January,
Reynard : yeah, –u : m you heard anything about this,.
Sam : nothing at all yet, – –
뢰나드 : 따라서 그게 *그 취업 자리가 광고될* 내년까지가 아니거든
쌤 : *1월, 내 짐작으로는* 대략 1월 정도에 취업 면접시험이 있을 것 같거든,
뢰나드 : 그래 옳아, – 음 : 이것에 대해서 들은 게 아무 거라도 있어,.

---

[2] 〈원저자 1〉 이 말뭉치에 근거한 분석들을 보려면, 어먼(Erman, 1987), 간햄·쉴콕·브롸운·밀·컷러(Garnham, Shillcock, Brown, Mill and Cutler, 1982), 걸뤼큰스(Geluykens, 1992), 오뤼스뜨룀(Oreström, 1983), 스뗀스뜨룀(Stenström, 1984), 스봐뜨뷕(Svartvik, 1980)을 참고하기 바란다.

쌤 : 아직 전혀 아무런 것도 없어, --

이 사례에는 특별한 부호가 다섯 개 들어 있다.

부호	특징	예문
,	어조단위의 끝	yeah,
.	간단한 휴지 (하나의 약음보)	about this,. nothing
–	단위 휴지 (하나의 강세 단위)	until – next year
x *y*	서로 중첩된 발화	*the job will be advertised*(뢰나드) *January I suppose there*(쌤)
:	길게 늘여 놓은 모음	u : m

예를 들어, 서로 중첩된 발화는 한 쌍의 별표에 의해 둘러싸인 두 개의 텍스트 연결체로 표시된다. 즉, 쌤의 발화 "January I suppose there대략 1월 정도인 듯해"가 앞서 얘기하고 있는 뢰나드의 발화 "the job will be advertised그 취업 자리가 광고될 거야"와 중첩되는 것이다. 혼란스러울 경우도 있을 수 있는데,

yeah
예

와 같이 중첩된 발화가 이중 별표로 둘러싸인다. 전사자가 전혀 들을 수 없거나 거의 들을 수 없는 발화는

"((3 or 4 sylls.))" 또는 "((where are you))"
((3~4 음절)) 또는 ((당신 어디에 있어요)).

와 같이 '이중 소괄호'로 둘러싸인다. 다른 소음noises들은

"(-snorts)"
('흥' 하고 콧방귀를 뀜)

와 같이 단일한 소괄호로 둘러싸인다. 다른 연구자들의 글로부터 인용한 사례에서는 저

자가 비록 때로 간략하게 해 둔 형태이지만, 원래의 표기법을 그대로 유지해 두었다. 어떤 경우에는 흥밋거리의 특징들을 굵은 글씨체로 강조해 놓았다.

사용자를 언급하지 않고서는 언어사용에 대하여 적어 놓을 수 없다. 실제로 이들 사용자는 일반적인 화자와 청자(수신자)가 아니라, 신분·성별·인생사·개성·이름을 지닌 현실 속의 사람들이다. 저자가 이용한 사례들에서는 사람들에게 이름을 부여해 줌으로써, 이런 점을 부각시켜 주려고 노력하였다. 가능하다면 언제나 실제 이름을 쓰지만, 다른 경우에는 A와 B로 시작되는 가상의 이름을 썼다. 그 이름들이 저자에게 이 책의 주제를 상기시켜 주었는데, 즉 언어란 특정한 목적을 위하여 특정한 시간과 장소에서 개개인들에 의해서 이용되는 것이다.

목 차

목 차

제 1 부

서 론

언어사용 밑바닥에 깔린 원리

Using Language

제1장 언어사용

언어는 일을 하기 위하여 이용된다. 즉 사람들은 업무를 전달해 주고, 식사와 휴가를 계획하며, 정치에 대해 논쟁을 하고, 잡담을 하기 위하여 일상대화에서 언어를 사용하는 것이다. 교사들은 학생들을 가르치기 위하여, 목사들은 교구 신자들에게 설교를 하기 위하여, 코미디언들은 청중들을 즐겁게 해 주기 위하여 언어를 사용한다. 변호사·판사·배심원·입회인들은 재판을 심리하는 데에, 외교관들은 외교 조약을 협상하는 데에, 배우들은 셰익스피어 연극을 공연하는 데에 언어를 사용한다. 소설가·기자·과학자들은 즐겁게 하고 정보를 전달하며 설득하기 위하여 글로 씌어진 낱말들에 의존한다. 이것들이 모두 언어사용의 사례들이다. 사람들이 말을 갖고 운용해 나가는 활동들인 것이다. 언어사용이[1] 이 책에서 다루려는 것이다.

이 책에서 다룰 논제는 다음과 같다. 언어사용은 사실상 '지속적인 협동행위joint action'의 형태이다. 협동행위는 서로간에 협력하여 행위를 하는 사람들의 합작품으로 실행되는 것이다. 간단한 예로서, 서로 왈츠를 추거나, 서로 2인용 카누의 노를 젓거나, 같이 피아노 협주곡을 연주하거나, 서로 사랑을 나누는 두 사람을 생각해 보기로 한다. 프뢰드 어스때어Fred Astaire와 쥔줘 롸쥐즈Ginger Rogers가[2] 왈츠 춤(원무)을 출 때에, 그들이 각각 무도회장 주위를 특정한 방식으로 움직여 나간다. 그러나 왈츠 춤은 그들의 개별적 행위들의 합과는 다르다. 어스때어와 롸쥐즈가 똑같은 걸음을 보조를 맞춰 밟아 나가지만, 별개의 장소

---

[1] 제1장의 제목 language use(언어사용)과 이 책의 제목 using language(언어를 사용하는 일, 언어 사용하기)는 원어로는 구분이 이뤄진다. 후자가 행위나 사건의 과정과 방식을 나타내어 더 포괄적이며 상의어의 지위를 차지한다. 따라서 결과물로서 전자까지를 포함하게 된다. using language(언어를 사용하는 일)는 구적 낱말(phrasal word)로서 통사규칙에 지배를 받는다. 그러나 language use(언어사용)은 복합어로서 조어규칙(낱말형성 규칙)에 지배된다. 개념상으로 임의의 사건이 '행위 과정 ⇒ 결과 상태 ⇒ 결과물'로 표상될 때에, 각각 이들은 초기 조건과 최종 결과물을 가리키게 된다. 우리의 기억체계에서 통사규칙에 지배를 받는 대상은 일화기억/삽화기억(episodic memory)을 나타내지만, 조어규칙에 지배를 받는 대상은 의미기억(semantic memory)을 표상한다. 우리말에서는 한자어가 중의성을 지니므로, 똑같이 '언어사용'으로 번역될 수 있는데, 구분할 필요가 있을 경우에는, 따로 수식어를 붙여 놓는 것이 좋을 듯하다. 다만 이 책의 제목은 번역자가 뜻을 추가하여 '언어사용 밑바닥에 깔린 원리'로 풀어 놓았다.

나 별개의 시간에 그렇게 한다고 상상해 보기 바란다. 이는 왈츠 춤이 아니다. 왈츠 춤은 어스때어와 롸줘즈가 짝으로서 협동하며 자신의 개별적인 걸음 보조를 서로 맞춰 나감에 따라 부각되는 '협동행위'이다. 마찬가지로 언어를 운용해 나가는 일도, 말을 하는 화자와 귀 기울여 듣는 청자의 합과는 다르다. 이것도 화자와 청자 또는 필자와 독자가 합작품으로서 자신의 개별행위들을 협력하여 수행할 때 부각되는 협동행위인 것이다.

그러므로 언어사용은 개별적인 과정과 사회적인 과정을 모두 구현해 준다. 화자와 청자, 필자와 독자는 자신들의 언어사용에서 성공하려면, 반드시 개별적으로 행위를 실행해 나가야 한다. 그러나 그들은 또한 참여 당사자로서 반드시 저자가 '합작품ensembles'으로 부른 사회적 단위들로 서로 함께 작업해야 한다. 어스때어Astaire와 롸줘즈Rogers가 왈츠 춤을 춰 나감에 따라서, 몸·팔·다리를 움직여 나가는 개별적 행위와 이들 움직임을 통합하는 협동행위를 모두 다 수행해 나간다. 어떤 영역들에서는, 언어사용이 마치 전적으로 개별적인 과정인 듯이, 마치 인지심리학·언어학·컴퓨터과학·철학 등 전적으로 인지과학들 내부에만 놓여 있는 듯이 연구되어 왔다. 다른 영역들에서는, 언어사용이 마치 언어가 전적으로 사회적 과정인 듯이, 마치 사회심리학·사회학·사회언어학·인류학 등 전적으로 사회과학들 내부에만 놓여 있는 듯이 연구되어 왔다. 저자는 언어사용이 두 영역에 모두 속하는 것임을 제안하려고 한다. 언어사용을 개별적 행위들 위에 수립된 협동행위로 간주하지 않고서는, 제대로 언어사용을 이해할 수 없다. 어려운 도전은, 이들 행위들이 어떻게 작동하는지를 설명해 주는 일이다.

제1장의 목표는 이 논제를 위한 예비 사례를 만들어 놓는 것이다. 이를 실행하기 위하여, 저자는 언어사용의 환경을 통하여, 이들 환경에서 여러 가지 역할을 하는 사람들을 통하여, 그리고 개별적인 행위들로부터 협동행위가 부각되는 방식을 통하여 여행을 해 나갈 것이다. 그 그림을 가득 채워 놓고서, 언어사용이 어떻게 협동행위가 되는지 설명해 주는 원리들을 계발하는 일이 이 책의 나머지 부분을 차지하게 될 것이다.

§.1-1 언어사용 현장

여러 해 동안에 걸쳐서, 저자가 사람들에게 언어사용의 사례들에 대하여 질문을 했을

---

2 Fred Astaire(1899~1987) : 미국의 댄서이자 가수이자 배우로서, 1935년 'Top Hat' 등을 포함하여 여러 편의 뮤지컬 주인공으로 이름을 날렸다.
Ginger Rogers(1911~1995) : 미국의 댄서이자 여배우로서, 어스때어와 함께 여러 편의 뮤지컬에 출연하였고, 1940년 'Kitty Foyle'에서 솔로로 활약하여 오스카 상을 받았다.

때, '대화', '소설 읽기', '피의자를 심문하는 경찰관', '연극 공연', '자기 자신에게 말하기' 등과 같이 수십 가지가 넘는 예들을 제시하였다. 이런 대답들이 언어사용의 범위에 대하여 두드러진 사례이다. 그 범위를 알아보기 위하여, 장면scene과 구현매체medium에 의해서 대답들을 분류하여 살펴보기로 한다. 장면은 언어사용이 일어나는 곳이다.[3] 구현매체는 언어사용이 입말인지, 기호인지, 몸짓 시늉인지, 글말인지, 인쇄물인지, 아니면 혼합된 것인지 여부를 가리킨다. 저자는 '현장setting'을 장면과 구현매체를 결합한 상의어로 사용할 것이고, 구현매체를 간단히 입말 형태와 글말 형태로 나눠 놓을 것이다.

1-1-1 입말 현장

가장 자주 언급된 입말 현장은 얼굴을 마주보거나 전화상으로 나누는 대화이다. 대화는 잡담이나 업무 전달이나 과학적 주제들에 바쳐질 수 있다. 이것들은 모두 둘 또는 그 이상의 참여 당사자들 사이에 '자유로운 발언기회의 교환'에 의해서 특징을 지니게 된다. 저자는 이것들을 '사적인 현장personal setting'이라고 부를 것이다. 대조적으로 혼잣말에서는, 끼어들어 방해받을 기회나 또는 다른 청중 구성원들에 의해 말할 기회가 거의 또는 전혀 없이, 한 사람이 말을 한다. 혼잣말은 또한 어느 교수가 강의실에서 강의를 하거나, 목사가 설교를 하거나, 어느 학생이 전체 학급 학생들에게 최근에 겪은 경험을 말해 줄 때처럼, 다양한 모습으로 나타난다. 이들은 스스로에게 말을 하고, 낱말들을 발화하면서 자신 앞에 있는 청중들을 위해 스스로 서술해 나간다. 청중들이 끼어들어 방해할 것으로 기대되지 않는다. 저자는 이들 경우를 '공적인 현장nonpersonal settings'이라고 부를 것이다.

'기관적 현장institutional settings'에서는[4] 참여 당사자들이 일상대화를 닮은 발화 주고받기에 간여하지만, 기관 내부의 규칙들에 의해 제약된다. 그런 예로서는 기자 회견을 하고 있는 정치인, 법정에서 목격자에게 질문을 던지는 변호사, 시의회 모임을 주관하고 있는 시장, 세미나 토론을 지시해 주고 있는 교수를 생각해 보기 바란다. 이들 현장에서

---

[3] 〈원저자 1〉 현장 및 장면의 유관한 사용에 대해서는 하임즈(Hymes, 1974 : 55~56)를 보기 바란다.

〈역자주〉 하임즈는 setting(현장)을 물리적 환경(physical circumstances)으로 정의하였고, scene(장면)을 심리적(psychological) 또는 문화적 환경으로 보았다. 이 책에서는 현장(setting, 현장무대)이 상의어이고, 장면(scene)이 하의어로 쓰인다.

[4] 여기서 institution(제도, 기관)은 학교·회사·관공서·법정·회의 등과 같은 공적기관을 가리키므로, '기관적 현장'으로 번역해 둔다. 좀 더 자세히 표현한다면, '기관 내부에 수립된 제도'에 따른 현장이 된다. §.1-1-2에 보면, 임의의 기관의 이름으로 발표된 글말에 대해서 그 기관에서 책임을 진다고 언급하고 있다. 또한 §.1-3-4의 '명제2'에 대한 설명도 참고하기 바란다. 한편, 제5장과 제10장에서는 '제도'의 뜻으로 쓰인다.

는 비록 말하기 위한 발언기회들이 주도하는 사람에 의해서 배당되거나 다른 방식으로 제약되지만, 말해진 바가 대체로 자발적이다. 대조적으로 '규범적 현장prescriptive settings'에서는 주고받는 의사 교환도 있겠지만, 실제로 말해진 그 낱말들은 완벽하거나 또는 거의 미리 고정되어 있다. 가령 기도서로부터 응답 독본을 암송하는 교회 신자 또는 유대인 교회 신자들이나, 결혼식에서 결혼 서약을 따라하는 신랑과 신부, 또는 반칙을 선언하는 농구 심판을 생각해 보기 바란다. 규범적 현장은 기관적 현장의 하위 집합으로 간주될 수 있다.

말하고 있는 사람이 언제나 자신의 의도가 표현되고 있는 사람인 것은 아니다. 가장 분명한 사례가 '허구적 현장fictional settings'(소설 속의 현장)이다. 가령, 존 길구드John Gielgud는 [5] '햄릿'이란 연극에서 햄릿의 역할을 맡고, 뷔뷔언 리Vivien Leigh는 [6] '바람과 함께 사라지다'에서 스깔릿 오하라Scarlett O'Hara 역을 맡는다. 프뢩크 시나트롸Frank Sinatra는 [7] 생생한 청중 앞에서 사랑노래를 부르며, 폴 로웁슨Paul Robeson은 [8] 가극 '오델로'에서 표제 역할을 하는 노래를 부른다. 또는 텔레비전 광고 방송인은 시청자들에게 구매 선전을 한다. 이들 화자는 각각 셰익스피어나 코울 포터Cole Porter나 [9] 뉴스 제작부 등 다른 누군가에 의해 마련된 낱말들을 소리 내어 말해 주고 있다. 반드시 그들 자신의 것일 필요가 없는 의도들을 표현하고 있으며, 그런 화자가 되는 듯이 공개적으로 연기하고 있다.

허구적 현장과 관련하여 '매개된 현장medicated settings'도 있다. 거기에서는 의도가 표현되고 있는 사람과 그런 의도의 목표 사이에 중간 매개자가 있다. 가령, 저자의 비서인 애니Annie에게 저자가 에드Ed한테 보내는 편지를 구술해 주거나, 어느 전화회사의 고객 봉사용 녹음이 시간이나 날씨를 말해 주거나, 텔레비전 뉴스 진행자가 저녁 뉴스를 읽거나, 어느 변호사가 법정 심리에서 베이커Baker의 마지막 유언과 유언장을 낭독하거나, 어느 건물 안에서 화재 상황을 알리는 녹음이 작동되거나, 유엔UN 통역사가 어느 프랑스

---

[5] John Gielgud(1904~2000) : 영국 배우 겸 감독으로서, 셰익스피어 연극의 배우로 이름이 나 있고, 1980년에 'Arthur(아더)'라는 연극의 주연으로 오스카 상을 받았다.

[6] Vivien Leigh(1913~1967) : 영국 여배우로서 1939년 '바람과 함께 사라지다'에서 여주인공 오하라의 연기로 아카데미상을 받았다.

[7] Frank Sinatra(1915~1998) : 미국 가수 겸 배우로서, 1953년 'From Here to Eternity(여기서부터 영원까지)'라는 영화의 주연으로 오스카 상을 받았고, 'Night and Day(밤과 낮)'와 'My Way(나의 길)'라는 노래로도 유명하다.

[8] Paul Robeson(1989~1976) : 미국 가수 겸 배우로서, 1927년 뮤지컬 'Showboat(연예 선박)'에서 'Ol' Man River(노인의 강)'를 불러 유명해졌고, 'Othello(오델로)'의 제목 역할을 하는 노래로서 대표된다.

[9] Cole Porter(1891~1964) : 미국 작곡 작사가로서, 일련의 브로드웨이 뮤지컬의 곡들을 썼다. 1934년 'Anything Goes(아무거나 제대로 돌아간다)'나 1948년 'Kiss Me, Kate(캐잇, 키스해 줘요)' 등의 뮤지컬과 1956년 'High Society(상류 사회)' 영화의 곡을 썼으며, 'Let's Do it(그것을 합시다)'과 'Night and Day(밤과 낮)'와 'Begin the Beguine(버긴 사교춤을 추어요)'라는 노래가 있다.

외교관의 발언을 동시에 영어로 번역해 주는 일 등이다. 저자가 비서 애니Annie에게 어느 편지를 구술하면서 다음처럼 말할 때에

I'll see you Saturday
토요일에 내가 자네를 만날 것이네.

저자가 토요일에 만나기로 예상하는 사람은, 애니가 아니라 저자가 보내는 편지의 수신자인 에드Ed이다.

마지막으로 '사적인 독백 현장private settings'도 있다. 여기서는 사람들이 실제로 다른 누군가에게 말을 전달해 줌이 없이 스스로에게 말하게 된다. 가령, 저자가 조용히 내 자신에게 감탄하여 말할 수도 있고, 수학 문제를 푸는 일에 대하여 스스로에게 말할 수도 있으며, 세미나에서 말하고자 하는 바를 예행 연습할 수도 있고, 저자가 누르는 자동차 경적을 듣지 못하는 또다른 운전자에게 저주를 퍼 부을 수도 있다. 저자가 말하는 바가 다른 사람들에게 인식되도록 의도되지 않았고, 적어도 말하기의 다른 형태들이 존재하는 방식으로[10] 의도된 것이 아니다. 순전히 오직 내 자신에게만 소용이 있을 뿐이다.

1-1-2 글말 현장

인쇄와 글자와 읽고 쓰는 능력이 도입된 때에, 사람들은 입말을 인쇄된 매체에 맞게 고쳐 놓았다. 따라서 글말 사용이 입말 사용에 대한 많은 특징들을 지닌 것은 놀라운 일이 아니다. 거의 대화 같은 글말 환경은, '사적인 현장'이다. 사람들이 다른 사람들에게 글을 쓰는 경우에, 저자가 누이에게 편지를 쓰거나 컴퓨터상으로 직장 동료에게 메시지를 쳐 넣을 때처럼, 그들은 사적으로 친분이 있는 것이다. 두 대의 화면상으로[11] 쓰기와 읽기가 동시에 가능한 컴퓨터 환경에서는, 그 경험이 심지어 더 긴밀한 대화에 비길 수 있다.

그렇지만 많은 글말 메시지들이, 그 필자에게 친분이 있는 개인들을 향한 것이 아니라, '뉴욕 타임즈'의 독자나 '사이언스'의 독자처럼 어떤 유형의 개인들을 향하게 된다. 이

[10] 〈원저자 2〉 제11장의 '응답 소리(response cries)'에 대한 논의를 보기 바란다(Goffman, 1978).
〈역자주〉 고프먼(1922~1983)의 글에서는 'self-talk(혼자 주절거림)'이란 용어를 쓴다. §.10-1-2의 각주 7을 보기 바람.

[11] 윈도를 쓰는 경우에는 한 대의 화면에서도 동시에 여러 가지 작업을 해 나갈 수 있다.

것들이 '공적인 현장'이다. 따라서 어느 신문 기자가 '뉴욕 타임즈'의 독자들을 위하여 뉴스 기사를 적어 보내거나, 어느 수필가가 잡지 'Country Life시골 생활'의 독자를 위하여 스코틀랜드 성채들에 대한 글을 기고하거나, 어느 물리학자가 학부생들을 위하여 전자기에 대한 교재를 집필하거나, 어느 자동차 주인이 포드 자동차 회사의 고객 봉사부에 불만 편지를 쓴다. 그 기자는 '뉴욕 타임즈'의 독자를 몇 명 알지도 모르겠지만, 그럼에도 불구하고 그 뉴스 이야기를 일반 독자층을 상대로 하여 쓰는 것이다. 소설도 또한 헨뤼 제임스Henry James가 [12] 'The Turn of the Screw그 나사못의 회전'을 썼을 때, 에드거 앨런 포우Edgar Allan Poe가 'The Masque of the Red Death붉은 주검[적사병]의 가면'을 썼을 때, 그리고 셰익스피어가 '햄릿'을 썼을 때처럼, 일반적으로 아주 광범위하게 정의된 유형의 개인들을 향하여 씌어진다. 글말 소설에서 작가는 독자를 위해 집필하지만, 입말 소설에서와 같이 표현된 그 의도는 소설가 자신의 것이 아니다(소설 속 주인공의 것임).

입말 현장처럼 글말 현장에서도 자신의 의도가 표현되고 있는 필자와 의도된 독자 사이에 매개자들을 도입할 수 있다. 이것들이 다시 한 번 '매개된 현장'이 된다. 흔히 실제로 그 낱말들을 적고 있는 사람은, 그 글말이나 입말 내용을 실행하는 것으로 보이는 사람을 대신해서 그렇게 하고 있는 것이다. 가령 다음 예들이 있다. 그림Grimm 형제가 민간에서 전해오는 '재투성이 부엌데기 신데렐라Aschenputtel'를 적어 놓거나, 어느 번역자가 '햄릿'을 불어로 번역하거나, 유령 집필자가 촬리 체플린Charlie Chaplin의 자서전을 쓰거나, 연설 원고 작성자가 대통령을 위해 연설문을 마련하거나, 저자의 비서가 구술로부터 에드Ed한테 보내는 편지를 타자로 쳐 넣거나, 이 책에 대한 원고의 편집자가 저자의 원고를 수정 편집한다. 예를 들어, 대통령의 연설문 작성자들은 마치 자신이 대통령인 듯이 적어나가며, 대통령은 뒤에 마치 그 연설문이 자신이 적어 놓은 듯이 내용을 읽어 간다. 우리는 그 연설문 원고 작성자들이 심지어 그 과정에 포함되어 있지 않다고 짐짓 가장하게 된다. 기록자·번역자·유령 집필자·비서·원고 편집자들이 서로 다른 그들의 방식으로 거의 동일한 일을 실행한다.

어떤 글말 현장에서는 낱말들이 기관 내부의 제도적 절차를 통하여 선택된다. 가령, 어느 광고회사에서 어떤 잡지를 위해서 광고를 만들어 내거나, 어느 제약회사에서 아스피린 약병에 붙이기 위해 경고 문구를 작성하거나, 어느 식품회사에서 어느 종이 상자를 밀가루반죽용 소다baking soda(탄산수소나트륨)로 상표를 붙이거나, 미국 상원에서 새로운 세법의 내용을 입법하거나, 캘리포니아 지방의회에서 국도 표지판들의 표현법을 결정

[12] Henry James(1843~1916) : 미국에서 태어나 1915년 영국으로 귀화한 소설가로서 'The American(미국인)', 'The Europeans(유럽인들)', 'The Bostonians(보스턴 사람들)', 'The Wings of the Dove(비둘기 날개)' 등 많은 작품을 남겼다.

하는 일이다. 비록 한 사람이 그 낱말 내용을 작성하겠지만, 표현 내용이 그 기관의 집단 의도에 충실한 것으로 승인해 준다. 궁극적으로 책임을 지는 것은 광고사나 제약사나 국회와 같은 기관인 것이다.

글말 또한 '사적인 독백 현장'에서도 이용된다. 저자가 일기에 오늘 일을 적어 놓거나, 스스로 잊지 않기 위해 그적여두거나, 강의에 대한 메모를 해 두거나, 장볼 목록을 적어 놓거나, 빈 종이에 수학 증명을 풀어 둘 수 있다. 입말 현장에서와 같이, 저자는 더 뒤에 이용하기 위하여 오직 내 자신에게만 보여 주기 위해 적어 놓고 있다.

뒤이어 나오는 바는 입말과 글말의 주요한 유형들에 대한 사례이다. 그러나 이들 유형이 거의 끝없이 무한하다. 인간은 창조적이다. 글자 체계·인쇄·전보·전화·라디오·녹음기·텔레비전·녹화기·전화응답기·상호작용 컴퓨터·음성인식기 등 각각의 새로운 기술에 대하여, 사람들은 새로운 현장을 발전시켜 왔다. 새로운 기술에 대하여 끝을 찾을 수도 없으므로, 사람들이 창조해 낼 법한 현장도 끝이 없다. 우리의 관심사는 분명 이들 새로운 형태들이 창조된 원리에 있는 것이다.

구현 환경	입말 형태의 예시	글말 형태의 예시
사적인 현장	얼굴을 마주보면서 A가 B와 대화를 나눈다.	A가 B에게 편지를 쓴다.
공적인(nonpersonal) 현장	교수 A가 B강의실에서 학생들에게 강의를 한다.	기자 A가 독자 B를 위해 뉴스 기사를 작성한다.
기관적(institutional) 현장	변호사 A가 법정에서 입회인 B에게 질문을 한다.	관리자 A가 고객 B에게 업무 편지를 적는다.
규범적(prescriptive) 현장	신랑 A군이 양가 친척들 앞에서 신부 B양에게 혼인 서약을 한다.	A가 공증인 앞에서 B를 위해 공식 문서에 서명을 한다.
허구적(fictional) 현장	배우 A가 청중 B를 위해 어느 연극의 주인공으로 연기를 한다.	소설가 A가 독자층 B를 위해 소설을 집필한다.
매개된(mediated) 현장	통역관 C가 B를 위해, A가 B에게 말하는 것을 동시에 통역해 준다.	A에 의해서 가상의 유령 작가 C가 독자층 B를 위하여 어떤 책을 쓴다.
사적인 독백(private) 현장	A가 여러 계획에 대해서 스스로에게 말을 한다.	A가 여러 계획에 대하여 잊지 않도록 스스로 메모를 적어 둔다.

1-1-3 기본적 현장으로서의 대화

모든 현장이 다 동등한 것은 아니다. 차알스 필모어(Charles Fillmore, 1981 : 152)에서 지적하듯,

> the language of face to face conversation is the basic and primary use of language, all others being best described in terms of their manner of deviation from the base.
> 얼굴을 마주 보는 대화의 언어가, 기본적이며 1차적인 언어사용이다. 다른 모든 것들은 그 기본으로부터 벗어나는 방식에 비춰 서술되는 것이 최선이다.

만일 그렇다면, 언어사용의 원리는 크게 두 종류로 나뉠 수 있다. 얼굴을 마주 보는 대화에 대한 언어사용 원리와, 2차적인 사용이 어떻게 대화로부터 도출되거나 달려 있는지 또는 발전되어 나왔는지를 말해 주는 원리들이다. 언어사용은 음악에서 주제곡 및 변주곡과 같다. 먼저 우리는 그 주제 및 선율·박자·강약법을 살펴보고, 그 뒤에 변주곡이 그것으로부터 어떻게 도출되는지를 찾아내려고 한다. 필모어(Fillmore, 1981 : 152)에서는 다음과 같이 덧붙였다.

> I assume that this position is neither particularly controversial nor in need of explanation.
> 나는 이런 입장이 특별히 논란거리도 되지 않으며 설명할 필요도 없다고 가정한다.

그럼에도, 무엇이 얼굴을 마주 보는 대화를 기본적으로 만들어 주고, 다른 현장들을 그렇지 않게 만들어 주는지를 뚜렷이 밝혀 놓는 것은 가치 있는 일이다.

어떤 언어 환경이 기본적으로 되기 위해서는, 인간 사회에서 보편적으로 되어야 한다. 그 환경은 글말 현장을 배제한다. 왜냐하면 전체 사회가 그리고 글자를 지닌 문명 사회 속에 있는 집단들이 전적으로 입말 낱말에만 의존하기 때문이다. 한 가지 추정치로는 대략 세계 인구의 1/6이 문맹이라고 한다. 그리고 우리가 알고 있는 대부분의 언어는 글자가 보급되기 전에 진화되었다. 우리는 또한 라디오·전화·텔레비전·녹음기와 같은 기술 문명에 의존하는 입말 현장들도 제거할 수 있다. 이것들이 보편적인 것이 아니기 때문이다. 대부분의 사람들이 공적인 현장, 기관적 현장, 규범적 현장에 거의 참여하지 않는다. 참여하더라도, 그들의 참여는 일반적으로 강의의 청중, 교구의 신자, 법정 방청자와 같이

특정한 역할에 국한된다. 흔히 사람들이 실제로 허구적 현장에 참여하지만, 일반적으로 독자로서 참여한다. 따라서 가장 일반적인 현장은 얼굴을 마주보는 대화인 것이다.

더욱이 얼굴을 마주보는 대화는 특별한 기술을 요구하지 않는 제1의 현장이다. 읽기와 쓰기를 하는 데에는 몇 년의 학교생활을 보내어야 하며, 사람들이 결코 그 기술들에 실력을 아주 잘 갖추지는 못한다. 심지어 글쓰기 방법을 아는 사람들 중에서도, 많은 사람들이 한 번이라도 실제 해 본 것은, 대부분 사적인 편지글이다. 뉴스 이야기나 연극이나 소설은 말할 것도 없이, 간단한 논술문도 그들의 능력을 넘어서 있다.[13] 또한 연극을 하고 노래를 부르며 세미나를 이끌어 가고 모임을 주재하며 목격자를 심문하는 방법을 배우는 데에는 따로 훈련을 받아야 한다. 그리고 대부분의 사람들은 연습하지 않고서 강의를 하거나 농담을 말하거나 합리적인 이야기를 말해 주기가 어려움을 깨닫는다. 대개 특별한 훈련이 필요치 않은 유일한 현장은 얼굴을 마주보면서 이야기하는 일이다.

얼굴을 마주보는 대화는 또한 어린이들이 모국어 습득을 위해서도 기본적인 현장이 된다. 글자를 갖고 있는 사회에서이든 글자가 없는 사회에서이든, 어린이들은 처음 2~3년 동안에 거의 오로지 대화 현장에서 언어를 배운다. 어린이들이 책으로부터 무엇을 배우든지 상관없이, 어린이 보모들이 큰 소리로 책을 읽어주며 어린이들이 이해하는 바를 점검함에 따라, 또한 대화 현장이 나오게 된다. 어린이들은 다른 매체로부터도 언어를 일부 배울 수는 있겠지만, 단독으로 라디오나 텔레비전으로부터 모국어를 배울 수 없음은 명백하다.[14] 학교에서는 급우들의 언어가 습득된 말투에 영향력을 지니는데, 이것 또한 대화 현장으로부터 나온다. 얼굴을 마주보는 대화는 언어사용의 요람인 것이다.

1-1-4 비-기본적 현장

그렇다면 다른 현장들을 기본적이 되지 못하게 만들어 놓는 것은 무엇일까? 다음에 목록으로 제시한 '얼굴을 마주보는 대화'의 특징들을 놓고서 논의를 시작하기로 한다 (Clark and Brennan, 1991).

---

[13] 흔히 학교에서 강조하는 언어교육은 전통적으로 literacy(읽고 쓰는 힘)에 모아져 있었으나, 점차 oracy(말하고 듣는 힘)를 강조하는 쪽으로 전환되었다. 특히 이런 흐름을 '의사소통 중심 언어교육(CLT)'으로 부르며, 최근의 모습은 '과제 중심 언어교육(TBLT)'으로 불린다.

[14] 〈원저자 3〉 증거를 보려면 쌕스·바드·존슨(Sachs, Bard and Johnson, 1981)과 스노우·알먼뤕·해씽·좁스·보스떠(Snow, Arlman-Rupp, Hassing, Jobse and Vorster, 1976)을 참고하기 바란다.

〈역자주〉 언어 습득에는 반드시 두 방향 상호작용이 필요하다. 한 방향만의 언어 자극은 의사소통 간격을 줄여 나갈 수 있는 기회를 조금도 제공해 주지 못한다.

연번	특징 항목	내 용	범주
1	한 데 출현함(copresence)	참여자들이 똑같은 물리적 환경을 공유한다.	즉각성
2	볼 수 있음(visibility)	참여자들이 서로 볼 수 있다.	
3	들을 수 있음(audibility)	참여자들이 서로 들을 수 있다.	
4	즉각적임(instantaneity)	참여자들이 서로의 행위를 두드러진 지체 없이 지각한다.	
5	곧장 사라짐(evanescence)	매체가 사라져 버린다. 곧장 없어져 버리는 것이다.	매체
6	기록 불가능(recordlessness)	참여자들의 행위가 어떤 기록도 유물도 남기지 않는다.	
7	동시적임(simultaneity)	참여자들이 즉각 그리고 동시에 산출하고 지각할 수 있다.	
8	준비 없이 행함(extemporaneity)	참여자들이 준비 없이 실시간으로 자신의 행위를 꾸려 실행한다.	통제력
9	스스로 결정함(self-determination)	참여자들이 어떤 행위를 언제 취할지 스스로 결정한다.	
10	스스로 표현함(self-expression)	참여자들이 스스로 나름대로 행위를 취한다.	

만일 얼굴을 마주보는 현장이 기본적이라면, 이들 특징이 어떤 것이든 누락되는 경우에, 사람들은 응당 특별한 기술이나 절차를 활용해야 할 것이다. 그 특징들이 더 많이 누락되면 누락될수록, 더욱 특별한 기술과 절차들이 필요하다. 그 점은 비격식적으로 실증된다.

위 도표에서 1번에서부터 4번까지는 얼굴을 마주보는 대화의 '즉각성immediacy'을 반영해 준다. 그런 현장에서 참여 당사자들은 서로를 보고 들을 수 있으며, 그들의 주위에서 끼어들어 방해하는 일이 없다. 전화통화는 한 데 출현하여 볼 수 있는 성격을 빼앗아가 버리며, 언어사용을 특정한 방식으로 제약하고 바꿔 놓는다. 영상 접속을 통한 대화도 또한 한 데(≒ 같은 장소에) 출현하는 속성을 결여하며, 그 대화를 다르게 만들어 놓는다. 강의에서 그리고 다른 공적인 현장에서, 화자들은 청자(수신자)에게[15] 접속이 제약되어 있고, 그 역도 참이며, 양쪽에서 어떻게 처리하는지를 변경해 놓게 된다. 네 가지 특징을 모두 결여한 글말 현장에서는 언어사용이 여전히 다르게 작동한다.

위 도표에서 5번부터 7번까지는 '매체medium'를 반영해 준다. 입말에서의 발화·몸짓 시늉·눈을 마주쳐 응시함은 곧장 사라지지만, 글말은 그렇지 않다. 글말은 언어사용 과정에 대해 훨씬 광범위한 영향력을 지닌다. 발화가 보통 기록되지는 않지만, 전화응답기에서와 같이 녹음되는 경우에는 참여 당사자들이 아주 다르게 진행한다.[16] 대조적으

[15] 이 책에서 addressee(수신자)는 청자(listener)보다 더 좁은 뜻으로 쓰인다. §.1-2-2에서 그려 놓은 도표를 보면 들을 가능성이 있는 모든 사람을 listener(청자)라는 말로 표현하고, 원래 화자가 의도한 특정한 청자를 addressee(수신자)로 부른다. 그렇지만 우리말에서는 '화자'의 짝이 '청자'이므로, 우리말의 직관을 그대로 받아들여 번역에서는 일관되게 '청자(수신자)'로 써 나갈 것이다. 다만 넓은 뜻의 청자는 '방청자'와 '모든 청자'로 번역하여 구분하기로 한다.

[16] 상대방으로부터 즉각 말이나 얼굴 표정으로 반응을 확인할 수 없으므로, 이쪽에서 녹음을 위해 말하는 방식이, 상황을 공유하지 않는 상대방을 위하여 좀더 격식적으로 될 듯하다.

로, 글말은 보통 인쇄된 기록이란 수단으로 전달된다. 이는 언어가 사용되는 방식에서 극적인 차이들로 이끌어 간다. 씌어진 기록물들에서는 집필자들이 그 내용을 보내기 전에 느긋이 이미 쓴 바를 수정할 수 있다. 독자들도 그들이 읽은 바를 거듭 읽고 검토하며 인용할 수 있다. 대부분의 입말 현장에서는, 참여 당사자들로 하여금 동시에 산출하고 수용하도록 허용해 준다. 그렇지만, 대부분의 글말 현장에서는 그러하지 않다. 동시에 말하고 들을 수 있는 상태는, 대화를 하고 있는 사람들에게 끼어들어 간섭하고 그들의 발화를 서로 겹치게 하며, 'uh huh아하 그래요' 맞장구치는 반응을 하도록 해 준다(뒤에서 '동감표현'으로 번역함 : 뒤친이). 이것들은 대부분의 글말 현장에서 제외된다.

앞의 도표에서 8번에서부터 10번까지는 '통제력control'과 관련된다. 누가 무엇이 어떻게 이뤄지는지를 통제하는 것이다. 얼굴을 마주보는 대화에서는 참여 당사자들이 완전히 통제적이다. 참여 당사자들은 스스로를 위해 말하고, 누가 무엇을 언제 말할지 함께 결정하며, 진행해 나감에 따라 그들의 발화들을 상황에 맞춰 꾸려나간다. 다른 현장에서는 참여 당사자들이 무엇을 언제 말할 수 있는지가 제약되어 있다. 가령, 교회에서는 많은 기도 및 응답의 표현 내용들을 미리 결정해 놓았다(규범적 현장). 허구적 현장에서는 화자와 필자들이 다만 마치 특정한 행위를 취하고 있는 듯이 실행해 나간다. 연극배우 길구드Gielgud가 오직 햄릿으로서 자신의 무대 역할만을 연기하는 것이며, 바로 그 점이 그들이 실행하는 바와 그들이 어떻게 이해되는지를 바꿔 놓는다. 그리고 매개된 현장에는 실제로 두 가지 의사소통이 있다. 화란어로 뷤Wim이 쑤즌Susan에게 다음처럼 말하면

> Heeft u honger?
> 배가 고파요?

데이뷧David이 쑤즌을 위해 그 발화를 "Are you hungry?배가 고파요?"라고 통역해 준다. 쑤즌은 그 질문을 하고 있는 사람이 뷤이라는 사실을 알고 있으며, 이 질문에 대한 데이뷧의 통역 발화를 듣기를 기대한다. 참여 당사자들이 그들의 행위에 대한 형성·시간 안배·의미를 놓고서 통제력이 줄어들면 줄어들수록, 특별한 기술들이 더 많이 필요해진다.

사적인 독백private 현장은 어떤가? 이들 환경이 가끔 언어사용에 대한 기본적 현장으로 간주된다. 우리가 모두 스스로에게 말하고, 혼잣말로 논의가 진행된다. 따라서 사적인 독백 현장이 분명히 보편적이다. 그렇지만 우리가 실제 스스로에게 말하는 경우에, 1차적인 매체는 다른 사람들로부터 습득한 언어이다. 영어만을 아는 사람은 영어를 사용하고, 중국어만을 아는 사람은 중국어를 사용하며, 미국 수화만을 아는 사람은 미국 수

화를 사용한다. 우리는 스스로에게 말을 하는 추가 방식을 계발할 수도 있겠지만, 이것들도 역시 말하기에 대한 우리의 사회적[17] 상호작용 방식으로부터 도출된다. 스스로에게 말을 하는 데 있어서도, 마치 우리가 다른 누군가에게 말하는 것처럼 이야기하게 된다. 따라서 사적인 독백 현장도 대화 환경에 터전을 두고 있는 것이다.

간단히 말하여, 얼굴을 마주보면서 진행하는 대화가 언어사용에 대한 기본적인 환경이다. 대화는 보편적이고, 전혀 특별한 훈련을 요구하지도 않으며, 모국어 습득에서도 본질적이다. 다른 환경들은 얼굴을 마주보는 대화의 즉각성이나 매체 또는 통제력을 결여하므로, 특별한 기술이나 연습이 필요하다. 만일 언어가 사용되는 모든 환경에서 조금이라도 언어사용을 특징지어 주고자 한다면, 우선권을 지녀야 하는 현장은 얼굴을 마주보는 대화이다. 이는 저자가 이 책의 나머지 부분에서 당연하게 여기게 될 논점이다.

§.1-2 언어사용 공간

언어 현장은 오직 언어사용의 공간으로서, 다시 말하여 사람들이 언어를 갖고서 일을 하는 무대로서만 관심거리가 된다. 이들 공간의 중심부에 화자와 청자의 역할이 있다. 앨런Alan이 바버롸Barbara에게 말을 전하는 경우에, 앨런이 화자이고, 바버롸가 청자이다. 이제 앨런이 바버롸로 하여금 그의 발화를 이해하도록 하며, 그런 이해 위에서 행위하도록 하려는 목적을 지니고서 말을 한다. 그러나 바버롸가 직접 그녀 자신의 행위를 하지 않는다면, 앨런은 자신의 목적이 성공할 수 없음을 잘 알고 있다. 바버롸는 반드시 앨런에게 주목하고, 앨런의 말을 귀 기울여 들어야 하며, 앨런의 몸짓 시늉을 지켜보고, 앨런이 말하고 있는 바로 그 순간에 앨런이 의미하는 바를 이해하려고 노력해야 한다. 바버롸는 스스로 이 모든 것을 잘 알고 있다. 따라서 앨런과 바버롸가 독립적으로 행위하는 것이 아니다. 서로서로에 대하여 행위를 취할 뿐만 아니라, 또한 이들 행위를 서로에게 맞춰 상호조율해 나간다. 더 앞에서 저자가 도입한 용어로 말하면, 그들이 지속적인 협동행위joint actions를 수행하는 것이다. 그들이 협동행위를 어떻게 관리해 나가는지에 대한 사전 검토로서, 배경background의 개념부터 다뤄나가기로 한다.

---

[17] 이 책에서 사회적(social)이란 용어는 두 사람 이상이 서로 상호작용하는 관계를 가리키는 말이다. 따라서 '사회적 상호작용'처럼 더 풀어줄 수 있다. 이 책의 결론인 제13장 1절의 마지막 단락에서는 이 말의 어원이 partner(짝, 상대방)나 companion(벗, 동료)을 뜻하는 라틴어 socius임을 언급한다. 이와는 달리, societal(사회구조 차원의)은 사회 전반의 구조를 가리키는 형용사(우리말 품사로는 관형사)이다.

1-2-1 의미와 이해

앨런과 바버뤄는 많은 양의 지식과 믿음, 그리고 그들이 공유하는 것으로 믿는 가정과 더불어 시작한다. 저자는 이를 그들의 '공통기반[common ground]'라고 부를 것이다(제4장을 보기 바람). 그들의 공통기반은 광대할 수 있다. 동일한 문화공동체의 구성원으로서 그들은

> 물체가 받쳐지지 않으면 땅으로 떨어진다거나,
> 세계가 여러 나라들로 나뉜다거나,
> 대부분의 자동차는 휘발유로 움직인다거나,
> '개(dog)'가 '송곳니를 지닌 동물(canine animal)'을 의미할 수 있다거나,
> 모차르트가 18세기 작곡가였다거나

등등의 일반적인 믿음을 공통기반으로 갖고 있다. 그들은 또한 서로 같이 경험한 광경과 소리 또는 몸짓 시늉·얼굴 표정·주변 사건 등, 대화하는 순간에 접속 가능한 어떤 광경과 소리도 공통기반으로 삼는다. 마지막으로 그들은 지금까지 진행되어 온 현재 대화를 포함하여, 함께 참여한 대화에서 일어난 바를 공통기반으로 가정한다. 앨런과 바버뤄가 서로 함께 더 많은 시간을 보내면 보낼수록, 그들의 공통기반은 더욱 더 커진다.

앨런과 바버뤄가 간여하고 있는 모든 사회적 상호작용 활동은 이런 공통기반 위에서 일어난다(제3장을 보기 바람). 악수를 하는 일, 서로간에 웃음 지어 주는 일, 왈츠 춤을 추는 일, 심지어 서로서로 걸어가며 부닥치지 않은 채 지나치는 일 등이 모두 그들의 행위를 상호조율해 놓도록 요구한다. 이런 일들을 공통기반에 뿌리 내리게 하지 않고서는, 그들의 행위를 상호조율해 나갈 수 없다. 언어가 대화나 소설 읽기 또는 연극 행위에서와 같이 사회적 상호작용 활동의 필수 부분이라면, 화자가 의미하는 바와 청자가 그것들이 의미하는 것으로 이해하는 바 사이에는, 즉 화자의 의미 및 청자의 이해 사이에는, 추가적인 상호조율 요소가 있다.

앨런이 근처의 인도[sidewalk]를 가리키면서 바버뤄에게 다음처럼 말을 한다.

> Did you see my dog run by here?
> 여기 이 근처에서 달려 지나간 나의 개를 보았습니까?

이들 행위를 취하면서, 즉 앨런의 발화·몸짓 시늉·얼굴 표정·눈을 마주쳐 응시함을 취함으로써, 앨런은 자신이 가리키고 있는 인도 근처에서 앨런의 개가 달려 지나가는 것을 바버뤄가 보았는지 여부를 자신에게 말해 줄 것임을 의미한다(말해 주도록 요구한다). 이런 특별한 종류의 의도는 '화자의 의미'로[18] 불리는 바이다(제5장을 보기 바람). 앨런이 행한 바를 실행하면서, 앨런은 바버뤄에게 자신의 개가 그 인도 근처에서 달려 지나가는 것을 보았는지 여부를 자신에게 말해 주기를 바라고 있음을 인식하도록 의도한다. 그녀는 일부 그런 의도를 인식함으로써 이를 알아차리게 될 것이다. 앨런의 의도들에 대해서 두드러진 것은, 앨런의 의도가 바로 그런 의도들에 대한 바버뤄의 생각(≒판단)을 포함한다는 점이다. 성공적으로 되기 위해서, 앨런은 반드시 바버뤄로 하여금 그가 의미하는 바를 놓고서, 그리고 그녀가 그가 의미하는 것으로 이해하는 바를 놓고서, 그 자신과 조율하도록 해야 하는 것이다. 이것이 일종의 지속적인 협동행위[joint action]이다.

그들의 지속적인 협동행위에 대하여 두 가지 핵심적인 부분은, 앨런의 신호 내용과 이 신호에 대한 바버뤄의 확인이다. 저자는 한 사람이 뭔가를 다른 사람에게 의미하게 되는 행위가 어떤 것이든, 그것을 가리키기 위하여 '기호/신호[signal]'라는 용어를 쓸 것이다.[19] 다시 말하여, 의미와 이해가 더 뒤에서 논의하는 속성들과 더불어, 화자가 청자에게 확인하도록 개시해 놓은 특정한 사건들을 중심으로 하여 만들어지는 것이다. 이들 사건이 신호이다. 앨런의 신호는 그의 발화·몸짓 시늉·얼굴 표정·눈을 마주쳐 응시함, 그리고 다른 행위들로 이뤄진다. 바버뤄는 앨런이 의미하는 바를 이해하게 되는 과정에서 이 복합물을 확인한다(제6장을 보기 바람).

신호들은 일부러 만드는 행위이다. 일부 신호는 영어·북미 수[Sioux] 인디언의 다코타 어[Dakota]·일본어·미국 수화와 같이 관례적인 언어의 일부로서 수행되지만, 일부러 만드는 행위도 어떤 것이든지 올바른 환경에서는 신호가 될 수 있다. 줄리엣은 로미오에게 그녀

---

[18] 원래 그롸이스(Grice, 1969)에서 발화자의 의미(utterer's meaning) 또는 화자의 의미(speaker's meaning)으로 불렸던 것이다. 발화자의 의미이든 화자의 의미이든, 점차 모두 의도(intention)라는 일반적인 용어로 통합되며, 화자의 '의사소통 의도'로도 불린다. §.5-1을 참고하기 바란다. 그런데 그롸이스는 의도가 언제나 간접적으로 간취될 수밖에 없기 때문에 '의도'를 중심으로 한 화용론을 세우는 일(Schiffer, 1972, 『의미(*Meaning*)』, Clarendon Press 및 1987, 『의미의 자취(*Remnants of Meaning*)』, MIT Press)에는 명백히 거부의 입장을 보였다. 현재 중요한 그롸이스 업적은 그롸이스(1989), 『낱말 사용 연구(*Studies in the Way of Words*)』(Harvard Univ. Press)에 모아져 있고, 그롸디 외(Grandy and Warner, 1986), 『합리성의 철학적 기반(*Philosophical Grounds of Rationality*)』(Clarendon Press)에서 종합적인 검토가 심도 있게 이뤄져 있다.

[19] 제6장에서 언어 기호와 몸짓 시늉의 '상의어'로 signal(신호)이 쓰인다. 우리말에서는 언어를 신호(signal)로 부르기보다는 기호(sign)로 부르는 일이 익숙하다. '언어 기호'라는 말은 자주 쓰이나, '언어 신호'란 말은 조금 낯선 듯하다. 그러나 몸짓 시늉이나 얼굴 표정은 기호로 불리기보다 이 책에서와 같이 신호로 불리는 편이 더 낫다. 이하에서는 번역 맥락에 따라 자연스러운 쪽으로 두 용어를 가려 쓰기로 한다.

의 방 창문에서 밧줄 사다리를 걸쳐 내려 줌으로써, 안심하고 들어올 수 있음을 신호해 주었다. 경기장 주심과 심판이 관례적인 몸짓 시늉을 하여 반칙과 득점 선언을 신호해 준다. 훌륭한 이야기꾼들은 비-관례적인 묘사 몸짓(시늉)과 더불어, 자신의 이야기 서술의 여러 측면들을 신호해 준다. 우리가 모두 우정 만드는 웃음, 치올리는 눈썹, 동감을 보이며 찡그리는 표정, 다른 얼굴 표정들로 여러 가지를 신호해 준다(§.6-4-5). 심지어 서로간에 그런 특정 행위가 기대되는 경우에라도, 일부러 행위를 하지 않음으로써 어떤 휴지(≒무반응)와 무표정한 모습에서처럼 여러 가지 내용을 신호해 주기도 한다.[20] 따라서 신호의 일부 측면들은 관례적이지만, 다른 것들은 그렇지 않다. 일부 관례적인 측면들은 영어나 미국 수화와 같은 신호 체계에 속하며, 다른 것들은 그렇지 않다. 줄리엣이 로미오를 위하여 줄사다리를 창밖으로 내걸었을 때, 그녀는 특정한 목적을 위하여 (이전에 다른 관례가 전혀 없는) 고립된 신호를 만들어 낸 것이다.

앨런과 바버뤄가 그들의 공통기반을 참고하지 않은 채 의미와 이해를 조율하기란 불가능하다. 앨런이 다음처럼 말하는 경우에

> Did you see my dog run by here?
> 여기 이 근처에서 달려 지나간 나의 개를 보았습니까?

바버뤄는 'did[왔], you[당신이], see[보다]'등의 낱말 뜻과 영어 문장 구성으로 된 그것들의 합성 의미를 알아차릴 것이다. 이들 의미와 구성 내용이 앨런과 바버뤄의 공통기반의 일부인데, 앨런과 바버뤄가 둘 모두 영어 화자 공동체의 일원이기 때문이다. 'my[나의], you[당신이], here[여기서]'의 지시대상과 'did see[보았느냐]'에 의해 가리켜진 시간을 인식하기 위하여, 바버뤄는 앨런의 신호에 대한 다른 일부도 주목한다. 즉, 그 시점 현재, 그가 그녀를 응시하는 신호와, 근처에 있는 인도에서 몸짓으로 보여 주는 신호이다. 차례로 그것은 그녀로 하여금 즉각적인 상황에 대하여 그들의 공통기반을 찾아보도록 요구한다. 즉 그들이 서로 얼굴을 마주보고 있고, 인도가 가까이에 있으며, 앨런이 뭔가를 찾기 위하여 그 지역을 뒤지고 있는 상황이다. 'my dog[나의 개]'의 지시대상을 알아내기 위하여, 그녀는 앨런과 관련된 어떤 유일한 개에 대한 그들의 공통기반을 찾아볼 것이다. 공통기반은 모든 협동

---

[20] 〈원저자 4〉 언어사용에 대하여 좀더 정확한 이름을 붙이면 아마 '신호 사용(signal use)'이 될 듯하다. '신호 사용'이 관례적인 언어에 대한 전적인 관심을 암시해 주지 않는다. 불행하게도, '신호 사용'이란 용어는 우리 언어 관련 전공자들에게보다는 오히려 일반 대중이나 공학 기술자들에게 좀더 호소력을 지닐 것 같다. 따라서 저자는 이 용어를 따르지 않을 것이다.

행위들에 대한 토대이다. 이것이 화자 의미 및 청자 이해를 만들어 내는 데에 협동행위를 필수적으로 만들어 준다.

1-2-2 참여 당사자들

앨런이 자신의 개에 대하여 바버뤄에게 묻는 경우에, 옆에 있던 (여성) 코니Connie가 그 대화에 참여할 수도 있고, 가까이에 있던 (남성) 데이먼Damon이 우연히 옆에서 엿들을 수도 있다. 앨런·바버뤄·코니·데이먼이 각각 앨런의 질문에 대하여 서로 다른 관계를 지니게 된다.

앨런의 질문과 같은 행위를 중심으로 하여, 사람들은 먼저 참되게 그 대화에 참여하는 사람과 그렇지 않은 사람으로 나뉜다. 즉 참여 당사자와 비-참여자non-participants이다. 앨런의 질문에 대하여, 참여 당사자들은 앨런 자신·바버뤄·코니이다. 이들은 앨런이 '추인된 참여자ratified participants'로 간주하는 사람들이다(Goffman, 1976).

그들은 화자와 청자—곧 여기서는 앨런과 바버뤄임—뿐만 아니라, 또한 그 대화에 참여하지만 현재 언급되지 않은 다른 사람인 코니도 포함한다. 코니는 부차 참여자side participant이다. 그밖의 다른 청자들은 모두 우연히 옆에서 듣는 사람overhearers들이며, 그 대화에서 권리도 지니지 않으며 책임도 없다. 우연히 옆에서 듣는 사람들도 두 가지 주된 유형이 있다. 방청자bystanders는 공개적으로 그 상황에 출현하지만, 그 대화의 일부 요소는 아니다. 몰래 엿듣는 사람eavesdroppers 염탐꾼들은 화자가 깨닫지 못하지만 그 대화 상황을 귀 기울여 듣는 사람이다. 사실상 이들 부류 사이에는 여러 가지로 다양하게 옆에서 듣게 되는 사람들이 있다.

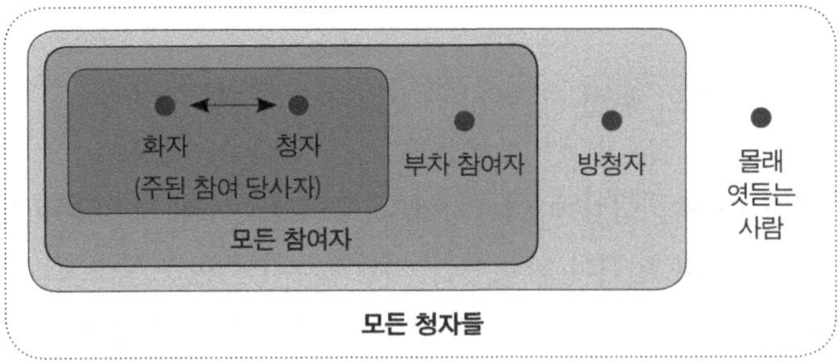

앨런은 자신이 말하려는 바를 말해 주는 데에서, 이들 부류 구분에 긴밀히 주목을 해야 한다. 한편으로는 반드시 부차 참여자로부터 청자를 구별해 내어야 한다. 그가 자신의 개에 대하여 바버뤄에게 질문을 하고, 코니가 대화 장면 속에 있을 때에, 앨런은 자신의 질문에 대하여 대답을 하게 될 사람이 바버뤄이며 코니가 아님을 알도록 확실히 해 두어야 하는 것이다. 또한 그는 바버뤄에게 질문하는 바를 코니가 이해하도록 확실히 해 두어야 한다(제3장을 보기 바람). 앨런은 또한 방청자들에 대해서도 알아차려야 한다. 현재의 대화에서 옆에 있던 사람들이 권리나 책임을 지니지 않기 때문에, 앨런은 자신이 원하는 대로 아무렇게나 그들을 처리할 수 있다. 예를 들어, 그는 다음처럼 말함으로써 자신이 바버뤄에게 질문을 하는 내용을 데이먼으로부터 감추려고 노력할 수 있다.

> Did you happen to see you know what come by here?
> 여기 이 근처에서 혹시 우연히 당신이 잘 아는 것이 와서 지나가는 걸 본 적이 있었습니까?

부차 참여자와 방청자를 동시에 처리해 내는 것은 언제나 쉬운 일이 아니다(Clark and Carlson, 1982a; Clark and Schaefer, 1987a, 1992; Schober and Clark, 1989).

따라서 부차 참여자와 방청자들은 화자와 청자가 서로를 향하여 어떻게 행위를 하는지 모습을 그려 주는 데 도움이 된다. 그들은 또한 듣는 일과 이해하는 일에 대한 서로 다른 방식들을 나타낸다. 청자로서 바버뤄는 앨런이 자신의 발화를 그녀가 이해하도록 마련하였음을 믿을 수 있지만, 우연히 옆에서 엿듣는 사람으로서 데이먼은 그럴 수 없다.

결과적으로 그들 두 사람은 서로 다른 수단에 의해서, 서로 다른 과정에 의해서, 앨런이 말하는 바를 해석하려는 일에 착수해야 한다. 이들의 다른 역할은 분명히 화자와 청자의 역할이 그 자체로 무엇인지, 그리고 그것들이 무엇이 되어야 할지를 좀더 정확히 살펴보는 데 도움을 줄 것이다.

1-2-3 언어사용 공간의 층렬

화자로부터 몰래 엿듣는 사람에 이르기까지, 우리가 지금까지 살펴보았던 역할은 각각 단일한 시간과 장소와 일련의 참여자를 지닌 1차적인 현장 속으로 들어갈 수 있다. 다른 현장에서는 또한 작가·극작가·중간 매개자·배우·유령 집필자·번역자·통역사 등을 포함하여 다른 행위 주체들이 참여할 수 있다. 그들은 서로 다른 시간과 장소에서 참여할 수 있다. 이들 다른 시간·장소·역할들을 어떻게 특성 지을 것인가? 저자는 우리에게 필요한 것이 여러 층렬을[21] 마련하는 개념임을 제안할 것이다(제12장).

누군가 농담을 하는 경우에, 다른 참여자들은 그 농담이 무엇인지에 대하여—즉 한 대목의 허구임—인식해야 한다. 다음에 제시된 대화 확장체를 살펴보기로 한다(간략히 만들어 놓은 형태로 Sacks, 1974로부터 가져옴).

Ken : You wanna hear - My sister told me a story last night.
Roger : I don't wanna hear it. But if you must. (0.7)
Al : What's purple and an island. Grape, Britain. That's what his sister told him.
Ken : No. To stun me she says uh, (0.8)
There were these three girls and they just got married? [Continues joke]
켄 : 자네 듣고 싶지 - 어젯밤 내 누이가 내게 말해 준 걸.
롸줘 : 난 듣고 싶지 않아. 허지만 자네가 꼭 해야만 한다면 모르지 (0.7초 공백)
앨 : 자주빛과 섬이 뭐게. 포도, 영국(≒'대영제국'의 어린이 말투). 그게 자네 누이가 자네한테 이야기해 준 거지.
켄 : 아냐. 놀랍게도 내 누이가 말하기를 어, (0.8초 공백) 이 세 사람의 소녀가 있었는데, 막 결혼을 했대나? [농담을 계속함]

켄이 (12살 난 누이) "My sister told me a story last night.어젯밤에 내 누이가 내게 어떤 이야기를 해 주었어"이라고 말하는 경우에, 그는 그 대화의 실세계에서 롸줘와 앨에게 어떤 단언assertion을 하고 있다. 그러나 켄이 "There were these three girls and they just got married이 세 명의 소녀가 있었는데 막 결혼을 했대"라고 말하는 경우에, 그는 오직 그 농담의 가상세계에서만 참이 되는 어떤 단언을 하고 있다. 그는 막 결혼을 한 세 명의 여성이 현실세계 속에 있었다고 실제로는 믿지 않는다. 그 시점에서 그는 마치 켄·롸줘·앨이 그 가상의 농담 세계 속의 일부였던 듯이 말하며, 그들에게 가상세계 속에 있는 3명의 여성에 대하여 말해 주고 있다.

여기서 우리가 마주하는 것은 행위의 두 가지 층렬이다. '층렬 1(≒현실층렬)'은 대화가 어떤 것이든 간에 1차 층렬이며, 여기서 참여자들이 스스로 그 시점과 그 장소에서 이야기하고 전달받는다. '층렬 2(≒가상층렬)'는 '층렬 1' 위에 수립된다. 위 예문에서는 가상의

---

21 원문의 layers(층렬, 계층)는 문학에서 흔히 '액자'라고 부르는 것이다. 즉, 현실 장면 속에 또 다른 장면을 도입하는 일이다. 마치 액자 속에 다른 그림이 그려져 있듯이, 전시 공간에서 액자 속의 다른 공간으로 옮아가는 것이다. 임시 어떤 층렬 속으로 들어가 있듯이, 참여자들은 이내 현실 장면으로 도로 쉽게 빠져나올 수 있다. 다소 '층렬'이란 축자 번역이 낯설지만, 다른 용어(계층, 층위)를 쓸 경우에 전체 그림에 혼란을 줄 수 있으므로, 층렬이란 용어를 계속 쓰기로 한다. §.1-3-4의 각주 33도 참고하기 바란다.

세계를 나타낸다. 각 층렬은 그 영역이나 세계에 의해서, 즉 누가 그리고 무엇이 그 속에 있는지에 의해서 구체화된다. 켄이

My sister told me a story last night.
어젯밤에 내 누이가 내게 어떤 이야기를 말해 주었어.

이라고 말하는 경우에, 그의 행위는 전적으로 층렬 1(≒현실층렬)에서 일어나며, 그들의 대화에 대한 현실세계 속의 영역인 것이다. 그러나 그가

There were these three girls and they just got married.
이 세 명의 소녀가 있었는데 막 결혼을 했대.

라고 말하는 경우에는, 그가 그 농담의 가상적 영역인 층렬 2(≒가상층렬)에서 어떤 단언을 하며, 또한 현실세계의 영역인 층렬 1(≒현실층렬)에서 농담의 일부를 말해 주고 있는 것이다.

층렬 2 : 켄이 롸줘와 앨에게 (가상세계 속에서) 결혼을 한 3명의 여성에 대하여 말하고 있다.
층렬 1 : 1965년 로스엔젤레스에서 켄·롸줘·앨이 모두 함께 '층렬 2'에 있는 사건이 일어나고 있는 것으로 가정하고 있다.

만일 롸줘와 앨이 켄의 여동생을 가상적이었다고 생각하였고, 3명의 여성이 실제적이었다고 생각하였다면, 우리는 그들이 켄의 말을 오해하였다고 말할 것이다. 언어사용에서는 비록 층렬들이 막연하더라도, 각 시점마다 출현된 모든 층렬들을 올바로 인식하도록 요구한다.

층렬은 연극 전용극장에서 무대들이 다른 무대 위에 세워진 것과 비슷하다. 저자의 마음의 눈으로 보면, 그 층렬들은 다음처럼 보인다.

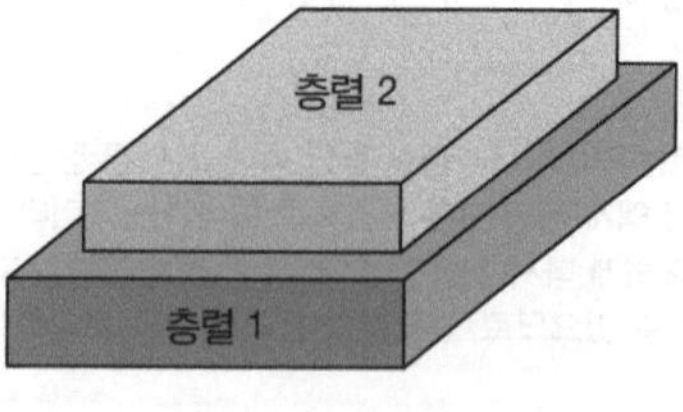

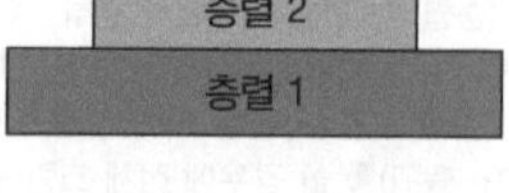

'층렬 1(≒현실층렬)'은 바닥 층위에 있다. 이는 실제세계를 나타내며, 모든 형태의 언어사용에서 출현한다. '층렬 2(≒가상층렬)'는 두 번째 영역을 나타내기 위하여 '층렬 1' 위에 놓인 임시 무대이다. 연극 무대 위에서처럼, (층렬 2에 있는) 연기자들은 '층렬 1'의 참여자들에 대하여 온전한 시각으로 바라보며 연기 행위들을 수행한다. 그렇지만[22] 이 연기자들은 심지어 '층렬 1'이 존재한다는 것도 알 수 없다. 가상의 그 세 명의 여성은 켄·롸쥐·앨의 대화에 대하여 알 길이 없는 것이다. 이 그림에서 '층렬 1'은 현실이지만, 반면에 '층렬 2'는 선택적이며, 오직 '층렬 1'에 의해서만 뒷받침된다. 그리고 반복에 의해서 또한 더 높은 층렬이 계속 도입되어 생겨날 수 있다.

층렬을 나눠 놓음으로써, 우리는 이제 많은 언어 현장들이 도출되도록 만들어 주는 바를 나타낼 수 있다. 얼굴을 마주보는 대화 및 사적인 편지들은 보통 하나의 층렬에서 관리된다. 농담·소설·다른 종류의 허구fiction들은 적어도 두 가지 층렬을 취한다. 학교 교사가 어떤 작품을 큰 소리 내어 읽는 경우, 이는 또다른 층렬을 더해 놓는 것이다. 연극은 적어도 세 가지 층렬을 요구한다. 구술 작업도 또한 두 가지 층렬을 요구한다. 저자의 친구한테 보내는 편지를 저자가 여비서한테 구술해 주는 경우에, 저자는 실제 대화가 일어나는 '층렬 1(≒현실층렬)'에서 나의 여비서한테 말해 주고 있다. 그렇지만, 동시에 '층렬 2(≒가상층렬)'에서 내 친구에게 말하고 있는 것이다. 유령 집필[23]·동시 통역·뉴스 읽기도 여전히 다른 유형의 층렬 도입을 요구한다.

층렬 도입하기layering는 또한 언어의 사적인 사용을 이해하는 데 도움을 준다. 조어쥐George가 자신이 누르는 자동차 경적을 듣지 못하는 어느 나쁜 운전자에게 저주를 퍼붓는 경우에, 그는 두 가지 층렬을 다루고 있다. 자기 자동차 속의 사적인 공간에서(층렬 1), 그가 상상으로 어떤 영역(층렬 2)을 만들어 내는데, 거기에서 얼굴을 마주보면서 실제로 그 운전자에게 저주를 퍼붓고 있는 것이다. 헬렌Helen이 조용한 목소리로 스스로에게 아름다운 일몰에 대하여 감탄하는 경우에도, 그녀는 거의 똑같은 일을 한다. 즉, '층렬 1'인 사적인 공간에서 그녀는 상상 속의 시공간(층렬 2)을 만들어 내며, 거기에서 그녀의 다른 자아에게 말을 건네고 있는 것이다. 일기·비망록·시장 볼 목록에서도, 글쓴이가 더 나중의 시간·장소에 있는 자기 자신에게 말을 전하고 있다. 이는 더 나중의 시간·장소에 있는 다른 누군가에게 글을 쓰는 일과 차이가 없다.

---

[22] 원문 'as on a theater stage(연극 무대에서처럼)'은 중의적으로 쓰였다. 앞의 문장에서는 가상 층렬을 도입한다는 뜻이다. 그러나 여기서는 현실 층렬에 영향을 주지 못한다는 뜻이다. 번역에서는 뜻을 살려, 역접 접속사로 바꿔 놓았다.

[23] §.1-1-2에서 유령 집필자가 '찰리 채플린'의 자서전을 쓰는 예를 들어 놓았었다. 채플린은 고인이 되었으므로 결코 자서전을 쓸 수 없다. 그렇지만 채플린을 연구한 사람이 마치 유령처럼 그의 자서전을 집필할 수 있다.

지금까지 우리는 언어사용이 사람들을 많은 역할 속에 자리 잡게 함을 살펴보았다. 기본적 현장에서는, 언제나 화자와 청자가 있지만, 또한 부차 참여자·방청자·몰래 엿듣는 사람들도 있다. 다른 현장에서는 두 층렬 이상의 활동들이 있을 수 있는데, 각 층렬마다 고유한 역할을 지닌다. 저자가 '층렬 1'로 부른 제1층렬은 현실 속에서 실제 일을 하는 현실 속의 사람들을 나타낸다. 더 높은 층렬들은 그 순간 동안만을 위해 임시 만들어진, 흔히 가상적인 다른 시공간을 나타낸다. 흔히 그런 시공간들을 만들어 내고 뒷받침하는 데에는, 배우와 속기사처럼 서로 다른 많은 역할들을 이용하게 된다.

§.1-3 언어행위

언어사용의 무대에서 사람들이 실행하는 바는 여러 행위를[24] 취하는 것이다. 추상화의 높은 수준에서는, 사람들이 서로간에 업무를 협상하고, 잡담을 하며, 서로 잘 알게 된다. 낮은 수준에서는 서로간에 단언을 하고, 요구를 하며, 약속을 하고, 사과를 한다. 그런 일을 실행하면서, 사람들은 서로를 위하여 대상들을 범주로 나누고, 사람들을

---

[24] 〈원저자 5〉 'action(지속적인 행위), act(단발의 행위, 단 한 번으로 끝나는 행위), activity(작업활동)'이란 용어는 언제나 '의도적으로(intentionally)' 일을 하는 것을 의미하게 될 것이다. 의도와 행위의 두 가지 시각에 대해서는, 브랫먼(Bratman, 1987; 1990)과 코우언·르뷔스끄(Cohen and Levesque, 1990)를 보기 바란다.

〈역자주〉 우리말에서 '행위·행동·활동(작업활동)·동작·거동' 등은 구분이 쉽지 않다. 영어의 act, action, activity, conduct, behaviour 등도 그러하다. 먼저 가장 포괄적인 용어로 '행위'가 있다. 이는 영어의 act에 대응한다(영어 낱말밭에서 act가 가장 단순한 형태임). 즉, '행위'는 구체적인 행위뿐만 아니라, 추상적인 행위까지 가리킨다. 그런데 이 책의 §.3-6에서는 단 한 번으로 끝나는 행위(단발 행위)를 'act'라고 언급한다. 대신 시간상으로 전개되는 지속적인 행위를 'action(지속행위)'이라고 언급한다. 이를 구분해 주기 위해서 후자를 '지속행위, 지속적인 행위'라고 번역할 수 있다. 단일행위 act와 지속행위 action은 묵시적으로 인간의 의지와 관련되어 있다.

추상적 행위와 반대되는 5관으로 관찰 가능한 구체적 행위를 가리키는 낱말도 있다. 이는 구체적이므로 관찰될 수 있고, 시작과 끝이 분명하다. 이들은 우리말에서 '행동, 동작, 거동'이다. 행동이나 동작은 거지(擧止 : 시작과 끝)가 있고(행동거지, 동작거지), 거동은 동작을 시작한다는 뜻이다. 이들은 모두 관찰 가능한 외재적 '움직임'(어근으로 모두 '動'을 지님)을 가리킨다. 이는 영어의 behaviour(행동)에 대응한다. 미국 행동주의 심리학에서는 behaviour(행동)를 외적인 관찰 대상으로 정의한다(존재하게 된다는 영어 접두사의 be-가 그런 역할을 함). 특히 behaviour를 쓸 때는, 동물과 인간을 구분하지 않고 공통적으로 쓰인다(생물의 행동 일반). 한자어의 '지을 작(作)'과 '들 거(擧)'는, 어떤 주체가 의도를 갖고서 임의의 행동이나 동작을 시작한다는 전제가 깔려 있다('거동'은 행동이나 동작을 시작하다는 뜻임). 미국의 철학자 데이빗슨(Davidson, 1980)에서는 행동주의 철학자답게 action을 오직 bodily movement(신체 움직임) 또는 physical action(신체 행동)으로만 간주하였다. 따라서 데이빗슨에게는 behaviour나 action이나 동의어가 된다. 더 뒤에 와서 인간의 행위나 행동을 다루는 연구자들은, action이 외부에서 관찰 가능한 것으로만 좁게 취급되어서는 안 된다는 점을 부각하면서, physical action(신체적 행위)와 mental action(정신적 행위)로 나누거나(Pacherie, 2006 : 194, "The Phenomenology of action" in *Cognition*, #107), 또는 overt action(외적 행위)와 covert action(내적 행위)로 나누어 놓은 바 있다(Jeannerod, 2006, *Motor Cognition*, Oxford Univ. Press).

activity(작업활동, 활동)에 대해서는 §.2-1에서 조금 언급되어 있다. 행위의 속성을 구현하는 활발한 행동 또는 능동적 행동으로서, 흔히 지속적으로 이어지는 반복적인 행위와 관련되어 쓰일 수 있다. 번역 용어들을 구분하기 위하여 여기서 activity는 '작업활동'으로 뒤쳐 쓰기로 한다. conduct(행실)은 도덕적 판단이 깃들어 있으므로 '행실'로 번역될 수 있다.

가리키며, 대상들을 자리 잡게 해 둔다[locate]. 또한 좀더 낮은 수준에서는, 서로 확인하기 위하여 발화를 산출한다. 그리고 가장 낮은 수준에서는 서로 주목하고 듣고 볼 수 있도록, 말소리와 몸짓 시늉과 글을 만들어 낸다. 적어도 이것들이 언어사용의 제1층렬에 있는 화자와 청자(수신자)의 행위들이다. 놀랍게도 이들 행위가 모두 협동행위가 되는 듯하다. 즉, 한 쌍의 사람이 협동하여 여러 일들을 하고 있는 것이다. 만일 우리가 조금이라도 그들을 이해하려면, 협동행위가 무엇이며, 그것이 어떻게 작동하는지를 알아야 한다. 이것이 제3장의 주제이다. 이제 간략히 협동행위를 살펴보고, 개별행위들로부터 협동행위가 어떻게 만들어지는지를 알아보기로 한다.

1-3-1 협동행위

피아노로 모차르트 소나타를 혼자 연주하는 경우에, 내가 만들어 내는 음악이, 인쇄된 악보를 읽는 일로부터 시작하여 손가락으로 건반을 누르는 일에 이르기까지, 나의 특정한 정신적 과정과 근육운동 과정을 반영해 준다. 이들 과정은 피아노 기구, 인쇄된 악보, 조명, 다른 환경적 특성들에 의해 산출되는 것으로서, 전체적으로 나의 통제 아래 놓여 있다. 나

번역자는 인간이 의지를 갖고 실행하는 행위와 관련된 낱말밭의 구분은 [±구체성(추상성)], [±의도성(자연성)], [±순간성(지속성)], [±일회성(반복성)] 등의 자질로 이뤄질 듯하다. 먼저 추상적인 것이냐 구체적인 것이냐의 속성으로 나뉘고, 구체적인 행위는 다시 의도를 갖고 있느냐로 나뉘며, 다시 활발하게 지속하여 반복적으로 이어지느냐 오직 1회적인 사건이냐에 따라 나뉘고, 순간에 일어나느냐 일정 시간 동안에 걸쳐 점차적으로 일어나느냐에 따라서 다시 나뉘는 듯하다.

우리말에서 '행위'는 포괄적인 용어로서 추상적인 대상까지를 가리킬 수 있다. 행위는 '행동·활동·동작·거동' 등 '움직일 동[動]'자 계열의 낱말을 포괄할 수 있다('다닐 행[行]'은 네거리 길을 본뜬 것이지만, 반으로 나눠 각각 '조금씩 걸을 척[彳]'과 '자축거릴 촉[亍]'으로 부르며, 어떤 일을 진행시켜 나간다는 뜻이다. '할 위[爲]'는 허신(許愼, ?30~?124)의 『설문해자』에 원숭이를 그렸다고 설명했지만 어원이 불분명하다. 행동과 동작과 거동이 1회적인 쪽에 모아져 있다면, 상대적으로 활동은 반복되거나 지속적인 쪽에 초점이 있는 듯하다. 필요한 경우에 우리말에서는 수식어를 붙여 구분해 줄 수 있다. '단일행위, 지속행위, 반복행위, 순간적 행위, 점진적 행위' 등이다.

이런 틀에서 보면, 영어에서 어원의 역할을 맡는 act는 낱말밭의 포괄적 용어로 이해되어야 할 듯하다(최상의어이면서, 동시에 또한 1회적 행위를 가리킴). action(지속적 행위)은 시간 전개과정이 들어 있는 행위에 초점이 있으며, activity(작업활동)는 반복 가능한 행위에 초점을 모으는 것으로 파악될 수 있다. behavior(행동)는 관찰 가능한 구체적 행동거지를 가리킨다. 한편 이만갑(2002 : 66~67), 『자기와 자기의식』(소화)에서는 휴잇(Hewitt, 1976)을 인용하여 act(행위)가 인간 행동의 흐름(충동→지각→조작→달성)에서 추상화되는 가장 작은 의미단위이며, '사회적 의미를 지닌 행위의 기본 단위'로 규정하였다.

최근 의도와 행위에 대한 참고서로 앤스컴(Anscombe, 1957), 『의도(*Intention*)』(Blackwell)과 그녀의 회갑 논총 Diamond and Teichman(1979) 엮음, 『의도와 지향성(*Intention and Intentionality*)』(Cornell Univ.Press); 코우언·모건·폴럭(Cohen, Morgan and Pollack eds., 1990) 엮음, 『의사소통에서의 의도(*Intentions in Communication*)』(MIT Press); 오디(Audi, 1993), 『행위·의도·합리성(*Action, Intention, and Reason*)』(Cornell University Press); 라이언즈(Lyons, 1995), 『지향성에 대한 여러 접근법(*Approaches to Intentionality*)』(Clarendon); 브랫먼(Bratman, 1999), 『의도의 여러 얼굴(*Faces of Intention*)』(Cambridge University Press); 말리·모우저스·볼드윈(Malle, Moses and Baldwin, 2001) 엮음, 『의도와 의도성(*Intentions and Intentionality*)』(MIT Press); 프뢰이어·피터·울컨(Preyer, Peter and Ulkan, 2003) 엮음, 『의미의 개념 : 언어 행동에 대한 통합된 이론을 얼개 잡기(*Concepts of Meaning : Framing an Integrated Theory of Linguistic Behavior*)』(Kluwer); 말리(Malle, 2004), 『정신이 행위를 설명하는 방법(*How the Mind Explains Behavior*)』(MIT Press) 등이 나와 있다.

는 언제 시작할지, 얼마나 빨리 연주할지, 어디서 늦추어 놓거나 가속할지, 언제 강하게 연주하고 언제 여리게 연주할지, 어떻게 악구를 구성해 놓을지를 결정한다. 그리고 만일 나의 정신 과정과 근육운동 과정이 올바르게 일어난다면, 그 결과는 모차르트 음악이 될 것이다.

친구 마이클Michael과 내가 함께 모차르트 곡을 협주로 연주하는 경우에는 뭔가 다른 일이 생겨난다. 이번에는 나의 행위가 그의 행위에 달려 있고, 그의 행위가 나의 행위에 달려 있다. 우리는 음표를 읽는 일로부터 시작하여 건반을 두드리는 일에 이르기까지, 우리의 개인별 과정들을 서로 조율해 놓아야 한다. 언제 시작하고 얼마나 빠르게 진행하며, 언제 느리게 또는 빠르게 연주하고, 언제 강하게 그리고 여리게 연주하며, 악구를 어떻게 구성할지에 대한 각자의 결정은, 반드시 공동으로 결정되어야 한다. 그렇지 않으면 그 결과는 결코 모차르트 음악이 될 수 없을 것이다. 우리의 연주는 모차르트 곡을 각자 연주하는 두 사람의 개인으로서 서술되는 것이 아니라, 모차르트 협주곡을 연주하는 '한 쌍의 사람들'로 가장 잘 서술된다.

여기서 개별행위와 협동행위 사이에 하나의 대조점이 있다. 협동행위는 한 쌍의 사람에 의해 이뤄진 행위이다. 독주는 개별행위이지만, 협주는 협동행위이다. 우리는 다음에 제시된 비교에서도 똑같은 대조를 보게 된다.

개별행위	협동행위
1인용 카약의 노를 젓는 사람 1명	2인용 카누를 젓고 있는 한 쌍의 사람
경주용 차를 경주 노선으로 밀고 있는 사람 1명	경주용 차를 노선으로 밀고 있는 4인조의 사람들
톱으로 통나무를 자르고 있는 나무꾼 1명	2인용 톱으로 나무를 자르는 한 쌍의 나무꾼
음반에 맞춰 춤을 추고 있는 발레 무용수 1명	음반에 맞춰 춤을 추고 있는 발레 군무 무용수들
경주용 도로에서 속력을 높이고 있는 경주용 자동차 선수 1명	경주용 도로에서 속력을 높이고 있는 10인조의 경주용 자동차 선수들

심지어 동일하게 보이는 경우에라도, 한 개인의 작업 과정은 각각 개별행위와 협동행위에서 아주 달라질 수 있다. 전자 피아노 건반 위에서, 저자가 모차르트 협주곡의 저자 몫을 두 번 연주한다고 가정해 보자. 한 번은 독주로 연주하고, 한 번은 자기 몫을 연주하는 마이클과 더불어 협주로 연주하는 것이다. 만일 이어폰으로 여러분이 내 연주 몫을 들었다면, 어떤 차이도 주목하지 못하였을 터이지만, 그럼에도 내가 연주한 것은 아주 달랐다. 독주 연주에서는 모든 행위를 내 자신의 책임으로 떠맡았다. 협주에서는 모든 행위를 마이클과 상호조율하였다. 협주곡을 연주해 본 사람이면 누구나 잘 알고 있듯이, 이것이 결코 만만한 일이 아니다. 1인용 카약을 노 젓는 사람 1명과 2인용 카누를

노 젓는 사람 2명 사이에, 경주용 차를 노선 쪽으로 밀고 있는 1명과 한 조로 된 4명 사이에, 발레 무용수 1명과 발레 군무 무용수 여러 명 사이에, 나무꾼 1명과 짝을 이룬 나무꾼 2명 사이에, 경주용 자동차 선수 1명과 10인조로 된 경주용 자동차 선수군 10명 사이에, 유추가 성립되는 차이가 있다(즉, 개별행위 대 협동행위). 이들 경우가 모두 동일한 점을 예시해 준다. 개별행위로서 독주를 하는 것이, 협동행위의 일부로서 명백히 동일한 행위를 수행하는 것과 서로 똑같은 것은 아니다.

그러므로 우리는 반드시 두 유형의 개별행위들을 구별해 놓아야 한다. 내가 피아노 독주를 치는 경우에는, '독자적인 지속행위autonomous action'를 수행하고 있다. 마이클과 내가 피아노 협주를 치는 경우에는, 우리가 또한 개별행위를 수행하지만, 협주의 일부로서 그러는 것이다. 이들 행위를 저자는 '동참하는 지속행위participatory actions'라고 부를 것이다(줄여서 '동참행위'). 그것들은 오직 협동행위의 일부로서만 수행된 개별행위들이다. 따라서 피아노 협주곡을 치는 일처럼 협동행위는 동참행위로부터 구성된다. 또는 동일한 내용으로서, 협동행위를 만들어 내기 위하여 동참행위를 취하는 것이다. 이들은 똑같은 동전의 양면인 셈이다.

행위유형	행위주체
협동행위(joint action)	합체를 이룬(ensemble) 참여자들
동참행위(participatory action)	개별 참여자들

우리는 협동행위를 부분들로 이뤄진 전체로서든지, 아니면 전체를 이뤄나가는 부분들로서 살펴볼 수 있다.

많은 협동행위들에서 유다른 일을 실행하는 참여 당사자들이 있다. 건널목으로 접근하고 있는 운전자는, 건널목을 가로질러 건너려고 하는 보행자와 서로 조율한다. 춤을 추고 있는 발레 무용수는, 그녀를 따라 연주되는 오케스트라 음악과 서로 조율한다. 어느 여성의 발에 신발을 잽싸게 신겨 주는 점원은, 그녀가 신발을 신어보려고 발을 내뻗음에 따라 그녀와 서로 조율한다. 이들 사례가 협동행위에 대한 두 번째 초점을 드러낸다. 즉, 참여 당사자들은 흔히 서로가 아주 다른 개별행위들을 수행하는 것이다.

1-3-2 말하기와 듣기

말하기와 듣기는 전통적으로 피아노 독주를 연주하는 일처럼 독자적인 지속행위라고 여겨져 왔다. 가령, 앨런이라는 한 사람이, 한 문장을 선택하고서 발화로든 아니면 종이 위에든 산출해 내면, 바버뤄라는 또다른 사람이 그것을 받아들여 해석하게 된다. 그렇다면 언어사용은 전보 메시지를 전달하는 것과 같다. 앨런이 어떤 생각을 지니고 그것을 모르스 부호나 일본어나 영어로 된 메시지로 부호화하여 그것을 바버뤄에게 전달한다. 그녀는 그 메시지를 받고서 해독을 하여, 앨런이 그녀가 받아들이도록 원한 그 생각을 찾아낸다.[25] 저자는 말하기와 듣기가 서로 독립적이지 않음을 논의할 것이다. 오히려 그것들은 이중창의 부분들처럼 동참행위이며, 화자와 청자가 만들어 내는 언어사용은 이중창 그 자체처럼 협동행위인 것이다.

말하기와 듣기는 그 자체로 여러 수준에 있는 행위들로 구성되어 있다. 어빙 고프먼(Erving Goffman, 1981a : 226)에서 주목하였듯이, 화자에 대한 상식적 개념은 세 종류의 행위 주체를 포함한다.[26]

① 말소리 발성자(vocalizer)는 "발화가 나오게 되는 소리 상자이다." 글말 현장에서 대응되는 역할은 아마 필사자(inscriber)로 불릴 것이다.

② 언어형식 주조자(formulator)는 "발화된 행들을 함께 배열하거나 구성하거나 적어 놓는 주체이다."

③ 주인공(principal : 주연 배우)은 "신분·입장·믿음에 대해 그 발화 낱말들이 존재를 입증하게 되는 당사자"이다.

곧, 주인공이란 그 낱말에 의해서 표상된 바를 뜻하는 주체로서, 그 발화의 'I나'이다. 고프먼의 견해로는, 말하기가 세 가지 수준의 행위로 해체된다. 의미하기meaning와 언어 형식 만들기formulating와 말소리 내기vocalizing이다(또한 Levelt, 1989를[27] 보기 바람).

얼굴을 마주보는 대화에서, 화자는 동시에 세 가지 역할을 모두 실행한다. 즉 동시에 주인공·언어형식 주조자·발성 주체가 된다. 앨런이 바버뤄에게 다음처럼 묻는 경우에,

---

[25] 〈원저자 6〉 이런 메시지 모형은 앨런의 산출과 바버뤄의 수용이 고립된 채 독립적으로 연구될 수 있음을 함의한다. 또한 메시지가 임의의 기호 체계(가령 일본어나 영어)에서 부호화된 상징들의 열(strings)이므로, 따라서 그것들이 산출되고 수용되는 과정과는 독립적으로 (메시지가 그 자체로서) 연구될 수 있음을 함의한다. (이런 시각과는 달리, 이 책에서 가정하듯이) 만일 말하기와 듣기가 동참행위라면, 이들 두 가지 함의 내용들이 더 이상 올바른 것으로 도출되지는 않을 것이다.

[26] 〈원저자 7〉 혼란을 피하기 위하여, 저자는 고프먼이 쓴 animator(발화에 생기를 주는 주체)와 author(저자)란 용어를 각각 vocalizer(말소리 발성자)와 formulator(언어형식 주조자)로 대치해 놓았다.

[27] 이 책은 김지홍 뒤침(2008), 『말하기 : 그 의도에서 조음까지』(1~2권, 나남)로 나와 있다.

Did you happen to see my dog run by here?
여기 이 근처에서 혹시 달려 지나간 나의 개를 본 적이 있습니까?

그는 그녀에게 인식되기를 바라는 의미를 선택하고, 발화될 낱말을 만들어 내며, 이들 낱말을 소리로 발성한다. 비-기본적 환경에서는 종종 이들 역할이 분리되어 차단된다. 어느 대변인이 미국 국무장관의 성명을 읽는 경우에, 그녀는 성명서를 소리로 발성해 낸다. 그렇지만 그녀가 나타내는 의미는 국무장관의 것이며, 그것들을 언어형식으로 만들어 낸 이는 국무장관의 보좌관이다. 다른 사례를 들어 본다면, 유령 집필자는 자신이 쓰는 바를 언어형식으로 만들어 내고 글로 적어 넣는다. 그러나 그 낱말들은 그들이 유령처럼 대신 집필해 주고 있는 사람의 의미를 나타내게 된다. 거의 동일한 내용이 동시통역사, 연설문 대리 집필자, 원고 정리 편집자에게도 적용된다. 그리고 규범적 환경에서는 정형화된 언어형식 만들어 내기로부터 의미 만들기와 소리 내기가 분리된다. 어느 결혼식에서 신부가 다음처럼 말하는 경우

I Margaret take thee Kenneth to my wedded husband
나 마그릿은 당신 케니쓰를 나의 남편으로 맞아서…

그녀는 자신을 'I[나]'로 가리키며 자신이 말하는 바를 의미하지만, 그녀가 자신이 말하는 바에 대한 언어형식을 만들어 내는 것은 아니다. 그 언어형식은 교회에 의해서 이미 규범적으로 만들어져 있는 것이다.

마찬가지로 듣기도 최소한 세 수준의 행위로 해체된다. 바버뤄가 앨런에 의해서 'Did you happen to see my dog run by here[여기 이 근처에서 혹시 달려 지나간 나의 개를 본 적이 있습니까?]'라고 질문을 받은 경우에, 먼저 그녀는 그의 발성 내용에 주목한다[attending]. 그녀는 또한 그의 낱말과 구절들을 확인하고 있다[identifying]. 그리고 그녀는 응답자[respondent]인데, 그가 뜻한 것을 인식하고, 그가 물은 질문에 대답을 하게 될 사람이다. 얼굴을 마주보는 대화에서 청자(수신자)는 한꺼번에 세 가지 역할을 모두 실행한다. 응답자[respondent], 확인 주체[identifier], 주목하는 주체[attender]이다. 그러나 다시 한 번 비-기본적 환경에서는 그 역할들이 종종 분리되어 차단된다. 예를 들어, 필경사[copyists], 법정 속기록 담당자[court reporters], 속기사[stenographers]들의 주요 작업은, 비록 그 일을 실행함에 따라 이해하려고 하는 것이 전형적이라 하더라도, (의미 이해 이전의 단계로서) 사람들의 발화를 확인하는 것이다. 또는 화란어를 말하는 뷤[Wim]이 영어로 동시에 통역을 해 주는 통역사를 통하여 쑤즌[Susan]에게 뭔

가를 말하는 경우에, 화란어 낱말들을 확인하거나 이해하지 않고서도 그녀는 뵘의 발화에 주목할 수 있다. 그리고 비록 그녀가 동시 통역사의 영어 번역에 주목하고 확인하며 이해를 하더라도, 그녀가 뵘에게서 나온 것으로 귀속시켜 놓는 유일한 것은 표현된 그 의미이다.

말하기와 듣기에 있는 구성부문 행위들은 짝으로 나타난다. 말하기에 있는 행위 각각에 대하여, 듣기에서 대응되는 행위가 각각 하나씩 있는 것이다.

수 준	말 하 기	듣 기
1	A가 B를 위해 말소리를 발성한다(vocalize)	B가 A의 발성에 주목한다(attend)
2	A가 B를 위해 발화를 만들어 낸다(formulate)	B가 A의 발화를 확인한다(identify)
3	A가 B를 위해 뭔가를 의미한다(mean)	B가 A의 의미를 이해한다(understand)

그러나 짝짓는 일은 심지어 그것보다 더 단단하다. 각 수준이 두 가지 동참행위로 구성된다. 하나는 말하기 쪽의 동참행위이고, 다른 하나는 듣기 쪽의 동참행위이다. 이것들이 함께 협동행위를 만들어 낸다. 전체적인 협동행위는 실제로 여러 가지 수준의 협동행위들로 해체된다. 이는 제5장·제7장·제8장·제9장에서 다뤄지는 주제이다.

이들 협동행위들 가운데 하나에 특권이 주어진다. 그것은 수준 3으로서, 화자의 의미(≒화자의 의사소통 의도)와 청자(수신자)의 이해이다. 저자는 그 수준이 언어사용을 정의해 주기 때문에 특권이 있다고 제안한다. 다시 말하여, 그것은 뭔가가 언어사용의 사례가 되는지 여부를 결정하는 데 우리가 이용하는 궁극적인 기준인 것이다. 저자는 언어사용이 죤 스뛰엇 밀John Stuart Mill이 '자연종natural kind'라고 불렀던 바이라고 가정한다.[28] 언어사용은 세포·젖먹이동물·시지각·학습이 그러하듯이, 자연의 기본적인 범주 한 가지이며, 그 자체의 권리로서 과학적 연구를 허용하는 것이다. 그리고 그것을 자연종으로 만들어 주는 것은, 화자의 의미(≒화자의 의사소통 의도)와 청자(수신자)의 이해를 만들어 내는 협동행위이다.

1-3-3 새로 부각되는 산출물

어떤 행위를 취하는 경우에, 우리는 많은 결과들을 미리 내다보며 의도하기도 하지만,

---

[28] 〈원저자 8〉 가령 콰인(Quine, 1970)과 퍼넘(Putnam, 1970)을 보기 바란다.

다른 결과들도 간단히 새로 부각되어 나타난다. 다시 말하여 행위는 광의의 두 가지 산출물을 지닌다. 미리 예상된 산출물anticipated products과 새로 부각되는 산출물emergent products이다. 몇 가지 사례들을 살펴보기로 한다.

어느 여자 친구가 여러분에게 다음 낱말들을

slink, woman, ovate, regal, droll
살짝 움직이다, 부인, 달걀 모습의, 제왕답게 당당한, 까불거리는

한 줄에 하나씩 적어 놓도록 말하였고, 여러분이 그렇게 한다. 그러고 나서 그녀가 다음과 같이 말한다.[29]

Now read down the five columns.
이제 차례로 5개의 열을 아래로 읽어 보십시오.

놀랍게도 여러분은 다음과 같이 다섯 개 이상의 낱말을 발견하게 된다(Augarde, 1986에서 가져옴).

sword, lover, imago, natal, knell
칼, 연인, 다 자란 벌레, 출생의, 슬픔을 나타내는 조종(弔鐘)

밑으로 읽어 간 낱말들은 전혀 여러분이 미리 예상한 것이 아니다. 그것들은 막 새로 부각되어 나타났다. 그러고 나서 여러분의 발견 결과를 또다른 친구에게 가져간다.

내가 slink, woman, ovate, regal, droll이란 낱말들을 한 줄에 하나씩 아래로 적어 넣을 게. 아래로 읽어 가면 어떤 낱말이 나오는지 살펴보렴.

29

s	l	i	n	k
w	o	m	a	n
o	v	a	t	e
r	e	g	a	l
d	r	o	l	l

이번에는 아래로 읽어 가면서 여러분이 그 낱말들을 만들어 내도록 의도하므로, 따라서 그 낱말들은 미리 예상된 산출물이 된다.

12살 난 아이가 여러분에게 "Say E[E라고 말해요]"라고 말하므로, 여러분이 "E"라고 한다. "Say S[S라고 말해요]"라고 하자 여러분이 "S"라고 말한다. "Say X[X라고 말해요]"라고 하므로 여러분이 "X"라고 말한다. "Say E[E라고 말해요]"라고 말하여 여러분이 "E"라고 말한다. 그 어린이가

> Now say them all, quickly, three times.
> 이제 그것들을 모두 세 번 빨리 말해 봐요.

라고 하자, 여러분이

> ESXEESXEESXE
> 이스섹시,이스섹시,이스섹시 : he is sexy 그가 성적 매력이 있다.

라고 한다. 그러자 그 아이가 다음처럼 말대꾸를 한다.

> No he isn't!
> 아뇨, 그렇지 않아요.

재빨리 'ESXE'를 산출하면서, 그것이 마치 'He is sexy[그가 성적 매력이 있다]'로 말하듯이 소리가 날 것이라고 여러분은 미리 예상하지 못하였다. 그것은 여러분의 행위에 대하여 새로 부각된 산출물이었다.

쑤즌[Susan]은 마이클과 내가 두 대의 피아노를 연주하도록 신비스런 협주곡을 작곡한다. 우리가 맡은 부분들은 아주 영리하게 고안되어서, 그 협주가 어떻게 소리가 날지에 대하여 우리들 중 어느 누구도 말할 수 없다. 우리가 함께 그 곡을 연주하는 날에 우리는 'Greensleeves[푸른 옷소매]'를[30] 연주하고 있음을 발견한다. 더 나중에 우리는 다른 친구들에게 가서, 우리가 '푸른 옷소매'를 연주할 예정이라고 광고하고, 각자 맡은 부분들을 연주한다. 첫 번째 연주에서는 '푸른 옷소매'가 우리 협동행위의 결과로서 새로 부각된 산출물이었으나, 두 번째 연주에서는 미리 예상된 산출물이자 심지어 의도되기까지 한 산출물이었다.

---

[30] 16세기부터 애창되는 아일랜드의 민요로서, '푸른 옷소매'는 주인공 여성의 이름이라고 한다.

개인들이 서로간에 바로 가까이에서 행위를 하는 경우에는, 쉘링(Thomas Schelling, 1978)에서 지적된 것과 같이, 새로 부각된 그들 행위의 산출물이 심지어 그들의 바람과 어긋나는 쪽으로도 진행될 수 있다. 가령, 개인들이 한 사람씩 차례로 대강당에 들어간다. 첫 번째 도착한 사람이 무대를 기준으로 하여 출입구 쪽까지 뒤쪽으로 $\frac{1}{3}$쯤에다 자리를 잡고 앉는다. 너무 앞쪽에 앉은 것도 아니고, 그렇다고 너무 뒤쪽에 앉은 것도 아니다. 두 번째 도착한 사람과 더 나중에 도착한 사람들은, 공손하게도 맨 앞쪽에 앉은 사람 뒤에 자리를 잡고 앉는다. 그 대강당이 다 채워짐에 따라, 부각되는 유형은 모든 사람이 그 대강당의 뒤쪽으로 $\frac{2}{3}$쯤의 구역에만 앉아 있다. (연주자인) 각 개인은 그 대강당의 앞쪽으로 $\frac{2}{3}$쯤의 구역에 청중들이 앉는 것을 선호할지 모르겠지만, 그들은 새로 부각된 그 착석 유형을 받아들여야 한다.

모든 행위는 미리 예상된 산출물을 지니며, 그것이 또한 협동행위를 위해서 진행된다. 마이클과 내가 모차르트 협주곡에서 각자 맡은 부분을 연주하였다면, 우리는 모차르트 협주곡을 산출하려고 의도하였다. 마이클과 내가 쑤즌이 작곡한 협주곡을 처음 연주하였다면, 우리는 '협주곡을 연주하고자' 의도하였지만, '「푸른 옷소매」를 연주하고자' 의도한 것은 아니었다. 푸른 옷소매는 단순히 새로 부각되어 나온 것이다. 언어사용에서, 미리 예상된 산출물과 새로 부각된 산출물을 혼동하지 않는 것이 중요하다. 의도되거나 또는 미리 예상된 것으로 가정된 많은 정규적 산출물regularities들은, 사실상 의도된 것도 미리 예상된 것도 아니라, 단순히 새로 부각된 것이다(대화는 미리 결과를 예상치 못한다는 특징이 있음 : 뒤친이).

1-3-4 여섯 가지 명제

제1장에서는 이 책에서 저자가 취하게 될 언어사용에 대한 접근법을 개략적으로 그려 놓았다. 그러는 과정에서 저자는 여러 가지 작업가정을 도입하였다.

명제 1 : 언어는 근본적으로 사회적 목적을 위해 이용된다.

사람들은 언어 그 자체를 사용하는 것이 아니다. 잡담하기, 서로 잘 알게 되기, 일상적인 자잘한 일들을 계획하기, 업무 처리하기, 정치사건 논쟁하기, 가르치고 배우기, 서로 즐겁게 해 주기, 법정에서 재판을 열기, 외교 업무에 종사하기 등, 여러 가지 일을 하기 위하여 언어를 사용한다. 이것들은 사회적 활동이며, 언어는 사회적 활동이 실행되어 나가도록 도와주는 '도구'인 것이다. 우리가 알고 있는 바대로, 언어는 도구로 쓰이는 사회적 활동들을 위한 것이 아니었더라면 존재하지도 않았을 것이다.

명제 2 : 언어사용은 협동행위의 한 종류이다.

모든 언어사용에는 최소한 두 사람의 행위 주체가 요구된다. 이들 행위 주체는 실제적이거나 가상적일 수 있고, 개별적 사람이거나 개인으로 간주된 기관일 수도 있다. 언어를 사용하는 데에서, 행위 주체들은 피아노 독주를 치고 있는 연주자처럼 독자 행위를 수행하는 것이 아니라 그 이상의 일을 한다. 그들은 즉석에서 합주ensemble로 변통해 내는 재즈 음악가들처럼 협동행위에 참여하고 있는 것이다. 협동행위는 참여 당사자들이 얼굴을 마주보면서 이야기를 하든지, 아니면 굉장한 시간과 공간의 확장을 넘어서서 서로에게 글을 쓰든지 간에, 개인 행위들에 대한 상호조율을 요구한다.

명제 3 : 언어사용은 언제나 화자의 의미와 청자(수신자)의 이해를 포함한다.

앨런Alan이 어떤 신호를 바버롸Barbara가 확인하도록 산출하는 경우에, 그는 그 신호에 의해 뭔가를 의미한다. 그는 그녀가 인식하게 될 어떤 의도를 지니고 있는 것이다. 그와 상호조율하는 데에서, 바버롸는 그 신호를 확인하고, 그가 그 신호로 의미하는 바를 이해한다. 우리가 언어사용으로 생각하는 것은, 대부분 이를 효과적으로 실행하는 기제를 다룬다. 그것들이 제1인칭 주체가 의미하는 바를 이해할 위치에 있는 또다른 사람을 위하여 뭔가를 의미하는 한 명의 주체를 포함하지 않는다면, 우리는 그런 행위를 '언어사용'으로 이름 붙여 놓으려고 하지 않는다. 물론 명제 3은 언어사용이 의미하기와 이해하기에 지나지 않음을 함의하는 것이 아니다. 더 많은 것을 담고 있다. 이는 아마 언어사용에 대하여 이들 개념이 중심적이며 기준이 될 것임을 뜻한다.

명제 4 : 언어사용을 위한 기본적 환경은 얼굴을 마주보는 대화이다.

대부분의 사람들에게 대화는 언어사용의 가장 일반적인 현장이며, 많은 사람들에게 대화는 유일한 현장이다. 세계의 언어들은 거의 전적으로 입말 현장에서 진화되었다. 대화는 또한 모국어를 배우는 어린이들을 위한 요람이 된다. 얼굴을 마주보는 대화를 설명할 수 없는 언어사용 접근법을 채택하는 일은 이해가 되지 않는다.[32] 여전히 많은 이

[32] 추상적이고 형식적인 언어 연구가 논리실증주의자들로부터 시작하여 언어학에서 촴스끼에까지 이어지는데, 이 진술은 이런 흐름을 겨냥한 것으로 보인다. 촴스끼의 최근 생각을 우리말로 읽으려면, 김양순 외 5인 뒤침(2006), 『언어설계와 국면』(경진문화사)를 참고하기 바란다. 촴스끼의 언어철학에 대한 개관은 김지홍(2002), 「'내재주의' 언어철학에 대하여」, 『시학과 언어학』 3호를 보기 바란다.

론가들이 대화를 설명하는 연구를 실행해 오는 것으로 보인다. 그리고 만일 대화가 기본적이라면, 다른 현장들은 이런저런 측면으로 도출되는 것이다.

명제 5 : 언어사용에는 흔히 두 층렬 이상의 활동이 들어 있다.

연극·이야기 말해 주기·구술해 주기·텔레비전 뉴스·읽기처럼, 많은 유형의 담화에서는 행위의 영역이 두 가지 이상이 있다. 무엇보다도 각 영역은 참여 당사자·시간·장소·취해진 행위들의 한 묶음에 의해서 구체화된다. 가령, 자신의 청중들 쪽을 향해 이야기꾼이 취한 행위들은, 그들의 이야기에서 소설 읽어 주는 사람fictional narrator이 소설을 듣는fictional 청중을 향하여 취한 행위들과는 서로 다른 층렬에 속해 있다. 가장 단순한 모습에서, 대화는 오직 행위의 층렬 하나만을 갖고 있다. 임의의 시점에서 그 화자는 말하는 바에 대한 '주인공·언어형식 주조자·발성 주체'가 되며, 청자(수신자)는 '주목하는 주체·확인 주체·응답자'가 된다. 여전히 참여 당사자가 누구이든지 간에, 이야기를 말해 주거나 또는 다른 사람으로 연기를 함으로써, 추가적인 행위의 층렬들을 도입할 수 있다. 이것이 대화를 언어사용을 위한 가장 풍부한 현장의 하나로 만들어 주는 것이다.

명제 6 : 언어사용의 연구는 인지과학이면서 또한 사회과학이다.

피아노 협주곡을 연주하는 일과 같은 협동작업 활동을 우리는 두 가지 관점으로부터 살필 수 있다. 우리가 개별 피아노 연주자들과 그들이 각자 수행하고 있는 동참행위들에 초점을 모을 수 있다. 아니면, 협주 짝에 그리고 짝으로서 만들어 내는 협동행위에 초점을 모을 수도 있다. 완벽한 그림을 위하여, 우리는 두 관점을 모두 포함해 놓아야 한다. 합주 짝으로서 건반을 치고 있는 피아노 연주자를 연구하지 않고서는, 협주곡을 연주하는 속성들을 찾아낼 수 없다. 그리고 또한 그들이 개인별 행위를 통하여 협주를 만들어 내고자 함을 인식하지 않고서는, 피아노 연주자가 각자 실행하고 있는 바를 이해할 수 없는 것이다.

비록 언어사용의 연구가 응당 다른 임의의 협동작업 활동들에 대한 연구와 비슷해져야 하겠지만, 실제 연구에서는 그렇지 않다. 인지 과학자들은 화자와 청자를 개별적으로 연구해 온 경향이 있었다. 전형적으로 그들의 이론은 홀로 화자의 또는 홀로 청자의 생각과 행위들에 대한 것이었다. 반면에, 사회 과학자들은 언어사용을 1차적으로 협동작업 활동으로서 연구해 온 경향이 있다. 그들의 초점은 언어를 사용하는 사람들의 합체ensemble에 모아져 있고, 개인들의 생각과 행동에 무관심하였다. 만일 언어사용이 참으로 협동작업 활동의 종류라면, 그것은 어느 관점 하나만으로는 이해될 수 없다. 언어사용에 대한 연구는 반드시 인지과학과 사회과학 둘 모두가 합쳐져 이뤄져야 한다.

이 책에서 저자는 두 견해를 결합해 놓았다. 제2부에서는 언어사용의 세 가지 토대를 거론한다. 광의의 협동작업 활동의 개념(제2장), 협동행위 이면의 원리(제3장), 공통기반의 개념(제4장)이다. 제3부에서는 의사소통 행위 그 자체를 다루면서, 의미와 이해의 개념을 발전시키고(제5장), 신호 보내기(제6장)를 논의한다. 제4부에서는 협동행위에 있는 수준들의 개념을 명백히 밝혀 주는데,[33] 협동 일거리의 수준을 옹호하는 논의를 하고(제7장), 의미와 이해를 다루며(제8장), 발화를 제시하고 확인하는 일, 행동을 실행하고 주목하는 일을 논의한다(제9장). 제5부에서는 더 광범위한 논제를 세 가지 거론한다. 상품의 교환으로 수립된 협동 전력이행(제10장), 대화의 특징(제11장), 층렬도입의 다양성(제12장)이다. 제6부에서는 결론을 맺는다.

---

[33] 원문 level(수준, 층위)은 협동행위로서 이해의 심도를 가리키기 위한 용어이다. 저자는 네가지 수준을 제시한다. '실행–주목 ⇒ 제시–확인 ⇒ 신호–인식 ⇒ 제안–수용(고려)'이다. 뒤의 수준은 앞의 수준이 다 충족되었음을 전제로 한다. 따라서 이를 §.5-3-5에서는 행위의 사다리(ladder)로 불렀다. level은 '이해의 심도'를 드러내기 위한 것이므로, 그리고 layer(층렬)와 확연히 차별되도록 하기 위하여, 여기서는 '수준'이라고 번역해 둔다. §.5-3-7에 있는 종합 논의를 참고하기 바란다.

제 2 부

토 대

언어사용 밑바닥에 깔린 원리

Using Language

제2장 협동작업 활동

언어사용은 협동작업 활동으로 일어난다. 가령, 주소를 알기 위해서 여러분이 누이한테 전화를 하거나, 소풍에 뭘 갖고 갈지에 대하여 친구에게 말을 하거나, 동료와 뉴스를 논의한다. 만일 여러분이 나중에

> What did you do?
> 뭘 하셨습니까?

라고 질문을 받았다면, 여러분의 말하는 행위를 서술하지는 않을 것이다. 대신 다음과 같이 여러분이 참여한 협동작업 활동을 서술할 듯하다.

> I got an address from my sister.
> 내 누이한테서 주소를 전해 들었습니다.
> My friend and I decided what to bring on a picnic.
> 내 친구와 나는 소풍에 뭘 갖고 갈지 결정하였습니다.
> A colleague and I traded gossip
> 내 동료와 나는 잡담을 주고받았습니다.

각각의 경우에서, 여러분은 협동작업 활동을 1차적이라고 여기며, 그런 과정 동안에 사용한 언어(=수단)를 2차적이라고 여긴다. 즉 어떤 목적을 위한 수단인 것이다. 의사소통에 사용된 언어를 설명해 주기 위하여, 우리는 협동작업 활동들을 이해할 필요가 있다.

담화는 협동작업 활동의 한 가지 유형이며, 언어가 특히 두드러진 역할을 한다. 원래 discourse담화란 용어는 대화나 대담을 의미하였다.[1] 축자적 어원은 앞뒤로 이리저리

뛰어다니기[a running back and forth]이다. 그러나 오늘날에는 강의·면담·심문·연극·소설·논술·사적인 편지를 포함하여 훨씬 더 많은 것을 가리킨다. 그러나 만일 담화가 한 유형의 협동작업 활동이라면, 우리가 좀더 일반적으로 협동작업 활동이 어떻게 작동하는지 이해하기 전까지는, 담화가 어떻게 작동하는지를 결코 이해하지 못할 것이다. 그렇다면 이것이 협동작업 활동을 탐구하기 위한 또다른 이유가 된다.

언어사용이 협동작업 활동으로 생겨나는 것과 마찬가지로, 협동작업 활동도 언어를 사용하지 않고서는 불가능하다. 둘 또는 그 이상의 사람들이 의사소통을 하지 않고서는 협동작업 활동을 실행해 나갈 수 없다. 협동작업 활동은 가장 넓은 의미에서 언어사용을 요구한다. 그럼에도 사람들이 언어를 사용할 때마다, 협동행위를 취해 나가고 있는 것이다. 언어사용과 협동작업 활동은 서로 분리될 수 없다. 다시 한번 말하면, 결론은 둘 중에서 하나는 다른 하나가 없다면 제대로 이해할 수 없다는 것이다(≒서로 의존함). 우리는 저자가 지속적 행위 접근법[action approach]으로 부르게 될 바를 언어사용으로 간주해야 하는데, 이는 더 전통적인 산출물 접근법[product approach]에 비해 두드러진 장점을 지닌다.

제2장에서는 협동작업 활동을[2] 거론하고, 협동작업 활동이 어떻게 작동하는지를 살펴본다. 비록 언어가 지배적인 것들에 초점을 모을 것이지만, 그것이 그 자체로 흥밋거리인 협동작업 활동이 된다. 대부분 언어는 단지 새롭게 부각되어 나온 산출물인 것이다.

§.2-1 협동작업 활동

협동작업 활동[joint activities]이란 무엇인가? 저자가 택할 접근법은 스띠븐 레빈슨(Stephen Levinson, 1979, 1992)에 있는 작업활동 유형[activity type]의 개념에 의해서 영감을 얻었다.

I take the notion of an activity type to refer to a fuzzy category whose focal mem-

---

[1] 영어 어원은 'away + to run'인데, 이 뜻이 확대되어 추론이나 논증에서 졸가리를 세워 입증해 주기 위해 바쁘게 나다닌다는 의미를 지니게 되었다. 담화의 한자어는 '譚話'이다. 가끔 談話를 쓰는 것을 보는데 잘못이다. 譚은 조리가 잡힌 긴 도막의 말이다. 그러나 談 얄팍한 잡담(平談之言) 들을 가리킨다. 『설문해자』를 보면 覃이 짤 함(鹹 : 소리도 나타냄)과 도타울 후(厚)로 이뤄졌다. 한자 어원은 간이 알맞게 쳐진 것(長味也)을 말하므로, 譚은 그럴 듯하게 잘 짜인 언어 연결체를 가리킨다. 만일 담화가 공동체 내부에서 형식이 고정되어 전승될 경우에, 영어에서는 대문자를 써서 Discourse로 쓰기도 한다. 이럴 경우에는 '담론'으로 번역하자는 제안이 있다(이원표 뒤침, 2004 : 28, 『대중매체 담화 분석』, 한국문화사).

[2] joint(협동, 공동, 합동, 협력, 연합, 동참)는 '협동'을 취하여, joint action을 '협동행위/협동하는 지속적 행위'로, 'joint activity'를 '협동작업 활동'으로 번역해 둔다. 이들은 'take joint action(협동행위를 취하다)'(원문 29쪽)의 결과 'joint activity(협동작업 활동)'로 된다.

bers are goal-defined, socially constituted, bounded, events with constraints on participants, setting, and so on, but above all on the kinds of allowable contributions. Paradigm examples would be teaching, a job interview, a jural interrogation, a football game, a task in a workshop, a dinner party, and so on. (Levinson, 1992 : 69)
필자는 흐릿한 범주를 가리키기 위하여 '활동 유형'의 개념을 택한다. 그 범주의 핵심 구성원은 목표에 의해 정의되고, 사회적으로 구성되며, 경계가 지워진 사건들이다. 참여 당사자와 환경 등에 대한 제약을 지니지만, 무엇보다도 허용 가능한 기여내용의 종류에 대한 제약을 지닌다. 전범이 되는 사례들은 가르치는 일, 어느 취업 면접시험, 어느 법정 심문, 어느 축구 경기, 어느 토론회에서의 한 가지 의제, 어느 저녁 연회 등이 될 것이다.

레뷘슨은 작업활동 유형activity type의 개념이 'speech event발화 사건', 'episode구체적 사례, 삽화, 일화', 'form of life생활 양식, 삶의 형태', 뷧건슈타인Wittgenstein의 'language game말놀이'와 같은 관련 개념들보다 더 바람직하다고 논의한다.

because it refers to any culturally recognized activity, whether or not that activity is coextensive with a period of speech or indeed whether any talk takes place it at all.
왜냐하면 그 활동이 일정 시간의 발화와 '동일한 외연을 지니는지' 여부와 무관하게, 또는 실제로 어떤 이야기든지 그 속에서 조금이라도 일어나는지 여부와 무관하게, 그 용어가 문화적으로 인식된 활동을 어떤 것이든지 가리켜 주기 때문이다.

레뷘슨에게는 하나의 활동 유형이 시간에 제약된 사건('축구 경기')이 될 수도 있고, 지속적인 과정('가르치는 일')이 될 수도 있다. 저자는 전자를 '하나의 작업활동an activity'이라고 부르고, 후자를 관사 없이[3] 그냥 '작업활동activity'이라고 부를 것이다. 그리고 활동 유형들은 단일한 한 사람의 참여자('어느 토론회에서 한 의제의 진행'처럼)나 또는 둘 이상의 참여자('어느 저녁 연회'에서처럼)를 지닐 수 있다. 저자의 관심은 둘 이상의 참여자를 지닌 활동에 있다. 이는 독자적인 작업활동autonomous activities과는 근본적으로 다르다. 저자는 이를 '협동작업 활동joint activities'으로 부를 것이다.

활동 유형, 다시 말하여 협동작업 활동 유형은, 많은 차원에서 달라진다. 한 가지 차

[3] 무관사(bare article)는 어떤 대상의 속성을 가리키므로, 결과적으로 전체 집합을 다 싸안게 된다. 그렇지만 부정관사(indefinite article)는 한 대상이 개별화되어야(individuation) 하고, 그 개별 단위에서 아무 것이나 하나를 뽑는다는 전제가 깔려 있다. 따라서 이는 대상에 대한 존재가 반드시 전제되어 있다(존재성 전제로 불림).

원은 '각본 성격scriptedness'이다. "두 가지 극단적 유형에 의해서 만들어진 기울기gradient로서, 하나의 극점에는 (가령 로마 가톨릭 교회 미사처럼) 전적으로 미리 꾸려진 활동이 있고, 다른 극점에는 (가령 길거리에서 우연한 만남처럼) 대체로 씌어지지 않은 사건이 있다"(69쪽). 두 번째 차원은 '격식성formality'이다. "한 쪽에 고도로 격식을 갖춘 활동이 있고, 다른 한 쪽에 아주 비격식적 활동이 있다"(69쪽). 세 번째 차원은 "발화가 각 활동의 불가결한 부분이 되는 정도인" '언어 도입 성격verbalness'이다(70쪽).

> On the one hand, we have activities constituted entirely by talk (a telephone conversation, a lecture, for example); on the other, activities where talk is nonoccurring, or if it does occur is incidental (a game of football, for instance). Somewhere in between … we have the placing of bets, or a Bingo session, or a visit to the grocers.
> 한편에서는, 전적으로 이야기에 의해 이뤄진 활동들이 있다. 가령 전화통화나 강의이다. 다른 한편에서는, 이야기가 생겨나지 않거나 실제 일어나더라도 우연하게 일어나는 활동들이 있다. 가령 축구 시합이다. 이들 사이에 어딘가에 … 내기 걸기나 빙고 게임 또는 구멍가게 들르기(≒물건사기)를 배치하게 된다.

저자는 두 개의 차원을 더 추가하고 싶다. 하나는 '협력성cooperativeness'이다. 이는 범위가 잡화를 사는 일과 같은 협력 활동으로부터 시작하여, 테니스 시합을 하거나 법정에서 증인에 대한 교차 심문처럼 적대적이고 경합적인 활동에 이르기까지 너른 범위에 걸쳐 있다. 다른 차원은 '관리방식governance'이다. 4중주 연주, 서양장기 놀이, 연회 계획party planning, 서로 알고 지내기는 대체로 평등한 성격을 지니며, 참여 당사자들이 대략 평등한 역할을 맡게 된다("A와 B가 동등하게 뭔가를 하였다"). 그러나 어느 교실에게 강의하는 일, 응시생을 면접하는 일, 자동차를 사는 일에는 지배적 역할을 맡는 참여자가 한 사람 있으므로, 독재적 극점에 있다("A가 주도적으로 B를 위해 또는 B에게 뭔가를 하였다"). 이들 차원은 다음처럼 요약된다.

변이의 차원	사례들이 ______에서부터	______까지이다
각본 있음 ⇦ ⇨ 각본 없음	결혼 의식 ⇦	⇨ 우연히 마주침
격식적 ⇦ ⇨ 비격식적	시의회 회의 ⇦	⇨ 잡담 시간
언어적 ⇦ ⇨ 비언어적	전화 연락 ⇦	⇨ 축구 시합
협력적 ⇦ ⇨ 경합적	업무 처리 ⇦	⇨ 테니스 시합
평등적 ⇦ ⇨ 독재적	서로 알고 지내기 ⇦	⇨ 교실 강의

여전히 다른 변이의 차원들도 있을 것이므로, 잠재적으로 가능한 활동 유형의 숫자는 광대하다.

얼핏 보면, 활동 유형들이 자의적이고 사례별로 특수하며 무원칙한 속성들을 지니는 듯하다. 하지만 레뷘슨은 그렇지 않다고 논의한다. 비록 레뷘슨은 그 원리들이 무엇인지 언급하지 않았지만, 이들 속성이

> can be seen to follow from a few basic principles, in particular rational organization around a dominant goal. (71쪽)
>
> 소수의 기본 원리, 특히 어떤 주도적 목표를 중심으로 하여, 합리적 조직 내용으로부터 뒤따라 나오는 것으로 볼 수 있다.

고 하였다. 우리가 힘을 쏟아야 할 도전은, 적어도 협동작업 활동들을 위해, 특히 담화를 위해서 이들 원리를 찾아내는 것이다. 우리는 제2장에서 그 원리들 위에서 출발하지만, 그 원리들은 이 책의 나머지 부분에서 다양한 방식으로 우리 관심을 차지할 것이다.

2-1-1 협동작업 활동의 사례

대부분의 협동작업 활동은, 결혼 의식처럼 각본으로 씌어져 나타나는 것이 아니다. 협동작업 활동은 어떤 목적을 달성하기 위하여 둘 또는 그 이상의 사람들이 즉석에서 노력해 나감에 따라 즉각적으로 부각된다. 어느 캘리포니아 잡화 약국에서[4] 저자가 'Stone스또운'으로 부르게 될 점원으로부터 몇 가지 물품을 사면서 녹음해 둔 대화를 보기로 한다.[5]

> 고객 클락(Clark)이 판매대로 걸어가서 금전등록기 옆에 두 가지 구매품목을 놓아둔다. 여자 점원 스또운(Stone)이 자신이 갖고 있는 어느 일람표 속의 품목들을 표시해 두면서 판매대 뒤에 있다. 클락이 스또운을 바라보는데 스또운과 눈이 마주친다.
>
> 클락과 눈을 마주치면서 스또운 : "I'll be right there곧 그리로 갈게요."

---

[4] 미국에서는 drugstore(잡화 약국)에서 약품 이외에도, 화장품·문방구·치약·담배·신문·잡지·과자 등을 팔 뿐만 아니라, 종종 간단한 식사와 음료를 마실 수 있는 설비가 되어 있다. 따라서 여기서는 '잡화 약국'으로 번역해 둔다.

[5] 〈원저자 1〉 여기서 전사는 몰래 녹음해 둔 내용에 근거하였지만, 일어난 일에 대하여 나중에 저자가 회상을 하면서 살을 더 덧붙여 놓았다. 많은 점에서 이는 미완성이고 부정확하다. 불행하게도, 그런 상거래에 대한 녹화 내용을 얻어내기란 매우 어렵다.

클락 : "Okay알겠습니다."

스또운이 계속 15초 동안 품목들을 표시해 놓고, 그 일람표를 거기 옆에다 놔둔다. 클락 쪽으로 돌아서서, 클락이 사려고 하는 품목들을 명백히 살펴보기 시작한다.

클락은 그녀가 살피는 것을 주목하면서, 두 사람 사이의 판매대 위에 있는 두 가지 구매 품목을 가리킨다 : "These two things over here이쪽에 있는 거 두 개 주세요."

스또운이 끄덕이며 그 물품들을 꺼내고, 포장지에 표시된 값을 살펴본 뒤에, 금전 등록기에 올려놓자 '딸랑' 소리가 난다.

스또운 : "Twelve seventy seven12불 77전입니다."

클락 : "Twelve seventy seven12불 77전이에요."

클락은 자신의 지갑에서 20불짜리 지폐를 꺼내어 스또운에게 건네고 나서, 다시 잔돈을 동전으로 주려고 자신의 동전 지갑을 뒤진다.

클락 : "Let's see that's two pennies I've got two pennies어디 봅시다 그게 2전이군요 여기 2전 있습니다."

클락이 2전을 스또운에게 건네준다.

스또운 : "Yeah예."

그러고 스또운이 20불 2전을 금전 등록기에 넣고, 금전 등록기에서 잔돈을 계산한다.

클락에게 잔돈을 건네면서 스또운 : "Seven twenty five is your change잔돈이 7불 25전입니다."

클락 : "Right그렇군요."

클락은 잔돈을 자신의 지갑에 집어넣고, 스또운은 그 물품과 영수증을 함께 봉지에 넣어 준다. 그녀가 그 봉지를 클락에게 전해 준다. 그들이 눈을 마주 응시함을 끝낸다. 클락은 뒤돌아서 약국으로부터 걸어 나온다.

점원 스또운과 저자가 한 일은 한 대목의 상거래이다. 저자는 두 가지 물품을 사려고 하였고, 따라서 그녀와 저자가 그 물품을 돈으로 거래하였다. 우리의 거래는 그녀가 저자에게 몸을 돌려 나의 구매품목을 살펴보았을 때 시작되었다. 그리고 우리가 눈을 마주 응시함을 그만하고 잡화 약국을 떠났을 때 끝이 났다(눈길 주는 일 또는 응시에 대해서는 §.9-4를 보기 바람). 그 거래는 저자가 그녀의 눈을 쳐다보는 일, 서로에 대한 우리 각자의 발화, 그녀가 그 물품들을 끄집어내는 일, 저자가 그녀에게 돈을 지불하는 일 등, 일련의 협동행위를 통하여 진행되었다. 그런 풍부한 구조는 어떻게 부각되어 나오는 것일까?

2-1-2 참여자 및 역할

협동작업 활동이 어떤 것이든지 간에, 일부 사람들은 참여하고, 다른 사람들은 참여하지 않는 것으로 이해된다. 현악 4중주에서 하이든의 4중주를 연주하는 경우에, 네 사람의 연주자가 참여 당사자가 된다. 다른 연주자들은 뒤따라 연주하려고 하면서 주위에 서 있을 수 있다. 그렇지만, 그들이 추인된 참여자ratified participants로 인식되지 않는다면, 설사 그 4중주 연주자들의 곁에 있더라도 적정한 보조자 이외의 비-참여자로 서 있는 것이다. 사람들은 그 협동작업 활동이 개시되고 실행되어 감에 따라 필요에 따라 참여자로 추인을 받게 된다. 또한 하나의 협동작업 활동이 또다른 활동 속으로 내포될 수 있다. 어느 음악회에서 4중주가 하이든 작품을 연주하는 경우에, (하나의 협동작업 활동을) 연주하는 그 4중주는 (또다른 협동작업 활동인) 전체 음악회 연주 속에 내포된다. 이제 그 음악회 연주에서는 연주자들과 청중이 모두 참여자가 된다. 비슷하게, 점원인 스또운과 고객인 저자는 우리의 잡화 약국 상거래에서 참여 당사자이었고, 저자 뒤에 줄을 서 있던 고객들은 비-참여자였다. 우리의 상거래는 그녀의 고객 응대를 받으려는 다른 고객들과도 조율하도록, 스또운과 저자에게 요구된 더 큰 협동작업 활동 속에 내포되었다.

협동작업 활동에 참여하는 사람들은 단순한 참여자들이 아니다. 그들은 그 활동에서 여러가지 역할, 즉 작업활동 역할activity roles들을 갖고 있다. 4중주 연주에서 한 사람의 연주자는 제1 바이올린이며, 다른 사람은 제2바이올린·제3비올라·제4첼로가 된다. 이들 역할이 그들이 각자 실행하는 바를 모습지어 주는 데 도움이 되며, 음악 연주로서 이해된다. 그 음악 연주회에서 다른 사람들은 청중 구성원들이다. 이들도 여전히 다른 활동들을 정의해 주는 어떤 역할이 있다. 협동작업 활동을 하는 사람들은 단지 참여자로서만 추인되는 것이 아니라, 또한 특정한 역할을 맡는 참여자로서도 추인되는 것이다.

따라서 그것이 잡화 약국에서도 그랬던 것이다. 스또운은 약국 점원이었고, 저자는 고객이었다. 그 역할은 우리가 실행한 바와 우리가 서로를 어떻게 해석하였는지를 모습 지워 주는 데 도움을 주었다. 그녀가 "Twelve seventy seven십이 칠십칠."이라고 말하였을 때, 저자는 그 말이 저자가 그녀에게 12불 77전을 치러야 함을 의미한다고 보았다. 그 시점에서, 그녀에게 저자가 얼마를 지불해야 하는지를 말해 주는 것이 바로 그 점원의 일이었다. 그러나 저자가 똑같이 "Twelve seventy seven십이 칠십칠."이라고 따라 말하였을 때, 거꾸로 그녀가 내게 12불 77전을 지불해야 함을 의미하는 것으로는 여기지 않았다. 그런 의미였다면, 저자가 고객으로서 자신의 역할을 위배한 것이다. 사람들이 상거래에서 실행하는 바에 대한 규범은, 부분적으로 그들의 역할에 의해서 정의된다. 만일 나중에 스또운이 저자의 강의에 출석하였더라면, 대신에 그녀와 저자는 수강생과 강사라는 구성원이 되었을 것이다. 이런 새로운 상황은 다시 서로 다른 행위와 해석을 말해 주는 역할을 지닌다. 다른 협동작업 활동에서는 그 역할이, 경찰관과 시민, 변호사와 증인, 교사와 학생, 감독관과 작업자, 이야기꾼과 청중, 목사와 신자 모임이 될 수 있다. 사실상 그 역할은 하나의 하위 활동으로부터 다음 하위 활동까지 바뀔 수 있다. 또는 오직 그 협동작업 활동의 본질이 분명해지기 시작하면서 새롭게 부각될 수 있다.[6]

협동작업 활동에서의 참여자들은 또한 개인별 정체성personal identity을 지닌다. 점원인 스또운과 고객인 저자는 각자 나름대로의 정체성·믿음·느낌·바람을 지녔다. 이는 또한 우리가 실행한 바를 모습지어 주는 데 도움을 주었다.

2-1-3 목표

사람들은 어떤 주요한 목표들을 성취하기 위하여 협동작업 활동에 참여한다. 많은 활동에서, 한 사람이 어떤 주요 목표를 염두에 두고서 그 협동작업 활동을 개시한다. 다른 사람들은 그것을 성취하기 위하여 그 사람한테 동참한다. 저자는 두 가지 물품을 사기 위하여, 스또운을 상대로 하여 상거래를 개시하였다. 그녀는 그것을 완료하기 위하여 저자에게 동참하였다. 협동작업 활동은 흔히 성취된 주요한 목표를 서술하는 일에 의해서 요약될 수 있다.

① 관광안내원 A가 에펠탑 속으로 관광객 B·C·D를 안내하였다.
② 연주자 A·B·C·D가 하이든의 현악 4중주를 연주하였다.
③ A가 백마를 쥐고 B가 흑마를 쥐어, 서양장기 놀이를 한 판 벌였다.
④ 교수 A가 노동법에 대하여 B·C·D 등의 학생들에게 강의를 하였다.
⑤ A가 전화를 걸고 전화번호 안내원 B로부터 어떤 전화번호를 받았다.
⑥ 경찰관 A가 어떤 범죄에 대하여 증인 B를 심문하였다.
⑦ 어느 연회에서 손님 A와 B가 서로 알게 되었다.
⑧ 고객 A가 점원 B로부터 물품을 구매하였다.

---

[6] 이는 대화에서 제일 먼저 해야 될 일이 관련 상황에 대한 파악임을 주장하는 것이다. 후기 뷧건슈타인은 언어 의미가 '상황'에 의해 결정됨을 깨달았다(§.5-3-3의 각주 27 〈원저자 각주 11〉을 보기 바람). 공사장에서 "널판!"이란 발화는, 상황에 따라 요구로도, 경고로도, 명령으로도 해석될 수 있다. 이런 통찰은 옳지만, 뷧건슈타인은 정작 상황을 어떻게 다뤄나가야 하는지 구체적인 논의를 더 이상 진행시키지 못한 채 타계하였다.

각각의 서술에서 참여 당사자(A와 B와 C 등)와 그들의 역할(가령 관광안내원, 관광객 등)과 성취된 목표가 구체적으로 명시되어 있다. 각각의 서술내용 속에다 'managed to해 내다'란 낱말을 추가한다면, 동일한 협동작업 활동을 갖게 된다. 가령 다음과 같다.

> A *managed to* lead B, C, D through the Eiffel Tower.
> A가 에펠탑 속으로 B·C·D를 안내하는 일을 해냈다.

이는 그 활동이 목표 지향적이었음을 보여 주며, 참여 당사자들이 공동으로 실행하려고 의도한 어떤 것을 보여 준다. 잡담 시간처럼 일부 협동작업 활동에서는 주요한 목표가 애매할 수도 있으며(가령 막연히 '뉴스 따라가기' 등), 또는 그 활동의 전개 과정에서 발전될 수도 있다.

비록 참여 당사자들이 주요한 목표를 공유할 수 있다고 하더라도, 그 참여자들 사이에는 흔히 노동분업이 있다. 에펠탑 관광에서, 관광안내원은 일단의 책임을 지니고, 관광객들도 또 다른 책임을 맡는다. 그 두 책임은 동일한 목표를 지닌다. 그 안내원이 관광객들을 에펠탑 속으로 안내하는 것이다. 그러나 그 목표를 이행하는 데에서 그들이 실행하는 바는 서로 다르다. 참여자들의 행위와 책임은, 심지어 평등한 활동에서라도 그들이 간여하고 있는 활동으로부터 물려받은 역할에 달려 있다. 가령, 도움을 주는 사람이나 도움 받는 사람, 안내하는 사람이나 안내 받는 사람, 또는 면담을 실시하는 사람이나 면담을 받는 사람이다. 현악기 4중주에서, 제1 바이올린 연주자의 책임과 행동은 첼로 연주자의 것들과는 아주 다르다. 그럼에도 불구하고, 노동분업 때문에 이것들은 역시 협동작업 활동이다.

대부분의 협동작업 활동에서, 참여 당사자들은 일시에 많은 목표를 추구한다(Brown and Levinson, 1987; Goffman, 1974; Hobbs and Evans, 1980). 그들의 주요 목표는 저자가 불러왔듯이 '영역 목표domain goal'인데, 그들의 업무가 거래되도록 하고, 서양장기 놀이가 벌어지도록 하며, 강의가 끝마쳐지도록 하고, 증인 심문이 이뤄지도록 해 준다. 그러나 참여 당사자들은 또한 '절차적 목표procedural goals 진행 목표'들을 지닌다. 가령 이 모든 것을 신속히 효율적으로 실행하는 일, 명백한 진행 움직임을 만드는 일, 실행되고 있는 바에 주목하는 일과 같다. 참여 당사자들은 또한 '대인관계 목표interpersonal goals'도 지닌다. 가령 다른 참여자들과 접촉을 계속 유지하는 일, 그들에게 어떤 인상을 심어 주는 일, 공손하게 대하는 일, 자존심을 유지하는 일과 같다. 참여 당사자들은 또한 사적인 의제private agendas도 지닐 수 있다. 가령 남들을 속이는 일, 그들을 제거하는 일, 사적인 이익을 위하여 그 상황을 활용하는 일과 같다. 이들 목표는 협동작업 활동상 그것들의 영향력에서 모두 비슷한 것이 아니다. 그것들은 적어도 공식적인 목표public goals와 사적인 목표private goals로 나뉜다.

협동작업 활동이 어떤 것이든, 어떤 목표들은 공식적 기록의 사안이 된다. 이는 참여자들이 그 활동에서 실행하는 것으로 '공개적으로on record' 된다. 저자의 용어 사용방식대로 말하면, 정보가 만일 공개적으로 모든 참여자들에 의해서 인식된다면, 협동작업 활동에서 공식적public이다. 어떤 공식적 목표들은 잭Jack이 케잇Kate에게 서양장기를 한 판 두자고 요청하는 경우처럼 명시적으로 수립된다. 다른 목표들은 명시적으로 동의함이 없이 공식적으로 된다. 저자가 잡화 약국에서 점원 스또운에게 다가갔을 때, 우리 두 사람은 '내가 뭔가를 사려고 약국에 간 것임'을 당연하게 여겼다. 앞으로 보게 될 것이지만, 어떤 목표가 협동목표(공동목표)로 되기 위하여, 그 목표는 반드시 공식적이어야 한다. 참여자들이 간여하는 협동작업 활동을 정의하는 것은, 바로 협동목표이다. 잭과 케잇이 서양장기 놀이를 한 판 두기 위하여, 그들이 그렇게 실행하는 것이 반드시 공식적public으로 되어야 한다. 동일한 내용이 점원 스또운에게서 두 가지 물품을 사고 있는 저자의 경우에도 꼭 들어맞는다.

다른 목표들은 사적private이다. 비록 이들 중 많은 것이 충분히 무해하지만, 다른 것들은 공식적으로 된다면 자멸self-defeating하게 될 듯하다(숨겨야 할 비밀 목표가 탄로나는 경우임 : 뒤친이). 만일 던컨Duncan이 고전음악에 대한 자신의 지식으로 앤Ann에게 좋은 인상을 심어 주려고 노력하고 있다면, 그 목표를 공식적으로 만드는 것은 자멸하게 될 것 같지 않다. 동일한 내용이 공손하게 되며 체면을 유지하는 일과, 남을 속이거나 제거하는 일의 경우에도 꼭 들어맞는다. 서양장기나 테니스와 같이 경합하는 활동에서, 성공은 사적인 목표를 사적으로 유지하는 일에 달려 있다. 심지어 그 목표들에 대하여 다른 참여자들을 속이는 일에 달려 있기도 하다.[7] 사람들의 사적인 목표는 가끔 그들의 공식적인 목표와 직접 충돌 관계에 있게 되며, 그들을 공식적인 목표에 대하여 집착하는 것처럼 위장하게 만든다.

따라서 협동작업 활동은 적어도 두 유형의 목표에 의해서 영향을 받는다. 공식적인 목표는 모든 참여자들이 보도록 거기에 있지만, 사적인 목표는 시야로부터 가려져 있다. 공식적인 목표와 사적인 목표는 서로 다른 결과를 지닌다.

---

[7] 〈원저자 2〉 한 팀을 이룬 운동경기에서처럼 세 명 이상의 참여자가 있을 경우에는, 또한 사적인 의제를 지닌 연합도 가능하다(세 명의 공동목표임).

2-1-4 행위의 상호조율

모든 협동작업 활동은 참여 당사자들 사이에 상호조율을 요구한다. 만일 4명의 연주자가 하이든의 4중주곡을 연주할 예정이라면, 그들은 반드시 상호조율해야 한다. 그들은 반드시 똑같은 악보를 똑같은 장조로 연주해야 한다. 다 함께 시작해야 하며, 똑같은 빠르기에 맞춰야 하고, 다 함께 끝내야 한다. 잡화 약국에서 점원 스또운과 저자는 똑같은 상거래에 간여하였고, 다 함께 시작하고 진행하여 끝내었다.

사람들은 어떻게 상호조율을 해 내는 것일까? 한 가지 방법은 관례적인 절차를 따르는 것이다. 현악 4중주를 연주하는 데에, 관례적인 절차를 잘 활용하여 4명의 연주자가 악기를 다루고, 악보를 읽으며, 빠르기와 소리 세기를 맞추고, 시작하고 멈추며, 더 많은 일들을 해 낸다. 잡화 약국에서 점원 스또운과 저자는 관례적인 영어 표현들을 이용하고 관례적인 절차를 적용하여, 그 값을 명시해 주고 돈을 주고받았으며, 물품들을 포장지에 싸 주고 그것을 갖고 나왔다. 그러나 우리가 발견하게 될 것처럼, 사람들은 또한 언어사용 내부와 언어사용 외부 둘 모두에서 비-관례적인 절차들을 이용해서도 상호조율해 나간다. 사람들이 어떻게 상호조율해 나가는지는 언어사용에 대한 근본적인 논제들 중 한 가지이다.

2-1-5 마디 및 경계

대부분의 협동작업 활동들은 더 작은 행위들의 연결체로 실현된다. 이것들 중 다수가 그 자체로 협동행위가 된다. 4명의 연주자가 하이든의 4중주곡을 연주하기 위하여, 그들은 반드시 그 순서대로 제1·제2·제3악장을 연주해야 한다. 그리고 제1악장을 연주하기 위하여, 그들은 반드시 제1악절을 연주해야 한다. 더 나아가 제1악구로 시작하고, 제1소절로 시작하며, 제1 음표로 시작하는 것이다. 그 4중주곡을 연주하는 일은 악절이나 악구로 나뉘며, 각각 하위 악절이나 하위 악구 등으로 다시 나뉜다. 여기서 부각되는 것은 협동행위들의 계층이다.

따라서 이는 각본으로 씌어지지 않은 많은 협동작업 활동의 경우에도 꼭 들어맞는다. 점원 스또운과 저자가 우리의 상거래를 처리하였을 때에,

① 저자가 원하던 물품들이 확인되어야 했고,
② 그 값들이 확인되었으며,

③ 돈이 지불되었고,

④ 그 물품들을 가지고 나왔다.

이 순서대로 이뤄졌다. 이를 4개의 주요마디main sections로 간주할 수 있는데, 마디마다 고유한 나름대로의 목표가 있다. 구매물품의 확인은 그 자체로 여러 가지 하위마디subsections들을 요구하였는데, 각각 나름대로의 목표가 있었다. 즉, 저자가 점원 스또운에게 그 구매품목을 보여 주었고, 그녀가 그것들을 내가 사려는 것으로 확인하였다. 등등. 다시 한 번 부각된 것이 협동행위들의 계층이었다. 이는 마디와 하위마디들이 미리 고정되어 있지 않았다는 점에서 하이든의 4중주곡과는 다르지만, 우리가 구매 거래를 계속 진행해 나감에 따라 협상이 이뤄졌다.

협동작업 활동이 복잡한 한 가지 이유는, 둘 또는 그 이상의 사람이 반드시 상호간에 그들이 동일한 협동작업 활동에 참여하고 있음을 믿게 된다는 점이다. 잡화 약국에서 저자가 점원 스또운과 상거래를 하고 있었다고 믿는 것만으로는 충분치 않다. 저자는 반드시 '그녀가 동시에 동일한 것을 믿었다'고 믿어야 하는 것이다. 동일한 상거래를 하고 있는 것은, 우리가 똑같은 시간에 똑같은 가게 안에 있다고 믿는 것과 같다. 만일 저자가 스또운이 없이 혼자 그 가게 안에 있다면, 또는 그녀가 저자가 없이 혼자 그 가게 안에 있다면, 우리들 중 아무도 우리가 똑같은 시간에 똑같은 가게 안에 있다고 믿지 않는다. 그러나 일단 우리가 모두 그 가게 안에 있다면, 즉, 저자가 그녀를 볼 수 있고, 그녀를 보고 있는 나를 그녀가 보고 있음을 내가 볼 수 있다면,[8] 우리는 이제 서로 함께 상거래 업무를 볼 수 있는 것이다.

그러므로 협동작업 활동들은 경계를 지닌다. 협동작업 활동 J와 관련하여 우리는 참여 당사자 A와 B를 대상으로 한 세 가지 단계를 찾아낼 수 있다.

연 번	단 계	내 용(J는 협동작업 활동임)
1	입장(entry)	A와 B가 J가 아닌 상태에서 J인 상태로 감
2	본체(body)	A와 B가 J 속에 있음
3	퇴장(exit)	A와 B가 J인 상태에서 J가 아닌 상태로 감

[8] 이를 전문 용어로는 '상호간의 믿음(mutual belief)'이라고 한다. 그런데 상호간의 믿음에 대한 '확인'은 곧바로 무한퇴행(infinite regression)의 문제가 생겨나지만, 본문에서는 복잡한 논제를 피하기 위하여 이를 일부러 무시하고 있다. §.4-1의 논의를 참고하기 바란다.

잡화 약국에서, 어떤 시점에서 저자는 점원 스또운과 내가 상거래에 들어가고 있음을 믿었고, 다른 시점에서 우리가 그 상거래로부터 빠져 나가고 있음을 믿었다. 비록 정확히 저자의 믿음과 일치되지는 않겠지만, 점원 스또운 또한 대응되는 믿음을 가졌다. 저자에게 그리고 그녀에게, 그 입장과 퇴장은 우리 상거래의 경계선을 확정지어 주었다.

각 협동행위에 대해 입장과 퇴장은 별도로 운용되어야 한다. 이것이 입장과 퇴장을 특히 협동작업 활동의 중요한 특성이 되도록 만든다. 잡화 약국에서 저자는 판매대로 다가서서, 그녀의 눈길을 붙잡아 놓으면서 상거래 속으로 스또운이 입장하고 저자가 입장하도록 노력하였지만, 그녀는 자신의 품목 일람표를 갖고 마저 하던 일을 끝내기 위하여, 나를 잠시 기다리도록 미뤄 놓았다("I'll be right there곧 그리로 갈게요", "Okay알겠습니다"). 오직 그녀가 내 구매품목들을 쳐다보기 시작한 뒤에라야, 우리가 그 거래 속으로 알맞게 입장하였다고 저자는 생각하였다. 우리의 퇴장은 좀더 간단하였다. 돈을 지불한 뒤에, 그녀도 이것을 우리 거래의 완결로 간주할 것이라고 가정하면서, 저자는 그녀가 제시한 봉지를 집어 들고서 뒤를 돌아 약국으로부터 걸어 나왔다.

협동작업 활동의 마디들이 그 자체로 협동작업 활동이거나 협동행위이기 때문에, 그 마디들도 또한 각각 '입장·본체·퇴장'의 연결을 지닌다. 잡화 약국에서 저자가 사려고 한 구매품목을 구체적으로 명시해 주는 일은 간략한 하위마디의 협동행위였다. 저자가 점원 스또운에게 그 구매품목들을 보여 주었을 때, 우리는 그 하위마디 속으로 입장하였다("These two things over here여기 있는 거 두 개 주세요"). 그리고 그녀가 그것을 집어들어 알아차렸을 때에, 우리는 그 하위마디로부터 퇴장하였다. 그러고 나서 지불할 대금 확인·대금 지불·물품 인도라는 다른 세 가지 협동행위들이 이어졌다.

이들 사례가 보여 주는 것처럼, 협동작업 활동이 언제나 산뜻하게 부각되는 것은 아니다. 두 가지 협동작업 활동이 가령 잭과 케잇이 카드놀이를 하거나, 같이 2인용 카누의 노를 젓거나, 또는 함께 정원을 치우면서 잡담을 하는 경우와 같이, 동시적일 수 있다. 단일한 협동작업 활동이 또한 자동차 안에서 잭과 케잇이 말을 하다가 침묵의 시간을 갖고, 다시 말을 하다가 침묵의 주기를 갖듯이, 단속적일 수도 있다. 협동작업 활동은 또한 네 명의 사람들 사이에서 어느 단일한 대화가 두 개의 대화로 쪼개어지는 경우와 같이 잘게 나뉠 수도 있다(가령 Sacks, Schegloff and Jefferson, 1974를 보기 바람). 그리고 새로운 참여자가 들어오고 기존 참여자들이 빠져 나가게 됨에 따라, 그 협동작업 활동이 확장되거나 줄어들 수도 있다. (포착해야 할) 도전 내용은 이들 역동성을 서술해 주는 방법이다.

이제 이들 관찰 내용을 협동작업 활동에 대한 어떤 일반적인 주장 속으로 한데 접합시켜 놓기로 한다.

참여자 (participants)	협동작업 활동은 두 사람이나 그 이상의 참여자들에 의해서 실행된다.
활동 역할 (activity roles)	협동작업 활동에서의 참여자들은 그들의 노동분업을 정하는 데 도움이 되는 공식적인 역할을 떠맡는다.
공식적 목표 (public goals)	협동작업 활동에서의 참여자들은 공동의 공식적 목표를 수립하고 이를 성취하려고 노력한다.
사적인 목표 (private goals)	협동작업 활동에서의 참여자들은 개별적으로 사적 목표를 성취하려고 노력할 수 있다.
계층 (hierarchies)	협동작업 활동은 보통 협동행위 또는 협동작업 활동의 계층으로서 부각된다.
절차 (procedures)	협동작업 활동에서의 참여자들은 관례적 절차와 비-관례적 절차들을 모두 활용할 수 있다.
경계 (boundaries)	성공적인 협동작업 활동은 참여자들에 의해서 공동으로 운용된 입장과 퇴장을 지닌다.
역동성 (dynamics)	협동작업 활동은 동시적이거나 단속적일 수 있으며, 확장되거나 축소되거나 또는 자잘하게 개인별로 나뉠 수 있다.

물론 이들 주장은 더 충분한 입증이 필요한데, 논의가 진행돼 나감에 따라 그 입증이 이뤄질 것이다. 현재로서 우리는 이것들을 출발점으로 간주할 것이다.

§.2-2 협동작업 활동에서의 진전

협동작업 활동들은 한 번에 일정한 증가분을 하나씩 진전시켜 놓는다. 가령 점원 스또운과 저자의 상거래는 단계별로 부각되어 실현되었다. 내게 무엇을 사려고 왔는지 알아내기 위하여, 그녀는 내가 구매하고자 했던 물품을 알 필요가 있었다. 따라서 우리는 이 구매내용 단계를 먼저 확립해 놓았다. 얼마의 돈을 지불할지 알기 위하여, 저자는 그녀가 내게 청구하고 있던 금액을 알 필요가 있었다. 따라서 다음으로 우리는 이 지불액수 단계를 확립해 놓았다. 얼마의 거스름돈을 내게 내어줄지 알기 위하여, 그녀는 저자가 그녀에게 얼마나 많은 돈을 주었는지 알 필요가 있었다. 따라서 다음으로 우리는 이 잔액계산 단계를 확립해 놓았다. 등등. 각각의 협동행위는 우리의 공식적인 목표에 도달하는 데까지 점차적으로 추가되었다. 이런 목표를 추구하면서 우리가 실행한 바는 지금까지 우리가 해 왔던 내용에 달려 있었다.

만일 협동작업 활동이 누적된다면, 무엇이 누적되는 것일까? 저자는 그것이 그 활동에 대한 참여자들의 공통기반임을 논의할 것이다. 즉, 그 활동에 대하여 그들이 공유하는 것으로 믿고 있는 지식과 믿음과 가정이다(제4장). 비록 공통기반의 누적이 담화에서 연구되어 왔지만(Clark and Haviland, 1974, 1977; Clark and Marshall, 1978, 1981; Gazdar, 1979; Lewis, 1979; Stalnaker, 1978), 공통기반은 모든 협동작업 활동에서 일어난다.

2-2-1 담화에서의 누적

사람들이 대화에 참여하는 경우에, 어떤 사전 지식·믿음·가정·다른 정보도 함께 가져 온다. 이런 정보의 일부를 롸벗 스똘네이꺼(Robert Stalnaker, 1978)에서는 그들의 공통기반이라고 불렀다.

> Roughly speaking, the presuppositions of a speaker are the propositions whose truth he takes for granted as part of the background of the conversation … Presuppositions are what is taken by the speaker to be the *common ground* of the participants in the conversation, what is treated as their *common knowledge* or *mutual knowledge*. (Stalnaker, 1978 : 320, 이탤릭체 강조는 원저자의 것임)
> 대략적으로 말하여, 화자의 전제란 그 대화의 배경에 대한 일부로서, 화자가 참이라고 당연시하는 명제들이다 … 전제들은 화자에 의해서 그 대화에서 참여 당사자들의 <u>공통기반</u>이 된다고 간주된 것이며, 그들의 <u>공통된 지식</u>이나 <u>상호 지식</u>으로 취급된 것이다.

참여 당사자들은 각각 그 대화에 대하여 그들 나름의 전제를 갖고 있다. 그러나 스똘네이꺼가 논의하듯이,

> It is part of the concept of presupposition that the speaker assumes that the members of his audience presuppose everything that he presupposes. (Stalnaker, 1978 : 321)
> 그것은 화자가 자신이 전제하는 모든 것을 자신의 청중 구성원이 전제하는 것으로 가정하는 전제에 대한 개념의 일부이다.

물론 그런 전제들이 착각일 수 있다. 그러나 그들이 이런 착각을 깨닫고서, 그런 괴리를 해소하기 위한 체계적인 전략들도 갖고 있을 수 있다(제7, 제8, 제9장을 보기 바람).

참여 당사자들의 대화에 대한 공통기반은, 대화가 진행되어 나감에 따라 변화된다. 데이뷧 루이스(David Lewis, 1979)에서 언급하였듯이,

Presuppositions can be created or destroyed in the course of a conversation. This change is rule-governed, at least up to a point. The presuppositions at time *t'* depend, in a way about which at least some general principles can be laid down, on the presuppositions at an earlier time *t* and on the course of the conversation (and nearby events) between *t* and *t'*. (Lewis, 1979 : 339)

전제들은 대화의 과정에서 새로 만들어지거나 파괴될 수 있다. 이런 변화는 적어도 임의의 시점까지 규칙에 의해 지배된다. 어떤 시점 *t'*에서의 전제는, 적어도 어떤 일반 원리들이 주장될 수 있는 방식으로, 더 앞선 시간 *t*에서의 전제들에 달려 있고, 시점 *t*와 시점 *t'* 사이에 있는 대화의 경로와 인접 사건들에 달려 있다.

이들 변화는 공통기반에 대한 점증 누적으로 이끌어 간다. 우리는 대화 참여 당사자들의 공통기반이 그 대화가 진행되어 나가는 경로에서 누적된다고 말할 수 있다.[9]

단정assertions 서술 주장이란, 공통기반을 점차 늘여주기 위한 원형적prototypical 언어행위이다. 스똘네이꺼가 논의하였듯이,

the essential effect of an assertion is to change the presuppositions in the conversation by adding the content of what is asserted to what is presupposed. This effect is avoided only if the assertion itself is rejected.

단정에 대한 본질적 효과는, 전제된 바에다 단정된 내용을 더 추가해 줌으로써, 그 대화에서의 전제들을 바꿔 놓는 것이다. 이런 효과는 오직 단정 그 자체가 기각되는 경우에만 무효가 된다.

잡화 약국에서의 한 시점에서, 점원 스또운과 저자는 내가 구매하고 있었던 품목들의 총액을 몰랐다고 전제하였다. 그녀는 그 금액이 "Twelve seventy seven십이 칠십칠", 즉 12불 77전이었다고 단정하여 말함으로써, 그 전제를 바꿔 놓고자 하였다. 저자는 "Twelve seventy seven십이 칠십칠"이라고 그대로 따라 말함으로써 이를 추인하였다. 완결된 단정과 더불어, 우리는 그 금액이 12불 77전이라는 전제를 우리의 공통기반에다 추가해 놓았다. 약속·질문·사과·요구·선언과 같은 다른 의사소통 행위들은, 다른 방식으로 공통기반을 점차 늘여간다.

공통기반의 누적은 모든 협동작업 활동에서 일어난다. 이것이 어떻게 일어나는지를

[9] 〈원저자 3〉 새로운 정보가 쌓여 나감에 따라 또한 공통기반이 재구성될 수도 있다.

살펴보기 위하여, 오히려 격식 갖춘 협동작업 활동인 서양장기 대국을 다뤄 나가기로 한다. 그러고 나서 다시 스또운과 저자 사이에 있었던 더 흐트러진 자발적 상거래로 되돌아가 살피기로 한다.

2-2-2 상태 및 흔적

1859년에 당시 서양장기의 고수 두 사람인 폴 모어퓌Paul Morphy와 아돌프 안데르쎈Adolph Anderssen이[10] 서양장기 대국을 위해 만났다. 그들은 시작 상태 SA_0로 된 장기판과 더불어 시작하였다. SA는 행위결과 상태state of the activity 작업활동 상태를 가리킨다. 백마를 잡고서, 모어퓌가 첫 수 M_1을 놓았는데,[11] 자기 왕의 졸(왕 앞에 있는 졸)을 두 사각 눈 앞으로('왕 4'로 불리는 사각형까지) 옮겨 놓았다. 그렇게 하면서, 그는 행위결과 상태를 SA_0에서부터 SA_1까지 바꿔 놓았다. 모어퓌가 실행한 것은 그 행위결과의 상태를 점차 늘여 놓은 것이다. 이를 저자는 다음과 같은 방식으로 써 나갈 것이다.

$$SA_0 + M_1 = SA_1$$

다음 안데르쎈 차례다. 그는 자기 여왕의 졸을 '여왕 4'로 불리는 사각형 눈까지 옮겨 놓았다. 그는 수 M_2를 놓았다. 그 서양장기 대국의 시작 상태 SA_0에 대한 증가분으로서가 아니라, 모어퓌의 수 SA_1 뒤에 온 것이므로, 그 상태에 대한 증가분이다. 그 결과상태는 SA_2였다.

모어퓌와 안데르쎈의 서양장기 대국은 이런 특별한 의미에서 누적적이다. 각각의 수 M_i는 새로운 상태 SA_i를 산출하기 위하여 바로 앞의 상태 SA_{i-1}에 대해 증가분을 하나 더해 놓았다. 이를 기호로 다음처럼 표시해 둔다.

$$SA_{i-1} + M_i = SA_i$$

---

[10] Paul Charles Morphy(1837~1888) : 미국의 천재 서양장기 고수로서, 현대 서양장기 규칙을 만들어 내었고, 세계 서양장기 경기 우승자였다.
Karl Ernst Adolf Anderssen(1818~1879) : 독일의 서양장기 고수로서, 1851년 런던에서 열린 제1회 현대 국제 토너먼트에서 우승하였다. 1858년 파리에서 열린 대국에서는 모어퓌에 패하였다. §.2-3-3에 당시 시작 수가 10번째까지 도표로 표시되어 있다.

[11] 원문 move(동작, 움직임)는 흔히 바둑이나 장기에서 '수를 두다/놓다, 말을 쓰다' 등으로 표현하므로 '수'라고 번역하고, 다른 경우에는 '동작'으로 번역해 둔다.

그 서양장기 대국은 다음과 같이 누적되었다.

횟수	수(Move, 움직임)	행위결과의 상태(SA)
0	장기 시작	SA_0
1	M_1	SA_1
2	M_2	SA_2
3	M_3	SA_3
…	…	…
n	M_n	SA_n

달리 말하여, 각각의 상태 SA_i는 그 서양장기 대국의 첫 i 수들에 대한 누적의 결과로서, M_1으로부터 시작하여 M_i까지였다. 이 수는 모어뤼 또는 안데르쎈에 의해 놓아진 것이다. 따라서 첫 n수들에 대한 그 서양장기 대국의 공식적인 경로는, 다음에 있는 두 가지 연결체 중 하나에 의해서 표시될 수 있다.

행위결과의 상태 : $SA_1, SA_2, SA_3, \cdots, SA_n$
행위결과의 경로 흔적 : $M_1, M_2, M_3, \cdots, M_n$

그 서양장기 대국의 상태는, 연속적인 장기판의 형상들과 그 경로 흔적에 의해서, 두 가지 연속된 각 형상들을 관련짓는 수들에 의해서 표시된다. SA_0가 주어졌을 때, 만일 하나의 연결체를 알고 있다면, 여러분은 다른 연결체를 알아낼 수 있다.

잡화 약국에서 점원 스또운Stone과 저자의 상거래도 거의 동일한 방식으로 누적적이다. 우리의 상거래는 시작 상태 SA_0로 시작되었다. 판매대로 접근하여, 일부러 그녀의 눈을 마주쳐 놓고, 행위결과 상태 SA_1을 산출하기 위하여 행위결과 상태 SA_0에 증가분을 하나 추가하면서, 저자는 첫 동작 M_1을 하였다. 그녀는 "I'll be right there곧 그리로 갈게요"라고 말하면서 두 번째 동작 M_2를 하였다. 그녀의 동작은 저자가 그녀의 눈길을 마주친 뒤에 시작 상태 SA_0가 아니라 행위결과 상태 SA_1에 더해져 늘어난 것이다. 서양장기에서와 같이, 각 동작 M_i는 새로운 상태 SA_i를 산출하기 위하여, 바로 이전의 상태 SA_{i-1}에 증가분을 하나 더해 놓았다. 이를 기호로 다음처럼 표시해 둔다.

$$SA_{i-1} + M_i = SA_i$$

점원 스또운과 저자의 상거래에 대한 현재의 상태는, 우리가 실행한 바에 의해서만 늘어난 것이 아니라, 또한 협동작업 활동을 진전시켜 놓는 일로서 우리가 공동으로 인식한 각각의 사건에 의해서도 늘어났다. 스또운이 금전 등록기에 두 가지 물품 값을 쳐 넣었고, 등록기에서 총액을 합산하자 종이 딸랑 울렸다. 스또운과 저자가 함께 그 종소리를 듣자마다, 총액을 알아볼 수 있음을 서로 알았다. 따라서 그녀는 "Twelve seventy seven[십이 칠십칠]"이란 말로 자신의 의미한 바를 저자가 이해할 것이라고 가정할 수 있었다.[12] 따라서 우리의 상거래는 다음과 같은 방식으로 누적되며 진행되었다.

횟수	협동 사건(E)	행위결과의 상태(SA)
0	상거래 시작	SA_0
1	E_1	SA_1
2	E_2	SA_2
3	E_3	SA_3
…	…	…
n	E_n	SA_n

서양장기 대국에서와 같이, 우리는 그 상거래의 공식적인 경로를 첫 n 동작들을 통해서 표상할 수 있다. ① 협동작업 활동 SA_1으로부터 SA_n까지의 상태들에 의해서 표상하거나, 또는 ② 협동작업 활동의 경로 흔적 E_1으로부터 E_n까지에 의해서 표상할 수 있다.

2-2-3 공식적인 행위와 비공식적인 행위

대부분의 협동작업 활동에서 참여자들에게 서로 알려져서 공식적으로 되는 상태와 사건들은, 공식적으로 그 활동의 부분들이 되는 부분과 그렇지 않는 부분들로 나뉜다. 그 구분이 서양장기에서는 분명하다. 서양장기 수 M_i는 그 대국의 공식적인 부분이다. 왜냐하면 그 수들이 공식적인 경로 흔적에 더해지고, 공식적인 장기판을 변화시키며, 그 대국을 진전시켜 주기 때문이다. 사실상 그 수들에 대한 경로 흔적 또는 기록이, 우리가 공식적으로 어떤 대국에 대하여 알 필요가 있는 모든 것이다. 그것이 서양장기 책자에서 거듭 언급되고, 서양장기 애호가들에 의해서 연구되는 바이다. 다른 행위들도 비

[12] 〈원저자 4〉 주사위 놀이에서, 임의의 시행상으로 주사위의 숫자 값은 주사위를 던진 사람의 통제력 밖에 놓여 있지만, 그럼에도 불구하고 그 주사위 놀이를 진전시켜 주는 것은 협동 사건이다.

록 그 대국에서 공식적인 역할을 맡지 않더라도 공식적으로 될 수 있다. 모어퓌Morphy가 그 장기판상으로 장기알 하나를 조정해 놓았거나, 큰 실수에 대해 한탄 소리를 내었거나, 물을 한 모금 마셨거나, 다음 수를 두기 위해 오랜 시간을 끌었을 때, 이것들이 모어퓌와 안데르쎈의 공통기반에 추가되었지만, 정식 서양장기 대국의 외부 정보로서 그러하다. 서양장기 고수들은 그들의 장기 대국에서 매 시점마다 비공식적인 행위로부터 공식적인 행위를 구분해 놓는 데 아주 신중하다.

잡화 약국에서 점원 스또운Stone과 저자는 거의 똑같은 구분을 하였다. 우리는 우리 주위에 있는 공식적인 사건들의 일부를 정식 상거래의 일부로 간주하였다. 그녀가 자신의 물품 일람표를 표시해 놓았을 때와 저자가 동전 여러 개를 판매대에 내려놓았을 때처럼, 다른 것들을 정식 상거래 외부에 있는 것으로 간주하였다. 어떠한 공적 상태와 사건들이 공식적으로 되는지, 어떠한 것이 그렇지 않은지를 추적하여 정보를 얻어내는 일은, 협동작업 활동이 어떤 것이든지 무관하게, 순서대로 진전시키는 일에 본질적인 것이다.

2-2-4 시간

여느 이상화에서처럼, 협동작업 활동에 대한 이 모형도 많은 측면에서 불완전하다. 한 가지 측면은 시간이다. 이는 사건들이 차례대로 일어난다고 가정한다. 그렇지 않다면 시간은 문제되지 않는다. 그러나 행위가 동시적이거나 지속적인 경우에, 그것들의 해석이 시간의 경로에 의해서 영향을 입을 수 있다.

그 모형이 시사해 주듯이, 협동작업 활동에서 많은 행위들이 차례차례 연속적인 것은 아니다. 시간상으로 동시적이거나 서로 겹쳐 있다. 잡화 약국에서 저자가

> These two things over here.
> 여기 있는 거 두 개 주세요.

라고 말하였 때, 점원 스또운은 저자의 손짓을 따라 눈길을 주고 있었다. 저자가 손으로 가리키고 있던 두 가지 물품에 그녀의 눈길을 멎었을 때, 저자는 저자가 사려는 물품을 그녀가 알아차린 것으로 여겼다. 만일 그녀가 내 손짓을 따르지 않았더라면, 또는 그녀의 눈길이 우연히 다른 물품과 맞닥뜨렸더라면, 저자는 아마 계속 "Over here이쪽에 있는 거말예요" 또는 "No, over here아뇨 그거 말고, 이쪽에 있는 거요"라고 말했을 것이다. 사실상 동시성은 담화에서 가장 일반적인 언어행위 한 가지에 대한 규칙으로서, 미국 영어에서는 "uh huh아 하"와 "yeah예"라고 하고, 영국 영어에서는 "m.음"이라고 하는 맞장구 동감표현 반응이다. 이런 반응들은 종종 그들이 수긍하는 바와 겹쳐지거나, 또는 의도된 대로 작동하지 않는 바와 겹쳐진다(제8장을 보기 바람).

그 모형에서 시사하듯이, 또한 협동작업 활동에서 많은 행위들은 별개의 따로따로 닫힌 사건들이 아니라, 실시간으로 지속적인 행위들이다. 잡화 약국에서 저자가 점원 스또운 뒤의 선반 위에 놓여 있는 두 가지 물품을 원했었다고 상정해 보자. 저자가 손으로 가리키면서

> Those two things [pause] right [pause] over a little more [pause] there.
> 저기 [휴지] 조금 더 멀리 [휴지] 바로 [휴지] 저기 있는 물건 두 개 주세요.

라고 말하였다. 적절히 그 시점에 "there저기요"라고 말하면서, 그녀의 손이 올바른 물품들에 닿는다. 두 가지 물품을 언급하는 데에, 저자는 손동작과 그녀가 보내는 주의력의 연속성, 그리고 내 발화의 연속성을 활용하였다. "this이것, that저것, here여기, now지금, just 바로 그것"를 이용한 지시사 지시내용은, 흔히 핵심적으로 그런 행위들의 연속성에 의존한다(제6, 제8, 제11장을 보기 바람).

그 모형이 그러하듯이, 흔히 행위들에 대해 중요한 바는 적절한 시간 맞춤timing 시간 안배 조절이지,[13] 발화 연결체는 아니다. 대화 주고받음을 예로 들면,

> 클락과 눈을 마주치면서 스또운 : I'll be right there곧 그리고 갈게요.
> 클락 : Okay알겠습니다.

만일 지체 없이 저자가 "Okay알겠습니다"라고 말하였다면, 저자는 "I accept without conditions저는 아무런 조건 없이 받아들입니다"를 의미하였을 것이다. 그러나 만일 저자가 대답하지 않고 먼저 1초가 지나도록 하였다면, 조바심을 보이며 "I accept only reluctantly다만 마지못해서 받아들입니다"를 의미하였을 것이다. 우리 목표 중 한 가지는, 반드시 사건의 동시성·연속성·적시성에 대해 설명이 이뤄지도록 해야 한다. 즉, 협동작업 활동의 모형 속으로 시간을 도입해야 하는 것이다.

---

[13] 반대말은 mistiming(시간을 맞추지 못함, 시간안배 실패, 시간조절 실패)이다. 적기를 놓치지 말고 제 시간에 발화를 해 내는 것이다. '시간 맞추기, 시간 맞춤'으로 번역해 둔다. §.3-7-2의 '시간 맞춤의 정확성'을 보기 바란다.

이런 관찰이 협동작업 활동이 어떻게 작동하는지에 대한 첫 번째 그림을 내어 준다. 협동작업 활동의 공식적인 경로는 시작 상태 SA_0에서 개시된다. 그리고 현재의 상태 SA_1를 형성하기 위하여 이전의 상태 SA_{i-1}에 추가되는 각각의 협동 사건 E_i과 함께 그 활동이 진전되어 나간다. 다른 상태와 사건들도 공식적으로 되지만, 그 정식[proper 진부분 집합의] 협동작업 활동의 공식적인 부분은 아니다.

§.2-3 공통기반의 표상

저자는 협동작업 활동에서 누적되는 것이 참여 당사자들의 공통기반임을 논의해 왔다. 대부분의 활동에 대하여, 임의의 시점에 있는 공통기반은 다음처럼 세 부분으로 나뉜다.

① **시작 공통기반**(initial common ground)
이는 참여 당사자들이 협동작업 활동에 들어간 때 그들이 전제한 일련의 배경 사실·가정·믿음들이다.

② **협동작업 활동의 현재 상태**(current state of the joint activity)
이는 참여 당사자들이 그 시점에서 그 협동작업 활동의 상태가 된다고 전제하는 바이다.

③ **지금까지 일어난 공식적인 사건들**(public events so far)
이는 참여 당사자들이 현재 상태에 이끌어 오기까지 공식적으로 일어났다고 전제하는 사건들이다.

이들 구분을 살펴보는 것이 유용하다. 언어사용에서 다수의 현상들을 이해하는 데 도움을 줄 것이기 때문이다. 그렇지만 서양장기 대국에서 이들 구분을 확인해 놓는 것이 협동작업 활동에서보다도 더 쉽다. 따라서 잡화 약국에서 점원 스또운과 저자가 실행한 상거래로 가기 전에, 먼저 서양장기 대국을 살펴보기로 한다.

2-3-1 시작 공통기반

모어퓌[Morphy]와 안데르쎈[Anderssen]이 서양장기 대국을 벌였을 때, 그들은 각자 많은 양의 공통기반을 전제하였다. 그들은 서양장기에 대한 규칙들, 곧 장기알들이 어떻게 움직이고 어떻게 상대방 장기알을 잡는지, 대국하는 두 사람이 어떻게 순서를 취하는지, 누가 먼저 시작하는지, 어떻게 장군을 부르고 멍군을 부르며 어떻게 비기는지를 전제하였다. 그들은 장기판과 장기판 위의 장기알들을 해석하는 방법, 곧 누가 누구를 공격하고, 다음 가능한 수들이 무엇인지를 전제하였다. 그들은 서양장기 대국에 대한 예절, 곧 누가 어디에 앉으며, 언제 침묵을 지켜야 하고, 어디에다 득점을 기록할지를 전제하였다. 그들은 서양장기에서 전략·전술·효과적인 절차들에 대하여 많은 것을 전제하였다. 가령, 시작하는 초반 수들과 상대를 속이려는 수들과 최종 단계의 전술들이다. 이전에 서로 서양장기를 두어 보았으므로, 그들은 서로의 개인적 전략·장단점·실천관행·습관 등에 대해서도 뭔가를 전제하였다. 이 모든 것들이 그들의 서양장기 대국을 시작하는 맥락을 형성해 놓았다. 즉, 그들의 시작 공통기반 CG_0인 것이다.

점원 스또운과 저자는 우리의 상거래를 위하여 앞의 시작 공통기반 CG_0과 거의 똑같은 유형의 정보를 전제하였다. 우리는 돈과 물품을 교환하는 미국 문화, 특히 이런 유형의 잡화 약국에 있는 표준 절차들을 전제하였다(심지어 다른 유형의 약국에서 다른 상거래는 다르게 작동함).

이들 절차는 때로 각본scripts이나 틀frames 얼개로 불려 왔다. 이것들이 이런 문화적 유형의 표준 상황에서 일어나는 바를 구체화해 준다(가령 Minsky, 1975; Schank and Abelson, 1975를 보기 바람). 무엇보다도, 이것들이 가게 주인과 고객의 역할과 책임, 그 가격을 흥정하는 행위, 돈과 물품을 교환하는 행위, 상품들을 고객에 관련짓는 행위 등을 구체적으로 명시해 준다. 점원 스또운과 저자는 또한 우리가 모두 영어를 말하고, 저자가 물품을 사기에 충분한 돈을 지녔으며, 그 외 관련된 다른 것들도 함께 전제하였다.

요점은 다음과 같다. 협동작업 활동으로 들어가는 사람들은, 그 활동을 실행하는 일에 대하여 많은 것을 전제한다. 그 정보는 서양장기에서 규칙·규정·예절로 표상된다. 유추될 수 있는 정보가 심지어 성문화되지 않은 각본이나 틀로 표상되어 있다고 하더라도, 잡화 약국에서도 마찬가지로 중요하다.

2-3-2 협동작업 활동의 현재 상태

협동작업 활동에서 참여 당사자들의 시작 공통배경의 한 부분은, 그 활동의 시작 상태 SA_0이다. 모어휘와 안데르쎈의 서양장기 대국에 대하여, 시작 상태가 시작 당시 모습으로 장기판에 표시되어 있었다. 10번의 수를 둔 뒤에, 현재 상태는 다음 그림처럼 표상되었다.

안데르쎈 Anderssen (검정 장기알)

모어퓌 Morphy (하양 장기알)

서양장기에 대하여 두드러진 것은, 그리고 사실상 대부분의 경기에 대하여 두드러진 것은, 그 협동작업 활동의 현재 상태가 아주 구체적인 형태로 표상된다는 점이다. 장기판과 그 장기알은 현재 상태에 대한 외적 표상external representation이다.[14]

외적 표상은 특히 유용하다. 열 번의 수를 둔 뒤에, 모어퓌와 안데르쎈의 장기판을 살펴보기로 한다. 모어퓌와 안데르쎈은 언뜻 보아 장기알이 각각 그 시점에서 어디에 있었는지, 그리고 어느 장기알들이 이미 먹히어 제거되었는지 알 수 있었다. 검정 여왕이 장을 불러 하양 왕을 위협하고 있었고, 모어퓌가 그 위협을 방어하기 위하여 수를 놓을 수 있었던 여러 개의 장기알들이 있음을 알 수 있었다. 장기판은 장기알이 각각 어떻게 이동하고, 어떻게 상대를 포획하며, 무엇이 장군과 멍군을 구성하는지 등, 대부분의 서양장기 규칙들이 진술되는 표상이다. 따라서 모어퓌와 안데르쎈에게 그 장기판과 장기알들은 단지 색깔 조각과 나무 도막만이 아니라, 그 대국에 대한 고도로 발전된 이해에 따라서 그들이 해석한 장면scene의 요소들이었다.[15]

점원 스또운과 저자도 또한 우리 상거래의 현재 상태에 대한 외적 표상을 지녔다. 그것은 우리 주위에 있는 장면scene이었다. 우리는 시작의 모습으로 그 장면과 함께 상거래

[14] 〈원저자 5〉 외적 표상에 대한 논의는 스듀얼 카드(Stuart Card)로부터 도움을 받았다.

[15] 저자는 §.1-1에서 이미 setting = scene + medium(현장 = 장면 + 구현매체)라고 정의한 바 있다. 즉, 현장 무대 위에서 벌어지는 하나하나의 장면을 연상하면 setting(현장 무대)과 scene(장면)의 관계에 대한 이해가 쉽다. 현장=대국, 수 움직임=장면.

속으로 들어갔지만, 저자가

> These two things over here.
> 여기 있는 거 두 개 주세요.

라고 말했을 때까지, 그 장면은 아래의 조감도 예시와 같은 어떤 것처럼 보였다. 얼핏 보아 점원 스또운과 저자는 다음을 알 수 있다. 그녀가 점원이고 저자가 현재 고객이다. 저자가 가리키고 있던 물품들이 판매대 위에 있다. 그녀가 그것들을 금전 등록기에 올려놓고 값들이 입력되어 종이 '딸랑' 울리도록 해야 했다. 기타 등등. 그 장면은 상거래에서 우리가 어떤 진행단계에 있었는지를 추적하도록 도움을 주었다. 따라서 점원 스또운과 저자에게, 그 장면은 단순히 일련의 조야하고 무관한 대상들이 아니었다. 그것은 그런 상거래에서 대상들이 작동하는 방식을 놓고서 고도로 발달된 이해에 따라 우리가 해석한 현장 장면이었다.

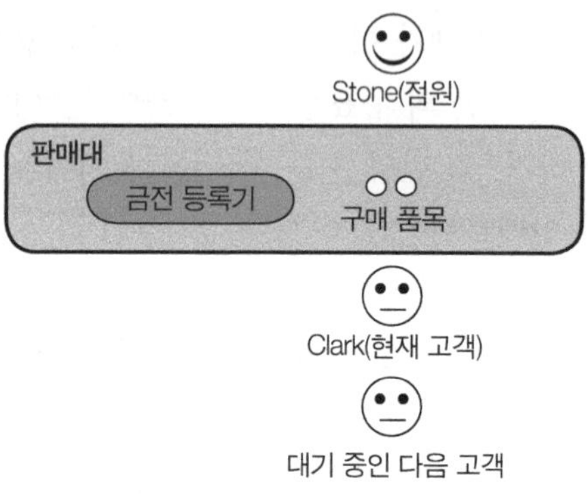

외적 표상external representation은 협동작업 활동에 대해 흔히 가정되는 것보다도 더 중요하다. 장기판과 잡화 약국 장면은 일부 이런 속성들을 예시해 준다.

① **물리적 모형**(physical model)

장기판과 잡화 약국 장면은 물리적 모형들이다. 그것들은 눈으로 볼 수 있고 만질 수 있으며 잘 처리해 나갈 수 있다. 축구장·정구장·주사위 노름판·법정·교실·교회, 그리고 그것들의 내용이 특히 유용한데, 그것들도 또한 눈으로 볼 수 있고, 만질 수 있으며, 잘 처리해 나갈 수 있기 때문이다.

② **표지**(markers)

외적 표상은 협동작업 활동의 요소들을 나타내는 표지를 담고 있다. 서양장기 판 위에 있는 사각형들은 물리적 위치에 대한 표지이다. 서양장기 알들은 가령 왕·대주교 등 상상의 대상들에 대한 표지로서, 이동하고 포획하며 포획될 수 있다. 잡화 약국에서 돈과 영수증은 그 상거래에 있는 요소들에 대한 표지이다. 표지들은 그 범위가 카드놀이에서의 카드와 대기 행렬에서의 위치로부터 시작하여, 교회에서의 제단과 법정에서의 증인석에 이르기까지 널리 분포한다.

③ **위치 해석**(locational interpretation)

표지들은 다른 표지와 관련하여 부분적으로 그것들의 공간적 위치에 의해서 해석된다. 더 앞서 살펴본 그림에서 안데르쎈의 여왕은 그의 '왕 4' 위에 있는 것으로 해석되며, 모어퀴의 왕을 포획하는 위치로 해석된다.

④ **처리 가능성**(manipulability)

일부 표지는 움직이거나 바뀔 수 있다. 참여자들은 이들 변화를 귀결되어 나오는 그 위치와 형태들로 해석한다. 장기판 위에서는 나무 표지를 하나 움직이는데, 여왕을 움직임으로써 위협하고 그리고 위협 당하는 장기알을 변화시키는 것이다. 20불짜리 지폐를 점원에게 건네어 줌으로써, 여러분은 누가 그 돈을 소유하는지를 변화시키는 것이다.

⑤ **동시에 대등한 접속 가능성**(simultaneous and parallel accessibility)

외적 표상은 보통 동시에 그리고 대등하게 모든 참여자들에게 접속 가능하다. 모어퀴와 안데르쎈은 동시에 그들 장기판에서 수 이동 일어난 것을 어떤 것이든지 숙고할 수 있었다. 점원 스또운과 저자도 동시에 그 장면의 일부를 어떤 것이든 점검할 수 있었다.

이들 표상의 가치는 매우 중요하여, 어떤 식으로도 과장되기 어렵다. 첫째, 이 외적 표상들이 협동작업 활동의 현재 상태에 대한 아주 신뢰할 만한 표상이다. 장기판에서는 자세하게 안데르쎈의 여왕이 어디에 있는지를 보여 준다. 그 장기판이 대국하는 두 사람에게 모두 동시에 접속 가능하기 때문에, 그들이 모두 그것을 공통기반의 일부가 되는 것으로 가정할 수 있다. 장기알의 위치에 의심을 제기하여 논쟁하기는 어렵다. 이런 신뢰성은 대적하는 활동과 상거래 활동에서 특히 중요하다. 정구·농구·축구에서는 점수판이 있고, 두 사람이 벌이는 카드놀이인 진뤄미gin rummy에서는 산가지가 있으며, 상거래에서는 돈·금전 등록기·영수증이 있다. 이 모두가 해당 협동작업 활동의 현재 상태에 대한 불필요한 논쟁을 막아 준다.

둘째, 외적 표상들은 특히 효과적인 기억 도움물이며, 상상 속의 움직임을 위한 매체이다. 그 장기판이 분명히 모어퀴와 안데르쎈에게 그들이 막 실행하였던 바를 회상하도록 도움을 주었고, 다음에 어떤 수를 두어야 하는지를 상상하는 데 도움을 주었다. 잡화 약국 장면은 점원 스또운과 저자에게 앞선 우리 행위들을 회상하고, 미래 행위들을 미리 예상하는 데 도움을 주었다.

외적 표상은 특히 행위 그 자체를 위한 매체로서도 가치가 있다. 모어퀴와 안데르쎈은 장기판 위에서 부분적으로 장기알들을 옮겨 놓으면서 장기를 두었다. 점원 스또운과 저자는 잡화 약국 장면에서 부분적으로 돈·물품·금전 등록기·약 봉지를 잘 처리해 줌으로써 상거래를 진행하였다. 많은 협동작업 활동들이 그런 표상이 없다면 불가능할 듯하다.

2-3-3 지금까지 일어난 공식적인 사건들

사람들은 또한 공통기반의 세 번째 구분에 대해서도 추적한다. 즉, 그들의 협동작업 활동의 시작 이래, 지금까지 일어난 공식적인 사건들이다. 서양장기에서 주요한 공식적 사건들은 대국 당사자들의 수이며, 지금까지의 대국에 대한 기록으로 표상되어 있다. 예를 들면, 모어퀴와 안데르쎈이 둔 처음 10번까지의 수들에 대한 공식적인 기록은 다음처럼 이른바 서술적 표기로 되어 있다.

연 번	하양 장기알(모어퀴)	검정 장기알(안데르쎈)
1	P - K4	P - Q4
2	P × P	Q × P
3	Kt - QB3	Q - QR4
4	P - Q4	P - K4
5	P × P	Q × Pch

각 선은 하양 장기알에 의한 움직임(가령, 'P - K4' 즉 '졸이 왕 4의 위치로 이동하다')과 검정 장기알의 움직임을 나타낸다(가령 'P - Q4' 즉 '졸이 여왕 4의 위치로 이동하다'). 간단한 움직임은 '–'(옮기다)로 표시된다. '×'(붙잡다)에 의해서 포획을 나타내고, 'ch^{check}'로 '장군!'을 부르는 일을 나타낸다. 그 기록은 궁극적으로 장군이나 멍군 또는 포기(항복)로 끝나게 될 것이다. 고수의 대국자들로서 모어퀴와 안데르쎈은, 아마 이런 기록을 그들의 공통기

반의 일부로서 많이 지녔을 것이다.

그렇지만, 모어퓌와 안데르쎈은 아마 저자가 '이름 붙여 놓은 세부 진행기록annotated record' (아래 ①, ②, ③ 처럼 이름표가 달린 기록 : 뒤친이)으로 부르게 될 바를 형성하기 위하여, '이런 이름이 없는 기록bare record' 위에서 개선시켰을 것이다.

① 그들은 거의 분명히 각 움직임의 목적을 '기사를 공격하기', '성곽을 얽어 옥죄기', '여왕을 방위하기'로 표현하였다.

② 아마 그들은 또한 움직임들을 의도적 연결체들 속으로 묶어 놓았을 것이다. 예를 들어 어떤 개시 움직임은 '루이 로페즈',[16] '기우오코 피아노',[17] '시칠리안 방어'[18]로 불린다. 모어퓌와 안데르쎈도 그런 해석들을 전제하였을 것이다. 고수들은 수를 회상하는 데에서 장기놀이를 그런 연결체들로 나눠 놓으며(Chase and Simon, 1973), 대국하는 동안에도 또한 분명히 이들 묶음을 표상해 둔다.

③ 모어퓌와 안데르쎈은 아마 또한 특정한 움직임을 '큰 실책(blunders)', '과감한 행마(bold moves)', '허를 찔림(surprises)'으로 해석하였을 것이다.

④ 그들은 또한 이례적으로 지연된 움직임이나 신속한 움직임을 어느 수가 어려웠고 어느 수가 쉬웠는지에 대한 증거로 주목하였을 수 있다.

모어퓌와 안데르쎈은 또한, 저자가 '개괄적 기록outline record'으로 부르게 될 바를 형성하기 위하여, 이름표를 붙여 놓은 세부 흔적으로부터 추상화시켜 놓았을 가능성이 있다. 그들은 처음 10번까지의 수를 다음과 같은 방식으로 표상해 놓았을 것 같다.

> 우리는 졸을 맞바꾸면서 시작하였다. 안데르쎈이 자신의 여왕을 밖으로 내어 놓았다. 우리가 다시 졸을 맞바꾸었다. 그리고 안데르쎈은 자신의 여왕을, 머퓌한테 장군을 부를 수 있는 위치에 두었다.

---

[16] Ruy Lopez : 16세기 서양장기에 열광하던 스페인 성직자의 이름을 딴 것으로 스페인식 개시(Spanish opening)로도 불리며, 가장 일반적인 서양장기 개시 방법이다. §.2-3-2에 있는 서양장기판에서 검정 장기알 및 하양 장기알이 각각 먼저, e4 e5로 진행하고, 다음 Nf3 Nc6로 진행하며, 그리고 검정 장기알이 Bb5로 진행하는 방식이다(e는 졸, N은 기사, B는 대주교).

[17] Giuoco Piano : '조용한 놀이(quiet game)'를 뜻하는 이태리어로서, 이태리식 개시(Italian opening)로도 불린다. 검정 장기알과 하양 장기알이 각각 먼저 e4 e5로 진행하고, 다음 Nf3 Nc6로 진행하며, 그리고 Bc4 Bc5로 진행하는 방식이다.

[18] 검정 장기알과 하양 장기알이 각각 졸을 e4 c5에다 두면서 시작하는 방식을 가리킨다.

세부 내용들이 더 다뤄지지 않고 보류되어 있지만, 행마들에서 일어난 바에 대한 주요한 공격은 분명하다(최종 목표는 왕 또는 여왕의 포획임 : 뒤친이).

잡화 약국에서 점원 스또운과 저자는 거의 똑같은 유형의 진행기록을 밟아 나갔다. 스또운이

> Seven twenty five is your change
>
> 7불 25전이 거스름돈입니다.

라고 말했던 시점에, 그녀와 저자는 지금까지 일어난 공식적 사건들의 연결체를 전제하였다. 즉, 저자는 그녀의 시선을 붙들었고, 구입하게 될 물품들을 명시하였으며, 그녀는 그것을 가져다가 금전 등록기에서 계산을 하였고, 저자는 20불 지폐를 그녀에게 건네주고 나서, 다시 동전 2페니를 건네었다. 그리고 그녀는 거스름돈을 계산하였다. 서양장기 대국에서와 같이, 우리는 이름 붙여 놓은 세부 진행기록을 형성하였다. 저자는 단지 무의미하게 20불 지폐를 그녀한테 건네어 준 것만이 아니라, 저자가 구매하고 있는 물품들에 대한 '대금'을 그녀에게 준 것이다. 등등. 이들 사건을 어떻게 이름이 붙여졌는지는, 무엇이 일어났어야 했는지에 대한 우리의 기대들에 의해, 즉 잡화가게에서 물품들을 사기 위한 각본이나 얼개에 의해 결정되었다(Bower, Black and Turner, 1979를 보기 바람). 스또운과 저자는 아마 또한 개괄적 기록[outline record]을 만들기 위하여 많은 세부 사항들로부터 추상화시켜 놓았을 것이다.

2-3-4 공통기반에서의 격차

스또운과 저자가 이야기를 해 나감에 따라, 우리는 각자 공통기반에 대한 우리 자신의 표상들을 밟아 나가면서 진행하였다. 결국 그녀와 저자는 개인별 믿음·판단·지각을 지닌 개별행위의 주체들이었다. 저자가 우리의 공통기반을 밟아 나가면서 진행한 이유는, 적어도 어느 정도의 정확성을 지니고서, 저자가 스또운과 동일한 것으로 믿은 어떤 표상을 지녔기 때문이다. 저자는 우리의 공통기반에 대한 저자의 믿음을 표상하였다. 어떤 것이든지 우리 사이에 공통기반의 일부가 아니었다고 저자가 생각한 정보 마디는 공통기반의 일부가 아니었다. 그것은 우리 두 사람이 테니스 시합을 바라보는 것과 같은 어떤 것이다. 각자 점수, 네트에 걸린 공[net balls], 서브 실패[faults]와 다른 그런 것들에 대하여 머릿속으로 기록을 해 둔다. 우리는 어느 정도 정확성을 지니고서 우리의 진행기록

내용들이 서로 동일할 것으로 기대한다.

우리가 최선을 다해 노력했음에도 불구하고, 우리 공통기반에 대한 스또운의 표상과 저자의 표상은 차이가 있었다. 대부분 이들 차이점은 탐지되지 않았다. 다른 경우에는 그 차이점들이 스또운에게 또는 저자에게 아니면 둘 모두에게 분명해졌을 수도 있다. 만일 저자가 어떤 차이점을 탐지해 내었더라면, 저자는 두 가지 주요한 선택사항을 지녔을 것 같다. 저자가 그것을 드러내 놓고서 고쳤거나, 고치지 않은 채 그대로 놔두었을 것이다. 그 격차가 아주 경미하였을 수도 있다. 따라서 저자가 그것을 고쳐도 고친 대가가 없었을 것이다. 저자는 우리 공통기반에 대한 스또운의 표상이 그 한 대목의 정보에서만 저자의 표상과 달랐음을 깨달을 수도 있다. 이런 이유로 인하여, 종종 차이점들을 즉시 고쳐 놓는 것이 더 효과적이다. 이것이 바로 사람들이 흔히 실행하려는 바이다(제8장과 제9장).

간단히 말하여, 참여 당사자들이 협동작업 활동에서 공통기반이 된다고 간주하는 바는 세 가지 주요 부분으로 나뉜다. 즉, ① 그들이 그 협동작업 활동 속으로 들어가면서 전제하는 것, ② 그 활동의 현재 상태, ③ 그리고 현재 상태에 이르기까지 이끌어 온 공식적 사건들이다. 추가적으로 이들 주요 부분은 각각 공식적으로 협동작업 활동의 일부가 되는 정보와 그렇지 않은 정보로 나뉜다. 인상적인 것은 이런 공통기반이 표상되는 방식이다. 특히 그 협동작업 활동에 대한 현재 상태는, 흔히 서양장기 장기판이나 잡화 약국 장면에서와 같이, 그 협동작업 활동의 경로에서 중심적인 역할을 맡는 외적 표상으로 실행된다.

§.2-4 협동작업 활동으로서의 담화

그렇다면 담화란 무엇일까? 저자는 담화가 단순히 협동작업 활동으로서, 관례적 언어가 주도적인 역할을 맡는다고 제안한다. 만일 그렇다면, 협동작업 활동에 대하여 우리가 배운 모든 것이 적용되어야 한다. 저자는 그렇다고 논의할 것이다. 원론적으로 담화를 다른 유형의 협동작업 활동으로부터 구분해 낼 수 있을까? 저자는 그 대답이 '아니다'라고 믿는다. 모든 협동작업 활동은 신호signals 또는 의사소통 행위에 달려 있다. 좀더 일반적인 의미로, 언어에 달려 있는 것이다. 만일 그러하다면, 그 구분이 불필요할 것 같고, 심지어 잘못된 것일 수도 있다.

2-4-1 담화에서의 언어

협동작업 활동이 얼마나 심각하게 대화 언어에 의존하는지에 대해서는 아주 많은 변동을 보인다. 그것들은 다음에 예시되어 있듯이, 저자가 '담화 연속체discourse continuum'라고 부르는 바에 달려 있다.

협동행위로서의 담화 연속체(discourse continuum)

⇦ 가장 언어적임		⇦□□□⇨		가장 비언어적임 ⇨
범주 1	범주 2	범주 3	범주 4	범주 5
- 전화통화 - 신문기사 항목 - 라디오 보도내용 - 소설	- 얼굴 마주보는 대화 - 타블로이드 판 신문 기사 항목 - 텔레비전 보도내용 - 과학적인 텍스트	- 상거래 - 연극 - 영화 - 코치(coaching) 예시 - 도제실습(apprenticeship lessons) - 브리지(bridge) 게임	- 농구 경기 - 테니스 시합 - 가구를 함께 옮겨 나르는 두 사람 - 사랑 나누기	- 현악 4중주 연주 - 왈츠 춤 추기 - 케치 볼 놀이 (playing catch)

범주 1에서는 거의 모든 것이 관례적 언어를 도구로 실행된다. 범주 2에서는 실행된 것 대부분이 관례적 언어를 필요로 하지만, 또한 많은 것이 몸짓 시늉·그림·녹화물 연결체·도표·도식에도 의존한다. 이것들이 없이는 언어가 제대로 이해될 수 없을 것이다. 범주 3에서는 언어행위와 비-언어적 행위가 좀더 균형이 잡혀 있고 서로 의존한다. 범주 4에서는 초점이 물리적/신체적 행위에 있다. 관례적 언어는 대체로 우연한 요소가 되고 있다. 마지막으로 범주 5에서 우리는 전혀 관례적 언어를 쓰지 않는 협동작업 활동에 도달한다.

만일 담화가 독특한 유형의 협동작업 활동이라면, 이런 연속선 위에서 어느 범주에다 그 경계선을 그어 놓을 것인가? 범주 1과 2에 있는 항목들은 담화에 대한 분명한 사례들이다. 범주 3에 있는 대부분의 항목들도 그러하다. 만일 범주 3 뒤에다 담화 경계선을 그어 놓는다면, 범주 4와 5에서 실제 일어나는 이야기를 어떻게 처리해야 하는 것일까? 야구 경기에서 선수들 사이에 외쳐 대는 소리는, 비록 그것이 야구 경기에 필수적이지 않겠지만, 진행되고 있는 협동작업 활동에 대하여 어떤 관계를 지닌다(Levinson, 1992). 내내 그 연속선을 통해서, 협동작업 활동에 대해서 살펴보지 않고서는 이용된 관례적 언어가 제대로 이해될 수 없다.

이를 살펴보기 위하여, 담화에 대한 한 가지 전통적인 접근법으로서 때로 텍스트 언어학text linguistics이라고 불린 것을 살펴보기로 한다.[19] 거기서 담화는 순수히 언어적 대상, 즉 텍스트text 덩잇말/덩잇글로 취급된다. 일반적으로 우리는 텍스트를 대화나 연설이나 이야기 말하기에서 발화된 것에 대하여 '씌어진 기록'으로 생각한다. 하지만 이런 전통에서 텍스트는 좀더 추상적이다.[20] 핼러데이·허싼(Halliday and Hasan, 1976)의 접근에서는, 텍스트(덩잇말/덩잇글)가 일관된 해석coherent interpretation이 주어질 수 있는 '문장들의 연결체'를 어떤 것이든지 가리킨다. 텍스트가 어떻게 또는 왜 만들어졌는지는 문제가 되지 않는다. 설명해 주어야 할 중요한 것은, 마치 한 문장이 왜 문법적인지 또는 왜 비문법적인지에 대한 이유를 문법이 설명해 주려고 하듯이, 텍스트가 왜 제대로 형성되었는지 또는 왜 잘못 형성되었는지에 대한 이유이다(van Dijk, 1972, 1977). 이런 전통에서 텍스트는 그 자체로 완벽한 것으로 가정되며, 주위 사건들과 독립적으로 성격이 구명될 수 있다.

그렇지만 담화 연속체에 두루 걸쳐서 텍스트의 개념은 제대로 의미가 드러나지 않는다. 범주 1을 제외한 모든 범주에서, 협동작업 활동의 텍스트(덩잇말)는, 우리가 언어사용을 어떻게 바라보든지 상관없이, 명백히 불완전하다. 잡화 약국에서 점원 스또운과 저자의 상거래에 대한 텍스트(덩잇말)를 예로 들어보기로 한다.

Stone : I'll be right there.
Clark : Okay.
Clark : These two things over here.
Stone : Twelve seventy-seven.
Clark : Twelve seventy-seven.
Clark : Let's see that's two pennies I've got two pennies.
Stone : Yeah.
Stone : Seven twenty-five is your change.
Clark : Right.
스또운 : 곧 그리로 갈게요.
클 락 : 알겠습니다.

---

19 우리말로는 한국 텍스트 언어학회(2004), 『텍스트 언어학의 이해』(박이정)을 읽어보기 바란다. 좋은 번역서들도 많이 나와 있다. 뵌대익(van Dijk, 1978; 정시호 뒤침, 1995), 『텍스트학』(민음사), 보그랑데·드뢰슬러(Beaugrande and Dressler, 1981; 김태옥·이현호 뒤침, 1995), 『텍스트 언어학 입문』(한신문화사)가 많이 읽힌다. 또한 이를 우리말에 적용한 고영근(1999), 『텍스트 이론 : 언어문학 통합론의 이론과 실제』(아르케)도 참고하기 바란다.

20 해석학 등 독일 철학의 흐름에서는 더 넓은 의미로 텍스트를 '표현된 바 모든 것'을 포괄하기도 하며, 텍스트를 해석 가능하게 만드는 실체를 '메타 텍스트'로 부르기도 한다. 이 책에서는 보다 언어에 관련된 좁은 의미로만 다뤄나갈 것이다.

클　락 : 이쪽에 있는 거 두 개 주세요.

스또운 : 12불 77전입니다.

클　락 : 12불 77전이군요.

클　락 : 어디 2전이 있는지 봅시다 여기 2전입니다.

스또운 : 예.

스또운 : 거스름돈이 7불 25전입니다.

클　락 : 그렇군요.

점원 스또운이 "I'll be right there곧 그리로 갈게요"가 무슨 뜻인지를 알기 위해서, 우리는 막 저자가 그녀의 눈과 마주쳤고, 그녀가 고객인 저자를 맞아들이도록 기다리고 있었음을 알아야 한다. 점원 스또운이 "Twelve seventy-seven십이 칠십칠"이라고 말한 바를 알기 위해서는, 그녀가 금전 등록기 위에 내가 사려는 물품 두 개를 놓고서 막 등록을 끝내었음을 알아야 한다. 텍스트의 각 줄을 설명해 주기 위하여, 우리는 참여자들이 더 큰 협동작업 활동의 진행과정에서 어떤 단계에 이르렀는지를 알아야 한다(Morgan and Sellner, 1980). 이는 범주 2에서 시작하여 범주 5에 이르기까지 걸쳐 있는 모든 텍스트들에 대해서도 성립된다. 심지어 협동작업 활동에서 전적으로 이것들이 일관적이라 하더라도, 이들 많은 텍스트들은 텍스트적 의미 연결성textual coherence을[21] 결여한다(언어 표지가 없이 의미 연결을 이룬다 : 뒤친이).

근본적인 논제는, 언어사용에 무엇을 포함시킬지에 대한 것이다. 만일 우리가 신호/기호를 어떤 것이든지 포함한다면, 즉 의사소통 행위를 어떤 것이든 포함한다면, 언어사용은 담화 연속체의 전체 범주에 걸쳐서 나타난다(범주 1~범주 5). 모어퓌Morphy가 서양장기 대국에서 자기 왕의 졸을 움직였다면, 사실상 그는 안데르쎈Anderssen과 의사소통하고 있었던 것이다. 정상적으로 서양장기 대국 주체들은, 자신의 대국자가 볼 수 있게 공유된 장기판 위에서 장기말들을 옮겨 놓음으로써 의사소통을 한다. 그러나 그것이 필수적인 것은 아니다. 맞대응 바둑에서는, 대국 주체들은 서로에게

---

[21] coherence(의미 연결성, 일관성)의 어원은 'stick together(서로 달라붙다)'이며, cohesion(통사 결속성)과 어원이 같지만 서로 구별하여 쓴다. 후자는 문장과 문장을 얽어 엮는 기제라면, 전자는 문단과 문단을 엮는 기제이다. 후자는 지시표현·어휘사슬·대용 표현·생략·접속사 등과 같은 언어기제를 이용하지만, 전자는 배경지식에 있는 개념들 간의 연결성을 이용하게 된다. 대립적으로 표현하면, cohesion(통사 결속성)은 언어 내적 정보를 이용하지만, coherence(의미 연결성)은 언어 외적 정보를 이용하는 것이다. 김지홍(2007), 「언어와 언어 사용에 대한 자각」, 『국어문학』 42호를 읽어 보기 바란다. 또한 위도슨(Widdowson), 『텍스트·맥락·해석 지침(*Text, Context, Pretext*)』(Blackwell)도 참고하기 바란다.

Pawn to king 4.
졸이 왕 4의 위치로 이동한다.

Pawn captures pawn
졸이 졸을 포획하여 죽인다.

와 같이 메시지를 지닌 우편엽서를 보낸다. 눈속임 장기나 사교 장기에서도, 대국 주체들은 거의 똑같은 일을 한다. 장기말 이동은 한 유형의 의사소통 행위이다. 그 대국 시합은 전적으로 이들 행위를 수단으로 하여 진행되어 나간다. 비록 영어와 같이 관례적 언어에 의존하는 것이 아니지만, 이런 의미에서 서양장기 놀이는 담화 연속체의 범주 1에 속한다.

또한 마찬가지로 잡화 약국 거래에서도 공식적인 움직임들이 모두 의사소통 행위였다. 비록 일부 움직임은 그 이상이었다. 저자가 점원 스또운과 일부러 눈을 마주치는 일은, "I'll be right there곧 그리고 갈게요"라는 그녀의 말이 고객인 저자를 맞겠다는 약속인 것처럼, 고객을 맞아들이도록 하는 요구였다. 다른 움직임들은 복합 행위였다. 저자가 스또운에게 20불 짜리 지폐를 건네었을 때, 어떤 하나의 수준level에서 우리는 저자의 손으로부터 그녀의 손에 그 지폐를 옮겨 주는 협동작업의 물리적/신체적 행위를 완료하였다. 또 다른 수준level에서 우리는 20불을 저자의 소유로부터 그녀의 소유로 바꿔 놓는 협동 행위를 완료하였는데, 우리의 상거래를 위하여 필요한 행위인 것이다. 이를 완료하기 위하여, 저자가 실행하고 있던 바를 의사소통해야 했다. 가령 저자가 잠시 스또운이 그 지폐를 붙잡도록 의도하였을 것이며, 그것을 10불 두 장으로 바꾸거나 또는 그것이 위조 지폐였는지 점검하도록 의도하였을 것이다. 그 당시 우리 상거래의 진행 상태에서 명백히 스또운에게 그 지폐를 건네어 줌으로써, 저자는 그 지폐가 저자가 구매하고 있던 물품들에 대한 대금이었음을 알려 주고 있었고, 저자의 돈을 받음으로써 그녀는 그 고지를 받아들였다(제5, 제6장을 보기 바람). 우리의 상거래는 모든 의사소통 행위들을 포함하지 않고서는 설명될 수 없는 것이다.

그렇다면, 적어도 언어사용에 대한 충분한 설명에서 반드시 포함시켜야 하는 것처럼, 만일 우리가 모든 의사소통 행위들을 포함한다면, 담화가 독특한 유형의 협동작업 활동은 아닌 것이다(제5장에서 제9장까지 참고 바람). 저자는 '담화'라는 용어를, 협동작업 활동에서 사용되고 있는 언어를 강조하고 싶은 경우에 이용할 것이다.[22]

---

[22] 이는 이 책 저자의 규정 방식이며, 텍스트와도 뒤섞어 쓰고 있다. 담화(discourse)와 텍스트는 연구자에 따라 구별되기도 하고, 이 책에서와 같이 구별 없이 쓰기도 한다. 일부에서는 담화를 입말로, 텍스트를 글말로 보기도 하지만, 입말과 글말이 궁극적인 자질이 아니라 언어 투식(register)이나 언어 변이에서 도출되어 나오므로, 이런 구분은 많은 예외들에 부닥치게 된다. 일부에서는 담화를 언어 산출로, 텍스트를 언어 처리(해석)로 정의하기도 하는데, 이는 언어 교육에서 많이 따르는 구분이다.

2-4-2 담화의 모형

사람들이 담화에서 누적되는 공통기반을 어떻게 나타내는 것일까? 만일 담화가 협동작업 활동이라면, 담화는 응당

① 시작 공통배경
② 그 협동작업 활동의 현재 상태
③ 지금까지의 공식적인 사건들

을 표상해 주어야 한다. 담화는 또한 응당 그 담화에 공식적인 공적 사건들과 그렇지 않은 사건들 사이를 구별해 놓아야 한다. 대부분의 담화 이론에서는 ②와 ③에 초점을 모아 왔으며, 그것도 오직 공식적인 부분들에 대해서만 초점을 모았다.[23]

그 착상은 담화에서 참여 당사자들이 담화 표상discourse representation을 추적해 나간다는 것이다. 담화 표상은 두 가지 주요 부문으로 나뉜다.[24] 한 부문은 텍스트 전개 표상textual representation으로서, 그 담화 동안 이용된 언어와 다른 신호들에 대한 표상이다. 다른 부문은 관련 상황 표상situational representation인데, 당시 말해지고 있는 상황에 대한 표상이다. 이를 다음 그림처럼 나타낼 수 있다.

전체 공통기반(Total Common ground)

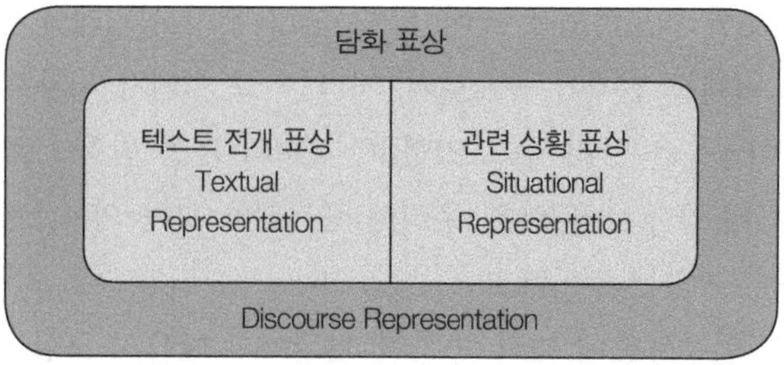

---

[23] 〈원저자 6〉 이런 전통에 있는 담화 모형에 대해서는, 특히 뵌대익·킨취(van Dijk and Kintsch, 1983)과 좐슨-레어드(Johnson-Laird, 1983)를 보기 바란다.

〈역자주〉 뵌대익·킨취(1983)는 킨취(1998), 『이해 : 인지 패러다임(*Comprehension : A paradigm for cognition*)』(Cambridge Univ. Press)로 발전되었다. 번역자의 누리집(http://nongae.gsnu.ac.kr/~jhongkim)에 전체 번역을 올려 놓았다.

[24] 기본적으로 저자는 의사소통을 신호를 주고받는 것으로 보며, 이 신호가 크게 언어적인 것과 비언어적인 것으로 나뉜다고 가정하고 있다. 따라서 한 부문은 언어적인 표상이고, 다른 부문은 비-언어적 표상이 되는 것이다.

담화에서 참여자들은 그 담화 진행 동안에 그들이 이용한 발화와 다른 신호들을 추적할 필요가 있다. 그들은 텍스트 전개 표상에서 이를 실행한다. 점원 스또운과 저자가 잡화 약국에서 이런 주고받음을 완료한 뒤에 바로 그 시점을 살펴보기로 한다.

Stone : I'll be right there곧 그리로 갈게요.

Clark : Okay알겠습니다.

만일 우리가 서로를 완벽히 이해하였다면, 우리는 각자 우리 공통기반의 일부로서 적어도 우리 신호/기호들에 대하여 다음 측면들을 표상하였을 것 같다.

① 산출된 소리
② 언급된 발화
③ 발화된 낱말·구·문장, 그것들의 통사 배열
④ 발화된 낱말·구·문장들에 대한 의미
⑤ 주고받음을 구성해 주는 두 번의 발언기회

오직 우리 발화 뒤에 잠시 동안만이나, 이것들이 우리의 텍스트 전개 표상에서 스또운과 저자가 지녔던 것들이다. 이것들은 우리가 말한 바를 산출하고 이해하는 데 필요한 신호/기호들의 모든 측면을 포함한다.

담화에서 참여자들은 또한 그들이 언급하고 있는 상황도 추적할 필요가 있다. 이를 관련 상황 표상으로 실행한다. 관련 상황 표상은 다음과 같은 요소들을 나타낸다.

① 참여 당사자·시간·장소·관련된 환경
② 참여 당사자들에 의해 사용된 모든 표현들에 대한 지시내용(가령 'I', 'will be', 'right', 'there'에 대한 지시내용들)
③ 참여 당사자들이 말한 바에 의해 확립된 사회적 실천 이행(가령 스또운의 약속과 저자의 수용)
④ 그 주고받음에서 완료된 더 큰 대목의 상거래

더 앞에서 살펴보았듯이, 관련 상황 표상의 일부는, 잡화 약국에 있는 장면과 대부분의 관련 상황 표상에서 무시된 유형의 정보처럼 외적 표상external representation의 형태를 취한다. 이들 요소와 함께, 점원 스또운과 저자는 무엇이 진행 중이었는지 알았고, 다음에 어떤 일을 할지 결정할 수 있었다. 이런 견지에서 보면, 관련 상황 표상은 참여 당사자들이 실천해 오고 있는 바를 나타내며, 텍스트 전개 표상은 그런 행위를 취하기 위한 의사소통 기제를 나타낸다.

담화 표상의 일부는 특별한 지위를 지닌다. 저자는 이를 '담화 진행기록discourse record' 이라고 부를 것이다. 담화 진행기록은 현재 협동작업 활동에서 공식적인 사태와 사건들을 나타낸다. 협동작업 활동을 진행해 나감으로써, 담화 진행기록은 공개적on record인 것으로 간주된다. 서양장기에서는 담화 진행기록이 모든 장기말 움직임을 포함할 것이며, 잡화 약국에서는 우리 상거래를 진전시킨 스또운과 저자의 모든 공식 행위들을 포함할 것이다. 공개적인 것은 그 협동행위의 공식적인 부분으로 되지 않는, 비공개적off record으로 간주된 공적인 사태 및 사건들과 대립된다. 담화 진행기록을 더해 놓음으로써, 앞의 그림은 이제 다음과 같은 모습이 된다.

2-4-3 담화를 점차 진행해 나감

사람들은 주로 의사소통 행위들이나 신호/기호, 특히 언어 발화들을 통해서 담화를 더해 나간다. 우리의 관심이 언어사용에 있으므로, 우리는 이것들이 어떻게 작동하는지를 이해하려고 할 것이다. 앞에서와 같이 서양장기와 함께 시작하는 것이 시사적이다.

서양장기 움직임move 수은 실제로 서술문declaration 단정문으로 불리는 화행이다(제5장을 보기 바람). 안데르쎈Anderssen과의 대국에서 모어퓌Morphy가 자신의 첫 수로 졸을 옮겨 놓았을 때, 마치 안데르쎈한테

I hereby declare to you that my king's pawn moves to my king four.
이제 내가 당신에게 내 왕의 졸을 왕 4의 위치로 옮긴다고 선언합니다.

라고 말하는 것과 같았다. 이런 선언을 위하여 서양장기에서 계발된 표기법에서는, 모어퀴의 수가 'P-K4졸이 왕 4의 위치로 이동한다'라고 표현된다. 모어퀴와 안데르쎈이 장기 대국을 두고 있었고, 모어퀴가 안데르쎈에게 우편엽서로 'P-K4'를 보내었다고 가정하기로 한다. 그렇게 함으로써, 그는 자신과 안데르쎈이 P는 'pawn졸'을 K는 'king왕'을, 하이픈 '-'은 'move to까지 움직이다'를 가리키는 어떤 어휘집을 공유한다. 또한 'P'는 주어를 가리키고, 하이픈 '-'은 동사 또는 관계를 나타내며, 'K4'는 목적어를 나타내는데, 이런 통사규칙도 공유하였다고 전제하였다. 이들은 관례적 언어의 일부이다. 자연스런 영어 번역에서 모어퀴의 진술은 "Pawn moves to king 4졸이 왕4의 위치로 이동한다"였다.

그러나 이들 요소만으로 충분한 것은 아니다. 어느 졸과 어느 왕 4의 위치를 모어퀴가 가리키고 있었던 것일까? 모어퀴는 자신과 안데르쎈이 그 언어 체계뿐만 아니라, 또한 다른 두 대목의 지식을 공유하였다고 가정해야만 했었다. 하나는 그 대국의 현재 상태 SA_i였다. "P-K4"에 대해서는 그 말들이 출발 위치에 있었고, 그것은 모어퀴의 수move 움직임이었다. 두 번째 지식은 이 시점에서 채택될 수 있는 일련의 잠재적인 가능 수 $\{M_{i+1}\}$였다. 가령 모어퀴의 모든 졸들은 장기판 눈을 하나 또는 두 개 더 앞으로 이동할 수 있었다. 임의의 현재 상태 SA_i가 주어지면, 모어퀴가 가리키고 있는 졸이 틀림없이 K4 위치로 이동할 수 있었던 것이었다. 잠재적인 가능 수 $\{M_{i+1}\}$가 주어지면, 오른쪽 자리에 있는 유일한 졸이 왕의 졸이었고, 모어퀴가 장기를 둘 차례이었기 때문에, 그것은 분명히 모어퀴의 하양 왕의 졸이었으며, K4는 반드시 모어퀴의 왕4의 위치가 되었어야 한다.

좀더 많은 것을 말해 주는 사례는 'P×P' 또는 "졸이 졸을 포획하여 죽인다."이다. 비록 모어퀴가 자신의 두 번째 수와 다섯 번째 수들에 대해서 모두 'P×P'를 사용하였지만, 그는 두 경우에서 서로 아주 다른 것을 의미하였다. 첫 번째 경우에는

My king's pawn (on my king4) captures your queen's pawn (on your queen4).
[내 왕4 위치에 있는] 내 왕의 졸이 [당신의 여왕4 위치에 있는] 당신의 여왕의 졸을 포획하여 죽인다.

를 의미하였다. 두 번째 경우에는

My queen's pawn (on my queen4) captures your king's pawn (on your king4).

[내 여왕4 위치에 있는] 내 여왕의 졸이 [당신의 왕4 위치에 있는] 당신의 왕의 졸을 포획하여 죽인다.

를 의미하였다. 그가 의미한 바는, 그 대국의 현재 상태와 그가 그것을 진전시킬 수 있었던 방식들에 달려 있었다. 즉, 그것은 그 대국을 어떻게 점차 진행시킬 수 있었는지에 달려 있었던 것이다.

'P×P'와 같은 서양장기 표현들은, 의사소통 행위의 중요한 속성인 표현의 효율성efficiency of expression을 예시해 준다. 이런 표기법에서, 각 표현은 현재 상태 SA_i가 주어지면 모든 가능한 수 $\{M_{i+1}\}$로부터 의도된 수를 선택하는 데 필요한 것보다 더 많은 정보를 포함하는 것이 아니다. 모어퓌의 두 번째 및 다섯 번째 진술 'P×P'에서는, 포획된 장기알이 오직 졸 'P'로 명시될 필요가 있었다. 왜냐하면 그것이 그 서술에 의해서 유일하게 확인 가능하였기 때문이다. 모어퓌의 22번째 진술 'R×KBP'에서는, 포획된 장기알이 또한 졸이었지만, 성곽 R에서 포획할 수 있었던 다른 졸들과 구별해 주기 위하여, 그것이 왕의 대주교의 졸 'KBP'로 명시되어야 했다. 그렇다면 표현의 효율성은 다음과 같다. 협동작업 활동에서 참여 당사자들은, 그 협동작업 활동의 현재 목적을 진전시키는 데 있어서 그들의 협동 효율성joint efficiency을 위해 표현해야 할 정도만을 표현하려고 할 뿐이다(제5장을 보기 바람).[25]

표현의 효율성은 쉽게 곧장 영어에도 적용된다. 다음에 잡화 약국에서 점원 스또운과 저자가 주고받은 발화에 대한 사례가 있다.

Stone : Twelve seventy-seven.
　　12불 77전입니다.

Clark : Twelve seventy-seven.
　　12불 77전이군요

여기서 다시 우리는 두 가지 서로 다른 용법을 지닌 동일한 표현을 보게 된다. 점원 스또운은 다음을 의미하였고,

The cost of the items you want to buy is $12.77.

[25] 〈원저자 7〉 극단적인 사례로서는 유럽 도로상에서 자동차 전조등의 깜빡거림(명멸)에 대한 폰쌔뷔니(von Savigny, 1983)의 논의를 보기 바란다.

당신이 사고자 하는 물품 대금은 12불 77전입니다.

저자는 다음을 의미하였다.

I am confirming that the amount is $12.77.
나는 총액이 12불 77전임을 추인하여 받아들입니다.

점원 스또운이 의미한 바는, 우리 상거래의 현재 상태(그녀가 금전 등록기에 두 물품의 가격을 막 집어넣었음)와 잠재적으로 가능한 다음 움직임에 달려 있었다. 그녀는 자신이 필요하였던 것 정도만 표현하였을 뿐이다. 그 시점에서 그녀가 그 물품의 대금을 명시해 줄 것이며, 그 금액이 'dollar[불]'로 표현될 것으로 저자가 기대하였다고 그녀는 전제할 수 있었다. 그리고 저자도 정확히 'dollar[불]' 금액을 추인하는 데 필요한 것 말고 그 이상은 표현하지 않았다. 우리의 발화가 문장이 아니라 '명사구'였음에 주목하기 바란다. 만일 점원 스또운과 저자가 효율적으로 되도록 노력하고 있었더라면, 이것이 바로 우리가 응당 기대할 만한 것들이다. '구절로 이뤄진 발화'는 자발적인 이야기에서 아주 흔하다.

2-4-4 언어사용에 대한 접근법

언어사용은 두 가지 광범위한 전통 속에서 연구되어 왔다. 결과 중심 전통[product tradition]은 문장·낱말·말소리, 즉 언어사용의 산출물에 대한 언어학적 연구로부터 성장해 왔다. 이는 노움 촴스끼[Noam Chomsky, 1928~] 와 그의 동료들에 의한 생성문법의 작업에 의해서 강력하게 영향을 받았다. 대조적으로 행위 중심 전통[action tradition]은 의도와 사회적 행위에 대한 철학적·사회학적 탐구로부터 성장해 왔다.[26][27]

결과 중심 전통에서는, 문장·낱말·음성 마디들이 그것들이 산출되었을 법한 화자·시간·장소·환경으로부터 멀어져, 현격히 추상화된 언어 유형들로 취급된다(≒진공 속의 언

---

[26] 〈원저자 8〉 이런 전통의 한 가지 노선은 철학자 오스뜬(Austin, 1962), 그롸이스(Grice, 1957, 1968, 1975, 1978), 써얼(Searle, 1969, 1975a, 1975b, 1978, 1980)에 의해 발전되었다. 또다른 노선은 사회학자 고프먼(Goffman, 1967, 1971, 1974, 1976, 1978, 1981a), 쌕스·쉬글롭(Sacks and Schegloff, 1979), 쌕스 외(Sacks et al., 1974), 쉬글롭(Schefloff, 1968, 1972, 1979, 1982), 제퍼슨(Jefferson, 1972, 1973, 1978)에 의해서 발전되었다.

[27] 번역자는 이 두 갈래 흐름이 서로 모순이라고 생각하지 않는다. 전자는 언어 그 자체에 관심을 쏟는 일이며, 후자는 언어사용에 관심을 두는 일이다. 번역자는 이 둘을 "언어 및 언어사용에 대한 자각"으로 둘 사이의 긴밀한 협력 관계를 강조하고 있다. 번역자 누리집에 올려둔 김지홍(2007), 「언어와 언어사용에 대한 자각」, 『국어문학』 42호를 읽어보기 바란다.

어이며, 이를 언어능력으로 불러 언어수행과 구별하였음 : 뒤친이). 문장들은 통사 구조를 지니고, 낱말들은 음운 구조와 형태 구조를 지니며, 음성 마디들은 음성 구조를 지니고, 낱말들은 결합에 대한 특정한 규칙들에 의해 결합된 관례적 의미를 지닌다. 이들 항목의 구조는 오직 잠재적으로 가능한 사용potential uses만을 결정해 준다. 실제적 사용actual uses을 명시해 주기 위하여, 우리는 현실 사용 '맥락'으로부터 누락되어 있는 것을 채워 넣어 주어야 한다. 점원 스또운이 발화한 "I'll be right there곧 그리로 갈 게요"라는 문장에 대하여, 우리는 반드시 그 환경을 주목해야 한다. 누가 말하고 있고, 언제 말하고 있으며, 무엇을 가리키고 있는지 등이다. 그리고 'I나'에 의해 가리켜진 사람, 'there그리로, 거기'에 의해 가리켜진 장소, 'will be올 게요'와 'right곧'에 의해 가리켜진 시간을 채워 넣어야 한다. 또한 화자가 그 문장을 단정이나 위협이나 사과를 하기 위하여, 또는 어떤 일을 하기 위하여 이용하고 있었는지를 결정하기 위하여, 반드시 그 '맥락'을 살펴보아야 한다. (언어 형태에만 관심을 쏟는) 접근법은 결과 중심 접근이다. 그 환경으로부터 멀어져 현격히 추상화된 문장·낱말·음성 마디 등 결과(언어산출 결과물)들과 더불어 시작하고, 그리고 실제 환경으로부터 누락되어 있는 내용을 채워 넣는 것이다.

결과 중심 접근법은 여러 가지 단점을 지닌다. 이미 살펴보았듯이, 언어 구조에 대한 이론들이 담화 구조를 다루기 위해 확장될 수 없으므로, 따라서 그 접근법이 담화를 다루기 위해서는 완전히 판이한 유형의 분석을 제대로 갖추어야만 한다. 언어 구조의 이론들은 일부러 화자·청자·시간·장소·발화의 환경으로부터 떨어져 현격히 추상화되어 있으므로, 이들 이론이 언어사용까지 확대되는 경우에, 참여 당사자·시간·장소·환경이 2차적인 역할로 전락되어 주목하지 않은 채 아무렇게나 다뤄지는 경향이 있다. 이런 접근법에서는 문장·낱말·음성 마디들이 정태적이며 시간과 무관한 대상으로 취급된다. 반면에 발화는 실시간으로 진행된다. 이미 살펴보았듯이 발화의 지속성·동시성·적시성이 포함되는 것이다. 또한 언어 구조의 이론은 오직 영어나 일본어나 미국 수화처럼 관례적 언어들에만 관심을 둔다. 따라서 관례적 언어의 일부가 되지 않는 담화에서 의사소통 행위, 즉 눈을 마주쳐 응시함·몸짓 시늉·고개 끄덕임·웃음, 저자가 점원 스또운에게 20불 지폐를 건네는 일과 같은 분명한 행위들이 근본적으로 배제되어 무시되어 버린다.

아마 결과(산출물) 중심의 가장 큰 단점은 '맥락'을 향한 태도이다. 논리학에서 연구의 대상은

p implies not q.

p는 q 아닌 것을 함의한다.

와 같은 적격한 형식들이며, 추론을 하는 데 이용될 수 있는 규칙이다. 이들 이론은 전적으로 통사적이다. 즉 그것들이 p와 q의 지시대상에 따라 달라지지 않는 것이다.[28] 이와 같은 논리학이 과거에 문장 의미를 위한 모형으로, 그리고 뒤에 언어사용을 위한 모형으로 받아들여진 경우에, 발화의 지시대상이 오직 2차적인 관심거리일 뿐이라는 태도를 뒤흔들어 놓기가 어려웠다. 끝내 강요받기 전까지는 언어사용의 이론들이 '맥락'에 호소해서는 안 된다는 바람직하지 않은 구속이었던 듯하다. 그 결과, 결과 중심 전통 속에서 실제로 호소력을 지닌 '맥락'에 대한 조사 연구가 거의 없었다.

행위 중심 전통에서는, 시작에서부터 그 초점이 사람들이 언어를 가지고 실행하는 바에 놓여 있었다. 담화는 단지 언어 구조만이 아니다. 화자·청자·시간·장소, 그리고 발화의 환경이 고려되어야 하며, 적어도 그 전통의 일부로서 발화와 다른 행위들에 대한 지속성·동시성·적시성들도 마찬가지로 고려되어야 한다. 발화로부터 시작하여, 눈을 마주쳐 응시함에 이르기까지, 의사소통 행위의 전반에 걸쳐 관심이 쏟아져야 한다. '맥락'에는 일반적으로 응당 받아야 할 우선성prominence이 주어져야 하고, 결코 소홀하게 하잘것없는 마지막 수단으로 취급되어서는 안 된다.

처음에는 두 접근법 사이에 있는 차이점이 가벼운 듯하다. 그러나 그것은 근원적인 것이다. 왜냐하면 근본적으로 다른 언어사용 이론들로 이끌어 가기 때문이다. 비록 우리가 두 가지 전통 모두로부터 나온 결과들에 호소해야 하겠지만, 우리를 올바른 방향으로 놓고 시작하게 만들 접근법은 바로 행위 중심 전통이다.[29]

---

[28] 어떤 표현의 지시대상만을 따지는 일을 지시 의미론 또는 외연 의미론이라고 부른다. 이는 매우 기계적으로 적용될 뿐만 아니라 지엽적인 일부 지식만을 표상할 수 있을 뿐이다. 따라서 우리가 갖고 활용하는 풍부한 지식들을 제대로 드러내기 위하여 점차 내포 의미론으로 발전해 왔다. 강범모 외 12인(1999), 『형식 의미론과 한국어 기술』(한신문화사)을 참고하기 바란다.

[29] 이 흐름은 언어와 관련하여 1940년대 전후로부터 철학·논리학·수학기초론 등에서 시작된 ① pragmatics(화용론, Morris)에 대한 관심, ② use(사용, Bar-Hillel)에 대한 관심, ③ context(맥락, Wittgenstein)에 대한 관심, ④ act(행위, Austin)에 대한 관심들을 모두 합쳐 놓은 입장이다. 이는 소략하게 말하여 형식주의·논리실증주의·이성주의 등에 대한 반동이다. 기호학(Semiotics)에서 기호가 형식과 내용의 결합체라고 본다. 이전의 흐름이 기호 형식에만 너무 쏠려 있었던 것을, 내용 중심으로 초점을 전환해 놓은 것이다. 내용의 밑바닥에는 인간의 삶의 형식들이 있고, 이를 이끌어 나가는 자유의지(의사소통 의도)가 있다. 이것들이 행위를 매개로 하여 논의의 중심으로 부각되는 것이다.

§.2-5 결론

사람들이 언어를 사용하는 경우에, 일반적으로 그것은 협동작업 활동의 일부이다. 이제 협동작업 활동은 범위가 연회(파티)를 계획하거나 상거래를 하는 것으로부터 시작하여, 서양장기를 두거나 현악 4중주를 연주하는 일에 이르기까지 걸쳐 있으며, 모두 그 나름대로의 속성들을 지닌다. 협동작업 활동은 특정한 역할로 두 사람이나 그 이상의 참여자들의 상호조율된 행위를 담고 있다. 그 행위들은 각각 입장과 퇴장을 지니며, 대부분 마디[section 매듭]들로, 그리고 하위마디[subsection]들로 부각되어 나타난다. 대부분 경우에 주요 목표를 수립하고, 참여 당사자들이 그 목표를 향하여 한 번에 하나의 증가분씩 진행하여 나간다. 이들 증가분이 각각 참여 당사자들의 공통기반에 더해진다. 이는 그들이 무엇을 그 협동작업 활동의 현재 상태가 되는 것으로 여기는지를 변화시켜 나간다.

핵심은, 협동작업 활동이 기본적인 범주이며, 담화로 불리는 것이 간단히 협동작업 활동인데, 거기에서 관례적인 언어가 주도적인 역할을 맡는다. 우리가 만일 언어사용을 눈을 마주쳐 응시함, 흉내 몸짓(몸짓 시늉), 손으로 가리키기, 웃음, 고개 끄덕임과 같은 의사소통 행위들을 포함하는 것으로 간주한다면—반드시 그렇게 간주해야 함—모든 협동작업 활동은 언어사용에 의존한다. 서양장기는 비-언어적으로 보일 수 있지만, 모든 장기 수[move 움직임]는 사실상 의사소통 행위이며, 모든 서양장기 놀이는 담화가 된다.

협동작업 활동들은 대체로 참여 당사자들에 의해 확인될 수 있는 협동행위들을 통해서 진행되어 나간다. 협동행위들이 무엇이며, 그것들이 어떻게 작동하는 것일까? 이런 물음들이 제3장에서 다뤄진다.

제3장 협동행위

협동작업 활동joint activity들은 대부분 지속적인 협동행위joint actions들을 통해 진행된다. 잡화 약국에서 물품을 사는 일에서는, 고객이 그 거래를 열기 위해 점원에게 다가가서 원하는 물품을 알려주고, 값을 확정하며, 돈을 교환하고, 끝을 맺는다. 서양장기 대국에서는, 대국 주체들이 그 대국을 여는 일로부터 시작하여 장군을 부르는 일에 이르기까지, 별개의 수들을 명시해 주는 데에 협동한다. 이것들과 같은 협동행위는, 또한 왈츠 춤에서 함께 춤추며 움직이기, 현악 4중주에서 악보를 함께 연주하기, 2인용 카누에서 일제히 노를 젓기, 축구나 농구에서 공을 패스하기를 포함하는 확장된 행위군에 속한다. 이는 또한 질문을 하고, 요구를 하며, 단정을 하고, 지시내용을 확정하는 일을 포함하는데, 대부분 우리가 언어사용으로 여기는 바들이다.

궁극적으로 어떤 행위를 지속적인 협동행위로 만드는 바는, 두 사람이나 그 이상의 사람에 의한 개별행위들의 상호조율coordination이다. 상호조율에는 내용content의 상호조율 및 과정process의 상호조율이 있다. 전자는 참여 당사자들이 실행하려는 바이다. 후자는 이런 의도를 실행하는 데에 그들이 자진하여 추가해 놓는 신체적·정신적 체계이다. 앤Ann과 벤Ben이 2인용 카누를 함께 저을 경우에,[1] 그들은 자신들의 계획대로, 즉 그들이 실행하는 바의 내용대로 상호조율한다. 크게 보아, 그들은 앤이 앞쪽에 타고 벤이 뒷쪽에 타서, 그 호수의 다른 기슭에 있는 모래톱에 가능한 한 효과적으로 도달하도록 목표를 잡는다. 어떤 시점에서라도 앤이 한쪽 노를 당기고, 벤이 다른 노를 당기면서, 그들은 끝까지 이뤄내는 것을 목표로 삼는다. 앤과 벤은 또한 그들의 신체적·정신적 과정 상으

[1] 이하에서도 두 당사자를 A와 B로 표시하기 위하여 저자는 일부러 이와 같은 남녀 이름을 쓴다. 이때 A는 화자로, B는 청자(수신자)로 표시되지만, 늘 두 방향 의사소통을 전제로 하기 때문에, 청자 B 또한 협동행위 진전에 중요한 몫을 맡는다. 이를 상호조율이라고 부른다.

로도 상호조율한다. 계속 전진하도록 그들은 율동에 맞춰 알맞게 조절된 힘을 들여 노를 잡아당긴다. 만일 앤이 옆으로 방향을 바꾼다면, 벤도 또한 그렇게 한다. 만일 앤이 멈춘다면 벤도 또한 그렇게 한다. 협동행위에서 더해진 과정들은 계획에 달려 있다. 선택된 계획은 이용 가능한 과정들에 따라 달라진다. 만일 통나무가 그들의 카누 앞으로 떠내려 온다면, 앤과 벤은 모두 그것을 피하기 위하여 알맞게 노를 저어 우회한 뒤에, 다시 그들이 진행할 원래 경로로 되돌아온다. 협동행위는 내용 및 과정 사이의 상호작용 interplay과 전반적인 협동작업 활동에서 그것들의 위치를 이해하지 않고서는 설명될 수 없다.

언어를 이용한 협동행위도 다르지 않다. 이것들도 또한 협동행위가 요구하는 모든 것과 더불어 행위의 상호조율을 요구한다. 이것이 비록 자명한 진리일지라도, 크게 무시되어 온 진리이다. 언어사용에 대한 기본적 원리의 일부는, 사실상 협동행위에 대한 일반적인 원리이다. 언어사용을 제대로 이해하기 위하여, 우리는 반드시 더 광범위한 원리들을 살펴보아야 한다.

§.3-1 개별행위와 협동행위

협동행위들은 모순을 얹어 놓는다. 의도적 행위가 두 가지 유형, 즉 개별행위와 협동행위로 나뉨을 상기하기 바란다(제1장). 앤이 플루트flute를 연주하거나, 1인용 카약을 타서 노를 젓거나, 지휘봉을 흔드는 경우에, 개별행위를 실행하고 있다. 앤과 벤은 플루트와 피아노 협주를 연주하거나, 함께 2인용 카누의 노를 젓거나, 악수를 하는 경우에, 협동행위를 실행하고 있다. 개별행위들은 개별적인 사람들에 의해 실행되고, 협동행위들은 사람들이 합체를 이루어ensemble 실행된다. 분명히

> Ah, I am now going to play this duet.
> 아 내가 곧 이 협주곡을 연주하게 될 거야.

라고 결정하고 난 뒤에 그것을 연주하는 'Ann and Ben앤과 벤'으로 이름이 붙여진 행위주체는 없다. 사람들로 이뤄진 합체ensemble가 일을 실천하려고 의도하는 것이 아니다. 오직 개인들만이 그렇게 하는 것이다(Clark and Carlson, 1982a, 1982b). 그럼에도 불구하고 사람들로 이뤄진 합체가 협주곡을 연주하고, 2인용 카누의 노를 저으며, 악수를 하고,

개인 혼자서는 할 수 없는 다른 일들을 한다. 역설은 다음과 같다.

> An ensemble can do things that it cannot intend to do.
> 두 사람 이상으로 이뤄진 합체가, 실행하고자 의도할 수 없는 일들을 실행할 수 있다.

우리가 일단 협동행위가 개별행위들을 부분으로 지닌다고 본다면, 역설은 해소된다. 앤과 벤의 플루트와 피아노 협주에서는, 다음처럼 세 가지 구별되는 행위들이 있다.

연 번	구별되는 행위 내용	행위 종류
0	'앤과 벤'이라는 합체(ensemble)가 협주곡을 연주한다	협동행위임
1	위 0의 일부로서 앤이 플루트 부분을 연주한다	앤에 의한 개별행위임
2	위 0의 일부로서 벤이 피아노 부분을 연주한다	벤에 의한 개별행위임

0에 있는 협동행위는 1과 2에 있는 개별행위들로 실행된다. 이들 개별행위는 특정한 유형의 행위이다(제1장). 앤이 자신의 집 거실에서 혼자 사생활로서 연주를 하는 경우에, 그녀는 다른 누구와도 자신의 행위를 상호조율하지 않는다. 이는 독자적인 지속행위autonomous actions이다. 그러나 1에서와 같이 협주곡의 일부로서 플루트를 연주하는 경우에는, 협주곡 연주에서 벤과 함께 참여하는 방법으로 행위를 실행한다. 이를 저자는 '동참하는 지속행위participatory actions(줄여서 '동참행위')'라고 불렀다(§.1-3-1). 협동행위들은 오직 동참행위에 의해서만, 다시 말하여 각자 자신의 부분을 실행하는 개별 참여자들에 의해서만 실행될 수 있을 뿐이다. 따라서 A와 B에 의한 협동행위를 다음과 같이 두 동참행위 $part_1$(A) 및 $part_2$(B)에 참여하는 것으로 나타낼 수 있다.

> joint [$part_1$(A), $part_2$(B)]
> 협동하다 [$부분_1$(A), $부분_2$(B)]

앤과 벤의 협주는 다음처럼 표시된다.

> joint [Ann plays flute part, Ben plays piano part]
> 협동하다 [앤이 플루트 부분을 연주하다, 벤이 피아노 부분을 연주하다]

독자적 행위와 동참행위는 그것들 뒤에 있는 의도들에 의해서 구별된다. 다음에 개별행위를 성격지어 주는 한 가지 방식이 있다.

> Individual A is doing individual action *k* if and only if :
> 0. the action *k* includes 1;
> 1. A intends to be doing *k* and believes that 0.
>
> 개인 A는 다음의 필요충분조건에서 개별행위 *k*를 실행하고 있다.
> 0. 그 행위 *k*가 다음 1을 포함하며,
> 1. A가 *k*를 실행하려고 의도하고, 앞의 0이 사실이라고 믿는다.

앤이 자신의 집 거실에서 홀로 플루트 악보를 연주하기 위하여, 그녀는 반드시 그 악보를 연주하고자 의도해야 하며, 그녀가 그런 의도를 지니고 있음을 믿어야 한다. 협동행위는 다르게 보인다.

> Ensemble A–and–B is doing joint action *k* if and only if :
> 0. the action *k* includes 1 and 2;
> 1. A intends to be doing A's part of *k* and believes that 0;
> 2. B intends to be doing B's part of *k* and believes that 0.
>
> 'A와 B'로 이뤄진 합체는 다음의 필요충분조건에서 협동행위 *k*를 실행하고 있다.
> 0. 그 행위 *k*가 다음 1과 2를 포함하며,
> 1. A가 *k*에 대한 A의 부분을 실행하려고 의도하고, 앞의 0이 사실이라고 믿는다.
> 2. B가 *k*에 대한 B의 부분을 실행하려고 의도하고, 앞의 0이 사실이라고 믿는다.

앤이 자신이 맡은 플루트-피아노 협주곡의 몫을 연주하기 위하여, 그녀는 반드시 자신이 맡은 몫을 연주하려고 의도하고, 자신이 이런 의도를 지녔으며, 벤도 동일한 의도와 믿음을 지녔다고 믿어야 한다. 동참행위에서, 앤은 벤도 자신이 맡은 몫을 실행하려고 의도한다는 믿음을 계속 견지하면서, 그녀가 실행하는 바를 실천한다.[2]

협동행위는 반드시 (일방적으로) 알맞게 맞춘 순응 행위adaptive actions와 속임수 행위deceptive actions로부터 구별되어야 한다. 다음 일련의 행위를 살펴보기로 한다.

---

[2] 〈원저자 1〉 협동행위에서의 의도들에 대한 논의를 보려면 그로슈·씨드너(Grosz and Sidner, 1990), 써얼(Searle, 1990), 투오밀러(Tuomela, 1996), 투오밀러·밀러(Tuomela and Miller, 1988)를 보기 바란다.

〈역자주〉 §.1-3에 있는 각주 24에 소개한 최근 문헌들도 참고하기 바란다.

연 번	행 위
1	다트(dart) 놀이에서 A가 정지된 다트 과녁 B를 향해 다트를 던진다.
2	전자오락실(arcade) 게임에서 A가 움직이는 기계 오리 B를 향하여 산탄총을 쏜다.
3	스파이로서 A가 샌프란시스코 전체 구역에서 부주의한 B를 미행한다.
4	공 붙들기(catch) 놀이에서 A가 공을 던져 B가 잘 잡도록 한다.
5	테니스에서 A가 공을 쳐서 상대방 B를 지나가 버리도록(되받아치지 못하도록) 애쓴다.

위의 다섯 가지 사례에서, A는 스스로 B가 취할 것으로 예측하는 바에 근거하여, B와 관련된 행동들을 취한다. 사례 1과 2에서는 A의 예측이 다트 과녁과 기계 오리의 기계적 속성들에 근거한다. 사례 3에서는 그 예측이 독자적으로 B가 실행할 것 같은 바에 근거한다. 사례 4에서는 그 예측이 A와 상호조율하려고 하는 데에서 B가 실행할 것 같은 바에 근거한다. 사례 5에서는 그 예측이 A가 B를 속이려고 하고 있는 것으로 B가 믿으면서 B가 실행할 것 같은 바에 근거한다. 이것들 중에서 오직 사례 4만이 진정한 협동행위이며, 거기에서 A와 B는 서로 바라는 결과로 수렴해 나가게 된다. 사례 3에서는 스파이 A가 일방적으로 B의 행위에 맞춰 (일방적으로) 적응/순응해야 한다. 사례 5에서는 반-상호조율성anti coordination의 한 가지 유형으로, 테니스 경기자 A가 적극적으로 자신의 상대편 경기자 B를 속인다. 상호조율은 (일방적) 순응과 속임 둘 모두와는 차이가 난다. 우리의 1차 관심은 상호조율에 있다.

§.3-2 상호조율coordination

협동행위는 사람들이 서로 조율하는 경우에 만들어진다. 왜 그들이 상호조율해야 하는 것일까? 토마스 쉘링(Thomas Schelling, 1960)에[3] 따르면 그 이유는 상호조율 문제coordination problems를 풀기 위한 것이다. 두 사람이 공동 관심이나 목표를 지니고 있을 때에는 언제나 상호조율 문제를 지니며, 각자의 행위는 다른 사람의 행위에 의존한다. 그들의 목표에 도달하기 위하여, 그들은 협동행위로 그들의 개별행위들을 상호조율해 나가야 한다. 이런 시각에서는 협동행위들이 목표로부터 거꾸로backward 만들어진다. 두 사

[3] 이 책은 최동철(1992) 뒤침, 『갈등의 전략』(나남)으로 나와 있다. 또한 Schelling(1978)도 정창인(1992) 뒤침, 『미시동기와 거시행동』(한국경제신문사)으로 출간되어 있다.

람이 공동목표를 지님을 깨닫고, 그들의 행위가 상호의존적임을 깨달으며, 이들 목표에 도달하게 될 협동행위로서 그들의 행위를 상호조율하는 방식을 찾아내기 위하여 거꾸로 작업하게 된다. 언어사용이 사실상 사람들이 상호조율 문제를 풀어나가는 것임을 지적한 것은, 데이빗 루이스(David Lewis, 1969)의 통찰력이었다. 우리의 용어로는 이것이 협동작업 활동의 복합체이다. 만일 루이스의 주장이 옳다면, 언어사용에 대하여 이들 상호조율 문제를 연구하는 일로부터 많은 것을 배워야 한다. 이제 셸링의 분석과 함께 시작하기로 한다.

3-2-1 셸링 게임

두 사람의 행위가 상호의존적이며, 그들의 관심이나 목표가 동일한 상황이 많이 있다. 이들 상황을 셸링은 다양한 단판 문제one shot problems들을 고안해 냄으로써 연구하였다. 저자는 이를 셸링 게임Schelling games이라고 부를 것이다. 각 게임마다 두 사람이 동일한 문제에 대하여 서로간에 상의함이 없이 그들의 해결책을 제시해 준다. 다음에 네 가지 셸링 게임이 있다.

연번	게임 이름	내용
1	동전면 일치	동전을 '앞면'과 '뒷면'으로 이름 부른다. 만일 여러분과 여러분의 짝이 똑같은 이름을 부른다면, 여러분이 둘 모두 상금을 받는다.
2	숫자 일치	아래 목록으로 제시된 숫자 가운데 하나에 동그라미를 친다. 만일 여러분이 둘 모두 동일한 숫자에 동그라미를 친다면 둘 모두 이기게 된다. 7 100 13 261 99 555
3	성공적으로 만나기	여러분이 뉴욕 시에서 누군가를 만나기로 되어 있다. 여러분에게 어디서 만날지 알려 주지 않았다. 여러분은 그 사람과 어디에서 만날지에 대해 미리 알지 못한다. 단지 어디에서 만날지를 여러분이 짐작해야 할 것이다. 그 사람에게도 똑같은 내용을 말해 주었으며, 여러분의 짐작들이 일치하도록 만들려고 노력해야 할 것이라고 들었다. 만날 날짜는 들었지만, 만날 시간은 듣지 못하였다. 여러분 두 사람은 반드시 그 만남을 위하여 그 날짜의 정확한 시간을 짐작해야 한다. 여러분은 어느 시간에 여러분이 선택한 만남 장소에 모습을 드러낼 것인가?
4	뭉칫돈 나누기	여러분이 100불 뭉치를 A와 B로 이름 붙인 두 묶음으로 나눠 놓아야 한다. 여러분의 짝도 또다른 100불 뭉치를 A와 B로 이름 붙인 두 묶음으로 나눠 놓아야 한다. 만일 여러분이 각각 A와 B에 여러분 짝이 실행한 것과 똑같은 액수를 배당한다면, 여러분은 각자 100불을 상금으로 받는다. 만일 여러분의 액수가 여러분 짝의 액수와 다르다면, 여러분은 각자 아무런 것도 받지 못한다.

쉘링이 대략 40명에게 이들 게임을 실행하도록 요구하였을 때에, 그들의 응답에서 서로 놀랄 만한 일치가 있었다. 동전면 일치 게임에서는 86퍼센트의 사람이 '앞'이라고 말하였다. 숫자 일치 게임에서는 90퍼센트의 사람이 처음 제시된 숫자 세 항목 중 하나를 선택하였다. 7과 100이 가장 일반적이었다. 성공적 만남 게임에서는 참여자들이 모두 뉴 헤이븐New Haven에 살았는데, '절대 다수'가 대 중앙역Grand Central Station에 있는 정보 안내 부스를 제안하였고, '실질적으로 모두'가 정오에 거기로 가겠다고 대답하였다. 뭉칫돈 나누기 게임에서는 참여자의 88퍼센트가 A묶음에 50불을 B묶음에 50불을 집어넣었다. 쉘링이 지적하였듯이, 각 게임에서 참여자들은 계속 진행할 여지가 거의 없이 성공을 거두었다. 원칙적으로 어떤 해결책도 임의의 다른 해결책만큼 괜찮았던 것이다. 여전히 그들은 대부분의 시행 기회를 성공적으로 완수하였다.

이것들이 순수히 상호조율의 문제이며, 거기에서 두 참여자의 관심거리가 완벽히 일치한다. 그러나 쉘링이 논의하였듯이, 심지어 두 참여자의 관심거리가 서로 다른 경우라 하더라도, 너무 많이 차이가 벌어지지 않는다면 동일한 요인들이 적용된다. 다음에 쉘링 게임이 두 가지 더 제시되어 있다.

연번	게임 이름	내용
1'	차등 상금의 동전면 말하기 (unequal coin)	A와 B가 의사소통을 하지 않은 채 동전 '앞면'이나 '뒷면'을 선택하게 되어 있다. 만일 둘 모두 '앞면'을 선택한다면, A는 3불을 받고, B는 2불을 받는다. 만일 둘 모두 '뒷면'을 선택하면, A는 2불을 받고, B는 3불을 받는다. 만일 그들이 서로 다른 것을 선택하면, 아무도 돈을 받지 못한다. 여러분이 A(또는 B)이다. 여러분은 어느 것을 선택할 것인가?
4'	차등 상금의 뭉칫돈 나누기 (unequal money)	만일 의사소통을 하지 않은 채 나누는 방법이 일치할 수 있다면, 여러분과 여러분의 짝에게 총 100불이 주어질 것이다. 여러분이 각자 백지 위에 자신의 요구액을 적어 놓게 된다. 만일 두 요구액이 합하여 100불 미만이라면, 정확히 각자 자신이 요구한 금액을 상금으로 받게 된다. 만일 두 요구액이 100불을 넘어 버리면, 여러분이 아무도 상금을 받지 못한다. 여러분은 얼마의 금액을 적을 것인가?

차등 상금의 동전면 게임에서는, 두 사람의 참여자들이 여전히 '앞면'으로 수렴해야 하는데, 그렇지 않으면 둘 모두 상금을 받지 못하기 때문이다. 그들이 실제 그렇게 하였다. A의 동전면의 73%와 B의 동전면의 68%가 '앞면'을 선택하였다(앞의 원래 게임에서 나온 86%와 비교됨). 차등 상금의 뭉칫돈 나누기에서는 그 목표가 어떤 것도 변화시켜서는 안 되며, 참여자들의 90%가 그 돈을 '50 대 50'으로 나눴다(앞의 원래 게임에서 나온 88%와 비교됨). 루이스(Lewis, 1969 : 24)에서 언급하였듯이, 상호조율 문제로 간주될 모든 것은

coincidence of interest predominates

관심의 일치가 압도적이다

라는 것이다.

일상의 상호조율 문제들은 이들 사례가 시사하는 것보다 더욱 다양하다. 그것들은 가능한 해결책의 숫자(두 가지로부터 무한대까지), 참여자들의 숫자(두 사람으로부터 전체 공동체 구성원들까지), 이해관계에 걸린 바(사소하게 무례한 일로부터 엄청난 핵전쟁까지), 관심의 일치(부분적 일치로부터 완벽한 일치까지) 상으로 다양하게 달라진다. 단판 쉘링 게임과 같이 그것들은 각각 독립된 별개의 것일 수도 있다. 그러나 흔히 그것들은 협주를 연주하거나 2인용 카누의 노를 젓거나 대화를 나누는 일과 같이 좀더 연속적이다. 이 점이 사안을 거대하고 복잡하게 만들어 놓는다. 그런 차이점들에도 불구하고, 이들 문제는 모두 어떤 특징을 공유한다. 이런 특징들 가운데 하나가 기대치들에 대한 상호조율the coordination of expectations이다.

3-2-2 상호조율 기제

상호조율 문제를 해결하기 위하여 무엇을 택해야 하는가? 쉘링이 지적하였듯이, 단순히 한 사람의 짝이 무엇을 실행할지 예측하는 것만으로는 충분치 않다. 왜냐하면 그 짝이 상대방이 실행할 것으로 예측하는 바를 실행할 것이기 때문이다. 즉, 이는 상대방이 예측한 것이 무엇이든지 간에 상관없이, 그 짝이 상대방이 실행할 것이라고 예측하는 것이며, 기타 등등, 서로간에 이런 예측이 무한히 이어지기 때문이다. 쉘링은 다음처럼 논의한다.

> what is necessary is to coordinate predictions, to read the same message in the common situation, to identify the one course of action that their expectations of each other can converge on. They must 'mutually recognize' some unique signal that coordinated their expectations of each other. (Schelling 1960 : 54)
>
> 필요한 것은 예측내용들을 상호조율하고, 공통의 상황에 있는 동일한 메시지를 읽어내며, 그들 서로간의 예측치가 수렴될 수 있는 하나의 지속행위 경로를 찾아내는 것이다. 그들은 반드시 서로에 대한 그들의 예측치들을 상호조율한 어떤 유일한 신호를 '상호간에 인식해야만' 한다.

쉘링은 다음처럼 논의를 계속해 나간다.

Most situations—perhaps every situation for people who are practiced at this kind of game—provide some clue for coordinating behavior, some focal point for each person's expectation of what the other expects him to expect to be expected to do. Finding *the* key, or rather finding *a* key—any key that is mutually recognized as the key becomes *the* key—may depend on imagination more than on logic; it may depend on analogy, precedent, accidental arrangement, symmetry, aesthetic or geometric configuration, casuistic reasoning, and who the parties are and what they know about each other. (Schelling 1960 : 57)
대부분의 상황에서는, 아마 이런 종류의 게임을 실천하게 되는 사람들에게 모든 상황에서는, 상호 조율 행위를 위한 어떤 단서가 제공된다. 이는 다른 사람[=상대방]이 「그 사람에 대하여 그 사람이 실행할 것으로 기대되는 것」을 기대하는 바에 대한 각자 기대치의 어떤 초점이다. 그 열쇠를 찾는 일, 또는 어떤 열쇠를 찾는 일—그 특정 열쇠가 바로 서로가 찾는 그 열쇠가 되는 것으로 상호간에 인식된 열쇠이면 어떤 것이든지—은 논리에 달려 있기보다는 상상력에 달려 있을 가능성이 있다. 그것은 유추, 선례, 우연한 배열, 대칭성, 심미적 또는 기하학적 형상, 결의론적 추론에 따라 달라질 것이며, 누가 그 짝인지와 서로에 대하여 그들이 무엇을 아는지에 따라 달라질 것이다.

루이스(Lewis, 1969)와 함께, 저자는 그런 초점이나 열쇠를 '상호조율 기제[coordinate device]'로 [4] 부르게 될 것이다.

---

[4] 더 쉬운 말로는, 서로간에 상호 인식에 대한 '접점'이나 '공통점'을 찾아내는 일이다. 이는 상위 인식의 무한 악순환(infinite regression 무한퇴행)의 고리를 끊기 위한 조치이다(더 자세한 논의는 §.4-1-1에 있는 '자기반성'에 대한 각주 5 및 본문 §.4-1-6을 보기 바람). 이런 문제는 기본적으로 인식이나 의도가 직접적인 감각 대상 또는 지각 대상이 되지 못하기 때문에 일어난다. 의사소통 의도를 명시적으로 다루기 위해서, 일상언어 철학자인 그롸이스(Grice)도 마찬가지로 어떤 발화의 밑바닥/뒷면에 있는 의도에 대하여 청자와 화자가 상식적으로 똑같이 파악하였다고 상정하는 것이 '우리 상식'이라고 보고, 이런 악순환에서 벗어나려고 한다.

번역자는 이런 악순환을 벗어나는 다른 방법으로는 괴델의 생각을 거꾸로 이용할 수 있다고 본다. 괴델은 1차 술어논리는 완벽하지만, 2차 술어논리는 불완전하다고 수학적으로 증명하였다. 1차 술어논리는 상항(constant)만으로 구성되기 때문에, 논의 대상이 제한되어 있다. 따라서 전체 대상을 모두 다루더라도, 전체 밖에서 해당되는 대상들을 모두 다룰 수 있는 것이다. 그러나 2차 술어논리는 변항(variable)을 도입하므로, 그 논의 대상이 항상 열려 있다. 전체를 다루기 위해서 전체 바깥으로 나갈 수가 없는 것이다. 즉, 무한의 대상을 다루기 위하여 무한한 대상들 밖으로 나가서 전체를 조감할 수 있는 길이 전혀 없는 것이다. 그렇다면 이런 한계를 피하면서 여기서 완벽성을 추구할 수 있도록 모든 것을 1차 술어논리의 형식으로 환원해 놓는 일이 필요하다. 이것이 데이뷧슨(Donald Davidson)이 택한 방식이다. 이를 인식이나 의도에 적용하면 다음과 같다. 만일 인식 내용이나 의도가 유한하다고 가정하여 그 내용들을 하나씩 다 검토한다면, 무한 악순환은 결코 일어날 수 없다.

특히 의사소통 의도와 관련하여서, 번역자는 의도와 언어 표현이 갖는 관계가 다음 몇 가지 정도면 충분할 것으로 본다. ① 의도와 언어 표현이 일치하는 경우가 있고, 그렇지 않은 경우가 있다. 후자의 경우에는 ② 속이려는 의도를 지니고 일부러 의도와 언어 표현이 정반대가 되는 경우가 극점에 있고, ③ 의도가 분명히 노출되어 상대방 쪽에서 확인 가능한 반어법이 또한 가까운 거리에 있다. 일치와 불일치 두 극점 사이에, ④ 아부하거나 비위를 맞추기 위한 경우가 있으며, 또한 ⑤ 부셸링의 여섯 가지 게임은 여러 가지 기제를 예시해 준다. 동전 앞면과 뒷면에서, 앞면이 더 우세한 듯하다. 왜냐하면 흔히 순서상 '앞 또는 뒤'라고 말하거나, 아마 앞면이 뒷면보다 더 두드러지기 때문이다. 숫자 선택 문제에서는 7이 어떤 우세함을 지니고(오직 단일 숫자로서 가장 작은 숫자임), 또한 100(우수리가 없는 표준 숫자임)과 13(흔히 불길한 숫자)도 그러하다(서로 다른 문화 간에 변이들이 많음 : 뒤친이). 그러나 다른 숫자들은 우세하지 않다. 뉴욕에서 대 중앙역Grand Central Station은 뉴욕 외부의 많은 사람들이 지나가는 장소이며, 만남의 장소로도 이용된다. 하루 중 가장 두드러진 두 시간(=자정과 정오) 중에 정오 시간이 만남을 위해서 더 적당하다. 다양한 돈뭉치 분배에서 '50 대 50'이 분명히 유일한 해결책인데, 그게 A와 B에게 대칭적이기 때문이다.

상호조율 기제는 심지어 더 광범위하다. 여러분과 저자가 만나고 싶다면, 우리는 명시적인 합의에 근거하거나 또는 이전의 경험, 즉 우리가 지난주 언제 어디에서 만났는지에 근거하여, 8시에 스텐퍼드 대학 조든 강당Jordan Hall에서 만날 수 있다. 우리는 관례에 근거하여, 다시 말하여 관례적으로 세미나 모임이 있는 시간과 장소에서, 세미나를 위하여 정오에 강의실 100호실에서 만날 수 있다. 만일 우리가 서로를 놓치고 만나지 못한 채 테잇 전시회랑Tate Gallery을 배회한다면, 여러분이 특히 뵨고흐van Gogh의 그림을 보러 온다는 이전의 대화에 근거하여 뵨고흐의 초상화 앞에서 만나거나, 또는 그 전시회랑에 있는 장소로서 그 유일함에 근거하여 회랑 입구에서 만날 수 있었을 법하다. 저자는 여러분이 어떻게 생겼는지를 알지도 못한 채, 여러분의 양복 앞깃에 카네이션 꽃을 달아 놓게 함으로써, 비행기에서 내리는 여러분을 만날 수도 있다. 또는 저자에게 일어났던 것처럼, 우리는 개인적인 불확실성의 신호에 근거하여 만날 수도 있다. 여러분과 저자가 어떤 연회에서 어떤 손님을 찾는 경우이다. 이는 잘 알지 못하는 임의의 연회와 손님을 찾고 있는 것이다.

이것들이 모두 협동행위와 함께 무엇을 해야 하는 것일까? 앤Ann과 벤Ben이 동전면 게임에서 '앞면'을 집는 경우에, 그들은 협동행위를 수행하고 있다. 그들은 각자 개별행위를 그들의 짝에 의한 행위의 일부로서 수행하고 있는 것이며, 다음처럼 나타낼 수 있다.[5]

주의하거나 나도 모르게 무의식적으로 나오는 언어 표현들이 이들 사이의 어느 지점에 위치할 수 있는 것이다. 이밖에도 ⑥ 여러 가지 다른 이유로 인하여 언어 표현을 제대로 하지 못하는 경우가 있고, ⑦ 불교 선승들의 언어 수작에서와 같이 전혀 다른 경험을 지닌 사람들이 고도의 비유나 암시적 방법을 통하여 의사소통을 하는 경우도 상정할 수 있겠지만, 이들 두 경우는 언어 표현이 의도와 쉽게 관련되는 전형적인 경우만 제외하고서는 논리적으로 단계별로 다뤄 나가기가 힘들다는 특징이 있다.

[5] 이 형식은 술어논리 표현법이다. 처음에 나오는 것은 술어이고, 대괄호 속에 있는 것은 논항을 가리킨다. 논항은 술어의 원소가 되는 경우에만 참값(T)을 갖게 된다. 술어와 논항이란 개념은 프레게(Frege, 1848~1925)가 집합과 원소의 개념을 자기 방식으로 바꾼 것인데, 술어는 원래 함수(function)로 표현되었다. 프레게의 책 중에서 박준용·최원배(2003) 뒤침, 『산수의 기초』(아카넷)과 김보현(2007) 뒤침, 『산수의 근본 법칙 I』(울산대 출판부)이 번역되어 있다.

Joint [Ann picks 'heads', Ben picks 'heads']

협동하다 [앤이 '앞면'을 집고, 벤이 '앞면'을 집는다]

상호조율 기제, 즉 동전 '앞면'의 우세함은, 그들로 하여금 수행할 올바른 참여행위를 선택할 수 있도록 하는 바이다.

3-2-3 협동상 두드러짐joint salience

상호조율 기제들이 실행하는 바는, 참여 당사자들에게 그들과 그들의 짝이 동일한 협동행위로 수렴해 갈 것임을 믿기 위한 근거, 즉 토대를 제공해 주는 것이다. 원론적으로 이들 근거는, 그것들이 유일한 해결책으로 이끌어 가는 한, 어떤 근원으로부터도 나올 수 있다. 쉘링이 지적하듯이, 그들이 해야 하는 바는, 참여자들로 하여금 각 참여자가 택하게 될 개별행위들에 대하여 '상호간의 기대'를 형성할 수 있도록 하는 것이다.[6]

무엇이 상호간의 기대인가? 직관적으로 이는 한 유형의 공유된 믿음이다. 이를 서술하기 위하여, 우리는 제4장에서 다루게 될 공통기반common ground에 대한 기술적 개념이 필요하다. 당분간 저자는 이를 다음과 같은 방식으로 정의할 것이다.

For two people A and B, it is common ground that *p* if and only if :

두 사람 A와 B에게 다음의 필요충분조건에서 *p*임이 공통기반이 된다.

① A and B have information that some basis *b* holds;

A와 B가 어떤 기반 *b*가 성립한다는 정보를 갖고 있다.

② *b* indicates to A and B that A and B have information that *b* holds;

A와 B에게 어떤 기반 *b*는, A와 B가 어떤 기반 *b*가 성립한다는 정보를 지니고 있음을 나타낸다.

③ *b* indicates to A and B that *p*.

어떤 기반 *b*는 A와 B에게 *p*가 사실임을 나타낸다.

여러분과 저자가 8시에 스텐퍼드 대학 조든 강당Jordan Hall에서 만나기로 약속했다고 가정해 보자. 그 약속은 공통기반의 어떤 대목에 대한 기반 *b*가 된다. 여러분과 저자는 각

---

[6] 〈원저자 2〉 크라우스·로젠슈아인(Kraus and Rosenschein, 1992)과 펜스떠·크라우스·로젠슈아인(Fenster, Kraus and Rosenschein, 1995)에서는 제한된 일련의 영역들에서 초점들을 찾아내기 위한 자동화된 절차를 연구하였다.

자 그 약속이 성립한다는 정보를 갖고 있다. 그 약속은 우리들 각자에게, 우리들이 모두 그것이 성립한다는 정보를 갖고 있음을 나타내어 주는 것이다. 마지막으로, 그것은 여러분과 저자에게 우리가 각자 8시에 조든 강당으로 갈 것이라고 기대함을 나타낸다. 우리는 다음처럼 결론을 맺을 수 있다. 우리가 각자 8시에 조든 강당에 갈 것으로 기대하는 것이 여러분과 저자에게 공통기반이다. 상호간의 기대는 참여자들이 무엇을 할 것인지에 대한 상호믿음 또는 상호가정(공통기반의 일부임)이다.

사람들의 합체ensemble가 협동행위를 수행할 수 있게 해 주는 것이, 바로 이것과 같은 상호간의 기대이다. 8시에 조든 강당Jordan Hall에서 만나는 일을 예로 보기로 한다. 여러분도 또한 8시에 조든 강당으로 가려고 의도하고 있다고 믿지 않는다면, 나는 그 협동행위에 참여하고 있다고 믿을 수 없다. 동일한 논리가 여러분에게도 성립된다. 그러나 일단 우리가 상호간의 기대를 갖고서 행동한다면, 나는 여러분도 여러분의 몫(8시에 조든 강당으로 가는 일)을 하고 있다는 믿음으로 내 몫을 실행할 수 있다(8시에 조든 강당으로 가는 일). 그리고 여러분은 내가 내 몫을 하고 있다는 믿음으로 여러분의 몫을 실행할 수 있다. 우리가 모두 같이 동일한 협동행위에 참여하고 있다고 믿는 것은, 오직 그런 상호믿음(즉 8시에 조든 강당에서 만나는 일)을 갖고 있을 경우뿐이다.

그렇다면 공통기반은 상호조율coordination을 위한, 다시 말하여, 협동행위를 위한 선결사항이다.[7] 그 핵심 요체는 쉽게 예증된다. 가령 저자가 쉘링의 게임으로 다음 세 가지 공들 가운데 하나를 고르도록 요구받는다.

나는 어느 공을 골라야 하는가? 이는 상대방에 대한 나의 가정에 따라 달라진다.

---

[7] 〈원저자 3〉 쉘링(Schelling)이 주목하였듯이, 효과적인 상호조율 기제는 "모종의 두드러짐 또는 쉽게 눈에 뜨임"을 지닐 것이다. 그러나 "그것은 시간과 장소에 따른, 그리고 그 사람들이 누구인지에 따른 두드러짐이다."

【 사례 1 】

나는 누가 나의 상대방인지 알지 못한다. 그러므로 다음처럼 추리하면서 농구공을 고른다. "두 사람이 누구이든지 간에 상관없이, 상대방과 나는 당연히 농구공이 지각상 가장 두드러진 것으로 여길 수 있다. 내가 상대방에 대하여 아무런 것도 알고 있지 않고, 상대방도 그 점을 알고 있을 것으로 가정하므로, 우리는 유독 지각상으로 두드러짐에 의존해야 한다."

【 사례 2 】

상대방과 나는 오랜 친구이다. 사실상 우리는 함께 쉘링 게임을 하기 위해 도착하였다. 더욱이 그녀와 내가 1주일에 세 번 스쿼시 놀이(농구도 아니고 야구도 아님)를 한다. 그러므로 나는 다음처럼 추론하면서 스쿼시 공을 선택한다. "우리는 서로 함께 스쿼시 놀이를 한다는 사실을 알고 있으며, 이 사실이 우리 둘에게 스쿼시 공이 특별히 두드러지도록 만들어 준다. 지각상으로 농구공이 가장 두드러질 수 있겠지만, 그런 두드러짐은 우리 둘에게 유일한 것이 아니다. 이 점이 스쿼시 공을 선택의 대상으로 만들어 준다."

【 사례 3 】

상대방은 앞의 사례 2에서와 같이 오랜 친구이다. 나는 그녀가 상대방이라고 들었지만, 그녀는 아직 내가 그녀의 상대방임을 알지 못한다. 그러므로 나는 다음과 같이 추론하면서 농구공을 선택한다. "비록 그녀와 내가 서로 함께 스쿼시 놀이를 한다는 사실을 알고 있지만, 그것이 그녀의 선택을 이끌어갈 수 없다. 왜냐하면 그녀는 내가 그녀의 상대방이라는 생각을 하지 못하기 때문이다. 이 놀이는 사례 1로 환원되고, 따라서 농구공을 선택한다."

공통기반에 대한 다른 형상을 갖고서, 상대방이 선택하게 될 내용과 내가 현재 공통기반에 비춰서against 언제나 나의 선택을 해야 함을 보여 주기란 쉬운 일이며, 이것이 바로 사람들이 실행하는 바이다(Clark, Schreuder and Buttrick, 1983; Clark and Marshall, 1981을 보기 바람).

그렇다면 상호조율 문제에 대한 이상적 해답은 단순히 가장 두드러진 것이 아니다. 참여 당사자들의 현재 공통배경과 관련하여 가장 두드러진 것이 그 해답인 것이다. 그 원리를 다음처럼 진술한다.

◁ **협동상 두드러짐의 원리**(principle of joint salience) ▷

The ideal solution to a coordination problem among two or more agents is the solution that is most salient, prominent, or conspicuous with respect to their current common ground.

둘 또는 그 이상의 행위주들 사이에서 상호조율하는 문제에 대한 이상적인 해결책은, 그들의 현재 공통기반과 관련하여 가장 두드러지고 지배적이며 쉽게 눈에 띄는 것이며, 그것이 해법이다.

간단히 줄여서, 저자는 '참여 당사자들의 현재 공통기반과 관련하여 두드러짐'을 가리키기 위하여 '협동상 두드러짐joint salience'이라는 말을 쓸 것이다. 두 사람이 협동상 무엇이 가장 두드러진 것인지에 대해 언제나 일치할 것이라는 뜻은 아니다. 그들은 자신의 현재 공통기반에 대하여 또는 그 안에 있는 가장 두드러진 해결책에 대하여 서로 차이가 나는 개념 내용을 지닐 수도 있다. 그러나 사람들은 잠재적인 불일치에 대하여 민감하며(Clark, Schreuder and Buttrick, 1983), 일어나는 불일치들을 제대로 관리하고 처리하는 데에 능숙하다(제8장).[8] 여전히 그들은 제약 속에서 응당 이상적인 것을 찾아내려고 해야 한다. 왜냐하면 그래야만 그들은 상대방도 또한 이상적인 것을 찾아내려고 노력하는 것을 당연하게 여길 수 있기 때문이다. 이런 방식으로 그들은 상호조율의 어긋날 가능성을 줄여 나가는 것이다.

§.3-3 참여 당사자의 상호조율 문제

표준이 되는 쉘링 게임("Name heads or tails!동전 앞면이나 뒷면을 부르시오!")은 제3자 상호조율 문제이다. 가령, 앤Ann과 벤Ben 두 사람에게 제3자에 의해 또는 자연스럽게 어떤 문제가 주어진다. 제3자가 누구인지도 그 사람의 동기가 무엇인지도 결코 명시되지 않지만, 이것이 핵심적이다. 제3자는 앤과 벤을 잘 알고 있을 가능성이 있으며, 그들이 쉽다고 깨달을 수 있는 문제를 그들에게 내어 주었다. 그러나 그들이 해답을 모두 잘 맞히기 때문에, 제3자는 신경질이 날 수 있다. 이번에는 그들에게 해결 불가능한 문제를 내어 주었다("Choose 59 or 83 or 71!59나 83이나 71을 뽑으시오!").

참여 당사자의 상호조율 문제들은, 앤이 벤과 그녀 스스로를 위하여 상호조율 문제를 부과하는 경우이므로 근본적으로 다르다. 그런 문제에 대하여 벤은 다음처럼 추론할 수 있다.

[8] §.3-5에 있는 각주 15를 보기 바란다. 이 개념은 본디 불확실성(uncertainty)을 줄여가는 문제로 불렸었다.

합리적인 존재로서 앤은, 틀림없이 이기고 싶어 할 것이고, 또한 내가 그녀를 이기고자 하는 것도 예상한다. 그녀가 물음의 항목 선택에서 자유를 지녔으므로, 나는 그녀가 우리가 합치할 수 있는 유일한 해답을 가졌다고 믿는 것을 선택하였을 것으로 믿는다. 더구나 그녀는 응당 내가 이런 방식으로 추론할 것이라고 생각해야 한다.

그리고 앤은 응당 그래야 한다. 만일 그렇다면, 앤과 벤은 네 가지 추가 전제를 지니는데(협동상 두드러짐·해결 가능성·충분한 능력·즉각 풀어냄), 그 문제를 해결하는 데에 이용할 수 있다.

◁ **해결 가능성 전제**(the solvability premises) ▷

In a coordination problem set by one of its participants, all of the participants can assume that the first party :

참여 당사자들 중 한 사람에 의해서 정해진 상호조율 문제에서, 참여자들이 모두 다음을 가정할 수 있다. 첫 번째 당사자/제1자가

① chose the problem,
  그 문제를 선택했고,

② designed its form,
  그 형식을 마련했으며,

③ has a particular solution in mind, and
  어떤 특정한 해답을 염두에 두고 있고,

④ believes the participants can converge on that solution.
  참여자들이 그 해답으로 수렴될 수 있다고 믿는다.

제3자 상호조율 문제에 대하여 이런 전제들은 앤과 벤이 당연한 것으로 간주할 수 없을 것이다.

예를 들어, 엉뚱한 대답의 수수께끼riddles와 재치로 푸는 재치문답puzzles들은 해결 가능성에서 서로 다르다. 오늘날 엉뚱한 수수께끼들은 원래 창안자들이 다음처럼 해결 주체들이 풀어낼 것으로 기대하지 않는 해답을 지닌다(Augarde, 1986에서 가져옴).

Ann : When is a thought like the sea?
  생각이 언제 바다처럼 되죠?

Ben : (after thinking a bit) I don't know. When?

(잠시 생각한 뒤에) 모르겠어요. 언제죠?

Ann : When it's a notion.

생각이 언 오션(a notion '개념'을 an ocean '대양'으로 발음함)이 될 때죠.

엉뚱한 수수께끼riddles는 참여 당사자의 상호조율 문제가 아니다. 해결 가능성 전제를 정확히 위반하기 때문이다. 이와는 반대로, 재치로 푸는 재치문답puzzles은 원래 창안자가 실제로 다음처럼 해결 주체들이 풀어낼 것으로 기대하는 해답을 갖고 있다(Smullyan, 1978에서 가져옴).

Ann : Twenty-four red socks and twenty-four blue socks are lying in a drawer in a dark room. What is the minimum number of socks I must take out of the drawer that will guarantee that I have at least two socks of the same color?

24개의 빨강 양말과 24개의 파랑 양말이 캄캄한 방 서랍 속에 놓여 있어요. 그 서랍으로부터 적어도 동일 색깔의 양말을 두 개 갖도록 해 줄 양말을 꺼내어야 합니다. 최소한의 양말 숫자는 몇 개죠?

Ben : (after working out the answer) Three.

(정답을 생각해 본 뒤에) 3개.

따라서 재치문답은 해결 가능성 전제를 충족시킨다.[9] 그리고 엉뚱한 수수께끼가 세 단계(앤→벤→앤)를 거치는 반면에, 재치로 푸는 재치문답은 오직 두 단계만 거친다(앤→벤).

해결 가능성 전제는 중요한 딸림 결론을 갖는다. 앤이 벤에게 재치로 푸는 재치문답을 제시하는 경우에, 그녀는 24개의 빨강 양말, 24개의 파랑 양말, 캄캄한 방, 기타 정보를 구체적으로 말해 준다. 이들 정보 중 두 가지는, 이것이 벤이 풀어가는 데 필요한 전부라고 상정한다. 그렇지 않았더라면, 그 재치문답은 풀어낼 수 없었을 것이다. 벤은 다음처럼 편리한 가정들을 추가할 수 없다.

"내가 전깃불을 켤 수 있다고 상정합시다. 그렇다면 정답은 2개입니다." 또는

---

[9] 외짝 양말을 임의로 3개 뽑으면, 그 중 적어도 2개의 색깔은 동일할 수 밖에 없다.

"그 서랍에 또한 마름모꼴 무늬 양말이 한 켤레 있다고 상정합시다. 그렇다면 정답은 4개입니다."

응당 앤도 또한 벤이 이런 추가 가정을 상정할 것으로 가정해서는 안 된다. 만일 벤이 그렇게 상정하도록 허용되었더라면, 그 재치문답은 더 이상 어떤 유일한 정답을 갖지 않았을 것이다. 앤과 벤이 추가할 수 있는 유일한 정보는, '협동상 두드러짐' 원리와 일치하는 공통기반으로부터 나온 정보이다.[10] 그들이 만드는 가정은 다음과 같다.

◁ **충분한 능력 전제**(the sufficiency premise) ▷

In a coordination problem set by one of its participants, the participants can assume that the first party has provided all the information they need (along with the rest of their common ground) for solving it.

참여 당사자들 중 한 사람에 의해 정해진 어떤 상호조율 문제에서, 참여자들은 제1 당사자가 그 문제를 해결하기 위해 필요한 모든 정보를 그들의 나머지 공통기반과 함께 제공해 주었다고 가정할 수 있다.

해결 가능성 전제와 충분한 능력의 전제는 단지 참여자 상호조율 문제들에 적용된 것으로서의 협동상 두드러짐의 원리에 대한 딸림 결론일 뿐이다.

일부 참여자 상호조율 문제는 어떤 제약을 더해 놓는다. 상호조율 문제가 연속체로 생겨나므로, 참여자들은 해결책에서뿐만 아니라 또한 그 해결책을 언제 제시할지에 대해서도 반드시 상호조율해야만 한다. 그런 상황에서 앤은 벤이 얼마나 많은 시간을 쓸지(1시간, 2분, 30초 등) 알 수 없기 때문에 양말에 대한 재치문답을 내지 않을 것이다. 예측될 수 있는 완료 시간은 그 자체로 반드시 협동상 두드러짐·해결 가능성·충분한 능력의 전제들을 충족시켜 주어야 한다. 완료 시간을 20초나 2초나 5초가 될 수 없다. 이것들이 유일한 해법이 아니기 때문이다. 완료 시간은 반드시 효과적으로 0초 또는 즉각적이어야 한다. 그렇지 않았더라면, 다음 문제를 중심으로 뒤엉겨 있을 법한 예측 불가능한 지연이 있었을 듯하다.

[10] 〈원저자 4〉 머카씨(McCarthy, 1980, 1986)에서 영역 윤곽(circumscription)을 소위 비-단조 추리(non-monotonic reasoning)로 특성을 규명한 것을 보기 바란다.

◁ **즉각성 전제(the immediacy premise)** ▷

In a coordination problem set by one of its participants in a time-constrained sequence of problems, the participants can assume that they can solve it immediately — with effectively no delay.

참여 당사자들 중 한 사람에 의해서 정해진 시간상으로 제약된 문제 연결체로 된 상호조율 문제에서, 참여자들은 지체 없이 효과적으로 즉각 그 문제를 풀어낼 수 있다고 가정할 수 있다.

따라서 앤에 의해 부가된 시간상으로 제약된 문제에 대해서, 벤은 그녀가 그 문제를 자신이 즉각 쉽게 당장 풀어낼 수 있도록 마련해 놓았다고 가정할 수 있다.

그러므로 누가 그 상호조율 문제를 마련하였으며, 왜 그랬는지는 중요하다. 협동상 두드러짐은 문제가 어떤 것이든 상관없이 적용된다. 한 참여자에 의해서 마련된 문제들에 대해서 해결 가능성과 충분한 능력이 가정될 수 있다. 그리고 예측 가능한 시간 간격 안에서 반드시 풀릴 수 있는 문제에 대하여 즉각성이 가정될 수 있다. 이제, 참여 당사자의 상호조율 문제가 왜 그렇게 관심거리가 되는지가 분명해졌을 것이다. 즉, 그 문제들이 대부분의 상호조율에서 언어사용 모습을 취하는 되는 형식이기 때문이다.

§.3-4 관례conventions

저자가 주목해 온 모든 상호조율 기제들 중에서, 유일하게 두 가지 기제가 상호조율 문제들을 풀어나가는 데에 적합하다. 하나는 명백한 합의explicit agreement이다. 여러분과 저자가 8시에 스텐퍼드 대학 조든 강당에서 만나기로 합의한 경우에, 우리는 언제 어디서 만날지에 대한 문제를 해결하기 위하여 그 합의에 따라 실천한다. 사실상 명백한 합의는 일반적으로 다른 잠재적으로 가능한 상호조율 기제들을 젖히고 선점해 버린다. 만일 여러분과 저자가 다음 동전 문제에서 뒷면을 선택하기로 합의한다면, 우리의 합의는 동전 앞면 선택에 대한 일반적인 이유보다 우선권을 지닌다. 다른 나머지 상호조율 기제는, 비교할 수 없이 두드러진 관례convention인 것이다.

탐Tom · 딕Dick · 해뤼엇Harriet은 반복되는 상호조율 문제를 갖고 있다. 그들은 화요일마다 점심 식사를 위해 모이고 싶어 한다. 즉, 협동행위인 것이다. 매주 그들은 12시 15분에 교수 휴게실에서 만나기로 합의한다. 얼마 뒤 그들은 더 이상 언제 어디서 만날 것인지 말할 필요가 없어진다. 그들은 각자 간단히 12시 15분에 교수 휴게실로 가는데, 그들의 참여행위인 것이다. 왜냐하면 그것이 그들의 최근 행위에서 규칙성에 근거하여 서로간에 각자 실행할 것으로 상호 기대하는 바이기 때문이다. 그들이 발전시켜 놓은 것은 하나의 관례이다. 그것이 이제 그들이 모임을 상호조율하는 기제가 된다. 즉, 그 기제에 의해 그들이 자신의 협동행위를 실천하는 것이다.

루이스(Lewis, 1969)에 따르면, 관례는 거듭되는 상호조율 문제에 대한 공동체의 해결책이다. 어떤 사회에서는 허리를 굽히는 것이, 서로 인사하는 방법을 놓고서 거듭되는 문제에 대한 해결책이다. 다른 사회에서는 악수하는 것이 해결책이다. 미국과 유럽에서는 식칼·포크·숟가락을 식탁 위에 놓는 일이, 식사에서 어떤 식기를 이용할지를 놓고서 거듭되는 문제에 대한 해결책이다. 중국과 일본에서는 젓가락을 놓는 것이 해결책이다. 북미에서는 음식점에서 식탁 위에 팁을 놔두는 것이, 식당 종업원에게 사례하는 법을 놓고서 거듭되는 문제에 대한 해결책이다. 유럽에서는 음식 계산서에 팁이 포함되는 것이 해결책이다. 관례는 대형 공동체와 작은 공동체에 대하여, 그리고 간단한 문제와 복잡한 문제에 대하여 다양하게 많은 형태로 나타난다.

뭔가를 관례로 만들어 주는 무엇일까? 루이스에 따르면 다음 다섯 가지 속성을 지닌다.[12]

> A convention is ① a regularity *r* in behavior, ② partly arbitrary, ③ that is common ground in a given community C, ④ as a coordination device, ⑤ for a recurrent coordination problem *s*.
>
> 관례는 ① 행위상으로 규칙성 *r*을 지니고, ② 부분적으로 자의적이며, ③ 주어진 공동체 C에서 공통기반이 되고, ④ 상호조율 기제로서, ⑤ 거듭되는 상호조율 문제 *s*에 대한 해결책이다.

인사하는 일을 예로 보기로 한다. 어느 오랜 친구 두 사람이 만나는 경우에, 그들은 인사법을 놓고서 거듭되는 상호조율 문제를 지닌다. 일부 미국 공동체에서는 해결책이 두 사람이 남자라면 악수를 하는 것이며, 남자와 여자이거나 둘 모두 여자라면 서로 뺨 위에 한 번 키스하는 것이다. 이들 행위는 행위상으로 규칙성 *r*을 구성해 준다. 그것들이 인사법을 놓고서 거듭되는 상호조율 문제를 해결해 주는 기제이다. 규칙성은 이들 공동체 구

---

[12] 〈원저자 5〉 저자는 버쥐(Burge, 1975)와 길벗(Gilbert, 1981, 1983)과 다른 연구자들에 의해 주목된 사소한 문제점들을 처리하기 위하여 루이스(Lewis, 1969)의 설명을 약간 새로 고쳐 놓았다. 일관성에 대하여 저자는 또한 루이스의 '전체 인구'(population 모집단) P를 '공동체 C'로 고쳐 놓았고, '공동 지식'을 '공통기반'으로 바꿔 놓았으며, 그의 형식화 내용을 다른 방식으로 간단하게 만들어 두었다. 전반적인 이야기를 보려면 루이스(Lewis, 1969)를 참고하기 바란다.

성원들에게 공통기반이 된다. 그리고 그것은 '부분적'으로 자의적이다. 왜냐하면 인사법이 달라졌을 수도 있기 때문이다. 다른 공동체에서는 두 사람이 서로 껴안는다. 또 다른 공동체에서는 두 사람이 두세 번 키스한다.[13] 저자가 '부분적'으로라고 말한 것은, 이용 가능한 선택 내용이 제약될 수 있기 때문이다. 인사하기에서 이용 가능한 선택은, 상대방을 해치거나 다치게 하는 행위로서 손으로 뺨 때리기나 발로 걷어차기를 배제할 수 있다.

탐Tom·딕Dick·해뤼엇Harriet의 관례가 처음 만들어져 발전한 것과는 달리, 대부분의 관례는 진화하는 것이 아니다. 예를 들어, 오른손으로 악수를 하는 것이, 나를 위하여 그리고 내가 만났던 사람들을 위하여 진화한 것은 아니다. 악수는 내가 그것을 익혔을 때에 이미 나의 문화에서 사용되고 있었다. 대부분의 관례들은 역사상 우연한 사건이라는 점에서 자의적이다. 우리가 오른손으로 악수를 한다는 것은 역사에서 우연한 사건인 것이다. 만일 역사가 달라졌더라면, 우리는 악수하는 데에 왼손을 쓰고 있었을지도 모른다.[14] 공동체의 구성원이 되는 일은, 부분적으로 그 공동체에서 이미 자리 잡힌 관례들을 습득하는 것을 의미한다.

대부분의 관례들은 체계에 속한다. 예를 들어, 모든 문화에서 얼굴을 마주보면서 인사하는 문제는 어떤 해결책들의 체계를 발전시켰다. 다음에 북미 문화권에서 이용되는 한 체계의 단편이 제시되어 있다.

상황 *s*	협동행위 *r* (규칙성)
① 성별 : 남성과 여성, 또는 둘 모두 여성 관계 : 친밀함 소개 : 소개가 필요치 않음	갑과 을이 서로 껴안음(hug)
② 성별 : 남성과 여성, 또는 둘 모두 여성 관계 : 이미 알고 있는 대등한 관계 소개 : 소개가 필요치 않음	갑과 을이 서로 오른쪽 뺨에 키스를 함
③ 성별 : 둘 모두 남성 관계 : 처음 만나는 대등한 관계 소개 : 스스로 소개하거나 또는 제3자가 소개해 줌	갑과 을이 악수를 함

[13] 〈원저자 6〉 타일러 버쥐(Tyler Burge, 1975)에서 논의하였듯이, 여전히 임의의 관례가 대안을 지니므로, 임의의 공동체에서 반드시 공통기반이 될 필요는 없다. 만일 사람들이 'cockadoodledoo(코카두들두, 꼬끼오!)'라는 소리가 수탉의 울음을 표현할 수 있는 유일한 방식이었다고 생각하였다면, 그 낱말이 역시 수탉 울음을 위해 관례적으로 되었을 듯하다.

[14] 〈원저자 7〉 사실상 행위에서 각각의 규칙성이 달라질 수 있었는지 여부는 경험적인 물음이다. 예를 들어, 오른손잡이 속성이 아주 강력할 수 있다. 그 결과, 악수하는 일을 놓고 서로 조율하는 데에서 오른손 선택을 참된 관례로 만드는 것이 아니라, 구조적으로 다른 모든 관심거리를 지배할 수 있다(≒오른손 선택이 구조적으로 필수사항처럼 되어 버림 : 뒤친이). 대부분의 관례는 두루 문화들에 걸쳐서 변동되며, 따라서 관례들의 역사적 자의성을 예증해 준다.

④ 성별 : 남성과 여성, 또는 둘 모두 여성 관계 : 처음 만나는 관계 소개 : 격식 갖추고 제3자에 의해서 소개됨	갑과 을이 'How do you do?(처음 뵙겠습니다)'라는 인사를 주고받음
⑤ 성별 : 남성과 여성, 또는 둘 모두 여성 관계 : 처음 만나는 관계 소개 : 격식 없이 제3자에 의해 소개됨	갑과 을이 'Hello(반가워요)'라는 인사를 주고받음

이 사례에서 거듭되는 상호조율 문제는 상황 s를 가리키는데, 서로 배타적인 다섯 가지 부류로 나뉘어져 있다. 각각의 부류는 서로 다른 해결책을 갖고 있으며, 상이한 협동행위 *r*로 언급되어 있다. 그 체계는 아주 단단히 제약되어 있으므로, 다른 것들을 바꾸지 않고서는 하나의 관례를 변경하는 것이 불가능할 듯하다. 만일 서로 껴안음이 새로운 상황들에까지 확장되어 있었더라면, 키스하기·악수하기·나머지 행위가 좁혀졌을 것 같다. 그리고 아마 관련된 관례들 사이에는 연결점들이 있다. 우리가 오른손으로 악수하고, 오른쪽 뺨에 키스하는 것이 우연한 것일까? 한 행위에서의 변화는 다른 행위에서의 변화를 일으킬 수 있다.

루이스는 관례conventions들이 습관habits이나 실천관행practices이 아니라고 논의하였다. 그럼에도 불구하고, 관례들은 부분적으로 습관과 실천관행에 의해서 유지되는 듯하다. 오른손으로 악수를 하는 일이 변함없이 온전히 남아 있다. 부분적으로 악수를 하는 경우에 사람들이 자신의 오른손을 뻗는 것이 습관으로 되었기 때문이다. 그리고 중절모자를 쓰고 다니는 남성의 실천관행이 사라졌을 때에, 남성이 여성에게 자신의 중절모자를 약간 벗으면서 인사하는 관례도 함께 사라져 버렸다. 관례들은 어떻게 유지되는 것일까? 이는 분명히 사람들이 서로 조율하는 과정들과 관련되는데, 이 논제를 §.3-6에서 다룰 것이다.

§.3-5 언어사용에서의 상호조율

다른 협동작업 활동에서처럼, 담화에서도 참여 당사자들은 상호조율 문제에 대한 해결책으로서 협동행위를 만들어 줌으로써, 그들 자신의 관심사를 내세워 진전시킨다. 그들은 파티를 계획하거나 사업 거래를 완료하거나 이야기를 해 주거나 잡담을 주고받는 방법과 같은 상호조율 문제들을 직면하는 경우에, 온전히 협동작업 활동을 만들어 낸다. 이들 활동에 있는 각 단계마다, 그들은 더 작은 상호조율 문제점들에 대한 해결책으로서 더 작은 협동행위들을 만들어 낸다. 가령, 내가 제안을 하고 상대 제안을 수용하는 방법, 내가 말을 해 주고 상대방의 말을 이해하는 방법, 누가 언제 말할 것인지 등이다. 차례로 이들 문제는 더 작은 상호조율 문제들로 나뉘게 되며, 더 지엽적인 협동행위들로 이끌어 간다. 담화는 상호조율 문제의 계층들에 대한 해결책으로 부각된다. 만일 이 점이 옳다면, 응당 사람들은 담화 외부에서처럼 담화 내부에서도 동일한 상호조율 기제들을 이용해야 하는데, 실제로 그러하다.

언어사용에서 중심이 되는 문제는, 화자들이 의미하는 바 및 청자들이 그 발화가 의미하는 것으로 이해하는 바를 서로 조율하는 것이다.[15] 이것들은 사실상 참여 당사자의 상호조율 문제이다. 즉, 청자 및 화자가 스스로 풀어 나가도록 화자에 의해 마련된 쉘링 게임인 것이다. 그러므로 그들의 해결책은 응당 협동상 두드러짐[joint salience], 해결 가능성[solvability], 충분한 능력[sufficiency]을 반영하는 것이다(§.3-3). 제약 속에서 화자와 청자들은 화자가 유일한 해결책을 염두에 두고 있음을 당연시해야 하며, 그들은 청자도 그 해결책으로 수렴될 것임을 믿고 있다. 이를 살펴보기 위하여, 데이빗 루이스(David Lewis, 1969)에서 다뤄진 신호 발신체계[signalling systems]들에 대한 분석을 검토해 보기로 한다.

3-5-1 신호 발신체계

하나의 모형 상황으로서, 루이스는 미국 독립전쟁의 어느 전설을 끌어들인다. 말을 타고 매사추세츠 주의 온 시골을 다니면서 모든 사람들에게 붉은 군복을 입은 영국군들이 쳐들어오고 있다고 경고하는 폴 뤼뷔어[Paul Revere, 1735~1818]에 대한 이야기이다.[16] 루이스가 선택한 장면에는 두 사람의 참여자가 있다. 옛 북부교회[Old North Church]의 교회지기와 폴 뤼뷔어이며, 각각 화자와 청자가 된다. 교회지기는 하나의 우연한 임시계획에 따라서 행동한다.[17]

---

[15] 쉐넌·위버(Shannon and Weaver, 1949; 1998 재판), 『정보소통의 수리 이론(*The Mathematical Theory of Communication*)』(Univ. of Illinois)에서 처음 수학적 정보소통 모형이 형식화되었는데, 주로 전달내용을 전송하고 받는 전체적인 발신과 수신에 관련된 기술상의 문제를 다루지만, 의미해석과 그 효과에 대한 문제까지 확장할 수 있다고 기대되어 왔다. 그러나 정작 이 책에서 다루고 있는 상호 협동의 문제는 심각하게 고려되지 않았다. 그롸이스(Grice, 1971), "Intention and Uncertainty(의도와 불확실성)", 『*Proceedings of the British Academy*』 vol.#57에서는 의사소통에서 불확실성을 협동을 통해 줄여 나가는 방법(reduction of uncertainty)을 다루었으며, 이 책의 접근 방법에 대한 모태가 된다(§.3-2-3에서 '불일치'로 불렀음). 최근 나온 그뢴트(Grant, 2007), 『불확실성과 의사소통 : 새로운 이론적 탐구(*Uncertainty and Communication : New Theoretical Investigation*)』(Palgrave)에서도 불확실성을 줄여 나가는 문제를 다루고 있어 참고가 된다.

[16] 〈원저자 8〉 이 전설은 헨뤼 워즈워쓰 롱펠러우(Henry Wadsworth Longfellow)의 시 '폴 뤼뷔어의 기마 여행(Paul Revere's Ride)'(1861)으로 가장 잘 알려져 있으며, 이 시는 미국 초등학교 어린이들이 모두 암기하여 알고 있던 것이다.

[17] 마치 조선시대에 왜구들의 침입을 대비하던 봉수대 간의 신호를 연상시킨다.

만일 영국군이 자기 진영에 머물고 있음이 목격된다면, 종탑에 초롱불을 전혀 내걸지 말 것.
만일 영국군이 육로로 진군하고 있음이 목격된다면, 종탑에 초롱불을 하나 내걸 것.
만일 영국군이 해상으로 진군하고 있음이 목격된다면, 종탑에 초롱불을 두 개 내걸 것.

그리고 뤼뷔어는 또다른 계획에 따라 행동한다.

만일 종탑에 걸린 초롱불이 없다면, 집으로 갈 것.
만일 종탑에 초롱불이 하나 걸린 걸 목격한다면, 사람들에게 적군이 육로로 침공한다고 알릴 것.
만일 종탑에 초롱불이 두 개 걸린 걸 목격한다면, 사람들에게 적군이 해상으로 침공한다고 알릴 것.

그 교회지기의 우연한 임시계획은, 임의의 사태에서부터 어느 신호로 진행하는 함수 *Fs*이며, 관찰 가능한 행위를 나타낸다. 뤼뷔어의 우연한 임시계획은, 관찰 가능한 신호에서부터 그가 취할 수 있는 반응대책으로 진행하는 함수 *Fr*이다. 뤼뷔어와 그 교회지기가 성공하기 위해서는, 임시계획들을 서로 조율할 필요가 있고, 세 가지 계획에 대한 그들의 선택과 더불어 그 일을 바로 실천해야 한다.

뤼뷔어와 교회지기는 신호 발신체계를 만든 것이다. 그들은 목표들에 대한 상호일치와 더불어 시작한다. 교회지기가 영국군을 목격함에 따라서, 영국군의 진격 상태에 대한 뤼뷔어의 반응대책이 적합하게 되기를 둘 모두 바란다.

Each agent will be acting according to the contingency plan that is best given the other's contingency plans and any state of affairs.
각 행위 주체마다 최선의 모습으로 다른 사람의 임시계획 및 임의의 사태로 주어진 임시계획에 따라 행동할 것이다.

신호 발신체계는 복합함수 〈*Fs*, *Fr*〉 결합체로서, "해당 사태들에 대하여 바람직한 청자 반응의 종속관계"를 성취해 낸다.

화자가 의미하는 바를, 청자가 이해하는 발화 의미와 상호조율하기 위하여(≒화자 의도와 청자 반응을 서로 들어맞도록 조율하기 위하여 : 뒤친이), 신호 발신체계는 이상적이다. 종탑에 초롱불을 하나 걸어 줌으로써, 교회지기는 뤼뷔어가 시골 사람들에게 적군이 육로로 침공하고 있다는 사실을 알려 줄 것임을 의미하였다. 그 두 사람에게 신호 발신체계가 공통기반이 된다고 교회지기가 믿었기 때문에, 교회지기는 초롱불을 하나 이용하여서 뤼뷔어가 교회지기가 의미한 바를 인식하기를 기대할 수 있었다. 루이스가 지적하였듯이, 이런 모든 것은 신호 그 자체의 의미에 대한 언급을 어떤 것도 전혀 하지 않고서도 말해질 수 있다. 가령, 초롱불 하나는 영국군이 육로로 침공하고 있음을 의미하였다.

> But nothing important seems to have been left unsaid, so what has been said must somehow imply that the signals have their meanings.
> 그러나 중요한 것은 어떤 것도 언급되지 않은 채 내버려지지 않은 듯하다. 따라서 어쨌든 언급된 것은 반드시 신호들이 고유한 의미를 지님을 함의해야 하는 것이다.

초롱불 하나가 의미하는 바는, 교회지기 및 뤼뷔어의 임시계획들을 짝지어 놓은 결과이다. 이는 제5장에서 저자가 다시 다룰 논점을 예상케 한다. 즉, 화자의 의미는 1차적이고, 신호 의미는 부차적(2차적)이다.

교회지기가 홀로 하나의 초롱불을 내걸 경우, 그는 참여 당사자의 상호조율 문제점을 부과하고 있다. 뤼뷔어는 교회지기가

① 그 문제를 선택하였고
② 제시하기 위해 그 제시 형식을 마련하였으며
③ 특정한 해결책을 염두에 두고 있고
④ 자신과 뤼뷔어가 그 해결책으로 수렴될 것으로 믿었다.

고 가정할 수 있다. 뤼뷔어는 심지어 영국군 간첩들을 교란시키기 위하여 그것을 고안하였을 수도 있다. 언어사용에서 상호조율은 이것과 같은 것이다. 앤과 벤한테

> Bob went out with Monique last night.
> 어젯밤 밥이 모니크랑 외출하였다.

라고 말하는 경우에, 그녀는 벤에 의해 이해가 이뤄지기를 기대하지만, 우연히 옆에서 듣는 사람overhearer에 의해서 이해되기를 기대하는 것은 아니다. 대부분 우연히 옆에서 듣는 사람들은 밥과 모니크가 누구였는지 알지 못할 것 같다. 만일 앤이

> You-know-who did you-know-what with you-know-who last night.

어젯밤 네가 아는 아무개가 네가 아는 아무개랑 네가 아는 어떤 일을 했다.

라고 말하였다면, 그녀는 자신이 벤과 공유하는 특정한 공통기반에 대해서 내밀히 알고 있지 않은 사람에게는 누구에게나 해결 불가능한 상호조율 문제를 부과하고 있었을 것이다(Clark and Carlson, 1982a; Clark and Schaefer, 1987b, 1992를 보기 바람).

그러므로, 신호 발신체계는 지속적인 공동의 협동행위를 위한 토대가 된다. 뤼뷔어 및 교회지기의 임시계획은, 그들에게 이런 협동행위를 위한 근거를 제공해 주는 것이다.[18]

Joint [the sexton hangs one lantern in belfry, Revere take the sexton to mean that the redcoats are coming by land]

협동하다 [교회지기가 종탑에 초롱불을 하나 내걸다, 뤼비어는 교회지기가 적군이 육로로 침공하고 있음을 뜻하는 것으로 파악하다]

협동행위가 어떤 것이든 간에, 뤼뷔어와 교회지기는 그들이 각각 짝을 이룬 내용에 의해서 협동행위의 일부로서 그렇게 실행한다는 믿음을 지니고서 각자의 개별행위를 취한다. 따라서 루이스에게서 언어사용에서 상호조율의 설명으로 되는 바는, 우리들에게서도 또한 '언어사용에서 협동행위'에 대한 설명이 되는 것이다. 하나가 다른 것에 대한 토대로 되는 것이다.

루이스는 "신호들에 대한 의미를 정의하는 데에서, 스스로 관례적인 신호 발신체계에만 국한시켜 버릴 필요는 전혀 없다."고 지적하였다. 뤼뷔어와 교회지기가 명백한 합의에 의해서 그들의 신호 발신체계에 이르게 되는 것은 문젯거리가 아니다. 종탑에 내걸린 초롱불 하나는 여전히 적군이 육로로 침공하고 있음을 의미하였다. 신호 발신체계는 명백한 합의 및 선행하는 두드러진 관례에 토대를 둘 수 있다. 즉 작동하는 상호조율 기제가 어떤 것이든지 상관없이 거기에 토대를 둘 수 있다. 자연스럽게 생겨나는 신호 발신체계들은, 모든 유형의 상호조율 기제들을 잘 이용하고 있는 것이다.

3-5-2 관례와 언어

영어와 같은 언어는 비교할 수 없이 빼어난 관례적 신호/기호 발신체계이다. 예를 들

[18] P[a, b]라는 형식은 술어논리 표기법을 이용한 것이다. 대문자는 술어를, 대괄호 속의 소문자는 논항을 가리킨다. 논항은 자연언어에서 명사구로도 나타날 수 있고, 내포문으로도 나타날 수 있다. §.3-2-2의 각주 5도 참고하기 바란다.

어, 대부분의 영어 화자들은 조건문 형식의 짝(≒화자 및 청자 조건을 가리킴 : 뒤친이)을 포함하는 임시계획들을 지니는데, 이를 저자는 기호/신호를 송수신하는 '화자-청자 쌍조건signalling doublet'이라고 부를 것이다.[19]

화자 : If you intend to denote the cipher naught, you can utter the word '*zero*'.
만일 당신이 0에 대한 기호를 가리키려면, '영'이란 낱말을 발화할 수 있다.

청자 : If a speaker utters the word '*zero*', he or she can be denoting the cipher naught.
만일 화자가 '영'이란 낱말을 발화하면, 0에 대한 기호를 가리킬 수 있다.

이런 화자-청자 쌍조건은 우연히 관례적으로 된다. 그것이 행위상 규칙적으로 되는 것이다. 즉, 사람들이 0을 가리키고 싶어 하는 경우에, '*zero*영'이란 낱말을 쓸 수 있다. 다른 사람들도 그것을 0을 가리키는 것으로 이해할 수 있다. 그것이 거듭되는 상호조율 문제를 위한 상호조율 기제가 된다. 다시 말하여, 0을 가리키고자 하는 화자 및 이를 인식하고자 하는 청자가 되는 것이다. 상호조율 기제로서, (일본어 화자도 아니고 나바호 인디언 화자도 아닌) 영어 화자들의 공동체에서는 그것이 공통기반이 된다. 그리고 그것은 자의적이다. 만일 영어의 역사가 달라졌었더라면 대신에 또다른 화자-청자 쌍조건이 발전하였을 수도 있다(가령 0에 대하여 *zero* 대신 '*null*무'을 쓸 수 있음). 소쉬르(Saussure, 1916)의 고전 『일반 언어학 강의』에서는[20], 그가 그런 화자-청자 쌍조건을 '언어학적 기호'라고 불렀고, "언어학적 기호가 자의적이다."라고 논의하였다.[21] 따라서 옛 북부 교회의 신호발신체계가 화자-청자 쌍조건을 지녔듯이, 마찬가지로 영어에서도 그러하다. 영어는 복합 체계로 더 많이 조직화되어 있다는 것이다(Lewis, 1969).

언어사용에서 관례적인 화자-청자 쌍조건은 여러 가지 모습으로 나타난다. 다음에 네 가지 일반범주broad categories 대범주인 '어휘 항목·문법 규칙·사용 관례·관점 선택 관례'들이 있다.[22] 예를 들면, 영어에서

---

[19] 원문에서 쓰고 있는 addressee(수신자)는 일반 청자보다 더 좁은 뜻으로 쓰인다. §.1-2-2에 제시된 그림에서, 부차 참여자와 방청자 등을 제외한, 오직 주된 참여 당사자로서의 청자이다. 번역에서는 청자로 쓰다가, 필요할 경우에 '좁은 뜻의 청자'로 표현할 것이다. 그리고 signal(신호, 기호)이 언어를 가리키는 경우에는 '기호'로 번역되는 것이 나오므로, '기호/신호'와 같이 표시해 둔다.

[20] 새로 단장하여 최승언 뒤침(2006), 『일반 언어학 강의』(민음사)로 재출간되었다.

[21] 〈원저자 9 : 불어 원본은 100쪽이지만, 우리말로 뒤친 앞의 책에서는 94쪽에 있음.〉 "기표를 기의에 결합시키는 관계는 자의적이다. 또는 좀더 간략히 언어기호는 자의적이라고 말할 수 있는바, 그 이유는 우리가 기호를 기표와 기의에 연합에서 비롯되는 전체라는 의미로 사용하기 때문이다."(여기서 기표는 '기호 표현', 기의는 '기호 의미'를 줄여 쓰는 말임 : 뒤친이)

(1) 어휘 항목lexical entries

많은 화자-청자 쌍조건들이 형식 및 의미를 연결하는 어휘 항목으로 취급된다.[23] 예를 들면, 영어에서 기호 유형 *zero*(소리를 나타냄)를 '0'을 의미하는 기호와 짝을 지워 주는 어휘 항목이 있다. 어휘 항목들을 갖는 구성 유형은 다음을 포함한다.

① 기본 낱말들 (가령, dog, zero, from개, 영, 로부터)

② 활용 형태소들 (가령, -s, -ed, -est현재단수 어미, 단순과거 어미, 최상급 어미)

③ 생산적인 낱말 파생 형태소 (가령, -able, -er, un-할 수 있는, 하는 주체, 비-)

④ 어휘화된 합성 낱말 (가령, busy바쁜과 -ness속성로부터 의미 도출이 전혀 불가능한 business사업/업무)

⑤ 관용구 (가령, 그 의미가 하위부분들로부터 온전히 도출해 낼 수 없는 by and large대체로/전반적으로)

이들 항목들이 서로 함께 복합적인 기호 송수신체계를 만들어 놓는다. '*zero*제로'라는 소리가 '0'과 짝이 될 뿐만 아니라, 또한 숫자를 위해 일련의 대립되는[24] 화자-청자 쌍조건으로 *one*원이란 소리는 대상 '하나'와 짝 지워지고, *two*투라는 소리는 대상 '둘'과 짝 지워진다 등등. 차례로 이것들은 가령 *none*아무것도 없음, *some*몇몇, *all*전부과 같이 다른 수량 표현들과 대립된다. 궁극적으로 수를 가리키는 것들은 숫자와 무관한 다른 모든 어휘 항목들과

---

[22] 번역자가 늘상 쓰는 용어로는 '언어 및 언어사용'을 드러내기 위한 범주이다. 첫 번째 두 항목(어휘·문법)이 언어 범주에 속하고, 나머지 두 항목(사용·관점)이 언어사용 범주에 속한다. 언어는 형식 및 내용의 결합체이다. 여기서는 단위가 작은 것(가령 소리나 낱말 따위)으로부터 큰 것으로 전개될 수 있으며, 큰 단위를 담화라고 부른다. 언어사용은 자유의지를 지니고서 의사소통 의도를 구현하기 위하여 언어를 도구로 쓰는 일을 말한다. 의도는 거시계획과 미시계획(서술관점 결정을 포함하는 하위계획 단계임)을 거쳐 언어표현 선택을 하게 된다. 바로 이 단계에서 사용의 관례 및 관점 선택에 대한 관례가 따라 나온다. 이 다음 단계는 발화를 구성하고서 음성을 통해 입 밖으로 내보낸 뒤, 청자의 반응을 점검 확인(과연 화자의 의도를 제대로 파악하며, 그 의도에 맞춰 조율해 주려는지 여부)하는 것이다. 만일 청자의 반응이 기대 밖이라면, 현재 의도를 고쳐 다른 의도를 마련할 수 있는데, 이를 '상위 의도'의 작용이라고 부르며, 재귀적 인지작용에 의해 통제된다.

[23] 〈원저자 10〉 관련된 착상에 대해서는 르펠트(Levelt, 1989)의 '통사·의미 정보값(lemma)'의 개념을 보기 바란다.

〈역자주〉 이 책은 김지홍 뒤침(2008), 『말하기 : 그 의도에서 조음까지』(1~2권, 나남)로 나왔다.

[24] 원문 contrast(대조되다, 대립되다)는 소쉬르의 대립체계(systems of opposition)를 클락 식으로 말하는 것에 지나지 않는다. 이 대립체계는 계열관계와 통합관계로 구현된다. 다시 말하여, 이 숫자들이 수에 관한 계열체를 이루며, 다시 이런 수 계열체는 다른 어휘들과 통합되어 하나의 문장이나 발화를 만들어 내는 것이다. 소쉬르는 계열체와 통합체를 모두 합쳐 놓으면, '언어의 체계'가 생겨난다고 보았다. 이는 닫힌 세계에 관해서만 참이 된다. 열려 있는 무한 세계에서는 통합체를 모두 합쳐 놓을 방법이 없다. 무한을 구현하기 위하여 수학자 프레게(Frege, 1894)는 반복 함수(recursion)를 이용하여 순수사고를 위한 표기 방법을 제시하였다. 소쉬르의 한계와 프레게의 생각에 대해서는 김지홍(2007), 「언어와 언어사용에 대한 자각」, 『국어문학』 42호 또는 번역자 누리집(http://nongae.gsnu.ac.kr/~jhongkim)에 올린 파일을 보기 바란다.

대립된다. 이것이 어떻게 표상될 것인지는, 언어학에서 기본적인 물음들 중 하나이다.

(2) 문법 규칙grammatical rules

다른 화자-청자 쌍조건은 이들 기본형식들의 구성을 서술해 주는 문법 규칙으로 표현된다. 이들은 다음을 포함한다.

① 음운 규칙 (가령, 영어에서 가능한 음성 연결체[형태음소 배열론]가 무엇인지)
② 형태 규칙 (가령, to ship배에 싣다와 -able가능한로부터 shippable배에 실을 수 있는 같은 형용사를 도출해 내는 일)
③ 통사 규칙 (가령 명사구가 어떻게 '관사 + 명사'로 구성될 수 있는지)
④ 의미 규칙 (가령 명사구의 의미가 어떻게 그 구성부분들의 의미 합성으로 이뤄지는지)

(3) 사용에 대한 관례conventions of use

다른 화자-청자 쌍조건은 사용의 관례들로 연구되어 왔다. 많은 문화에서 여러분은 상대방의 건강상태를 물어보면서 인사를 한다. 가령 "How are you?어떻게 지내십니까?". 다른 문화에서는 상대방이 가는 곳을 물으면서 인사를 건넨다(우리말에서 "어디 가십니까?" : 뒤친이). 일부 문화에서는 상대방이 재치기를 하는 경우에, 여러분이 "Bless you하늘이 당신에게 축복을 내리시길!"이라고 말하며, 연극 무대에서 연기자 누군가에게 행운을 빌어주면서 "Break a leg반어법으로, 다리 부러져라!"라고 말한다(Morgan, 1978).[25]

(4) 관점 선택에 대한 관례conventions of perspective

다른 화자-청자 쌍조건은 사실상 특정한 대상들을 어떻게 바라볼 것인지에 대한 관

---

[25] 상황에 따라 전형적으로 말하게 되는 표현이 문화마다 관습화되어 있다. 이런 관례를 잘 따라서 의사소통을 해야 서로 유대감이 생겨나고 강화된다. 우리말 인사에서 "식사하셨습니까?"라고 하면, 흔히 대답을 "아뇨, 같이 가십시다!"라고 한다. 그렇지만 이런 관례를 무시하고서, "왜 묻는 거요?"라고 반문하면, 마치 적대감을 나타내는 것으로 오해받기 일쑤이다. 대학교정에서는 헤어지는 인사로서 우리말에서는 "열심히 해라!"고 말할 수 있다. 그렇지만 우리말과는 거꾸로 영어에서는 "Don't work hard!(열심히 하지 말아!)"가 적합한 인사말이다. 누군가에게 감사를 표시하면, 영국 영어에서는 "Not at all!(천만에요!, 조금도 그렇지 않아요!)"라고 하지만, 미국 영어에서는 "Sure!(확실히 그래요!)" 또는 "Yes, any time!(맞아요, 언제든지 좋아요!)"라고 대답한다. 영국 사람들의 거절표현은 우리 정서에 맞지만, 미국 사람들의 수락표현은 생뚱맞다. 이런 차이점들은 정서 또는 태도와 관련이 있다고 볼 수 있겠지만, 1차적으로는 특정한 공동체의 문화적 관례라고 보는 것이 좋다. 번역자가 1988년 이곳 경상대학교에 왔을 때 색다르게 느꼈던 게 "반갑습니다!"라는 인사말이다. 번역자는 이런 인사말을 오직 잘 아는 가까운 사이에서만 썼다. 그렇지만 경상대학교 학생들은 난생 처음 보는 사람에게도 이런 인사말을 하였다(번역자에게는 처음 보는 사람에게 "안녕하십니까?"가 기본 인사말이며, 소개를 받는 경우에 "처음 뵙겠습니다!"가 쓰임). 나의 감정(반가움) 표현보다는 상대방의 안녕을 묻는 것이 상대방을 배려하는 표현이라는 점에서 더 격식적일 것이다. 아마 이는 경상도 사람들이 남이라도 하더라도 나의 감정을 먼저 표현하여 인간관계를 더 가깝게 만들려는 관점에서 나왔을지도 모르겠다.

례들이다.[26] 영국에서는 길거리가 도로 및 집들이 들어선 인접지구를 포함하는 하나의 영역으로 간주된다. 그러므로 영국인들은 전치사 in[속에/안에]을 써서

My house is *in* Maiden Lane.
내 집은 처녀 거리 속에 있습니다.

라고 말한다. 북미에서는 길거리가 인접지구와 집들이 접촉해 있는 1차원의 도로로 간주된다. 그러므로 북미 사람들은 전치사 on[위에/붙어]을 써서 다음처럼 말한다.

My house is *on* Maiden Lane.
내 집은 처녀 거리 상에 있습니다.

영국과 다른 유럽에서는 건물의 '첫 번째' 층이 기반 층[땅 표면] 위에 있는 층을 가리킨다. 그러나 북미에서는 '첫 번째' 층이 기반 층[땅 표면]을 가리킨다. 이는 *in, on, first*에 대해서 두 언어 공동체에서 서로 다른 의미를 갖고 있다는 것이 아니다. 차이가 나는 것은 길거리와 층수에 대한 각 공동체의 관례적인 관점이다(Clark, 1996). 관례적인 관점에 있는 차이점은 낱말이나 구성 의미에 있는 차이점들과 쉽게 혼동된다.

루이스가 논의하였듯이, 언어의 음운·어휘·형태·통사·의미 규칙들, 즉 문법은 관례적인 기호 발신체계를 구성한다. 그 규칙들이 행위의 규칙성을 서술해 준다. 다시 말하여, 영어 화자들이 정규적으로 실행하는바, 남들이 실행할 것으로 기대하는 바, 의사소통을 위하여 소리·낱말·구성체·문장을 이용하는 데에서 그들이 실행하고자 의도하는 바를 서술해 주는 것이다.

3-5-3 비-관례적인 상호조율

영어의 관례들은 결코 의사소통이 제대로 작동되도록 만들어 주기에 충분치 않다. 이

---

[26] 사물을 바라보는 이런 관점(perspective)도 물론 중요하겠지만, 더욱 중요한 것은 서술 관점(perspective of predication)이다. 이는 능동문장으로 표현할지, 수동문장으로 표현할지, 누구를 주제로 내세울지, 어떤 사건을 위주로 서술할지 등을 결정하는 일이다. 이런 논의는 췌입(Chafe, 1994), 『*Discourse, Consciousness, and Time : The Flow and Displacement of Conscious Experience in Speaking and Writing*』(Univ. of Chicargo Press)을 참고하기 바라며, 김병원·성기철 뒤침(2006), 『담화와 의식과 시간 : 언어 의식론』(한국문화사)으로 번역이 나와 있다.

들 관례(≒문법 규칙)들은 낱말이나 구성체에 대하여 잠재적으로 가능한 사용만을 구체화해 줄 뿐이다. 즉, 이들 중 일부에 지나지 않는 것이다. 이들 관례가 결코 실제 사용을 구체화해 주지 못한다. *zero*영에 대한 화자-청자 쌍조건은 그 낱말이 어떻게 이용될 수 있는지를 말해 준다. 이는 어떤 특정한 경우에 대하여 그 낱말이 실제로 어떻게 이용되는지를 말해 주는 것이 아니다. 언어의 사용에서는 모두 비관례적인 상호조율 문제들을 제기하는데, 그 해결책은 협동상 두드러짐·해결 가능성·충분한 능력에 따라 달라진다. 비관례적인 해결책을 요구하는 네 부류의 문제들이 있다. 중의성·맥락성·지시적 속성·층렬 도입이다. 이들을 차례로 다루기로 한다.

(1) 중의성ambiguity

대부분 모든 표현이 둘 이상의 관례적 의미를 지닌다.[27] 가령 *zero*는 네 가지 관례적 의미를 지닌다. ① '0에 대한 기호cipher naught', ② '가치 없음/득점 못함nil', ③ '물이 어는 온도freezing temperature', ④ '비실재물/상상물nonentity'이다. 전통적인 생각은 다음과 같은 말을 들을 경우에

I met a zero.
(수학문제 정답으로) 난 0을 얻었다.
It's zero outside.

---

[27] 흔히 의미론에서는 프레게(Frege)의 제자 카아냅(Carnap)의 용어를 따라서 한 낱말(또는 한 문장)의 의미를 외연의미(extension)와 내포의미(intension)로 나눠 놓는다. 가령 '돼지'는 현실세계에서 종으로서 특정한 동물을 가리킨다. 그러나 돼지의 속성이 확대되어 "철수는 돼지이다."는 내포의미로서 뚱뚱보나 욕심장이의 속성을 표현하고 있다. 그러나 "돼지 꿈을 꾸다"에서 쓰인 돼지는 복되거나 길하다는 속성을 표현한다. 임의의 언어 표현은 언제나 외연의미와 내포의미를 지니므로, 불가피하게 본질적으로 중의적일 수밖에 없다. 가령 "컴퓨터는 (역시) 컴퓨터이다!"에서 동일한 언어 표현이 하나는 외연의미를, 다른 하나는 내포의미를 가리키고 있다. 이런 중의성은 언어 표현의 전후 맥락(co-text)이나 언어 표현이 쓰이는 상황(context)에 의해서 해소된다.

한편, 언어 습득에서도 아동들이 낱말의 의미를 터득하는 데에 현실세계에서의 직접 체험과 경험이 매우 중요함이 드러났다. 또한 낱말 의미를 고정하는 데에 크게 세 가지 제약이 작용하는 것으로 밝혀졌다. ① 온전한 대상물 제약, ② 상호 배타성 제약, ③ 분류학적 제약이다. 이 중 하나의 언어 표현이 온전한 대상물을 전체적으로 가리킨다는 제약은 외연의미를 만들어 내는 것과 관련된다. 하나의 대상이 하나의 이름만을 갖는다는 상호 배타성 제약은, 동일한 대상에 두 개의 언어 표현이 쓰일 경우에 내포의미를 찾게 되는 계기를 마련하는 것으로 보인다.

어린이 언어 습득에 대한 논의는 매우 많은데 우리말로 읽으려면 성현란 외 6인(2001), 『인지 발달』(학지사) 제5장 및 조숙환 외 7인(2000), 『인간은 언어를 어떻게 습득하는가 : 언어의 의미·통사구조·습득에 관한 연구』(아카넷)를 참고하기 바란다. 어린이들이 경험과 관련하여 어떻게 낱말 의미를 고정시켜 가는지에 대한 심도 있는 논의를 보려면, 핑커(Pinker, 1989), 『학습 가능성과 인지(*Learnability and Cognition*)』(MIT Press)를 읽어 보기 바란다. 가령 영어에서 fill 대 pour 사이를 구분하려면, 반드시 가득 찬 결과 상태와 채우는 과정이 서로 달리 쓰인다는 경험을 거듭거듭 해야만 하는 것이다. 이와 맞서는 글라잇먼(Gleitman, 1990)의 통사 중심 관점이 있다. 바워먼·브롸운(Bowerman and Brown, 2008) 엮음, 『논항구조에 대한 범언어적 관점(*Crosslinguistic Perspectives on Argument Structure*)』(Lawrence Erlbaum)에서는 두 관점이 서로 상보적이라는 논의들이 들어 있다.

밖의 온도는 0도이다.

Write down zero.

0을 적어 놓으세요.

우리는 맥락 속에서 그 발화에 '가장 잘 들어맞는' 어휘 항목을 선택한다. 그러나 '가장 잘 들어맞는 것'의 귀결점은 사실상 협동상 두드러짐이다. 곧, 우리의 현재 공통기반이 주어진다면, 어느 의미가 가장 두드러진 해결책인지를 고르는 것이다. 우리는 중의성에 의해 만들어진 상호조율 문제를 과소평가하는 경향이 있다. 이는 *zero*와 같은 중의적인 낱말에 대해서만 제기되는 것이 아니라, 또한 다음 구절 또는 문장처럼

criminal lawyer

범죄자를 돕는 변호사 : 범죄자인 변호사

I discovered the guy with my binoculars

나는 그 녀석을 내 망원경으로 찾아냈다 : 나는 내 망원경을 갖고 있는 그 녀석을 찾아냈다.

와 같이 중의적 구성에 대해서도 제기된다.[28]

---

[28] 중의성은 크게 내재적 중의성과 구조적 중의성으로 나뉜다. 내재적 중의성은 임의의 언어 표현이 외연의미와 내포의미를 동시에 지니는 것을 말한다. 구조적 중의성은 동일한 두 항목이 내적 구조(내부 논항)를 지니는지 외적 구조(외부 논항)를 지니는지에 따라 의미가 달라지는 것을 말한다. 가령 '순이 사진'은 구조적 중의성을 띤다. 순이가 피사체일 수도 있고, 소유주일 수도 있기 때문이다. 이 항목은 기저 형태에서 'X가 순이를 찍다'와 '순이가 X를 찍다'로부터 도출되어 나온다. 전자는 피사체로서의 해석을 지니며, 후자는 소유주로서의 해석을 지닌다. 이를 공범주(empty category) 요소 'e'를 집어넣어, 서로 다른 계층을 표시한다면 각각 '[e [순이 사진]]'과 '[순이 [e 사진]]'으로 구분해 줄 수 있다. 만일 부가어의 구조를 상정한다면, '순이 [e [e 사진]]'도 가능한데, 그 해석은 상황에 따라 무한히 달라질 수 있다.

본문에서 제시된 criminal lawyer도 '순이 사진'과 동일한 구조를 지닌다. 범죄자를 돕는 변호사는 '[e [범죄자 변호사]'의 구조를 지닌다. 그러나 범죄를 저지른 경력이 있는 변호사는 '[범죄자 [e 변호사]]'의 구조를 지닌다. 이들은 각각 [e[범죄자 돕다]] 및 [범죄자[e 돕다]]와 기저구조에서 동일한 의미를 지닌다. 명사구 NP의 경우에는 변호사가 핵어이며, 동사구 VP의 경우에는 돕다가 핵어이다. 이들은 '돕는사람'이란 매개과정을 통하여 '변호사'나 '돕다'로 전환될 수 있는 것이다.

한편 본문에서 뒤의 문장은 '내 망원경'이 동사 '찾아내다'에 부가된 구조인지, 아니면 '그 녀석'에 부가된 구조인지에 따라 해석이 나뉘는 것이다. 이를 다음 그림으로 나타낸다. 삼각형은 'with my binoculars'를 나타낸다

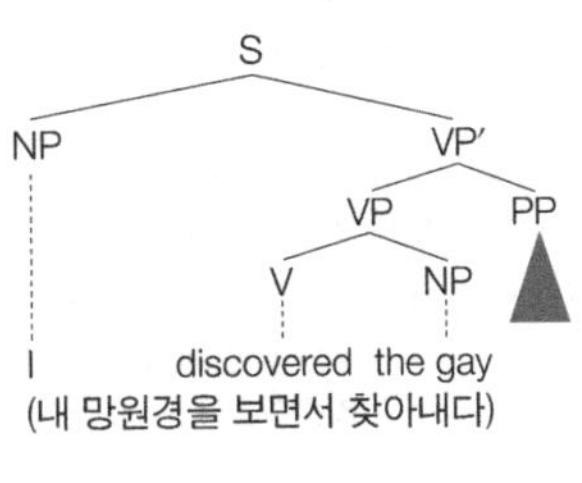

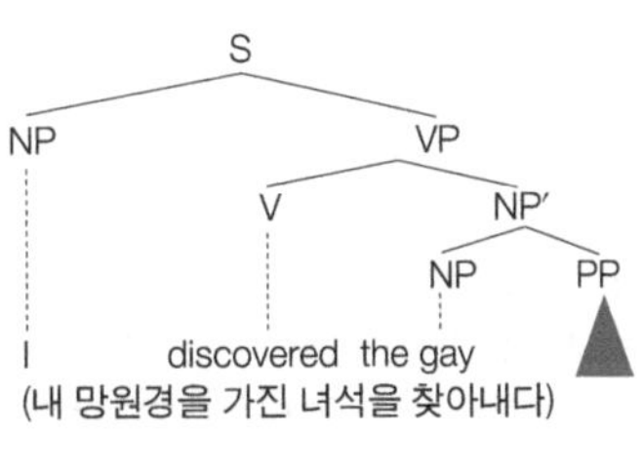

(2) 맥락성contextuality

1980년 샌프란시스코에서 어느 부인이 전화요금에 대하여 문의하고자 전화국 교환수에게 전화를 걸었다. 그 교환수는 그녀에게 다음처럼 말하였다.

> I don't know — you'll have to ask a zero. [29]
>
> 저는 잘 모르겠습니다. 0번을 돌려 물어봐야 합니다.

만일 전화를 건 부인이 *zero*영에 대한 관례적인 의미 중 하나를 골랐더라면, 아마 ④ '비실재물/상상물nonentity'을 골랐을 것이다(저는 잘 모르겠습니다—비실재물/상상물을 물어봐야 할 것입니다). 그럼에도 소문에 따르면, 그 부인은 그 전화 교환수가 '전화상으로 0번을 돌려 통화할 수 있는 사람'을 의미하는 것으로 올바르게 해석하였다. 전화 교환수는 기발하게 비관례적인 해석을 지닌 *zero*영를 이용하였고, 전화를 건 부인은 즉석에서 그걸 해석해 냈다. 그들이 어떻게 처리해 내었을까? 전화 교환수는 '해결 가능성·충분한 능력·즉각성·협동상 두드러짐'에 근거하여 그들이 풀 수 있던 참여자 상호조율 문제를 만들어 내었던 것이다.

*zero*영에 대한 전화 교환수의 사용(=전화 다이얼 0번을 가리킴)은 맥락적 구성의 한 유형이다(Clark and Clark, 1979; Clark, 1983). 맥락적 구성은 단지 중의적인 것만 아니라, 정형화된 작은 묶음의 관례적 의미를 지니고 있다. 원론상으로 그들은 잠재적으로 가능한 비-관례적 해석을 무한히 지닌다. 각각의 해석은 그 낱말이나 그것으로부터 도출되어 나온 낱말들에 대한 관례적 의미를 중심으로 수립된다. *zero*영에 대한 전화 교환수의 사용(=전화 다이얼 0번을 가리킴)은 '0'을 중심으로 수립되었다. 다른 환경에서는 *zero*영가 무한히 다른 해석들과 더불어 이용될 수 있었을 것이다. 맥락적 구성은 맥락—참여 당사자들의 현재 공통기반—에 대한 호소에 따라 달라진다. 언제나 그것들에 대한 해석을 위하여 비-관례적인 상호조율을 요구하는 것이다.

맥락적 구성은 두루 도처에 널려 있다. 영어에서는 다음과 같은 유형들을 포함한다(Clark, 1983). [30]

---

[29] 〈원저자 11〉 1980년 11월 24일자 '샌프란시스코 신문(San Francisco Chronicle)'에서 가져옴.

[30] 〈원저자 12〉 이들 구성에 대한 논의를 보려면, 클락·클락(Clark and Clark, 1979), 클락(Clark, 1978, 1983), 클락·게뤼그(Clark and Gerrig, 1984), 다우닝(Downing, 1977), 글라잇먼·글라잇먼(Gleitman and Gleitman, 1970), 케이·지머(Kay and Zimmer, 1976), 리봐이(Levi, 1978), 눈버그(Nunberg, 1979), 쌔그(Sag, 1981)를 참고하기 바란다. 이 책에 있는 결론과는 정반대로, 리봐이(Levi)는 비서술 형용사(≒수식 형용사)들이 전적으로 관례적인 해석을 지닌다고 가정한다(Clark, 1983을 보기 바람).

〈역자주〉 영어의 형용사는 크게 두 가지 기능을 갖는다. be동사와 함께 서술 능력을 지니거나, 명사를 꾸미는 수식 능력을 갖는 것이다. 형용사가 명사를 꾸밀 경우에는 명사 앞에 오든지 명사 뒤에 나온다. 앞에서 꾸밀 경우에는 그 명사의 영속적 속성을 가리킨다. 그러나 뒤에서 꾸밀 때에는 그 명사의 일시적 속성을 가리킨다.

맥락적 구성	사례
① 간접 서술	You'll have to call a *zero*. 0번으로 전화해야 할 것이다. I bought a *Henry Moore*. 난 헨리 무어가 쓴 책을 한 권 샀다.
② 합성 명사	Sit on *the apple-juice chair*. 사과즙 회사 의자에 앉으시오. I want a *finger cup*. 난 작은 위스키 잔/손가락 모습의 잔을 원해
③ 명사에서 나온 명사	He's *waller*. 그는 금융 중심 월가 사람/증권사 직원이다. She's a *cupper*. 그녀는 우승자/우승컵 소유자이다.
④ 명사에서 나온 동사	She *Houdini'd* her way out of the closet. 그녀는 그 옷장에서 후디니 탈출 수법으로/감쪽같이 빠져 나갔다. My friend *teapotted* a policeman. 내 친구가 경찰관의 뒷다리를/등을 찻주전자로 문질렀다.[31]
⑤ 명사에서 나온 형용사	She's very *San Francisco*. 그녀는 아주 샌프란시스코 사람답다. He's *Churchillian*. 그는 처칠 숭배자/처칠 주의자이다.
⑥ 비서술(=수식) 형용사	That's an *atomic* clock, not a *manual* one. 그건 원자시계이지, 수동시계가 아니다.
⑦ 소유격	That's *Calvins's* side of the room. 저게 그 방의 청교도적인 모습이다. Let's take *my* route. 내 길을 가련다.
⑧ 본동사 do(실행하다)	He *did* the street. 그는 그 거리를 청소했다/순찰했다. He *did* a Nixon. 그는 제2의 닉슨이 되었다/도청을 저질렀다.
⑨ 대명사 one(하나)	He has *one*. 그가 하나를 갖고 있다.
⑩ 대용 형용사 such(그런)	He has just *such* a car. 그가 바로 그런 차를 갖고 있다.

---

[31] 클락(1992:309)에서는 teapot(찻잔으로 문지르다)을 'rub the back of the leg of with a teapot(남 몰래 다가가서 찻주전자로 뒷다리를 툭 쳐서 문지르다)'로 풀이하였고, 이 책에서는 'rub the back of with a teapot(찻주전자로 등을 툭쳐서 문지르다)'로 풀이하였다. 우리나라 어린이들이 몰래 뒤로 다가가서 '똥침'을 놓는 장난을 연상시켜 준다. 하지만 teapot(찻주전자)이란 명사가 이런 특이한 행동을 가리키려면 반드시 사람들 사이에서 공감되고 수용되어야 하는데, 이런 특이 행동이 결코 쉽게 수용되지 않을 듯하다. 따라서 이 해석은 오직 제한된 일부 사람들에게만 유표적으로 그런 해석을 지닐 것으로 생각된다.

그런데 명사가 동사로 전용되어 쓰일 때 아무렇게나 이용되는 것은 아니다. 어떤 제약이 있는데, 번역자의 경험을 소개한다. 출입문의 이중 잠금장치에서 사슬로 된 문고리(덧잠금 장치)를 채우면서 번역자는 'I chained it'이라고 말했지만, 곧 'You put a chain in it'으로 교정을 받은 적이 있다. 번역자는 우리말로 '사슬 채우다'를 의미하여 '사슬하다'처럼 확대하여 적용하였지만, 토박이 영어 화자에게는 수용되지 않았던 것이다 그 순간 번역자는 chain이 동사로 쓰이면 '사슬로 묶는 행위'가 더 전형적이겠다는 판단이 들었다. 전형적 상황에 대한 공통기반이 있어야 하는 것이다.

최근에 언어학에서는 한 낱말의 내부구조도 논항구조로 표상된다고 논의한다. 가령 영어에서 put a saddle on something (~에 안장을 얹다)이 복합동사 saddle(~안장하다)로 도출되는 과정에 관련된 제약들을 다루는 것이다. 이 흐름의 물꼬는 헤일·카이저(Hale and Keysar, 2002), 『논항구조 이론 서설(*Prolegomenon to a Theory of Argument Structure*)』(MIT Prease)에 의해 마련되었다. 또한 러빈·뢰퍼포어 호밥(Levin and Rappaport-Hovav, 2005), 『논항 실현 방식(*Argument Realization*)』(Cambridge Univ. Press), 룰런드 외(Reuland, Bhattacharya, and Spathas, 2007) 엮음, 『논항구조(*Argument Structure*)』(John Benjamins) 등을 참고 바란다. 한편, 기능범주의 접사들이 중간에 매개역할을 맡는다는 논의는 배비(Babby, 2009), 『논항구조의 통사(*The Syntax of Argument Structure*)』(Cambridge Univ. Press)를 보기 바란다.

이 목록은 또한 본동사(주동사) *do*, 부정 대명사 *one*하나, 대용 형용사 *such*그런을 포함하는데, 맥락적 구성처럼 작동한다. 어느 친구가 여러분에게

George *did* all three roofs.
조어쥐가 지붕 옥상 세 군데를 모두 다 고쳤어.

라고 말하는 경우에, 여러분은 해결 가능성과 충분한 능력을 가정하고, 협동상 두드러짐에 호소함으로써 조어쥐가 실행한 바를 이해하게 된다.

맥락적 구성을 위해 필요한 공통기반은, 흔히 언어 밖에 멀리 놓여 있다. 앤이 벤한테 다음처럼 말하려면

I *Houdini'd* my way out of the closet.
내가 그 옷장으로부터 후디니의 탈출 수법으로 빠져 나왔어.

그녀는 반드시 그들이 위대한 탈출 기술자인 해뤼 후디니Harry Houdini에 대한 두드러진 전기적 사실을 공유한다고 가정해야 한다(Clark and Gerrig, 1984). 그녀가 다음처럼 말하려면

Max went too far this time and *teapotted* a policeman.
이번에는 맥스가 너무 멀리 가 버렸으며, 어느 경찰관의 뒷다리를/등을 찻잔으로 문질렀다.

그리고 teapot찻주전자이란 낱말로 "찻주전자를 갖고서 등을/뒷다리를 문지르다rub the back of with a teapot"를 의미하려면, 그녀는 반드시 자신과 벤이 맥스의 괴벽스런 기호에 대한 지식을 공유한다고 가정해야만 한다. 가령, 맥스가 사람 뒤로 몰래 다가가서 찻주전자를 갖고서 그들의 등을 문지르는 행동을 한다(Clark and Clark, 1979). 그리고 독설가인 어머 봄벡Erma Bombeck이

Stereos are a dime a dozen.
스테레오를 가진 녀석들은 흔해 빠진 싸구려야!

라고 쓰려면, 그리고 stereos스테레오를 가진 사람를 "스테레오 전축을 소유한 잠재적으로 가능한 기숙사의 같은 방 친구potential roommates who own a stereo"를 의미하려면, 그녀는 반드시

자신과 자신의 독자가 같은 방을 쓸 친구를 찾는 데 어려움에 대하여 말하고 있음을 이해한다고 가정해야만 한다(Clark, 1983). 맥락적 구성은 담화가 누적되며 진행된다는 견해에 대하여 설득력 있는 예증을 제공해 준다. 즉, 담화의 현재 상태에 비춰서만 이해될 수 있을 뿐인 것이다.

(3) 가리킴/지시적 속성indexicality

특정한 대상·사건·상태·과정들에 대한 대부분의 지시내용은 지시적이다.[32] 일반적으로 그 지시대상은 참여자들의 현재 공통기반에 대한 지식이 없이는 찾아질 수 없다. 저자가 여러분에게

That man is my cousin.
저 사람이 내 사촌이다.

라고 말하는 경우에, 저자는 'that·man·명사구의 의미'에 대한 관례에 의존한다. 그러나 that man저 사람이란 표현을 실제 내 사촌과 연결시켜 주는 관례는 없다. 우리가 비-관례적 수단을 이용하여 그 연결을 상호조율해야 하는 것이다. 아마 여러분이 악명 높은 범죄자를 언급하였거나, 또는 우리가 막 살얼음 낀 인도an icy sidewalk 위에서 넘어진 어떤 사람을 보았거나, 또는 자동차에 대한 어떤 책자를 손으로 가리켰다. 우리는 '해결 가능성·충분한 능력·즉각 풀어냄·협동상 두드러짐'을 적용함으로써 우연히 동일한 지시대상referent 지시체을 생각해 내었다(Clark, Schreuder and Buttrick, 1983; Nunberg, 1979; 또한 제6장도 참고하기 바람). 비슷한 원리들이 확정 기술(가령 the man in the poster포스터 속에 있는 특정한 사람)과 확정 대명사(I, she, here)뿐만 아니라, 심지어 고유명사(George, Connie)에도 적용된다.

지시적 속성은 간접 지시내용에서 더 많은 문제를 얹어 놓기도 한다. 잭이 코니한테

Our house celebrates birthdays with strawberries and champagne.
우리 집에서는 여러 사람의 생일을 딸기와 샴페인으로 축하한다.

---

[32] 원래 피어스(Peirce 퍼스)의 기호 삼분체계에서는 icon(시각적으로 본뜬 관계), index(가리켜 붙드는/붙들어 가리키는 관계), symbol(형식과 내용의 결합을 해석해야 하는 상징 관계)를 언급하였다. 기호는 형식 및 내용이 결합하는 관계를 가리킨다. 이들이 1 : 1로 결합할 경우, 만일 대상을 그대로 그림 그리듯이 본뜨면 icon(시각적 본뜸, 도상, 모상)이라고 부르고, 둘 사이에 시각적인 형상을 그릴 수 없어서 형식과 내용을 그대로 직접 붙들어 놓고서 마치 손가락으로 가리키듯이 지시하면 index(가리킴)라고 불렀다. 형식과 내용이 '다(多) : 1' 또는 '1 : 다'의 결합을 하면, 이를 비자연적 결합, 자의적 결합, 우연한 결합이라고 하며, 상징으로 부른다. 자세한 내용은 이 책의 제6장에서 논의된다.

라고 말하는 경우에, 그가 our house[우리 집]를 직접 자신의 집을 가리키기 위하여 쓰고 있지만, 오직 간접적으로 그 거주자(우리집 사람들)들을 가리키기 위한 수단으로만 쓰고 있는 것이다. 잭의 집(물질대상)으로부터 그 거주자(집안 사람들)로까지의 연결은 관례적이 아니며, 잭 및 코니에 의해서 상호조율이 이뤄져야만 한다. 다시 한 번 필요한 원리는 협동상 두드러짐[joint salience]이 된다.

(4) **층렬 도입**[layering]

잭이 다음처럼 말하였다고 상정해 보기로 한다.

> Frankly, I don't give a damn.
> 솔직히 난 관심 없어/걱정하지 않아.

코니한테 이야기하는 데에서, 진지하게 말하면서 잭은 자신의 말하는 바를 축자적으로 의미할 수 있다. 다른 환경에서는 그가 행위의 또다른 층렬에서 진지함이 없이(=농담으로) 말할 수 있다. 가령 그가 연극을 위하여 어떤 대목을 연습하거나, 누군가의 목소리 어조를 실제로 보여 주거나, 언어학적 사례를 제시하거나, 또는 '바람과 함께 사라지다'라는 영화로부터 뤳 버뜰러[Rhett Butler]의 말을 인용할 수도 있는 것이다. 잭이 진지하게 말하고 있는지 또는 진지함이 없이(=농담으로) 말하고 있는지 여부는 관례의 소관사항이 아니다. 비-관례적인 상호조율에 관한 일이다(제12장을 보기 바람).

3-5-4 비-관례적인 상호조율 기제

만일 관례가 언어사용에서 우리가 이용하는 유일한 상호조율 기제가 아니라면, 또다른 기제들은 무엇일까? 그 대답은, 거의 어떤 기제이든지 상관없이 우리가 그런 기제를 성공적으로 응용할 수 있다는 것이다. 앞에서와 같이, 궁극적인 기준은 협동상 두드러짐[joint salience]이다. 세 가지 그런 상호조율 기제는 ① 명백한 합의[explicit agreement], ② 선례[precedent], ③ 지각상 두드러짐[perceptual salience]이다.

(1) 먼저 명백한 합의를 살펴보기로 한다. 학술적 글쓰기에서는, 흔히 학술 용어의 의미가 먼저 규정된다. 피터 스뜨로슨(Peter Strawson, 1974 : 75)에서 다음처럼 말하는 경우에

I begin by introducing the notion of a perspicuous grammar. A perspicuous grammar is…

본인은 '명확한 문법'의 개념을 도입하면서 시작한다. 명확한 문법이란 …

그는 자신이 그 책의 나머지 부분에서 '명확한 문법'이란 용어로 뭘 의미할지에 대하여 독자들과 명백한 합의를 만들고 있는 것이다. 그 목적은 바로 그런 규정이 없었더라면 적용되었을 법한 관례들을 적용되지 못하게 미리 막아 놓으려는 것이다. 규정들은 다음과 같은 표현으로

what I shall call (내가 정의하게 될 것은…),
let us call this (이를 …로 부르기로 한다),
hereafter (이하에서는),
for short (간단히 줄여),
termed (명명한다),
named (…란 이름을 붙인다),
abbreviated (약어로 쓴다)

즉석에서 만들어질 수 있지만, 좀더 정교한 기호들을 통해서도 수립될 수 있다. 원론적으로 언어의 관례가 어떤 것이든 상관없이, 규정에 의해서 우선 확보될 수 있는 것이다.[33]

명백한 합의가 또한 세례용 의례사 및 그 통속적 대응물에서도 찾아질 수 있다. 아기가 태어나면, 부모들은 명백히 아기의 이름을 뭐로 부를지를 놓고 합의한 뒤에, 그 아기를 그 이름이나 애칭으로 부른다. 그런 다음 비록 명백한 합의로 그 이름이 기원되었다고 가정되지만, 그 이름이 통상 관례적으로 된다. 모든 유형의 고유명사와 전문 용어들이 비록 그 기원에서 일반적으로 훨씬 격식을 덜 갖추겠지만 비슷한 기원들을 지닌다(Ziff, 1977).

---

[33] 〈원저자 13〉 이는 간첩들 사이에서, 심지어 부부나 연인 사이에서, 사적인(비밀스런) 부호들을 위한 토대가 된다. 너울 카워드(Noel Coward, 1930), 『은밀한 사생활(*Private Lives*)』에서 어맨다(Amanda)는 엘리엇(Elyot)에게 다음처럼 제안한다. 둘 중 누구든 자신들 둘이 말다툼 벌이는 걸 목격하는 순간에, 5분 동안(더 뒤에 2분 동안으로 줄어듦) 모든 이야기를 멈추는 신호로서 그 또는 그녀가 '솔러먼 아이적(Solomon Isaacs)'(더 뒤에 Solomon으로 줄임)이라고 말하도록 하는 것이다. 엘리엇이 동의하고, 잠시 그 신호가 작동한다. 비슷하게 길벗·설리번(Gilbert and Sullivan)의 『영국 왕실 근위대(*Yeomen of the Guard*)』에서는 매드 마그릿(Mad Margaret)과 데스퍼드 머개트로이드 경(Sir Despard Murgatroyd)이 서로 다음처럼 합의한다. 그가 '베이씽스똑(Basingstoke : 런던 서남쪽에 있는 도시 이름)'이라고 말할 때면, 그 말과 함께 그녀가 스스로 잡아당기도록 하였다. 이것 역시 잘 작동한다.

(2) 선례는 언어사용에서 또다른 중요한 상호조율 기제이다. 픽춰 헬렌[Picture Helen]과 쌤[Sam]이 서로 미로의 도표를 바라보면서 전화상으로 그것에 대하여 말하고 있다. 그 미로에 있는 수평 경로들이 열[rows]이나 선[lines]이나 단[columns]이나 통로[paths]로 기술될 수 있고, 수직 경로들도 그렇게 할 수 있다. 그러나 헬렌이 일단 수평 경로를 열[row]로 서술하였다면, 그것이 선례를 정해 놓는다. 그 이후로 계속하여 쌤도 반드시 수평 경로에 대하여 말할 때 열[row]을 써야 하고, 수직 경로에 대해서는 다른 용어, 가령 단[columns]이나 선[lines]을 써야 한다. 그 이유는 다음과 같다. 헬렌의 선례가 그 경로들에 대한 쌤의 다음 지시내용에 대하여 협동상 가장 두드러진 해결책이 되며, [그 해결책을 따르지 않으면] 쌤이 틀림없이 오해에 직면하거나 오해를 무릅써야 한다(Garrod and Anderson, 1987). 이와 같이 용어를 끌어들이는 일은 대화에 두루두루 존재하며, 이 점이 언어사용에서 상호조율의 두드러진 자원으로서 선례에 대한 강력한 증거가 된다.

(3) 지각상 두드러짐도 또한 흔히 언어사용에 있는 필수적 상호조율 기제이지만, 너무 자주 무시된다. 저자가 여러분에게

> Please stand by *that tree*.
> 저 나무 옆에 서 계십시오.

라고 말하는 경우에, 저자는 열 그루의 나무가 있는 곳을 손으로 가리킬 수도 있다. 여전히 여러분은 저자가 가리키고 있는 것이 가장 크거나, 가장 가깝거나, 가장 이례적인 나무일 것으로 간주한다. 즉, 협동상 지각적으로 가장 두드러진 나무이다. 또는 저자가

> What was *that*?
> 그게 뭐였죠?

라고 말하면서, 그 당시에 협동상 가장 두드러진 지각적 사건에 근거하여, 갑작스런 폭발이나 섬광이나 섬뜩하게 삐걱이는 소리를 가리킬 수도 있다. 지각상의 두드러짐은 몸짓 시늉에 의해서, 제3자에 의해서, 자연의 행위에 의해서, 또는 거의 어떤 것에 의해서든지 도입될 수 있다. 지각상의 두드러짐에 대한 자원은 제한이 없다(Clark, Schreuder and Buttrick, 1983).

§.3-6 상호조율 과정

셸링Schelling의 얼개와 루이스Lewis의 얼개에서, 상호조율 문제는 별개의 사건discrete events들로 취급된다. 묵시적인 가정은 모든 상호조율이 그런 사건들을 통해서 얻어진다는 것이다. 자연은 단 한 판으로 끝나는 셸링 게임을 제공한다. 거기서 사람들은 별개의 선택들을 하는데, 선택 그 자체가 바로 상호조율이다. 그 사건 내부의 과정들, 즉 그 문제를 정하고 그것을 이해하며 해결책을 결정하고 해결책을 구체화하는 일은 무관하다. 게임 주체들이 외교·상거래·장기에서 자신의 선택들에 대하여 반추하거나, 2인용 카누를 젓는 일, 서로 춤을 추는 일, 악수를 하는 일에서와 같이 분리된 두 번째 결정을 내려야 하는지 여부는 상관이 없다.

그렇지만 대부분 일상생활의 상호조율은 연속적으로 일어나는데, 별개의 상호조율 문제들로 쉽게 나눠지지 않으며, 변화를 처리할 수 있는 알맞은 결정을 순간순간 요구한다. 차이점은 단 한 번의 협동행위a joint act와 시간상으로 지속되는 협동행위a joint action에 있다. 악수하는 일을 단발의 협동행위a joint act로 간주한다면, 우리는 그것을 단 한 번으로 끝나는 상호조율 문제로 취급하고 있는 것이다. 그러나 악수하는 일을 지속적인 협동행위a joint action로 간주한다면, 우리는 그것을 시간상으로 지속적으로 전개되는 하나의 과정으로 취급하고 있는 것이다.[34] 우리는 악수를 시간상으로 상호조율되는 일련의 단발 행위 연결체로 볼 수도 있고, 또는 또다른 종류의 지속적 과정으로 볼 수도 있다. 지속적인 상호조율을 위하여, 우리는 반드시 단발의 행위not act가 아니라, 지속적 행위but actions들을 생각해야 한다. 추가된 요소는 시간 맞춤timing 시간 안배 조절이다.

3-6-1 지속적인 상호조율

심지어 단 한 방으로 끝나는 문제one-shot problem에서조차, 모든 상호조율은 적어도 지속적인 듯이 보인다. 동전 던지기 놀이에서, 경기자 갑과 을에게 '앞면heads'이나 '뒷면tails'을 말하도록 요구한다. 그들에게 대답하는 데에 2초가 허용되는지 2년이 허용되는지는

[34] act(단발의 행위)와 action(지속적인 행위)의 구분은 미리 고정되어 있는 것이 아니라, 어떤 사건을 전체적으로 단일하게 파악하느냐, 아니면 내부의 진행 과정에 초점을 맞춰 서술하느냐에 따라 달라진다. 즉, 한 사건에 대한 지각 방식을 드러내는 것이다. §.1-3에 있는 각주 24의 〈역자주〉에서 지적하였듯이 act와 action은 자유의지를 지닌 사람의 행위/행동과 관련하여 쓰인다. 반면에 객관적으로 관찰할 수 있는 생물체의 행위/행동에 대해서는 특히 미국 행동주의에서 behavior(행동)를 쓴다.

명시되지 않은 채 남겨져 있다.[35] 한 열에 20가지의 쉘링 게임이 있을 경우에는, 시간 맞춤timing 시간 안배 조절이 명시되지 않은 채 남겨져서는 안 된다. 게임 6에서 갑의 선택은 반드시 게임 6에서 을의 선택과 짝지워져야 하며, 게임 5나 게임 7과 짝이 되어서는 안 된다. 갑과 을은 사실상 다음 세 가지 사항을 놓고 상호조율을 해야 하는 것이다.

① 현재 상호조율 문제 (the current coordination problem)
② 그것에 대한 그들의 해결책(their solution to it)
③ 응답/반응 시간 (the moment of response)

참된 지속적 문제들에서 갑과 을은 순간순간 ①과 ②와 ③을 상호조율해 나간다. 일반적인 경우에 협동작업 활동은 지속적이다.

왈츠 춤추기·2중주 연주하기·2인용 카누 젓기·보폭 맞추며 행진하기처럼, 지속행위들이 주로 율동흐름cadence이나 가락rhythm에 따라 서로 어울려 일어난다면, 언제나 지속적인 상호조율은 주기적periodic이다. 지속적 상호조율은 더 흔히 비주기적aperiodic인데, 두 사람이 악수를 하거나, 저녁 식사를 같이 하거나, 외투를 입는 데 서로간에 도와주거나, 작별 인사로 손을 흔들거나, 맞부딪치지 않으면서 서로 출입문을 들어오고 나가는 일 등이다. 지속적인 협동행위들도 또한 둘(주기적 및 비주기적 상호조율)의 혼합체가 될 수 있다. 대화는 비주기적이다.

상호조율은 또한 균형적이거나 비균형적일 수 있다. 어떤 지속적인 협동행위들에서, 참여자들은 먼저 주도하는 사람이 없이도 비슷한 행위들을 취한다. 악수를 하고, 2중주곡을 연주하며, 한 무리 사람들이 물건을 던지면서 주고받는 곡예가 한 사람에 의해서 개시될 수 있으며, 그 개시부분만 제외하면 서로 균형적이다. 그렇지만 대부분의 지속적인 협동행위들은 비균형적이다. 임의의 순간에 참여자들 중 한 사람에 의해 인도되고 방향이 정해지며, 나머지 사람들은 그렇게 따라 실행한다.

왈츠 춤에서는 이끌어 가는 사람이 남성이고, 관현악단에서는 지휘자이며, 2인용 카누에서는 앞에 타서 노 젓는 사람이고, 대화에서는 화자이다. 물론 이들 이끄는 주체들이 자신이 원하는 방향으로 아무렇게나 갈 수 있는 '백지 위임장'을 갖고 있다는 말은 아니다. 그러나 그들의 행위는 동시시행synchrony을 위한 주요한 토대이며, 나머지 다른 참여자들에 의해 취해진 행위들을 위한 주요한 토대가 된다. 대부분의 비주기적이며 비균

---

[35] 그럼에도 불구하고, 상호조율에 아무런 문제가 되지 않는다. 아마 동전 던지기 놀이 상황이 '즉시 시행'을 속뜻으로 머금기 때문일 것이다.

형적인 작업활동들에서, 누가 주도권을 잡는지는 서로 기회가 번갈아가며 오간다. 캐치볼 놀이에서는 주도해 나가는 사람이 주로 투수이지만, 누가 투수이며 누가 포수인지는 번갈아가면서 바뀐다. 대화는 비균형적이다.

3-6-2 단계들 및 동시시행synchrony

저자는 지속적인 협동행위가 상호조율될 수 있다고 제안하였다. 왜냐하면 그것들이 '단계phases'들로 나뉘기 때문이다. '단계'란 용어로써, 저자는 통일된 기능을 지닌 협동행위의 연속체를 의미한다. 즉, 시작 시간과 종결 시간이 찾아질 수 있다. 모차르트 현악 4중주를 연주하는 일은 분명한 네 단계를 갖고 있다. [각각의 현악기를 위한] 제1·제2·제3·제4곡 악장movements이다. 악수하는 일은 세 단계를 갖고 있다. 손 내밀기·알맞게 손 잡고 흔들기·손 빼기이다.

대부분의 단계들은 계층적으로서, 하위단계들로 나뉘어 있다. 이는 다시 더 작은 차하위단계 등으로 나뉠 수 있다. 음악에서 단계 층위는 직접 악보에 표시되어 있다. 전체 음악 한 편의 곡은 악절로 나뉘고, 다시 악구로 나뉘며, 다시 소절로 나뉘고, 마지막으로 박자로 나뉜다. 그리고 악수를 하는 데에 있어 두 번째 단계는 세 가지 하위단계로 나뉘는 듯하다. 즉, 다음 도표와 같이 손 붙들기·위아래로 흔들기·손 풀기이다.

제1단계 손 내밀기	제2단계 손 흔들기			제3단계 손 빼기
	하위단계 1 손 붙들기	하위단계 2 위아래로 흔들기	하위단계 3 손 풀기	
⇨	⇨	⇨	⇨	⇨

왼쪽으로부터 오른쪽으로 진행되는 시간으로 보면, 전반적인 악수 행위는 단계 1·2·3으로 나뉘며, 제2단계는 하위단계 1·2·3으로 나뉜다.

단계들이 실제적으로 상호조율이 일어나는 내용인 것이다. 임의의 단계는 사실상 '입장→본체→퇴장'을 지닌 협동행위이다(§.2-1-5를 보기 바람). 이는 도표로 다음과 같이 나타낼 수 있다.

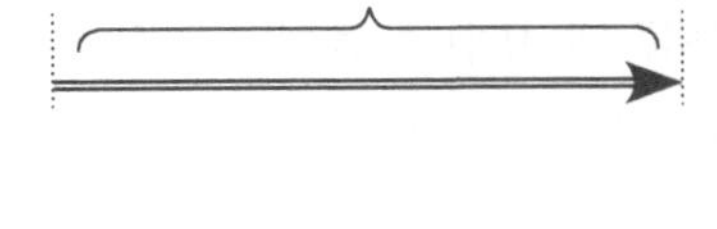

입장entry은 참여자들이 그 행위에 진입하였다고 믿는 순간으로, 화살표의 왼쪽 끝이다. 퇴장exit은 그 행위를 종결하였다고 믿는 순간으로 화살표의 오른쪽 머리이다. 본체body는 입장과 퇴장 사이에서 참여자들이 실행하는 바이며, 위 그림의 화살대에 해당한다. 이들 세 가지 특징들을 모두 놓고서 참여자들은 상호조율해야 한다.

행위의 동시시행은 각 단계에 대한 입장 시간과 퇴장 시간을 놓고서 상호조율을 요구한다. 동시시행synchrony을 이루기 위하여, 참여자들은 반드시 앞서 실행한 것으로부터 입장·퇴장 시간을 모두 투영할 수 있어야 한다. 그들은 입장·퇴장 시간이

① 시간 축으로 협동상 두드러진 순간으로서 알맞은 참조시가 될 때마다
② 그리고 이전의 단계로부터 투영하기가 쉬울 때마다

도움을 받아야 한다. 저자는 참여자들이 세 가지 주요한 상호조율 전략들을 이용하여 지속적인 동시시행을 성취해 낸다고 주장하였다.

(1) 율동흐름 타기 전략

율동흐름 타기 전략cadence strategy은 주기적 작업활동에만 국한된다. 이들에서 입장 시간이 아주 두드러지며, 한 단계의 지속은 전적으로 그 율동흐름으로부터 예측 가능하다. 따라서 참여자들이

① 입장 시간 *t* (an entry time *t*)
② 지속 시간 *d* (a duration *d*)
③ 모든 참여자 *i*에 대하여, *i*가 지속 시간 *d*에서 수행하게 될 참여행위 *p(i)*
(for all participants *i*, the participatory action *p(i)* that *i* is to perform in *d*)

세 가지 특징을 놓고서 합의에 도달함으로써 상호조율할 수 있다. 음악에서는 입장 시간이 [주요] 단계들에 대하여 강박자heavy beats로 표시되고, 하위단계들에 대하여 더 약한 박자lighter beats로 표시된다. 악보 표기법에서는 두드러진 박자들이 퇴장 시간이 아니라 임의의 소절measure 작은 마디에 대하여 입장 시간을 표시해 놓는 것이 중요하다. 집단 행진에서는, 입장 시간이 내딛는 발소리들에 의해서 표시되고, 2인용 카누의 노 젓기에서는 노 젓기 개시에 의해서 표시되는데, 또한 이들이 가락을 타고 일어난다. 가락을 타는 작업활동에서는, 한 단계의 지속시간이 정해진 숫자의 박자 길이가 된다. 각 단계 동안에

참여자들이 실행하는 바에는 거의 의존하지 않는다.

(2) 입장하기 전략

입장하기 전략the entry strategy은 첫 번째 전략(=율동흐름 타기 전략)보다 좀더 일반적이다. 지속적인 행위에서는 한 단계로부터의 퇴장이 다음 단계 속으로 입장과 더불어 동시에 일어난다. 악수하는 일에서, '손을 붙잡는' 하위단계로 들어가는 순간에, 여러분은 '손을 뻗어 내미는' 단계를 마쳤음을 안다. 이것이 성립하는 경우에, 참여자들은 앞의 세 가지 특징 중 오직 두 가지 특징을 놓고서 상호조율을 할 뿐이다.

① 입장 시간 *t* (an entry time *t*)

② 모든 참여자 *i*에 대하여, *i*가 그 단계에서 수행하게 될 참여행위 *p(i)*

(for all participants *i*, the participatory action *p(i)* that *i* is to perform in the phase)

이 전략이 작동하도록 하기 위하여, 입장 시간이 반드시 [쉽게 지각되도록] 두드러져야 하고, 이전 단계의 참여행위들로부터 투영될 수 있어야 한다. 이들 조건은 균형 없는 비주기적 작업활동들에 대해서도 성립한다.

대부분의 비주기적 작업활동들은 협동상 두드러진 입장 시간을 지닌다. 캐취 볼[공 주고받기] 놀이를 하면서, 공을 앞뒤로 토스하는 일은 다음처럼 세 가지 주요 단계를 지닐 듯하다.

진행단계 / 참여자	제1단계 ⇨	제2단계 ⇨	제3단계
갑	공을 던지려고 팔을 구부린다	을한테 공을 던진다	1단계로의 입장을 기다린다
을	갑이 던져 주기를 기다린다	공 아래로 움직인다	공을 붙잡는다

이들 단계가 캐취 볼(공 주고받기) 놀이를 하는 하위단계들로 이뤄진 주기를 정의해 주며, 매번 이 주기가 반복된다. 갑과 을의 역할은 서로 뒤바뀐다. 이들 세 가지 단계가 그 자체로 하위단계들을 지닌다. 단계 1·2·3으로 들어가는 입장 시간은 다음과 같다. 갑이 자신의 팔을 구부리는 순간, 갑이 그 공을 던져 내보내는 순간, 을이 그 공과 접촉하는 순간. 경계 파악하기 전략boundary strategy(바로 다음에 다뤄짐)이 요구하듯이, 이것들이 두 경기자에게 모두 눈으로 볼 수 있는 주요한 표지물major landmarks이다.

비주기적 지속행위에서, 문제는 입장 시간을 투영하는 일이다. 율동흐름cadence이 없다면, 참여자들에게 다른 기제가 필요한데, 주요한 기제는 인도자/안내자leader의 행위이다. 캐취 볼(공 주고받기) 놀이에서, 단계 2(갑의 손으로부터 그 공이 떠남)에 대한 입장 시간은, 갑이 그 공을 던지는 데에 얼마만큼의 시간이 걸릴지를 추정함으로써 투영될 수 있다. 그것도 단계 1의 하위단계들로부터 좀더 정확히 투영될 수 있다. 즉 팔을 뒤로 젖히는 하위단계 및 앞으로 세차게 내미는 하위단계이다. 단계 3(을이 그 공을 붙잡음)에 대한 입장 시간도 또한 단계 2의 하위단계들로부터 투영될 수 있다. 즉 공이 포물선 정점으로 올라가는 하위단계 및 그 정점으로부터 내려오는 하위단계이다. 따라서 그들의 행위를 동시에 시행하도록 하기 위하여, 참여자들은 하위단계들을 추적한다. 그런 추적이 더 쉬워질수록 동시시행도 더욱 정확해진다.

비주기적 단계들은 흔히 쉽게 확장될 수 있다. 단계 3에서, 을이 그 공을 붙잡으려고 하다가 그 공을 떨어뜨린 뒤, 다시 그 공을 집어야 한다고 상정해 보기로 한다. 별도로 을에게 소요되는 시간이 단계 3에 또는 단계 3의 하위단계에 추가된다. 이런 추가 시간이 단계 1이나 단계 2에 또는 단계 3의 다른 하위단계에는 영향을 주지 않는다. 동시시행을 유지하기 위하여, 갑과 을이 해야 할 모든 행위가 (공을 집어 도로 던지는 데 필요한) 적의한 시간 양만큼 하나의 하위단계로 늘어나며, 다시 놀이가 지속된다. 확장 가능성은, 잠시 휴식시간과 같이 다른 협동행위들을 끼워 넣기 위하여, 그리고 동시시행으로부터 임시 지연에 맞춰 조절하기 위하여, 지엽적으로 고치기를 허용해 주기 때문에 유용하다.

(3) 경계 파악하기 전략

세 번째 전략이 경계 파악하기 전략boundary strategy이다. 지속적인 행위에서는, 한 단계에서의 퇴장이 때때로 다음 단계로의 입장과 함께 동시에 일어나지 않으며, 필요할 경우 도움을 줄 율동흐름도 없다. 이런 상황에서는 참여자들이 반드시 다음 세 가지 특징들을 놓고 상호조율해야 한다.

① 입장 시간 *t* (an entry time *t*)

② 퇴장 시간 *u* (a exit time *u*)

③ 모든 참여자 *i*에 대하여, *i*가 그 단계에서 수행하게 될 참여행위 *p(i)*
(for all participants *i*, the participatory action *p(i)* that *i* is to perform in the phase)

악수하는 마지막 단계에서, 입장 시간은 이전 단계의 참여행위로부터 투영된다. 그러나 퇴장 시간은 반드시 현재 단계의 행위들로부터 투영되어야 한다. 왜냐하면 퇴장 시간을 표시해 줄 뒤따르는 단계가 없기 때문이다.[36] 악수에서는 두 사람이 함께 동시에 끝내기 위하여 자신의 손을 빼낸다. 한 사람이 손을 너무 빨리 빼내어 버리는 일은 부적당할 것 같다.

상호조율하려고 하는 사람들은 정확히 시간을 추정할 필요가 있다. 저자가 공을 던지는 경우에, 내 상대방이 그 공을 잡을 수 있는 곳으로 공을 던져야 하며, 상대방도 내가 던진 곳으로 달려가야 한다. 저자의 입장에서는 그 일이 상대가 얼마나 멀리 그리고 얼마나 빠르게 달릴 수 있는지에 대한 추정을 하는 것이다. 이것들은 그 상황—즉 운동장의 형세와 공의 종류와 상대방의 기술 등—에 따라 달라질 것이다. 만일 저자가 무리하게 과도 추정을 하면, 상대방은 그 공을 붙잡지 못할 것이다. 만일 엉성하게 과소 추정을 하면, 공 주고받기 놀이가 너무 쉬워질 것이며, 이내 따분해질 것이다. 동일한 내용이 내 상대방에게도 적용된다. 둘 모두 얼마나 어렵게 얼마나 높이 어느 방향으로 저자가 그 공을 던졌는지를 추정해야 한다. 그렇지 않으면 공을 놓쳐 버릴 것이다. 이와 같이 순간순간 추정을 하는 일은 협동행위의 대단한 공적 중 하나이다.

모든 세 가지 전략(율동흐름 타기·입장하기·경계 파악하기)에서, 동시시행synchrony은 각 단계마다 입장 시간 및 참여행위를 투영하는 참여자들에 의해서 달성된다. 저자는 다음과 같은 원리를 제시한다.

◁ **동시시행 원리**(the synchrony principle) ▷

In joint actions, the participants synchronize their processes mainly by coordinating on the entry times and participatory actions for each new phase.

협동행위에서, 참여자들은 자신의 행위 진행절차를 새로운 각 단계마다 입장 시간과 참여행위들을 놓고서 상호조율함으로써 동시시행을 해 나간다.

간단히 말하여, 협동행위는 대체로 입장 및 예상 참여행위들을 중심으로 조직되는 것이다.

§.3-7 언어 처리과정

대화는 비교될 게 없을 만큼 특히 협동작업 활동의 본보기이다. 거기서 협동행위들은 비주기적이고, 비균형적이며, 서로 교대로 이뤄진다. 대화는 율동흐름cadence이 없기 때문

---

[36] 아마 하위단계를 설정한다면, 상대방이 붙잡는 손의 압력 감소가 언제 손을 내빼는지 신호해 주는 단서가 될 듯하다. 그렇지만 이런 하위단계가 너무 순식간에 일어나므로 제대로 지각해 내기란 힘든 일일 것이다.

에 비주기적이고, 대체로 화자에 의해서 이끌어지기 때문에 비균형적이며, 차례차례로 말하는 사람이 뒤바뀌기 때문에 서로 교대로 이뤄지는 것이다. 언어사용이 언제나 이런 방식이라는 말은 아니다. 가톨릭 신부의 계(계송)에 따라 성당신자들이 일제히 기도문을 응송하는 경우처럼 대화는 균형적일 수도 있고, 축구 응원자들이나 시위 군중들이나 교향곡 합창단에서 가락에 맞춰 영창하거나 노래하는 경우처럼 주기적일 수도 있다. 그럼에도 대화의 1차적 형태는 비주기적이며 서로 교대로 이뤄진다.

3-7-1 대화에 있는 여러 단계

만일 대화가 실제 협동행위로 이뤄진다면, 대화는 응당 협동상 두드러진 입장 시간을 지닌 단계들로 나뉘어야 하겠는데, 실제로도 그렇게 나뉜다. 대화는 잘 알려진 여러 단계들의 계층으로 나누어진다. 크게는 대형 마디로부터 작게는 음성 분절음으로까지 나뉘는 것이다. 이들 단계들의 일부가 다음과 같이 예시된다(1.3.986).[37]

Cal : well what was the ^OUTcome of all this, what. trans^PIRED,

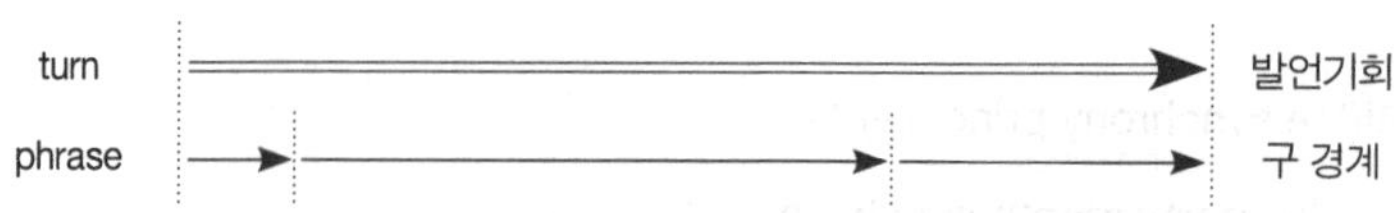

칼 : 글쎄 이 모든 것의 결과가 대체 뭐였지, 도대체 뭐가. 밝혀졌어?

Viv : --^NOTHing, I haven't heard a ^WORD,-

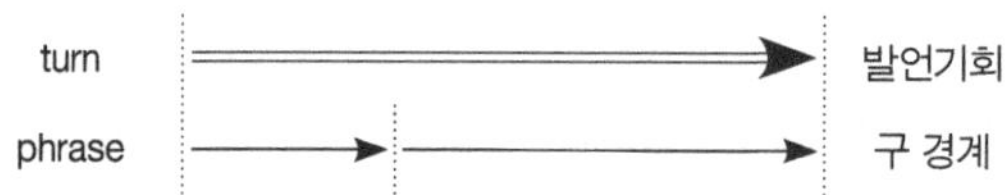

뷔브 : -- 아무것도, 난 한 마디도 듣지 못했어, -

각 겹선 화살표는 발언기회turn를 나타낸다. 발언기회가 억양단위들로 나뉘어 있고(홑선

---

[37] 처음 숫자들은 런던-룬드 말뭉치(London-Lund corpus)에 있는 텍스트 번호를 나타낸다(1.3.). 이어지는 마지막 숫자는 어조단위를 나타낸다(986). 책의 맨 앞에 실어 둔 '예문들에 대하여'를 보기 바란다. 예문 속에서 엎어져 있는 쐐기는 강세, 마침표 '.'은 짤막한 휴지를 가리키고, 하이픈 '-'은 강세 단위별 휴지를 나타낸다. turn(발언기회, 말할 차례), phrase(구, 구절 마디, 구절 경계). 겹선/홑선 화살표는 진행 폭을 가리킨다.

화살표), 여기서는 끝점들이 쉼표에 의해서 표시되어 있다(제9장을 보기 바람). 그 자체로 구가 되는 억양단위[intonation units]는 더 작은 구들로 나뉘며(가령 "what | was | the outcome | of all this"), 이는 낱말과 음절로 나뉜 뒤, 다시 분절음들로 나뉜다.

이들 단계의 입장 및 퇴장이 통사·형태·억양으로 표시되어 있다. 예를 들어, 억양단위들은 높은 음높이[high pitch]로 시작되는 경향이 있고, 전체 단위에 걸쳐서 음높이상 점차 떨어지다가, 변별적인 하강 또는 상승으로 끝이 나게 된다. 억양단위들은 또한 끝점에서나 또는 끝점 가까이에서, 청자로 하여금 대단히 정확하게 퇴장 시간을 투영할 수 있도록 해 주는 '초점 악센트'가 들어간 음절을 지니는 경향이 있다. 더욱이, 억양단위들은 모든 언어에서 찾아진다고 판단된다.[38] 억양단위들은 정확히 화자와 청자가 그들의 처리과정을 동시에 시행하는 데 필요한 것이다.

입장하기 및 경계 파악하기 전략이 작동하기 위해서, 참여자들은 반드시 정확히 다음 단계를 위하여 입장 시간을 투영할 수 있어야 한다. 그리고 그 일을 실행하기 위하여, 그들은 현재의 단계가 다 끝나는 시간 상으로 반드시 상호조율해야 한다. 즉각성 전제[immediacy premise]를 적용하는 것이다(§.3-3). "What. transpired?[뭐가. 밝혀졌어?]"라는 억양단위와 더불어, 칼[Cal]은 참여자의 상호조율 문제를 얹어 놓고 있다. 그는 뷔브[Viv]에게 묻고 있는 것이다. 그 문제를 해결하기 전까지는, 즉 그녀가 그의 질문을 제대로 이해하기 전까지는, 뷔브가 다음 단계인 그녀 자신의 답변을 시작할 수 없다. 즉각성 전제에 의해서, 그녀는 칼이 그녀에게서 그 단계의 완성을 위하여 그가 의미하는 바를 파악할 수 있을 것으로 기대하였다고 가정할 수 있다.

그렇다면 대화에서, 소략하게 화자가 그 단계를 끝마칠 즈음까지는, 청자가 한 단계의 처리과정을 완결 짓는 것으로 기대된다. 즉각성 전제는 모든 크기의 단계들에 대하여 성립되어야 한다. 단일 낱말의 차원에서는, 화자가 다음 낱말로 넘어가는 시간까지는 청자가 응당 (발화된) 한 낱말을 듣고 확인하며 알아내는 일을 완결지어야 한다. 억양단위의 차원에서는, 화자가 다음 억양단위를 시작하기 이전에, 청자가 현재의 억양단위에서 무엇이 의미되었는지를 이해해 둬야 한다. 만일 처리과정이 즉각적이지 않았다면, 한 단계에 있는 지연이 다음 단계에서 거듭거듭 누적된 지연들로 쌓여 나갔을 것이며, 그 대화 노선을 따라 동시시행을 더욱 어렵게 만들어 버렸을 것이다.

---

[38] 억양 단위(intonation unit)는 흔히 명제 또는 사고 단위라고도 표현되며, 종결 가능 단위(T-unit) 또는 절 유사 단위(clause-like unit)라고도 말해진다. 우리의 생각을 나타내는 최소 단위로, 술어 및 술어가 거느리는 논항으로 이뤄져 있다.

3-7-2 시간 맞춤의 정확성 precision of timing

사람들은 대화에서 놀랄 만큼 정확하게 입장 시간과 퇴장 시간을 투영할 수 있다(Jefferson, 1972, 1973; Sacks, Schegloff and Jefferson, 1972; 그리고 제9장을 참고 바람). 이 논제에 대한 개관을 위하여, 다음 대화의 실제 도막에서 예시되듯이, 다음 발언기회에 들어가는 방법에 대한 상호조율 문제를 살펴보기로 한다(1.3.215).[39]

Kate : how did you get on at your interview, .do tell us,

Nancy : .oh-- god, what an experience, -- I don't know where to start, you know, it was just such a nightmare --I-- mean this whole system, of being invited somewhere for lunch, and then for dinner, - and overnight, .*and breakfast*

Nigel : *oh you st-* you you did stay

케 잇 : 네 면접 시험이 어떻게 되었니, .우리한테 말해 주렴,

낸 시 : .아 -- 맙소사, 얼마나 힘든 경험이었는지, -- 어디서 시작해야 할지 잘 모르겠네, 그게 바로 악몽이었거든, 내 말뜻은 이 전반적인 제도 말야, 어딘가로 점심 식사를 위해 초대되고, 그러고 나서 저녁 식사를 하고, -그리고 밤을 꼬박 새고, .*그리고 아침 식사를 하고*

나이즐 : *아 네가 머무-* 네가 네가 그곳에 머물러 있었구나

화자들은 종종 정확히 이전의 발언기회가 끝남에 따라 새로운 발언기회를 시작하려고 한다. 그렇지 않을 경우에는 해결되어야 할 문제를 만들어 내는 것이다. 위 예문에서는 그런 문제가 두 가지 있다. 낸시의 문제와 나이즐의 문제이다.

낸시의 문제는 자신이 말하고자 하는 바를 즉각 알지(=제대로 정리하여 말하지) 못하였다는 것이다. 정확히 케잇의 발언 "your interview네 면접시험" 끝에서 낸시가 말하기를 시작하도록 참여자들에 의해 화자가 선택 지정되었다. 낸시가 선뜩 발언기회를 받아서 말하지 않으므로, 케잇이 짤막한 휴지 뒤에 "Do tell us우리한테 이야기해 주렴!"하면서 낸시더러 말하도록 재촉한다. 낸시는 자신이 곧 시작하지 않는다면, 자신이 듣지 않거나 이해하지 못한 것으로 간주될 수 있으며, 또는 참여치 않은 것으로 간주될 수 있음을 알고 있다. 따라서 그녀는 "Oh god아 맙소사!"라고 탄식과 더불어 자신의 태도를 표명한 뒤에, 자신의 대답

---

[39] 이 전사자료에서 마침표 '.'는 짤막한 휴지를 가리키고, 하이픈 '-'은 강세 단위별 휴지를 가리킨다. 하이픈이 두세 개 이어진 것은 휴지 시간이 상대적으로 길다는 뜻이다. 별표 쌍 '* *'은 두 사람의 발언이 서로 중첩되어 있음을 가리킨다.

을 진지하게 계획하기 위해 머뭇거린다. 그렇다면 낸시와 케잇이 실행한 바는, 낸시가 즉각 자신의 발언기회를 시작해야 한다는 그들 사이의 상호기대에 의해 공유되어 있다.

나이즐의 문제는 다르다. 그는 "and overnight그리고 밤을 꼬박 새고" 뒤에 부정확하게 낸시의 발언기회가 끝났다고 투영한다. 그래서 나이즐의 발화가 낸시의 발화와 겹쳐 있다. 나이즐은 그 문제를 고치는데, 우선 발언을 중단하고, 새로운 투영을 만들며, "and breakfast그리고 아침 식사를 하고" 뒤에 다시 자신의 발화를 시작하게 된다. 그래서 나이즐의 겹침 및 재시작이 또한 다음 발언기회로 즉시 입장하는 상호기대의 결과가 된다.[40]

결과적으로 입장 시간이 참여자들의 정신 상태—그들의 이해·준비성·계획—에 대한 증거를 담고 있는 셈이다. 낸시가 늦게 입장한 것은, 다음에 뭘 말할지에 대하여 그녀 자신의 불확실성을 보여 주었다. 나이즐이 조급하게 입장한 것은, 낸시가 그녀의 발언기회를 언제 끝마쳤는지에 대한 그의 믿음을 드러내어 준다. 시간 맞추지 못함mistiming 시간 조절 실패이 화자들이 이미 언급되고 있는 바를 다 환히 알고 있음을 보여 주기 위하여, 자신의 발언기회를 이전 발언기회의 끝부분과 서로 겹쳐지게 놓을 경우에, 또한 고의적인 전략으로 이용될 수도 있다(제8장 참고, 발언권을 차지하려고 일부러 상대방 발언 도중에 끼어드는 일임 : 뒤친이). 입장 시간은 의사소통의 증거는 물론 도구로서도 유용하다.

어떤 종류의 정보를 입장 시간이 제공해 주는 것일까? 적용되는 원리는 아주 간단하다.

◁ **처리시간의 원리**(principle of processing time) ▷

People take it as common ground ① that mental processes take time, and ② that extra processes may delay entry into the next phase.

사람들은 ① 정신적 처리과정이 시간이 걸린다는 사실과, ② 가외의 별도 처리과정이 다음 단계에로의 입장을 늦출 수 있다는 사실을 공통기반으로 간주한다.

이 원리는 우리가 처리과정 난이도를 추정하는 데에 놀랍도록 정확히 어림짐작heuristics 주먹구구식 추론을 하기 때문에 유용하다. 다음에 몇 가지 사례가 있다. 말하기 산출에서 다른 조건이 동등한 경우에, 처리과정은

① 표현이 더욱 드문 내용(난이도가 높은 내용)일수록,

---

[40] 〈원저자 14〉 다시 말하여, 현재의 화자는 다음 화자가 언제 시작할 수 있는지 또는 시작해야 하는지에 대한 증거를 제공해 준다. 잠재적으로 가능한 화자들은 이런 증거를 이용하여 정확히 그런 순간들에서 자신의 발언기회를 얻어 대화 속으로 들어오도록 기대된다. 이런 일은 모든 입장 시간에 적용된다. 제8장을 보기 바란다.

② 표현이 더욱 길어질수록,
③ 통사나 형태가 더욱 복잡해질수록,
④ 그 전달내용이 더욱 자세해질수록,
⑤ 화자가 자신이 말하려는 바를 정확히 알지 못할수록,

시간이 더 오래 걸린다. 그리고 이해에서 다른 조건이 동등한 경우에, 처리과정이

① 표현이 더욱 드문 내용(난이도가 높은 내용)일수록,
② 표현이 더욱 길어질수록,
③ 통사나 형태가 더욱 복잡해질수록,
④ 그 전달내용이 더욱 자세해질수록,
⑤ 그 함의가 더욱 확장될수록
⑥ 그 지시내용이 더욱 덜 두드러질수록,

시간이 더 오래 걸린다. 이것들은 다만 우리가 이용하는 어림짐작의 일부일 뿐이다.

따라서 전달내용 및 처리과정은 상호의존적이다. 즉, 일반적으로 전달내용이 더 복잡해지면 복잡해질수록, 그 처리과정은 더욱 더 오래 걸리는 것이다. 이는 우리 상대방이 뭘 생각하고 있는지를 찾아내도록 도움을 주며, 우리가 뭘 생각하고 있는지를 대화 상대방에게 드러내어 준다. 처리시간은 우리가 세련되게 이용하는 자원이 된다(제7~9장 참고).

3-7-3 동시에 시행되지 않는^asynchronous^ 협동행위

동시시행^synchrony^은 대화에서 발화가 곧 사라지므로 요구되는 것이다. 만일 청자가 한 번이라도 임의의 발화를 재생하게 된다면, 그 발화가 산출되고 있는 동안에 반드시 그 발화에 주목해야 한다. 이는 화자와 청자가 자신의 처리과정을 동시에 시행하도록 요구하는 것이다. 그렇지만 글말은 순식간에 사라지는 것이 아니다. 집필자와 독자의 처리과정도 동시에 시행되지 않는다. 저자가 누이동생에게 편지를 쓰는 경우에, 1시간 반이 걸릴 수도 있고, 커피를 마시기 위해 중간중간 쉬면서 또 여러 번 고쳐 나갈 수도 있다. 그녀는 30초 이내에 그 편지를 읽을 수도 있고, 다시 거듭 읽을 수도 있다. 그녀의 행위뿐만이 아니라 나의 행위도 동시에 시행되지 않는 것이다. 그것들 사이에 있는 시점마다 전혀 일치되는 것도 아니다.

글쓰기와 읽기는 동시시행의 속성을 결여하지만 그럼에도 불구하고 협동행위가 된다. 저자의 행위는 저자가 누이동생이 실행할 것으로 기대하는 바에 따라 달라지고, 그녀의 행위도 또한 저자가 그녀가 실행할 것으로 여기는 바에 따라 달라진다. 우리는 여전히 내용상으로 상호조율하고 있다. 저자가 우리들이 서로 알고 있는 사람을 가리키기 위하여 영어를 쓰며, 저자가 이용하는 상호조율 기제—관례·협동상 두드러짐·선례·그밖의 모든 것—들을 그녀가 인식할 것이라는 가정 하에 모든 집안일들을 넌지시 언급한다. 그러나 저자는 또한 표현된 문장들을 그녀가 이해할 것으로 판단되는 과정들에 합치되도록 하기 위하여, 내가 표현하는 문장들을 계획하고 재계획하며 편집하고 재편집할 것이다. 저자는 그녀가 모종의 속도로 그 정렬된 문장을 두루 훑어볼 것이며, 저자가 올바른 밀집도[41] 비율로 정보를 묶는 경우에, 최적으로 그렇게(독자 눈높이에 맞춰) 실행할 것으로 기대한다. 비록 우리의 처리과정이 동시에 시행되지 않더라도, 그녀와 저자는 그것들을 놓고서 상호조율하게 된다.

협동행위는 무대에 상관없이 언어사용에서 요구된다. 요구된 전달내용의 상호조율은 두루 여러 현장들에 걸쳐서 거의 동일하지만, 처리과정의 상호조율은 그러하지 않다. 대화에서 화자 및 청자는 그들이 진행해 나가는 행위의 단계들을 동시에 시행해 나간다. 동시시행이 없는 현장에서는 화자들이 자신의 청자를 위하여 처리과정을 최적화하도록 노력하는 것이다.

§.3-8 요약

두 사람이 말을 할 경우에, 그들은 전달내용 및 처리과정 상으로 모두 상호조율한다. 그들은 임의의 협동행위—가령 2중주를 연주하거나, 2인용 카누를 함께 노 젓거나, 악수

---

[41] density(밀집도)는 유뤄(Ure, 1971)에서 임의 덩잇글의 쉽고 어려움(흔히 readability 이독성 易讀性으로도 불림)을 측정하기 위해 제안된 개념이다.

헬러데이(Halliday, 1985 : 제5장), 『입말과 글말(*Spoken and Written Language*)』(Oxford Univ. Press)에서는 lexical density(실사어휘 밀집도)라고 부른다. 비록 유뤄는 실사어휘가 40% 넘을 경우 어려운 덩잇글로 보았지만, 핼러데이는 절대적 수치가 아니라 상대적 비율로 간주하는 듯하다. 그렇지만 임의의 덩잇글에 대한 복잡성을 일으키는 요인이 비단 실사어휘의 밀집도뿐만이 아니라, 또한 절의 내적 구조와 서술관점 등도 긴밀하게 함께 작동한다. 핼러데이는 절도 최소한 '사태흐름 층위·서법 층위·주제 층위·정보 층위'들이 중첩되어 있다고 본다. 즉, 네 가지 영역이 동시에 유기적으로 가동되므로 마치 한 층위만이 있는 듯이 느껴지게 되는 것이다.

번역자의 판단에, 한 편의 덩잇글이 쉽고 어려운 정도는 더 중요하게 배경지식과 공통기반의 너비가 주요 인자로 다뤄져야 한다. 이는 계량할 수 있는 대상이 아니라, 판단하고 해석되어야 할 '질적 대상'이다. 이 점이 제대로 포착되지 못하는 것은 명백한 한계이다.

를 하거나—를 수행하는 데에서 이를 실행해 내어야 한다. 언어사용의 많은 속성들은 모든 협동행위에 대하여 공통적이다.

지속적인 협동행위에서는 참여자들이 자신의 개인별 행위들을 놓고서 상호조율하기를 요구한다. 각각의 협동행위에서, 참여자들은 상호조율 문제에 직면한다. 즉, 그들이 각자 서로 어떤 참여행위들을 떠맡기로 기대되는가? 이런 문제를 해결하기 위하여, 그들은 상호조율 기제가 필요하다. 즉, 어떤 행위가 기대되는지를 그들에게 말해 주는 어떤 것이다. 이제, 협동상 두드러짐의 원리에 따라서, 그런 임의의 문제를 위한 이상적인 상호조율 기제는, 참여자들의 공통기반과 관련하여 가장 두드러지거나 현저하거나 분명한 해결책이다. 그 기제가 관례가 될 수도 있고, 선례가 될 수도 있으며, 명백한 합의가 될 수도 있고, 협동상 두드러진 지각적 사건이 될 수도 있다. 사실상 그 원리를 충족시켜 주는 기제이면 어떤 것이든 다 가능하다.

언어사용에서 상호조율 문제는 그것들이 참여자들 중 한 사람에 의해서 마련되기 때문에 추가적인 속성을 지닌다. 이들 중 두 가지는 해결 가능성 및 충분한 능력이다. 참여자들은 각각의 상호조율 문제가 그들이 이용 가능한 정보를 써서 찾아낼 수 있는 유일한 해결책을 지닌다고 가정할 수 있다. 협동상 두드러짐·해결 가능성·충분한 능력은 우리로 하여금 이미 언어사용의 많은 속성들을 설명해 줄 수 있게 한다. 더 뒤에서는, 그것들이 심지어 어떻게 더 많은 것을 설명하는지를 살펴볼 것이다.

그러나 언어사용은 지속적인 상호조율을 요구한다. 참여자들은 그들이 실행하는 바를 놓고서뿐만 아니라, 또한 그들이 언제 실행하는 바를 실천하는지를 놓고서도 반드시 상호조율해야 한다. 저자는 청자의 현재 단계에 대한 처리과정이 소략하게 다음 단계의 시작에 의해서 완결되는 것으로 기대된다는 가정하에, 그들의 행위의 각 단계에 대하여 '입장 시간·전달내용(본체)·퇴장 시간' 상으로 상호조율함으로써 이를 달성한다고 주장하였다. 그럼에도 그들은 또한 별도의 추가적인 정신 처리과정이 다음 단계로의 입장을 늦춰 놓을 수도 있음을 깨닫는다. 더 뒤에서는, 제대로 사용하기 위하여 어떻게 이들 속성이 투입되는지를 살펴보게 될 것이다.

제4장 공통기반

"설사 사자가 말할 수 있었다 하더라도, 우리는 사자를 이해할 수 없었을 것이다."

(뷧건슈타인, 『철학 탐구』 제2부, xi 후반)

우리가 실행하는 모든 것은 우리 환경·활동·지각내용·감정·계획·흥밋거리 등에 대하여 우리가 지닌 정보에 뿌리를 두고 있다. 우리가 남들과 협동하여 실행하는 모든 것도 또한 이런 정보에 뿌리를 두고 있지만, 오직 그들이 우리와 공유한다고 (우리가) 생각하는 부분에만 뿌리를 둔다. 여기서 필요한 개념이 공통기반common ground이다.

공통기반은 우리가 남과 함께 실행하는 모든 것에 대하여 필수불가결한 조건이 된다. 가장 광범위한 협동작업 활동(제2장)으로부터 시작하여, 그것들을 구성하는 가장 작은 협동행위들(제3장)에 이르기까지 걸쳐 있다. 저자의 아들과 저자가 협동하여 행위하기 위하여, 그와 나는 우리가 무엇을 실행하고, 언제 그것을 실행할지 상호조율해야 한다. 그리고 상호조율하기 위하여 우리는 궁극적으로 현재 우리의 공통기반에 호소해야 한다. 동시에 그와 내가 수행하는 모든 협동행위와 더불어, 점차 우리의 공통기반을 더해 나간다. 이것이 장기 놀이에서부터 사업상의 거래에 이르기까지 협동작업 활동이 진행되어 나가는 방식이다(제2장). 저자의 아들과 저자가 대화 속으로 들어가는 경우, 우리는 어떤 공통기반을 전제한다. 가령 각자의 발화처럼 각자의 협동행위와 더불어 그 기반에다 (새로운 것을 발화하여) 추가해 놓으려고 노력하는 것이다. 그렇게 하기 위하여, 조금씩 차츰 공통기반이 누적되어 나감에 따라, 우리의 공통기반을 추적할 필요가 있다.

"맥락"에[1] 호소하는 언어사용의 설명이 어떤 것이든지 간에 공통기반은 중요하다. 대부분의 설명은 맥락이 무엇인지 말해 주지 않지만, 각 발화의 환경에 대한 우리의 직관에 의존한다. 이는 사실상 내년 주식값에 대한 주술적 예견에 불과하며, 덜 예측적이다.[2] 맥락에 대하여 정의되지 않는 개념과 더불어, 비확정적인 미래에서와 같이, 어떤 것이든 상관없

---

[1] context(맥락)는 co-text(앞뒤 언어 맥락, 언어 요소 앞뒤의 환경)란 말과 혼동되어서는 안 된다. context는 시간과 공간으로 이뤄진 발화 맥락이지만, co-text(앞뒤 언어 맥락)는 임의 요소를 중심으로 하여 앞서고 뒤따르는 언어 맥락이다. 혼동을 피하기 위하여 context(발화 맥락)를 '발화 상황'으로 부를 수도 있다.

이 가능하다. 이들 접근에서 필요한 것은 공통기반에 대한 적정한 이론이다.

그렇다면 무엇이 공통기반common ground인가? 그것이 어떤 형태를 취하는 것인가? 그것이 어떤 정보를 나타내는가? 그것이 어떻게 만들어지고 유지되며 어떻게 점점 증가되어 나가는가?

§.4-1 공통기반이란 무엇인가?

로벗 스똘네이꺼(Robert Stalnaker, 1978)에[3] 의해 도입된 공통기반의 전문적 개념은(Karttunen and Peters, 1975를 참고하기 바람) 루이스(Lewis, 1969)의 '공통된 지식common knowledgef', 쉬퍼(Schiffer, 1972)의 '상호 지식 또는 믿음mutual knowledge or belief', 머카씨(McCarthy, 1990)의 '협동 지식joint knowledgef'을 포함한 더 오랜 유사 개념들에 근거하고 있다. 사실상 두 사람의 공통기반은, 그들의 상호/공통/협동 지식·믿음·가정들의 총합인 셈이다.[4] 이들 개념에 대하여 상

---

[2] 인간과 관련된 행위나 사태는 거의 자유의지의 구현이므로, 결정론적인 인과율(deterministic cause and effect)에 의해 예측이 불가능하다. 오직 어떤 경향성만이 1차적으로 상정되고, 그 다음에 나올 행위는 매우 약한 예측만 허용한다. 아직까지 인간의 특성인 자유의지(free will)를 다루는 엄격한 방법론에 대하여 학자들 사이에 합의된 바는 없다. 이런 점에서 이 책의 언어사용에 대한 논의도 자유의지를 명백히 다루는 방법을 논의하는 한 가지 시도이다. 가장 탁월한 안내서로 케인(Kane, 2002) 엮음, 『자유의지에 대한 옥스퍼드 소백과(*The Oxford Handbook of Free Will*)』(Oxford Univ. Press)가 있다(26편의 논문이 들어 있음). 우리말로는 안건훈(2006), 『자유의지와 결정론』(집문당)을 보기 바란다. 그렇지만 자유의지를 책임이나 도덕성과 관련짓는 대단히 협소한 개념으로 다룰 뿐, 언어사용과 관련된 의사소통 의도의 토대를 파악하기에는 미흡하다. 의도(intention)와 지향성(intentionality)을 구분하여 본격적으로 다룬 이는 뷧건슈타인의 제자 앤스껌(Anscombe, 1957, 1919~2001), 『의도(*Intention*)』(2000 재판, Harvard University Press)이며, 그녀의 회갑을 기념하여 다이어몬드·티크먼(Diamond and Teichman, 1979) 엮음, 『의도와 지향성(*Intention and Intentionality*)』(Cornell University Press)이 나왔고, 팔질을 기념하여 티크먼(Teichman, 2000) 엮음, 『논리·인과·행위(*Logic, Cause and Action*)』(Cambridge University Press)가 나왔다. 그녀의 글들은 세 권의 총서로 나왔는데 특히 제2권으로 나온 앤스껌(1981), 『형이상학과 심리철학(*Metaphysics and the Philosophy of Mind*)』(Basil Blackwell)에 의도와 인과에 관련된 글들이 모아져 있다.

[3] 스똘네이커(Stalnaker, 1987), 『탐구(*Inquiry*)』(MIT Press)에서 지향성·가능세계·믿음·조건·반사실성 조건 등이 다뤄진다.

[4] 침팬지와 인간을 구분해 주는 결정적 특징들이 다수 보고되지만, 그 가운데에서도 협력의 방식이 다르다는 지적이 있다. 침팬지는 다른 동료 침팬지들과 '이기적 협력'이 가능하다. 그렇지만 '이타적 협력'은 결코 불가능하다. 오직 인간(그리고 특이하게도 '보노보' 원숭이)만이 이타적 협력이 가능하다.

의사소통에서 이런 이타적 협력은, 한 사람의 발화를 통해서 다른 사람이 파악한 원래 화자의 의도가, 다시 너와 내가 공동으로 추구하는 의도가 되어, 구성원들 사이에 계속 협동하며 추구될 수 있는 것이다. 이는 인류의 진화 역사상에서 공동체 사회를 구성하기 위해 필수 전제(=환경적 압력)가 된다. 전통적으로 이런 측면은 '사회 공동체 가치'의 문제로 여겨져 왔다. 다른 동물들은 본능밖에 없지만, 인간은 이성을 갖고 있어서 인간만이 '공동의 가치'를 추구할 수 있는 것이다. 이런 공동의 가치가 추구되기 위해서도, 여기서 논의되는 공통기반이 깔려 있어야 하고, 서로 확인되어야 하는 것이다.

인간이 어떻게 진화 과정에서 언어를 발전시키게 되었을까(원형 언어에서 어떻게 현대 언어로 진화된 것일까)? 제킨도프(Jackendoff, 2002; 김종복·박정운·이예식 뒤침, 2005 : 제8장과 그곳의 〈그림 8-1〉) 『언어의 본질』(박이정)에서는 점진적으로 그리고 누적적으로 한 단계씩 진화해 나갔을 것으로 가정하고 있어서 참고가 된다(§.6-1-2의 각주 18을 함께 보기 바람).

한편, 의사이자 두뇌 신경학자인 더마지오(Damasio, 2003; 임지원 뒤침, 2007 : 177), 『스피노자의 뇌 : 기쁨, 슬픔, 느낌의 뇌 과학』(사이언스북스)에서는 인간 뇌에서 복내측 전두엽과 전전두엽에 손상을 입으면, 사회적 감정도 표현하지 못하고, 사회적 계약을 준수하지도 못한다고 하였으며, '사회적 감정'을 네 가지 범주로 나눠서 정리해 놓았다(184쪽). 즉, '사회적 협동'도 반드시 전두엽과 전전두엽에 자리 잡은 '신경생리학적 기반'이 전제되어야 가능하다고 주장한다.

당량의 혼란이 있다. 문제가 되는 것은 그것들이 어떻게 표상될 것인가이다. 세 가지 주요한 표상이 제안되었다. 공유 공통기반·재귀적 공통기반·무한반복 공통기반이다. 비록 이것들이 동등한 듯하지만, 그렇지 않다(Barwise, 1989; Clark and Marshall, 1981). 역설적으로 가장 잘 알려진 표상(무한반복 공통기반)은 심리학적으로 불가능한 것이다. 반면에 다른 두 후보는 심리학적으로 가능하다. 저자는 언어사용을 위하여 우리에게 필요한 것이 공유 공통기반의 표상 및 재귀적 공통기반의 표상임을 논의할 것이다.

4-1-1 세 가지 표상 : 공유 공통기반·재귀적 공통기반·무한반복 공통기반

저자는 막 발견한 보기 드문 고둥 껍질을 살펴보면서 해안에 있다. 비록 저자의 주의력이 그 고둥에 모아져 있지만, 막연하게 그 전체상황을 자각하고 있다. 즉, 아름다운 날씨·해안가·바다·고둥뿐만 아니라, 저자 자신이다. 마치 해안 아래 10미터쯤에 거대한 거울이 있어서 거울에 비친 이들 모든 것을 볼 수 있는 것처럼 느껴진다. 그 거울에서 저자는 또 다른 무생물 대상으로서가 아니라, 전체상황을 바라보고 있는 감각주체sentient 의식로서 자신을 본다. 저자는 이 모든 것에 대하여 생각하고 있는 나를 포함하여, 저자 자신이 보고 있는 바에 대하여 생각하는 것을 스스로 알고 있다.[5] 만일 저자가 현재의 상황 s에 대하

[5] 자기반성(self-reflection)은 괴델(Gödel, 1906~1978)이 증명한 불완전성의 정리(incompleteness theorem)에 의해서 수학적으로 끝없이 진행됨을 알고 있다. 자기반성에 대한 상위의 자기반성은 끝이 없는 것이다. 이른바 무한퇴행(infinite regression)이라고 부르며, 역설을 낳는다. 이를 극복하는 방법이 몇 가지 있다. 이 책에서 거론되지 않은 중요한 방법도 있는데 튜링(Allen Turing, 1912~1954)의 생각이다.

① 먼저 '인위적으로' 무한 퇴행의 고리를 끊는 수밖에 없다. 가령, 일상언어 철학자인 그롸이스(Grice)는 상식이란 개념을 도입하여 자기반성을 한두 층위로 끊어버리고, 거기에 자족성 또는 자기 완결성을 부여한다. 이런 상식적 접근은 통계적 접근법과 생각이 일치한다. 가령, 통계 접근법에서는 전체 모집단을 샅샅이 검사하지 않더라도 무작위로 뽑아낸 대상들이 어느 정도 많아지면(고셋 Gossett의 소표본 검사 t-test에서는 30개가 넘는 대상이 최소한이라고 함) 어떤 '정규 분포'를 찾아낼 수 있으며, 이 상태에서는 따로 특이한 대상이 나올 확률이 아주 낮아지며, 이를 0으로 수렴하는 것으로 처리하는 것이다. 그러나 이 접근법은 클락·마셜(Clark and Marshall, 1981)에서 무한퇴행의 문제를 정면으로 맞서지 않고 옆으로 비켜서는 것이라고 비판하였다.

② 이와는 달리, 이 책의 저자가 채택하는 접근법이 있다. 전지적 존재나 절대자를 상정하는 것이다. 이 심판관은 손바닥 위에 우주의 모든 것을 다 담아 두고 있으므로, 실수나 오판이란 생겨날 수가 없다. 즉, 언제나 외부자 서술 시각이 확보되는 것이다. 자세한 것은 §.4-1-3을 보기 바란다. 번역자는 이 접근법도 자의성과 절대성을 구분 지을 척도가 찾아지지 않는다는 점이 결정적 결함이라고 본다. 절대자는 필요할 때에만 마음대로 동원되기 때문이다. 또한 학문적 엄격성도 없으며, 별도의 차원이 특별히 도입됨으로써 결국 이원론이나 다원론의 모형으로 전락되는 것이다.

③ 또다른 여러 가지 방법들을 §.4-1-6 '역사적 여담'에서 읽을 수 있다. 가령, 하버드 대학 박사논문에서 루이스는 무한퇴행이 추론과는 무관하며, 오직 함의(=속뜻)와 관련될 뿐이라고 하면서, 무한퇴행의 개념을 자신의 시각으로 재정의하여 제거해 버린다. 어떤 연구자들은 무한퇴행의 전제들이 일시에 만족되어야 한다고 주장하는데, 여러 가지 시도들과 그 한계들을 그곳의 논의를 읽어 보기 바란다.

④ 마지막으로 튜링의 방법이 있다. 튜링은 획기적으로 완전히 발상을 전환해 버렸다. 즉, 이를 전체나 부분의 문제로 취급하는 것이 아니라, 생각이나 사고 전개과정/방법의 엄격성 문제로 취급하여, 이런 역설을 벗어난다. 그는 생각의 전개과정이나 방식에 완벽한 경로를 정의해 주고, 엄격히 그 경로만을 따라가면, 이런 역설을 피할 수 있을 것으로 생각하였다. 튜링은 생각의 전개방식을 연산(computation)이라고 상정하고, 연산 과정이 엄격한 절차를 따라 진행된다면(그 절차가 자기 반성적으로 필요충분조건을 점검할 수 있다면), 아무리 무한하더라도 사고나 생각의 전개과정을 명백하고 쉽게 다룰 수 있을 것으로 보았다.

여 생각을 하고 있는 주체 A라면, 우리는 다음처럼 그 상황을 나타낼 수 있다.

① *s* includes the beautiful day, the beach, the sea, A, and a conch shell near A.
상황 *s*는 아름다운 날씨·해안가·바다·A·A 근처에 있는 고둥 껍질을 포함한다.

② *s* includes A's awareness of *s*.
상황 *s*는 상황 *s*에 대한 A의 자각을 포함한다.

첫 번째 진술과 더불어 두 번째 진술에 의해서 표상된 바는, 저자가 지닌 한 대목의 자기자각self-awareness이다.

이제 저자의 아들이 내게 말을 걸어왔고, 우리 둘이서 함께 그 고둥 껍질을 살펴본다. 저자의 표상은 어떻게 바뀌는 것일까? 만일 저자가 행한 모든 것이 첫 번째 진술에 있는 목록에 내 아들의 이름을 추가해 놓는 것이었다면, 그를 공정하게 취급하는 것이 아니었을 것이다. 결국, 저자는 내 아들도 또한 막연하게 전체상황을 자각한다고 확신한다. 즉, 그가 가상의 그 거울 속에서 보는 것이, 저자가 보는 것에 유추된다(≒얼개가 동일하다). 대신 저자가 추가해 놓는 바는, 두 번째 진술에 대한 내 아들의 내용 부분이다. 단 여기서 B가 저자의 아들이다.

① *s* includes the beautiful day, the beach, the sea, A, B, and a conch shell between A and B.
상황 *s*는 아름다운 날씨·해안가·바다·A·B·A와 B 사이에 있는 고둥 껍질을 포함한다.

② *s* includes A's awareness of *s*.
상황 *s*는 상황 *s*에 대한 A의 자각을 포함한다.

③ *s* includes B's awareness of *s*.
상황 *s*는 상황 *s*에 대한 B의 자각을 포함한다.

나의 아들과 내가 장소를 바꾸는 경우에도, 이 표상이 변하지 않음에 주목하기 바란다. 저자가 그 상황에 대한 내 아들의 자각이 저자와 같다고 가정하는 한, 그의 자각과 저자 자신의 자각이 정확히 유추적이다(≒얼개가 동일하다). 만일 나의 아내가 참여하여 우리 세 사람이 그 고둥을 함께 살펴본다면, 저자는 다음을 추가할 것이다.

④ *s* includes C's awareness of *s*.

상황 *s*는 상황 *s*에 대한 C의 자각을 포함한다.

저자가 막 서술해 놓은 것이 공통기반에 대하여 '공유된 토대 표상shared basis representation' 이다. 무엇보다도, 나의 아들과 나에게는 우리들 사이에 어떤 고둥 껍질이 있다는 것이 공통기반이 된다. 그것이 우리의 공통기반이 일부인데, 왜냐하면 그것이 또한 바로 그 상황에 대한 나의 아들과 나의 자각을 포함하는 어떤 상황 속에 들어 있기 때문이다. 그 상황 s는 우리의 공통기반을 위한 공유된 토대shared basis이다. 이런 견해에서, 공통기반은 자기자각self-awareness 형태이다. 즉 스스로에 대한 지식self-knowledge, 스스로에 대한 믿음self-belief, 스스로에 대한 가정self-assumption인데, 거기에는 유추되는 자기자각을 지닌 다른 사람이 적어도 한 명은 있다.

그러므로 어느 의사소통 공동체 C의 구성원들에게서 임의의 명제 *p*에 대한 공통기반을 다음처럼 나타낼 수 있다(Lewis, 1969).

Common ground (shared basis) 공유된 토대의 공통기반

p is common ground for members of community C if and only if :
① every member of C has information that basis *b* holds;
② *b* indicates to every member of C that every member of C has information that *b* holds;
③ *b* indicates to members of C that *p*

명제 *p*는 다음의 필요충분조건에서 의사소통 공동체 C의 구성원들에게 공통기반이 된다.
① C의 모든 구성원이 토대 *b*가 참이라는 정보를 갖고 있고,
② 토대 *b*는 「C의 모든 구성원이 *b*가 참이라는 정보를 지님」을 C의 모든 구성원에게 나타내며,
③ 토대 *b*는 「명제 *p*가 사실」임을 C의 구성원들에게 나타낸다.

이런 형태에서 *b*는 어떤 명제 *p*가 참임을 알려주는 공통기반에 대한 토대이다. C는 어느 의사소통 공동체에서 둘 이상의 구성원이다. 그리고 '*has information*정보를 지닌다'이란 표현은, 'believe믿다, know알다, is aware that라는 사실을 깨닫다, suppose가정하다,' 그리고 "I see my son looking at the conch shell나는 그 고둥 껍질을 바라보고 있는 내 아들을 본다"에서처럼 'see보다'와 같은 동사를 허용하도록 의도되었다. 해안가에서 나의 아들과 나는 최소 공동체를 이룬다.

① 나의 아들과 내가 어떤 토대 *b*가 참이라는 정보를 지닌다. 즉, 우리 앞에 해안풍경이 있는 것이다.

② 이는 우리들 각자에게 바로 이 해안풍경이 있다는 정보를 나의 아들과 내가 지니고 있음을 나타낸다.

③ 이는 우리들 각자에게 우리들 사이에 어떤 고둥 껍질이 있음을 나타낸다.

결론적으로, 우리들 사이에 어떤 고둥 껍질이 있다는 것이 나의 아들과 나에게 공통기반이 된다. 만일 '*have information*정보를 지닌다'이라는 위치를 'believe믿다, know알다, assume가정하다, 또는 is aware깨닫다'라는 낱말로 대치한다면, 우리는 상호간의 믿음mutual belief, 상호간의 지식mutual knowledge, 상호간의 가정mutual assumption, 상호간의 자각mutual awareness이라는 전문적인 개념을 얻게 된다. 이들 개념은 모두 공통기반의 하위유형들이다. 이제 공통기반에 대한 이런 표상을 'CG-shared공유 공통기반'으로 표시하기로 한다.

공유 공통기반CG-shared에서, 공통기반의 각 대목에 대한 토대는 명백하다. 그 고둥 껍데기가 나의 아들과 나에게 그것을 지각함에 따라 그 해안풍경의 토대 위에서 공통기반이 된다. 그러나 일단 나의 아들과 내가 이런 대목의 공통기반을 수립하였다면, 우리는 공유된 토대에 대한 언급을 어떤 것이든 제거해 버리는 두 번째 표상을 도출할 수 있다.[6]

Common ground (reflexive) 재귀적 공통기반

p is common ground for members of C if and only if :
(i) the members of C have information that *p* and that *i*

명제 *p*는 다음의 필요충분조건에서 의사소통 공동체 C의 구성원들에게 공통기반이 된다.
재귀적 전체 명제 *(i)*, C의 구성원들이 명제 *p*가 사실이고 전체 명제 지시내용 *i*가 사실이라는 정보를 갖고 있다.

대신 이것이 표상하는 바는, 내 아들 및 나의 정보, 즉 우리의 믿음으로서, 우리들 사이에 고둥 껍데기가 하나 있다(명제 *p*임)는 것, 그리고 그와 내가 바로 그 정보를 갖고 있다는 것이다(*i*로 언급된 전체 명제 지시내용임). 전체 명제 *i*는 재귀적인데, 왜냐하면 그 명제가 자기 자신을 지시하기 때문이다. 가령 다음 진술이 언급하는 바와 같다.

This sentence contains five words.
이 진술문은 다섯 개의 낱말을 담고 있다.[7]

---

[6] '*(i)*'라는 표시는 '재귀적 전체 명제(self-referential entire proposition)'임을 나타낸다. '*i*'는 전체 명제의 지시내용(reference)을 가리킨다. 저자의 전자서신 답신에 따르면, 이 표기법은 이 책에서 마련되었는데, 전체 명제를 하나 가리키기 위하여 쓴 것이다(I used it simply to denote one in Latin). 괄호로 된 '(i)'는 전체 명제 그 자체를 스스로 가리키며(self-referential), 괄호가 없는 'i'는 그 명제의 지시내용(reference)을 가리킨다(What I have done with this notation is distinguish between the label for a proposition and a reference to that proposition).

[7] 영어 문장을 세면 낱말이 5개이다. 이 영어 문장의 내용은 다른 대상을 가리키는 것이 아니라, 자기 자신의 어느 속성을 가리키고 있다. 그러나 번역문은, 조사를 한 낱말로 칠 때, 모두 낱말이 10개이다. 동일한 효과를 보려면, '이 진술문은 열 개의 낱말을 담고 있다'로 고쳐져야겠다.

이런 표상을 'CG-reflexive재귀적 공통기반'으로 부르기로 한다.[8]

세 번째 표상은 '재귀적 공통기반CG-reflexive'으로부터 도출될 수 있지만, 오직 어떤 가정들을 추가해 놓을 때에라야 그러하다. 나의 아들과 내가 각자 전체 명제 지시내용 *i*로부터 뒤따라 나오는 추론들을 이끌어 내는 일을 시작한다고 상정하기로 한다. 그는 '내가 *p*가 사실이라는 정보를 갖고 있다'는 정보를 자신도 갖고 있다고 추론한다. 나도 '그가 *p*가 사실이라는 정보를 갖고 있다'는 정보를 갖고 있다. 그가 *p*가 사실이라는 정보를 갖고 있다는 정보를 나도 갖고 있다는 정보를 그가 갖고 있다, 등등으로 무한히 진행된다. 만일 저자가 동일한 얼개의 유추적 명제를 추론한다면, 그 결과는 다음과 같다.

Common ground (iterated proposition) 무한히 반복된 명제들의 공통기반

p is common ground for members of C if and only if :
① members of C have information that *p*,
② members of C have information that members of C have information that *p*,
③ members of C have information that members of C have information that members of C have information that *p*,
and so on ad infinitum

명제 *p*는 다음의 필요충분조건에서 공동체 C의 구성원들에게 공통기반이 된다.
① C의 구성원들이 *p*가 사실이라는 정보를 갖고 있고,
② C의 구성원들이 *p*가 사실이라는 정보를 갖고 있다는 정보를 C의 구성원들이 갖고 있으며,
③ C의 구성원들이 *p*가 사실이라는 정보를 갖고 있다는 정보를 C의 구성원들이 갖고 있다는 정보를 C의 구성원들이 지니고 있다,
등등과 같이 무한히 계속 진행되어 나간다.

나의 아들과 나에게, 앞의 ①은 사실상 두 개의 하위명제로 확장된다.

---

[8] 〈원저자 1〉 '공유 공통기반'(CG-shared)도 또한 재귀적 진술문을 담고 있다. 다시 말하여,

"*b* indicates to every member of C that every member of C has information that *b* holds."
(토대 *b*는 공동체 C의 모든 구성원에게 그들이 모두 *b*가 사실이라는 정보를 갖고 있음을 나타낸다)

이들 표상이 둘 모두 공통기반이 한 유형의 자기자각(self-awareness)이라는 근본적 생각을 나타내며, 그 고둥 껍데기 사례에 표현되어 있다. 즉, 바로 그 자각을 포함하여 나 자신에 대해서도 자각하고 있는 것이다.

〈역자주〉 바로 위에 언급된 진술문에서 특히 'every'라는 양화사 때문에 역설이 생겨난다(순수하게 자기반성 형식은 절대 every를 피해갈 수 없음). 역설을 피하는 방법은 괴델의 완전성 정리에 따라 '진부분 집합의 구조'를 지닌 '상항(constant)' 진술만을 이용하는 것이다. 이를 1차 논리의 완결성이라고 부른다. 변항(variable)을 도입하는 순간 자기모순 또는 무한퇴행이 시작된다.

수학 기초론에서는 이를 impredicativity(동일 차원에서 완벽한 서술의 불가능성)이라는 말로 부른다. §.4-1-3의 각주 11을 보기 바란다. 예를 들어 전라북도 진안에 있는 마이산을 보려면, 마이산을 벗어나 있어야 한다. 마이산 속에 들어가 있으면, 돌탑만을 볼 뿐이지, 결코 마이산을 볼 수 없는 것이다. 마이산 속에 있으면, 오직 진부분 집합으로서 마이산의 일부만을 언급할 수 있을 뿐이다.

뤄쓸(Russell)은 처음으로 이런 모순이나 퇴행이 'A∈A'에서 나옴을 밝혔으며, 오직 'A⊂A'만이 모순이나 퇴행을 피하는 형식이라고 하였다. 자기가 자신을 원소로 취하면 모순이 된다. 그렇지만 자기가 자신의 진부분 집합이 되면 모순은 사라진다. 다시 말하여, 이는 'every'라는 양화사를 가지면(변항을 포함하여) 모순이 되지만, 'some'이라는 양화사를 가지면 모순을 피할 수 있다는 뜻이다.

"A has information that p" and "B has information that p".

"A가 명제 p가 사실이라는 정보를 갖고 있다" 그리고 "B도 p가 사실이라는 정보를 갖고 있다".

비슷하게 ②도 네 개의 하위명제로 확장되고, ③은 8개의 하위명제로 확장되며, 등등으로 계속 확장되어 나간다. 이런 표상을 저자는 'CG-iterated^무한반복 공통기반'으로 부를 것이다.

4-1-2 정신 표상

무한반복 공통기반^CG-iterated은 사람들의 정신상태를 나타낼 수 없다. 왜냐하면 그것이 무한히 거대한 정신능력을 요구하기 때문이다. 또한 나의 아들과 내가 오직 4차원의 반복 진술에 지나지 않는

I think he thinks I think he thinks there is a conch shell between us.

우리들 사이에 고둥 껍데기가 하나 있다고 그가 생각한다고 내가 생각한다고 그가 생각한다고 내가 생각한다.

와 같은 정신 산란한 진술을 마음속에 표상한다고 생각하는 것은 비현실적이다(기하급수적으로 늘어남). 그리고 나의 아내가 우리들에게 참여하는 순간에, 나의 아들과 나는 각자 명제의 숫자를 제1 반복 차원에서는 2개의 명제에서 3개의 명제로 늘여 놓고, 제2 반복 차원에서는 4개의 명제에서 9개의 명제로 늘여 놓으며, 제3 반복 차원에서는 8개의 명제에서 27개의 명제로 늘여 놓고, 제4 반복 차원에서는 16개의 명제에서 81개의 명제로 늘여 놓아야 한다($3^1 \rightarrow 3^2 \rightarrow 3^3 \rightarrow 3^4 \rightarrow \cdots \rightarrow 3^n$). 우리에게 또다른 사람이 참여하여 네 사람이 된다면, 그 관련 명제의 숫자는 제1 반복 차원에서 4개, 제2 반복 차원에서 16개, 제3 반복 차원에서 64개, 제4 반복 차원에서 256개로 엄청나게 늘어날 것이다($4^1 \rightarrow 4^2 \rightarrow 4^3 \rightarrow \cdots \rightarrow 4^n$). 내 아들과 나는 추가 참여자들이 그런 엄청난 일을 부과한다면, 어떤 동료이든지 참여를 전혀 환영하지 않을 것이다. 명백하게 무한반복 공통기반^CG-iterated은 정신표상으로 지각 불가능하다(Clark and Marshall, 1981).

저자는 기본적인 표상이 공유 공통기반^CG-shared이라고 제안한다. 첫째, 나의 아들과 내가 상호간의 믿음을 지니려면, 우리는 그것이 어떤 토대를 갖고 있다고 가정해야만 한다. 일상적으로 우리는 막연하게 그런 토대를 깨닫고 있다. 가령, 우리들 사이에 그 고둥 껍데기가 있는 그 해안풍경이다. 둘째, 그런 상호간의 믿음을 위한 토대는 반드시 우리 둘 사이

에서 동일해야만 한다. 재귀적 공통기반CG-reflexive 아래, 나의 아들과 내가 서로간에 내가 6시에 집에 올 것이라고 믿는다고 상정해 보기로 한다. 만일 저자가 그에게 남긴 쪽지 때문에 이런 믿음을 저자가 지니지만, 그가 읽지 않았다면, 그리고 동일한 경우로서 내 아들이 내게 남겨 둔 쪽지 때문에 그가 이런 믿음을 지니더라도 아직 내가 그 쪽지를 보지 못했다면, 우리는 서로 다른 토대 위에서 상호간의 믿음을 갖고 있지만, 우리의 믿음에서 어느 것도 당연한 것으로 입증될 수 없다. 달리 말하면, 우리는 공유 공통기반CG-shared으로부터 재귀적 공통기반CG-reflexive을 추론해 낼 수 있다. 그러나 그 역은 성립되지 않는다.[9]

저자의 제안은 사람들이 일상적으로 자신의 공통기반을 당연시할 수 있다는 뜻이다. 사람들은 각 대목마다 공유 공통기반CG-shared을 위한 요구조건을 충족시키는 토대를 지닌다고 믿거나 또는 가정하는 것이다.

◁ **당연시함의 원리 (the principle of justification)** ▷

In practice, people take a proposition to be common ground in a community only when they believe they have a proper shared basis for the proposition in that community.

실제로 사람들은, 임의의 공동체에서 오직 그들이 임의의 명제에 대하여 그 공동체에서 알맞은 공유 토대를 갖고 있다고 믿는 경우에만, 그 명제를 공통기반으로 간주한다.

이 원리가 옳다면, 사람들은 그들의 공유기반을 위하여 공유된 토대를 찾아내려고 열심히 일해야 하며,[10] 분명히 그것이 언어사용에서 그들이 진행하는 방식에 영향을 준다.

---

[9] 내가 내 아들에게 쪽지를 남겨 읽도록 하였지만, 과연 읽었는지 확인이나 점검이 안 된 상태에서도 그 일이 완결되었을 것으로 기대할 수 있다(재귀적 공통기반). 나의 아들도 내게 쪽지를 남기면서 의당 내가 보았을 것으로 믿을 수 있다(재귀적 공통기반). 그렇지만 두 경우에서 모두 남겨진 쪽지를 보지 못했다면, 두 사람 사이에 공유된 공통기반은 성립할 수 없다. 재귀적 공통기반에서 공유된 공통기반이 도출될 수 없는 것이다.

[10] 공통기반의 상정은 화자가 자신의 직관에 따라 즉석에서 청자와의 정보 간격(information gap)을 고려하면서 만들어질 수 있다. 그렇지만 그런 추측은 언제나 기대대로 되는 것이 아니다. 달리 말하여, 화자가 상정한 공통기반은 반드시 청자의 반응을 통해서 확인되고 검증되어야 한다. 따라서 이런 상태의 공통기반을 가리키기 위해서 '잠정적'이라는 수식어를 붙여 두는 것이 더 온당할 듯하다.

클락·브뤼는(Clark and Brennan, 1991), "의사소통에서 기반 깔아 놓기(Grounding in Communication)" in 뢰즈닉(Resnik et al.) 외 엮음, 『사회적으로 공유된 인지에 대한 여러 관점(*Perspectives on socially shared cognition*)』(APA Book, 127~149쪽)에서는 청자와 화자가 상호간에 제안된 의사소통 목적에 맞춰 의미하는 바를 잘 이해하였다고 믿음으로써 공통기반이 확정된다고 언급하였다. "we and our addressees mutually believe that they have understood what we meant well enough for current purposes."(148쪽)

그렇지만 이런 주장과는 달리 호튼·카이저(Horton and Keysar, 1996), "화자들이 언제 공통기반을 고려하게 되는가? (When do speakers take into account common ground?)" in 『인지(*Cognition*)』 제59권(91~117쪽)에서는 모든 것이 초기 단계에서 완벽히 계획되는 것이 아니라, 오히려 청자 반응을 검토하면서 잠정적인 공통기반이 위배되었을 경우에만 공통기반이 잘못되었음을 깨닫게 된다고 주장하였다. "speakers do not engage in audience design in the initial planning of utterances; instead, they monitor those plans for violations of common ground."(91쪽)

4-1-3 개인별 표상

공통기반이란 내가 혼자 스스로 갖고 있거나 또는 나의 아들이 혼자 스스로 갖고 있는 정보는 아니다. 오직 전지적 존재(=절대자)만이 다음처럼 말할 수 있다.[11]

It is common ground for the two of them that there is a conch shell between them.
그들 두 사람에게 그들 사이에 고둥 껍데기가 하나 있다는 것이 공통기반이다.

나의 아들과 내가 개별적으로 할 수 있는 것은 모두 다음과 같이 단정을 하는 것이다.

I believe that it is common ground for us that there is a conch shell between us.
나는 우리들 사이에 고둥 껍데기가 하나 있다는 사실이 우리들에게 공통기반이라고 믿는다.

나의 아들과 내가 '우리 공통기반의 토대 위에서' 행위한다면, 사실상 우리는 우리의 공통기반에 무엇이 있는지에 대한 우리들의 개별적 믿음이나 가정 위에서 행위를 실천하

개인적으로 번역자는 호튼 외의 주장이 더 사실에 가깝다고 본다. 그렇지만 '오직 위배될 경우에라야' 공통기반을 잘못 상정하였음을 깨닫는다는 이런 결론은 매우 우울한 사태를 일으킬 수 있다. 청자의 반응을 점검하는 경우에 우리가 오판하는 일이 다반사이다. 다시 말하여, 짝사랑처럼 화자 혼자서 지레 상대방이 모든 것을 이해했다고 덥석 믿어 버리거나, 청자가 의도적으로 화자를 오도하도록 자신의 반응을 거짓 꾸리거나 숨길 수 있기 때문이다. 이런 사태를 극복하기 위한 방책은 참여자들이 모두 성심껏 거짓 없이 협동해 주는 일이겠지만, 이것이 말처럼 쉬운 것은 아니다. 이 점이 바로 일상언어 철학자 오스뜬(Austin)으로 하여금 성실성 조건(happiness condition or felicitous condition)을 상정하게 만든 근본 이유일 것이며, 이 책의 저자인 클락으로 하여금 §.4-3 '공공의 공통기반'을 상정하도록 만든 까닭(보편성의 바탕 위에 개별성이 자리를 잡도록 배려하는 것임)이라고 판단된다.

[11] §.4-1-1의 각주 5에서 언급한 자기모순이나 무한퇴행을 극복하는 데에 또다른 방식이다. 전지적인 존재는 임의의 대상이 서술되고 있는 층위를 벗어나서 '동일 차원에서 완벽한 서술의 불가능성(impredicativity)'을 준수할 수 있다(이 개념은 Benacerraf and Putnam 엮음, 제2 개정판, 1983, 『수리철학 독본(*Philosophy of Mathematics : Selected Reading*)』, Cambridge Univ. Press에서 46, 440, 467쪽을 보기 바람). 다시 말하여 필요할 때마다 어떤 차원에서든 나타나서 관찰하고 판정하는 '하느님'이나 '절대자'의 존재를 상정하는 것이다. 더 쉽게 말하여, 절대자의 손바닥 위에 우주의 모든 것이 담겨 있는 것이다. 그러므로 어떤 서술을 하더라도 동일 차원에서 서술되는 것이 아니라, 항상 손바닥의 주인인 외부자의 시각을 담게 되는 것이다. 그렇지만 우리는 언제나 외부자가 될 수 없다는 데에 문제가 있다(오직 잠정적으로 유한한 범위에서만 가능함).

정작 또다른 문제가 심각히 도사리고 있다. 즉, 외부에 있다고 상정한 '절대자'와 의식의 주체로서 '나 자신' 사이에 어떤 방식으로 소통이 이뤄지는지에 대한 물음이 전혀 결정되어 있지 않은 채 묻혀져 있는 것이다. 의사소통 층위와 경로에 관련된 문제 따위이다. 내가 내 자신에 대해서 의식하는 내용들은 그대로 거울처럼 정보가 전송되어 절대자에게 인식되는 것일까? 그 중에서 밑바닥에 동기 또는 목표가 되는 일부만이 전송되는 것일까? 아니면, 내가 자각하지 못하는 잠재의식 부분이나 지각 불가능한 생리적 부분까지 절대자에게 정보가 전송되는 것일까? 어떤 경로로 전달되는 것일까? 인간끼리 소통하는 어떤 방식(가령, 서로 얼굴을 마주 보면서 의사소통을 할 때의 감정이입 empathy)도 절대자와의 소통에 이용되거나 동원되는 것일까? 우리가 보내는 신호를 절대자는 어떤 수용 기관을 가지고서 받아들이는 것일까? 그런 정보들을 어디에다 보관해 두는 것일까? 또한 방대하게 담아둔 우주의 온갖 정보를 이용하기 위하여 절대자는 자신의 작업기억을 대체 어디에다 마련해 놓았을까? 이런 물음들은 과연 너무 편협한 인간주의적 관점에서만 투영하고 있는 것일까? 일련의 문제들이 어떤 합리적인 토대 위에서 명시적으로 다루어질 때에라야, 짙은 안개가 햇볕에 걷히듯이, 우리가 뭘 다뤄야 할지를 비로소 결정할 수 있을 것으로 본다.

고 있는 것이다.

공통기반에 대한 개별적인 믿음은 재귀적 공통기반CG-reflexive이 아니라 공유 공통기반CG-shared에 직접 표상된다. 공유 공통기반에서, 다음 진술은 전지적 존재(=절대자)가 우리들 사이에 고둥 껍데기가 하나 있다는 저자의 아들 및 저자의 믿음을 어떻게 표상할 것인지에 대한 내용이다.

① A and B each believe that the situation *s* holds.
A와 B는 각자 그 상황 *s*가 사실임을 믿는다.

② *s* indicates to A and to B that A and B each believe that *s* holds.
상황 *s*는 A와 B에게 그들이 각자 상황 *s*가 사실이라고 믿고 있음을 나타낸다.

③ *s* indicates to A and to B that there is a conch shell between them.
상황 *s*는 A와 B에게 그들 사이에 고둥 껍데기가 하나 있음을 나타낸다.

첫 번째 진술 ①로써, 저자는 그 상황 *s*가 사실임을 믿는다. 그 진술은 또한 나의 아들과 내가 우리들 사이에 고둥 껍데기가 하나 있다고 상호간에 믿고 있는 공유된 토대이다. 따라서 첫 번째 진술 ①은 또한 나의 아들과 내가 우리들 사이에 고둥 껍데기가 하나 있다고 상호간에 믿고 있다는 나의 믿음을 나타낸다. 이는 두 번째 진술 ②와 세 번째 진술 ③과 짝을 이룬다. 재귀적 공통기반CG-reflexive에 대해서는 내가 다음 방식으로 전지적 존재(=절대자)의 표상에 추가해 놓아야 할 것이다.

A believes that *(i)* A and B believe that a conch shell is between them and that *i*
A와 B가 그들 사이에 고둥 껍데기가 하나 있고, 전체 명제 지시내용 *i*가 사실이라는 믿음—즉 재귀적 전체 명제 *(i)*가 사실임—을 A는 믿고 있다.

'A believes thatA는 …임을 믿고 있다'를 추가해 놓음으로써, 우리는 좀더 복잡한 형태를 얻게 되는데, 다시 한 번 공유 공통기반CG-shared이 더 기본적임을 시사해 준다.

두 사람이 그들 사이에서 공통기반이 되는 바에 대하여 서로 상충되는 정보를 가질 수도 있으며, 이를 그들이 인식할 수 있다. 그 해안가에서 저자는 나의 아들과 내가 상호간에 내가 들고 있는 그 껍데기가 달팽이 껍질이라고 믿고 있음을 가정하지만, 이와는 다르게 나의 아들은 우리가 서로간에 그것이 고둥 껍데기임을 믿고 있는 것으로 가정할 수도 있다. 비록 전지적 존재(=절대자)만이 이것에 대하여 우리가 서로 동일한 믿음을 갖고 있지 않았음을 깨달을 수 있겠지만, 나의 아들과 나는 우리가 동일한 믿음을 지닌 것으로 잘못 믿을 것이다. 결국, 중요한 것은 우리들의 개별 믿음인 것이다. 더 뒤에 우리가 그 껍질이 달팽이 껍질이라고 서로 믿었던 것으로 생각하면서, 저자는 나의 아들에게

> What did you think of the snail shell?
> 아들아, 너는 그 달팽이 껍질을 어떻게 생각했니?

라고 물을 수 있다. 오직 나의 아들이

> What snail shell?
> 어떤 달팽이 껍질을 말씀하시는 거죠?

라고 반문하는 경우에라야, 저자는 오류(=상호믿음이 잘못되었음)를 발견하게 될 것이다.

사람들이 또한 속기 쉽다. 나의 아들을 깜짝 파티에 데려가기 위하여, 저자는 그에게 철저히 다음처럼 거짓말을 할 것 같다.

> Our neighbors have a new dog they want to show you.
> 우리 이웃집에서 개를 한 마리 새로 샀는데, 너한테 보여 주고 싶대.

재귀적 공통기반CG-reflexive에서 B로 언급된 그는 다음처럼 귀결되어 나오는 상호간의 믿음을 표상한다.

> B believes that *(i)* A and B believe that the neighbors have a new dog and that *i*
> B는 A와 B가 이웃집에서 개를 한 마리 새로 샀고 전체 명제 지시내용 *i*가 사실이라고 믿고 있다, 즉 재귀적 전체 명제 *(i)*가 사실이라고 믿고 있다.

저자, 즉 A에게는 그 표상이 좀더 복잡하다.

> A believes that B believes that *(i)* A and B believe that the neighbors have a new dog and that *i*
> A believes that the neighbors do not have a new dog

B는 A와 B가 이웃집에서 개를 한 마리 새로 샀고 전체 명제 지시내용 *i*가 사실이라고 믿고 있다,

즉 B가 재귀적 전체 명제 *(i)*가 사실이라고 믿는 것으로 A는 믿고 있다.

A는 이웃집에서 개를 한 마리 새로 산 것이 아니라고 믿고 있다.[12]

거짓말은 응당 좀더 복잡한 표상을 요구하며, 재귀적 공통기반 및 공유 공통기반에서 실제로 표상 내용이 매우 복잡하다. 무한반복 공통기반[CG-iterated]에서는 그렇지 않은데, 이 점은 공통기반에 대한 정신표상으로 무한반복 공통기반을 거부하는 또다른 이유가 된다.

4-1-4 증거의 품격(고/저 품질)

공유된 토대는 그것들이 각 대목의 공통기반을 얼마만큼 정당화해 주느냐에서 대단히 많이 변동된다. 그것들은 저자가 증거의 품격(고/저품질)으로 부르게 될 바에서 다양하게 변동한다. 나의 아들과 나에게 그 고둥 껍데기를 놓고서 우리가 같이 응시하는 일은, 우리들이 각자 우리들 사이에 고둥 껍데기가 하나 있다는 정보를 갖고 있다는 두드러진 증거가 된다. 그렇지만, 우리가 각자 그 껍데기가 6년산이라는 정보를 갖고 있음은 빈약한 증거이다. 저자는 그 고둥 껍데기가 우리의 공통기반일 가능성이 아주 높을 것으로 판정하겠지만, 반면에 그 고둥 나이(6년산)가 우리의 공통기반이라는 점에 대해서는 가능성이 아주 낮다고 판정할 것이다. 사람들은 묵시적으로 질에 대하여 공유된 토대를 평가한다. 공통기반 대목들에 대한 범위가 가능성 0(=저품격, 저품질)에서부터 가능성 1(=고품격, 고품질) 가까이에 걸쳐 분포함을 인식하는 것이다.

공유된 토대들은 또한 그것들이 야기해 주는 정보의 유형에서도 다양하게 변동한다. 논의중인 증거를 갖고서, 저자의 아들과 저자는

① 우리가 우리들 사이에 고둥 껍데기가 하나 있음을 <u>서로간에</u> <u>알고 있고</u>(*mutually know*),

② 우리가 그날 아침 그것이 해안가에 밀려왔음을 <u>서로간에</u> 그리고 강력히 <u>믿고 있으며</u>(*mutually believe*),

---

[12] '아니(not)'의 부정 영역은 언제나 중의성을 낳기 때문에 골칫거리이다. 전문용어로 이를 영역 중의성(scope ambiguity)라고 말한다. 본문에 있는 영어를 직역하여 '한 마리 개를 새로 사지 않았다고 믿는다'라고 할 수 있다. 그런데 '아니'는 자신을 선행한 요소를 어떤 것이든 부정할 수 있다. 가령, 한 마리를 부정하여 두 마리를 가리킬 수도 있고, 개를 부정하여 고양이를 가리킬 수도 있으며, 새로를 부정하여 이전부터 있었음을 뜻할 수도 있고, 사다를 부정하여 팔다를 의미할 수도 있다. 이런 부정의 중의성을 없애기 위하여, 여기서는 명사형 '것'으로 하나의 명제를 묶은 다음에, 그 명제를 부정하여 '것이 아니다'로 번역해 둔다. 즉, '개를 한 마리 새로 산 것'이 하나의 사건이 되고, 이를 부정하여 '개를 한 마리 새로 산 것이 아니다'는 그 사건이나 진술이 거짓임을 나타낼 수 있다.

③ 우리가 그것을 집으로 갖고 가고 싶다고 서로간에 가정하고(*mutually assume*),

④ 우리는 그것이 그렇게 오래 되었음을 서로간에 본다(*mutually see*).

고 추론할 것 같다. 사람들은 또한 공유된 토대에 의해 나타내어진 정보의 유형과 강도도 평가한다.

사람들은 이들 판단에서 그릇될 수 있고, 이 점도 잘 알고 있다. 저자는 그 해안풍경을 어떤 공통기반에 대한 강력한 암시indication 징후로 간주할 수도 있다. 반면에 저자의 아들은 그것을 미약한 암시로 여길 수도 있다. 다행스럽게, 언어를 사용하는 데에서 우리는 그런 차이점들을 막아 내며, 차이가 생길 경우에 차이점들을 고쳐나가는repairing 교정하는 실천 전략들을 갖고 있다(제8장을 보기 바람).

4-1-5 상호조율과 공통기반

공통기반은 지속적 협동행위에서 상호조율에 필수적이며, 저자는 공통기반을 위한 공유된 토대가 그런 상호조율에서 중요한 몫을 맡고 있다고 주장한다. 여러분과 내가 8시에 스텐퍼드 대학 조든 강당에서 만나기로 명백히 합의를 하는 경우에, 우리는 다음 세 가지 속성을 지닌 개체 *b*[13]를 만들어내고 있는 것이다.

① 여러분과 내가 모두 합의 *b*에 도달하였음을 믿고 있다.

② *b*는 여러분과 나에게 우리가 합의 *b*에 도달하였음을 나타낸다.

③ *b*는 여러분과 나에게 우리가 각자 8시에 조든 강당에 갈 것으로 기대함을 나타낸다.

그러나 이는 우리가 각자 8시에 조든 강당에 갈 것으로 기대한다는 우리의 '상호믿음'에 대한 공유 공통기반CG-shared인 것이다. 명백한 합의는 상호간의 믿음에 대한 공유된 토대 *b*에 지나지 않는다. 협동행위를 수행하는 데에서 여러분과 나로 하여금 상호조율할 수 있도록 해 주는 것은 그 공유된 토대인 것이다.

이 점은 상호조율 기제가 어떤 것이든 상관없이 성립한다. 명백한 합의뿐만 아니라 또한 관례·선례·지각상 두드러짐, 그밖의 모든 것에 대해서도 성립한다. 그 원리는 다음과 같다.

---

[13] *b*는 공유 토대 basis를 가리킨다. 이 공유 토대는 서로 간에 합의(agreement)에 의해 마련되었다.

◁ **공유된 토대의 원리** (principle of shared bases) ▷

For something to be a coordination device, it must be a shared basis for a piece of common ground.

어떤 것이 상호조율 기제가 되려면, 반드시 공통기반 한 대목에[14] 대한 공유된 토대가 되어야 한다.

그것이 협동행위상 상호조율하는 일이라면, 사람들이 서로에 대하여 지닌 아무런 정보에나 의존할 수는 없다. 그들은 반드시 올바른 대목의 공통기반을 확립해야 한다. 이는 그들이 그 대목을 위한 공유된 토대를 찾아내는 일에 따라 달라진다. 공유된 토대는 쉘링Schelling이 상호조율 문제에 대한 열쇠the key라고 부른 것이며, 루이스Lewis가 상호조율 기제라고 부른 것이다(제3장을 보기 바람).

4-1-6 역사적 전개과정에 관한 여담

공통기반common ground과 유사한 개념인 상호간의 지식mutual knowledge, 상호간의 믿음mutual beliefs, 상호간의 기대mutual expectations는 소략한 역사를 지녔으며 모두 표상의 문제 때문에 그러하다. 공통기반에 대한 최초의 형식적 표상들 중 하나는 [하버드 대학 박사논문인] 루이스(Lewis, 1969 : 56)에서 제안되었는데, 공유 공통기반CG-shared이었다. 무엇보다도 루이스는 공통기반이 어떻게 무한반복 공통기반(CG-iterated, 자기모순이나 무한퇴행의 역설과 마주치게 됨 : 뒤친이)에 대한 더 높은 층위의 믿음으로 들어가는지를 보여 주었지만, 다음처럼 경고하였다.

Note that this is a chain of implications, not of steps in anyone's actual reasoning. Therefore there is nothing improper about its infinite length. (53쪽)

이것이 함의들의 사슬이지, 실제 추론에 있는 단계들은 아니란 점에 주목하기 바란다. 그러므로 그 함의의 무한한 길이에 대하여 부적합한 것은 아무것도 없다[≒함의는 무한퇴행도 무방하고 허용될 수 있다].

---

[14] 수량 분류사는 우리말을 비롯하여 동아시아에 있는 언어에서 두드러지므로, '수량 분류사 언어'라는 유형도 거론된다. 같은 한자를 쓰더라도 중국·한국·일본이 서로 다른 경우도 있다. 가령 중국에서는 책 한 개(个)라고 하고, 일본에서는 책 한 본(本)이라고 부르지만, 우리말에서는 책 한 권(卷)이라고 한다. 수량 분류사를 거의 안 쓴다는 영어에서 '공통기반'이나 '정보'를 가리키기 위하여 a piece(한 도막, 한 대목, 한 점)라는 수량 분류사를 쓰고 있다. 우리는 '공통기반'이나 '정보'에 대해서는 수량 분류사를 쓰지 않을 것 같고, 단지 지시사(이 정보/공통기반, 저런 정보/공통기반) 또는 수식구(확실한 정보/공통기반)를 함께 쓸 것 같다. a piece를 번역할 경우, 이야기 한 대목이란 말에서 '대목'을 따와, 공통기반 한 대목이라고 하고, 정보의 경우에는 한 도막 또는 한 대목으로 번역하기로 한다. 아직 이런 번역이 얼마나 자연스러운지는 판단이 잘 안 선다.

재귀적 공통기반CG-reflexive은 얼마 없어서 길벗 하아먼(Gilbert Harman, 1977) 및 필립 코우언(Philip Cohen, 1978)에서 제안되었다.

잘 알려진 루이스의 제안에도 불구하고, 대부분의 탐구자들은 공통기반 및 그 유사 개념들에 대하여 유일하게 적정한 표상이 무한반복 공통기반CG-iterated이라고 가정하였다 가령 그륀(Green, 1989), 뢰드포드(Radford, 1966), 쉬퍼(Schiffer, 1972), 스뻬버·윌슨(Sperber and Wilson, 1986)을 보기 바란다. 그들은 다음처럼 무한정한 연결체에 초점을 모았으며

> "I know that *p*; I know that you know that *p*; I know that you know that I know that *p* … "
>
> 나는 명제 *p*가 사실임을 알고 있다; 나는 당신이 명제 *p*가 사실임을 안다고 알고 있다; 나는 당신이 내가 명제 *p*가 사실임을 알고 있다고 알고 있음을 알고 있다; … 무한히 반복되어 나감.

이들 진술이 모두 동시에 만족되어야 함에 주목하였다. 그러나 그들이 일단 그 치명적 결함을 지적해 내었지만, 일반적으로 공통기반의 개념을 물리쳐 버렸다. 가령 카길(Cargile, 1969/1970), 그륀(Green, 1989), 스뻬버·윌슨(Sperber and Wilson, 1986)을 보기 바란다.[15] 이런 결함을 알아차린 일부 탐구자들은 제3 또는 제4층위 이상의 모든 진술을 잘라 없애 버림으로써 무한퇴행 공통기반CG-iterated이 작동되도록 만들려고 노력하였다.[16] 그러나 이

---

[15] 〈원저자 2〉 가령 상호간의 지식(mutual knowledge)의 경우를 서술하면서 뢰드포드(Radford, 1966 : 336)에서 다음처럼 선언하였을 때

> "Any adequate account of what is learned and known in the most simple of conversations requires a complex description involving many iterated「know(s) that's」."
>
> (가장 단순한 대화에서 학습되고 알려진 바에 대한 적합한 설명은 어떤 것이든 무한 반복된「…가 사실임을 안다」를 많이 포함하는 아주 복잡한 기술을 필요로 한다)

카길(Cargile, 1969/1970 : 155)에서는 사람들이 이와 같은 방식으로 추론할 수 없기 때문에 "no such structure" 그런 구조란 존재할 수 없다고 비판적으로 대응하였다.

[16] 〈원저자 3〉 바크·하니쉬(Bach and Harnish, 1979 : 309)에서는 다음처럼 논의하면서 상호간의 믿음을 제3층위까지에만 국한시켰다.

> "Higher beliefs are in principle possible, and indeed among spies or deceptive intimates there could be divergence at the first three levels, but we think such higher-level beliefs are not possible for a whole community or large group."
>
> (더 상위 층위의 믿음들이 원론상 가능하며, 사실상 간첩들이나 속임꾼들 사이에서 처음 세 가지 층위에서 차이가 생겨날 수 있지만, 우리는 그런 더 높은 상위 계층의 믿음들이 전체 공동체나 대부분의 집단에 대해서 가능하지 않을 것으로 생각한다)

비슷한 흐름으로, 하아더·콕(Harder and Kock, 1976 : 62)에서도 다음처럼 언급하였다. "주어진 임의의 발화 사건을 설명하기에 필요할 수 있는 층위의 숫자는 논리적으로 제한이 없다. 그러나 심리적인 제한이 있다. … 아마 심지어 가장 정밀한 마음으로도 발화 사건에서 가령 제6층위 이상을 포함하는 반복적인 가정을 결코 만들어 내지는 않는다." 그리고 켈러(Keller, 19751)에 대한 답변으로, 캐스빠(Kasper, 1976 : 24)에서는 "처음에 있는 넷 또는 다섯 층위"를 넘어갈 필요가 있을 것으로 보지 않는다고 말하였다. 클락·마샬(Clark and Mashall, 1981)을 참고하기 바란다.

해결책은 그 나름의 문제점을 안고 있었고, 무한퇴행에 의해 부과된 문제를 정면으로 맞서 해결하지 못한 채 옆으로 비켜서 있을 뿐이었다(Clark and Marsall, 1981).

이런 문제들이 전혀 없는 공유 공통기반CG-shared 및 재귀적 공통기반CG-reflexive은 분명히 또다른 이유로 회피되었다. 즉, 그것들이 다음처럼 자기지시self-reference를 포함하는 것이다.

> I am aware that I am looking at a conch shell and that I have this very awareness.
> 나는 내가 고둥 껍데기를 바라보고 있음을 깨달으며, 바로 이런 깨달음도 지님을 깨닫고 있다.

문제는 자기지시가 전통적인 논리에서 허용되지 않는다는 점이다. 자기지시는 거짓말장이 역설이나 뤄쓸Russell의 역설로 이끌어 가는 것이다(§.4-1-1의 각주 8에 덧붙인 〈역자주〉를 보기 바람). 그러나 이런 이유로 말미암아 공유 공통기반 및 재귀적 공통기반을 내버리는 것은, 아인슈타인의 상대성 이론이 뉴튼 물리학 안에서 적합하게 조정될 수 없기 때문에 아인슈타인 이론을 내버리는 것과 같다. 자기지시는 이제 특정 논리학(='상황논리'를 가리킴 : 뒤친이)에서 적법한 부분으로 되었고, 더이상 문젯거리가 아니다(Barwise, 1989; Barwise and Etchemendy, 1986).[17]

이제 언어사용자에 대한 문제로 돌아가 보기로 한다. 즉, 지속적 협동행위상으로 상호조율하는 일에서 공통기반을 위한 공유된 토대를 찾아내거나 만들어 내는 방법이다. 저자는 사람들이 공유된 토대에 대하여 두 가지 광범위한 유형을 이용한다고 주장한다. 첫 번째 유형은 사람들이 소속된 문화공동체에 대한 증거이다. 이런 유형의 공유된 토대는 공공의 공통기반communal common ground으로 이끌어 간다. 두 번째 유형은 사람들이 서로간에 직접적인 개별 체험을 하는 일로부터 나온 증거이다. 이는 개별적 공통기반personal common ground으로 이끌어 간다.

§.4-2 공공의 공통기반communal common ground

흔히 우리는 사람들이 알거나 믿거나 가정하는 바를 추론하기 위한 토대로서, 국적·직업·취미·언어·종교·지지 정당 등을 이용하여 그들을 범주화한다. 가령 저자가 어느

---

17 〈원저자 4〉 인공지능에서의 상호 지식에 대한 논의는 핼펀·모우지즈(Halpern and Moses, 1990)을 보기 바란다. 게임 이론에서는 오먼(Aumann, 1976)과 브뢴든버거(Brandenburger, 1992)를 참고하기 바란다. 진퇴양난의 겹겹이 얽혀 꼬임(double binds, 이중 딜레마)에 대해서는 드뢰큰도어프(Drenckendorff, 1977)을 보기 바란다.

연회에서 앤을 만나서 그녀가 고전음악 애호가임을 발견하는 경우, 그녀에 대한 저자의 그림은 갑자기 확대된다. 저자는 그런 애호가가 누구이든지 간에 알 만한 모든 것을 그녀가 알고 있을 것으로 가정한다. 이는 대단한 일이다. 일단 그녀와 저자가 둘 모두 고전음악 애호가임을 확립한다면, 이런 모든 정보를 말하는 일이 공통기반이 될 공유된 토대를 지닌 셈이다. 차례로 이는 다량의 새로운 주제들에 대하여 문을 활짝 열어 놓는다. 베르디(Verdi, 1871)의 오페라 여주인공 아이다Aïda로부터 시작하여, 모차르트의 가극 마술피리Die Zauberflöte까지 걸쳐 있다. 그런데 이것이 어떻게 작동하는 것일까?

4-2-1 문화공동체

우리가 탐구하는 주요한 범주는, 저자가 '문화공동체cultural communities'로 부를 사람들을 어떤 문화집단의 구성원이나 체제 또는 조직의 구성원으로 찾아내는 것이다. 저자가 앤이

① 영어 화자이고,
② 뉴질랜드 사람이며,
③ 안과 의사

임을 발견하는 경우에, 저자는 그녀를 세 가지 공동체의 구성원으로 동일시하게 된다. ① 영어 화자, ② 뉴질랜드 사람, ③ 안과 의사. 이 점으로부터 계속하여, 저자가 추론하는 바는 저자가 이들 공동체의 구성원인지 여부에 따라 달라진다. ㉠ 저자는 앤이 묵시적으로 기본적인 영어 어휘·통사·음운·용법들을 알고 있다고 가정한다. 저자도 또한 영어 화자이므로, 저자는 묵시적으로 그녀가 알 것으로 기대하는 영어의 특정한 특징들을 알고 있다고 가정한다. ㉡ 저자는 또한 앤이 뉴질랜드의 기본적인 역사·지리·풍속들을 알고 있다고 가정한다. 그러나 뉴질랜드 사람이 아닌 저자는, 오직 그녀가 알고 있는 유형의 정보 일부만을 알고 있으며, 이는 그 자체로 단지 듬성듬성한 대목의 정보일 뿐이다. 비슷하게 ㉢ 저자는 안과 의사가 무슨 일을 하는지 알고 있으므로, 앤이 눈에 대하여 모든 것을 안다고 가정한다. 즉, 눈의 구조·질병·처치 방법들이다. 저자는 그녀가 지닌 정보의 유형들을 일부 알고 있다고 가정하지만, 소수의 특정한 정보들일 뿐이다.

임의의 공동체에 대하여 사람들이 지닌 정보는, 그들이 내부사람insiders인지, 아니면 외부사람outsiders인지에 따라 달라진다. 두 유형의 정보를 다음처럼 대조해 놓기로 한다.

◁ **공동체의 내부 정보 (inside information of a community)** ▷

Inside information of a community is particular information that members of the community mutually assume is possessed by members of the community.

어떤 공동체의 내부 정보는 그 공동체 구성원들이 상호간에 당연히 갖고 있다고 여기는 특정한 정보이다.

◁ **공동체의 외부 정보 (outside information of a community)** ▷

Outside information of a community is types of information that outsiders assume is inside information for that community.

어떤 공동체의 외부 정보는 외부사람들이 그 공동체에 대한 내부 정보로 여기는 유형의 정보이다.

저자는 영어 화자 및 고전음악 애호가에 대한 내부 정보를 갖고 있지만, 반면에 뉴질랜드 사람 및 안과 의사에 대해서는 외부 정보만을 갖고 있다. 이것이 공통기반을 위하여 두 가지 서로 다른 유형에 대한 공유된 토대로 이끌어 간다.

사례 1 : 외부 정보

앤과 저자는 그녀가 뉴질랜드 사람이지만 나는 아니라는 상호간의 믿음을 확립하였다고 가정하기로 한다. 우리는 이 상호간의 믿음을 공통기반을 위한 공유된 토대 *b*로 이용할 수 있다. 공유 토대 *b*가 어떤 명제들을 정당화해 주는가? 달리 말하여, 이제 그녀와 저자가 무엇을 공통기반이라고 여기는가? 다만 뉴질랜드에 대한 외부 정보일 뿐이다. 우리는 상호간에 앤이 뉴질랜드에 대하여 인구·수상 이름·동전의 외양·현재 휘발유 값과 같은 것을 알고 있다고 가정할 수 있다. 그러나 우리 둘이 모두 이런 정보를 갖고 있다고 상호간에 가정할 수는 없다. 그것은 저자가 알 것으로 기대되지 않는 내부 정보인 것이다.

사례 2 : 내부 정보

앤과 저자가 둘 모두 고전음악 애호가라는 상호간의 믿음을 확립하였다고 가정하기로 한다. 다시 한 번 이것이 우리들에게 공유된 토대 *b*를 제공해 주지만, 이번에는 모든 내부 정보를 공통기반으로 간주하게 된다. 이제 그녀와 저자는 바흐와 같은 음악가들(the Bachs)이 누구였고, 모차르트 음악이 어떻게 들리며, 단조 음계가 무엇이고, 바순 같은 악기들이 어떤 모양인지와 같은 그런 정보를 상호간에 가정할 수 있다.

내부 정보는 두 가지 방식으로 외부 정보를 넘어선다. ㉠ 외부 정보는 오직 실제로 내부 사람들이 갖고 있는 유형의 정보에 대한 일부 대목만 다루게 된다. ㉡ 그리고 내부 정보는 현격한 양의 차이로 외부 정보를 능가한다. 이 점을 인식하면서, 앤과 저자는 이하에서 특히 우리 둘이 모두 내부사람인 공동체에 대해 각별히 살펴보게 된다.

4-2-2 공유된 전문지식

문화공동체는 사실상 다른 공동체들에서 찾을 수 없는 어떤 공유된 전문지식을 지닌 사람들의 한 집단이다. 안과 의사들이 모두 한 곳에 살지도 않고, 서로 잘 아는 사이도 아니다. 그들을 하나의 공동체로 만들어 주는 것은, 믿음·실천관행·전문용어·관례·가치·기술·눈에 대한 전문지식·눈병·처치법 등에 대하여 공유된 체계system이다. 뉴질랜드 사람들은 뉴질랜드에 대하여 전문가들이고, 영어 화자는 영어에 대하여 전문가들이며, 우표 수집가들은 우표에 대하여 전문가들이고, 장로교회 사람들은 장로교회에 대한 전문가들이다. 각 유형의 전문지식은 그 공동체 구성원들이 공동체 속의 다른 구성원들과 함께 당연하게 여길 수 있다고 보는 사실·믿음·진행 절차·규범·가정 등으로 이뤄진다. 이런 전문지식은 등급화되어 있다. 모든 구성원에게 거의 머릿속 목록의 일부가 될 것 같은 어떤 정보는 중심적이라고 가정되고, 다른 정보는 오직 주변적이라고 가정된다.

그러므로 문화공동체는 그들의 전문지식에 의해 확인될 수 있다. 다음에 사람들이 정의하는 일부 공통된 유형의 전문지식과 공동체들이 있다.

전문지식의 토대	공동체의 사례	전문지식의 사례
국적	미국, 캐나다, 네덜란드	민족의 문화적 관행, 국가 제도
출신지	뉴질랜드 인, 캘리포니아 출신, 글래스고 사람	지역 지리학, 국가 제도, 실천관행, 은어
학력	대학생, 법대생, 고졸	책속의 지식, 교육 이수 내용
직업	안과 의사, 배관공, 중고차 판매상	직업적 관행, 관례, 가치, 기술, 전문지식
직장	포드 차 직원, 스텐퍼드 대학 교수, 뉴스위크 지 기자	사장, 근로자, 회사 관행에 대한 사실
취미	피아노, 야구 동호인, 우표 수집	특별한 지식, 전문 지식, 훈련, 전문용어
언어	영어 화자, 일어 화자, 켈트 어 화자	음운론, 형태론, 통사론, 의미론, 어휘론
종교	개신교, 침례교, 이슬람 교	종교 교리, 의례, 형상물, 역사적 모습
지지 정당	민주당, 자유당, 점진적 사회주의 당	정치적 입장, 가치, 유명한 정치인

인종	흑인, 남미계, 일본계 미국인	문화유산, 민족적 경험, 민족적 실천관행
하위문화	록 음악가, 마약 중독자, 십대 깡패	비주류 문화 자원, 하위문화 속어, 전문지식
동일 집단	십대, 명예시민, 30대	동일집단의 역사적 사건, 평생 관심사
성별	남성, 여성	신체적 기능, 성별로 특수한 사회적 관습

일단 앤이 안과 의사가 된다면, 그녀는 자신이 안과 분야에서 전문가가 되는 일 이상을 실행해 왔다고 믿고 있다. 그녀는 특정 믿음·실천관행·관례·가치·전문지식을 지닌 사람들의 선별 집단에 참여하였다. 그녀는 내부사람이 되었고, 그녀의 구성원 지위에 대하여 알고 있는 사람들에 의해 내부사람으로(≒같은 안과 의사로) 간주되기를 기대한다.

이것들과 같은 문화공동체는 일반적으로 그물조직으로 된 동아리를 형성한다. 예를 들어 샌프란시스코 시민은 캘리포니아 주 사람의 하위집합이며, 캘리포니아 주 사람은 서부 미국인의 하위집합이다, 등등. 다음에 여러 가지 예시 그물조직들이 있다.

출신지	북미 사람→ 미국 사람→ 서부 사람→ 캘리포니아 출신→ 북 캘리포니아 사람→ 샌프란시스코 시민→ 놉 동산(Nob Hill) 주민
학력	고등학교 졸업→ 대학 졸업→ 의과 전문대학원 졸업
직업	중산층→ 전문직→ 의사→ 안과 전문의→ 안구 수술 전문의
직장	스텐퍼드 대학 교직원→ 스텐퍼드 대학 교수 구성원→ 스텐퍼드 대학 심리학과 교수→ 심리학 교수
언어	영어 화자→ 뉴질랜드 영어 화자→ 오클랜드 영어 방언 화자
종교	기독교 신자→ 개신교→ 침례교도→ 미주리 씨너드(Missouri Synod) 침례교

이것들과 같은 그물조직이, 사람들이 뭘 알 것 같은지에 대해서 등급화된(≒소략한 내용으로부터 정밀한 내용까지 등급으로 나뉠 수 있음 : 뒤친이) 추론을 가능하게 만들어 준다. 샌프란시스코 사람과 로스앤젤레스 사람이 스스로 서로 간에 알아보는 경우에, 그들은 더 작은 범주가 아니라 두 도시의 상위범주인 '캘리포니아 주'에 대한 내부 정보를 공통기반으로 확립한다. 이들 판단은 아주 미묘할 수 있다. 저자가 캐이Kay라는 이름의 심리학자를 만난 경우, 그녀가 실험심리학자이고, 인지심리학자이며, 언어심리학자고, 발화산출을 연구하는 언어심리학자이며, 찰스 오즈구드Charles Osgood의 학생이고, 언어심리학 막스 플랑크 연구소의 최근 방문학자임을 발견함에 따라 더욱더 명시적으로 된 공통기반을 추론한다.

우리는 모두 동시에 많은 공동체에 소속된다. 우리는 각자 국적·출신지·학력·직업·직장·여러 취미·여러 언어·종교·정당 소속·민족 소속·동일 집단·성별 등을 갖고 있는 것이다. 이들 많은 공동체들이 서로 연결되어 있다. 샌프란시스코 사람은 영어의 캘리포니아 방언을 말할 것 같다. 심리학 전공교수는 심리학자이고, 심리학 박사학위를 갖고 있으며, 30살을 넘었을 것 같다. 이들 공동체의 조직은 복잡하며, 이들 몇 가지 관찰만으로는 온당치 않을 것이다. 더 깊은 이론들을 위하여, 우리는 반드시 사회학자·인류학자·경제학자·지리학자들과 의논해야 한다.

저자는 문화공동체가 바로 사람들에 대한 임의의 집합 속성이 아님을 강조한다. 문화공동체에 대한 정의는, 구성원들이 지닌 공통기반의 내용에 따라 달라진다. 축구 팬들이 문화공동체를 이룬다. 그렇지만 그들이 한 사람씩 서로 알고 있거나 서로를 알아보는 확실한 방식을 지니기 때문이 아니라, 그 공동체 구성원들에게 축구에 대한 정보가 보편적이 되도록—사실상 공통기반이 되도록—만들어 주는 그들이 갖고 있는 정보 때문이다. 토머스 쉐프(Thomas Scheff, 1967 : 37)에서는 그런 공동체를 정의하는 바가 합의consensus라고 논의하였는데, 그는 이를 다음처럼 쉘링의 '상호간의 기대'에 대한 개념(§.3-2-3)에 근거하였다.

> Complete consensus on an issue exists in a group when there is an infinite series of reciprocating understandings between the members of the group concerning the issue. I know that you know that I know, and so on.
>
> 만일 어떤 논제에 관하여 임의의 집단 구성원들 사이에 무한히 주고받는 일련의 이해가 있다면, 해당 논제를 대하여 완벽한 합의가 그 집단에 존재한다. 나는 당신이 내가 알고 있음을 알고 있다고 알고 있다, 등등.

비록 쉐프의 합의가 무한반복 공통기반CG-iterated이지만, 그의 논의 방식은 또한 공유된 공통기반CG-shared 및 재귀적 공통기반CG-reflexive에 대해서도 적용되어 나간다. 요점은 합의가 문화공동체를 정의하는 일에 근본적이란 것이다. 쉐프에 따르면, 문화공동체가 규범·역할·기관(제도)·집단 목표·전통·문화 그 자체 등에 대한 사회학적 인류학적 개념들에 필수적이다. 또한 클랩(Klapp, 1956/57)을 참고하기 바란다.

우리는 사람들의 문화공동체를 이용하여 그들을 동일시하는 것인가? 대부분의 언어에서처럼, 영어는 공동체에 의해 사람들을 분류하기 위한 명사들을 풍부히 갖고 있다. 다음에 목록으로 만들어 놓은 범주들에 대한 그런 사례가 제시되어 있다.

국적	스코틀랜드 사람, 프랑스 사람, 스페인 사람, 핀란드 사람
출신지	미국, 서부 사람, 캘리포니아 출신, 샌프란시스코 출신
학력	대학 졸업, 심리학 전공, 예일 대학 출신, 옥스퍼드 대학 출신
직업	의사, 변호사, 배관공, 안과 의사, 벽돌공, 소치기
직장	스텐퍼드 대학 교직원, 스텐퍼드 대학 심리학자
취미	새 사냥, 우표 수집, 농구 팬
언어	영어 화자, 일본어 화자
종교	기독교, 개신교, 몰몬교, 침례교, 남부 침례교
지지 정당	공화당, 민주당, 자유당
인종	흑인, 백인, 멕시코 인, 집시
하위문화	마약 중독자, 오토바이 폭주족, 도둑
동일 집단	십대, 연장자, 베이비 붐 세대
성별	남성, 여성, 소년, 소녀, 그, 그녀

비록 스텐퍼드 대학 교직원Stanford employee 및 영어 화자English speaker와 같은 용어가 복합어이지만, 대부분의 낱말은 일상생활에서 쓰는 데에 간단하고 일반적이다. 저자는 이들 용어들도 진화해 왔다고 주장한다. 왜냐하면 그것들이 문화공동체에서 그 구성원 지위에 따라 사람들을 가리켜 주기 때문이다. 이는 특히 그들이 아는 바·믿는 바·당연시하는 바에 대한 정보를 제공해 준다.

많은 심리학자들에 따르면, 우리는 습관적으로 인성 특질traits에 따라 사람들을 분류한다. 가령 "줄리아는 믿을 만하고 상냥하며 상상력이 풍부하다."라고 말한다. 지난 60년 동안에 걸쳐서 인성 특질에 대한 연구는 성격의 '큰 다섯 가지' 차원으로 이끌어 왔다(Goldberg, 1993; Krahé, 1992).

① 외향적 성격 : 내성적 성격	extroverted vs. introverted
② 친절한 성격 : 이기적 성격	kind vs. selfish
③ 믿을 만한 성격 : 믿을 수 없는 성격	reliable vs. unreliable
④ 정서적으로 안정된 성격 : 신경질적 성격	emotionally stable vs. neurotic
⑤ 창조적인 성격 : 상상력이 없는 성격	creative vs. unimaginative

그러나 인성 특질로 분류를 하는 일은, 공동체에 따라 분류하는 일과 아주 차이가 나며, 결코 서로 대체될 수 없다. 언어를 사용하는 데에서, 우리는 사람들을 분류함으로

써, 관례들을 찾아낼 수 있고, 우리가 그들과 공유하는 다른 정보를 확인할 수 있다. 인성 특질들은 이런 목적을 위하여 도움이 되지 않는다. 그것들은 대체로 사람들이 지니고 있는 기질이며, 언어사용과 관련된 범주들로 이끌어 가지 않는다. 또한 우리의 인성 특질들에 대하여 우리가 상호간의 믿음을 확립하려고 애쓴다는 증거도 없다. 만일 인성 특질들을 공통기반을 위한 토대로서 이용하려고 했더라면, 우리는 반드시 그런 분류를 하였을 것이다. 그러나 상호조율을 요구하는 지속적 행위에서, 인성 특질들은 배경 전문지식과 거의 관련이 없다. 공통기반을 수립하기 위하여, 우리는 반드시 공동체들로 사람들을 분류해야 한다.

§.4-3 공공의 공통기반에 대한 내용

우리가 공동체 구성원 지위로부터 어떤 정보를 추론해 내는 것일까? 그 정보가 대형 정신 백과사전의 모습으로 조직되어 있다고 생각하는 것이 유용하다(Clark and Mashall, 1981). 그 백과사전은 알맞게 조직되고, 상호 관련된 문화공동체에 따라 장별로 나뉘어 있다. 그리고 우리가 임의의 공동체에 대하여 내부 정보나 외부 정보를 찾아보고자 한다면, 올바른 항목을 찾아 살펴봐야 한다. 이런 정보가 무엇으로 구성되어 있고, 어떻게 조직되어 있는지에 대한 연구는 거의 없다. 그럼에도 불구하고, 우리가 그런 백과사전에 대하여 말할 수 있는 내용이 많이 있다.

4-3-1 인간 본성

다른 나라로부터 온 성인들을 만날 때마다, 저자는 그들과 저자가 많은 것에 대하여 동일한 방식으로 생각함을 공통기반으로 가정한다. 저자가 잘못일 수도 있겠지만, 여전히 저자는 추론을 이끌어 낼 것 같다. 우리가 서로 상호조율하려고 노력함에 따라서, 이런 추론들이 저자의 행위들에 대하여 정보를 제공해 줄 것 같다. 저자는 일반적으로 사람들에 대하여, 즉 사람의 본성에 대하여, 민간 심리학적 지식을 갖고 있다. 옳든 그르든, 이것이 저자로 하여금 공통기반을 확립하는 일을 개시할 수 있도록 해 준다.

저자는 우리 모두가 공통기반으로서 정상적으로 동일한 감각·감각 기관·감각 유형을 지닌다고 가정한다. 만일 어떤 소리가 저자에게 들릴 수 있다면, 정상적으로 그 소리가 동일한 환경에서 다른 사람에게도 들릴 것 같다. 사람들은 또한 움직임·지각적 깊이·음높이·가락 등도 지각하며, 이렇게 지각하는 방식들이 공통기반이 될 것으로 가정한다. 덜 분명하지만, 사람들은 한 번에 주목할 수 있는 바에 제한이 있다. 시끄러운 소리나 급작스런 움직임처럼 저자의 주의를 끄는 원시 지각경험도 또한 여러분의 주의를 끌 것이다. 어떤 다양한 지각상의 두드러짐이 우리 모두에게 공통기반이 되는 것이다.

우리는 모든 사람이 자연에 대한 기본적 사실과 법칙을 알고 있음을 공통기반을 간주한다. 사람들은 보편적으로 자신이 중력·운동에 대한 뉴튼 유사 법칙·인과율 등에 지배되는 생물 및 무생물에 의해 채워진 세계에 살고 있다고 가정한다. 그들은 생물학의 어떤 사실들을 당연시한다. 가령 생물은 태어나서 살기 위해 음식과 물을 섭취하며, 죽은 뒤 기능을 멈추는 것이다. 사람들은 모두가 어떤 사회적 사실들을 가정하는 것으로 상정한다. 가령 사람들이 일반적으로 언어를 갖고 있고, 언어를 이용한다. 집단 속에서 함께 살고, 재화와 노동을 주고받으며, 이름을 갖고 있고, 다양한 제도 속에서 여러가지 역할들을 맡는다, 등등이다. 우리가 모든 사람에 대하여 공통기반으로 간주하는 기본개념들의 숫자와 다양성은 과장하기가 어려울 정도로 너무나 많다.

4-3-2 공공의 어휘

많은 추론들은 좀더 협소하게 우리가 누군가 속하는 것으로 알고 있는 그 언어 공동체상에 근거를 둔다. 만일 쌘디에고 주립대학의 최순자 교수가 한국어 화자라면, 나는 그녀가 한국어 화자들에 대해서 한국어의 모든 관례적 특징들—즉 한국어 음운론·형태론·통사론·의미론·화용론—을 공통기반을 간주한다고 가정한다. 이는 루이스Lewis가 어느 공동체 화자들 속에서 관례들을 공통지식common knowledge으로 특성 지워 놓은 일로부터 따라 나온다(제3장). 이들 관례가 정확히 어떻게 표상되는지는 언어 연구자들에게 하나의 근본적 물음이며, 앞 절에서 살펴본 도표상으로 보면 다양한 제안들이 있다. 저자는 또한 최순자 교수가 한국어 화자들이 어떻게 이야기하고 이해하는지에 대하여 어떤 사실들을 당연시한다고 가정하는데, 특히 한국어의 어떤 측면들을 처리하기 위하여 더 많은 시간과 노력을 필요로 하는 것이다. 어떤 언어든지 상관없이, 이런 모든 것은 저자가 언어를 사용하는 일에 대하여 공통기반으로 간주하는 외부 정보에 해당한다.

루이스의 설명에서, 관례적인 낱말 의미는 단순히 한 낱말에 대하여 성립하는 것이 아니라, 특정한 공동체 속에 있는 한 낱말에 대하여 성립한다. 어느 공동체에서 그 낱말 의미가 관례적인지를 말하지 않고서는, 여러분은 관례적인 낱말 의미를 이야기할 수 없다. 적합히 개관된 낱말 지식은 저자가 공공의 어휘집communal lexicons으로 부르게 될 바들로 나뉜다. 이 용어는 개별 공동체에서 낱말 관례들의 집합을 의미한다. 저자가 앤을 만나는 경우에, 그녀와 저자는 단순히 어떤 영어 낱말들을 어떤 의미로 우리가 쓸 수 있는지를 알아내기 위하여, 반드시 공통기반으로서 우리 둘이 모두 어느 공동체에 속하는지를 확정해야 한다. 저자가 음악 용어 fermata(늘임표 𝄐)를 쓸 수 있을까? 우리가 둘 모두 음악 애호가임을 확립하지 않고서는 불가능하다. 저자가 야구 용어 rbi타점수 runs batted in를 쓸 수 있을까? 우리가 둘 모두 야구 팬임을 확립하지 않고서는 불가능하다.

공동체마다 모두 특수한 어휘들을 갖고 있다. 우리는 영어로 그 어휘들에 대하여 갖고 있는 바에 비춰보아 이들 어휘를 인식한다.

출신지별 residence	regional or local dialects(지역 또는 지방 방언), patois(지역 변말), provincialisms(사투리), localisms(지역어), regionalisms(구역어), colloquialisms(방언 말투), idiom(특색 있는 말/독특한 말), Americanisms(미국말) 등
직업별 occupation	jargon(직업 전문어), shoptalk(개별 업무관련 전문어), parlance(직업 용어), nomenclature(특정 용어체계), technical terminology(전문 용어체계), academese(학술 용어), legalese(법률 용어), medicalese(의학 용어), Wall Streetese(증권가 월스트릿 용어) 등
하위문화별 subculture	slang(속어), argot(곁말), lingo(은어), cant(암호 말), vernacular(대중말, 하층민의 말), code(기호) 등

대부분의 지역에서 그 나름의 방언·변말·독특한 말·지역어를 갖고 있다. 음식으로부터 시작하여 지리적 특징에 이르기까지 모든 것에 대한 독특한 말들을 지닌다. 물리학에서부터 우표 수집에 이르기까지 대부분의 직업 및 취미는 전문어 또는 전문기술 용어체계를 갖고 있다. 마약 중독자들로부터 고등학생 패거리에 이르기까지 대부분의 하위문화들에서도 자신들을 일부러 남들과 구별 짓기 위하여 그러하다.

전문어·속어·지역어를 생각할 때에, 우리는 공공의 어휘에 대해 유일한 낱말들에 초점을 모으는 경향이 있다. 양자 물리학에서 쓰는 meson중간자·pion파이 중간자·quark양자들은 오직 물리학자들만이 사랑할 수 있는 용어이다. 그러나 대부분의 일반 낱말 형태들은 비록 상이한 관례적 의미를 지니더라도 많은 공공의 어휘에 속한다. 영국에서 biscuits비스킷 과자는 달달하거나 짭잘할 수 있지만, 미국에서는 언제나 짭잘하다. 통속적인 말로는 fruit과일이 먹을 수 있고 달며 과육질이 있는 한 부류의 농산물을 나타낸다. 그러나 식물학자들에게는 전문용어로서 그것이 씨를 맺는 식물의 다 여문 씨방이나 씨방들을 가리킨다. 대화를 나누는 두 명의 식물학자들은 어떤 어휘를 끌어내어 쓰고 있는지를 확정해 놓을 듯하다. 비전문가인 여러분과 저자는 통속적인 말뜻에만 머물러 있어야 할 듯하다. 우리가 어떤 어휘를 쓸 수 있는지를 알기 위하여, 대화 상대방들이 속하거나 속하지 않은 문화공동체를 확인하는 것이 필수적이다.

4-3-3 문화적 사실·규범·절차

만일 쌤Sam이 미국인이라면, 저자는 미국 사람에 대해 그가 많은 것들을 공통기반으로 여긴다고 상정할 수 있다. 실질적으로 모든 미국 성인들이 여러 가지 사실들에 대한 어떤 배경을 가정한다. 학창 시절에 배운 역사·지리·수학·과학·문학에 대한 기본 지식들뿐만 아니라, 유명한 정치인·인기 배우·텔레비전 연기자를 포함하는 어떤 현재 사건들과, 프로 축구 선수단·주요 텔레비전 방송망·신문·잡지·주요한 종교·정치 집단과 그들의 특성들이다.

미국인들은 또한 미국인들 사이에서 어떤 관례 및 규범을 당연시한다. 2차선에서 오른편 차선으로 운전해 가고, 하루 세 끼니를 먹으며, 버스 정류장에서 줄을 짓지 않고, 물건을 살 때마다 그 물건에 붙은 세금을 계산해 주며, 장례식에 갈 때 검은 옷을 입는다. 만일 잭Jack이 중산층 캘리포니아 사람이라면, 저자는 그가 언제 파티에 도착해야 할지, 어디에 어떤 옷을 입고 가야 할지, 언제 어떤 대화 주제가 허용될 수 있는지에 대하여 대부분 그의 집단이 따르게 될 규범들을 공통기반으로 여긴다고 상정한다. 또한 논쟁 방법·새로운 사람을 만나는 방법·소매상인에게 행동하는 방법과 같은 어떤 사회적 기술도 갖고 있을 것으로 가정한다. 그들은 어떤 사회적 역할을 당연시할 것이다. 가령 남편·아내·자식·이웃사람의 역할뿐만 아니라, 이들 역할이 가족·이웃·테니스 모임과 같이 어떻게 더 큰 제도 속으로 맞물려 들어가는지에 대한 일 등이다.

사람들이 공통기반으로 여기는 바는 대부분 협동작업 활동을 위한 절차의 형태로 표상될 수 있다. 악수하기와 감사 전하기를 언제 누구에게 어떻게 하는지와 같이 투식적인 행위들이 있다(Galambos and Rips, 1982). 또한 음식점·의사 진료실·슈퍼마켓에서 일어나는 협동작업 활동의 예상 경로를 구체화해 주는 더 큰 '각본scripts'들도 있다(Minsky, 1975; Schank and Abelson, 1975). 예를 들어, 음식점에서 음식을 주문하는 각본은, 다음과 같이 어떤 소도구·역할·입장 조건·결과·행위들을 구체화해 준다.[18]

---

[18] 〈원저자 5〉 솅크·애이블슨(Schank and Abelson, 1975)을 인용한 바워·블랙·터너(Bower, Black and Turner, 1979)에서 재인용하였다.

각본 이름	음식점/음식주문
소도구	식탁, 식단, 음식, 영수증, 음식값, 팁
역할	손님, 종업원, 요리사, 금전출납원, 주인
입장 조건	손님이 배가 고프다 손님이 돈을 가졌다
결과	손님이 돈을 덜 지녔다(=음식값 정도만 지님) 주인이 더 많은 돈을 가졌다 손님이 배불리 먹다
행위	손님이 음식점에 들어간다 손님이 식탁을 살펴본다 손님이 어디 앉을지 결정한다

적당한 각본은 손님이 어느 음식점으로 들어감에 따라 예상된 협동작업 활동들을 나타낸다. 이와 같은 각본은 음식점 가는 일, 강의 출석하는 일, 식료품을 사기 위해 장보는 일, 의사를 찾아가는 일 등에 관한 이야기를 놓고서 사람들의 이해 및 기억에 영향을 미치는 것으로 보인다(Bower, Black and Turner, 1979). 이런 영향력을 지니려면, 그런 각본들이 반드시 공통기반이 되는 것으로 가정되어야 한다. 저자가 쌘디에고 주립대학의 최순자 교수를 만나는 경우에, 저자는 우리가 미국 및 한국에서 음식점들에 관한 각본들을 놓고서 외부 정보를 지님을 공통기반으로 여기지만, 우리 둘이 모두 내부 정보를 지닌다고 간주하지는 않는다. 두 문화에서 음식점 각본이 아주 다를 수 있는 것이다. 다른 각본들도 지역별로 그리고 또한 사회 계층별로 변동한다.

4-3-4 말로 다 나타낼 수 없는 배경

만일 낸시가 샌프란시스코 사람이라면, 저자는 그녀가 공통기반으로서 샌프란시스코에 대한, 즉 사람·장소·건물·역사·문화생활에 대한 큰 범위의 사실들뿐만 아니라, 또한 외관appearance 및 관점perspective에 대한 어떤 정보도 갖고 있다고 가정한다. 그녀는 금문교Golden Gate Bridge·코잇 탑Coit Tower·중국인 구역Chinatown이 어떤 모습인지, 안개가 내릴 때 무슨 일이 생기는지, 콜럼버스 근처에 있는 브로드웨이가 얼마나 휘황찬란한지, 선착장Fisherman's Wharf으로부터 여러분이 뭘 볼 수 있는지를 당연시한다. 그녀는 샌프란시스코 성인들이 그 도시에 대한 어떤 머릿속 지도를 갖고 있다고 가정하며, 대략 한 지점에서 다른 지점으로 여행하면서 뭘 보게 될 것인지를 알고 있다.

노련한 피아노 연주자로서 마이클은 노련한 피아노 연주자들 사이에 공통기반으로서 음악 관례들에 대한 지식뿐만 아니라 또한 연주 기술들에 대한 전체 목록도 당연시한다. 그들은 사실지식knowledge that뿐만 아니라 절차지식knowledge how도 알고 있는 것이다. 예를 들면, 그는 그들이 어떤 음계들과 분산 화음들을 모두 연주할 수 있고, 어떤 다양한 단속음(staccato : 스타카도 연주법)과 부드럽게 잇는 음(legato : 레가토 연주법)을 산출할 수 있으며, 여러 가지 빠르기에 따라 어떤 가락들을 연주하며, 일정 범위의 음량으로 연주할 수 있다고 가정할 것 같다. 그들은 어떤 행위들이 가능하고 어떤 행위들이 가능하지 않은지를 알고 있다. 그들은 제대로 연주하는 일이 어떤 느낌을 주는지 알고 있고, 다른 노련한 피아노 연주자들도 또한 이를 당연한 것으로 여긴다고 가정한다.

숙련된 스키 선수로서, 줄리아는 스키 선수들 사이에 공통기반으로 모든 스키 선수들이 반드시 지녀야 하는 경험 습득이 무엇인지를 당연시할 수 있다. 즉, 얼굴에 부딪히는 차가운 바람의 느낌, 여러분의 스키 대를 통해 느끼는 덩이진 눈의 '깊은 압력 대 단단한 압력', 겨울 전나무 숲의 냄새, 차가운 손발을 따듯이 녹이는 감각 등이다. 이들 경험들의 많은 부분을 말로 하기에는 너무나 많다.[19] 다른 사람들도 스스로 그런 경험들을 해보지 않았다면 그것들을 이해하지 못할 것이다. 다른 문화공동체에 대하여, 남성 사회에서(그리고 그 반대의 상황에서) 여성이 어떻게 느끼는지, 소수집단의 구성원들이 어떻게 느끼는지, 영세를 받고 다시 기독교도로 태어나는 것이 어떤 느낌인지와 같은 경험을 포함할 수도 있다. 이들 경험은 궁극적인 내부 정보인 것이다.

4-3-5 정보의 등급화

임의의 공동체에서 구성원 지위로부터 우리가 추론하는 정보는 '전부 또는 전무all or none 있음 또는 없음'가 아니라, 여러 단계로 등급화된다. 두드러진 바는 이런 등급화에서 우리가 얼마나 정확한지에 대한 것이다. 쑤즌 퓌쓸·롸벗 크롸우스(Susan Fussell and Robert Krauss, 1991, 1992; Krauss and Fussell, 1991)에 의한 일련의 연구들을 살펴보기로 한다. 이들 연구 중 어느 한 연구에서는, 컬럼비아 대학교 학생들에게 15명의 공적 지위를 지닌 인물들의 사진을 보여 주었다. 그러고 나서 다른 컬럼비아 대학교 학생들보다 그 인물들이 얼마나 많이 알아맞춰질 수 있는지를 묻고, 학생들의 판정을 등급으로 매겨 놓도록 요구하였다.

---

19 말을 할 때에는 소략하게 먼저 배경이나 무대를 설정하고 나서, 그 무대 위에서 전개되는 사건을 언급하게 된다. 무대나 배경을 너무 자세히 말로 해 줄 필요는 없다. 특정한 유형만을 대략 묘사하는 것만으로 충분하다. 이야기의 초점이 무대가 아니라 거기서 전개되는 사건이기 때문이다. 이런 측면을 저자는 '말로 다 할 수 없는 부분'이라고 언급하고 있다. 다시 말하여, 동일한 공통기반을 활성화하는 내부 정보에 해당하므로, 세세히 말로 나타낼 필요가 없다고 보는 것이다.

배우 우디 앨런Woody Allen과 클린트 이슷우드Clint Eastwood는 아주 쉽게 찾아낼 수 있는 것으로 판정되었다. 재정 전문가 칼 아이칸Carl Icahn과 티 분 피큰스T. Boone Pickens는, 도대체 이 사람들이 누구인지 몰라도, 그렇지 않았다(쉽게 찾아내지 못하였음). 그들의 판정은 또한 정확하였다. 컬럼비아 학생들은 앨런을 93%, 이슷우드를 80% 이름을 맞혀 부를 수 있었다. 그러나 아이칸은 겨우 7%, 피큰스는 0%였다. 판정 및 실제 확인 가능성 사이에 있는 상관성은 .95였다. 뉴욕 도심 사람들이 뉴욕 표지물들에 대하여 이름 부를 수 있는 능력에 대해서도 비슷한 유형이 나왔다. 부엌 용구·도구·음악 악기를 놓고서 올바르게 이름을 부르는 남성 및 여성의 능력에 대해서도 그러하였다.

개인별로, 우리들은 심지어 한 순간 어떤 정보 대목을 회상할 수 없을 때에라도, 우리가 알고 있고 모르는 바에 대하여 직관적 느낌을 갖고 있다. 이는 그 사람의 '안다는 느낌feeling of knowing'으로 불려 왔고, 그 정확성이 제대로 연구되고 문서화되어 있다. 가령 하앗(Hart, 1965, 1967), 넬슨·리어네씨오·랜드베어·네뤈즈(Nelson, Leonesio, Landwehr and Narens, 1986)를 참고하기 바란다. 뭐쓸·크롸우스Fussell and Krauss의 발견 결과가 보여 주듯이, 우리는 또한 다른 사람들이 아는 바에 대해서도 직관적 느낌을 갖고 있다. 이는 '남이 아는 바에 대한 느낌feeling of others' knowing'으로 부를 수 있을 듯하며, 이것 또한 종종 아주 정확하다. 브뤄넌·윌리엄즈(Brennan and Williams, 1995), 제임슨·넬슨·리어네씨오·네뤈즈(Jameson, Nelson, Leonesio and Narens, 1993), 니커슨·배들리·프뤼먼(Nickerson, Baddley and Freeman, 1987)을 보기 바란다. 이런 느낌은 어디로부터 나오는 것일까? 부분적으로 앎에 대한 우리의 느낌으로부터 나온다. 우리가 아는 바에 근거하여 남들이 알고 있을 것 같은 바를 판정하는 것은 분별 있고 이치에 맞는 일이다(Dawes, 1990). 여러분은 미국 상원의원들의 숫자를 알고 있는가? 미국인으로서 저자는 그 숫자를 안다. 만일 어떤 것에 대한 저자의 표본으로부터 일반화한다면, 그리고 여러분도 미국인이라면, 여러분도 또한 그 내용을 잘 알 것으로 본다.

다른 사람의 앎에 대한 우리의 느낌은 사실상 실제로 강한 '자기중심적 편견'을 지닌다. 만일 저자가 뭔가를 안다면, 저자는 또한 남들도 그것을 알 것으로 기대할 것 같다. 이는 '잘못된 합의 효과false consensus effect'로 알려져 왔는데(Ross, Greene and House, 1977), 사실적 정보·정치적 의견·개인적 문제·다른 유형의 정보를 판정하는 데에 두루 도처에 널려 있다(Hoch, 1987; Marks and Miller, 1987; Mullen et al., 1985). 뭐쓸·크롸우스의 연구에서, 검사된 컬럼비아 학생들의 거의 절반이 알렉산더 해이그 장군General Alexander Haig의 사진을 이름 부를 수 있었다. 이들 동일한 학생들은, 해이그의 사진을 이름 부를 수 없었던 다른 학생들이 실행한 것보다 훨씬 더 많이 해이그가 인지되고 확인될 수 있을 것이라고 생각했다.

다른 사람들이 아는 바를 판정하는 일에서, 우리는 우리와 다른 사람들이 속한 공통체들을 고려한다. 저자가 미국 상원의원의 숫자를 아는 것은 저자가 미국인이기 때문이다. 뉴질랜드 사람으로서 앤에게는 미국 상원의원 숫자가 내부 정보가 아니다. 따라서 그녀는 그 숫자를 모를 수도 있다. 거꾸로 저자는 뉴질랜드 국회의 규모를 알지 못한다. 저자는 다른 미국인이 아닌 앤이 미국 상원의 규모를 알 확률이 훨씬 적을 것 같다고 판정할 것 같다. 퓌쓸·크롸우스의 연구에서, 남녀 학생들은 어느 부엌 용품·도구·음악 악기들이 여성보다 남성이 더 잘 알 것인지, 그리고 그 역의 상황에서 어떠할지를 판정하는 데에 아주 정확하였다. 여기서 다시 한 번, 사람들은 공동체 구성원 지위에 근거하여, 내부 정보와 외부 정보를 찾아낸다.

문화공동체에서 구성원 지위에 근거한 공통기반은

사실, 믿음, 사물들에 대한 가정, 행위 규범, 관례, 절차, 기술, 심지어 말로 나타낼 수 없는 경험

들을 포함한다. 이들은 많은 방식으로 표상될 수 있다. 언어로 된 진술로도, 머릿속 그림과 지도로도, 우리가 일상적으로 서술할 수 없거나 서술하지 않는 지각 및 행동의 방식으로도 가능하다. 이런 모든 정보가 등급화된다. 공통기반에 대한 일부 그런 개념을 언어사용 및 다른 협동행위에서 활용한다는 점에는 의문의 여지가 없다.

§.4-4 개별적 공통기반personal common ground

대부분 우리의 공통기반은 개별적 협동 경험들에 토대를 둔다. 저자의 아들과 저자가 함께 어떤 고둥 껍데기를 바라보거나, 스코틀랜드 루이스 섬the Isle of Lewis에 대하여 이야기할 때, 좀 있다가 우리는 이들 개별적 경험이나 사건이나 구체 사례들을, 우리가 보거나 말한 것이 공통기반임을 추론하기 위한 공유된 토대로 이용할 수 있다. 이들 경험은 대부분 두 가지 범주 속으로 들어간다. 협동 지각 경험joint perceptual experiences 및 지속적 협동행위joint actions이다. 지각 경험들은 대상들의 자연스런 신호를 어떻게 지각하는지에 따라 달라지지만, 반면에 지속적 협동행위는 의도적으로 내보낸 신호들에 대한 해석에 따라 달라진다.[20]

---

[20] 〈원저자 6〉 여기서 그롸이스(Grice)의 개념인 자연스런 의미 및 비자연적(=상징적, 자의적, 우연적) 의미 사이에 대조가 있다.

〈역자주〉 그롸이스는 icon(시각적으로 본뜸)이나 index(가리킴)는 형식과 내용이 1 : 1 대응관계를 지니므로 자연스런 의미를 지니지만, symbol(상징)은 그런 대응관계를 찾을 수 없으므로 비자연적 의미를 지닌다고 하였다.

4-4-1 지각적 토대

개별적 공통기반을 위한 하나의 원형적 토대는 두 사람이 지각적 경험을 공유하는 어떤 사건이다. 나의 아들과 내가 함께 그 고둥 껍데기를 바라볼 때에, 저자는 이를 다음 세 가지 속성을 지닌 어떤 사건 *e*를 우리가 지각하는 것으로 간주한다.

① 나의 아들과 내가 어떤 사건 e를 깨닫고 있다. (인식 주체 언급)

② *e*는 나의 아들과 나에게 우리가 둘 모두 *e*를 깨닫고 있음을 나타낸다. (재귀적 인식)

③ *e*는 나의 아들과 나에게 우리들 사이에 고둥 껍데기가 있음을 나타낸다. (사건 내용)

지각된 대로 그 사건은, 가령 우리들 중 어느 누구 한 사람에게만 우리들 사이에 달팽이 껍질이 있음을 나타내는 것도 아니며, 나 또는 나의 아들이 단지 그 껍데기에 주목하는 척하고 있음을 나타내는 것도 아니다. 나의 아들·나·고둥 껍데기로서의 그 대상이 '개방적으로 함께 제시되어 있다'고 말해질 수 있으며, 지각상 동시출현perceptual copresence의 사례가 된다(Clark and Marshall, 1981). 이는 특히 우리들 사이에 고둥 껍데기가 하나 있다는 '상호간의 믿음'을 위한 공유된 토대로 기여하는 종류의 사건인 것이다.

우리들은 각자 바라보고 느끼며 듣고 냄새 맡으며 맛 볼 수 있는 [오관으로] 지각 가능한 대상·사물들의 세계에 살고 있다. 어떤 순간이든지 우리는 대체로 노력을 들여서 오직 그 세계의 일부에만—즉 우리 지각상의 겉껍질perceptual shell에만—[오관을 통하여] 지각적으로 접속을 한다. 여러분과 저자는 서로 구별되는 상이한 지각상의 겉껍질을 갖고 있지만, 우리가 함께 있다면 서로 그 겉껍질이 중첩된다. 그러나 지각상의 겉껍질을 중첩시켜 놓는 일이 지각상 동시출현을 위해 충분한 것은 아니다. 여러분과 저자가 동일한 대상을 주목해 내어야 하고, 올바른 방식으로 우리가 그렇게 실행했음을 확신할 수 있게 되어야 한다.

두 사람이 어떻게 동일한 대상에 주목하고, 지각상 동시출현의 사례를 확립하는 것일까? 일반적으로 이는 그들이 각자 협동하면서 동일한 대상을 경험하고 있다고 가정하도록 이끌어 가는 어떤 두드러진 사건을 취한다. 협동상 두드러진 사건들이 세 가지 주요한 방식으로 확립된다(제6장을 보기 바람).

① 손짓/몸짓으로 시늉하여 표시해 줌 (gestural indication)

화자로서 저자는 "that chair(저 의자)"라고 말하면서 어느 의자 쪽으로 손짓을 할 수 있으며,

청자로서 여러분으로 하여금 방향을 돌려 그 의자를 바라보도록 할 수 있다. 적합하게 실행되면, 이는 지각상 동시출현의 사례가 되며, 저자는 그 의자의 출현이 공통기반임을 추론할 수 있다. 손짓/몸짓 시늉과 더불어, 저자는 대상·장소·사건·심지어 상태들을 자리 잡게 할 수 있다.

② **상대방의 활동들** (partner's activities)

여러분은 사람들을 바라보면서 물건을 집어 든다. 저자로 하여금 여러분이 그렇게 실행하고 있음을 알리려는 의도가 없이도 대상들에 주목할 수 있다. 그러나 만일 저자 또한 그런 사건의 일부라면, 이는 지각상 동시출현의 사례가 될 수 있다. 만일 저자가 어떤 화랑에서 어떤 그림을 바라보고 있는 여러분을 목격한다면, 저자는 "That is by Picasso(저건 피카소가 그렸습니다)"라고 말할 수 있다. 이 말에 의해서 저자가 그 그림을 바라보고 있는 여러분을 목격하였고, 이제 여러분이 이를 알았으므로, 그 출현이 공통기반이었음을 가정할 수 있다.

③ **두드러진 지각상의 사건** (salient perceptual events)

만일 저자가 옆방으로부터 소란스런 비명을 듣는다면, 그리고 여러분이 저자와 함께 있다면, 저자는 그 비명소리가 저자의 주의를 끌었던 만큼 똑같이 여러분의 주의를 끌었다고 가정할 수 있다. 따라서 그 소리가 지각상 동시출현한 것이다.

오관을 통한 지각상의 사건들은[21] 결코 원래 모습으로 다뤄지지 않는다. 그것들은 언제나 기술 '*d*'로서 지각된다. 단 '*d*'는 공공의 공통배경에 의존하는 기술[description]이다.[22] 그

---

[21] 철학에서는 감각 자료(sense data)라고도 한다. 또 용어를 특수하게 만들어 qualia(감각 자료, '감각질'로도 번역함)나 sensibilia(감각 자료를 가리키는 Austin의 용어임)라고도 한다.

[22] 원래 presentation(제시)와 representation(표상/재현)은 서로 짝이 되며, 오래 전부터 철학에서 써 왔다. 실세계의 대상들이 presentation(제시)되면, 지각 주체인 우리들은 그 대상으로부터 나온 감각자료를 머릿속에 peresentation(표상/재현)하게 된다. 그런데 머릿속에서 붙든 감각자료는 실세계의 대상을 가감없이 그대로 복제하는 것이 아니다. 많든 적든 그 감각자료를 '재구성'하여 임시로 작업기억 속에 붙잡아 놓는 것이다. 이 때문에 peresentation을 '재현'으로 번역하지 않고'표상'으로 번역하는 것이다. 그런데 문제는 머릿속 표상 내용들이 개인별로 차이도 날 것이고, 공통된 속성들도 있을 것이다. 이를 어떻게 다뤄 나가는지에 따라 여러 학파로 갈라진다. 칸트(kant)는 Vorstellungen(표상)이란 낱말로 공통되고 객관적인 표상 내용을 가리키려고 하였지만, 그 뒤 점차 개인마다 다른 감각 표상을 가리키는 것으로 변질되어 갔다. 툴민(Toulmin 1972; 192~199), 『인간의 이해 역량(*Human Understanding*)』(Princeton Univ. Press)에 따르면, 뷧건슈타인(Wittgenstein)은 새롭게 독일어로 Darstellungen(모두에게 공통된 공유 표상)을 만들어 내어, 이를 Vorstellungen(개인별 감각 표상)과 대립시켰다. 이는 소쉬르가 언어를 공통된 언어체계로서 langue와 개인별로 다른 언어사용인 parole로 나눈 일을 연상시킨다. 심리학에서는 이런 구분에 무감각한 듯하다. 우리들 머릿속에 오직 표상 내용들이 있는 것으로 간주하는데, 이는 외부 대상으로부터 온 감각자료와 우리 장기기억에 있는 배경지식으로부터 인출해 낸 관련 정보들이 서로 합쳐져 '재구성'되는 것으로 본다. 철학에서도 이미 representation(표상)이란 말은 피어스(Peirce)의 글에서도 머릿속에서 자각되는 인식 내용으로 쓰였고, 포더(Foder, 1981; 이영옥·정성호 뒤침, 민음사, 1991)의 『표상 : 인지과학의 기초에 관한 연구』에서도 그러하다. 일후 뇌 신경생리학적 기반을 어느 정도 확보한다면, 이런 개인별 및 표상 공공의 표상 사이에 있는 구별을 실체적으로 정확히 다룰 수 있을 것이다.

화랑에서는, 색깔이나 초상화로 그려진 사람의 이름이나 그림의 모양새가 아니라, 그 화가를 가리키기 위하여 저자가 Picasso라는 낱말을 쓰고 있다는 것이 공통기반일 것임에 틀림없다. 그렇지 않았더라면, '피카소에 의해 그려진 그림으로서의' 대상은 공통기반이 되지 않았을 것이다. 지각적 사건과 더불어, 해석에 대한 어긋남discrepancies들은, 두 사람의 공통기반에 대하여 두 사람의 믿음에 들어 있는 차이점으로 이끌어 갈 것이다.

4-4-2 행위 기반

개별적 공통기반에 대한 또다른 토대는 협동행위이며, 그 원형은 대화이다. 만일 저자가 여러분에게 올바른 환경에서 "She's going outside일리저버쓰가 밖으로 나가고 있다"고 말하면, 그 시점으로부터 계속하여, 저자는 우리 두 사람에게 일리저버쓰가 그때 막 집에서 밖으로 나가고 있었음을 저자가 단정했다는 사실을 공통기반으로 간주할 수 있다. 어떻게 그런 것일까? 협동적 지각 경험에서와 같이, 저자에게는 다음 세 가지 속성을 지닌 사건 *e*가 필요하다.

① 여러분과 저자가 e를 깨닫고 있다. (인식 주체 언급임)

② *e*는 여러분과 저자에게 우리 둘이 모두 *e*를 깨닫고 있음을 가리킨다. (재귀적 인식임)

③ *e*는 저자가 여러분에게 일리저버쓰가 그 때 막 집을 나서고 있었음을 주장했음을 각각 우리들에게 가리킨다. (사건 내용임)

우선, 이들 조건은 쉽게 만족되는 듯하다. 저자가 여러분이 영어를 안다고 가정하는 한, 저자가 해야 할 모든 것은, 여러분에게 "She's going outside그녀가 밖으로 나가고 있다"라고 말하는 것이다.

그러나 좀더 자세히 들여다보면 볼수록, 여러분과 저자가 이들 세 가지 조건, 즉 저자의 단정을 위한 적정한 토대를 만족시키는 한 사건을 일어나도록 꾀하는 것이 점점 더 복잡해진다. 이는 언어사용의 이론들에 대하여 근본적인 논제이며, 뒤에 이어지는 몇 장들에서 자세히 다루게 될 것이다.

공통기반을 위한 토대로서 협동행위를 이용하는 것은, 마치 협동적 지각 경험을 이용하는 일이 그러하듯이 공공의 공통기반에 의존한다. 여러분이 "She's going outside그녀가 밖으로 나가고 있다"를 이해하기 위하여, 반드시 우리는 서로 이 발화가 토대를 둔 언어 관례들을 공통기반으로 여겨야 한다. she그녀, go가다, outside밖으로의 의미, 자동사의 통사론, 진행상의 의미론 등이다.

우리는 또한 반드시 일리저버쓰, 그녀의 집, 그 당시 담화에서 우리의 목적, 그밖에 누가 그 대화에 포함되어 있는지, 그리고 심지어 누가 우리 이야기를 곁에서 듣고 있는지 등을 놓고서 우리의 공통기반 속으로 들어가야만 한다. 이것들이 또한 우리가 다시 논의하게 될 논제이다.

4-4-3 개인별 일기

개별적 공통기반을 추론하기 위하여 어떤 종류의 기억 표상들이 우리에게 필요한 것일까? 우리는 전체 공동체들에 대한 사실·믿음·가정과 더불어, 백과사전 이상이 것이 필요하다. 왜냐하면 그것(=일반 백과사전)이 여러분 또는 저자의 개별적 경험들을 나타낼 수 없기 때문이다. 우리에게는 개인별 일기와 우리가 개인별로 경험하거나 다른 사람들과 함께 참여한 사건들에 대한 일지가 필요하다(Clark and Marshall, 1978).

왜 그럴까? 개별적 공통기반에 대한 모든 공유 토대는 어떤 특정한 유형의 개인별 전기 사건들이다. 즉, 협동적 지각 경험이나 지속적 협동행위들이다. 만일 우리가 체험한 사건들에 대한 머릿속 일기를 지닌다면, 그런 일기는 다른 대상들과 더불어 바로 그런 사건들에 대한 기록을 포함할 것이다. 저자의 일기에서 항목들을 탐색하면서, 여러분·저자의 행위상의 동시출현에 대한 기록 및 일리저버쓰가 한 시간 전에 자신의 집을 떠났다는 저자의 주장에 대한 기록을 찾아내었다고 상정하기로 한다. 그 항목은 여러분과 저자가 상호간에 저자가 어떤 사실을 주장했음을 믿는다고 생각하는 데에 필요하다. 우리는 개별적 공통기반을 위한 공유 토대를 우리의 개인별 일기에 있는 항목들로부터 도출해 내는 것으로 생각할 수 있다.[23]

개인별 일기들이 어떻게 조직되어 있는 것일까? 임의 항목이 공통기반을 위한 공유 토대로서 이용되려면, 그 항목은 '일기 쓴 주체·다른 사람·그들이 협동하여 경험한 항목'을 표상해 주어야 한다. 이것들은 또한 잘 조직되어 있어서, 노력 없이도 신속히 탐색될 수 있어야 한다. 시간상으로 조직된 항목들은 아주 유용할 것 같지 않으므로, 우리는 다른 방식의 조직화를 예상해 볼 수 있다

---

[23] 이른바 털빙(Tulving)의 episodic memory(구체사례 기억, 삽화 기억, 일화 기억)에 해당한다. 이 기억은 오직 인간에게만 있는 것이며, 동물들에게는 semantic memory(의미 기억)이 있는 것으로 알려져 있다. 기능상으로 분류하여, 전자는 되돌아보는 기억(palinscopic), 후자는 앞으로 내다보는 기억(proscopic)이라고도 한다(Tulving and Lepage, 2001; 한국 신경인지기능 연구회 뒤침, 2004 : 197~214, 『뇌와 기억, 그리고 신념의 형성』, 시그마프레스). 우리가 구체사례 기억을 이용하기 위해서는 동시에 이들을 범주로 묶어 재조직해 두어야 한다.

4-4-4 친구 및 남들

만일 공공의 공통기반이 문화공동체를 정의한다면, 개별적 공통기반은 '친구 : 남'을 정의해 준다. 협동하는 모습상 앤Ann과 벤Ben이 많은 문화공동체에 속할 수 있지만, 여전히 남이 될 수 있다. 그들은 협동하는 개별적 경험들에 대한 인생사—같이 일을 하고 이야기를 나누며 서로 같이 경험하는 등—를 함께 갖기 전까지는, 친구도 교우도 될 수 없다. 영리한 간첩으로서 제3자인 코니Connie가 앤에 대해서 벤이 아는 것보다 더 많이 배울 수도 있다. 그렇지만, 그것이 코니를 앤의 친구나 교우를 만들어 주는 것은 아니다. 코니가 모은 정보는 그들의 공통기반, 즉 그들의 개별적 공통기반의 일부일 것이다. 안과 의사는 안과학에서 전문가들이지만, 한편 친구들은 서로에 대하여 전문가들인 셈이다(Planalp, 1993; Planalp and Benson, 1992; Planalp and Garvin-Doxas, 1994).

친숙하게 아는 속성은 정도로 표현되는데, 대체로 두 사람이 지니는 개별적 공통기반의 유형과 양에 의해서 정의된다. 다음에 예시를 위하여 네 가지 정도를 제시한다.

① 남남(strangers 이방인) : 개별적 공통기반이 없음
② 아는 사이(acquaintances) : 제한적인 개별적 공통기반
③ 친구(friends) : 확장된 개별적 공통기반
④ 친밀한 사이(intimates 가근한 사이) : 사적인 정보를 포함하여 확장된 개별적 공통기반

만일 앤과 벤이 서로 접촉해 보지 않았다면, 그들은 개별적 공통기반을 전혀 갖고 있지 않다. 그 둘은 남남인 것이다. 만일 그들이 제한적으로 접촉하였다면, 그들은 제한적인 개별적 공통기반을 지녔으며, 그들 사이는 그럭저럭 아는 사이(교우)인 것이다. 그들의 협동 경험이 확장됨에 따라서, 더욱 그들은 스스로 친구로 여길 것 같다. 우정은 보통 좋아함과 신뢰를 함의한다. 그것이 오랜 기간 동안에 걸쳐 함께 경험하고 함께 일을 하도록 만들어 주는 것이다. 만일 앤과 벤이 친밀한 사이라면, 그들은 또한 서로에 대하여, 다시 말하여 가장 사적인 느낌·태도·행동에 대하여 사적인 정보를 공유할 것이며, 그것이 심지어 더 깊은 수준의 좋아함과 신뢰로까지 이어져 간다.

4-4-5 개인끼리 통하는 은어

문화공동체가 공공의 어휘를 만들어 내어 발전시키듯이, 아는 사이·친구·친밀한 사이

에서도 사적인 어휘들을 만들어 발전시킨다. 가족들 간에는 흔히 사적인 일들과 사적인 문제들에 대한 특별한 낱말을 만들어 발전시키며, 친구들의 작은 모임에서도 그러하다. 가장 잘 연구된 사적인 어휘들은 친밀한 사이에 있는 어휘들이다.

결혼한 부부와 다른 부부들은 흔히 사적인 관용구private idioms라고 불려온 바를 만들어 발전시킨다. 이는 일반적으로 그 공동체에서 쓰이는 관례가 아니다(Hopper, Knapp and Scott 1981). 다음에 이들 사적인 관용구에 대한 주요 범주들이 있다.[24]

범주	사례
동료에 대한 별명	'Boo'(애인, 특히 남자친구), 'Toots'(애인), 'Honski'(짝)
타인에 대한 이름	느리고 무질서한 사람에 대하여 'motz'(최근 한국 젊은이들의 속어로는 '밥맛')
정감의 표현	나는 너를 사랑한다는 표현으로 'Hunch nickle(나 너 사랑해)'
대결의 표현	내가 이해되지 않는 말을 당신이 한다는 뜻으로 'Jelly beans(풋나기) '
요청 및 투식어	마리화나를 피우자고 요청하면서 'Let's go for a bike ride(자전거 타러 가자)'
성적 상대의 언급	남성 상대의 성기를 가리키면서 'Bozo(그 놈, 멍청이)'
성적 꼬드김	'Too-hoot'
놀려대는 욕설	궁둥이가 큰 마누라한테 'Futtbutt(왕궁뎅이)'

이들 낱말의 일부는 애칭처럼 공적으로 쓰일 수도 있지만, 다른 것들은 엄격히 사적으로만 쓰인다. 일반적으로 같이 쓰는 어휘가 더 크면 클수록, 짝이 된 동료와의 유대감은 더욱 더 커진다(Bell and Healey, 1992).

공공의 어휘들이 그렇듯이 사적인 어휘들도 언어의 일부이다. 그것들은 협동하는 사적인 경험에서 비롯되고 유지되며, 지엽적이고 흔히 사적인 목적을 위해서 이용된다.

§.4-5 공통기반 수립하기

공통기반은 단지 거기 있는 것뿐만이 아니라, 이내 활용되기 마련이다. 우리는 상호작용을 하는 사람과 각각 공통배경을 수립해야만 한다. 우리가 살펴보았듯이, 공공의 공

[24] 정확한지 여부는 알 수 없으나, 구글 검색으로 찾아보면, jellybean(여자를 꼬이기 위해 멋지게 옷을 입고 껄렁거리는 젊은 남자), motz(크고 말랐지만 게걸스레 많이 먹는 사람으로 싫어하는 사람이나 멍청한 사람을 가리킬 때 씀), honski(비격식적 사과를 나타내는 감탄사), hunch nickle(전자 오락게임, 또는 강력한 코카인 마약) 등이 있다.

통배경은 한 사람 또는 둘 모두 특정한 공동체의 구성원이라는 두 사람의 상호간의 믿음 위에 토대를 둔다. 즉 앞서 보았던 앤의 경우에 여성이고, 영어 화자이며, 뉴질랜드 사람이고, 안과 의사이다. 그리고 사적인 공통기반은 협동하는 지각 경험 및 지속적 협동행위에 토대를 둔다. 어떤 것이든 한 유형의 공통기반을 수립하는 데에서 첫 번째 단계는, 올바른 공유 토대—올바른 증거—를 찾아내는 일이다.

4-5-1 공동체 구성원의 증거

쑤즌Susan이 만일 빌Bill이 어느 문화공동체의 구성원인지를 추론하고 있다면, 그녀는 주위 환경으로부터 얻는 증거circumstantial evidence—즉, 빌이 속한 주위 환경상의 지속적인 특징들—을 이용할 듯하다. 또는 구체사례 증거episodic evidence를 이용할 수도 있다. 빌이 실행한 행위나 또는 그가 일부가 되는 사건이다.

주위 환경상의 증거는 놀라울 만큼 유용하다. 쑤즌은 빌에 대한 자연스런 증거로부터 많은 것을 추론해 낼 수 있다. 그의 신체적 외양이 그를 중년의 성인 남성으로 유형화해 준다. 전화상으로 듣는 그의 목소리가 성인 남성으로 유형화해 준다. 그의 언어와 악센트로도 그가 어느 지방 출신인지, 학력은 어떻게 되는지, 그가 (사회 계층상) 어떤 언어 공동체에 속하는지를 알아낼 수 있게 해 준다. 그리고 쑤즌은 그녀 자신에 대하여서도 빌이 상응하는 추론을 이끌어낼 수 있음을 알고 있다. 이들 유형이 어떤 것이든 공통기반이 되려면, 쑤준은 반드시 그 증거 자체가 명백히 그들의 공통기반의 일부임을 가정해야 한다. 탐정 셜록 홈즈는 한 남자를 엄지 손마디의 굳은살로부터 구두 수선공임을 알아차릴 것 같다. 그러나 그 구두 수선공이 이런 상호간의 믿음을 깨닫지 않는 한, 그들 중 아무도 구두 수선공이라는 그의 직업이 공통기반이 된다고 여기지는 않았을 것 같다.

사람들은 의도적으로 어떤 공동체 소속내용을 자신의 옷·행위 방식·소유물에 표시해 놓는다. 만일 빌이 메이씨 백화점Macy's Department Store에서 메이씨 배지를 달고 있거나, 텍사코 주유소에서 텍사코 제복을 입고 있거나, 병원에서 하얀 가운과 청진기를 걸고 있다면, 그는 그 모습을 공적으로 만들고 있다. 즉, 그가 상호간에 인식 가능한 증거를 그와 그 자신이 만나는 사람들에게 제공해 주고 있다. 그가 이들 기관의 구성원이며 고객들에게 봉사할 수 있음을 선언하는 것이다. 보수적인 옷을 입고 넥타이를 맴으로써, 그는 중산층 사업가나 전문 직업인임을 선언하는 셈이다. 옷차림새는 바로 [작업복인] '파란색 옷깃 근로자'와 [사무직인] '하얀색 옷깃 근로자'라는 용어에 반영되어 있다. 유대인이 작은 덮개 모자를 쓰듯이, 시골 서부 미국인들이 고리달린 끈 넥타이를 매듯이, 남성들이 남성 복장을 입듯이, 빌은 자이언츠Giants 모자를 씀으로써 스스로 자이언츠 야구팀 팬으로 유형화해 놓을 듯하다. 새로 출시된 머쎄이디즈 벤츠Mercedes-Benz 자동차를 몰거나 큰 저택에 거주함으로써, 빌은 자신이 명백히 높은 사회·경제적 지위를 누린다는 선언을 눈으로 보여 주고 있다. 쑤즌은 빌이 그런 증거를 상호간에 분명한 것으로 의도하였고, 그런 공동체의 일원이란 사실을 상호간의 믿음으로 당연시해 놓으려고 의도했다고 가정한다.

사람들은 또한 현재의 상황에서 자신들의 위치에 의해 공동체 구성원 지위를 보여 준다. 잡화 약국·슈퍼마켓·음식점·병원·사무실에서 사람들은 스스로 직원이나 고객 맞이 점원임을 보여 주기 위하여 탁자나 안내대나 점검 안내대 뒤에 서 있다. 교회나 유대 집회나 회교 사원 의례에 참여하는 사람들은 그 종교에서 자신의 구성원 지위를 보여 준다. 야구 열광자들은 스스로 자이언츠 팬임을 보여 주기 위하여 자이언츠 게임을 응원하면서 떠들썩하게 소리쳐 대는 구역에 자리를 잡는다. 이상을 종합하면, 이들 유형과 같은 주위 환경상의 증거는 공동체 구성원 지위를 위하여 고도로 효과적인 토대가 된다.

공동체	주위 환경상의 증거 유형
국적	옷차림새, 언어, 방언, 현재의 상황
출신지	옷차림새, 언어, 방언, 현재의 상황
학력	옷차림새, 방언, 현재의 상황
직업	옷차림새, 현재의 상황, 직업 용어
직장	옷차림새, 현재의 상황
취미	옷차림새, 현재의 상황, 직업 용어
언어	언어, 방언, 어휘
종교	옷차림새, 현재의 상황, 어휘
민족	신체상의 겉모습, 옷차림새, 방언, 악센트
하위문화	옷차림새, 직업 용어
동일집단	신체상의 겉모습, 옷차림새, 목소리 질(고압적, 아부적 등)
성별	신체상의 겉모습, 옷차림새, 목소리 질

구체사례episodic 증거도 주위 환경상의 증거만큼 유용하다. 쑤즌과 빌이 가령 그들이 무엇을 공언하느냐에 따라 공동체 구성원 지위를 수립할 수도 있다. 자신을 소개하면서 빌이 쑤즌에게

"저는 컴퓨터 과학자입니다. 맨해튼에서 자랐지만 최근 10년간 샌프란시스코에서 살고 있습니다."

라고 말할 수도 있다. 일단 이런 주장들이 대화 진행기록의[25] 일부가 된다면, 쑤즌은 그가 컴퓨터 과학자이고, 토박이 맨해튼 사람이며, 현재 샌프란시스코 거주자임을 공통기반으로 간주할 수 있다.

사람들은 또한 그들이 전제하고 있는 내용에서 공공의 소속과 출신 배경을 새롭게 드러낸다. 앨런 아이적스 및 저자의 연구에서는(Ellen Isaacs and Clark, 1987), 우리가 소장director으로 부른 어느 사람에게, 특정한 순서로 뉴욕의 도심 표지물이 되는 16장의 엽서를 배열하는 방법을 우리가 상대방matcher이라고 부른 또다른 사람한테 말해 주도록 요구하였다. 대화를 주고받은 두 사람 중 한 사람이 뉴욕 토박이었거나, 또는 두 사람이 모두 뉴욕 사람이었거나, 아니면 둘 모두 뉴욕 토박이가 아니었다. 모두 32짝이 있었다. 비록 그들 두 사람이 서로 누가 뉴욕 토박이인지, 누가 뉴욕 토박이가 아닌지를 미리 알지 못하였지만, 다음 씨티코어 센터Citicorp Center의 엽서에 대하여 주고받는 말에서와 같이, 그들은 뉴욕 토박이 여부를 즉각 알아차렸다.

Director : Number ten is just one huge building pointed at the top, Citicorp Center.
Matcher : And you're looking, are you looking at it from the base?
Director : Yes, there's there's just two buildings that are visible.
Matcher : Okay.
소 장 : 숫자 10이 옥상을 가리키는 대형 빌딩인데, 씨티코어 센터로군요
상 대 방 : 그리고 선생님은, 선생님은 지상으로부터 그걸 바라보고 있습니까?
소 장 : 예, 거기에, 거기에 눈으로 볼 수 있는 빌딩이 바로 두 채 있네요.
상 대 방 : 좋습니다.

여기서 소장은 뉴욕에 대한 자신의 전문지식을 그 빌딩의 사진이 아니라, ① 그 빌딩을 이름으로 불러 줌으로써, ② 그리고 그 빌딩 자체를 묘사해 줌으로써 드러내었다. 대응 상대는 뉴욕에 대하여 그의 전문지식이 결여되어 있음을 그 건물 자체에 대한 사진을 통해서 바라보는 것이 아니라, ① 그 빌딩의 이름으로부터 그 빌딩을 알아차리지 못함으로써, ② 그리고 그 빌딩의 사진에 초점으로 모음으로써 드러내었다. 이런 정보(악센트가

---

[25] 본문의 conversational record(대화 진행기록)은 때로 discourse record(담화 진행기록)으로도 불린다.

아님)를 이용하면서, 이 연구에서 사람들은 두 장의 엽서 뒤에 85% 확률로 뉴욕 사람과 비-뉴욕 사람을 구별해 낼 수 있었다.

전문지식의 노출은 좀 미묘해질 수 있다(≒일부러 속이기 위하여 그런 수를 쓸 수도 있기 때문임 : 뒤친이). 도박 카지노에서, 빌이 자신의 발화를 도박 용어로 간간이 내뱉어낼 때에, 그는 자신이 노련한 도박꾼임을 상호간의 믿음을 위한 증거로 쑤즌에게 제공해 주는 것이다. 그런 노출은 우발적인 것으로 간주될 것이다. 빌은 쑤즌에게 그가 전문 도박꾼임을 생각하도록 만들기 위해서 그런 전문 용어를 쓰는 것은 아니다. 그들의 상호믿음은 다만 빌이 그런 일을 실행한 결과일 뿐이다. 적어도 표면상으로는 그러하다. 빌은 쑤즌을 속여 그가 전문 도박꾼이었다고 생각하도록 그런 용어를 쓸 수도 있다. 만일 그녀가 속임수라고 의심했다면 그의 의도는 실패하였을 듯하다.

사람들이 주위 환경상의 증거와 구체사례의 증거를 모두 이용함을 예증하기는 쉽다. 킹즈버뤼Kingsbury라고 부르는 하버드 대학 학생이 보스톤에서 거리를 걸어가는 사람들에게 다가가서 지방 악센트로 다음 질문을 하였다.

Can you tell me how to get to Jordan Marsh?
근처에 조든 마쉬 백화점에 어떻게 가는지 말해 줄 수 있겠습니까?

보스톤에 살고 있는 사람에게는 그가 가야 할 방향이 간단하고 곧 실천될 수 있었다(Krauss and Glucksberg, 1977; Krauss and Fussell, 1991). 그 학생이

I'm from out of town.
전 시골에서 왔거든요.

라고 덧붙여 말하자, 그 길 방향이 더 정교해졌고, 더 많은 표지물들을 언급하였으며, 목적지를 확인하는 방법도 묘사해 주었다. 그들은 그 학생이 미주리 악센트를 썼을 때에도 자세하게 말해 주었다.[26] 아마도 백화점 이름 '조든 마쉬'를 잘못 말하는 일처럼 그가 그 지역에 대한 전문지식이 없음을 드러내었더라도, 그들이 똑같이 자세하게 말해 주었을 것 같다(Schegloff, 1972). 보스톤 사람들은 그들 자신과 질문자인 킹즈버뤼가 상호

[26] 〈원저자 7〉 이는 저자가 방언 악센트나 방언을 쓰는 많은 사람들로부터 들었던 불평의 원천이다. 한 지역에 얼마나 오래 살았는지에 무관하게, 지역 사람들은 길 방향을 안내해 주는 경우에 방언을 쓰는 그들을 시골사람이나 외국인으로 취급하였다.

간에 믿는 바에 맞춰 놓기 위해, 즉 질문자가 지방에서 온 시골 사람이나 남부지역 사람이었다고 믿는 관련 공동체(≒질문자와 답변자로 된 공동체)에 맞추어 놓기 위해, 길 방향을 자세히 또는 성글게 설계하였다.

4-5-2 공통기반의 여러 층위

공통기반의 모든 새로운 대목piece은 옛 대목 위에 세워진다. 예를 들어, 앤과 저자는 그녀가 뉴질랜드에 대하여 내부 정보를 갖고 있음을 공통기반으로 간주하였다. 그것은 그녀가 뉴질랜드 사람이라는 우리의 상호믿음에 토대를 두었다. 그러나 그 상호믿음은 또 다른 옛 대목의 공통기반에 토대를 두었는데, 그녀가 뉴질랜드에서 왔다는 그녀의 언급이었다. 차례로 그것은 다시 "I'm from New Zealand.저는 뉴질랜드 출신입니다"라는 말로 표현하되었고, 의도된 대로 저자가 그 문장을 해석하였다는 상호믿음에 근거를 두었다. 차례로 이들 상호믿음은 저자가 그녀가 말하고 있던 바에 주목하고 있었고, 그녀가 의미한 바를 저자가 이해하였다는 수긍 반응을 그녀가 받아들였다는 상호믿음에 근거를 두었다. 이것들이 다시 이번에는 저자가 영어를 이해하였고, 뉴질랜드란 말이 가리키는 바를 알았다는 우리의 상호믿음에 근거를 두었다, 등등으로, 상호믿음의 토대가 하부구조로 계속 진행되어 나갔다.

공통기반은 층위별로 세워지는 것이다. 앤과 저자에게서, 그녀가 자신이 뉴질랜드에서 왔다고 저자에게 말한 순간 모든 층위들이 다 정해지는 것은 아니다. 우리는 이미 우리가 서로에게 주목하고 있고, 둘 모두 영어 화자이며, 그녀가 저자에게 말을 해 주고 있고, 그녀와 저자가 그녀의 발화에 대하여 협동 의미파악joint construal에 도달하려는 동일한 실천을 계속하고 있으며, 그녀가 연극에 있는 어느 대본을 연습하는 것이 아니라 있는 사실을 그대로 진지하게 말하고 있고, 그 밖의 내용들을 공통기반으로 수립하였다. 우리의 공통기반은 층위별로 수립되어 있다.

우리에게 명백한 역설이 남겨져 있다. 만일 모든 새로운 대목의 공통기반이 옛 공통기반 위에 수립된다면, 옛 공통기반의 어느 층위에서 시작해야 되는 것일까? 맨 처음 대목의 공통기반이 있는 것일까? 만약 그러하다면, 그 첫 공통기반은 무엇에 토대를 두는 것일까? 이 역설은 실제보다 더 명백하다. 우리들은 각자 어린 시절부터 다른 사람들에 대하여 정보를 축적하고 수립해 놓았다. 어린이들이 흔히 그러하듯이, 원래 우리는 이런 정보의 많은 것을 적정한 토대가 없이도 공통기반으로 간주할 수 있다. 어린이들은 우선 자신의 상대방이 전지적이라고 생각하는 듯하다. 그들이 더 높은 층위의 표준을 마련하는 것은 오직 나이가 더 들면서부터이다.[27] 그런 시점이 될 때까지는, 더 낮은 층위의 표준이 자리 잡고 있으며, 나머지가 따라올 것이다. 그리고 우리는 부정확한 대목의 공통기반을 고쳐놓는 체계적인 방법들을 갖고 있다.[28] 따라서 맨 처음부터 두루 모든 것을 올바르게 만들어 놓는 일이 일반적이지도 않으며 불필요하다(≒짐작 내용을 상호작용을 하면서 도중에 고쳐나가는 것임 : 뒤친이).

§.4-6 결론

사람들은 어떤 대목의 공통기반을 가정하지 않고서는 협동행위를 실행해 나갈 수 없다. 그러나 공통기반이 무엇이며, 공통기반이 어떻게 수립되는 것일까?

공통기반은 한 형태의 자기자각self-awareness이다. 쑤즌과 빌 두 사람은 그들이 각자 지닌 어떤 정보를 깨닫고 있다. 공통기반이 되기 위해서는 그들의 자각이 반드시 재귀적reflexive이어야 한다. 공통기반은 반드시 바로 그 자각 자체를 포함해야 하는 것이다. 일상적으로 사람들은 어떤 것에 대한 공유된 기반을 가리켜 줌으로써 어떤 대목의 공통기반을 당연시할 수 있다. 즉 협동하여 얻는 지각적 경험이나 지속적인 협동행위인 것이다. 이들 공유된 토대는 질적으로 범위가 나뉜다. 이는 판단 내용의 등급화로 이끌어 간다. 어떤 공유 토대는 한 대목의 정보가 공통기반의 일부가 되는 뛰어난 정보이지만, 반면에

---

[27] 모국어에 대한 문법은 다섯 살 정도가 되면 얼추 갖춰지게 된다. 다만 모자란 것은 언어를 사용하는 능력이다. 이는 복잡한 연산을 요구하며, 전 전두엽에 있는 작업기억(working memory)이 잘 발달되어야 가능하다, 이는 사춘기를 지나야 완성되는 것으로 알려져 있다.

[28] 매우 중요하고도 핵심적인 대목이며, 인간과 사회를 다루는 연구자라면 누구든지 깊이 고민하고 성찰해 봐야 할 문제이다. 공통기반이 결코 유전자에 의해서만 발현되는 것이 아니다. 이런 신경 생리학적 기반은 마치 그림을 그릴 하얀 바탕 종이처럼 zero base(초기 토대)를 이룬다. 여기에다 사회 문화적 공통 경험을 쌓아나감에 따라 점진적으로 축적되어 나가면서 공통기반이 마련되는 것이다. 번역자는 이 과정을 다음과 같이 나눠볼 수 있다고 믿는다. '믿음 고정(fixation of beliefs)'이란 용어는 피어스(Peirce)에서 처음 만들어진 용어이며, 콰인(Quine)과 퍼트넘(Putnam)으로 계승된다. Quine · Ullian(1978; 정대현 뒤침, 1984), 『인식론 : 믿음의 거미줄』(종로서적); Putnam(1981; 김효명 뒤침, 1987), 『이성 · 진리 · 역사』(민음사)를 참고하기 바란다.

① 화자가 어떤 의도를 갖고서 임의의 언어 표지를 상대방에게 말해 본다.
② 동시에 상대방 및 상대방들의 공통 반응을 관찰하고 장기기억에 담아 둔다.
③ 시간과 공간을 달리하는 화용 상황 속에서 이런 경험이 누적되면서 믿음을 고정시켜 나간다.
④ 만일 처음 두 단계들 사이에 차이나 경정이 생겨나면, 고정된 믿음을 삭제하거나 수정해 나가야 한다.
⑤ 이 과정이 확립되거나 수정되어 나가면서 구성원들의 믿음 체계에 대한 '공통기반'이 점진적으로 형성된다.

이런 과정을 진전시키는 심리학적 개념은 흔히 공감(sympathy) 및 감정이입(empathy)으로 불린다. 앞의 §.4-1의 각주 4)에서 언급한 대로 더마지오(Damasion, 2003; 임지원 뒤침, 2007 : 183쪽 이하), 『스피노자의 뇌 : 기쁨, 슬픔, 느낌의 뇌과학』(사이언스북스)에서는 이런 개념도 복내측 전두엽이나 전전두엽이 손상을 입지 않아야 한다는 두뇌 생리학적 기반을 주장한다.

다른 공유 토대는 빈약한 증거가 된다. 만일 저자가 쑤준이 미국 성인임을 알아낸다면, 저자는 그녀가 현재 미국 대통령 이름을 알 것으로 확신할 수 있다. 그러나 헌법에 대한 13번째 수정안을 알 것이라고 생각하지는 않는다.

두 사람 사이에 있는 공통기반은 두 가지 광범위한 유형으로 나뉜다. 공공의 공통기반은 한 개인이 속하는 것으로 믿는 문화공동체에 근거한 정보로서, 국적과 직업으로부터 민족 집단과 성별에까지 이른다. 사적인 공통기반은 개인적인 친분에 토대를 둔 정보로서, 남들에게는 결여되어 있지만, 가까운 사람들에게는 아주 많이 공유된다. 사람들이 공통기반으로 간주하는 정보는, 그 범위가 언어·방언·전문 용어, 그리고 문화적 표준과 절차 등을 통하여 인간 본성에 대한 광범위한 추론으로부터 시작하여, 말로 다 표현할 수 없는 광경과 소리와 느낌까지 널리 걸쳐 있다.

우리에게 중요한 것은 공통기반을 명확히 해 놓고 활용하는 방법이다. 지금까지 우리는 공통기반을 위한 어떤 주위 환경상의 토대와 구체적 사례의 토대를 살펴보았다. 그러나 이 주제는 광막하며, 실제로 이 책의 나머지 부분의 주제가 된다.

제 3 부

의사소통 행위

언어사용 밑바닥에 깔린 원리

Using Language

제5장 의미와 이해

"자발적으로 준비가 된 청자를 만나기 전까지는, 입말이든 글말이든 상관없이 모든 발화는 죽은 언어이다."

(로벗 루이스 스띠븐슨, 『인간 삶에 대한 반성 및 소견』)

사람들이 업무 거래·장기 놀이·피아노 2중주 등 협동작업 활동에 참여하는 경우에, 그들은 다양한 협동행위를 수행한다. 그들은 서로에게 여러가지 대상을 말하고, 서로에게 여러가지 대상을 건네어 주며, 서로 알았다는 표시로 고개를 끄덕거리고, 서로의 눈을 마주보며, 이런 일들을 통하여 그들의 협동작업 활동을 진전시켜 나간다. 이들 협동행위의 많은 것이 또는 그 일부가 의사소통 행위이다. 이를 통하여 그들은 자신이 의미하는 바를 상대방이 이해하도록 만든다. 그렇지만 이런 것들이 어떤 종류의 행위들이며, 그런 행위들이 어떻게 작동하는 것일까?

전통적인 시각은 의사소통 행위들이 자율적으로 화자에 의해 수행된다는 것이다. 잡화 약국에서, 점원 스또운 양이 "I'll be right there곧 그리로 갈 게요"라고 말하였을 때에, 그녀는 혼자서(≒사실은 고객인 저자를 염두에 두고 있었지만, 그 말은 일방적인 통보이었음 : 뒤친이) 약속을 하고 있었다. 비록 그녀가 그 발화를 저자를 향해 말하였지만, 저자는 거기에 어떤 실질적 지분도 갖고 있지 않았다. 약속은 장래에 뭔가를 실행한다는 언질commitment 언약, 책무을[1] 표현한다. 화자들은 그런 언질을 혼자서 표현한다. 그런 전통에서는 초점이 화자들에게 있다. 청자가 어떤 몫을 지닌다는 언급도 암시도 전혀 없다.

전통적인 견해는 역설적으로 그 나름의 해체destruction의 씨앗을 담고 있다. 바로 의미라는 개념—즉 '화자의 의미'라는[2] 그 개념—은 청자/수신자가 특정한 방식으로 화자들에게 참여하기를 요구하며, 화행speech acts의[3] 다른 개념들도 그러하다. 더 자세히 검토를 해 나가면서, 우리는 의사소통 행위가 본질적으로 협동행위joint acts이며, 그것들이 바로 전체 층위의 협동행위들 가운데에서 한가지 수준one level임을 찾아낼 것이다. 시작하기 위하여 먼저 모든 의사소통 행위의 심장부에 무엇이 있는지—즉 의미를 말함—를 다뤄나가기로 한다.

§.5-1 의미

1957년에 "의미"라는 제목을 단 10쪽 짜리 논문에서 허어벗 폴 그롸이스Herbert Paul Grice는[4] 언어사용의 연구에 혁명을 가져온 의미에 대한 이론을 제시하였다. 그는 저자가 [인간의 의도가 전혀 개입되지 않은] 자연적 기호 또는 징후symptoms로 부르게 될 어떤 자연스런 사건들의 의미를, 저자가 신호signals로 부르는 의도적인 어떤 인간 행위의 의미로부터 서로 구별해 내면서 논의를 시작하였다. 다음 두 가지 진술문을 비교해 보기 바란다.

① These spots mean that Margaret has the measles.

이들 붉은 반점은 마그룃이 홍역을 앓음을 의미한다.[5]

---

[1] commitment(언질/공약, 약속에 책임지고 전념하여 이행함, 온전히 마음을 쏟음)는 성실히 자신의 말에 책임지고 성실히 실천해 내는 데 전념하는 마음가짐(성실히 힘껏 실천함)을 가리킨다(deliberately undertaking commitment). 쉽게 대응되는 우리말을 찾기 어렵다. 사안에 따라서 적절한 낱말을 따로 골라내어야 옳다. 이 낱말의 뿌리인 commit to(전념/몰입/몰두하다, 언약하다, 뛰어들다, 책임지다, 온전히 힘을 쏟다)의 어원은 라틴어 joint(참여하다), entrust(맡기다, 위탁하다)인데, 특히 후자는 'with+put or send'로 형태소가 이뤄져 있어서 put into custody(보호/양육하에 들어가다)로 풀이된다. 이 동사는 이음말로서 ① 목적어 구문 commit a crime(범죄를 저지르다), commit suicide(자살하다) 등이 있고, ② 재귀 목적어 구문 commit yourself to doing something(성실히 뭔가를 이행해 내다), commit yourself to something(스스로 단단히 뭔가 다짐하여 마음을 쏟다), ③ 자동사 구문 commit to something(뭔가에 충실히 마음을 기울이다) 등이 있다. committee(위원회, 결정 전담 부서)도 이 말에서 나왔다. 제10장의 제목 joint commitment(협동 전력이행)는 실천에 전념하는 일을 가리키므로, '전력이행'이라고 번역해 두었다.

한편, 브뤄밴터·던데일(Brabanter and Dendale, 2008) 엮음, 『전력이행(*Commitment*)』(John Benjamins)이 이 개념을 이해하는 데 크게 도움을 준다. 'to commit NP to~(누구를 ~에 전념하게 하다)'는 두 가지 행위가 깔려 있다. 현재 행위(공언 행위)와 목표 행위이다. 이 두 행위 사이에는 어떤 믿음이나 의도로 연결되어 있는데(probably로 나타낼 수 있는 개연적인 연결), 이런 연관성이 공적인 태도(public attitude)로 나타나므로 양상논리에서 '의무(deontic)' 양태와도 관련된다. 여기서 목표 행위까지 이르는 경로나 과정에 초점이 모아질 수도 있고(sincerity condition : 성실성 조건), 또는 결과 상태인 목표 행위에 초점이 모아질 수도 있다. 이런 측면은 각각 weak commitment와 strong commitment로 등급화된다. 약한 전력이행은 may, perhaps, possible 등으로 표현될 수 있고, 강한 전력이행은 must, certainly, necessary 등으로 표현될 수 있다. commitment(전력이행)은 공적으로 언급된 정신(심적) 상태에 대한 표현이므로(expression of a mental state; 이는 자신에 대한 재귀적 점검을 요구하며, 바로 이 점이 우리말에서 대응 낱말을 찾기 힘든 이유가 됨), involvement(개입, 간여)와는 확연히 구분된다. 후자는 단지 사실에 대한 기술이기 때문이다. 그래서 commitment를 노이츠(Nuyts, 2006)과 폴러(Faller, 2006)에서는 '정신적인(심적인) 수행속성(mental performativity)'으로 부르기도 하였다. 자세한 논의는 브뤄밴터 등(2008)을 읽어보기 바란다.

[2] speaker's meaning(화자의 의미)라는 개념은 옥스퍼드 일상언어 철학자 그롸이스(Grice, 1913~1988)가 쓴 용어이다. 화자가 전달해 주려고 의도하는 의미이다. 더 뒤에 이 용어는 화자의 의사소통 의도(intention)라는 말로 일반화되었다.

[3] speech act(발화 행위)라는 용어는 옥스퍼드 일상언어 철학자 오스뜬(Austin, 1911~1960)의 용어이다. 이를 줄여 '화행'이라고 말한다. 어떤 연구자는 이를 '언어행위, 언화 행위'라고도 번역하기도 한다. 이 용어는 미국에서 쓰이기 시작한 pragmatics(화용론)와 서로 뒤섞여 쓰인다. 그 까닭은 이 두 용어가 '언어사용'에 초점을 맞추면서 모두 청자와 화자, 그리고 시간과 공간이란 변수를 도입하기 때문이다.

[4] 〈원저자 1〉 모종의 이유로 말미암아 그롸이스의 이름은 허어벗보다는 폴로 불렸다.

〈역자주〉 그롸이스의 이름은 아버지와 동일하다. 따라서 아버지와 뒤섞여 불리는 것을 꺼려하였기 때문에, 어떤 때에는 허어벗이 없이 그냥 '폴 그롸이스'로만 부르기도 하였다.

[5] measles는 홍역이므로, spots는 아마 얼굴과 온몸에 나는 좁쌀 같은 붉은 반점나 반점을 가리킬 것 같다. 여기서는 spot(점)을 붉은 반점으로 번역해 둔다.

② The doctor's hand wave means that Margaret has the measles.
그 여자 의사의 손짓은 마그릿이 홍역을 앓음을 의미한다.

①에서 언급된 붉은 반점은 자연스런 기호로서, 마그릿이 홍역을 앓음을 나타내는 징후 또는 직접 증거이다. 만일 저자가 어느 친구에게

Those spots mean that Margaret has the measles.
저 붉은 반점들은 마그릿이 홍역을 앓음을 뜻한다.

라고 말한다면, 저자는 마그릿이 홍역을 앓는다는 믿음에 전념하고 있다. 그러나 ②에 있는 (가령 병원에서 칸막이 유리창을 통한) 여의사의 손짓은 부분적으로 저자를 향한 그 의사의 의도 때문에, 그 손짓이 실행하는 바를 의미한다. 이는 마그릿이 홍역을 앓음을 저자에게 말해 주려는 것이다. (자연적인 결과인) 붉은 반점들과는 달리, 그 손짓은 홍역과 전혀 자연스런 연관성이 없다. 그리고 저자가 만일 어느 친구에게 다음처럼 말한다면,

The doctor's hand wave means that Margaret has the measles.
그 여자 의사의 손짓은 마그릿이 지금 홍역을 앓는다는 뜻이다.

저자는 마그릿이 홍역을 앓는다는 믿음에 진지하게 전념하고 있지 않다. 즉, 그 의사가 잘못일/오판할 수도 있는 것이다. 그롸이스Grice는 이들 두 가지 종류의 의미를 각각 자연스런 의미natural meaning와 비자연적 의미non-natural meaning로 불렀다. 저자의 용어로는 '징후symtomps'는 자연스런 의미를 지니며, '신호/기호'들은 비자연적 의미를 지닌다.[6]

언어사용은 자연스런 기호 및 인위적 신호/기호들 둘 모두에 의존한다. 자연스런 기호를 살펴보기로 한다. 지금 저자가 듣고 있는 소리는 라디오가 켜져 있음을 의미한다. 저자의 친구가 들고 있는 물체의 모양새는 그것이 책임을 의미한다. 부르는 사람의 목소리 음높이는 그가 남성임을 의미한다. 어떤 화자가 낱말을 발화하는 데에서 비자발적으로 (≒무의식적으로) 머뭇거리는 일은, 그가 아마 제시간에 해당 낱말을 생각하거나 선택하거

[6] 피어스(Peirce)의 용어로는, 형식과 내용의 결합이 1 : 1로 이뤄지는 icon(시각적으로 본뜸)이나 index(가리킴)가 자연스런 의미를 만들어 내며, 형식과 내용의 결합이 다 : 1이나 1 : 다로 이뤄지는 symbol(형식과 내용 결합을 해석해야 하는 상징)이 비자연적 의미를 만들어 낸다. '비자연적'이란 말을 소쉬르는 자의적(arbitrary)라고 했고, 다른 이들은 비필연성(non-necessary), 무연성(im-motivative 유연성이 없음), 우연성(contingency), 인위적(artificial), 상징적(symbolic)이라고도 불렀다.

나 발음하는 데에 어려움이 있음을 의미한다. 대부분의 것들이 자연스런 의미를 지닌다. 이것들은 언어사용을 위하여 중요해질 수 있다. 왜냐하면 이것들이 모두 이것 또는 저것이 참이라는 자연스런 기호가 되기 때문이다. 언어사용을 구별해 주는 것은, 이것이 언제나 또한 비자연적 의미(≒화자가 의도하는 의미, 상징적 의미 : 뒤친이)를 포함한다는 점이다.

5-1-1 화자의 의미와 신호 의미

그라이스에 따르면 비자연적 의미는 그 자체로 두 가지 유형으로 나뉜다. 화자나 발화자의 의미speaker's meaning 및 저자가 '신호해 주는 의미signal meaning'로 부르게 될 의미이다.

③ By uttering "I surrender", Sam meant that he was surrendering.
'항복이오!'이라고 말함으로써, 쌤은 자신이 항복하고 있음을 의미하였다.

④ By waving a white flag, Sam meant that he was surrendering.
흰 깃발을 흔듦으로써, 쌤은 자신이 항복하고 있음을 의미하였다.

⑤ By uttering "I am hungry", Elizabeth meant that she was in need of food at that moment.
'배 고파요!'라고 말함으로써, 일리저버쓰는 자신이 그 시점에서 식사할 필요가 있음을 의미하였다.

⑥ By pointing at her mouth and an empty plate, Elizabeth meant that she was in need of food at that moment
자신의 입과 빈 그릇을 가리킴으로써, 일리저버쓰는 자신이 그 시점에서 식사할 필요가 있음을 의미하였다.

네 가지 사례들은 모두 화자가 의미한 바를 서술해 준다. 그것들은 각각 화자의 의미를 위한 표준 얼개에 들어맞는다.

◁ 화자의 의미 (speaker's meaning) ▷

By presenting *s* to A, S meant for A that *p*.
청자 A에게 신호 *s*를 제시해 줌으로써, 행위 주체 S는 청자 A에게 *p*가 사실임을 의미하였다.

이 얼개에서, S는 화자나 편지 쓰는 사람처럼 그 행위의 주체를 가리키고, A는 어떤 청자/독자를 나타내며, *s*는 의도적인 인간 행위, 즉 깃발을 흔들거나 문장을 발화하는 것과 같은 어떤 신호signal를 나타낸다. 대조적으로 다음 기술내용들은 임의의 신호가 뭘 의미하는지 또는 의미하였는지를 서술해 준다.

⑦ The sentence *I am hungry* can mean that the speaker, whoever that is, is in need of food at the moment he or she utters the sentence.
'난 배 고파요'라는 문장은 화자가 누구든 이 문장을 말하는 시점에 식사할 필요가 있음을 뜻할 수 있다. (문장 의미)

⑧ The word *hungry* can mean 'in need of food.'
'배 고프다'라는 낱말은 '식사할 필요가 있다'를 뜻할 수 있다. (낱말 의미)

⑨ Elizabeth's utterance 'I am hungry,' meant that she was in need of food at that moment she produced the utterance.
일리저버쓰의 '난 배 고파요'라는 발화는 그녀가 이 발화를 말한 시점에서 식사할 필요가 있었음을 의미하였다. (발화 의미)

⑩ Elizabeth's gesture at her mouth and empty plate meant that she was in need of food at that moment.
자신의 입과 빈 그릇에 대한 일리저버쓰의 몸짓 시늉은 그녀가 그 시점에 식사할 필요가 있었음을 의미하였다. (관례적 몸짓 시늉의 의미)

이들 예문이 모두 신호의 의미를 위한 표준 얼개에 딱 들어맞는다.

◁ **신호 의미** (signal meaning) ▷

s means or meant "*y*" or that *p*.

신호 *s*는 "*y*" 또는 *p*가 사실임을 의미한다 또는 의미하였다.

앞에서와 같이, 신호 *s*는 의도적인 인간 행위인 신호signal를 의미하고, *p*는 임의의 명제를 나타내며, *y*는 풀어쓴 내용paraphrase이다.

화자의 의미speaker's meaning와 신호 의미signal meaning 사이에 차이점을 설명해야 하는 것은 기이하다. 이것들은 각각 독일어에서 Gemeintes의도된 뜻와 Bedeutung드러난 뜻으로 불리고, 화란어에서 bedoeling의도된 뜻와 betekenis드러난 뜻로 불리며, 불어에서 intention의도된 뜻과 signification드러난 뜻으로 불린다. 독일어·화란어·불어로 작업하는 연구자들에게는, 이 두 용어가 사과 및 오렌지처럼 차이가 있다. 그렇지만 영어로 작업하는 사람들에게, 이 두 용어는 오랜 동안 혼란의 원천이 되어 왔다. 왜냐하면 이 두 낱말이 동일한 이름인 meaning의미을 갖고 있기 때문이다.[7] 언어사용에서 이 용어들을 올바르게 정돈해 두는 것이 필수적이다.

신호 의미signal meaning는 여러 가지 다양한 모습으로 나온다. 예문 ⑦은 문장 의미의 사례를 서술해 주는데, 어떤 특정한 경우에서 I am hungry난 배 고프다라는 문장이 쓰일 수 있는 한 가지 방식이다(동일한 문장이 또한 다른 방식으로도 쓰일 수 있음). 예문 ⑧은 낱말 의미의 사례를 서술해 주는데, 어떤 특정한 경우에서 hungry배 고프다라는 낱말이 쓰일 수 있는 한 가지 방식이다. 그리고 예문 ⑨는 발화 의미의 사례를 서술해 주는데, 어떤 특정한 경우에서 그 문장을 발화하는 일리저버쓰의 행위가 의미한 내용이다. 예문 ⑨에서는 일리저버쓰가 발화한 그 문장의 관례적 의미들 가운데 하나가 그녀의 발화에 대한 의미와 관련을 짓는다. 그렇지만 그 관계는 아주 간접적으로 될 수도 있고, 심지어 결여될 수도 있다. 예를 들어 예문 ②에서 그 여자 의사가 흔드는 손짓은, 홀로 그 경우에 대해서만 그 여자 의사와 저자가 비밀리에 결정한 신호이었을 가능성도 있는 것이다. 다른 경우에는 그 손짓이 아무런 것도 의미하지 않을 수도 있고, 또는 전적으로 다른 어떤 것을 의미할 수도 있는 것이다.

이들 구분은[8] 중요하다. 낱말 및 문장들은 신호의 유형types of signals인데, 그것들이 쓰일 수 있는 임의의 사례로부터 현격히 추상화되어 있는 언어 단위들로서, 특정한 '화자·청자·시간·장소'에 대한 모든 관계들로부터 완전히 벗어나 있는 것이다. 그것들을 서술하는 것은 발화 공동체 속에서 그것들의 용법에 대한 관례들을 서술해 주는 것이다(제3장과 제4장을 보기 바람). 그렇지만 발화utterance는 특정한 경우들에서 특정한 목적을 위하여 특정한 화자들이 낱말·문장·그 밖의 것들을 산출해 내는 행위이다. 언어 구조의 연구는 1차적으로 낱말과 문장과 그것들의 의미를 지배하는 관례들에 대한 것이다. 그렇지만 대화·책자·신문들에서, 우리는 낱말·문장·그 밖의 것들에 대한 '발화'를 다루며, 그것은 상이한 접근법을 요구한다.

비자연적 의미는 영어나 일어나 북미 수Sioux 인디언의 다코타Dakota 어와 같은 관례적 언어의 이용들에만 국한되는 것이 아니다. 그롸이스 또한 비자연적 의미가 그렇게 자연언어에만 국한될 것으로 의도한 적은 전혀 없다. 신호들은 예문 ③⑤⑦⑧⑨에서처럼 '언어적'일 수도 있고(관례적인 언어에 속함), 예문 ②④⑥⑩에서처럼 '비언어적'일 수도 있

---

[7] 〈원저자 2〉 이 점은 거의 벤자민 리 워프(Benjamin Lee Whorf)의 언어 결정론을 믿도록 만들기에 충분한 것이다.

[8] 낱말 의미(word meaning), 문장 의미(sentence meaning), 발화 의미(utterance meaning), 관례적 몸짓 시늉의 의미(conventional meaning)를 가리킨다.

다. 화자의 의미(≒화자가 의도하는 의미)에 대한 얼개에서는, 화자가 (비언어적) "신호 *s*를 제시하며," 단지 (언어적) "신호 *s*를 발화하는" 것만이 아니다. 일상적인 언어사용은 언어적 신호와 비언어적 신호 두 가지에 모두 의존한다. 대화에서 사람들은 낱말을 말해 줄 뿐만 아니라, 또한 자신의 손·머리·눈·어깨들을 써서 휴지와 몸짓 시늉도 이용하며, 다른 비언어적 신호들도 제시해 준다(제6장을 보기 바람). 그들은 자신이 의미하는 바를 말하기 위하여 이것들을 결합하여 이용하는 것이다. 따라서 저자가 'utterances발화, speakers화자, speaker's meaning화자의 의미'라는 용어를 쓰는 경우에, 저자는 보통 'signals신호, signalers신호하는 주체, signaler's meaning신호 주체의 의미'을 의도한다.

비록 용어가 서로 다르지만, 화자의 의미 및 신호 의미는 명백히 연결되어 있다. 화자들은 오직 신호를 이용함으로써만 뭔가를 의미한다. 오직 신호들이 화자에 의해서 뭔가를 의미하려고 이용되기 때문에 신호들은 뭔가를 의미하게 되는 것이다. 여전히 화자의 의미는 여러 가지 측면에서 논리상 먼저 나오는 개념이다. 본디 많은 신호들이 관례적인 의미를 전혀 갖고 있지 않았다. 이 신호들이 의미하는 바는, 오직 특정한 경우에서 그 신호들을 이용하면서 화자들이 의미하는 바에 의해서만 고정되는 것이다. 저자의 친구와 함께 하는 점심 자리인 어느 정오에, 저자는 분명히 손목시계를 자주 바라보면서, 저자의 아내에게 곧 임박한 치과치료 약속시간을 상기시켜 주었다. 그러나 손목시계를 바라보는 일이 관례적으로도, 일반적으로도, "you are due at the dentist's soon당신이 곧 치과에 가야 할 시간이에요"를 의미하는 것은 아니다. 여기서 화자가 의미하는 것으로 추론한 바는, 우리로 하여금 그 신호가 뭘 의미하는지를 결정하는 데 도움을 주나, 그 역은 성립되지 않는다.

그 원리는 일반적이다. 신호 밑바닥에 어떤 행위 주체나 화자를 가정하지 않고서는, 의미를 지니는 신호에 대하여 말할 수 없다. 그 유리창 너머에 있는 병실로부터 나온 그 여자 의사가 흔드는 손짓은, 마그릿이 지금 홍역을 앓음을 의미하였는데, 이는 다만 저자가 그 여자 의사가 그런 의도를 염두에 두고서 손을 흔들었다고 가정했기 때문이다. 만일 저자 뒤에 있는 누군가를 향해서 그 여자 의사가 손을 흔들었음을 발견하였다면, 또는 만일 그녀의 손짓이 우리가 합의해 놓은 바가 되도록 의도한 것이 아니었음을 발견하였다면, 저자는 그녀가 지금 마그릿이 홍역을 앓음을 의미하는 것으로 여기지 않았을 것 같다. 동일한 내용이 hungry배 고프다와 같은 낱말에 대해서도 성립된다. 이 낱말은 오직 올바른 상황에서 이 낱말을 발화함으로써, 이 낱말이 '식사할 필요가 있음'을 의미할 수 있는 사람들의 공동체가 있음을 의미한다는 관례 때문에, '식사할 필요가 있음'을 의미할 수 있다(제3장을 보기 바람). 따라서

s meant (or means) something.

신호 *s*가 무엇인가를 의미하였다 또는 의미한다.

라고 말하는 것은, 다음처럼 말하는 것과 동등한 효력을 지닌다.

somebody meant (or can mean) something by *s*.

누군가가 신호 *s*로써 무엇인가를 의미하였다 또는 의미할 수 있다.

그 행위 주체인 '누군가'가 반드시 포함되어야 하는 것이다. 이런 의미에서 화자의 의미는 1차적이며, 신호 의미는 2차적이다(≒도구 사용의 주체가 먼저이고, 언어적 또는 비언어적 도구는 2차적임 : 뒤친이).

5-1-2 '화자의 의미'란 무엇인가?

'화자의 의미'가 다른 사람으로 하여금 뭔가를 실행하게 하는 것과 관련되어야 하지만, 오직 어떤 수단을 이용함으로써만 그러하다는 것이 그라이스의 통찰이었다.[9] 쌤[sam]이 밖에 비가 오는 것을 보게 하려고 여러분을 창가로 데려갔다고 상정하기로 한다. 그는 여러분으로 하여금 밖에 비가 오고 있음을 믿게 하려고 했고, 여러분이 그 사실을 믿게 하려고 하는 그의 의도를 여러분이 인식하였다. 그렇지만 여러분은 다음처럼 말할 수 없을 것이다.

By presenting this scene to me, Sam meant that it was raining out.

나에게 이런 광경을 제시해 줌으로써, 쌤은 밖에 비가 오고 있었음을 의미하였다.

그라이스는 화자의 의미에 관하여, 쌤의 의도에 대한 여러분의 인식이, 반드시 여러분이 밖에 비가 오고 있다고 생각하도록 하기 위한 추론의 일부로 기여해야 한다고 논의하였다. 그렇지 않고 대신에, 만일 쌤이 단순히

---

9 〈원저자 3〉 특히 그라이스(Grice, 1957, 1968), 쉬퍼(Schiffer, 1972), 스뜨로슨(Strawson, 1964), 써얼(Searle, 1969)를 보기 바란다.

〈역자주〉 여기서 중요한 것은 인간들에게서 의사소통 의도를 표현하는 두 가지 방식은 유일하게 '언어 및 행위'라는 점이다. 특히, 여기서 관례로 정해진 언어 형식을 이용하여 뭔가를 의미하는 일과, 관례로 정해진 것이 없는 상황에서 즉석으로 비언어(=행위) 형식을 이용하여 뭔가를 의미하는 일은 아주 다르다는 점이다.

It's raining out.

밖에 지금 비가 오고 있어.

라고 말했더라면, 그의 의도는 필수적이었을 것 같다. 만일 여러분이 그가 어느 연극에 있는 대목을 연습하고 있었거나 어느 소설로부터 문장을 읽고 있었거나 아니면 현재 진행형 동사의 사례를 학생들에게 제시해 주고 있었다고 생각하였다면, 여러분은 그의 말을 밖에 비가 오고 있음을 의미하는 것으로는 간주하지 않았을 것이다. 이와는 달리, 여러분은 그것이 쌤이 의미한 것이었다고 생각하였다. 이는 부분적으로 여러분이 그렇게 생각하도록 한 그의 '의도'를 인식하였기 때문이다.

정확히 화자의 의미를 형식화하는 방법은, 그롸이스의 첫 제안 이후 계속 논란거리가 되어 오고 있다. 다음에 그롸이스의 원래 착상에 충실한 형식화가 제시되어 있지만, 여러 가지 방식으로 고쳐져 있다.[10]

◁ **화자의 의미 (재귀적) Speaker's meaning (reflexive)** ▷

In presenting s to audience A, a speaker S means for A that p if and only if :

(i) S intends in presenting s to A that A recognize that p in part by recognizing that i.

신호 s를 청자 A에게 제시하면서, 화자 S는 청자 A에게 다음 필요충분조건에서 p가 사실임을 의미한다.

재귀적 전체 명제 *(i)*[11] 화자 S가 청자 A에게 신호 s를 제시하면서 A가 부분적으로 명제 지시내용 i가 사실임을 인식함으로써 명제 p가 사실임을 인식하도록 의도한다.

화자의 의미는 한 유형의 의도이다. 저자가 여러분에게 "Please sit down[좀 앉아 주실래요]"이라고 말하는 경우에, 저자의 의도는 (저자가 여러분에게) 자리에 앉기 바란다는 것을 여러분이 인식하게 하려는 것이다. 그러나 일부 이렇게 생각하기 위한 여러분의 근거로서, 여러분은 저자가 실행한 바를 제시하는 데에서 반드시 바로 저자의 의도를 인식해야 한다. 따라서 화자의 의미는 재귀적 의도[reflexive intention]가 된다. 의도 i는 의도 i 자체에 대한 언

---

10 〈원저자 4〉 이 형식화 내용은 전부는 아니더라도 일부 다음 논의들에 근거하고 있다. 스뜨로슨(Strawson, 1964), 그롸이스(Grice, 1968, 1982), 써얼(Searle, 1969), 바크·하니쉬(Bach and Harnish, 1979), 하아먼(Harman, 1977), 스뻐버·윌슨(Sperber and Wilson, 1986), 뢰캐너티(Récanati, 1986), 토머슨(Thomason, 1990).

11 이는 §.4-1-1에 있는 '공통기반(재귀적)'에서 도입된 약속으로, 재귀적 전체 명제를 가리킨다. 재귀적 전체 명제가 필수적이기 때문에 저자는 의사소통의 경로가 적어도 두 가지 이상(정보 전달용 1차 경로와 점검 확인용 2차 경로)이 설정되어야 한다고 보았다. '*i*'는 명제의 지시내용(reference)을 가리킨다. §.4-1-1에 있는 각주 6을 보기 바란다.

급을 포함한다(뒤의 *i*는 더 앞에서 표기상 괄호 속에 집어 넣어 '(*i*)'로 구분하여 썼음 : 뒤친이). 그라이스는 이를 의미 의도meaning intention라는 뜻으로 m-intention의미 의도라고 불렀는데, 모든 비자연적 의미에 대하여 이를 필수적인 것으로 간주하였다.

5-1-3 신호 보내기signaling 및 인식하기

화자의 의미에 대한 심장부(핵심)인 그라이스의 m-intention의미 의도는 유별난 유형의 의도이다. 즉, 이는 청자의 참여가 없이는 화자가 내보낼 수 없는 의도인 것이다. 저자가 "Please sit down좀 앉아 주실래요"이라고 말하면서 여러분이 앉아 줄 것을 의미한다면, 저자가 의미하는 바를 인식함으로써 여러분 몫을 실행하는 여러분에게 저자는 의존하고 있다. 그라이스의 형식화 내용에서, 저자의 의도는 직접적으로 그 의도에 대한 여러분의 인식에 달려 있다. 저자는 (단독 행위인) 막대기를 흔들려는 저자의 의도를, 자율적인 행위로서 다른 누군가의 행동(참여)이 없이도 내보낼 수 있다. 그러나 여러분의 몫을 실행하는 여러분이 없이는, 협동행위인 악수하는 일에 대한 저자의 몫을 실행하려는 의도를 내보낼 수 없다. 즉, 여기서 저자의 개별행위는 동참행위이다. 여러분도 여러분의 몫을 실행하도록 요구하는 협동행위의 일부로서 저자의 몫을 저자가 수행한다(제1장과 제3장을 보기 바람). 동일한 내용이 신호 보내기와 인식하기에 대해서도 성립한다. 저자가 정의하고자 하는 원리는 다음과 같다.

◁ **신호 인식 원리** (signal recognition principle) ▷

Signaling and recognizing in communicative acts are participatory acts.

의사소통 행위에서 신호 보내는 일과 인식하는 일은 동참행위이다.

한 사람이 다른 사람에게 신호를 보내 주며, 첫 번째 사람이 의미한 바를 인식하는 두 번째 사람의 협동행위를, 저자는 의사소통 행위communicative act라고 부를 것이다.

신호 보내기와 인식하기가 어떻게 작동하는지 살펴보기 위하여, 그것들을 진행중인 행위로서 내부로부터 검토해 나가기로 한다. 앤과 벤이 플루트-피아노 2중주를 연주하는 경우에, 우리는 협동행위 *r*과 그들의 개별적 참여행위를 갖게 됨을 상기하기 바란다.

Ensemble A-and-B are playing a flute-piano duet *r* in situation *w* if and only if :

A와 B 한 쌍(합체)이 다음 필요충분조건으로 상황 *w*에서 플루트-피아노 2중주 *r*을 연주하고 있다.

⓪ the duet *r* includes ① and ②;

그 2중주 *r*은 다음 ①과 ②를 포함한다.

① A is playing the flute part as part of *r*;

A는 2중주 *r*의 일부로서 플루트 몫을 연주하고 있다.

② B is playing the piano part as part of *r*.

B는 2중주 *r*의 일부로서 피아노 몫을 연주하고 있다.

따라서, 앤이 2중주의 일부로서 그녀의 플루트 몫을 연주하기 위하여, 그녀는 반드시 벤 또한 동일한 2중주의 일부로서 그의 피아노 몫을 연주할 것으로 믿으면서, 자신의 몫을 연주해야 한다. 만일 그 2중주 연주 도중에, 그녀가 더 이상 벤이 그의 몫을 연주하고 있지 않다고 생각한다면, 즉, 벤이 자신의 악보가 바람에 날려가 버렸기 때문에 연주를 중단하였다면, 그녀는 더 이상 그들이 2중주를 연주하고 있다—즉 그 2중주의 일부로서 동참행위를 수행하고 있다—고 간주하지 않을 것이다. 만일 그녀가 연주를 계속한다면, 그녀는 스스로 혼자서 연주하고 있다고 여길 것이다. 이 점은 중요하다. 앤의 동참행위와 벤의 동참행위들이 서로 연관되어 있는 것이다. 즉, 앤은 벤이 동일한 2중주의 일부로서 그의 몫을 연주하고 있다고 가정하지 않고서는, 앤 자신의 몫을 연주하고 있다고 여길 수 없다. 그리고 그 역의 경우도 참이다.

따라서 2중주는 신호 보내기 및 인식하기라는 동참행위와 잘 어울린다. 앤이 명제 *p*가 사실임을 의미하면서(가령 벤이 자리에 앉게 됨), 신호 *s*를 벤에게 제시한다(가령 앤이 "Please sit down[좀 자리에 앉아 주십시오]"이라고 말함)고 가정하기로 한다. 다시 한 번, 우리는 협동행위 *r*과 동참행위 ①과 ②를 갖게 된다.

◁ **화자의 (협동) 의미 Speaker's meaning (joint)** ▷

In presenting *s* to A, speaker S means for A that *p* if and only if :

청자 A에게 신호 *s*를 제시하면서 화자 S는 다음 필요충분조건에서 청자 A에게 *p*가 사실임을 의미한다.

⓪ the communicative act *r* includes ① and ②;

의사소통 행위 *r*이 다음 ①과 ②를 포함한다.

① S presents *s* to A intending that *p* as part of *r*;

화자 S가 의사소통 행위 *r*의 일부로서 *p*가 사실임을 의도하면서 신호 *s*를 청자 A에게 제시한다.

② A recognizes that *p* as part of *r*.

청자 A가 의사소통 행위 *r*의 일부로서 *p*가 사실임을 인식한다.

앤이 의사소통 행위 *r*의 일부로서 "Please sit down[좀 자리에 앉아 주십시오]"이라고 발화하는 경우, 그녀는 벤이 그의 몫을 실행할 것으로 기대한다. 벤은 부분적으로 그녀가 ①에 있는 의도를 갖고서 "Please sit down[좀 자리에 앉아 주십시오]"을 발화하고 있음을 눈으로 봄으로써, 반드시 그녀가 의미하는 바를 인식해야 한다. 2중주에서처럼, 앤의 행위와 벤의 행위가 연관되어 있다. 앤은 벤이 이들 의도를 인식하려고 의도하고 있음을 가정하지 않고서는, 앤 스스로 벤에게 앉아 주도록 요청하고 있다고 간주할 수 없다. 그 역의 경우도 참이다.

앤이 발화하는 도중에 앤의 행위와 벤의 행위를 살펴보기로 한다. 만일 그녀가 벤이 더 이상 그의 몫을 실행하지 않는다고 생각한다면, 그녀는 더 이상 그들이 의사소통을 하고 있는 것으로 여기지 않을 것이다. 즉, 스스로 그녀가 벤에게 자리에 앉도록 요청하고 있다고 여기지 않을 것이다. 앤은 벤이 화란어를 알고 있다고 여기고서 "Gaje even…[좀 당신…]"라고 말하는데, 그녀가 "zitten alsjeblieft[앉아 주실래요]"를 다 끝마치기 전에, 벤이 영어로 "What?[뭐라고요?]"이라고 하면서 말을 중단시키는 경우를 상정해 보기로 한다. 비록 그녀는 벤이 '그녀가 그를 앉히고 싶어 함'을 인식하도록 의도하면서 그녀 자신의 발화를 시작하지만, 만일 그녀는 벤이 자신의 몫을 실행하고 있지 않음을 깨닫는 경우에, (상황이) 그 의도를 내보내지 않은 채 멈추도록 강요된다. 그리고 비록 벤은 그녀가 자신에게 신호를 보내려고 애쓰고 있음을 혹 깨달을 수도 있겠지만, 벤은 그녀가 실패하고 있음을 인식한다 (제8장과 제9장을 보기 바람).

막 제시된 두 부분(=신호 보내기 및 인식하기) 표상은, 화자 의미에 대한 여러 가지 기본적인 속성을 명백히 드러내 준다. 이는 의사소통 행위를 자연스런 두 부분으로 나눠 준다. 신호 보내기와 인식하기이다. 제1부분은 화자의 행위와 책무이며, 제2부분은 청자의 행위와 책무이다. 또한 이는 두 행위가 어떻게 연관되어 있는지도 보여 준다. 즉, A의 의도가 어떻게 B의 인식에 달려 있는지를 보여 주며, 그 역의 상황도 보여 준다. 마지막으로, 화자에게 모든 짐을 얹어 놓는 것이 아니라, 그 대신 이는 화자와 청자를 동반자로 취급한다. 간단히 말하여, 기본 착상은 신호 보내기와 인식하기를 실체적 내용인 협동행위의 두 부분으로 취급하는 것이다.

5-1-4 상호조율 기제로서 신호 보내기

신호는 단지 그것들이 여러 가지를 의미하기 때문에 중요한 것이 아니다. 그것들이 중요한 이유는 담화에서 참여자들의 목표를 달성하기 위해 이용되기 때문이다. 잡화 약국에 있는 점원이 "I'll be right there[곧 그리로 갈게요]"라고 말하였을 때, 그녀는 곧 저자에게 응대할 준비가 되었음을 의미하였다. 그러나 그녀는 우리가 의사소통 정보를 주고받는 그 시점에서 그녀의 행위와 저자의 행위를 상호조율하기 위하여 그 신호를 이용하고 있었다. 따로 고립시켜 놓고 살펴본다면, 하나의 신호는 화자가 뭔가를 의미하려는 행위이다. 협동작업 활동 속에서 살펴본다면, 하나의 신호는 지속되는 작업활동에서 참여자들이 다음 단계를 상호조율하려는 행위이다. 신호는 상호조율 기제인 것이다.

신호를 상호조율 기제로 여기는 일은, 화자 의미와 청자 이해에 대하여 여전히 또다른 관점을 우리에게 제시해 준다. 협동작업 활동에 대한 점증 누적 모형에서, 참여자들은 그들의 현재 공통기반을 점차 늘여가기 위하여 발화 및 다른 신호들을 이용한다. 그렇다면, 하나의 신호는 담화 속으로 공유된 토대를 도입해 놓는 화자의 방식이 되며, 그 대목의 공통기반이 추가되도록 하는 것이다. 공통기반을 위한 공유된 토대 *b*가 세 가지 속성을 지님을 상기하기 바란다(§.4-1-1).

Common ground (shared basis) 공유된 토대의 공통기반

p is common ground for members of community C if and only if :
① every member of C has information that basis *b* holds;
② *b* indicates to every member of C that every member of C has information that b holds;
③ *b* indicates to members of C that *p*

명제 *p*는 다음의 필요충분조건에서 의사소통 공동체 C의 구성원들에게 공통기반이 된다.
① C의 모든 구성원이 토대 *b*가 참이라는 정보를 갖고 있고,
② 토대 *b*는 「C의 모든 구성원이 *b*가 참이라는 정보를 지님」을 C의 모든 구성원에게 나타내며,
③ 토대 *b*는 「명제 *p*가 사실임」을 C의 구성원들에게 나타낸다.

인식된 임의의 신호는 동일한 세 가지 속성을 만족시킨다.

㉠ 화자 S와 청자 A는 화자 S가 청자 A에게 신호 *s*를 제시하였다는 정보를 갖고 있다. (행위 인식)

㉡ 화자 S와 청자 A에게 신호 *s*는 그들이 화자 S가 청자 A에게 신호 *s*를 제시했다는 정보를 갖고 있음을 나타낸다. (재귀적 진술)

㉢ 화자 S와 청자 A에게 신호 *s*는 화자 S가 청자 A를 위해 *p*가 참임을 의미함을 나타낸다. (내용 인식)

따라서 그 점원이 "I'll be right there**곧 그리로 갈게요**"라고 말하였을 때, 그녀는 우리의 의사소통 주고받기에서 다음 단계를 위한 공유된 토대를 제공해 주고 있었다. 즉, 우리의 공통기반을 차츰 늘여 주기 위한 공유된 토대인 것이다.

신호 보내기는 협동작업 활동에서 원형의 상호조율 기제이다. 만일 그 점원이 저자의 행위와 그녀의 행위를 상호조율하고 싶다면, 그녀의 일상 전략은 어떤 신호를 제시해 주고, 저자로 하여금 그 신호에 의해 그녀가 의미한 바를 인식하게 만드는 것이다. 그녀의 신호는 상호간의 믿음을 위한 공유된 토대로 이바지하며, 따라서 우리의 공통기반에 추가해 놓을 수 있다. 그런 방식으로 공유된 토대가 담화를 다음 단계로 향해 끌어 나가는 것이다.

§.5-2 화용 행위

그라이스 얼개에서, 화자들은 청자를 향하여 행위를 취함으로써—즉, 그들에게 신호를 보내어 줌으로써—청자로 하여금 자신이 의미하는 바를 인식하도록 한다. 이것들이 어떤 종류의 행위인 것일까? 이런 질문을 진지하게 고민한 첫 사람들 중 한 사람이 옥스퍼드 대학의 일상언어철학 창시자 존 랭쇼 오스뜬(John Langshaw Austin, 1911~1960)이다. 자신의 1957년 하버드 대학에서 베풀었던 윌리엄 제임스 기념 강연이 "How to do things with words낱말 운용 방법"로 불렸지만(Austin, 1962)[12], 그 내용은 사실상 발화들을 운용하는 방법에 대한 것이었다. 그 강연에서 오스뜬은 말을 하는 데에 사람들이 실행하는 행위인 화행speech acts 발화 행위에 대한 일반 이론을 제안하였는데, 사람들이 발화로 실행하는 여러 가지 것들을 구분해 놓았다. 그의 논점에 대한 일부 세부사항들이 그 이후에 이뤄진 작업에 의해서 가려졌지만, 그의 기본적인 통찰력은 많은 부분이 (가치가) 변함없이 남아 있다.

우리가 취하는 어떤 지속적 행위들은, 우리가 의미한 바에 대한 그들(화자, 청자)의 이해에 근거하여 우리의 청자로 하여금 일을 하도록 마련된다고 오스뜬이 논의하였다. 저자가 저자의 아들에게 말을 하고, 아들이 다음처럼 대답한다고 상정해 보기로 한다.

① I request of him "Please pass the horseradish." He says "Okay," and passes it.
내가 그에게 "그 겨자 좀 건네주렴." 하고 요구한다. 그가 "예"하고 그걸 건네준다.

---

[12] 이 책자는 장석진 뒤침(1987), 『오스틴 : 화행론』(서울대 출판부)과 김영진 뒤침(1992), 『말과 행위』(서광사)로 나와 있다. 이 외에 오스뜬의 책은 그가 죽은 뒤 엄슨(Urmson)과 워녹(Warnock)에 의해서 1961년 『철학 논문집(*Philosophical Papers*)』(Clarendon) 및 1964년 『감각과 감각 자료(*Sense and Sensibilia*)』(Oxford Univ. Press)로 편집 출간되었다.

② I ask him "What are you doing?" He answers "Getting ready to leave."

내가 그에게 "뭘 하고 있니?"라고 묻는다. 그가 "막 나가려는 참이에요."라고 대답한다.

③ I tell him "That book is terrific." He believes me and starts reading it.

내가 그에게 "저 책이 대단해."라고 말해 준다. 그가 내 말을 믿고 그 책을 읽기 시작한다.

④ I warn him "Bruno is coming." He believes me and gets frightened.

내가 그에게 "브루노가 오고 있어."라고 경고해 준다. 그가 내 말을 믿고 두려워하기 시작한다.

저자의 아들은 ① 저자의 요구에 응하고, ② 저자의 질문에 대답하며, ③ 저자가 주장하는 바를 믿게 되고, 저자의 충고를 따르며, ④ 두려워하기도 한다. 이것은 모두 저자가 의미한 바에 대한 그의 이해에 근거한다. 오스뜬의 용어로는 이것들이 저자의 행위에 대한 '이행완료 효과perlocutionary effects [13]' 또는 이행완료perlocutions이며, 그로 하여금 그것들을 실행하도록 만드는 저자의 행위는 '이행완료 행위perlocutionary acts'이다(Davis, 1979를 보기 바람). 일부 이행완료 효과는 의도되지만, 다른 것들은 의도되지 않는다. 만일 저자가 겨자를 요구함으로써 의도함이 없이 저자의 아들을 웃게 만들었더라도, 그의 웃음은 여전히 이행완료 효과이다.

이행완료가 이해 그 자체의 일부는 아니다. 저자의 아들은 겨자에 대한 저자의 요구를 이해할 수 있었지만, 응하기를 거부할 수도 있다. 그가 그 책에 대한 저자의 주장을 이해하였지만, 저자의 말을 믿지 않았을 수도 있다. 이해를 위하여 그에게 필요한 것은 모두 저자 발화의 의미를 인식하는 것이다. 청자로 하여금 화자의 의미를 인식하게 하는 행위를 오스뜬을 언표 속에 깃든 행위illocutionary act라고[14] 불렀고, 인식 그 자체는 언표 속에 깃든 효력illocutionary effect이라고 불리게 되었다(Searle, 1969). 저자의 요구·질문·주장·경고가 모두 언표 속에 깃든 행위이며, 그것들에 대한 저자 아들의 이해가 언표 속에 깃든 효력인 것이다.

---

[13] 장석진(1987)과 김영진(1992)에서 '발화 효과 행위'로 번역하였고, 이정민·배영남(1987), 『언어학 사전』에서는 '언향적 효과'라고 번역하였다. 그러나 이들 용어는 실질적인 행동의 완료나 완결을 가리킬 수 없다. 여기서는 임의의 발화가 효력이 발생하거나 발휘되어, 화행 참여자들에게서 실질적인 실천행위가 다 이뤄져 완료된 상태를 가리킨다는 점을 부각시켜, '이행완료'라는 말을 선택해 둔다. 여기서 수행보다 '이행(履行 : 단계들을 밟아서 실행해 나간다)'이란 말을 선택해 둔다. 이음말로서 흔히 '약속이 이행된다'고 말하기 때문이다.

[14] 여기서 locution을 언어 표현의 줄임말로 '언표'라고 번역하므로, 'within, in, on'의 의미를 지닌 접두사(§.5-3-5의 마지막 단락을 참고하기 바람)가 붙은 illocution은 '언표 속에 깃든'이라고 번역해 둔다. 이들을 장석진(1987)과 김영진(1992)에서는 각각 '발화'와 '발화 수반'(발화에 딸린)으로 번역하였고, 이정민·배영남(1987), 『언어학 사전』에서는 '언표적'과 '언표 내적'이라고 번역하였다. §.5-3-5에 있는 각주 35도 참고하기 바란다.

5-2-1 언표 속에 깃든 행위의 유형

언표 속에 깃든 행위는 많은 유형으로 나온다. 그것들은 말해 주기·단정하기·요구하기·명령 내리기·묻기·약속하기·사과하기·감사드리기·해고하기·영세 주기 등을 포함한다. 영어에는 그런 언표 속에 깃든 행위 동사가 150개 이상 있다(Verschueren, 1980). 이들 행위의 밑바닥에 과연 질서가 있는 것일까? 존 써얼(John Searle, 1975c)에서는 질서가 있다고 논의하였다. 그것들이 달라지는 1차적인 방식은, 써얼이 그것들의 언표 속에 깃든 초점[illocutionary point]으로 부른 바에 있다. 즉, 공식적으로 의도된 그것들의 이행완료 효과인 것이다. 일부 언표 속에 깃든 행위들에 대하여, 그 초점은 청자로 하여금 일을 실행하게 하려는 데 놓여 있다. 반면에 다른 언표 속에 깃든 행위들에 대해서는 그 초점이 화자로 하여금 전념하여 일을 하도록 하는 데에 있다, 등등. 써얼은 이런 개념을 이용하여 언표 속에 깃든 행위를 다음처럼 다섯 가지 주요 범주로 나누었는데,[15] 저자는 그 마지막 범주를 둘로 더 자세히 나눠 놓았다.[16]

① **단정/주장 행위**(assertives)

임의의 단정/주장 행위에 대한 핵심은, 청자로 하여금 화자가 어떤 믿음에 전념한다[committed]는 믿음을 형성하거나 주목하게 하는 것이다. 쌤이 여러분에게 "It's raining out[밖에 비가 오고 있어]"라고 말하였을 때, 그는 여러분으로 하여금 '그가 밖에 비가 오고 있음을 믿고 있다'고 생각하게 하려는 것이다. 단정/주장 행위의 원형은 단정이지만, 또한 진단·예측·통지·고백·부인·논박·반박·짐작·의심을 포함하고, 그 밖의 다른 것들도 포함한다.

② **지시/명령 행위**(directives)

지시/명령 행위의 핵심은 청자로 하여금 일을 하도록 하려는 것이다. 저자가 저자의 아들에게 "Please pass the horseradish[겨자 좀 건네주겠니]"라고 말하였을 때, 저자는 그로 하여금 겨자를 저자에게 건네주게 만들려 하고 있었다. 지시/명령 행위는 두 가지 주요 부류로 나뉜다. (대부분의 명령 및 제안에서와 같이) 행위 요구 및 (대부분의 질문에서와 같이) 정보 요구이다. "What are you doing?[뭐하고 있니?]"이라는 저자의 질문과 더불어, 저

---

[15] 써얼(Searle, 1969, 1983, 1986, 1998)이 우리말로 번역되어 있다. 이건원 뒤침(1987), 『언화 행위』(한신문화사); 김용관 뒤침(1987), 『심리철학과 과학』(남명문화사); 심철호 뒤침(2009), 『지향성 : 심리철학 소론』(나남); 심철호 뒤침(2000), 『정신·언어·사회』(해냄). 다섯 가지 범주는 심철호 뒤침(2000) 제6장 '언어의 작동 방식'을 보기 바란다.

[16] 〈원저자 5〉 수정 내용은 바크·하니쉬(Bach and Harnish, 1979)와 핸커(Hancher, 1979)로부터 가져왔다.

자는 저자의 아들에게 정보를 요구하고 있다. 지시/명령 행위는 그 내용이 얼마나 강제적인지에 따라 변동된다. 온건한 암시로부터 시작하여, 엄격한 명령까지 있으며, 또한 다른 방식으로도 변동될 수 있다.

③ 언약/약속 행위(commissives)

언약/약속 행위의 핵심은 화자로 하여금 미래 행위에 전념하게commit 만드는 것이다. 이 범주의 원형은, 조지가 제인에게 "I'll get some coffee내가 커피 갖고 올게"라고 말하면서 제인에게 커피를 가져다주는 일에 스스로 전념하는 경우처럼, 약속이다. 한 가지 하위 유형은, 조지가 제인에게 "Can I get you some coffee?내가 너에게 커피 갖다 줄까?"라고 말하면서 그녀가 원한다면 그녀에게 커피를 갖다 주는 일에 스스로 전념하는 경우처럼, 조건부 약속 또는 제안이다.

④ 감정표출 행위(expressives)

감사드리기·사과하기·축하하기·인사하기와 같이 감정표출 행위의 핵심은 청자를 향한 어떤 감정을 표현하는 것이다. 붜로우너Verona가 윌프뤼드Wilfred에게 "Sorry I'm late늦어서 미안해요"라고 말하는 경우에, 그녀는 늦게 온 것을 시인하며 윌프뤼드에게 자신이 그 일을 후회하고 있음을 믿게 하려고 노력하고 있다.

⑤ 선언 행위(declarations)

다음에 다루는 언표 속에 깃든 행위는 써얼이 선언 행위declarations라고 부른 것이다. 이는 법 제도·교회 제도·조직화된 경기와 같이 제도들의 부호화된 관례들에 의존한다. 이들 제도 속에서 화자는 그 제도가 그들에게 부여하는 특권 덕택에 판사·목사·심판 또는 어떤 직무이든지 그 역할 때문에 모종의 일들을 실행할 수 있다. 선언 행위는 두 가지 주요한 하위 범주로 나뉜다.

⑤-(가) 선고효력 행위(effectives)

선고효력 행위의 핵심은 제도적 사태를 바꾸려는 것이다. 산업 현장에서, 사장은 누군가를 해고하거나 승진시키거나 채용할 수 있다. 법정에서 법관은 누군가를 기소하거나 사면하거나 형을 선고할 수 있다. 경찰관은 누군가를 체포할 수 있다. 축구에서 심판은 그 경기를 개시할 수 있고, 잠시 경기 중지를 명령할 수 있다. 성당에서 신부는 누군가를 영세 주거나 결혼을 시키거나 축복을 내릴 수 있다. 각각의 경우에 화자는 적합한 환경에서 단지 “You're fired당신은 해고요”, “You are hereby sentenced to three years in jail 지금부터 당신에게 3년 징역형을 선고합니다” 또는 “Time out경기 중지”라고 말함으로써 여러 가지 일들을 변경하는 제도적 권한을 갖고 있다.

⑤-(나) 판결/결정 행위(verdictives)

판결/판정 행위에서 핵심은, 그 제도 속에서 실제 경우가 무엇이 될지를 결정해 주는 것이다. 야구에서 주심은 포수가 잡은 공이 스트라이크 영역을 통과하였는지 판정을 내려야 한다. 즉, 야구공이 타자의 어깨와 무릎 사이에 있는 홈 플레이트plate를 질러 지나갔는지 여부이다. 주심은 정확해지려고 노력하지만, 그가 “Strike스트라이크”라고 말하는 경우에, 그의 판정은 그 공이 실제로 스트라이크 영역을 통과하였는지 여부에 관계없이, 그 시점 이후로부터 법이 된다. 즉, 그 야구 경기에 관한 한, 그 공이 스트라이크 영역을 통과해 갔으며, 공 던지기pitch 투구가 스트라이크였다. 판결은 또한 법관이 임의의 죄수가 무죄 또는 유죄임을 아는 경우에도 일어날 수 있고, 어느 회의에서 의장직을 맡는 임원이 임의의 동의를 규칙 위반으로 제지하는 경우에도 일어날 수 있으며, 신문 편집자가 발간하기 위하여 어느 글을 받아들이거나 거절하는 경우에도 일어날 수 있다.

언표 속에 깃든 행위	언표 속에 깃든 초점
단정/주장 행위	청자로 하여금 어떤 믿음을 형성하거나 주목하게 만든다.
지시/명령 행위	청자로 하여금 뭔가를 실행하게 만든다.
언약/약속 행위	화자로 하여금 뭔가를 실천하는 데 전념하도록 만든다.
감정표출 행위	청자에게 어떤 감정을 표현한다.
선고효력 행위	제도적으로 여러 사태들을 변화시킨다.
판결/결정 행위	특정 제도 속에서 실제 사례가 무엇이 될지를 결정한다.

여기서 요약되어 있듯이 써얼의 얼개는 많은 문제를 지닌다. ㉠ 한 가지 문제는 이 얼개가 잠재적으로 가능한 모든 언표 속에 깃든 행위들을 완벽히 산출하지 않는다는 것이다. 우리는 각각 그 나름의 특정한 언표 속에 깃든 행위들을 지닌 새로운 의식, 새로운 경기, 새로운 사회 풍습들을 무한히 만들어낼 수 있다. 그러나 써얼의 얼개는 무엇이 허용되고, 무엇이 허용되지 않는지를 말해 줄 기본 원리들을 전혀 갖고 있지 않다. ㉡ 또다른 문제는 모든 언표 속에 깃든 행위가 유독 오직 하나의 범주에만 속하는 것으로 가정한다는 점이다. 그렇지만, 가령 어느 중사에 대한 어느 장군의 명령을 살펴보

기 바란다. 군대 규정 아래, 그 명령은 마치 판사의 선고가 그러하듯이 정확히 제도적 사태를 변화시키는데, 명령 불복으로 그 중사가 군법정에 회부될 수 있는 것이며, 그 점이 그 명령을 효력 있게 만들어 준다(선고효력 행위임). 그럼에도 그 명령은 분명히 지시적이다(지시/명령 행위임). 동일한 언표가 다른 언표 속에 깃든 행위로도 들어맞는 것이다(Hancher, 1979; Wunderlich, 1977을 보기 바람). 이런 문제점에도 불구하고, 써얼의 얼개는 전체 분류법으로서도, 그리고 널리 받아들여진 명명법으로서도 유용하다. 저자는 이 얼개를 분류법과 명명법 둘 모두를 위하여 이용할 것이다.

5-2-2 언표 속에 깃든 행위와 그 인식

화자들은 자신의 청자로 하여금 어떻게 자신이 수행하고 있는 언표 속에 깃든 행위를 인식하도록 만들 수 있을까? 고전적인 답변은 문장 양태(=서법)의 선택으로 그렇게 한다는 것이다(가령 Vanderveken, 1990). 영어에는 다섯 가지 문장 양태(=서법)가 있다.[17]

양태(서법)	사 례
서술문	The book is awful 그 책은 대단하다 It is raining out 밖에 비가 옵니다
예/아니 의문문	Is it raining out? 밖에 비가 옵니까?
wh-의문문	What are you doing? 지금 뭘 하고 있니?
명령문	Pass the horseradish 그 겨자 좀 건네주렴
감탄문	What a beautiful day! 참 좋은 날씨로구나 Is it ever hot out! 밖이 무지 덥구나

여러분은 뭔가를 단정하기 위하여 서술문을 선택하고, 질문을 하기 위하여 의문문을 선택하며, 요구나 명령을 하기 위하여 명령문을 선택하고, 감탄을 하기 위하여 감탄문을 선택한다. 여러분의 상대방도 문장 양태(=서법)에 대한 여러분의 선택을 주목함으로써 즉각 여러분이 수행하고 있는 언표 속에 깃든 행위를 인식할 수 있다.

이런 견해는 시작에서부터 부적합해진다(Levinson, 1983).[18] 오직 다섯 가지 문장 양태

[17] sentence modality(문장 양태)는 국어 문법에서 '서법'이라고 부른다. modality(양태)는 흔히 가능세계 의미론에서 가능태·현실태·현실 불가능태 등을 가리키며, 국어에서는 선어말어미와 관련된다. 따라서 여기서는 sentence(문장)를 수식어로 더 붙여 '종결어미'로 표현된 서법을 가리키고 있다.

[18] 이 책은 이익환·권경원 뒤침(1993), 『화용론』(한신문화사)로 출간되었다. 관련 논의는 번역본의 제5장을 보기 바란다.

(=서법)만을 지니고서, 우리는 다만 다섯 유형의 언표 속에 깃든 행위를 구별해 낼 수 있어야 하겠지만, 쉽게 우리는 진상을 알아차리게 된다. 예를 들면, 명령문은 적어도 다음 도표에서 보이는 여러 가지 언표 속에 깃든 행위들을 위해 다양하게 쓰일 수 있는 것이다(Sadock and Zwicky, 1985; Sperber and Wilson, 1986 : 250).

언표 속에 깃든 행위	명령문의 사 례
명령	To the rear, march 뒤로 돌아 행진!
요구	Please pass the horseradish 겨자 좀 건네줘요
약속	Mow the lawn and I'll pay you a dollar 잔디를 깎아 준다면 1불을 줄게
위협	Stop or I'll shoot 정지하지 않으면 쏜다
경고	Watch out! 조심하세요
제안	Have some cake 케이크 좀 드세요
기원	Have a good trip 좋은 여행 되세요
충고	For a dry martini, mix six parts gin with one part vermouth 담백한 칵테일 마티니를 만들려면 진과 붜마쓰를 6 : 1로 섞으렴
저주	Go to hell 지옥에나 떨어져라
감탄	Well, look at you! 그런데 자네 아주 달라보이네
추천	Fly American Airline 미국 항공을 이용하세요

더욱 나쁜 상황은, 이들 언표 속에 깃든 행위가 써얼의 다섯 가지 주요 범주들에 두루 걸쳐 있다는 사실이다. 거의 동일한 변이가 서술문과 의문문 양태(=서법)에도 있다.

좀더 복잡한 견해에서는, 레뷘슨(Levinson, 1983)에서 언표 속에 깃든 힘 확인기제illocutionary force identifying devices 또는 약자로 *ifids*로 부른 바를 이용한다. 그 착상은 화자들이 자신이 수행하고 있는 언표 속에 깃든 행위를 구체화해 주기 위해서, 문장 서법 이외에도 관례적인 기제들을 이용한다는 점이다. 화자들은 하나의 발화를

please

제발 좀 그래 주세요.

Why not?

하지 않으시렵니니까?/왜 안 그러십니까?

I'd appreciate it very much if…

~해 주신다면 저는 아주 고맙겠습니다.

라는 요소를 갖고서 요구를 표시해 줄 수도 있다. 그러나 언표 속에 깃든 힘 확인기제 *ifids*가 정보를 제공해 주지만, 그 일을 홀로 할 수 없음은 쉽게 알아차릴 수 있다. 많은 발화들이 화자가 수행하고 있는 언표 속에 깃든 행위를 분명히 파악할 수 있는 충분한 언표 속에 깃든 힘 확인기제 ifids들을 갖고 있는 것이 아니다. 아무런 포장 없이 "Sit here여기 앉어"라는 표현이 요구·명령·충고·협박·약속·추천·제안 등으로 쓰일 수 있다. 그렇지만 이 언어표현은 이것들 중 어느 것인지를 확정하여 우리에게 말해 줄 언표 속에 깃든 힘 확인기제 *ifids*를 전혀 갖고 있지 않다.

5-2-3 인식과 받아들임uptake

언어행위에 대한 이런 그림에서 뭔가 빠진 게 있다. 그 중심부에 화자들이 있고, 그들이 실행하는 바가 있다. 그렇지만 청자가 어느 누구든지 있다고 해도, 그 그림의 어느 곳에서도 청자의 존재를 볼 수 없는 것이다. 마치 결혼식에 대한 공식적인 초상화에 신랑이 있지만 신부는 없는 셈이다. 화행speech acts 언표 행위, 언표 속에 깃든 행위illocutionary acts, 이행완료 행위perlocutionary acts라는 용어는 화자들이 실행하는 바를 서술해 준다. 그렇지만 청자들이 실행하는 바에 대하여 비교될 수 있는 상응한 용어들이 없어서, 마치 청자들의 행위가 무관한 듯이 느껴진다. 써얼(Searle, 1969 : 16)에서는 심지어 다음처럼 논의하였다.

> The unit of linguistic communication is not … the symbol, word, or sentence, but rather the production or issuance of the symbol, word, or sentence, in the performance of a speech act.
>
> 언어 의사소통의 단위는 상징도 낱말도 문장도 아니다. 오히려 언어행위(화행)의 수행으로, 상징이나 낱말이나 문장을 산출하고 내보내는 것이다.

써얼에게는 언어 의사소통이 마치 편지를 쓰고서 우체통에 집어넣은 일과 같다. 임의의 누군가 그것을 받고 읽고 이해하는지 여부는 상관이 없다. 물론 이런 견해는 불합리하다.[19] 청자들이 또한 듣는 행위를 취하지 않고서는, 즉 화자가 의미하는 바를 이해하고 있는 청자들이 없다면, 어떤 의사소통도 있을 수 없는 것이다.

---

[19] 〈원저자 6〉 또한 스뜨뤽(Streech, 1980)을 보기 바란다.

오스뜬은 이 문제점을 인식하였지만, 그의 제안은 추종자들 대부분에게서 무시되었다(가령 Bach and Harnish, 1979; Searle, 1969, 1975). 오스뜬은 "I'll pay you back tomorrow. 내일 갚아줄게"라고 말하면서 돈을 되갚기 위하여 자신의 어느 친구에게 약속을 하였다고 상정하였다.

> It is obviously necessary that to have promised I must normally ① have been *heard* by someone, perhaps the promisee; ② have been understood by him as promising. If one or another of these conditions isn't satisfied, doubts arise as to whether I have really promised, and it might be held that my act was only attempted or was void.[20] (Austin, 1962 : 22)
>
> 약속을 하기 위하여 일반적으로 다음 사항이 분명히 필수적이다. 나는 반드시 ① 누군가에 의해서, 아마 약속 상대에 의해서 청취되어야 하고, ② 그 사람에 의해서 약속으로 이해되어야 한다. 만일 이들 조건 중 하나 또는 다른 것이 충족되지 않으면, 내가 실제 약속하였는지 여부에 의심이 생겨나며, 내 행위가 겉꾸림으로 시도되었거나, 빈말이었음이 성립될 것 같다.

즉, 약속은 청자에 의한 인식을 요구한다. 청자가 약속되고 있는 바를 듣고 이해하는 것이다. 이것이 바로 청자에 의해 상호조율된 행위이다. 저자의 용어로는, 이것이 약속 및 그 인식을 두 사람의 동참행위로 만들어 준다. 그것들이 협동행위나 의사소통 행위의 두 부분이 되는 것이다.[21]

오스뜬은 이행완료 행위에 대해서도 비슷한 문제점에 주목하였다. 오스뜬은 어떤 언표 속에 깃든 행위를 완결 짓기 위하여, 화자는 자신의 수용을 보증해 주어야 한다고 논의하였다. 그의 사례들은 내기·결혼하기·주기·임명하기를 포함하였다.

> My attempt to make a bet by saying "I bet you sixpence" is abortive unless you say "I take you on" or words to that effect; my attempt to marry by saying "I will" is abortive if the woman says "I will not." (Austin, 1962 : 36)
>
> "당신과의 내기에서 6페니(=120원)를 걸겠소!"라고 말함으로써 내기를 걸려는 나의 시도는, 상대

[20] 〈원저자 7〉 더 뒤에서 수사학적으로 오스뜬은 다음처럼 물었다. "각별한 난점을 야기하는 것들 중 하나는, 화자와 청자 두 사람이 관련되어 있을 때 '이런 관련성에 대한 합의(consensus ad idem)'가 필요한지 여부에 대한 질문이다."(Austin, 1962 : 36; 장석진 뒤침, 1987 : 40을 번역 인용자가 약간 수정함)

[21] 〈원저자 8〉 더 뒤에서 저자는 오스뜬의 개념보다 좀더 제약된 의미를 지닌 용어로 uptake(받아들임/수용)를 채택할 것이다.

방이 "당신 내기를 받아들이겠소!"나 또는 그런 효과를 지닌 말을 하지 않는 한, 실패로 돌아간다. "좋은 남편이 되겠습니다!"라고 말함으로써 결혼을 하려는 나의 시도는, 만일 신부가 "나는 안 그럴 것입니다!"라고 말한다면 실패로 돌아간다.

비슷하게, 한 사람은 상대방이 "명시적인 말을 하거나 또는 함의를 하여" 받아들이지 않고서는, 다른 사람에게 뭔가를 주거나 남겨 줄 수 없다. 이것들과 같이 언표 속에 깃든 행위는 상호 협동적이며, 일방적이기보다 대신에 쌍무적인 것이다(Hancher, 1979). 상대방의 수용 없이도 내가 상대방에게 뭔가를 주려고 시도하거나 상대방을 어떤 지위에 임명할 수 있겠지만, 나는 결국 실패하게 된다.

비록 모든 사람의 언표 속에 깃든 행위 목록에 올라 있다고 하더라도, 완강한 일방주의자unilateralists는 내기·주기·유산 남기기·임명하기와 그런 종류의 것이 조금이라도 언표 속에 깃든 행위임을 부정할 것 같다. 그들은 이들 행위가 사실상 한 짝의 언표 속에 깃든 행위들이라고 논의할 수 있다. 내기는

① 내기 거는 사람에 의한 제안 : 가령 "I bet you sixpence나는 당신과의 내기에서 6페니를 걸겠소"라는 발화

② 상대방에 의한 수용 : 가령 "I take you on당신이 제안한 내기를 받아들이겠소"라는 발화

로 이뤄진다. 일방주의자는 계속하여, 이들 사례가 보여 주는 것이, 한 짝의 언표 속에 깃든 행위들이 협동적으로 성취된다고 주장할 수 있을 것이다. 그것들은 별개의 행위로서, 제안과 수용에 대하여 아무것도 보여 주지 않는다는 것이다. 그렇지만 언표 속에 깃든 행위를 완결 짓기 위하여 필요한 것은 수용이 아니라, 오히려 그 인식이다. 오스뜬이 친구에게 약속을 하기 위해서는, "일반적으로 상대방에 의해서 반드시 청취되어야 하고, 상대방에 의해서 약속으로 이해되어야 한다."고 보았다. 이런 요구 조건은 충족시키기 어려운 것이 아니지만, 상대방과의 상호조율된 행위를 취한다. 그와 상대방은 합리적인 기준까지 상대방이 그를 의도된 대로 이해하였음이 확립되도록 협동하여 작업해야 하는 것이다(제8장을 보기 바람).

이들 노선은 '화자의 의미·언표 속에 깃든 행위·이행완료 행위'를 놓고서 새로운 견해로 이끌어 간다. 화자의 의미는 오직 협동행위들을 통해서만 내보내질 수 있는 한 유형의 의도이다. 언표 속에 깃든 행위는 오스뜬 자신도 잘 깨닫고 있었듯이 오직 협동행위의 일부로서만 완성될 수 있으며, 이행완료 행위에 대해서도 동일한 내용이 참이다. 결

국 논의거리는 연구자들 사이에서 오랫동안 무시되어 온 '청자'를 그 그림 속으로 들여오는 방법에 대한 것이다.

5-2-4 사회적 실천관행social practices

그 지위가 어떠하든지 상관없이, 언표 속에 깃든 행위들에 대한 써얼의 분류법은 다시 한 번 되풀이하여 한 가지 점을 예시해 준다. 즉, 언표 속에 깃든 행위들은 사회적 실천관행에서 그 기원을 지닌다는 것이다. 체포하기·기각하기·경기 중지 선언하기와 같은 행위들, 즉 선고효력 행위effectives와 판정/판결 행위verdictives들은 고도로 성문화된 사회적 활동에 속하며, 공인된 사회적 제도가 없이는 그것들이 존재하지 않을 듯하다. 그 밖의 다른 모든 행위들도 또한 잘 발전된 사회적 활동에 속한다. 즉, 이들 활동이 비격식적이며 성문화되지 않았다는 것이다. 지시/명령은 한 사람이 다른 사람에게 뭔가를 실행하도록 원하고, 그 상대방에게 그것을 실행하도록 의무를 부과해 주는 어떤 권위를 지니는 경우에 일어난다. 그 권위가 격식을 갖춰 성문화된 제도로부터 나오는 것이 아니라, 식당에서 음식을 주문하거나, 도서관 사서한테 책을 찾아달라고 요구하거나, 은행 고객에게 신분증을 요구하는 일에서처럼, 사회 구성원들 사이에서 받아들여진 사회적 실천관행으로부터 나오는 것이다. 단정/주장 행위assertives, 언약/약속 행위commissives, 감정표출 행위expressives도 비슷한 방식으로 작동한다. 언표 속에 깃든 행위란 협동작업 활동으로 일어난다(Cohen and Levesque, 1990도 참고하기 바람).

오스뜬이 지녔던 것으로 보이는 더욱 강력한 가정은, 언표 속에 깃든 행위가 참여자들이 부분이 되는 협동작업 활동을 언급하지 않고서는 정의될 수 없다는 점이다. 우리는 무엇이 오스뜬의 1차 사례들인 결혼 서약·명명식·유산 증여·내기 걸기를 구성하는지에 대하여, 적합한 의식 속에서 그것들이 어떻게 수행되는지를 말해 주지 않고서는 구체화해 놓을 수 없다. 비록 오스뜬이 더 뒤에서 이들 제도적이며 관례적인 특징들을 강조하면서 잘못을 저질렀지만, 여전히 그의 가정은 근본적으로 옳은 듯하다. 즉, 문제는 협동작업 활동에 대한 이해 방식에 놓여 있다. 제대로 성문화된 법정 절차 속에서 선고하기·기소하기·기각하기가 어떻게 만들어지는지를 구체화해 주기는 쉽다. 그러나 성문화되어 있지 않은 사회적 실천관행 속에서 제안·인사·질문이 어떻게 만들어지는지를 구체화해 주기는 좀더 어렵다.

§.5-3 협동

만일 오스뜬의 주장이 옳다면, 화자들이 의미하는 바를 이해하기 위하여, 우리는 반드시 그들이 간여하는 협동작업 활동이나 사회적 실천관행을 살펴봐야 한다. 오스뜬이 행한 하버드 대학 윌리엄 제임스 기념강연 뒤 10년 후, 그라이스Grice는 1967년 자신의 하버드 대학 윌리엄 제임스 기념강연에서 거의 동일한 논점을 논의하였다. 그는 다음과 같이 언급하였다(Grice, 1975 : 45).[22]

> Our talk exchanges do not normally consist of a succession of disconnected remarks, and would not be rational if they did. They are characteristically, to some degree at least, cooperative efforts; and each participant recognizes in them, to some extent, a common purpose or set of purposes, or at least a mutually accepted direction. The purpose or direction may be fixed from the start (e.g., by an initial proposal of a question for discussion), or it may evolve during the exchange; it may be fairly definite, or it may be so indefinite as to leave very considerable latitude to the participants (as in a casual conversation). But at each stage, some possible conversational moves would be excluded as conversationally unsuitable.
>
> 우리가 이야기를 주고받는 일은 일반적으로 단절된(비연속적인) 언급들의 연결체로 이뤄지는 것은 아닙니다. 만일 그랬더라면 합리적인 것으로 되지 않았을 것입니다. 대화는 적어도 어느 정도까지 특성상 상호 협동적인 노력입니다. 대화 참여자들은 각자 어느 정도로 자신들에게서 공동의 목적이나 일련의 목적들 또는 적어도 상호간에 받아들여진 어떤 진행 방향을 깨닫습니다. 이런 목적이나 방향은 (예를 들어, 논의 개시를 위하여 처음 질문을 던지는 일에 의해서) 처음에서부터 고정될 수도 있고, 아니면 대화를 주고받는 동안에 발전해 나갈 수도 있습니다. 목적이나 방향이 사뭇 확정적으로 될 수도 있고, 아니면 (우연한 대화에서와 같이) 참여자들에게 아주 상당량의 자유를 남겨줄 만큼 비확정적으로 될 수도 있습니다. 그러나 각 단계마다, 일부 있을 수 있는 대화상의 움직임들은 대화상으로 부적합한 것으로 배제될 수도 있을 것 같습니다.

---

[22] 일상언어 철학과 관련된 그라이스(1913~1988)의 글들은 모두 Grice(1989), 『낱말 사용 방법 연구(*Studies in the Way of Words*)』(Harvard Univ. Press)로 모아져 나왔다. 또한 사후에 Grice(1991), 『가치의 개념화(*The Conception of Value*)』(Clarendon) 및 Grice(2001), 『이성의 여러 측면(*Aspects of Reason*)』(Clarendon)이 출간되었다. 인용된 글은 Grice(1989 : 26)에 있다. Grice(1989)의 제목은 축자 번역이 마치 낱말에 국한된 연구로 오해되기 쉽다. 오히려 '화용 원리 연구' 정도로 번역되어야 더 적합하다.

그라이스는 따라서 대화 참여자들이 서로간에 상호 협동원리에 충실히 따를 것으로 기대한다고 논의하였다. 그는 이를 화자에 대한 권고로서 다음처럼 표현해 놓았다.

◁ **상호 협동원리** (cooperative principle) ▷

Make your conversational contribution such as is required, at the stage at which it occurs, by the accepted purpose or direction of the talk exchange in which you are engaged.

여러분이 관여된 이야기 주고받기에서, 받아들여진 목적이나 진행 방향에 의해 요구가 생겨나는 단계에서 요구되는 대로 대화상으로 기여해야 한다.

그라이스의 견해에 따르면, '받아들여진 그 이야기 주고받기의 목적이나 진행 방향'에 비춰서 대화에 대한 기여내용들이 해석될 것임을 사람들이 당연시한다. 우리는 그라이스의 통찰력을 많은 방식으로 추구할 수 있을 것이다. 그는 사람들이 자신의 발화로 의미하는 바에 대한 문제에다 그것을 적용하는 선택을 하였다.

5-3-1 말하기와 함의하기 implicating 속뜻 깔아 놓기

화자가 의미하는 바를 알아차리기 위하여, 일반적으로 우리는 화자가 실제로 말한 바(=축자적인 뜻)를 넘어 진행해 간다고 그라이스는 논의하였다. 갑이 분명히 움직일 수 없는 자동차 곁에 서 있고, 지나가는 사람 을에게 다음처럼 말을 건넨다고 상정하기로 한다.

A : I am out of petrol.
B : There is a garage round the corner!
갑 : 차에 기름이 없거든요.
을 : 저 모퉁이 근처에 주유소가 있어요!

을이 말한 것은 모두 저 모퉁이 근처에 주유소가 있다는 것이다. 그럼에도 갑이 상대방 을이 실행하는 것으로 여긴 것은 그게 전부가 아니다. 갑은 을이 논의되는 상황—즉 갑이 오도 가도 못하고 있으며, 막 자동차 기름이 없음을 언급한 상황—과 관련된 정보를 제공해 주려고 한다고 가정할 수 있다. 따라서 그라이스의 표현법으로 을은 또한 반드시 "주유소가 있다, 또는 최소한 주유소가 열려 있다 등etc."을 의미해야 한다.[23] 그는 이것을 implicatum함의 내용이라고 불렀지만, 더 자주 implicature속뜻 깔기, 함의하기로 불린다.[24] 따라서 그라이스의 얼개에서 화자의 의미는 두 부분으로 나뉜다. 말하는 일saying과 함의하는 일implicating 속뜻 깔아놓는 일이다.

도대체 이들의 차이는 무엇일까? (그라이스의 특별한 의미에서) 말해진 것은, 대체로 화자가 발화한 문장들에 대하여 대화상의 내용을 통해서—사실상 그들의 발화의 진리치에 영향을 미치는 그 부분만을 통해서—의미하는 바이다. "저 모퉁이 근처에 주유소가 있어요!"라고 발화하면서, 을은 오직 저 모퉁이 근처에 주유소가 있음만을 말하고 있다. 을이 의미한 바의 나머지 내용은 속뜻으로 깔려 있다(함의되어 있다). 일부 함의(속뜻 깔기)는 관례적이며, 따라서 문장 의미의 일부가 된다. 여기서 저자가 관심을 갖게 될 것은 그라이스가 '대화상의 함의conversational implicature'라고 불렀다. 한 가지 사례는 그 주유소가 열려 있고 휘발유를 팔 것이라는 을의 함의(속뜻 깔기)이다. 갑은 그 함의를 인식하는데, 을이 말한 바에 대한 대화상의 연결 때문이 아니다. 그라이스가 언급하였듯이 오히려 갑이 "그 함의를 계산해 내었다/알아차렸다works it out".

그라이스에게서 대화상의 함의(속뜻 깔기)는 세 가지 주요한 속성을 지닌다(그러나 Nunberg, 1981; Sadock, 1978을 보기 바람). ① 대화상의 함의는 비관례적이다. 대화상의 함의는 관례적으로 발화된 낱말 또는 문장과 연합되어 있지 않다. "저 모퉁이 근처에 주유소가 있어요!"라는 발화는 관례적으로 그 주유소가 열려 있음을 의미하는 것은 아니다(=다만 축자적으로 주유소의 존재만을 언급함 : 뒤친이). 그럼에도, ② 대화상의 함의는 계산 가능하다. 화자들은 청자에게 그 함의들을 계산해 낼/알아차릴 수 있도록 의도한다. 갑은 을이 그 주유소가 열려 있을 것이라고 믿고 있음을 의미한다는 점을 계산해 낼/알아차릴 것이다. 대화상의 함의는 화자들이 의미한 바에 대하여 청자가 오직 '함의를 계산해 냄/알아차림으로써' 인식한 그런 부분들이다. 마지막으로, ③ 대화상의 함의는 무효로 돌려 파기할 수 있다. 화자는 그 함의를 무위로 돌리고 헛말이라고 말해 줌으로써 취소

---

[23] 〈원저자 9〉 흔히 그라이스의 "등(etc.)"이 무시되지만, 이는 중요하다. 그라이스는 갑의 속뜻 깔기(함의 내용)를 우리가 명백히 계산해 낼 수 없을 것임을 시사해 주는 듯하기 때문이다. 다시 말하여 축자적으로 말해진 것과는 다르게, 속뜻으로 깔린 것은 애매해질 수 있거나 또는 분명한 한계들을 결여할 수 있다.

[24] interwoven(맞물려 짜인)이란 뜻을 지닌 이 낱말은 '접다, 겹치다(to fold)'라는 어근 ply를 중심으로 앞뒤에 접사들이 붙어(im+ply+ate) implicate이란 동사가 만들어졌다. 여기에 다시 접미사가 붙는데, 접미사 -um은 rostrum(연단, 강단) addendum(부록, 부가물) 등과 같이 라틴어 어원(중성 단수 주격 또는 대격)의 낱말에 붙는다. 접미사 -ure는 pressure(압력, 강제력) legislature(입법 기관, 의회) 등과 같이 불어에서 온 낱말에 붙어 동작·결과·기관 등을 가리키거나 추상 명사를 만들어 준다. 여기서는 implicatum을 결과물로서 '함의 내용, 속뜻으로 깔려 있는 내용'으로 번역해 두며, 간단히 '함의물'로도 부를 수 있다. 대신 implicature는 행위 또는 과정을 가리킬 수 있도록 우리말 접미사 '-기'를 붙여 '속뜻 깔기, 함의하기'로 번역해 둔다.

할 수 있는 것이다. 을이 "저 모퉁이 근처에 주유소가 있어요. 하지만 주유소가 열려 있지 않을 거예요"라고 말해 줌으로써, 그렇지 않았더라면 갑이 계산하여 알아차렸을 법한 함의를 취소할 수 있다.

5-3-2 네 가지 대화규범

함의(말 속에 깔린 속뜻)들은 어떻게 작동되는 것일까? 모든 발화가 "이야기 주고받는 일에 대한 받아들여진 목적이나 진행 방향에 기여한다"고 그라이스가 논의하였기 때문에, 우리는 그가 '기여' 및 '받아들여진 목적'에 대한 개념을 발전시키고, 함의가 어떻게 따라나오는지를 보여 줄 것으로 기대할 수 있다. 그러나 그는 그렇게 하지 않았다. 대신, 그는 네 가지 어림치기 규칙을 제안하였다. 이를 네 가지 대화규범maxims이라고[25] 부르는데, 그라이스는 청자로 하여금 함의(속뜻)들을 계산해 낼 수 있게 해 준다고 논의하였다. 역설적으로 그는 화자에 대한 권고로서 대화규범들을 표현해 놓았다(Grice, 1974 : 45~46).

규범	내용
양의 규범	① 여러분이 (이야기 주고받기의 현재 목적을 위해) 요구되는 정보만큼 기여를 할 것
	② 필요한 것 이상으로 정보를 만들지 말 것
질의 규범	① 거짓이라고 믿는 바를 말하지 말 것
	② 증거가 없는 것에 대하여 말하지 말 것
관련성 규범	앞뒤 말들이 서로 관련되도록 할 것
방식 규범	① 불분명한 표현을 피할 것
	② 중의적인 표현을 피할 것
	③ 간략히 할 것 (쓸데없는 장광설을 피할 것)
	④ 순서를 세워 조리 있게 할 것

일단 청자가 이들 대화규범과 상호 협동원리 자체에 화자가 충실히 따름을 당연시한다면, 그들은 화자가 함의하는(속뜻으로 깔아놓는) 바를 계산해 낼/알아차릴 수 있다.

---

[25] 1970년대 중반에 일본 번역 용어를 아무 비판 없이 받아들여 '격률(格律 : 어느 분의 맨 첫 논문에서 썼던 한자 格率은 잘못임)'이라고 썼다. 아마 그 말뜻을 새기는 이도 드물겠지만, 본질적으로 이는 '격언'과 '법률'의 지위를 대등한 것으로 묶어 놓아서 실패작이다. 격언은 강제성이나 구속력이 없다. 그러나 법률을 강제성과 구속력을 전제로 한다. 따라서 격언과 법률이 한데 합쳐질 수 없는 것이다. 우습게도, 뜻을 제대로 새기지 못하는 생뚱한 조어이므로, 여러 사람들이 마치 심오한 것인 양 떠받들고 그냥 답습하는 듯하다. 일상언어를 다루는 이들이 일상언어 의미를 제대로 새기지 못하는 것은 자가당착일 뿐이다. 여기서는 뜻을 살려 '대화규범'으로 번역해 둔다. 그 핵심을 '규범'을 일부러 위반해도 무방하며, 청자 쪽에서 화자가 일부러 규범을 위배했음을 알아차릴 수 있게 할 수 있다는 것이다. 여기서 상정된 네 가지 범주는 상식을 옹호하는 칸트의 영향을 받았다. §.5-3-3의 각주 29도 참고 바람.

화자들은 두 가지 주요한 방식으로 함의를 만들어 낸다(속뜻을 깔아 넣는다). 첫째 대화규범들에 직접 호소하는 것이다. 다음에 일부러 만들어낸 이야기 주고받기를 보기로 한다.

> Burton : How many children do you have?
>
> Connie : I have two children.
>
> 버튼(남성) : 애들이 몇이나 됩니까?
>
> 코니(여성) : 두 명입니다. (전체 숫자를 말할 필요가 있음)

코니가 말한 것은 모두 자신의 아이가 두 명이라는 것이다. 이는 비록 그녀가 아이들을 3명이든 4명이든 12명이든 갖고 있다고 하더라도, 축자적으로는 참일 것 같다. 그럼에도 양의 규범에 의해서, 버튼은 이 주고받는 대화의 현재 목적을 위하여 그녀가 필요한 만큼 정보를 제시하였다고 가정할 수 있다. 그리고 버튼이 자식들의 전체 숫자를 묻고 있었으므로, 그녀는 반드시 버튼에게 전체 숫자를 제시해 주어야 한다. 이 사례와 다음 주고받는 이야기를 대조해 보기 바란다.

> Burton : Do you have two quarters I could borrow for the pay phone?
>
> Connie : Yes, I have two quarters.
>
> 버튼(남성) : 내가 공중전화를 쓰려고 하는데, 동전(25센트짜리) 두 개 갖고 있어요?
>
> 코니(여성) : 예, 동전 두 개 있어요. (전체 숫자를 말할 필요가 없음)

여기서는 버튼이 전체적으로 얼마나 많은 동전을 코니가 갖고 있는지를 알아내려는 것이 아니다. 그녀가 동전 3개나 4개나 12개를 갖고 있을지 모르겠지만, 그녀는 자신이 동전 두 개를 갖고 있다고 말함으로써, "주고받는 대화의 현재 목적에 필요한 만큼 정보를 제공해" 주고 있는 것이다. 이들 대조가 되는 환경들에서, 앞의 사례 "I have two children아이가 두 명 있습니다"은 "and no more than two children둘밖에 없습니다"을 함의하지만, 반면에 뒤의 사례 "I have two quarters동전이 두 개 있습니다"는 "and no more than two quarters 두 개밖에 없습니다"를 함의하지 않는다. 이런 함의들이 청자(=대답을 듣는 버튼)가 계산해 내도록/알아차리도록 화자(=대답하는 코니)가 기대한 의미인 것이다. 다른 대화규범들도 직접 비슷한 방식으로 적용된다.

함의(속뜻)를 만들어 내는 두 번째 방식은, 규범을 태연하게 위배하거나 어기는 일에 의해서 생겨난다. 다음 예문에서 케잇은 여자 대학을 방문한 일을 서술해 주고 있다

(1.3.560; 첫 두 숫자는 텍스트 번호이고, 마지막 숫자는 억양 표시임 : 뒤친이).

Kate : and . um then, . a bell rang, -- and - millions of feet, . ran, . along corridors, you know, and then they . it all died away, it was like like sound effects from the Goon Show

케 잇 : 그러고 . 엄 그러고 나서, . 어 벨이 울렸거든, -- 허고 - 수백 만 명의 건각들이, . 달려 나갔어, . 복도를 따라서, 잘 알고 있듯이, 그러고 나서 그들이 . 그게 모두 사라져 없어졌지, 그게 마치 마치 [영국 라디오 프로그램] 멍청이 쇼로부터 나온 음향 효과처럼 말야

케잇이 복도를 따라서 '수백 만' 명의 건각(발)들이 달려 나갔다고 주장하였을 때, 그녀는 "거짓으로 믿는 것을 말하지 말 것"이라는 질의 규범 태연하게 위배하고 있었다. 그 위배가 너무 명백하였기 때문에, 화자는 자신의 청자가 다음처럼 추론할 수 있을 것으로 기대하였다.

> Kate flouted the maxim, yet was otherwise cooperative. She must therefore not have meant 'millions' literally, but as hyperbole. It only *seemed* as if there were millions of feet.
>
> 케잇은 질의 규범을 위배하였으나, 그럼에도 여전히 상호 협동하고 있었다. 따라서 그녀는 분명히 '수백 만'을 축자적인 것이 아니라 과장법으로 의미하였다. 그것은 다만 마치 수백 만 명의 건각들인 <u>것처럼</u> 느껴졌다는 뜻이다.

대화규범들을 일부러 어기는 일은 또한 과소진술understatement 절제법·은유·반어·풍자, 그리고 다른 수사 어구로 이끌어 간다.

함의하는(속뜻을 깔아 놓는) 두 가지 방법(=대화규범 따르거나 또는 대화규범을 어김 : 뒤친이)이 모두 심각한 난점을 갖고 있다. 예를 들어, 대화규범을 어기는 일은, 사실상 화자와 청자가 새로운 층위의 협동작업 활동을 만드는 한 유형의 협동 가장joint pretense(소꿉장난 등에서 주인공인 척하기 : 뒤친이)이다. 케잇과 그녀의 청자는 협동하여 그녀가 '수백 만' 명의 건각들이 복도를 따라서 달려 나간다고 '짐짓 사실인 듯이 여겨 주고' 있다. 뭔가를 짐짓 그런 것처럼 말하는 일은, 실제 뭔가를 말하는 행위와 동일한 유형은 아니다. 따라서 과장법 및 그런 다른 수사법들은 서로 다른 설명이 필요하다(제12장을 보기 바람). 두 가지 방법에 대한 또다른 난점은, 말하는 일에 대한 개념 그 자체에 놓여 있다.

5-3-3 말하기에서의 문제점들

그라이스 얼개에서, 함의(속뜻 깔기)는 말해진 바에 토대를 둔다. 그러나 말하는 것saying이 무엇일까? 그라이스에 따르면, 비록 그가 이 점에 대하여 애매하지만, 말하는 것은 해소된 중의성 및 구체화된 지시내용들을 지니고 발화된 문장에 대한 축자적 의미이다. 을이 "There is a garage round the corner저 모퉁이 근처에 주유소가 있어요"를 살펴보기로 한다. 영국 영어에서 garage주유소/차고는 'parking structure주차시설' 및 'service station주유소' 사이에서 중의적으로 쓰인다. 따라서 을이 말한 바를 알기 위해서는, 반드시 이들 의미 사이에서 선택을 해야 한다. 우리는 또한 반드시 현재 시제 is로 언급된 시점 및 the corner저 모퉁이로 언급된 대상을 확인해야 한다. 그라이스의 얼개 밑바닥에는 다음과 같이 세 가지 가정이 깃들어 있다.

가정 (1)	말해진 것은 논리적으로 함의된 것보다 먼저이다.
가정 (2)	청자가 말해진 바를 결정하는 방식은, 원론적으로 함의된 바를 'work out(계산해 내는/알아차리는)' 방식과는 서로 다르다.
가정 (3)	말해진 것은 모든 유형의 발화에 대하여 제대로 정의되어 있다.

세 가지 가정에 대해서 모두 주요한 문제점들이 있다.

가정 (1)에 따르면, 청자는 함의된 바를 '계산해 내기/알아차리기' 위하여 말해진 바를 알고 있어야 한다. 심지어 그라이스 자신의 사례도 이런 가정에 깃든 문제점을 보여 준다. 을이 말한 바를 결정하기 위하여, 갑은 garage주요소, 주차시설가 '주차시설'을 의미하였는지 '주요소'를 의미하였는지 결정해 줘야 했다. 그러나 그는 먼저 을이 함의하고 있었던 바를 '계산해 냄/알아차림'으로써 garage가 '주유소'를 의미함을 결정할 수 있었을 뿐이었다. 다시 말하여, 을의 언급이 갑의 차에 기름이 다 떨어진 상태와 관련되었음을 결정할 수 있었다. 이런 대화 주고받기가 다음 방식으로 진행되었다고 생각해 보기로 한다.

A : I think I am parked in an illegal parking zone.

B : There is a garage round the corner.

갑 : 내가 주차금지 구역에 차를 세워뒀거든.

을 : 저 모퉁이 근처에 garage(주차시설)가 하나 있어.

이번에는 갑이 상이한 함의를 계산해 내고서 대신에 '주차시설'을 선택할 것 같다. 다시 말하여, 을이 말하고 있었던 바를 갑이 결정할 수 있는 유일한 방식은, 을이 함의로 깔아 놓아야 하는 바를 계산해 내는/알아차리는 일이었으며, 이는 가정 (1)을 위배한다. 축자적 의미라는 바로 그 개념이 문제가 되는 것이다. 이는 또한 가정 (1)도 허물어 버린다(Gibbs, 1989, 1994; Searle, 1978, 1980).

가정 (2)에 따르면, 청자들은 한 묶음의 원리 또는 절차에 따라 말해진 바를 결정하고, 또다른 묶음의 원리나 절차에 따라서 함의된(속뜻으로 깔린) 바를 '계산해 낸다/알아차린다work out or calculate'. 그러나 청자들은 종종 말해진 바의 부분만을 계산해 내어야 한다. 어느 친구에게서 나온 이러한 언급들에서 기발한 낱말 의미를 살펴보기로 한다.

> The photographer asked me to do a Napoleon for the camera
>
> Diane's approach to life is very San Francisco.
>
> Never ask two China trips to the same party.
>
> 그 사진사는 나에게 카메라를 위해서 나폴레옹 자세를 취하라고 요구하였다.
>
> 인생에 대한 다이앤의 접근법은 아주 샌프란시스코 스타일이다.
>
> 동일한 파티에 중국 여행(≒마약)을 두 번이나 하자고 요구하지 마시오.

저자는 (그롸이스의 의미에서) 나의 친구가 말한 바를 결정할 수 없다. 왜냐하면 Napoleon, San Francisco, China trip의 축자적 의미가 이들 문장에 들어맞지 않기 때문이다(제3장을 보기 바람). 저자가 'do a Napleon'은 '내 오른손을 내 외투 깃 아래에 집어넣다'를 의미한다고 결정하는 경우에, 저자는 함의를 계산해 내는/알아차리는 데 적용한 동일한 원리 또는 절차를 응용하고 있다(Clark and Clark, 1979; Clark, 1983; Clark and Gerrig, 1983; Nunberg, 1979; Sag, 1981). 그러나 만일 저자가 Napoleon, San Francisco, China trip에 대해서 말해진 바를 '계산해 내어야/알아차려야' 한다면, 그것은 가정 (2)를 위배하는 것이다.

간접적인 지시내용은 또다른 문제이며, 그롸이스 자신의 예문에 예시되어 있다. 갑이 을에게 "I am out of petrol나는 기름이 없어요"라고 말하는 경우, 그는 'I나'라는 낱말을 스스로를 가리키기 위하여 쓰고 있으며, 이 낱말로써 간접적으로 '그 사람의 자동차'를 가리키고 있다. 결국 기름이 다 떨어진 것은 갑이 아니라 갑의 자동차이다.[26] 을이 이 사실을 어떻게 결정하는 것일까? 대명사 'I나'의 관례적인 의미를 아는 것만으로는 충분치 않다. 왜냐하면 다른 상황에서는 갑이 같은 낱말로 'my lawn mower나의 잔디 깎기 기계', 'my service station내가 이용하는 주유소', 또는 'the can for my Molotov cocktails내 화염병[몰로토프 칵테일]을 만들기 위한 깡통'을 의미할 수 있기 때문이다. 갑이 대명사 'I'로 말하는 바는, 을이 임의의 함의를 계산해 내듯이/알아차리듯이 반드시 '계산해 내어야/알아차려야' 하는 어떤 것이며, 동일한 내용이 모든 간접 지시내용에 대해서도 들어맞는다(제4장을 보기 바람). 간접적인 지시내용은 가정 (2)에 대한 또다른 위배가 된다.

마지막으로 가정 (3)에 따르면 말해진 바는 반드시 모든 유형의 발화에 대하여 제대로 정의되어야 한다. 만일 그렇지 않았더라면, 우리는 함의(깔린 속뜻)를 계산해 내기/알아차리기 위한 토대를 전혀 지니지 못하였을 것이다. 그러나 반례들이 아주 많다. 첫 번째 유형은 구적 발화phrasal utterances이다. 여러분이 술집 종업원에게 "Tow pints of Guinness 영국산 흑맥주 기니스 두 파인트[=1리터]요"라고 말하는 경우에, (그롸이스의 의미에서) 여러분은

> I'd like. 마시고 싶습니다.
> I'll have. 마실 것입니다.
> Get me. 갖다 주세요.
> Would you get me. 갖다 주실 수 있겠습니까.
> I'd like you to get me two pints of Guinness.
> 내게 흑맥주 기니스 두 파인트를 갖다 주시면 좋겠습니다.

이들 후보 사이에서 어느 것을 뽑을지에 대한 원칙은 전혀 주어져 있지 않다. 여러분이 어떤 후보를 선택하든지 간에, 여러분이 맥주를 주문하고 있음을 말하는 것으로 보이진 않는다. 그렇더라도 여전히 그것(=맥주 주문)을 함의하고(속뜻으로 깔아놓고) 있는 것은 아닌데, 왜냐하면 여러분이 그 주문을 취소할 수 없기 때문이다(주문도 하지 않았으므로 취소 또한 있을 수 없음 : 뒤친이). 다음처럼 말하는 것은 이치에 맞지 않다.

> Two pints of Guinness, but I'm not ordering two pints of Guinness.
> 흑맥주 기니스 두 파인트요, 허지만 난 기니스 투 파인트를 주문하고 있지 않아요.

---

26 〈원저자 10〉 비슷한 사례로, "I am parked up the street(난 길가에 주차했어)" 또는 "I am the blue Volvo over there(난 저 건너에 있는 푸른 색 볼보야)" 또는 "Could you please fill me up with gasoline(저를 좀 휘발유로 가득 채워 주실래요)" 등이 있다.

〈역자주〉 소유물을 가리키기 위해 소유자를 대신 말하는 경우이므로, 부분으로 전체를 가리키는 환유법의 한 갈래이다. 여기서 제기되는 문제를 킨취(Kintsch, 1998 : 제5장 3절), 『이해 : 인지 패러다임(*Comprehension : A paradigm for cognition*)』(Cambridge University Press)에서도 비유의 문제로 다루고 있다. 이전에는 축자 의미가 먼저 적용되고 나서 그것이 작동되지 않으면 비유 의미나 확장 의미가 적용될 것으로 막연히 생각했었다. 그렇지만 실제로는 축자 의미와 관련된 비유 의미들이 동시에 작업기억에 인출되어 있다가 적절한 맥락에 따라 선택되는 것임을 논의한다. 킨취 책은 번역자 누리집에 번역이 들어 있다.

말하는 일은 단순히 구적 발화phrasal utterances에 대하여 제대로 정의되어 있지 않다.[27]

또다른 유형의 반례는 'hello안녕', 'well글쎄, 그럼', 'ah아'와 같은 발화이다(제6장을 보기 바람). 전통적으로 이것들은 축자적 의미를 지니지 않고, 대신 관습적 용법을 지닌다고 말해진다. 사전에서는 hello를 '서로 인사를 하기 위하여 이용되는 비격식적 표현'으로 정의하고, well을 '놀람surprise'을 표현하기 위한 것'으로 정의하며, ah를 '놀람·기쁨·고통·만족 또는 싫음과 같이 다양한 감정을 표현하는 것'으로 정의한다. 따라서 어느 친구가 여러분에게 "Helen is coming today헬렌이 오늘 오고 있어"라고 말하며, 여러분이 기쁜 듯이 'Ah아 좋구나'라고 발화하는 경우에, 여러분은 무엇을 말하고 있는 것일까? 축자적 의미가 'ah'에 대하여 정의되어 있지 않기 때문에, 말해진 것이든 함의된 것이든 구체화해 주기가 불가능하다.

동일한 내용이 비언어적 신호에 대해서도 들어맞는다. 대화에서 화자들은 지시적이거나 손으로 가리키는deictic 직시적 몸짓 시늉(가령 손으로 가리키기) 및 시각적으로 본뜬 몸짓iconic gestures(가령 선웃음/아니꼬운 웃음 짓기, smirking) 양자를 모두 광범위하게 만들어 내면서, 자신의 손짓·몸짓 시늉·얼굴 표정·눈짓·목소리를 이용한다. 이들 신호는 화자들이 의미하는 바에 대하여 필수적이다. 여전히 말해진 바에 대한 그라이스의 개념은, 전혀 그런 신호들에 적용되지 않는다.

요약하자면, 상호 협동원리는 많은 현상들에 대하여 영향력 있는 설명을 제공해 주었고, 그라이스의 통찰력이 널리 받아들여졌다. 가장 많은 주의력이 대화규범들에 초점 모아져 왔다. 즉, 그 대화규범들이 어떻게 형식화되고 적용되어야 하는지에 관해서이다. 일부 연구자들은 대화규범들에 대한 그들 나름의 내용을 제시해 왔다. 가령 호언(Horn, 1984), 캐이셔(Kasher, 1977), 리취(Leech, 1983), 레뷘슨(Levinson, 1987)이다. 댄 스뻐버·디어드뤼 윌슨(Dan Sperber and Deirdre Wilson, 1986)에서는[28] 심지어 그 규범들을 모두

---

[27] 〈원저자 11〉 뷧건슈타인(Wittgenstein, 1958), 『철학 탐구(*Philosophical Investigation*)』(이 책은 이영철 뒤침, 『철학적 탐구』, 서광사, 1994로 나와 있음)에서는 건축 십장 A와 일꾼 B 사이에 의사소통 체계를 서술해 놓고 있다(§.10-2-1을 보기 바람).

> A가 건축 재료로 집을 짓고 있으며, 벽돌·기둥·지붕 석판·도리들이 있다. B는 그 재료들을 날라다 주어야 하는데, A가 요청하는 순서에 따라 이뤄져야 한다. 이런 목적을 위하여 그들은 '벽돌,' '기둥,' '지붕 석판,' '도리'라는 낱말로 이뤄진 언어를 이용한다. A가 그것들을 큰 소리로 외쳐 부르면(call), B는 그러저런 소리 신호에 따라 날라 오도록 학습된 재료를 날라 온다(3쪽).

이들 구적 발화에 대하여 뷧건슈타인은 다음처럼 언급한다.

> 그러나 다음은 어떠한가? 2절의 예에서 '지붕 석판!'이라고 부르는 일이 문장인가, 아니면 낱말인가? 만일 '지붕 석판!'이 낱말이라면, 분명히 비슷한 소리를 내는 우리 일상언어의 낱말처럼 동일한 의미를 갖고 있는 것은 아니다. 왜냐하면 2절의 예는 부르짖음(call 분절음으로 나눌 수 없는 자연계 음향 : 뒤친이)이기 때문이다. 그러나 만일 '지붕 석판!'이 문장이라면, 분명히 우리 언어의 '지붕 석판!'이란 표현은 생략된 것이 아니다. … 그러나 반대로 내가 왜 "내게 지붕 석판을 한 장 날라 오게!"라는 문장을 '지붕 석판!'이란 문장을 길게 늘여 놓은 것이라고 불러서는 안 되는 것일까? … 그리고 누군가 '지붕 석판!'이란 외침(call)으로 뜻하는 바를 말하기 위해서, 내가 왜 "지붕 석판!"이란 외침을 다른 어떤 표현으로 번역해야 하는 것일까?(9쪽)

관련성 규범으로 축소해 놓기도 하였다. 이런 노력은 잘못된 방향으로 간 듯하다. 왜냐하면 그라이스의 어림치기 규칙들은 결코 경험에 따른 어림 규칙rules of thumb [29] 이상이 될 수 없기 때문이다. 비록 그라이스는 화자 및 청자가 반드시 상호 협동해야 함을 인식하였지만, 대화규범들이 화자에 대한 권고였지, 청자에 대한 것은 아니었다. 상호조율은 자율적인 두 행위들의 연속체가 된다. 첫 번째 행위는 화자에 의한 것이고, 두 번째 행위는 청자에 의한 것이다. 화자의 의미를 적합하게 이해하기 위하여, 우리는 반드시 대화규범들이 토대로 하는 다음 세 가지 개념으로 되돌아가야 한다.

① "the accepted purpose or direction of the talk exchange"
이야기 주고받는 일에 대하여 받아들여진 목적이나 진행 방향

② how people "contribute" to that accepted purpose or direction by means of
받아들여진 그 목적이나 진행 방향에 대해서 사람들이 다음 수단에 의해 어떻게 "기여하는지"

③ signals, both linguistic and nonlinguistic.
언어적 신호 및 비언어적 신호 두 수단 모두를 이용하여

이것들이 우리가 다음 세 개의 장에서 살펴보게 될 주제들이다.[30]

5-3-4 의사소통 행위의 여러 수준

언표 속에 깃든 행위 및 이행완료 행위 이외에도 많은 언어행위speech acts 화행들이 있다. 오스뜬(Austin, 1962)에 따르면, 저자가 여러분에게 "Please sit down자리에 앉아 주시겠습니까"라고 말하는 경우에, 저자는 특히 다음과 같은 행위를 수행하고 있는 것이다.[31]

---

[28] 이 책은 김태옥·이현호 뒤침(1994), 『인지적 화용론 : 적합성 이론과 커뮤니케션』(한신문화사)으로 나와 있다. relevance(앞에서 한 말과 적절히 관련되어야 하는 속성)를 이 번역자들은 '적합성'으로만 번역하였다. 아마 '적합한/적절한 관련성' 정도로 번역하는 것이 더 뜻이 분명할 듯하다.

[29] 그라이스의 태도는 '상식(common sense)'에 대한 옹호였다. 따라서 대화규범도 상식에 따라 설정된 것이며, 자신의 논의에서 칸트의 입장을 반영한다고 밝혔다.

[30] 〈원저자 12〉 이 책자에서 비록 대화규범 어그러뜨리기(flouting, 위반하기)로서 설명되어 온 많은 현상들을 다루어 나갈 것이지만(제12장), 저자는 대화규범들에 직접 호소함으로써 설명되어 온 특정한 언어 현상들을 많이 다루지는 않을 것이다.

[31] §.5-3-5의 마지막 대목에서 처음의 세 가지 행위—즉 음성 행위·형태 행위·의미 행위—를 모두 '언표 행위'라고만 언급한다. 결국, 오스뜬의 의사소통 행위는 '언표 행위·언표 속에 깃든 행위·이행완료 행위'로만 구성되어 있는 셈이다.

음성 행위	내가 "Please sit down."을 구성하는 소음을 산출하고 있다.
형태 행위	내가 please, sit, down이라는 낱말들을 발화하고 있다.
의미 행위	내가 어떤 의미와 지시내용을 지닌 please, sit, down이란 낱말을 쓰고 있다.
언표 행위	내가 여러분에게 "Please sit down."이라고 말하고 있다.
언표 속에 깃든 행위	내가 여러분에게 자리에 앉도록 요구하고 있다.
이행완료 행위	내가 여러분을 자리에 앉게 하려고 노력하고 있다.

일부 이들 행위는 행위의 수준에서 서로 차이가 난다. 소음을 산출해 내는 일은 여러분에게 앉도록 요구하는 일보다 더 낮은 수준에 있다. 그리고 다른 행위들은 기능에서 서로 차이가 난다. 이 도표에서는 청자에 의한 행위들이 언급되어 있지 않다. 따라서 우리의 관점으로 보면, 이 목록은 불완전하고 완벽한 짜임새가 결여되어 있다. 이상적인 얼개는 여러 수준을 갖고 있으며, 화자와 청자를 모두 포함할 것 같다. 저자는 그런 얼개를 제안하고자 한다.

5-3-5 행위 진전 사다리

많은 행위들이 저자가 '행위 진전 사다리action ladders'로 부르게 될 계층으로 실행된다. 앨런이 타고 올라갈 승강기를 부르는 경우를 살펴보기로 한다.

수준	시점 t_0부터 t_1까지 진행 중인 행위	행위 진전
5	앨런이 오고 있는 '올라감' 승강기에 다가가고 있다	⇧
4	앨런이 '올라감' 승강기를 부르고 있다	⇧
3	앨런이 '올라감' 단추를 활성화하고 있다	⇧
2	앨런이 '올라감' 단추를 꽉 누르고 있다	⇧
1	앨런이 '올라감' 단추에다 오른손 검지를 댄다	⇧

앨런은 다섯 가지의 구별되는 행위를 취하고 있지만, 그것들이 동시간적cotemporal이다. 즉 그 행위들이 함께 시작하고 함께 끝난다. 예를 들어, 손가락으로 '올라감' 단추를 누르는 행위는, '올라감' 단추를 활성화하여 작동하는 행위가 진행 중인 동일한 시간간격(t_0에서부터 t_1까지, 임의 시점 0부터 1까지)에 걸쳐서 진전되어 나가는 것이다.

사실상 앨런이 오직 하나의 일만 실행하고 있다고 말하고 싶어진다. 저자가 바로 그 일을, 다섯 가지 상이한 방식으로 서술해 놓은 것이다. 그렇지만 앨런이 다섯 가지 일을 실행하고 있음을 보여 주는 것은 쉬우며, 그 일들이 행위 진전 사다리를 따라 올라가면서 인과관계에 놓여 있다. 우리가 그 행위 진전 사다리를 따라 차례로 올라갈 수 있다. 즉, 앨런이 '올라감' 단추를 꽉 누르기 위하여, 자신의 손가락을 그 '올라감' 단추에다 대는데, 이는 '올라감' 승강기를 부르기 위해서 실행하는 것이며, 이를 그가 '올라감' 승강기를 부르기 위해 실행한다, 등등. 또는 우리가 그 행위 진전 사다리를 따라 차례로 내려올 수도 있다. 앨런이 '올라감' 승강기를 부르는 수단으로써 오는 '올라감' 승강기에 다가가고 있는데, '올라감' 단추를 활성화하여 작동시키는 수단으로써 그가 이를 실행하고 있다, 등등. 저자는 이런 속성을 상향 인과성upward causality이라고 부를 것이다. 상향 인과성과 함께, 행위 진전 사다리에 있는 임의의 두 행위 사이에 있는 관계는 비대칭적이고, 비재귀적이며, 추이적이다.[32]

상향식 인과성은 저자가 상향식 완결로 부르는 속성으로 곧장 이끌어간다.

◁ **상향식 완결** (upward completion) ▷

In a ladder of actions, it is only possible to complete actions from the bottom level up through any level in the ladder

행위 진전 사다리에서는 오직 바닥 수준으로부터 시작하여 계속 그 사다리에 있는 임의의 수준으로까지 행위들을 완결하는 것만이 가능하다.

예를 들어, 단추가 제대로 작동하지 않는데, 잘 모르고서 앨런은 자신의 손가락을 꽉 내리누르지 않은 채 '올라감' 단추를 누를 수 있다. 만일 그렇다면, 그는 수준 1을 끝내었겠지만, 반면에 수준 2를 끝내지는 못할 것이다. 또는 그 단추가 고장 났기 때문에, 그가 단추를 활성화하여 작동시키지 못한 채(수준 3에 해당함), 그 단추를 내리누를 수도 있다(수준 2에 해당함). 또는 그 날 그 승강기가 전원이 꺼져 있었기 때문에, 그가 '올라감' 승강기를 부르지도 못한 채(수준 4에 해당함), 헛되이 그 단추를 활성화하여 작동시킬 수도 있다(수준 3에 대당함). 또는 어떤 바보가 열린 승강기 문에 기대어 있었기 때문에, 오는 승강기에 다가가지도 않은 채(수준 5에 해당함) '올라감' 승강기를 부를 수도 있다(수준 4에 해당함). 그런 행위 진전 사다리에 있는 행위들은 바닥에서부터 차츰 완결되어 있다.

상향식 완결은 저자가 하향식 증거라고 부르는 또다른 속성을 함축한다entail 결과로서 갖게 된다.

---

[32] 〈원저자 13〉 골드먼(Goldman, 1970)에서 '수준-생성적(level-generational)' 행위로 부른 바에 대한 논의를 참고하기 바란다.

◁ **하향식 증거 (downward evidence)** ▷

In a ladder of actions, evidence that one level is complete is also evidence that all levels below it are complete.

행위 진전 사다리에서 한 수준이 완결된 증거는 또한 그 수준 아래 있는 모든 수준들이 완결되어 있다는 증거가 된다.

앨런이 '올라감' 불이 켜지는 것을 보는 경우에, 그는 자신이 '올라감' 단추를 활성화하여 작동시켰다(수준 3에 해당함)는 확실한 증거를 지닌다. 상향식 완결로 말미암아, 동일한 이 증거는 그가 또한 '올라감' 단추에 손가락을 대는 데(수준 1에 해당함), 그리고 그 단추를 내리누르는 데 성공했다(수준 2에 해당함)는 증거가 된다. 반면에 앨런이 자신의 손가락 아래로 꼭 눌린 '올라감' 단추를 느끼는 경우(수준 2에 해당함)에, 그것이 반드시 그가 '올라감' 단추를 활성화하여 작동시켰다(수준 3에 해당함)는 증거가 되는 것은 아니다. 이런 상황은 '올라감' 단추에 불이 들어오지 않아 아주 헛되게 만들어 버리는 것이다. 단추를 누르면서 참을성 없는 사람들은 언제 성공하는지 알 수 없으므로, 계속하여 다시다시 그 단추를 콱콱 눌러댄다.

오스뜬은 언어행위speech acts 화행에 대한 자신의 논의에서 행위 진전 사다리를 언급하였지만,[33] 오직 언어행위의 두 단계인 언표 속에 깃든 행위 및 이행완료 행위만을 언급하였다. 여러분에게 자리에 앉도록 요구함으로써, 저자는 여러분으로 하여금 자리에 앉게 하고자 노력하고 있다. 오스뜬이 조심스럽게 지적하였듯이, 언표 행위 및 언표 속에 깃든 행위들은 이런 얼개에 들어맞지 않는다. "Please sit down자리에 앉아 주십시오"라고 말함에 의해서가 아니라not by saying(수단으로 말하는 것이 아님), 그런 발화를 말하는 가운데but in saying[34] 저자는 여러분에게 자리에 앉도록 요구하고 있는 것이다. 이것이 오스뜬이 illocutionary

---

[33] 〈원저자 14〉 오스뜬의 예는 다음과 같다(Austin, 1962 : 107).
A man shoots a donkey, which he does by firing a gun, which he does by pulling the trigger, which he does by tensing his trigger finger
(어느 사람이 당나귀 한 마리를 쏘았는데, 이는 그가 총을 쏘아 실행하였고, 이는 그가 방아쇠를 당겨 실행하였으며, 이는 그가 자신의 검지에 힘을 주어 실행하였다).

[34] 여기서 전치사 by(수단, 도구)와 in(진행 과정)이 대립되어 있는데, 이들은 뒤따르는 주절의 내용이 서로 달라지게 된다. 'by A, B'는 최종 목표 B를 위해 A가 수단이 된다. 그러나 'in A, B'는 진행 과정을 나타내어 B에 몇가지 가능성이 전제되고 그것들 중에서 하나를 선택하게 된다. 가령 "In saying that it was raining, I was not warning nor threatening but simply stating the fat(비가 온다고 말하는 가운데, 나는 경고나 위협을 하는 것이 아니라, 단지 사실만 진술하고 있었다)." 따라서 오스뜬은 제10강에서 불완전하지만 in saying(말하면서, 말하는 가운데)이 발화 속에 깃든 행위를 고르는 기제이고, by saying(말함으로써, 도구나 수단으로 그런 말을 함으로써)은 이행완료 행위를 고르는 기제로 쓰일 수 있다고 보았다. 그곳에서는 'in A, B'의 형식을 "집을 짓고 있는 가운데, 벽을 쌓고 있다"로 예시하였고, 'by A, B'의 형식을 "못을 망치로 침으로써, 벽에 못을 박았다"로 예시하였다.

act[언표 속에 깃든 행위]라는 용어를 만들면서 라틴어 접두사 in[속에, 안에]을 썼던 이유이다.[35] 오스뜬에 따르면, 음성·형태·의미 행위들은 언표 행위의 모든 측면들이다. 그런 행위 진전 사다리를 만들기 위해서는, 오스뜬의 얼개를 새로운 모습으로 가다듬어야 할 것이다.

5-3-6 협동행위

언어사용을 위한 행위 진전 사다리가 어떤 것이든, 반드시 여러 가지 요구조건들을 충족시켜야 한다. 그 사다리는 화자와 청자가 실행하는 바를 상호조율해 나감에 따라 화자와 청자의 협동행위를 표상해 주어야 한다. 그 사다리는 신호의 마지막 부분에서만이 아니라, 진행 중인 그들의 행위도 포착해 주어야 한다. 그 수준들은 반드시 상향식 인과관계·상향식 완결·하향식 증거와 합치되어야 한다. 그리고 그롸이스의 분석이 요구하듯이, 그것은 모든 유형의 신호들과도 잘 들어맞도록 조정되어야 한다. 깃발 흔들기·종탑 등불·몸짓 시늉뿐만 아니라, 또한 낱말·구·문장 등이다. 여기서의 제안은 일상대화에서 우리가 각 순간마다 적어도 네 수준의 행위 진전 사다리를 갖고 있으며, 각 단계마다 협동행위로 이뤄져 있다는 것이다. 저자는 편의상 이들 수준을 제3수준·제2수준·제1수준·제4수준 순서로 다뤄나갈 것이다.

제3수준

우리는 이미 협동행위의 한 수준을 살펴보았다. 신호 보내기와 인식하기이다. 저자가 여러분에게 "Please sit down[좀 자리에 앉아 주십시오]"라고 말하거나 의자 쪽으로 몸짓 시늉을 하면, 저자는 여러분이 앉게 될 것임을 의미하며, 상호조율에서 여러분은 저자의 의도를 인식한다. 제3장의 표기에서 언급해 놓은 협동행위는 다음과 같다.

Joint [A signals to B that *p*, B recognizes that A means that *p*]

협동하다 [갑이 을에게 *p*가 사실임을 신호해 준다. 을은 갑이 *p*가 사실임을 의미한다고 인식한다]

---

[35] 라틴어 접두사 in-은 세 가지 뜻을 지닌다. 하나는 부정의 뜻으로, not 또는 non을 가리킨다. incredible(믿을 수 없는), illegal(불법적인), irregular(비규칙적인) 등이 그러하다. 다른 하나는 안으로 또는 향하여 또는 속에 등을 가리키는데, in, into, toward, within, on 등의 뜻이다. infiltrate(안으로 스며들다, 침윤하다), immigrate(다른 나라 속으로 들어가 살다, 이주하다) 등이 그러하다. 마지막으로 강조나 사역의 의미(intensive or causative function)를 지니는데, inflame(불 타오르게 하다, 불 붙이다), imperil(위태롭게 하다) 등이 그러하다. 저자의 이런 해석을 충실히 반영하여 illocutionary act를 '언표 속에 깃든 행위'로 번역해둔다. 장석진(1987)과 김영진(1992)에서는 '발화수반'이라고 번역하였고, 이정민·배영남 엮음(1987), 『언어학 사전』(박영사)에서는 '언표 내적'이라고 번역하였다. §.5-2에 있는 각주 14도 참고하기 바란다.

저자가 쓰게 될 용어로는, 화자가 signaling that *p*[p가 사실임을 신호해 주고] 있다. 신호해 주기[signaling]는 오스뜬의 언표 행위(여러분이 앉아야 한다고 말하는 일)와 언표 속에 깃든 행위(여러분에게 앉도록 요구하는 일)를 모두 포함하며, 그것이 언어 신호에만 국한되지 않는다. 그리고 비록 제7장에서 이 개념을 근원적으로 수정할 것이지만, 저자는 청자를 화자가 의미한 바를 그 신호들에 의해서 recognizing[인식하거나] 또는 understanding[이해한다고] 서술할 것이다.

제2수준

여러분으로 하여금 저자의 행위를 특정한 신호로—즉 저자가 여러분에게 그 신호로 특정한 것을 의미하는 행위로—확인하게 함으로써, 이번에는 저자가 여러분에게 뭔가를 신호 보낸다. 저자는 그 신호를 제시함으로써(Please sit down이란 발화의 예 또는 의자로 향한 몸짓 시늉) 여러분에게 이를 확인하도록 실행한다. 저자는 여러분의 도움이 없이는 여러분으로 하여금 그 신호를 확인하도록 할 수 없다. 여러분과 저자는 반드시 저자가 제시하는 바와 여러분이 확인하는 바를 상호조율해야 하며, 그것 또한 협동행위이다.

> Joint [A presents signal *s* to B, B identifies signal *s* from A]
> 협동하다 [갑이 을에게 신호 *s*를 제시한다. 을은 갑으로부터 나온 신호 *s*를 확인한다]

저자의 용어로는, 화자가 청자에게 어떤 신호를 presents[제시하며], 차례로 그들이 그 신호를 identify[확인한다].

제1수준

저자는 특히 여러분이 지각하도록 동작을 실행함으로써, 이번에는 여러분이 확인할 어떤 신호를 제시한다. 가령 여러분이 듣는 가운데 "Please sit down[좀 앉아 주십시오]"이라고 소리를 만들어 내거나, 또는 여러분의 시각 범위 안에서 저자의 팔을 뻗어 움직이는 것이다. 저자는 여러분의 상호조율이 없이는 여러분으로 하여금 저자의 행위를 지각하게 할 수 없다. 대화에서 여러분은 정확히 저자가 그 일을 실행함에 따라, 여러분이 반드시 그것에 주의를 기울이면서 지각해야 한다.[36] 이것 또한 협동행위로 귀결된다.

> Joint [A executes behavior *t* for B to perceive; B attends perceptually to behavior *t* from A]

협동하다 [갑이 을이 지각하도록 행동 *t*를 실행한다. 을이 갑으로부터 나온 행동 *t*에 대해 지각상으로 주목한다]

저자의 용어로는, 화자가 청자를 위해 어떤 행동을 execute실행하는데, 청자는 자신의 차례에서 그 행동에 attend주목한다.

제4수준

저자가 여러분에게 앉도록 요구함으로써, 즉 언표 속에 깃든 행위를 수행함으로써, 무엇을 하고 있는 것일까? 저자는 우리가 협동하여 실천해 나갈 과제—즉 저자가 여러분으로 하여금 자리에 앉도록 하는 일—를 제안하거나, 제시하거나, 제출하거나, 내놓는 것이다. 이제, 여러분으로 하여금 자리에 앉도록 하는 일은, 저자가 스스로 실행할 수 없는 또다른 일이다. 그것은 우리들 둘이서 실행하도록 저자가 제안하고 있는 협동행위이다. 이 협동행위가 우리로 하여금 우리 행위를 상호조율하도록 요구한다. 저자는 이런 협동행위를 joint project협동과제라고 부를 것이다.

협동과제는 두 부분을 지닌다. 저자의 용어로는 화자는 협동과제를 제안하고proposes, 청자는 그것을 받아들인다take up 수용한다. 저자는 여러분이 앉도록 제안하고, 여러분은 자리에 앉거나 앉는 것에 동의함으로써 저자의 제안을 받아들인다. 하나의 제안proposal은 수용take up이 뒤따를 것으로 기대된다. 오스뜬이

> My attempt to make a bet by saying 'I bet you sixpence' is abortive unless you say 'I take you on' or words to that effect.
> '당신에게 6페니를 걸겠소'라고 말함으로써 내기를 걸려는 나의 시도는, 여러분이 '나도 내기를 받아들여 도전하겠소'라고 말하거나 그런 효과를 지닌 말을 하지 않는다면 실패로 돌아간다.

라고 언급하고, 결혼하기·유산 물려주기·임명하기 등도 받아들이는 일uptake 수용을 요구한다고 논의한 것을 상기하기 바란다.[37] 받아들이는 일(수용)이 내기 걸기·결혼하기·유산 물려주기·임명하기를 협동과제로 만들어 준다. 여러분으로 하여금 뭔가를 실행하게

---

[36] 〈원저자 15〉 어떤 편지를 쓰고 그것을 읽는 일과 같이 비동시적 환경에서, 집필자는 동시적이지는 않지만 시간상으로 더 뒤에 독자로 하여금 그 표지에 주목하도록 의도하고, 독자들은 그런 가정 위에서 그 표지에 주목한다. 표지를 실행하여 만들어 내고 그것들에 주목하는 일 사이에 있는 시간상의 지연이, 비동시적 환경에서 상호조율이 왜 상이한 형태를 취하는지에 대한 한 가지 이유가 되며, 상이한 결과를 갖게 된다(Clark and Brennan, 1991).

하고, 여러분으로 하여금 저자의 믿음을 받아들이도록 하는 일도 또한 협동과제이다. 즉 그것들은 요청하기 및 말하기라는 언표 속에 깃든 행위에 의해서 개시되는 것이다.

협동과제는 흔히 연결되어 있는 두 가지 행위에 의해서 성취된다. "Please sit down좀 자리에 앉아 주십시오"은 여러분의 자리에 앉는 일이 뒤따라 이어진다(발화와 행위의 연결임 : 뒤친이). "I bet you sixpence당신한테 6페니 내기를 걸겠소"는 상대방의 "I take you on나도 내기를 받아들여 도전하겠소"이 뒤이어진다(발화와 발화의 연결임 : 뒤친이). 그러나 행위 진전 사다리에 대하여, 화자와 청자에 의해서 짝 지워진 행위들은 반드시 동시간적cotemporal이 되어야 한다. 즉 그것들이 동시에 진행되어야 하는 것이다. 저자가 논의하게 될 협동행위는 다음과 같다. 여러분에게 자리에 앉도록 요구하는 일로써, 저자는 협동과제를 제안하고 있다proposing. 그리고 저자의 요구를 이해하는 일로써, 여러분은 그 제안을 받아들이도록 고려하고 있다considering. 그 협동행위는 다음과 같다.

> Joint [A proposes joint project *w* for A and B; B considers joint project *w* for A and B]
> 협동하다 [갑은 갑과 을을 위한 협동과제 *w*를 제안한다. 을은 갑과 을을 위한 협동과제 *w*를 고려한다]

이런 얼개에서는 제안하기proposing가 신호 보내기signaling와 차이가 난다. 고려하기considering도 인식하기recognizing와는 차이가 난다. 차이점들은 세 사람 이상의 대화에서 쉽게 찾아볼 수 있다. 다음에 있는 이야기 주고받기에서는, 두 명의 영국학자 아써Arthur와 촬스Charles가 장래가 촉망되는 여학생 베쓰Beth를 상대로 면접시험을 실시하고 있다(3.1.174).

> Arthur : u:m – well you are . proposing . taking on . quite something Mrs. Finney aren't you,
> Beth : yes, I am,
> 아 써 : 어:엄 – 그럼 당신은 . 아주 대단한 뭔가를 . 제안하고 . 받아들여 도전해 보려고 하는 거죠 베쓰 퓌니 양 안 그래요
> 베 쓰 : 예, 그렇습니다마는,

---

37 〈원저자 16〉 따라서 저자가 받아들임(uptake 수용)으로 부르는 바는, 오직 오스뜬이 받아들임(uptake)으로 부른 바의 일부일 뿐이다. 일단 청취가 되고 이해가 된다면, 그것(=받아들임, 수용)은 그 내기를 '받아들여 도전하는(taking on)' 부분인 것이다.

아써의 발화에서, 아써는 베쓰에게 질문을 던지고 있고, 그녀는 아써가 의미한 바를 인식하려고 노력하고 있다. 그 대화에서 제3의 참여자인 촬스도 또한 아써가 의미하는 바를 인식하려고 노력하고 있다. 이들 행위는 모두 제3수준에 있다. 제4수준에서 아써는 베쓰가 자신의 질문에 대답하도록 제안하고 있으며, 그녀는 그 제안을 받아들여 고려하고 있다. 그러나 아써는 촬스가 고려하도록 어떤 협동과제를 제안하고 있는 것은 아니다. 화자들은 청자를 위해 협동과제를 제안하지만, 모든 참여자들을 위한 것은 아니다. 그 점이 바로 '청자addressees 수신자'를 참여자들로부터 구별해 주는 바이다(Clark and Carlson, 1982a, b).[38] 요약하자면, 아써는 베쓰와 촬스가 모두 인식하도록 자신의 의미하는 바를 의미하고 있지만, 오직 베쓰만이 받아들여 고려하도록 자신이 제안하는 바를 제안하고 있는 것이다. 일단 촬스가 아써의 질문을 이해하였다면, 그의 할 일은 다 끝났다. 그 요체는 미묘하지만, 제4수준을 제3수준으로부터 구별해 내는 일에 필수적이다.

5-3-7 세 가지 행위 진전 사다리

'올라감' 승강기를 부르기 위한 일과 같이, 개별적 행위 진전 사다리에서는, 단일 도막의 시간 동안에 진행 중인 여러 가지 행위들을 서술해 준다. 막 서술된 네 가지 수준의 협동행위들도 두드러지게 그런 사다리를 형성한다. 이를 살펴보기 위하여, 대학 강사 애덤Adam이 학생 바트Bart에게 말한 발화를 다루어 나가기로 한다(3.5b.552).

Adam : sit down <u>here [pointing at a chair]</u> would you[39]
애 덤 : <u>[의자를 가리키면서] 여기</u> 앉게 안 그럴래

그리고 그 시간 간격에 걸쳐서 진행 중인 행위들에 초점을 모으기로 하겠는데, 거기서 애덤은 here여기라는 낱말을 산출하면서 (밑줄친) 어느 의자를 몸짓 시늉으로 가리키고 있다. 이런 시간 간격에 걸쳐서 우리는 구별되는 세 가지 행위 진전 사다리를 찾아낼 수 있다. 하나는 애덤의 행위에 대한 사다리, 하나는 바트의 행위에 대한 사다리, 하나는 그

---

[38] 〈원저자 17〉 클락·칼슨(Clark and Carlson, 1982a, b)에서는 '참여자 지향 정보 내용'을 '청자 지향 언표 속에 깃든 행위'로부터 구별해 주는 광범위한 증거를 제공해 준다. 그 구별은 여기서 모든 참여자들에게 뭔가를 신호 보내 주는 일과 오직 청자/수신자를 위해서만 협동과제를 제안하는 일 사이에 있는 구별과 동등하다.

[39] 〈원저자 18〉 손짓과 몸짓 시늉은 전사/녹취기록에서 표시되어 있지 않지만, 예문에서 재구성해 낸 것과 같은 몸짓 시늉이 here(여기)라는 낱말에 수반되었다고 가정하는 것이 합리적이다.

들의 협동행위에 대한 사다리이다.

애덤의 개별행위에 대한 사다리는 사실상 오스뜬의 화행에 대한 재형식화이며, 다음과 같아 보일 것이다.

수준	진행 중인 애덤의 행위	진전
4	애덤이 바트에게 애덤을 위해 바트가 여기에 앉도록 제안하고 있다.	⇧
3	애덤이 바트에게 여기 앉도록 요구하고 있다.	⇧
2	애덤이 바트에게 '여기'와 의자를 가리키는 일로 된 신호를 제시하고 있다.	⇧
1	애덤이 바트의 지각을 위해 '여기'란 말소리 및 팔 움직임을 실행하고 있다.	⇧

이런 시간 간격 속에서, 애덤은 제안하고 요구하며 제시하고 일을 실행하는 과정에 있거나 실행하고 있다. 진행 중인 이들 행위는 상향식 인과성·상향식 완결·하향식 증거와 더불어 참된 행위 진전 사다리를 형성한다. 동일한 시간 간격이 바트의 행위에 대해서도 다음과 같이 행위 진전 사다리를 만들어 낸다.

수준	진행 중인 바트의 행위	진전
4	바트는 애덤을 위해 자신이 여기에 앉으라는 애덤의 제안을 고려하고 있다.	⇧
3	바트는 자신이 여기 앉도록 하는 애덤의 요구를 인식하고 있다.	⇧
2	바트는 '여기'와 의자를 가리키는 일로 된 애덤의 신호를 확인하고 있다.	⇧
1	바트는 '여기'라는 애덤의 말소리와 애덤의 팔 움직임을 주목하고 있다.	⇧

이 시간 간격 동안에, 바트는 수용하려고 고려하고 인식하며 확인하고 대상에 주목하는 과정에 있거나 주목하고 있으며, 그것들이 어떤 것이든 완결되지 않을 수도 있다. 바트의 사다리도 또한 상향식 인과성·상향식 완결·하향식 증거로 완결된 행위 진전 사다리이다.

이들 두 사다리가 서로 연결되어 있다. 각 수준에서 아담의 행위는 협동행위의 일부로서 동참행위이며, 각각 바트에 의한 동참행위와 연결되어 있는 것이다. 그 결과는 일반적으로 다음처럼 보이는 협동행위의 사다리가 된다.

수준	화자 애덤(A)의 행위	청자 바트(B)의 행위
4	A가 B에게 협동과제 *w*를 제안하고 있다	B가 *w*에 대한 A의 제안을 수용하려고 고려하고 있다
3	A가 B에게 *p*가 사실임을 신호 보내고 있다	B가 A로부터 나온 *p*가 사실임을 인식하고 있다
2	A가 B에게 신호 *s*를 제시하고 있다	B가 A로부터 나온 신호 *s*를 확인하고 있다
1	A가 B를 위해 행동 *t*를 실행하고 있다	B가 A로부터 나온 행동 *t*를 주목하고 있다

각 단계마다 우리는 애덤과 바트에 의한 협동행위를 찾아낸다. 그리고 단일한 사다리와 같이 협동 사다리도 상향식 인과성·상향식 완결·하향식 증거를 지닌다. 애덤은 반드시 바트로 하여금 자신의 목소리나 움직임에 주목하게(제1수준에 해당함) 해야 한다. 그로 하여금 자신이 제시하고 있는 낱말과 몸짓 시늉을 확인하도록 하게 위해서이다(제2수준에 해당함). 애덤은 반드시 바트로 하여금 자신의 의미하는 바를 인식하도록 하기 위해서(제3수준에 해당함) 거기에서 성공해야 한다. 그리고 애덤은 반드시 바트로 하여금 자신이 제안하고 있는 협동과제를 받아들이는 일을 고려하도록 하기 위하여(제4수준에 해당함) 거기에서 성공해야 한다. 비슷하게, 애덤이 바트로 하여금 자신의 의미하는 바를 이해하도록 한 증거는(제3수준에 해당함) 또한 그가 바트로 하여금 자신의 목소리와 팔 움직임에 주목하도록 하였다는(제1수준에 해당함) 좋은 증거이며, 그 낱말과 몸짓 시늉을 확인하도록 하였다는(제2수준에 해당함) 좋은 증거이다. 다시 한 번, 인과성은 상향식으로 진행되고, 증거는 하향식으로 진행된다. 이런 사다리에서 협동행위들을 위한 자연스런 용어가 없기 때문에, 저자는 아래에서처럼 익숙지 않은 명칭들을 이용할 것이다.

수준	화자	청자
4	proposal(제안)	consideration(수용/고려)
3	signaling(신호 보내기), meaning(의미)	recognition(인식하기), understanding(이해)
2	presentation(제시)	identification(확인)
1	execution(실행)	attention(주목)

이런 분석과 함께, 우리는 논의를 오스뜬의 혼합된 화행 모음으로부터, 언어사용에서 수행된 협동행위의 사다리로 옮기어 진행한다. 이 분석의 장점은 상향식 인과성을 충족시켜 주고, 청자가 실행하는 바를 포함하며, 화자의 행위와 청자의 행위 사이에 있는 연관성을 구체화해 준다는 것이다. 그럼에도 이는 지금까지 오직 청사진에 지나지 않는다.

저자는 다음 여러 장들에 걸쳐 자세한 내용들을 채워 놓을 것이다.

§.5-4 결론

라틴어 어원에 따르면, to communicate의사소통하다는 말은, 한 집단의 사람들 속에서 알려지도록 만들기 위하여 "to make common일반화해 놓다, 잘 알려지게 만들어 놓다"는 뜻이다. 제2장·제3장·제4장에서 살펴보았듯이, 사람들은 그들에게 공통된 한 대목의 정보를 만들기 위하여, 즉, 그들의 공통기반에 그 정보를 추가해 놓기 위하여, 긴밀하게 상호조율해야 한다. 동일한 논의가 전통적으로 의사소통으로 불리는 바에도 적용되며, 다음 결론으로 이끌어 간다. 즉 의사소통은 협동행위이다.

놀랍게도, 이런 결론은 그롸이스가 바로 '화자의 의미'를 성격 짓는 일에 의해 함축되어 있다. 앤이 벤에게 그가 앉게 될 것임을 의미하면서 "Please sit down좀 앉아 주십시오"라고 말한다고 상정해 보기로 한다. 그녀의 의미는 벤이 그 의도를 인식하는 데에서 자신의 몫을 실행하지 않고서는 내보낼 수 없는 한 유형의 의도이다. 화자가 뭔가를 의미하기 위해서는, 반드시 자신의 청자와 협동하여 행위해야 한다. 동일한 내용이 다양한 유형의 언어행위speech act 화행에 대해서도 성립된다. 오스뜬 자신도 인식하였듯이, 언표 행위·언표 속에 깃든 행위·이행완료 행위와 그 밖의 행위들이다. 이번에는 이들 행위의 협동성을 심각하게 다뤄야 할 시간이다.

언어를 갖고 이뤄지는 의사소통은, 오스뜬도 인식하였듯이 많은 수준에서 여러 행동들을 취한다. 저자는 이들 수준이 협동행위의 사다리를 형성한다고 논의하였다. 행위 진전 사다리는 일련의 동시간적 행위cotemporal actions인데, 상향식 인과성·상향식 완결·하향식 증거로 순서가 지워져 있다. 언어사용에서 이들 수준은 협동행위이다. 맨 바닥(제1수준)에서 앤은 행동을 실행하고, 그녀와 상호조율하면서 벤은 그것들에 주목한다. 이들 협동행위에 의해서 앤은 신호를 제시하며, 상호조율하면서 벤은 그것을 확인한다(제2수준). 차례로 이들 협동행위에 의해서 앤은 벤에게 뭔가를 신호 보내고, 상호조율하면서 벤은 그녀가 의미한 바를 인식한다(제3수준). 그리고 이들 협동행위에 의해서, 앤은 협동과제를 제안하고, 상호조율하면서 벤은 그녀의 제안을 받아들이도록 고려한다(제4수준). 이것들만이 유일한 수준이라고 할 수는 없겠으나, 분명히 주요한 수준들인 셈이다.

제6장 신호 보내기

"올바른 낱말이 효과적일 수도 있겠지만, 어떤 낱말도 결코 적시에 나온 올바른 쉼[휴지]만큼 효과가 없었다."

(마크 트웨인)

언어사용은 신호가 없이는, 다시 말하여 한 사람이 다른 사람에게 뭔가를 의미하는 행위가 없이는 진행되어 나갈 수 없다. 그러나 정확히 무엇이 그런 행위들인가? 신호는 무엇이 언어사용과 언어이며, 무엇이 언어사용과 언어가 아닌지를 정의하고, 의사소통이 실제로 어떻게 성취되는지를 결정하는 데 도움을 주기 때문에, 이 질문은 핵심적이다. 제6장에서는 신호가 무엇인지, 그리고 신호들이 어떻게 작동하는지에 대하여 언급한다.[1]

전통적인 가정은 신호들이 '언어적' 대상물—즉 말소리·낱말·문장의 발화—이며, 이는 그것들의 관례적 의미를 통하여 작동된다. 그런 가정은 오스뜬Austin과 써얼Searle의 용어인 언표 행위·언표 속에 깃든 행위·이행완료 행위·화행speech acts들 속에 반영되어 있다(제5장). 또한 언어사용에 대한 연구인 화용론pragmatics이란 용어에도 반영되어 있는데, 이 분야는 언어 연구에서 음운론·형태론·통사론·의미론과 동등하게 취급된다. 그리고 그 가정이 언어사용language use에도 반영되어 있는데, 이런 영역에 대하여 저자는 이 용어를 써야 할 것으로 느낀다.[2] 무엇보다 중요한 것은 이것이 언어사용을 연구하는 연구자들 대부분의 작업가정이라는 점이다.

물론 이 가정이 올바른 것은 아니다. 많은 신호들이 조금도 '언어적'이지 않은 것이다

[1] 『주역』「계사(상)」에서 공자가 다음처럼 말하였다. "글로는 말을 다할 수 없고, 말로는 뜻을 다할 수 없다. 이런 까닭에, 말은 뜻을 낚아채는 통발과 올무가 되고, 글과 말은 서로서로 도우며 북돋아 주는 것이다(書不可盡言, 言不可盡意, 是言者 意之筌蹄, 書言相生者也)." 제6장에서 저자는 신호가 여러 수준에 걸쳐 있는 복합적인 내용임을 주장하게 되는데, 이런 통찰은 몇 천 년 전에서부터 이미 있었던 것이다.

[2] 화행론/언어행위론(speech act)이나 화용론(pragmatics)이나 언어사용(language use)이나 거의 동일하게 쓰인다. 특히 앞의 두 용어에서는 청자·화자·시간·장소라는 주요 변수를 엄격하게 통제하여 쓰는 데 반해, 맨 뒤의 용어는 보다 포괄적으로 비언어 표현까지도 다루려고 하므로 조금 차이가 난다. 가장 포괄적인 용어는 '언어사용'이며, 이는 의사소통 의도(communicative intention)이란 개념을 통하여 가장 궁극적인 인간 특성인 자유의지(free will)와 곧장 연결된다. §.2-4-4에 있는 각주 29도 참고하기 바람.

(제3장과 제5장을 보기 바람). 제5장의 예에서는 의사가 마그릿한테 홍역을 앓음을 신호 보내기 위하여 자신의 손을 흔들었다. 쌤은 항복하기 위하여 흰색 깃발을 흔들었다. 일리저버쓰는 음식을 요구하기 위하여 자신의 입과 빈 그릇을 손으로 가리켰다. 교회지기는 폴 뤼뷔어에게 영국군이 육로로 침공하고 있음을 신호 보내기 위하여 종탑에 등불을 하나 내걸었다. 그리고 그롸이스(Grice, 1957)에서 주목하였듯이, 과거에 영국 버스 안내양은 운전기사에게 출발하도록 신호하기 위하여 벨을 두 번 울리곤 하였다. 일상적인 사례들도 또한 쉽게 마주칠 수 있다. 저자가 커피 한 잔 마시겠느냐고 질문을 받은 경우에, 저자는 분명히 '언표 속에 깃든' 행위로서 바로 그렇다고 고개만 끄덕임으로써, "예!" 라고 말하는 것과 똑같이, 저자가 커피 한 잔 마시고 싶다고 단언할 수 있다.

이들 사례로부터, 신호들은 언어적으로 되어 있거나 비언어적이라고 결론을 지을 수 있을 것이다. "예!"라고 말하는 일은 언어적이며, '그렇다'고 고개를 끄덕이는 일은 비언어적이다. 이것도 올바른 게 아닐 수 있다. 즉, 언어적이거나 비언어적인 것이 신호가 아니라, 오히려 신호 보내는 방법이기 때문이다. 대부분의 신호는 복합신호이며, 정교하게 만들어진 둘 또는 그 이상으로 된 신호 보내는 방법의 혼합물이다. 이들 사례로부터 비언어적 방법들이 허술하고 비체계적이며 특정 사례에만 적용되고 지엽적이며, 응당 언어사용의 주변 요소로 강등되어야 한다고 결론을 맺을 수도 있다. 이런 결론 또한 올바르지 않을 것 같다. 이런 결론과는 달리, 비언어적 방법은 미묘하고, 고도로 체계적이며, 조금도 특수 사례에만 적용되는 것이 아니다. 그리고 비언어적 방법들은 흔히 '언어적'으로 분류되는 대부분의 신호에 대해 본질적이다. 비언어적 방법을 무시해 버리는 일은, 언어사용에 대한 사람들의 그림(=머릿속 지도)을 왜곡시켜 버린다. 그 그림을 올바르게 해 두는 일이 중요하다.

제6장에서는 신호 보내는 방법에 대한 것을 다룬다. 언어적 방법과 함께 시작하고 나머지 다른 것들은 단지 추가 사항으로 취급하려고 하기 쉽다. 이런 접근 대신에, 저자는 기호와 신호들에 대한 일반적인 설명과 더불어 시작할 것인데, 이것이 모든 방법들을 제대로 전망하기 위한 가장 확실한 방법이기 때문이다.

§.6-1 기호/신호

신호^{signals}는 화자가 의도적으로 청자/수신자를 위해 만들어 내는 기호^{signs}들 위에 수립되어 있다. 낱말과 몸짓 시늉과 소음과 그 밖의 것들이다. 그렇지만 무엇이 기호^{sign}인가? 한 가지 대답으로서, 미국 철학자 촬스 쌘더스 피어스Charles Sanders Peirce 1839~1914에[3] 의해 발전된 기호에 대한 학문인 기호학semiotics으로 돌아가 보기로 한다. 피어스는 자신의 이론을 논리학·추론·믿음·지각·형이상학을 포함하여 광범위한 철학적 논제들에 적용하였지만, 아주 기묘하리만큼 의사소통이나 언어사용에는 직접 적용해 놓지 않았다.

6-1-1 시각적으로 본뜸icons, 가리키기indicess, 상징symbols

피어스에게 기호는 '대상object·기호sign·해석내용interpretant' 사이에 있는 관계의 일부이다. 예를 들어, 화가 홀바인Holbein이[4] 그린 영국왕 헨리 8세의[5] 초상화는 하나의 기호이다.

> The sign stands for something, its object. (99쪽)[6]
> 기호는 뭔가를, 즉 그 대상을 나타낸다.

이런 경우에 그 대상은 헨리 8세라는 역사적 인물이 된다. 그렇지만 뭔가는 오직 그것이 '누군가에게 전달해 주는' 경우에만 기호가 되는데, 그 상대방의 머릿속에 어떤 관념을 만들어 준다. 이를 피어스는 그 기호에 대한 해석내용interpretant(어떤 주체가 한 기호

---

[3] 우리나라에는 '퍼스'로 소개되었는데, 이것도 가능한 발음이다. 그렇지만 번역자가 참고하는 옥스퍼드 발음사전과 케임브리지 발음사전 등에는 모두 [pɪə(r)s]가 제1순위로 올라 있다. 여기서는 이 발음에 따라 '피어스'라고 써 둔다. 피어스와 퍼스라는 두 발음의 차이는, 맨 처음 나오는 'e'를 인식하여 발음하는지 여부에 달려 있다. 그리고 대체로 영국 발음은 r을 무시하고, 미국 발음은 r을 살려 발음하는 듯하다. 우리말 표기에서는 피어스의 '어'와 겹쳐지므로('피어어스') 이를 무시한다. 피어스의 글들은 1930년대 및 1960년대 초반에 Harvard 대학 출판부(8권)에서 간행된 뒤에(서로 다른 연대의 글들이 뒤섞여 혼란을 준다고 비판을 받음), 1980년 초반에서부터 총서(30권 예정)로 Indiana 대학 출판부에서 출간되고 있다. 후자를 바탕으로 하우저 외(Houser and Kloesel, 1998) 엮음, 『피어스 필수 독본(*The Essential Peirce*)』(2 volume set, Indiana Univ. Press)도 나왔다. 우리말로는 김성도(2006) 엮고 뒤침, 『퍼스의 기호 사상』(민음사)와 Hoopes 엮음(1991; 김동식·이유선 뒤침, 2008), 『퍼스의 기호학』(나남)을 참고할 수 있다. 정해창(2005), 『프래그마티시즘 : 퍼스의 미완성 체계』(청계)도 좋은 개관서이다. 클락이 본문에서 인용하는 책은 판본에 따라 독립된 글들로 나눠어 있다. 가령, 하우저 외(1998)에서는 제2권의 2장 'What is a Sign?'(1894), 3장 'Of Reasoning in General'(1895), 20장 'Sundry Logical Conceptions'(1903), 21장 'Nomenclature and Divisions of Triadic Relations, as Far as They Are Determined'(1903) 등이 혼합되어 Buchler(1940)의 7장 'Logic as Semiotic : The Theory of Signs'에 들어가 있다. 후자는 간행 연도가 혼란스럽게 뒤섞인 하바드 대학 총서에 기대고 있기 때문이다.

[4] 독일인 한스 홀바인(Hans Holbein der Jungere, 1497~1543)은 엄밀한 자연주의를 기초로 한 소묘와 특히 영국왕 헨리 8세의 왕실을 그린 초상화 그림들로 유명하다. 세밀한 세부 묘사와 생생한 색감, 그리고 날카로운 감각이 돋보이는 홀바인의 심리학적 관찰은, 그의 그림에 특별한 깊이를 주어, 그를 당대 유럽에서 유일한 대가로 만들었고, 영국에서 궁정 화가로 초청하였다. 아버지인 한스 홀바인(Hans Hobein der Altere, 1465~1524)도 독일 후기 고딕 양식의 대표적 화가였다.

[5] 헨리 8세(King Henry Ⅷ, 1491~1547)는 잉글랜드(재위 1509~1547) 겸 아일런드(재위 1541~1547) 국왕이다. 강력한 왕권을 확립하였고, 결혼은 6번이나 하였다. 이혼을 불허하는 로마 교황청으로부터 영국 교회(성공회)를 독립시켰다.

[6] 〈원저자 1〉 피어스에 대한 인용들은 모두 버클러(Buchler, 1940)에서 가져온 것이다.

에 대한 반응으로 보인 해석내용 : 뒤친이)이라고[7] 불렀다. 저자가 홀바인의 그림을 바라보는 경우에, 저자는 그 그림을 헨리 8세와 비슷할 것으로 여긴다. 저자는 헨리 8세인 그 대상에 익숙해 있다고 가정되고, 그 기호가 단순히 대상에 대한 추가 정보를 전달해 준다.[8] 이런 예에서 피어스가 상정한 관계에 대한 세 부분은 다음과 같다.

대상	기호	반응으로서의 해석내용
영국왕 헨리 8세	홀바인의 헨리 8세 초상화	헨리 8세에 대한 관념

모든 기호가 비슷한 것은 아니다. "기호는 icon시각적 본뜸이거나 index가리킴이거나 또는 symbol형식과 내용의 결합관계를 해석해야 하는 상징이다."

icon시각적 본뜸은[9] 지각상으로(=시각상) 그 대상과 닮아 있다. 홀바인이 그린 헨리 8세의 초상화는 시각적 본뜸prototypical icons이다. 왜냐하면 그것이 외모상 헨리 8세와 닮아 있기 때문이다. 원형적인 시각적 본뜸은, 그림이나 "기하학적 선을 나타내 주는 것으로서, 연필로 그린 획들과 같은" 소묘이다. 철학자들은 때로 유사성·닮음·같음의 개념들이 적어도 어떤 측면에서 보면 임의의 대상이 임의의 다른 대상과 비슷하기 때문에 빈껍데기라고empty 비어 있다고 논의해 왔다(Goodman, 1968). 그러나 피어스는 닮음resemblance을 오직 지각적 측면으로만 의도하여 썼다. 시각적 본뜸의 "속성은 그 대상의 겉 속성들과 닮아 있고, 머릿속에서 유추되는 감각을 일으키는데, 그것이 같다는 생각이다." 홀바인이 그린 초상화를 바라보는 경우에, 저자는 헨리 8세를 다양한 방식으로 지각한다. 그의 엄중한 얼굴 표정, 국왕의 옷차림새, 당당한 겉모습 등으로, 마치 저자가 헨리 8세를 직접 바라보고 있는 것처럼 느껴진다(Walton, 1973, 1990을 보기 바람).

시각적 본뜸icons은 그것이 나타내는 대상의 속성들에서 다양하게 차이가 난다. 심상images은 대상의 '간단한 속성'을 나타낸다. 도표diagrams는 한 대상의 부분들을 놓고서 그 자신의 부분들에 있는 유추 관계들에 의하여 주로 2항의 관계 또는 그렇게 간주된 관계를 나타낸다. 도표에 대한 피어스의 개념은 아주 광범위하다. 예를 들어, "대수 방정식이

---

[7] 정해창(2005 : 133)에서는 '해석 경향', 김성도(2006 : 143)에서는 '해석체', 김동식(2008 : 26)에서는 '해석항'으로 번역하였다.

[8] 〈원저자 2〉 "기호는 오직 대상만을 나타내고 그것에 대하여 말할 수 있을 뿐이다. 기호는 그 대상물에 대한 익숙함이나 인식을 채워 놓을 수 없다. 왜냐하면 그것이 이 책에서 기호의 대상물로 의미되는 바이기 때문이다. 즉, 기호는 기호와 관련된 모종의 추가 정보를 실어 나르기 위해서 대상물에 대한 익숙함/지식을 전제로 한다."(100쪽)

[9] 어떤 이들은 도상(圖像 : 모양을 그리다)이라고도 번역하고, 모상(模像 : 모양을 본뜨다)이라고도 번역한다. 이런 한자어를 제대로 새기는 사람이 많지 않으므로, 여기서는 우리말로 쉽게 풀어서 '시각적 본뜸'이라고 번역해 둔다. 일부에서는 그대로 외래어 '아이콘'으로 쓰는데, 이는 바람직하지 않다.

(스스로 시각적 본뜸이 되지 않는) 대수 기호들을 도구로 이용하여 관심 모아진 양들의 관계를 드러내어 주는 한" 그는 대수 방정식을 시각적 본뜸icon이 된다고 여겼다. 은유metaphors는 "다른 무언가에 있는 동일한 관계를 나타내 줌으로써" 그 대상들을 의미한다.

대조적으로, (신체적 수단에 의해) 가리키기index는[10] "한편으로 그 개별 대상 및 다른 한편으로 기호로서 그것이 기여하게 되는 사람의 감각이나 기억 둘 사이의 (공간성을 포함하여) 역동적인 관련으로 되어 있기 때문에" 그 대상을 지시하는 기호이다. 지붕 위에 설치한 수탉 모양새의 풍향계를 살펴보기로 한다.

> 지붕 위 수탉 모양새 풍향계는 바람의 방향에 대한 index(가리키기)이다. 왜냐하면 우선, 사실상 바람과 같이 그것이 스스로 동일한 방향을 취하므로, 바람의 방향과 풍향계 사이에 실제 연결이 있기 때문이다. 둘째로, 우리가 풍향계를 그렇게 만들어 놓았으므로, 특정 방향을 가리키고 있는 풍향계를 본다면 그 방향으로 우리의 주의를 끌기 때문이다. 바람과 더불어 방향을 바꾸고 있는 풍향계를 본다면, 마음의 법칙에 의해서 응당 풍향계 방향이 그 바람과 연결되어 있다고 생각하도록 되어 있기 때문이다. (109쪽)

많은 기호들이 기호 및 대상 사이에 있는 공간적 연결로 말미암아 가리키기indices이다. 풍향계는 바람 방향을 가리키고, 북극성은 북쪽을 가리키며, 다림줄垂直錘은 수직선을 가리킨다. 이들 가리킴indices에 대해서는 기호 및 대상 사이에 인과적인 연관도 있지만, 다른 가리킴에서는 오직 우연한 연관만 있다(§.6-3-1 참고). 해시계나 시계는 하루의 시간을 가리킨다. 한 사람의 엄지손가락에 박혀 있는 군살(=못)은 구두 수선공으로서 그의 직업을 가리킨다. 많은 경우에 가리키기는 그롸이스가 자연스런 의미라고 불렀던 바를 지닌다(제5장). 우리가 "Those spots mean measles저 붉은 반점들은 홍역을 의미한다" 또는 "Those clouds mean rain저 먹구름은 비를 의미한다"라고 말하는 경우에, 붉은 반점과 먹구름은 홍역과 비에 대한 가리키기indices들이다.

(신체적 수단으로써) 가리키기indices는 부분적으로 우리의 주목을 끎으로써 작동한다. "문을 똑똑 두드리는 소리는 가리키기이다. 주의를 끌어 초점 모으는 것은 어떤 것이든 가리키기가 된다. 우리를 깜짝 놀라게 하는 것도 어떤 것이든 두 부분의 경험 사이에 있

---

[10] 김성도(2006 : 168)에서는 '지표 기호'로 번역하였다. 정해창(2005 : 141)과 김동식 외(2008 : 402)에서는 외래어 '인덱스'를 썼다. index의 라틴어 어원은 '검지 손가락'과 관련되며 본디 손가락으로 가리켜 주는 일을 의미하였다. 여기서는 (신체적 수단으로써) '가리키기'또는 '가리킴'으로 번역한다(§.6-3-1 참고). index는 기호 형식과 기호 내용이 1:12 결합하지만 시각적 본뜸 관계를 찾을 수 없는 것이므로, 형식과 내용을 단지 1:1로만 붙들어 매었다는 뜻으로 '붙듦' 관계라고 번역할 수도 있다.

는 연결점을 표시해 주는 한 가리키기가 된다"(108~109쪽). 피어스가 언급하였듯이, 가리키기는 "맹목적 강요에 의해 주의력을 가리키기의 대상들을 향하도록 만든다"(108쪽). 그리고 다시 한 번, "심리학적으로 가리키기 행위들은 인접성contiguity에 의한 연합에 달려 있다"(108쪽).

마지막으로 상징symbol도 하나의 기호인데, "그 표상의 성격은 정확히 해석내용을 결정하게 될 규칙이 되는 존재로 이뤄져 있다. 모든 낱말·문장·책·다른 관례적 기호들이 상징이다"(112쪽). 피어스는 다음처럼 주목하였다.

> '주다, 새, 결혼하다'와 같은 일상 낱말은 어떤 것이든지 상징의 사례가 된다. 상징은 <u>그 낱말에 연결된 개념을 실현하기 위해 찾아질 수 있는 것이면 아무런 것에나 적용될 수 있다.</u> 상징이 그 자체로 그런 것들을 찾아 확인해 주는 것은 아니다. 상징이 우리들에게 새를 보여 주는 것도 아니고, 우리 눈앞에서 주는 일이나 결혼을 실행하는 것도 아니다. 그러나 그런 것들을 머릿속으로 그려낼 수 있다고 가정하며, 그 낱말과 그런 대상들을 연합시켜 놓는다. (114쪽, 밑줄 강조는 피어스 자신의 강조 내용임)

"상징은 무한정한 미래에 대한 하나의 법 또는 규정이다." 그리고 루이스(Lewis, 1969)와 같이 피어스도 상징들이 진화한다고 믿었다(제3장). "상징은 자라난다. 다른 기호 특히 시각적 본뜸icons들로부터, 또는 시각적 본뜸 및 상징의 본질을 나눠 갖는 혼합된 기호들로부터 발전되어 존재하게 되는 것이다."(115쪽)

그렇다면 시각적 본뜸icons·가리킴indices·상징symbol들은 다음에 요약해 놓았듯이, 그것들이 나타내는 기호 및 대상 사이에 있는 연결에서 서로 차이가 난다.

기호의 유형	기호 S와 대상 O의 관계
icon(시각적 본뜸)	지각상으로 기호 S가 대상 O를 닮는다.
index(가리킴)	신체적 수단에 의해 기호 S가 대상 O와 연결되어 있다.
symbol(상징)	규칙에 의해 기호 S가 대상 O와 연합된다.

상징은 또한 시각적 본뜸 및 가리킴들과 또다른 방식으로 차이가 난다. 홀바인의 초상화와 같은 시각적 본뜸은, 개별적인 대상이지, 유형이나 일반 부류가 아니다.[11] 그리고 마찬가지로 그 대상인 헨리 8세도 그러하다. 지붕 위 수탉 풍향계와 같은 가리킴index과 바람의 방향과 같은 그 대상도 또한 개별적인 대상들이다. "진정한 가리킴 및 그 가리킴

의 대상은 반드시 (대상이든지 아니면 사실이든지) 실재하는 개별체들(individuals)이다."(108쪽) 반면에 상징과 그 상징의 대상들은 대상들의 유형types of things이다.[12]

> 우리가 살펴보았듯이, 상징은 특정한 대상(particular thing)을 가리킬 수 없다. 상징은 대상들에 대한 어떤 종류(kind of thing)를 나타내기 때문이다. 그럴 뿐만 아니라, 상징은 그 자체로 하나의 종(a kind)이지, 단일한 어떤 대상(a single thing)이 아니다. 여러분은 낱말 '별(star)'을 적을 수 있지만, 그것이 여러분을 그 낱말에 대한 창조자로 만들어 주지 않으며, 여러분이 그 낱말을 지워버린다고 해도 그 낱말을 파괴할 수 없는 것이다. 그 낱말은 그것을 이용하는 사람들의 머릿속에 살아 있기 때문이다. (114쪽)

마지막 요점 한 가지를 추가한다. 피어스에 따르면 많은 기호들이 "혼합된 기호"로서, 시각적 본뜸icon·가리킴index·상징symbol의 혼합체인 것이다. 그가 제시한 한 가지 사례는 다음과 같다.

> 어린이와 함께 걸어가고 있는 어떤 사람이 허공 속으로 자신의 팔을 뻗어 가리키면서 "저기 풍선이 하나 있구나!"라고 말한다. 가리키고 있는 팔(가리킴 index임)은 그 상징의 본질적 부분인데, 상징이 없이는 '풍선'이라는 부분이 아무런 정보를 담지 못할 것이다. 그러나 그 어린이가 "무엇이 풍선이에요?"라는 물음에, 그 남자가 "풍선은 가장 큰 비누 거품과 같은 어떤 것이야."라고 대답한다면, 그는 그 심상(image, 심상은 곧 하나의 가리킴 an index임)을 상징의 일부로 만들고 있다. (112쪽)

---

11 칸토어(Cantor)가 집합의 개념을 상정할 때에, 집합은 원소들의 모임으로 정의되었다. 여기서 집합 및 원소(set : element)라는 개념은 동시대 수학자 프레게에게는 함수 및 논항(function : argument)으로, 폴란드 논리학자들에게는 상위 및 대상(meta : object)으로, 피어스(Peirce)에게는 유형 및 구현사례(type : token)로 서로 용어를 달리하여 채택되었다(다시 type은 뤄쓸의 『수학 원리』에서 기본용어로 채택됨). 또한 kind : individual(종 : 개체)도 동일하게 쓰이는 개념이다. 원문의 a type(유형) or a general class(일반적 부류)란 말은 집합이란 말과 동일하며, an individual thing(개별 대상)은 원소란 말과 동일하다. 집합과 원소를 묶어주는 표현 가운데 하나가 'is(이다)'인데(계사의 여러 용법 중 하나이며 그 여러 속성이 아직도 논의 중이므로 로드슈타인(Rothstein, 2001)의 『술어와 주어(*Predicates and their Subject*)』, Kluwer와 데이뷧슨(Davidson, 2005)의 『진리와 서술성(*Truth and Predication*)』, Harvard Univ. Press를 참고하기 바람), '영희는 남자이다'에서 영희는 원소이고, 남자는 집합이 된다. 영희가 남자들을 모아 놓은 집합에 속한다면, 그 문장은 참이다. 그렇지만 영희가 그 집합 속에 속한 일원이 아니라면 그 문장은 거짓이다.

12 type(유형)이란 말은, 상징이 반드시 '의사소통 공동체를 전제한다'는 직관을 표현하기 위한 것에 지나지 않는다. 상징이 성립되려면, 첫째 적어도 두 사람 이상의 의사소통 공동체가 있어야 한다. 둘째, 그 공동체 속에서 소위 '규칙'으로 부를 만한 묵시적 또는 명시적 합의 사항/내용들이 있어야 한다. 상징의 하위 속성들 가운데에 흔히 자의성과 사회성을 거론한다. 자의성은 형식과 내용의 결합이 인과율/필연성을 따르지 않는다는 진술이다. 그리고 사회성은 공유된 공통기반 위에 운용된다는 것으로서, 소쉬르의 랑그(langue)를 달리 표현해 놓은 것이다. 상징이 대상들의 유형이라고 말할 때, 사회적 공통기반이 한데 맞물려 전제로 깔리게 된다. 다시 말하여, 상징·랑그·유형 등의 낱말은 공동체 구성원들에게 공유된 공통기반을 가리키는 것이다.

즉, 단일한 기호는 시각적 본뜸의 속성·가리킴의 속성·상징적 속성들을 갖고 있다. 그리고 피어스에게 대부분의 기호는 '사슬의 일부(parts of chains)'인 것이다. 하나의 기호에 대한 해석내용은 다음 기호의 대상이 되며, 그 해석내용은 또다음 기호의 대상이 된다, 등등이다. 따라서 하나의 기호에 대한 해석내용은 일련의 대상·기호·해석내용들에 따라 달라질 수도 있다.

6-1-2 예시해 주기·가리켜 주기·상징유형으로 서술해 주기

기호들은 비록 피어스가 이런 구분을 해 놓지 않았지만, 신호signals이거나 징후symptoms가 될 수 있다.[13] 시각적 본뜸icons은 한 사람에 의해서 다른 사람들을 위하여 의도적으로 산출된 그림, 그리고 총알 관통 구멍처럼 자연적으로 또는 사고에 의해 남겨진 표시를 둘 모두 포함한다. 가리킴index은 한 사람에 의해서 다른 사람들을 위하여 의도적으로 산출된 몸짓 시늉, 그리고 어떤 인간 간섭도 요구하지 않는 지붕 위 풍향계와 다림줄垂直錘과 같은 자연스런 기호를 둘 모두 포함한다. 피어스는 또한 ('주다'나 '새'와 같이) 하나의 상징이 잠재적으로 의미할 수 있는 대상의 유형 및 한 사람이 특정한 경우를 의미하기 위하여 실제적으로 상징을 이용하는 대상의 유형 사이를 구별해 놓지도 않았다(도구 및 사용의 구분으로, 저자는 곧 이어 icon은 demonstrating으로, index는 indication으로, symbol은 describing으로 불러 도구의 사용을 정의할 것임 : 뒤친이). 피어스는 단지 50년 뒤에 만들어진 여러 가지 구분들을 놓쳐 버렸다.

하나의 신호는 실제로 한 사람에 의해서 다른 사람에게 뭔가를 의미하기 위한 기호의 제시이다. 만일 피어스가 올바르다면, 사람들은 신호 보내는 세 가지 아주 다른 방법을 갖고 있어야 한다. 시각적 본뜸에 대한 방식, 가리킴에 대한 방식, 상징에 대한 방식이다.[14] 그리고 사람들은 실제로 그러하다. 이들 신호를 보내는 방법들 사이를 구별해 주기 위하여, 저자는 다음 용어들을 채택할 것이다.

---

[13] 신호(signals)는 인간의 의도에 의해 만들어져 나온 기호이며, 형식과 내용의 결합이 비필연적인(우연한) 경우가 된다. 이와는 달리, 징후(symptoms)는 인간의 의도가 개재되지 않는 기호로서, 형식과 내용의 결합이 필연적인 경우이다. 후자는 우리말에서 징조(징험이 되는 조짐 徵兆)란 말로 쓰이기도 하는데, 문화상의 속뜻이 '불길한 징조'처럼 쓰이므로, 보다 중립적인 징후로 번역해 둔다. 한편, Symptom을 김성도(2006 : 143)에서는 '증상'이라고 번역하였다.

[14] 〈원저가 각주 3〉 예시해 주기·가리켜 주기·상징유형으로 서술해 주기에 대한 더 초기의 분석은 클락·게뤼그(Clark and Gerrig, 1990)을 보기 바란다.

신호 보내는 방법	생성된 기호
대상을 예시해 주기(demonstrating a thing)	icon(시각적 본뜸)
대상을 가리켜 주기(indicating a thing)	index(가리킴)
대상을 상징유형으로 서술해 주기(describing as a type of thing)	symbol(상징)

세 가지 용어의 일상적 의미는 대략 우리가 원하는 바이다. 저자가 여러분에게 일리자버쓰 영국 여왕이 찻잔을 잡는 법을 보여 주려고 몸짓 시늉을 하는 경우에, 저자는 뭔가를 의미하기 위한 어떤 시각적 본뜸icon을 만들어 내고 있다.[15] 만일 저자가 여러분한테 어떤 자전거를 손으로 가리켜 주는 경우에, 저자는 뭔가를 의미하기 위한 어떤 가리킴index을 만들어 내고 있다. 즉, 저자가 그 자전거를 가리키고 있는 것이다.[16] 그리고 "I see a dog내가 어느 개를 본다"라고 여러분에게 말하면서 dog란 말을 쓰는 경우에, 저자는 뭔가를 의미하기 위한 어떤 상징symbol을 만들어 내고 있다(icon과 index가 구체적 개별 대상 token 또는 individual을 가리키지만, symbol은 그것들의 집합인 유형 type를 가리킴에 유의하기 바람 : 뒤친이). 저자는 바라보고 있는 대상의 유형을 개라고 서술해 주고 있는 것이다. 어느 한 순간, 피어스는 거의 동일한 기능들을 옹호하면서 다음처럼 논의한다.

> icons(시각적으로 본뜸)과 indices(가리킴)는 아무런 것도 단정하지 않는다. 만일 어떤 시각적 본뜸(icon)이 하나의 문장으로 해석될 수 있다면, 그 문장은 반드시 "잠재적으로 가능한 서술 양태(≒가정법 서술문을 가리킴)" 속에 들어 있어야 한다. 다시 말하여, 그 문장은 단지 "Suppose a figure has three sides(어떤 모습이 세 면을 갖고 있다고 가정하자)" 등을 말할 뿐이다. 만일 가리킴(index)도 그렇게 해석되었더라면, 그 서술 양태는 반드시 "See there!(저길 봐요!)"나 "Look out!(밖을 봐요!)"처럼 명령문이거나 감탄문이어야 했을 것이다. 본질적으로 상징은 직설법으로 되거나 또는 응당 그렇게 불려야 하듯이 서술문(declaration mood)으로 된다. (111쪽)

---

[15] 〈원저자 4〉 저자는 지시사의 지시내용에 있는 전문적인 의미가 아니라, 일상적인 의미로서 방식을 보여 주는 일을 예증하려고 의도한다.

[16] 〈원저자 5〉 저자는 "I indicated that I was happy(나는 행복하였다는 사실을 나타냈다)"에서처럼 "…라는 사실을 나타내다"가 아니라, "I indicated the man in the blue shirt(난 푸른 상의를 입을 그 사람을 가리켰다)"의 의미에서 가리키려고 의도한다.

〈역자주〉 전자의 사례는 내포문을 요구한다(indicate *that s*). 그러나 후자의 사례는 목적어 명사구를 요구한다(indicate *NP*). 내포문은 어떤 사실을 '나타낸다'. 그러나 명사구는 대상/개체가 되므로 그 대상을 '가리키는' 것이다.

대화에서 대부분의 신호는 물리적 흔적을 전혀 남기지 않는 비연속적[17] 사건이다. 낱말과 몸짓 시늉들은 오직 생성되는 동안만 들을 수 있고 볼 수 있다. 이 점은 그림이나 수탉 풍향계와 같이 정태적이고 반복적으로 볼 수 있도록 열려 있는 피어스의 많은 기호들과 닮아 있지 않다. 대화에 있는 모든 신호들이 곧 사라져 버리는 사건이라는 것은 아니다. 제복을 착용하거나 휘장badge을 붙이는 일, 도표를 그리는 일, 기호를 세워 놓는 일이 모두 정태적 흔적을 남겨 놓는다. 물론 인쇄된 낱말과 도표들도 영구적이다. 가장 큰 도전을 부과하는 것은, 비연속적이며 순식간에 사라지는 신호들인데, 대화에서 그런 신호가 두루 널리 퍼져 있기 때문이다.

예시해 주기·가리켜 주기·상징유형으로 서술하기는 거의 순수한 형태로는 나타나지 않는다. 대체로 피어스의 기호가 '혼합된 기호'—시각적 본뜸·가리킴·상징들의 혼합체임—인 것처럼, 대부분의 신호도 복합신호인 것이다. 그것들은 두 가지 이상의 신호 보내기에 의존한다. 이 점은 우리가 예시해 주기·가리켜 주기·상징유형으로 서술하기를 신호의 유형으로서가 아니라, 반드시 다양한 방식으로 결합된 신호 보내기 방법으로 생각해야 하는 이유가 된다.[18]

---

[17] discrete(비연속적)은 수학에서는 일본 용어를 받아들여 '이산적(離散: 거리를 두고 흩어져 있음)'이라고 쓴다. 이는 continuous(연속적인)의 반대 개념이다. 따라서 불연속적/비연속적이라고도 번역될 수 있다. 말소리는 물리적으로 파동의 연속체이며, 연속적인 공기 진동 파장의 누적이다. 그렇지만 그 말소리를 지각하는 우리의 청각은 비연속적/불연속적/이산적이다. '철수가 간다'라는 물리적 말소리는 파장의 연속체이지만, 우리는 음절과 어절들을 서로 분리되어 있는 비연속적 대상으로 지각하여 받아들인다. 심리언어학에서는 이를 '범주적 지각'이란 말로 부른다. 범주들의 경계 지점에서만 모호하게 들을 뿐, 한 범주의 영역 속에서는 물리적 소리가 더러 다른 파장을 지니더라도 모두가 동일한 소리로 지각한다. 자세한 설명은 조명한(1989 : 56 이하), 『언어 심리학』(민음사)을 참고하기 바란다.

[18] 제킨도프(Jackendoff, 2002; 김종복·박정운·이예식 뒤침, 2005), 『언어의 본질』(박이정)에서는 언어가 가동되는 층위를 적어도 5층위 이상으로 보았다(441쪽). 아래 도표에서 ②~④의 층위는 의미 층위로 묶일 수 있고, 또한 개념구조와 공간구조로 나뉠 수 있다(361쪽). 이런 관점에서 보면, 기존 언어학에서는 너무나 협소하게 오직 처음 층위 ①만을 다뤄왔고, 개념구조로 부르는 DT, RT, IT 등은 채 다뤄오지도 못하였음을 알 수 있다. 진화론적 시각에서 보면 '원형 언어'의 모습을 인간언어가 내포하고 있기 때문에 '예시해 주기·가리켜 주기·상징유형으로 서술해 주기' 세 가지 수단이 동시에 이용되고 있다는 클락의 주장을 뒷받침해 준다. 번역자는 제킨도프가 제시한 5층위뿐만 아니라, 언어사용과 관련되어 있는 다른 ㉮㉯㉰ 층위도 함께 논의되어야 할 것으로 믿는다. 이런 층위들이 동시에 한꺼번에 우리 머릿속에서 가동되고 작동된 결과 우리가 귀로 듣고 있는 언어 표현이 나오는 것이다.

인간 언어의 층위 이름 및 약호	원형 언어에서 유인원이 활용할 가능성
① 통사 음운 층위 (S/P tier)	유인원도 변항(x, y...)을 이용, 절반은 yes △
② 서술(함수-논항/핵어-논항) 층위 (D tier/DT)	유인원은 불가능함 no ×
③ 실세계 대상 지시 층위 (R tier/RT)	원형 언어 모습을 반영하므로 yes ○
④ 정보구조 층위 (I tier/IT)	원형 언어 모습을 반영하므로 yes ○
⑤ 언어 투식 등 화용 층위	여러 가지 변인의 복합내용이므로 불가능 ×
㉮ 의사소통 의도를 갖고 거시계획·미시계획 짜기	제킨도프가 아직 거론하지 못한 언어사용과 관련된 중요한 층위임
㉯ 담화(덩잇말/덩잇글) 전개 층위	
㉰ 재귀적 반성 및 상대방에 대한 점검 확인 층위	

§.6-2 상징유형으로 서술해 주기

상징을 이용하는 일인 '상징유형으로 서술해 주기[describing-as]'는 신호 보내는 가장 익숙한 방법이며, 오랫동안 언어 연구를 지배해 왔다. 그 이유는 명백하다. 피어스의 의미에서 영어·핀란드어·북미 수 인디언의 다코타어와 같이 잘 확립된 언어는 상징들의 체계이다. 이들 체계의 성격을 규명하는 일은 대부분의 언어 연구자들을 위한 주요 밥줄이다. 그럼에도 언어사용은 오직 부분적으로만 상징유형으로 서술해 주기에 달려 있으며, 가리켜 주기 및 예시해 주기가 없이는 언어사용도 또한 제대로 작동할 수 없다.

6-2-1 문장과 발화

피어스가 관찰하였듯이, give[주다], bird[새], marriage[결혼]와 같은 관례적 낱말들은 가장 전형적인 상징들이며,[19] 그것들이 구성성분이 되는 문장들도 또한 상징이다. 그러므로 한 낱말이나 문장을 이용하는 것은 상징유형으로 서술해 주는 것이다. 언어학자와 철학자들은 오랫동안 이런 것들과 같은 복합적 언어 상징들을 탐구해 왔다. 예를 들어 그들은

> I like that one in the corner.
> 나는 그 구석지에 있는 저것을 좋아한다.

와 같은 문장이 여러 개의 명사구(I, the corner, that one in the corner)와 동사구(like that on in the corner)와 전치사구(in the corner)와 궁극적으로 어떤 낱말 및 형태소들로 이뤄져 있고, 모두 통사구조로 가지런히 배열되어 있음을 주목하였을 것이다. 또한 그 문장의 의미가 그 부분들의 의미에 대한 합성임도 주목하였을 것이다. 그러므로 문장과 그 구성성분들에 대해서는 많은 것이 알려져 있다. 저자는 그것들에 대하여 조금만 더 말하게 될 것이다.

---

[19] 〈원저자 6〉 상징은 때로 피어스의 기호 또는 사람이 만들어낸 기호의 의미로 쓰이는데, 이는 icons(시각적으로 본뜸)과 indices(가리킴)도 또한 포함할 것이다(가령 McNeill, 1992 : 105 "몸짓 시늉도 상징이다"를 보기 바람). 그렇지만 피어스의 용어 사용에 대한 정확성에는, 특히 일단 기호(signs) 및 신호(signals '기호 사용'을 가리킴 : 뒤친이) 사이에 대조를 추가한다면, 추천할 만한 것이 많이 있다. 따라서 저자는 계속하여 그의 의미로 상징을 써 나갈 것이다.

〈역자주〉 sign(기호)가 세 갈래로 나뉘어 '상징·시각적 본뜸·가리킴'이 된다. 그렇지만 때로는 상징(symbol)이 상의어가 되어 'sign≒symbol'이라고 할 대목들이 있다. 'man'이 man과 woman의 상의어(대표어)가 되듯이, 'symbol'이 symbol·icon·index의 상의어가 되는 것이다. 이는 크게 문제될 것이 없다고 저자는 판단하고 있다. 그런데 중요한 구분은 도구 및 사용에 대한 구별이다. 전자는 sign(기호)으로, 후자는 signal(신호 발송)로 각각 따로 부르도록 제안한다. 후자는 특히 sign에 사용 주체의 의도가 더 들어가 있는 좀더 복합차원의 대상이 된다. 동일한 차원의 대상들이 아니다.

그렇지만 발화는 문장이 아니다.[20] 기호가 유형types이며, 기호가 개별 대상들이 아니라 대상들에 대한 유형types of things을 의미함을 기억하기 바란다. 문장이 전적으로 상징이지만, 반면에 문장들에 대한 발화는 결코 상징이 될 수 없다. 왜냐하면 발화가 특정한 구체적 출현occurrences들이며, 특정한 대상·상태·사건들을 가리키기 위하여 쓰이기 때문이다. 예를 들어 I like that one in the corner라는 문장에 있는 낱말 'I'는

> whoever is uttering a token of this symbol
> 이 상징의 구체적인 사례를 발화하는 사람이면 누구든지

를 의미한다. 이는 개별 대상에 대한 유형a type of thing이 된다.[21] 이 낱말은 특정한 대상이 되는 실제적인 화자를 어떤 사람도 나타내지 않는다. 늘 그러하듯이, 이 문장이 1969년에 앨뷔Alva(여성)가 브뢴더Brenda(여성)에게 그들이 함께 있는 어느 전시실에 걸린 그림들에 대하여 말하면서 이용되었으므로(1.8.90), 따라서 앨뷔가 'I'를 사용하였을 경우 그녀는 특정한 개별 대상인 자신을 가리키고 있었다. 요약하면, 그 경우에 그녀의 대명사 'I'에 대한 사용은, 상징적 특징 및 가리키기의 특징을 둘 모두 지녔다. 그녀는 그 낱말을 상징유형으로 서술하기 위하여, 그리고 가리키기 위하여 이용한 것이다. 그리고 앨뷔의 대명사 'I' 사용을 이해하기 위하여, 브뢴더는 (앨뷔가 '그 항목을 발화하는 사람'으로 뭔가를 서술하면서 대명사 'I'를 이용하는 일에서) 앨뷔가 유형으로 뭔가를 서술한 바를 (앨뷔가 스스로를 가리키면서 대명사 'I'를 입밖으로 내보내는 일에서) 그녀가 가리키고 있는 바와 결합시켰다.

앨뷔의 발화에서 모든 낱말과 구성들은 상징 요소 및 가리키기 요소 둘 모두에 달려 있었고, 양자가 없이는 이해될 수 없었을 것이다(언어표현으로 된 상징 : 'I like that one in the corner난 그 구석지에 있는 저걸 좋아해요').

---

[20] 이 주장은 저자의 입장을 반영해 준다. 저자는 문장을 추상적인 대상으로 간주한다. 대신 발화를 상황 정보가 들어가 있는 구체적인 대상으로 간주하는 것이다. 우리 인간에게 추상적인 개념 및 오관을 통한 감각 경험이 모두 있다고 할 때에, 앞의 것은 문장이란 용어로 싸 놓고, 뒤의 것은 발화라는 용어로 싸 놓는 것이다. 이는 어느 학문에서든 개념적으로 요구되는 구분이다. 소쉬르는 이를 랑그와 파롤로 표현하였다. 그렇다고 하여 누구나 다 문장과 발화가 다르다고 주장하는 것은 아님을 유의하기 바란다. 예를 들어, 번역자는 저자의 접근법에 좌단할 수 없다. 그런 방식보다는 문장과 발화가 모두 구체적인 개별 대상으로 상정하고, 이들에 공통된 내용인 추상적 개념 구조를 그 상위 구조로 상정하는 접근이 보다 더 옳고 융통성 있는 논의가 될 것으로 믿는다. 즉, 문장은 기저형태에 해당하고, 상황이란 변수가 작용하여 발화가 표면으로 도출된다고 볼 수 있기 때문이다. 이런 접근에서는 문장이나 발화는 개별성이나 독자성에서 비롯되지만, 이를 기반으로 상정된 추상적 상위 구조는 일반성이나 보편성을 드러내어 주게 된다.

[21] 'I'를 발화하여 이용하는 사람들을 모아 놓은 집합이므로, 'a type of thing(대상들의 유형)'이라고 표현하였다. 이 표현을 집합으로 바꾸면, 'a set of elements'이다(원소들을 모아 놓은 어떤 집합). 즉, 갑순이·병돌이·을순이·정돌이 등이 모두 1인칭대명사 'I'를 쓰는 원소가 되는 것이다. token(구체 사례)과 type(유형)은 피어스에 의해 도입된 용어이다.

상징	상징의 대상	가리킴의 대상
I	"oneself" 자기 자신	말소리의 근원으로 가리켜진 자신
like	"enjoy" 좋아하다, "now" 현재 시제	말하는 시점으로 가리켜진 시간
that	"the one singled out there" 저기 따로 하나 골라낸 것	고개를 끄덕거려 가리켜진 장소
one	"single element of a kind" 한 종류의 홑 원소	막 말한 바를 이용해서 가리켜진 종류
in	"within the area of" 특정한 영역 속에 있는	언급된 구석지에 의해 가리켜진 영역
the	"particular, specified within the participants' common ground" 참여자들의 공통기반 속에서 구체적으로 특정한	현재 대화에 의해 가리켜진 참여자들
corner	"area enclosed by meeting of two walls" 두 벽이 만나 막힌 영역	참여자들의 시선 쪽으로 가리켜진 두 벽

만일 브뢴더가 그 가리킴index 없이 "in the corner구석지에"라는 말을 들었더라면, 그녀는 자신이 생각하고 있던 바—가령 전시실, 벽, 종이 한 장, 코네티컷 주, 당구대 등—에 따라서 아주 다른 장소를 생각하였을 것 같다. 심지어 그녀가 그것이 전시실이었음을 알았다고 하더라도, 그녀는 자신이 생각하고 있던 바—가령 쥐, 거미, 선반, 10명의 집단, 대걸레, 페르시아 깔개 양탄자 등—에 따라서 상이한 장소를 상상할 수도 있었을 것이다. 자신의 해석을 완결 짓기 위하여, 브뢴더는 앨뷔가 가리키는 전시실과 그 그림 둘 모두에 대하여 머릿속에 등록해야 했고, 심지어 그 뒤에 적당히 구석지로부터 어느 정도 떨어져서 그 그림이 특정한 벽 위에 있었음을 추론해야 하였다. 복잡한 상징으로서 앨뷔의 문장은 오직 대상의 유형만을 의미화해 준다. 그 그림을 완성하는 데 그녀가 동시에 시행하는 가리키기가 필요하였다.

모든 상징들이 give주다, bird새, marriage결혼가 의미를 갖는 모습으로 의미를 갖는 것은 아니다. 예를 들어, yes예, well글쎄, oh아!라는 낱말들은 명사나 동사 같은 주요 통사범주(실사범주)든, 전치사나 관사 같은 부차 통사범주(허사범주)든, 어느 범주에도 속하지 않는다. 따라서 통사 구성에 참여할 수 없는 것이다. 이런 것들은 홀로 사용되어야 한다.[22] 저자는 이런 낱말들을 원자 낱말atomic words 또는 원자 상징atomic symbols으로 부를 것이다. 사전에서는 yes를 "확인·동의·긍정적인 확정·합의 등을 표현하는 데 쓰이고," well

[22] 옛날에는 이 부류를 모두 감탄사로 몰아두었지만, 오늘날에는 이 부류들이 '담화표지(discourse marker)' 또는 그 하위 갈래로 '미시 표지(micro-marker)'라고 부른다. 모두 담화를 엮어가는 기능을 하기 때문이다. 담화표지는 통사가 가리키는 사건과는 관련이 없다. 대신 청자와 화자 사이의 관련성이나 태도를 나타낸다. 즉, 화용 전개를 도와주는 요소인 것이다. 여러 언어들에서 관찰되는 담화표지에 대하여 집먼(Siepman, 2005), 『여러 언어들에서 관찰되는 담화표지들(*Discourse Markers Across Languages*)』(Routledge)이 참고되며, 또한 §.11-3-3의 (2) '담화표지'를 보기 바란다.

을 "놀람을 표현하는 데 쓰이며," oh를 "어떤 진술의 이해나 인지를 나타내는 데 쓰인다"고 정의한다(또한 Heritage, 1984를 보기 바람). 이 낱말들은 관례적 사용을 갖고 있지만, 축자적 의미는 갖고 있지 않다(제5장). 앞으로 살펴보게 되듯이, 이 낱말들의 사용은 핵심적으로 동시에 시행되는 가리키기에 달려 있다. 원자 상징들에 대한 모든 발화는, 상징유형으로 서술하기 및 가리키기의 복합체이다(Wilkins, 1992).

6-2-2 몸짓 시늉

많은 몸짓 시늉들이 상징이지만, 오직 일부만이 상징적이며, 그런 것들이 문장emblems, 紋章, 문장표상로 불려왔다.[23] 다음에 일반적인 북미 사람들의 사례가 10가지 제시되어 있다.

몸짓 시늉	의미	몸짓 시늉	의미
고개 끄덕임	"예"	고개를 설레설레 저음	"아니오"
엄지손가락을 위로 올림	"나는 찬성/동의함"	엄지손가락을 아래로 내림	"나는 반대/거절함"
인사하는 손짓	"안녕/반가워"	작별하는 손짓	"안녕/잘가게"
양어깨를 들썩 올림	"잘 모르겠소"	윙크	"난 농담하고 있어"
엄지 검지로 원을 만듦	"최고다"	내민 입술에 검지를 댐	"조용히"

이는 오직 작은 표본에 지나지 않는다. 애덤 켄든(Adam Kendon, 1981)에 따르면 문장紋章 표상들은 대인관계 제어를 위하여(가령 'Hello반가워'와 'Be quiet조용히'), 개인적 의견을 위하여(가령 'I approve난 찬성이오'와 'I don't know잘 모르겠소'), 다른 사람들을 평가하기 위하여(가령 'He's crazy그가 미쳤어') 이용되는 경향이 있지만, 대상이나 행위를 위해서는 거의 이용되지 않는다.

문장紋章 표상들은 실제로 원자 상징이며, yes, no, hello와 같은 원자 낱말들과 몸짓 시늉상 동등한 내용인 것이다. 문장표상들은 더 이상 하위구성성분 상징들로 나뉠 수 없고, 일반적으로 완결된 발화로서 이용된다. 작별하는 손짓은, "Good bye안녕 잘 가"라고 말하는 것이 원자적인 것과 동일한 방식으로 원자적이다. 많은 원자 낱말들이 문장紋章 표상 맞대응 짝을 갖고 있다. 가령 "yes"를 가리키는 고개 끄덕거림과 "no"를 가리키는

[23] 김성도(2006 : 178)에서는 외래어 '엠블럼'을 그대로 썼다. 여기서는 무늬가 새겨진 깃발이나 휘장이란 뜻으로 '문장(紋章)' 또는 '문장표상'으로 번역해 둔다.

고개를 설레설레 저음, "hello"를 가리키는 손짓과 "good bye"를 가리키는 손짓이다. 문장표상들은 흔히 그런 낱말들의 위치에 쓰일 수 있다.

문장敍章 표상들은 규칙에 의해서 그 대상들과 연합되어 있기 때문에 상징적이다. 대부분의 문장敍章 표상에 대하여, 그 규칙은 관례이며, 그 관례들이 오직 특정한 문화공동체의 공통기반을 놓고서(≒기준으로 하여) 문장표상을 해석 가능하게 만들어 준다. 예를 들어, 데즈먼드 모뤼스Desmond Morris와 그의 동료들(1979)이 보여 주었듯이, 중지를 검지 위에 올려 놓으면서 손가락을 교차하는 것은 영국·스칸디나비아·시칠리 일부·유고슬라비아에서는 "May I be protected내가 보호되기를 바란다"를 의미하지만, 터키·그리스의 코푸Corfu에서는 "I am breaking a friendship난 더 이상 너와 친구가 될 수 없다"를 의미한다. 북미에서는 "May I have good luck내게 행운이 있기를 바란다"를 의미하는 듯하다. 이 교차 손가락이 상징이 되는 바는 이들 공동체 속에 있는 공통기반이며, 교차 손가락을 이용하기 위하여 사람들은 반드시 먼저 그런 공통기반을 수립해야 한다. 동일한 논의가 모뤼스 및 그의 동료가 연구한 뺨 찡그리기cheek screw부터 턱 내밀기chin flick에 이르기까지 19가지 다른 일반 문장敍章 표상에도 적용된다. 이들 많은 문장표상이 처음 시작에서는 icons시각적 본뜸까지 추적될 수 있겠지만—교차 손가락은 기독교 십자가로부터 나옴—이제는 관례에 의해서 사용되고 해석된다.

우리가 문장敍章 표상들을 생각하는 경우에, 몸짓 시늉들을 생각하지만, 또한 청각적 문장표상들도 있다. 다음은 북미 사례이다.

몸짓	풀이	몸짓	풀이
박수 침	"나는 찬성한다"	'슈!' 소리	"나는 반대한다"
늑대 외침소리 '우~!'	"엄청 아름답구나"	상승 후 하강하는 휘바람 소리	"아주 놀랍구나"
입술 사이에서 혀를 떨기	"난 너를 조롱한다"	쯧쯧 혀를 차는 소리	"너 참 부끄럽구나"

이들 사례 다수가 기원상 시각적 본뜸icon을 가질 수도 있겠지만, 지금은 임의의 다른 문장敍章 표상들이 이용되는 방식으로 관례가 되어 사용되고 있다.

또다른 부류의 상징적 몸짓 시늉은 저자가 신체접촉 행위junctions로 부를 것인데, 짝 진 사람들에 의한 어떤 협동 신체접촉 행위들이다. 이들은 만남 인사와 작별 인사에서부터, 정감을 표현하기 위해 이용된 악수하기·껴안기·키스하기를 포함한다. 악수하기·껴안기·키스하기의 세부 내용들은 한 문화공동체에서 다른 문화공동체에 이르기까지 크게 변동되며, 그런 신체접촉 행위가 의미하는 바도 그러하다. 신체접촉 행위들은 신호로서 무시되어 왔다. 아마 그것들이 동시에 두 사람의 참여자로부터 행위를 요구하는 일반적으로 대칭적인 협동행위이기 때문인 듯하다. 그럼에도 불구하고, 신체접촉 행위들은 그런 이유로 상징적이다. 모든 신호들이 화자와 청자 사이에 행위의 상호조율을 요구한다. 즉, 신체접촉 행위들에서는 두 사람의 참여자가 동시에 자신의 느낌을 표현한다는 것이다.

§.6-3 가리켜 주기^indication

모든 신호와 언어사용에 대한 실제 모든 대목은 특정한 장소와 특정한 시간에 생겨난다. 그것들은 특정한 시간 및 장소에 닻을 내릴 필요가 있으며, 이 일은 그것들의 가키기기 요소들에 의해서 실행된다. (신체적 수단으로) 가리켜 주기^indication는 사람들이 가리키고자 하는 대상들에 대한 가리킴을 만들어 내는 신호 보내기^signaling 방법이다. 우리가 가리켜 주는 일을 생각하는 경우에, 흔히 손가락으로 가리키기를 생각하지만, 또한 다른 방법들도 많이 있다.

6-3-1 가리킴^index

화자가 대상이나 사건 또는 다른 사람들의 사태를 가리키고자 하는 경우에, 반드시 가리킴^index을 제시해야 한다. 이는 화자가 가리키고자 하는 대상과 "신체적으로 연결된" 기호이다. 가리킴은 반드시 다음 요구 조건들을 충족시켜 주어야 한다.

연번	요구 조건	내용
1	주목하기 (attention)	그 가리킴이 참여자들이 협동하는 주의력 초점 속에 들어 있다.
2	위치 지정하기 (location)	그 가리킴이 그 대상을 시간과 공간 속에 자리 잡게 한다.
3	신체적 연결 수단 (physical connection)	그 가리킴이 그 대상과 함께 신체적 연결 수단에 의해서 자리를 잡는다.
4	서술 (description)	그 대상이 특정한 서술 아래 구체화된다.
5	계산 가능성 (computability)	화자는 청자가 그들의 현재 공통기반에 근거하여 앞의 요구 조건 1~4를 계산해 낼 수 있다고 전제한다.

첫 번째 네 가지 조건은 피어스의 가리킴^index에 대한 개념을 구체화해 준다. 다섯 번째

조건은 모든 신호들에 대하여 성립된다.

조어쥐George가 헬렌Helen에게 어느 책을 가리키면서 "That is mine저건 내 거야"라고 말한다고 상정하기로 한다. 손가락으로 가리켜 주는 그의 행동은 가리킴이며, 그 책은 대상이다. index의 어원은 라틴어로 집게손가락forefinger 검지을 말한다. 그의 의도는 헬렌으로 하여금 자신이 그녀를 위하여 그 책을 자리 잡도록 하기 위하여 그 가리킴index을 이용하고 있음을 인식하게 하려는 것이다. 그 목적을 위하여, 그는 반드시 그녀가 주목하는 동안에 손가락으로 가리켜 주어야 한다. 그는 '신체적 연결 수단'으로서 자신의 검지 방향으로 그녀에게 그 책의 위치를 가리켜 주어야 한다. 그리고 반드시 그녀로 하여금 그가 "example of blue파랑 사례"도 아니고 "piece of junk쓰레기 덩이"도 아니며, 무엇이든지 상관없이 "book책"으로서 그 대상을 손가락으로 가리키고 있음을 알아 보도록 해야 한다.

조어쥐의 가리킴index은 정태적 기호sign가 아니라 하나의 사건event이다. 대화의 과정에서 그의 검지는 많은 것들과 가지런히 정렬되어 있지만, 의도적인 것은 아니다. 오직 그가 헬렌으로 하여금 그 책을 가리켜 주고 있는 것으로 해석할 수 있도록 명백히 가리키고 있을 때에만 그러하다. 그리고 그의 행위는 어떤 영역을 공간뿐만 아니라 시간 속에도 자리 잡게 한다. 그 대상은 가리켜 주는 순간에 그 책이 된다. 일부 가리켜 주기는 대상들을 1차적으로 공간 속에 자리 잡게 하고, 다른 것들을 1차적으로 시간 속에 자리 잡게 한다.

index(가리킴)는	locates(시공간 속에 자리 잡게 한다)	object(대상)을

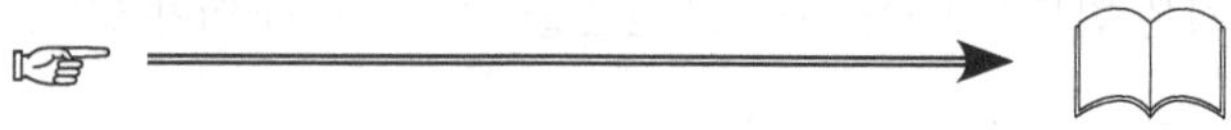

6-3-2 가리킴index 만들어 내기

대부분의 가리킴index은 두 가지 하위 구성부문으로 나뉜다. 이용된 도구 및 그 도구를 갖고 수행된 장소 지정 행위locative action이다. 조어쥐의 도구는 자신의 검지이었고, 그의 장소 지정 행위는 그 책자에다 검지로 가리켜 주는 일이었다. 사람들은 다양한 도구들과 장소 지정 행위들을 얼마만큼 이용 가능하며 얼마만큼 유용한지에 따라 잘 활용하게 된다. 저자는 오직 몇 가지만을 언급할 것이다.

가장 분명한 도구는 사람들이 방향을 정하여 바라볼 수 있는 신체 부분들이다. 다음의 사례들에서 약자 'I'는 도구instrument를 나타내고, 'O'는 대상object을 나타낸다.

신체 도구	장소 지정 행위	사례
손가락	도구 I로써 대상 O를 가리킴	That [on shelf] is the book I want. [선반에 있는] 저게 내가 원하는 책이다.
손가락	도구 I로써 대상 O를 접촉함	사진을 보면서 "This is my sister(이게 내 누이다.)"
손	도구 I에 있는 대상 O를 보여 줌	This cup of coffee is for you. 이 컵의 커피는 당신을 위한 것이다.
팔	도구 I로 대상 O를 쓸어 만짐	책상 위에 있는 책들에 대해 "All of these books are mine(이 책들이 모두 내 것이다)"
눈	도구 I로 대상 O를 응시함	I want you[person A] and you[person B] to come with me 나는 당신[갑]을 원하며 당신[을]이 나와 함께 가기를 원한다.
머리	도구 I로 대상 O에 대해 끄덕거림	Connie was standing right over there 코니가 바로 저 건너편에 서 있었다.
몸통	도구 I로 대상 O를 향해 돌아섬	Let us talk 우리 이야기를 합시다.
온몸	도구 I로 대상 O를 차지함	의자에 앉으면서 : "I am going to sit here(난 여기 앉으려고 해)"

조어쥐는 자신의 손가락이나 손·팔·눈·머리·몸통, 또는 전체 신체로써 그 대상에 대하여 헬렌의 주의력을 모아 이끌어갈 수 있다. 이것들이 모두 얼굴을 마주보는 대화에서 활용된다.

덜 분명한 도구는 목소리이다. 조어쥐가 말하는 경우에, 그는 자신의 목소리가 그 자신("I나")과 말하는 순간("now지금")과 자신의 위치("here여기")와 그리고 심지어 그 성량에 의해서 그가 누구와 말하고 있는지("you당신")도 드러냄을 인식한다. 이것이 다음 사례에서와 같이 "I", "now", "here", "you"를 가리켜 주기 위한 목소리를 효과적인 도구로 만들어 준다.

신체 도구	장소 지정 행위	사례
① 목소리	도구 I로써 대상 O를 확인함	방에 가득 찬 사람들에게 "Who want to come along?(누가 날 따라오겠소?)" "I do(저입니다)"
② 목소리	도구 I로써 대상 O를 확인함	전화로 "Who's there?(거기 누구시죠?)" "It's me(나야)"

③ 목소리	도구 I로써 대상 O의 장소를 지정해 줌	어두운 방에서 "Where are you, Helen?(헬렌 어디 있니?)" "Here I am(나 여기 있어)"
④ 목소리	도구 I로 대상 O의 시간을 결정함	경기 시작에서 "Ready, set, go!(준비, 차려, 땅!)"
⑤ 속삭임	도구 I로써 대상 O를 확인함	가장 가까이 있는 여러 사람들에게 "Do you want to come along?(여러분들이 날 따라오고 싶소?)"
⑥ 크게 외침	도구 I로 대상 O에 대해 주의를 이끌어감	멀리서 소리치면서 "Hey Helen!(이봐 헬렌)" 또는 물에 빠진 사람에 의해서 "Help!(살려줘요!)"

첫 번째 두 개의 예문에 있는 목소리는 "I"를 가리키고, 세 번째 예문에서 "here"를 가리키며, 네 번째 예문에서 "now"를 가리키고, 다섯 번째 예문에서 "you"를 가리킨다. 마지막 여섯 번째 예문에서는 네 가지를 모두("I", "here", "now", "you") 가리키는 듯하다.

사람들은 또한 현관문 종·전화 벨·호출기 삐삐·자명종 시계·출발 총소리·교회 종·학교 종·구급차 싸이렌·자동차에 있는 방향전환 표시기와 같이 인공적 도구들도 활용한다. 조어쥐가 헬렌의 전화 벨이나 현관문 종이 울리도록 단추를 누를 경우, 응답을 기다리면서 그는 그 시점에 전화를 받거나 현관문에 있는 사람을 가리키거나 손가락으로 가리켜 주고 있는 셈이다. 학교 종은 수업 시작을 가리켜 주고, 싸이렌은 급히 출동하는 구급차나 경찰차의 위치를 가리켜 준다. 흑백 바둑무늬 깃발을 흔드는 것은 자동차 경주의 시작을 가리켜 준다. 이들 도구는 화자의 팔과 목소리에 대한 보조적 확장과 같다.

사람들은 자신의 가리킴indeces을 선택하는 데에서 편리함을 따르며, 심지어 뜻밖의 우연한 사건을 활용할 수도 있다. 조어쥐가 '꽝!' 하는 큰 충격음을 듣는 경우에, 그는 헬렌에게 "What was that?저게 무슨 소리지?"라고 물을 수 있다. 그는 그 충격음이 그들 서로 간의 주의력 속에 들어 있었다고 가정하고, 신체적 연결 수단에 의해서 그 충격음의 근원—즉 그 충격을 야기한 근원지—에 대한 위치를 지정하고 있으며, 지시대명사 지시내용 "that"에 대해서 그 우연한 가리킴을 임시 전용하고 있다. 청자와 화자의 협동 주의력에 전달될 수 있는 한, 대부분의 사건들은 어떤 것이든지—급작스런 소리·이채를 끄는 광경·두드러진 냄새·또다른 사람의 어리석은 행위 등—그렇게 실행될 것이다(Clark, Schreuder and Buttrick, 1983).

사람들은 또한 어떤 행위를 분명하게 알아보기 쉬운 방식으로 수행함으로써 가리킬 수도 있다. 어느 잡화 약국에서 점원이 "Can I help you?뭘 찾으십니까?"라고 말하는 경우에, 저자는 계산대 위에 사고 싶은 품목들을[24] 알아보기 쉽게 내려놓음으로써 응답할 수 있다. 즉, 저자가 단순히 계산대 위에 그 품목들을 놔두는 것이 아니다. 저자는 그것들을 그 점원으로 하여금 '저자가 그녀를 위해 놔둠을 가리켜 줌'을 인식할 수 있게 의도하여, 알아보기 쉽거나 모양새 갖춘 방식으로 그 구매 품목들을 놔두는 것이다. 따라서 그녀가 그것들을 저자가 사고자 하는 품목들로 인식하게 될 것이다. 저자의 행위는 우연히 일어난 것이 아니다. 그녀의 제안에 대한 응답인 것이다.[25]

저자는 저자의 행위에 대하여 추가된 특징들을 '명백히 해 놓는 행위manifesting action'라고 부를 것인데, 추가 행위가 (의도적으로) 명백히 해 놓은 행위와는 구별된다. 그런 행위는 다음과 같은 모습을 지니는 경향이 있다.

Index 가리킴	Manifesting an action has all the properties of an index to that action. 어떤 행위를 명백히 해 놓는 일은, 그 행위에 대하여 가리킴의 모든 속성들을 지닌다.
Stylization 모양새 짓기	Manifesting an action makes use of stylized, exaggerated, or conspicuous movements that distinguish the manifested action from the same action not being manifested. 어떤 행위를 명백히 해 놓는 일은, 명백히 된 행위를 그렇게 되지 않은 동일한 행위로부터 구별해 주기 위하여, 모양새 짓거나 과장되거나 알아보기 쉬운 움직임들을 이용한다.
Timing 적시 적용	Manifesting an action often depends on its timing. 어떤 행위를 명백히 해 놓는 일은 그 적합한 적용 시기에 달려 있다.

비록 미세하지만 여기에 있는 착상은 핵심적이다. 약국 계산대 위에 구매 품목들을 놔두는 일은 그 자체로 신호가 아니다. 그럼에도 불구하고, 저자가 바로 올바른 시점에 모양새 지은 방식으로 그 행위(=구매 품목을 계산대에 놓는 행위)를 취하는 경우에, 저자는 그 행위를 명백히 해 주기 위하여 내 행동의 별개의 특징을 이용하고 있다. 그 행위를 명백히 해 주는 일은 신호, 즉 가리켜 줌indication이다.

6-3-3 복합신호

언어사용에서 가리켜 나타내는 일indicating은 보통 서술하기describing나 예시해 주기demonstrating와 결합된다. 가장 명백한 사례는 지시대명사 this 또는 that이다(Clark, Schreuder and Buttrick, 1983; Nunberg, 1970). 조어쥐가 사진 속에 있는 두 명의 부인을 가리키면서 다음처럼 말한다고 상정하기로 한다.

---

[24] items(품목들, 항목들)는 아마 의사가 발행한 처방전 쪽지들을 가리키는 것으로 생각된다.

[25] 〈원저자 7〉 저자는 몸짓 시늉에서 모양새 짓는 개념에 대해 죄닛 바벨러스(Janet Bavelas)에게 신세를 졌다.

This is a woman from San Francisco, and that is my neighbor.
이건 샌프란시스코에서 온 부인이고, 저건 내 이웃사람입니다.

그가 손가락으로 가리키는 일은 가리킴indeces이며, 그 시각적 심상은 그들 가리킴의 대상들, 즉 그 지시대상referents 지시물들이다. 그 부인들이 그 자체로 지시대상이 되지 않음에 유의하기 바란다. 왜냐하면 조어쥐는 다음처럼 말할 수 없기 때문이다.

*This now lives in San Francisco, and that lives next door to me.[26]
*[가까운 관계인] 이건 이제 샌프란시스코에 살고, [먼 관계인] 저건 내 이웃집에 삽니다.

지시대명사 this와 that의 서술내용은 시각적 심상이 그로부터 하나는 가깝고, 하나는 멀다는 사실을 뜻하고 있다(≒즉 this로 표현된 한 명의 부인은 조어쥐의 시각으로부터 상대적으로 가까이 있고, that으로 표현된 부인은 그의 시각으로부터 상대적으로 떨어져 있음 : 뒤친이). 부인들 그 자체를 놓고서 하나는 가깝고 하나는 멀다(심리적으로 가깝고 멀다 : 뒤친이)고 서술하는 것이 아니며, 이런 서술은 조어쥐가 말한 바와 모순이 될 것 같다.

대조적으로 지시대명사를 꾸밈말로 갖고 있는 지시내용references들은 두 개의 가리킴과 두 개의 지시대상을 구체적으로 구현해 준다. 조어쥐가 월리스 스띠그너Wallace Stegner의 소설『안정 각도』를[27] 한 권 가리키면서 다음처럼 말한다고 상정하기로 한다.

① *That man* was a friend of mine.
저 사람(=소설을 쓴 작가)은 내 친구였습니다.

② I find *that period of American history* fascinating.
나는 미국사의 저 시대(=개척 시대)가 매력적임을 알게 되었습니다.

---

[26] 〈원저자 8〉 조어쥐가 "She[pointing] now lives in San Francisco, and she[pointing] lives next door to me([손가락으로 가리키면서] 그녀가 지금 샌프란시스코에 살고, [손가락으로 가리키면서] 그녀는 내 이웃집에 삽니다)."라고 말했을 수 있다. she는 사람을 지시할 수 있지만, this와 that은 사람을 지시할 수 없다.

〈역자주〉 우리말 번역에서 '이것은, 저것은'은 사람을 비하하는 기능을 갖고 있으므로, 이 번역이 수용될 수 있을 듯하다. 그러나 저자의 요점은 지시대명사 this와 that을 시각 범위만 따져 화자로부터 가깝고 멀다는 기준으로 쓰는 것이지, 심리적으로 가까운 사이나 먼 사이를 가리키는 것이 아니라는 것이다.

[27] 미국 소설가 스띠그너(Wallace Stegner, 1909~1993)는 휠체어에 의지하는 역사가 라이먼 워드가 자신의 아들과 가족과의 연결을 잃어버리게 되자 자신의 개척시대 조상들에 대해서 집필하기로 결정하는 일을 그렸고, 1972년 퓰리처 상(Pulitzer Prize)을 받았다. 안정 각도(Angle of Repose, 멈춤 각도)란 흙을 자연 상태로 쌓아올렸을 때, 그 경사를 유지할 수 있는 최대의 경사각이다. 곡물이나 철광석 같은 화물에서는 이 각도가 작을수록 쉽게 이동한다.

③ *That publisher* has brought out some great books.

저 출판사(=팽귄북 출판사)는 몇 권의 위대한 소설들을 펴내었습니다.

④ *That book* is mine

저 책(=스띠그너 소설책 한 권)은 나의 것입니다.

예문 ①에서 그 몸짓 시늉gesture(더 구체적으로는 손짓임 : 뒤친이)은 시각적 대상을 가리키지만, "윌리스 스띠그너가 쓴 소설 한 권"이란 서술 아래에서는, 그 몸짓 시늉은 소설가 윌리스 스띠그너를 가리키는 특정한 그 대상that object인 것이다. 다른 몸짓 시늉들도 예문 ② ③ ④에서 동일한 시각 대상을 가리키지만, 특정한 그 대상that object은 예문 ②에서 "미국사에 있는 어떤 시대"를 가리키고, 예문 ③에서 어느 "출판사"를 가리키며, 예문 ④에서 어떤 "책"을 가리킨다. 부각되어 나오는 것은 가리킴의 사슬 잇기a chaining of indices인데, 이는 피어스 자신이 논의한 한 가지 유형이다. 우리는 이런 방식으로 지시내용들의 체계를 다음 그림으로 그려 줄 수 있을 듯하다.

가리킴의 사슬(a chain of indices)

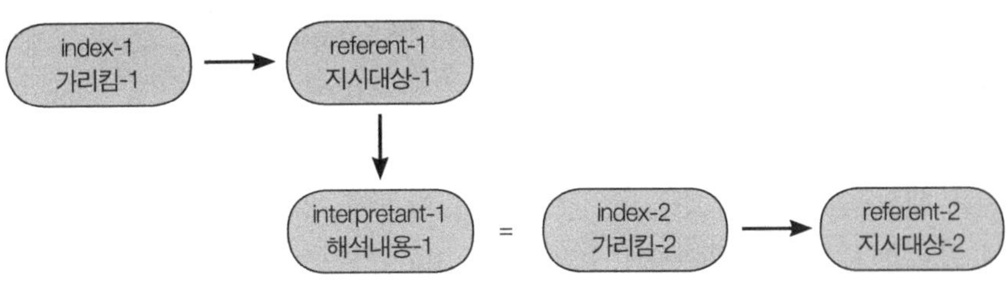

that man저 사람이란 표현의 서술내용은 또한 두 부분으로 나뉜다. 꾸며주는 지시대명사 that저의 내용은 지시대상 1을 찾아내는 데 도움을 준다. 특정한 시지각적 대상인데 조어쥐가 헬렌을 위해서 지시대상 1을 자신으로부터 비교적 멀리 떨어진 무생물 대상으로서 장소를 지정해 주고locating(지시대상 1이 어디에 있는지를 지정해 주고) 있다. 대조적으로, man사람의 내용은 그 소설책 집필자로서, 즉 '스띠그너'로서 지시대상 2를 찾아내는 데 도움을 준다. 동일한 노동분업이 ② ③ ④에 있는 서술인

that period of American history (미국사의 저/그 시대)

that publisher (저/그 출판사)

that book (저/그 책)

에 대해서도 적용된다. 심지어 다음처럼 조어쥐가 대명사와 더불어 예시해 주는 지시내용을 만드는 경우에도

> He [pointing at the book] was a friend of mine.
> [그 소설책을 가리키면서] 그가 내 친구였어.

그는 그 소설책(지시내용 1)의 시각적 심상을 가리키기 위하여 몸짓 시늉을 이용하고, 스띠그너(지시내용 2)를 서술하기 위하여 남성 대명사를 쓰고 있다. 예시해 주는 지시내용에서 1차적 가리킴primary index(흔히 몸짓 시늉임)은 즉각적인 지각 대상물을 자리 잡게 하며(어디서 찾을지 위치를 지정해 주며 : 뒤친이), 이는 궁극적인 지시대상을 자리 잡게 하는 2차적 가리킴secondary index으로 기여한다.

I, here, now는 존 페뤼(John Perry, 1979)에서 필수적 지시형태essential indexicals로 불렀던 것인데, 그 용법도 또한 가리켜 주는 일에 달려 있다. 더 앞에서 살펴보았듯이, 조어쥐가 어떤 낱말을 발화하는 경우에, 그는 반드시 누가 말을 하고 있는지("I나"), 화자가 어디에 있는지("here여기"), 말하는 일이 언제 일어나는지("now지금"), 그리고 화자가 헬렌으로 하여금 이를 인식하기를 기대함을 가리키고 있다.[28] I, here, now는 실제로 예시해 주는 지시내용으로, 목소리와 더불어 수반된 '몸짓 시늉'들이 수행된다. "I," "here," "now"를 가리켜 주는 일은 언어사용의 다른 부분들에 대해서도 또한 본질적이다. "I화자인 나"는 '모든 언표 행위·언표 속에 깃든 행위·이행완료 행위'에 대한 행위 주체를 구체화해 주기 위해 필요하다. "here말하는 현장 여기"는 here여기, there저기, this이, that저를 언급하기 위한 것이 아니라,

> in front of (앞쪽에)
> behind (뒤에)
> beyond (너머)
> to the right of (오른쪽으로)

---

[28] 〈원저자 9〉 녹음기의 발명 덕택에, 헬렌이 조어쥐의 발화를 듣는 시간과 장소가 그것을 산출하는 시간과 장소로부터 달라질 수 있다. 따라서 조어쥐는 반드시 그 불일치를 헤아려 두어야 한다. 심지어 그는 '여기'와 '지금'을 헬렌이 듣게 될 시간과 장소(=청자 기준임 : 뒤친이)로 맞춰 줄 수도 있다.

> "As you listen to this, I am lying on a beach in the Riviera."
> (당신이 이 녹음을 들을 즈음이면, 난 남부 유럽 뤼뷔에뤄 지역에 있는 어느 해안가에 누워 있을 거예요) (Fillmore, 1975)

straight ahead (곧장 앞으로)

next (다음에)

the other side (다른 쪽에)

와 같이 손으로 가리키는deictic 표현을[29] 해석하기 위하여 [기준점으로서] 필요하다. "now지금"는 시간 표현 now지금, then그때, today오늘, yesterday어제, once한때, already이미, soon곧을 해석하기 위해 기준점으로서 필요하며,

I will have left.

미래 시점을 기준으로 하여 '난 떠나 있을 것이다'.

I had left.

과거 시점을 기준으로 하여 '이미 난 떠나 있었다/떠났다'.

에서와 같이 다양한 시제로 언급된 시간을 해석하기 위하여 필요하다.

대부분의 확정 지시내용은 서술하기 및 가리켜 주기의 복합체이다. 조어쥐가 헬렌에게 그리틀Gretel을 가리키기 위하여 "the principal회장님, 교장선생님"이란 낱말을 이용하면서

I just met the principal.

난 막 회장님을 만났어.

라고 말한다고 상정하기로 한다. 이 지시내용을 만들기 위하여, 그는 반드시 그리틀의 정체가 그 시점에서 헬렌과 조어쥐의 공통기반에 있는 협동적으로 두드러진 바로부터 추론할 수 있음을 전제해야 한다.[30] 그렇게 하기 위하여 그는 반드시 어느 시점에 있는 누구의 공통기반인지를 가리켜 주어야 한다("현재 청자인 당신 및 현재 화자인 나의 공통기

---

[29] 희랍어 어원은 'to show(보여 주다)' 또는 'to indicate(가리키다)'이다. deixis[다익시스]는 상황에 따라 가리켜 주는 대상이 달라지는데, 이때 기준점이 전제된다. 즉, 기준점에 근거한 상황 중심의 지시표현인 셈이다. 일본 용어 직시(直示)는 결코 '가리켜 보여 주다'는 뜻으로 새길 수 없다. 오히려 옛 한자어 직지(直指)가 더 낫다. 철학자 데이빗슨(Davidson, 1984)에서는 demonstrative(지시사)라는 용어를 쓴다. 여기서는 (상황 중심의) '가리키는 표현' 또는 (상황 중심의) '지시표현'으로 번역해 둔다. §.12-1-2의 각주 8도 참고하기 바란다.

[30] 〈원저자 10〉 조어쥐가 "*I just met the person someone saw(*난 누군가가 본 사람을 막 만났다 : 윗첨자 별표 '*'는 잘못된 문장이나 의미가 모순된 문장을 가리키는 표기 약속임 : 뒤친이)"라고 말할 수 없으며, 그런 말에 아무런 의미도 없다. 그 이유는 정확히 "the person someone saw(누군가가 본 사람)"의 지시내용이 전혀 조어쥐와 헬렌의 현재 공통기반에 있는 임의의 대상을 가리켜 줄 수 없기 때문이다.

반에서 곧 알아차릴 수 있도록 두드러진 회장님"). 그는 스스로를 화자로서, 헬렌을 청자로서 가리키기 위하여, 그리고 발화 시점을 "지금"으로 가리키기 위하여, 자신의 목소리와 눈 응시를 이용한다. 서로 다른 환경에서는 동일한 발화가 상이한 지시대상[referent]을 가리켜 줄 수도 있다. 동시에 조어쥐는 회장님으로서의 지시대상을 구체화해 주도록 도움 주기 위하여 "principal[회장님]"이란 서술구도 이용한다.[31] 그렇다면 확정 기술[definite descriptions]은 [32] 또한 예시해 주는 지시내용과도 비슷한데, 그것들은 가리켜 주기와 서술해 주기의 복합체이며, 가리켜 주기의 사슬을 구체화해 놓는다.

확정 지시[definite reference]에 대해 성립하는 것은, 화자의 전제에 근거한 모든 특징—"현재 청자인 여러분과 화자인 나의 공통기반"이 되는 바—에 대해서도 성립한다. 예를 들어, 그것은 언어의 선택—영어 대 화란어 대 일본어—으로부터 시작하여, 직업 용어 및 전문 용어의 선택에 이르기까지, 관례들에 대한 모든 적용 내용을 포함한다. 조어쥐가

> The difference is significant.
> 그 차이점은 유의미하다.

라고 말하는 경우에, 그는 통계 전문용어 significant[유의미한]에 대한 상호간의 지식을 전제한다. 헬렌이 이를 깨달으려면, 그는 반드시 그 특별한 의미에 대하여 그들 상호간의 지식을 가리켜 줘야 한다(제3장). 여기서 역설은, 조어쥐가 가리킴[index]을 통해서 가리켜 주는 일이 없이는, 하나의 상징으로서 significant[유의미한]란 낱말을 쓸 수 없는데, 이는 그 낱말이 해석이 되어야 할 규칙인 것이다. 비록 상징이 없이도 가리킴 사용[index use]이 가능하지만, 반면 가리킴이 없이는 상징 사용[symbol use]은 전혀 불가능하다.

6-3-4 시간상의 배치

"now"에서 살펴보았듯이, 시간상으로 신호의 배치는 흔히 대상들을 가리키기 위하여 이용된다. 시간은 세 가지 수준의 척도로 살펴볼 수 있다.

---

[31] 이 표현은 어떤 사람을 가리키는데, 그 사람의 속성을 서술해 주는 측면으로 쓰는 것이다(someone who is the principal).

[32] '확정 기술구(definite description)'는 분석철학에서 주요한 주제인 지칭의 문제와 관련된다. 정대현(1987) 엮음, 『지칭』(문학과지성사)에 들어 있는 뤄쓸(1905), "On Denoting"과 이를 반박한 스뜨로슨(1950), "On Referring"을 참고하기 바란다. 다시 뤄쓸(1959)은 "Mr. Strawson on Referring"을 발표하였는데, Copi and Gould(1967) 엮음, 『현대 논리 이론 독본(*Contemporary Readings in Logical Theory*)』(McMillan)에 들어 있다.

ordinal scale 순서 짓기 저울눈(순서 척도)	events are ordered in time 사건들이 시간상으로 순서 지워진다.
interval scale 동등 간격 저울눈(등간격 척도)	events are ordered with measurable intervals between them 사건들이 그것들 사이에 측정 가능한 간격으로 순서 지워진다.
ratio scale 비율 저울눈(비율 척도)	events lie on an interval scale that has a zero or origin 사건들이 0점이나 기점을 지닌 동등 간격 저울눈 위에 놓인다.

시간상의 순서 또는 일반적 순서는 단순히 두 신호의 연결이다. 가령 낱말 1이 낱말 2 앞에 나온다. 그럼에도 두 신호가 또한 동등 간격 저울눈으로 측정될 수 있다. 가령, 낱말 2는 낱말 1이 끝난 뒤 1.262초 뒤에 시작한다. 또는 비율 저울눈으로 측정될 수도 있다. 가령 낱말 3은 낱말 1의 끝으로부터 낱말 2 길이만큼 1.53시간 지연되었다. 저자는 동등 간격 저울눈 또는 비율 저울눈상의 시간적 배치를 '적기 실행timing 적시 배치'라고 부를 것이다. 언어사용에서 순서는 오랜 동안 연구되어 왔지만, 적기 실행은 그렇지 못하였다. 한 가지 이유는 순서가 글말에서 표상되지만, 적기 실행은 오직 입말에서만 식별되기 때문이다. 대화에서 '적기 실행'은 순서만큼이나 중요하다.

시간상의 순서는 낱말 순서·절 순서·문장 순서로 연구되어 왔다. 낱말 순서는 통사 기능을 가리키는 일에 본질적이다. "Man bites dog사람이 개를 문다"와 "Dog bites man개가 사람을 문다"을 비교해 보기 바란다. 절 순서는 강조 및 주제를 가리키기 위하여 이용된다. "Lou Ann ate dinner before she left루앤은 떠나기 전에 저녁 식사를 하였다"(두 행위의 주체가 동일함. She는 루앤을 가리킴 : 옮김이)와 "Before she left, Lou Ann ate dinner그녀가 떠나기 전에, 루앤은 저녁식사를 하였다"(두 행위 주체가 서로 달라질 수 있음. She는 루앤 이외의 다른 여성을 가리킬 수 있음 : 옮김이)를 비교해 보기 바란다. 문장 순서는 어떤 속뜻 깔기 뒤에 놓이게 된다. 가령, "Jack took a pill; he got sick to his stomach잭이 알약을 먹었고, 위가 아파왔다"(알약이 위통의 원인이 됨 : 옮김이)와 "Jack got sick to his stomach; he took a pill잭은 위가 아팠고 알약을 하나 먹었다"(위통을 없애는 진통제 알약을 먹음 : 옮김이)를 비교해 보기 바란다. 또한 이는 생략에 대해서도 중요한데(Hankamer and Sag, 1976; Sag and Hankamer, 1984), 다음 짝진 문장의 두 번째 문장에서와 같다(1.8.233).

Brenda : but they're too big you know
Alva : yes, of course they are
브렌더 : 허지만 그것들이 너무 커, 잘 아다시피

앨 붜　: 그래 물론이야 그것들이 그래

앨붜는 브뢴더의 발화 "but they're too big you know" 뒤에 즉각 자신의 발화를 배치해 줌으로써 "they are"가 무엇에 대하여 생략된 것인지를 가리켜 준다. 곧 "they're too big그것들이 너무 크다"인 것이다.

화자는 낱말들을 올바른 순서로 전달할 뿐만 아니라 또한 적기에 전달한다고 기대된다. 사람들은 적기 실행timing 적시 배치을 아주 정확히 성취하고 지각할 수 있으므로, 다음 사례에서와 같이(1.1.1191) 많은 목적을 위하여(제9장) 적기 실행을 활용할 수 있다(단, *...* 은 서로 발화가 겹침을 나타냄).

Sam　: but you daren't set synthesis again you see, . you set analysis, and you can put the answers down, and your assistant *examiners will work them,*

Reynard : *yes quite, yes, yes*

Sam　: but if you give them a give them a free hand on synthesis, and they'd be marking all sorts of stuff, . because they don't do the stuff *themselves, .*

Reynard : *quite, m*

쌤　: 허지만 자네는 감히 다시는 종합 점수를 마련하지 말아, 잘 알고 있듯이, . 자네는 분석 영역을 마련하고, 허고 그 답을 적어 놓을 수 있어, 그리고 자네의 조수 *시험관들이 그것들을 채점하게 될 거야*

뢰나드　: *그래 아주, 그래, 그래*

쌤　: 허지만 만일 자네가 그것들을 어 종합 점수상으로 자유재량껏 그것들을 제시한다면, 그리고 그들이 모든 종류의 것들을 채점하게 될 거야, . 왜냐면 그들은 그 일을[33] 실행하지 않거든 *스스로 말야, .*

뢰나드　: *아주, 음*

뢰나드는 "yes quite, yes, yes"라는 자신의 수긍내용을 일부러 쌤의 절에 있는 마지막 몇 낱말들과 겹치도록 하여 말을 개시한다. 왜 그럴까? 어느 절을 자신이 수긍하고 있는지

[33] 앞뒤 문맥으로 짐작하면 어떤 시험지에 대하여 종합적 총괄점수 체계(synthesis)를 쓸지, 영역별 분석점수 체계(analysis)를 쓸지에 대하여 대화를 주고받는 듯하다. 여기서 '그 일'은 영역별 분석점수 체계를 가리키는데, 선임 감독관이 직관적으로 점수를 매기는 총괄점수 체계를 쓴다면, 귀찮은 일은 피하여 조수들도 분석점수 체계를 쓰지 않을 것이라고 충고하고 있는 듯하다.

나타내기 위하여, 그리고 동시에 그가 발언기회를 얻어내고 있지 않음을 신호하기 위해서다. 적기 실행timing 적시 배치은 그가 실행한 바에 대해 필수적이다(제8장, 제9장).

적기 실행은 또한 "yes," "well," "oh"와 같이 분석 불가능한 원자 발화에 대해서도 필수적이다(§.6-2-1 '원자 낱말' 참고). 이것들이 현재 시제로 되어 있기 때문에(Wilkins, 1992), 화자들은 반드시 자신이 가리키고 있는 정확한 "now현재 지금"을 가리켜 주어야 한다. 전시실의 벽을 따라 걸려 있는 그림들에 대한 브륀더와 앨뷔의 토론에서 앨뷔의 'oh'를 살펴보기 바란다.

Brenda : that green is is not bad, is it, that landscape

Alva : what the bright one, -

Brenda : yes,

Alva : *it's*

Brenda : *well it's* not very bright, no I mean the *second one along*

Alva : *oh that one over* there

브륀더 : 저 초록색이 나쁜, 나쁘진 않네, 그렇지, 저 경치 말야

앨뷔 : 뭐 그 밝은 거, -

브륀더 : 그래,

앨뷔 : *그게 말야*

브륀더 : *글쎄 그게* 아주 밝지는 않거든, 아니 내 말뜻은 *그 줄 따라 두 번째 거 말야*

앨뷔 : *아 건너에 있는 저거* 저 건너에

브륀더가 "that landscape저 경치"라고 지시할 때, 앨뷔는 브륀더가 어느 그림을 의미하였는지 확신하지 못하였고 "what the bright one뭐 그 밝은색 그림"이라고 짐작한다. 일단 브륀더가 잘못을 발견하고서 앨뷔를 고쳐주면서 "no I meant the second one along아니 난 그 줄 따라 두 번째 그림을 의미했거든"이라고 말한다. 앨뷔는 정확히 자신이 언제 그 사실을 포착했는지 가리켜 주기 위하여, 브륀더가 수정해 주는 도중에 "oh아 그래"를 배치한다. 만일 끝날 때까지 기다렸더라면, 그녀는 얼마나 신속히 자신이 이해하였는지를 상대방에게 보여 주지 못하였을 것이다(Jefferson, 1973을 보기 바람). 앨뷔의 "oh"는 다음 네 가지를 가리키는데(=네 가지 정보를 담고 있음 : 뒤친이), "I앨뷔", "you브륀더", "now precisely정확히 지금", 그리고 그녀의 "oh"가 무엇에 대한 것인지the paintiug 그 그림이다. 그녀는 자신의 의미한 바

I have just now discovered which painting you were referring to
저는 이제 막 어느 그림을 당신이 가리키고 있는지를 알아 차렸습니다.

를 확립하기 위하여 네 가지가 모두 필요하다. 브륀더의 "yes", "well", "no"에 대해서도 비슷한 이야기를 할 수 있을 것이다.

원자 발화atomic utterance의 몸짓 시늉 대응물인 문장표상紋章 emblems은 동일한 가리키기 요소들을 많이 지니고 있다. 작별 손짓을 하는 경우, 언제나 어떤 정확한 시점"now 지금"에 한 사람이나 그 이상의 사람들("you당신")에게 작별 손짓을 하는 한 사람("I나")이 있다. 그 몸짓 시늉을 하는 주체는, 그 몸짓 시늉의 적기 실행 및 방향에서 세 가지(I, you, now)를 모두 가리킨다. 따라서 이는 모든 문장紋章 표상들과 잘 들어맞는다.

또다른 유형의 자발적 몸짓 시늉은 박자beat 또는 지휘봉baton이다(Efron, 1941; Ekman and Friesen, 1969; McNeill, 1992).

the hand moves along with the rhythmical pulsation of speech. (McNeill 1992 : 15)
가락 깃든 발화의 맥동에 따라 손이 움직인다.

전형적인 박자는 손 또는 손가락들을 위아래로 또는 안팎으로 재빨리 가볍게 움직이는 것이다. 가장 순수한 형태로 그 기능은 시간상의 움직임을 가리키려는 것이다. 박자는 "그 나름의 의미내용 때문이 아니라 담화-화용적 내용 때문에, 중요한 존재로서 수반되는 낱말이나 구절을 가리켜 준다"(McNeil, 1992 : 15). 박자는 언급되고 있는 사건들, 도입되는 초점들, 그리고 다른 유형의 정보를 강조하기 위하여 이용된다. 어떤 점을 강조하기 위하여 연단 위에다 주먹을 '꽝!' 내리치는 연설자를 생각해 보기 바란다. 그렇다면, 박자는 특히 빼어난 가리키기 신호인 셈이다.

§.6-4 예시해 주기demonstrations

마지막으로 검토할 신호 보내기 방법은 예시해 주기이다. 조어쥐가 헬렌에게

Elizabeth drinks tea like this.
일리저버쓰는 차를 이와 같이 마십니다.

라고 말한다고 상정하기로 한다. 그는 가상의 받침접시를 자기 왼손으로 들고 있다. 그러고 나서 새끼손가락은 위로 치세운 채, 받침접시로부터 자기 오른손으로 가상의 찻잔을 집어 들고서, 그것을 자신의 입술까지 올리며, 찻잔을 기울이고 나서 눈을 반쯤 감은 다음, 입술을 오므리고 '꿀꺽!' 삼키는 척한다. 그런 뒤 자신의 손을 풀어 무릎에다 올려놓는다. 이들 행위들과 함께 조어쥐는 헬렌에게 일리저버쓰가 차를 마시는 모양새를 예시해 준다. 그는 일리저버쓰가 그러저런 방식으로 차를 마심을 의미하며, 그것이 그의 행위를 신호로 만들어 준다. 예시해 주기를 서술해 주기 및 가리켜 주기로부터 구별해 주는 바는, 시각적 본뜸icon의 이용 여부이다. 예시해 주는 것은 시각적 본뜸을 갖고서 신호를 보내는 것이다. 언뜻 보아, 예시해 주는 일은 언어사용에서 거의 역할을 맡지 않는 듯하다. 그러나 좀더 자세히 살펴보면, 예시해 주는 일이 도리어 전반적이며 필수적임을 알 수 있다.

6-4-1 예시해 주기가 무엇인가?

뤼처드 게뤼그와 저자는 예시해 주기가 선택적 묘사selective depictions라고 논의하였다(Clark and Gerrig, 1990). 예시는 각각 네 가지 유형의 측면으로 더 자세히 나뉜다.

① **묘사하기 측면**(depictive aspects)

이것은 지시대상referent의 여러 측면을 묘사하려고 의도된 예시하기 측면들이다. 조어쥐는 일리저버쓰가 손으로 찻잔을 잡고 새끼손가락을 치세우며 찻잔을 기울여 마시고 입술을 오므리면서 머리를 가만히 세우고 눈을 반쯤 감는 모양새를 묘사한다. 그는 또한 받침접시로부터 그녀의 입까지 이르는 포물선 궤적도 묘사해 준다. 그럼에도 그는 아주 많은 다른 것들까지—가령 그녀가 의자에 앉는 방식, 어깨를 유지하는 방식, 또는 입술을 핥는 방식—모두 다 묘사하려고 애쓰지 않는다. 묘사 측면은 적정한(≒진부분 집합의) 예시를 정의해 주는데, 예시에 대해 본질적인 행위들이다.

② **뒷받침하기 측면**(supportive aspects)

이것은 묘사하려고 의도하지는 않았으나 묘사 측면의 수행을 뒷받침하거나 가능하게 해 주는 예시하기 측면들이다. 조어쥐는 실제 찻잔과 받침접시를 이용하지도 않고, 실제 액체를 조금 마시거나 삼키지도 않으며, 키가 작은 여성이 되지도 않는다. 그리고 그녀 자신의 입장에서 헬렌도 또한 일리저버쓰가 실제 찻잔과 받침접시가 없이 차를 마시거나, 조금 마시거나 삼키지 않고 벌컥벌컥 차를 마시거나, 키가 큰 남성이 되는 듯이(≒우아하지 않게) 차를 마신다고 가정하는 것이 아니다. 그녀는 다만 이것들을 조어쥐가 묘사 측면들을 수행하기 위하여 포함해야 하는 측면으로 여긴다.

③ **주석 달아놓기 측면**(annotative aspects)

이것은 현재 예시되고 있는 바에 대하여 동시 촌평으로 포함된 예시하기 측면들이다. 조어쥐가 일리저버쓰의 몸짓 시늉의 꼼꼼함과 그녀의 입술 오므림과 반쯤 눈을 감음을 과장하여 묘사하는 경우에, 헬렌은 이것들을 [액면 그대로의] 묘사로 여기지 않는다. 그 과장 내용들은 다만 그가 묘사하고 있는 바에 대한 촌평이다(괜히 우아하고 고상한 척한다는 촌평 따위 : 뒤친이). 주석 달아놓기 측면은 때로 묘사 측면들만큼 중요하다.

④ **부수적 측면**(incidental aspects)

이것은 예시해 주는 주체의 목적에 대해서 부수적으로 일어나는 예시하기 측면들로서, 일단 화자가 묘사 측면·뒷받침 측면·주석 달아놓기 측면을 선택하였다면, 남겨진 나머지 내용이다.

효과적인 예시는 하나의 기술이다. 왜냐하면 화자가 반드시 자신의 청자들로 하여금 '묘사·뒷받침·주석 달아놓기' 측면들을 분간할 수 있게 해 줘야 하기 때문이다. 조어쥐는 응당 그의 찻잔·받침접시·차·삼키는 일·성별 변환의 결여가 뒷받침 측면들이었고, 그의 꼼꼼한 묘사가 과장법이었음을 헬렌에게 분명히 해 주어야 한다. 만일 헬렌이 이것들을 [액면 그대로의] 묘사로 해석하였더라면, 조어쥐는 그녀와의 의사소통에서 실패하였을 것이다. 비록 사람들이 언제나 이를 실행하지만, 이 모든 것을 가동하는 방법에 대한 탐구는 거의 없다.

6-4-2 예시해 주는 방법

어떤 사물을 예시해 주는 일의 초점은, 청자로 하여금 그 사물을 직접 지각하는 것이 어떤 것이 될 것인지를 놓고서 선별적으로 일부를 경험할 수 있게 해 주려는 것이다. 헬렌이 조어쥐가 예시해 주는 것을 보는 경우에, 그녀는 일리저버쓰 자신이 차를 마시는 모습을 살펴보는 일이 어떨 것인지에 대한 부분적인 경험을 한다. 예시해 주는 주체의 문제는, 이런 경험을 위한 배열 방법이다.

가리켜 주기 행위와 같이, 예시해 주기 행위도 일반적으로 도구적 행위 및 그것과 더불어 수행된 묘사적 행위들을 포괄한다. 일리저버쓰가 차 마시는 일을 흉내내기 위하여 조어쥐는 자신의 팔·손·입·눈을 이용하였다. 사람들은 다양한 도구적 행위와 묘사적 행위를 활용한다. 저자가 제공해 줄 목록은 완벽해질 수 없다.

사람들은 자신이 쉽게 묘사할 수 있는 바를 위해 신체 일부를 선택하는데 자신의 신체를 도구로 이용한다. 다음에 그런 사례들이 있다. 단 'I'는 도구instrument를 가리키고, 'O'는 대상object을 가리킨다.

신체 도구	묘사 행위	사례
검지	도구 I로 허공에 대상 O를 그림	Uthah is shaped like this[demo]. 유타주는 이처럼 생겼어[예시해 줌]
두 손	도구 I로 대상 O를 측정함	I caught a fish this long[demo of length] 난 이만한 길이의 물고기를 낚았어[길이를 예시해 줌]
손	도구 I를 대상 O의 모습으로 만듦	He held out a gun[demo of gun]. 그는 총을 꺼내 들었어[총을 예시해 줌]
팔	대상 O와 같이 도구 I를 흔듦	The drawbridge swings up like this[demo of movt] 그 여닫는 다리는 이처럼 흔들려[흔들림 예시]
두 다리	대상 O와 같이 움직거림	George limps like this[demo]. 조어쥐는 이처럼 절뚝거리거든[예시해 줌]
온몸	도구 I로 대상 O를 흉내냄	You serve a volleyball like this[demo]. 넌 배구공을 이처럼 서브를 해 주네[예시해 줌]

조어쥐가 허공에다 유타 주의 윤곽을 따라 그려 주는 경우에, 따라 그린 그 모습이 묘사 측면이며, 그 크기·방위·따라 그린 방향이 뒷받침 측면이다. 사람들은 또한 자신의 표정으로 대상을 묘사하기도 하는데, 다음 사례들과 같다.

신체 도구	묘사 행위	사례
입	도구 I로 대상 O를 흉내냄	He smiled like this[demo of smile] 그는 이처럼 웃더구만[웃음을 예시해 줌]
얼굴	도구 I로 대상 O를 흉내냄	I caught my thumb in a door[demo of wince] 내 엄지가 문에 끼었어[움찔 찡그림을 예시해 줌]
머리, 눈	도구 I로 대상 O를 흉내냄	He looked me up and down[demo]. 그가 날 위아래로 쳐다봤어[예시해 줌]

사람들은 사물을 묘사하기 위하여 자신의 신체를 이용하는 방법에서 놀랍도록 창의적이다.

예시해 주기에 의해 유도된 지각 경험들은 청각적이거나 촉각적일 수도 있고 또한 시각적일 수도 있다. 예를 들어 사람들은 자신의 목소리로 예시해 주는 데에도 재주가 있다.

신체 도구	묘사 행위	사례
목소리	도구 I로 대상 O를 흉내냄	She sang Yankee Doodle like this[demo of singing] 그녀는 양키 두들을[34] 이처럼 불렀어[노래를 예시해 줌]
목소리	도구 I로 대상 O를 흉내냄	Paris ambulance sirens go[demo of siren sound] 파리 구급차 싸이렌 소리는 이래[싸이렌 소리를 예시해 줌]
목소리	도구 I로 대상 O를 흉내냄	Garbo was famous for the line, 'I want to be alone'[demo of Swedish accent]. 여배우 가보는 '혼자 있고파'라는 노래로 유명했어[스웨덴 악센트를 예시해 줌]

사람들은 선택적으로 발화 특징의 모든 방식들을 묘사할 수 있다. 가령, 속도·성별·나이·방언·악센트·술주정·혀짤배기소리·분노·놀람·두려움·멍청함·주저거림·권위 등이다. 많은 예시들은 조어쥐가 미국의 여자 배우 그뤼터 가보Greta Garbo가 스웨덴 악센트로 부르는 'I want to be alone혼자 있고파'라는 노래를, 가보가 하던 자세로 자신의 팔들로 자신의 가슴을 움켜 안으며 예시해 줄 때처럼, 시각과 소리를 결합시킨다.

예시해 주기의 가장 일반적인 한 가지 형태는 직접인용이다(Clark and Gerrig, 1990). 다음 예를 살펴보기로 한다.

① So my mom said "[Whiny voice] You can't go out until you make your bed."
그래서 엄마가 내게 말했지 "[짜증난 목소리로] 네 침대를 정돈할 때까지 넌 밖에 못 나가."

② "Nothingth changed!" he yelled. "By God, Thally, you're the meaneth, thtubborneth, bitchieth, mule-headedeth, vengefulleth cold-blooded therpent in the Thtate of Vermont." [John Gardner, *October Light*]
그가 외쳤다 "아무것도 바뀌지 않았어! 탈리, 넌 신이 [미국 동부] 버몬트의 쓰테이트 지방에서 가장 다랍고 뻑뻑하며 암캐 같고 나귀머리를 가졌으며 앙갚음으로 가득 찬 냉혈 뱀으로 만들어 놨어!"(1976년 나온 존 가드너[1933~1982]의 액자소설 『10월의 빛』의 흑인 말투임)

③ The car engine went [brmbrm], and we were off.
그 차 엔진이 켜졌고[브릉브릉] 우리는 떠났어.

---

34 Yankee Doodle은 독립전쟁 당시 미국 병사들이 부르던 군가임.

④ The boy went [rude gesture] and ran away

그 소년은 가서 [버릇없는 몸짓 시늉을 지으면서] 도망쳐 버렸어.

인용에서 화자가 실행하는 바는, 누군가 또는 무엇인가 실행하였거나 실행하였을 바에 대한 선택적 측면들을 예시해 주는 것이다. 첫 번째 사례 ①에서는 한 아이가 자신의 어머니의 발화 내용뿐만 아니라 짜증 섞인 어조까지 묘사하고 있다. 두 번째 사례 ②에서 서술자는 원래 화자의 혀짤배기소리는 물론, 조롱에 찬 단정적 말투까지도 예시해 주고 있다. 세 번째와 네 번째 사례인 ③과 ④에서는 자동차 엔진 소리와 몸짓 시늉을 묘사해 주는 비언어적 인용을 발견한다. 인용에서 묘사된 바는 반드시 언어적이거나 심지어 청각적일 필요는 없으며, 지각 가능한 대상이나 상태 또는 사건이면 어떤 것이든지 가능하다.

대화에서 사람들은 흔히 테니스 채·배구공·찻잔·연필에 접속하지 않는다. 사람들은 가까이에 있는 도구들을 갖고 대신 이용한다. 자신의 팔다리·몸뚱이·얼굴 표정, 목소리들이다. 따라서 대부분의 예시해 주기는 손짓·얼굴 표정·목소리 또는 이들의 어떤 결합이다.

6-4-3 시각적으로 본뜬 몸짓 시늉 iconic gestures

사람들은 이야기를 말하거나 방향을 알려주거나 사물의 작동 방법을 설명해 주는 데에 몸짓 시늉을 한다. 그리고 이런 많은 몸짓 시늉들은 말해지고 있는 바에 대하여 묘사해 준다(Goodwin, 1981; Kendon, 1980; McNeill, 1992; Schegloff, 1984). 이것들은 시각적으로 본뜬 몸짓 시늉iconic gestures으로 불린다.[35] 비록 청자도 화자에 대한 반응으로 웃음·놀란 표정·찡그림 등으로 몸짓 시늉을 보일 수 있지만, 대부분의 시각적으로 본뜬 몸짓 시늉은 화자에 의해 이뤄진다. 켄든(Kendon, 1980)에서 분석된 사례에서는, 프뢴Fran(여성임)은 1959년 제작된 매륄린 몬로가 나온 영화 '뜨거운 게 좋아Some Like it Hot'에 근거한 농담을 한다. 아래 도표에서 그녀의 발화는 왼쪽에 있고, 그녀의 몸짓 시늉은 가운데 있으며, 오른쪽에 있는 것은 그것들이 묘사하는 측면이다.

35 〈원저자 11〉 이것들이 또한 도해(illustrators 삽화)로도 불려왔다(Ekman and Friesen, 1969). 저자가 시각적으로 본뜬 몸짓 시늉으로 부르는 바를 머크니일(McNeill ,1992 : 145)에서는 두 가지 유형으로 하위 구분하였다. 하나는 시각적으로 본뜬 몸짓 시늉(iconic gesture)이고, 다른 하나는 은유적인 몸짓 시늉(metaphoric gesture)이다. 전자는 "(실제이든 허구이든) 구체적인 세계에 있는 사건과 대상들의 심상을 제시해 보여주며", 후자는 "추상화 내용에 대한 심상을 만들어낸다." 피어스의 의미에서 두 가지가 모두 시각적으로 본뜬 것(iconic)이므로, 저자는 iconic gestures(시각적으로 본뜬 몸짓 시늉)를 두 경우를 모두 포괄하는 용어로 계속 써 나갈 것이다.

연번	발화(이탤릭 체는 강세 표시)	몸짓 시늉	묘사된 측면
①	they wheel a big *table* in 그들이 큰 탁잘 굴려 들어왔는데	프뢴이 자신의 왼쪽 팔을 수평 운동으로 안쪽으로 쓸어간다	탁자 높이 및 전방 운동
②	with a big with a big[1.08sec] *cake* on it 그 탁자 위에 큰 크은[1.08초 휴지] 케이크가 있었고	휴지 동안 프뢴은 아래쪽을 가리키면서 팔로 일련의 원 모양새들을 만들고 검지를 쭉 뻗는다	케이크의 모양새 및 수평 차원의 모습을 보여 줌
③	and the *girl* 그리고 그 소녀가	프뢴은 자기 팔을 위로 꼿꼿이 다 뻗칠 때까지 들어 올린다	케이크로부터 풀쩍 뛰어 나오는 소녀의 수직 운동
④	jumps *up* 풀쩍 뛰어 나왔어요		

그 장면을 낱말로 서술하는 동안에, 프뢴은 그것에 대하여 선택적인 대목을 그림처럼 그려 주기 위하여 자신의 손과 팔을 이용한다. 이 사례는 시각적으로 본뜬 몸짓 시늉의 여러 가지 특징들을 예시해 준다.

시각적으로 본뜬 몸짓 시늉은 일반적으로 세 가지 주요 단계를 갖고 있다. ㉠ 준비[preparation], ㉡ 그 몸짓 시늉으로 노력의 최대치를 시행하여 실시[stroke], ㉢ 다시 제자리로[recovery]이다(Kendon, 1980; McNeill, 1992). 이들 단계 속에서, 우리는 시간상으로 다음과 같이 일련의 서로 다른 시점들을 찾아낼 수 있다. 움직임 개시부분, 최대 추력 또는 최상의 힘 발휘 시점, 절정이나 최대 확장의 시점, 수축의 시작, 원래 시작 위치로 팔다리 되돌리기 시점, 휴식 또는 원위치이다(Schegloff, 1984).

시각적으로 본뜬 몸짓 시늉들은 긴밀히 발화와 더불어 동시에 일어난다(Goodwin, 1981; Kendon, 1980; McNeill, 1992; Schegloff, 1984). 프뢴[Fran]의 발화는 켄든이 어조단위[tone units]로 부른 네 가지 단위로 나뉜다. 이 단위들은 각각 단일한 어조 형상 아래 짤막한 절이나 구로 되어 있으며, 보통 두드러지게 악센트가 들어간 단일한 낱말이나 음절을 갖고 있다(앞에 있는 사례에서는 이탤릭 체로 표시됨). 몸짓 시늉은 어조단위와 연합하는 경향이 있다. 어조단위 하나하나마다 몸짓 시늉 한 대목이 있거나, 또는 어조 두 단위에 걸쳐 있는 하나의 몸짓 시늉이 있다(Kendon, 1980; McNeill, 1992). 어떤 몸짓 시늉의 실시 또는 최대 추력은 일상적으로 악센트가 들어가 있는 음절 위에 걸린다. 사례 ③의 어조단위에서는 프뢴의 몸짓 시늉 실시 시점이 girl[소녀] 위에 걸린다. 사례 ②의 어조단위에서는 cake[케이크]란 낱말을 늦추면서 프뢴의 발화가 멈칫거릴 때, 그녀의 몸짓 시늉 실시는 cake 앞에 있는 휴지에 걸리는데, 아마 cake가 나오는 것으로 투영하는 대목일 듯하다.

시각적으로 본뜬 몸짓 시늉은 함께 나타날 낱말들을 예기하는 경향이 있다(Butterworth and Beattie, 1978; Kendon, 1980; McNeill, 1992; Morrel-Samuels and Krauss, 1992; Schegloff, 1984). 앞에서 본 사례 ③의 어조단위에서 프륀은 그 케이크로부터 폴짝 뛰쳐 나오는 소녀를 그림처럼 그려 주었지만, 네 번째 ④의 사례에 있는 어조단위에서는 그것을 서술해 주었다. 때때로 몸짓 시늉의 내용과 상응하는 낱말이나 구절—어휘적 관련물lexical affiliate—을 뽑아내는 일도 가능하다. 두 번째 사례 ②에 있는 어조단위에서 프륀의 몸짓 시늉에 대한 어휘적 관련소는 cake일 것이다. 세 번째 사례 ③에 있는 어조단위에서는 jump up일 것이다. 시각적으로 본뜬 몸짓 시늉 60가지를 연구한 머뤨쌔뮤얼즈·크롸우스(Morrel-Samuels and Krauss, 1992)에서는 모든 몸짓 시늉이 그 어휘적 관련물보다 먼저 개시되었는데, 평균 1.0초 앞서 나왔다. 그 어휘적 관련물 뒤에 개시된 몸짓 시늉의 사례는 전혀 없었다.[36] 동일한 몸짓 시늉이 그 어휘적 관련물이 제시되고 평균 1.5초 뒤에 종결되었다. 시각적으로 본뜬 몸짓 시늉들은 어휘적 관련물이 되는 강세 받은 낱말들 위에서 절정을 이루도록 시간이 맞춰졌다.

6-4-4 시각적으로 본뜬 몸짓 시늉들의 기능

시각적으로 본뜬 몸짓 시늉은 대부분 화자가 대상을 의미하는 참된 신호들이다. 이 점은 사소하지 않은데, 뜨거운 논란거리로 이끌어 갔기 때문이다(Kendon, 1980, 1983; Krauss, Morrel-Samuels and Colasante, 1991). 주요한 대안 내용은, 화자들이 단지 발화를 형성하는 일을 도와주기 위하여 시각적으로 본뜬 몸짓 시늉을 산출한다, 즉 촉진 기능을 지닌다는 것이다. 비록 시각적으로 본뜬 몸짓 시늉들이 촉진적일 수도 있겠으나, 저자는 그 몸짓 시늉들이 1차적으로 의사소통적이라고 논의할 것이다.

시각적으로 본뜬 몸짓 시늉들은 다른 예시해 주기와 같이 다시 두 종류로 나뉜다(Clark and Gerrig, 1990). 하위 구성부문component 몸짓 시늉 및 동반concurrent 동시 수반 몸짓 시늉이다. 하위 구성부문 몸짓 시늉은, table이란 낱말이

> "they wheel a big <u>table</u> in
> 그들이 큰 <u>탁자</u>를 하나 굴려 들어와요"

---

[36] 〈원저자 12〉 그 표본에서는 하위 구성부문 예시해 주기를 포함하지 않았다. 앞으로 살펴보겠지만 이는 아주 상이한 속성들을 지닌다.

라는 발화의 부분으로 내포되어 있듯이, 다른 발화의 부분으로 내포되어 있다. 이제 프륀Fran은 'table'로써 뭔가를 의미한다. 왜냐하면 그녀가 "they wheel a big table in"이라는 발화로써 뭔가를 의미하며, 그 발화 중에서 table이 하위 구성부문이 되기 때문이다. 동일한 내용이 하위 구성부문 몸짓 시늉에 대해서도 성립하는 것이다.

한 부류의 하위 구성부문 몸짓 시늉들은, 다음 사례에 있는 것처럼 인용으로 된 것들이다(Polanyi, 1989 : 92).

Kate : I went out of my mind and I just screamed and I said "Take that out! That's not for me!" … And I shook this I-V and I said "I'm on an I-V, and I can't eat. Take it out of here!"

케 잇 : 난 정신이 나갔어요 그래서 막 소리쳐 댔어요 그리고 "저걸 내어 가요! 저건 내 것이 아니에요!"라고 말했어요. … 그리고 이 방울방울 공급되는 튜브(intra venous)를 흔들었죠. 그리고 "나는 방울방울 공급되는 튜브를 목구멍에 꽂고 있어서 먹을 수 없어요, 그걸 여기서 갖고 나가 버려요!"라고 말했거든요.

그녀의 인용을 전달하면서, 케잇은 "마치 방울방울 공급되는 튜브를 흔들듯이 그녀의 팔을 흔들면서 원래 이야기에서 소리치듯이 대화 무대에서도 외쳐댄다." 그녀의 몸짓 시늉은 자신의 낱말들만큼이나 인용의 일부가 되는 것이다. 어떤 인용에서는

"The boy went [rude gesture] and ran away"
"그 소년이 가서 [거만한 몸짓 시늉을 지으면서] 도망쳐 버렸어요"

에서와 같이 거기 있는 것이 모두 시각적으로 본뜬 몸짓 시늉인 경우도 있다. 또다른 부류의 하위 구성부문 몸짓 시늉은 다음 사례에서와 같이 발화를 완결시켜 주는 것들이다(Clark and Gerrig, 1990).

Damon : I got out of the car, and I just [demonstration of turning around and bumping his head on an invisible telephone pole].

데이먼 : 난 차에서 밖으로 나갔죠. 그리고 난 막 [몸을 돌리면서 알아차리지 못한 채 전봇대에 머리를 부딪히는 몸짓 시늉을 예시].

세 번째 부류는 "Lilian caught a fish this [extending hands apart] long.릴리언이 [두 팔을 크게 벌리면서] 이만한 고기를 낚았어"와 "He walked like this [tracing a crooked path with hand]그가 이처럼 걸었어 [구부정한 걸음걸이 모양새를 손으로 만들어 주면서]"에서와 같이 this이에 의해서 가리켜진 것들이다. 이들 몸짓 시늉이 모두 복합신호의 하위 구성부문이며, 따라서 그 자체로 신호가 되는 것이다.

시각적으로 본뜬 동반 몸짓 시늉concurrent iconic gestures은 다른 발화들과 동시에 만들어진다. 프뢴Fran이 "they wheel a big table in그들이 큰 탁자를 하나 굴려 들어왔어"라고 말할 때, 그녀는 또한 그 탁자의 높이와 전방 운동을 함께 묘사해 주면서 몸짓 시늉을 하였다. 그녀는 명백히 그 몸짓 시늉을 신호로 의도하였다. 그 신호는 그녀의 말에서 찾아지지 않는 정보를 표현하며, 그녀의 서술에서 필수적이다. 그녀의 청자는 그 신호를 찾아내지 못했더라면 그녀가 의미한 것을 충분히 이해하지 못하였을 것이다. 저자가 곧 언급하겠지만, 그녀의 몸짓 시늉은 정보를 담고 있다informative. 사실상 시늉 실시 시간이 그 구절의 주요 악센트가 놓인 table이란 낱말에 걸리도록 시간을 맞추면서, 그녀는 발화와 몸짓 시늉을 단일 복합신호의 일부로서 산출하고 있는 것이다. 그녀가 동시에 두 가지를 단정하고 있다고 말하는 것은 잘못일 것이다. 그녀는 단일한 단정을 하고 있으며, 낱말과 몸짓 시늉의 복합체를 이용하고 있다. 이를 얼개로 보이면 다음과 같다.

composite signal = spoken utterance + iconic gesture
복합신호 = 입말 발화 + 시각적인 몸짓 시늉

비록 그 몸짓 시늉이 발화의 하위 구성부문이 아니더라고, 그것은 복합신호의 구성부문이 되며, 이 점이 몸짓 시늉을 또한 하나의 신호로 만들어 주는 것이다. 몸짓 신호는 복합신호에 통합되어 있다.

대부분의 시각적으로 본뜬 동반 몸짓 시늉concurrent iconic gestures이 정보를 담고 있다는 좋은 증거가 있다. 사람들에게 자물쇠가 어떻게 작동하는지를 다른 사람에게 말해 주도록 요청하는 경우, 그들은 대체로 시각적으로 본뜬 몸짓 시늉에 크게 의존한다. 대체로 이런 시늉은 적어도 수반된 낱말들에서는 찾아지지 않는 어떤 정보를 표현한다(Engle and Clark, 1995). 사람들에게 다른 사람을 위해 만화를 서술해 주도록 요구하는 경우에도, 또한 아주 많은 시각적 몸짓 시늉을 이용하는데, 이것들 대부분이 또한 명백히 정보를 담고 있다(McNeill, 1992). 사실상 시각적으로 본뜬 많은 몸짓 시늉들이 수반되는 발화가 없이는 외부 관찰자에게 해석 불가능하다(Krauss, Morrel-Samuels and Colasante,

1991). [이와는 달리] 지속되는 담화의 일부로서 해석되고 그 담화에 추가해 주기 위하여 몸짓 시늉들이 정보를 담고 있도록 마련되었더라면, 그런 점(=외부자도 해석 가능함)이 따라 나왔을 것이다.[37] 마지막으로, 화자들은 자신의 청자가 몸짓 시늉들을 직접 볼 수 없다면 몸짓 시늉을 덜 만든다. 코우언·해뤼슨(Cohen and Harrison, 1973)에 따르면, 화자들이 얼굴을 마주 보는 대화에서가 인터콤intercom 내선 전화으로 하는 대화보다 두 배나 많이 시각적으로 본뜬 몸짓 시늉을 산출하였다.

또한 시각적으로 본뜬 동반 몸짓 시늉들이 복합신호에 통합된다는 좋은 증거가 있다. 몸짓 시늉들이 진정으로 통합적이라면, 응당 몸짓 신호가 없이는 발화를 산출하기가 어려워야 한다. 또한 그 역도 성립되어야 한다. 한편으로 화자는 특히 거의 대체로 몸짓 시늉을 할 것 같은 경우에 몸짓 시늉을 못하도록 방해를 받는다면, 말을 진행해 나가기가 어렵다는 것을 알아야 한다. 돛배의 가로돛 양끝을 팽팽하게 당기는 밧줄을 이중 고리로 매듭 묶는 법을 누군가에게 말하는 동안에, 여러분의 양손을 깔고 앉아 있다고 상상해 보기 바란다. 사실상 몸짓 시늉이 억제되는 경우에, 특히 공간적 서술에서는(Bilous, 1992; Krauss, 1991) 화자들이 덜 유창해지고, 더 느려지며 덜 활발해진다(Rimé, Schiaratura, Hupet and Ghysselinckx, 1984).

동일한 토대 위에서, 심지어 몸짓 시늉을 사용할 필요가 없는 경우에라도, 화자들은 몸짓 시늉을 제거해 버리기가 어렵다는 사실을 깨달아야 한다. 하나의 유추로서, 어떤 편지를 받아쓰게 하면서 [받아쓰는] 청자에 의해 들릴 수 없도록 억양을 제거해 버리려고 한다고 상상해 보기 바란다(억양을 제거하기 어려움을 깨닫게 됨 : 뒤친이). 사실상 인터콤intercom 내선 전화상으로도 화자들은 여전히 어떤 몸짓 시늉을 이용한다(Cohen and Harrison, 1973). 비슷하게 일본에서는 사람들이 때때로 전화통화의 끝머리에 [보이지 않는 상대방에게] 머리를 숙여 절을 한다. 미국에서는 때때로 서로 볼 수 없지만 전화상으로 고개를 끄덕거린다. 이제, 문장紋章 표상emblems으로서 머리 숙여 절하기와 고개 끄덕이기는 본질적으로 의사소통적임을 알았다. 만일 전화상으로 어떤 것이든 제거되어야 한다면, 그것들이 응당 제거되어야 할 것이다. 그러나 만일 억양과 같이 그것들이 복합신호들에 통합되어 있는 것이라면, 그것들을 제거하기 위해서는 특별한 노력이 들어가야 할 것이다.[38] 따라서 만일 몸짓 시늉 그 자체를 억눌러야 할 필요가 없다면, 사람들은 복합신호의 언어적 절반 몫에서 더

---

[37] 〈원저자 13〉 크롸우스 외(Krauss et al., 1991)에서는 이런 입장 대신에, 만일 몸짓 시늉이 해석 가능하지 않다면, 그것들이 의사소통적으로 의도되지 않았을 수 있음을 논의하기 위하여 해당 자료를 이용하였다. 그러나 이런 논의가 결정적인 것은 아니다. 말해진 맥락으로부터 고립되는 경우에, 대부분의 낱말들이 온전히 해석될 수 없다. 그럼에도 불구하고, 낱말들은 명백히 의사소통적이다. 몸짓 시늉 발화(gestural utterances)도 차이가 없다.

[38] 〈원저자 14〉 저자는 이 점에 대하여 스깟 매너륑(Scott Mainwaring)에게 신세를 졌다.

욱 유창해질 것이다.

대부분의 시각적으로 본뜬 몸짓 시늉은 통합되어야 할 낱말들보다 만들어내고 실행하기가 더 쉽다.[39] 시각적으로 본뜬 몸짓 시늉이 변함없이 그들의 어휘적 관련물lexical affiliates들을 예기함을 기억하기 바란다. 그리고 어휘적 관련물들이 더 드물면 드물수록(낱말을 인출하는 데 시간이 더 오래 걸리게 되므로), 몸짓 시늉 뒤에 뒤쳐지는 일이 더 길어질 것이다(Morrel-Samuels and Krauss, 1992). 이런 비대칭성 때문에, 시각적으로 본뜬 몸짓 시늉들이 특히 낱말들을 인출하는 데에서 화자들로 하여금 발화를 형성하도록 도움을 줄 수 있다(DeLaguna, 1927; Ekman and Friesen, 1972; Krauss, Morrel-Samuels and Colasante, 1991). 예를 들어, "with a big with a big [1.08 sec] cake on it그 위에 큰 크은 [1.08초 휴지] 케이크가 있는"이라는 발화에서, 프랜Fran은 cake이란 낱말을 찾아내는 데 어려움을 겪는 듯하다. 그녀가 그 휴지 동안에 몸짓 시늉을 하는 경우, 기억으로부터 cake이란 낱말 인출에 스스로 도움을 받고자 노력할 수 있다. 이런 까닭에 시각적으로 본뜬 몸짓 시늉이 '촉진적'이라고 생각하는 것이다.

그러나 시각적으로 본뜬 몸짓은 오직 의사소통 기능의 부차 효과로서만 촉진될 수 있을 것이다. 조어쥐가 자신이 막 이용할 어느 낱말과 통합된 어떤 몸짓 시늉을 하고 있지만, 그 낱말(흔히 소리값 : 뒤친이)을 인출해 내는 데 곤란을 겪는다고 상정해 보기로 한다. 그는 어쨌든 다음 세 가지 이유 중 한 가지 때문에 그 몸짓 시늉과 더불어 진행해 나갈 수 있을 것이다. 첫째, 그가 발화를 다시 시작하거나 늦추는 것보다 계속 몸짓 시늉을 하는 것이 더 쉽다고 깨달을 수 있다. 둘째, 그가 헬렌으로 하여금 자신이 어떤 낱말을 찾고 있음을 알리려고 몸짓 시늉을 이용할 수 있다. 보통 화자들은 발화에서 지연을 해명하게 되는데, 몸짓 시늉이 이상적인 해명을 제공해 준다(제9장을 보기 바람). 아니면, 셋째로, 조어쥐가 헬렌으로 하여금 그 낱말을 찾는 일을 도와달라고 초대하고 있다. 즉, 그런 몸짓 시늉을 하여 도움 요청을 헬렌에게 알리려고 의도하는 것이다.

6-4-5 얼굴 표정

사람들은 또한 얼굴 표정을 짓는데, 분명히 많은 얼굴 표정들이 예시해 주기이다(Bavelas, 1992, 1994; Bavelas, Black, Lemery, MacInnis and Mullett, 1986; Bavelas, Black,

---

[39] 그 원인은 선택 범위가 좁기 때문으로 보인다. 어른의 머릿속에 들어 있는 낱말은 대략 5만 개라고 한다. 그러나 몸짓 시늉은 목록을 만들어 봐야 두 손가락으로 다 꼽을 수 있다. 다시 말하여, 어떤 걸 선택하더라도 몸짓 시늉의 형태는 여러 상황에 동일하게 반복 적용될 수 있는 것이다.

Lemery and Mullett, 1986). 죄닛 배블러스Janet Bavelas는 어느 강연에서 다음처럼 그런 몸짓 시늉을 한 가지 예시하였다.

> 내가 스포츠 용품 가게로 걸어 들어가서, 머코 스쿼시 공Merco squash balls이 있는지 물었어요. 점원은 "No, we have Dunlops아뇨, 우리 가게엔 던롭이 있습니다."라고 말했어요. 내가 다음처럼 반응을 했습니다[배블러스가 청중들에게 얼굴 표정을 짓는다]. 다시 말해서 내 콧등을 찡그리고 웃으면서 "No thanks아뇨, 고맙습니다."라고 말했거든요. 그가 웃으면서 "Ok."라고 말했어요. 이런 맥락에서 콧등 찡그리기는
>
> It is AS IF Dunlop squash balls are disgusting to me.
> 던롭 스쿼시 공은 별로인/역겨운 <u>것 같아요</u>.
>
> 를 의미합니다(그리고 그렇게 의미하는 것으로 이해되었습니다). 썩어서 역한 냄새가 난다는 게 아니라, 뭔가에 대해 싫어함을 전달하기 위해서 '신체적 혐오'의 은유를 이용하였던 것입니다(Bavelas, 1992 : 2).

콧등 찡그리기는 혐오하는 상태를 드러내는 사람을 그려주었다. 이것으로 배블러스는 자신이 던롭 스쿼시 공을 싫어함을 의미하였다. 따라서 그것은 의사소통적이었으며, 한 유형의 예시해 주기이다. 배블러스가 강연을 하면서 자신의 콧등을 찡그렸을 때, 그녀는 자신이 어떤 인용에서이든지 실행하였을 것처럼, 스포츠 용품 가게에서 자신이 하였던 바를 그림처럼 그려 주었다. 강연에서 그녀의 콧등 찡그리기는 예시해 주기에 대한 사례였다. 다른 사례(예시해 주기)들은 놀라 움찔함("That's scary겁나네"를 의미함), 잔뜩 찌푸린 우거지상("That's awful지독히 싫다"를 의미함), 눈썹 치올리기("I'm surprised놀랍군" 또는 "I'm skeptical의심스럽군"을 의미함), 낙담 또는 우울한 표정("How sad!너무 슬프다"를 의미함)이다(Chovil, 1991, 1991/2; Chovil and Fridlund, 1991; Ekman, 1979).

비록 많은 얼굴 표정들이 고통·역겨움·놀람·행복을 그려 주지만, 그것들은 화자가 발화시점 현재 그런 감정 상태에 있음에 달려 있지는 않다. 배블러스가 그 가게 점원에게 콧등을 찡그렸을 때에, 그녀는 사실상 역겨움 상태에 있지는 않았다. 이 점은 배블러스와 그녀의 동료들에 의한 연구(1986)에서 실시된 실험으로 예증된다. 한 명의 학생이 어떤 실험 주체가 커다란 텔레비전 수상기를 방안으로 옮겨오는 것을 보았고, 조심스럽게 무대화된staged 꾸며진 사건으로서 그 자신의 손가락 위에다 그 수상기를 내려놓아 손가락을 찧었다. 그러고 나서 그 실험 주체는 고통스런 표정을 지으면서 그 학생과 눈길을 마주치거나, 아

니면 텔레비전 수상기 너머로 등을 구부렸다. 그 장면이 녹화되었다. 대부분의 학생들은 [동정심의 표현으로] 그 사건의 수십 밀리초 내에 찡그려 우거지상을 만들기 시작하였다. 만일 실험 주체가 쳐다보았다면, 피험자들은 실험 주체한테도 그 표정을 보여 주면서 계속 그 우거지상을 지어나갔다. 그러나 실험 주체가 쳐다보지 않았다면, 그들은 대부분 찡그리는 일을 그만두었다. 따라서, 학생들은 손가락을 다친 실험 주체한테 연민의 정을 보내어 의사소통하고자 찡그린 표정을 준비하고 보여 주었던 것이다(또한 Chovil, 1991을 보기 바람). 피험자들이 보인 우거지상이 결코 그들 감정 상태에 대한 자동적인 표현은 아니었다.

대화에서 대부분의 얼굴 표정이 감정 상태를 표현하는 것은 아니다. 따라서 어쨌든 간에 다른 연원을 갖고 있어야 한다. 대화에서 1천 가지 이상의 얼굴 표정(웃음은 배제하였음)을 연구한 니콜 초빌(Nicole Chovil, 1991/2)을 살펴보기로 한다. 비록 얼굴 표정의 25%는 그 대화에 우연한 것(=필연적이지 않은 것)으로 판정되었지만, 나머지 75%는 그 이야기와 단단히 묶여 있었다(=필연적인 것들이었음 : 뒤친이). 일부는 수행되고 있는 언표 속에 깃든 힘과 연합되었다. 즉, 한 사람의 화자가

> Are we supposed to eat this meal too?
> 우리가 이 음식도 먹기로 되어 있나요?

라고 물으면서 자신의 눈썹을 치올렸다. 다른 사람들은 '무관심하다는 얼굴 표정facial shrug'을 지었다. 또다른 사람들은 화자들이 말하고 있는 바에 대하여 그림처럼 그려 주기도 하였다. 즉, 한 명의 화자는 "I think liver is disgusting난 동물 간을 먹는 일이 역겹다고 생각해요"라고 말하면서 자신의 콧등을 찡그렸다. 대부분의 얼굴 표정이 화자들에 의해서 수행되었지만, 일부는 청자들에 의해서 거기에 대한 응답으로 수행되기도 하였다. 일부 얼굴 표정들(가령 고개 끄덕거림, 눈알 돌리기 등)은 문장표상紋章 emblems들이며, 다른 일부는 박자beats와 같았다(§.6-3-4 후반부 참고). 그러나 나머지 많은 것들이 시각적으로 본뜬 손짓 시늉처럼 거의 동일한 목적에 이바지하면서 그림처럼 묘사적이었다.

마지막으로 웃음에 대해서는 어떤가? 웃음은 전세계적으로 행복을 표현하기 위하여 이용되며(Ekman et al., 1987), 따라서 대화에서 순수히 감정 표출적이라고 간주될 수 있다. 저자는 행복한 경우에 웃음 지으며, 그렇지 않은 경우에 웃음 짓지 않는다. 실제로 대부분의 웃음은 단지 감정을 표현하는 것만이 아니다. 웃음은 또한 예시해 주기가 되는 것이다. 크롸웃·좐스튼(Kraut and Johnston, 1979)의 연구에서는, 보울링 하는 사람들이 표적이 되는 병을 마주 보는 것보다 그들의 친구를 마주 보는 경우에 9곱절이나 더

자주 웃는 것으로 관찰되었다. 그들이 혼자서 보울링을 하는 경우에는 거의 웃지 않았다. 다른 점수를 얻은 뒤보다 경기자를 마땅히 행복하게 만들어 놓는 스트라이크나 스페어(두 번 던져 표적 핀을 모두 쓰러뜨림) 뒤에 더 자주 웃는 것도 아니었다. 다시 말하여, 그들은 자신의 친구들과 의사소통하기 위하여 웃음 짓기를 이용하였다. 그리고 대화에서 화자와 청자에 의한 웃음은 그 이야기와 단단히 묶여 있다. 그러나 참여자들이 서로를 볼 수 없다면 대부분 사라져 버린다(Fridlund, 1991, 1994). 웃음은 흔히 고개 끄덕거림과 "uh huh아하" 동감표현과 같이 이해했음을 신호 보내기 위해서, 대화 상대방들에 의해서 절의 끄트머리에서 이용된다(Brunner, 1979). 따라서 많은 얼굴 표정들이 예시해 주기이며, 선택적 묘사(§.6-4-1)에 의해 작동되는 신호인 것이다.

6-4-6 목소리 색깔vocal gesture

입말에서, 사람들은 발화를 억양이나 선율prosody로 전달해 주어야 한다. 억양은 낱말과 통사론과는 아주 다르다. 비록 일부 측면이 관례적이며 따라서 상징적으로 될 수 있지만(Pierrehumbert and Hirschberg, 1990을 보기 바람), 많은 측면들이 (신체적 수단으로써) 가리키기indexical 또는 시각적으로 본뜸iconic인 듯이 보인다. 이 점은 두와잇 볼린줘(Dwight Bolinger, 1985)에 의해 논의되었다. 그가 적어 놓았듯이

> intonation is part of a gestural complex whose primitive and still surviving function is—however elaborated and refined—the signaling of emotions and their degrees of intensity. (98쪽)
> 억양은 몸짓 시늉 복합체의 일부로서, 얼마나 정교하게 가다듬어져 있는지에 상관없이, 원시적이지만 여태 살아남아 있는 기능은 감정과 그 강도의 정도를 신호 보내어 주는 일이다.

그는 계속해서 다음처럼 언급하였다.

> It assists grammar—in some instances may be indispensable to it—but is not ultimately grammatical. (106쪽)
> 억양은 문법을 뒷받침하고 일부 사례에서는 문법에 대해 필수 불가결할 수 있지만, 궁극적으로 억양이 문법적인 것은 아니다.

볼린저의 생각은 억양이 시각적으로 본뜸icon이라는 것이었다. 높낮이 음높이pitch는 억양에서 중심 요소이다. 그는 다음처럼 말하였다.

> Suppose we take the obvious emotive correlation as basic : high pitch symptomizes a condition of high tension in the organism, low pitch the opposite··· When we come to elements in an utterance that interest or excite us, we mark the spot with a rise in pitch—the more interesting and exciting they are, the greater the rise. (99~100쪽)
>
> 우리가 명백한 감정적 대응물을 기본적인 것으로 여긴다고 가정해 보자. 높은 음높이는 유기체에서 높은 긴장의 조건을 징후로 보여 주고, 낮은 음높이는 그 반대를 보여 준다. … 발화에서 우리를 흥미롭게 하거나 흥분시키는 요소들에 도달하는 경우에, 우리는 그 지점을 음높이에서 상승으로 표시해 준다. 그 요소들이 더욱 더 흥미롭고 흥분을 유발할수록 그 상승은 더욱 더 높아진다.

비록 볼린저가 많은 억양 유형들과 함께 그 생각을 예시해 주었지만, 초점은 특히 "hi," "oh," "ah," "okay," "yes" 등 분석 불가능한 원자 발화atomic utterances들에서 분명해진다 (§.6-2-1). 왜냐하면 원자 발화들이 그 해석의 거의 대부분을 억양으로부터 얻어내기 때문이다. 우리가 누군가에서 "hi"나 "hello"로 인사를 건네는 경우에, 여러분의 음높이를 더 올리면 올려줄수록, 여러분은 더욱 더 기쁨을 신호해 주게 된다. 그리고 "oh"라고 말하는 경우에, 음높이에서 상승이 더 높아지면 높아질수록, 놀라움을 더욱 더 많이 신호해 주게 된다. 여러분이 강조된 "hi"나 "oh"를 산출하는 경우에는, 즐거움이나 놀라움을 명시해 주는 사람을 묘사해 주고 있고, 그런 방식으로 "I am *very* delighted저는 매우 기쁩니다"나 "I am *very* surprised저는 매우 놀랐습니다"를 의미하게 된다. 얼굴 표정에서와 같이, 여러분이 예시해 주고 있는 바를 반드시 느껴야 하는 것은 아니다. 그럼에도 불구하고, 사람들은 자신의 낱말들에 대해서 그러는 만큼, 거의 정직하게 자신의 억양도 산출할 듯하다.

목소리의 색깔tone 음색은 감정이나 태도를 의사소통하기 위하여 이용된 다른 목소리 몸짓 시늉에 대해서 쓰는 애매한 용어이다. 사람들은 동일한 상태에 있는 누군가를 흉내내는 목소리 색깔을 선별함으로써, 화냄·신비함·지루함·경멸·슬픔 등을 의사소통할 수 있다. 5세 어린이에게 "Little Red Riding Hood빨강모자 소녀와 늑대"를 읽어 주면서, 그 늑대가 무대 속으로 등장하며 들어온다면 여러분은 낮고 속삭이는 목소리로 말을 해 줄 것 같다. 여러분은 비밀을 공유하는 일에서 한 사람이 어떻게 말할 것인지를 묘사해 줌(≒귓속말로 속삭임)으로써, 신비mystery에 대해서 의사소통을 하고 있는 것이다.

요약하면, 예시해 주기는 많은 형태를 취한다. 팔·다리·얼굴·눈·목소리 등 신체의 이용 가능한 부분을 어느 것이든 도구로 써서 수행될 수 있거나, 또는 종이와 연필, 컴퓨터, 악기 등 신체의 확장에 의해서도 수행될 수 있다. 예시해 주기는 모두 대상이나 속성이나 사건의 선택된 측면들을 그림처럼 그려 준다. 예시해 주기는 청자에게 뭔가를 의미하기 위해 만들어진 시각적 본뜸icons이다.

§.6-5 신호 보내는 과정

사람들은 신호를 어떻게 선택하고 해석하는 것일까? (왜곡된) 표준그림에 따르면, 화자는 의사소통 의도와 더불어 시작하고, 이 의도들을 언어 상징, 즉 낱말과 구성물(≒낱말로 이어진 발화 또는 문장)로 부호화한다. 차례로 청자는 이들 상징을 해독하고 그 의도를 추론한다. 이 과정은 복잡하다. 왜냐하면 낱말과 구성물이 복합적이며, 따라서 추론이 요구되는 것이기 때문이다(제5장). 여전히 표준그림에서는, 신호를 선택하고 해석하는 일은 1차적으로 상징들, 즉 그 선택과 해석을 다룬다. 가리키기index는 대체로 명시되지 않은 부차적 역할을 맡고, 시각적 본뜸icon은 전혀 역할을 떠맡지 않는다.

표준그림은 근본적으로 미완성이다. 대화에서 대부분의 발화는 '상징유형으로 서술하기·가리키기·예시해 주기'의 세 가지 방법의 복합물이며, 하나 또는 둘로 이뤄진 것이 아니다. 게다가 더 중요한 것은, 세 가지 방식이 근본적으로 상이한 과정들에 달려 있으며, 이 과정들은 응당 통합되어야 한다는 점이다. 언어사용에 대한 현실적 그림을 얻기 위하여, 우리는 반드시 세 가지 과정과 그 통합 내용의 성격을 밝혀내어야 한다.

6-5-1 세 가지 과정

사람들이 '상징유형으로 서술해 주기·가리켜 주기·예시해 주기'에서 고용하는 과정들은 그 방식의 모든 단계마다 차이가 난다. 상징·가리킴·시각적 본뜸이 상이한 방식으로 그것들의 대상들과 연합되어 있음을 상기하기 바란다. 이들은 각각 규칙에 의해서, 신체적 연결 수단에 의해서, 지각적 유사성에 의해서 연합되어 있다. 이야기할 때에, 사람들은 이들 연합을 수립하는 데 상호조율해야 하며, 그들이 수립해 놓아야 하는 연결과 더불어 그 과정들을 변경시킬 필요가 있다. 다음에 주요한 대조점들이 제시되어 있다.

방법	만들어진 기호	기억 자원	기본 과정
상징유형으로 서술하기	상징(symbols)	머릿속 어휘부 및 문법 규칙	규칙들을 활성화함
가리켜 주기	가리킴(indices)	공간적·시간적 환경의 표상	(현장에서) 개체들을 자리 정해 줌
예시해 주기	시각적 본뜸(icons)	겉모습에 대한 기억	(개체의) 겉모습을 그려줌

상징유형으로 서술해 주기describing as에서, 화자와 청자는 각각의 상징에 대하여 동일한 규칙을 활성화하는 데에 상호조율하게 된다(제3장). 조어쥐가 헬렌에게 말하는 데에 hold(붙잡다/지연/손잡이 등)라는 말을 이용한다고 상정해 보기로 한다. 그 낱말을 선택하기 위하여, 그는 자신이 알고 있는 모든 상징들의 관례적 의미들에 대한 광대한 정보 기억 창고인 자신의 '머릿속 어휘부'를 참고해야 하고, 자신이 나타내고자 하는 대상의 유형에 해당하는 그 낱말 모양새 /hold/의 표상을 활성화해야 한다. 차례로 헬렌도 그녀 자신의 머릿속 어휘부를 찾아보아야 하며, 역방향으로 작업하면서 /hold/라는 낱말 모양새에 의해서 관례적으로 가리켜진 대상의 유형에 대한 표상을 활성화해 주어야 한다. 이것에서 간단한 것은 아무것도 없다. hold란 소리 형태가 명사(파악/손잡이/지연…)로서 그리고 동사(붙잡다/거행하다/억제하다/신봉하다…)로서 많은 관례적 의미를 갖고 있으므로, 따라서 조어쥐와 헬렌이 공통적으로 하나의 의미를 활성화하기 위하여 미세한 상호조율을 거치게 된다.

(신체적 수단으로써) 가리켜 주기indicating에서는 대신 화자와 청자가 자신들이 있는 직접적인 환경에서 개체/대상들의 위치를 지정해 주는 데에 상호조율하게 된다. 조어쥐가 개 한 마리를 손가락으로 가리키는 경우에, 그는 반드시 자신의 몸짓 시늉이 헬렌으로 하여금 개라는 자격을 지닌 그 개의 위치를 결정하고 주목할 수 있도록 이끌어 갈 것임을 확신할 수 있어야 한다. 그리고 조어쥐의 몸짓 시늉을 해석하는 데에서 헬렌은 반드시 바로 그런 일을 실행해야 한다. 공간적 그리고 시간적 장소들상으로 상호조율하는 일은, 관례적 상징들을 놓고서 상호조율하는 일만큼 아주 섬세한 과정이지만, 근본적으로 상이한 모습으로 이뤄진다.

예시해 주기demonstrating에서 화자와 청자는 다시 서로 다른 어떤 것을 놓고서 상호조율하는데, 즉 대상들이 나타나는 방식들을 상상하는imagining 일이다. 나타남appearance 출현이란 말로써, 저자는 어떤 것이 눈으로 보이거나 소리로 들리거나 감각으로 느껴지거나 맛이나 냄새로 느껴지는 방식을 의미한다. 상상함imagining이란 말로써, 저자는 그런 나타남(출현)들에 대한 '정신적 표상'을 만들어 내는 것을 의미한다. 조어쥐가 자신이 "this long이만한 크기의" 고기를 낚았다고 몸짓 시늉을 하는 경우에, 그는 반드시 그의 몸짓 시늉이 그 고기의 길이를 그림처럼 그려 주고, 헬렌이 그 고기의 길이를 상상하는 데에 그 정보를 지각할 수 있을 것임을 확신해야 한다.

따라서 '상징유형으로 서술해 주기·가리켜 주기·예시해 주기'는 화자와 청자에게서 모두 아주 상이한 인지자원cognitive resources들에 의존하는 것이다. 서술해 주기는 머릿속 어휘부라는 관례적 상징들에 대한 광대한 기억 창고 및 그것들의 결합을 위한 문법 규칙들에 의존한다. 가리켜 주기는 주위 환경의 공간 및 시간에 대한 표상에 의존한다. 그리고 예시해 주기는 지각적인 겉모습에 대한 지식에 달려 있다.

6-5-2 복합신호

우리가 살펴보았듯이 대부분의 신호는 세 가지 방식으로부터 함께 엮이고 짜인 복합물이다. 조어쥐가 헬렌을 보고서 "Hello안녕"라고 말한다. 그는 자신의 행위를 인사로 서술하기describe 위하여 hello의 관례적 의미를 이용하고 있다. 그는 스스로가 화자이며 헬렌이 청자임을 가리키기indicate 위하여 자신의 목소리와 눈으로 마주 봄을 이용하고, 인사하는 시간으로 지금now을 이용한다. 반가움을 예시해 주기demonstrate 위하여 그는 자신의 웃음·커다랗게 뜬 눈·큰 목소리를 이용한다. 차례로 헬렌은 이들 방법들 각각을 해석할 뿐만 아니라, 또한 이 방법들을 통합하여 조어쥐가 대략

I, George, now greet you, Helen, enthusiastically.
나 조어쥐는 지금 너 헬렌에게 반갑게 인사를 한다.

를 의미하는 것으로 이해하게 된다. 핵심 요체는 다음과 같다. "Hello"가 별개의 해석을 지닌 병렬적 신호parallel signals로 취급되기보다는, 오히려 통합된 해석을 지닌 단일한 신호single signal로 간주되는 것이다(Bavelas, 1994를 보기 바람).

그렇지만, 니콜 초뷜(Nicole Chovil, 1991/2 : 180)에 기록된 자발적 사례에 의해서 예시되듯이, 신호의 구성은 보통 더 복잡하다. 제인이 켄에게 자신의 아들이 끊임없이 질문을 하며, 때로 그런 것들이 어떻게 자신을 짜증나게 하는지 말해 주고 있다.

Jane : Sometimes I find them amusing, other times I find them *exasperating*.
제 인 : 때로는 그 질문들이 흥미롭지만, 다른 때에는 아주 <u>짜증난다</u>는 걸 알았어요.

제인은 아주 짜증이 난다고 말하는 동안에, "눈썹을 치올리면서 눈을 크게 뜨고는 눈동자를 굴렸다." 여기서 제인은 기본적 상징인 낱말 및 형태소를 이용하여 복합상징인 문장을 만들었는데, 그 의미는 부분들의 의미를 합성하여 나온다. 그녀는 또한 'I나', 'them그것들'으로 그리고 다른 요소들로써 누구와 무엇을 언급하는지 수립하기 위하여 가리킴indeces을 만들어 내었다. 이미 이는 통합의 논제를 던져 준다. 자기 아들의 질문들에 대한 제인의 가리킴은, 다른 표현들이 아니라 them그것들에 동반되어 나온다. 이를 제인이 켄과 상호조율해야 하는 것이다.

동일한 내용이 그녀의 예시해 주기에서도 잘 들어맞는다. 제인이 눈썹을 치올리고 눈을 크게 뜨고서는 눈동자를 굴릴 때에, 아주 피곤한 목소리로 말했을 듯한데, 그녀는 특히 짜증이 나는 사람을 예시해 주고 있었다. 그녀의 예시해 주기는 자신이 exasperating짜증 받치는이란 낱말로 의미한 바를 놓고서 가다듬어 제시되었다. amusing흥미로운, find깨닫다, other times다른 때란 말에 의해서 의미된 바와는 무관하였다. 그녀는 부분적으로 예시하기의 적기 시행timing으로 이를 가리켜 주었다. 켄은 마치 각각의 가리킴에 대한 해석을 올바른 표현과 통합해 놓아야 하듯이, 그녀가 exasperating짜증 받치는의 관례적 의미와 더불어 몸짓 시늉으로 의미한 바를 통합해 놓아야 했는데, 대략 "what is a person to do! 어떻게 감당해야 할지 모를 사람이로군!"이다.

많은 예시하기가 어휘적 관련물lexical affiliate을 갖고 있지 않다. 일부는 전체 절을 놓고서 가다듬어진다(MacNeill, 1992). 일부는 데이먼이

> I got out of the car, and I just [demonstration of turning around and bumping his head on an invisible telephone pole]
> 내가 차 밖으로 나왔는데 내가 막 [몸을 돌리면서 알아차리지 못한 전봇대에 머리를 부딪히는 예시]

라고 말하는 경우처럼, 절의 하위 구성부문이 된다. 일부는 배블러스가 스포츠 용품 가게에서 점원에게 콧등을 찡그렸던 경우처럼 홀로 수행되기도 한다. 청자와 화자가 '서술해 주기·가리켜 주기·예시해 주기'를 어떻게 통합하는지 구체화해 주기는 쉽지 않을 것이다.

6-5-3 복합신호composite의 선택

마지막 논제는 올바른 복합신호를 선택하는 방법이다. 예를 들어 복합신호로 제인은 'exasperating짜증 받치는이란 서술+짜증나는 사람에 대한 예시'를 선택하였다. 그녀는 단

독으로 하나의 서술만("really exasperating정말로 짜증나는") 선택하였거나, 단독으로 예시해 주기만("other times I find them [demonstration of an exasperated person]다른 경우는 그것들이 [짜증나는 사람에 대한 예시 몸짓]") 선택하였을 수도 있다. 그리고 케잇은 자신의 이야기를 해 주면서 다음처럼 예시해 주기의 하나인 직접인용을 선택하였다.

> I went out of my mind and I just screamed and I said "Take that out! That's not for me!"
> 난 정신이 나간 채 비명을 질러대면서 "저것 갖고 나가! 저건 내 것이 아니야!"라고 말했죠.

케잇은 '서술해 주기 + 가리켜 주기'의 하나로서 다음처럼 간접인용을 선택할 수 있었다.

> I went out of my mind and I just screamed and I said that they should take it out, that that was not for me.
> 나는 정신이 나가서 막 소리를 지르면서 그들이 그걸 갖고 나가야 하고 그게 내 것이 아니라고 말했어요.

화자들이 자신의 선택을 만드는 방식은 자신들이 실행하고 있는 바에 대하여 그리고 그 이유에 대하여 더 광범위한 선택의 일부가 된다.[40] 여기서 저자는 단지 그것들의 결정에 대한 세 가지 차원만 지적할 것이다. 목적purpose · 이용 가능성availability · 노력effort이다.

복합신호의 선택은 언제나 사람들의 목적에 달려 있다. 일부 선택은 의무적이다. 만일 조어쥐가 그 자신·그의 집·그의 아들이 자전거에서 떨어진 일을 개별적으로 가리키려고 한다면, 홀로 서술하기만으로 이를 실행할 수 없다. 반드시 그는 가리켜 주기를 요구하는 지시내용reference에 닻을 내려anchor 놓아야 한다. 다른 선택은 수의적이다. 케잇의 이야기는 직접인용("Take that out! That's not for me!갖고 나가! 내 것이 아냐!")을 갖고 있어서, 간접인용("that they should take it out, that that was not for me그들이 그걸 갖고 나가야 하며 그게 내 것이 아니었다라고")으로 표현되었을 때보다 좀더 생생하였다(Clark and Gerrig, 1990; Tannen, 1989). 상징유형으로 서술해 주기·가리켜 주기·예시해 주기가 상이한 목적에 기여하는 한, 복합신호에 대한 화자의 선택은 반드시 그런 목적들과 합치되어야 한다.

그럼에도 불구하고 복합신호에 대한 사람들의 선택은 방법의 이용 가능성에 의해 제

---

[40] 〈원저자 15〉 화자들이 복합신호의 유형을 선택하는 한 가지 영역이 되는 '직접인용 : 간접인용 : 소위 자유 간접인용'에 대해서는 클락·게뤼그(Clark and Gerrig, 1990), 코운(Cohn, 1978), 머콜리(Macaulay, 1987), 스떤버그(Sternberg, 1982), 테이는(Tannen, 1989)을 참고하기 바란다.

약되어 있다. 조어쥐와 헬렌이 서로 마주보는 경우에, 그는 대상을 손가락으로 가리키며 손모양새와 얼굴 표정으로 시각적으로 본뜬 몸짓 시늉을 만들 수 있다. 그러나 그들이 전화상으로 통화하는 경우에는 그가 그런 시늉을 만들 수 없다. 만일 조어쥐가 파리 정육점에서 파리 식으로 익히고 갈아 으깬 고기paté를 사려고 하지만, 자신의 불어가 서툴다면, 그는 가리켜 주기 및 예시해 주기에 호소해야 한다. 글말은 특히 제약적이다. 인쇄물은 목소리 음높이pitch나 누구 목소리인지에 대한 정체감, 손짓이나 얼굴 표정 시늉, 손으로 가리키기를 나타낼 수 없다. 인쇄물은 오직 억양·목소리 색깔·적기 시행·목소리 예시를 나타내는 소략한 방식(=의성어나 의태어를 이용하는 일 : 뒤친이)만을 갖고 있다.[41] 작가들은 서술하기와 몇 가지 유형의 가리켜 주기에 의존하도록 강요받는다.

마지막 요소는 노력이다. 가로돛의 양끝을 팽팽하게 당기는 밧줄인 두 줄로 된 보라인bowline 매듭을 묶는 방법이나 여러분이 낚은 물고기가 얼마나 큰지를 서술해 주는 일보다, 예시해 주는 일이 훨씬 더 쉬울 것이다. 다른 한편으로, 양질의 프랑스 버건디burgundy 산 홍색 포도주의 맛은 서술해 주는 일보다, 가리켜 주는 것이 훨씬 더 쉬울 것이며, 그 맛을 예시해 주기란 거의 불가능할 듯하다. 노력은 이용 가능성과 관련된다. 조어쥐가 불어를 더 유창히 하면 할수록, 가리켜 주거나 예시해 주기보다는 오히려 서술해 주면서, 자기가 사려는 익히고 갈아 으깬 고기paté를 더욱 더 쉽게 고를 수 있다. 노력에 대한 측정 척도는 무엇일까? 당분간은 분명한 해답이 없다.

신호 구성에 대한 적정한 이론은 적어도 두 가지 도전적인 문제와 마주하게 된다. 첫 번째 문제는 화자들이 '서술하기·가리켜 주기·예시해 주기' 세 가지가 서로 엮이고 짜이는 방법을 분명히 해 주기 위해서 어떻게 설계하는지를 말해 놓아야 한다. 두 번째 문제는 화자의 신호 복합물에 대한 선택을 설명해 주는 것으로서, 무엇이 현재 목적을 위하여 '서술하기·가리켜 주기·예시해 주기'에 대한 가장 효과적으로 이용 가능한 혼합물인

---

[41] 〈원저자 16〉 인쇄물에 나타난 목소리 예시하기의 두 가지 사례는 다음과 같다. 제임스 써버(James Thurber, 1894~1961)의 "The Secret Life of Walter Mitty(월터 미티의 비밀 인생)"에서 "The pounding of the cylinders increased : ta-pocketa-pocketa-pocketa-pocketa-pocketa(엔진 실린더의 박동 소리가 점점 커졌다. 탕-부릉-부르릉-부르릉-부르릉)", 동일한 작가의 "The night the Bed Fell(그날 밤 그 침대가 무너져 버렸다)"에서 "The room reeked of camphor. 'Ugf, ahfg,' choked Briggs, like a drowning man(그 방은 강한 나프탈린[장뇌] 냄새로 가득 차 있었다. 브뤼그스는 물에 빠진 사람처럼 '켁, 켁'대며 목이 막혀갔다)". 클락·게뤼그(Clark and Gerrig, 1990)를 보기 바란다.

〈역자주〉 의성어나 의태어로 된 표현인데, 이들은 비유의 방법 중에서 환유(또는 환유의 하위범주인 제유)에 해당한다. 어떤 대상의 모양새나 느낌에서 가장 두드러진 것을 뽑아 대표로 삼는 것이다. 언어 표현 방식이 이름 붙이기(명명)와 비유하기로 나뉠 때에, 영어에서는 앞의 방식에 쏠려 있는 듯하다. 반면에 우리나라 말에서는 후자 쪽의 사례들이 매우 흔하다. 의성어나 의태어가 우리에게 어떤 즉각적인 느낌을 불러일으킬 것으로 생각하겠지만, 이는 철저히 착각에 지나지 않는다. 우리나라 방언들이 서로 다른 의성어와 의태어를 채택하는 경우가 많은데, 모어 방언이 아니라면, 제대로 그런 느낌을 상기하기란 힘들다.

지에 대한 물음이다.

§.6-6 결론

신호 보내기는 흔히 동질의 과정으로 간주된다. 화자들은 자신이 상징으로 의미하는 바를 표현한다. 이는 화자가 자신의 청자가 해석하도록 의도하는 것이다. 이런 견해에서는 신호 보내기가 대체로 또는 전적으로 상징의 이용이 된다. (그렇지만 이런 기대와는 달리) 실제에 있어서는 신호 보내기가 세 가지 방법의 혼합이다. 즉, 상징유형으로 서술해 주기·가리켜 주기·예시해 주기이다. 상징유형으로 서술해 주기는 상징을 이용하는 유일한 방법이며, 결코 홀로 작동하는 법이 없다. 대화에서 (신체적 수단으로써) 가리켜 주기가 또한 언제나 요구된다. 세 가지 방법 중에서 예시해 주기가 가장 무시되어 왔지만, 그럼에도 불구하고 억양에 대한 인용으로부터 시작하여 시각적으로 본뜬 몸짓 시늉들에 이르기까지 모든 것에 필수적이다. 게다가 더 중요한 것은 이들 방법이 서로 다른 과정에 의존한다는 점이다. 상징유형으로 서술해 주기는 기억에 있는 규칙들을 활성화해 줌으로써 작동한다. 가리켜 주기는 공간 및 시간 환경에서 개체/대상들을 놓고서 위치를 지정해 줌으로써 작동한다. 예시해 주기는 겉모습을 상상케 함으로써 작동된다. 신호 보내는 일은 세 가지 방법 모두에 대한 해명이 없이는 결코 이해될 수 없다.

신호 보내기는 또한 흔히 단독의 언어적 과정, 즉 영어와 같은 자연언어로부터 나온 낱말과 구절들의 이용으로 간주된다. (그렇지만 이런 기대와는 달리) 실제에 있어서는, 신호 보내기가 언어적 특징과 비언어적 특징을 둘 모두 갖고 있다. 사실상 신호 보내기는 다음에 요약되어 있듯이 이용된 방법과 도구에 의해서 성격이 더 잘 규명된다.

신호 보내는 방법

신체 도구	상징유형으로 서술해주기	가리켜 주기	예시해 주기
목소리	낱말, 문장, 목소리 문장(紋章 emblems) 표상	"I," "here," "now"를 말하여 목소리로 위치 정해 놓기	억양, 음색, 상징어 (의성어와 의태어)
손, 팔	문장(紋章) 표상, 신체접촉	손으로 가리키기, 박자	시각적으로 본뜬 손짓 시늉
얼굴	얼굴 표상	얼굴을 바로 보기	얼굴 표정, 웃음
눈	윙크, 눈동자 돌리기	눈 마주침, 눈길 줌(응시)	눈을 크게 뜸
온몸	신체접촉	온몸을 가리킴	시각적으로 본뜬 몸짓 시늉

'언어적' 방법은 오직 이 분류에 대한 상위 왼쪽 구석만을 포함한다.

여기서 부각되는 신호 보내기에 대한 시각은, '언어'에 대한 전통적인 개념에 문제를 제기하며 도전한다. 영어·우루드어·젤탈어와 같은 '하나의 자연언어'를 발화 공동체 속에서 관례적인 신호들의 체계로 말하는 것은 괜찮다. 이는 루이스(Lewis, 1969)에서 관례적 신호 보내기 체계a conventional signaling system라고 부른 것이다(제13장). 전통적으로 신호 보내기에 대한 '언어적' 방법으로 불린 바를 충족시켜 주는 것이 바로 이런 체계이다. 그러나 이들 언어적 방법은 오직 비언어적 방법들과의 결합으로만 작동한다. 심지어 억양의 측면·목소리 색깔(음색)·화자가 목소리를 내는 위치·여기·지금 등과 같은 '언어적' 신호의 많은 부분들은 '구체적인 한 가지 언어'의 순수한properly 부분이 되지 못한다. 만일 그렇다면, [추상적인] '언어'가 반드시 '구체적인 한 가지 언어'보다 더 광범위한 것으로 취급되어야 한다(≒사실과 어긋나는 결론임). 적어도 '언어사용'의 개념에서, 목소리·손·팔·얼굴·눈·온몸 등 이용된 신체적 도구에 상관없이, 언어는 반드시 한 사람이 다른 사람을 위하여 뭔가를 의미하는 '서술해 주기·가리켜 주기·예시해 주기' 등 모든 방법을 포함해 놓아야 하는 것이다. 어떤 것이든 가정을 모자라게 덜 세우는 일은(이런 부족한 가정과는 달리, 비언어적인 것도 언어에 긴밀히 묶여 있으므로 반드시 함께 가정 속에 포함시켜야 한다는 뜻임 : 뒤친이), 언어사용이 무엇인지에 대한 논점을 회피하는 셈이다(≒새로운 문제를 낳게 된다).

제 4 부

지속적 행위의 수준들

언어사용 밑바닥에 깔린 원리

Using Language

제7장 협동과제

신호 보내기는 오직 사람들이 참여하는 협동작업 활동을 진전시켜 나가는 데에 이용되기 때문에 흥미롭다. 어느 유망한 학생을 영국대학 구성원이 면담하는 사례로부터 가져온 다음 대화 주고받기를 살펴보기로 한다(3.1.174).

Arthur	: u:h what modern poets have you been reading –
Beth	: well I'm, I like Robert Graves very much –
아 써	: 어: 어떤 현대 시인들을 읽어 보았습니까 –
베 쓰	: 글쎄 저는 . 전 로벗 그뢰이브스를 아주 많이 좋아합니다만 –

아써가 "u:h what modern poets have you been reading[어: 어떤 현대 시인들을 읽어 보았습니까]"라고 말하는 경우에, 그는 베쓰가 단지 자신이 의미하는 바를 축자적으로 이해하기만 바라는 것이 아니다.[1] 즉, 그는 베쓰가 어떤 현대 시인들의 시를 읽어 보았는지를 포괄적으로 알고 싶어 하는 것이다. 그는 그녀가 자신의 질문을 받아들이고[take up] 그 질문에 대답하며 그녀가 어떤 현대 시인들의 시를 읽어 봤는지 전부 말해 주기를 원한다. 비록 이해하였다고 하더라도 그녀는 그 요구를 거절할 수 있다. 뭔가를 의미하기 위하여, [화자인] 여러분이 반드시 상대방이 받아들임을 성취해야 하는 것은 아니다. 또한 뭔가를 이해하기 위하여 [청자인] 여러분이 반드시 그것을 받아들여야 하는 것도 아니다. 그럼에도, 면담을

---

[1] 이것이 '면접시험'이라고 명시되지 않았지만, 면접시험에서 흔히 지적되는 문화적 차이점 중에 하나이다. 흔히 아시아 계통의 이민자 1세는 면접시험에서 질문관의 문제를 오직 축자적으로만 해석할 뿐이라고 알려져 있다. 검퍼즈(Gumperz, 2001), "Interactional Sociolinguistics", Schiffrin 외 엮음, 『담화분석 소백과(*The Handbook of Discourse Analysis*)』(Blackwell)를 보기 바란다. 영국의 문화에서는 면접시험에서 질문관이 한 마디만 툭 던지면, 그것과 관련하여 피면접자는 자신이 갖고 있는 모든 지식을 동원하여 일관성 있게 말해 주어야 한다. 즉, 축자적으로 질문 형식을 띠지만, 그 밑바닥의 의도는 현대 시인들에 대하여 자세히 말해 보도록 제안(request for elaboration)하고 있는 것이다. 여기서도 아써는 베쓰가 지금까지 읽어 본 현대 시인들의 시를 모두 말해 주기를 기대하고 있는 것이다. 즉, 표면에 있는 축자 의미가 아니라, 심층에 있는 의도를 읽어야 하는 것이다. '현대 시인'은 그들이 쓴 '시집'들을 가리키며, 환유법의 한 가지이다.

진행하는 이 시점에서, 만일 베쓰와 아써가 공식적으로 피면담자가 실행하도록(≒베쓰가 대답하도록) 제시한 바를 달성할 예정이라면, 반드시 베쓰의 받아들임이 필요하다.

아써와 베쓰의 주고받기는 협동과제를 실행하는 데 이용된다. 그 협동과제는 베쓰와 아써가 실행하게 될 협동과제를 투영하고 있는projecting 아써와 함께 시작된다. 즉 베쓰가 아써에게 어떤 현대 시인들의 시를 읽어 보았는지 모두 말해 주어야 하는 것이다. 이 협동과제는 그 과제에 동의하는 베쓰와 함께 계속 진행되며, 비록 약간 변경되더라도 이는 베쓰의 답변과 함께 완결이 이뤄진다. 협동과제는 참여자들 중 한 사람에 의해서 투영되고projected, 다른 참여자들에 의해 받아들여진 협동행위이다. 제5장에서 다룬 의사소통 행위를 위한 협동행위 진전 사다리의 제3수준과 제4수준을 상기하기 바란다.

수준	화자 A의 행위	청자 B의 행위
4	A가 B에게 협동과제 *w*를 제안하고 있다	B가 *w*에 대한 A의 제안을 받아들여 고려하고 있다
3	A가 B에게 '*p*가 사실임'을 신호 보내고 있다	B가 A로부터의 신호 '*p*가 사실임'을 인식하고 있다

아써와 베쓰는 수준 3에 있는 그들의 신호에 대한 의미 및 이해를 넘어서서, 수준 4에 있는 협동과제의 제안 및 받아들임으로 진행해 나간다. 이것과 함께, 그들은 그들의 공식적 업무인 면담을 한 단계씩 진전시키는 것이다.

그렇지만 받아들임uptake은 이해understanding를 전제한다. 만일 베쓰가 아써의 제의를 받아들일 예정이라면, 그녀는 반드시 그가 의미하는 바를 처리해 주어야 한다. 아써가 실제로 "modern poets현대 시인들"와 "reading읽기"에 의해서 무엇을 의도하는 것일까? 얼마나 많은 시인의 이름으로 아써가 만족하게 될 것인가? 그가 시인 이름보다 더 많은 내용을 원하는 것일까? 비록 베쓰가 아써의 발화에 대한 어떤 해석에 도달하더라도, 그 해석이 아써가 의도한 것일까? 즉, 그 해석을 아써가 받아들일 것인가? 저자는 이를 협동 의미파악 문제joint construal problem로 부를 것이다.[2] 베쓰가 아써에게

> well I'm. I like Robert Graves very much –
> 글쎄 저는. 전 로벗 그뢰이브스를 아주 많이 좋아합니다만 –

라는 대답으로 자신의 해석에 대한 증거를 제시함에 주목하기 바란다. 만일 그녀의 해

---

[2] 여기서 construe(의미를 파악하다)와 interpret(해석하다)이 쓰인다. 앞의 낱말은 청자가 추론을 통해서 얻어내는 측면이 강하다. 즉, construal은 의미를 추론하여 파악하는 일이다. 여기서는 의미파악으로 번역해 둔다.

석이 받아들일 수 없는 것이라면, 아써는 그 대답을 고쳐 놓았을 것이지만, 그는 고치지 않았다. 두 사람이 어떤 신호에 대한 협동 의미파악을 처리해 내는 방식(수준 3에 해당함)과 그들이 협동과제를 제안하고 받아들이는 방식(수준 4에 해당함) 사이에는 단단한 연관이 있다. 일단 우리가 이 점을 깨달으면, 두 가지 놀라운 결론으로 안내된다. 첫째, 임의의 발화, 즉 어떤 신호에 대한 협동 의미파악은, 그들이 기여하는 협동과제들에 달려 있는 상호작용적이며 연속적인 과정으로 수립되며, 그 역도 또한 성립한다. 그리고 둘째, 아써의 말과 베쓰의 말처럼 주고받기는 협동행위인데, 이로부터 담화에서 더 큰 협동행위가 부각되어 나온다. 제7장의 목표는 이런 결론을 확증하려는 것이다.

§.7-1 공식화하여 보여 줌 public displays

임의 신호에 대한 협동 의미파악에 도달하는 일은 쉽지 않다. 아써가

u:h what modern poets have you been reading.

어: 어떤 현대 시인들을 읽어 보았습니까.

라고 말하는 경우에, 베쓰는 반드시 아써에게 수용될 수 있도록 의미파악을 처리해 내어야 한다. 즉, 그들이 협동 의미파악으로 여길 수 있는 해석이다. 그들이 어떻게 그 일을 실행하는 것일까? 정보의 한 가지 자원은 아써의 발화 형식이며, 다른 자원은 현재 상황에 대한 그들 상호간의 믿음이다. 그러나 비록 대부분의 설명에서 무시되지만, 또다른 제3의 정보자원은 베쓰 자신의 의미파악 제시 및 그 제시에 대한 아써의 평가이다. 이것이 어떻게 작동하는지를 살펴보기 위하여, 의미파악들을 놓고서 공식화하여 보여주는 일을 일반적 차원에서 살펴나가기로 한다.

7-1-1 사건과 반응

사람들은 자기 주위에 있는 세계를 이해하려고 노력한다. 여러 가지 일이 일어나는 것을 바라보는 경우에, 사람들은 그것들을 해석하되, 다른 것이 아닌 하나의 일로 파악하려고 노력한다. 많은 것들이 의미를 파악하기가 쉽다. 내가 물고기를 보고, 나는 그것을 물고기 또는 송어로 파악하거나, 아니면 회색 곰을 위한 먹거리로 파악한다. 하지만 사

회적 사건들이 그렇게 언제나 쉬운 것은 아니다.[3] 저자 쪽을 향해 걸어오고 있는 낯선 사람을 저자가 바라본다. 그가 저자에게 다가오는 일이 우연한 것일까, 아니면 고의적인 것일까? 그가 저자에게 길 방향을 물어보고 싶은 것일까, 호주머니를 털고 싶은 강도일까, 아니면 뭘까? 저자의 파악 내용은 다음에 저자가 할 바를 결정해 놓을 것이다.

흔히 의미파악 내용을 신호해 주는 것, 즉 공식화하여 보여 주는 일은 유용하다. 잭과 케잇이 테니스 경기를 바라보고 있다고 상정하기로 한다. 어느 한 선수가 두 번의 서브 과실을[4] 저지르는 경우에, 잭이 "Uh oh!어 아이쿠!"라고 탄식하였다. 이 신호와 함께, 그는 케잇한테 자신이 막 바라본 바를 놓고서 선택적 측면에 대한 해석을 공식화하여 보여주고 있다. 즉, 두 번의 서브 실책은 그가 좋아하는 일이 아니다. 그는 시합 과정에서 그녀와의 유대감을 보여 주기 위하여 케잇에게 자신의 의미파악에 대하여 신호해 준다. 케잇은 [서로 동일한 선수를 응원하기 때문에] 두 번의 서브 실책에 대한 그의 실망을 짐작하였을 듯하지만, 그의 신호는 그녀에게 공식화하여 보여 준 증거를 신호해 준다. 또는 케잇이 어떤 경기를 이겼고, 잭이 그녀의 성취를 자랑스러워한다고 상정해 보기로 한다. 그의 의미파악을 공식화하기 위해서, 그는 그것을 보여 줄 필요가 있으며, 그녀에게 "Congratulations!축하합니다!"라고 축하를 해 줌으로써 이를 실행할 수 있다. 또는 잭이 케잇의 발등을 밟았으며, 이 사건을 그가 유감스럽게 여긴다고 상정해 보기로 한다. 잭은 그녀가 자신이 그 일을 그런 방식으로 의미파악한다(≒유감스러워함)고 생각하는지에 대해 확신하지 못하므로, 그는 자신의 의미파악을 공식화해 줄 필요가 있으며, 이를 "Sorry!"라고 사과를 함으로써 실행할 수 있다. 다음 사례에서 있듯이, 사람들은 많은 유형의 공식 사건에 대하여 의미파악을 공식화하여 보여 준다.

유발 사건	그 사건에 대한 B의 반응
A와 B가 테니스 선수의 두 차례 서브 실책을 본다	"Uh oh(아, 아이코!)" 또는 B가 눈살을 찌푸린다
A와 B가 아름다운 석양을 바라본다	What a beautiful sunset!(대단한 석양이네!)

[3] 예부터 인과율 또는 확률로 드러나는 결정론이 지배하는 자연세계를 제1 세계라고 불렀고, 자유의지 또는 개별적 의도가 개입되어 사건이 일어나는 인간사회의 세계를 제2 세계라고 구별하여 불렀다(특히, 포터·에클즈(Popper and Eccles, 1977), 『자아와 그 두뇌(*The self and its Brain*)』(Springer)에서는 제1 세계·제2 세계·제3 세계로 구분하였으며 에들먼(Edelman, 2006), 『(정신이 창조해 낸) 이차적 자연(*Second Nature*)』(Yale University Press; 김창대 뒤침, 2009, 『세컨드 네이처』 이음)도 참고하기 바람). 후자의 영역에서, 문제는 둘 이상의 사람이 같은 사건에 관련되는 경우에는 더 이상 자의적이거나 불가예측이 아니라는 점이다. 한 개인은 무한하게 자유로울 수 있겠으나, 둘 이상의 사회관계 속에서는 서로 간에 조율을 해 주려고 함으로써 많은 부분이 제약되어 나가는 것이다. 제3장에서 이미 쉘링 게임과 상호조율 기제 등을 다룬 바 있는데, 이런 상호조율에 관련된 제약들을 인문학과 사회학에서 다루게 된다.

[4] double fault(두 번의 과실/실책)는 테니스에서 서브 주는 일을 두 번 연속하여 실패하는 것을 말한다.

B는 A가 새로운 귀걸이를 차고 있음을 본다	What a beautiful earrings!(멋진 귀걸이네!)
A는 B가 마시도록 커피 잔을 내밀고 있다	B가 커피 잔을 받으면서 "Thank you(고마워!)"
A는 B를 위해 피아노를 연주한다	B가 박수를 친다
A는 B를 위해 돈을 내밀고 있다	B가 돈을 받는다

어떤 사건에 대하여 태도를 보여주는 일은 분명히 중요하므로, 그 목적, 즉 감정 표출을 위하여 언어가 특별한 유형의 '언표 속에 깃든 행위'를 발전시켜 왔다(제5장을 보기 바람). 다음에 몇 가지 사례들이 있다.

사건의 유형	표출 내용	언표 사례
B가 A에게 감정이 상했다	A가 B에게 사과한다	"Sorry!" 미안합니다!
B가 긍정적인 어떤 걸 성취했다	A가 B에게 축하한다	"Congratulations!" 축하합니다!
B가 A를 위해 호의를 베풀었다	A가 B에게 감사한다	"Thanks!" 감사합니다!
B가 A에게 다가간다	A가 B에게 인사한다	"Hi!" 안녕!

각각의 경우에 유발 사건이 있고, 그 사건에 대한 A의 의미파악이 뒤이어진다. 사과는 어떤 사건이 반칙으로 의미파악되고 있음을 보여 준다. 축하는 긍정적 성취를 위한 것이며, 감사는 호의에 대한 것이고, 인사는 바람직한 만남에 대한 것이다. 표출 내용에 그 언어적 용법을 내주는 것이 정확히 이들 공식화하여 보여 주기displays이다.

좀더 흔히 사람들은 그들이 간여하고 있는 사회적 과정에서 자신이 취한 다음 단계로써 자신의 의미파악 내용을 보여 준다. 케잇이 돌부리에 걸려 넘어지는 경우, 잭은 그녀가 도로 일어서도록 도와준다. 그는 그녀가 넘어지지 않도록 할 뿐만 아니라, 또한 돌부리에 걸려 넘어진 일을 우연이며 원치 않은 것으로 의미파악하였음을 그녀에게 보여 준다. 그리고 케잇이 잭을 위해 돈을 내미는 경우에, 그는 그녀의 행위를 그에게 그 돈을 건네어 주는 일로 의미파악하였음을 보여 주면서 그 돈을 받는다.

어떤 사회적 사건들은 저자가 '사건-반응' 짝event-reaction pairs으로 부르게 될 바로 나오게 된다. 사건-반응 짝은 다섯 가지 주요 속성을 지닌다.

1. '사건-반응' 짝은 두 개의 순서 사건으로 이뤄지는데, 유발 사건과 거기에 대한 반응이다.
2. 두 사건은 서로 다른 기원을 갖는다.
3. 유발 사건은 A와 B에 의해서 서로간에 인식된 임의의 사건이다.
4. 반응은 B에 의한 행위인데 A에 대한 신호이거나 신호를 포함한다.
5. 목표 사건에 대한 B의 의미파악을 보여 주기 위해, 특히 B의 반응은 의도적이다.

사례 : 자동차 사고는 하나의 유발 사건이며, B의 "How awful!저런저런 끔찍한!"은 반응이 된다. 그 유발 사건이 B를 향하여 A에 의해 일어난 행위일 경우에, 우리는 '행위-반응' 짝 action-response pair을 갖게 된다. 가령 A가 B에게 커피를 한 잔 제공해 주고, B가 이를 받아들이는 일이다.

7-1-2 의미파악을 타당하게 하고 올바르게 하기

거의 모든 사건은 서로 차이가 나는 의미파악 내용(=오해의 소지)에 열려 있다. 특히 이는 사회적 행위들에 대하여 참이다. 케잇이 잭 앞에 포도주를 한 잔 갖다 놓는 경우에, 그는 다음과 같이 여러 가지 방식들 중 하나로 그 행위를 의미파악할 수 있을 것이다.

케잇(K)의 행위	K 행위에 대한 잭(J)의 의미파악 내용	잭(J)의 반응
K가 식탁에 포도주를 놓는다	K가 J를 위해 호의를 베풀고 있다	"Thanks!" 고마워요!
	K가 J를 위해 의무를 다하고 있다	"Right." 좋아요.
	K가 J에게 새 양조 기술을 보여 주고 있다	"Nicely done." 잘 되었군요.

잭이 "Thanks고마워"라고 말하는 경우에, 이는 그가 케잇의 행위를 호의로 취급하고 있다는 공식적인 증거이며, 그녀가 그 점을 알아보도록 기대하고 있다. 그의 반응은 그가 그녀의 행위를 호의로 여겼다는 상호간의 믿음에 대한 공유된 토대가 된다.

만일 잭이 케잇의 행위를 의도된 대로 의미파악하지 않는다면 어떻게 될까? 만일 케잇이 잭이 아니라 헬렌을 위하여 그 포도주를 갖고 왔고, 잭이 "Thanks고마워"라고 말한다면, 그녀에게는 두 가지 주요 선택이 있다. 그녀가 그의 의미파악을 잘못된 것으로 간주하여

> Oh, this is for Helen — what would *you* like?
> 아, 이건 헬렌을 위한 건데요 — <u>당신은</u> 뭘 마시고 싶습니까?

라고 말하여 오해를 고쳐 줄 수 있다. 이런 방식으로 그녀는, 잭이 아니라 헬렌에게 호의를 베풀기 위해 자신의 행위(=포도주를 한 잔 가져옴)를 의도하였다는 상호간의 믿음에 대한 공유된 토대를 제공해 준다. 또는 두 번째 선택으로서 케잇은 잭의 의미파악 내용을 바꾸지 않고 그대로 받아들일 수 있다. 그녀는 다음처럼 추론할 수 있다.

> Aha, Jack wanted wine too. I can just as well leave this glass for him and bring another for Helen.
> 아, 잭도 포도주를 원했구나. 난 또한 이 잔을 그에게 건네어 주고, 헬렌을 위해서 다시 한 잔 갖고 올 수 있어.

그렇다면 그녀는 "You're welcome[천만에요, 언제든 환영이에요]"이라고 대답하면서, 그녀의 행위가 사실상 잭에게 호의로서 간주될 수 있었다는 상호간의 믿음을 위한 공유된 토대를 깔아 놓을 수 있다. 잭의 입장에서 본다면, 그것이 케잇이 조금이라도 의도하였던 것 전부가 될 수 있으며(≒잭은 오직 자신을 위해서 케잇이 포도주를 갖고 왔다고 여김 : 뒤친이), 케잇이 또한 그 점을 알고 있다고 여긴다.

케잇의 두 번째 선택은, 고쳐 놓은 의도의 사례, 즉 고쳐 놓은 의미파악 내용[revised construal]이 된다. 저자가 펠로우 앨토우[Palo Alto]로부터[5] 차를 몰고 샌프란시스코에 장 보러 간다고 가정하기로 한다. 그러나 거기까지 가는 중간 지점인 쌘 머태이오우[San Mateo]에서 갑자기 사나운 폭풍이 불어서, 대신 그곳 쌘 머태이오우에서 장보기로 결정을 바꾸었다. 저자가 실행한 모든 것은 마음을 바꾸고, 저자의 의도들을 수정하는 것이다. 쌘 머태이오우에서 저자는 다음처럼 추론하였다.

> 글쎄, 원래 내가 쌘 머태이오우(San Mateo)까지의 여정은 샌프란시스코까지 운전해 가는 처음 절반이 될 것으로 의도하였다. 그러나 쌘 머태이오우까지 여정을 이내 완결된 것으로 간주할 수 있다. 따라서 원래 '장보러 가기 위한 샌프란시스코까지의 절반 여정'으로 파악하였던 것을, 이제 나는 '장보기 위한 쌘 머태이오우(San Mateo)까지의 완전한 여정'으로 파악한다.

사람들은 정규적으로 자신의 마음을 바꾸어서, 그 환경에 알맞게 조정하기 위하여 자신의 의도들을 고쳐 나간다.

대신, 케잇이 잭을 위해서든 아니면 헬렌을 위해서든 포도주를 갖고 왔다고 상정해 보기로 한다. 그녀는 잭이 자신의 행위를 그를 위한 호의로 의미파악하든, 아니면 헬렌을 위한 것으로 파악하든 무관하다. 따라서 잭이 "Thanks[고마워]"라고 말하는 경우에, 그녀는 그의 의미파악을 받아들일 수 있으며, 다음 방식으로 추론한다.

---

[5] 캘리포니아 주 서쪽, 샌프란시스코의 남쪽에 있는 도시로서, 근처에 스텐퍼드 대학이 있다.

비록 내가 잭 아니면 헬렌을 위해서 포도주를 갖고 왔지만, 잭은 내 행위를 오직 자기만을 위한 호의라고 의미파악하였구나. 그것은 나의 의도와 일치하는 것이다. 따라서 비록 그것이 좀더 특정적일지라도(≒잭만을 의도함), 나는 그의 감사 인사를 받아들일 수 있다.

그러고 나서 그녀는 "You're welcome천만에요"이라고 대답할 수 있었다. 그것에 의해서 그녀는 자신의 행위가 홀로 잭에게 호의를 베푸는 것으로서 의도되었다는 상호간의 믿음을 위한 공유된 토대를 깔아 놓을 수 있었을 것이다. 잭의 입장에서 본다면, 그것이 케잇이 조금이라도 의도하였던 전부가 될 수 있으며, 케잇 또한 그 점을 알고 있다고 여긴다. 이를 우리는 좁혀진 의미파악 내용narrowed construal으로 부를 수 있을 듯하다.

마지막 가능성은, 잭과 헬렌 둘 중 어느 누구도 그것(≒케잇의 의도)을 주목하지 못한 채 잭이 케잇(≒케잇의 행위)을 잘못 파악하는 경우이다. 케잇이 잭을 위해서가 아니라 헬렌을 위해서 포도주를 갖고 왔고, 잭은 그 호의가 자신을 위한 것이었다고 착각하면서 "How nice!포도주까지 갖다 주니 정말 멋지네!"라고 말한다. 그렇지만, 케잇은 그가 헬렌을 위한 호의(배려)를 가리키고 있다고 생각하여, 웃으면서 겉으로 드러난 잭의 의미파악을 잘못 받아들인다고 가정하기로 한다(잭도 오해하고 케잇도 오해한 경우임 : 뒤친이). 더 뒤에 그들은 자신의 오류를 깨달을 수도 있고, 안 그럴 수도 있다. 여기서는 탐지되지 않은 곡해된 의미파악undetected misconstrual이 된다. 전체적으로 보아, 케잇의 행위에 대한 잭의 의미파악은 다음에 제시된 다섯 가지 형태 가운데 하나를 취할 수 있을 것이다.

잭의 애초 의미파악 내용	케잇의 중재조정 행위	잭의 최종 의미파악 내용
온전한 의미파악 내용	받아들임	검증된 의미파악 내용
곡해된 의미파악 내용	탐지하여 수정해 놓음	왜곡이 수정된 의미파악 내용
곡해된 의미파악 내용	탐지하지만 그럼에도 받아들임	수정해 놓은 의미파악 내용
좁혀진 의미파악 내용	받아들임	좁혀진 의미파악 내용
곡해된 의미파악 내용	탐지하지 못한 채 받아들임	탐지 안 된 곡해된 의미파악 내용

사회적 과정에서, 어떤 논의가 진행되면 사람들은 흔히 일어나고 있는 바에 대하여 합의할 필요가 있다. 합의에 도달하는 한 가지 방법은, 다른 사람들이 받아들이거나 수정할 수 있도록 일어나고 있는 바에 대한 의미파악 내용을 보여 주는 것이다. 이것은 종종 사람들이 좀더 크고 작은 방식으로 그들의 의도를 수정하는 데로 이끌어 간다. 우리는 응답 발화의 이해와 수용에서도 동일한 내용을 기대하게 된다.

§.7-2 지엽적인 과제

대화에서 발화는 짝으로 나오는 경향이 있다. 다음 간단한 전화통화에서 이 점이 예시된다(8.11.851).[6]

Jane : ⎡ (rings K's telephone)
Kate : ⎣ Miss Pink's office -
⎡ hello
Jane : ⎣ hello,
⎡ is Miss Pink in .
Kate : ⎣ well, she's in, but she's engaged at the moment,
⎡ who is it?
Jane : ⎣ ⎡ oh it's Professor Worth's secretary, from Pan-American College
Kate : ⎣ m,
Jane : ⎡ could you give her a message *for me*
Kate : ⎣ *certainly*
Jane : ⎡ u:m Professor Worth said that, if . Miss Pink runs into difficulties, . on Monday afternoon, . with the standing subcommittee, . over the item on Miss Panoff, ---
Kate : ⎡ Miss Panoff?
Jane : ⎣ yes,
that Professor Worth would be with Mr Miles all afternoon, - so she only had to go round and collect him if she needed him, ---
Kate : ⎣ ah, ---
⎡ thank you very much indeed,
Jane : ⎣ right
Kate : ⎡ Panoff, right *you* are
Jane : ⎣ *right*
Kate : ⎡ I'll tell her, *((2 to 3 syllables))*
Jane : ⎣ *thank you*

---

[6] 이 인용은 §.8-3-4와 제11장 시작부분에서 거듭 이용된다. 괄호 속의 숫자는 처음 두 개 '8.11.'이 런던-룬드 말뭉치에 있는 고유 번호이고, 뒤의 숫자는 어조단위 번호이다.

Kate : [bye bye
Jane : [bye

제인 : [(K에게 전화를 건다)
케잇 : [핑크 씨 사무실입니다 -
[여보세요
제인 : [여보세요,
[핑크 씨 계십니까
케잇 : [근데 그 분은 계시지만 지금 다른 전화를 받고 계십니다,
[실례지만 거기 누구십니까?
제인 : [[아 저는 범미대학 워쓰 교수의 비서입니다
케잇 : [음,
제인 : [그 분에게 메시지를 *저 대신에* 전달해 주실 수 있겠습니까
케잇 : [*그러시죠*
제인 : [으:음 워쓰 교수님이 말씀하셨는데요, 만일 . 월요일 오후에, . 상설 소위원회에서, .
패놉 씨에 관한 항목에 대해서 난관에 부닥친다면, . ---
케잇 : [패놉 씨요?
제인 : [예,
워쓰 교수님이 오후 내내 마일즈 씨와 같이 있을 것 같애서, - 그래서 핑크 씨가
반드시 방문해서 필요하다면 그 분을 불러 들여야 하는데요, ---
케잇 : [아, ---
[아주 감사합니다 정말로,
제인 : [그래요
케잇 : [패놉, 옳아요 *당신은*
제인 : [*옳아요*
케잇 : [제가 그분에게 말씀드리겠습니다, *((두세 음절 청취 불능))*
제인 : [*감사합니다*
케잇 : [안녕히 계십시오
제인 : [안녕히 계세요

꺾쇠 괄호 표시가 시사하듯이, 제인과 케잇은 단지 발언기회만을 취하는 것이 아니다.

오히려, 제인이 뭔가를 말하고, 케잇이 응답한다. 또는 그 역의 관계이다. 이와 같이 짝짓는 일은 일상대화의 특성이다. 대화는 짝 지워진 행위들의 연속체이므로, 그리 많은 개별행위들의 연속체가 아니다.

7-2-1 인접쌍

제인과 케잇의 대화에서 짝 지워진 발화들은 쉬글롭·쌕스(Schegloff and Sacks, 1973)에서 인접쌍adjacency pairs으로 불렀던 것이다. 인접쌍의 원형은 다음 주고받기에서처럼 질문과 대답이다.

Kate : who is it?
Jane : oh it's Professor Worth's secretary, from Pan-American College.
케 잇 : 실례지만 거기 누구십니까?
제 인 : 아 범미대학 워쓰 교수의 비서입니다.

쉬글롭·쌕스에 따르면, 인접쌍은 다음 다섯 가지 본질적 속성을 지닌다.

① 인접쌍은 순서 있는 두 개의 발화로 이뤄진다. 첫 번째 짝 부분과 두 번째 짝 부분이다.
② 두 부분들은 서로 다른 화자에 의해서 발화된다.
③ 두 부분들은 어느 것이 먼저 나오고, 어느 것이 나중에 나오는지를 명시해 주는 유형으로 나온다.
④ 두 번째 부분의 형식과 내용은 첫 번째 부분의 유형에 달려 있다.
⑤ 첫 번째 짝 부분이 주어진다면, 다음 발화로서 두 번째 짝 부분이 조건적으로 관련된다. 다시 말하여, 관련되며 기대된다.

제인의 질문은 첫 번째 짝 부분이며, 케잇의 답변은 두 번째 짝 부분이다. 그리고 제인의 질문이 주어진다면, 케잇의 답변은 조건적으로 다음 발화로 관련된다.

인접쌍은 많은 유형으로 나온다. 제인과 케잇의 간략한 대화는 그런 많은 것들을 예시해 주지만, 또한 다른 유형들도 있다.

인접쌍	사례
1. 전화 호출 2. 전화 받음	Jane : (rings) (전화를 걸다) Kate : Miss Pink's office 예 핑크 씨 사무실입니다.

1. 인사하기 2. 인사받기	Kate : hello 여보세요 Jane : hello 여보세요
1. 질문 2. 대답	Kate : who is it? 실례지만 거기 누구십니까? Jane : oh it's Professor Worth's secretary, from Pan-American College 아 저는 범미대학 워쓰 교수의 비서입니다
1. 단언 2. 수긍	Jane : oh it's Professor Worth's secretary, from Pan-American College Kate : m 음
1. 요구 2. 약속	Jane : could you give her a message *for me* *저 대신에* 메시지를 그 분에게 좀 전해 주실 수 있겠습니까? Kate : *certainly* *예 꼭 그러죠*
1. 약속 2. 수긍	Kate : I'll tell her 제가 그 분께 말씀드리겠습니다 Jane : thank you 고맙습니다
1. 고마움 표현 2. 수긍	Kate : thank you very much indeed 정말 아주 고맙습니다 Jane : right 예
1. 작별 인사 2. 맞작별 인사	Kate : bye bye 안녕히 계십시오 Jane : bye 안녕히 계십시오

왜 인접쌍들이 인접쌍이 실행하는 그런 형식을 취하는 것일까? 저자는 그 대답으로 인접쌍들이 단번에 두 가지 문제를 해결하는 것이기 때문이라고 제안한다. 제5장에서 살펴본 수준들 중, 수준 3에서 화자와 청자는 협동 의미파악 문제에 직면한다. 그들은 그 문제를 두 부분으로 된 주고받기 모습으로 해결한다. 첫 번째 부분은 화자가 신호를 제시하고, 두 번째 부분에서는 청자가 그 신호에 대한 자신의 의미파악을 제시하여 화자로 하여금 받아들이거나 수정하게 한다. 수준 4에서는 화자와 청자가 협동과업을[7] 완결 짓고자 노력하며, 그것이 또한 두 부분으로 된 주고받기를 요구한다. 첫 번째 부분에서 화자는 협동과제를 제안하며, 두 번째 부분에서 청자는 화자의 제안을 받아들인다. 일상적인 경우에, 이들 두 부분으로 된 두 개의 구조들이 동시에 일어나는데, 그 결

---

[7] 원문 joint tasks(협동과업)는 어휘 사슬관계(lexical chain)에 있는 joint project(협동과제)와 동일한 뜻을 지니므로 굳이 구별할 필요가 없겠지만, 저자의 다른 낱말 선택을 반영하여 '협동과업'으로 번역해 둔다. 영어에서 담화를 전개해 나갈 때에는 동일한 실사를 그대로 반복하는 일을 피하고, 대신 비슷한 낱말을 써 놓게 된다. 특히 글말 전개에서는 이런 요구사항이 충실히 이행되어야 하므로, 흔히 '관련어휘 총괄사전'(thesaurus)을 자주 이용하게 된다. 핼러데이 외(Halliday and Hasan, 1976), 『영어에서의 결속기제(*Cohesion in English*)』(Longman)에 따르면, 영어에서 문장과 문장을 잇는 방법으로 '지시표현·어휘 사슬·대용 표현·생략·접속사' 등이 있다. 그중 제일 많이 이용되는 것이 첫 번째와 두 번째 방법이다. 지시표현은 대명사를 이용하여 가리키는 일이다. 어휘 사슬은 비슷한 낱말을 이용할 뿐만 아니라, 관점을 달리하여 동일한 대상을 서술해 주는 일도 포함된다. 호이(Hoey, 1991), 『텍스트 전개에서 어휘의 여러 가지 유형(*Patterns of Lexis in Text*)』(oxford Univ. Press)을 참고하기 바란다. 한문에서도 어휘 사슬 이용이 일반적인 듯하다. 그러나 우리말의 담화 전개에서는 어휘 사슬을 이용하는 일을 썩 즐겨 이용하는 것 같지 않다. 가령, 번역자의 제자가 제출한 학위논문에서 어휘 사슬을 적용하였는데, 비록 모두 어문 전공의 심사자들이었으나 다양한 어휘 변이보다는 오히려 일관된 어휘의 반복 사용을 고수하는 쪽으로 수정을 요구하였다. 일후 연구가 요구된다.

과가 인접쌍이다.

7-2-2 받아들임uptake 수용과 이해

제인이 케잇한테 "Who is it?실례지만 거기 누구십니까?"라고 묻는 경우에, 제인은 케잇으로 하여금 자신에게 그녀가 누구인지를 말해 주도록 애쓰고 있다. 그녀가 협동과제, 즉 정보의 전달을 제안하고 있다. 만일 기꺼이 동의하고 그럴 능력이 있다면, 케잇은 그 제안을 완결 짓고, 제인에게 자신이 누구인지를 말해 줄 것이다. 저자는

> oh it's Professor Worth's secretary, from Pan-American College.
> 아 여기는 범미대학의 워쓰 교수 비서입니다.

라는 케잇의 대답이, 제인의 발화에 대하여 어떤 이행완료 효과도 아니란 점을 강조하려고 한다. 그녀는 제인의 질문 때문에 놀라거나 격분하거나 기뻐하였을 듯하다. 그랬더라면, 오히려 그것은 제인의 언표 속에 깃든 초점에 의해 투영된 이행완료 효과이다. 그렇지만 그것은 제인이 제안한 특정한 협동과제에 대한 받아들임이다. 그런 협동과제는 오직 받아들임을 통해서만 완결되므로, 따라서 수준 4에서 완결은 제인의 질문뿐만이 아니라, 또한 케잇의 대답도 요구한다.

제안proposals과 받아들임uptake 수용은, 인접쌍에 대한 처음 네 가지 속성에 대한 근거를 제공해 준다. 특히 이들 대응이 들어 있는 것이다.

> 첫 번째 짝 부분 : A는 A와 B를 위하여 협동과제를 제안한다.
> 두 번째 짝 부분 : B는 제안된 협동과제를 받아들인다.

이런 얼개에서, 서로 다른 화자로부터 나온(쉬글롭 등이 제안한 인접쌍의 다섯 가지 속성 중 ②) 두 개의 발화가 있다(속성 ①). 두 부분은 제안과 받아들임의 유형으로 나오는데, 이 유형은 어느 부분이 먼저 나오고 어느 부분이 두 번째 나오는지를 명시해 준다(속성 ③). 그리고 두 번째 부분의 형식과 내용인 케잇의 받아들임은, 첫 번째 부분인 제인의 제안 유형에 달려 있다(속성 ④). 요약하면, 제안과 받아들임은 종종 직접 인접쌍의 첫 번째 부분과 두 번째 부분 사이에 1 : 1로 사상하는map 것이다(전사 사상 또는 onto 함수임 : 뒤친이).

조건적으로 관련됨에 대해서는 어떠한가(조건 ⑤)? 이는 쉬글롭(Schegloff, 1968 : 1083)

에 의해 다음과 같이 성격이 규명되었다.

> By conditional relevance of one item on another we mean : given the first, the second is expectable; upon its occurrence it can be seen to be a second item to the first; upon its non-occurrence it can be seen to be officially absent—all this provided by the occurrence of the first item.
> 한 항목이 다른 항목에 대하여 '조건적으로 관련됨'이란 말로써 우리는 다음을 의미한다. 첫 번째 부분이 주어진다면, 두 번째 부분이 기대될 수 있다. 그것이 실현된다면, 첫 번째 부분에 대한 두 번째 항목으로 간주될 수 있다. 실현되지 않는다면, 그것이 공식적으로 결여된 것으로 간주될 수 있는 것이다. 이런 모든 것이 첫 번째 항목의 실현에 의해서 제공된다.

두 번째 부분이 반드시 첫 번째 부분으로부터 기대될 수 있어야 하는데, 이런 속성을 저자는 기대 가능성expectability 기대될 수 있음이라고 부를 것이다. 그리고 바로 다음 발화로서 그 속성을 저자는 인접adjacency이라고 부를 것이다. 기대 가능성에 대한 근거는 이미 분명하다. 제인과 케잇이 협동과제를 완결 짓기 위하여, 두 번째 부분인 케잇의 받아들임은 반드시 첫 번째 부분인 제인의 제안에 따라 일어나고, 따라서 뒤이어져야 한다.

케잇의 받아들임이 인접쌍이 되는 이유를 이해하기 위하여, 의미하기 및 이해하기의 수준 3으로 되돌아가 살펴보기로 한다. 수준 3에서 제인이 "Who is it?거기 누구시죠?"라는 발화를 이용하여, 케잇한테 그녀가 누구인지 말해야 됨을 신호해 준다. 그러나 케잇이 제인의 발화를 의도된 대로 이해하였다는 상호간의 믿음에 그들이 어떻게 도달할 수 있는 것일까? 케잇은 자신의 다음 움직임으로 제인의 발화에 대한 자신의 의미파악을 보여 주는 일 외에 더 나은 방식은 없다. 왜냐하면 제인이 그 의미파악을 받아들이거나 수정하는 그런 방식이기 때문이다. 그리고

> oh it's Professor Worth's secretary, from Pan-American College.
> 아 저는 범미대학 워쓰 교수의 비서입니다.

라는 답변과 더불어, 그녀는 두 가지 방식으로 자신의 의미파악을 보여 준다. 스스로를 워쓰 교수의 비서로 확인해 주는 일이, 자신이 누구인지에 대한 질문에 대하여 적합한 받아들임(수용)이다. 그리고 그녀의 답변 형식 "it's …저는 …입니다"이 질문 "Who is it?거기 누구십니까?"이란 질문의 통사론과 부합된다(영어에서는 모두 it이라는 대명사로 쓰고 있음 : 뒤친이).

그렇다면 인접쌍의 두 번째 부분은 또한 '의미 및 제시된 이해'로 이뤄진 두 부분 구조에 대하여 최적의 맞음새를 제공해 준다. 이는 다음 대응일치로 이끌어간다.

첫 번째 짝 부분 : A signals to B that *p*
A가 *p*가 사실임을 B에게 신호해 준다.
두 번째 짝 부분 : B displays B's construal of A's signal
B가 A의 신호에 대한 자신의 의미파악을 보여 준다.

A의 신호가 반드시 그 신호에 대한 B의 의미파악 제시보다 앞서 나와야 하므로, 이는 조건적 관련성에 대한 인접쌍 속성의 근거를 제공해 준다. 두 번째 짝 부분은 다음 발화로 기대될 수 있다. 그것이 A가 받아들이거나 수정할 수 있는 첫 번째 부분에 대한 B의 의미파악을 보여 주기 때문이다.

이런 것이 모두 제5장에서 소개된 '하향식 증거'의 속성과 일치된다(§5-3-5). 그 속성에 따르면, "지속행위의 진전 사다리에서 한 수준이 완결된 증거는 또한 그 아래에 있는 모든 수준들이 완결되었다는 증거가 된다." 제인이 "Who is it?거기 누구십니까?"이라고 산출하는 경우에, (수준 3에서) 그녀는 케잇이 자신이 누구인지 말할 것임을 의미하며means, 그것에 의해서 (수준 4에서) 케잇이 그녀에게 자신이 누구인지 말해야 한다고 제안한다. 따라서 (수준 4에서) 케잇이 제안된 협동과제를 받아들여 고려하는takes up 경우에, (수준 3에서) 그녀는 자신이 제인이 의미한 바를 이해하였다has understood는 증거를 내어주고 있는 것이다. 그 일반화는 다음과 같다.

Uptake is evidence of understanding.
받아들여 고려함은 이해의 증거이다.

이것이 인접쌍의 두 번째 부분이 '받아들여 고려함 및 이해의 증거'라는 두 가지 기능에 기여하는 까닭이며, 그것들이 인접쌍으로 기대되는 까닭이다.

비록 인접쌍의 두 번째 부분이 인접해 있도록 기대되더라도, 종종 인접하지 않고 떨어져 있는 경우도 있다. 막 제시된 논점이 그 이유를 설명해 준다. 다음 사례를 살펴보기로 한다(4.2.193, 간단하게 만들어 놓음).

A : that wasn't the guy I met, was it – when we saw the building? –
B : saw it where –

A : when I went over to Chetwynd Road

B : yes

갑 : 저게 내가 만났던 놈일 수 없어, 그렇지 – 우리가 그 건물을 봤을 적에 말야? –

을 : 어디서 봤더라? –

갑 : 내가 췌튄 거리로 갔을 적에

을 : 그래(≒그 놈이 맞아)

여기서 대답 "yes그래 그 놈이야"는 부차연결체side sequence인 두 번의 발언기회에 의해 해당 질문으로부터 분리되어 있다(Jefferson, 1972; Schegloff, 1972). B는 자신이 의미한 대목(=어디서 봤더라?)을 A가 명백히 해 놓을 때까지(=내가 췌튄 거리로 갔을 적에), A의 질문을 받아들일 수 없음을 알고 있다. 따라서 B가 그 대목에 대한 질문을 개시하며, 오직 그것이 분명해지는 때에만 B가 대답하는 것이다. B는 반드시 A의 질문에 대한 어떤 의미파악에 이르러야 하는데, B가 그런 의미파악을 보여주기 위하여 자신이 받아들여 고려한다고 응하기 전에 그래야 한다. 첫 번째 짝 부분과 두 번째 짝 부분 사이에 있는 부차연결체side sequence는 그 과정을 완결 짓기 위해 마련되어 있다.

그러므로 인접쌍은 새로 부각되어 나타나는 구조들이다. A와 B 두 사람은 자신들이 실행하고 있는 바를 완결 짓는 방법에 대한 문제에 직면하게 된다. 그들은 반드시 상호 의미파악을 수립하고, 받아들임이 일어나도록 해야 한다. 가장 효율적인 해결책은 한꺼번에 두 일을 모두 실행하는 것이며, 바로 그것이 인접쌍으로 귀결되는 것이다.

7-2-3 행위와 반응

인접쌍은 분명히 한 유형의 행위-반응 짝action-response pair이다. 'B에 대한 A의 행위' 뒤에, 특히 A의 행위에 대한 B의 의미파악을 보여 주는 'A에 대한 B의 반응'이 뒤이어진다. 이는 인접쌍이 뭔가 다른 것도 또한 완성한다는 뜻이다. 즉, 협동과제에 대한 제안 및 받아들임이다.

이런 비교와 더불어, 인접쌍에 대한 원래의 정의에서 여러 가지 문제점을 쉽게 찾아볼 수 있다. 우선, 첫 번째 부분도 두 번째 부분도 발화가 될 필요는 없다. 첫 번째 부분이 한 유형의 신호이면 어떤 것이든 상관없고, 두 번째 부분도 첫 번째 부분의 제안을 받아들이는 행위이면 어떤 것이든 상관없다. 이를 다음처럼 나타낸다.

인접쌍	사례
1. 전화 호출 2. 전화 받음	Jane : (rings Kate's telephone) (케잇한테 전화를 걸다) Kate : Miss Pink's office 핑크 씨 사무실입니다
1. 질문 2. 대답	Burton : Are you coming with us? 우리와 함께 가시는 거죠? Connie : [nods] [고개를 끄덕거림]

"Which finger did you cut?어느 손가락을 베었습니까?"와 같은 질문, "At ease, soldier제군들, 쉬어!"와 같은 명령, "Two tickets please두 장요"와 같은 요청이 종종 비언어적 응답을 만들어 낸다. 그럼에도 그것들이 또한 분명히 인접쌍으로 분류되는 것이 최상이다.

§.7-2-1에서 살펴본 쉬글롭·쌕스(1973)의 인접쌍 속성 ③과 ④에 따르면, 인접쌍의 두 짝 부분은 또한 유형으로 나온다. 그러나 언표 속에 깃든 행위를 놓고서 원리 잡힌 유형론이 없기 때문에, 또한 첫 번째 부분과 두 번째 부분을 놓고서도 원리 잡힌 유형론이 없다. 그것들이 질문·요구·제안·수용·감사 표현으로 명칭이 붙여지지만, 이것들이 단지 언표 속에 깃든 행위의 유형이며, 언표 속에 깃든 행위를 분류하는 문제점들을 고스란히 모두 물려받는다. 심지어 인접쌍들이 그들 나름의 유형론을 갖고 있다고 하더라도, 그것들이 어떤 식으로든 좀더 자세히 유형으로 나뉠 수 있다고 생각할 근거는 없다.

우리는 반드시 인접쌍들이 특별한 유형의 '행위-반응' 짝action-response pair이라고 결론 지어야 한다. 속성 ① ② ③은 '행위-반응' 짝들로부터 물려받지만, 그것들은 다음처럼 추가 속성 ④를 지닌다.

① 인접쌍은 순서 있는 두 개의 행위로 구성되는데, 첫 번째 부분과 두 번째 부분이다.
② 두 부분들은 서로 다른 행위 주체 A와 B에 의해서 수행된다.
③ 두 번째 부분의 형식과 내용은 특히 A를 위해서 첫 번째 부분에 대한 B의 의미파악을 보여 주기 위하여 의도된다.
④ 첫 번째 부분은 두 번째 부분에 의한 협동과제의 수용(uptake 받아들임)을 투영해 준다.

인접쌍을 특별하게 만들어 주는 것은, 첫 번째 부분이 어떤 협동과제의 수용을 투영해project 주며, 두 번째 부분이 그런 수용을 초래한다effect는 것이다.

§.7-3 최소 협동과제minimal joint projects

제인과 케잇이 전화로 이야기를 나눌 경우, 그들은 완결 지을 공식 업무를 갖고 있다.

저자가 취하고 있는 견해에서는, 그들이 협동과제를 통하여 그것을 실행한다. 협동과제는 어떤 크기로도 이뤄질 수 있다. 전체 대화가 한 유형의 협동과제이며, 따라서 그 하위 마디들이 많이 있게 된다. 저자는 최소 협동과제가 인접쌍이라고 논의할 것이다. 즉 어떤 제안proposal 더하기 그 수용uptake 받아들임이다.

7-3-1 협동과제상의 상호조율

악수하는 일로부터 파티(연회)를 계획하는 일에 이르기까지, 어떤 협동행위에서이든지 참여자들은 반드시 그 협동행위에 간여되지 않은 상태로부터 시작하여, 그 일에 간여하는 상태로 가고, 다시 빠져 나오는 상태로 가야 한다(제2장을 보기 바람). 모든 협동행위들은 세 가지 부분을 지닌다.

> ① 해당 협동행위 속으로 입장(entry)
> ② 해당 협동행위의 본체(body), 즉 적정한(proper) 협동행위
> ③ 해당 협동행위로부터 퇴장(exit)

댄Dan과 멀리써Melissa가 피아노-플루트 이중주를 연주하는 경우에, 이상적으로 그들이 그 이중주를 연주하기 시작하였다고 상호간에 믿는 순간이 있다. 그것이 입장entry을 표시해 준다. 그것은 그들이 상호간에 적정한 이중주가 된다고 믿는 활동의 확장체stretch에 의해 뒤이어지는데, 이것이 본체body이다. 마지막으로 그들이 상호간에 더 이상 그 이중주를 연주하고 있지 않다고 믿는 순간이 있는데, 그것이 퇴장exit을 표시해 준다. 이중주를 연주하는 것은 충분히 현재의 목적을 위하여 이들 상호간의 믿음을 잘 수립해 주는 일에 달려 있다.

사람들은 협동행위의 '입장entry→본체body→퇴장exit'을 놓고서 어떻게 상호조율하는 것일까? 많은 협동행위에 대하여 사람들은 오직 세 가지 특징들을 놓고서 상호조율할 필요가 있다(제3장을 보기 바람).

① 참여자(participants)	모종의 역할로 해당 협동행위에 동참하고 있는 사람들
② 입장시간(entry time)	해당 협동행위 속으로 입장하는 시간 *t*
③ 내용(content)	참여자 *i*가 해당 협동행위에 참여하는 개별행위 *x(i)* [8]

댄Dan과 멀리써Melissa는 그들의 이중주의 제5소절을 연주하기 위해서 스스로를 참여자로 확인하고, 그들의 입장을 동시에 이뤄야 하며, 누가 어떤 음조note를 어떻게 연주하는지 상호조율할 필요가 있다. 퇴장을 동시에 할 필요는 없는데, 다음 연주에로의 입장과 함께 일어나기 때문이다. 협동행위에서 참여자들은 새로운 각 단계를 위한 입장 시간과 참여행위들을 놓고서 주로 자신의 진행과정을 상대방과 상호조율함으로써 동시에 시행한다는 '동시시행 원리the synchrony principle'를 상기하기 바란다(§.3-6-2). 제5소절은 더 작은 하위소절이나 협동행위의 연결체인데, 이들도 각각 동일한 방식으로 작동한다.

대화에서 협동행위는 좀더 복잡하다. 이중주와는 달리, 대화는 기록된 악보가 없다. 따라서 참여자들은 진행해 나가면서 그들의 협동행위를 만들어 가야 한다. 참여 당사자가 셋 이상이 되는 경우에, 참여자들의 역할은 순간마다 바뀐다. 댄Dan이 멀리써Melissa에게 말을 하고 나서, 그 다음 쑤즌Susan에게 말을 한다. 다음에는 쑤즌이 멀리써에게 말을 하고 나서, 댄과 멀리써 둘 모두에게 말을 한다, 등등이다. 각 협동과제에 대하여 세 사람의 참여 당사자들은 반드시 참여자participants·입장 시간entry time·내용content을 놓고서 상호조율해야 한다.

우리가 수정해 놓은 정의로 된 인접쌍은 최소 협동과제로서 이상적이다. 그 근거는 그들이 최소한의 협동노력 속에서 참여자·입장 시간·해당 협동과제의 내용을 수립해 놓기 때문이다. 다시 제인과 케잇의 협동과제로 돌아가 살펴보기로 한다.

Jane	: Who is it?
Kate	: oh it's Professor Worth's secretary, from Pan-American College
제 인	: 실례지만 거기 누구십니까?
케 잇	: 아 저는 범미대학 워쓰 교수의 비서입니다.

첫 번째 짝 부분에서는 누가 누구에게 말을 하는지에 의해서 참여자들이 확정되어 있다. 제인이 케잇한테 말하는 것이다. 입장 시간은 케잇이 주목하는 동안에 첫 번째 짝 부분에 대한 제인의 개시 "Who is it?거기 누구십니까?"에 의해서 표시되어 있다. 그 내용이 또한 협동적으로 수립된다. 그 과정은 제인의 제안 "Who is it?거기 누구십니까?"으로 시작되고, 케잇의 대답 "oh it's Professor Worth's secretary, from Pan-American College아 저는 범미대학

8 'x(i)'라는 기호를 우리말로 풀면 '협동행위로서의 개별행위(참여자)'가 된다. 단지 논의전개를 추상화하여 기호로 표상해 두는 것이지만, 이하의 논의에서 이 형식이 아무런 역할도 하지 않는다. 또한 §.4-1-1에서 도입된 전체 명제를 가리키는 기호 'i'와도 전혀 관련되지 않는다.

워쓰 교수의 비서입니다"로 완결된다. 이는 그 과제에 대한 협동 의미파악을 수립할 뿐만 아니라, 또한 그것을 완결 짓는다. 인접쌍들은 협동과제들에 대한 참여자·입장 시간·내용들을 상호조율하기 위해 완벽한 운반체가 되는 것이다.

7-3-2 공동목적joint purpose

협동과제들은 공동목적에[9] 이바지한다. 공동목적은 반드시 다음 네 가지 요구사항들을 충족시켜야 한다.

A와 B가 그들 스스로 공동목적 *r*에 전념하기 위해서(commit themselves to)

① 확인하기(identification)	A와 B가 공동목적 *r*을 확인해야 한다.
② 능력(ability)	A와 B가 *r*을 이행하는 데 자기 몫을 실행할 수 있어야 한다.
③ 자발성(willingness)	A와 B가 *r*을 이행하는 데 기꺼이 자발적으로 자신의 몫을 실행해야만 한다.
④ 상호간의 믿음(mutual belief)	A와 B는 각자 ①~④가 그들의 공통기반의 일부임을 믿어야 한다.

사람들은 보통 협상negotiation을 통하여 공동목적을 확정한다. 그들의 인접쌍에서 제인의 제안은 가능한 공동목적, 즉 그들의 주고받기를 위한 해당 협동과제를 마련해 놓으며(위 표의 속성 ①), 그녀가 자신의 몫을 실행할 수 있고 기꺼이 자발적으로 그러함을 보여 준다(속성 ②와 속성 ③). 차례로 케잇의 반응은 그녀가 제인의 목적을 확인하였음을 보여 주며(속성 ①), 그녀 또한 자신의 몫을 실행할 수 있고 기꺼이 자발적으로 그러함을 보여 준다(속성 ②와 속성 ③). 모두 함께 이를 공식적으로 보여 주는 일은, 제인과 케잇이 모두 제인의 목적을 확인하였고, 둘 모두 자신의 몫들을 실행할 수 있으며, 기꺼이 자발적으로 그렇게 한다는 상호간의 믿음을 수립하는 일을 도와준다(속성 ④).

공동목적이 언제나 쉽게 확정되는 것은 아니다. 저자가 여러분에게 자리에 앉도록 요구하는 경우에, 즉, 저자를 위해서 여러분이 자리에 앉도록 제안하는 경우에, 여러분이 저자를 완벽히 이해할 수 있지만, 그럼에도 불구하고 저자의 제안을 받아들일 수 없거나 꺼

[9] joint를 협동이라고 번역해 왔기 때문에 일관되게 joint purpose를 협동 목적으로 번역할 수 있겠지만, 우리말에서는 뜻이 달라져 버릴 수 있다(즉, 협동을 하려는 목적). 따라서 여기서는 이런 오해를 피하기 위하여 '공동목적'이라고 번역해 둔다. 여기에 제시된 네 가지 요구사항은 §.10-3-1에서 상거래를 진행하는 얼개를 논의하면서 다시 다뤄진다. 용어 번역에서 생기는 문제점은 §.8-1-4의 각주 3에 있는 joint closure(협동 종결)과 §.9-3의 각주 17에 있는 joint problem(공동문제)도 참고하기 바란다.

려할 수도 있다. 여러분은 여러 가지 방식으로 반응할 수 있다. 다음에 네 가지 방식이 있는데, 질문에 대한 답변들이 예시되어 있다(Goffman, 1976; Stenström, 1984을 보기 바람).

(1) **온전히 요구에 응함**(full compliance)

응답자들이 제안된 과제에 대하여 온전히 응락하여 따를 수 있다.

Jane : Who is it?
Kate : oh it's Professor Worth's secretary, from Pan-American College
제 인 : 실례지만 거기 누구십니까?
케 잇 : 아 저는 범미대학 워쓰 교수의 비서입니다.

제인은 케잇이 누구인지를 알고 싶어 하며, 제인은 전체적으로 원래 제안된 것으로 협동 과제를 완결 지으면서 케잇한테 말한다.

(2) **협동과제를 변경함**(alteration of project)

응답자들은 그들이 할 수 있고 기꺼이 응락하여 따르려고 하는 뭔가에 대하여 제안된 과제를 변경할 수 있다(1.2.349).

Reynard : Oscar is going to the States?
Charles : well, this is what I heard just before I came away ---
뢰나드 : 오스꺼가 미국으로 떠날 예정인가?
좌알즈 : 글쎄 말야, 이게 내가 멀리서 떠나오기 전에 들은 바일세.

좌알즈는 오스꺼가 미국으로 떠날 예정인지에 대하여, 그렇다 아니다 대답할 입장에 있지 않다. 따라서 해당 협동과제를 그가 떠나기 전에 들었던 바에 대하여 뢰나드에게 말해 주는 것으로 바꿔 놓는다. 그는 입장에서의 그 변화를 "well[글쎄 말야]"로 말하면서 신호해 준다. 좌알즈는 변경된 자신의 과제를 선택하였다. 아마도 오스꺼가 미국으로 떠나는 일에 관련된 정보를 뢰나드에게 제시해 줄 것이기 때문이다. 비록 변경이 또한 비협력적일 수 있겠지만, 좌알즈는 협동하고자 노력하고 있었던 것이다.

(3) 협동과제를 거절함(declination of project)

응답자들이 제안된 해당 과제를 응락하여 따를 수 없거나 그럴 마음이 없는 경우에, 그들은 흔히 거절하는 이유에 대한 근거나 합당성을 제시해 줌으로써, 그 제안을 받아들이는 일을 거절할 수 있다(1.8.40).

Betty : what happens if anybody breaks in and steals it, - are are is are we covered or.

Cathy : um - I don't know quite honestly.

베티 : 만일 누구든 쳐들어 와서 그걸 훔쳐가 버린다면 어떻게 됩니까? - 보 보 보험 처리가 이뤄지나요?

캐씨 : 어 엄 - 솔직히 전 잘 모르겠습니다.

베티는 캐씨가 보험으로 보상처리가 이뤄지는지 여부를 알고 싶어 한다고 전제한다. 그러나 캐씨는 알지 못하며, "I don't know잘 모르겠습니다"와 같이 자신의 이유를 말하여 거절한다. 거절은 협동과제를 완결 짓지 못하고 남겨 둔다. 이는 또한 어떤 더 광범위한 목적에 이바지할 법한 변경된 과제를 찾아내는 데 의향이 없거나 능력 없음을 드러내어 준다.

(4) 협동과제를 철회함(withdrawal from project)

응답자들은 또한 예를 들어 고의적으로 그 질문을 무시하고 주제를 바꿔 놓음으로써 완전히 협동과제를 철회할 수도 있다. 다음에 전화통화의 시작으로부터 가져온 한 가지 사례가 있다.

Susan : who's calling.

Jane : well, could you please give her a message -

쑤 즌 : 누구시죠?

제 인 : 글쎄, 그녀에게 메시지를 전해 주실 수 있겠습니까? -

여기서 제인은 누가 전화하는지를 쑤즌에게 말해 주지 않은 채, 쑤즌이 제안한 협동과제를 철회하고서, 대신에 따로 한 가지 요구를 하고 있다(=상대방의 시도를 종결시키고, 새로운 시도를 개시함). 이상에서 다룬 네 가지 선택들은 다음처럼 도표로 요약될 수 있다.

A의 제안	반응 선택 범주	B의 반응
A가 협동과제 *w*를 제안한다	① 응락(compliance)	B가 제안된 대로 *w*를 받아들인다
	② 변경(alteration)	B가 *w*의 변경된 형태를 받아들인다
	③ 거절(delination)	B가 *w*를 받아들이길 거절한다
	④ 철회(withdrawal)	B가 *w*를 고려하는 일을 철회한다

이들 네 가지 선택항들과 더불어—추가 하위 유형들이 더 있음—사람들은 엄격히 정의된 인접쌍(선택항 ①의 완전한 응락)을 만들어 내지 않지만, 다른 짝 지움을 만들어 낼 수 있다. 그런 짝 지움은 어떤 협동과제상으로 상호조율하려고 노력하는 사람들로부터 나오는데,

선택항 ① 응락 : 완전한 성공
선택항 ② 변경 : 부분적인 성공
선택항 ③ 거절 : 실패
선택항 ④ 철회 : 시도의 종결(≒상대방 제안 무시, 새로운 시도 개시)

을 깨닫게 된다. 그것들의 형태는 참여자들이 협동하여 실행하려고 노력하는 바로부터, 그리고 그들이 얼마나 잘 성공하느냐로부터 나온다. 그 역의 상황도 역시 성립한다.

협동과제를 제안하고 있는 화자들에게는, 네 가지 유형의 응답이 동일한 것은 아니다. 적어도 공식적으로 그들은 변경보다는 응락을 선호하고, 거절보다는 변경을 선호하며, 철회보다는 거절을 선호할 것 같다. 이런 순서가 인접쌍에서 선호된 그리고 선호되지 않은 두 번째 짝 부분으로 불리는 바를 해명해 준다(Davidson, 1984, 1990; Drew, 1984; Houtkoop, 1987; Levinson, 1983; Pomerantz, 1978, 1984; Sacks, 1987). 각각의 첫 번째 짝 부분마다(가령 "What time is it?지금 몇시입니까?"), 두 번째 짝 부분은 조건적으로 관련된다고 기대된다. 가령, "Five after three3시 5분요"와 같은 직접적인 대답이, 간접적인 대답("Well, Susan left quite a while ago글쎄 쑤즌이 아주 오래 전에 떠났어요")이나 거절("I don't know잘 모르겠어요")이나 철회("Gosh, what a beautiful sunset!아이코, 정말 아름다운 석양이네!")보다도 좀더 관련이 있고, 따라서 더 바람직하다. 다른 인접쌍들도 비슷한 선호 순서를 지닌다. 협동과제로 보면, 두 번째 짝 부분은 첫 번째 짝 부분에서 제안된 해당 협동과제를 좀더 완벽히 완결 짓는 것으로서 선호된다.

인접쌍을 최소 협동과제를 취급하는 일은, 또한 왜 선호되지 않은 반응들이 언어적으로 유표적으로 되거나 또는 좀더 복잡한 것으로 되는지에 대한 이유를 해명해 준

다. "What time is it?몇 시입니까?"이라는 질문에 대하여 가장 선호되는 응답은 "Five after three 3시 5분"처럼 아주 생략적이며, 질문의 통사 형식에 의해서 결정된다. 그러나 선호되지 않은 응답은 그렇지 않다. 선호되지 않은 응답은 또한 흔히 "well글쎄요" 또는 "sorry미안합니다"와 같은 표현에 의해 개시되고, 주저거림과 스스로 고치기와 더불어 산출된다. 협동과제에서는 응답 첫 번째 화자의 과제를 계속 이어나가는 것이 그것을 변경하는 것보다 더 간단할 것이다. 그것을 변경시키는 일은, 첫 번째 화자의 관점("It is such and such a time 이러저런 시 분입니다")에 대한 거절을 요구하고, 새로운 통사 형식을 갖고서 새로운 관점의 수립("Susan left quite a while ago쑤즌이 한참 전에 떠났습니다")과 "well글쎄"와 더불어 그런 변경을 표시해 놓는 일을 요구한다. 변경은 선택하고 형성해 놓는 데 응당 시간이 더 걸리기 마련이다.

그렇다면 최소 협동과제는 참여자 둘 모두에 의해서 형성된다. 제인은 하나의 과제를 투영할 수 있으며, 비록 케잇이 제안된 대로 그것을 완결 지을 수 있겠지만, 또한 다른 선택을 하여 케잇은 뭔가 다른 것으로 그것을 변경시키거나, 그것을 완결 짓기를 거절하거나, 또는 모두 그것으로부터 완전히 철회할 수 있는 것이다.

§.7-4 확대된 협동과제

대화는 모순을 얹어 놓는다. 한편으로 사람들은 임의의 협동작업 활동으로서 서로간에 일을 하기 위하여 대화에 간여한다. 다른 한편으로 사람들은 실제로 무슨 일을 하게 될 것인지 미리 알 수 없다. 제인과 케잇의 대화가 좋은 예시이다. 제인이 핑크 씨에게 워쓰 교수가 그날 오후에 어디에 있게 될지를 말해 주려고 전화를 걸었다. 그녀가 핑크 씨가 다른 전화를 받고 있음을 알았을 때, 그녀는 케잇한테 그 정보를 전해 드리도록 새로 요구하였다. 케잇은 그 전화 내용에 대답하는 데에 그 나름의 목적을 갖고 있었다. 비서로서 그녀의 업무는 전화 메시지를 대신 받아서 전화를 거는 사람들이 핑크 씨를 방해하지 못하게 하는 것이었다. 그러나 그녀는 누가 전화를 거는지 또는 그들이 뭘 말할 것인지에 대해 미리 알 수 없었다. 비록 제인과 케잇이 그들 나름의 목적을 갖고서 시작하였겠지만, 그들은 뭘 실행하여 끝내어야 하는지를 알 수 없었다. 쌕스 외(Sacks et al., 1974)에서 논의하였듯이, 각 발언기회마다 그들의 대화를 잘 관리해 내었어야만 했다. 그들은 각 순간의 요구내용들을 처리하기 위하여 자신의 행위들을 고쳐나가야만 했다. 대화에서 참여자들의 행위는 지엽적이며local, 편리한 대로 우연한 기회를 따른다opportunistic.

그 역설은 우리에게 수수께끼를 남겨 놓는다. 사람들은 대화에서 자신들의 더 광범위한 목표나 관심거리들을 한 번이라도 어떻게 성취하는가? 그 대답의 일부는, 그들이 둘 이상의 인접쌍에 대한 확대된 협동과제를 운영해 나간다는 것이다. 이들 과제는 미리 짜여 있게 되진 않지만, 최소 협동과제에 대한 우연한 발전 과정을 통하여 새로 부각되어 나타난다. 여기서 저자는 확대된 과제들이 부각되어 나타나는 세 가지 기본적인 방식을 서술해 놓을 것인데, 더 충분한 설명은 제10장과 제11장으로 미룬다. 내부에 삽입된 협동과제, 사슬 이어주기, 미리 앞서 질러 놓은 예비연결체이다.

7-4-1 내부에 삽입된 협동과제

응답자들이 언제나 다른 사람들을 위해 예상하는 협동행위에 참여할 준비가 되어 있는 것은 아니다. 사실상 그들은 화자가 제안한 협동과제들을 놓고서 변경하거나, 거절하거나, 철회할 수 있다. 화자들도 언제나 응답자들이 자신의 제안을 받아들이는 데에서 직면하는 걸림돌들을 예상하는 것은 아니다. 종종 화자들은 미리 앞서 어떤 협동과제를 제안하고, 응답자로 하여금 제기되는 걸림돌들을 처리하게 하는 편이 좀더 간단하다. 그 결과는 흔히 내부에 삽입된 협동과제embedded joint project로 불린다.

어느 음식점에서 여자 종업원과 손님 사이에 다음 가상적인 대화 주고받기를 살펴보기로 한다.

종업원 : What'll ya have? [1. 주문 요구]
뭘 드시겠습니까?
손 님 : I'll have a bowl of clam chowder and a salad with Russian dressing. [2. 요구 수용]
조개 넣은 수프와 러시아 식 드레싱 야채를 먹겠습니다.

여자 종업원이 주목하도록 요구하고, 최소 협동과제를 만들어 내면서 손님이 주문을 한다. 그러나 만일 손님이 준비가 되어 있지 않다면, 아래 있는 실제 사례에서와 같이 그 주고받기를 중단할 수 있다(Merritt, 1976 : 333).

종업원 : What'll ya have girls? [1. 주문 요구]
아가씨들 뭘 드시겠습니까?
손 님 : What's the soup of the day? [1'. 정보 요구]
오늘의 특별 수프가 뭐죠?

종업원 : clam chowder [2'. 요구 수용]

조개 넣은 수프입니다.

손　님 : I'll have a bowl of clam chowder and a salad with Russian dressing. [2. 요구 수용]

조개 넣은 수프와 러시아 식 드레싱 야채를 먹을래요.

이번에는 종업원이 주문을 요구하고, 그녀의 주문 요구를 받아들이기 위하여 그 손님은 오늘의 특별 수프를 알 필요가 있으며, 그것을 알아내려고 부차연결체side sequence를 개시한다. 일단 그녀가 자신이 필요한 정보를 갖고 있으므로, 다시 원래 제안된 협동과제로 돌아와 받아들인다. 그 결과는 다른 과제(주문 주고받기) 속에 내포된 하나의 협동과제(오늘의 수프에 대한 부차연결체)가 된다. 내부에 삽입된 과제는 손님의 받아들임에 대한 준비조건 a preparatory condition을 충족시키기 위하여 도입된다. 여기서는 능력 조건ability condition이다(§.7-3-2).

쉬글롭(Schegloff, 1972 : 114)에서 언급하였듯이, 해당 논제는 다음과 같다.

> how do people see when a question follows a question that it is not any other question, not an evasion?
>
> 하나의 질문이 다른 질문도 아니며 회피하기도 아닌 질문에 뒤이어지는 경우, 사람들이 어떻게 알아차리는가?

그는 부차연결체side sequence가 "그 질문에 의해서 조건적으로 만들어진 해당 활동에 대한 서막으로서 특별히 실행되고 그렇게 듣게 된다"고 시사하였다(Schegloff, 1972 : 114). 따라서 "그 활동과 질문 모두에 대한 주의력이 그것 때문에 분명히 나타나는 것이다." 여자 종업원이 대답을 투영한 대목에다 손님이 자신의 질문을 던지는 경우에, 그 손님은 그런 대답을 마련하려고 협동과제를 개시하고 있음을 분명히 해 준다. 부차연결체는 다음 어느 영국 가게에서 관찰된 이런 주고받기에서 살펴볼 수 있듯이 꼭 질문으로 시작할 필요는 없다(Levinson, 1983 : 305, 간략하게 만듦).

손　님 : U : m . what's the price now eh with VAT do you know eh [1. 정보 요구]

어 : 엄 . 지금 가격이 얼마죠 에 부가세와 함께요 알고 있습니까 에

종업원 : Er I'll just work that out for you [1'. 정보 약속]

어 제가 손님을 위해서 곧 계산해 드릴게요

손　님 : thanks (10 sec pause) [2'. 약속 수용]

고맙습니다. (10초 휴지가 뒤이어짐)

종업원 : Three pounds nineteen a tube sir [2. 요구 수용]

튜브 하나당 3파운드 19센트입니다 선생님

종업원은 그 손님의 제안을 받아들이려는 준비로서, 부가세를 계산하기 위하여 해당 부차연결체를 개시한다. 부차연결체는 능력·자발성·확인 등 모든 종류의 준비조건을 수립하기 위해서 이용되며(§.7-3-2), 여러가지 많은 방식으로 개시될 수 있다.

7-4-2 사슬 이어주기 chaining

사람들이 최소 협동과제를 하나 받아들이는 경우에, 그들은 보통 또다른 과제도 개시하고 있다. 한 가지 인접쌍에 대한 두 번째 부분은 거의 변함없이 두 번째 과제의 첫 부분이 된다. 예를 들어 질문은 답변을 투영하지만, 그런 답변이 단정이기 때문에, 차례로 그것들은 다음에서와 같이 찬성을 투영한다(8.1n.921).

Jane : do you know when when he'll be back in

Rod : he's around now, u∶m I don't know where he is, . at the moment

Jane : oh .

제 인 : 어어언제 그가 돌아올지 알고 있습니까?

롸 드 : 그가 지금 근처에 있는데 어∶엄 난 그가 어디 있는지 잘 모르겠네요, . 지금 당장은요

제 인 : 아 .

롸드의 답변은 '질문-대답' 짝을 완성하지만, '단정-동의assertion-assent' 짝을 개시한다. 이를 제인이 "oh"와 더불어 완결 짓는다. 여기서 우리는 두 개의 협동과제들에 대한 사슬을 갖게 된다. 질문-대답 및 단정-동의이다. 이는 그것들이 공유하는 부분, 즉 단정에 의해서 연결되어 있다. 만일 a1과 a2가 최소 협동과제 하나에 대한 두 개의 부분이라면, b1과 b2가 또다른 협동과제의 부분들인데, 다음 방식으로 사슬 이어주기가 표상될 수 있다(§.7-4-3의 말미에 있는 이어주기의 표시와 동일함).

[a1 + a2 = b1]

[a2 = b1 + b2]

사슬 이어주기chaining는 확대된 협동과제들을 만들기 위하여 두드러지게 유용하다. 제인이 롸드에게 자신의 질문을 던지는 경우에, 그녀는 단지 그의 답변만을 투영하는 것이 아니라, 또한 그의 대답에 대한 그녀의 수용도 투영하고 있다. 그녀는 정보의 교환뿐만이 아니라, 또한 평가된 정보의 교환도 투영하고 있는 것이다. 즉 '질문 + 답변 + 평가'이다.[10] 평가된 그런 정보 교환은 대화에서 흔하다(Heritage, 1984; Mehan, 1979; Stenström, 1984). 얼개가 있는 정보 교환을 예시해 주는 세 부분으로 된 여러 가지 사슬들이 다음에 제시되어 있다.

사슬 이어주기의 모습	제1부분	제2부분	제3부분
실제 질문→답변→평가	Where's Duncan? 던컨이 어디 있어요?	At school. 학교에요	Oh. 아.
시험 질문→답변→판정	What's pi? 파이 값이 얼마입니까?	3.14159 3.14159입니다.	Correct. 맞았습니다.
제안→동의→응락	Want some cake? 케이크 좀 먹을래요?	Yes, please. 예, 좀 부탁합니다.	Here. 여기 있습니다.
요구→응락→감사 표현	I'll have cake 전 케이크를 먹을래요.	Here. 여기 있습니다.	Thanks. 감사합니다.
호의→감사 표현→시인	Here's your bag 여기 가방이 있습니다.	Thanks. 고맙습니다.	No problem. 천만에요.

화자들은 또한 네 부분 이상으로 된 사슬들도 투영할 수 있다. 제안이 동의를 투영하기 때문에, 이는 응락을 투영하고, 다시 이는 감사 표현을 투영하기 때문에, 제안을 하고 있는 화자는 다음과 같이 전체 연결체를 투영할 수 있다(8.1f.655).

B : do you want the telephone number? [offer]

A : u:m . might as well have it I *suppose* [agreement to offer]

B : *yeah* . one? -

A : yes? .

---

[10] 사회언어학에서는 일찍부터 서사 이야기 또는 이야기 구조에서의 평가 기능(evaluation function)이라고 불러왔다(Labov, 1972). 최근 들어 입말 말뭉치를 전산 처리하면서 이 사실이 다시 한번 더 확인되었는데, 그런 평가 기능이 이야기들 사이에 '매듭을 짓는 역할'을 맡고 있음이 밝혀졌다. 이야기를 전개하면서 중간중간에 매듭을 짓기 위해서는, 특히 그 언어 사회에서 널리 받아들여지는 관용 표현이나 속담들이 자주 이용된다. 이런 표현들이 전통적 가치를 담고 있기 때문이다. 자세한 내용은 특히 머카씨(Mecarthy, 1998), 『입말과 담화 중심의 언어교육(*Spoken Language and Applied Linguistics*)』(Cambridge University Press; 도서출판 경진문화에서 출간중임) 3장과 7장을 참고하기 바란다.

B : one two one? .

A : yes?

B : five one seven eight - [completion of compliance with offer]

A : thanks very much [gratitude for compliance]

을 : 전화번호 받으시러 오신 거죠? [제안]

갑 : 어:엄. 아마 가졌으면 좋겠다고 *생각되네요* [제안에 동의]

을 : *그렇죠*. 하나죠? -

갑 : 예?.

을 : 일 이 일?.

갑 : 예?

을 : 오 일 칠 팔 - [제안을 응락하여 완결함]

갑 : 정말 고맙습니다. [응락에 대한 감사 인사]

을의 제안은 그 제안에 대한 갑의 동의로 받아들여진다. 이는 제시된 정보에 대한 을의 단언(전화번호 121-5178)으로 수용되며, 마지막으로 이는 갑의 감사 표현으로 받아들여진다. 비록 그 사슬을 통한 움직임이 각각 지엽적인 행위들, 즉 최소 협동과제들에 달려 있지만, 화자들은 사슬 이어주기와 함께 확대된 협동행위들을 투영한다. 물론 확대된 협동행위를 투영하는 것과 투영된 대로 협동행위를 진행해 나가는 것은 전혀 별개의 일이다.

7-4-3 예비연결체 pre-sequences 미리 앞서 질러 놓은 예비연결체

만일 화자가 자신의 응답자들이 협동과제를 받아들일 준비가 되어 있지 않은 것으로 예상한다면, 흔히 시간상으로 미리 앞서서 그 과제에 대하여 뭔가를 실행할 수 있다. 하나의 방식은 쉬글롭(Schegloff 1980)과 다른 연구자가 '예비연결체pre-sequences'로 부른 바를 이용하는 것이다. 다시 한 번 그 결과는 확대된 협동과제가 된다. 다음 연결체에서 보여 주듯이, 좋은 예시는 예비질문이다(7.1d.1320).

Ann : <u>oh there's one thing I wanted to ask you</u>

Betty : <u>mhm</u> -

Ann : in the village, they've got some of those . i - you're going to get to know, . what it is, but it doesn't matter really.

Betty : mhm

Ann : u : m . those rings, that are buckles --

Betty : that are buckles

Ann : yes, tha- they they're flat,

Betty : mhm

Ann : and you wrap them round,

Betty : oh yes I know

Ann : and, . you konw, . *they're* a little belt .

Betty : *m*m

Ann : would you like one .

Betty : oh I'd love one Ann -

앤 : 아 저기 내가 너한테 물어보고 싶은 게 하나 있는데

베티 : 으응 -

앤 : 마을에서는 그들이 그런 걸 몇 개 얻었어 . 나- 너도 알게 될 거야, . 그게 뭔지, 허지만 사실 그건 상관 없어

베티 : 으응

앤 : 어 : 엄 . 그런 고리들, 그게 허리띠 죔쇠들이야 --

베티 : 그게 허리띠 죔쇠들

앤 : 그래, 그- 그거 그것들이 납작해,

베티 : 으응

앤 : 그리고 그것들을 둘러 묶거든,

베티 : 아 그래 알겠어

앤 : 그리고, . 잘 알고 있듯이, . *그것들이* 작은 허리띠야 .

베티 : *으*응

앤 : 너 하나 갖고 싶니.

베티 : 아 하나 갖고 싶어 앤 -

앤이 "Oh there's one thing I wanted to ask you아 저기 내가 너한테 물어보고 싶은 게 하나 있는데"라고 말하는 경우에, 그녀는 예비질문을 수행하고 있다. 표면상으로 그녀는 베티에게 질문을 받아 주도록 요구하고 있으며, 베티는 "Mhm"으로 동의하고 있다. 그러나 왜 그녀가 실제로 묻고 싶었던 질문을 던지지 않았을까? 명백하게 그녀는 베티가 그것에 대해 준비

가 되지 않았음을 깨달았다. 그녀는 미리 자신과 베티가 모두 자신이 제공해 주고자 했던 허리띠 죔쇠의 유형을 이해하였음을 수립할 필요가 있었다. 일단 그것이 완수된 이후에라야, 그녀가 계속해서 "Would you like one?하나 갖고 싶니?"라고 묻게 된다.

예비질문은 바로 질문들에 대한 틈새space 뿐만 아니라, 또한 그런 질문들에 대한 준비단계, 즉 준비조건preparatory conditions들도 요구한다. 쉬글롭(Schegloff, 1980)에서 언급하였듯이, 예비질문은 준비단계에 대한 준비단계preliminaries to preliminaries이다. 그 결과로서 다음과 같은 구조가 나온다.

협동과제	화자 A	화자 B
I	예비질문	동의
II	III에 대한 준비단계	시인
III	질문	대답

지엽적으로 예비질문과 그 응답인 'I'은 최소 협동과제를 만들어 준다. 앤이 질문을 해도 좋은지 허락을 구하며, 베티가 동의하여 허락해 준다. 그러나 그 예비질문으로 앤은 'I, II, III'을 이루는 좀더 큰 기획을 투영하며, 베티가 동의하는 경우에 그녀는 또한 좀더 큰 기획에 스스로 마음 쓰게(전념하게) 된다. 앤과 베티는 좀더 큰 협동 기획(I+II+III)을 개시하기 위하여, 최소 협동과제 'I'을 이용한다. 따라서 앤이

> Oh there's one thing I wanted to ask you.
> 아 저기 내가 너한테 물어보고 싶은 게 하나 있는데

라고 말하는 경우에, ① 베티는 앤에게 질문을 해도 좋다고 허락하고, ② 베티는 그 질문에 대한 준비단계를 제공해 주기 위해 자신의 틈새를 제공해 준다. 베티가 "Mhm"으로 동의해 주는 경우에, 그녀는 동시에 협동과제들을 둘 모두 받아들이고 있다.

예비질문과 그 응답은 오직 한 유형의 예비연결체pre-sequence이다. 예비질문이 질문을 하도록 허용하는 동의를 얻어내는 것처럼, 예비공고pre-announcement도 공고를 공포하기 위한 동의를 얻어내고, 예비초대도 초대하기 위한 동의를 얻어내며, 예비요구도 요구하기 위한 동의를 얻어내며, 예비 서사이야기도 어떤 이야기를 하기 위한 동의를 얻어낸다. 다음에 일부 사례들이 제시되어 있다.

예비연결체	사례
예비질문 응답	갑 : Oh there's one thing I wanted to ask you. 아 네게 물어볼 게 하나 있는데 을 : Mhm. 응
예비공고 응답	갑 : tell you who I met yesterday – 어제 내가 누굴 만났는지 얘기해 줄 게 – 을 : who 누군데
예비초대 응답	갑 : What are you doin'? 뭘하고 있니? 을 : Nothin' what's up. 아무것도 아냐. 새로운 소식이 있니/무슨 일인데?
예비요구 응답	갑 : Do you have hot chocolate? 집에 코코아 갖고 있니? 을 : Yes, we do. 응 있어
이름 부름 응답	갑 : Hey, Molly 어이 몰리 씨 을 : Yes? 예?
전화 호출 응답	갑 : (rings telephone) 전화를 건다 을 : Miss Pink's office 예, 핑크씨 사무실입니다
예비 종결진술 응답	갑 : Well okay 그럼 알겠지 을 : Okay 알았어
예비 서사이야기 응답	갑 : I acquired an absolutely magnificent sewing-machine, by foul means, did I tell you about that? 큰 방을 차지하려고 반칙을 써서 내가 큰 미싱을 하나 얻어냈는데 너한테 그 이야기를 해 주었니? 을 : no 아니

예비연결체마다 각각 그 개시자들이 준비조건을 충족시키려고 한다. 일단 그 조건을 완료하였다면, 그들은 투영된 질문·공고·초대·요구·대화·종결·서사 이야기로 진행해 나간다. 예비연결체는 확대된 협동과제를 그들이 어떻게 개시하는지에 있어서 다양하게 변동된다.

> Do you have hot chocolate?
> 코코아 갖고 있니?

라는 예비요구는 곧장

> I'll have hot chocolate and a Danish.
> 난 코코아를 갖게 될 건데, 화란 제품이야.

라는 요구가 뒤이어졌다(=코코아를 꿔 주면 나중에 화란 제품으로 갚는다는 뜻인 듯함 : 뒤친이). 대조적으로, 예비 서사이야기

> I acquired an absolutely magnificent sewing-machine, by foul means, did I tell you about that?

내가 반칙을 써서 아주 큰 미싱을 하나 얻었는데, 네게 그 일에 대해서 말해 주었니?

는 5분간 지속된 서사 이야기를 열어 놓았다. 핑크 씨에 대한 전화 호출(전화 벨소리)은 1분 길이의 대화를 열어 놓았다.[11] 좀더 큰 과제의 길이는 요구·서사 이야기·대화 등 투영된 바에 달려 있을 뿐만 아니라, 또한 참여자들이 투영된 대로 그 과제를 실행해 나가는지 여부에도 달려 있다.

예비연결체가 준비조건들을 점검하기 때문에, 정확히 그런 점검이 실패하는 경우에 응당 그들은 실패하게 된다. 전화상으로, 벤은 "Is Susan there?거기 쑤즌이 있습니까?"라고 말하면서 다음과 같이 진행될 것을 기대할 수 있다.

Ben	: Is Susan there?
Charlotte	: Yes, she is.
Ben	: Can I speak to her please?
Charlotte	: Sure. Hold on.
벤	: 거기 쑤즌이 있습니까?
샬럿	: 예 그렇습니다.
벤	: 좀 바꿔 주실 수 있습니까?
샬럿	: 그러죠. 잠깐 계십시오.

만일 관련된 준비조건이 성립한다면, 벤의 예비요구는 긍정적으로 확증될 것이며("Yes, she is예 그렇습니다"), 쑤즌과 이야기할 수 있도록 요청할 수 있다. 만일 관련된 준비조건이 성립되지 않는다면, 그 과정은 다음과 같이 달라질 것이다(9.1j.700).

Jane	: Is Mrs Davy there please.
Margaret	: sorry, she's interviewing this morning
제인	: 거기 데이뷔 여사님 계시면 바꿔 주실래요?
마거릿	: 미안합니다. 여사님은 오늘 아침 면접시험을 주관하고 계십니다.

또다른 경로는 다음처럼 제인과 케잇의 전화통화에서 예시된다.

---

[11] 요즘에는 전자기기로 발화를 녹음 또는 녹화하며, 그 파일을 컴퓨터에 옮겨, 관련 소프트웨어를 이용하여 발화 지속시간이나 휴지 길이 등도 자세히 측정할 수 있다.

Jane : Is Miss Pink in

Kate : well, she's in, but she's engaged at the moment

제인 : 핑크 씨 계십니까?

케잇 : 그런데, 계십니다마는, 지금 다른 전화를 받고 계십니다.

화자가 다음과 같이 모두 함께 잘못된 전제를 만들 수도 있다(Hopper, 1992 : 69).

Gordon : Is Dawn there (0.2)

Dawn : this is Dawn.

고든 : 거기 돈 씨 계십니까 (0.2초 침묵)

돈 : 제가 돈입니다.

세 가지 사례에서 모두 응답자들이 변경되었으나, 도움이 되는 협동과제들을 받아들인다. 따라서 준비조건들을 놓고서 점검하는 합당한 근거들이 있는 것이다. 예비연결체는 현재의 기회를 최적으로 이용하기 위하여 계획되고 추진된다(제10장과 제11장을 보기 바람).

내포시키기[embedding]·예비연결체[pre-sequencing]·이어주기[chaining]는 쉴새 없이 진행되는 흐름 속에서 급히 확장된 과제들을 만들어 내는 세 가지 기본 방식이다. 내부에 삽입하기로써는, 애초 최소한의 과제가 그 속에 내포된 또다른 최소한의 과제와 더불어 부각되어 나타난다. 이를 다음처럼 표시해 놓는다(§.12-2-1에 있는 사례를 보기 바람 : 뒤친이).

[a1 [b1 b2] a2]

이어주기로써는 애초 과제가 좀더 포괄적인 협동과제를 만들기 위하여 다음 과제와 이어지는데, 다음처럼 표시해 놓았다(§.7-4-2에 있는 사슬 이어주기와 표시가 동일함).

[a1 + a2 = b1]

[a2 = b1 + b2]

그리고 예비연결체로써는 애초 최소의 과제가 좀더 포괄적인 과제 속으로 내포된다. 이를 다음처럼 표시해 둔다.

[[a1 a2] b1 b2]

세 가지 방법이 모두 지엽적으로 그리고 우연한 기회를 통해 성취된다. 얼마나 큰지에 상관없이, 대화에서 좀더 확대된 협동과제들은 이들 방법들의 결합에 의해서 수시로 만들어진다.

§.7-5 협동 의미파악

이제 우리는 협동 의미파악 문제로 되돌아가 살펴볼 시점에 이르렀다. 화자와 청자는 어떻게 화자가 의미하는 바를 확정하는 것일까? 고전적인 시각은 다음과 같다. 잭이 케잇한테 "Sit here여기 앉아요"라고 말하는 경우에, 그는 특정한 의미를 염두에 두고 있으며, 이를 인식하는 것은 케잇이 할 일이다. "What the speaker means화자가 의미하는 바"는 그 화자의 특정한 객관적 의도이며, 청자는 그 의도를 확인하게 된다. 청자가 그것을 찾아내지 못하는 경우에 오해하였다고 말해진다. 비록 고전적 시각에는 잘못이 많이 있지만, 밑바닥에 깔려 있는 문제점은 그 시각이 화자와 청자의 행위를 자동적인 것으로 취급한다는 점이다. 즉, 화자는 일방적으로 자신의 의도를 고정시키고, 자신의 마음을 결코 바꾸는 일이 없으며, 청자는 독립적으로 그런 의도를 찾아내려고 노력한다는 것이다. 만일 의사소통 행위가 협동행위라면, 그런 시각은 제대로 작동하지 않을 것이다. 그러나 만일 고전적 시각이 옳지 않다면, 그 시각을 무엇으로 대체해야 할 것인가?

이런 견지에서 저자는 "what the speaker means화자가 의미하는 바"라는 개념이

what the speaker is to be taken to mean
화자가 의미하는 것으로 받아들여질 바

로 대체되어야 한다고 논의할 것이다. 그 변화는 작지만, 근본적이다. 착상은 화자가 의미하는 것으로 간주되는 바에 대하여, 화자와 청자가 협동 의미파악을 만들어 내려고 한다는 것이다. 그런 의미파악이 화자가 의미하는 바 그 자체—이는 바로 의사소통의 과정에서 바뀔 수 있음—를 나타내는 것이 아니라, 오히려 참여자들이 상호간에 화자가 의미하는 것으로 간주하는 바, 화자가 의미하는 것으로 그들이 여기는 바를 나타낸다 (Grice, 1982를 보기 바람). 이는 다음 원리로 포착된다.

◁ 협동 의미파악 원리 (Principle of joint construal) ▷

For each signal, the speaker and addressees try to create a joint construal of what the speaker is to be taken to mean by it.

각 신호에 대하여, 화자가 발화하여 의미하는 것으로 간주되는 바를 놓고서 화자와 청자는 협동 의미파악을 만들어 내려고 노력한다.

이 원리에 의해서, 케잇은 단순히 "Sit down[앉아 주세요]"에 의해 잭이 의미하는 바를 찾아내려고 노력하지 않는다. 케잇은 기꺼이 잭과 자신 둘이서 잭이 그 발화로 의미한 바로서 받아들일 수 있는 구성물을 만들어 내려고 노력하고 있는 것이다. 그녀는 보통 그의 애초 의도들을 추론해 내려고 노력할 것이지만, 그들이 도달한 협동 의미파악은 흔히 그런 의도들과는 차이가 날 것이다. 사실상, 많은 신호들에 대해서

what the speaker means
화자가 의미하는 바

라는 고전적 착상은 말이 되지 않지만, 반면에

what the speaker is to be taken to mean
화자가 의미하는 것으로 간주될 바

는 뜻이 통한다.[12]

---

[12] 'what the speaker means(화자가 의미하는 것, 일방적임)'는 유일하게 하나의 발화에 오직 하나의 의도만을 담고 있다면 말이 된다. 이는 정태적이고 갑갑하게 고정된 의사소통에 불과하다. 이와는 달리 현실에서는, 직관적으로 말하여, 대화하는 도중에 화자가 애초의 의도를 확 바꿔 버릴 개연성이 언제나 있다. 뿐만 아니라, 의도(intention)를 연구해 온 사람들은 의도를 적어도 둘 이상의 차원으로 나눠 놓아야 함을 깨닫고 있었다. 가령 써얼(Searle, 1983)에서는 prior intention(사전 의도) : intention-in-action(행위에 수반된 의도)라고 하였고, 브뢋먼(Bratman, 1987)에서는 future-directed intention(미래 지향 의도) : present-directed intention(현재 지향 의도)로 불렀으며, 말리(Malle, 1992)에서는 distal intention(원거리 의도) : proximal intention(근거리 의도)라고 불렀다. 한편 파크뤼(Pacherie, 2008)에서는 말리의 용어를 받아들이면서 머릿속 운동신경의 지시와 관련된 의도를 하나 더 첨가하여, D-의도 : P-의도 : M-의도로 삼분하였다. 물론 이들 하위 의도들 간에는 일관성이 준수된다는 전제가 깔려 있다. 이런 점을 고려한다면, 오직 청자와 화자 간에 서로 반드시 의미파악이 합의되어야 바람직한 것이다. 이런 측면을 반영해 주기 위하여, 본문의 다음 진술에서는 "what the speaker is to be taken to mean(화자가 의미하는 것으로 간주될 수 있는 것, 협동과제로서 쌍방향이며 상호간의 믿음임)"이라고 조건이 완화되어 있다. 이런 조건에서는 청자와 화자 사이에서 의미파악에 대한 일치 또는 합의가 중요한 것이다. 이 점이 바로 의사소통의 역동성을 보장해 준다. 또한 §.4-1-1에서 논의한 '재귀적 공통기반'의 근거와도 서로 정합적으로 부합한다. 결코 단순한 말 바꿈에 불과한 것이 아니다.

7-5-1 받아들임uptake 수용에서의 의미파악

명령문에서의 문제점을 상기하기 바란다. 잭이 케잇한데 "Sit here여기 앉아요"라고 말하는 경우, 그는 명령·요구·제안·충고·협박·권고, 또는 언표 속에 깃든 다른 행위를 수행할 수 있다. 그 발화 형식은 어느 기능을 수행하고 있는지 명시해 주지 않는다. 이제 케잇은 그가 실행하고 있는 바에 대하여 괜찮은 착상을 지닐 수 있겠지만, 또한 그것이 충분한 것도 아니다. 잭과 케잇은 반드시 그의 행위에 대한 그녀의 의미파악이 그의 의도들과 부합하거나, 또는 적어도 그에게 괜찮다는 상호간의 믿음에 이르러야 한다. 이를 실행하기 위해서, 케잇은 잭이 올바르다고 시인하거나 고칠 수 있도록 잭에게 자신의 의미파악에 대한 증거를 제공해 줄 필요가 있다. 그가 제안하는 것으로 그녀가 믿는 협동과제를 그녀가 완결 지음에 따라, 그녀는 자신의 수용을 이용하는 일 외에 더 나은 길은 없다.

만일 받아들임이 이런 방식으로 이용된다면, 응당 정규적으로 첫 번째 짝 부분의 대안이 되는 의미파악들 사이를 구별해 주어야 하는데, 실제로도 그렇게 구별해 놓는다. 다음과 같이 "Sit here여기 앉아요"에 대한 케잇의 반응으로 가능한 네 가지 선택을 살펴보기로 한다.

A의 발화	B의 의미파악	B의 받아들임(응답 표현)
"Sit here" (여기 앉으시죠)	명령(order)	"Yes, sir." 예, 선생님.
	요구(request)	"Okay." 그러죠.
	제안(offer)	"No thanks." 아뇨, 감사합니다(사양함).
	권고(advisory)	"What a good idea!" 참 좋은 생각이로군요!

케잇이 "What a good idea!참 좋은 생각이네요!"라고 응답하는 경우에, 그녀는 잭에게 그녀가 그의 발화를 [청자가 선택권을 갖고 있는] 권고의 의미로 파악하고 있음을 보여 준다. 이는 케잇이 잭에게 그가 제안하고 있는 그 협동과제를 권고 교환의 의미로 파악하고 있음을 보여 준다고 말하는 것과 동일하다. 그리고 케잇은 자신의 수용uptake 받아들임이, 잭의 언표 속에 깃든 힘을 '권고'로 간주한다는 상호간의 믿음을 위하여 적정한 공유토대임을 잭이 알기를 기대한다. 그리고 이는 또한 그녀가 그 발화를 명령·요구·제안·경고로 간주하지 않는다는 증거이기도 하다. 일단 잭이 케잇의 의미파악을 받아들이면, 이는 그들의 협동 의미파악이 되는 것이다.

케잇의 받아들임(수용)은 또한 중요한데, 그것이 어떤 협동과제를 그녀가 기꺼이 하려고 하며 그리고 전념하여 시행할 수 있는지를 명확히 해 주기 때문이다. 그녀는 "Sit here여기에 앉아요"가 권고라면, 그 권고를 받아들여 기뻐할 것이지만, 그것이 명령이라면 그렇지 않을 듯하다. 그녀는

I think Jack intends 'Sit here' as an advisory
나는 잭이 '여기 앉아요'를 [청자가 선택권을 지닌] 권고로 의도하여 말한다고 생각해

라고 추론할 것 같다.

But if I take it up without signaling that, he may think I am committing myself to an order, which I am not willing to do. I had better display what I am committing myself to.
그러나 만일 내가 이 점을 신호해 주지 않는다면, 잭은 내가 명령에 따르고 있다고 생각할 수 있겠는데, 그런 명령에 복종하는 일은 내가 기꺼이 하고 싶은 바가 아니다. 내가 스스로 전념하는 바를 대답하여 공식적으로 보여 주는 것이 더 낫겠다.

따라서 그녀가 "What a good idea!참 좋은 생각이로군요!"라고 말하는 것이다(≒권고에 대한 응답임).

사람들은 그들이 받아들이고 있는 바에 대하여 재량껏 의미파악을 제시하기 위한 표현들을 열거할 수 있다. 많은 것들이 바로 이런 목적을 위하여 진화해 온 것으로 보이는 관용구들이다. 다음에 몇 가지가 제시되어 있는데, 사람들이 받아들이는 언표 속에 깃든 행위의 유형으로 분류되어 있다.

언표 속에 깃든 힘의 유형	사례	받아들이는 관용구
단정	"The movie was great." 그 영화가 대단했어요	Uh huh/Yes/Right/Of course/Quite/Indeed/Oh? 아하/예/그래요/물론/아주 그래/사실이야/그래?
명령	"Sit down." 앉으십시오	Yes sir/Yes ma'am 예 선생님/예 여사님
요구	"Please sit down." 좀 앉으시죠	Okay/Right/All right 좋아요/그래요/좋습니다
예/아니 질문	"Was the trip dangerous?" 그 여행이 위험했습니까?	Yes/Yes it was/Indeed/No/No it wasn't/Not a bit/Not at all 예/예 그랬어요/사실이에요/아뇨/아뇨 안 그랬어요/조금도 안 그랬어요/전혀 아니에요
무엇/누구 질문	"Who brought the gift?" 누가 그 선물 가져왔죠?	Mildred did [Ellipsis] 밀드뤄드가 그랬어요 [생략]

약속	"I'll get you a beer." 맥주 한 잔 갖다 드릴게요	Thanks/Thank you/Thank you very much/Thanks a lot/ Much obliged/Many thanks 고마워/고마워요/아주 고맙습니다/대단히 고맙습니다/신세 많이 끼칩니다/대단히 감사합니다
제안	"Want a beer?" 맥주 마실래요?	Please/Yes please/No thanks/No thank you 제발요/예 좀 그래 주세요/괜찮아요/아뇨 괜찮습니다
감사 표현	"Thank you" 고맙습니다	You're welcome/Don't mention it 언제든 환영합니다/천만에 말씀입니다
칭찬	"What a nice sweater." 정말 좋은 스웨터이네요	Thanks 고마워요
인사	"Hello" 안녕	Hello/Hi 안녕하세요/안녕
작별	"Good bye." 안녕히 계세요	Good bye/Bye/Bye bye/See you/So long 안녕히 가세요/안녕/바이바이/또 봐요/잘 가요

비록 이들 범주가 약간 겹치지만, 그런 중복은 유리하다. 그런 중복이 대부분 혼동되지 않을 것 같은 범주들 사이에 걸쳐 있다. 원한다면, 화자는 상대방의 의미파악을 받아들인다는 표현을 정확히 만들어 낼 수 있다.

받아들임은 흔히 협동과제의 의미파악 이상을 보여 준다. 수용이 그 과제에 대한 한 사람의 전념commitment 성심껏 이행함을 표현할 수 있다. 잭이

I'll get you a beer.
맥주 한 잔 갖다 드릴게요.

라고 말하는 경우에, 케잇은

"Okay(좋아요)"
"Thanks(고마워요)"
"Thanks a lot(대단히 고마워요)"
"Thanks very much indeed(정말 아주 대단히 고맙습니다)"

등에서 선택할 수 있다. 이들 항목은 서로 진지함에서 차이가 난다. 이런 태도는 대부분 억양으로 실현된다. 잭의 발화 "Sit down앉으십시오"에 대해서, 쑤즌은 "Okay좋아요"나 "Right그래요"이란 표현을 진지한 억양이나 사무적인 억양이나 낙담스런 억양이나 기가 꺾

여 가라앉은 억양으로 전달할 수 있다. 억양마다 각각 서로 다른 전념commitment 마음 쏟아 이행함을 나타내 준다. 또는 잭이

> The movie was awful
> 그 영화는 지독히 나빴어

라는 단정에 대하여, 케잇은 "Uh huh아하", "Yes it was예 맞아요", "Quite아주 그래요"으로 동의를 드러내 줄 수 있거나, 또는 "It was?그랬어요?"나 "Oh?아?"로 사전지식의 결여나 회의를 나타낼 수도 있다. 각각의 답변은 서로 다른 선율melodies 가락을 지니고 있다.

7-5-2 의미파악의 인정 및 교정

의미파악을 제시하여 보여주는 한 가지 이유는, 상대방에게 그것들을 옳은 것으로 인정하거나[13] 교정할 기회를 제공해 주는 것이다. 대부분의 경우에 공식적으로 내보여진 의미파악은 화자의 원래 의도와 부합되며, 대화 상대방도 그 수준에서 다음 차례의 기여(≒대화 진행)를 개시함으로써 그 점을 인정한다. 케잇이 포도주를 대접하는 일에서 살펴보았듯이, 만일 부합되지 않는다면, 대화 상대방은 여러 가지 다른 선택항목을 갖게 된다.

(1) 잭이 [청자에게 선택의 여지가 전혀 없는] '요청'이 되도록 의도하면서 "Sit here여기에 앉아요"라고 말하지만, 케잇이 [청자가 선택할 권리를 갖고 있는] 권고로 알아듣고서 엇갈리게 "What a good idea!참 좋은 생각이로군요!"라고 대답한다고 상정하기로 한다. 잭에게는 두 가지 선택이 있다. 케잇의 의미파악을 잘못된 것으로 간주하고

> I am not just advising you to sit down here—I'm asking you to
> 난 여기 앉도록 권고하는 게 아니라, 요구하고 있는 것이오.

라고 말하면서 고쳐 줄 수 있다. 아니면, 그녀의 의미파악을 바꾸지 않은 채 그대로 놔두고서, 화자인 그 자신의 의도를 고쳐 놓을 수도 있다. 그가 실행하는 것으로 간주될 것에 대하여 자신의 마음을 바꾸는 것이다. 그는 다음처럼 추리할 수 있다.

---

[13] validate(합당성을 입증하다, 확증하다, 타당/유효하게 만들다)라는 말은, 화자가 자신의 의도를 청자가 파악한 것으로 인정해 주는 일이므로, 여기서는 '인정하다'라는 말로 번역해 둔다.

So what if Kate doesn't interpret my utterance as a request. She is still going to sit down, and that is my goal.

따라서 케잇이 나의 발화를 요구로 해석하지 않으면 어떻게 될까? 그렇지만 [권고로 오해하더라도] 그녀는 의자에 앉게 될 것이며, 그것이 나의 목표이다.

그러고 나서 그는 자신의 행위가 권고로 간주될 것이라는 상호간의 믿음에 대한 공유된 토대를 깔아 놓으면서 "Good좋아요"이라고 응답할 수도 있다. 케잇의 입장에서 본다면, 그것(≒권고 기능)이 잭이 조금이라도 의도한 것일 수 있으며, 잭도 그 점을 알고 있다고 여긴다.

(2) 또다른 가능성은, 잭이 자신의 발화를 막연한 지시vague directive 애매한 명령가 되도록 의도하는 것이다. 그는 그 발화가 광범위한 제약 속에서 의미파악이 어떻게 이뤄지는지에는 무관심하다. 그는 단지 케잇이 앉게 되는 것만을 원하였다. 따라서 케잇이 "What a good idea!참 좋은 생각이로군요!"라고 응답하는 경우에, 그는 비록 실제 의도된 것보다 더 협소한 것이지만,[14] 그녀의 의미파악을 용인한다. 그러고 나서 "Sit down여기 앉아요"이 권고로 간주된다는 상호간의 믿음을 위한 공유된 토대를 깔아 놓으면서 "Good좋아요"이라고 응답한다. 케잇의 입장에서 본다면, 더 좁혀진 의미파악이 잭이 조금이라고 의도한 것 전부일 수 있으며, 잭도 그 점을 알고 있다고 여긴다.

(3) 다시 마지막 가능성이 있다. 케잇이 그런 의도들을 전혀 주목하지 못한 채 잭의 발화를 오해하는 것이다. 그녀가 잭의 발화를 권고로 해석하면서 "Uh huh아하"라고 응답하였지만, 반면에 잭은 그녀가 자신의 발화를 요구로 간주한다고 가정하는 것이다. 잭은 그녀의 외견상 의미파악(권고)을 받아들이되, 그녀에게 자신이 요청을 하고 있었다는 점을 깨닫지 못한 채 얼버무려 "Good좋아요"이라고 대답할 수 있다(다음 도표의 ⑤). 그들은 더 뒤에 그들의 오류를 포착할 수도 있고, 잡아내지 못할 수도 있다. 여기서 우리는 (대화 참여자들에게) 탐지되지 않은 곡해undetected misconstrual를 보게 된다.

최소 협동과제 속에는 'A의 제안→B의 수용→A의 인정'을 놓고서 여섯 가지 주요 유

---

[14] '더 협소하다'는 말은 두 가지로 해석될 수 있다. ① 막연한(vague) 지시가 더 구체적인 내용(권고)으로 좁혀졌다. ② 지시(directive)는 청자가 곧바로 받아들여 실천하는 것을 전제로 하며, 청자에게 선택권이 없는 것이다. 반면에 권고(advisory)는 청자에게 거부권도 함께 부여된다. 따라서 청자가 뭘 선택하느냐에 따라 다음 사건이 달라져 버린다. 화자의 입장에서 보면 화자의 영향력이나 강제력이 더 좁아져 버리는 것이다. 저자는 이 두 가지 가능성 중에 아마 첫 번째 해석을 의도한 듯하다. 다음 도표에서 ③을 참고하기 바란다.

형이 있는데, 다음에 제시되어 있다.

유형	B의 수용 제시	A의 반응
① 인정된 의미파악	A의 의도대로 완전히 이뤄진 의미파악임	받아들임
② 수정된 의미파악	A가 의도하진 않았으나 받아들일 만한 의미파악임	받아들임
③ 좁혀진 의미파악	의도된 여러 가지 의미파악 중 한 가지임	받아들임
④ 교정해 놓은 곡해	A가 받아들일 수 없다고 본 의미파악임	고쳐 놓음
⑤ 탐지되지 않은 곡해	알려졌더라면 A가 받아들일 수 없다고 봤을 의미파악임	받아들임
⑥ 청자의 선택에 맡긴 의미파악	받아들일 수 있는 의미파악들에 대한 포괄적 이접[15] 중에서 한 가지 의미파악임	받아들임

각 유형이 협동과제에 대한 A의 제안으로 시작된다. 다음에 일어나는 일은 B의 수용에 달려 있다. 그 수용은 ① B의 의미파악이 완벽함을 보여 줄 수도 있고, ② 의도되지는 않았지만 받아들일 만함을 보여 줄 수도 있다. ③ 받아들이지만 원래 의도보다 더 좁혀졌음을 보여 줄 수도 있고, 아니면 ④ 부정확함을 보여 줄 수도 있다. 또는 ⑤ B의 의미파악이 올바른지 아닌지를 보여주기에 부적합할 수도 있다. 저자는 다음 절에서 ⑥ 청자의 선택에 맡긴 의미파악을 다룰 것이다. 그렇다면 A는 B의 의미파악을 놓고서 받아들일지, 추가적으로 인정해 나갈지 여부를 선택해야 하는 것이다.

그렇다면 A와 B는 A의 발화에 대한 협동 의미파악을 확정하기 위한 절차를 갖고 있는 셈이다. 비록 A의 발화로 시작되지만, 이는 B가 의미파악을 제시해 주어서, A로 하여금 검사하도록 하는 일에 달려 있는 것이며, 필요하다면 A가 고쳐 주는 것이다. 심지어 그 절차가 성공적인 경우라고 하더라도, 함께 도달한 협동 의미파악이 원래 A의 의도와 차이가 날 수도 있다. 그것이 원래 의도를 수정한 것일 수도 있고, 더 좁혀 놓은 것일 수도 있기 때문이다. 궁극적으로 생각해야 하는 것은, A의 원래 의도가 아니라, 화자의 공식적 의도에 대한 의미파악으로 A가 받아들이는 바이다("what A is *to be taken* as meaning[A가 뜻하는 것으로 간주될 바임]"). 마치 사람들이 다른 것들에 대해서 자신의 마음을 바꿀 수 있듯이, 화자들도 자신이 의미하는 것을 그대로 고착시키지 않은 채, 상대방에 의해서 간주될 바에 대하여 자신의 마음을 바꿔 놓을 수 있는데, 종종 실제로도 그렇게 바꿔 놓는다.

---

15 inclusive disjunction(포괄적 이접)은 'or'로 제시된 두 가지 항목이 모두 선택되더라고 참이 되는 것을 말한다. 가령, '사과 또는 배가 과일이다'. 라틴어에서는 이런 이접 형태가 따로 있지만, 영어에서는 고유한 낱말이 없기 때문에 'or/and'라고 표시한다. 이와 대립되는 것은 exclusive disjunction(배타적 이접)으로 'or'로 제시된 두 가지 항목 중에서 오직 하나만 선택되는 것을 말한다. 가령, '영희는 남자이거나 여자이다'. 콰인(Quine, 1976), 『수리 논리(*Mathematical Logic*)』(Harvard Univ. Press), 12쪽 이하를 참고하기 바란다.

7-5-3 청자의 선택에 맡긴 의미파악

의미파악의 마지막 유형으로서 '청자의 선택에 맡긴 의미파악elective construal'은 전통적으로 간접 화행으로 불려온 바로부터 부각되어 나온다. 잭이 케잇한테

Can you reach the mustard?
그 겨자 양념통에까지 손이 닿을 수 있습니까?

라고 묻는 경우에, 피상적으로는 그가 '예/아니오' 질문으로 그녀가 겨자 양념통까지 손이 닿을 수 있는지 묻고 있는 듯하다. 그럼에도 불구하고 그 상황이 올바르다면, 겨자 양념통을 자신에게 건네어 달라고 요구하는 것으로도 보인다. 여기서 '질문'은 직접 화행 또는 축자적 화행이지만, '요구'는 간접 화행이다. 이런 시각에서, 잭은 두 가지 언표 속에 깃든 행위를 수행하고 있다.

직접 화행(질문) : "Do you have the ability to reach the mustard?"
그 겨자 양념통에까지 손을 뻗을 능력이 있습니까?
간접 화행(요구) : "Please pass the mustard."
그 겨자 양념통을 좀 건네어 주십시오.

간접 화행은 아주 다양하게 나온다. 언표 속에 깃든 행위들이 어떤 것이든 거의 간접적으로 수행될 수 있는 듯하다.

간접 화행은 보통 그롸이스 식 함의로 간주되어 왔다(가령 Searle, 1975a; 이 책이 제5장도 같이 보기 바람). 잭은 케잇으로 하여금 그녀가 겨자 양념통에까지 손이 닿을 수 있음을 자신이 깨닫고 있다는 사실을 알기를 기대한다. 따라서 그는 그녀가 손을 뻗을 수 있는지 여부를 묻고 있는 것일 수는 없다. 그는 "참되도록 할 것Be truthful"이라는 질의 대화규범을 일부러 어기고 있다. 그 점으로부터 그녀는 잭이 자신에게 겨자 양념통을 건네어 주도록 요청하고 있음을 계산해 낼 것이다. 전통적인 취급방법은 많은 문제를 지니지만, 주요한 것은 다음과 같은 가정이다.

① 화자들이 특정한 해석을 염두에 두고 있다("what the speaker means화자가 의미하는 바임").
② 청자는 그 해석을 인식할 것이다.

③ 그들은 자동적으로 그렇게 할 것이다.

이 세 가지 가정이 모두 의심스럽다.

"Can you reach the mustard?겨자 양념통에까지 손이 닿을 수 있습니까?"와 같은 발화는 대신 청자의 선택에 맡긴 의미파악을 지닌 것으로 간주될 수 있다. 클락(Clark, 1979)에서는, 캘리포니아 팔로우 알토우Palo Alto 근처에서 쑤즌이란 부인이 50군데 음식점에 전화를 하여 "Do you accept credit cards?신용카드를 받습니까?"라고 물어 보았다. 다음에 이 발화를 받아들인 세 가지 형식이 있다.

쑤즌의 발화	음식점 주인의 응답	
Do you accept credit cards? (신용카드를 받습니까?)	사례 1	Yes, we do 예, 그렇습니다
	사례 2	Yes, we accept Mastercard and Visa 예, 우린 마스터카드와 비자카드를 받습니다
	사례 3	We accept Mastercard and Visa 우린 마스터카드와 비자카드를 받습니다

사례 1에서는 그 주인이 쑤즌의 발화를 질문("Yes, we do")으로 파악하여 받아들였음을 보여 준다. 또한 신용카드를 받으라는 요청으로 그가 그녀의 발화를 파악하였다는 점은 아무런 것도 암시되어 있지 않다. 사례 2에서는 주인이 그녀의 발화를 '예/아니오' 질문으로 파악하였고("Yes") 또한 동시에 신용카드를 받으라는 요청으로 파악하였음("we accept Mastercard and Visa")을 보여 준다. 사례 3에서는 주인이 그녀의 발화를 신용카드를 받으라는 요청으로 파악하였음을 보여 주었고("we accept Mastercard and Visa") 그것이 전부였다. 만일 그가 쑤준이 진지하게 신용카드를 받는지 여부를 묻고 있었다고 생각했다 하더라도, 거기에 대한 아무런 증거도 보여 주지 않았다. 세 가지 사례는 다음과 같이 요약된다.

사례	음식점 주인의 응답	주인의 의미파악 내용
1	"Yes, we do." 예, 그렇습니다.	질문
2	"Yes, we accept Mastercard and Visa." 예 우린 마스터카드와 비자카드를 받습니다.	질문 + 요청
3	"we accept Mastercard and Visa." 우린 마스터카드와 비자카드를 받습니다.	요청

각각의 경우마다 쑤즌에 의해서 음식점 주인의 의미파악 내용이 인정을 받고, 그들의 협동 의미파악으로 되었다.

따라서 여기서 쑤준은 어떤 언표 속에 깃든 행위를 수행하였던 것일까? 그것은 홀로 질문이거나 홀로 요청이거나 아니면 심지어 '질문+요청'도 아니었다. 그녀는 세 가지 의미파악 내용을 모두 받아들였는데, 사실상 그렇게 해야만 되었다(≒선택권이 전적으로 청자에게 달려 있음). 응답 사례 1에서 만일 그녀가 음식점 주인의 응답을

> No, I meant what credit cards do you accept.
> 아뇨, 제 말뜻은 어떤 신용카드를 받느냐는 거예요.

라고 고쳐 주었더라면, 그 음식점 주인은 그녀가 불분명하게 말하였다고 당장 불평을 했을 수도 있다. 응답 사례 2와 3에서, 만일 그녀가 음식점 주인들의 응답을

> No, I was only asking whether you accept credit cards.
> 아뇨, 저는 거기서 신용카드를 받는지 여부만을 묻고 있는 거예요.

라고 고쳐 주었더라면, 그 주인이 이미 답을 그녀에게 말해 주었기 때문에, 상대방의 이해를 둔감하게 여겨졌을 것 같다. 주목할 만한 것은, 이런 발화를 이용함으로써, 쑤즌이 음식점 주인에게 이들 선택항목(≒언표 기능)들 중에서 어느 것을 그녀가 의미하는 것으로 수용할 것인지 결정하도록 맡겨졌다는 점이다. 음식점 주인이 스스로 어떤 기능을 의미했다고 보는지의 선택에 상관없이, 쑤즌은 고쳐 주는 일이 불가능한 입장에 놓여 있었다.

"Do you accept credit cards?신용카드를 받습니까?"에 대한 두 가지 의미파악은 청자의 선택에 맡긴 의미파악이다. 쑤즌은 자신의 발화를 음식점 주인이 그녀가 뭘 하는 것으로 여겨질 것인지를 선택할 수 있도록 마련해 놓았다. 질문을 하거나 요구를 하거나, 아니면 둘 모두를 한다. 그녀는 단순히 언표 속에 깃든 행위만 수행한 것이 아니라, 또한 언표 속에 깃든 행위들에 대한 포괄적 이접inclusive disjunction('or'로 제시된 두 항목이 모두 선택될 수도 있음 : 뒤친이)을 수행하고 있었다. 즉, 질문이거나, 요청이거나, 아니면 둘 모두이다. 그녀는 음식점 주인에게 선택이 맡겨졌음을 깨닫도록 의도하였으며, 그 주인이 선택을 한 것이다.

청자의 선택에 맡긴 의미파악elective construals을 제안하는 한 가지 이유는 지름길을 허용하려는 것이다. 쑤즌이 예비요청으로서 "Do you accept credit cards?신용카드를 받습니까?"를 이용한 경우에, 마치

if you accept any credit cards, please tell me which one you accept.

신용카드를 받는다면, 어떤 신용카드를 받는지 저에게 좀 말해 주십시오.

라고 말하려고 했던 것처럼, 그녀는 준비조건preparatory condition을 점검하고 있었던 것이다. 다음에서 보인 사례 4에서와 같이, 그런 조건이 실패할 수 있다. 그럼에도 불구하고 이것은 음식점 주인들이 응답한 또다른 방식이었다.

〈응답 사례 4〉

전화한 손님 : Do you accept credit cards?
　　　　　　신용카드를 받습니까?

음식점 주인 : No, we don't.
　　　　　　아뇨, 안 받습니다.

준비조건이 성립되지 않았으므로, 따라서 요청 해석은 무의미해졌고, 그 주인은 유독 질문으로 파악하는 일만을 선택해야 했다. 저자는 제10장과 제12장에서 다시 청자의 선택에 맡긴 의미파악을 다룰 것이다.

7-5-4 다시 '언표 속에 깃든 행위'를 찾아서

그렇다면 언표 속에 깃든 행위란 무엇일까? 전통적인 견해는 그것이 전적으로 그 행위를 수행한 화자에 의해서 결정된다는 것이다.[16] 청자는 그 행위를 해석하는 데에 올바르거나 잘못될 수 있지만, 중요한 것은 화자의 의도라는 것이다. 그렇지만 전통적인 견해가 올바를 수는 없다.[17] 쑤즌이 음식점 주인에게 "Do you accept credit cards?신용카드를 받습니까?"라고 물었을 때, 그녀가 질문을 의도했는지, 신용카드를 받으라고 요청을 했는지, 아니면 둘 모두인지는 문제가 되지 않았다. 그녀는 자신이 어느 쪽을 의미하는 것으

[16] 전통적 견해란 오스뜬(Austin)의 견해이다. §.5-2를 참고하기 바란다. 그런데 오스뜬은 화자와 청자가 언제나 진실하게 말하고 듣는 모형을 상정하였다. 이는 felicitous condition(적정 조건) 또는 happiness condition(만족 조건)으로 불린다. 비록 부적절성(infelicities)을 언급하였지만, 이는 방편으로만 다뤄지고, 정작 본격적인 논의는 이뤄지지 않았다. 따라서 현실 모습을 부분적으로만 다룬 셈이다. 그렇지만 그의 후배인 그롸이스(Grice)는 일부러 어그러뜨리기(flout) 또는 등쳐먹기(exploitation)까지도 포괄하여, 더욱 입체적으로 일상의 화용 모습을 다루었다. 이 책의 저자는 청자의 몫을 추가적으로 더욱 강조하고 있다.

[17] 〈원저자 1〉 또한 스뜨뤽(Streeck, 1980)을 보기 바란다.

로 간주되는지를 그 음식점 주인에게 맡겨 놓았던 것이다.

청자의 선택에 맡긴 의미파악은 역설적으로 들린다. 오직 우리가 언표 속에 깃든 행위를 자동적인 것으로만 생각해 오고 있기 때문이다. 그러나 화자들은 오직 자신의 응답자들과 협동 의미파악에 도달함으로써만 언표 속에 깃든 행위들을 수행할 수 있을 뿐이다. 이것이 바로 화자와 청자 둘 모두로부터 나온 행위를 취하는 것이다. 때로 화자들은 자신의 원래 의도들을 고치거나 줄여 가도록 유도된다. 다른 경우에는, 청자의 선택에 맡긴 의미파악에서와 같이, 화자들이 자신의 행위에 대한 의미파악을 여러 가지 해석에 활짝 열어 놔둔다. 그럼에도 불구하고 화자와 응답자가 모두 함께 진행해 나가는 한, 중요한 것은 바로 그들의 협동 의미파악—즉 청자에게서 화자가 무엇을 의미하는 것으로 간주될 것인지—인 것이다. 그것은 다른 것이 아니라 바로 그런 상호간의 믿음에 대하여 공유된 토대를 지니는 것이다.

이들 단계와 더불어, 놀랍게도 우리는 오스뜬의 내용에 근접한 언표 속에 깃든 행위들에 대한 시각으로 되돌아가게 된다. 그는 다음처럼 논의하였다(Austin, 1962 : 115~116).

> I cannot be said to have warned an audience unless it hears what I say and takes what I say in a certain sense. An effect must be achieved on the audience if the illocutionary act is to be carried out … Generally the effect amounts to bringing about the understanding of the meaning and of the force of the locution
> 내가 말한 바를 듣고서 청자가 어떤 특정한 의미로 내가 말한 바를 간주하지 않는다면, 나는 청자에게 경고하였다고 말할 수 없다. 언표 속에 깃든 행위가 실행되려면, 어떤 효과가 청자에게서 반드시 달성되어야 한다. … 일반적으로 그 효과는 언표의 의미 및 힘에 대한 이해를 일어나게 만드는 것이 된다.

오스뜬이 논의하듯이 만일 언표 속에 깃든 행위가 화자 및 청자 둘 모두로부터 나온 행위를 요구한다면, 이는 그것들을 동참행위로 만들어 준다. 대부분의 연구자들은 언표 속에 깃든 행위들이 "그 언표의 의미와 힘에 대한 이해를 일어나게 만드는 일"을 포함해야 한다는 오스뜬의 요구조건을 놓쳐 버렸다. 그 이유는 협동행위의 얼개 속에서 언표 속에 깃든 행위를 다루기를 단순히 거절하였기 때문이다. 여기서 옹호하는 이런 시각은 오스뜬의 생각에 아주 잘 들어맞을 것으로 생각한다.

§.7-6 결론

대화에서 사람들은 한 번에 일을 한 대목씩 완수한다. 저자는 사람들이 대체로 협동과제들을 통해서 그런 일을 한다고 논의하였다. 한 사람의 참여자가 모든 참여자들이 완결 짓도록 어떤 협동행위를 투영한다. 다른 참여자들은 그것을 받아들여 완결 짓는다. 전형적인 협동과제는 다음 질문-대답 짝question-answer pair에서 예시되듯이 인접쌍으로 완수된다.

① 제안 Ann : when is it (그게 언제죠?)

② 수용 Ben : four thirty tomorrow --- (내일 4시 반요 ---)

"When is it그게 언제죠?"이라는 ① 부분으로, 앤은 벤으로부터 앤으로 오는 정보의 전달을 제안한다. "four thirty tomorrow내일 4시 반요"라는 ② 부분으로, 벤은 그녀의 제안을 받아들이고 완결 짓는다. 인접쌍의 두 부분은 여러 가지 이유로 협동행위를 위하여 이상적이다. 인접쌍은 두 명의 참여자를 확정한다. 인접쌍은 두 참여자 모두로부터 개별행위들을 요구한다. 그리고 이들 행위가 더 큰 단위의 작업을 위하여 요구된 동참행위들이 된다. 여기서는 정보의 전달이다. 대화에서 사람들은 '내부에 삽입하기·이어주기·예비연결체 질러 놓기'로써, 최소 협동과제로부터 확대된 협동과제를 만들어 낸다. 전반적인 협동과제는 새로 생겨나는 우연한 기회들을 이용하는 지엽적인 협동과제들로 실행된다.

최소 협동과제들은 화자가 말한 것이 무엇을 의미하는 것으로 간주될 것인지에 대한 협동 의미파악에 이르는 데에 필수적이다. 앤이 "When is it?그게 언제죠?"라고 말하는 경우, 그녀는 벤이 수용 가능한 의미파악에 도달하였는지 여부를 그의 수용내용uptake 받아들임을 검토하면서 결정할 수 있다. 그의 응답 "four thirty tomorrow내일 4시 반요"는 그녀가 인정하거나 수정할 수 있는 의미파악 내용을 보여 준다. 이런 절차와 더불어, 대화를 하면서 사람들은 임의 신호에 대한 협동 의미파악에 도달하는 추가적인 방법을 지닌다. 그것들은 신호의 형식과 사용의 환경에만 달려 있는 것이 아니다. 또한 청자의 수용 및 이에 대한 화자의 인정에도 달려 있다. 이런 과정은 언어사용이 참으로 협동작업 활동이라는 추가적인 증거가 된다.

제8장 기반 다지기

협동과제는 완결 짓기가 쉽지 않다. 심지어 최소 협동과제에서의 성공조차 또한 더 낮은 수준에 있는 행위 모두에서의 성공을 요구한다. 다음 주고받은 대화를 살펴보기로 한다(8.2a.335).

Roger : now, – um do you and your husband have a j– car
Nina : – have a car?
Roger : yeah
Nina : no –
롸 줘 : 시방, – 음 너와 네 남편이 즈– 차 한 대 가졌니
니 너 : – 차 한 대 가졌냐고?
롸 줘 : 그래
니 너 : 아니 –

롸줘가 니너에게 그녀와 그녀 남편이 차를 한 대 갖고 있는지 여부를 묻고자 하는 경우에, 그녀는 그의 마지막 구절을 잘 들었다고 확신하지 못하였고, 그 부분을 "Have a car?"라고 도로 되물었다. 오직 그 점이 분명해지는 경우에만, 그녀가 그의 질문을 "No"로 받아들인다. 그들의 협동과제에서의 성공을 위하여, 롸줘와 니너는 주의를 쏟고 귀를 기울이며 서로를 이해하는 데에 성공할 필요가 있다. 그런 성공에 그들이 어떻게 도달하는 것일까? 제7장에서는 협동과제를 추구해 나가는 두 사람이, 어떻게 화자가 의미한 것으로 간주될 것에 대한 협동 의미파악에 도달하는지를 살펴보았다. 제8장에서는 협동과제가 성공을 보장해 주기 위하여, 그 밖에 다른 어떤 것을 취하는지를 놓고서 좀더 자세히 살펴보게 된다.

그 가정은 다음과 같다. 사람들은 더불어 함께 실행하는 바를 기반 다지고자 노력한다. 저자의 용어로, 한 대상에 기반을 다지는 일[to ground a thing]은, 그것을 충분히 현재의 목적을 위하여 공통기반의 일부로서 잘 수립해 놓는 것이다(Clark and Brennan, 1991; Clark and Schaefer, 1989; Clark and Wilkes-Gibbs, 1986). 이런 가정 위에서, 기반 다지기는 응당 의사소통의 모든 수준에서 일어나야 한다. 제5장에서부터 나온 지속적인 협동행위의 진전 사다리를 회상하기 바란다.

수준	화자 A의 행위	청자 B의 행위
4	A가 B에게 협동과제 *w*를 제안하고 있다	B가 *w*에 대한 A의 제안을 받아들여 고려하고 있다
3	A가 B에게 *p*가 사실임을 신호 보내고 있다	B가 A로부터 나온 *p*가 사실임을 인식하고 있다
2	A가 B에게 신호 *s*를 제시하고 있다	B가 A로부터 나온 신호 *s*를 확인하고 있다
1	A가 B를 위해 행동 *t*를 실행하고 있다	B가 A로부터 나온 행동 *t*를 주목하고 있다

그들의 협동과제에서 성공하기 위하여(수준 4임), 화자 A와 청자 B는 반드시 화자 A가 청자 B를 위하여 의미하는 것으로 간주될 바를 기반 다져야 한다(수준 3임). 이를 실행하기 위하여 그들은 화자 A가 청자 B에게 제시하고 있는 바를 기반 다질 필요가 있다(수준 2임). 이를 위하여 그들을 화자 A가 청자 B를 위하여 어떤 행위를 실행하고 있는지에 대해서 기반을 다질 필요가 있다(수준 1임).[1] 이들 수준을 모두 다루는 일은 행위 진전 사다리의 두 가지 속성에 의해서 단순화된다. 상향식 완결 및 하향식 증거이다.

기반 다지기가 어떻게 작동하는지 알아보기 위하여, 우리는 반드시 언어사용을 넘어서서 더 넓은 영역을 살펴보아야 한다. 사람들이 자동적인 행위와 협동행위 둘 모두를 포함하여, 임의의 행위를 수행하는 데에서 의도를 내보내는 방식에 대하여 일반적인 원리들이 있다. 만일 그렇다면, 그런 원리들은 또한 응당 '신호 보내기-인식하기; 제시하기-확인하기; 실행하기-주목하기'에도 적용되어야 한다.

---

[1] 원문에서 behavior(행동)이 쓰이고 있으나, 지속적인 행위(action)의 하위 개념이므로 번역에서는 굳이 구분하지 않았다. 과거 미국의 행동주의에서는 외적으로 관찰 가능한 모든 생명체의 움직임을 가리키는 용어였지만, 여기서는 그런 흐름과 무관하다. §.1-3의 각주 24에 있는 〈역자주〉를 보기 바람.

§.8-1 행위상의 종결

사람들이 자신이 실행하고자 의도한 바를 실행했다는 증거를 찾는 것이, 바로 의도적 행위에 대한 근본적인 원리이다. 만일 '올라감' 승강기를 부르고자 한다면, '올라감' 단추를 누른다. 나는 내 손가락 아래 눌린 단추를 느끼거나 볼 때에, 나는 '올라감' 단추를 눌렀다는 즉각적인 증거를 얻는다. 만일 그렇지 않다면, 나는 다시 시도한다. 그러나 오직 '올라감' 단추에 불이 들어와야만, 내가 승강기를 불렀다는 증거를 얻는다. 만일 그렇지 않다면, 또는 '올라감' 불이 켜지지 않는다면, 나는 승강기를 불렀다는 것을 확신할 수 없다. 따라서 내가 또 다시 그 단추를 누를 듯하다. 사람들은 '올라감' 불이 켜지지 않는 경우에, 반복적으로 그렇게 단추 누르기를 실행하는 경향이 있다. 왜 그럴까? 왜냐하면 그들이 사실상 승강기를 불렀음을 확증할 수 없기 때문이다.

사람들은 그들의 행위상에서 종결을 필요로 한다. 도널드 노어먼(Donald Norman, 1988) 덕택에 일반 원리가 다음과 같이 표현될 수 있을 듯하다.

> ◁ **종결의 원리 (Principle of closure)** ▷
>
> Agents performing an action require evidence, sufficient for current purpose, that they have succeeded in performing it.
>
> 임의의 행위를 수행하는 행위 주체는 현재 목적을 위해 충분하도록 그 행위를 수행하는 데에 성공하였다는 증거가 필요하다.

승강기를 부르는 행위에서, 종결 짓기 위하여 저자는 성공하였다는 증거를 찾는다. 그 원리는 모든 유형의 의도적 행위에 적용된다. 노어먼(Norman, 1988)에서 보여 주었듯이, 종결은 개인용 컴퓨터·텔레비전 수상기·자동차·전화·일반 가전제품 등의 설계에서도 중요하다. 종결을 고려하지 못하면 오용·좌절·실패를 초래한다. 눌렀을 때에 삐 소리가 안 나는 전화기 단추, 화면을 바꾸지 않는 컴퓨터 명령, 깜빡거리는 소리가 나지 않는 자동차 진행 방향 지시신호등, 이런 것들은 사용자들로 하여금 그들의 행위에서 종결 지점을 얻게 해 주지 못하므로 조작 실패를 조장한다.

8-1-1 종결의 증거

종결 원리의 심장부에는, 반드시 성공의 증거나 "현재의 목적을 위해서 충분해야" 한다는 착상이 들어 있다. 그런데 무엇이 증거를 충분하게 만들어 주는 것일까?[2]

① **효력성**(validity)

성공의 증거는 유용해지도록 반드시 효력이 있어야 한다. 실제로 이는 증거가 반드시 믿을 만하고 해석 가능해야 함을 의미한다. '올라감' 승강기를 부르는 경우에, 만일 '올라감' 단추의 불이 오직 듬성듬성 켜지거나, 내가 누르는 단추와는 무관하게 작동하였더라면, 그 단추의 불은 믿을 만한 증거가 되지 못하였을 것이다. 심지어 믿을 만하더라도, 오직 내가 '내려감' 단추를 눌렀을 때에만 작동하였거나, 단지 홀수 날짜에만 작동하였더라면, 그것은 이미 해석 불가능하였을 것이다. 대부분의 증거는 오직 어느 정도까지만 믿을 만하며, 오직 어느 수준의 확신까지만 해석 가능하다. '올라감' 단추의 불은 '상승' 승강기가 호출되었다는 강력한 증거이다. 그러나 층 사이를 통과하면서 어딘가 승강기 축에서 들을 수 있는 딱딱거리는 소리[click]는 다만 미약한 증거가 된다(최근 나온 소음이 전혀 없는 승강기는 예외임 : 뒤친이). 어떤 지각 가능한 변화라도 일상적으로 전혀 증거가 못되는 것은 아니다.

② **경제적인 노력**(economy of effort)

증거는 또한 노력상 경제적으로 쉽게 얻을 수 있어야 한다. 만일 '올라감' 단추 불이 오직 순식간으로 1/10초 동안만 켜져 있었다면, 아니면 오직 내가 10초 동안 단추를 눌렀어야 했다면 어떻게 될까? 그 증거는 아마 너무 값비싼 것이 되었을 듯하다. 전자의 경우는 올바른 순간에 너무 많은 주의를 쏟아야 할 것이며, 후자의 경우는 너무 많은 일을 오래 해야 하는 것이다. 다른 것들이 동일하다면, 증거를 얻는 데 들어가는 노력이 적으면 적을수록 더 낫다.

③ **적시성**(timeliness)

증거는 또한 반드시 적시에 맞춰 얻어져야 한다. '올라감' 단추를 누를 때에, 저자는 그 승강기에서 즉시 진행하여 윗층으로 올라가려고 '올라감' 단추 불을 원한다. 5초 뒤도 10초 뒤도 20초 뒤도 아니다. 왜 그럴까? 그 승강기를 부르는 일은 행위들의 연결체의 일부이며, 각 부분은 마지막 행위의 완결을 조건으로 한다. 저자는 반드시 다음 행위를 시작할 수 있기 전에, 현재 행위상으로 종결을 얻어 내어야 한다. 우리는 언제나 누른 뒤 5

---

[2] 여기서 언급된 세 가지 항목 중 ②와 ③은 다시 §.8-4-3에서 다뤄진다.

초간 지연되는 '올라감' 단추 불을 지니고 생활하도록 학습할 수 있겠지만, 그런 지연에 대해 마뜩하게 여기는 것은 아니다.

흔히 완결에 대한 최적의 증거가 가장 강력하고, 가장 경제적이며, 가장 적시의 증거가 되는 것은 아니다. 최적의 증거가 너무 값이 비쌀 수도 있다. 우리에게 필요한 것은 모두 "현재의 목적을 위해 충분한" 증거이다. 심지어 그 증거도 우리의 목적에 따라 변동한다. 유독 화학약품을 제조하면서, 심지어 많은 시간이 걸린다고 하더라도 저자는 기꺼이 완결에 대한 아주 유효한 증거를 얻어 내는 일에 많은 노력을 들이며 신중을 기할 수 있다. '올라감' 승강기를 호출하는 일에서는, 저자가 즉각 접속할 수 없는 증거를 얻으려고 애쓰지 않을 수도 있다. 행위들은 각각 충분하다고 여겨지는 그 나름의 증거 혼합체(≒즉각적인 증거나 오랜 시간이 걸리는 증거 등)를 지닌다.

8-1-2 최소노력

충분성sufficiency에 대한 개념은 사람들이 노력을 덜 들이기를 좋아한다는 착상에 근거를 둔다. 이는 다음 원리를 충실히 따르는 듯하다.

> ◁ **최소노력의 원리 (Principle of least effort)** ▷
>
> All things being equal, agents try to minimize their effort in doing what they intend to do.
>
> 모든 조건이 동일하다면, 행위 주체는 자신이 하고자 하는 바를 실행하는 데에 노력을 가장 적게 들이고자 한다.

어느 상자를 부엌의 한곳으로부터 다른 곳으로 옮겨 놓는 경우에, 저자는 먼저 그 상자를 거실로 옮기고 나서 다시 부엌으로 되돌아 갈 것 같다. 이런 원리는 일정범위의 일상 현상을 설명하는 데 이용되어 왔다. 종결과 함께, 노력을 최소화하는 일은, 추가적 얽힘twist을 지닌다. 일상적으로 우리는 노력을 적정한 행위를 실행하기 위해 들어가는 것으로 생각한다. 가령, '올라감' 단추를 누르는 것 따위이다. 그러나 저자의 행위를 완결 지었음을 확증하기 위해서 추가적인 노력이 들어간다. 노력을 계산하는 경우에는, 반드시 적정한 행위the action proper 및 그 행위 완결의 확인verification of its completion이라는 두 가지 노력을 모두 포함해야 하는 것이다.

많은 행위들은 오직 일단 어떤 기준에 도달하는 경우에만 완결이 이뤄진다. 내 접시에 있는 이태리 국수spaghetti를 모두 먹는 일은, 그릇에서 그 국수가 다 없어질 때까지 먹는 것을 의미한다. 추가적으로 먹는 일은, 그 행위의 일부가 아니다. 물로 병을 가득 채우는 일은, 그 병이 다 찰 때까지 병에 물을 붓는 것을 의미한다. 다 찬 병에다 물을 더 많이 붓는 것은 그 행위의 일부가 아니다. 우리는 이들을 '기준이 되는 행위criterial actions'라고 부를 수 있다. 그것들은 그 기준이 부합될 때까지는 완결되지 않는다. 행위 주체들이 종결 원리에 충실히 따르지 않고서는 그것들을 수행할 수 없다. 그것들을 실행하는 내재적인 부분inherent part은 그것들이 완결되는 때를 결정하는 일이다.

굳이 그럴 필요가 없을 때에라도, 우리는 많은 행위들을 기준이 있는 것으로 간주한다. 어느 은행의 승강기 여러 대 중에서「올라감」승강기를 기다리면서도, 저자는 다가오는 첫 번째「올라감」승강기에 올라타도록 강요받지 않는다. 저자는 두 번째 다가오는 승강기나, 다섯 번째 승강기를 선택하여 기다릴 수도 있고, 또는 저자가 서 있는 바로 옆 문가에서 처음 다가오는 승강기를 기다릴 수도 있다. 그러나 노력을 최소화하려고 노력한다면, 저자는 마치 '첫 번째「올라감」승강기를 기다렸던' 것마냥 '「올라감」승강기를 기다리는 일'을 기준이 되는 행위로 간주하게 될 것이다. 최소노력 원리에 대한 따름 정리는 다음과 같다.

> **◁ 기회 닿는 대로 편리하게 종결하는 원리** (Principle of opportunistic closure) ▷
>
> Agents consider an action complete *just as soon as* they have evidence sufficient for current purposes that it is complete
>
> 행위 주체들은 그 행위가 완결되는 현재의 목적을 위하여 충분한 증거를 갖게 되자마자 하나의 행위를 완결된 것으로 간주한다.

만일 행위 주체들이 임의의 행위를 기준이 되는 행위로 간주한다면 그렇게 종결하게 될 것이다.

8-1-3 하향식 증거와 전반적 증거

행위 진전 사다리와 더불어, 행위 주체들은 특히 증거에 대한 강력한 형태들을 활용할 수 있다. 제5장에서 다뤘던 승강기를 타는 일에 대한 행위 진전 사다리로 되돌아가 보기로 한다.

수준	시점 t_0부터 t_1까지 진행 중인 앨런(A)의 행위	행위 진전
5	A가 오고 있는 '올라감' 승강기에 타려고 다가간다	⇧
4	A가 '올라감' 승강기를 부른다	⇧
3	A가 '올라감' 단추를 활성화한다(작동시킨다)	⇧
2	A가 '올라감' 단추를 꽉 누른다	⇧
1	A가 '올라감' 단추에다 오른손 검지를 댄다	⇧

종결의 원리에 의해서, 앨런Alan은 자신이 다섯 가지 행위를 각각 완결지었다는 증거가 필요하다. 이는 어려운 주문인 듯하지만, 그럼에도 불구하고 어렵지 않을 수도 있다. 하향식 증거의 속성을 활용할 수 있기 때문이다.

◁ **하향식 증거**(Downward evidence) ▷

행위 진전 사다리에서, 한 수준이 완결되었다는 증거는 또한 그 아래 있는 수준들이 모두 완결되었다는 증거가 된다.

앨런은 각 수준에 있는 증거들을 따로 점검할 필요가 없다. 만일 '올라감' 단추 불이 켜진다면, 앨런은 제4수준에서뿐만 아니라 또한 그 아래에 있는 제1, 제2, 제3 수준에서도 성공하였다는 증거를 지닌다. 그는 다만 가장 높은 수준의 이용 가능한 증거를 점검할 필요가 있을 뿐이다.

행위 주체들은 '부분-전체' 관계를 위하여 관련된 원리를 활용할 수 있다. 저자가 컴퓨터에다 어떤 파일을 인쇄하도록 만드는 명령으로 'p' 'r' 'i' 'n' 't''인' '쇄'를 쳐 넣는다고 가정하기로 한다. 실제로 저자가 중간의 'i'라는 글자를 쳐 넣었을까? 만일 컴퓨터가 인쇄를 시작한다면, 저자는 그랬다는 증거를 갖게 된다. 그 속성은 다음과 같다.

◁ **총체적 증거** (Holistic evidence) ▷

Evidence that an agent has succeeded on a whole action is also evidence that the agent has succeeded on each of its parts.

어떤 행위 주체가 전체 행위상으로 성공하였다는 증거는 또한 행위 주체가 그 부분들 각각에서도 성공하였다는 증거가 된다.

하향식 증거와 총체적 증거라는 이들 두 가지 속성이 행위 주체들에게 종결에 이르는 강력한 방식들을 제공해 준다. 만일 노력을 최소화하려고 애쓴다면, 그들은 응당 충분히 현재의 목적을 위하여 유효하고 값 싸며 적시인 가장 강력한 증거를 찾아내어야 한다. 그들은 마땅히 이용 가능한 가장 높은 수준에서 증거를 찾아내어야 하고, 시도된 가장 큰 행위에 대한 증거(≒총체적 증거)를 찾아내어야 하는 것이다.

8-1-4 협동 종결

종결의 원리는 자족적인 독자 행위(≒개별행위)에 적용되는 만큼이나 또한 협동행위에도 적용된다. 여러분과 저자는 우리가 악수를 하거나 우리 이중주의 첫 번째 소절을 연주하는 데 성공했다는 증거가 필요하거나, 여러분의 외투를 받아들고서 여러분을 도와주는 데 성공했다는 증거가 필요하다. 그런 증거가 없다면, 우리는 다시 그 행위를 시도하거나 또는 잘못된 바를 고쳐 놓거나, 아니면 다음 단계를 취하기 전에 중단할 수 있다. 이런 조치는 각각 지속되는 우리의 작업활동을 무너뜨린다. 그렇다면 어떤 증거가 우리에게 필요한 것일까?

협동행위들이 참여자들에 의한 동참행위들로써 수행됨을 상기하기 바란다. 앤과 벤이 2인용 카누의 노를 젓는다면, 세 가지 행위가 포함되어 있다.

⓪ 앤과 벤이 2인용 카누를 젓는 일은 다음 ①과 ②를 포함한다.
① 앤이 ⓪의 일부로서 이물(=뱃머리)에서 노를 젓는다.
② 벤이 ⓪의 일부로서 고물(=뱃꼬리)에서 노를 젓는다.

앤의 관점을 택해 보기로 한다. 그녀는 자신의 노가 올바른 움직임과 압력으로 강물 속에 들어가 있는 것을 보고 느끼면서 '이물에서 노 젓는 일'에 대한 종결을 얻을 수 있다. 그러나 '⓪의 일부로서 노 젓는 일'에서 종결하기 위하여, 그녀는 벤도 또한 자신의 몫을 실행하고 있다는 증거가 필요하다. 그녀는 노 젓는 자신의 뒤쪽에서 그의 소리를 들으며, 각자의 노 젓기 행위와 더불어 카누가 앞으로 나아감을 느낀다. (역지사지로) 그녀는 또한 벤도 그녀가 제몫을 실행하고 있다는 증거가 필요함을 깨닫는다. 그녀는 벤이 그녀의 노 젓기를 보고 카누가 그녀의 노 젓기와 더불어 앞으로 나아감을 느끼면서 이런 증거를 얻는 것으로 가정한다. 궁극적으로 그들 두 사람은 협동 종결[3]에 이르고자 노력한다(Clark and Schaefer, 1989를 보기 바람).

◁ **협동 종결의 원리 (Principle of joint closure)** ▷

The participants in a joint action try to establish the mutual belief that they have succeeded well enough for current purposes.

협동행위를 하는 참여자들은 그들이 현재의 목적을 위하여 아주 충분히 성공했다는 상호간의 믿음을 확립하려고 노력한다.

앤과 벤은 그들의 개별 노 젓기에서뿐만 아니라, 또한 카누에 대한 그들의 협동 노 젓기에서도 종결을 얻어내려고 노력한다. 그리고 이것은 그들이 성공하고 있다는 상호간의 믿음을 위한 공유된 토대로 기여할 수 있는 증거를 요구한다. 최소노력의 원리에 의하여, 그들은 최소한의 협동노력으로 성공하려고 힘쓸 것이다.[4]

지금까지 저자가 논의해 온 바는 다음과 같다. 의도적으로 행위할 경우에, 우리는 실행하려고 착수한 바를 완결 지었다는 증거를 찾는다. 그 과정에서, 우리는 적정한 행위를 실행하는 일 및 완결을 확증하는 일, 둘 모두에 대한 전체 노력을 최소화해 놓으려고 시도한다. 우리의 행위들이 행위 진전 사다리 또는 행위 전체 내용에 속하는 경우에, 우리는 특히 효율적인 방식으로 증거를 이용할 수 있다. 최소노력의 원리로 말미암아, 우리의 행위를 실행해 나가는 알맞은 기회를 얻는다. 우리는 그 행위들에서 종결에 이르고, 그것들이 완결되었다는 충분한 증거를 갖게 되자마자, 계속하여 다음 행위로 진행한다. 협동행위들도 전혀 다르지 않다. 협동행위들도 또한 종결을 요구하기 때문이다. 그렇다면 문제는 종결에 이르는 방법이 된다.

§.8-2 기여

대화에서 사람들은 보통 그들의 행위에서 협동 종결에 이르기 위한 어떤 노력을 하게 된다. 예시로서 제8장의 앞에서 보았던 롸줘[Roger]와 니너[Nina] 사이에 대화 주고받기를 다시 살펴보기로 한다(8.2a.335).

---

[3] joint closure(협동 종결)에 대한 우리말 번역은 중의성을 띤다. ① 협동하여 종결한다, ② 협동을 종결한다. 번역자는 ①의 해석을 보장하기 위해 '종결 협동'이라고 쓰는 것이 더 낫게 느껴진다. 여기서는 원저자의 용어를 축자 번역하여 쓰되, 붙이지 않고 띄어쓰기를 해 둔다. 비슷한 혼란이 joint purpose(공동목적)과 joint problem(공동문제)에서도 생겨난다. §.7-3-2의 각주 9와 §.9-3의 각주 17을 보기 바란다.

[4] 〈원저자 1〉 최소한의 협동노력에 대한 더 많은 논의를 보려면, 클락·윌키즈-깁즈(Clark and Wilkes-Gibbs, 1986)과 쇼우버(Schober, 1995)를 참고하기 바란다.

Roger : now, - um do you and your husband have a j- car

Nina : - have a car?

Roger : yeah

Nina : no -

롸 줘 : 시방, - 음 당신과 당신 부군이 즈- 자동차 한 대 갖고 있습니까?

니 너 : - 자동차를 한 대 가졌냐고요?

롸 줘 : 그래요

니 너 : 아뇨 -

롸줘가 자신의 맨 처음 발언기회를 마치는 경우에, 그는 명백히 니너가 자신이 의미하는 바를 인식하기 위해 필요한 것을 모두 제시하였다고 생각한다. 그가 성공하였을까? 아니다. 롸줘는 즉각 니너의 도움 "Have a car?자동차를 한 대 가졌냐고요?"로부터 배우고 있다. 명백히 그녀는 마지막 구절만을 제외하고서 롸줘의 발화를 알아차렸다고 믿으며, 마지막 구절이 "have a car"라고 생각한다. 롸줘는 일단 그녀의 질문

Did you say「have a car」?

당신은「자동차를 한 대 갖고 있느냐」고 말했습니까?

를 "Yeah그래요, 그 질문을 했어요"로 정돈해 놓았으므로, 니너가 자신이 제시한 바를 알아차렸고, 자신이 의미한 바를 이해할 것이라고 매듭짓는다. 롸줘는 니너가 "No아뇨"라고 대답할 때에 그녀의 이해에 대한 증거를 얻는다. 그 증거와 더불어, 그들 두 사람은 그녀가 현재의 목적을 위하여 그를 아주 충분히 잘 이해하였다는 상호간의 믿음에 이른다. 그들은 신호 보내기 및 인식하기(=제3수준)에 대한 협동행위에서 종결에 이르렀다.

저자가 막 예시해 놓은 바는 담화에 대한 기여인데, 성공적으로 이해된 신호인 것이다. 어떤 경우에는, 저자가 신호와 협동 의미파악을 완결 짓는 롸줘와 니너의 협동행위에 대한 기여를 이용할 것이다. 다른 경우에는, 그 담화에 대한 롸줘의 기여를 말할 때 그것을 롸줘의 동참행위—그 협동행위에 대한 롸줘의 몫—로 이용할 것이다. 필요하다면 저자가 어떤 내포의미를 의미하는지 명백히 해 놓을 것이다. 어떤 경우이든지, 기여는 두 참여자로부터 행위들을 요구한다.

8-2-1 제시 및 수용제안 및 고려

기여는 일상적으로 두 가지 주요 단계로 성취된다. 롸줘의 기여에 대한 첫 번째 단계에서, 롸줘는 니너에게 어떤 발화를 제시한다. 두 번째 단계에서는, 롸줘와 니너 두 사람이 현재의 목적을 위하여 그녀가 충분히 그를 잘 이해하였음을 받아들일 때까지, 니너는 자신이 지각하고 확인하며 이해하는 바와 그렇지 않는 바에 대한 증거를 제공해 준다.[5] 이들 두 단계를 제시presentation 및 수용acceptance 단계(또는 제안 및 고려)로 부르는 것이 자연스럽다(Clark and Schaefer, 1987a, 1989).

참여자들이 각각의 신호와 그 인식을 위한 종결에 이르는 것은, 바로 이들 두 단계를 통해서 이뤄진다. 이 두 단계는 다음과 같이 작동한다(A가 남성, B가 여성이라고 가정함).

◁ **제시 단계 (Presentation phase)** ▷

A presents a signal *s* for B to understand. He assumes that, if B gives evidence *e* or stronger, he can believe that B understands what he means by it.

A는 B가 이해하도록 신호 *s*를 제시한다. A는 만일 B가 증거 *e*를 주거나 더 강한 증거를 준다면, 그 신호에 의해서 자신이 의미한 바를 B가 이해한다고 믿을 수 있다고 가정한다.

◁ **수용 단계 (Acceptance phase)** ▷

B accepts A's signal *s* by giving evidence *e*' that she believes she understands what A means by it. She assumes that, once A registers *e*', he too will believe she understands.

B는 A가 그 신호로 의미한 바를 자신이 이해한다고 믿는 증거 *e*'을 제시해 줌으로써 A의 신호 *s*를 받아들인다. B는 일단 A가 증거 *e*'을 등록한다면 A도 또한 B가 이해했음을 믿을 것이라고 가정한다.

이런 용어법으로는 A는 B가 이해하도록 어떤 행위—어떤 신호—를 제시하며, 차례로 B는 인식하거나 이해하게 됨에 따라서 마침내 그 행위—그 신호—를 유효하게 만들어 준다. 이들 두 단계가 적합하게 실행되는 경우에, B가 신호 *s*로 A가 의미한 바를 이해하였다는 상

[5] 목석이나 돌부처에게 얘기하는 것이 아니라, 협동하고 있는 청자에게 얘기하고 있으므로, 청자 또한 적극적이고 능동적으로 자신의 이해 여부를 화자에게 보여주어야 한다. 청자가 능동적으로 화자의 의도를 짐작하고 자신이 파악한 바가 맞는지 화자에게 명확히 점검할 수 있도록 반응을 해 주어야 하는 것이다. 이런 측면을 언어교육에서는 능동적(action) 청자로 부른다. 이하에서는 올바르게 이해했다는 증거를 '긍정적 증거'로 부른다.

호간의 믿음을 위한 공유된 토대에 기여한다. 그리고 이런 토대와 더불어 A는 그 담화에 대한 자신의 기여를 완결 짓는다.[6]

이런 모형을 구별해 놓는 것은 '긍정적 증거'에 대한 요구조건이다. 전통적인 설명으로만 보면, 롸쥐는 모순이 되는 증거—반대증거—가 있지 않다면, 니너가 그를 이해하였다고 가정할 수 있다(Grosz and Sidner, 1986; Litman and Allen, 1987; Stalnaker, 1978). 그러나 협동 종결의 원리에 의하여, 기여자들은 그들의 상대방이 자신이 의미한 바를 이해하였다는 '긍정적 증거'를 요구한다. 롸쥐는 오직 이해의 긍정적 증거만을 보는 경우에만, 니너가 그를 이해하였다고 가정할 수 있다. 만일 그렇다면, 기여 주체(≒화자)는 응당 긍정적 증거를 찾아내어야 하며, 그들의 상대방(≒청자)은 응당 긍정적 증거를 제공해 주도록 노력해야 한다. 그리고 청자들은 실제로 긍정적 증거를 제공해 준다.

긍정적 증거는 거의 대부분 응답자에 의한 신호들로부터 나온다. 발화·몸짓 시늉·분명히 해 주는 행위들이다(제6장을 보기 바람). 이들 신호는 네 가지 주요범주로 나뉜다.[7]

① 이해에 대한 단정 (assertions of understanding)

롸쥐가 발화를 제시하는 경우에, 니너는 "uh huh(아하, 그렇구나)", "I see(알겠어)", "m(음)"이나 또는 고개 끄덕거림이나 웃음으로 응답할 수 있다. 이들 신호와 더불어, 그녀는 자신이 롸쥐의 발화를 이해하였음을 단정하며, 그가 그녀의 단정을 받아들일 것으로 기대한다.

② 이해에 대한 전제 (presuppositions of understanding)

롸쥐가 제안한 협동과제를 니너가 받아들이는 경우에, 그녀는 계속 진행해 나갈 만큼 자신이 충분히 그를 잘 이해하였음을 전제한다. 따라서 수용이나 또는 관련된 다음 차례를 개시하는 일은, 이해에 대한 신호가 된다(제7장을 보기 바람).

③ 이해를 제시해 보여 주기 (displays of understanding)

롸쥐가 제안한 협동과제를 니너가 받아들이는 경우에, 그녀는 또한 일상적으로 롸쥐가

---

[6] 〈원저자 2〉 기여를 놓고서 협동하기에 대한 연산주의 형식화를 보려면, 에드먼즈(Edmonds, 1993), 히먼(Heeman, 1991), 히먼·허스트(Heeman and Hirst, 1992), 허스트·먹로이·히먼·에드먼즈·호어튼(Hirst, McRoy, Heeman, Edmonds and Horton, 1994)를 보기 바란다. 기반 다지기에 대한 연산주의 이론을 보려면 트롸움(Traum, 1994)를 참고하기 바란다.

[7] 〈원저자 3〉 미국 연방 항공국(Federal Aviation Administration)에서는 비행기에 조종사들 및 비행기 운항 관제사들이 모든 대화에서 특정한 이들 신호(가령 'readbacks' 반복 확인용 읽기, 다시 한 번 비행기 조종사가 관제사의 지시를 말해 줌으로써 그 내용을 재확인하는 일)를 이용해야만 되도록 강제 규정을 두었다(Morrow, Lee and Rodvold, 1993; Morrow, Rodvold and Lee, 1994).

의미한 것으로 자신이 파악한 바의 일부를 드러내고 있다(제7장을 보기 바람). 예를 들어, 어떤 답변은 부분적으로 그녀가 그의 질문을 어떻게 파악하였는지를 보여 준다.

④ **이해의 사례 제시** (exemplifications of understanding)

올바른 환경에서, 니너는 또한 롸줘가 의미하였다고 파악한 바를 예시해 줄 수 있다. 그녀는 풀어 말해주기나 축자적 반복을 제시할 수도 있다. 찡그린 얼굴이나 낙담스런 표정을 지을 수도 있다. 아니면 어떤 다른 시각적으로 본뜬 몸짓 시늉을 수행할 수도 있다. 각 경우마다 롸줘는 수용 가능한 의미파악에 대한 그녀의 사례 제시를 점검할 수 있다.

직접 보여 주기displays와 사례 제시exemplifications는 단정 및 전제들보다 좀더 유효한 증거가 되는 경향이 있다. 저자가 10살 난 소년에게 지시사항들을 내어 주고, 그가 이해(≒그 지시사항들을 모두 이해했음)를 단정하거나 전제하는 경우에만, 저자는 그 소년의 기준이 저자의 기준에 부응하는지 여부를 놓고서 따져볼 수 있을 듯하다. 그 소년이 자신이 이해한 바를 드러내어 보여 주는 경우에는 좀더 신빙성이 있다. 그것은 마치 학교 시험과도 같다. 저자는 그 소년에게 "Do you know the capital of Alaska?너는 알래스카 주의 주도를 알고 있니?"라고 묻기보다는(≒예/아니오 질문), 오히려

What is the capital of Alaska?
알래스카 주의 주도가 뭐지? 내게 말해 보렴

라고 묻는 것(≒wh-질문)이 더 만족스럽다. 만일 첫 번째 '예/아니오' 질문에 대해, 그 소년이 '예'라고 대답한다면, 저자는 정말로 그가 알고 있다고 확신할 수 있을까?

긍정적 증거는 또한 자발적인 반응으로서 징후symptoms의 형태로도 나올 수 있다. 롸줘가 자신이 말하는 바에 대한 그녀의 의미파악을 드러내면서, 뭔가를 말하여 니너로 하여금 얼굴을 붉히거나 놀라게 하거나 또는 화가 나게 할 수 있다. 만일 니너가 놀랄 필요가 없는 어떤 촌평에 의해서 놀라게 된다면, 롸줘는 당장 곡해되었음을 짐작하고 그 대목을 찾아내어 고쳐 놓을 수 있다.

이런 모형에서 모든 기여내용들은 궁극적으로 현재의 목적을 위하여 충분하다고 판정된 긍정적 증거와 함께 완결된다. 가장 일반적인 두 가지 유형의 기여내용은 전적으로 긍정적 증거와 더불어 달성된다. 그 증거들은 고쳐야 할 명백한 문제도 없고, 중단도 없이 슬슬 풀리어 골칫거리가 전무한 것이다. 저자는 그것들을 종결된 기여concluded contributions

및 지속되는 기여continuing contributions로 부를 것이다.

8-2-2 종결된 기여

종결된 기여에서는, 이해를 전제함으로써—A의 기여내용과 동일한 수준에서 다음 기여내용을 개시함으로써—B가 받아들인다는 신호를 A가 제시한다. 앨런Alan이 버튼Burton에게 질문을 던지고 있는 다음 예를 살펴보기로 한다(1.2b.1433).

Alan : and what are you then
Burton : I'm on the academic council
Alan : ah very nice position
앨 런 : 허고 그렇다면 자네는 뭐가 되지
버 튼 : 난 그 학술협회에 있어
앨 런 : 아 그래 아주 좋은 자리로군

앨런은 "and what are you then허고 그렇다면 자네는 뭐가 되지"라고 발화를 함으로써 자신의 기여내용을 개시한다. 버튼은 그 발화를 질문으로 파악하고 질문을 받아들여 "I'm on the academic council난 그 학술협회에 있거든"이라고 대답을 함으로써, 즉각 이해의 증거를 제시해 준다. 그 증거는 세 가지 유형으로 되어 있다.

① 버튼이 명확히 하도록 요구할 기회를 상대방에게 넘겨준다. 이것에 의해서 버튼은 자신이 앨런이 의미한 바를 이해한다고 믿고 있음을 함의해 준다.
② 버튼은 다음 기여내용으로서 답변을 개시해 준다. 이것에 의해서 버튼은 앨런의 발화를 질문으로 파악했음을 드러내어 보여 준다.
③ 버튼은 적합한 답변을 제공해 준다. 이것에 의해서 버튼은 앨런의 질문내용에 대하여 자신의 의미파악을 드러내어 보여 준다.

②와 ③과 더불어, 버튼은 앨런의 발화에 대한 자신의 의미파악을 앨런에게 점검할 기회를 제공해 준다. 만일 그 의미파악(=질문으로 파악함)을 받아들이지 않는다면, 앨런은 "No, I meant…아냐, 나는 …을 의미했어"라고 하여 고쳐 줄 수도 있다. 사실상, 앨런은 자신의 주장(=질문)을 "ah very nice position아 아주 좋은 자리로군"라고 응답하여 받아들임으로써 버튼의 대답

(it)을 수용한다.

앨런과 버튼은 전적으로 하향식 증거를 이용하여 앨런의 기여내용에 대한 협동 종결에 이르고 있다. 버튼이 앨런의 질문을 받아들이는 경우에, 버튼은 앨런에게 자신이 그의 질문을 받아들여 동의한다는 증거를 제공해 준다(제4수준에 있는 일임). 협동 진전 행위의 사다리에서, 제4수준에서의 성공에 대한 증거는 또한 그 아래 있는 제1, 제2, 제3수준의 성공에 대한 증거가 된다. 그 두 사람은 다음처럼 결론을 지을 수 있다. 버튼이 앨런의 발화에 주목하고 확인하며 이해하는 데 성공하였다.

8-2-3 지속되는 기여

지속되는 기여에서, A는 "m음:"이나 "uh huh아하 맞습니다"와 같이 배경으로 깔린 동감표현이나 또는 고개 끄덕거림이나 웃음과 함께, B가 이해를 단정하여 제대로 받아들였다는 신호를 B에게 제시해 준다. 다음 사례를 살펴보기로 한다(1.1.90).

Sam : I wouldn't wait it before the end of June anyhow Reynard, because I'm going to Madrid, . on the tenth and coming back on the twenty-ninth, – * u : h * .

Reynard : * I see *

Sam : I * shall *

Reynard : * yes *

Sam : not be away from home then until at any rate the end of –

Reynard : m

Sam : about the end of August -- so any time in July and August but u : h

Reynard : yes

Sam : not too far into August if * possible *

Reynard : * no *

쌤 : 뢰나드 난 어쨌든 6월 말이 되기 이전까지 그걸 기다리지 못할 거야, 왜냐면 내가 마드리드에 갈 예정이거든, . 10일에 말야 그리고 29일에 돌아오거든, –* 어 : * .

뢰나드 : * 알겠어 *

쌤 : 난 * ~않게 될 거야 *(번역에서 물결표는 추가 삽입됨을 표시함)

뢰나드 : * 그래 *

쌤 : 집으로부터 멀리 떨어져 있지 않게 될 거야 어쨌든 간에 말일까지 –

뢰나드　: 으음

쌤　: 대략 8월 말일까지 말야 -- 그래서 7월과 8월에 어느 날짜이든 좋지만 어:

뢰나드　: 그래

쌤　: * 될 수 있는 한 * 8월 쪽으로 너무 멀리 아니라면 좋겠어

뢰나드　: * 안 그럴 게 *

비록 쌤이 계속해서 말을 하고 있지만, 그 말의 배경으로 뢰나드도 또한 동감한다는 표현을 더해 놓고 있다. "I see알겠어", "yes그래", "m으음", "no안 그럴 게". 첫 번째 두 줄은 다음 구조를 지닌다.

◁ **제시 단계** ▷

Sam : I wouldn't wait it before the end of June anyhow Reynard, because I'm going to Madrid, . on the tenth and coming back on the twenty-ninth, * – u:h * .

뢰나드 난 어쨌든 6월 말이 되기 이전까지 그걸 기다리지 못할 거야, 왜냐면 내가 마드리드에 갈 예정이거든, . 10일에 말야 그리고 29일에 돌아오거든, – * 어:* .

◁ **수용 단계** ▷

Reynard : * I see * - yes

* 알겠어 * – 그래

"I see yes알겠어 그래"와 더불어, 뢰나드는 자신이 쌤의 마지막 발화를 이해하였다고 단정한다. 그리고 일단 쌤이 그 동감표시를 수용한다면, 쌤의 기여내용은 완결된다.

지속되는 기여는 정확히 그것들이 B로부터 최소한의 끼어들기와 더불어 대화에 기여하면서 A로 하여금 계속 이야기를 하도록 허용해 주기 때문에 유용하다. 이를 통하여 그들은 다음 다섯 가지 특징을 성취한다(A는 남성이고 B는 여성이라고 가정하기로 함).

① 동감표현(Acknowledgments)

B의 가장 단순한 동감표현들은, 명백히 A의 발화를 놓고서 그녀의 이해를 존평하는 것이다. 앞에 예에서, 뢰나드의 "I see알겠어"라는 응답은 "I understand what you are saying 난 네가 말하는 바를 이해해"를 의미하고, "m으음"이라는 대꾸는 "Yes, I understand what you are saying그래 난 네가 말하는 바를 이해해"을 의미한다. 다른 것들, 가령 "gosh(놀람을 나타내는

'뭐라고, 아이코')", "really?(정말이야?)", "oh(아)", "good God(절망·분노·놀람을 나타내는 '아이구 저런')"에서와 같이, 외마디 감탄사로 된 평가called assessments들은 실제로 A의 단정에 대한 수용이 되며(Goodwin, 1986a), 하향식 증거에 의해서 그것들도 또한 이해를 함의한다.

② **범위**(Scope)

일반적으로 B는 자신이 받아들이고 있는 전체 발화의 일부를 그 부분의 끝에서나 근처에다가 자신의 동감표현을 얹어 놓아 표시해 준다. 앞의 예에서, 뢰나드는 쌤의 "so any time in July and August그래서 7월과 8월에 어느 날짜라도 좋아"는 제안을 바로 그 발화 뒤에 그리고 다음 절이 때맞춰 시작하기 전에 "yes그래"라고 발화함으로써 받아들인다.

③ **발언권 없음**(No turns)

일반적으로 B는 발언기회를 얻어내지 않은 채 A가 말하는 바를 받아들인다. 앞의 예에서, 뢰나드는 쌤의 발화에 발언권을 얻어내지 않고서 동감을 표현하였다.

④ **겹쳐지는 발화**(Overlapping speech)

흔히 B는 A의 발화와 자신의 동감표현을 겹쳐 놓음으로써, 따로 자신의 발언기회를 얻어내려고 의도하지 않았음을 보여 준다.

⑤ **배경으로 깔아 놓기**(Backgrounding)

동감표현은 그 주위에 있는 중심 발화보다 덜 두드러지게 배경으로 깔린 채 표시된다. 동감표현이 말로 나올 경우에는 간략하다. 'm으음'과 'uh huh아하'가 영국 및 북미 영어에서 가장 흔한 것이다. 이 표현들은 줄어든 음량과 더불어 나직이 전달된다. 몸짓 시늉으로 나올 경우에도 또한 고개 끄덕거림과 웃음에서와 같이 단순하고 간략하다.

이들 다섯 가지 특징은 기여 주체(≒화자)들이 자신의 이야기를 진행해 나가도록 해 주는 동안에, 동감표현들이 제 구실을 하도록 만들어 준다.

배경으로 깔린 동감표현의 변이체는 함께 제창하며 완결함unison completion인데, 다음 사례의 마지막 줄에서 볼 수 있다(Tannen, 1989 : 60).

Deborah: Like he says that he says that American*s …*

Chad : *Yeah*

Deborah : or Westerners tend to be u:h … think of the body and the soul as two different th*ings.*

Chad : *Right.*

Deborah : because there's no word that expresses bo*dy and soul together.*

Chad : *Body and soul together.* Right.

데버뤄 : 그가 말한 그가 말한 것처럼 미국*인들은…*

췌 드 : *예*

데버뤄 : 또는 서양인은 경향이 어: … 신체와 영혼을 두 가지 별개의 *거로* 생각하는 쪽이에요.

췌 드 : *맞아요.*

데버뤄 : 왜냐면 신*체와 영혼을 함께* 표현해 주는 낱말이 없기 때문이거든요.

췌 드 : *신체와 영혼을 함께.* 맞아요.

데버뤄가 "body and soul together신체와 영혼을 함께"라는 발화를 끝마칠 때에, 췌드는 그녀와 함께 동시에 제창을 하면서 그 말을 끝냈다. 췌드는 자신이 그녀의 발화를 충분히 완결 짓도록 그녀를 긴밀히 따라가고 있음을 보여 줌으로써, 이해에 대한 긍정적 증거를 제공해 주고 있는 것이다. 췌드의 "yeah예"와 "right맞아요"과 같이, 동시에 함께 제창하면서 완결 지음이 배경으로 깔린다. 이는 발언권을 얻어내려고 계획된 것이 아니다.

따라서 지속되는 기여는 기여 주체(≒화자) 및 상대방(≒청자)으로부터 모두 개인별 행위들을 요구하는 협동행위가 된다. A는 자신의 상대방인 B가 인식하도록 어떤 신호를 제시한다. 그런 다음에 그들 두 사람은 현재의 목적을 위하여, 아주 충분히 B가 A가 의미한 바를 이해하였음을 서로 받아들이도록 협동하여 일한다.

§.8-3 기여의 유형

협동 종결에 문제가 있을 경우에 기여내용들은 좀더 복잡해진다. 수용 단계는 흔히 A의 제시를 이해하는 데 B가 어려움을 겪는 경우에 확장된다. 그리고 이는 계층적 형태로 이끌어 간다. B가 이해하는 데에 어려움을 겪게 될 것이라고 A가 미리 예상하는 경우에, 흔히 제시 단계가 확장된다. A가 또한 제시내용을 계층적으로 만들어 놓으면서 나눠 놓을 수도 있다. 두 단계가 모두 확장된다. 상향식 완결 및 하향식 증거의 속성과 더불어 협동 종결의 원리 때문이다.

8-3-1 상향식 완결

롸줘가 니너에게 "now, – um do you and your husband have a j– car시방, – 음 당신과 당신 부군이 즈– 자동차를 한 대 갖고 있습니까"라고 말하는 경우에, 그 두 사람은 다음과 같이 협동행위의 사다리를 진전시키는 수행을 하고 있다.

수준 4	롸줘가 니너에게 그녀와 그녀의 남편이 자동차를 가졌는지 여부를 그에게 말해 달라고 제안하고 있다.
수준 3	롸줘가 그녀와 그녀의 남편이 자동차를 한 대 갖고 있는지 여부에 대하여 질문하고 있다.
수준 2	롸줘가 니너가 확인하도록 신호 "now do you and your husband have a car?(시방 당신과 당신 부군이 자동차를 한 대 갖고 있습니까?)"를 제시하고 있다.
수준 1	롸줘가 니너가 주목하도록 소리 연결체 "now, – um do you and your husband have a j– car(시방, 음 당신과 당신 부군이 즈 자동차를 한 대 갖고 있습니까?)"를 만들어 내고 있다.

상향식 완결의 속성에 의해서, 롸줘와 니너가 제2수준을 완결함이 없이 제1층위를 완결할 수 있고, 제3수준을 완결함이 없이 제2수준을 완결할 수 있으며, 제4수준을 완결함이 없이 제3수준을 완결할 수 있다. A가 시도한 기여의 어떤 대목에 대해서도, 상대방인 B는 다음 상태들 중에서 어떤 상태에든지 있을 수 있다.

상태 4	B는 A가 제안한 협동과제를 받아들이는 일을 고려하고 있다.
상태 3	B는 A의 발화로 A가 의미한 바를 이해하였다(그러나 상태 4에 해당하지는 않음).
상태 2	B는 A의 제시내용을 올바르게 확인하였다(그러나 상태 3에 해당하지는 않음).
상태 1	B는 A가 제시를 실행하였음을 주목하였다(그러나 상태 2에 해당하지는 않음).
상태 0	B는 A가 어떤 의사소통 행위를 실행하였음을 주목하지 못하였다.

사실상, B는 종종 혼합 상태에 있게 된다. 롸줘의 제시 뒤에, 즉각적으로 니너는 대부분의 발화에 대하여 상태 3에 있었지만, 마지막 구절에 대해서는 상태 1에 있었다. 협동 종결의 원리에 의해서, 그들에게는 그녀가 적어도 전체 발화에 대하여 상태 3에 있다는 증거가 필요하다.

전체 제시내용에 대하여 B가 상태 3에 있지 않은 경우에는, 협동 종결의 원리에 따라서, 그녀는 응당 자신에게 상태 3을 가져올 과정을 개시해야 한다. 그녀가 수정을 개시해야 하는 것이다. 그녀가 상태 1에 있는 경우에, 그녀는 다음에서와 같이 "pardon[미안합니다 잘 알아듣지 못했습니다]", "what?[뭐라고 하셨나요?]", "m?[음?]" 등으로 그 일을 할 수 있다.[8]

A : ((where are you))

B : m?

A : where are you,

B : well I'm still at college.

갑 : ((너 어디 있니))

을 : 응?

갑 : 너 어디 있느냐고?

을 : 그래 난 아직도 학교에 있어

B의 대꾸 "m?[응?]"은 A로 하여금 B가 A의 제시 발화를 주목하였으나 그 내용을 확인하지 못했다고 믿도록 이끌어 가므로, 따라서 A가 전체적으로 그 발화를 반복한다. B가 상태 2에 있는 경우에, 그녀는 자신이 이해하지 못한 바를 정확히 집어내어 다음과 같이 그것에 대해서 질문할 수 있다.

A : can I speak to Jim Johnstone please?

B : senior?

A : yes,

B : yes ---

갑 : 쥠 좐스뜬하고 통화할 수 있겠습니까?

을 : 아버지 말이오?[9]

갑 : 예,

을 : 예

B의 "Senior?[아버지 말이오?]"라는 응답과 함께, B는 자신이 전체 제시내용을 확인하였고, 아버지와 아들 중에서 A가 어느 쥠 좐스뜬을 가리키는지를 제외하고서는 모든 것을 이해하

[8] 아래 예문에서 겹괄호 '(( ))'는 정확히 들을 수 없어 애매하게 추정한 부분을 가리킨다.

[9] 서구 사회에서는 아버지와 아들의 이름이 똑같은 경우도 있는데, 이런 경우에 1세, 2세 따위로 구별해 준다. 여기서 Senior는 아버지를 가리킨다. 그롸이스(Grice, 1913~1988)도 그러한데, §.5-1의 각주 4의 〈역자주〉를 보기 바란다.

였다고 전제한다. 그렇다면 대부분의 그런 신호는 두 가지 부분을 지닌다. ① 이해된 것에 대한 어떤 전제, ② 이해되지 않은 바에 대한 질문. 이 두 부분은 될 수 있는 한 효율적으로 오해를 해소해 놓기 위하여 마련된다.

상대방 B에 의해 개시된 수정들은, 내포된 기여내용과 함께 수용 단계로 이끌어 간다. 마지막 사례에서, A의 주요 기여내용, 즉 쥠 좐스뜬과 통화하려는 그의 요청은 다음과 같아 보인다.

◁ **제시 단계** ▷

A : can I speak to Jim Johnstone please?

쥠 좐스뜬하고 통화할 수 있겠습니까?

◁ **수용 단계** ▷

B : senior?

아버지 쥠 좐스뜬 말인가요?

A : yes.

예 그렇습니다.

그러나 수용 단계 그 자체는 최소 협동과제로서 질문과 대답을 포함하며, 이들 두 부분이 모두 그 나름의 제시 및 수용 단계를 지닌다. B의 "Senior?아버지 말인가요?"라는 질문의 제시 단계이다. 왜냐하면 만일 A가 이를 듣지 못했다면 그가 "Pardon?미안합니다만 뭐라고 말씀하셨죠?"이라고 말하여 B로 하여금 그 말을 반복하게 할 수 있었기 때문이다. A는 실제로 그것을 듣고 이해하였으며, "Yes예 그렇습니다"라고 대답을 개시함으로써 그것을 종결된 기여내용으로 만들어 놓았다. 심지어 그것은 하나의 제시이기도 하다. 왜냐하면 만일 B가 그것을 듣지 못했다면, 그녀는 A로 하여금 그것을 반복하도록 하기 위하여 "Pardon?미안합니다만 뭐라고 말씀하셨죠?"이라고 되물을 수 있었다. 내부에 삽입된 질문과 답변은 부차연결체side sequence로서(Jefferson, 1972), 짝을 이룬 두 사람이 수용 단계에서 난관들을 깨끗이 해결하기 위한 가장 흔하고 가장 강력한 기제이다.

고쳐놓기repairs 수정도 또한 상대방의 수용uptake 받아들임에서 곡해를 알아본 뒤에 원래 기여 주체(=처음 대화를 시작한 화자)에 의해서 개시된다. 다음에 세 번째 발언기회에서 수정에 대한 사례가 들어 있다(4.2.298).

B : k- who evaluates the property ---

A : u:h whoever you asked, the surveyor for the building society

B : no, I meant who decides what price it'll go on the market -

A : (- snorts) . whatever people will pay --

을 : 크- 누가 그 재산을 평가하지. ---

갑 : 어: 누구든 자네가 요청한 사람이지, 고층건물 협회를 위한 감정관 말야

을 : 아니, 내 말뜻은 누가 결정하고 어떤 가격으로 그걸 시장에 내 놓을 건지를 물었어 -

갑 : (- '흥'하고 콧방귀를 뀌면서) . 어떤 사람이든 상관없이 값을 내겠지 뭐 --

B는 A에게 질문을 던지고, A는 그 질문에 대한 자신의 이해를 보여 주면서 그것을 받아들인다. 그러나 A가 보여 주는 것은 잘못된 의미파악을 드러내고, B는 "No, I meant…아니, 내 말뜻은 …란 말야"라고 말하면서 이를 고쳐 나간다. 그러고 나서 A는 동일한 질문을 받아들이지만, 이번에는 고쳐진 의미해석을 지닌다.

모든 신호는 투영된 기여내용의 제시 단계에 대한 일부이다. 심지어 "Pardon?뭐라고 하셨습니까?", "Yes예", "Uh huh아하"와 같이 가장 간략한 발화들도 곡해될 소지가 있으며, 수용될 필요가 있다. 그러나 문제가 없을 것이라고 확신하지 않는 한, 화자들은 이와 같은 간략한 발화들을 제시하지 않는다. 만일 그들이 예상된 난관을 지녔다면, 그들은 아마 더 가다듬어진 어떤 것을 만들어 내었을 것 같다. 이와 같이 거의 모든 사소한 발화들은, 종결된 기여나 지속되는 기여로 부각되어 나타난다. 기여 모형에서, 모든 수용 단계들은 반드시 긍정적 증거와 더불어, 종결된 기여 또는 지속되는 기여와 더불어 끝나야 한다. 만일 그렇지 못하였다면, 그것들은 영원히 지속되어 나갔을 것이다.

8-3-2 의사소통 탐색조사

일부 행위는 그들이 성공하지 않을 수도 있다는 예감과 함께, 탐색조사probes로 실행되어 나간다. 저자는 어느 일요일에 어떤 공공건물 안으로 들어갔는데, 승강기가 작동하는지 궁금하였다. 따라서 '올라감' 단추를 눌러 보았다. '올라감' 단추에 불이 켜지지 않았을 경우에, 저자는 그 승강기가 작동하지 않는다고 결론을 내렸다. 저자는 다음처럼 추론하였다.

저자가 행위 진전 사다리를 '올라감' 단추를 누르는 수준까지 완결 지었지만, 그 이상의 수

준은 완결 짓지 않았다는 증거를 지닌다. 그리고 '올라감' 단추를 누르는 일이 그 승강기를 호출하지 않았으므로, 그 승강기는 분명히 작동을 하지 않았을 것이다.

저자는 동일한 논리를 성공에다 적용하듯이 실패에도 적용한다.

'의사소통 탐색조사communicative probes'는 다음처럼 행위의 네 가지 수준 가운데 어떤 수준에서이든지 유추 방식에서 실패할 수 있다.

① **듣기(Hearing)**

저자가 집으로 들어가는 경우에, 저자는 "Is anyone home?집에 아무도 없소?"라고 큰소리로 외치지만 아무런 응답도 얻지 못한다. 저자의 탐색조사는 누구든지 내 말소리를 듣는 이로 하여금 제4층위에 이르게 하려는 시도이다. 그렇지만 누구든 내 말을 듣는 이로 하여금 상태 1(상대방이 나의 제시내용에 주목함 : 뒤친이)에 있게 하려는 일에서도 실패하였다(앞에서 본 도표의 상태 0에 있음 : 뒤친이). 나의 아들이 실제로 집에 있을 가능성이 있다. 그렇지만 그가 귀에 이어폰을 꽂아 열심히 음악을 듣고 있기 때문에 내 말소리를 듣지 못할 수도 있다. 숲속에서 "Help살려줘요, 도와줘요"라는 외침소리나, 현관에서 주인을 부르는 종소리나, 친구에게 전화를 하는 일을 생각해 보기 바란다.[10]

② **확인하기(Identification)**

일본 동경에서 저자는 길을 잃어 버렸고, 지나가는 사람에게 "Do you speak English?영어를 하십니까?"라고 묻는다. 그녀가 아연실색한 듯이 보이고, 우리는 절망스러워 하면서 다른 방향으로 얼굴을 돌린다. 저자의 탐색조사는 그녀에게 질문을 던지려는 시도이지만, 그녀를 상태 1(상대방이 나의 제시내용에 주목함 : 뒤친이)을 넘도록 하는 데 실패한다(상태 2에 이르지 못하였음 : 뒤친이).

③ **가리키기(Reference 지시하기)**

어느 파티에서 저자는 한 친구에게 "Which of those women is Nina Searles?저 부인들 중 어느 분이 니너 써얼즈인가?"라고 물었고, 그가 "Sorry, I don't know who Nina Searles is.미안해, 난 누가 니너 써얼즈인지 잘 모르겠네"라고 대답하였다. 저자는 니너 써얼즈를 가리키려고 시도하였

---

[10] 〈원저자 4〉 하루는 저자가 "Is anyone home?(집에 아무도 없소?)"라고 크게 외치자, 저자의 아들이 "What?(뭐예요?)"이라고 대답하였다. 그 탐색조사는 저자의 아들로 하여금 상태 1을 통과하도록 하지 않고서도 저자가 원하는 정보를 이끌어 내었다.

지만, 그 지시내용에 대해서 그로 하여금 상태 2(상대방이 나의 제시내용을 올바르게 확인함 : 뒤친이)를 넘도록 하는 데 실패하였다(상태3에 이르지 못하였음 : 뒤친이).

④ **협동과제(Joint project)**

동일한 파티에서, 저자는 친구한테 "Who is that?저 사람은 누구지?"라고 물었고, 그가 "I don't know.잘 모르겠는데"라고 대답한다. 저자는 그로 하여금 저 사람이 누구인지를 저자에게 말해 주도록 시도하였으나, 그로 하여금 상태 3(상대방이 나의 발화로 의미한 바를 이해함 : 뒤친이)을 넘어서서 제안된 협동과제를 받아들이도록 하는 데에 실패하였다(상태 4에 이르지 못하였음 : 뒤친이).

각 탐색조사와 더불어, 저자는 임의의 발화가 성공하지 않을 수도 있음을 깨달으면서 그 발화를 제시하였다. 그리고 매번 저자에게 성공한 것으로 알려졌을 경우만큼이나 비슷한 비율로 실패한 것으로 알려졌다. 이것들과 같은 탐색조사는 상향식 완결 및 하향식 증거의 논리가 없이는 설명될 수 없는 것이다.

8-3-3 꾸러미로 묶기

꾸러미로 묶기packaging는 언제나 담화에 기여하는 데 거론되는 논제이다. 두 사람의 참여자들이 만일 그들의 협동노력을 최소화할 예정이라면, 응당 얼마나 큰 기여를 완결짓도록 노력해야 하는 것일까? 만일 각각의 낱말에 대하여 따로따로 제시 및 수용 단계가 있었더라면, 대화는 길이에서 두 배가 더 늘어날 수도 있었다. 반면에 각각의 기여내용이 한 단락 길이였다면, 시작부분에서의 사소한 곡해는 종국에 가서 주요한 곡해로 눈덩이처럼 커져 버릴 수도 있다. 화자가 말한 바에 대한 제한된 작업기억과 더불어,[11] 두 사람이 곡해를 고쳐 놓는 데에 커다란 난점을 지닐 수도 있을 것 같다. 기여내용에 대한 최적의 크기는 응당 둘 사이에 있는 어느 지점이 되어야 한다.

실제로 참여자들은 자신의 기술과 목적에 따라 이들 꾸러미의 크기를 다양하게 이용한다. 그 진행이 쉬울 경우에, 그들은 자신의 꾸러미들을 크게 만들어 놓는다. 그러나

---

[11] 작업기억이 제한되어 있다는 말은 작업기억 용량이 제약되어 있다는 뜻이다. 1960년대 중반에 알려진 조쥐 밀러(George Miller)의 '7±2'라는 마술 숫자덩이(magic number chunk)를 응용하여, 문장 처리에서도 대략 5~7개의 절(clause) 정도가 작업기억에서 처리된다고 간주된 적이 있었다. 그러나 언어 처리에서는 더 큰 덩잇글/덩잇말도 처리할 필요가 있기 때문에, 1990년대 이후에 킨취(Kintsch) 등에서는 장기 기억을 작업기억으로 전환한다고 가정하며, 이를 장기 작업기억(Long-term working memory)이라고 부른다. 참고문헌에 대해서는 뒤에 있는 각주 13을 보기 바란다.

진행이 힘들어지는 경우에, 그 꾸러미들을 더 작게 만들어 놓으며, 때로 한 낱말 길이 이상으로 되지 않는 경우도 있다. 기여 주체(≒화자)가 제시할 정보를 복잡하게 만들어 놓는 경우에, 그들은 정보를 분할하여 제시할 수 있다. 다음 사례에서 대뤌[Darryl]은 준[June]에게 자신의 런던 주소를 말해 주고 있다(9.2a.979).[12]

June	: ah, what ((are you)) now, * where *
Darryl	: * yes * forty-nine Skipton Place
June	: forty-one
Darryl	: nine . nine
June	: forty-nine, Skipton Place,
Darryl	: W one .
June	: Skipton Place, . W one, ((so)) Mr D Challam
Darryl	: yes
June	: forty-nine Skipton Place, W one,
Darryl	: yes
June	: right oh .
준	: 아, 뭐 ((자네 머무는 곳이)) 지금, * 어디지 *
대뤌	: * 응 * 사십구 번지 스낍튼 구역
준	: 사십일 번지라고
대뤌	: 구 . 구 번지
준	: 사십구 번지, 스낍튼 구역,
대뤌	: 떠블유 원 .
준	: 스낍튼 구역, . 떠블유 원, ((그래서)) 디 촬럼 씨 댁
대뤌	: 그래
준	: 사십구 번지 스낍튼 구역, 떠블유 원,
대뤌	: 맞아
준	: 좋아 아 .

대뤌은 자신의 주소를 두 개로 분할하여 마디를 나누고서 꾸러미로 만들었다('사십구 번지

[12] 이 예문은 원서 245쪽에서 다시 다뤄진다(§.8-4-1). 겹괄호 '(( ))' 표시는 잘 알아들을 수 없는 부분을 나타낸다.

쓰낍튼 구역' + '떠블유 원 디 췰럼 씨 댁'). 그러고 나서 준은 그의 이름과 주소를 두 개 이상의 분할마디 꾸러미로 재확인한다.

각각의 분할마디는 별개의 기여내용이 된다. 이는 정보의 덩이를 제시해 주는 기여 주체(≒화자)와 함께 시작되고, 상대방(≒청자)으로 하여금 반응하도록 초대하기 위하여 잠시 멈추며, 그 덩이가 이해되었음을 받아들이는 그들 두 사람과 함께 끝이 난다. 대륄의 첫 번째 분할마디 꾸러미는 다음과 같아 보인다.

◁ 제시 단계 ▷

Darryl : forty-nine Skipton Place (사십구 번지 스낍튼 구역)

◁ 수용 단계 ▷

June : forty-one (사십일 번지)

Darryl : nine . nine (구 . 구 번지)

June : forty-nine, Skipton Place, (사십구 번지, 스낍튼 구역,)

대륄은 주소 번지 숫자와 거리 이름을 제시하고서 멈춘다. 그러고 나서 준이 대륄에게 점검할 기회를 제공하면서, 자신이 들은 바를 "forty-one[사십일 번지]"이라고 잘못 드러내어 준다. 대륄은 이를 점검하면서 두 번째 숫자를 고쳐 준다. 그러고 나서 준이 전체 거리 주소를 반복한다. 대륄은 이를 옳다고 받아들이면서 자신의 두 번째 분할마디 꾸러미로 진행해 나간다. 준이 나눠 놓은 두 개의 분할마디도 동일한 방식으로 작동한다.

대륄의 두 분할마디 "forty-nine Skipton Place[사십구 번지 스낍튼 구역]"와 "W one[떠블유 원]"이 모두 함께 좀더 포괄적 기여에 대한 제시 단계를 형성한다. 비록 대륄이 그 정보를 분할마디 모습으로 실행한다고 하더라도, 준은 두 개의 분할마디 정보를 모두 함께 재확인해 줌으로써 분할마디를 만들어 내는 일을 도와준다. 대륄의 이름과 주소에 대한 제시 및 수용은 심지어 더 큰 포괄적 기여를 형성한다. 왜냐하면 준의 "right oh[좋아요 아]"라는 감탄사가, 대륄의 마지막 분할마디 또는 심지어 준의 마지막 두 분할마디에 대해서뿐만 아니라, 또한 전체 이름과 주소에 대한 이해를 단언하기[claims] 때문이다. 화자들은 제시내용을 간략하게 반복될 수 있는 분할마디들로 나눠 놓는다. 암묵적으로 사람들이 제한된 즉시기억 용량을[13] 지님을 인식하기 때문이다. 예를 들어, 화자들은 청자가 주소·전화번호·축자적 기법을 등록하기 위해서, 그리고 아마 그것들을 머릿속에 적어 놓도록 도와주기 위해서 흔히 분할마디를 이용한다(Clark and Schaefer, 1987a; Goldberg, 1975). 전화회사에서 전화번호를 서너 숫자들로 이뤄진 관례적 꾸러미로 나눠 놓는 경우에 이 점을 인식하는 것이다.

화자들은 지시사항을 내어 주는 일에서도, 계속 진행해 나가기 전에 자신의 상대방이 각 단계를 이해하도록 확실히 해 두기 위해서 분할마디를 이용한다. 다음 사례에서는 제인이 웬디한테 어느 교수의 연구실로 가는 길을 일러주고 있다(8.1j.782).

Wendy : and where do I go to, .
Jane : t's I s u:h do you know Pan-American College,
Wendy : <u>yes .</u>
Jane : u:m it's Lester Court, – which if you come in the Salad Street side, .
Wendy : <u>yeah, .</u>
Jane : and through the gate, .
Wendy : <u>mhm,</u>
Jane : and, about a hundred yards ahead, there's an archway on the right,
Wendy : <u>yeah, .</u>
Jane : [continues]
웬 디 : 그러고 내가 어디로 가야 하지, .
제 인 : 그 내 스 어 : 범미대학을 알고 있니,
웬 디 : <u>응 .</u>
제 인 : 어 : 엄 그게 레스터 법원인데, – 네가 샐러드 가 쪽으로 간다면 말야, .
웬 디 : <u>그래, .</u>
제 인 : 그리고 그 정문을 통과해서, .
웬 디 : <u>으:음,</u>
제 인 : 그리고, 대략 1백 야드 앞쪽에, 오른편으로 아치로 된 길이 있거든,
웬 디 : <u>그래, .</u>

---

13 immediate memory(즉시기억)는 1980년대 초반까지 흔히 단기기억(short-term memory)이라는 용어로 불려 왔는데, 대략 1초를 1000으로 나눌 때(밀리초 ms)에 250밀리초(=1/4초) 전후로 작동한다고 가정되었다. 그러나 단기기억의 기능이 임의의 정보를 장기기억으로 저장하기 위한 거르개(filter) 역할을 한다는 점에 주목하여, 1980년대 중반부터 점차 작업기억이란 말로 쓰게 되었다. 공간 시각 그림판·조음 순환회로·중앙 집행부서를 지닌 다중체계로서의 작업기억에 대해서는 배들리(Baddeley, 1986), 『작업기억(*Working Memory*)』(Clarendon)을 참고하기 바라며, 20년 넘게 발전해 온 작업기억에 대한 개관으로 배들리(2007), 『작업기억·사고·행위(*Working Memory, Thought, and Action*)』(Oxford University Press)를 보기 바란다. 우리말로는 조명한(2001), 「작업기억과 언어처리의 개인차」, 이정민 외, 『인지과학』(태학사)을 참고하기 바란다. 최근에는 단기 작업기억 이외에, 특히 킨취(Kintsch) 등에 의해서 일반적인 학습을 장기 기억을 빌려 작업기억으로 이용하는 것으로 가정하여, 추가적으로 장기 작업기억(long-term working memory)라는 용어도 쓰고 있다. 에릭슨·킨취(Ericsson and Kintsch, 1995), "Long-Term Working Memory", *Psychological Review*, vol. 102-2를 참고하기 바란다.

제 인　: [계속 진행됨]

제인은 웬디로 하여금 첫 번째 구간을 이해하였음을 확인하도록 하고, 그러고 나서 두 번째 구간으로 진행하며, 자신의 길 방향 일러주기를 통하여 계속 이어나간다.[14] 분할마디 제시는 다음 버튼Burton의 "How was the wedding?그 결혼식 어땠어?"라는 물음에 대한 애너Anna의 답변에서와 같이 아주 일상적인 서술에서도 유용하다(7.3l.1441).

Burton　: how how was the wedding -
Anna　: oh it was it was really good, it was uh it was a lovely day
Burton　: yes
Anna　: and . it was a super place, . to have it . of course
Burton　: yes -
Anna　: and we went and sat on sat in an orchard, at Grantchester, and had a huge tea * afterwards (laughs -) *
Burton　: * (laughs --) *
Anna　: ** uh **
Burton　: ** it does ** sound, very nice indeed
버 튼　: 어떻 그 결혼식이 어땠니? -
애 너　: 아 그게 그게 정말 좋았어, 그게 어 날씨도 좋았고
버 튼　: 그래
애 너　: 그리고 . 그게 널따란 장소였고, . 식을 하기에 말야 . 물론
버 튼　: 그래 -
애 너　: 그리고 우린 케임브리지 근처 그뢴췌스터에 있는 어느 과수원으로 가서 앉아 앉아서 대단한 차를 마셨지 * 결국은 말야 (웃음 -) *
버 튼　: * (웃음 --) *
애 너　: ** 어 **
버 튼　: ** 그게 ** 정말로 아주 멋지게 들리는구나

자신의 서술내용을 분할마디로 제시하면서, 애너는 끼어들어 중단시키지 않은 채 버튼으로 하

[14] 〈원저자 5〉 관련된 사례들을 보려면 겔루이큰즈(Geluykens, 1987, 1988, 1992)와 오노·톰슨(Ono and Thompson, 1994)를 참고하기 바란다.

여금 자신의 확대된 답변을 완결 짓는 것을 도와주도록 하였다(Schegloff, 1982를 보기 바람).

분할마디 기여installment contributions는 지속되는 기여continuing contributions와 비슷하지만, 누가 통제권을 지니는지에 차이가 있다.

양자 모두에서 기여 주체(≒화자)들은 "yes맞아, 그래"와 "uh huh아하"와 같은 응답으로 받아들여진 발화를 제시한다. 지속되는 기여에서는, 대체로 대화 상대방(≒청자)이 통제권을 지닌다. 기여 주체(≒화자)들은 계속 진행해 나감에 따라 동감표현acknowledgments을 기대하고 찾지만(§.8-2-3 ①), 그것들을 어디에 배치하여 기여를 완결할지를 결정하는 사람은 바로 대화 상대방(≒청자)들이다. 분할마디 발화에서는, 대체로 통제권을 지니는 사람이 기여 주체(≒화자)들이 된다. 그들이 자신의 대화 상대방(≒청자)들에게 언제 응답하도록 초대할지를 선택함으로써, 각 분할마디의 크기를 고정하는 것이다. 지속되는 제시에 대한 응답은 기여 주체(≒화자)의 제시내용 끝머리와 겹쳐지는 경향이 있지만, 분할마디에 대한 응답은 그렇지 않다.

8-3-4 도중 끼어드는 발화 행위 actions mid utterance 중간에 끼어들어 말하는 행위

제시에서 꾸러미로 묶는 일은 또한 다른 형태들도 취할 수 있다. 저자는 '상호협력 완결·도중에 잘라버리기·점차 빠져나가기·확인용 구성성분 질문' 등으로 예시를 해 놓을 것이다.

(1) 상호협력 완결. 일반적으로 비록 화자들이 자신의 상대방이 받아들일 전체 발화를 제시해 주려고 노력하지만, 언제나 성공하는 것은 아니다. 때로 그들은 자신의 상대방이 완결을 제안하는 경우에 일부 성공을 거둔다. 녹음기에 대한 어느 대화로부터 나온 다음 예문에서 살필 수 있다(둘 모두 남성임).

Marty : Now most machines don't record that slow. So I'd wanna – when I make a tape,

Josh : <u>be able tuh speed it up.</u>

Marty : Yeah.

마 티 : 이제 기계는 대부분 그렇게 느리게 녹음하지 않아. 그래서 ~하고픈 거지 – 내가 녹음테잎을 만든다면 말야, (번역에서 물결표는 추가 삽입됨을 표시함)

조 쉬 : <u>속도를 높일 수 있게.</u>

마 티　　: 맞아.

마티는 "So I'd wanna - when I make a tape그래서 내가 하고픈 거지 - 내가 녹음 테잎을 만든다면 말야"라고 제시하고서 멈추었다. 아마 그가 다음 말하고자 하는 바를 표현하는 방식을 찾고 있었을 것이다. 그 때 조쉬가 가능한 완결 "be able tuh[15] speed it up그 속도를 높일 수 있게"을 제안한다. 명백히 그것이 마티가 의도한 것인데, 왜냐하면 그 제안에 "yeah맞아"로 동의하였기 때문이다. 조쉬의 기여는 상호협력 완결collaborative completion이다(Goodwin and Goodwin, 1986; Grimshaw, 1987; Lerner, 1987; Wilkes-Gibbs, 1986).

다른 기여들과 같이 상호협력 완결collaborative completion도 제시 및 수용 단계를 지닌다. 조쉬가 "be able tuh speed it up그 속도를 높일 수 있게"라고 말하면서 자신의 완결을 개시하였을 때에, 그는 지금까지 마티의 제시내용을 받아들이고 있는 것이다. 조쉬는 명확화 요구를 위한 기회를 지나치고 있었다. 그뿐 아니라, 그는 마티가 의미한 바를 자신이 얼마나 잘 이해하였는지를 자신의 반복내용으로 보여 주고 있었다. 즉, 그가 마티의 생각, 마티의 주장을 완결 짓는 적합한 방식을 제안하고 있는 것이다. 그러나 조쉬의 발화 "be able tuh speed it up그 속도를 높일 수 있게" 그 자체는 제안이다. 마티는 명백히 "Yeah맞아"라는 대답으로 그 제안을 받아들인다. 완결은 흔히 명백히 받아들여지거나 명백히 거부된다.

조쉬의 발화와 같이 상대방에 의해 받아들여진 완결의 지위는 어떠한가? 여기에는 두 가지 기여가 있다. 조쉬는 "being able to speed the tape recorder up녹음기 속도를 높일 수 있는 상태"라는 명제에 기여하였는데, 그 명제가 제안되었고, 상대방에 의해서 받아들여졌다. 그럼에도 자신이 그 속도를 높이고 싶다고 주장한 사람은 마티였다. 곧 그것은 마티의 기여였던 것이다. 이는 하나의 기여가 그 하위 부분으로 다른 기여를 포함한 형식이다.

(2) 도중에 잘라버리기truncations, 점차 빠져나가기fade out는 완결과 대립되는 항목이다. 도중에 잘라버리기와 더불어, 대화 상대방(≒청자)은 자신의 제시를 통하여 부분적으로 원래의 기여 주체(≒화자)를 간섭하여 중단시킨다. 즉, 그 제시내용을 도중에 잘라 버리는 것인데, 그들이 이미 다 이해하였고 더 이상 지속할 필요가 없다고 생각하기 때문이다. 부부인 이브Eve (여성)와 허브Herb(남성)는 어느 비가 내리고 기분이 가라앉는 날 같이 차를 타고 있었다(저자 부부임 : 뒤친이). 그들 앞에 있는 건널목에서 정지 신호로부터 통과 신호를 기다리고 있었다. 우연히 우산을 갖고 있는 어느 부인을 보았다(≒그래서 갑자기

[15] 원문 245쪽에 제시된 '상호협력 완결'에서 'tuh'는 대화 상대방에 의해서 'to'로 고쳐진다(협동 수정임). 원래 'be able to speed it up'을 의도했다고 본 것이다.

자신의 우산 생각이 떠올랐다). 그들은 15분 전쯤에 허브를 위해서 다른 우산을 가져오는 일에 대해서 이야기를 하였었다.

Herb : Where's the other -
Eve : On the back shelf.
Herb : Good.
허 브 : 어디에 다른 우산 -
이 브 : 뒷 선반 위에 있지요.
허 브 : 좋아요.

허브는 자신이 의도한 바의 일부를 제시하지만, 이브는 그가 다 마치기 전에 자신이 받아들인 내용을 말하기 시작한다. 그렇게 하면서, 그녀는 자신이 허브가 묻고 있는 바를 이해하였다고 믿는 내용을 보여 준다. 허브는 그 과정을 그녀의 답변을 받아들이면서 완결 짓는다.

도중에 잘라 버리는 다른 사례에서는, 기여 주체(≒화자)들이 다음에서와 같이 자신의 상대방(≒청자)으로 하여금 이해를 하자마자 끼어들어 중단하도록 초대한다(또한 Clark and Schaefer, 1987b; Goodwin, 1987; Goodwin and Goodwin, 1986; Jefferson, 1973)(1.4.887).

Justin : this Polly, . you know that girl, whom I've - I m - I m m presented . a rather absurd report in a way, that genuinely represented what I felt, I said she * might *
Ken : * who's that *
Justin : fail? or get a two A, do you remember? at the end? I thought she'd *get further than the two B, do you know her? *
Ken : * oh yes, . yes, well ((3 to 4 syllables))*
Justin : she's very funny girl
줘스띤 : 이 폴리란 애, . 너 그 여자애 알지, 그 내가 - 내 음 - 내가 음 음 . 외려 어떤 점에서 이상한 보고서를 발표했었던 애 말야, 그 보고서가 내가 느낀 바를 진실되게 드러냈는데, 내가 뭐라 말했냐면 그녀가 *~을 거야 * (번역에서 물결표는 추가 삽입을 표시함)
켄 : * 그게 누구지 *
줘스띤 : 모르겠어? 실패할 거야 아니면 A를 두개 받든지, 기억나? 결국? 난 그녀가 * 그 B 두개보다 더 많이 받을 거라고 생각했는데, 그녀를 기억하겠어? *

켄　　: * 아 맞아, . 맞아, 그래 ((서너 음절 청취 불능)) *
줘스띤　: 걔 아주 웃기는 여자애야

줘스띤은 폴리에 대한 서술을 하나씩 제시하는데,[16] 켄이 누구를 가리키는지에 대하여 알아내려고 끼어들어 중단할 때까지 이어진다. 그 질문과 더불어 줘스띤은 자신의 제시내용을 도중에 잘라 버리고, "she's a very funny girl[걔 아주 웃기는 여자애야]"라는 자신의 다음 기여로 진행해 나간다.

(3) 점차 빠져나가기[fade out]와 더불어 기여 주체(≒화자)들은 그들 나름대로 제시내용을 도중에서 잘라 버린다. 즉, 제시내용이 점차 사라지는 것이다. 그리고 그들의 상대방(≒청자)이 어쨌든 이해된 것으로 그 제시내용을 받아들인다. 다음에 그런 사례가 있다(Lerner, 1987).

Barbara : and uh but then she says she gets to thinking, oh well she's just not gonna worry about it
Alan : Mm hm.
Barbara : you know, she's just gonna --
Alan : yeah
바버뤄 : 그러고 어 허지만 그래서 그녀가 생각해 볼 거라고 하거든, 아 근데 그녀가 막 그거는 걱정하지 않을 거래
앨런 : 음 흠.
바버뤄 : 잘 알고 있듯이 그녀가 바로 ~할 거래 --
앨런 : 맞아

바버뤄는 일부러 "you know, she's just gonna[잘 알고 있듯이 그녀가 바로 …할 거래]"라는 말과 함께 자신의 제시내용을 미완결인 채로 남겨 둔다. 앨런은 바버뤄의 제시내용을 어쨌든 이해한 것으로 받아들인다. 점차 빠져나가기는, 제시내용의 나머지 부분이 공공연히 말하기에 너무 당황스럽거나 민감한 경우에 특히 유용하다.

---

16 §.8-4-3에서는 줘스띤이 폴리라는 여자애에 대하여 계속 서술해 나가는 것이, 켄으로 하여금 끼어들어 중단시키도록 한 것이라고 해석하였다. 다시 말하여, 제2수준에서는 줘스띤이 켄으로 하여금 지금 내가 서술하고 있는 여자애를 알고 있는지 확인해 달라고 요청하는 것이다.

(4) 도중 끼어들기 발화mid-utterance를 토대 다지는 또다른 방식은, 확인용 구성성분trial constituents을 이용하는 것이다. 때로 화자들은 올바르거나 이해될 수 있는 것으로 확신이 서지 않는 이름이나 서술에 대하여 제시하고 있음을 스스로 깨닫기도 한다. 그들은 종종 명사나 명사구로 된 그런 구성성분을 제시할 수 있는데, 상승억양이 있고 나서, 상대방으로 하여금 그 제시내용을 완결 짓기 전에 확증하거나 고쳐 놓도록 하기 위하여 약간 멈춤이 뒤따른다. 이런 것들을 쌕스·쉬글롭(Sacks and Schegloff, 1979)에서는 확인용 표지try marker로 불렀는데, 다음 사례와 같다(3.2a.59).

Morris : so I wrote off to . Bill, . uh who ((had)) presumably disappeared by this time, certainly, a man called <u>Annegra? –</u>

June : <u>yeah, Allegra</u>

Morris : Allegra, uh replied, . uh and I . put . two other people, who'd been in for . the BBST job . with me [continues]

모뤼스 : 그래서 내가 적어 주었는데 . 빌한테, . 어 그 사람 아마 이 시간이면 사라져 버렸을 텐데, 틀림없이, 뭐라더라 <u>어내그뤄? –</u>

준 : <u>맞아, 얼래그뤄</u>

모뤼스 : 얼래그뤄가, 어 대답했거든, . 어 그리고 내가 . 다른 두 사람도 적어 놓았는데, 그들이 BBST 일을 하려고 나와 함께 있었던 이들이거든 [계속 진행됨]

모뤼스의 제시 도중에, 그는 명백히 사람 이름 애너그뤄에 대해 확신이 서지 않았다. 따라서 상승억양 및 잠깐의 쉼과 더불어 그 이름을 제시하였다. 준June(여성임)은 대화에서 모뤼스가 누구를 가리키고 있는지를 알고 있다고 확증해 주기 위하여 "yeah맞아"라고 대답하고 나서, "Allegra얼래그뤄"라고 말하면서 그 이름을 고쳐 준다. 그 전체 점검 및 수정은 능란하고 간략하다. 지엽적인 기여내용은 다음과 같아 보인다.

◁ 제시 단계 ▷

Morris : Annegra? –

뭐라더라 이름이 애너그뤄라던가? –

◁ 수용 단계 ▷

June : yeah, Allegra

맞아, 얼레그뤄야

그러나 이런 기여는 "a man called Allegra replied얼레그뤄라고 불리는 사람이 대답하였다"라는 A의 더 큰 제시내용 속에 내포되어 있다.

이야기 도중에 끼어들어 질문하기는 또한 상대방에 의해서 개시될 수 있다. 다음에 제시한 제인과 케잇의 전화통화에서 볼 수 있다(§.7-2에서 이미 살펴보았음).

Jane　: u:m Professor Worth said that, if . Miss Pink runs into difficulties, . on Monday afternoon, . with the standing subcommittee, . over the item on Miss Panoff, ---

Kate　: Miss Panoff?

Jane　: yes,

Jane　: that Professor Worth would be with Mr Miles all afternoon, - so she only had to go round and collect him if she needed him, ---

제 인　: 어:엄 워쓰 교수님이 말씀하셨는데요, 만일 . 월요일 오후에, . 상설 소위원회에서, . 패놉 씨에 관한 항목에 대해서 난관에 부닥친다면, .

케 잇　: 패놉 씨요?

제 인　: 예, 맞습니다.

제 인　: 워쓰 교수님이 오후 내내 마일즈 씨와 같이 있을 것 같애서, 그래서 핑크 씨가 반드시 방문해서 필요하다면 그 분을 불러 들여야 하는데요,

케잇과 제인은 어떤 이름을 확증하는데("Miss Panoff?패놉 씨요?" "yes예 맞습니다"), 한편 제인은 거의 한 박자도 놓치지 않은 채 계속 진행해 나간다.

따라서 기여내용들은 계층적이다. 제시 및 수용 단계가 둘 모두 스스로 기여내용을 포함할 수 있다. 각각 그 나름의 더 간략한 제시 및 수용 단계들을 지닌다. 주목할 만한 바는, 이들 내포된 기여들이 나오게 되는 다양하게 많은 여러 가지 형식들이며, 다음과 같다(§.8-4-1의 두 번째 도표도 참고 바람).

㉠ 부차연결체(side sequences)

㉡ 분할마디 발화(installment utterances)

㉢ 상호협력 완결(collaborative completions)

㉣ 점차 빠져나가기(fade outs)

㉤ 도중에 잘라 버리기(truncations)

㉥ 확인용 구성성분(trial constituents)

이것들은 각각 그것이 기여하는 목적에 따라 모양새가 만들어진다.

§.8-4 부차적 확인 의사소통 collateral communication

기반 다지기 가정the grounding hypothesis에 의해서, 이야기는 나란히 두 가지 행위 경로로 이뤄진다. 공식적으로는, 롸줘가 니너로 하여금 자신에게 그녀와 그녀의 남편이 자동차를 한 대 갖고 있는지 말해 주도록 하고 있다. 이와 동시에 그들 두 사람은 협동하여 성공적인 의사소통 행위를 구성하려고 노력하고 있다. 그들은 두 가지 행위를 모두 완성하려고 말을 하고 있는 것이다. 저자는 이것들을 경로 1(1차 경로)과 경로 2(2차 경로)로 언급할 것이며,[17] 2차 경로를 1차 경로에 대한 부차적인 것collateral 부차적 확인으로 말할 것이다. 1차 경로는 공식적인 일을 실행하는 시도를 나타내며, 2차 경로는 성공적인 의사소통을 만들어 가려는 시도를 나타낸다. 달리 표현하면, 1차 경로는 기본적인 의사소통 행위를 담고 있고, 2차 경로는 상위 의사소통 행위meta-communicative acts를 담고 있다. 후자는 기본적인 의사소통 행위에 대한 상위 행위인 것이다. 우리는 이 경로들을 다음과 같이 그림으로 그려 줄 수 있다.

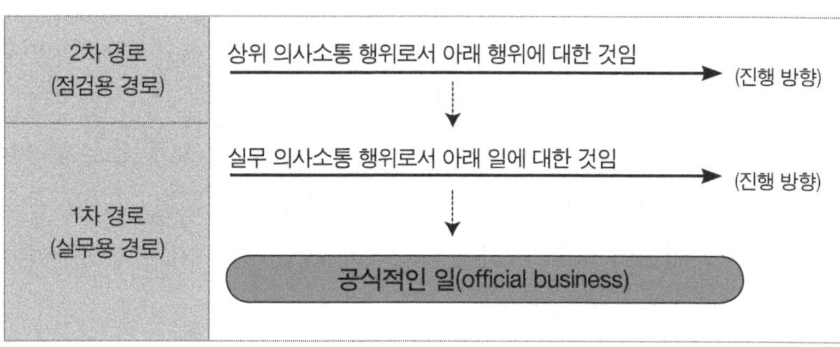

[17] 막연히 숫자를 써서 명명하기보다는 내용을 고려하여 고유한 이름을 붙여 주는 것이 더 쉬운 이해를 도와줄 것이다. 가령, 1차 경로(track 1)를 '실무용 경로'라고 하고, 2차 경로(track 2)를 '점검용 경로'(점검 확인용 경로)라고 부르는 것이다.

비록 두 가지 경로를 이야기 및 상위 이야기로 생각하는 것이 도움이 될 수 있겠지만, 이들 용어는 우리가 실행해야 하는 작업에 대하여 충분할 만큼 정확한 것은 아니다.

두 가지 경로 사이에 있는 대조점은 단지 추상화 내용뿐만이 아니다. 두 가지 경로들에서 모두 구체적인 신호가 있다. 다음에 있는 주고받은 사례 두 가지를 비교해 보기로 한다.

화자	1차 경로(≒실무경로)	2차 경로(≒점검경로)
음식점 종업원	What'll ya have girls? 아가씨들 뭘 드실래요?	
손님	What's the soup of the day? 오늘 특별 수프가 뭐죠?	
음식점 종업원	Clam chowder 조개 넣은 수프입니다	
손님	I'll have a bowl of clam chowder and a salad with Russian dressing. 조개 수프와 러시안 드레싱 야채요.	
롸줘(Roger)	now, – um do you and your husband have a j- car 시방, – 음 당신과 당신 남편이 즈- 자동차 갖고 있어요?	
니너(Nina)		– have a car? 자동차를 갖고 있느냐고요?
롸줘(Roger)		yeah 맞아요
니너(Nina)	no– 아뇨	

비록 두 가지 주고받은 대화가 모두 질문과 대답, 그리고 그들 사이에 있는 부차연결체로 이뤄져 있지만, 그 두 개의 부차연결체는 서로 다른 기능에 기여한다. 첫 번째 부차연결체 "What's the soup of the day?오늘 특별 수프가 뭐죠?"와 "Clam chowder조개 넣은 수프입니다"는 종업원과 손님의 공식적인 일인 음식주문을 다룬다. 두 번째 부차연결체 "Have a car?자동차 갖고 있느냐고요?"와 "Yeah예 맞아요"는 롸줘와 니너의 의사소통 행위를 다루는데, 롸줘의 발화를 정확히 확인하고 이해하도록 하고 있다. 첫 번째 것은 공식적인 일을 처리해야 하는 것이고, 두 번째 것은 그 일이 달성되었다는 신호를 처리해야 한다.[18]

우리가 언어사용을 생각하는 경우에는 1차 경로만을 생각하는 경향이 있다. 즉 이는 논의 중인 일에 대한 이야기이며, 대화의 주제가 된다. 그러나 진행되는 이야기에 대한 상위 이야기도 여전히 또한 이야기이다. 롸줘와 니너가 주고받은 이야기에서 부차연결체 side sequence를 자세히 살펴보기로 한다.

---

18 〈원저자 6〉 롸줘의 담화표지 "um(엄)"은 공식적인 일이 아니며, 저자가 제9장에서 다루는 논제이다.

Nina : - have a car?

- 자동차를 갖고 있느냐고요?

Roger : yeah

예 맞아요

비록 이것이 2차 경로(≒점검경로)에 있지만, 여전히 인접쌍으로서, 제안 및 수용을 지닌 최소 협동과제가 된다. 논의거리가 바로 롸줘의 발화(내용)라는 것이며, 사실상 다음과 같은 구성인 것이다.

제안 : Did you utter "have a car"?

당신이 '자동차를 갖고 있습니까'라고 발화하였습니까?

수용 : Yeah, I uttered "have a car."

예 맞아요, 나는 '자동차를 갖고 있습니까'라고 말했어요.

이들 두 가지 기여가 언급되고 있는 그 이야기에 대한 따옴표나 예시해 주기로 수립되어 있다.

2차 경로(≒점검경로)에 있는 이야기는 동종의 범주가 아니다. 2차 경로의 주제거리는 1차 경로(≒실무경로)에 있는 임의 수준의 의사소통 행위가 될 수 있다. "Have a car?자동차 갖고 있느냐고요?"와 "Yeah예 맞아요"를 갖고서, 니너와 롸줘는 롸줘의 제시내용을 전달하고 있지만(수준 2에 해당함), 대신 그들은 롸줘의 실행(수준 1에 해당함), 의미(수준 3에 해당함), 또는 제안(수준 4에 해당함)을 전달하였다. 제9장에서 저자는 제1수준과 제2수준에 대한 부차적 확인 신호를 받아들일 것이다. 여기서는 제3수준인 의미하기 및 이해하기에서 청자를 향해 직접 보내진 부차적 확인 신호들을 살펴보기로 하겠다.

8-4-1 부차적 확인 과제 collateral projects

협동 종결의 원리에 따르면, 기여 주체(≒화자)들이 1차 경로(=실무경로)에서 임의의 신호를 제시할 때마다, 그들은 암묵적으로 "Do you understand what I mean by this?당신은 내가 이것으로 의미하는 바를 이해하고 있습니까?"라고 묻고 있는 것이며, 자신의 상대방(≒청자)인 응답자들이 그것을 받아들일 것으로 기대한다. 그들은 2차 경로(≒점검경로)에 있는 이들 행위를 실행하고 있는 것이다. 더 앞에서 봤던 예문으로부터 지속되는 기여를 살펴보기로 한다.

발화	1차 경로(≒실무경로)	2차 경로(≒점검경로)
A : it was uh it was a lovely day (어 참 좋은 날이었어요)	① [I assert] it was a lovely day 좋은 날이었다고[단정한다]	① [Do you understand this?] [당신은 이를 이해합니까?]
B : yes (예)	② [I ratify your assertion] [당신의 단정을 확증한다]	② yes [I understand] 예 [그것을 이해합니다]

이 도표에서 꺾쇠괄호 속에 있는 해석은, 화자의 낱말로 직접 표현된 것들이 아니다. 1차 경로(≒실무경로)에서 A는 B에게 좋은 날이라고 단정하고 있고, B는 반대하지 않는다. 그러나 B가 "yes예"라는 대답으로 뭘 의미하는 것일까? 이 답변은 "Yes, it was a lovely day예, 좋은 날이었습니다"가 아니라,

> Yes, I understand what you mean by that.
> 예, 저는 당신이 그 발화로 의미하는 바를 이해합니다.

이다. 즉 "Yes예"는 함의된 질문 "Do you understand what I mean by this?당신은 내가 이것으로 의미하는 바를 이해합니까?"에 대한 B의 수용이다. 다음에 2차 경로(≒점검경로)에서 최소 협동과제가 있다(질문+수용).

그 주장은 다음과 같다. 모든 제시내용이 "Do you understand what I mean by this?당신은 내가 이것으로 의미하는 바를 이해하십니까?"라는 부차적 확인 질문을 성립시킨다. 응답자를 향해 임의의 발화를 직접 보내는 바로 그 행위가

> Are you hearing, identifying, and understanding this now?
> 지금 당신은 이것을 듣고 확인하며 이해하고 있습니까?

를 의미하는 신호가 된다. 이는 제시 단계의 한 가지 목표이며, 수용 단계의 한 가지 목표는 그 질문을 받아들이는 것이다. 응답자들이 "yes예"라고 대답하거나 함의하는 경우에 즉시 협동과제를 완결 짓는다. 그들은 "no아니오"를 함의하는 고치기 연결체를 개시하는 경우에 협동과제를 바꾸게 된다. 비록 그 주장이 급진적인 듯이 보이지만, 그것은 바로 기반 다지기 가정의 구체적 형태가 된다. 즉 대화를 하고 있는 참여자들은 그들이 말하는 바를 놓고 기반을 다지려고 노력하는 것이다. 그리고 그것은 기여내용들의 제시 및 수용 단계들에 대한 근거를 제공해 준다.

2차 경로(≒점검경로)에 있는 많은 협동과제들이, 더 앞에서 봤던 다음 예문들로부터의 인용에서처럼 1차 경로(≒실무경로)에 있는 기여자에 의해 개시된다.

유형	발화 사례	2차 경로(≒점검경로)에서의 협동과제
지속되는 기여	A : it was uh it was a lovely day 그 어 좋은 날이었어요 B : yes 예	① [Do you understand this?] [이 발화를 이해하십니까?] ② yes [I understand that] 예 [이해합니다]
종결된 기여	A : and what are you then 그리고 그렇다면 어떤 직무를 맡죠 B : I'm on the academic council 전 그 학술협회에 있습니다.	① [Do you understand this?] [이 발화를 이해하십니까?] ② [I understand you as displayed in my answer] [제 대답에서 보여 주듯, 당신 발화를 이해합니다]
분할마디	A : if you come in the Salad Street side,. 샐러드 거리 쪽으로 오시면, . B : yeah 예	① [Do you understand the direction so far?] [지금까지 길거리 방향을 이해합니까] ② yeah 예
세 번째 발언기회 고치기	A : no, I meant who decides what price it'll go on the market - 아뇨, 제 말뜻은 누가 어떤 값을 결정하여 시장에 내놓을지에요 - B : (- snorts) . whatever people will pay -- (- 흥하면서) . 누가 값을 치르든 간에요 --	① no, I meant who decides what price it'll go on the market 아뇨, 제 말뜻은 누가 어떤 값을 결정하여 시장에 내놓을지에요 ② [I understand as displayed here] [저는 여기 대답이 보인 대로 이해합니다]
점차 빠져 나가기	A : you know, she's just gonna -- 잘 아시듯이 그녀가 막 ~할 예정이에요 -- B : yeah 예	① [I am sure you understand without my completing this] [내가 이것을 완결하지 않더라도 이해하리라 확신합니다] ② yeah [I understand] 예 [이해합니다]
확인용 구성성분 질문	A : Annegra? 어네그롸라고 하던가요? B : yeah, Allegra 예, 얼레그롸이에요	① [Confirm that you understand] Annegra [이해하리라 확신하면서] 어네그롸라고 하던가요 ② yeah, [I understand, but the name is] allegra 예 [이해합니다만 그 이름이] 얼레그롸입니다

다른 부차적 확인 투영들은 다음 인용에서와 같이 1차 경로(≒실무경로)에서 응답자에 의해 개시된다.

유형	발화 사례	2차 경로(≒점검경로)에서의 협동과제
두 번째 발언기회 고치기	A : senior? 아버지 말이오? B : yes 예	① [Do you mean Jim Johstone] senior? 아버지 [즘 존스뜬을 말하는 거요?] ② yes [I mean that] 예 [그 사람을 뜻합니다.]
상호협력 완결	A : be able tuh speed it up 그 속도를 높일 수 있게 B : yeah 예 맞습니다	① [Do you mean], be able to speed it up? [당신 말뜻은] 그 속도를 높일 수 있게라는 거요? ② yeah [I mean that] 예 맞습니다 [그 뜻입니다]
도중에 잘라 버리기	A : on the back shelf 뒷 선반에다요 B : good 좋아요	① [I understand you as displayed in this answer] [이 대답으로 보여 주듯이 난 당신 질문을 이해합니다] ② [I accept your construal] [당신의 의미파악을 받아들입니다]

모든 사례에서 A와 B는 2차 경로에서 A가 의미하는 바와 B가 A가 의미하는 것으로 의미 파악하는 바를 처리해 주는 협동과제를 만들어 내고 있다.

경로들은 반복적이다. 모든 부차적 확인 경로는 그 나름의 독자적인 부차적 확인 경로를 가질 수 있다. 다음에 더 앞에서 본 예문으로부터 가져온 예시가 있다.

발화	1차 경로(≒실무경로)	2차 경로(≒점검경로)	3차 경로(≒추가 점검경로)
D : forty-nine Skipton Place 사십구 번지 스낍튼 구역	① [The address is] forty-nine Skipton Place [그 주소가] 49번지 스낍튼 구역이야	① [Confirm that you heard] "forty-nine Skipton Place" 사십구 번지 스낍튼 구역[을 당신이 들었음을 확증해 주시오]	
J : forty-one 사십일 번지	② [I ratify the address as] forty-one 사십일 번지[로 그 주소를 확증한다]	② [I heard] "forty-one" 사십일 번지[로 나는 들었다]	① [Did you present] "forty-one"? 사십일 번지[라고 제시하였는가?]
D : nine . nine 구 . 구번지			② [No, the "one" is] "nine" [아니, '일 번지' 말고] '구 번지'일세
J : forty-nine 사십구 번지	②' [I ratify the address as] forty-nine 사십구 번지[로 그 주소를 확증한다]	②' [I heard] "forty-nine" 사십구 번지[로 들었다]	

준[June](여성)이 "forty-one[사십일 번지]"라고 말하는 경우에, 그녀는 2차 경로(≒점검경로)에서 자신이 대뤌이 말했다고 생각한 바를 드러내어 보여 주고 있다. 그러나 그녀가 틀렸기 때문에, 대뤌은 3차 경로(≒추가 점검경로)에서 "nine. nine[구. 구 번지]"라고 말하면서 그녀를 고쳐준다. 필요하다면 참여자들은 부차적 확인 경로를 추가해 넣지만, 거의 2차 경로 이상을 넘어서지 않는다(≒하나의 점검경로 정도만으로도 충분하다는 뜻임 : 뒤친이).

8-4-2 부차적 확인 신호의 형태

언어의 연구에서 대부분의 주의력은 1차 경로(≒실무경로)에 있는 신호들에 쏟아져 왔는데, 낱말·문장·시각적으로 본뜬 몸짓 시늉·가리키는 몸짓 시늉들이다. 거의 대부분 2차 경로(≒점검경로)에 있는 신호들은 주목을 받지 못하였다. 한 가지 이유는 분명하다. 자발적 이야기에서 충분히 확인해 내기가 어려운 부차적 확인 신호는, 언어를 연구하는 데에 가장 좋은 매개체인 인용 형태로는 거의 나타나지 않는다. 그럼에도 불구하고 부차적 확인 신호들은 실재한다.

막 다뤘던 부차적 확인 신호들은 모두 의미 및 이해와 관련되어야 한다. 그것들은 모두 다음과 같은 틀 또는 변이체와 들어맞는다.

화자	기여 주체의 '**의미**'에 대한 것	응답 주체의 '**이해**'에 대한 것
기여 주체	By x, I mean y. 신호 x로써 나는 y를 의미한다.	By x, do you understand y? 신호 x로써 당신은 y를 이해하십니까?
	By x, what do you understand? 신호 x로써 당신은 무엇을 이해하십니까?	
응답 주체	By x, do you mean y? 신호 x로써 당신은 y를 의미합니까?	I understand x. 나는 신호 x를 이해합니다.
	By x what do you mean? 신호 x로써 당신은 무엇을 의미합니까?	By x, I understand y. 신호 x로써 나는 y를 이해합니다.

이들 틀은 모두 기여 주체가 의미하는 바 또는 응답 주체가 기여 주체가 의미하는 것으로 이해한 바를 표현해 준다. 그리고 그것들이 모두 현재 시제 모습으로 되어 있는데, 발화 순간에 의미하기 및 이해하기의 상태를 가리켜 주기 때문이다.

이런 틀은 화자가 이들 부차적 확인 신호들에 의해서 의미해 주는 바를 나타내지만, 그 신호들이 실제로 어떤 형태들을 취하는 것일까? 선험적으로 우리는 그것들이 네 가지 특징을 구현할 것으로 기대할 수 있다.

① 배경 깔아 놓기(backgrounding)

참여자들의 공식적인 일에 대한 1차 경로(≒실무경로)에 있는 신호들은 응당 초점으로 두드러져야 한다. 2차 경로(≒점검경로)에 있는 신호들은 배경으로 깔려 있어야 한다.

② 동시성(simultaneity)

만일 대화에 참여하는 당사자들이 동시에 두 가지 경로에서 모두 행위를 취하는 경우에, 그들은 응당 두 경로에서 모두 동시에 신호를 실행해 주어야 한다. 두 사람의 당사자 A와 B는 이를 여러 가지 방식으로 관리할 수 있다.

(ㄱ) A가 동일한 행동으로 두 가지 경로에서 모두 신호들을 실행하여 내보낼 수 있다.

(ㄴ) A가 1차 경로(≒실무경로)에 있는 신호들처럼 동시에 2차 경로(≒점검경로)에서도 어떤 신호를 실행해 내보내지만, 상이한 매개체로 수행한다. 가령 말하는 일과 대립되는 몸짓 시늉을 한다든지 하는 것이다.

(ㄷ) A가 1차 경로(≒실무경로)에서 신호를 내보냄과 동시에 B는 2차 경로(≒점검경로)로 신호를 동일하거나 상이한 매개체로 내보낼 수 있다.

(ㄹ) A가 1차 경로(≒실무경로)에 있는 신호들의 작은 틈새로 2차 경로(≒점검경로)의 신호를 실행해 내보낼 수 있다.

③ 간략성(brevity)

대부분의 부차적 확인 신호들이 (점검용 정보 이외에는) 거의 정보를 실어 담지 않기 때문에, 이 신호들은 간략해져야 하고 응당 다양성에서도 제약되어 있어야 한다.

④ 차별성(differentiation)

2차 경로(≒점검경로)에 있는 신호들은 반드시 1차 경로(≒실무경로)에 있는 신호들과 구별될 필요가 있다. 2차 경로(≒점검경로)의 신호는 또한 특수하고 쉽게 확인될 수 있는 방법들의 묶음으로부터도 만들어질 수 있다.

제6장 5절에서 다뤘던 신호 보내기 방법들 중에서, 일부는 쉽게 이들 네 가지 요구조건을 충족시키며, 흔히 그것들이 부차적 확인 신호로 활용되어 왔다. 다음에 의미하기 및 이해하기를 전달하기 위해 이용된 일부 방법들이 있다.

(1) 임시 배치함(temporal placement)

화자들은 자신의 발화 배치에 의해서, 말해진 바를 이해하거나 이해하지 못함을 나타낼 수 있다. 다음에 앞에서 다룬 사례들로부터 가져온 인용이 있다.

2차 경로의 신호	발화 사례	옆칸의 밑줄 부분에 대한 해석
동감표현 (Acknowledgment)	A : it was a lovely day 좋은 날이었어요 B : yes 예	"I understand what you have just now finished" 나는 당신이 막 끝낸 발화를 이해합니다
불확실성 표지[19] (Uncertainty marker)	A : Okay, the next one is the rabbit 좋아요, 다음 것은 그 토끼입니다 B : u::h 어, 무슨 뜻인지	"I don't yet understand what you have just finsished" 난 아직 당신이 막 끝낸 발화를 이해하지 못하겠습니다
상호협력 완결 (Collaborative completion)	A : So I'd wanna - when I make a tape, 따라서 난 하고파 내가 녹음 테이프를 만든다면 말야 B : be able tuh speed it up 그 속도를 높일 수 있게	"Do you mean this : 'be able to speed it up'?" 당신은 다음을 의미했습니까 : '그 속도를 높일 수 있게'
도중에 잘라 버림 (Truncation)	A : Where's the other 어디에 다른 우산 B : On the back shelf, 뒷 선반 위에다 뒀어요	"I already understand your question so I am answering now" 이미 당신 질문을 이해했으므로 지금 대답하고 있습니다

각각의 사례에서, B는 발화가 진행되는 동안에 임시 자신이 이해하는 바를 신호해 준다. 동감표현은 시간상 원래 발화에 일부 겹쳐지거나 또는 자신이 수긍하는 구 또는 절 끝부분에 붙어서 자리 잡는다. 비록 처음 두 가지 사례의 예문에 있는 "yes예"와 "u::h어: 무슨 말인지"가 2차 경로(≒점검경로)에 있는 신호이지만, 마지막 두 가지 사례의 예문에 있는 낱말들은 그렇지 않다. 이것들은 전적으로 부차적 확인 신호 보내기collateral signaling가 배치됨으로써 성취된다.

(2) 유표적인 선율(marked prosody)

1차 경로(≒실무경로)에 있는 모든 발화는 기대된 선율을 갖고 있다. 부차적 확인 신호를 만들어 내는 한 가지 방식은 그 발화를 놓고서 예기치 않거나 유표적인 선율을 덧얹어 놓는 것이다. 다음에 앞에서 본 사례들로부터 가져온 인용이 있다.

---

[19] 〈원저자 7〉 불확실성 표지는 클락·윌키스-깁즈(Clark and Wilkes-Gibbs, 1986)에서 가져옴.

2차 경로의 신호	발화 사례	옆칸 밑줄친 부분의 해석
확인용 구성성분 (Trial constituent)	A : a man called Annegra? - 어네그뤄던가 그렇게 불리는 사람? B : yeah, Allegra 맞아요, 얼레그뤄죠	"Confirm that you know who I mean by Annegra." 어내그뤄로 내가 누구를 뜻하는지 당신이 알고 있음을 확인해 주시오
분할마디 (Installment)	A : so Mr. D. Challam, 그래서 디 촬럼 씨 댁이에요 B : yes 알겠어요	"Confirm that you understand this installment." 당신이 이 분할마디를 이해한다고 확인해 주시오
점차 빠져나감 (Fade outs)	A : you know, she's just gonna -- 알다시피 그녀가 막 ~할 거예요 B : yeah 맞습니다	"I am sure you understand without my completing this." 내가 이 발화를 완결 안 지어도 당신이 이해할 것임을 확신하오.

화자들은 확인하려는 구성성분들을 '상승억양 및 휴지'와 함께 표시해 놓는다. 이른바 목록제시 억양 및 휴지를 지닌 분할마디들을 표시해 주는 것이다. 화자들은 발화 속도 및 음량에서의 강하drop와 함께 점차 빠져나감을 표시해 놓는다. 이들 표지를 제거한다면, 여러분은 부차적 확인 신호들을 없애 버리는 것이다.

(3) 몸짓 시늉 gesture

몸짓 시늉은 흔히 부차적 확인 신호로서 이상적이다. 몸짓 시늉들은 쉽게 발화와 구별되며, 동시에 간단히 발화의 배경으로 수행될 수 있다. 예를 들어, 머리 끄덕임은 정규적으로 동감표현acknowledgment으로 이용된다. 응답 주체들도 롸줘가 심한 자동차 사고를 서술함에 따라 니너가 얼굴 표정을 찌푸리는 경우에서와 같이, 또한 신체 운동을 이용한 흉내 내기motor grimaces로 의미파악 내용을 보여 준다(제6장을 보기 바람).

다른 몸짓 시늉들도 제닛 베이블러스Janet Bavelas와 그녀의 동료 연구자들에 의해서 부차적 확인 신호로 찾아졌다(Bavelas et al., 1992). 이들은 시각적으로 본뜬iconic 몸짓 시늉과 (신체적 도구를 이용한) 지시적indicative 몸짓 시늉이, 주제에 관련된 몸짓 시늉(≒1차 경로에 해당함 : 뒤친이) 및 상호작용에 관련된 몸짓 시늉(≒2차 경로에 해당함 : 뒤친이)으로 부르는 바로 나뉜다고 주장하였다.

> Topic gestures depict semantic information directly related to the topic of discourse, and interactive gestures (a smaller group) refer instead to some aspect of the process of conversing with another person. (Bavelas et al., 1992 : 473)

주제에 관련된 몸짓 시늉은 담화의 주제와 직접 관련된 의미 정보를 그려 준다. 상호작용에 관련된 몸짓 시늉은 (더 작은 부류임) 대신 다른 사람과 교감하는 과정의 일부 측면만을 가리킨다.

따라서 주제에 관련된 몸짓 시늉은 1차 경로(≒실무경로)에 있다. 왜냐하면 그것들이 공식적인 일을 다루기 때문이다. 그리고 상호작용에 관련된 몸짓 시늉은 부차적 확인 경로에 있다. 그것들이 상위 의사소통 기능에 기여하기 때문이다. 베이블러스Bavelas와 그녀의 동료 연구자들이 주목한 상호작용적 기능들 중에는 "동의나 이해나 도움을 구하는 일"이다(473쪽). 예를 들어, 한 사람이 도서관 카드목록으로 정보를 살펴보는 일을 말하였는데, 이어 두 번째 사람이 다음처럼 말한다.

then look up under the appropriate thing.
그런 뒤 적합한 항목 아래에서 찾아야 해요.

그리고 적합한 낱말을 찾아냄으로써, 그 화자는 첫 번째 사람을 향하여 신속한 손짓 움직임을 만든다. 이는 지시적 몸짓 시늉indicative gesture으로서, 다음을 의미한다.

you know, what you just said about looking up the author or title.
잘 아시듯이, 저자나 제목을 찾아내는 일에 대해서 당신이 막 말한 내용 말이에요.

베이블러스 외Bavelas et al.의 서사 이야기들은 그런 몸짓 시늉을 많이 갖고 있었다.

따라서 부차적 확인 신호들은 확인될 수 있는 형태들을 지니며, 이것들은 또한 참된 신호들이다. 다시 말하여, 이것들이 제1 차 신호들에 대해 배경으로 깔린다는 것이다. 이것들은 제1차 발화와 동시적으로 나오거나, 작은 틈새쯤만 떨어져 있는 것이다. 결과적으로, 종종 부차적 확인 신호들은 적시의 배치나 유표적 선율이나 몸짓 시늉으로 실현되는 것이다.

8-4-3 투영해 주는 증거

기여를 완결 짓기 위하여, 기여 주체(≒화자)들은 자신이 의미한 바를 자신의 짝인 응답 주체들이 이해하였다는 증거가 필요하다. 응답 주체들도 그런 증거를 제공해 주려고 노력한다. 2차 경로(≒점검경로)의 존재 이유raison d'être는 그런 증거를 처리하기 위한 것이다. 사실상 제시 및 수용 단계에서 짝을 이룬 두 사람의 참여자들이 2차 경로에서 이런 최소 협동과제를 완결 짓고자 노력한다.

제안 : I request you now to provide evidence of understanding of type x
나는 이제 당신이 유형 x에 대한 이해의 증거를 제공해 주기를 요구합니다.

수용 : I hereby provide evidence of understanding of type x (or stronger).
나는 지금부터 유형 x에 대한 이해의 증거를 또는 더 강력한 증거를 제공합니다.

그런 증거가 가치 있게 되려면, 그것이 유효하고, 경제적이며, 적시timely 때 맞춤이어야 한다. 그리고 두 사람의 참여자들이 확실히 그렇게 되도록 하기 위하여, 응당 자신의 부차적 확인 협동과제들을 활용해야 한다. 이는 다음 원리를 시사해 준다.

◁ **투영된 증거에 대한 원리** (Principle of projected evidence) ▷

With every presentation, contributors use signals in track 2 to project the type of evidence of understanding that they consider to be valid, economical, and timely enough for current purposes.

모든 제시내용과 더불어, 충분히 현재의 목적을 위하여, 기여 주체들이 유효하고 경제적이며 적시라고 여긴다는 '이해의 증거 유형'을 투영해 주기 위해서, 기여 주체들은 2차 경로(≒점검경로)에 있는 신호를 이용한다.

우리는 이미 이런 원리에 대한 증거를 살펴보았다.[20] 화자들이 발화를 제시하는 방법을 결정할 때에는, 동시에 그들이 원하는 증거의 유형을 투영하고 있는 것이다. 다음 인용은 앞에서 나온 사례들로부터 뽑아 놓았다.

---

[20] §.8-1-1에서 ① 효력성, ② 경제적인 노력, ③ 적시성을 다루었다. 여기서는 다만 ②와 ③을 각각 경제성과 적시성으로 다시 자세히 다룰 뿐이다.

제시의 유형	A의 제시내용	B로부터 투영된 증거
제안 완결	and what are you then 그렇다면 자네는 뭐가 되지?	제안에 대한 수용
지속되는 제시내용	it was uh it was a lovely day 어 그 그게 좋은 날씨였어요	배경으로 깔린 수긍
분할마디	and through the gate, - 그리고 그 문을 통해서, -	명백한 확인
축자적 분할마디	forty-nine Skipton place 사십구 번지 스낍튼 구역입니다	축자적 반복
구성성분 질문	Annegra? 어네그뤄라고 하던가요?	명백한 확인
배경으로 깔린 동감표현	uh huh 아하 그래요	지속적으로 주목함

앨런Alan이 "and what are you then그렇다면 자네는 뭐가 되지?"라고 물었을 때에, 그는 버튼Burton의 발화에 대한 수용을 투영하고 있었다. 이는 그 발화에 대한 이해를 보여 줄 것이다. 각 유형의 제시내용은 2차 경로에서 서로 다른 수용을 투영해 준다. 지속적으로 주목함으로부터 축자적으로 반복하여 보여 주기까지이다. 사실상 여기서 인용된 사례들에서는 응답 주체의 수용이 기대되어 있다.

경제성 economy

제시의 유형을 선택하는 데 있어서, 기여 주체들은 현재의 목적을 위하여 자신에게 필요하다고 생각하는 가장 경제적인 증거를 투영한다. 이런 비용의 한 부분은 처리시간이다(제3장을 보기 바람). 즉 참여자들은 전체적인 협동 처리시간을 최소화하려고 노력하는 것이다. 다른 조건이 모두 동일하다면, 증거가 더 간단할수록 더욱 더 좋다. 필요하지 않다면, 기여 주체들은 증거를 정교하게 가다듬도록 요구하지 않을 것이다. 또는 그들의 응답자들도 자신이 필요하다고 생각하는 것 이상으로 더 정교하게 가다듬지는 않을 것이다. 여기서 기회 닿는 대로 종결하는 원리가 작동하게 된다(§.8-1-2 참고).

가장 경제적인 증거는 수용uptake 받아들임 또는 배경으로 깔린 동감표현backgrounded acknowledgments이다. 질문에 대한 대답처럼, 수용은 대화의 진행과정으로부터 전혀 일시중단time out을 택하지 않는다. 수용은 대화를 중단 없이 실행해 나가는 것이다. 배경으로 깔린 수긍도 또한 전혀 일시중단을 택하지 않는다. 이는 응답자들이 별도로 가외 시간을 취함이 없이, 또는 추가 시간을 취함이 없이 겹쳐짐으로써, 2차 경로(≒점검경로)로 산출된다. 정확히 이것들이 종결된 기여concluded contributions 및 지속해 나가는 기여continuing contributions에서 투영된 증거의 형태들이다. 이 점은 이것들이 왜 그리 흔한지에 대한 한 가지 이유가 된다.

다른 증거는 좀더 비용이 많이 든다. 기여 주체들이 고개 끄덕임이나 "uh huh아하 맞습니다"를 요구하면서, 확인차 구성성분 질문을 하려면 특별한 이유가 필요하다. 예를 들어, 기여 주체가 지시내용에 대하여 점검할 필요성이 급박한 것임에 틀림없음 등이다. 그들은 또한 각 단위 발화마다 둘 이상의 분할마디와 더불어, 명백히 "uh huh아하 맞습니다"를 이끌어 내기 위해 특별한 이유가 필요한 것이다. 즉, 각각의 분할마디에 대하여, 자신의 짝인 응답 주체들의 이해를 점검하는 것이 반드시 중요한 일이 된다. 그들은 또한 완결을 이끌어 내기 위해서도 특별한 이유가 필요하다. 즉, 자신의 기여를 완전히 끝내기 위하여 어떤 이름이나, 낱말이나, 구절에 대한 필요성이 분명히 중대한 것이다. 대조적으로, "uh huh아하 맞습니다"를 이용하는 데에는, 기여 주체들이 지속된 주의력 이상 아무런 것도 투영하지 않는다. 또다른 "uh huh아하"가 없이, 또는 이어진 "I see알겠습니다"나 "okay그래요"가 없이, [단 한 번만으로] "uh huh아하"라고 동감하는 것은 이상할 것 같아 보인다(≒계속 동감표현을 해 주어야 함 : 뒤친이). 참여 주체들은 응당 협동 종결에 이르는 데에 얼마나 오랜 시간이 소요되는지를 추정하고, 또 그 시간을 최소화해 주는 선택을 해야 하는 것이다.

적시성 timeliness

기여 주체들은 또한 응답자들이 언제 증거를 제시할지를 투영한다. 일반적인 시점은 제시 바로 뒤에 있는 즉각적인 틈새이다. 온전한 발언기회들은 다음 발언기회의 개시와 더불어 바로 받아들여질 것이고, 분할마디installments는 뒤따르는 휴지로 바로 즉각 받아들여질 것이며, 확인용 구성성분trial constituents은 그 구성성분 뒤에 바로 즉각 받아들여질 것이다, 등등. 이런 규칙성에 대한 합당한 근거가 있다. 완벽한 이해를 위해 필요한 모든 자료들을 제공해 주려고 화자들은 제시내용들을 계획하고자 노력한다. 따라서 거의 모든 제시내용들이 온전한 구성성분들이 된다. 온전한 문장, 절, 또는 더 작은 구절이며, 쪼가리는 아니다. 롸줘Roger는 쪼가리 "do you and질문 형식 그리고"를 제시하여, 아무런 내용도 제시함이 없이 니너Nina로 하여금 이해하도록 기대할 수 없다. 그녀는 그가 어떻게 끝낼지를 알 필요가 있다. 온전한 구성성분은 의미하기 및 이해하기에 대한 자연스런 단위들이다.

그러나 응답 주체들은 될 수 있는 한 응당 합리적으로 투영된 틈새the projected slot 틈새를 타서 기회가 되는 대로로 증거를 제공해 주어야 한다. 그 이유는 다음과 같다. 두 사람이 순서가 잡힌 방식으로 공통기반을 쌓아 놓으려면, 그들이 다음으로 넘어가기 전에 반드시 현재의 기여를 완결 지어야 한다(제2장을 보기 바람). 대부분의 기여는 앞서 그들이 성공한 기여에 달려 있으므로, 이전의 기여가 완결되지 않는 한, 그들은 잘못될 것 같다. 그리고 협동 처리시간을 최소화하기 위하여, 짝인 되는 응답 주체들은 할 수만 있다면, 투영된 틈새에서 응당 일찍이 이해의 증거를 내어 주어야 한다. 적시에 내어 놓는 증거가 없다면, 이는 '주의력·확인·이해'의 결여로 파악될 수도 있다. 저자가 "Helen?헬렌 어디 있소?"라고 외치더라도 헬렌이 즉각 응답하지 않는다면, 저자가 이를 그녀가 내 목소리를 듣지 못한 증거로 삼을 가능성이 있다. A가 B에게 "Okay, the next one is the rabbit좋습니다, 다음 것은 그 토끼입니다"라고 말하지만, B가 "u::h어 무슨 뜻인지"라고 소리내기 시작한다면, A는 이를 "the rabbit그 토끼"를 알아듣지 못한다는 증거로 받아들인다. 따라서 A가 다음처럼 덧붙여 놓는다.

> that's asleep, you know, it looks like it's got ears and a head pointing down?
> 잠들어 있는 꼴이 말이요, 잘 아시듯이, 그게 아래로 향한 귀와 머리를 가진 것 같잖아요.

이에 대해서 B가 "okay그렇군요"라고 말한다(Clark and Wilkes-Gibbs, 1986). 우리는 반응의 즉각성을 '이해에 대한 증거'의 일부로 이용한다.

특별한 환경에서는 이해의 증거가 또한 제시와 더불어 제공된다. 줘스띤Justin이 폴리Polly라는 이름의 소녀에 대한 서술을 계속 이어나가는 경우에, 그는 켄Ken으로 하여금 이해되었다면 자신의 서술을 중단해도 좋다고 초대하고 있는 것이다. 이브Eve가 허브Herb의 질문 "Where's the other –어디에 다른 우산"을 "On the back shelf뒷 선반 위에다요"라고 말하며 발화 중간에 잘랐을 때에, 그녀는 자신이 이미 이해했음을 신호 보내기 위해서 자신의 발화배치(≒질문과 겹치는 배치)를 이용하였다. 조쉬Josh가 마티Marty의 비-구성성분 발화[21]

> So I'd wanna – when I make a tape.
> 따라서 난 하고파 – 내가 녹음 테잎을 만든다면 말야.

를 "be able to speed it up그 속도를 높일 수 있게"으로써 완결 지었을 때에도 비슷한 신호를 이용하였다.

---

[21] non-coustituent utterance(구성성분이 아닌 발화)는, want to 다음에 반드시 부정사 구문이 와야 하지만, 바로 뒤에 조건절 when이 나왔기 때문에, 구성성분이 아닌 발화라고 표현하였다.

§.8-5 결론

대화에서 결코 화자들이 말만 하고, 청자들이 듣기만 하는 것은 아니다. 그들은 자신의 행위들에 대한 종결을—심지어 그들의 협동행위들에 대한 종결까지—요구한다. 기반 다지기 가정the grounding hypothesis에 따르면, 사람들은 자신들의 협동행위를 기반 다지려고, 즉 그들의 공통기반의 일부로서 기반을 수립해 놓고자 열심히 일한다. 만일 그렇다면, 대화에 기여하는 일은 응당 기여 주체 및 그 응답자 두 쪽 모두의 노력으로 이뤄질 것이며, 실제로도 그러하다. 기여 주체(≒화자)는 자신의 짝인 응답자에게 신호를 제시한다. 그러고 나서 기여 주체 및 응답자는 그 신호들이 현재의 목적을 위하여 충분히 제대로 이해되었다는 상호간의 믿음에 도달하기 위하여 함께 작업하게 된다.

이런 그림에서 기여내용은 많은 형태로 부각되어 나타날 수 있다. 두 가지 형태가 두드러지다. 종결된 기여concluded contributions에서, 응답 주체들은 다음 관련 기여내용으로 진행해 나감으로써, 자신이 제시내용을 이해한다고 전제한다. 질문을 던진 경우에는, 응답자들이 그것을 받아들이며, 응답자들의 답변이 그 질문에 대한 의미파악(≒질문을 제대로 파악하였는지 여부)을 보여 주게 된다. 지속해 나가는 기여continuing contributions에서는 응답 주체들이 "uh huh아하 맞습니다"나 "yeah예 맞습니다"나 고개 끄덕임과 같이 동감표현과 더불어 자신이 이해하였음을 단정한다. 다른 형태의 기여는 기여 주체가 자신의 제시 방식을 어떻게 설계하는지에 달려 있고(분할마디로, 상승억양으로, 점차 빠져나가기로), 응답 주체들이 그것들에 대하여 어떻게 답변하는지(질문으로, 곡해의 증거로, 상호협력 완결로)에 달려 있다. 부각되어 나타나는 기여내용들의 형태는 끝없이 다양하게 많다.

그러므로 대화에서 사람들은 일시에 두 가지 경로의 행위에 간여되어 있다. 그들은 1차 경로(≒실무경로)에서 공식적인 일에 대하여 이야기하며, 2차 경로(≒점검경로)에서 자신의 의사소통 행위 그 자체에 대하여 말한다. 기여 주체(≒화자)들은 확증을 요구하거나 완결을 초대하며, 응답 주체들이 수긍과 이해에 대한 다른 증거를 제공해 주는 것은 2차 경로(≒점검경로)에 들어 있다.

제9장 발화

발화는 언어사용에서 가장 구체적으로 만져 볼 수 있는 산출물이다. 전통적으로 발화는 화자에 의한 자동적 행위로 간주되어 왔다. 그렇지만 이런 생각은 올바르지 않다. 비록 화자들이 주요한 책임을 떠맡을 수 있지만, 화자는 청자들의 상호조율이 없이도 발화를 제시할 수 있다. 코니[Connie](여성)가 던컨[Duncan](남성)에게 발화를 제시하는 경우에, 그녀는 그로 하여금 자신의 낱말·구성체 발화·몸짓 시늉을 확인하도록 하고 있다. 이것이 또한 그의 행위를 맞아들인다(≒던컨도 어떤 반응을 해야 함 : 뒤친이). 발화에 주목하고 확인하도록 하는 일도, 발화를 이해하도록 하는 일만큼 협동행위가 된다.

우리는 또한 발화를 단일하며 선조적인 이야기의 실과 같이 생각하는 경향이 있다.[1] 코니가 어떤 의도를 갖고 시작하여, 마디마디 발화를 만들어 내고서 그것을 완결 지음에 따라, 각각의 마디를 던컨에게 제시해 준다. 사실상 발화는 비선조적이며, 두 가지 경로 이상을 지니고 있다(≒여러 층위가 동시에 들어 있음 : 뒤친이). 코니는 어떤 표현을 산출하다가 자신의 마음을 바꾸고서 다시 새로 시작할 수도 있다. 그녀가 실수를 저지르고 그것을 고쳐나갈 수도 있다. 그녀가 던컨의 주의를 끌지 못하였음을 깨닫고서, 자신이 말한 바를 다시 반복할 수도 있다. 그녀가 휴지 또는 더듬거림을 설명하거나, 결례를 사과하기 위해서 스스로 중단할 수도 있다. 던컨도 그녀의 발화에 그 자신의 몫을 더해 놓을 수도 있다. 이들 현상은 드물지 않다. 자발적인 발화에서, 화자와 청자는 관리해 나갈 복잡한 논제들을 많이 지니게 된다.

---

[1] 이는 잘못된 생각이다. 이런 오류의 뿌리는 소쉬르(1915; 최승언 뒤침, 2006 신장판), 『일반언어학 강의』(민음사)인데, 일반 원리를 다룬 '언어기호의 성격'에서 제2원칙을 기표의 선적인 특성(번역 97쪽 이하)으로 논의한 바 있다. 그렇지만 클락은 언어 기호가 단선적이지 않고 복선적이며, 여러 계층을 동시에 가동하고 있음을 논증하고 있다. 기호 형식에만 국한하여 아주 작은 구 하나만 다루더라도, 복선적 처리를 해야 한다. '순이 사진'이나 '범죄인 변호사'나 '장난감 마을'이 두 낱말의 구성체이지만, 그 의미는 적어도 두 가지 이상이다. 이를 드러내려면 더 이상 선조적 구조로는 불가능하며 반드시 복선의 계층적 구조를 상정해야 한다(§.3-5-3의 '중의성' 참고). 김지홍(2006), 「국어국문학 연구의 문제점 : 통사의미론에서의 '방법론' 검토」, 『배달말』 39호를 참고하기 바란다.

제7장과 제8장에서는 사람들이 협동과제를 실행해 가는 방법, 화자가 의미하는 것으로 간주될 수 있는 바를 수립하는 방법을 살펴보았는데, 다음 제시된 행위 진전 사다리의 상위에 있는 두 수준이 된다.[2]

수준	화자 A의 행위	청자 B의 행위
4	A가 B에게 협동과제 *w*를 제안하고 있다	B가 *w*에 대한 A의 제안을 받아들여 고려하고 있다
3	A가 B에게 *p*가 사실임을 신호 보내고 있다	B가 A로부터 나온 *p*가 사실임을 인식하고 있다
2	A가 B에게 신호 *s*를 제시하고 있다	B가 A로부터 나온 신호 *s*를 확인하고 있다
1	A가 B를 위해 행동 *t*를 실행하고 있다	B가 A로부터 나온 행동 *t*를 주목하고 있다

제9장에서는 사람들이 발화를 관리하는 방법을 살펴보게 될 것이다. 이를 위하여 우리는 사다리에 있는 하위 두 단계를 다루게 된다. 즉, 제2수준인 제시하기 및 확인하기, 그리고 제1수준인 실행하기 및 주목하기이다.

§.9-1 제시

모든 의사소통 행위에서, 화자는 자신의 청자가 확인하도록 신호를 제시한다. 예를 들어 롸줘[Roger]는 니너[Nina]에게 그녀와 그녀의 부군이 자동차를 한 대 갖고 있는지 여부를 물어 보기 위하여

now, - um do you and your husband have a j- car
시방, - 음 당신과 당신 부군이 즈- 자동차를 한 대 갖고 있습니까?

라는 발화를 제시한다. 자신의 발화를 완결 짓기 위하여(제3수준에 해당함), 롸줘는 니너로 하여금 자신의 제시내용을 확인하도록(제2수준에 해당함) 해야 한다. 그렇지만 첫 번의 시도에서는 아주 잘 처리해 낸 것이 아니다(8.2a.335).

Roger : now, - um do you and your husband have a j- car

[2] 원문에 rungs(사다리의 가로대)를 썼는데, level(수준), hierachy(계층) 등과 어휘 사슬을 이룬다. 앞에서 계속 level(수준)을 써 왔기 때문에, 번역에서는 '수준'으로 통일해 둔다.

Nina : - have a car?

Roger : yeah

Nina : no -

롸 줘 : 시방, - 음 당신과 당신 부군이 즈- 자동차 한 대 갖고 있습니까?

니 너 : - 자동차를 한 대 가졌냐고요?

롸 줘 : 예 맞습니다

니 너 : 아뇨 -

명백히, 니너는 "have a car자동차를 한 대 가졌냐고요?"라는 마지막 구절에 확신이 없으므로, 롸줘로 하여금 그것을 확인해 주도록 요구한다. 오직 일단 그 확인이 완결되어야(제2수준에 해당함), 그녀가 질문을 이해하고(제3수준에 해당함), 그 질문을 "no아뇨"라고 대답하여 수용하게 된다(제4수준에 해당함). 신호 제시하기 및 확인하기의 협동과정은 의사소통 행위에 필수적이다.

낱말이나 구 또는 문장에 대한 모든 사용은 이상적인 전달 모습을 지닌다. 즉, 주어진 상황에서 결함 없는 제시인 것이다(Clark and Clark, 1977). 유창하게 되고 발음·억양·속도·음량이 그 환경에 적합한 것이어서 결함 없는 것이다. 만일 화자들이 말하기 전에 말하게 될 내용을 만들었고, 그 계획대로 계속하여 따라갈 수 있었다면, 이는 화자가 만들 법한 전달인 것이다. 이상적인 전달 모습과 밀접한 것이, 라디오와 텔레비전 아나운서 및 무대 배우들에 의해서 산출된다. 그러나 롸줘의 발화가 예시해 주듯이, 대화를 하는 화자들은, 오직 짤막하게만 이상적인 전달 모습들을 성취한다. 열심히 노력하더라도 화자들은 내내 임의 길이의 시간 동안에 유창성을 유지할 수는 없는 것이다.[3]

문제는 인간적 제약이다. 앞의 사례에서 롸줘는 "now시방"과 함께 말하기에 뛰어들지만, 그러고 나서 다음 낱말을 만들기 위해 잠시 휴지를 둬야 한다. 더 뒤에 롸줘는 "j-즈-"라는 낱말을 시작하지만, 스스로 중단해 버리고, 대신 "car자동차"라는 낱말을 이용한다. 화자들은 자신이 말하고 싶은 바를 결정하고, 발화 형태를 만들며, 조음해 내는 데에 어려움을 겪는다. 이것이 이상적인 전달을 방해하게 된다. 이들 문제점과 그런 고치기를 설명하기 위하여, 우리는 반드시 이야기의 경로Tracks of talk에 대한 개념으로 되돌아가야 한다.

---

[3] 언어교육에서 흔히 유창성 또는 능통성을 목표로 내세우지만(의사소통 중심 언어교육, CLT), 이 지적이 사실이라면 마땅히 그 목표도 서로 협동하여 화자의 의사소통 의도를 파악하는 데 부딪히는 어려움들을 타개해 나가는 쪽으로 수정되어야 할 것이다.

9-1-1 일차적 제시내용 및 이차적 제시내용

제8장에서 살펴보았듯이, 신호는 1차 경로(≒실무경로)와 2차 경로(≒점검경로)로 나뉜다. 1차 경로에 있는 신호들은 공식적인 일에 대해서 언급한다. 2차 경로에 있는 신호들은 의사소통 행위 그 자체에 대해서 언급한다. 롸쥐 및 니너의 이야기 주고받기에 있는 부차연결체side sequence는 부차적 확인 과제의 한 가지 사례였다.

Nina : - have a car?

Roger : yeah

니 너 : - 자동차를 한 대 가졌냐고요?

롸 줘 : 예

니너의 질문 "Was the phrase you just presented 'have a car'?당신이 막 제시한 구절은 '자동차를 한 대 갖고 있느냐'였습니까?"는 롸줘의 의사소통 행위에 대한 것이지, 그들 대화의 공식적인 일에 관한 것은 아니다. 따라서 이 대화 주고받기는 2차 경로(≒점검경로)에 속한다.

롸줘의 전체 제시내용 "now, - um do you and your husband have a j- car시방, 음 당신과 당신 부군이 즈 자동차 한 대 갖고 있습니까"도 두 개의 경로로 나뉜다. 롸줘의 "now, do you and your husband have a j- car"는 1차 경로(≒실무경로)에 속한다. 왜냐하면 그것이 "공식적"이거나 "공식적으로 인정된 내용for the record"이기 때문이다. 그렇지만 롸줘의 "j-즈"에 대한 지위는, 그 소리를 "car자동차"로 대체할 때에 발화 도중에 바뀌며, 그런 뒤 그것은 더 이상 "공식적으로 인정된 내용"이 아니다. 대조적으로 롸줘의 "um음"은 이런 의미에서 결코 "공식적"이지도 않고, "공식적으로 인정된 내용"도 아니다. 이 군소리는 의사소통 행위를 처리하며, 따라서 2차 경로(≒점검경로)에 속한다. 그리고 마지막으로 그 전체 제시내용에서 의도되지 않은 우연한 요소들이 있다. 한 가지는 "well그런데, 글쎄" 다음의 휴지가 될 것인데, 롸줘가 "um음"이라고 말하면서 그것을 처리하기 때문이다.

그러므로 우리는 전체 제시내용을 다음과 같이 네 가지 구별되는 부류의 요소들로 구분해 놓을 수 있다.

① 1차적 제시내용(primary presentation)

화자가 그 담화의 공식적인 일에 대한 신호로 의도한 전체 제시내용의 부분들이다. 가령 롸줘의 "now, do you and your husband have a j- car(시방 당신과 당신 부군은 자동차를 한 대 갖고 있습니까)". 이것들은 1차 경로(≒실무경로)에 속한다.

② **2차적 제시내용**(secondary presentation)

화자가 의사소통 행위 그 자체에 대한 신호로 의도한 전체 제시내용의 부분들이다. 가령 롸줘의 "um(음)". 이것들은 2차 경로(≒점검경로)에 속한다.

③ **공식적 내용 밖의 요소**(ex-official elements)

화자가 더 뒤에 다른 요소들에 의해서 획득되는 것으로 의도한 1차적 제시내용의 요소들이다. 가령, 롸줘의 "j-(즈)". 이것들이 산출된 경우에 1차 경로(≒실무경로)의 일부가 되었다.

④ **우연한 요소**(incidental elements)

화자가 의사소통 행위의 어떤 일부로도 의도하지 않은 전체 제시내용의 요소들이다. 가령, 롸줘의 "well(그런데, 글쎄)" 뒤에 휴지.

화자들은 제시내용을 계획하므로, 따라서 그들의 청자는 이들 네 가지 유형의 요소들 사이를 서로 구별할 수 있다. 만일 구별하여 계획하지 않았더라면, 그들의 청자는 제대로 이해할 수 없었을 것이다.

9-1-2 몸짓 시늉

전체 제시내용은 비-언어적 신호는 물론, 언어적 신호도 담고 있다(제6장을 보기 바람). 화자들은 무한히 광범위한 대상·사건·상태·속성들을 서술하고 가리키며 예시해 보여주기 위하여, 자신의 목소리·손·팔·얼굴 표정·눈짓·신체로써 몸짓 시늉을 한다. 몸짓 시늉도 또한 1차 요소, 2차 요소, 공식적 내용 밖의 요소로 나뉜다.

1차 경로(≒실무경로)에 있는 가장 일반적인 몸짓 시늉은, (신체적 도구로써) 가리키는 몸짓 시늉^indicative gestures^, 시각적으로 본뜬 몸짓 시늉^iconic gestures^, 강음 박자^beats^이다. 다음 사례에서 보듯이 많은 예시적인 지시내용들은 가리키는 몸짓 시늉이 없이는 완결되지 않는다(Schegloff, 1984 : 280).

Frank : why∶nchu put that't the end uh the ta∶ble there
당신은 왜 저걸 거기에 있는 식탁 끝에다 두지 않는 것입니까?

프뢩크는 몸짓 시늉이 없이 마쥐[Marge] 앞에 있는 접시를 'that[저거]'로 가리키고 있지만, 식탁을 손으로 가리키면서 식탁 가장자리를 'there[저기]'로 지시하고 있다. 몸짓 시늉이 없이는, 프뢩크가 머쥐로 하여금 자신이 의미한 식탁 위에서 정확히 어디를 가리키는지 인식시켜 줄 수 없었다. 가리키는 몸짓 시늉은 또한 다음에서와 같이 다른 의사소통 행위의 일부가 된다(Schegloff, 1984 : 284).

Linda : en I'm getting a sun tan
은 난 햇볕을 쪼이고 있어요.

린다가 이를 말하면서, 우선 자신의 왼쪽 뺨을 가리키고 나서 오른쪽 뺨을 가리키는데, 심지어 자신의 뺨을 결코 언어로 전혀 언급하지 않더라도, 뺨(얼굴)을 햇볕에 쪼이고 있음을 단언하고 있는 것이다. 이들 또한 그녀의 1차적 제시내용의 일부가 된다.

대부분의 시각적으로 본뜬 몸짓 시늉과 강음 박자들도 그러하다. 제6장에서 매뤌린 몬로가 주연한 영화 '뜨거운 게 좋아[Some Like it Hot]'에서 프뢴[Fran]이 말한 농담을 기억하기 바란다. 그 농담의 도중에, 그녀는 다음처럼 말한다.

Fran : they wheel a big table in, with a big with a big (1.08sec) cake on it, and the girl, jumps up.
그들이 큰 탁잘 굴려왔는데, 그 탁자 위에 큰 크은 (1.08초 휴지) 케이크가 있었고, 그리고 그 소녀가, 풀쩍 뛰어 나왔어요

'cake[케이크]' 앞의 휴지에서, 프뢴은 그 케이크를 크고 둥그런 모습으로 그려 주면서, 시각적으로 본뜬 몸짓 시늉을 만들어 낸다. 그녀의 청중들이 만일 그것을 이해하지 못했더라면, 그녀가 의미한 바의 일부를 놓쳐 버렸을 것이다. 가장 순수한 형태로 강음 박자[beats]는 다음처럼 제시에서 주요한 강세를 강화해 준다(Schegloff, 1984 : 273).

Sam : I mean it's like Eddie says, (1.0sec) as time goes on it gets worse'n worse'n worse'n worse
제 말뜻은 그게 에디가 말한 것 같아요. (1.0초 휴지) 시간이 지날수록 그게 나빠지고 나빠지고 나빠지고 나빠지거든요

쌤은 time시간이란 낱말 위에다, 그리고 worse나빠지다라는 낱말의 네 가지 사례 위에다, 각각 강하게 뻗는 몸짓 시늉을 만든다. 그는 이것들을 새로운 정보로 표시하는 데 분명히 도움을 주기 위하여 이들 다섯 개의 낱말을 강조하고 있으며, 그 강음 박자를 1차 경로(≒실무경로)의 일부로 만들어 준다.

화자들은 또한 2차 경로(≒점검경로)에서도 서술적이고 지시적이며 시각적으로 본뜬 몸짓 시늉들을 이용한다(제8장을 보기 바람). 그들은 자신들의 현재 청자를 지정하기 designate 위하여, 가리키는 몸짓 시늉을 이용한다. 다음의 발화처럼 촬즈 구드윈(Charles Goodwin, 1981)에서 주목하였듯이 가장 흔한 몸짓 시늉은 눈길 주기eye gaze 또는 신체 방향body orientation이다.

Elsie : See first we were gonna have [gazing at Ann] Teema, Carrie and Clara, (0.2) a::nd myself. [gazing at Bessie] The four of us. The four [gazing at Clara] children. But then - uh:: I said how is that gonna look.
가만 있자, 먼저 우리는 [앤을 응시하면서] 티머·캐뤼·클래뤄 (0.2초 휴지) 그리고 나를 뽑을 예정이었어. [베씨를 응시하면서] 우리 넷 말야. 네 명의 [클래뤄를 응시하면서] 애들 말야. 허지만 그렇다면 어:: 그게 어떻게 보일지 내가 말해 줬어

엘씨가 계속하여 차례로 앤과 베씨와 클래뤄를 응시함에 따라, 그녀는 앤을 위해서 [4명을 묶으려고] "Teema티머, Carrie캐뤼, and Clara클래뤄"를 말하려고 계획하고, 베씨를 위해서 "the four of us우리들 네 명 말야"를 계획하며, 클래뤄를 위해서는 "the four children네 명의 애들 말야"를 말하려고 계획하면서, 자신의 지시내용을 반복하면서 확장한다. 그녀는 말을 전하고 있는 [눈앞의] 특정한 여성을 위해서 각각의 지시내용을 재단해 주고 있다. 즉, 자신의 눈길을 주어 그 여성을 가리키고 있는 것이다. 이것들과 같은 몸짓 시늉은, 특정한 발화에 대하여 청자들을 가리키는 일에서 필수 불가결하다. 또한 구드윈(Goodwin, 1986b, 1987)을 보기 바란다.

2차 경로(≒점검경로)에 있는 시각적으로 본뜬 몸짓 시늉의 사례에 대해서는, 다음의 제시내용에서 마줘뤼 하니스 구드윈·촬즈 구드윈(Marjorie Harness Goodwin and Charles Goodwin, 1986)과 구드윈(Goodwin, 1987)에서 '골똘히 생각하는 표정thinking face'으로 부른 바를 살펴보기로 한다.

A : He pu:t uhm, (0.7) tch! Put *crab*meat on th'bo:dum

그가 집어 넣는데 엄, (0.7초 휴지) 취! 게맛살을 그 바닥에 놓았거든

"uhm[엄]"에서 시작하고 "tch![취!]"로 끝내면서, A는 청자로부터 방향을 틀어, 눈으로 멀리 내다보는 표정을 짓고서, 골똘히 생각에 잠긴 누군가의 상투적인 얼굴 표정으로 된다. 화자들은 자신이 낱말 탐색을 실행하고 있음을 신호해 주기 위하여, 그리고 왜 자신의 발화를 진행해 나가지 않는지 그 이유를 설명해 주기 위하여, 골똘히 생각하는 얼굴 표정을 이용한다. 위의 사례에서 A는 자신이 crabmeat[게맛살]이라는 낱말로 진행해 나갈 수 있었을 때, 골똘히 생각에 잠긴 자신의 얼굴 표정을 그만 끝내었다. 다른 경우에 화자들은 자신이 탐색하고 있었던 낱말을 찾아내는 데 도움을 주도록 자신의 청자들을 향하여 바라봄으로써 골똘히 생각에 잠긴 얼굴 표정을 그만 끝낸다.

베이블러스(Bavelas, 1994)와 베이블러스 외(Bavelas et al., 1992), 그리고 캐쓸·머크니일(Cassell and McNeill, 1991)에 따르면, 2차 경로(≒점검경로)에 있는 가장 일반적인 몸짓 시늉들은 다음과 같은 주요범주로 구분된다.[5]

몸짓 시늉의 유형	몸짓 시늉의 기능	사례
전달용 몸짓 시늉 (delivery gesture)	화자가 청자에게 정보의 전달을 가리켜 줌	화자가 주요 초점과 관련된 새로운 정보를 청자에게 "hands over(넘겨 줌)"
인용하는 몸짓 시늉 (citing gesture)	청자에 의한 앞 번의 기여를 가리켜 줌	화자가 "as you said earlier(당신이 더 일찍이 말했듯이)"를 나타내기 위해 청자를 손가락으로 가리킴
탐색용 몸짓 시늉 (seeking gesture)	청자로부터 특정한 응답을 이끌어 냄	화자가 마치 "Can you give me the word for…?(…에 대한 낱말을 말해 줄 수 있어요?)"라고 말하는 것처럼 청자를 바라봄
발언기회용 몸짓 시늉 (turn gesture)	말할 기회를 중심으로 한 논제들을 처리해 냄	화자가 청자에게 발언기회를 "hands over(넘겨 줌)"

2차 경로(≒점검경로)에 있는 몸짓 시늉들 가운데에서도, 우리는 상징[symbols]·가리키기[indexes]·시각적 본뜸[icons]을 찾아낼 수 있다. 가령 머리 끄덕임과 고개를 설레설레 저음이 상징이다. 눈으로 응시함과 손가락으로 가리키기와 고개를 내밀어 가리켜 주기가 가리키기이다. 골똘히 생각에 잠긴 얼굴 표정과 웃음과 얼굴에 온갖 꼴 찌푸리기가 시각적 본뜸이 사례이다. 온갖 범위의 몸짓 시늉들이 1차적(≒실무경로) 제시내용과 2차적(≒점검경로) 제시내용에서 모두 활용된다.

5 〈원저자 1〉 베이블러스와 그녀의 동료 연구자들은 이것들을 '상호작용에 관련된 몸짓 시늉(interactive gestures)'으로 불렀다. 이는 1차적 제시내용의 일부인 '주제에 관련된 몸짓 시늉(topical gestures)'과 대조를 이룬다.

그렇다면 전체적 제시내용은 1차적 신호 및 2차적 신호로 나뉜다. 어떻게 그리고 왜 그런지를 살펴보기 위하여, 반드시 화자와 청자가 어떻게 덜 이상적인 제시내용들을 관리하는지를 검토해 보아야 한다.

§.9-2 발화가 끊기어 멈춤

화자들이 이상적인 전달을 관리할 수 없을 경우에는, 보통 자신의 제시내용을 일단 끊고 멈춘다. 대부분의 중단은 세 가지 간격으로 나뉠 수 있는데, 각각의 경계는 두 점에 의해서 고정된다(Levelt, 1983, 1989; Shriberg, 1994). 저자는 이를 '끊겨 멈춤 도식disruption schema'이라고 부를 것이다.

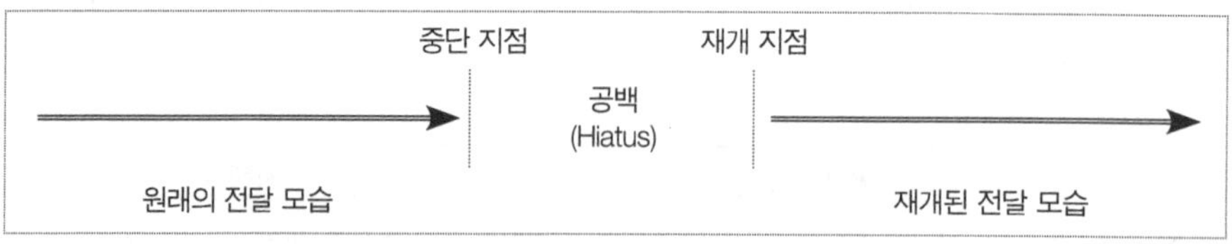

끊겨 멈춤 도식의 다섯 가지 하위부분은 다음처럼 정의된다(롸줘의 "j– [즈–]"에 대하여 예시되어 있음).

① **원래의 전달 모습**(original delivery)

이는 끊김 이전에 원활한 전달 모습이다(롸줘의 사례에서는 "have a j–").

② **중단됨**(suspension)

이는 끊김에 대한 첫 번째 외부 신호이며, 이 시점에서 화자는 일단 원래의 전달 모습을 중단한다(롸줘의 사례에서는 "j"로 시작되는 낱말의 중간에 있음). 저자는 중단 시점을 왼쪽 중괄호 '{'로 나타낼 것이다.

③ **공백**(hiatus)

이는 중단 시점으로부터 화자가 1차적 제시내용을 재개하는 시점까지의 간격이다(롸줘의 사례에서는 "j–"와 "car" 사이에 있는 간격임). 어떤 경우에는 중단 및 재개 사이에 있는 시간이 0이며(Blackmer and Mitton, 1991), 다른 경우에는 "uh(어)"나 "I mean(내 말뜻은요)"과 같은 요소들을 포함할 수도 있다. 길이가 어떠하든 상관없이, 저자는 이 간격을 공백(hiatus)이라고 부를 것이다.[6]

④ **재개됨**(resumption)

이는 화자가 공식적인 제시내용을 재개하는 시점이다(롸쥐의 사례에서는 "car"라는 낱말의 시작임). 저자는 재개 시점을 오른쪽 중괄호 '}'로 표시할 것이다.

⑤ **재개된 전달 모습**(resumed delivery)

이는 재개된 뒤의 전달 모습이다.

저자의 표기법으로는, 롸쥐의 제시내용이 다음처럼 표시된다.

"do you and your husband have a j- { } car"

비록 끊겨 멈춤이 보통 더듬거림과 연합되어 있지만, 반드시 그럴 필요는 없다. 어떤 목적으로든 상관없이, 화자들은 자신의 전달을 끊어 멈출 수 있다. 가령 웃기 위해서, 커피를 한 모금 마시기 위해서, 목청을 가다듬기 위해서 등등. 다음에 알맞은 사례가 있다(1.3.1).

Nancy : I'm not {- oh, thanks, .} not really comfortable, {.} like this
난 안 {- 아, 고마워요, .} 사실 편치 않거든요, {.} 이처럼요

낸시의 동료가 차 한 잔 제공할 때, 그녀는 그걸 받아들이기 위해 자신의 현재 발화를 중단한다.

끊겨 멈춤은 흔히 대량으로 나온다. 막 도입된 표기법으로 표시된 자발적 발화가 다음에 두 대목 제시되어 있다(1.2.370; 1.2.787).

(ㄱ) well {. I mean} this {. uh} Mallet said { } Mallet was {uh} said something about {uh you know} he felt it would be a good thing if {u:h .} if Oscar went[7]
그런데 {. 내 말뜻은요} 이게 {. 어} 맬릿이 말했는데 { } 맬릿이 {어} 뭔가 말했는데 {어 잘 아시다

---

[6] 〈원저자 2〉 슈뤼버그(Schriberg, 1994)에서는 이런 간격을 '공백 간격(interregnum)'으로 부른다.

시피} 그가 그게 좋았을 거로 느꼈거든요 만일 {어:.} 오스카가 갔었더라면 말이에요

(ㄴ) well, they've accepted th- {uh} this as a commitment {-} because it's a { } it's a { } it's a m { } he's done a { } he's on a Ph.D. {- you see}[8]
글쎄, 그들이 받아들였는데 그 {어} 이를 언약으로 말이에요 {-} 왜냐면 그게 { } 그게 { } 그게 음 { } 그가 다니는데 { } 그가 박사과정에 다니고 있기 때문이에요 {- 아시다시피 말이에요}

첫 번째 사례에서는 "well그런데" 뒤에 있는 일곱 개의 낱말이[9] 두 종류의 끊겨 멈춤을 둘러싸고 있다. 각각의 끊겨 멈춤은 여러 부분들을 갖고 있다. (a) "well {. I mean} this글쎄 {. 내 말뜻은요} 이게"에 있는 공백은 휴지 '.' 및 수정편집 구절("I mean내 말뜻은요")을 담고 있다. (b) "this {. uh} Mallet이게 {. 어} 맬릿이"에 있는 공백은 휴지 '.' 및 군소리("uh어")를 담고 있다. 그 끊겨 멈춤에도 불구하고, 이들 두 가지 사례는 청자에게 아무런 문제도 부과하지 않는다. 그 이유는 화자와 청자들이 끊겨 멈춤을 관리해 내는 방식에 놓여 있다. 각각의 끊겨 멈춤에서, 청자에게 정확히 그들이 무엇을 하고 있었고, 왜 그런지를 말해 주면서, 화자는 2차 경로(≒점검경로)에 있는 신호들을 추가해 준다. 그 방식을 알아보기 위하여, 끊겨 멈춤 도식의 세 가지 부분들을 검토해 보기로 한다. 즉, 중단suspension·공백hiatus·재개resumption이다.

9-2-1 중단

중단suspension의[10] 시점은 보통 분명하다. 이상적인 전달에 비춰, 화자들은 자신이 그만두지 말아야 하는 시점에서 자신의 제시내용을 중단한다. 이것은 사실상 중단의 시점을 정의하는 바이다. 발화의 중단은 흔히 하나 또는 그 이상의 중단 기제에 의해 수반된다. 다음에 일반적인 기제 다섯 가지가 있다(1.1.819; 8.2a.335; 1.12.661; 1.2.229; 1.1.1164).

---

[7] 원문 266쪽에 보면, 원래 말하려는 바는 "well, Mallet felt it would be a good thing if Oscar went(그런데 맬릿은 오스카가 갔었더라면 더 좋았을 거라고 느꼈어요)"이다.

[8] 원문 265쪽에 보면, 원래 말하려는 바는 "Well, they've accepted this as a commitment because he's on a Ph.D.(그런데, 그들은 이를 언약으로 받아들였습니다. 왜냐하면 그가 박사과정에 있기 때문입니다)"이다. 자세한 분석은 §.9-2-3의 해당 부분을 보기 바란다.

[9] well 뒤의 일곱 개의 낱말(the seven words)은 I mean this Mallet said Mallet was이다. 군소리 {. uh}와 짤막한 휴지 { }는 낱말로 세지 않았다.

[10] 이 책에서는 suspension(중단, 보류)과 cessation(중지, 정지)이 구분없이 서로 혼용되므로 모두 '중단'으로 번역해 둔다.

중단 기제	중단의 사례, 중단은 중괄호 { }로 표시해 놓음
① 휴지	there's another {-} fight I've got on my hands 거기서 또다른 {-} 싸움이 벌어졌는데 내가 책임이 있어
② 낱말 중간에 절단	have a j- { } car 즈- { } 자동차를 한 대 갖고 있니
③ 음절 늘여 놓기	and thuh : { } the parish church is beginning to go boing boing, 그리고 그으: { } 그 소교구 성당에서 개구리처럼 팔딱팔딱 뛰어가기 시작한다
④ 축약 불가능한 모음	come to look a thiy {.} the literature 와서 그으 {.} 그 문헌을 보세요
⑤ 군말	and then you'll get {uh} difficulties about marking 그러고 나서 당신은 {어} 채점에 대해서 난점들을 만날 것입니다

① 휴지(puase : 쉼)

중단에 대해 가장 간단한 수반 결과는 휴지이다. 흔히 이것이 멈춤 시점을 나타내는 유일한 신호이다.

② 낱말 중간에서 절단(word cut off : **낱말을 중간에서 잘라 버림**)

화자들은 고의로 자신의 전달을 한 낱말의 중간에서 멈춰 버릴 수 있다. 흔히 이를 들을 수 있는 성문 폐쇄로 실행하므로, 청자는 발화의 중단뿐만 아니라, 또한 성문 폐쇄음도 듣게 된다.

③ 음절 늘여 놓기(syllable elongation)

때로 화자들은 다음 사례에서처럼 멈춤 바로 이전에 음절을 늘여 놓는다.

and thuh: { } the parish church is beginning to go boing boing
그리고 그으: { } 그 구역 소교구 성당에서 개구리처럼 팔딱팔딱 뛰어가기 시작한다

이상적으로는 이 화자가 오직 단 한번 축약된 애매모음schwa을[11] 지닌 the를 말하면서 "and the parish church is beginning…"을 전달하였을 듯하다. 실제 발화에서는 대신에 the를 길게 늘여 놓은 애매모음으로 발음하였고(':'로 표시되어 있음), 자신의 전달을 멈추고 난 뒤 재개하면서 정상적 길이로 the를 다시 반복하였다. 반복된 정관사 the를 보면, 첫 번째 사례에서는 정상보다 더 길어지는 경향이 있고, 두 번째는 정상으로 돌아간다. (Shriberg, 1994)

④ **축약되지 않은 모음**(nonreduced vowel 축약 불가능한 모음)

이상적인 전달 모습에서는, 악센트를 받지 않은 많은 음절들이 축약된 모음으로 발음된다. 만일 여러분이 유창하게 "The dog found a bone그 개가 뼈다구를 찾아내었다"를 전달한다면, 관사 the와 a를 모두 축약된 애매모음 'uh[으]'로 산출할 것이다. 그러나 때로 화자들은 발음을 약하게 축약하지 않은 채 모음들을 발음하면서[12] 중단을 표시해 놓기도 한다. 다음 사례에서와 같이 가령 the를 'thiy[디]'로, a를 'ai[에이]'로 두드러지게 발음하는 것이다.

> come to look at <u>thiy</u> {.} the literature
> 와서 <u>그으</u> {.} 그 문헌을 보세요

런던-룬드 말뭉치London-Lund corpus에서 'thiy[디]'라는 발음사례는 81%가 중단의 시점에 있었지만, 반면에 'thuh[더]'라는 발음사례는 오직 7%만이 중단 시점에 있었다. 분명히 'thiy[디]'는 중단의 시점을 신호해 주는 데 이용될 수 있다(Fox Tree and Clark, 1994). 비슷하게 화자들은 일반적으로 'tuh[터]'로 발음되는 to를 축약되지 않은 'too[투]'로 산출할 수 있다. 다른 애매모음에 대해서도 동일하다. 정관사를 강조하여 발음하는 축약 불가능한 모음 'thiy[디이]'를 산출하는 것이, 정관사 'thuh[더어]'와 같이 모음을 늘여 발음하는 일과 동일한 것은 아님에 유의하기 바란다.

⑤ **군말**(fillers)

중단을 표시해 주는 또다른 방식은 공백에다 음성 요소나 시각적 요소를 배치해 놓는 일에 의해 이뤄진다. 영어 공백에서 흔한 두 가지 요소는 "uh[어]"와 "um[음]"이지만, 또한 (비-

---

[11] schwa(애매모음, 약모음, 비모음, 중립모음)는 뜻 구분에 참여하지 못하는 음성을 가리키며, 입을 약간만 벌리고 발음이 이뤄진다(으/어의 약한 소리임). 따라서 결코 악센트가 주어지지 않으며, 쉽게 축약되거나 없어져 버린다. 그렇지만 우리말에서는 '들 : 덜(field : less)'의 최소 대립쌍에서 보듯이, 이 모음이 분명히 뜻 구분에 참여한다. 따라서 우리말에서는 확실한 음소가 된다. 우리말에서 자음들이 소리를 내는 방법은 모음을 앞에 놓든지 아니면 모음을 뒤에 놓아야 한다. 가령 기역 소리는 '윽 : 그'가 된다. 이때 모음이 앞에 놓이는 것을 내파음(implosive)이라고 하고, 뒤에 놓이는 것을 외파음(explosive)이라고 한다. 소쉬르는 이를 각각 K̀와 Ḱ로 표기하였다(최승언 뒤침, 2006 : 70쪽 이하). 우리말을 제외하고서 Schwa는 어느 언어에서든지 뜻 구분에 참여하지 않는다. 이런 점에서 우리말은 매우 유표적이다. 번역자가 살고 있는 진주 지방에서는 놀랍게도 '어'와 '으'의 구분이 제대로 이뤄지지 않는다. 따라서 표준어 발음이 잘 되지 않으며, 연습될 필요가 있다. 그렇지만 학생들에게 '어/으' 구별이 없는 상태가 더 무표적(unmarked)이라고 설명해 준다. 국어사에서는 전기 중세국어 시대에 발달되었다는 학설이 있는데, 틀림없이 '모음 대추이(The Great Vowel Shift)'와 연관되어 있을 것이다. 이런 점을 고려하여 schwa의 모습을 굳이 우리말에서 찾는다면, 아마 '으'를 후보로 내세울 수 있을 듯하다.

[12] 이 책의 일러두기에서 언급했듯이, 파익(Pike, 1945)에 따르면 영어는 강세 박자 언어다. 따라서 어디에 악센트가 놓이느냐에 따라, 그 주위에 있는 다른 모음들을 저절로 약해지거나 축약되게 마련이다. 축약되지 않은 모음은 이런 일반성을 위배하므로, 상대방에게 청각상 두드러진 소리로 지각될 수 있다.

언어적 표현으로) 그것이 목을 가다듬거나, 웃음, 몸짓 시늉도 될 수 있다.

중단 기제들은 우연히 산출되지 않는다. 이것들은 화자 자신의 행위에 대한 결과이며(즉 스스로 멈춤임), 피어스Peirce의 의미로 기호signs들이다(제6장을 보기 바람). 그러나 피어스의 기호는 화자가 청자에게 뭔가를 의미하려고 하는 행위인 신호signals가 되든지, 아니면 홍역에 대한 붉은 반점처럼 징후symptoms가 될 수 있다(§.6-1-2의 각주 13과 §.9-2-1의 각주 12를 보기 바람). 적어도 일부 중단 기제는 신호들이 된다.

정관사를 강조하여 발음한 'thiy[디]'를 살펴보기로 한다. 화자가 'thiy[디]'를 쓸 때마다, 일상적인 발음 'thuh[더]'에 대해서 'thiy[디]'를 선택하는 것이다. 그들은 마치 발화에서 우연히 속도가 천천히 늦춰진 것처럼, 단순히 모음을 길게 늘여 놓음으로써 'thiy[디]'를 발음할 수는 없다. 화자들이 'thuh[더]'를 선택하지 않고 'thiy[디]'를 선택한 것은, 다른 어휘 선택과 유사하다. 가령 부정관사 a를 선택하지 않고 정관사 the를 선택하는 일이나, 또는 전치사 at을 선택하지 않고 in을 선택하는 일 등이다. 이는 화자들이 계획해 놓은 신호의 일부이다. 'thiy[디]'에 대한 선택과 더불어 화자가 신호 보내 주는 바는, 1차 경로(≒실무경로)에 있는 공식적인 일이 아니라, 2차 경로(≒점검경로)에서 그 발화의 제시에 대한 중단인 것이다. 그 선택으로써 화자는 다음을 의미한다.

> I am suspending the primary presentation at this point for a moment
> 잠시 이 시점에서 나는 1차 경로의 제시내용을 멈추고 있습니다.

이것이 'thiy[디]'로 된 정관사의 모음 선택을 부차적 확인 신호로 만들어 주는 것이다.

여기서의 논지는 '선택의 원리'에 근거하고 있다. 화자들이 어떤 신호의 일부로서 두 가지 이상의 선택을 지니며, 그 선택 중 한 가지를 선택할 경우마다 언제든 그들은 반드시 그런 선택으로써 뭔가를 의미하고 있고, 그런 점에서 그 선택은 신호가 되는 것이다. 이런 논지에 따라, 낱말을 도중에 잘라 버리는 일도 신호가 된다. 화자들이 그 낱말을 형성된 대로 완결 짓도록 선택할 수 있었다. 그렇지만 낱말을 완성하지 않은 채 잘라 버리는 것은, 그 낱말에 대한 자신의 생각을 바꿨음을 신호해 주는 것이다. 동일한 논지가 음절 늘여 놓기elongation, 축약 불가능한 모음nonreduction, 군말에 의한 중단suspensions by fillers에도 적용된다.

다음 사례에서처럼 단순한 중단에 대해서는 어떨 것인가?

there's another {-} fight I've got on my hands.

거기 또다른 {-} 싸움이 벌어졌는데 내게 책임이 있어요.

한 가지 견해에 따르면, "another또다른"와 휴지 "-" 다음에 있는 중단이, 신호signal가 아니라 징후symptom라는 것이다.[12] 즉 다음 대목의 발화를 아직 만들어 놓지 않았음을 나타내는 '무심결에 나온 결과unintended consequences'이다. 다른 견해에 따르면, 이 화자는 다음 대목을 만들어 놓기 이전에 "there's another거기 또다른"를 선택하여 말하기 시작했다고 본다. 화자가 전체 절을 다 만들어 놓을 때까지 기다릴 수 있었겠지만, 그런 선택을 하지 않은 것이다. 발화 계획하기의 어떤 수준에서, 그는 "another또다른" 다음에 자신의 전달을 중단하고, 자신이 말을 계속 이어나갈 때까지 휴지를 두도록 의도했다고 해석한다. 이런 취지로 보면, 중단과 휴지는 의도적인 신호signal가 된다. 이는 마치 화자가 다음처럼 말하는 것이다.

I am suspending the primary presentation now because I haven't yet formulated the next piece of the utterance.

아직 다음 대목의 발화를 마련하지 못했으므로, 이제 나는 1차 경로의 제시내용을 중단합니다.

이들 두 가지 견해에는 모두 장점과 단점이 있다. 이제 저자는 보수적으로 되어 단순한 중단을 인간의 의도와 무관한 기호an unintended sign인 징후symptom로 취급할 것이다. 그렇지만 휴지pause 쉼는 여전히 2차 경로(≒점검경로)에 둘 것이다. 휴지의 지위가 어떠하든지 간에 상관없이, 휴지는 1차 경로(≒실무경로)의 제시내용에는 속하지 않는다.

9-2-2 공백Hiatus

유창한 발화에 있는 공백—즉 중단 시점과 재개 시점 사이의 간격—은 흔히 침묵보다 더 많은 것으로 채워져 있다. 다음에 일반 유형의 내용 여섯 가지가 있다(8.2a. 335; 1.1.819; 1.1.1164; 1.3.253; 2.7.692; Goodwin and Goodwin, 1986).

---

[12] 저자의 용어로, 인간 의도가 개입되지 않으면 symptom(징후)이라고 부른다. 즉 필연적이고 자연적인 관계의 것이다. 그러나 만일 인간의 의도가 개입된다면 signal(신호)이라고 부른다. 첫 번째 견해는 징후로 보는 것이고, 두 번째 견해는 신호로 보는 것이다. 달리 말하여, 중단이 무의식적이냐(무심결에 만들어지느냐) 아니면 의식적이고 의도적이냐로 구분하는 것이다. 여기서 저자는 중단을 징후로, 휴지를 신호로 파악한다.

공백의 내용	공백의 사례, 공백은 중괄호 { }로 표시해 놓음
① 휴지(쉼)가 없음	have a j- { } car 즈- { } 자동차를 한 대 갖고 있는지
② 휴지(쉼)가 들어감	there's another {-} fight I've got on my hands 거기 또다른 {-} 싸움이 있었는데 내가 책임이 있어
③ 군말	and then you'll get {uh} difficulties about marking 그렇다면 당신은 채점에 대해 {어} 난점에 부닥치게 될 것입니다
④ 수정편집 표현	I'd {I mean} I haven't had any{.} results 난 ~갖고 싶은데 {내 말뜻은} 난 어떤 {.} 결론도 갖고 있지 않아요
⑤ 음절 늘여 놓기	I think he th {o: } he'd realized then 내 생각에는 그가 새 {앵:각} 그가 그 당시 깨달았을 것 같아요
⑥ 시각적 몸짓 시늉	He pu: t {uhm(0.7)[thinking face] tch} put crabmeat on th'bo: dum 그가 놓았어 {음(0.7초) [골똘한 표정] 취:} 바닥에 게맛살을 놨어

공백은 아무 것도 없거나(휴지가 없음), 침묵(휴지가 있음)을 포함하거나, 소리 또는 몸짓 시늉을 포함할 수도 있다. 흔히 공백은 두 가지 유형의 내용 이상을 포함한다. 휴지·군말·수정편집 표현·늘여 놓기·몸짓 시늉 등이다. 이들 요소들 중에서 어느 것이 [인간의 의도를 담아 놓은] 신호가 되는 것일까? 만일 신호라면 그것들로써 화자가 무엇을 의미하는 것일까?

(1) 수정편집 표현들은 분명히 신호이다(DuBois, 1974; Erman, 1987; Hockett, 1967; Holmes, 1986; James, 1972, 1973; Levelt, 1983, 1989; Schiffrin, 1987). 다음에 일부 그런 표현의 사용에 대한 해석을 적어 놓은 사례 몇 가지가 있다.

수정편집 표현	일부 사용에 대한 해석
I mean (내 말뜻은요)	Instead of that, I mean this 저것 대신에 저는 이것을 뜻합니다
you know (잘 아시듯이)	I am about to tell you something you already know 저는 당신이 이미 알고 있는 어떤 것을 당신에게 말하려고 합니다
sorry (미안)	I'm sorry for that error 그 잘못에 대해서 미안합니다
oh (아)	I have just thought of a way of expressing this 막 이것을 표현하는 방법을 생각해 내었어요
like (대략, ~과 같은)	I mean this only approximately 저는 이를 다만 개략적으로 의미할 뿐입니다

no (아니)	That was in error 그게 틀렸어요
that is (다시 말해)	I am specifying that further in this way 저는 그것을 이런 방식으로 더 구체화해 놓고 있습니다

이들 표현은 모두 이 표현이 들어가 있는 의사소통 행위에 대해서 언급을 하는 것이다. “I mean내 말뜻은”을 살펴보기로 한다.

I'd {I mean} I haven't had any {.} results,
난 ~갖고 싶은데, {내 말뜻은요} 난 어떤 {.} 결론도 갖고 있지 않아요

화자가 “I mean내 말뜻은요”으로 의미하는 바는 대략 다음과 같다.

Instead of what I would have meant from「I'd」onward, I mean「I haven't had any results」
내가 'I'd[나는 ~결론을 갖고 싶습니다]'로 계속 의미하였을 내용 대신에, 나는 '난 어떤 결론도 갖고 있지 않아요'를 의미합니다.

이들 해석 각각에서 'this이것'와 'that저것'은 특정한 선행행위와 특정한 후행행위를 가리킨다. 따라서 수정편집 표현들은 2차 경로(≒점검경로)에 있는 진정한 신호가 된다.

(2) 군말들도 또한 2차 경로에 있는 진정한 신호이다. 영국 및 북미 영어에서 화자들은 최소한 'uh어'(잠시 머뭇거릴 때 씀)와 'um음'(오래 머뭇거릴 때 쓰며, 우리말에서 “가만있자 뭐더라” 정도임) 간에 선택을 한다. 심지어 이들 표현에 대한 일상적 내용과 늘여 놓은 내용 간에도 선택을 한다. 이들은 또한 단순한 휴지와 대조를 이룬다. 이런 군말이 무엇을 위해 쓰이는 것일까? 스미쓰·클락(Smith and Clark, 1993)의 연구에서는, 대화 환경에서 응답자들을 면담하면서, 한 낱말의 답변으로 된 일련의 사실적 질문들을 던졌다. 다음에 전형적인 주고받기가 있다(괄호 속의 숫자는 초 단위의 휴지 길이를 나타낸다).

실험자 : In which sport is the Stanley Cup awarded?
응답자 : {(1.4) um (1.0)} hocky

실험자　: 어느 스포츠에서 스탠리 컵을 줍니까?
응답자　: {(1.4초 휴지) 음 (1.0초 휴지)} 하키요

응답자들이 혀끝에서만 맴돌며 답변하지 못했던 경우에, 그들은 답변을 늦추면서 때로 공백 속에 uh[어]나 um[음]을 도입하였던 듯하다. 대답하는 데 걸린 평균시간은 군말을 이용하였던 경우에 2.23초였고, uh[어]를 이용한 경우에 2.65초였으며, um[음]을 이용한 경우 8.83초였다. 응답자들은 사소한 문제만 지니고 있음을 신호해 주기 위해 uh[어]를 썼지만, 큰 주요 문제를 지니고 있음을 신호해 주기 위해 um[음]을 이용하였다. 런던–룬드 말뭉치에 녹음된 화자들도 또한 uh[어]와 um[음] 사이를 서로 구별하였다.[13] 그들은 uh[어] 뒤에서보다는 오히려 um[음] 뒤에서 휴지를 더 많이 두는 것 같았다. 휴지 시간의 55% 대 20%였다. 그들은 또한 사소한 멈춤을 신호해 주기 위하여 uh[어]를 썼고, 주요한 멈춤을 신호해 주기 위하여 um[음]을 썼다.

(3) '선택의 원리'에 따라서, 길게 늘여 놓은 모음들도 또한 2차 경로(≒점검경로)에 있는 신호들이 된다. 다음 사례를 살펴보기로 한다.

I think he the{o:} he'd realized then
내 생각에 그가 새{앵:각} 그가 그 당시 깨달았을 것 같아요.

여기서 화자는 "he thought[그가 생각했다]"라고 말하면서 시작하지만, 도중에 자신의 전달을 멈추었고, 다시 "he'd realized[그가 깨달았을 것 같아요]"로 다시 시작하였다. 자신의 전달을 중단하면서, 그 화자는 특히 다음처럼 몇 가지 선택사항들을 가졌었다.

(ㄱ) 온전한 낱말 + 휴지 ⇨ thought {-}
(ㄴ) 쪼가리 낱말 + 성문 폐쇄음 + 휴지 ⇨ tho- {-}
(ㄷ) 쪼가리 낱말 + 길게 늘여 놓은 모음 + 휴지 없음 ⇨ th{o:}

이 화자는 세 번째 선택항목을 뽑았다. 그러므로 이 화자는 대략 다음과 같은 어떤 것을 의미하였다.

---

[13] 〈원저자 3〉 간행되지 않은 클락·폭스 트뤼(H. H. Clark and J. E. Fox Tree)의 연구에 따름.

I am suspending the primary presentation for a brief time while I formulate a repair for this word.
나는 머릿속에서 이 낱말에 대해 고치기를 마련하는 동안, 잠깐 1차 경로(≒실무경로)의 제시를 중단합니다.

공백은 발화에서 빈둥대는 순간인 것은 아니다. 공백에 다양한 행위들이 담길 수 있으며, 이런 많은 행위들은 2차 경로(≒점검경로)에 있는 신호들이다.

9-2-3 재개

화자들이 공백 뒤에 발화를 재개하는 경우, 자신의 발화에 대하여 추가적인 공식적 내용을 제시해 준다. 이는 1차 경로(≒실무경로)에 있는 더 많은 신호들이 된다. 그러나 원래의 전달 모습에 대해서 재개된 전달 모습의 관계는 어떤 것일까? 다음에 다섯 가지 기본적 유형이 제시되어 있다(1.1.819; 1.2.1304; 1.2.80; 1.2.231; 1.1.748).

유형	재개의 사례, 중괄호 { } 뒤에 재개가 이뤄지고 겹줄로 표시됨
① 지속	there's another {-} fight I've got on my hands 거기 또다른 {-} 싸움이 있었는데 내가 책임이 있어요
② 반복	surely, your { } your committee is not going to come to that conclusion 분명히, 여러분의 { } 여러분의 위원회에선 그 결론에 이르게 되지 않을 것입니다
③ 대치	what is {.} has happened since then 그 이후로 무슨 일이 있 {.} 일어났습니까
④ 삭제	I don't think they've {.} they ever in fact embodied 난 그렇게 생각 안 해요 그것들이 {.} 그것들이 실제 한 번이라도 구현되었다고 말예요
⑤ 추가	one of the things that {-uh} one of the many things 그것들 중에서 하나는 {-어} 그 많은 것들 중에서 하나는

첫 번째 유형 ①에서는, 화자가 자신이 멈춰 놓은 발화를 계속 이어나간다. 다음 세 가지 유형 ②③④에서는 화자가 원래의 낱말을 반복하거나 대치하거나 한 두 개 이상을 삭제한다. 다섯 번째 유형 ⑤에서는 화자가 원래의 발화에 낱말을 하나 더해 놓는다. 마지막 세 가지 유형(대치·삭제·추가)은 흔히 '스스로 고쳐놓기self-repair'로 불린다.

이들 재개는 모두 저자가 '대체해 놓기replacement'로 부르는 단일한 운용방식을 반영해 준다. 재개된 전달 모습은 재개의 시점까지 산출되어 온 바의 지속 부분을 대체해 놓도록 의도되며, 우선권을 갖는다. 다음에 앞서 본 다섯 사례에서 대체된 것들이 제시되어 있다.

유형	대체되어 뒤바뀐 요소	재개된 전달
① 지속	{-}	fight I've got on my hands
② 반복	your { }	your committee is not going to come to that conclusion
③ 대치	is {.}	has happened since then
④ 삭제	they've {.}	they ever in fact embodied
⑤ 추가	one of the things that {-uh}	one of the many things

지속은 오직 공백hiatus에 의해서만 대체된다. 나머지는 '공백+원래 전달내용의 일부 마지막 부분'을 대체해 놓는다. 한 낱말이나 다른 요소(가령 조동사 접사 've)를 삭제하려면, 화자들은 반드시 무엇이 삭제될 것인지를 보여 주기 위하여, 더 앞 시점인 they(그것들이) 까지 되돌아가야 함에 주목하기 바란다. 그리고 낱말을 하나 끼워 넣으려면(가령 many), 반드시 어디에 끼워질 것인지(things 앞에 끼워 놓음)를 보여 주어야 한다. 대체하기는[14] 화자들이 다섯 가지 기능을 모두 수행할 수 있는 단일한 방법이다.

그러므로 재개는 제시하기 및 확인하기(제2수준에 해당함)의 층위에서 작동한다. 대체하기는 화자가 맨 처음 제시하려고 했을 바를 재고하여 단순히 재제시re-presentation하는 것이다.[15] 앞의 §.9-2 ⑤의 (ㄴ)에서 검토하였던 발화를 살펴보기로 한다.

> well, they've accepted th- {uh} this as a commitment {-} because it's a { } it's a { } it's a m { } he's done a { } he's on a Ph.D. {-you see}
>
> 글쎄, 그들이 받아들였는데 그 {어} 이를 언약으로 말이에요 {-} 왜냐면 그게 { } 그게 { } 그게 음 { } 그가 다니는데 { } 그가 박사과정에 다니고 있기 때문이에요 {-아시다시피 말이에요}

---

[14] 앞의 도표에서 substitution(대치)은 일부 요소만을 바꿔 놓는 뜻으로 쓰였고, 여기서 replacement(대체)는 앞의 것보다 더 큰 덩이를 바꿔 놓은 것이며 동일한 운율을 가졌다. 따라서 곧 이어지는 각주 15 〈원저자 4〉에서 '다시 제시해 주는 일'로 설명하였다. §.9-3-4를 보기바란다. 한편, §.9-3-4의 (1)에서는 구별없이 replacement만 쓴다.

[15] 〈원저자 4〉 비록 항상 그런 것은 아니라 하더라도 대체로 그러하다. 폴라니(Polanyi, 1978)를 보기 바람.

재개 유형	사 례
시작 발화	well, they've accepted th {uh}
반복	this as a commitment {-}
지속	because it's a { }
반복	it's a { }
반복	it's a m { }
대치	he's done a { }
대치	he's on a Ph.D. {-you see}

비록 쌤이 자신의 마음을 모두 여섯 번이나 세 가지 다른 이유(반복, 지속, 대치)로 말미암아 바꿨지만, 그는 각 변화를 동일한 방식으로 신호해 주었다. 그는 이전의 시점으로 되돌아가서(도표에서는 밑줄 친 굵은 글씨로 표시된 요소들이 시작 부분임) 다시 거기서 시작한다. 만일 밑줄 친 굵은 글씨 요소들을 삭제한다면, 결국 우리는 쌤이 제시하려고 마음먹었을 법한 바를 얻게 된다.

Well, they've accepted this as a commitment because he's on a Ph.D.
그런데, 그들은 이를 언약으로 받아들였습니다. 왜냐하면 그가 박사과정에 있기 때문입니다.

대부분의 재개하기에서는 지속내용이 낱말 표현에만 있는 것이 아니라 운율 속에도 있다. 만일 우리가 쌤의 발화에 대한 녹음내용에서 밑줄 친 굵은 글씨 요소들을 삭제한다면, 우리는 운율상으로 제대로 형성된 발화를 하나 얻으며, 이는 아주 자연스럽게 들린다(Fox Tree, 1995; Levelt, 1984).

특히 운율상의 지속성을 지닌 대체replacements는 화자와 청자 둘 모두에게 가장 바람직하다. 화자가 발화를 재개하는 경우에, 그들은 반드시 무엇을 실행하고 있는지를 나타내어야 하고, 대체하는 내용들은 간단하고 통일된 방법을 제공해 주어야 한다. 발화 마련에서의 이전 시점으로 되돌아가서 다시 시작하는 것은 쉬운 일이다. 청자들로서는 반드시 신속히 무엇이 고쳐지고 있는지를 찾아낼 수 있어야 한다. 대체하기는 그들에게 아주 정확하게 원래 전달내용의 부분에 대하여 재개된 전달 모습의 통사 및 운율을 서로 부합시킬 수 있게 해 준다. 고쳐주기가 모두 대체하기에 의해 성취되는 것은 아니지만(Van Wijk and Kempen, 1987), 재개하기는 거의 모두 대체하기에 의해 얻어진다.[16]

---

[16] 화자가 스스로 점검하면서 고쳐 나가는 일에 대한 논의는 르펠트(1989; 김지홍 뒤침, 2008), 『말하기 : 그 의도에서 조음까지』(2권, 나남)의 제12장을 참고하기 바란다.

그렇지만 'to replace대체해 놓다'가 'to obliterate깨끗이 없애다'를 의미하는 것은 아니다. 한 사람의 화자가

what is {.} has happened since then
그 이후로 무슨 일이 있 {.} 일어났습니까

라고 말하는 경우에, 그는 원래 전달내용에서 다만 'is있다'보다 우선권을 얻도록 'has happened일어났느냐'를 의도한다. 그 시점은 다음 사례에서 예시된다(1.3.305).

Nancy : {um---} the interview, was {-} it was all right
{음---} 그 면접시험이, {-} 그게 괜찮았어요.

대체하기 뒤에 낸시는 "it was all right그게 괜찮았어요"이라고 말한다. 그러나 'it그게'는 'the interview그 면접시험이'이다. 이를 알아내기 위하여, 낸시의 청자는 반드시 그녀가 막 대체해 놓은 바에서의 지시내용(=면접시험)에 호소해야 한다. 따라서 대체하기는 그들이 대체하는 옛 요소들보다 우선권을 지니지만, 그것들을 깨끗이 없애 버리지 않은 채 대체하는 것이다.

그러므로 재개하기가 그 자체로는 요소들을 대치하거나 삭제하거나 추가하지 않는다. 재개하기는 거듭 생각한 끝에, 화자들이 우선 제시해 주려고 마음먹었을 요소들을 다시 제시하는 것이다. 이들 요소들을 다시 제시해 주는 일은, 원래 전달내용의 부분들을 지속하거나 반복하거나 대치하거나 삭제하거나 또는 더해 주는 효과를 지니게 되는 결과가 된다.

§.9-3 제시 전략

1차 경로(≒실무경로)의 제시는 특권적 지위를 응당 누려야 하며, 실제로도 그런 지위를 갖고 있다. 이것에 대한 가장 뚜렷한 증거는 대체하기가 도처에 있다는 점이다. 제시내용은 거의 대부분 지속적이며, 일단 우리가 모든 대체하기를 실행하는 한 적격하게 형성된다. 가령

well {. I mean} this {. uh} Mallet said { } Mallet was {uh} said something about {uh you know} he felt it would be a good thing if {u:h .} if Oscar went

그런데 {. 내 말뜻은요} 이게 {. 어} 맬릿이 말하기를 { } 맬릿이 {어} 뭔가에 대해 말했는데 {어 잘 아시다시피} 그가 그게 좋았을 거로 느꼈거든요 만일 {어:.} 오스카가 갔었더라면 말이에요.

로부터는 다음을 얻게 된다.

well, Mallet felt it would be a good thing if Oscar went.

그런데 맬릿은 오스카가 갔었더라면 더 좋았을 거라고 느꼈어요.

우리는 그런 제시내용을 만들어 주기 위한 기제들을 일부 살펴보았다. 그러나 화자들이 자신이 실행하는 기제들을 언제, 그리고 왜 선택하는 것일까? 그 대답은 언어사용의 협동 속성 속에 들어 있다.

말하기에서 화자의 행위는 청자 행동들과 무관하게 독립되어 있는 것이 아니며, 그 역도 또한 참이다. 이 점(=청자·화자 협동행위)은 또한 그들 사이의 문제에도 성립된다. 화자가 어떤 발화를 계획하기 위하여 별도의 가외 시간이 필요한 경우에, 그것만이 홀로 화자의 문제가 되는 것은 아니다. 그들에게 필요한 시간은 화자 및 청자에게 모두 함께 속한 것이므로, 따라서 화자는 그런 시간을 이용하려면 청자와 상호조율해야 하는 것이다. 아니면, 화자가 잘못된 낱말이나 구절을 제시하는 경우에도, 그 문제는 홀로 화자의 것만이 아니다. 이는 화자와 청자 둘 모두에게 귀속되며, 그 문제를 고치려면 두 사람이 모두 함께 관여해야 한다. 언어사용에 있는 문제는 대부분 공동문제이다.[17] 공동문제를 처리하여 해결하는 일은 협동하여 관리하는 해결책을 요구한다(Clark, 1994).

9-3-1 두 가지 책무 two imperatives

시간은 변경할 수도 없고 되돌릴 수도 없다. 시간 폭을 지워버리고서, 그 시간 폭이 일어나지 않았다고 주장하면서 시계를 거꾸로 돌릴 수 없는 것이다. 일정한 시간 폭에서 어떤 일이든 실행하건 실행하지 않건 간에 상관없이 원상태로 되돌릴 수가 없고, 우리는 반드시 그 결과를 처리해 내어야 한다. 협동행위에서 시간은 이중으로 중요하다. 롸줘와 낸

[17] 원문 'joint problem(협동문제)'는 중의적이다. ① 협동해서 풀어야 할 문제. ② 협동에 관한 문제. 여기서는 ①의 뜻이다. 즉 공동으로 해결해야 할 문제이다. 여기서는 협동문제보다 '공동문제' 또는 '공동의 문제'로 번역하여 중의성을 피하고자 한다. §.7-3-2의 각주 9 joint purpose(공동목적)과 §.8-1-4의 각주 3 joint closure(협동 종결)도 참조하기 바란다.

시가 서로에게 말하는 경우에, 그가 자신의 시간에 실행한 바는 또한 그녀의 시간으로도 실행된다. 그 역도 또한 참이다. 이 점은 청자와 화자를 다음 제약 속에 집어넣는다.

◁ **시간상의 [지연 해명] 책무** (the temporal imperative) ▷

In a joint action, the participants must provide a public account for the passage of time in their individual parts of that action

협동행위에서 참여자들은 반드시 그 행위의 그들 개별 몫으로 된 시간 경로 지연에 대하여 공식적인 해명을 제공해 주어야 한다.

이런 책무 때문에, 참여자들은 적시에 알맞은 모습으로 행위하려고 노력한다. 그들은 또한 다음 두 번째 책무에 복종해야 한다.

◁ **발화 [제대로] 마련해 놓기 책무** (the formulation imperative) ▷

Speakers cannot present an expression before they have formulated it.

화자는 자신이 발화 표현을 마련하기 이전에 발화 표현을 제시해 줄 수 없다.

비록 발화 마련 책무가 뻔한 진리이지만, 이는 중요한 진리이다. 임의 종류의 신호를 제시하기 위하여, 화자는 반드시 먼저 그것을 마련해야 한다. 이 점이 적시에 알맞은 모습으로 행위하는 일을 방해할 수도 있다.

화자들은 지속적으로 이들 두 가지 책무에 의해서 압력을 받는다.[18] 화자가 이상적인 전달모습으로 말해 나가는 한, 자신에게 주어진 시간 동안에, 자신이 실행하고 있는 바에 대하여 있을 수 있는 최선의 설명을 제공해 주고 있다. 즉 그들은 발화를 제시하고 확인하는 협동행위에서 자신의 역할을 실행하고 있는 것이다. 그들은 응당 이런 이유 하나만으로도 이상적인 전달 모습을 위해 분투해야 한다. 다른 한편으로, 제시내용을 발화로 마련하는 일은 단속적이며 주기적인 과정이다. 화자들이 발화를 시작해 나가기 전에 거의 완벽히 마련된 제시내용을 지니는 일은 없다. 그들은 일반적으로 단지 막연한 계획을 지니며, 한 번에 하나의 짤막한 구절을 마련하게 된다(Bock and Levelt, 1994;

---

[18] 흔히 언어교육 쪽에서는 첫 번째 책무는 '시간상으로 적시에 산출해야 하는 중압감'으로 표현하며(시간상의 중압감), 두 번째 책무는 '알맞은 표현을 선택하는 중압감'으로 표현한다(표현 선택의 중압감). 바이게잇(Bygate, 1987; 김지홍 뒤침, 2002), 『옥스포드 언어교육 지침서 : 말하기』(범문사)를 참고하기 바란다. 각각 시간상의 중압감은 시간상의 지연 해명 책무로, 표현 선택의 중압감은 발화 제대로 마련해 놓기 책무로 표현되어 있다.

Levelt, 1989).[19]

일단 화자가 제시를 개시한다면, 스스로 빡빡한 예정으로 진행해 나간다. 각 시점마다 그들은 두 가지 선택사항을 지닌다.

(ㄱ) 발화를 지속해 나가거나,
(ㄴ) 발화를 멈추는 것이다.

이상적인 모습은 지속해 나가는 것이다(ㄱ). 이는 그들이 자신의 몫을 다하고 있다는 명백한 증거가 된다. 이상적이지 않은 모습은 잠시 멈추는 것이다(ㄴ). 화자들이 발화를 멈추는 경우에, 자신의 행위에 대하여 더 이상 공식적인 변명을 하지 않는다. 여전히 그들이 머릿속에서 표현들을 마련하느라고 바쁠 수도 있고, 자신의 제시를 철회하여 빠져나갈 수도 있으며, 막 제시해 놓은 바를 재고할 수도 있고, 관심을 끊어 버릴 수도 있다. 발화 도중에 멈추는 일은 협동행위의 일부가 아니다. 요약하자면, 계속 발화를 진행하는 일은 해명을 필요로 하지 않지만, 멈추는 일은 해명이 필요하다. 멈추는 일보다 계속 말해 나가는 일이 선호되는데, 이는 크게 세 가지 전략으로 이끌어 간다. 멈추고 나서 지속해 나가기, 전념하면서 반복해 나가기, 전념하면서 고쳐 나가기이다.

9-3-2 멈추고 나서 지속해 나가기stop-and-continue 전략

화자들은 이상적인 전달 모습에서 휴지를 둘 수 있지만, 오직 특정 구절 경계들에서만 간략히 둘 수 있다. 한 가지 제시 단위는 '억양단위intonational unit'이다. 이는 단일한 운율 윤곽prosodic contour 운율 형상에 의해서 뻗어나간 이야기의 확장체이다.[20] 다음 낸시가 말한

---

[19] 이를 르펠트(Levelt, 1989; 김지홍 뒤침, 2008 : §.1-5-2), 『말하기 : 그 의도에서 조음까지』(1권, 나남)에서는 점증적(incremental) 산출 원리 또는 분트(Wundt)의 원리라고 불렀다. 한 번에 하나의 짤막한 구절은 '발화산출 처리 단위'로 불리는데, 이를 가리키기 위해 적어도 18가지 이상의 용어가 제안되어 있다(르펠트 번역본, 59쪽).

[20] 〈원저자 5〉 이들 단위는 다양하게 여러 이름으로 불려왔다. 핼러데이(Halliday, 1967)에서는 어조집단(tone group), 크뤼스뜰(Crystal, 1969), 크뤼스뜰·데이뷔(Crystal and Davy, 1975), 스봐뜨뷕·쿽(Svartvik and Quirk, 1980)에서는 어조단위(tone units), 크뤄튼든(Cruttenden, 1986)에서는 억양집단(intonation groups), 췌잎(Chafe, 1992)에서는 억양단위(intonation units), 그롸임즈(Grimes, 1975)에서는 정보벽돌(information blocks), 췌잎(Chafe, 1979, 1980)에서는 생각단위(idea units, 관념 단위), 쥐(Gee, 1986)에서는 행(lines, 줄)로 불렀다.

〈역자주〉 이는 '사고 또는 생각의 기본단위'라고 부르는 '명제(proposition)'와 같은 말이다. 언어학에서는 '절 유사 단위(clause-like unit)'라고 부르고, 쓰기 교육에서는 '종결 가능 단위(T-unit)'라는 용어도 쓴다. 용어가 어떻게 되든지, 이 단위는 매우 중요한 개념이다. 실세계에서 우리가 경험하는 복합사건 연결체에서 최소의 단위 사건을 나타내어 주기 때문이다. 이 단위는 내적으로 크게 동사와 동사가 거느리는 논항들로 구성되어 있다. 언어학에서는 이를 논항 구조라고 부르며, 핵인 동사로부터 비핵인 각 논항에다 의미역이 배당된다.

서사 이야기로부터 나온 각각의 행은 억양단위가 된다.

well when I was {.} doing freelance advertising,
-thiy:{ } advertising agency,
that I {.} sometimes did some work for,
.rang me,
and said {um-} we've got a client,
who wants {um--} a leaflet designed,
.to go to s-{uh} instructions how to use a sewing-machine,
글쎄 내가 {.} 자유 계약 광고업을 하고 있었을 때,
-그으:{ } 광고 대행사가,
가끔 {.} 일을 해 주었던 대행사인데,
.내게 전화를 했어요,
그리고 {음-} 우리가 고객을 한 사람 확보했다고 말했어요
{음--} 잘 짜인 전단지를 하나 구매하려는 건데
재봉틀 이용 방법에 대한 스-{어} 사용 설명서에 들어가는 거였어요,

세 가지 억양단위들 앞에 휴지가 있지만, 여전히 그것들이 중단으로 들리는 것이 아니라, 낸시의 공식적인 제시내용의 일부로서 들린다. 윌리스 췌잎(Wallace Chafe, 1979, 1980, 1992)에서[21] 이뤄진 서사 이야기 연구에서는 억양단위의 88% 앞에서 휴지가 있었고, 시간 길이로 평균 대략 1초였다.[22] 다음 억양단위를 마련하는 데 도움이 되도록 화자들은 분명히 이들 경계에서 휴지를 둔다.

그렇지만 낸시의 서사 이야기에서 억양단위 도중에서 일어나는 여섯 번의 머뭇거림(=모두 중괄호 { }로 표시됨)은 중단으로 들린다. 이들 휴지 중 처음 다섯 개는 순수한 머뭇거림이다. 그것들은 곧 지속이 뒤이어지며, 가장 단순한 형태의 재개 방식이다. 머뭇거림은 주요한 두 가지 형태를 띤다. (낸시의 중단 중 네 가지에서처럼) 휴지 및 (낸시의 "thiy"[강조한 발음 '디'] 에서처럼) 길게 늘여놓은 음절이다. 둘 모두 화자들에게 다음에 말할 바를 마련하기 위하여 억양단위 도중에 별도의 가외 시간을 내어 준다. 음절 늘여놓기는 마치 화자가 진정으

[21] 췌잎(1994)이 김병원·성기철 뒤침(2006), 『담화와 의식과 시간 : 언어 의식론』(한국문화사)로 나와 있으며, 이 책에서 인용되고 있는 논지들을 자세히 읽을 수 있다.

[22] 접합점/연결점 휴지(juncture pauses)에 대한 부머(Boomer, 1965)의 평균값 1.03초와 비교하기 바란다.

로 중단하지 않은 것처럼 보이도록 유창성에 추가적 환상을 제공해 준다. 화자들은 중단이 짤막할 것이라고 생각하는 경우에 휴지보다는 음절 길게 늘여놓기를 선택할 것 같다.

불편함이 없이 화자가 얼마나 오래 휴지를 둘 수 있는지에 대해서는 제약이 있다. 1천 가지 사례 이상을 검토한 게일 제퍼슨(Gail Jefferson, 1989)에 따르면, 화자들은 발화 도중에 최초의 휴지를 대략 1초 정도로까지 제한해 놓는 경향이 있다. [만일 1초가 넘어간다면] 화자들이 단 1초의 침묵 뒤에는 이야기를 재개하거나, 군말을 산출하거나, 목청을 가다듬는 경향이 있다. 이런 신호는 그들이 말을 계속 이어갈 것임을 나타낸다. 만일 화자들이 시간상의 [지연 해명] 책무the temporal imperative에 의해서 압박감을 받는다면, 그런 제약이 있다는 것은 놀라운 일이 아니다. 범상치 않은 것은, 얼마나 작은 침묵만이 허용되는지에 대한 것이다. 이를 우리는 '1초의 한계one second limit'로 부를 것이다.[23]

만일 1초가 넘는 발화 도중의 침묵이 문제가 된다면, 화자들은 반드시 이런 가능성에 대하여 관찰하고 감시해야 한다. 낸시의 사례에서 처음 나오는 세 개의 머뭇거림은 문제를 일으키지 않는다. 왜냐하면 그녀가 그 머뭇거림을 1초 이내에 해결하기 때문이다. 그러나 다음 세 가지 머뭇거림은 문제를 일으킨다. 분명히 공백hiatus이 1초 이상 더 길어질 것으로 예상함으로써, 그녀는 군말 "um.음."을 산출한다. 그녀는 자신이 좀더 신속히 뒤에 나오는 낱말들을 마련하도록 하기 위해 그러는 것이 아니라, 자신의 청자에게 자신이 뭘 하고 있는지를 말해 주고, 청자가 그 중단을 처리할 수 있도록 돕기 위해서 그러는 것이다(Brennan and Williams, 1995; Smith and Clark, 1993).

심지어 억양단위들 사이에서도 침묵이 너무 길어질 경우에는 문제가 된다. 다음 이야기 주고받기를 살펴보기로 한다.

Reynard : i- { } is {.} is it this year, that {u:h} Nightingale goes
Sam : {--u:h} no next year,
Reynard : {--u:m .-} sixty-f-{ }
Sam : sixty-five
Reynard : -four { } sixty-five
Sam : yeah
뢰나드 : 이- { } 이 {.} 올해지, 저 {어:} 나이팅게일이 가는 해가 말야

---

[23] 제퍼슨(Jefferson, 1989)에서는 이를 '표준적인 최대 허용 시간(standard maximum tolerance)'라고 불렀다. 다른 문화에서는 좀더 긴 침묵이 허용되거나, 또는 오직 더 짧은 침묵만 허용될 수 있다. 제퍼슨의 자료는 북미와 영국의 영어 화자로서 도시에 사는 사람들로부터 나온 듯하다.

쌤　　: {- -어:} 아냐 내년이야,

뢰나드　: {-- 어:엄 .-} 육십-스-{ }

쌤　　: 육십-오

뢰나드　: -사 { } 육십-오 년

쌤　　: 그래

쌤이 "Is it this year that Nightingale goes?나이팅게일이 가는 해가 바로 올해가 맞지?"라고 질문을 받은 경우, 그는 반드시 대답해야만 하였다. 만일 너무 오래 지연한다면, 그는 대답할 수 없거나, 그럴 마음이 없는 것으로 오해되거나, 그 질문을 더 받도록 기다리고 있거나, 또는 다른 데에 한눈을 팔고 있는 것으로 오해될 수 있다. 그는 답변을 준비하고 있음을 보여 주기 위하여, 침묵을 끊고 군말 "u:h어:"로 채워 넣는다(2차 경로인 점검경로에 해당함). 뢰나드도 거의 동일한 내용을 군말 "u:m어:엄"으로 실행한다.

그러므로 멈추고 나서 지속해 나가기 전략에서는, 화자들이 다음 발화 요소를 마련해 놓을 때까지 멈추고 나서 지속해 나간다. 순수한 머뭇거림은 지금까지 가장 흔한 더듬거림disfluency이다. 그러나 만일 머뭇거림이 너무 오래 간다면, 화자들은 그것들을 군말, 수정편집 표현, 다른 신호들로 채워 놓아 변호할 필요가 있다.

9-3-3 전념하면서 반복해 나가기commit-and-repeat 전략

화자가 중지 순간을 변호할 수 있는 또다른 방식은, 비록 나머지 뒷부분을 제시할 수 없다고 하더라도, 자신이 마련하고 있는 구절의 앞부분 낱말 또는 낱말들을 제시해 주는 것이다. 던컨이 "he may be qualified그가 자격이 있을 듯해요"라는 발화를 마련하려고 하는 중이라고 상정하기로 한다. 일단 그 발화가 "he그가"로 시작한다고 결정을 내린다면, 그는 "he"를 제시하고 멈출 수 있다. 이런 방식으로 그는 자신이 he그가로 시작하는 어떤 구절을 제시하는 일에 골몰하고 있음을 보여 준다. 그러나 이는 두 번째 문제를 일으킨다. 만일 다음과 같이 그가 단순히 그 중단 뒤에 지속해 나간다면,

he {[pause]} may be qualified

그가 {[휴지]} 자격이 있을 듯해요.

그 구절은 유창해지지도 않고 쉽게 확인될 수도 없다. 해결책은 다음 사례에서처럼 "he

그가"를 반복하는 것이다(1.2a.985).

Duncan : {u:m} and that he { } he {uh} he may be qualified to { } to be recognized as a teacher of French

던 컨 : {어:엄} 그리고 그게 그가{ }그가 {어} 그가 불어 교사로 인정받기 { } 받기에 자격이 있을 듯해요.

전념하면서 반복해 나가기 전략은 두 가지 일을 달성한다. 세 번의 반복 중 첫 번째 "he 그가"는 던컨이 'he'로 시작되는 구성성분에 몰두하고 있다는 사전 증거를 제공해 준다. 마지막 "he그가"는 그 구절 "he may be qualified그가 자격이 있을 듯해요"의 유창한 전달을 허용해 준다.

전념하면서 반복하기 전략을 이용하면, 주요 구성성분의 첫 부분 낱말들에 대한 반복이 응당 흔해져야 하겠는데, 실제로도 그러하다. 주격 대명사와 대격 대명사, 즉 'he : him'을 비교해 보기 바란다. 주격 대명사 he는 거의 언제나 더 큰 구성성분에서 첫 번째 요소가 되는데, 가령 다음과 같다.

he may be qualified
그가 자격이 있을 듯해요.

그러나 대격 대명사 him은 보통 그 자체의 구성성분이 되는데,[24] 다음 사례와 같다.

everyone saw *him*
모든 사람이 그를 보았다.

토마스 와소와 저자에 의해 연구된 전화통화의 대형 표본들에서는,[25] 주격 대명사들이 전체 대화시간의 5.2%로 반복되었고, 대격 대명사는 오직 그 대화시간의 0.04%로만 반복되었다. '100 : 1'이 넘는 차이이다.

---

[24] 언어학에서 문장을 분석할 때에 먼저 주어와 나머지 부분을 자른다. 왜냐하면 나머지 부분이 대용표현으로 대치될 수 있기 때문이다. "철수가 영희를 보았다. 동수도 그랬다." 본문에서 'its own constittuent(그 자체의 구성성분, 그 나름의 구성성분)'이란 표현은 서술어라는 구성성분을 가리킨다.

[25] 〈원저자 8〉 클락(H. H. Clark)과 와소(T. Wasow)의 미간행 자료임.

계획되고 있는 구성성분은 또한 큰 것이 될 수도 있고, 작게 될 수도 있다. 다음에 가장 포괄적인 구절들을 살펴보기 바란다. 이 구절들은 네 가지 문법 기능으로 된 명사 구절에 의해서 개시된다.

명사구 기능	명사구의 사례	the의 반복비율
주제 (topic)	**the van that we've got** the gentleman who owned it had died <u>우리가 산 그 작은 트럭은</u> 원래 그걸 가졌던 그 주인이 죽었어	7.9%
주어 (subject)	**the dog I have** is a German shepherd <u>내가 기르는 그 개는</u> 독일산 셰퍼드야	5.0%
동사 목적어	I managed to find **the stereo I wanted** in Austin 텍사스 오스뜬에서 <u>내가 원하던 그 스테레오를</u> 겨우 찾아냈어	3.4%
전치사 목적어	my wife parked her car in **the garage across from our house** 내 아내는 <u>우리집 건너에 있는 차고에다</u> 자기 차를 세웠거든	1.8%

평균적으로 주제는 가장 긴 주요 구성성분을 개시한다. 주어는 버금으로 긴 주요 성분을 개시하며, 동사 목적어는 그 다음이고, 전치사 목적어가 가장 짤막한 구성성분을 개시한다. 전화통화의 동일한 표본에서, 이런 구성성분이 길면 길수록, 화자들은 명사구에 있는 개시 낱말 부분인 정관사 the를 더 많이 반복하였다. 정관사 the에 의해서 개시된 명사구는 그 자체로 단순구가 될 수도 있고, 복합구가 될 수도 있다. 예를 들어 the stereo I wanted내가 원하던 스테레오는 복합구이다. 왜냐하면 핵어 명사 stereo스테레오 뒤에 수식구를 갖고 있기 때문이다. 반면에 수식구가 없이 the stereo그 스테레오로만 쓰인 것은 단순구이다. 동일한 전화통화에서, 화자들은 단순한 명사구에서보다는 복합 명사구에서 정관사 the를 더 자주 반복하였다. 대화시간의 '4.1% : 2.7%'에 해당한다(복합 명사구 : 단순 명사구). 일반적으로 구성성분들은 허사function words 기능 낱말들과 함께 시작되며, 실사content words 내용 낱말들과 시작하지 않는 경향이 있다. 허사는 대명사·전치사·관사·조동사 등이며, 실사는 명사·동사·형용사·부사이다. 허사들은 실사보다 10곱절 넘게 반복되는 것 같다.[26]

그러므로 전념하면서 반복해 나가기 전략은 두 가지 주요 장점을 지닌다. 이는 화자들이 실행하고 있는 바에 대한 초기 증거를 제공해 주고, 이는 유창한 구성성분으로 귀결되어 나오며, 실제로 이것이 청자를 도와준다(Fox Tree, 1995). 순수한 머뭇거림만을 제외한다면, 반복된 낱말들은 자발적인 발화에서 가장 흔한 더듬거림disfluency이 된다.

---

26 〈원저자 9〉 클락(H. H. Clark)과 와쏘(T. Wasow)의 미간행 자료에 근거함.

9-3-4 전념하면서 고쳐 나가기commit-and-repair 전략

화자들은 자신이 제시하고 있는 바에 대하여 흔히 자신의 마음을 바꾼다. 빌름 르펠트(Willem Levelt, 1989; 김지홍 뒤침, 2008)에서 논의되었듯이, 화자들은 (특히) 이들 문제들에 대하여 자신의 제시내용을 관찰하고 감시한다(1.2.33; 1.2.787; 1.13.246; 2.13.1204; 2.8.304).

(자기 점검) 질문	고쳐놓기 사례
① 이게 지금 내가 표현하고자 하는 전달내용 또는 개념인가?	we **must ha-**{ } we're {.} big enough to stand on our own feet now 우린 반드시 갖-{ } 우린 이제 제 발로 스스로 설 만큼 충분히 자랐다.
② 이것이 내가 말하고 싶은 방식인가?	he'**s done a**{ } he's on a Ph.D. 그가 다니고 어{ } 그가 박사과정에 있어요
③ 어휘 선택 오류를 저지르고 있는가?	if **she**'d been{ } he'd been alive 만일 그녀가 있{ } 그가 살아 있었더라면
④ 통사와 형태소들은 올바른가?	he think **E-** { } thinks Ella's worried about something 그는 에-{ } 엘러가 뭔가 걱정했다고 생각합니다
⑤ 소리-형식 오류를 저지르고 있는가?	everything is mitch { } much more complex 모든 게 헐씬{ } 훨씬 더 복잡해요

그리고 바꾸고 싶은 어떤 것을 찾아내는 경우에는, 화자들은 이내 그것을 고쳐 놓는다. 고쳐질 요소는(위 도표에서는 굵은 글씨로 표시됨)은 수정대상reparandum이다. 원론적으로 화자들은 말하기 전에 충분한 시간을 가졌더라면 고치기를 피할 수 있었겠지만, 현실적으로는 그렇지 못하여 고치기란 불가피한 것이다. 적어도 대화에서 화자들은 마음을 바꿔 고쳐 놓을 것을 결코 모두 예상해 둘 수 없다. 따라서 '전념하면서 고쳐 나가기' 전략에 따라 진행해 나가도록 강요된다.

비록 화자들이 단순히 수정대상을 대체해 놓고 진행해 나갈 수 있겠지만, 흔히 수정대상 이외에도 원래 제시내용에 대한 전체 확장체entire stretches를 대체한다. 다음에서와 같이 우리는 재개하기의 네 가지 유형을 구별할 수 있다.

(1) 해당 요소만 즉각 대체하기(instant replacements)

해당 요소만 즉각 대체하기에서는, 다음 사례에서와 같이 화자가 수정대상만을 대체하고 그 이상은 대체하지 않는다(1.14a.124).

have I ever tel-{ } talked to you about Cookstown County Tyrone?

제가 한 번이라도 아일랜드 쿡스타운 티로운에 대해서 당신한테 말-{ } 얘기해 준 적이 있습니까?

(2) 뒤따르는 요소까지 대체하기(trailing replacements)

화자가 수정대상 뒤에 즉각적으로 자신의 전달을 멈추지 않는 경우에, 그들은 다음 사례에서와 같이 '수정대상+뒤따르는 요소'까지 대체해 줄 필요가 있다(3.4.707; 1.13.246; 1.2.29).

(ㄱ) to buy any more sites, {.} in the college, {.} for {.} the college

어떤 웹 사이트이든지 더 많이 사려고 {.} 그 대학에 있는, {.} 그 대학을{.} 위한

(ㄴ) if she'd been { } he'd been alive

만일 그녀가 { } 그가 살아 있다고 하면

(ㄷ) we're not prepared, to go on being part, { } I'm not prepared to go on being part of Yiddish literature

우린 준비가 안 되었어요 일부가 되도록 진행해 나가는 일에, { } 저는 이디시 문학의 일부가 되도록 진행해 나가는 일에 준비가 안 되었어요

이들 사례에서 뒤따르는 요소들은 'the college[그 대학]', "d been[아 있다고 하]', 'not prepared to go on being part[일부가 되도록 진행해 나가는 일에 준비가 안 되]'이다. 대체하기의 운용에서 뒤따르는 요소까지 대체하기는 필수적이다.

(3) 앞서 나온 요소까지 대체하기(anticipatory replacements)

화자들은 흔히 수정대상뿐만이 아니라, 또한 그 앞에 있는 요소들까지도 대체한다. 때때로 그 과정은 다음 사례들에서와 같이 필수적이다.

(ㄱ) he think E-{ } thinks Ella's worried about something

그가 생각기를 에- { } 생각하기를 엘러가 뭔가를 걱정한다고 봐요.

(ㄴ) everything is mitch{ } much more complex

모든 것이 헐씬{ } 훨씬 더 복잡하다.

첫 번째 사례의 화자는 'thinks[3인칭 현재 시제]'를 다시 제시함이 없이 'think'에 3인칭 현재 시제 어미 '-s'를 더해 놓을 수 없었다. 두 번째 사례도 동일한 내용에 해당한다. 더욱 더 흔히 그 과정은 다음 사례에서처럼 수의적이다(1.1.750).

this is { } this is one of the things that {-uh} one of the many things, {-uh} in English structure, which is {-u:m---} an item in a closed system

이는 { } 이는 하나인데 {-어} 많은 것들 중 한 가지인데, {-어} 영어 구조에서, {-어:엄---} 폐쇄적 체계에 속에 있는 하나의 항목이 됩니다.

(4) 새로 참신한 시작(fresh starts)

화자들은 때로 전체 제시내용을 포기하고, 다음 사례에서와 같이 새로 참신하게 시작을 한다(1.2.33).

we must ha- { } we're {.} big enough to stand on our own feet now

우리는 분명히 갖- { } 우리는 {.} 이제 스스로 제 발로 서 있을 만큼 충분히 자랐습니다.

새로 참신한 시작에서는 고쳐지고 있는 특정한 요소들을 꼭 집어 뽑아내는 일이 어렵다. 그 전체 도막이 간단히 포기되어 버리는 것이다.

각각의 재개하기는 각각의 원래 제시내용이 그러하듯이 1차 경로(≒실무경로)에 있는 신호가 된다. 그러나 화자들의 재개하기에 대한 선택은 또한 2차 경로(≒점검경로)에 있는 신호도 된다. 왜냐하면 화자가 대체하고 있는 바와 그리고 종종 왜 그런지 그 까닭을 청자에게 말해 주기 때문이다. 르펠트(levelt, 1989; 번역본 2권의 401쪽 이하)에서 논의하였듯이, 화자들은 자신이 대체하고 있는 바를 두 가지 주요 전략으로 나타내 준다.

ⓐ 동일 낱말(word identity)로 시작하는 전략

재개 부분의 첫 번째 낱말이 원래 제시내용에 있는 최근 낱말과 동일한 경우에, 재개하기는 그 낱말로부터 계속하여 모든 것을 대체하게 된다. 이는 반복에 대해서 그리고 앞서 나온 요소의 대체에 대해서 작동하게 된다.

(ㄱ) and that he { } he {uh} he may be qualified to { } to be recognized as a teacher of French

그리고 그게 그가 { } 그가 불어 교사로 인정받기에 { } 받기에 자격이 있을 듯해요

(ㄴ) this is one of the things that {-uh} one of the many things, {-uh} in English structure, which is …

이는 하나인데 {-어} 많은 것들 중 한 가지인데, {-어} 영어 구조에서, …

청자는 "he그가"와 "one of the하나인데"를 갖고 시작하는 것으로 무엇이 대체될 것인지를 찾아낼 수 있다.

ⓑ **동일 범주(category identity)로 시작하는 전략**

재개하기의 첫 번째 낱말이 원래 제시내용에 있는 최근 낱말과 동일한 범주의 일원이 되는 경우에, 재개하기는 그 낱말로부터 계속하여 모든 것을 대체하게 된다. 이는 더 앞서 살펴본 예문들로 예시된다.

(ㄱ) if she'd been { } he'd been alive
만일 그녀가 { } 그가 살아 있다고 하면

(ㄴ) to buy any more sites, {.} in the college, {.} for {.} the college
어떤 웹 사이트이든지 더 많이 사려고 {.} 그 대학에 있는, {.} 그 대학을{.} 위한

첫 번째 사례에서 "she그녀"와 "he그"는 둘 모두 인칭대명사이다. 따라서 재개하기는 "she"로부터 계속하여 모든 것을 대체하게 된다. 두 번째 사례에서도 "in에 있는"과 "for을 위한"가 모두 전치사이며, 비슷한 결과를 낳게 된다. 비록 새로 참신한 시작이 언제나 이들 두 가지 전략을 따르는 것이 아니지만, 다른 대체하기는 대부분 이를 준수한다. 중압감 아래에서 언어산출 작업을 하는 화자들로서는, 이것이 범상치 않은 재주가 된다.

9-3-5 수정편집 표현 editing expressions

시간상의 [지연 해명] 책무the temporal imperative에 따라, 어려움을 겪는 화자들은 자신의 행위를 해명할 필요가 있다. 롸줘가 오류를 저지르는 경우에, 니너는

Why did he make an error? Does he realize he has made it? Is he going to repair it?
왜 그가 오류를 저질렀을까? 그가 스스로 오류를 저질렀음을 알고 있을까? 그가 그 오류를 고쳐 놓을 것인가?

라고 물을 자격이 있다. 심지어 롸줘가 다만 자신의 제시를 멈추는 경우에라도, 니너는 다음처럼 물을 수 있다.

Why is he stopping? Will he resume and, if so, when? What should I expect next?
그가 왜 멈추고 있지? 그가 재개할까? 만일 그렇다면 언제일까? 다음 발화로 뭘 기대해야 할까?

화자가 이것들에 대한 해명을 제공해 주는 한 가지 방법은 2차 경로(≒점검경로)로 산출된 수정편집 표현들을 이용하는 것이다. 이미 우리는 uh어(짧고 자잘한 중단)와 um엄(길고 주요한 중단)이 공백의 길이를 어떻게 신호해 주는지 살펴보았다.[27] 다른 표현들은 좀더 특수한 용법을 지닌다.

'no, or rather, I mean, that is아니, 또는 오히려, 제 말뜻은, 즉 다시 말해'와 같은 수정편집 표현들은 화자가 겪고 있는 어려움과 수정에 대한 관련성을 특성 짓기 위해 이용된다. 'no아니'를 쓰면, 화자는 그 수정대상이 '부정확'한 것으로 성격 짓는다. 'or rather또는 오히려'를 쓰면, 화자는 앞선 수정대상을 제공된 새로운 표현과 서로 비교하는 것이다. 각각의 표현은 상이한 유형의 문제나 수정에 적합하다. 예를 들어, 뭔가를 부정확한 것으로 서술해 주는 'no, or rather아니, 또는 오히려'와 동일한 화란어 표현은, 오류 고치기를[28] 위해서 쓰이며, 적합성 고치기를 위해서는 쓰이지 않는다(Levelt, 1984). 영어 표현 you know잘 아시다시피는 적합성 고치기를 위해서 확보되어 있다(Clark and Gerrig, 1990).

대조적으로 'well그런데, oh오, ah아, aha아하, let me see어디 좀 살펴봅시다'와 같은 수정편집 표현은, 화자가 겪는 어려움의 원천에 대해 촌평을 하는 것이다(Heritage, 1984; James, 1972, 1973; Schourup, 1982). 이들 각각을 이용하여 화자는 자신이 막 말하고자 하는 바를 놓고서 자신의 현재 생각을 드러내어 주는데, 다음과 같이 일리저버쓰가 네드Ned에게 말하고 있는 경우에서 볼 수 있다(1.6.232).

Elizabeth : he { } I think he thinks it's all a little bit {uh: -well,} stupid but {uh:,.} [continues]

일리저버쓰 : 그 { } 내 생각에 그가 그게 전부 좀 {어:-글쎄,} 어리석다고 생각하지만 {어:,.} [계속됨]

---

[27] §.9-2-2에서는 uh(어)를 이용한 경우 2.65초의 공백이 있었고, um(음)을 이용한 경우 8.83초의 공백이 있었다고 언급하였고, §.9-3-2에서는 '1초의 한계'를 상정하였다. 이런 점들을 고려하면, 대략 1초나 2초 이내에서는 자잘하고 미미한 중단으로 볼 수 있다. 영어에서는 uh가 쓰인다. 그러나 2초를 벗어나면 주요한 중단이 되며, um을 쓴다고 말할 수 있겠다. 그렇지만 이는 절대적으로 계량할 수 있는 것이 아니라, 마땅히 산출자인 화자의 판단에 따른 주관적 내용임에 유의해야 한다.

[28] error repair(오류 고치기)는 100% 잘못된 것을 고치는 것이지만, appropriateness repair(적합성 고치기)는 대체로는 맞지만, 약간 잘못된 부분이 있는 것을 고치는 것이다. 르펠트(1989; 김지홍 뒤침, 2008), 『말하기 : 그 의도에서 조음까지』(2권, 나남) 제12장을 참고하기 바란다.

"well글쎄"와 더불어 일리저버쓰는 2차 경로(≒점검경로)에서 네드한테 well 다음의 인성 특질(stupid어리석다)을 표현하는 최선책에 관한 자신의 생각들을 놓고 자문을 구하고 있음을 말한다. 그녀는 공백hiatus에 대해 해명하고, 자신이 (아마 더 약한) 다른 형용사를 고려했음을 함의한다.

여전히 다른 수정편집 표현들도 더듬거림disfluency에 의해 야기된 대인관계의 문제점들을 표명하게 된다. 다음 사례에서 라디오 아나운서가 말하였던 것처럼, 화자는 오류에 대하여 사과할 수도 있다(Goffman, 1981b : 291).

> And now, Van Cliburn playing Tchaikovsky's Piano Concerto Number One in Blee Fat Minor… I beg your pardon, that should be Fee Blat Minor
> 그리고 지금 빈클리번이 블리 퓟 단조로 된 차이코프스키의 피아노 협주곡 제1번을 연주하겠습니다… 죄송합니다. 응당 퓌 블랫 단조이겠군요

다음 사례에서 또다른 아나운서가 말하였듯이, 그들은 자신이 피상적인 것과 달리 무능하지 않은 이유를 설명할 수도 있다(Goffman, 1981 : 294).

> Stay tuned for Aeolia where they will be reading-if you wait a moment I'll be able to tell you … here it is …
> 그것들이 읽혀질 이올리아 방송에 채널을 고정해 주십시오 -만일 청취자들께서 잠깐 기다리신다면 제가 여러분들에게 말해줄 수 있을 것입니다 … 여기 있군요 …

다음 사례에서 디스크 자키(음반 틀어주는 이)가 하였듯이, 그들은 심지어 그 오류를 아무런 것도 아닌 것처럼 가볍게 만들어 버릴 수도 있다(Goffman, 1981b : 299).

> We hear now a song from the new Columbia album featuring Very Jail … Oops, I ought to be in jail for that slip … of course, I mean Jerry Vale!
> 이제 새로 나온 컬럼비아 음반인데 뵈뤼 제일이 취입한 음반으로부터 노래를 한 곡 듣겠습니다… 아이쿠, 이 실수 때문에 제가 감옥에 가야겠군요… 물론 제 말씀은 뵈뤼 제일이 아니라, 제뤼 베일입니다.

고프먼이 시사하듯이, 휴지와 오류들은 화자들을 무능하게 만들어 버릴 수 있으며, 화자들은 (대인관계) 손실을 경감시키기 위하여 수정편집 표현들을 이용할 수 있다.

그렇다면 화자들은 시간상의 [지연 해명] 책무와 발화 [제대로] 마련해 놓기 책무를 처리하기 위해 열심히 작업한다. 그들은 발화하려고 마련해 놓은 뭔가를 지닐 때까지 소리내어 말할 수는 없겠지만, 또한 반드시 자신이 실행하고 있는 바에 대하여 공식적인 해명을 제공해 주어야 한다. 최적의 전략은 유창하고 이상적인 전달을 산출하는 것이다. 그것이 가능하지 않은 경우에, 화자들은 보통 세 가지 전략에 의지하게 된다.

(ㄱ) 멈추고 나서 지속하기(필요하다면 해명도 제공함),
(ㄴ) 한 구절의 시작부분에 전념하면서 그것을 반복하기,
(ㄷ) 어떤 표현에 전념하고 나서 필요하다면 그것을 고쳐놓기

화자들은 '1초의 한계'를 넘어서서 휴지를 둘 때마다, 언제나 왜 휴지를 두고 있는지 말해 준다. 그리고 그들은 청자로 하여금 자신이 준비하여 만드는 고쳐놓기를 찾아내도록 도와주려고 수정편집 표현들을 이용한다. 난점들을 해명해 줌으로써, 그들은 청자로 하여금 자신의 말하고자 의도하는 바를 이해하도록 돕는다. 또한 그것들이 초래하였을지 모르는 대인관계의 손실(≒남이 나를 우습게 봄)을 어떤 것이든 경감시켜 놓는다.

§.9-4 실행하기 및 주목하기

어떤 것이든 신호해 주기 위해서, 화자들은 청자가 주목하도록 반드시 듣고 볼 수 있는 행위를 실행해야 한다. 행위 진전 사다리에서, 제시 및 확인으로 이뤄진 제2수준에서의 성공은, 실행 및 주목으로 이뤄진 제1수준에서의 성공에 의존한다. 마찬가지로 의미 및 이해로 이뤄진 제3수준에서의 성공은, 제2수준에서의 성공에 의존한다. 제1수준에서 성공하려면 무엇을 요구하는 것일까? 롸줘는 다음과 같은 소리를 산출하지만,

now, -um do you and your husband have a j- car
시방, -엄 당신과 당신 남편에게 즈- 자동차가 한 대 있습니까?

니너로 하여금 채 그 소리에 주목하도록 하지 못할 수도 있다. 롸줘와 니너는 주목하기 문제에 맞닥뜨린다. 올바른 방식으로 롸줘가 그런 소리를 조음해 내어, 니너가 그 소리에 주목하게 하는 방법이다. 주목함에 대한 상호조율은, 대부분의 언어사용에 대한 이론에

서 당연시되지만, 실상은 성취하기 쉬운 것이 아니다. 사람들은 주목하기를 성취하기 위한 한 묶음의 기법들을 갖고 있다. 언어사용을 중요한 요체로 모양새 지워 놓는 기법들이다.

9-4-1 주목하기 문제

발화는 덧없이 사라져 버린다. 즉각 없어져 버리는 것이다. 만일 롸줘가 니너에게 뭔가 말해 주는 데 성공하려면, 그는 반드시 자신의 말소리를 조음하고 있는 바로 그 순간에, 그녀가 자신의 말소리에 주목하도록 확실히 조치해 두어야 한다. 그렇다면 주목 받도록 하는 실천 행동과 그런 행동에 주목하는 일도 모두 동참행위들이 된다. 롸줘는 니너가 그녀의 몫을 실행하지 않고서는 자기 몫을 실행할 수 없다. 그 역도 또한 참이다.

주의력attention이란 무엇일까? 만일 일련의 사건에 주목하고 있는 사람을 생각해 본다면, 주의력은 두드러진 세 가지 속성을 지닌다.

①	선택성 (slectivity)	일련의 사건에 대하여 사람들은 한 번에 오직 한 수준에만 주목할 수 있다.
②	다시 주목할 가능성 (redirectability)	사람들은 매우 신속히 몇 밀리초 이내에 두 번째 수준이나 두 번째 일련의 사건들에 다시 스스로 주목할 수 있다.
③	취약성 (vulnerability)	일련의 사건들에 쏟는 주의력은 흩어지며, 쉽게 또다른 일련의 사건에 의해 점유된다.

교향곡 합주에서, 저자는 전체적으로 그 음악에 주의를 기울이거나, 홀로 바이올린에만 주의를 쏟을 수 있다. 그렇지만 한꺼번에 둘 모두에다 주의를 기울일 수는 없다.[29] 여전히 저자는 아주 신속히 한 사건에서 다른 사건으로 주의를 전환할 수 있다. 만일 사건의 어떤 가닥도 너무 복잡하지 않다면, 저자는 한꺼번에 둘 모두를 놓치지 않고 주의를 기울일 수 있다. 또한 그 음악으로부터 벗어나 저자는 내일 할 일 쪽으로 새로 주의를 전환할 수도 있다. 만일 옆 사람이 기침을 한다면, 최선의 노력에도 불구하고, 저자의 주의력이 그 기침 소리로 전환해 갈 수 있다. 주의를 쏟는 대상의 방향에 따른 반사orienting reflexes 방향지향 반사반응는 자동적으로 우리의 주의력을 바뀌 놓으므로, 특정한 사건은 우리의 의도와 무관하게 우리 주의력을 사로잡는 듯하다.

[29] 우리가 인류로 진화하기 이전부터 대물림된 이런 특성은, 흔히 세계를 배경과 초점으로 구분하여 인식하는 두뇌 처리 속성에 말미암는다. 대표적으로 시지각에서도 눈에 들어오는 모든 정보를 그대로 보는 법은 없다. 반드시 배경 정보와 초점 정보로 나누고, 초점 정보에 주의를 더 기울인다. 그 이외의 정보는 무시하게 된다. 이를 선택적 주의력으로 부른다.

이들 속성은 발화를 듣는 일에서 예증하기가 쉽다(Clark and Clark, 1977). 만일 여러분이 이어폰을 통해서 동시에 말을 하고 있는 두 사람의 소리에 귀를 기울인다면, 여러분은 그들 중 한 사람이 말하고 있는 바를 그림자처럼 따라 말할 수 있다[shadow]. 곧 즉각 반복할 수 있는 것이다. 그러나 여러분은 주목하지 않은 다른 목소리가, 남성인지 여성인지, 아니면 영어를 말하였는지 불어를 말하였는지 보고할 수 없다. 심지어 그 다른 목소리로 여러분 자신의 이름을 25회 반복하였더라도, 그런 사실조차 보고할 수 없다. 이것이 '선택적 주의력[selective attention]'이다. 여전히, 여러분이 선택을 하는 경우에는 그 다른 목소리에다 여러분의 주의력을 바꿔 기울일 수도 있다. 그리고 [다른 조건으로서] 만일 그 목소리들이 너무 비슷하다면, 가령 만일 둘 모두 남성이며 영어를 말하고 여러분 앞의 오른편으로부터 소리가 나온다면, 선택적 주의력을 유지하면서 그들 중 어느 한 사람의 말이라도 따라 말해 주기가 더욱 어려워진다. 여러분이 한 사람의 목소리에 주목하고 있는 경우에는, 또한 다른 과제들을 실행하기가 더욱 어렵다.

사람들은 묵시적으로 서로간의 주의력 상태를 점검하는 데에서 이들 속성을 고려하게 된다. 만일 앤[Ann]과 밥[Bob]이 현재 화자와 청자라면, 앤은 자신의 발화를 실행해 나감에 따라 반드시 밥의 주의력 상태를 점검해야 하고, 밥은 반드시 그녀가 그 일을 실행하도록 도와주어야 한다. 그들은 A에 대한 B의 주의력을 놓고서 부정적 증거와 긍정적 증거를 모두 인식한다.

◁ B가 지금 A의 실행에 주목한다는 증거 (긍정적 증거) ▷

B가 A를 응시하고 있다

◁ B가 지금 A의 실행에 주목하지 않고 있다는 증거 (부정적 증거) ▷

B가 또한 경합적인 주의력을 많이 요구하는 뭔가를 실행하고 있다.

B가 스스로 1차 경로의 제시내용을 만들고 있다.

B가 또다른 화자에게 주목하고 있다.

B가 뭔가 다른 것을 생각하거나 실행하려고 노력하고 있다.

※ 잠재적으로 B의 주의력을 방해할 수 있는 상황도 있다. (방해받는 상황)

B가 A의 실행을 듣거나 볼 위치에 있지 않다.

A 주위의 다른 사건이 너무 소란스럽거나 밝아서 B가 A의 실행을 듣거나 볼 수 없다.

A 주위의 다른 사건이 B의 주의력을 너무 많이 끌어 버릴 수 있다.

그리고 이런 목록이 완결되기란 거의 어려운 일이다.

얼굴을 마주보면서 청자들은 일반적으로 눈길을 주어 주목함을 신호해 준다(Argyle and Cook, 1976을 보기 바람). 밥이 앤이 말하는 것을 듣고 있는 동안에, 그는 대부분의 시간 동안 그녀를 눈으로 응시하면서, 명백히 자신이 그녀에게 주목하고 있음을 신호 보내 준다(Kendon, 1967). 그녀는 그를 눈으로 도로 응시해 주지만, 훨씬 더 짧은 시간 동안에 그가 이미 명백히 눈길을 주고 있는지 여부를 점검하기 위한 것이다. 즉, 그의 신호를 시인하려는 것이다(Goodwin, 1981; Kendon, 1967). 구드윈(Goodwin, 1981)에서 논의하였듯이, 눈길을 주는 데 바람직한 조건은 다음과 같다(서로 눈길 주기 : 뒤친이).

> When speaker's gaze reaches a recipient, that recipient should be gazing at the speaker (76쪽)
> 화자의 눈길이 청자에게 이르면, 청자도 응당 그 화자를 눈으로 응시해야 한다.

이들 신호, 즉 눈길을 주는 일과 반응해 주는 눈빛 응시는, 논의 중인 공식적 업무에 대하여 부차적 확인[collateral] 신호들이며, 따라서 2차 경로(≒점검경로)에 속한다.

눈길 주기(응시)는 일상적으로 한 사람의 온전한 주의력에 대하여 유효하고 경제적이며 적시의 증거가 된다(제8장을 보기 바람). 밥이 앤에게 눈길을 주고 있는 동안, 그는 다른 뭔가를 바라보고 있을 수 없다. 또한 만일 그가 침묵한다 하더라도, 외현적으로 경합적인 다른 활동에 간여하고 있는 것은 아니다.[30] 그의 눈길 주기가 유효한 증거가 될 뿐만 아니라, 또한 정확히 앤에게 가장 유용한 경우에 그것(=눈길 주기)이 제공해 주기도 쉽고 이내 이용 가능해진다. 그렇지만 일방적인 밥의 눈길 주기만으로는 충분치 않다. 앤도 반드시 눈길 주기를 받아들여 반응해 주어야 한다. 서로 눈길 주기는, 바로 그들 두 사람에게 그 당시에 그가 그녀에게 주목하고 있다는 상호간의 믿음을 위한 공유된 기반으로 필요한 바이다.

9-4-2 한 번에 하나의 1차 경로(≒실무경로) 입말을 제시하기

대화를 하고 있는 사람들은 서로간의 주의력을 점검하는 일 이상을 실행한다. 그들은

[30] 〈원저자 10〉 물론 그는 뭔가 다른 것을 생각하고 있을 수도 있겠지만, 사람들은 주목하는 눈 응시를, 주목하지 않는 눈 응시와 서로 구별할 수 있다고 믿는 듯하다.

간섭을 예상하며, 그런 것들을 고려하면서 일을 착수하려고 한다. 만일 그들 중 한 사람이 기침을 하거나 망치질을 하여 소음을 내면, 그 소음이 듣기를 방해할 수 있다. 그들은 자신의 행위—그들의 발화 행위 및 간섭 행위 둘 모두—를 적시에 알맞게 맞춰 놓으므로, 겹쳐지는 것은 아니다(Jefferson, Sacks and Schegloff, 1987). 비슷하게, 대중 연설을 하는 화자들도 자신의 연설을 청중들의 박수나 웃음을 피해 분명해지도록 적시에 알맞게 맞춰 놓는다. 청중들도 화자의 이야기에 대해서 그들의 박수와 웃음을 겹치지 않도록 조절해 놓는다(Heritage, 1984). 다음 사례에서처럼 별표로 표시된 우연한 겹침 또한 고쳐진다(1.1.531).

Sam : well, {uh} *I put* { } I put the linguistic jargon in, Reynard
Reynard : *(coughs)*
쌤 : 글쎄, {어} *내가 넣었* { } 내가 언어학 용어를 집어 넣었어, 뢰나드
뢰나드 : *(기침 소리)*

이상적인 모습은 심각한 청지각 방해로부터 깨끗이 벗어나서 말하기, 즉 방해 없이in the clear 말하는 것이다.

대화에서 방해의 가장 흔한 원천은 다른 이야기가 된다. 즉, 겹쳐지는 발화인 것이다. 앤이 밥이 말하고 있는 동안 어떤 발화를 시작하려는 경우에, 그녀는 응당 다음 요인들을 고려해야 한다.

①	청지각 방해 (auditory interference)	A의 발화와 B의 발화가 서로간에 청지각상으로 불분명해질 수 있다.
②	주의력 갈등 (conflict of attention)	A와 B가 그들 자신의 발화를 결정하고 마련하며 제시하는 동안에, 서로간에 그들의 온전한 주의력을 제공할 수 없을 수 있다.
③	주의력 흩어짐 (distraction)	A와 B가 다른 사람의 발화에 의해서 주의력이 흐트러질 수 있고, 그들 자신의 제시 내용에서 실수를 저지를 수 있다.
④	주의력 바꿈 (shift of attention)	만일 두 제시내용 중 하나가 짤막하여 처리하기가 충분히 또는 아주 쉽다면, 여전히 A와 B가 각각 다른 사람의 발화에 자신의 주의력을 전환할 수 있다.

만일 오직 간단히 밥의 주의력을 얻는다면, 앤은 응당 겹쳐지는 발화를 제시할 수 있음을 결론 지어야 한다. 이것이 2차적(≒점검경로) 제시—머리 끄덕임·몸짓 시늉·"uh huh아하"(동감표현 감탄사)·발화 완결—를 허용해 줄 것 같지만, 일상적으로 1차적(≒실무경로) 입말 제시는 허용해 주지 않는다.

그러므로 일반적으로 화자들은 대화를 하는 동안에 '한 번에 하나의 1차적 입말 제시' 제약a one-primary-spoken-presentation-at-a-time limit을 준수한다. 이를 실행하기 위하여, 그들은 누가 언제 말할지를 관리할 필요가 있다. 그 결과는 발언기회 얻어내기라는 새로 부각되는 체계인데, 제11장에서 다시 다루게 될 것이다. 1차적 제시 발화에서 겹쳐지는 일을 피하기 위하여, 그들은 자신의 제시내용을 시작하기에 앞서서, 현재 화자의 제시내용에 대한 끝부분을 투영해 주려고 노력하며, 이를 실행하는 데에서 비범하리만큼 정확하다(Jefferson, 1973; Sacks, Schegloff and Jefferson, 1974). 대부분의 발언기회에 대하여, 현재의 화자는

(ㄱ) 이전의 화자와 겹쳐짐이 없이(no overlap with the previous speaker), 또는
(ㄴ) 오직 끝 한두 음절의 중첩으로(overlaps of only one or two syllables), 또는
(ㄷ) 아주 간략한 휴지를 이용하여(very brief pauses)

자신의 공식적 제시를 시작함으로써 자신의 발언기회를 차지한다(Beattie, 1983; Beattie and Barnard, 1979; Schegloff et al., 1977). 세 가지 모두 화자들 사이에서 매끄러운 전환으로 들리며, 휴지도 겹침도 없는 듯이 느껴진다. 반면에 화자들은 1차적 입말 제시와 겹쳐지는 "uh huh아하"와 같은 2차적(≒점검경로) 제시내용에 대해서 완벽히 만족스러워 한다. 따라서 겹쳐짐은 일반적이지만, 이는 대부분 1차 경로(≒실무경로) 제시에 깃들어 있는 2차 경로(≒점검경로) 제시가 된다.

1차적 제시에서 우연히 겹쳐짐은 다음 사례에서처럼 종종 문제로 간주된다(1.3.222).

Nancy	: I mean this whole system, of being invited somewhere for lunch, and then for dinner, {-} and overnight, {.} *and breakfast,*
Nigel	: *oh you st- { }* you { } you did stay
낸시	: 내 말은요 이런 전체 체제를 뜻하는데, 어딘가로 점심 초대를 받고, 그러고 저녁도 초대받고, {-} 그리고 밤새 내내, {.} *그리고 아침까지도요,*
나이즐	: *아 당신이 머- { }* 당신이 { } 당신이 실제로 거기 머물렀었군요

나이즐은 낸시의 발화가 "overnight밤새" 뒤에서 끝나도록 투영하였고, "oh you stayed아 당신이 실제로 머물렀었군요"를 제시하기 시작하였다. 일단 나이즐이 자신의 오류를 발견하였으므로, 그는 멈추고서 "oh아"를 생략하면서 방해 없이in the clear 자신의 1차적 제시

you { } you did stay
당신이 { } 당신이 실제로 거기 머물렀었군요

를 반복하였다. 두 사람이 동시에 발언기회를 개시하는 경우에도 화자들은 거의 동일한 기법을 이용한다.

따라서 화자들은 묵시적으로 얼마만큼이나 그들이 겹쳐져서 발언할 수 있는지, 그럼에도 불구하고 여전히 얼마만큼이나 주목하게 되고 확인하게 되며 이해되는지를 인식한다. 다음 도표에서는 발화 겹침에 대하여 최소한의 간섭으로부터 최대한의 간섭에 이르기까지 개략적으로 순서대로 나열해 놓았다.

① 겹쳐짐이 전혀 없다. A의 1차적(≒실무경로) 제시가 방해 없이 이뤄진다.
② A의 1차적(≒실무용) 제시가 B의 2차적(≒점검경로) 제시에 의해서 부분적으로 겹쳐진다.
③ A의 1차적 제시의 끝부분이 B의 1차적 제시로서 "well(그런데)"과 "in other words(달리 말하면)"와 같이 미리 앞질러 놓인 표현들과 겹쳐진다(Schegloff, 1987).
④ A의 1차적 제시가 부분적으로 또는 전체적으로 B의 1차적 제시에 의해서 겹쳐진다.

겹쳐지는 발화는 양쪽의 참여자가 말한 부분들이 현재의 목적을 위하여 충분히 제대로 주목을 받고 있는 한 응당 너그럽게 봐 줄 수 있다.

9-4-3 주의력을 얻어내기

행위 진전 사다리의 제1수준에서 앤과 밥은 반드시 각 제시에 대한 주의력 (재순환) 주기attention cycle를 통과해 나가야 한다. 이 주기는 모든 협동행위들의 '입장 → 본체 → 퇴장' 형식을 지닌다.

입장(entry)	A는 미리 반드시 B의 주의력을 얻어 내어야 한다.
본체(body)	A는 반드시 제시하는 동안 내내 B의 주의력을 붙들어야 한다.
퇴장(exit)	그 뒤에 A는 B의 주의력 끌기를 포기할 수 있다.

이런 주기cycle로 입장하기 위하여, 앤은 밥의 주의력을 얻어낼 필요가 있다. 그녀는 주의하도록 요구함으로써, 주의력을 붙잡음으로써, 또는 심지어 그로 하여금 주의하지 않을 수 없게 만듦으로써, 주의력을 얻어 낼 수 있다. 다음에 주의력을 얻는 다섯 가지의 일

반적 기법이 제시되어 있다.

(1) 호명함(summon이름 부름)

앤은 최소 협동과제로서 밥과 다음 방식으로 '호명-응답' 주고받기를 개시할 수 있다 (Schegloff, 1968; Schegloff and Sacks, 1973).

앤 : Bob?
　　얘, 바비야?
밥 : Yes?
　　응, 왜 부르는 거야?

"Bob바비야!"이라는 호명과 더불어, 그녀는 주목하여 주기를 바라는 사람으로 밥(Robert의 애칭)을 지정하고, 상승억양과 함께 밥에게 응답하도록 요구한다. 이런 방식으로 그녀는 그의 주의력을 요청한다. 밥은 "yes응"라고 대답하면서 그녀의 호명을 받아들이고, 상승억양과 함께 대화 주도권을 도로 그녀에게 돌려 준다. "Bob바비야!"와 같은 호명은, 눈길 주기가 비효율적인 경우에 유용하게 쓰인다. 저자가 집안으로 들어가면서 큰 소리로 "Sam쌤 있니"을 불러, 그가 집에 있다면 저자의 호명에 주목하도록 요구하였다. 대형 강의에서 저자는 학생들 중에 한 명에게 "Mr. Kaplan캐플런 군!" 하고 호명하여 특히 그의 주의를 요구할 수 있다. 호명은 또한 전화 벨 소리·대문 종 소리·호루라기 형식을 취할 수도 있다.

(2) 발언기회 재시작(turn restarts)

앤이 밥에게 말을 하기 시작하는 경우에, 일반적으로 그녀는 그가 응답으로 눈길을 주고 있는지 여부를 알아보기 위해 점검할 것이다. 만일 그가 눈길을 주지 않는다면, 그녀는 반드시 그가 주목함을 확보해 내어야 한다. 구드윈(Goodwin, 1981)에서 논의하였듯이, 그런 일을 실행하는 한 가지 기법은, 다음 사례에 제시된 것처럼 발언기회 재시작이다.

참여자	1차 경로(≒실무경로)	2차 경로(≒점검경로)
Lee 리		Can you bring(0.2초) 당신 가져올(0.2초 휴지)
Ray 뢰이		*[화자 쪽으로 머리를 돌리기 시작함]*
Lee 리	*Can* you bring me here that nylon 그 나일론 제품을 여기 내게 가져올 수 있어요	

리[Lee]는 "Can you bring[당신 가져올 수 있]"으로 시작하지만, 단지 뢰이의 주의력을 요구하기 위한 것이다. 일단 뢰이가 응답으로 눈길을 주게 되면, 리는 자신의 제시내용을 다시 시작하여, 확실히 뢰이가 처음에서부터 그 내용을 듣게 해 준다. 구드윈[Goodwin]의 녹화 테잎을 보면, 정확히 뢰이가 그의 머리를 돌리기 시작함에 따라 리의 재시작이 일어남을 볼 수 있다. 리의 최초 발화 도막은 뢰이의 주의력을 요청하는 자연스런 방식이다. 그럼에도 실제로 주목하고 있음을 신호 보내어 주는 일은 뢰이에게 달려 있다. 주의력 요청 및 반응 두 신호가 모두 2차 경로(≒점검경로)에 있는 것이다.

(3) 발언기회 도중에 발화 지연(mid-turn delays)

앤은 또한 제시 도중에 발화를 지연함으로써 밥이 주목하도록 요구할 수도 있다. 다음 구드윈[Goodwin]의 녹화 테잎으로부터 나온 사례에서와 같다(Goodwin, 1981 : 76).

참여자	1차 경로(≒실무경로)	2차 경로(≒점검경로)
Barbara		uh(어)
Barbara	my kids(내 꼬마들은)	*(0.8초 휴지)*
Ethel		*[머리를 화자 쪽으로 돌리기 시작함]*
Barbara	had all these blankets, and quilts and sleeping bags (이런 담요·이불·슬리핑백을 다 가졌어요)	

바버뤄[Barbara](여성)는 자신의 제시를 시작하지만 그 뒤 휴지를 둔다. 모두 에썰[Ethel](여성)의 주의력을 요구하기 위한 것이다. 0.8초의 휴지 뒤 시작할 즈음에, 에썰은 그녀의 머리를 바버뤄 쪽으로 돌리기 시작하였고, 돌리는 일이 끝날 즈음에 그녀는 바버뤄를 눈으로 응시하고 있다. 리[Lee]와는 달리, 바버뤄는 자신의 제시내용을 다시 시작하지 않는다. 화자들은 자신의 청자들에게 아직 눈길을 주지 않은 경우에, 발언기회 도중에 '발화 지연'을 선택하는 경향이 있다. 그러나 화자들이 청자한테 그들이 눈길을 준 경우에는 발언기회가 다시 시작된다(Goodwin, 1981).

(4) 재순환된 발언기회 시작부분(recycled turn beginning)

화자들은 또한 이전의 화자가 자신의 제시를 완결짓기 이전에, 다른 참여자들의 주의를 요구할 수 있다. 이를 실행하기 위하여, 다음 예시에서와 같이 그들에게는 특별한 기법이 필요하다(Schegloff, 1987 : 80~81).

A : Yeah my mother asked me. I says I dunno. I haven't heard from her. I didn't know what days you had *classes or anything.*

B : *Yeah an I didn't know* I didn't know when you were home or – I was gonna.

갑 : 맞아 우리 엄마가 내게 물었어. 난 모르겠다고 했지. 그녀로부터 아무 말도 듣지 못했거든. 난 네가 어느 요일에 *강의나 어떤 게* 있는지 알지 못했어.

을 : *맞아 허고 나도 몰랐지* 난 네가 언제 집에 있었는지 알지 못했어 아니면 – 내가 ~할 예정이었거든.

쉬글롭이 논의하였듯이, 심지어 B가 A의 발언기회 끝을 투영하더라도, 그는 다음에 말할 권리를 주장하기 위하여 더 일찍 자신의 제시내용을 시작한다. B는 자신이 온전히 주목할 수 없는 상태임을 깨달았으므로('한 번에 하나의 1차적 입말 제시' 제약에 해당함), 방해 없이[in the clear] 그것을 제시하기 위하여 자신의 발언기회의 시작부분을 재순환시킨다. B는 자신의 온전한 재순환 주기를 시작하는 데 두드러지게 정확하다. 또는 재순환된 제시내용에서 그는 "yeah[맞아]"를 미약한 소리로 떨어뜨린다. 아마 그것이 주의력을 그리 요구하지 않기 때문이거나, 또는 정보를 거의 담고 있지 않기 때문이다. 따라서 재순환된 발언기회 시작부분과 더불어, 화자는 자신의 청자에게 주목하도록 요구하며, 여전히 자신의 전체 제시내용을 방해 없이 만들어 낸다.

(5) 전략적 간섭(strategic interruptions)

화자들은 또한 전략적 간섭과 함께, 다음과 같이 '한 번에 하나의 1차적 입말 제시' 제약을 활용할 수 있다(1.9.804).

Wendy : and as long as I'm in my own {-} little nit and nobody's telling me what to do

Ken : yes

Wendy : there doesn't really seem *anything*

Ken : *but how* long do you think it'll take them to finish?

웬디 : 그리고 내가 스스로 {-} 조금 멍청한 채로 있고 아무도 뭘 할지 내게 말해주지 않는 한

켄 : 그래

웬디 : 실제로 *아무런 것* 같지도 않은데

켄 : *허지만 얼마나* 그들이 끝마치는 데 오래 걸릴 것으로 너는 생각하는데?

마지막 행에서 켄은 웬디가 자기 발화를 끝마칠 수 있기 전에 "but how허지만 얼마나"로 표시해 놓은 1차적(≒실무경로) 제시내용을 개시한다. 그들 두 사람이 동시에 1차적 제시내용을 만들 수 없으므로, 반드시 한 사람은 양보해 주어야 하는데, 웬디가 양보하였다. 사실상 이것이 켄이 구사한 전략의 목표이다. 묵시적으로 켄은 다음처럼 추론한다.

> 그녀와 내가 동시에 1차적(≒실무경로) 제시내용을 만들 수 없다. 그러므로 그녀의 발언 도중에 나의 발언을 시작함으로써, 나는 그녀가 응당 그만두어야 함을 신호 보내고 있다. 지금 내가 말해야 하는 것이 그녀가 말해야 하는 것보다 더 중요하기 때문이다.

웬디는 반드시 그럴 필요는 없다 하더라도 그 제안에 따르게 된다.

9-4-4 주의력을 계속 붙들어 놓기

주의력(재순환) 주기attention cycle 속에 있는 두 번째 단계에서, 화자는 자신의 실천을 놓고 청자의 주의력을 계속 유지할 필요가 있다. 앤Ann은 반드시 자신의 제시 시간 동안에 내내 밥Bob의 주의력을 붙들고 있어야 한다. 그리고 밥은 지속적으로 주목하여 그녀를 안심시킬 필요가 있다. 그들이 이 일을 어떻게 실행해 낼까?

일단 앤이 밥의 주의력을 얻어내고서 제시하기를 시작하였다면, 보통 그녀는 자신이 끝마칠 때까지 그가 계속 주목할 것이라고 가정할 수 있다. 따라서 그녀가 그에게 자신의 진행 과정—즉 그녀가 발언을 계속해 나가는가, 아니면 끝까지 다 말하였는가—이 알려지도록 해 주는 것이 중요하다. 우리는 이미 그로 하여금 이를 깨닫도록 해 주는 세 가지 광범위한 전략을 살펴보았다.

(ㄱ) 멈추고 나서 지속해 나가기(stop-and-continue)
(ㄴ) 전념하면서 반복해 나가기(commit-and-repeat)
(ㄷ) 전념하면서 고쳐 나가기(commit-and-repair)

이들 세 가지 전략과 더불어, 그녀는 여전히 자신의 제시내용의 어떤 대목을 놓고, 작업을 하고 있으며, 지속해 나가려고 의도함을 신호 보내어 준다. 그리고 밥도 또한

(a) 상대방에 대한 반응으로 눈길을 계속 줌으로써,

(b) 공식적으로 자신의 제시내용을 개시하지 않음으로써,

(c) 그리고 자신의 주의력을 완결 짓는 어떤 행위를 수행함으로써

자신이 계속 주목하고 있음을 상대방에게 신호 보내어 준다.

이들 신호는 여전히 분명한 것이 아니다. 한 가지 문제는 제시내용의 끝부분을 투영하는 일이다. 더 앞에서 살펴본 사례에서, 나이즐[Nigel]은 낸시[Nancy]가 말하는 발화의 끝부분을 잘못 투영하고서 "oh you stayed[아 당신이 거기 머물렀었군요]"라고 그 자신의 제시내용을 말하면서 시작하였다. 나이즐은 자신의 발언을 멈춤으로써 경합하는 주의력 문제를 해결하였다. 다른 경우에는 (나중에 발언하는) 두 번째 화자가 자신의 새로운 제시내용을 포기하지 않는다. 만일 (먼저 발언해 온) 첫 번째 화자가 발언을 지속하려고 한다면, 청자의 주의력을 그대로 붙들어 놓기 위하여 반드시 긍정적인 행위를 취해야 한다. 다음에 있는 사례에서는, 전 영국수상 마그릿 대춰[Margaret Thatcher]가 텔레비전 대담 진행자인 데니스 투이[Dennis Tuohy]에 의해서 말을 다 끝내기도 전에 방해를 받는다(Beattie, 1983 : 137).

Thatcher: …there are comparatively few people they could be measured in thousands who wish to destroy the kind of society which you and I value destroy the free society
*Please, please this is the most
please this is the most
please this is*

Tuohy : *You were talking about striking ambulance workers
you were talking about ancillary workers in hospitals*

Thatcher: the most important point you have raised there are people in this country who are the great destroyers.

대춰 : … 비교적 소수의 사람들이 있는데, 그들을 천명 단위로 헤아릴 수 있겠죠 당신과 내가 가치 있게 여기는 종류의 사회인 자유로운 사회를 파괴하려고 하는 사람들요
*제발, 제발 이건 아주
제발 이건 아주
제발 이건*

투이 : *수상께서는 파업 중인 구급차 근로자들에 대해서 말씀하고 계셨군요
수상께선 병원에 있는 하청 근로자들에 대해서 말씀하고 계셨네요*

대처 : 당신에 제기해 놓은 아주 중요한 점인데요, 우리나라에 대단한 파괴자들이 있다는 겁니다.

투이는 대처 수상이 말하는 답변의 끝머리를 잘못 투영하였고, 그녀가 채 끝을 내기 전에 자신의 다음 질문을 개시하였다. 그러나 대처가 방해를 받았을 때, 그녀는 투이의 온전한 주의력을 다시 얻기 이전에, "please this is the most제발 이게 아주 중요한 점인데요"를 세 번씩이나 반복하였다. 사뭇 결연하게 투이는 자신의 발언기회를 포기하기 전에, 자신의 발화를 한 번 더 반복하였다. 두 사람이 모두 상대방과 그들의 대담을 지켜보는 시청자들이 두 건의 1차적(≒실무경로) 제시내용에 모두 온전히 주목할 수 없었음을 깨달았다. 그 두 사람이 각각 상대방 쪽에서 그 자신의 제시를 포기하고, 나 쪽으로 주목하도록 강요하기 위해서 말을 여러 번 반복하였다.

9-4-5 주의력 끌기를 그만 포기하고 다음으로 넘어가기

제시내용의 끝부분에서, 화자들은 청자의 주의를 이끌어 내는 일을 그만 포기할 수 있다. 그러나 기여내용의 제시 단계를 완결 짓는 일은 수용 단계를 위해 마련되는 것인데, 보통 수용 단계는 청자에 의해서 개시된다. 따라서 화자는 종종 청자한테다 자신의 주의를 돌려 기울여 줌으로써, 자신이 청자의 주의를 끌어내는 일을 그만두고 있음을 청자들이 알 수 있도록 해 준다.

한 가지 기법은 눈길 주기를 이용하는 것이다. 구드윈(Goodwin, 1981)에서의 눈길 주는 일에 대한 바람직한 조건을 상기하기 바란다(서로 눈길 주기 : 뒤친이).

> When speaker's gaze reaches a recipient, that recipient should be gazing at the speaker (76쪽)
> 화자의 눈길이 청자에게 이르면, 청자도 화자를 눈으로 응시해야 마땅하다.

앤이 밥에게 자신이 제시내용을 다 끝내었고, 밥한테 주목할 준비가 되었음을 보여 주려고 하는 경우에, 그녀는 자신의 눈길을 밥에게로 돌릴 수 있다. 이것이 사람들이 일반적으로 실행하는 바이다(Kendon, 1967). 다른 기법들은 발화의 끝머리에 적합한 억양을 이용하거나, 또는 일부러 '지속하려는 의도를 신호해 주기 위하여 다음 발화로 급히 내닫는 일'을 포기하고 그렇게 하지 않는 것이다. 이들 기법이 모두 다음 화자가 방해 없이 in the clear 자신의 제시를 실행할 수 있는 여지를 만들어 준다.

그렇다면 제시를 실행하고 그 실행에 주목하는 일도 지속적인 상호조율 형태를 취한다. 앤과 밥은 이러한 행위들로부터 그들의 입장·지속·퇴장을 상호조율할 필요가 있다. 그녀의 몫으로서 앤에게는 밥이 자신이 산출하고 있는 바에 주목하고 있다는, 유효하고 경제적이며 적시의 증거가 필요하다. 밥은 그녀에게 주목하면서 자신이 그렇게 하고 있다는 증거를 전해 줄 필요가 있다. 그들은 이런 상호조율을

(ㄱ) 눈길을 주고받음으로써

(ㄴ) 방해되지 않도록 간섭의 근원을 제대로 관리함으로써

(ㄷ) 상호조율이 잘못되는 경우에 고쳐놓기를 함으로써

관리해 나간다. 실행하기 및 주목하기의 수준에 있는 행위들도, 더 높은 수준의 이야기에 있는 행위들만큼 똑같이 협동행위가 되는 것이다.

§.9-5 점검하기 및 완결 짓기

임의의 발화는 언제 완결되는 것일까? 이는 해당 수준에 달려 있다. 우리는 발화 순간을 기준(개시시점$_0$)으로 하여, 대화를 상대적인 간격들로 나눠 놓을 수 있다. 다음 도표에서는 A에 의한 발언기회, 그리고 나서 B에 의한 발언기회, 다음 A에 의한 발언기회를 그려 준다. ㉠으로부터 ㉥까지 딱지를 붙여 놓은 여섯 개의 간격이 있다.

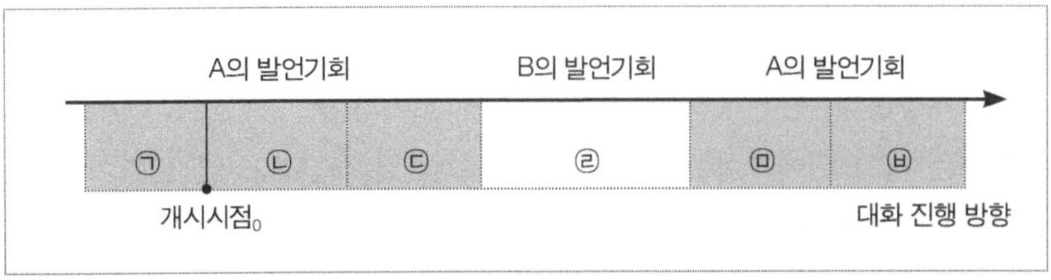

개시시점$_0$에서부터, 앤이 제시하는 동안에, 앤은 밥으로 하여금 자신의 실행에 주목하게 하고(수준 1, 실행 및 주목에 해당함), 자신의 제시내용을 확인하게 하며(수준 2, 제시 및 확인에 해당함), 자신이 의미하는 바를 이해하게 하고(수준 3, 신호 및 인식에 해당함), 자신이 제안한 협동과제를 받아들여 고려하게(수준 4, 제안 및 고려에 해당함) 하도록 노력한다. 이들 협동행위 각각에 대한 종결에 이르기 위하여, 그들 두 사람은 올바른 증거를 얻어낼 필

요가 있다. 이는 네 가지 수준에 대한 서로 다른 간격들에서 이용 가능해진다.

9-5-1 증거 이용 가능성

앤과 밥에게 종결할 필요가 있다는 증거는, 애초부터 스스로의 증거와 남으로부터 나온 증거로 나뉠 수 있다. 스스로의 증거는 스스로를 점검하는 일로부터 나온다(재귀적 인식 : 뒤친이). 앤은 말을 하면서 자신의 행위를 점검하고 있고, 밥은 받아들이면서 자신의 머릿속 상태를 점검하고 있다. 앤과 밥은 또한 남으로부터 나온 증거를 점검하는데, 이는 상호조율의 형식을 취한다. 밥은 반드시 앤이 남으로부터 나온 증거를 점검하고 있다고 믿는 그런 순간마다, 자신의 머릿속 상태에 대한 증거를 제시해 주어야 한다. 이를 깨달으면서 앤 또한 이들 시점에서 긴밀히 밥이 제시해 주는 증거를 점검해야 마땅하다.

제1수준인 실행하기 및 주목하기에서는, 스스로의 증거와 남으로부터 나온 증거가 둘 모두 지속적으로 이용 가능해지는 경향이 있다. 앞 그림의 간격 ㉡ 영역에서, 정확히 밥이 앤에게 주목함에 따라, 앤은 스스로 말하는 것을 듣고, 자신이 몸짓 시늉하는 것을 느낀다. 심지어 간격 ㉠ 영역에서도, 앤은 자신이 전달할 바에 대한 발화 이전 내용을 점검할 수 있다(Levelt, 1989; 자기점검 또는 재귀적 점검임 : 뒤친이). 남으로부터 나온 증거로서, 밥은 앤에게 눈길을 줌으로써 자신의 주의력을 보일 수 있고, 그녀가 그의 눈길을 되받아 응시하는데, 모두 간격 ㉡ 영역에서 일어난다. 따라서 제1수준 실행하기 및 주목하기에서는, 일반적으로 앤과 밥이 거의 즉각적인 협동 종결에 이르게 된다.

대조적으로 제2수준·제3수준·제4수준에서는 스스로의 증거와 남으로부터 나온 증거가 둘 모두 오직 주기적으로만 이용 가능해진다. 제2수준인 제시하기 및 확인하기에서는 스스로의 증거가 간격 ㉡ 영역에서 이용 가능하지만, 한 번에 오직 하나의 낱말이나 구절만 이용 가능하다. 밥은 단지 주요한 구절들 뒤에라야, (스스로 고치기를 하는 경우에는) 그녀의 모든 대치 뒤에라야, 앤의 제시를 확실히 알 수 있다. 앤은 밥이 고개를 끄덕거리거나 웃어 주거나 "uh huh아하"라고 동감표현을 하거나 아니면 다른 증거가 주어질 때까지는 그의 확인을 확실히 알 수 없다. 이것이 때로 간격 ㉡ 영역에서 일어나지만, 종종 간격 ㉢이나 간격 ㉣ 영역에서도 일어난다. 제3수준과 제4수준에서는 스스로의 증거가 간격 ㉡ 영역에서 앤이 더 큰 단위들인 구절이나 전체 문장을 완결지어야만 이용 가능해진다. 그러나 일반적으로 남으로부터 나온 증거는, 밥이 앤이 제안한 바를 받아들이는 경우에, 밥에게 간격 ㉢ 영역에 이를 때까지는 이용될 수 없거나, 또는 앤에게 간격 ㉣ 영역(밥의 발언기회)에 이를 때까지는 이용될 수 없다.

이들 논점을 다 모아 놓고 말하면, 스스로의 증거는 일반적으로 남으로부터 나온 증거 이전에 이용 가능하다. 그리고 행위 진전 사다리에서 그 수준이 더 높아지면 높아질수록, 둘 가운데 어떤 유형의 증거이든지 간에 더욱 더 늦게 이용될 수 있다. 일반적으로, 앤과 밥은 간격 ㉡ 영역에서 제1수준(실행 및 주목)의 협동 종결에 이르게 된다. 간격 ㉢이나 간격 ㉣ 영역에서 제2수준(제시 및 확인)의 협동 종결에 이르게 된다. 간격 ㉢이나 간격 ㉣ 영역에서 제3수준(신호 및 인식)의 협동 종결에 이르게 된다. 간격 ㉣에서 제4수준(제안 및 고려)의 협동 종결에 이르게 된다. 때때로 더 뒤에 있는 간격 ㉤이나 간격 ㉥에 이를 때까지는 협동 종결에 이르지 않는다. 다시 말하여, 그 수준이 더 높아지면 높아질수록, 종결이 더욱 더 늦어지는 것이다.

9-5-2 수정하기

제8장 1절 2항에서 살펴본 '기회 닿는 대로 편리하게 종결하기 원리[the principle of opportunistic closure]'에 따르면, 앤과 밥은 응당 첫 번째 기회에서, 즉 완결의 첫 번째 증거를 얻는 대로 임의의 행위가 완결된 것으로 간주해야 한다. 동일한 논리로서, 그들은 실패의 첫 번째 증거를 얻으면 응당 또한 고쳐 놓는 행위를 고려해야 한다. 이는 다음의 원리로 표현된다.

◁ **고쳐놓기 원리** (Principle of repair) ▷

When agents detect a problem serious enough to warrant a repair, they try to initiate and repair the problem at the first opportunity after detecting it.

행위 주체들이 응당 고쳐 놓아야 할 심각한 문제를 탐지하는 경우에는, 그 탐지 뒤에 맨 처음 기회를 얻는 대로 당장 그 문제를 고쳐 가도록 노력한다.

이 원리에 따라, 고쳐놓기는 될 수 있는 대로 곧장 개시되고 완결되어야 마땅하다. '얼마나 빨리'는 증거의 이용 가능성에 달려 있고, 고쳐놓기를 개시하고 시행하는 기회들에 달려 있다.

대부분의 고쳐놓기는 아마 청자에게 알려지지 않는다[invisible 비가시적이다]. 앤은 밥이 전혀 깨닫지도 못한 채, 자신의 행위에서 어떤 문제를 탐지하고 고쳐 놓을 수 있다. 마찬가지로 밥도 앤이 전혀 알지도 못한 채 자신의 수용에서 어떤 문제를 탐지하고 고쳐 놓을 수 있다. 탐지된 이들 문제는 사적(개인적)이며, 고쳐놓기 또한 그러하다. 비록 수정이

상대방에게 알려지지 않지만(≒몰래 이뤄지지만), 그것들은 '고쳐놓기 원리'와 연관되어 있다. 왜냐하면 그것들이 문제가 탐지되는 대로 곧장 개시되기 때문이다. 그렇지만 문제가 공식적으로 되는 경우라면, 언제나 그 문제가 [혼자 몰래 해결하는 문제가 아니라] 공동문제로 된다. 공식적인 문제들은 두 가지 이유로 말미암아 공동문제가 된다. 첫째, 흔히 대화에서 누가 그 문제들에 책임이 있는지 확인하기가 불가능하다. 이 점은 롸줘와 니너 사이에 있는 다음 주고받기에서 예시된다.

Roger : now, - um do you and your husband have a j- car
Nina : - have a car?
Roger : yeah
Nina : no -
롸 줘 : 시방, - 음 당신과 당신 부군이 즈- 자동차 한 대 갖고 있습니까?
니 너 : - 자동차를 한 대 가졌냐고요?
롸 줘 : 예 맞습니다
니 너 : 아뇨 -

"- have a car?자동차를 한 대 가졌냐고요?"와 "yeah예 맞습니다"로 고쳐진 문제에 대해서 누구에게 잘못이 있는가? 롸줘가 우물쭈물 발음한 데 대해 비난받아야 하는 것일까? 아니면, 충분히 귀 기울여 듣지 않았다고 니너가 비난받아야 하는 것일까? 흔히 그 문제의 근원이 결정될 수 없는 경우가 많다.[31]

둘째, 문제의 근원이 어떠하든지 아랑곳하지 않고, 공식적인 문제는 협동 해결책을 요구한다. 실제로 심지어 그들 중 한 사람만이 책임진 문제를 고쳐놓기 위해서라도, 니너와 롸줘는 협동하면서 행동해야 한다. 예를 들어, 롸줘는 "now시방" 뒤에 휴지 때문에 야기된 문제를, 군소리 "um음"을 집어넣으면서 고쳐 놓는데, 니너한테 자신이 여전히 다음 낱말을 마련하고 있음을 전달해 준다. 공식적으로 고쳐놓기public repair는 협동행위가 되

---

[31] 〈원저자 11〉 쉬글롭 외(Schegloff et al., 1977)에 따르면, 고쳐놓기는 ① 누가 그것들을 개시하는지, ② 누가 그것들을 만들어 주는지에 따라서 나뉠 수 있다. 전자는 스스로 개시된 고쳐놓기인지, 남이 개시한 고쳐놓기인지로 구분된다. 후자는 스스로 수정인지, 남의 수정인지로 구분된다. 이런 분류법이 작동되려면, 반드시 문제의 근원을 찾아낼 수 있어야 한다. 니너와 롸줘의 경우와 같은 고쳐놓기에 대해서는, 그 근원을 찾아내기가 불가능한 듯하다. 만일 우리가 그 문제의 근원을 롸줘에게 돌린다면, 고쳐놓기가 남에 의해 개시되고 스스로에 의해 수정된 것이다. 만일 니너에게 돌린다면, 고쳐놓기는 스스로에 의해 개시되고 남에 의해 수정된 것이다. 만일 이를 공동의 문제나 또는 결정될 수 없는 것으로 간주한다면, 그렇게 실행하는 것이 적합해 보인다. 이때 쉬글롭 외(1977)에서 제시된 분류 용어들은 이 경우에 전혀 적용되지 않는다.

는 것이다(Clark, 1994).

공식적으로 고쳐놓기는 협동 종결 과정에 대해 본질적으로 중요한 부분이다. 제7장과 제8장과 제9장에서 논의되었듯이, 그것들이 특징적으로 제1수준과 제2수준과 제3수준과 제4수준에 대하여 서로 다른 간격(앞의 도표에서 6개 간격이 있었음)으로 일어난다.

수준 \ 간격	㉠	㉡	㉢	㉣	㉤	㉥
제4 수준(제안・고려)				[⇒	⇒	⇒]
제3 수준(신호・인식)		[⇒	⇒	⇒]		
제2 수준(제시・확인)		[⇒	⇒]			
제1 수준(실행・주목)	[⇒	⇒]				

이것들과 같은 고쳐놓기는 단순히 네 가지 수준 각각에서 앤과 밥이 실행하는 협동행위들의 일부가 된다. 고쳐놓기의 이용 가능성이 없이는, 협동 종결에 이르는 일이 불가능하다.

요약하면, 대화를 하면서 사람들은 자신의 행위들을 놓고서, 종결에 이르려고 노력하는 데에 기회를 잡을 수 있다. 그들은 될 수 있는 대로 신속히 그리고 효율적으로 문제점을 고쳐 놓으려고 한다. 그렇지만 이를 실행하는 일이 쉽지만은 않다. 이는 행위의 모든 수준들에서, 즉 실행 및 주목 수준으로부터 시작하여 위쪽 수준들로 계속 진행하면서, 참여자들 양쪽에 모두 스스로를 점검하고 자신의 상대방을 점검하도록 요구한다. 그리고 맨 처음 기회가 닿는 대로 고쳐놓기를 개시하고 만들어 가는 데에 만반의 준비를 갖춰 놓도록 요구한다.

§.9-6 결론

발화는 흔히 화자의 특권으로 간주되어 왔다. 즉, 화자가 자기 나름대로 발화를 마련하고 산출하는 결과물로 보는 것이다. 이 진리로부터 더 추가될 것은 아무것도 없다. 뭔가를 발화하는 일은 협동행위의 두 가지 수준을 포함한다. 제1수준에서 화자는 청자가 주목하도록 어떤 행위를 실행한다. 목소리로 말하는 일과 몸짓 시늉으로 표현하는 행위이다. 제2수준에서 화자는 청자가 확인하도록 신호들을 제시한다. 두 층위에서 모두 밀접한 상호조율이 없다면 의사소통이란 있을 수 없다.

화자와 청자는 이들 행위의 두 가지 수준에서 상호조율하기 위한 일련의 전략들을 갖고 있다. 2차 경로(≒점검경로)에서 신호들을 활용하는 전략이다. 제1수준에서 주요한 논제는, 화자의 발성 내용과 몸짓 시늉에 청자가 주목하도록 주의력을 수립하고 유지하며 그만 두는 방법에 대한 것이다. 가장 유용한 신호들 가운데 하나는, 눈길을 줘서 응시하는 일이다. 제2수준에서 주요한 논제는 화자의 전달에서 중단을 처리하는 방법이다. 화자들은 전달에서 멈춤을 표시해 주고, 그 중단을 해명하기 위하여, 그리고 대체될 것을 나타내기 위하여, 특정한 신호들을 이용한다. 발화는 참으로 화자와 청자가 협동하여 수행하는 산출물인 것이다.

제 5 부

담 화

언어사용 밑바닥에 깔린 원리

Using Language

제10장 협동 전력이행

"친절 [명사] : 열 곱절의 착취에 대한 간략한 서문에 해당함."

―앰브러우즈 비어스(Ambrose Bierce), 『악마의 사전』

자발적 행위는 개인들이 기꺼이 하려고 해야만 하고, 그렇게 할 수 있는 것들이다. 그렇지만, 협동행위는 모든 참여자들의 전력이행commitment 성심껏 이행에 마음 쏟음 모습을 띤다. 저자는 길거리에서 지나가는 사람에게 그의 이름을 물어보고 싶고 물을 수 있지만, 그 사람이 내게 말해 주려고 하지 않을 수 있다. 저자가 그에게 시청을 찾아가는 방법을 물어 보고 싶고 물을 수 있지만, 그 사람은 저자에게 대답할 수 없을 가능성도 있다. 저자가 이들 협동과제를 제안하는 경우에, 저자는 스스로 대화에 전력하고 있지만am committing myself [1], 이것이 꼭 상대편 낯선 사람도 또한 스스로 전력할 것임을 의미하는 것은 아니다. 협동과제들이 공동목적을 요구한다는 점을 상기하기 바란다. 이는 다음 네 가지 조건을 지닌다(제7장 참조).

A와 B가 그들 스스로 공동목적 *r*에 전력하기 위해서는(commit themselves to)

① 확인하기(identification)	A와 B가 공동목적 *r*을 찾아내야(확인해야) 한다.
② 실행 능력(ability)	A와 B가 *r*을 이행하는 데 자기 몫을 실행할 수 있어야 한다.
③ 자발성(willingness)	A와 B가 *r*을 이행하는 데 기꺼이 자신의 몫을 실행해야만 한다.
④ 상호간의 믿음(mutual belief)	A와 B는 각자 ①~④가 그들의 공통기반의 일부임을 믿어야 한다.

---

[1] 제5장의 첫 부분에 있는 각주 1을 참고하기 바란다. 라틴어 어원 'with+put/send'로 이뤄진 commit는 기본의미가 entrust(보호/양육하에 맡기다, 위탁하다)와 joint(참여하다)이다. 여기서 쓰인 명사 commitment(전력이행, 이행전념, 성심껏 이행하는 데 마음을 쏟다)는 공식적으로 대화 진행을 위한 협동과제를 실수 없이 이행하고자 온 힘을 쏟는 일을 가리킨다. 또한 재귀 목적어 구문으로서

speaker commit oneself to doing something(화자 스스로 뭔가를 실천하겠다고 참되게 몰두하다)
speaker commit oneself to something(화자 스스로 단단히 뭔가를 다짐하다, 뭔가에 끼어들어 골몰하다)

가 있다. 여기서 쓰인 I am committing myself는 '스스로 대화를 진행하는 협동행위에 전력하고 있다'는 뜻을 담고 있다. 이런 능동 형식 이외에도 'speaker is committed to'와 같이 수동 형식의 구문도 드물게 쓰인다. 이 말을 우리말로 옮기기가 어려운 까닭은, 내 자신이 전념하는 상태를 재귀적으로 또 다른 자아가 관찰하고, 그 내용을 언급해 주는 상위 차원의 것이기 때문이다. 순수한 우리말에서는 내 자신의 마음의 상태를 재귀적으로 언급하는 낱말이 따로 없는 듯하다. 자아를 없애는 불교의 용어에서도 알맞은 후보를 찾기가 어려운 듯하다. 철학에서 '개입'으로 번역한 것은 involvement(관여)나 engagement(참여)와 동일해져 버린다. 이는 사실에 대한 서술이 되므로, 마음의 상태를 표현하기에는 부적합하다.

협동과제를 제안하는 일과 그것을 놓고서 협동 전력이행을 수립하는 일은 전혀 별개의 일이다.

제10장에서는 상거래에 있는 '요청 및 응락'에서와 같이 협동 전력이행에 도달하는 일에 대하여 다룬다. 그런 전력이행에 도달하는 일은, 단지 그 기제를 올바르게 만들어 내는 데 머무르는 것만이 아니다. 무엇이 누구를 대상으로 언제 기대되는지를 수립하고 확정하는 일이다. 상품을 거래하는 일(≒대화에서 서로 말을 주고받는 일)은[2] 참여자들의 느낌·감정·정체성의 관리를 요구하는 사회적 과정이다. 이는 일부 사회생활의 가장 본질적intimate 내밀한 특징들에 의해서 형성된다.

§.10-1 공평성과 체면

협동작업 활동에 간여된 사람들은 조쥐 허어벗 미드(George Herbert Mead, 1934)에서[3] 사회적 대상social objects들로 부른 바를 만들어 내게 된다. 제2장에서 저자가 잡화 약국drugstore에서 샴푸를 한 병 샀을 때, 점원과 저자는 그것을 샴푸뿐만이 아니라 또한 소유권으로 파악하였다. 처음에는 약국의 소유였으나, 나중에는 내 소유가 되었다. 그 거래의 경로에서 우리는 또한 다른 사회적 대상들—즉 잡화 약국·돈의 가치·점원과 손님으로서의 우리 역할 등—을 당연시하였고, 우리의 협동행위들을 통하여 여전히 또다른 사회적 대상들—상품의 가격·판매·돈 거래 등—도 만들어 내었다. 일단 써얼(Searle, 1969)에서 관찰하였듯이, 20불 지폐는 지폐 위에 초록·빨강·검정 잉크로 인쇄된 직사각형 종잇조각에 불과하다. 이것이 그 지폐에 대한 공공연한 물리적 사실brute fact이다.[4] 그러나 또한 그 종잇조각은 통화제도 속에서 20불의 가치를 지닌다. 이것이 제도적 사실institutional fact이다.[5] 공공연한 물리적 대상은 사회적 제도의 가치로 말미암아 사회적 대상이 된다. 사회적 대상들은 사람들이 협동하여 그것들을 그런 대상이 되는 것으로 파악하는 바이다.[6] 그 이상 더도 덜도 아니다. 물리적 대상 및 사회적 대상이 모두 모든 협동작

[2] 저자는 대화 교환이 기본적으로 상품 거래와 동일한 원리를 따른다고 보므로, transferring goods(상품을 거래하는 일) 또는 transactional act(상거래 행위)를 이들의 상의어로 쓰고 있다. 우리말에서는 상품 거래(또는 상거래 행위)와 대화 주고받음(또는 정보전달 행위)을 따로 보는 것이 상례이므로, 불편하더라도 괄호 속에다 속뜻을 더 풀어 넣기로 한다. 저자는 §.10-2절에서 '상징적' 상거래라는 표현을 쓴다.

[3] 조쥐 허어벗 미드(George Herbert Mead, 1863~1931)는 미국의 철학자·심리학자·실용주의자로서 시카고 대학에서 가르쳤으며, 사회 심리학을 창시한 한 사람으로 평가된다. 사회가 굴러가는 기본원리로서 상징적 상호작용론을 폈고, 자아(self)를 개별적·주관적 자아 'I'와 사회적·객관적 자아 'me'로 구분하였다. 듀이와 고프먼에게도 영향을 준 것으로 알려졌다.

[4] brute(짐승 같은, 가감 없이 적나라한)는 비유적인 뜻으로 쓰였으므로, 여기서는 physical(물리적, 물질적)이란 말로 번역해 둔다.

업 활동에서 전제되고 만들어진다.

사회적 대상의 한 가지 유형은 사회적 상황social situation 그 자체이다. 이는 특정한 협동 작업 활동이 실행되는 조건들의 집합set 묶음이다. 사람들이 사회적 상황에 투입한 바와 그것으로부터 얻어내는 바를 서로 비교한다—즉 지각된 비용 및 이익을 서로 비교한다는 사실이 오랜 동안 주목받아 왔다. 많은 상황에서 사람들은 공평함equity 형평성을 목표로 삼는다. 잡화 약국 점원이 저자에게 샴푸를 주는 경우에, 그녀는 돈cost 비용이 생기게 되고 저자는 물건benefit 이익을 얻게 된다. 공평함(형평성)을 되살리기 위하여, 저자는 점원한테 돈을 줌으로써, 저자가 균형 잡힌 비용을 떠맡고 그녀가 균형 잡힌 이익을 얻게 된다.

서로에게 균형 잡힌 비용 및 이익이란 개념은, 한 무리의 영향력 있는 사회 이론의 토대 위에 놓여 있다. 이런 부류 가운데 두 가지 구성원이 상호호혜성reciprocity(Gouldner, 1960)과 사회적 교환이론social exchange theory(Homans, 1950, 1958)인데, 경험적 조사 연구로 잘 확립되어 왔다(Cialdini, 1993). 이 부류의 다른 구성원은 공평성 이론equity theory 형평성 이론이며, 일레인 월스떠Elaine Walster와 그녀의 동료들에 의해 서술되어 왔다(Walster, Berscheid and Walster, 1976; Walster, Walster and Berscheid, 1978). 저자가 상거래의 협동과제를 위한 토대로 이용하려는 것이 바로 이 '공평성 이론'이다.

10-1-1 공평성

공평성equity 이론의 기본가정은, 사회 상황에서 사람들이 자신의 소출 결과물—즉 얻어낸 이익에서 들어간 비용을 뺀 나머지—을 최대한 늘여 놓으려고 노력한다는 것이다. 그러

5 소쉬르(1972; 최승언 뒤침, 신장판, 2006), 『일반 언어학 강의』(민음사)에서는 가치가 임의의 대상 속에 내재된 가치가 있고, 외적으로 다른 대상과의 관계 속에서 나오는 가치가 있는데, 언어의 가치는 다른 대상과의 관계 속에서 나온다고 보았다. 소쉬르의 예는, 장기판에서 우연히 장기 알(가령 '졸')이 없어서 돌로 그 알을 대신하였을 때, 사람들은 그 돌을 '졸'로 간주하지, 결코 돌로 보는 일은 없다. 왜 그럴까? 임의의 대상은 외적 관계에 의해 규정되기 때문이다. 비록 돌을 임시 이용하였지만, 사람들은 그것을 다른 장기알과의 관계에서 가치를 부여하는 것이다. 촴스끼(Chomsky, 2000, 『언어와 정신 연구의 새 지평(*New Horizons in the Study of Language and Mind*)』, Cambridge Univ. Press, p. 21, p. 37, p. 127, p. 191)의 예는 지명이다. 한국동란 때에 '진주'라는 도시는 엄청나게 폭격을 당하여 모든 집과 도로가 완전히 파괴되었다. 그 뒤 많은 노력을 들여서 새롭게 진주를 건설하였다. 물리적 대상들로만 보면, 새로 건설된 진주는 집도 도로도 사람도 이전의 진주와 전혀 동일하지 않다. 그럼에도 불구하고, 세상에서는 여전히 그 새로운 물리적 대상을 '진주'라고 부른다. 왜 그럴까? '진주'라는 도시는 그 내적인 물리적 성질로 규정되는 것이 아니다. 오직 외적 관계에 의해서만 진주라는 도시가 규정되기 때문이다. 즉, 진주는 마산과 창원과 사천과 순천과의 외적 관계(도시들 간의 관계)에 의해 비로소 진주가 되는 것이다.

6 써얼(Searle, 2007), 『자유와 신경생물학(*Freedom and Neurobiology*)』(Columbia Univ. Press)에서 사회제도의 밑바닥에는 언어의 '상징체계'가 하부구조로 뒷받침하고 있음을 지적하였다. 즉, 사회적 실재를 구성하는 것은 집단 지향성(collective intentionality)이며, 이것이 협력 행위(coorperative behavior)와 의식적으로 공유된 태도(shared attitudes)로 존재하는데, 언어 속성을 이용하여 이것들에 대하여 기능 부여 및 구성 규칙을 확립해 주는 것이다. 즉, 사회적 상징체계는 언어의 상징체계를 확대 적용하여 나오는 것이다.

나 모든 사람이 욕망을 억제하지 않은 채 전적으로 이기적이었더라면, 그 결과는 사회적 혼란으로 되었을 것이며, 모든 사람들이 고통을 받았을 것이다. 따라서 사회 집단에서는 비용과 이익을 공평하게 배분해 놓기 위한 제도들을 발전시켰고, 이들 제도를 준수하지 않는 구성원들을 처벌하기 위한 제도도 발전시켜 왔다. 상품을 돈으로 교환하기 위한 시장 제도가 있고, 잘못을 저지르는 사람들이 자신의 범죄에 대해 처벌을 받는 사법justice 제도가 있으며, 고용 주체가 근로자들에게 노동에 대해 돈을 지급하는 고용 제도가 있다.

우리의 논의를 위하여, 공평성 이론의 핵심 요점이 있다. 사람들이 스스로 불공평한 상황에 놓임을 깨닫는 경우에 비통함을 느끼는데, 그 상황이 더 불공평하면 불공평할수록 비통함을 더욱 더 많이 느끼게 된다는 것이다. 이런 비통함을 제거하려고, 사람들은 공평함을 되살리려는 동기를 갖고 있다. 이는 광범위하게 제대로 문서화된 결과물들을 지닌다(≒많은 연구들이 축적되어 있음 : 뒤친이). 두 가지 불공평함의 1차 사례들을 살펴보기로 한다. 하나는 이익이 되는 행위로부터 귀결되어 나오는 것이고, 다른 하나는 손해가 되는 행위로부터 귀결되어 나오는 것이다. 그렇다면 공평함은 어떻게 되살려지는 것일까?

(1) 이익을 처리하는 일(dealing with benefits)

각각 A와 B로 표시된 앨런Allan과 바버롸Barbara가 공평한 상태에서 시작하지만, A가 행위 *k*를 실행함으로써 B한테 이득을 준다. A가 B에게 돈을 주거나 빌려준다. 또는 A가 B에게 정보를 주거나 또는 다른 어떤 호의를 베풀 수 있다. 이는 일반적으로 동등한 정도로 A에게 이득을 주기 위한 어떤 의무 아래에다 B를 집어넣는다(≒B도 또한 동등하게 빚을 갚아야 함 : 뒤친이). B가 응당 돈이나 재화goods 상품를 A에게 갚아야 하거나, 똑같이 가치 있는 정보 등을 A에게 주어야 한다. A가 공평함을 되돌릴/되갚을 수 있는 방식들을 살펴보기로 한다. ⓐ A는 B를 보답으로 뭔가 실행하도록(≒빚을 갚도록) 의무감 아래 붙들어 놓을 수 있다. 이는 사람들을 착취하는 일반적인 기법인데, 호의를 실행하도록 그들을 강제해 놓는 일이다. 만일 B가 결코 되갚을 수 없음을 A가 인식한다면, 그는 다른 것들을 실행할 수 있다. ⓑ 하여간 *k*가 대단치 않았다고 말함으로써, A가 행위 *k*의 가치를 과소평가할 수 있다. ⓒ 아니면, B보다 월등한 자신의 도덕적 또는 사회적 우위성을 보여 주기 위하여, B를 창피 주는 일을 할 수 있다.

A의 호의에 대한 반응으로 B가 실행하는 바는, 부분적으로 보답restoration을 위한 A의 기법(≒요구)에 의해 동기가 마련된다. 가장 간단한 반응은 저자가 샴푸에 대하여 점원에게 돈을 지불하는 경우에서처럼, 그 이익에 대하여 (재화나 노동으로) 보답하는 것이다. 따라서 B는 자신이 보답할 수 없는 선물gift보다는, 오히려 자신이 보답할 수 있는 선물

gift을 수용할 것 같다. 명백히 B는 이행 불가능한 의무를 지닌 채 남겨지는 것이 얼마나 불편한지, 그런 일이 (A에 의해서) B를 착취하거나 또는 창피를 줄 수 있도록 어떻게 이용될 수 있는지를 깨닫는다. 심지어 B가 자신이 보답할 수 없는 이익/혜택을 받는 경우에라도, 여러 가지 해결책들을 갖고 있다. (ㄱ) 그것이 A를 많이 희생시키지 않았다고 말하면서, B도 또한 A의 행위 *k*를 과소평가할 수 있다. (ㄴ) 아니면 혜택 주는 A의 행위 이전에, A와 B가 공평하지 않았고, 불공평함이 A로부터 기인되었음을 주장할 수도 있다.

(2) 비용을 처리하는 일(dealing with costs)

대신 이번에는 A와 B가 공평한 상태에서 시작하지만, A가 행위 *k*를 실행함으로써 B를 희생시키거나 해를 끼친다고 가정하기로 한다. A가 B의 발을 밟았거나, B의 돈을 빼앗거나, 아니면 B를 착취할 수 있다. 여기서 A는 여러 가지 방식으로 공평함을 회복할 수 있다. ⓐ A는 행위 *k*의 비용만큼 B에게 보상을 해 줄 수 있다. ⓑ 동등한 비용을 자신 위에 얹어 놓으면서, A가 스스로 자신을 벌 줄 수도 있다. ⓒ A는 자신이 행한 것이 사실상 공평하였다고 스스로 확신하면서, B의 고통을 최소화할 수 있다. ⓓ A는 B가 초래한 손해를 B가 받아 마땅하다고 말하면서 B를 비난하거나 권위를 손상시킬 수 있다. ⓔ A는 심지어 행위 *k*를 실행하였음을 부인할 수도 있다. ⓕ 마지막으로, A가 B에게 사과할 수 있다. 월스떠Walster와 그녀의 동료들이 주목하였듯이, 사과는 여러 가지 상이한 방식으로 공평함을 회복할 수 있다. (ㄱ) A를 깎아내리고 B를 칭찬하여 높여줌으로써 현실적 공평성을 회복할 수도 있다. (ㄴ) 이미 A가 얼마만큼 고통을 받았는지를 설명하고, 따라서 공평성이 이미 복구되었음을 설명할 수도 있다. (ㄷ) A의 행위가 정당했다고 B를 확신시키려는 변명을 시도할 수도 있다. (ㄹ) 아니면 공평성을 회복할 다른 길이 없으므로, A를 용서하도록 B를 확신시키려는 시도를 할 수도 있다. 간략히 말하여, 월스떠Walster와 그녀의 동료들은 "공평성을 회복하기 위하여 착취자들은 변명justification 합리화 기법이나 보상compensation 기법을 이용하는 경향이 있다."고 결론을 맺는다(1978, 35쪽).

손해를 입거나 착취를 당한 당사자로서 B도 또한 공평성을 회복하는 기법들을 갖고 있다. 희생자(=손해 입은 사람)들은 특히 불공평성을 올바르게 해 놓으려는 동기가 있다. (ㄱ) B는 보상을 요구할 수 있다. 비용cost과 일치하는 이익benefit인 것이다. (ㄴ) B가 A에게 비용을 되돌림으로써 보복할 수 있다. (ㄷ) 이들 두 가지를 어떤 것이든 실행할 수 없는 경우에, B는 다른 방식으로 불공평성을 합리화할 수 있다. 예를 들어, 불공평함의 희생자들은 때로 당연히 착취자가 얻은 혜택을 누릴 만했다고 스스로를 확신시키거나, 아니면 희생자들에게 가해진 손해를 마땅히 감수했어야 되었다고 스스로를 확신시킨다. (ㄹ) B는 또한 A의 행위를 평가 절하할 수 있다. 그 일이 실제로 드러나 보이는 것과는 달리 비용이 많이 들지 않았다고 여기는 것이다.

간단히 말하여, 공평성 이론의 주요 초점은 A와 B가 공평성을 유지하려고 노력하며, 경험적 증거들로 보면, 이를 실행하기 위하여 그들이 어떤 노력도 마다하지 말아야 할 것임을 보여 준다. A가 행위 *k*를 실행함으로써 B에게 불공평성을 야기하였다고 가정하기로 한다. 공평성을 회복하기 위해 그들이 지닌 기법은 세 가지 기본 유형으로 나뉜다.

① **보상**(compensation)

A와 B가 행위 *k*에 대한 비용 및 이익을 공평히 해 주기 위한 행동들을 실행할 수 있다.

② **재평가**(reevaluation)

A와 B가 행위 *k*에 대하여 지각된 가치를 변경할 수 있다.

③ **해당 상황을 다시 정의하기**(redefining the situation)

A와 B가 행위 *k*를 공평하게 만들기 위하여 해당 상황을 다시 정의할 수 있다.

10-1-2 체면

공평성 이론은 사람들이 불공평한 상황에서 느끼는 고통을 피하려고 노력한다는 가정에 기대어 있다. 그러나 왜 사람들이 고통을 느껴야 하는 것일까? 한 가지 대답은 '체면face'에 대한 민간개념을 놓고서 연구한 어빙 고프먼(Erving Goffman, 1967)에서의 분석에서 찾아질 수 있다.[7] 고프먼의 견해로는, 체면이란 긍정적인 이미지나 존중이며, 다른

---

[7] 고프먼(Goffman, 1922~1983)은 작은 사회학 또는 상호작용 사회학으로 불리는 개인들 사이에서 공적으로 맺어지는 관계를 분석한 뛰어난 사회학자이다. 안타깝게도 그의 저서 중에서 현재 두 권만 번역되었다. 김병서(1987), 『자아표현과 인상관리 : 연극적 사회분석론』(경문사); 김용환(1995), 『오점 : 장애의 사회심리학』(강원대 출판부)이다. 후자는 윤선길·정기현(2009), 『스티그마 : 장애의 세계와 사회적응』(한신대 출판부)으로도 나와 있다. 드루·우튼(Drew and Wootton, 1988) 엮음, 『어빙 고프먼 : 상호작용 질서 탐구(*Erving Goffman : Exploring the Interaction Order*)』(Polity Press)에서 작은 사회학에 대한 종합적인 검토가 깊이 있게 진행된 바 있다. 다음의 고프먼 저작물들은 지금도 많은 사람들이 읽는 압권이며, 특히 사회언어학과 담화 분석에서 고프먼의 저술들은 큰 영향력을 지닌다. 고프먼(1967), 『상호작용 의례 : 얼굴을 마주보는 행위에 대한 논문들(*Interactional Ritual : Essays on Face-to-Face Behavior*)』(Pantheon Books); 고프먼(1969), 『전략적 상호작용(*Strategic Interaction*)』(Univ. of Pennsylvania Press); 고프먼(1971), 『공적인 관계 : 공적 질서의 미시연구(*Relations in Public : Microstudies of the Public Order*)』(Harper Colophon Books); 고프먼(1974, 1986 재판), 『틀 분석 : 경험의 조직화에 대한 논문(*Frame Analysis : An Essay on Organization of Experience*)』(Northeastern Univ. Press); 고프먼(1981), 『이야기 형식(*Forms of Talk*)』(Univ. of Pennsylvania Press).

사람들과의 만남에서 택하는 행위의 노선으로 자신을 위해 주장하는 것이다. 사람들은 그런 만남에서 체면을 유지하거나 얻거나 잃기도 하지만, 체면상으로 어떤 변화도 우리에게서 여러가지 감정을 불러일으킨다. 앨런[Allan]이 바버뤄[Barbara]에게 말을 하고 있는 경우에, 체면을 유지하는 한 그는 확신과 자신감을 느낀다. 그러나 만일 체면을 잃어버리면, 부끄러움 당황스러움이나 원통함을 느낄 수 있다. 만일 그는 바버뤄가 자신을 비난할 것으로 생각했다면, 그녀에게 화가 남을 느낄 수 있다. 다른 사람들과 교제하면서 우리는 각자 어떤 자존심을 보여 준다. 자존심이 강화되거나 훼손될 때마다, 우리는 즉각 긍정적 감정 또는 부정적 감정으로 반응을 하며, 이들 감정은 우리가 관리하려고 노력하는 어떤 것이다.[8]

고프먼의 견해로는 체면은 사회적 대상이다[a social object]. 이는 그 소유자에 의해서뿐만 아니라, 또한 타인과의 만남에서 다른 사람들에 의해서도 결정된다. 즉 협동적으로 결정되는 것이다. 앨런과 바버뤄 사이의 만남에서, 앨런이 자존심을 내보일 것으로 기대되지만, 상대방인 바버뤄에 대해서도 이해심이 많을 것으로 기대된다. 동일한 내용이 바버뤄에게도 적용된다. 그들이 서로간의 감정과 그들의 감정에 대한 "감정내용 확인하기[emotional identification 감정적 정체성] 때문에, 이를 기꺼이 그리고 자발적으로 실행할 것으로 기대된다." (Goffman, 1967 : 11) 만일 그렇게 실행치 않았다면, 부끄러움 없이 행동하는 사람으로[9] 냉혹하고 몰인정하게 여겨졌을 것이다.

> 자존심 규칙 및 배려 규칙이 결합된 효과는, 타인과의 만남이 이어지는 동안에, 개인이 그 자신의 체면과 상대방 참여자의 체면을 모두 유지해 주고자 스스로 행동하는 경향이 있다. (Goffman, 1967 : 11)

이것이 곧 협동[cooperation] 형태를 취한다. 한 가지 결과는, 앨런과 바버뤄가 상호간에 그들이 각자 선택한 행위의 노선을 수용하는 경향이 있다는 점이다. 고프먼(Goffman, 1967 : 12)에서 논의하였듯이, "통상적으로 체면의 유지는 상호작용의 조건이며, 그 목적은 아니다"(§.10-1-3의

---

[8] 서구 사회에서는 감성과 이성을 불과 기름처럼 갈라놓고, 감성을 억눌러야 할 대상으로 치부해 왔다. 그러나 우리가 의사결정을 내릴 때에 언제나 마지막 단계에서 감성에 의해 영향을 받는다는 사실이 두뇌를 다루는 과학자들에 의해서 밝혀진 바 있다. 이성은 표면에 있지만 감성은 더 깊은 저층에 자리 잡고 우리의 모든 행위와 결정을 지배하고 있는 것이다. 더마지오(Damasio)의 3부작 중에 두권이 번역되어 있다. 더마지오(1994; 김린 뒤침, 1999), 『데카르트의 오류』(중앙문화사); 더마지오(2003; 임지원 뒤침, 2007), 『스피노자의 뇌 : 기쁨·슬픔·느낌의 뇌과학』(사이언스북스).

[9] 『논어』에서 공자의 애제자 안연(顏淵)은 '염치'야말로 인간과 동물을 나눠 주는 기본속성이라고 보았다. 몰염치한 사람은 짐승이나 진배없다.

각주 12 참고).

사회적 만남에서, 참여자들은 서로를 향하여 존경심으로 갖고 행위하도록 기대된다. 즉, 서로에 대한 서로의 존경심을 보여 주는 일이다. 고프먼에 따르면, 이것이 두 가지 큰 전략에 달려 있다. 처음 전략은 (상대방을 긍정적으로 칭찬하면서) '드러내 주기 의식presentation rituals'으로 불렀다. "이를 통하여 행위 주체가 수용자에 대한 그의 평가를 구체적으로 묘사해 준다."(Goffman, 1967 : 73) 예를 들어, 앨런은 바버뤄에게 인사·초대·찬사, 또는 다른 작은 서비스(봉사, 일)를 제공해 줄 수 있다. 두 번째 유형의 전략은 (상대방이 싫어할 듯한 것을) '회피하기 의식avoidance rituals'으로 불렀다. "금지·저지·금기의 형태를 취하며, 행위 주체를 일정 거리에 두고 그 상태를 유지(≒감추고 싶어하는 사적인 영역의 보호 : 뒤친이)하기 위한 상대방의 권리를 위배하면 안 된다. 따라서 이는 행위 주체가 반드시 삼가야 하는 행위를 함의한다."(Goffman, 1967 : 73) 앨런은 바버뤄의 일상적 활동들을 방해하거나 그녀의 사생활을 침해하는 일을 피하려고 노력할 것이다. 드러내 주기 의식은 참여자가 자존심self-worth에 대한 느낌을 유지하도록 계획된다. 회피하기 의식은 자율성autonomy 또는 자유 행동에 대한 느낌을 유지하도록 계획된다. '자존심' 및 '자율성'이라는 이들 개인 체면의 두 측면은, 때로 '긍정적 체면'과 '부정적 체면'으로 불려 왔다.[10]

그러므로 언어사용에서 사람들은 그들 자신 및 참여자(상대방)의 체면을 유지하도록 동기가 마련된다. 이것이 퍼넬러피 브롸운·스띠븐 레뷘슨(Penelope Brwon and Stephen Levinson, 1987)에서 공손성 분석을 위한 토대인 것이다.[11] 고프먼을 따르면서, 이들 저자는 화자 또는 청자에게서 어떤 화행이 자존심에 영향을 미치며, 다른 화행이 자율성에 영향을 미치는 경향이 있음을 지적하였다. 앨런이 바버뤄에게 말을 하고 있다고, 즉 A는 화자이며 B는 청자라고 가정하기로 한다.

(1) **청자 B의 자존심을 실추시키는 행위**(≒청자를 쪽팔리게 하는 행위 : 뒤친이)
화자 A가 자신의 행동으로 청자 B에 대한 반대 또는 불경스럼(얕봄)을 보여 줄 수 있다. 이것들은 비판·경멸·비웃음, 반대와 도전, 당황스런 주제 부각하기 등을 포함한다.

(2) **청자 B의 자율성을 낮춰 놓는 행위**(≒쓸데없이 남의 일에 간섭하는 행위 : 뒤친이)

---

[10] 쉽게 말하면, 상대방이 기분 좋아할 것으로 짐작되는 것을 드러내어 말해 주고, 상대방이 감추고 싶어할 바는 피하여 입에 올리지 않는 것이다. 고프먼은 '체면보호 : 체면위협(face-saving : face-threatening)'이라고도 불렀다.

[11] 또한 와츠 외(Watts, Ide, and Enlich, 1992), 『언어에 나타나는 공손성(*Politeneness in Language*)』(Mouton de Gruyter)도 참고하기 바라며, 공손성이 문화적으로 습득된다고 전제한다.

화자 A가 많은 방식으로 청자 B의 행동에 대한 자유를 줄여 버릴 수도 있다. 이것들은 화자 A가 청자 B로 하여금 뭔가를 실행하도록 하며 청자의 행동을 제약할 것이며, 요청·명령·제안·경고 등을 포함한다.

(3) 화자 A의 자존심을 실추시키는 행위

화자 A가 사과하거나 비판을 받아들이거나 거부된 행동들에 대한 책임을 인정하는 경우에서와 같이, 화자 A에 의한 행동이 어떤 것이든지, 화자 자신의 자존심을 실추시키는 일로 이끌어 갈 수 있다.

(4) 화자 A의 자율성을 낮춰 놓는 행위

화자 A가 약속을 하거나 고마움을 말하거나 제안이나 사과 또는 감사를 수용하는 경우에, 자신의 자율성을 축소하면서 화자 A는 그 자신의 미래 행동에 대한 경로를 제약하고 있다.

화자 A에 의해서 청자 B를 향한 특정한 행동은, 어떤 것이든지 A와 B 둘 모두의 체면에 영향을 미칠 수 있다.

체면에 대한 고프먼의 제안은 실제로 공평성 이론의 한 유형을 구성한다. 존경심을 보여 주고, 제대로운 처신을 유지하면서, 체면 손상을 처리하는 데에서 사람들이 취하는 단계들은, 저자가 공평성을 유지하고 회복하기 위하여 더 앞에서 개관한 전략들과 거의 동일하다. 사실상 고프먼은 이들 전략을 논의하면서 자주 '상호의존성·균형·상호호혜성·보상 노력'에 대하여 말하였다. 분명히 공평성과 체면은 친밀한 관계이다.

10-1-3 공평성 원리

모든 협동과제는 공평성 및 체면의 논제들을 제기한다. 그 논점이 다음 주고받기에서 예시될 수 있다(1.9.36).

Alan : Manzanilla?
Barbara : yes please, that'd be lovely
앨런 : (스페인 산 단맛 없고 돗수 높은 셰리 술) 맨저닐러는 어때요?
바버뤄 : 예 제발요, 맛이 사랑스러울 거예요.

여기서 앨런이 어떤 맨저닐러 셰뤼 술을 바버뤄에게 권하자, 그녀가 받아들인다. 앨런이 제안을 할 때, 그는 자신의 체면이 손상될 위험을 무릅썼다. 바버뤄가 셰뤼 술을 적합한 답례(=감사인사)도 없이 가져간다면 어떻게 될까? 그리고 바버뤄가 앨런의 제안을 받아들일 때, 그녀도 자신의 체면이 손상될 위험을 무릅썼다. 바버뤄가 앨런에게 그 호의에 대해 감사의 말로 되갚을 수 없다면 어떻게 될까? 약속·위협·요청·사과·단정, 이것들이 모두 참여자가 반드시 주목해야 하는 비용[costs] 및 이익[benefits]을 만들어 낸다.

이들 비용 및 이익의 많은 부분이 앨런과 바버뤄의 서로서로에 대한 전력이행으로부터 나온다. 단순한 전력이행도 정도 상으로 다양하게 달라짐에 유의하기 바란다. 『전쟁과 평화』를 읽는 일에 대한 앨런의 전력이행은, 그 책을 읽는 일에 대해 그가 실행한 바에 영향을 주면서, 강한 쪽으로부터 약한 쪽으로 펼쳐지는 범위를 지닐 수 있다.

① A commits himself to doing *k*.
A가 행동 *k*를 실행하려고 스스로 전력한다. (혼자 사적으로 다짐함)

② A commits himself *in front of* B to doing *k*.
A가 B 앞에서 행동 *k*를 실행하려고 스스로 전력한다. (남이 보는 앞에서 다짐함)

③ A commits himself *to* B to doing *k*.
A가 B에게, 행동 *k*를 실행하겠노라 맹세하고 스스로 전력한다. (남에게 실천을 맹세함)

④ A commits himself to B to *doing his part* of *k*, a joint action by A and B.
A가 B에게, A와 B에 의한 협동행위 *k*에 대한 각자의 몫을 실행하도록 전력한다. (둘 사이에 서로 다짐하여 실천키로 함)

앨런이 스스로 담배를 끊기로 다짐하였지만, 그 뒤 식언하였다고 가정하기로 한다. 만일 그의 다짐이 ①에서와 같이 혼자 사적인 것이었다면, 실망은 하였겠지만, 그의 금연 결심에 대하여 아무것도 알지 못할 바버뤄로부터 체면을 잃어 고통 받을 일은 전혀 없을 것이다. 만일 ②에서와 같이 바버뤄가 보는 앞에서 스스로 다짐을 했다면, 금연의 실패가 체면 손상으로 이끌어 간다. 즉, 자신이 자기 통제력이 없어서 금연하지 못하였음을 그녀가 알게 되어 부끄러웠을 것이다. 만일 ③에서와 같이 바버뤄에게 직접 맹세하였다면, 금연의 실패는 심지어 더 큰 체면 손상으로 이끌어 갈 것이다. 왜냐하면 스스로에게뿐만 아니라, 또한 바버뤄에게도 다짐한 실천에 실패하기 때문이다. ④에서와 같이 참여적 전심전력은 요구내용이 가장 많다. 만일 앨런과 바버뤄가 서로 상대방이 결심함에 따라 각자 금연을 하기로 약속하였다면, 앨런의 실패는 그의 목표뿐만 아니라 또한 그녀의 목표까지도 무너뜨릴 것이다. 약속을 먼저 저버린 앨런은, 바버뤄가 계속 흡연을 하는 일에 대해서 일부 책임이 있을 것이다. 여기서 금연의 실패는 마땅히 가장 큰 체면의 손상으로 이끌어 갈 것이다. 모든 협동과제joint project는 참여자의 전심전력 이행을 요구한다. 이것이 그들에게 공평성과 체면이 왜 그렇게 중요한지에 대한 이유가 되는 것이다.

사람들이 협동과제를 완결 짓는 데에 공평성을 어떻게 유지하는 것일까? 저자가 살펴보고 싶은 가정은 그들이 다음 원리를 따른다는 것이다.[12]

◁ **공평성 원리** (The equity Principle) ▷

In proposing a joint project, speakers are expected to presuppose a method for maintaining equity with their addressees.

협동과제를 제안하면서, 화자는 자신의 청자를 대상으로 하여 공평성을 유지하기 위한 방법을 전제할 것으로 기대된다.

앨런이 바버뤄에게 남 스페인 산 셰뤼주(황갈색 포도주)를 갖다 주는 경우에, 그는 그들이 공평한 결과에 이를 수 있고, 바버뤄가 거기에 이르도록 조율할 것임을 당연하게 여긴다. 실제로, 바버뤄는 "yes예!"라는 대답과 함께 앨런의 호의를 받아들이는 데만 머물지 않는다. 또한 그녀는 "If you like당신이 좋으시다면"이란 뜻으로 "Please좀 드시지요!"라고 말을 건네면서 응락함과 더불어 앨런의 자율성을 존중하여 따른다. 그리고 "that'd be lovely아주 좋겠네요"라는 칭찬과 더불어 앨런의 자존심self-worth을 존중하여 준다. 이런 몸짓 시늉들은 앨런이 지불한 비용에 대해 그녀가 받은 이익을 드러내 주는 부분적 보답으로 나타난다. 물론 모든 협동과제들이 공평성을 유지하기 위하여 마련되는 것은 아니다. 만일 바버뤄를 욕보이거나 깔보거나 무안하게 만들거나 또는 아부하고 싶어 한다면, 앨런은 의도적으로 공평성 원리를 위배할 것이다. 비록 공평성 원리가 공평한 협동과제 그리고 공평치 않은 협동과제에 모두 적용되지만, 저자는 공평성 원리들에 초점을 모을 것이다.

사람들은 언어를 사용하는 데에 공평성을 유지하고 회복하기 위하여 많은 수의 기법들을 갖고 있다. 이들 중 많은 기법이 브로운·레뷘슨(Brown and Levinson, 1978, 1987)에 정리가 잘 되어 있는데, 전 세계 언어에서 이것들이 보편적이거나 거의 보편적임을 논의한다. 그러나 이런 기법들이 정확히 어떻게 작동되는 것일까? 충분한 설명을 위하여, 이것들이 더 큰 사회적 상황 속에서 협동과제로 어떻게 일어나는지를 살펴보기로 한다.

---

[12] 〈원저자 1〉 "통상적으로 체면의 유지는 상호작용의 조건인 것이지, 그 목표는 아니다(Ordinarily, maintenance of face is a condition of interaction, not its objective)."라는 고프먼(Goffman, 1967 : 12) 진술과 비교해 보기 바란다.

§.10-2 상거래

앨런이 바버뤄에게 무슨 일인가 하도록 지시하고, 그녀가 따르는 경우에, 그들은 저자가 상징적 상거래transfer of symbolic goods로 부르게 될 협동과제를 완결 짓는다. 앨런의 지시는 범위가 두루 암시로부터 시작하여, 명령에까지 걸칠 수 있다. 바버뤄의 응락은 범위가 임시적인 것으로부터 시작하여, 강력한 전념 몰입에까지 걸칠 수 있다. 그 결과로서 '질문과 대답', '명령과 복종', '요청과 응락', '제안과 수용'이 될 수도 있고, 또는 좀더 확장된 연결체가 될 수도 있다. 이들 절차는 중요하다. 왜냐하면 그것들이 우리가 협동과제에서 주목한 모든 문제들에 초점을 모으도록 이끌어 가기 때문이다. 앨런이 단순히 지시를 발동하고 나서 바버뤄가 응락하는 것은 아니다. 그 두 사람은

① 공동목적을 합의하고(negotiate a joint purpose),

② 공평하게 그것을 이행하는 방식을 찾는다(find a way of fulfilling it equitably).

두 과정이 모두 앨런의 발화와 바버뤄의 반응에 대한 상호간의 의미파악mutual construal을 결정하는 데 도움을 준다.

대부분의 상거래는 불공평함을 만들어 낼 잠재력을 지닌다. 다른 것들이 똑같다면, 앨런이 바버뤄에게 일어서도록 요청하고, 그녀가 일어서는 경우에, 그들은 불공평함을 만들어 낸다(=일방적인 명령임 : 뒤친이). 그는 그녀를 일어서게 하려는 자신의 바람을 이행시켜서 이익을 얻었다. 그러나 그녀는 그렇지 않았더라면 실행하지 않았을(일어서지 않았을) 어떤 일을 실행함으로써 값/비용을 치렀다. 이들 비용 및 이익은 서로 이어져 있다. 앨런은 바버뤄에 대하여 비용을 치르게 하여 얻는 자신의 이익을 의도하였고, 그녀는 앨런에게 이익을 주려고 자신의 비용을 치르기로 의도하였다. 잠재적으로 앨런은 체면을 얻고, 바버뤄는 체면을 잃는다. 논제는 상거래를 완결 지으면서도 여전히 공평성을 유지하는 방법이다. 이는 사회적 상황에 달려 있다. 먼저 여러 가지 사회적 상황의 연속체 상에서 한쪽 끝점인 ① 닫힌 상황(정형화된 절차)을 살펴보기로 한다. 이어 차례로 ② 정규적인 절차, ③ 더 큰 목적, ④ 확대된 절차를 다뤄 나가기로 한다(≒후자로 갈수록 '열린 상황'이 됨 : 뒤친이).

10-2-1 정형화된 절차

다음과 같은 방식으로 서술하여 루드뷝 뷧건슈타인(Ludwig Wittgenstein, 1958 : 3) 『철학적 탐구』에서는 원시 언어primitive language 원초 언어를 마련하였다.

> 언어는 건축 십장 A와 일꾼 B 사이에서 일어나는 의사소통에 이바지한다는 뜻이다. A가 건축재료로 집을 짓고 있으며, 벽돌·기둥·지붕 석판·도리들이 있다. B는 재료들을 날라다 주어야 하는데, A가 요청하는 순서에 따라 이뤄져야 한다. 이런 목적을 위하여 그들은 '벽돌', '기둥', '지붕 석판', '도리'라는 낱말로 이뤄진 언어를 이용한다. A가 그것들을 큰 소리로 외쳐 부르면, B는 그러저런 소리 신호에 따라 날라 오도록 학습된 건축재료들을 날라 온다. 이를 완결된 '원시 언어'라고 보기로 한다.

A와 B는 저자가 '정형화된 절차routine procedure'로 부르게 될 바를 지닌 상거래를 성취한다. 거의 전적으로 사회적 상황에 의해 규범화되어 있는 절차이다. A가 단순히 큰 소리로 "Slab지붕 석판"이라고 부르면, B는 지붕 석판을 하나 날라 온다. 정형화된 절차가 어떻게 가능한 것일까?

A와 B의 사회적 상황은 단단히 제한되거나 정형화되거나, 또는 저자의 표현법으로 '닫혀 있다.' 건축 십장과 일꾼으로서의 역할에서, A는 B에게 건축재료를 날라 오도록 명령할 권한을 지니고, B는 복종할 의무를 지닌다. 비록 뷧건슈타인이 말하지는 않았으나, 그 상황은 공평성을 유지하는 방법을 전제로 한다. 예를 들어, A가 B에 일을 하면 품삯을 치러 준다고 계약을 맺었을 수도 있다. 더욱이 A는 다른 명령을 내릴 권위나 권한을 갖고 있다. 그리고 B의 역할에서 B는 건축재료를 날라다 줄 능력이 있고, 그의 작업에 물리적 걸림돌이 없다고 가정된다. 그 상황이 단단히 제약되어 있어서, 확정하도록 남겨진 그들의 공동목적에 대한 유일한 조건은 정체성identity이다. 이는 다음 두 부분으로 되어 있다.

> (ㄱ) A가 이제 B에게 건축재료를 날라다 주도록 명령하고 있다.
> (ㄴ) A는 네 가지 건축재료 중에서 어느 것을 B로 하여금 날라 오기를 바라는가?

그는 네 가지 건축재료 중에서 자신이 선택한 낱말로 (ㄴ)을 성취할 수 있다. 물론 이 모든 것이 A와 B 사이에서 공통기반의 일부가 된다.

닫힌 상황closed situations은 그들에게서 당연시되는 매개인자parameters와 값values에 의해서 정의된다.[13] 이 상황에서 A와 B는 네 가지 가능한 값(벽돌·기둥·지붕 석판·도리)을 지닌 하나의 매개인자(건축재료의 유형)가 있다는 점을 공통기반으로 여기며, A의 발화는 의도된 값을 구체화해 준다. 협동과제는 해당 매개인자의 값에 의해 구체화된 바를 B가 실행함으로써 완결된다. 그 결과가 고도로 정형화된 절차이며, 완결된 협동과제로서 표준적인 '행위-반응' 짝이 된다.

A : Slab
B : [bring a slab]
갑 : 지붕 석판!
을 : [지붕 석판을 하나 날라 온다]

다른 상황에서는 두 가지 이상의 매개인자가 들어 있는데, 각각 가능한 그 나름의 값을 지닌다. 그러나 그 결과도 여전히 정형화된 절차이다.

일상생활은 정형화된 절차를 지닌 닫힌 상황으로 가득 차 있다. 다음에 몇 가지 사례가 있다.

〈군대에서〉

어느 연병장에서 선임 하사가 '앞으로 가', '좌로 가', '쉬어', '열병 끝' 등의 구령을 지른다. 그가 거느리는 부대 병사들이 구령을 따를 것이다. 매개인자는 병사가 다음에 실행하게 될 바이며, 값은 작은 묶음의 어구들을 통하여 구체화된다. 어느 배의 선장이 선원들에게 '앞을 향해 전 속력으로', '최대한 뒤로', '우현 20도 각도로' 등의 명령을 내리는 일과 비교해 보기 바란다(≒후자가 훨씬 더 다양하고 융통성이 있음 : 뒤친이).

〈극장 매표소에서〉

고객이 극장의 매표소로 다가오는 경우에, 그들은 매표원이 매표 및 다른 자잘한 요청에 응대할 수 있음을 공통기반으로 여긴다. 구체화해 주어야 할 모든 것은 "어른 두 장하고, 어린이 한 장요!"에서와 같이 어떤 종류의 표가 몇 장인지에 대한 것이다.

---

[13] 매개인자는 흔히 끄고 켜는 스위치에 비교되고, 값은 켜거나 끈 상태가 된다.

〈외과 수술실에서〉

수술 도중에 외과 의사가 'Scalpel(해부칼!)', 'Sponge(거즈!)', 'Scissors(가위!)' 등 한 낱말로 된 명령을 발동할 수 있다. 보조원의 업무는 의사에게 올바른 도구를 건네주는 것이다. 매개인자는 원하는 도구이고, 그 값은 관사 없는 명사에 의해 구체화된다.

〈선술집에서〉

어떤 상황에서는 둘 이상의 매개인자가 제시된다. 따라서 화자들은 반드시 해당 매개인자는 물론, 그 값도 반드시 구체화해 주어야 한다. 선술집 종업원에게 고객들은 'Two gin and tonics(진토닉 두 잔)'와 같이 주문하고자 하는 술을 구체화해 주거나, 'The men's room?(화장실요?)'과 같이 다른 정보를 구체화해 줄 수 있는데, 모두 구 단위로 된 발화들이다.

이들 상황에서는 공평성이 당연시된다. 군대에서 병사의 권리와 의무는 제도적으로 확립되어 있다. 선임 하사는 병사들에게 뭔가를 실행하도록 명령할 권리를 갖고 있으며, 병사들은 복종할 의무를 지닌다. 허용된 명령permitted order 각각에 대하여, 선임 하사와 병사는 가령

Would you mind standing at ease?
자네 쉬어 자세로 서 있기를 꺼려하겠는가?

와 같이 완화기제를[14] 통해서 추가적으로 공평성을 처치할 필요까지는 없다. 명령 복종이 이미 당연시됨을 고려하기 때문이다. 동일한 내용이 매표원·선임 하사·선술집 종업원에 대해서도 적용된다.

다른 상황에서는 공평성이 제대로 정의되지만, 양도될 수 있는 상품의 범위가 더 크다. 다음과 같은 사례들이 있다.

〈교실에서〉

교사는 자신의 학생들에게 많은 것을 질문할 권리를 지니고 있다. 왜냐하면 그 상황이 고정되어 있으며, 정형화된 방식으로 그렇게 실행할 수 있기 때문이다. "Sit down, Alan(앨런 군,

[14] 무조건 강요나 강제적 명령을 내리는 것이 아니라, 청자 또는 수신자의 실천 의향이나 의도를 묻는 일이다. 여기서는 would you mind~(싫어하겠는가?)를 썼다.

자리에 앉아요)", "What is the capital of the Netherlands, Ned?(네드 군, 네덜란드 수도는 어디인가?)", "Class is dismissed(수업 끝)". 일반적으로 다른 별도의 합의가 필요치 않다.

〈음식점에서〉

종업원의 업무는 고객의 주문을 받는 것이므로, 고객들은 다음처럼 이를 간단히 실행할 수 있다. "A hamburger(햄버거 한 개요)". 종업원이 알아야 할 모든 것은 고객의 바람이나 기대이므로, 또한 다음과 같은 표현도 있다. "I want a hamburger(햄버거 하나요)." 또는 "I'll have a hamburger(햄버거 하나 줄래요)".

〈친구끼리〉

네드(Ned)가 줄리아(Julia)로 하여금 자신이 제곱근의 계산하는 걸 도와주도록 한다고 가정해 보자. 일단 그들이 그 상황을 정의하였다면, 네드가 간단히 다음처럼 요청할 수 있다. "Give me the square root of 7(7의 제곱근이 얼마인지 알려 줘)", 또는 "Now I need the square root of 7(지금 난 7의 제곱근을 알아야 해)", 심지어 "Seven(칠)"까지도 가능하다. 그리고 줄리아는 해당 제곱근을 그에게 알려 줄 것이다.

고정된/정형화된 상황에서는 참여자들이 자신의 역할·권리·의무 및 가능한 공동목적들을 알고 있다. 그들이 확정해야 할 모든 것은 해당 경우에 대한 '공동목적'인 것이다. 바로 그것을 그들이 정형화된 절차로 실행할 수 있다. 참여자 중 첫 번째 짝이 정형화된 절차를 흔히 구 발화phrasal utterance로[15] 개시하고, 두 번째 짝은 응락하여 그것을 완결 짓는다.

10-2-2 정규적인 절차

상황이 그리 닫혀 있지/고정되지 않은 경우에, 참여자들은 정형화된 절차에 의존할 수 없다. 저자가 친구 붜로우너Vernona에게

Do you know where Goldberg's Grocery is?

골드버그 식품가게가 어디 있는지 알고 있나요?

---

[15] 완벽한 문장을 이용하지 않는 첫 번째 이유는, 상대방과 서로 상황을 공유하고 있기 때문에, 잉여적이고 불필요한 정보를 언어로 표현하지 않는 것이다. 그렇지 않고 완벽한 문장을 발화하였다면, 아마 로봇과 말을 하는 것으로 오해받을 수 있다. 따라서 조각 발화 또는 구 발화는 이미 상대방이 인식한 공유상황을 화자인 내가 존중한다는 속뜻도 깃들 수 있다.

라고 묻고, 그녀가

> Yes, it's around the corner.
> 예, 그 모퉁이 근처에 있죠.

라고 대답하였다고 상정키로 한다. 그녀와 저자는 정형화된 절차 이상의 뭔가를 실행하였지만, 그럼에도 느닷없이 그것을 만들어 낸 것은 아니다. 이는 반쯤 정형적semi-routine인 것으로, 저자가 '정규적 절차regular procedure 일반적 절차'라고 부를 것이다. 많은 정규적 절차들이 순환적이지만, 완벽히 정형화되지 않은 상황으로부터 생겨나왔다.

임의의 협동행위와 같이, 상징적 상거래는 §.8-1에서 언급한 종결 원리the principle of closure에 따른다. 거래가 정형적이지 않은 경우에는, 완결에 잠재적으로 가능한 걸림돌들이 있다. 저자는 붜로우너Verona에게 골드버그 식품가게가 어디에 있는지 말해 주도록 바랄 수 있다. 그러나 그녀가 대답할 수 없거나, 원하지 않거나, 공평하지 않다고 깨닫거나, 또는 내가 그녀에게 대답하도록 하는 것을 인식하지 못할 수도 있다. 다시 말하여, 공동목적을 확정하는 데에서 '확인identity · 능력ability · 자발성willingness' 조건을 충족시킬 수 없을 경우도 있다(§.7-3-2 참고). 상거래를 성취하기 위하여, 그녀와 저자는 반드시 그런 걸림돌을 어떤 것이든 극복해 내어야 한다. 일반적인 유형은 다음 두 가지 과제로 이뤄져 있다.

> (1) A and B prepare for transfer of goods.
> A와 B가 상거래를 준비한다.
> (2) A and B make the transfer of the goods proper.
> A와 B가 관련 상거래를 적합하게 이행한다.

일반적으로 A와 B는 상거래에 대한 잠재적으로 가능한 걸림돌들을 처리하고 나서 관련된 상거래를 이행해 나간다.

따라서 많은 상거래가 '확대된 협동과제'로 완성된다. 확대된 협동과제는 세 가지 기본적인 방식으로 이뤄짐을 상기하기 바란다. 즉, §.7-4에서 언급된 대로 내부 삽입embedding · 사슬 이어주기chaining · 예비연결체pre-sequencing인 것이다. 세 가지 방식이 모두 확대된 상거래에서 활용된다. 다음에 새로 부각되어 나오는 네 가지 공통된 유형이 제시되어 있다.

◁ **유형 1 : 예비단계 + 요청** ▷

가장 단순한 형태의 일반적 유형으로, A와 B가 다음처럼 두 가지 최소한의 협동과제를 사슬로 실행하게 된다(Merritt, 1976 : 324).

Customer : Hi. Do you have uh size C flashlight batteries?
Server : Yes, sir.
Customer : I'll have four please.
Server : [turns to get]
고 객 : 안녕하세요. C 크기 건전지가 있습니까?
점 원 : 예, 그렇습니다.
고 객 : 네 개 사려고 해요.
점 원 : [물건을 가지려고 몸의 방향을 튼다]

첫 번째 인접쌍에서는 고객과 가게 점원 사이에서, 점원이 질문 받은 건전지를 갖고 있고, 고객이 점원보고 건전지를 팔아 주도록 하는 데 잠재적으로 가능한 걸림돌이 있다고 확정한다. 오직 예비적인 협동과제를 완결 지은 경우에라야, 그들은 적합하게 관련된 상거래로 진행하게 된다.

A와 B는 응당 자신들의 상거래를 완결 짓는 일에 대하여 편리한 대로 진행하면서, 같은 값이라면, 자신들의 노력을 최소화해야 한다. 따라서 고객이 "C 크기 건전지가 있습니까?"라고 질문하였을 때, 가게 점원은 고객의 다음 움직임을 예상함으로써, 그 과정을 제일 짧게 만들어 주고 있다. 이는 다음에 언급된 세 가지 유형을 위한 토대가 된다.

◁ **유형 2 : 예비단계 + 제안** ▷

고객이 예비적인 협동과제를 개시할 때, 또한 다음처럼 제안을 끌어낼 수도 있다(Merritt, 1976 : 324).

Customer : Do you have the pecan Danish today?
Server : Yes we do. Would you like one of those?
Customer : Yes, please.
Server : [turns to get]
고 객 : 오늘 데니시 피큰 페이스트리[빵]를[16] 파나요?

점　원　　: 예, 그렇습니다. 조금 시식해 보실래요?

고　객　　: 예, 그러죠.

점　원　　: [시식할 빵조각들이 담긴 접시를 집으려고 몸의 방향을 튼다]

질문 형식으로 된 처음 두 발언기회에서는, 고객과 점원 사이에서 그 점원이 질문 받은 빵을 갖고 있음이 확정된다. 그러나 두 번째 발언기회에서 점원은 고객이 그와 상거래를 하려는 것으로 예상하고서, 고객이 요청하기 전에 미리 데니시 피큰 페이스트리 빵을 시식해 보도록 제안한다("조금 시식해 보실래요?"). 사실상 그 점원은 고객의 첫 발언기회를 예비요청pre-request으로 의미를 파악하고서, 예상된 요청을 미리 페이스트리 빵 시식에 대한 제안으로 바꿔 말한다.

'예비단계+제안'은 고객에게 이롭다. 왜냐하면 세 번째 발언기회에서 고객이 동일한 상품(=피큰 페이스트리 빵)을 스스로 요청하기보다는, 오히려 두 번째 발언기회에서 점원이 그에게 먼저 빵 시식을 제안하도록 하려는 것이기 때문이다. 이는 공평성 원리로부터 나오는 것이다. 만일 여러분이 먼저 저자에게 책을 빌려 주마고 제안한다면, 저자가 직접 여러분에게 책을 빌려 달라고 요청하는 것보다 비용이 더 싸다. 여러분의 제안은 기꺼이 그렇게 할 수 있음을 보여 주므로, 난관 극복에 들어갈 비용이 전혀 없는 셈이다. 대신에 저자가 직접 여러분에게 책을 빌려 주도록 요청하는 경우에는, 저자는 여러분이 기꺼이 그렇게 할 수 있음을 전제하는 것이 아니므로(≒거절할 수도 있으므로 : 뒤친이), 추가 비용을 감당하는 것이다. "오늘 데니시 피큰 페이스트리 빵을 파나요?"와 같은 질문은, 고객으로부터 나온 잠재적으로 가능한 요청을, 점원으로부터 나온 빵 시식 제안으로 바꾸는 데에 유용하다.

◁ 유형 3 : 조건 + 요청 ▷

흔히 A는 다음과 같은 방식으로 자신이 또한 요청하고 있다고 파악되는 사건 연결을 개시한다. 이는 §.7-5-3에서 언급한 '청자의 선택에 맡긴 의미파악elective construal'이며, 그 사례는 다음과 같다(Clark, 1979).

Susan　　: Do you have a price on a fifth of Jim Beam?

16 종이처럼 얇은 밀가루 반죽을 여러 겹 붙여서 구워낸 빵을 페이스트리(pastry)라고 한다. 페이스트리 위에다 얇게 썬 견과류의 피큰을 덧얹어 놓은 것인데, 이를 화란 식이라는 수식어를 써서 '데니시 페이스트리'라고도 부른다.

Manager : Yes, I do. It's five dollars and fifty-nine cents.

쑤　즌　: 짐빔(=40도 위스키) 5분의 1잔 파나요?

주　인　: 예 그렇습니다. 5불 59전입니다.

여기서 주인은 쑤즌의 발화를 두 가지 목적으로 의도되었다고 보았다. 주인은 그 발화를 질문question 및 요청request으로 의미를 파악하였고, 각각에 대하여 "예 그렇습니다."와 "5불 59전입니다."라고 대답하였다. 그 사슬에서 주인이 실행하였을 법한 것을 어떤 것도 무시해 버리지 않았음에 주목하기 바란다. 주인은 단순히 (곧 예상되는) 쑤즌의 두 번째 발언 기회를 미리 차단해 놓은 것뿐이다. 이런 예비요청pre-request에 직면한 상인들 100명 중에서, 대략 40명이 오직 질문으로만 파악하고서, 실제로 "Yes예"라고 대답하였다. 사실상 그 주인은 쑤즌의 발화를 대략 다음과 같이 조건적 요청으로 의미파악하였다.

Do you have a price for Jim Beam, and, if you do, what is it?

짐빔을 파는지 궁금한데, 만일 판다면[=조건] 값이 얼마입니까?

그 조건이 쑤즌의 예비요청으로 표현되어 있고, 적합하게 관련된 요청 내용은 '청자의 선택에 맡긴 의미파악'이 된다(≒결국 100명 중에서 40명이 축자적인 질문으로만 간주했고, 60명은 질문 및 요청으로 파악하였기 때문에, 의미파악은 상대방 청자가 알아서 선택한다는 뜻임 : 뒤친이).

◁ 유형 4 : 관습적 형식 + 요청 ▷

많은 상황에서 다음 사례에서와 같이 A가 관습적 형식pro forma으로 간주될 예비요청을 하게 된다(Clark, 1979).

Susan　　: Can you tell me what time you close tonight?

Manager : Six o'clock.

쑤　즌　: 몇 시에 가게문을 닫는지 알려 주실래요?

주　인　: 여섯시입니다.

여기서 주인은 명백한 쑤즌의 질문을 축자적으로만 파악하고, 그 속뜻을 전혀 심각하게 받아들이지 않는다. 단지 쑤즌의 발화를 폐점시간 문의로 의미파악하고서 "여섯시입니다."라고만 대답한 것이다. 이런 예비요청을 받은 상인 30명 중에서, 폐점시간을 알려주기에 앞서서 그 질문에 대답을 달리 한 사람은 아무도 없었다(≒폐점시간 문의는 오직 축자적으로만 의미가 파악되었음 : 뒤친이). 이는 쑤즌이 던진 예비요청을 관습적 형식으로 되도록 의도하였는지, 그렇지 않았는지 여부와 무관하다. 중요한 것은, 주인이 그 질문을 관습적 형식으로 간주하고, 주인의 그런 의미파악을 도로 그녀가 받아들인 것이다.

이들 네 가지 유형은 또한 내부에 삽입된 협동과제를 포함할 수도 있다. 예를 들어 다음과 같이 유형 3의 '조건+요청'이 있는데, 추가적인 준비조건들을 처리하기 위한 부차적 연결체[side sequence]가 들어 있다(Merritt, 1976 : 325).

Customer : Do you have Marlboros?
Server : Yeah.
Server : Hard or soft pack?
Customer : Soft please.
Server : Okay. [turns to get]
고 객 : 말보로 있어요?
점 원 : 예.
점 원 : 담뱃갑이 딱딱한 겁니까, 물렁한 겁니까?
고 객 : 물렁한 거로 좀 주세요.
점 원 : 알았습니다. [담배를 집으려고 방향을 튼다]

점원은 고객의 개시발화를 두 가지 협동행위를 투영하는 것으로 간주한다. 정보 통보 및 담배 구매이다. 그는 두 가지 투영내용을 모두 명백히 해 놓는다. 내부에 삽입된 협동과제는("담뱃갑이 딱딱한 겁니까, 물렁한 겁니까?") 두 번째 것을 완결 짓기 위한 준비인 것이다. 다음에 있는 연결체도 비슷하지만, 유형 4의 '관습적 형식+요청'의 사례이다(Merritt, 1976 : 343).

Customer : Do you have Marlboros?
Server : Hard or soft pack?
Customer : Hard.
Server : [turns to get]

고 객 : 말보로 있수?

점 원 : 딱딱한 갑이오, 물렁한 갑이오?

고 객 : 딱딱한 거.

점 원 : [담배를 집으려고 방향을 튼다]

유형 1에서부터 유형 4까지는 동일한 연속체 위에 놓여 있다. A와 B의 전체적 노력은 유형 1에서 최대한이고, 유형 4에서 최소한이다. 반면에 B는 유형 1에서 A의 요청에 대하여 가장 미약한 가정을 하고, 유형 4에서 가장 강력한 가정을 한다. 유형 1에서 A와 B가 길고 온전한 과정을 피하여, 짧고 신속하게short-circuit 응답하기 위해서는, 반드시 A의 다음 단계가 어떻게 진행될지에 대하여 서로간에 분명해져야 한다. 이를 위하여 B는 반드시 A의 더 큰 목적을 추론해 낼 수 있어야만 한다.

10-2-3 더 큰 목적[17]

앨런이 바버뤄에게 새로운 논제를 말하기 시작할 때마다, 언제나 그들은 전반적인 협동작업 활동의 일부로서 앨런이 어떤 더 큰 목적을 지님을 당연하게 여긴다. 앨런은 단지 바버뤄가 어디에 사는지, 또는 몇 시인지를 알아내기 위하여, "Where do you live?어디에 살아요?"나 "What time is it?지금 몇 시지요?"라고 묻지 않았다. 그는 그녀에게 편지를 보내거나 버스에 타려고 하였기 때문에 그렇게 질문했던 것이다. 만일 그들이 유형 1이나 2보다는, 유형 3이나 4에서와 같이, 한 번이라도 자신들의 주고받는 말을 짧고 신속하게short-circuit 하려면, 그런 더 큰 목적에 호소할 필요가 있는 것이다.[18]

화자는 현재상황에서 자신의 발화로부터 추론되어 파악될 수 있는 더 큰 목적들을 의도한다. 이는 제7장에서 언급된 연구에 의해서 잘 예시된다. 거기서 쑤즌이란 부인이 샌

---

[17] larger purposes(더 큰 목적)를 우리말에서는 '저의(底意 : 밑바닥 의도)'라고 부른다. 상대방이 질문하는 저의를 파악하고 그 저의에 맞춰 대답해 주는 것이다. 이 책의 저자는 동심원으로 된 여러 개의 원으로 생각하여 이를 더 큰 목적이라고 표현하였다. 그러나 우리말에서는 겉에 드러난 피상적 의도 말고, 밑바닥에 잠복해 있거나 일부러 숨긴 원래의 의도로 표현하는 듯하다. 따라서 우리말 정서에 맞춘다면 더 밑바닥에 깔려 있는 목적이라고 할 법하다.

[18] 번역자는 호젓하고 좁은 진양호 산책길을 오가면서, 검성드뭇 마주치는 사람들과 인사를 주고받을 때 새삼 이런 사실을 깨닫는다. 나와 상대방이 서로 엇방향이어서 마주치는 경우에, 인사를 나누려면, 먼저 서로 눈을 마주쳐야 한다. 만일 상대가 고개 숙이고 걷고 있거나 일행과 부지런히 말을 나누고 있을 경우에는 거의 서로 인사가 없이 지나친다. 만일 서로 눈을 마주치면, 내가 먼저 '안녕하십니까' 또는 '반갑습니다'라고 하는데, 상대방이 내 인사를 예기치 않았다면, 반드시 "예" 대답하고 나서 자신의 인사말을 건넨다. 상대방도 인사를 건네고자 준비하고 있었다면 '예'란 대답이 나오지 않는다. 상대방과 같은 방향이거나 내가 상대방을 앞질러 갈 경우에는, 내 인기척으로 말미암아 앞에 가는 사람이 한 켠으로 비켜 서 준다. 이럴 때 나는 "예, 고맙습니다"라고 인사를 한다. '예'란 대답은 상대방의 행위를 '먼저 가시오!'라는 제안으로 내가 해석하기 때문에 나온 것이다.

프란시스코에 있는 150군데의 식당에 전화를 걸어서, 다음 세 가지 질문 중 한 가지를 주인에게 물어 보았다(Clark, 1979).

질문 1 : Do you accept American Express cards?
미국 익스프레스 카드를 받습니까?

질문 2 : Do you accept credit cards?
신용카드를 받습니까?

질문 3 : Do you accept any kinds of credit cards?
신용카드를 어떤 거든지 다 받습니까?

식당주인이 간단히 "예", "아니오"로 대답할 수 있었지만, 그런 답변이 그들의 접근법은 아니었다. 그들은 쑤즌의 더 큰 목적을 추론하는 데까지 진행해 나갔던 것이다. 주인들은 다음처럼 자문하였다.

이 여성분이 왜 식당에 전화를 걸어서 지금 우리가 미국 익스프레스 카드를 받는지, (또는 신용카드를 받는지, 또는 신용카드를 어떤 것이든 다 받는지) 물어 보는 걸까?

그들은 소략하게 다음처럼 일반적인 것으로부터 구체적인 것까지로 배열된 목적들의 위계를 추론할 수 있었다.

목적 1 : 그녀가 아마도 오늘밤에 우리 식당에서 식사할지 여부를 결정하고자 한다.
목적 2 : 그녀가 식사대금 지불방법을 결정하고자 한다.
목적 3 : 그녀가 신용카드로 지불할 수 있는지 여부를 알고자 한다.
목적 4 : 그녀가 우리 식당에서 받는 신용카드가 어떤 것이든 자신의 신용카드와 일치하는지 여부를 알고자 한다.

그녀의 질문에 따라서, 그들은 가장 구체적인 그녀의 목적이 다음 두 가지 중 하나였다고 추론할 수 있었다.

목적 5가 : 그녀가 우리 식당에서 미국 익스프레스 카드를 받는지 여부를 알고자 한다.
목적 5나 : 그녀가 우리 식당에서 신용카드를 어떤 것이든 받는지 여부를 알고자 한다.

식당주인들은 더 앞으로 진행해 나갈 수 있었다. 즉,

① 만일 그녀가 질문 1에서와 같이 '미국 익스프레스 카드'에 대하여 질문하였다면, 그녀가 분명히 미국 익스프레스 카드를 갖고 있고, 아마 다른 카드도 갖고 있을 것이다.

② 만일 질문 2에서와 같이 '신용카드'에 대하여 질문하였다면, 그녀가 아마도 주요한 신용카드를 모두 소유하고 있을 것이다. 그렇지 않았더라면 좀더 구체적으로 질문하였을 것이다.

③ 만일 그녀가 질문 3에서와 같이 '신용카드를 어떤 것이든 다'라고 질문하였다면, 아마 그녀가 여러 장의 신용카드를 갖고 있지만 모든 주요한 신용카드는 아닐 것이다. 그렇지 않았더라면 '신용카드의 종류'를 언급할 이유가 없다.

이들 추론으로 무장을 하고서, 식당주인들이 응당 쑤즌의 질문 몇 가지에 대하여 짧고 신속하게 대답해야 하는데, 실제로도 그렇게 대답하였다. 그녀의 질문에 대하여 '예'라고 답할 수 있었던 주인을 살펴보기로 한다. "미국 익스프레스 카드를 받습니까?"라고 질문을 받은 주인들은, 응당 쑤즌이 신용카드를 유일하게 한 장 갖고 있으며, 그걸 쓸 수 있는지 여부를 알아보고자 전화했다고 가정해야 한다. 식당주인들은 마치 그들이 유형 1의 '예비단계 + 요청'을 개시하고 있는 것처럼, 간단히

Yes, we do
예 받습니다.

라고 대답해야 하는데, 실제로도 그렇게 대답했다.

전화 질문	식당주인의 응답	백분율
Do you accept American Express cards? 미국 익스프레스 카드를 받습니까?	1. Yes, we do 예, 그렇습니다	100%

"신용카드를 받습니까?"라고 질문을 받은 식당주인들은, 그녀가 모든 주요한 카드를 소유하였다고 가정하였을 것이고, 유형 1(예비단계+요청)로서

Yes
예

라고 대답하였다. 그러나 그녀가 주요한 카드를 모두 소유하지 않을 수도 있으므로, 또한 받을 수 있는 신용카드에 대한 목록을 말해 줄 수도 있다. 이는 유형 3(조건+요청)으로서

Yes, we accept Mastercard and Visa
예, 우린 마스터카드와 비자카드를 받습니다.

라고 대답하는 것이다. 식당주인들이 실제로 대답한 바가 다음에 제시되어 있다.

전화 질문	식당주인의 응답	백분율
Do you accept credit cards? 신용카드를 받습니까?	1. Yes, we do 예, 그렇습니다	44%
	3. Yes, we accept Mastercard and Visa 예, 마스터카드와 비자카드를 받습니다	38%
	4. We accept Mastercard and Visa 우린 마스터카드와 비자카드를 받습니다	16%

그리고 "신용카드를 어떤 것이든 다 받습니까?"라는 질문을 받은 식당주인들은 (아마 그녀가 신용카드를 모두 소유하고 있지는 않았을 것이므로) 응당 그녀가 쓸 수 있는 신용카드들의 목록이 필요하다고 확신하였을 것이다. 따라서 유형 3(조건+요청)이나 유형 4(관습적 형식+요청)를 개시해야 마땅하다. 다음에 그들의 답변이 제시되어 있다.

전화 질문	식당주인의 응답	백분율
Do you accept any kinds of credit cards? 신용카드를 어떤 것이든지 다 받습니까?	1. Yes, we do 예, 그렇습니다	10%
	3. Yes, we accept Mastercard and Visa 예, 마스터카드와 비자카드를 받습니다	56%
	4. We accept Mastercard and Visa 우린 마스터카드와 비자카드를 받습니다	33%

식당주인에게 "Do you accept any other credit cards? **다른 신용카드도 어떤 것이든지 다 받습니까?**"라고 후속 질문을 던졌을 때, 거의 모두 유형 4(관습적 형식+요청)를 개시하면서

We accept Mastercard and Visa
우린 마스터카드와 비자카드를 받습니다.

라고 대답하였다. 식당주인들은 쑤즌의 더 큰 목적(≒질문의 저의)을 나름대로 추론한 결과에 따라, 유형 1(예비단계+요청)·유형 3(조건+요청)·유형 4(관습적 형식+요청)로 대답을 개시하였다.

식당주인들은 쑤즌의 질문에 대해 '예'라고 대답할 수 없었을 때에도 동일한 추론을 하였다. "미국 익스프레스 카드를 받습니까?"라고 질문을 받은 많은 식당주인들은, 유형 3(조건+요청)을 개시하여 다른 신용카드들에 대한 후속 질문을 예상하면서, 다음처럼 대답하였다.

No, but we accept Mastercard and Visa
아닙니다. 그렇지만 우린 마스터카드와 비자카드를 받습니다.

그리고 "신용카드를 받습니까?" 또는 "신용카드를 어떤 것이든 다 받습니까?"라는 질문을 받은 많은 식당주인들은, 목적의 위계상으로 더욱 높이 구체적인 쪽으로 올라가서 , 다음처럼 대답하였다.

No, we just take checks or cash
아닙니다, 우리는 수표나 현금만 받습니다.

두 명의 식당주인은 심지어 쑤즌의 가장 일반적인 목적을 다루기도 하였는데, 그 식당을 쑤즌이 단골로 이용하는 일이다. "신용카드를 받습니까?"라고 물었을 때에 두 명 중 한 사람은 다음처럼 대답하였다.

Uh, yes, we accept credit cards, but tonight we are closed.
어, 예, 우린 신용카드를 받습니다. 그렇지만 오늘밤은 영업하지 않습니다.

10-2-4 확대된 절차

여러 가지 열린 상황에서 새로 부각되어 나타나는 협동과제는 더 많이 확대되기까지

한다. 앨런과 바버뤄가 당연시할 수 없는 것이 너무 많이 있는 경우에, 그들은 반드시 자신들의 역할·권리·의무 사항을 확정함은 물론, 또한 어떻게 공평성이 유지될 것인지에 대한 수단도 확정해야 한다.

다시 한 번 논제는 공평성equity이 된다. 만일 앨런이 바버뤄로 하여금 그를 위해서 뭔가를 실행하도록 원하다면, 그들 두 사람은 반드시 그들 모두에게 공평할 수 있는 공동 목적을 합의해 내어야 한다. 앨런은 반드시 바버뤄로 하여금 자신을 위해서 실행하기를 바라는 바를 확정해야 할 뿐만 아니라, 또한 보답으로 그녀에게 해 줄 바도 확정해 놓아야 하는 것이다. 데일 셩크Dale Schunk와 저자가 찾아내었듯이, 더 복잡한 상거래는 일반적으로 다음 두 가지 부분으로 나뉜다.[19]

(1) B로부터 A가 상품을 취득함	(ㄱ) 해당 상품에 대한 A의 합당성/필요성 입증 (ㄴ) 해당 상품의 비용에 대한 A의 최소화 (ㄷ) 적정한 관련 상품에 대한 A의 요청
(2) B에게 상품에 대해 A가 보답함	(ㄱ) 장차 다른 상품으로 갚을 A의 의무사항 (ㄴ) B를 위한 다른 보답

만일 앨런이 바버뤄로부터 1백 불을 꾸려고 한다면, 그는 다음 방식으로 진행할 듯하다.

> Say, Barbara, I need $175 to pay the mechanic for fixing my car, and I have only $75 [a justification]. Could you lend me $100? [the request proper]. I'll pay you back in the morning [future obligation].
>
> 이봐, 바버뤄, 내가 차를 수리해 준 기술자에게 175불을 치러야 하는데, 내게 75불밖에 없어 [합당성/필요성 입증]. 백불만 꿔 줄 수 있을까? [적정한 관련 요청]. 내일 아침에 갚아 줄게 [장차 의무사항].

이와 같은 연결체에서는 응당 그래야 하듯이 거의 언제나 상품 취득이 보답 이전에 나온다. 만일 저자가 붜로우너Verona에게 어떤 요청을 하였다면, 그녀는 저자가 보답하여 갚아 줄 상품을 평가할 수 있기 전에, 그녀가 어떤 상품을 전달해 줄 것인지 알 필요가 있을 것이다.

만일 그런 상거래가 공평성에 지배된다면, 응당 기대된 유형들에 대한 공평한 기제를

[19] 셩크·클락(D. H. Schunk and H. H. Clark, 1984) 미간행 연구.

포함해야 마땅한데, 실제로도 그러하다. A는 해당 상황을 다음 조건들 중 한두 가지가 성립되는 것으로 정의해 주려고 노력해야 한다.

1. 합당성 입증 (앞의 (1-ㄱ))	B가 A를 위하여 그 행위를 실행하는 것이 합당하다. 가령, "I really need the money(내가 사실 그 돈이 필요해)", "I can't get to the bank(내가 은행까지 갈 수 없거든)", "You still owe me $5, don't you?(자네 내게 여태 5불 빚졌잖아, 안 그래?)"
2. 요청의 최소화 (앞의 (1-ㄴ))	B가 실행하려는 행위가 아주 비용이 많이 들어가는 것은 아니다. 따라서 "I'm not really asking for much(사실 내가 많은 걸 요구하는 건 아냐)", "It's not out of your way(그게 자네한테 불가능한 건 아니거든)", "You don't have to do it right away(자네가 당장 그렇게 해야 할 것까진 없어)"
3. 장차 의무사항 (앞의 (2-ㄱ))	A는 보답으로 뭔가를 실행하려고 의도하는데, 다음처럼 명백하게 언급된다. "I'll pay you back(곧 갚아 줄게)", "I'll remember this(이 일을 꼭 기억할게)", "I'll return the favor(은혜에 보답할게)"
4. B의 이익 극대화 (앞의 (2-ㄴ))	B는 그 행위를 실행하는 일로부터 다음에 표현되어 있듯이 혜택을 입게 될 것이다. "You'll enjoy it(자네도 좋아하게 될 거야)", "It'll do you good(자네한테 이익이 될 거야)"

이들 각각의 기제가 일반적으로 열린 상거래에서 일어난다.

어느 기제들이 필요한지는 해당 상황에 달려 있다. 거대한 요청은 몹시 B한테 많은 비용을 치르도록 위협한다. 사실상 이는 작은 요청들보다 더 많은 합당성 입증·요청 최소화· 장차 의무사항·보답으로 이끌어 간다(또한 Brown and Levinson, 1987을 보기 바람). 저자가 붜로우너[Verona]한테 시간 좀 내달라고 요구하는 일에는 합당성을 입증할 필요가 없겠지만, 돈을 빌리거나 자동차를 빌리기 위해서는 합당성을 입증해 줄 필요가 있을 것이다. 또한 친구들 사이에서 요청은 종류별로 보답되는 경향이 있다. 실제 상품에 대해서는 실제 상품으로 보답되고, 호의에 대해서는 호의로 보답된다. 저자는 보답으로 붜로우너에게 달랑 편지만을 보내지도 않을 것이며, 또는 편지를 보내는 일이 그녀에게 좋은 일이 될 것이라고 확신시켜 주려고도 하지 않을 것이다. 한 사람의 행위가 어떻게 합당성/필요성이 입증되고 보상될 수 있을지에 대해서는 강력한 사회적 제약들이 존재한다.

사람들이 협동작업 활동을 실행하는 사회적 상황은 매우 중요하다. 즉, 고정된 상황에서는 정형화된 절차들을 허용한다. 제약이 덜한 상황에서는 일반적(정규적) 절차를 허용한다. 심지어 제약이 더욱 없는 상황에서는 확대된 절차를 요구할 수도 있다. 열린 상황에서는 참여자들이 대단히 많은 선택권을 지닌다. 그들이 전개하는 절차는 의미를 파악해 나가는 해당 상황에 달려 있다. 특히 그들이 당연시 여기는 더 큰 목적(≒더 심층에 깔려 있는 저의 : 뒤친이)과 그들이 유지할 필요가 있는 공평성에 달려 있다.

§.10-3 상황에 얼개를 부여해 놓기

상거래를 제안하는 데에서 흔히 화자는 협동과제가 실행될 상황의 얼개를 부여해 준다. 저자가 붜로우너에게 "골드버그 식품가게가 어디에 있는지 알고 있어요?"라고 물었을 때, 저자는 다음 두 가지 중요한 구성성분을 지닌 축소판 사회적 상황을 얼개로 만들어 놓았다.

(ㄱ) 저자는 그녀가 골드버그 식품가게 위치를 알고 있는지 여부를 잘 알 수 없었다.

(ㄴ) 저자는 골드버그 식품가게의 위치를 알고자 하였다.

구성성분 (ㄴ)은 요청을 위해 저자가 사용할 법한 어떤 절차에도 속할 수 있지만, 구성성분 (ㄱ)과 함께 선택권을 지녔다. 저자는 상황의 얼개를, 그녀가 내게 말해 주는 일이 허용되지 않도록 하거나, 또는 그녀가 골드버그 식품가게를 전혀 들어 보지 못하였거나 아주 바빴거나 하는 상황으로 부여해 놓거나, 아니면 다른 많은 상황으로 부여해 놓을 수 있었다. 일반적(정규적) 절차를 개시하는 사람들은, 얼개를 부여할 상황에 대한 선택권을 갖고 있으며, 예비요청pre-request에 대한 자신들의 선택으로 권리를 행사한다.

10-3-1 예비요청의 유형

상거래를 위해서 누구나 다 합의할 수 있는 공동목적a joint purpose을 합의해 내는 일에는 잠재적인 걸림돌이 많이 있다. 이들 걸림돌은 어떤 공동목적이든지 간에, 공동목적에 대한 네 가지 요구사항으로부터 도출되어 나온다(§.7-3-2). 확인하기identification·능력ability·자발성willingness·상호간의 믿음mutual belief이지만, 상거래에서는 특정한 형태를 취한다.[20]

---

[20] 〈원저자 3〉 이들 조건을 비교해 보도록 요청한다면, 오스뜬(Austin, 1962)와 써얼(Searle, 1969)의 적절성 조건(felicity condition) 및 바크·하니슈(Bach and Harnish, 1979)의 성공 조건(success conditions)과 관련된다. 그렇지만 여러 방식에서 그런 조건들을 넘어 선다. 핵심은 어떤 공동목적이든지 간에 이들 조건이 일반적인 요구사항들로부터 도출되어 나온다는 점이다.

〈역자주〉 앞의 선업들과는 달리, 클락은 참여자들 쌍방이 공동목적에 합의하고 협동과제를 실천해 나가는 쌍무조건을 크게 부각시키고 있다.

(1) 확인하기		B가 A를 위해서 *k*를 할 것이다.
(2) 능력	(ㄱ) B의 장차/미래 행위 (ㄴ) B의 물리적 가능성 (ㄷ) B의 능력	*k*는 A를 위한 B의 장차/미래 행위이다. B가 A를 위해서 *k*를 행하는 것이 물리적(신체적)으로 가능하다. B가 A를 위하여 *k*를 행할 능력이 있다.
(3) 자발성	(ㄱ) A의 바람 (ㄴ) B의 의도/의향 (ㄷ) A와 B의 공평성	A는 자신을 위하여 B가 *k*를 행하기를 바란다. B가 A를 위하여 *k*를 행하고자 한다. A와 B는 B가 A를 위해 *k*를 행하는 일의 공평한 결과를 인식한다.
(4) 상호간의 믿음		조건 (1)로부터 (4)까지는 A와 B가 지닌 공통기반의 일부가 된다.

만일 A가 해당 상황에 얼개를 부여하기 위하여 예비요청pre-request을 이용한다면, 그리고 만일 잠재적인 걸림돌들을 극복하기 위하여 그가 반드시 그 얼개를 부여해야 한다면, 응당 상거래에서 확인·능력·자발성을 처리하는 예비요청을 마련해야 한다. 이것이 바로 사람들이 행하는 바이다. 가령, 어빈 트륍(Ervin Tripp, 1976, 1981), 고어든·레이콥(Gordon and Lakoff, 1971), 써얼(Searle, 1975b)을 보기 바란다.

A와 B가 실행하는 것이 다른 무엇이 되든지 간에, 그들은 반드시 스스로 전념하고 있는 공동목적을 확인해야 한다. 즉, 특정 상거래이다. 많은 예비요청에서는, 다음 사례에서 이탤릭 글씨로 씌어진 부분에서처럼 양도될 상품이 명백히 언급된다.

Do you have *the pecan Danish* today?

오늘 데니시 피큰 페이스트리[빵]가 있나요?

Can you tell me *what time you close tonight*?

오늘밤 몇 시에 문을 닫는지 말해 줄래요?

Could you possibly *shut the door*?

가능하다면 그 문을 닫아 줄 수 있으세요?

May I ask *who's coming to the party tonight*?

오늘밤 그 파티에 누가 오는지 물어봐도 될까요?

다른 예비요청에서는 양도될 상품이 다음 사례처럼 현재상황에서 의미파악된 것으로, A의 발화로부터 추론되어야 한다.

This soup needs salt. [B is to pass the salt.]

이 국에 소금 더 넣어야겠네. [B가 소금을 건네어 줄 것임.]

Don't you think the room is a little warm. [B is to open a window.]

이 방이 좀 덥다고 생각하지 않니? [B가 창문을 열 것임.]

Benny, the door's open. [B is to close the door.]

베니 군, 창문이 열렸네. [B가 창문을 닫을 것임.]

Waiter, there is a fly in my soup. [B is to replace soup.]

종업원, 내 국에 파리가 들어 있어. [B가 다른 국을 가져올 것임.]

상황과 발화에 따라서 B가 실행할 것은 거의 어떤 것이든 모두 다 될 수 있다. 청자 B가 화자 A를 위해서 실행할 것은 또한 반드시

(2-ㄱ) 장차/미래 행위이고,

ㄴ) 물리적(신체적)으로 가능하며,

ㄷ) B의 능력 안에 있어야 한다.

많은 예비요청에서는 이런 걸림돌들을 점검한다.

(2-ㄱ) B의 장차/미래 행위	Students are to bring number 2 pencils to the exam. 학생들이 시험장에 2번 연필을 지참해 올 것입니다.
(2-ㄴ) B의 물리적/신체적 가능성	Do you have uh size C flashlight batteries? 어 C 크기 손전등 건전지를 팝니까? The door is open for you now. 그 문이 지금 여러분을 위해 열려 있습니다. Isn't the water for the coffee boiling? 커피 물이 지금 끓고 있지 않나요? Can you reach the salt? 소금 통까지 손이 닿을 수 있습니까?
(2-ㄷ) B의 능력	You can be a little more quiet now. 지금 여러분은 조금만 더 조용히 할 수 있습니다. Did you happen to see in the newspaper when the concert is tonight? 오늘밤 연주회가 몇 시인지 혹시 신문을 읽어 봤습니까?

그리고 이외에도 더 많은 유형들이 있다.

마지막으로 상거래에 전념하기 위하여 A 및 B의 자발성에 대한 조건들이 있다. 이는 다음 세 가지 조건을 요구한다.

(3-ㄱ) A가 B로 하여금 어떤 행위를 하기를 바라고,

ㄴ) B는 그 행위를 하려고 의도하며/의향을 갖고 있으며,

ㄷ) A와 B가 모두 B가 그걸 행하는 일의 공평함을 인식하여야 한다.

예비요청pre-requests은 흔히 이들 걸림돌을 언급하기 위하여 마련된다.

(3-ㄱ) A의 바람/희망	I want you to leave right now. 나는 지금 당장 당신이 떠나기를 바랍니다. I'd like to hear what happened the other day at the office. 나는 사무실에서 그저께 무슨 일이 있었는지 듣고 싶네요.
(3-ㄴ) B의 의도/의향	Will you tell me where Ken is? 자네 켄이 어디 있는지 내게 말해 줄 수 있겠나? Do you want to pour me a cup of coffee? 내게 커피 한 잔 부어 주고 싶어? Would you mind holding this for me a second? 잠시 저를 위해서 이걸 잡아 주시면 안 되겠습니까? You are allowed to go in now. 이제 안으로 들어가도 좋습니다.
(3-ㄷ) A와 B의 공평성	I'd appreciate it if you didn't do that. 당신이 그것을 하지 않았다면 감사드리겠습니다. It'd be a great help if you read to Benny for a while. 당신이 잠시 베니를 위해 책을 읽어 준다면 큰 도움이 되겠습니다.

다른 많은 예비요청들이 이들 범주 속에 들어간다.

이들 예비요청에 의해서 얼개가 부여된 상황은 공평성에서 차이가 난다. 공평성 이론에 의해서, A가 상황에 얼개를 부여함에 따라, 그 상황이 B의 자존심이나 자율성을 높이고 늘여 준다면, 언제든지 응당 A가 공손하다고 판정되어야 한다. 이들 예측에 대한 양질의 증거가 있는데, 브롸운·레뷘슨(Brown and Levinson, 1987), 클락·셩크(Clark and Schunk, 1989), 레이콥(Lakoff 1973, 1977)을 참고하기 바란다.

B가 그렇지 않았다면 행하지 않았을 어떤 것을 실행하도록 요구받고 있기 때문에, B의 자율성이나 자유 행위는 상거래에 의해 구속되는 경향이 있다. 공손한 예비요청은 일반적으로 이런 자율성의 일부를 되돌려 준다. 즉, B에게 따르지 않아도 되는 선택권을 내어 주거나, 그런 선택을 하더라도 합법적으로 용납되도록 하는 것이다. "Do you know who's coming tonight?누가 오는지 알고 있습니까?"이라는 예비요청으로 얼개가 부여된 상황에서는, B가 반드시 그 정보를 갖고 있을 것이라고는 기대되지 않는다. B에게 모른

다고 대답할 기회가 제공되고 있는 것이다. 다시 말하여, 청자에게 상거래에 동의하지 않을 합법적인 이유도 제공되고 있는 것이다. 질문은 예비요청을 공손하게 만들어 주는 경향이 있다. 왜냐하면 요청 준수에 대한 어떤 자율성을 청자에게 내어 주거나, 내어 주는 것으로 보이기 때문이다. 그리고 바로 이런 사실이

> I want you to hand me the knife
> 난 자네가 그 칼을 내게 건네 주기를 바라네
> I'd like you to hand me the knife
> 난 자네가 그 칼을 건네 주면 좋겠네

와 같은 예비요청을 덜 공손하게 만든다(≒청자에게 거부 선택권이나 자율성을 부여하지 않은 채 강제적으로 특정 행동을 이행하도록 요구하기 때문임 : 뒤친이).

B의 자존심은 어떤 예비요청과 더불어 상승하게 되고, 반대로 다른 예비요청과 더불어 하강하는 법이다.

> May I ask you where Jordan Hall is?
> 조든 강당이 어디 있는지 여쭤 봐도 되겠습니까?

라고 표현하면, 화자 A가 얼개를 부여한 상황은, 화자 A가 청자 B보다 하위에 놓여 있으므로, 심지어 요청을 하려고 해도 반드시 B에게 허락을 받아야 하는 상황인 것이다(≒영어 조동사 may가 이런 역할을 맡는데, 더 공손하게 표현하려면 더 약한 might를 쓴다 : 뒤친이). 정반대로

> Shouldn't you tell me where Jordan Hall is?
> 자네가 마땅히 내게 조든 강당이 어디 있는지 말해 주어야 되지 않겠어?

라고 표현하면, 얼개가 부여된 상황은 화자 A가 청자 B에게 의무사항을 상기시키고서 청자를 의무사항에 붙들어 놓을 수 있는 상황이다. 청자 B의 자존심이 첫 번째 상황(허락)에서는 고양되지만, 두 번째 상황(의무)에서는 실추된다. 공평성 이론에 의해서, 첫 번째 예비요청이 두 번째 예비요청보다 응당 더 공손한 것으로 판정되며, 실제로도 그러하다. 청자 B의 자존심이 고양되거나 실추될 수 있는 방식이 많이 있으며, 각각 공손성에

영향을 미치게 된다.

이들 사례는 상거래에서 화자 A와 청자 B가 준비할 수 있는 걸림돌들에 대한 몇 가지 사례만을 훑어보게 해 준다. 핵심은, 대부분의 예비요청이 두 가지 협동과제를 지닌 상황을 얼개로 만들어 준다. 즉, 예비 상황 및 성공할 경우 적정한 관련 상품 양도 상황이다. 흔히 그 과정을 기회가 닿는 대로 짧고 신속하게short-circuiting 해 주는 것은 바로 이런 속성이다.

10-3-2 최대 걸림돌 극복하기

효과적인 상거래를 위하여, 사람들은 어떤 상황을 얼개로 부여해 주어야 할 것인가? 대화 참여자들에게는 잠재적으로 아주 많은 걸림돌에 대하여 전략strategy이 필요하다. 다른 조건들이 다 똑같을 경우, 편리한 전략은 먼저 가장 잘 일어날 것 같은 걸림돌들을 점검하는 일인 듯하다. 이는 저자가 작동하지 않는 컴퓨터 프로그램이나 시동이 걸리지 않는 자동차를 고치는 데에 이용할 듯한 것과 동일한 전략이다. 그 원리는 다음과 같다.

◁ 최대 걸림돌 극복 원리 (Principle of greatest obstacle) ▷

All else being equal, two people trying to establish a joint purpose will try first to overcome the greatest, or most likely, obstacle to reaching it.

다른 모든 조건이 다 똑 같다면, 공동목적을 확정하려고 하는 두 사람은 먼저 그 목적에 도달하는 데에 최대의 걸림돌 또는 가장 잘 일어날 것 같은 걸림돌을 극복/제거하려고 노력할 것이다.

걸림돌 극복 원리는 어떤 공동목적에든지 응당 적용되어야 한다. 이제 상거래에 어떻게 적용되는지를 살펴보기로 한다.

앨런이 학교신문에 그날 아침 공지된 강연시간을 알고 싶어 하고, 그의 여자 친구 바버뤄가 오직 그 공지문을 봤을 경우에만 기꺼이 그에게 내용을 온전히 다 말해 줄 것이라고 상정하기로 한다. 그는 이를 잠재적인 최대 걸림돌로 판정하고, 이를 중심으로 그 상황을 얼개 지어 놓아야 한다. 즉, 다음처럼 말하는 것이다.

Did you *happen to* read in the newspaper this morning what time the governor's lecture is today?

오늘 도지사 특강이 몇 시인지 오늘 아침에 <u>혹시</u> 학교신문의 공지문을 읽어 보았니?

대신 앨런이 다음처럼 말하였더라면,

Do you want to tell me what time the governor's lecture is today?
오늘 도지사의 특강이 몇 시인지 내게 말해 주고 싶니?

그는 바버뤄가 분명히 그 시간을 알고 있지만, 그에게 말해 주기를 꺼려할 것이라는 상황을 얼개로 부여했을 것이다. 이는 그의 가정과는 맞지 않을 것이다.

그가 실행하는 상황에 얼개를 부여해 주기에 의해서, 그는 여러 가지 것들을 완수한다. 첫째, 바버뤄가 최대 걸림돌을 극복/제거하도록 도와준다. 실제로 그는 자신이 원하는 정보를 찾아내는 방법을 그녀에게 말해 준다. 즉, 오늘 아침 학교신문에서 그녀가 읽은 바를 회상하는 일이다. 둘째, 공평성을 유지하도록 도와준다. 바버뤄에게 (아침에 읽은 신문에서) 올바른 정보를 찾도록 도와줌으로써, 그녀가 더 쉽게 응답할 수 있게 해 준다. 또한 그녀가 해당 정보를 모른다고 하더라도, 그녀의 체면을 살릴 수 있는 출구도 제시해 주는 것이다. 이런 경우에 그녀가 말해야 할 모든 것은 "Sorry, I didn't see the paper미안해, 아침에 신문을 보지 않았어"이며, 앨런이 미리 가리켜 준 정당한 이유는 완벽히 합리적이다. 최적의 예비요청은, 응락하여 따르는 데 잠재적인 최대 걸림돌을 극복/제거해 줄 뿐만 아니라, 또한 따르기가 불가능하더라도 공평성을 유지하도록 도와준다.

사람들은 이런 원리를 따르는 것으로 보인다(Francik and Clark, 1985; Gibbs, 1986b). 여러 가지 상황에 대한 실험으로, 사람들에게 스스로 다양한 상황에 놓였거나 처해 있다고 상상하고서, 요청을 하도록 요구하였다. 잠재적인 걸림돌이 명백히 전혀 없었을 경우에는, 다음처럼

What time is the governor's lecture tonight?
오늘밤 도지사의 특강이 몇 시입니까?

간단한 요청이나 질문을 이용하는 경향이 있었다. 걸림돌이 있었을 경우에는, 그들의 요청이 최대 걸림돌을 겨냥하는 경향이 있었다. 즉, 걸림돌이 청자 B의 있을 수 있는 무지 때문인지, 무능력 때문인지, 대답해 주기를 꺼려하기 때문인지, 아니면 기억하지 못해서인지 여부이다.

예비요청은 걸림돌을 찾아내는 데에서 그 요청이 얼마나 구체적인지는 다양하게 차이가 난다. 앨런은 바버뤄에게 다음의 다섯 가지 질문 중에서 어떤 형태의 것으로도 물어

볼 수 있었다.

(ㄱ) *Can* you *tell* me when the governor's lecture is?

도지사의 특강이 언제인지 내게 말해 줄 수 있습니까? (청자가 안다고 전제, 일반적 질문임)

(ㄴ) Do you *know* when the governor's lecture is?

도지사의 특강이 언제인지 알고 있습니까? (일상적으로 청자가 알 것이라고 전제함)

(ㄷ) Do you *happen to know* when the governor's lecture is?

도지사의 특강이 언제인지 혹시 알고 있습니까? (혹시 우연히 알게 되었다고 전제함)

(ㄹ) Did you *happen to see* when the governor's lecture is?

도지사의 특강이 언제인지 혹시 살펴본 적이 있습니까? (우연히 신문을 봤다고 전제함)

(ㅁ) Did you *happen to read* in the newspaper this morning when the governor's lecture is?

도지사의 특강이 언제인지 오늘 아침에 신문에서 혹시 읽어 보았습니까? (가장 구체적인 질문임)

이것들은 일반적인 것으로부터 시작하여 구체적인 것에 이르기까지 차례로 놓여 있다. 질문 (ㅁ)에 '예'라고 대답하는 것은, 앞의 질문 (ㄱ)에서부터 (ㄹ)까지에 대해서도 '예'임을 함의한다. 그러나 그 역은 성립하지 않는다.

앨런이 어떤 예비요청을 이용해야 하는가? 최대 걸림돌 극복 원리에 의해서, 그는 합당하게 구체적인 질문을 던져야 한다. 질문 (ㄱ)은 질문 (ㅁ)만큼 정확하게 잠재적인 걸림돌을 꼭 집어내어 지적할 것 같진 않다. 그 질문은 또한 바버뤄에게 원하는 정보를 찾아내도록 도움을 줄 것 같지도 않고, 그 정보를 몰랐다고 할 때 그녀에게 그럴 듯한 변명의 소지를 제공해 주지도 못한다. 그렇지만, 언제나 구체적으로 질문하도록 조언할 수는 없는 것이다. 만일 앨런이 바버뤄가 살이 쪄서 몸무게가 얼마나 늘었는지를 알아내려고 했다면, 잠재적인 최대 걸림돌은 그 질문에 바버뤄가 대답하기가 너무 당황스럽다는 점일 듯하다. 이런 걸림돌을 다음처럼 공개적으로 찾아내는 것은, 사실상 그녀의 체면에 아주 위협적으로 될 소지가 있다.

Would you be too embarrassed to say how much weight you have gained?

당신 몸무게가 얼마나 늘었는지 묻는다면 너무 당황스럽겠죠?

따라서 간접적으로 해당 걸림돌을 암시하는 편이 더 나을 것이다.

People often gain a bit of weight when they turn forty — has that been a problem with you?
사람들이 대개 40대에 들어서면 살이 좀 찌는데, 그런 일이 당신에게도 문제가 되었나요?

사람들은 이런 조언을 따르는 것으로 보인다(Francik and Clark, 1985; Gibbs, 1986b).

따라서 예비요청은 스스로 효과적이거나 비효과적으로 되는 것도 아니고, 공평하거나 불공평하게 되는 것도 아니다. 예비요청과 더불어 화자가 얼개 짓는 것은 바로 그 상황인 것이다. 예비요청은 그들이 만들어 내려고 하는 상황에 대하여 선택되는 것이다.

10-3-3 일반적인 걸림돌 극복하기

사람들은 응락하여 따르는 일에 대한 잠재적인 걸림돌을 놓고서 대개 막연한 생각만을 갖고 있다. 그럼에도 불구하고, 모종의 상황에 대해 얼개를 부여해 주어야 한다. 한 가지 전략은, 일반적이지만 있을 수 있는 걸림돌을 선택하고서, 그걸 극복하기 위한 상황을 얼개 지어 주는 것이다. 여러분은 쑤즌으로 하여금, 만일 요청받는다면 그녀가 할 수 있고 기꺼이 그럴 것이라고 믿으면서, 여러분한테 연필을 한 자루 건네주기를 바란다. 여러분이 그녀에게

Hand me a pencil
내게 연필 한 자루 다오!

라고 명령한다면, 이는 여러분이 그녀에게 명령할 권한을 갖고 있음을 함의한다. 대신에 연필을 건네줄 능력이 없음이 밝혀지지 않았거나, 건네주기를 꺼리는 일처럼 걸림돌을 찾아내고서, 여러분의 전략으로[21] 그걸 극복하기 위한 상황을 얼개 지어 놓고자, 다음처럼 표현할 수도 있다.

Can you hand me a pencil?

---

[21] 본문에 strategy와 tactic이란 두 낱말을 섞어 쓰고 있다. 이는 전략과 전술로 나눠 번역되기도 한다. 이때 전자는 상위개념으로 후자는 하위개념으로 보는 것이다. 즉 전략은 참모 본부에서 짜는 것이고, 전술은 직접 전선에서 전투를 지휘하는 소대장이 짜는 것이다. 전략이든 전술이든 둘 모두 최종 목표의 하위개념에 지나지 않는다. 아리스토텔레스의 목적인을 갖는 사건들은, 실행 과정에서 하위목표들로 나뉘며, 또 다시 차하위 목표로 나뉠 수 있다. 그런데 실행 과정에서 하위목표들이 상황에 따라 수시로 변동될 수 있는 것이다. '상위목표→하위목표→차하위목표…' 등의 위계에서 흔히 상황에 맞춰 변개될 수 있는 하위목표들을 '전략'이라고 부른다. 차하위 목표들은 더 말할 나위가 없으며, 이것들을 앞의 것과 구별해서 '전술'로 부른다. 그러나 여기서는 이 두 낱말을 어휘 사슬로 취급하여, 모두 '전략'이라고 번역해 둔다.

내게 연필 한 자루 건네줄 수 있나요?

Could you hand me a pencil?

연필 한 자루 제게 건네줄 수 있겠습니까?

이런 방식으로 여러분은 공평한 상황이 되도록 얼개를 부여하게 된다.

전략은 각 상황에 따라서 유용한 작은 묶음의 일반적인 걸림돌 중 한 가지를 상정하는 것이다. 다음에 예시 사례가 몇 가지 제시되어 있다.

일반적인 걸림돌	관례적인 예비요청
청자 B의 능력 및 자발성	Can you hand me a pencil? 내게 연필 한 자루 건네줄 수 있나요? Could you hand me a pencil? 제게 연필 한 자루 건네줄 수 있겠습니까?
청자 B의 지식	Do you know where Irene is? 아이륀이 어디 있는지 아십니까?
청자 B의 물리적/신체적 능력	Do you have uh size C flashlight batteries? 어 C 크기의 손전등 건전지가 있나요?
청자 B의 의도/의향	Will you try this shirt on? 이 웃옷을 입어 볼래요? Would you try this shirt on? 이 웃옷을 입어 보시겠습니까?
청자 B에게 의무 부과	Would you mind passing the salt? 괜찮다면 소금 건네주실 수 있으시겠습니까?
화자 A가 요청하도록 허락 받음	May I ask you where you bought that tie? 어디서 저 넥타이를 사셨는지 제가 여쭤 봐도 될까요?

걸림돌이 더 애매하면 더 애매할수록, 그 표현이 응당 더 유용해질 것이다. 실제로 영어에서는 "Can you …?…해 줄래요?"와 "Could you …?…해 주실 수 있겠습니까?"가 가장 흔한 예비요청 형식이다.

일반적인 걸림돌을 상정하는 것이 유용하므로, 관례적인 예비요청은 그것들을 처리하기 위하여 발전되어 왔다. 예를 들면, 앞표의 첫 번째 걸림돌은 흔히 "Can you/Could you hand me a pencil?연필 한 자루 건네줄 수 있어요/건네주실 수 있으시겠습니까?"로 처리된다. 결코 다음처럼 축자적인 형식으로 표현하여 처리되는 것은 아니다.

Are you capable of handing me a pencil?

내게 연필 한 자루 건네줄 능력이 있습니까?

Would you be able to hand me a pencil?

내게 연필 한 자루 건네어 줄 의지가 있겠습니까?

"Can you/Could you …?…해 줄래요?"는 이러한 상황들을 얼개지어 주는 일에 관용적이거나 관례적인 언어기제로 되었다. 점차 발전되어 왔을 다른 언어기제들은 관례화되지 않았다(Morgan, 1978과 Searle, 1975b를 보기 바람). 대부분의 언어에서 관례적인 예비요청은, 분명히 일반적인 걸림돌을 처리하기 위하여 발전되어 왔다(Brown and Levinson, 1987).

"Can you …?…해 줄래요?" 형식이 관례적 예비요청이 된다는 것이 뭘 의미하는 것일까? 먼저, 화자 A는 "Can you …?…해 줄래요?" 형식을, 청자 B가 일반적인 걸림돌을 가정함으로써 요청으로 파악할 수 있을 것이라고 기대할 수 있다. 그렇더라도, 청자 B는 자신으로 하여금 뭔가를 실행하도록 화자 A가 요구하고 있고, 그 뭔가가 무엇인지를 파악하기 위하여 반드시 특정한 걸림돌을 찾아내어야 하는 것은 아니다. "Can you …?해 줄래요?"와 같은 표현은, 단지 축자적 해석인 '능력'에 대한 질문으로서보다, 오히려 관습적 해석인 '예비요청'으로 의미 파악되는 경우에, 사람들이 더 빨리 이해하는 것으로 보인다(Gibbs, 1979, 1981, 1983; Schweller, 1978). 이는 거꾸로 "Are you capable …?…할 능력이 있습니까?"처럼 비관례적인 예비요청을 놓고서, 예비요청으로 파악하는 것이 아니라, 오히려 상대방에게 과연 능력이 있는지 여부를 축자적으로 묻는 질문으로 파악하는 것이다.

이는 또한 "Can you …?…해 줄래요?" 형식이 요청에 대한 관습적 형식pro forma 조건으로 쉽게 이용됨을 의미한다. 저자가 어느 은행 직원에게

Can you tell me the current interest rate on saving accounts?

저축예금의 현재 이자율을 말해 줄 수 있나요?

라고 묻는 경우에, 저자는 그녀에게 저자의 예비요청을 축자적으로 심각하게 간주하기를 기대하지 않음을 신호해 주고 있다(즉, 축자적으로 점원의 능력에 대한 질문이 아니라, 관례적으로 쓰이는 요청임 : 뒤친이). 실제로 저자는 그녀가 과연 이자율을 말해 줄 능력이 있는지 여부에 대해서는 전혀 관심을 갖지 않는다. 그녀는 간단히 "Six percent6프로입니다"라고 대답할 수 있다. 그러나 저자의 예비요청을 비관례적인 형식을 이용하면서 다음처럼 표현한다면,

Are you able to tell me the current interest rate?

현재 이자율을 내게 말해 줄 능력이 있습니까? (능력 유무를 묻고 있음)

저자가 요청한 조건을 심각하게 받아들어야 함을 신호해 주는 것이다. 다음에 제시되어 있듯이, 클락(Clark, 1979)에서는 이들 두 가지 질문에 대하여 은행 직원들이 얼마나 자주 '예yes'라고 대답하였는지를 조사하였다.

고객의 발화	은행 직원의 답변	백분율
Can you tell me …? … 말해 줄래요?	Yes, six percent 예, 6프로입니다	16%
Are you able to tell me …? … 말해 줄 능력이 있습니까?		35%

다른 은행 직원들은 간단히 "Six percent6프로요"라고 대답하였다. 따라서 비관례적인 표현 "Are you able to tell me …?… 말해 줄 능력이 있습니까?"보다, 관례적인 예비요청 표현 "Can you tell me …?… 말해 줄래요?"를 쓰는 편이, 일반적으로 그 조건이 관습적 형식(=예비요청)으로 간주될 것임을 신호해 준다.

그러나 바로 관습적 형식이라는 사실 때문에, 예비요청이 건성으로 표현된 장식물empty gesture 이라는 것은 아니다. 직접적이고 사무적인 표현 "Who's president of Mexico?누가 멕시코 대통령이오?", "When does the concert begin?그 연주회 언제 시작되오?"에 대해서, 아래의 표현들은

Do you know who's president of Mexico?

누가 멕시코 대통령인지 아십니까?

Do you know when the concert begins?

그 연주회가 몇 시에 시작하는지 아십니까?

단지 공손한 대응물일 뿐이라고 간주하고 싶어진다. 다시 말하여, 후자 표현들에 실질적 내용은 전혀 없다고 생각하고 싶으며, 'do you know …?…아십니까?'(청자가 알고 있는지 여부를 물음)에 전혀 개의치 않고, 그냥 뒤에 이어진 부분 '…'에 대해서만 대답한다고 여기는 것이다(Langer, Blank and Chanowitz, 1978). 그러나 만일 이런 주장이 'do you know…?…아십니까?'와 같은 표현들이 모두 텅 빈 장식표현(=있어도 그만, 없어도 그만인 표현임 : 뒤친이)임을 의미한다

면, 저자는 응당 "Do you know your middle name?당신의 중간 이름자를 아십니까?"라고 하면서 여러분의 중간 이름자를 질문할 수 있어야 할 것이다. 그러나 결코 그렇게 질문할 수 없다.[22] 여러분 또한 'do you know…?…아십니까?'라는 질문에 개의치 않은 채, 그냥 '…' 부분에 대해서만 대답하는 것이 아니다. 예비요청이 준비조건preparatory condition을 충족시켜 주기 위해서는, 반드시 여러분이 여러분의 자신의 중간 이름자를 모를 것으로 저자가 믿고 있다고 추론해야 한다. 그렇지만 심지어 여러분이 자신의 중간 이름자를 모를 것으로 짐짓 가장하는(그런 척하는) 일조차 지극히 해괴하다. 저자의 예비요청과 더불어 저자가 얼개를 부여해 놓은 일반적 걸림돌은 바로 이런 난점들을 없애는 데 중요하다.

§.10-4 응락하여 따르기

앨런이 자신의 예비요청을 놓고서 얼개를 부여한 상황에 대한 궁극적인 검사는, 그 얼개가 과연 결과를 얻어내는지 여부에 있다. 즉, 바버뤄가 응락하여 따르는지, 안 그러는지에 있는 것이다. 한 가지 방식으로 얼개가 부여된 상황에 대하여, 청자 B는 응당 기꺼이 화자 A가 제안하고 있는 공동목적에 스스로 전념해야 하며, 다른 상황에 대해서는 청자가 응당 거절하든지 빠져나와야 한다. 공평성 이론은 한 가지 특히 강력한 예측을 한다. 다른 조건이 모두 다 같을 때, 상품이 가치가 더 높으면 높을수록, 해당 상황은 청자 B에게 더욱 불공평할 것이며, 더더욱 청자가 자발적으로 응락하여 따라야 하는 상황으로는 되지 않을 것 같다. 러태니·달리(Latané and Darley, 1970)에서는, 컬럼비어 대학교 학생들이 뉴욕 길거리에서 수백 명의 사람들에게 다음 다섯 가지 요청 질문 중에서 한 가지를 물었고, 다음 비율로 뉴욕 사람들이 응락하여 대답해 주었다.

길거리를 오가는 뉴욕 사람들에게 요청한 질문	응답 비율
① Excuse me, I wonder if you could *tell me what time it is?* 실례합니다. 선생님께서 혹시 제게 몇 시인지 말씀해 주실 수 있으십니까?	85%
② Excuse me, I wonder if you could *tell me how to get to Time Square?* 실례합니다. 선생님께서 혹시 제게 타임광장 가는 법을 말씀해 주실 수 있으십니까?	84%

[22] 화자는 당연히 청자가 해당 정보나 지식을 이미 확실히 알고 있다고 전제한다. 그럼에도 불구하고, 상대방의 중간 이름을 스스로 모를 수도 있다고 보고, 변명의 소지를 열어 주는 do you know… 표현을 쓴다면, 이는 자가당착이다. "Can I have your middle name, please?" 정도로 되어야 옳다.

③ Excuse me, I wonder if you could *give me change for a quarter?* 실례합니다. 선생님께서 혹시 제게 25전 동전으로 바꿔 주실 수 있으십니까?	73%
④ Excuse me, I wonder if you could *tell me what your name is?* 실례합니다. 선생님께서 혹시 제게 선생님 성함을 말씀해 주실 수 있으십니까?	39%
⑤ Excuse me, I wonder if you could *give me a dime?* 실례합니다. 선생님께서 혹시 제게 10전 한 냥만 주실 수 있으십니까?	34%

아주 소략하게 말하여, 시간을 말해 주거나, 길 방향을 말해 주거나, 잔돈을 바꿔 주는 일은, 뉴욕 사람들에게 이름을 말해 주거나 10전 한 냥을 주는 일보다 비용이 훨씬 덜 들어갈 것이다. 예측된 대로 질문 요청에 더 많은 비용이 들어가 있으면 있을수록, 뉴욕 사람들을 더욱 더 소수의 사람만이 응락하였다. 아쉽지만, 나머지 뉴욕 사람들이 그 요청을 어떻게 거절하거나 빠져 나갔는지에 대해서는 알 수 없다.

동일한 원리에 의해서, 뉴욕 사람들은 응당 뭔가를 먼저 받는 경우에 더 쉽게 응락할 것이다. 동일한 연구에서 학생들은 또한 다음 네 가지 요청 질문을 하였고, 응답 비율이 제시된 바와 같다.

길거리를 오가는 뉴욕 사람들에게 요청한 질문	응답 비율
① Excuse me, I wonder if you could give me a dime? 실례합니다. 선생님께서 혹시 제게 10전 한 냥만 주실 수 있으십니까?	34%
② Excuse me, my name is ____. I wonder if you could give me a dime? 실례합니다. 저는 아무개입니다. 혹시 제게 10전 한 냥만 주실 수 있으십니까?	49%
③ Excuse me, Could you tell me what your name is? 실례합니다. 저한테 선생님 성함을 말씀해 주실 수 있으십니까?	39%
④ Excuse me, my name is ____. Could you tell me what your name is? 실례합니다. 저는 아무개입니다. 저한테 선생님 성함을 말씀해 주실 수 있으십니까?	59%

학생들이 자신의 이름을 말한 경우, 뭔가 가치 있는 것을 드러내고 있다. 공평성을 충족시키기 위해서, 상대방인 뉴욕 사람들은 응당 그 비용을 되갚아야 한다고 느꼈어야 한다. 그들이 실제 그렇게 했다. 질문 요청 ①과 ③에서보다는 ②와 ④에서 더 자주 응락하여 대답해 주었기 때문이다.

공평성 원리는 요청 질문이 얼마나 합당성이 잘 입증되는지에 대해 차이를 만든다고 언급한다. 일반적으로 화자 A는 응당 청자 B가 응락할 수 있도록 이치에 맞게 합당한 이유가 들어 있는 상황을 얼개로 만들어 주어야 한다. 그 합당성이 더 이치에 맞으면 맞을수록, 청자 B가 응락하여 따를 가능성이 더욱 높아질 것이다. 이 점은 길거리를 오가는 뉴욕 사람들에 대한 연구에서 다음 네 가지 요청 질문을 하여 얻어낸 응답 비율로 입증되었다.

요청 질문	요청하기 위한 합당한 이유 제시내용	응답 비율
Excuse me, I wonder if you could give me a dime? 실례합니다. 선생님께서 혹시 제게 10전 한 냥만 주실 수 있으십니까?	① 추가적으로 합당한 이유를 제시하지 않음	34%
	② I've spent all the money. 제가 돈을 모두 다 써 버렸거든요	38%
	③ I need to make a telephone call. 전화를 걸어야 하거든요	64%
	④ My wallet has been stolen. 제 지갑을 잃어 버렸거든요	72%

합당한 이유가 제시되지 않는 것은 응답 비율이 가장 낮았고, 이치에 맞는 가장 합당한 이유가 제시된 경우에 응답 비율이 가장 높았다(또한 Langer and Abelson, 1972도 보기 바람).

심지어 관습적 형식pro forma이 아닌 경우에라도, 합당한 이유 제시는 효과적일 수 있다. 랭어 외(Langer et al., 1978)의 잘 알려진 연구에서, 학생 실험자들이 대학 도서관에서 복사담당 직원에게 다가가서 다음 두 가지 요청 질문 중에서 한 가지를 말했다.

도서관 복사담당 직원에게 요청한 질문	응답 비율
① Excuse me, I have five pages. May I use the Xerox machine? [no further justification] 실례합니다. 5쪽을 복사해야 되는데, 제가 복사기를 쓸 수 있습니까? [추가적으로 합당한 이유를 제시하지 않았음]	60%
② Excuse me, I have five pages. May I use the Xerox machine, because I have to make copies? 실례합니다. 5쪽을 복사해야 되는데, 제가 복사기를 쓸 수 있습니까? 왜냐하면 제가 복사물을 만들어야만 하거든요.	93%

①에서 그 학생은 정당한 이유를 제시해 주지 않았으며, 시도한 기회 중에서 오직 60%만 성공하였다. ②에서는 요청 질문 상황을 자신이 이치에 맞는 합당한 이유를 지닌 상황으로 얽개 지어 주었다. 비록 심지어 합당한 이유가 사실상 너무나 당연한 관습적 형식에 지나지 않았더라도, 시도한 기회 중에서 93%까지 성공을 거두었다. 관습적 형식의

합당한 이유도 합당한 이유를 제시하지 않은 경우보다 더 효과적이었다. 그 상황을 공평하게 만들고자 하는 화자의 의도를 드러내어 주기 때문이다.[23]

이들 상황에서는 모두 청자 B의 체면을 다룬다. 청자 B는 응락하여 따르거나, 아니면 빠져 나갈 자유를 지닌다. 청자의 선택은 부분적으로 그것이 자신의 자존심과 자율성에 어떻게 영향을 줄 것인지를 생각하는 방식에 달려 있다. 커다란 요청 및 이치에 맞는 합당한 이유가 없는 요청은, 상대방의 자존심과 자율성을 더 낮추어 버리는 경향이 있다. 응락하여 따르려면, 청자는 자신의 일로부터 벗어나 일부러 따로 시간을 내어야 하겠는데, 이는 청자의 자율성을 구속하게 되는 것이다. 또한 청자가 애쓴 데 대하여 적합한 보답도 기대할 수 없다. 이는 청자의 자존심을 좀먹어 들어간다.

10-4-1 공손한 반응/응답

응락하여 따르는 일은 전부 또는 전무all or nothing의 일이 아니다. 뉴욕 사람들에게 "Excuse me, I wonder if you could give me a dime?실례합니다. 선생님께서 혹시 제게 10전 한 냥만 주실 수 있으십니까?"라고 물었을 때, 그들은 응락하여 대답하지만 그럼에도 불평을 할 수 있다.

> I'll give you a dime, but not one cent more.
> 내가 동전을 한 푼 주겠지만 1전 이상은 안 돼

만일 거절한다면 오직 마음 내켜하지 않은 채 다음처럼 거절하는 말을 할 수 있다.

> Sorry, I don't have one on me
> 미안, 내게 동전이 하나도 없어

또는 그 요청 질문으로 얼마나 기분이 잡쳤는지 나타내며 다음처럼 화를 낼 수도 있다.

> Not on your life
> 네게 한 푼도 줄 수 없어!

---

[23] 번역자의 생각에, 질문이나 요청을 하는 상대방이 합당한 근거도 함께 제시해 주는 것이 최소한 우리말에서는 더 공손하고 듣는 사람을 높여 주는 것으로 판정할 것으로 보인다. 즉, 자존심·자율성 요인이 높임법(공손법) 운용의 변수인 것이다.

이와 같은 응답에서는, 단순한 응락 또는 거절이나 빠져나감을 벗어나서, 다른 차원에서 공평성을 처리하려고 시도한다.[24] 이런 거절 응답은 화자 A가 제안한 협동과제에 대하여 청자 B가 전념해 있는 정도(≒다소 감정이 상하였음 : 뒤친이)를 보여 준다.

이미 살펴보았듯이, 공손성은 앨런과 바버뤄가 서로간의 자존심과 자율성을 처리하는 방식에 대하여 반드시 공개적으로 작동해야 한다. 우리는 이미 화자 A의 공손성을 살펴보았다. 다른 모든 조건이 다 똑같다면, 화자 A가 제안하고 있는 협동과제가 청자 B의 자존심과 자율성에 대하여 위협을 주는 느낌이 덜하면 덜할수록, 화자 A는 더욱 더 공손하다고 판정받게 될 것이다. 만일 청자 B가 응락하여 따르는 경우에, 청자가 더욱 더 전념하면 전념할수록 더 공손하다고 판정을 받게 된다. 만일 청자 B가 거절하는 경우에, 청자가 제시한 거절 이유가 합당하게 이치에 더욱 잘 들어맞으면 들어맞을수록 더욱 공손하다고 판정을 받게 된다.

이들 예측은 공손성의 판정으로 확정된다. 클락·셩크(Clark and Schunk, 1980)의 연구에서는, 일련의 요청 질문에 대하여 대안이 되는 응답들을 사람들에게 판정하도록 요구하였다. 요청 질문 중 한 가지는 다음과 같다.

Can you direct me to Lost and Found?
뉴욕 맨해튼의 분실물 보관소로 가는 길을 가리켜 줄 수 있어요?

여기서 화자 A는 준비과제("Can you direct me…?길을 가리켜 줄 수 있어요?") 및 청자 선택에 맡긴 정보전달("Please direct me제발 길을 가리켜 주세요")을 제안하고 있다.[25] 따라서 청자 B에게 두 가지 과제에 전념하도록 요구하고 있는 것이다. 청자는 응당 두 가지 과제에 모두 전념하는 경우에 가장 공손하다고 간주될 것이다. 그러나 그 중 어떤 한 가지 과제에 대해서든지 덜 전념하면 전념할수록 더욱 공손성이 덜하다고 간주될 것이다. 다음에 응락하여 따르는 대안방식이 네 가지 제시되어 있다.

---

[24] 전혀 낯선 사람에게 요청하는 것은 어떤 의무를 부당하게 부과하려는 시도이다. 요청을 받는 상대방의 입장에서는, 아무 의무도 없음에도, 느닷없이 요청 질문으로 의무를 부과하는 데 대해서 반발할 수 있다. 따라서 또다른 차원에서 볼 때, 공평성 원리는 상대의 부당한 의무 부과에 대한 나의 반발심을 정당한 것으로 두둔하게 된다. 이는 심지어 감정이 상하여 "재수 없어!"라고 하는 욕설 반응까지도 어떤 타당한 근거를 마련해 주게 된다. 즉, 공평성 원리에 따라 부당한 요구에 욕설로 부당하게 대접하는 셈이다.

[25] 원문의 preparatory project(준비과제)는 §.7-4-1, §.7-4-3, §.7-5-3, §.10-3-3에서 준비조건(preparatory condition)으로 불렀다. 청자의 선택에 맡긴 정보전달은 §.7-5-3에서 청자의 선택에 맡긴 의미파악으로 불렀다. 모두 동일한 개념을 달리 표현한 것이며, 서로 어휘 사슬을 이룬다.

길 일러주기 요청 질문	네 가지 응답 방식
Can you direct me Lost and Found? 분실물 보관소 가는 길을 가리켜 줄 수 있어요?	① Certainly, It's around the corner. 그러죠, 그게 저 모퉁이 근처에 있어요.
	② Yes, I can. It's around the corner. 예, 알죠. 그게 저 모퉁이 근처에 있어요.
	③ Yes. It's around the corner. 예. 그게 저 모퉁이 근처에 있어요.
	④ It's around the corner. 그게 저 모퉁이 근처에 있어요.

준비과제를 명백히 처리하는 응답들 중에서, 응답 ①이 가장 열심히 대답하고 있으며, 응답 ③보다는 응답 ②가 좀더 명백하다. 예측된 대로, 응답 ①이 가장 공손한 것으로 판정된다. 응답 ②가 다음이며, 응답 ③이 그 다음이다. 응답 ④가 공손성이 가장 적다. 대신에 청자 B가 어떤 협동과제에 대해서든지 거절하는 경우에, 자신의 거절을 해명하는 이유가 더 합당하면 합당할수록 더욱 공손하다고 판정받게 된다. 다음에 대안이 되는 거절 방법이 세 가지 제시되어 있다.

길 일러주기 요청 질문	거절하는 응답 방법
Can you direct me Lost and Found? 분실물 보관소 가는 길을 가리켜 줄 수 있어요?	⑤ No, I'm sorry. I can't. 아뇨, 미안합니다. 잘 모릅니다.
	⑥ No, I can't. 아뇨, 잘 모릅니다.
	⑦ No. 아뇨.

응답 ⑤와 ⑥은 거절하는 데 대하여 합당한 이유를 제시하고 있으며, 응답 ⑤에서는 추가로 사과까지 언급한다. 기대된 대로 응답 ⑤가 가장 공손한 것으로 판정된다. 응답 ⑥이 덜 공손하며, 응답 ⑦은 공손성이 가장 적다.

전통적으로 공손성은 화자 A와 청자 B의 일방적인 행위에 대한 속성으로 간주된다. 가령 브롸운·레뷘슨(Brown and Levinson, 1987)과 레이콥(Lakoff, 1973)을 보기 바란다. 그러나 상거래에 대한 대부분의 측면에서처럼, 공손성도 또한 협동적으로 결정된다. 한 가지 예시로서, 뷔로우너[Verona]가 저자에게 어떤 요청을 하였고, 저자는 다음과 같이 대안이 되는 세 가지 응답을 고려한다.

붜로우너의 요청 질문	저자의 응답 방법
Did you tell me what time the party is tonight? (오늘밤 연회시간을 나한테 말해 줬던가요?)	① Yes, I did, five minutes ago. It's at nine. 예, 5분 전에 그랬죠. 9시에요.
	② Yes, I did. It's at nine. 예, 그랬어요. 9시에요.
	③ Oh — it's at nine. 아 — 9시에요.

붜로우너는 상황을 얼개 짓기 위하여 자신의 예비요청을 이용한다. 거기서 저자가 오늘밤 연회시간을 자신에게 말해 주었는지 여부를 기억할 수 없다고 말한다. 따라서 연회시간을 알 필요가 있다. 만일 저자가 그녀한테 말해 주지 않았다면, 응당 지금 말해 주어야 하는 것이다. 만일 저자가 이미 말해 주었다면, 그녀는 저자에게 자신이 까먹은 것을 비난할 기회를 주고 있는 것이다. 지금 비록 그녀가 저자에게 이런 기회를 주는 것이 공손한 일이더라도, 저자가 응답 ①이나 ②에서처럼 그런 제안을 받아들이는 것도 불손할 듯하다. 공손한 실행내용은 비난하지 않은 채, 응답 ③에서와 같이 연회시간을 말해 주는 것이다.

여기서 붜로우너와 저자가 얼마나 공손한지는 다른 것의 협력에 달려 있다. 만일 저자가 ③으로 대답한다면 그녀는 공손하다. 심지어 저자가 그녀의 제안을 받아들이지 않는다 하더라도, 그녀는 저자에게 자신을 비난할 기회를 부여해 주었기 때문이다. 그러나 저자가 ①이나 ②로 대답한다면, 저자가 또한 그녀를 덜 공손한 듯이 만들게 된다. 저자가 마치 다음처럼 말하는 것이 될 것이기 때문이다.

> You tried to make me responsible for your not knowing the party time, but I'm not. I told you five minutes ago. Shame on you for not remembering. Here is the time again.
> 당신이 그 연회시간을 알지 못하는 것을 내게 책임을 지우려고 하지만, 난 책임이 없어요. 5분 전에 당신에게 얘기해 줬어요. 기억 못하는 걸 부끄럽게 여기세요. 그 시간을 다시 말해 줍니다.

①과 ②로 대답하는 경우에, 심지어 저자가 그녀에게 "Sorry, thanks[미안, 고마워요]"와 같이 사과하도록 강요하는 것일 수도 있다. 따라서 비록 ①로 대답하여 저자가 불손할 수 있다고 하더라도, 저자는 그녀가 또한 불손하다고 드러내는 것이다. 공손성은 붜로우너와 저자가 서로를 어떻게 간주하는지에 따라서 결정된다. 우리는 우리의 협력행위를 통해

서 공손성을 수립하는 것이다.

그렇다면, 예비요청에 의해 도입된 요구에 대하여, 청자 B는 제안된 두 가지 과제(=망각 비난, 연회시간 재통지)를 둘 다 처리하는 경우에 공손한 것으로 판정 받는다. 제안된 상거래에 대해서(가령 "Can you direct me Lost and Found?분실물 보관소 가는 길을 가리켜 줄 수 있어요?"), 만일 청자가 다음처럼 행동하는 경우에 더욱 공손하다고 판정된다.

(ㄱ) 온전히 응락하여 따른다. ("It's around the corner저 모퉁이 근처에 있어요")

(ㄴ) 아주 분명히 대답해 준다. ("Around the corner저 모퉁이 근처요" 대신에 "It's around the corner그게 저 모퉁이 근처에 있어요."라고 대답해 줌; 차이는 온전한 문장인지 여부임)

(ㄷ) 대답할 수 없을 때 사과한다. ("Sorry미안합니다")

(ㄹ) 대답할 수 없을 때 합당한 이유를 대 준다. ("I can't잘 모릅니다")

준비의 협동과제에 대하여 청자가 다음처럼 행동한다면 더욱 공손하다는 판정을 받는다.

(ㄱ) 협동과제에 대해 명시적으로 스스로 전념한다. ("Yes예")

(ㄴ) 분명히 그렇게 해 준다. ("Yes, I can예, 알죠")

(ㄷ) 협동과제가 관습적 형식이 아닌 경우에 특히 진지하게 전념한다. ("I'd be happy to …⋯가리켜 주게 되어 기쁘군요")

(ㄹ) 협동과제의 완결에 부정적인 영향을 어떤 것이든 다 처리해 낸다.

화자 A가 만드는 선택은 모두 청자 B의 선택권에 영향을 주며, 또한 그 반대의 경우도 성립하므로, 따라서 심지어 공손성까지도 협력하여 결정되는 것이다.

§.10-5 결론

협동과제는 사람들에게 일을 하는 데에 서로간에 전념하도록 요구한다. 바버뤄와 함께 2인승 자전거에 올라타는 데 앨런이 스스로 전념해야 하는 경우에, 앨런의 전념은 특별하다. 그는 오직 그녀도 또한 그에 대해서 전념하고 있는 조건에서만, 그녀에 대해서 스스로 전념하고 있는 것이다.[26] 만일 그가 자신의 몫을 실행하지 못한다면, 그가 바버뤄를 낙담시키는 것뿐만 아니라, 또한 그에 대한 그녀 자신의 전념까지도 쓰러뜨리는 것이다.

협동 전력이행의 행위가 공평성 및 체면에 영향을 준다는 것은 놀랄 일이 아니다. 앨런의 행위는 그 자신의 자존심과 자율성에 대한 공적인 지각내용에 영향을 줄 뿐만이 아니라, 또한 바버뤄의 자존심과 자율성에 대한 공적 지각내용에도 영향을 미치는 것이다.

상징적 상거래는 일반적으로 참여자들의 체면을 유지시키기 위하여 가동된다. 앨런이 바버뤄에게 교환을 제안한다면, 그는 그녀와 공평성을 유지시켜 주기 위한 방법을 전제하는 것으로 기대된다. 극장 매표구에서 입장표 구매와 같이 고정된/닫힌 상황에서, 그는 "One, please[한 장입니다]"처럼 정형화된 절차를 불러내어 이를 완수할 수 있다. 열린 다른 상황에서는 뭔가를 좀더 많이 실행해야만 한다. 일반적인 방법은 교환을 공평하게 만들어 주는 상황을 얼개로 부여하기 위하여, 다음과 같이 예비요청을 이용하는 일이다.

> Do you *happen to* know where Goldberg's Grocery is?
> 혹시 골드버그 식품가게가 어디 있는지 아십니까?

그 목표는 바버뤄가 전력이행하는 행위에서 가장 가능성이 높은 걸림돌 또는 최대 장애를 극복하는 것이다. 이것은 흔히 언어표현에 다음과 같이 일반적인 걸림돌 얼개를 부여함으로써 실행된다.

> *Can you tell me* where Goldberg's Grocery is?
> 골드버그 식품가게가 어디 있는지 말씀해 줄 수 있습니까?

여전히 공평성을 유지하는 데에서 앨런의 성공은 응답으로 버버뤄가 무엇을 실행하는지에 달려 있다. 각자의 공손성은 두 사람 모두의 행위에 달려 있는 것이다.

다른 협동과제들에서는 다른 방식으로 체면을 돌보게 된다. 사실상 체면 관리에 대한 배려는 많은 과제들에 대하여 1차적인 목적이 된다. 칭찬·제안·감사·축하·인사·사과 등은 참여자들의 한 쪽 또는 두 쪽 모두에 대하여 자존심 및 자율성을 늘여 준다. 반면, 욕설·꾸짖음·책망·비난 등은 반대로 작용한다. 상품 교환은 1차적 목적이 상거래에 효과를 일으킨다는 점에서 차이가 나지만, 그럼에도 체면을 돌보지 않고서는 실행될 수 없다. 공평성 및 체면은 협동 전력이행을 요구하는 모든 행위들을 제약하는 것으로 보인다.

---

26 서로에 대한 기대치가 제대로 실행된다는 조건에서 각자가 전념하게 된다. 이 조건은 언어교육에서 유창성이나 능통성을 추구하는 목표에서, 반드시 담화의 예상 전개경로나 기대치를 미리 연습시켜 주어야 함을 함의한다.

제11장 대화

언어사용의 기본적 현장은 대화인데,[1] 둘 또는 그 이상의 사람들 사이에 자발적인 대면담이다. 비록 대화가 발화로부터 만들어지더라도, 발화 부분들의 총합 이상이 된다. 제7장에서 살펴본 전화통화를 다시 살펴보기로 한다(8.11.851).

Jane : (rings K's telephone)

Kate : Miss Pink's office - hello

Jane : hello, is Miss Pink in .

Kate : well, she's in, but she's engaged at the moment, who is it?

Jane : oh it's Professor Worth's secretary, from Pan-American College

Kate : m,

Jane : could you give her a message *for me*

Kate : *certainly*

Jane : u:m Professor Worth said that, if . Miss Pink runs into difficulties, . on Monday afternoon, . with the standing subcommittee, . over the item on Miss Panoff, ---

Kate : Miss Panoff?

Jane : yes, that Professor Worth would be with Mr Miles all afternoon, - so she only had to go round and collect him if she needed him, ---

---

[1] conversation(회화, 대화)의 라틴어 어원 conversari(with+to turn)은 'keep company with(…와 친한 사이가 되다)'는 뜻을 지녔다. 한자어 회화(會話)란 말은 둘 이상의 사람이 모여 얘기를 나눈다는 뜻이다. 여기서는 대화로 번역해 둔다(둘 사이 대화, 여러 사람들 간의 대화). dialogue(대면담)은 monologue(독백담)과 대립되는 용어이다. 특히 대면담은 두 사람이 얼굴을 마주보면서 이야기를 나누는 것이다.

Kate : ah, --- thank you very much indeed,

Jane : right

Kate : Panoff, right *you* are

Jane : *right*

Kate : I'll tell her, *((2 to 3 syllables))*

Jane : *thank you*

Kate : bye bye

Jane : bye

제 인 : (K에게 전화를 건다)

케 잇 : 핑크 씨 사무실입니다 - 여보세요

제 인 : 여보세요, 핑크 씨 계십니까

케 잇 : 근데 그 분은 계시지만 지금 다른 전화를 받고 계십니다, 거기 누구십니까?

제 인 : 아 저는 범미대학 워쓰 교수의 비서입니다

케 잇 : 음,

제 인 : 그 분에게 메시지를 *저 대신에* 전달해 주실 수 있겠습니까

케 잇 : *그러죠*

제 인 : 으:음 워쓰 교수님이 말씀하셨는데요, 만일 . 월요일 오후에, . 상설 소위원회에서, . 패놉 씨에 관한 항목에 대해서 난관에 부닥친다면, . ---

케 잇 : 패놉 씨요?

제 인 : 예, 워쓰 교수님이 오후 내내 마일즈 씨와 같이 있을 것 같애서, - 그래서 핑크 씨가 반드시 방문해서 필요하다면 그 분을 불러 들여야 하는데요, ---

케 잇 : 아, ---아주 감사합니다 정말로,

제 인 : 그래요

케 잇 : 패놉, 옳아요 *당신은*

제 인 : *옳아요*

케 잇 : 제가 그분에게 말하겠습니다, *((2~3음절 청취 불능))*

제 인 : *감사합니다*

케 잇 : 안녕히 계십시오

제 인 : 안녕히 계세요

여기서 제인과 케잇은 한 가지 주요 과제를 완결한다. 워쓰 교수로부터 핑크 씨에게 메시

지를 전해 주는 일이다. 그들은 이를 일련의 더 작은 마디들을 통하여 실행한다. ① 대화를 열고, ② 핑크 씨에 대하여 정보를 교환하며, ③ 워쓰 교수로부터 나온 메시지(전달내용)를 교환하고, ④ 대화를 닫는 일이다. 각 마디를 인접쌍(가령, 질문 및 대답)을 써서 완결하며, 차례로 각각의 인접쌍을 완결한다. 전체적으로 보면, 이 대화는 부분들의 위계로 이뤄져 있다. 즉, 대화conversation · 마디sections · 인접쌍adjacency pairs · 발언기회turns이다.

이런 구조는 어디에서 나오는 것일까? "참여자들의 목표goals와 계획plans"이라고 대답하고 싶어진다. 이런 관점에서는, 참여자들이 각 대화·마디·인접쌍·발언기회에 대하여 계획을 마련하는데, 거기에서 각 계획마다 특정한 목적을 성취하려고 설계된다고 본다. 대화의 '목표 및 계획' 관점goals-and-plans view은 언어사용을 연구하는 많은 사람들에 의해 수용된 견해이다.

그러나 실제의 대화는 이런 관점에 문제를 제기한다. 비록 사람들이 어떤 일을 실행하기 위하여 말을 하지만, 실제적으로 무엇을 할 것인지를 미리 알고 있는 것은 아니다. 그 이유는 명백하다. 사람들이 다른 사람이 합류하여 그들과 협동하지 않고서는 아무런 일도 실행할 수 없다. 다른 사람들이 할 바를 미리 알 수 없기 때문이다. 제인과 케잇 사이의 대화는 좋은 사례이다. 제인은 핑크 씨에게 그날 오후에 워쓰 교수가 어디에 있을 것인지에 대하여 말해 주려고 전화를 걸었다. 핑크 씨가 바빠서 전화를 받을 수 없음을 알았을 때에, 그녀는 케잇한테 그 정보를 전해 주도록 부탁하였다. 비서인 케잇은 전화를 받는 자신의 임무를 맡아, 핑크 씨를 방해하지 않도록 대신 메시지를 받는 것이었지만, 누가 전화를 거는지, 또는 상대방이 뭐라고 말할 것인지는 미리 알 수 없었다. 제인과 케잇은 특정한 목적을 지니고 대화 속으로 들어갔지만, 그 목적을 어떻게 성취할지에 대해서는 특정한 사전 계획이 없었다.

그러므로, 대화는 목적을 지니되 미리 계획되어 있는 것은 아니다. 사람들은 크고 작은 협동과제를 매개로 하여 자신들이 실행하는 대부분의 것을 성취한다. 거기서 사람들이 기꺼이 전념할 수 있는 공동목적을 수립하고 실행하는 것이다(제7장과 제10장을 보기 바람). 이런 협동과제를 완결하기 위하여, 그들은 최소 협동과제의 수준에서 작업해야 한다. 왜냐하면 더 넓은 목적들을 합의해 내고 확대된 협동과제를 완결 짓는 일이 바로 이것들로 이뤄지기 때문이다. 새로 부각되어 나오는 것이 대화 마디sections들이며, 궁극적으로는 전체 대화 그 자체이다. 대화는 오직 뒤에 회상하는 경우에만 계획되고 목표 지향적으로 보인다. 실제로는 참여자들이 공동목적을 합의하고 나서 그것들을 이행해 나감에 따라, 도막도막/대목대목 기회가 닿는 대로 편리하게 만들어진다. 이를 대화가 기회 닿는 대로 편리하게 진행되는 관점opportunistic view이라고 부르기로 한다.

기회 닿는 대로 편리하게 진행하는 관점에서 보면, 대화의 위계 구조는 새로 부각되어 나오는 속성이다. 이는 어떤 것이든 성공적인 협동행위를 지배하는 원리 때문에 그런 듯하다. 대화는 내용 및 과정 둘 모두에 대한 조율이 없이는 작동할 수 없다. 따라서 참여자들은 §.8-1에서 살펴본 '종결 원리'와 그 딸림 속성들에 맞추어, 각각의 협동행위를 완결하려고 노력한다. 사람들은 '실행 및 주목', '제시 및 확인', '신호/의미 및 인식/이해', '제안/투영 및 고려/수용'의 수준들을 완결하기 위하여, 그리고 더 확대된 협동과제들을 완결하기 위하여 함께 작업한다. 일단 참여자들이 이들 원리를 적용한다면, 간단히 인접쌍·대화 마디·전체 대화가 새로 부각되어 나오는 것이다. 따라서 발언기회가 작동하는 것이다. 이제 발언기회 얻어내기를 살펴보기로 한다.

§.11-1 발언기회 얻어내기

대화에 대한 일반적인 견해에서는, 사람들이 말하는 기회를 차지하며, 한 번에 오직 한 사람만이 말하게 된다. 물론 이런 견해는, 실제로 일어나는 바에 비춰 볼 때 거의 정당화될 수 없다. 바로 앞에 있는 4개의 장(제7장~제10장)에서는, 누가 말하고 언제 말하는지를 포함하여, 사람들이 대화를 진행해 나가는 방법에 대한 훨씬 더 복잡한 설명을 살펴보았다. 이런 설명이 사람들이 발언기회를[2] 얻어내는 방법에 대한 견해와 어떻게 들어맞는 것일까? 한 가지 대답으로, 하뷔 쌕스·이매뉴얼 쉬글롭·게일 제퍼슨(Harvey Sacks, Emanuel Schegloff and Gail Jefferson, 1974)에 의해 이뤄진 발언기회 얻어내기에 대한 이정표 논문을 살펴보기로 한다.

11-1-1 발언기회 배당하기

쌕스 외(Sacks et al., 1974 : 700~01)에서의 제안은 발언기회 얻어내기가 규칙에 의해 지배된다는 것이었다. 그들이 제안한 규칙들은 다음과 같은 일상대화에 대한 공통된 관찰을 설명하기 위하여 고안되었다.

---

[2] 원문의 turn talking(발언기회/차례 차지하기/얻어내기)은 축자적으로 '차례 취하기'라고도 번역할 수 있겠지만, 뜻을 살려 '발언기회'를 어떤 규칙이나 체계에 따라 얻어내는 일로 번역해 둔다. 또한 발언기회 차지하기(억지로 차지하다)는 '규칙이나 체계 준수'를 함의하지 않으므로, 여기서는 turn taking을 발언기회 얻어내기로 쓰기로 한다.

① 화자 뒤바뀜이 반복되거나 또는 적어도 화자 뒤바뀜이 일어난다.

② 압도적으로 한 번에 한 쪽 참여자/화자만 말한다.

③ 한 번에 두 사람 이상의 화자가 생기는 일도 일반적이지만, 짤막하다.

④ 그것들 사이에 공백도 겹침도 없이, 한 발언기회로부터 다른 발언기회로의 전환이 일반적이다. 약간의 공백이나 약간의 겹침에 의해 특성화되는 전환과 더불어, 그것들이 거의 대부분의 전환을 이룬다.

⑤ 발언기회 순서는 고정되지 않고 변동한다.

⑥ 발언기회 크기는 고정되지 않고 변동한다.

⑦ 대화의 길이는 미리 고정되지도 않고 구체화되지도 않는다.

⑧ 대화 참여자들의 말하는 바는 미리 고정되지도 않고 구체화되지도 않는다.

⑨ 발언기회의 상대적 분포가 미리 고정되지도 않고 구체화되지도 않는다.

이들 관찰내용이 평범하지만, 이것들을 설명해 내기는 어렵다. 쌕스 외(Sacks at al., 1974)의 규칙에서는 독창적인 설명을 제시해 준다.

발언기회 얻어내기의 체계에서는 반드시 우선 무엇이 발언기회가 될지를 구체적으로 밝혀 주어야 한다. 쌕스 외(Sacks at al., 1974)에서는 발언기회가 하나 또는 두 개의 발언기회 구성단위turn constructional units들로 이뤄진다. 이것들은 크기에서 범위가 단일한 낱말로부터 시작하여(가령, 앞의 전화통화에서 케잇의 답변 "Certainly"[그러죠]), 많은 내포절로 채워진 복합절까지에 걸쳐 있다(가령, 제인의 전달내용 "u : m Professor Worth said that, if . Miss Pink runs into difficulties, . on Monday afternoon, . with the standing subcommittee, . over the item on Miss Panoff, ---that Professor Worth would be with Mr Miles all afternoon, - so she only had to go round and collect him if she needed him, ---"). 각 단위마다 '전환 관련 지점transition relevance place'에서 끝나는데, 다음 화자가 새로운 발언기회를 시작할 수 있는 곳이다. 우리가 진행해 나가야 할 것은 모두 직관적이지만 순환적 개념이다. 즉, 발언기회 구성단위는 대화의 해당 시점에서 완결된 발언기회를 구성할 수 있는 단위이다.

발언기회 얻어내기 체계에서는 또한 반드시 발언기회의 배당을 구체화해 주어야 한다. 쌕스 외(Sacks at al., 1974)의 체계에서는

(ㄱ) 현재의 화자가 다음 화자를 "선택할" 수 있다.

가령, 청자에게 다음 발언기회를 차지하도록 요구하는 것이다. 그렇지 않으면,

(ㄴ) 대화 참여자 한 쪽에서 다른 사람이 시작하기 전에 말을 하면서 "스스로 자신을 선택할" 수 있다.

위의 두 행위가 어떤 것도 일어나지 않는다면,

(ㄷ) 현재의 화자가 다시 말하는 일을 계속할 수 있다.

쌕스 외(Sacks at al., 1974 : 704)에서 제안된 규칙은 다음과 같다.

발언기회 배당규칙
(1) 어떤 발언기회이든지 간에 첫 발언기회 구성단위의 맨 처음 전환 관련 지점에서 (가) 만일 지금까지의 발언기회가 "현재 화자가 다음 화자를 선택하는" 기법을 이용하도록 되어 있다면, 그렇게 선택된 참여자 쪽에서 권리를 지니고 의무적으로 다음 이야기할 발언기회를 차지해야 한다. 다른 사람은 어느 누구도 그런 권리를 갖지도 못하고 의무도 없다. 그리고 전환이 그 지점에서 일어난다. (나) 만일 지금까지의 발언기회가 "현재 화자가 다음 화자를 선택하는" 기법을 이용하지 않도록 되어 있다면, 필연적인 것은 아니지만, 다음 말할 권리를 놓고서 스스로 선택이 이뤄질 수 있다. 즉, 맨 처음 말한 사람이 발언기회에 대한 권리를 차지하며, 그 지점에서 전환이 일어난다. (다) 지금까지의 발언기회가 "현재 화자가 다음 화자를 선택하는" 기법을 이용하지 않도록 되어 있다면, 필연적인 것은 아니지만, 다음 발언권을 놓고서 다른 사람이 스스로 자신을 선택하지 않는다면, 발언권을 가진 현재의 화자가 말을 계속해 나갈 수 있다.
(2) 첫 발언기회 구성단위의 맨 처음 전환 관련 지점에서, 만일 (1-가)도 (1-나)도 작동하지 않고, 발언권을 가진 현재 화자가 말을 계속하는 (1-다)의 규정을 따른다면, 한 묶음의 규칙 (1-가)~(1-다)가 다음 전환 관련 지점에서 다시 적용되며, 발언기회의 전환이 유효할 때까지 각각의 전환 관련 지점에서 반복적으로 적용된다.

이들 규칙은 발언기회의 순서열orderly sequence로 귀결된다. 이 규칙들을 '발언기회 배당규칙'이라고 부르기로 한다. 쌕스 외(Sacks at al., 1974)에서의 주장은 이 규칙들이 발언기회의 배당을 지배한다는 것이다.

이들 규칙은 그들이 처리하려고 의도한 관찰내용들을 쉽게 설명해 준다. 이 규칙들은 발언기회 순서·발언기회 크기·참여자들의 숫자에서 변이를 허용해 준다. 또한 작동상의 특정한 치우침(편향성)도 허용해 준다. 예를 들어, 우선 말한 화자가 다음 화자로 선택될 수 있는 치우침이 있는 것이다. 따라서 세 명의 참여자가 있는 경우에, 그들 중 한 사람은 제외되는 경향이 있고, 네 명의 참여자가 있는 경우에, 두 명씩 짝진 두 개의 대화로 나뉘는 경향이 있다. 규칙 (1-나)에서는 또한 오직 한 번의 발언기회 구성단위로만 된 발언 쪽

으로 치우침(편향성)이 있다. 즉, 짤막한 발언기회 쪽으로의 치우침이다(Schegloff, 1982). 특별한 기법이 없이는, 이는 서사 이야기 말해주기에서와 같은 확대된 발언기회를 얻어내기 어렵게 만들어 놓는다. 이 규칙들은 또한 대화의 길이·말해진 내용·발언기회의 상대적 분포를 활짝 열어 둔 채 놔 둔다(늑제약하지 않음).

쌕스 외(Sacks at al., 1974)에서는 이들 규칙이 '능동적 투영'projective임을 강조하였다. 화자들은 자신의 발화 완결을 투영하고, 그 지점에서 시작할 다음 발언기회를 적시에 맞춰 주기 위하여 현재의 발언기회로부터 나온 증거를 이용한다. 전통적인 견해는 발언기회 얻어내기가 수동적 반응이라는 것이다. 즉, 화자들이 자신의 다음 발언기회를 개시하기 이전에, 현재의 발언기회가 다 끝나기를 기다린다는 것이다(가령 Duncan, 1972, 1973). 그렇지만 실제의 증거는 '능동적 투영' 견해를 선호한다. 만일 화자가 발언기회 완결을 능동적으로 투영한다면, 화자 바뀜은 응당 종종 약간의 공백이나 또는 전혀 공백이 없이 완성되어야 한다. 이는 실제로도 그러하다. 비이티·바너드(Beattie and Barnard, 1979)의 연구에서는, 얼굴을 마주보는 대화 및 전화통화 중에서, 전체 화자 바뀜의 34%가 0.2초 미만의 시간이 걸렸다고 한다. 또한 다음 화자가 현재 화자의 발언에 대한 끝지점을 잘못 투영하는 경우에도 응당 겹침이 생겨날 것이다. 이 또한 다음 사례에서처럼 실제로 그러하다.

> Jane : could you give her a message *for me*
>
> Kate : *certainly*
>
> 제 인 : 그 분에게 메시지를 *저 대신에* 전달해 주실 수 있겠습니까
>
> 케 잇 : *그러죠*

케잇은 제인의 발언기회가 'message메시지' 다음에 끝난 것으로 투영하였고, 따라서 그녀의 답변 'certainly그러죠'가 제인의 발언 'for me저를 대신해서'와 겹쳐져 있다.[3] 만일 발언기회 얻어내기가 수동적 반응이라면, 이들 간략한 전환 및 약간의 겹침이 일어나서는 안 되는 것이다. 어떤 자극에 대하여 0.2초 미만의 시간에 반응한다는 것은 인지상으로 불가능하며, 자극이 심지어 존재하기 이전에 그렇게 반응한다는 것도 논리상으로는 불가능하다.

만일 청자가 현재의 발언기회 끝부분을 그 발언이 거기 다 도착되기 이전에 투영한다

---

[3] 〈원저자 1〉 다른 한편으로, 케잇은 정확히 적시에 맞춰 응대하는 전략과 함께 자신이 제인의 요구에 열심히 따를 것임을 강조하고자, 일부러 제인의 발언과 중첩되도록 선택하였을 가능성도 있다.

면, 어떻게 그렇게 하는 것일까? 그 과정에 대해서는 많은 것이 알려진 것은 아니지만, 아마도 많은 정보자원에 의존할 것 같다. 청자가 '눈 응시·몸짓 시늉·억양'을 이용할 수도 있다. 화자는 자신의 발언기회 동안에 청자로부터 눈을 딴데로 멀리 돌리다가, 자신의 발화를 끝내려고 하면서 도로 상대방의 눈을 응시하는 경향이 있다. 반면에, 청자는 화자의 발언기회 동안 내내 화자를 응시하는 경향이 있다(§.9-4를 보기 바람). 이들 유형은 낯선 사람들 사이에서의 대화 또는 어려운 주제에 대한 대화에서 확대된다. 발언기회의 끝 지점에서, 화자들은 또한 마지막 음절을 늘여 놓고, 목소리의 음높이를 떨어뜨리며, 신체를 편안히 하여 자신들이 지어 내는 몸짓 시늉을 완결하는 경향이 있다.[4] 그럼에도 눈 응시와 몸짓 시늉이 필수적인 것은 아니다. 전화통화에서는 얼굴을 마주보는 대화에서보다 공백도 많지 않고, 더 긴 쉼도 많지 않다(Beattie, 1983; Beattie and Barnard, 1979). 비이티·커틀러·피어슨(Beattie, Cutler and Pearson, 1982)의 연구에서는, 사람들에게 텔레비전 면담으로부터 따온 발화들이, 화자의 실제 발언기회의 도중에서 일어났는지, 아니면 끝부분에서 일어났는지 여부를 판정하도록 요구하였다. 이들 판정에서 그 발언들에 대한 온전한 녹화내용을 다 보여준 경우에, 발언기회 중간을 발언기회 끝부분과 구별해 놓는 일이 아주 정확하였다. 피험자들은 여전히 오직 녹화나 녹음의 일부만으로도 그 판정이 사뭇 정확하였다. 오직 글로 써 놓은 전사/녹취기록에서만은 전적으로 실패하였다. 이런 점으로 보면, 아마 청자들은 '얼굴 표정·눈 응시·통사·억양'의 결합내용으로부터 발언기회의 끝부분을 투영하는 듯하다.

11-1-2 발언기회 배당규칙의 한계점

그렇지만 발언기회 배당규칙은 한계를 지닌다. 이 규칙들이 결코 설명하려고 의도하지 않은 대화 현상들이 여전히 많이 남아 있기 때문이다. 일단 이런 예외들을 포함한다면, 누가 언제 왜 말하는지를 놓고서 서로 다른 그림을 지니게 된다. 이 규칙들 뒤에 있는 한 가지 전제는 대화가 모두 이야기라는 것이다. 일단 의사소통 행위의 다른 형식들을 포함한다면, 여전히 또다른 그림을 얻게 된다.

발언기회 배당규칙들은 실제로 §.9-1-1에서 살펴본 1차적(≒실무경로) 제시내용에 관한 것이다. 즉, 화자가 제시하는 것은 담화의 공식적 업무를 다루는 부분이다. 이것들

---

[4] 〈원저자 2〉 자세한 내용은 특히 비이티(Beattie, 1981), 던컨(Duncan, 1972, 1973), 구드윈(Goodwin, 1981), 켄든(Kendon, 1967)을 참고하기 바란다.

은 다음과 같이 대부분의 2차적(≒점검경로) 제시내용의 유형과 모순이 되는 듯하다(≒점검이 동시에 일어나거나, 발화가 서로 협력하여 완성되기 때문에 그러함 : 뒤친이).

> 화자 A의 제시내용을 놓고서 청자 B가 동감한다는 뜻의 "uh huh(아하)" 같은 표현
> 화자 A에 의한 확인용 구성성분 질문으로 청자 B의 반응이 뒤이어짐
> 화자 A의 제시내용을 놓고서 청자 B가 협동하여 완결함
> 청자 B의 주의력을 끌기 위하여 이뤄지는 화자 A에 의한 발언기회 재시작
> 청자 B의 주의력을 끌려고 화자 A에 의해 이뤄지는 재순환된 발언기회 시작부분

"uh huh아하"과 같은 동감표현은 종종 고의적으로 화자의 1차적인 현재 발화와 중첩된다(제6장을 보기 바람). 이는 "one party talks at a time한 번에 참여자 한 쪽에서만 말한다"라는 규칙의 일반화에 대해서 광범위하고 체계적인 예외를 만들어 낸다. 이는 앞 절의 발언기회 배당규칙 (1-가)로부터 (1-다)까지에 대한 명백한 반례이다. 다른 동감표현들은 분할마디 발화installment utterances 뒤에 제시되는데, 그것들은 "please continue계속해 나가기 바랍니다"를 의미한다(Schegloff, 1982). 발언기회 도중의 확인용 질문도 그러하다. 제인과 케잇의 전화통화로부터 가져온 다음 인용에서 볼 수 있다.

Jane : u:m Professor Worth said that, if . Miss Pink runs into difficulties, . on Monday afternoon, . with the standing subcommittee, . over the item on Miss Panoff, ---

Kate : <u>Miss Panoff?</u>

Jane : <u>yes</u>, that Professor Worth would be with Mr Miles all afternoon, - so she only had to go round and collect him if she needed him, ---

제 인 : 으:음 워쓰 교수님이 말씀하셨는데요, 만일 . 월요일 오후에, . 상설 소위원회에서, . 패놉씨에 관한 항목에 대해서 난관에 부닥친다면, . ---

케 잇 : <u>패놉 씨요?</u>

제 인 : <u>예</u>, 워쓰 교수님이 오후 내내 마일즈 씨와 같이 있을 것 같애서, - 그래서 핑크 씨가 반드시 방문해서 필요하다면 그 분을 불러 들여야 하는데요, ---

발언기회 도중에 나오는 모든 2차적(≒점검경로) 제시내용은 이 규칙들에 대하여 명백한 반대증거가 된다.

동감표현들 및 그와 비슷한 종류의 것들은, 왜 발언기회 배당규칙들에 대한 반대증거

로 간주되지 말아야 하는 것일까? 그것들이 명백히 공식적 업무(≒1차적 제시내용)를 실행해 나가는 것이 아니므로, 참된 발언기회로 여겨지지 않기 때문인 것이다. 여기에 순환성의 위험이 들어 있다. 즉, 뭔가 오직 발언기회 배당규칙에 들어맞는 경우에라야만 발언기회가 된다는 것이다. 발언기회 배당규칙들이 적용되는지 여부를 결정하기 위하여, 우리는 해당 업무가 공식적(≒1차적 제시내용)인지 여부를 알 필요가 있다. 도로 이는 우리를 더 기본적인 원리들로 데려간다.

그렇지만 발언기회 배당규칙은 심지어 모든 1차적(≒공식적인 실무) 제시내용을 모두 다 다루는 것이 아니다. §.8-3-4, §.8-4-2와 §.9-4-3에서 다룬 다음 전략들을 살펴보기로 한다.

① 도중에 잘라버리기(truncations)
　화자 A가 청자 B로 하여금 끼어들도록 초대하고, B가 간섭하여 끼어든다.

② 점차 빠져나가기(fade out)
　화자 A가 고의적으로 발화를 완결 짓지 않은 채 놔 둔다.

③ 전략적 간섭(strategic interruptions)
　화자 A가 고의적으로 청자 B의 제시 도중에 끼어든다.

비록 이것들을 이용하는 사람들에 의해서는 위배로 여겨지지 않는다고 하더라도, 이들 세 가지 현상이 모두 발언기회 배당규칙을 위배한다. 심지어 화자가 필요하다거나 원한다면 언제든 발언권을 넘겨받을 권리를 지닌 경우에는, 전략적 간섭이 합법적이기까지 하다. 가령 교사·경찰 심문관·헌병 등에서 그러하다. 다시 한 번 순환성의 위험이 깃들어 있다. 즉, 임의의 간섭 전략은 만일 발언기회 배당규칙을 위배하는 경우에, 발언기회 얻어내기에 대한 위배인 것이다. 그러나 도중에 잘라버리기·점차 빠져나가기·전략적 간섭은 대화 실천에 대한 진정한 위배는 아닌 것이다.

발언기회 배당규칙이 또한 모두 이야기로만 이뤄지지 않은 대화에서도 잘 되어나가는 것은 아니다. 이 점은 쑤즌 브뤼는(Susan Brennan, 1990)에 의한 연구에서 멋지게 예시되어 있다. 짝을 이룬 사람들이 스텐퍼드 대학교 캠퍼스 안내지도가 화면에 나타난 별개의 컴퓨터 단말기 앞에 앉아 있었다. 여기서는 벤Ben과 샬럿Charlotte으로 예시된다. 벤이 할 일은, 샬럿이 그녀의 지도 위에서 한 장소로부터 다른 장소로 자동차로 움직임에 따라(장소는 커서[화면 깜빡이]에 의해 표시되고, 자동차는 마우스로 움직이게 됨) 샬럿을 안내하는 것이었고, 그녀가 목적지에 도착하였다면 마우스를 클릭하는 것이다. 다음에 간단한 사례가 제시되어 있다.

참여자	발화	샬럿의 커서(화면상의 깜빡이)
Ben Charlotte Ben Charlotte Ben	oooh! right in the muh- middle of Memorial Church Memorial Church *complete*ly enclosed *complete*ly enclosed? okay #I'm clicked in awright	 *[moves 300 pixels]* *[moves 20 pixels]* [#=clicks mouse]
벤 샬럿 벤 샬럿 벤	우~흐! 좋아 가운- 기념 성당의 중간에 기념 성당 *완전*히 둘러싸여 있어 *완전*히 둘러싸여 있어? 좋아 # 내가 클릭해 놓았어 잘했어	 *[300픽셀 이동한다]* *[20픽셀 이동한다]* [#은 '마우스를 클릭함'을 뜻함]

여기서 벤은 길 방향을 안내하며, 샬럿은 확증해 주는데, 발언기회 배당규칙에 맞는 순서대로 이뤄진다. 그러나 샬럿의 커서[화면 깜빡이]가 벤의 지도 화면은 물론, 그녀 자신의 지도 화면에도 나타났을 때, 그리고 둘 모두 그것을 알았을 때, 그들의 이야기는 아주 달라 보였다. 다음에 동일한 지도 화면과 목적지를 지닌 대화가 제시되어 있다.

참여자	발화	샬럿의 커서(화면상의 깜빡이)
Ben Charlotte Ben 	okay now we're at Mem Chu *no* to your right uhh **no over by the quad** *right there* yah right there #	 *[moves 80 pixels]* **moves 230 pixels]** *[moves 10 pixels]* [#=clicks mouse]
벤 샬럿 벤 	좋아 이제 우리가 기념 성당에 있어 *아냐* 네 오른쪽으로 가 어어 **아냐 쿼드 옆까지 넘어가서** *바로 거기야* 그래 바로 거기야 # 내가 클릭해 놓았어	 *[80픽셀 이동한다]* **[230픽셀 이동한다]** *[10픽셀 이동한다]* [#은 '마우스를 클릭함'을 뜻함]

인접쌍은 두 대화에서 서로 다른 모습을 취한다. 홀로 청각적 증거만이 있을 때에는 그것들이 다음과 같이 표준 형태를 지녔다.

Ben : oooh! right in the muh- middle of Memorial Church

Charlotte : Memorial Church
벤 : 우~흐! 좋아 가운- 기념 성당의 중간에
샬럿 : 기념 성당

그러나 시각적 증거도 같이 제시되어 있을 때에는, 다음 비교 가능한 인접쌍에서처럼 그것들의 형태가 변하였다.

Ben : okay now we're at Mem Chu
Charlotte : [moves cursor 80 pixels]
벤 : 좋아 이제 우리가 기념 성당에 있어
샬럿 : [화면 깜빡이를 80픽셀 이동한다]

첫 번째 인접쌍에서 샬럿은 "기념 성당"이라고 말함으로써 벤의 길 안내를 확증해 주지만, 두 번째 인접쌍에서는 화면상으로 그녀의 커서[화면 깜빡이]를 기념 성당("Mem Chu") 쪽으로 이동함으로써 확증해 준다. 두 번째 인접쌍에서 샬럿의 발언기회는 발화가 아니다. 그러나 응락하여 따름을 보여 주는 행위이며, 상이한 유형의 신호이지만 여전히 신호가 되는 것이다(제6장을 보기 바람). 발언기회 배당규칙은 보여 주는 행위를 발언기회로 인식하지 않는다. 따라서 두 가지 연결체를 근본적으로 다른 것으로 취급하게 된다. 그럼에도 불구하고, 최소 협동과제로서 두 연결체는 동등하다(제7장을 보기 바람).

비록 화자가 1차적(늑실무경로) 이야기에서 상대방과 서로 이야기가 겹쳐지는 일을 피하는 경향이 있지만(제9장을 보기 바람), 언어적 제시내용 및 비-언어적 제시내용(늑후자는 주로 전자를 보조해 주는 상보적 역할을 함 : 뒤친이)이 서로 중첩되는 것을 좋게 여긴다. 홀로 청각적 증거만으로, 벤은 샬럿이 말하기를 멈춘 뒤에, 다음과 같이 자신의 두 번째 길 안내를 시작하였다.

Charlotte : Memorial Church
Ben : completely enclosed
샬럿 : 기념 성당
벤 : 완전히 둘러싸여 있어

그러나 시각적 증거가 제시된 경우에는, 그녀의 커서[화면 깜빡이]가 이동하는 것을 보자마자 벤은 다음과 같이 다음 길 안내를 시작하였다.

Charlotte : *[moves 80pixels]*
Ben : *no* to your right
샬럿 : *[80픽셀을 이동한다]*
벤 : *아냐* 네 오른쪽으로 가

말해지지 않은 1차적(≒실무경로) 제시내용에서는 사람들이 발언기회를 차지해야 하는 것은 아니다.

시각적 증거와 더불어 가장 인상적인 현상은 지속적인 발화의 수정이다. 벤이 지속적으로 샬럿의 이해에 대하여 증거를 지닌 경우에, 그는 구절마다 그것을 설명하기 위하여 자신의 발화를 조정해 주었다. 새로 부각되어 나온 것은 네 개의 분할마디[installments]로 이뤄진 발화이다.

okay now we're at Mem Chu,
좋아 이제 우리가 기념 성당에 있어
no to your right,
아냐, 네 오른쪽으로 가
no over by the quad,
아내 쿼드 옆까지 넘어가서
right there yah right there
바로 거기야 그래 바로 거기

분할마디 발화에서는, 화자가 각 분할마디 뒤에 "yeah[예]"처럼 이해에 대한 동감표현을 찾고자 하며, 그 동감표현에 따라 다음 분할마디 발화를 수정해 나간다(제8장을 보기 바람). 시각적 증거와 더불어, 벤은 현재 분할마디 발화를 만들어 내는 동안에, 청자로부터 확증함 또는 확증하지 못함을 얻어내게 된다.

이해에 대한 시각적 증거를 가진 발화들은 일상생활 환경에서 충분히 일반적이다. 벤이 샬럿으로 하여금 화면상으로 촛대를 중앙에 오도록 하고 있다고 가정하기로 한다.

Ben : Okay, now, push it farther - farther - a little more - right there. Good

좋아, 이제, 그것 더 밀어 – 더 – 조금 더 – 바로 거기야. 잘 했어

벤이 얼마만큼 밀어야 할지 말해 주기 위하여 모음을 길게 늘여 발음하고, 낱말들을 반복하여 말함에 따라, 샬럿은 조금씩 촛대를 가볍게 민다. 벤과 샬럿의 행위는 동시적이며 아주 의도적이다. 반면에 발언기회 배당규칙들이 적용되는 경우에는 오직 한 줄로 된 연속적인 행위만을 허용해 준다. 물론 벤과 샬럿은 여전히 종결 원리를 준수하고 있다. 그렇지만 그들이 발언기회를 얻어내고 있는 것은 아니다.

이들 사례는 발언기회에 대하여 여러 가지 문제를 제기한다. 동감표현과 같이 2차적(≒점검경로) 제시내용은 정상적으로 1차적(≒실무경로) 제시내용과 겹쳐지며, 1차적 제시내용도 또한 흔히 서로 겹쳐지도록 마련된다. 또한 대화에서 많은 의사소통 행위들이 입말이 아니며(≒즉 얼굴 표정과 몸짓 시늉으로도 제시되며 : 뒤친이), 이것들도 주의하기나 확인하기나 이해하기에 전혀 난점을 일으키지 않은 채 동시에 겹쳐질 수 있는 것이다. 이해에 대한 외적인 증거가 (잘못되어) 있는 경우에는, 참된 발언기회 구성단위를 만들지 않은 채, 화자들은 지속적으로 자신들의 발화를 수정해 나갈 수도 있다. 발언기회 배당규칙은 이들 관찰내용을 잘 설명해 줄 수 없다. 따라서 우리에게는 이를 설명할 수 있는 다른 원리가 필요하다.

11-1-3 대화에서 새로 부각되어 나오는 현상

대화에서 발화와 다른 행위들의 배치는 실제로 사람들이 협동작업 활동을 진전시키려고 노력하는 방식으로부터 새롭게 부각되어 나온다. 제7장부터 제10장까지에서 살펴보았듯이, 협동작업 활동에서 참여자들은 '실행 : 주목, 제시 : 확인, 신호 : 인식(의미 : 이해), 제안 : 고려(투영 : 수용)'로 언급된 네 가지 모든 수준의 이야기에서 종결을 짓기 위하여 열심히 작업한다. 새로 부각되어 나오는 것은, 누가 언제 말하고 행동할지를 결정해 주는 일련의 절차들이다. 차례로 이것들이 쌕스 외(Sacks at al., 1974)의 발언기회 배당규칙을 설명해 준다. 이를 알아보기 위하여, 세 가지 절차를 살펴보기로 하겠다. 즉, 최소 협동과제, 한 번에 한 가지 1차적 내용 제시, 제안 및 수용 단계들이다.

최소 협동과제에 있는 응답이 두 가지 의무를 실행함을 상기하기 바란다(§.7-3을 보기 바람). 벤이 샬럿에게 질문을 하는 경우에,

(ㄱ) 벤은 그녀가 자신의 질문을 이해했다는 증거가 필요하고,

(ㄴ) 거기에 대한 대답을 그녀의 다음 행위로 투영한다.

벤의 질문에 대답을 하되 아주 신속히 실행함으로써 샬럿은

(ㄷ) 그 증거를 제공해 주고,
(ㄹ) 벤이 제안한 협동과제를 수용한다.

이것이 §.11-1-1의 발언기회 배당규칙 (1-가) "현재의 화자가 다음 화자를 선택한다"는 점을 설명해 준다. 이는 누가 선택되는지(샬럿이 선택됨), 그리고 그 시점에서 왜 그녀가 다음 발언기회를 시작할 권리와 의무를 지니는지, 둘 모두를 설명해 준다.

협동과제는 또한 샬럿의 다음 발언기회가 왜 비-언어적으로 될 수 있는지를 설명해 준다. 흔히 그녀는 전혀 이야기하지 않은 채 최소 협동과제를 완결할 수 있다. 즉, 벤의 요구에 따라 그녀가 문을 연다든지, 조용한 연주회장에서 그가 건네준 프로그램을 받는다든지, 아니면 벤이 그녀에게 칭찬으로 보답하면 고개를 끄덕이는 경우와 같다. 이는 또한 벤의 투영과 샬럿의 수용이, 왜 앞뒤로 이어지기보다 오히려 동시적일 수 있는지도 설명해 준다. 벤이 샬럿에게 화면상으로 촛대를 이동하도록 요구하는 경우에, 그녀는 이해했다는 증거를 전해 줌과 동시에, 그가 말함에 따라 그의 요구를 수용한다. 그리고 마침내 이 설명이 또한 발언기회 배당규칙 (1-가)가 어떻게 다른 '행위 및 응답' 짝과 관련되는지도 보여 준다. 벤이 연주 프로그램을 샬럿에게 건네주자, 그녀가 "Thanks고마워"라고 말한다고 가정하기로 한다. 비록 발언기회 배당규칙 (1-가)가 적용되지 않더라도, 벤은 또한 그녀가 자신의 행위를 호의로 간주한다는 증거를 제공해 줄 것으로 기대할 수 있다. 바로 이런 기대가 그녀의 "Thanks고마워"를 규칙 (1-가)에 의해 다뤄진 다음 다른 발언기회처럼 만들어 주는 것이다.

다음에 §.9-4-2에서 다룬 "한 번에 하나의 1차적 입말내용 제시one-primary-spoken-presentation-at-a-time"에 대한 논의를 상기하기 바란다. 화자와 청자는 주의력에 대한 요구가 너무 강할 때마다 '실행 및 주목'을 조율할 수 없으므로, 일반적으로 한 번에 1차적 입말 제시내용을 하나로만 스스로 억제하는 것이다. 이것이 발언기회 배당규칙 (1-나)의 여러 가지 주요 특징들을 설명해 준다. 다른 화자 쑤즌이 하나의 입말 제시를 시작하였고, '실행 및 주목'의 수준에서 성공하리라 기대한다면, 샬럿은 (일부러 끼어들어 방해하려고 하지 않는 한) 자신의 1차적(≒실무경로) 입말 제시를 시작할 수 없다. 만일 벤이 말하고 있고 샬럿이 다음 발언기회를 얻어내려고 한다면, 그리고 만일 그녀가 쑤즌을 있을 수 있는 경쟁자로 간주한다면, 그녀는 반드시 쑤즌이 말하기 전에 먼저 말하도록 해야 한다. 바로 이것이 그녀로 하여금 벤의 발화가 끝나는 지점을 투영하여, 그들의 발화 사이에 간격을

최소화해 놓도록 이끌어 가는 것이다.

한 번에 하나의 1차적(≒실무용) 입말 제시 제약은, 또한 대화의 다른 전략들도 만들어 낸다(제9장을 보기 바람). 다음 발언기회를 대하여 쑤즌이 차지하지 못하도록 샬럿은 재순환하여 시작하기를 이용할 수 있다. 이는 마지막 발언기회가 끝나기 전에, 다음 1차적(≒실무경로) 제시내용의 시작을 신호해 준다. 또한 샬럿은 그 시점에서 자신의 기여내용이 벤보다 우선권을 지닌다고 믿는 경우에, 벤으로부터 발언권을 빼앗아 차지하기 위하여 고의적으로 끼어들기를 이용할 수 있다. 심지어 샬럿이 자기 욕심으로 이들 기법을 이용하더라도, 그녀가 실행하는 바는 발언기회 배당규칙 (1-나)에 의해서 설명되는 것이 아니라, 1차적 입말내용 하나만을 제시하는 제약 그 자체에 의해서 설명된다.

마지막으로 참여자들이 담화에 두 가지 단계에서 기여함을 상기하기 바란다. 즉, 제안 단계 및 수용 단계이다(§.8-2-1을 보기 바람). 첫 번째 단계에서 벤은 샬럿에게 발화를 제시하고, 두 번째 단계에서 샬럿은 스스로 그 발화를 확인하였고 충분히 현재의 목적을 위해 벤의 발화를 잘 이해하였다는 증거를 제공해 준다. 쌕스 외(Sacks at al., 1974)의 발언기회 구성단위를 결정해 주고 발언기회 배당규칙 (1-다)의 작동내용을 설명해 주는 것이 바로 이런 과정이다.

발언기회 구성단위들은 실제로 1차적(≒실무경로) 제시내용이다. 벤이 말하기 시작하는 경우에, 그는 자신이 기여하고 싶은 바에 대한 어떤 착상을 갖고 있고, 그에 따라 자신의 제시내용을 언어형식으로 만들고 산출해 낸다. 단정을 하는 경우에 그는 "I've just been up in Caribou난 북미산 순록에 대해 잘 알았어"라는 절을 산출할 수 있고, 고쳐달라는 요청을 하기 위해서는 "Which woman?어느 부인 것을요?"이라는 구를 산출할 수 있으며, 동감표현으로 "uh huh아하"라고 화용 표지를 말할 수 있다. 벤은 샬럿으로 하여금 자신의 제시내용을 완결된 것으로 듣고, 그녀에게 수용의 증거를 도로 벤 자신에게 제시해 줄 기회를 내 주고 있는 것으로 이해시켜야 함을 깨닫는다. 따라서 벤의 제시내용은 일반적으로 실행해 내기를 바라는 작업내용에 적합하고, 올바른 억양과 몸짓 시늉으로 표시된, 완벽한 통사 단위로 되어야 한다. 이는 범위가 간단한 화용 표지 "uh huh아하"로부터 시작하여, 확대된 단언문에 이르기까지 넓게 걸쳐 있다.

1차적(≒실무경로) 제시내용은 세 가지 발언기회 배당규칙을 모두 설명해 주기 위해 필요하다. 특히 발언기회 배당규칙 (1-다)를 해석하는 데에 중요하다. 그 규칙에 의해서 "필연적인 것은 아니지만, 다른 사람이 스스로 자신을 다음 화자로 선택하지 않는다면, 발언권을 가진 현재의 화자가 말을 계속해 나갈 수 있다." 샬럿이 배경으로 깔아 놓은 동감표현과 더불어 벤의 제안을 받아들인다면, 언제든지 그것은 발언기회 배당규칙 (1-다)

속에 들어간다. 그녀가 분할마다 발화의 각 분할마디를 받아들인다면, 언제든지 그것 또한 발언기회 배당규칙 (1-다) 속에 들어간다. 샬럿이 벤의 제안을 받아들이기를 주저하므로, 벤은 샬럿이 받아들일 때까지 제안하는 일을 확대해 나간다면, 언제든지 그것도 또한 발언기회 배당규칙 (1-다) 속에 들어간다. 현재 화자인 벤이 단순히 또다른 상대방인 샬럿이 먼저 말하지 않는 한 이야기를 계속해 나가는 것은 아니다. 그 유형은 벤의 기여에 대하여 제시 및 수용 단계를 관리하는 여러 가지 방식으로부터 나온다(§.8-2-1과 §.8-3-1을 참고하기 바람). 기여내용의 두 가지 단계는, 발언기회 배당규칙을 초월하는 방식으로, 누가 언제 말하는지에 대해 설명해 준다.

발언기회 배당규칙들이 설명해야 할 것이 어떤 것이든 더 남아 있는 것일까? 분명히 아니다. 사람들이 본질적으로 발언기회를 준수하려고 노력한다는 증거는 없다. 만일 대화에서 발언기회를 얻어내려는 듯하다면, 현재 협동작업 활동에 기여하려고 하기 때문이다. 이것이 '제시 및 수용', 한 번에 하나의 1차적(≒실무경로) 입말내용 제시, 최소 협동과제로 이끌어 가는 것이다.

11-1-4 격식 갖춘 발언기회

자발적인 대화에서 작동하는 많은 전략들이 다른 유형의 담화에서는 바뀌거나 보류된다. 논쟁과 교회 예배에서는, 발언기회가 미리 정해진 형식에 의해 배당된다. 격식 갖춘 모임에서는 의장에 의해서 배당된다. 법정에서는 발언기회가 판사와 변호사에 의해 배당되는데, 판사가 최종 통제권을 갖고 있다. 교실수업에서는 교사가 발언기회를 배당하고, 길이와 내용에 대해 통제력을 행사한다.

심지어 이들 환경에서도, 담화는 궁극적으로 담화에 기여하려는 시도들에 의해서 모양새가 만들어진다. 전략적 간섭[strategic interruptions]을 살펴보기로 한다(§.9-4-3의 ⑤). 순서에 대한 로벗의 규칙에 따르면(Robert, 1970), 격식 갖춘 모임에서 "발언권이 배당되고 말하기 시작한" 구성원일지라도, 간섭 받아 발언권이 중단될 수 있다. 특히 의사진행 발언을 제기하거나, 특별한 문제를 제기하거나, "즉각 답변을 필요로 하는 질문이나 요구를 하거나", 호소를 하거나, 또는 어떤 질문을 참작하는 데 반대를 하기 위하여, 다른 구성원이나 의장에 의해서 합법적으로 중단될 수 있다. 법정에서 판사와 변호사는 법적으로 다양한 토대 위에서 증인의 증언을 막아 버리면서 증인을 간섭하고 방해할 수 있다(Atkinson and Drew, 1979). 교실수업에서는 올바른 상황이라면 학생과 교사가 서로 끼어들어 간섭하는 것이 허용된다. 어느 영국대학의 소집단 개별지도[tutorials]에서는, 3명에서 6명의 학생과 강사가 있었던 경우에, 전략적 간섭이 모든 화자 바뀜의 34%로 이용되었다. 그러나 단 한 명의 학생만 있었던 경우에는 단지 11%였다. 더 큰 규모의 개별지도에서는 학생들이 더 자주 다른 학생의 발언 도중에 끼어들어 간섭하였는데, 다른 학생으로부터 나온 전환의 51%였고,[5] 강사로부터 나온 전환(학생이 강사의 말을 끊음)의 37%였다.[6] 강사는 다만 학생들로부터 나온 전환의 26%만 중간에 끼어들어 간섭하였다(Beattie, 1981, 1982). 이와 같이 도중에 끼어들어 간섭하는 일은, 참여자들이 그들의 의견을 갖고서 서로 경쟁하도록 장려되는 공개 토론회에서는 합법적이다.

격식을 갖춘 업무 회의·대학 세미나·보고회 등에서는 참여자들에게 종종 명시적 양해/동의에 의해서 발언기회가 배당된다. 누가 무엇에 대하여 얼마나 오래 말을 할 것인지에 대한 규정 형태를 헤아리고 난 뒤에, 그들은 거기에 따라서 행동한다. 그들은 발언기회를 여러 가지 방식으로 변경하거나 제약하는 데 동의할 수 있다.

발언기회를 배당하기 위한 모든 격식 갖춘 제도가 '한 번에 하나의 1차적(≒실무경로) 입말내용 제시' 제약(§.9-4-2)을 준수하는 것은 아니다. 종교 의식에서는 흔히 신자들이 동시에 말한다. 그러나 이들 발화는 전혀 화자의 주의력에 별도의 요구사항이 없는, 정형화된 탄원이나 기도문이다. 한 번에 하나의 1차적(≒실무경로) 입말내용 제시 제약은, 두 사람 이상의 화자가 1차적 제시내용을 경쟁적으로 말하여 너무 많은 주의력을 요구할 법한 경우에만 적용된다. 따라서 비록 언제나 하나의 1차적(≒실무경로) 입말내용 제시 제약을 받들지 않더라도, 사람들은 실제로 좀더 기본적인 원리들을 충실히 따르게 된다.

간단히 말하여, 누가 언제 말하는지는 그 뿌리가 참여자들이 경합하려고 하는 협동작업 활동에 있다. 종종 이는 쌕스 외(Sacks at al., 1974)의 발언기회 배당규칙을 따르지만, 참여자들이 그 규칙들을 준수하려고 하기 때문인 것은 아니다. 단순히 그들은 자신들의 협동작업 활동을 진전시켜 나가는 데에서 성공하고자 애쓰고 있는 것이다. 발언기회 배당에 대한 다른 제도들에서도 격식 갖춘 무대를 발전시켰지만, 그것들도 기여내용을 완결 짓는 데 쓰이도록 작동한다. 근본적인 문제는 협동하여 행위하고 성공하는 방법인 것이다(≒발언기회 배당규칙은 더 심층에서 협동행위를 성공시키려는 노력으로 환원되어야 함 : 뒤친이).

---

[5] 결국 학생들끼리는 발언기회를 차례대로 얻는 것이 아니라, 불쑥불쑥 도중에 낚아채어 간다는 뜻이다. 발언권 전환의 절반이 그렇게 이뤄진 것이다.

[6] 이 비율도 높다. 1/3의 발언기회 전환이 예고없이 중간에 학생들이 끼어들어 일어났다. 번역자 생각에, 이는 개별지도(tutorials)라는 형식이 학생 개개인을 위한 것이기 때문에, 학생들이 일반 강의시간에서보다 더 자주 강사의 이야기를 중간에서 끊을 수 있었던 듯하다.

§.11-2 대화에서의 마디들

대화는 마디들로 나뉘는 경향이 있다. 단일한 과제나 논의의 초점이나 주제 등에 바쳐진 더 긴 이야기 확장연결체이다. 예를 들어, 제인과 케잇의 전화통화는

(ㄱ) 개시,

(ㄴ) 핑크 씨(Miss Pink)에 대한 정보 교환,

(ㄷ) 패놉 씨(Miss Panoff)에 대한 정보 교환,

(ㄹ) 종결

로 나뉠 수 있다. 처음에는 각 마디가 특정한 목적을 성취하기 위해 마련된 계획을 따르는 듯하다. 그리고 이들 계획이 제인 및 케잇의 전반적 목표를 성취한다.

쌕스 외(Sacks at al., 1974)에서 발언기회를 분석하며 논의되었듯이, '목표 및 계획 관점goal-and-plans view'에 대하여 두 가지 골칫거리가 있다. 첫째, 대화는 지엽적으로 관리된다. 발언기회 얻어내기 규칙들은 오직 두 개의 인접쌍 발언기회—즉 현재 발언기회 및 다음 발언 기회—와 그들 사이에 있는 전환만을 구체화해 준다. 언제 무엇이 말해지는지 차례차례 관리되는 것이다. 둘째, 대화는 협동하여 제어된다. 각 발언기회는 모든 참여자들에 의해서 현재 화자에 대한 선택을 작동함에 따라 모양새가 지워지며, 각 발언기회의 경로와 길이에 영향을 준다. 심지어 발언기회가 새로 부각되어 나오는 현상으로 여겨지는 경우에도 두 속성이 모두 성립된다. 이런 얼개에서 결국 도달하게 되는 바는, 대화가 차례대로 참여자들의 기여에 의해서 관리된다는 점이다. 사람들이 대화에 들어가는 데에 일반적인 목적을 지닐 수 있겠지만, 그 목적에 도달하기 위하여 특정한 계획을 미리 준비할 수는 없다. 그들은 반드시 자신들이 실행하는 바를 차례대로 참여자들의 상호기여에 의해 협동하여 성취해야 한다.

11-2-1 대화의 출현방식 : 새로 부각되는 방식

만일 대화가 한 번에 하나의 기여내용을 새로 부각시켜 드러낸다면, 그런 일은 어떻게 일어나는 것일까? 협동작업 활동이 어떤 것이든지, 참여자들이 거기에 간여하지 않는 상태로부터 거기에 간여된 상태로 진행하고, 다시 거기에 간여하지 않는 상태로 진행해 나감을 상기하기 바란다(제2장을 보기 바람). 만일 그렇다면, 응당 시간상 대화의 세 단계

를 찾아낼 수 있어야 할 것이다.

① 대화에로의 입장 (entry into the conversation)
② 대화의 본체 (body of the conversation)
③ 대화로부터의 퇴장 (exit from the conversation)

만일 협동행위가 충분히 간단하다면, 참여자들은 다만 다음의 세 가지 특징상으로만 서로간에 조율함으로써 대화의 입장·본체·퇴장을 관리할 수 있다(제3장과 제7장을 보기 바람).

(ㄱ) 참여자들 (the participants)
(ㄴ) 입장 시간 (the entry time)
(ㄷ) 각 참여자가 실행할 행위 (the action each participant is to perform)

그러나 대화는 너무 복잡하다. 긴 대화에서 각 참여자가 미리 어떤 행위를 떠맡을지 구체화해 놓을 수가 없는 것이다. 그렇다면 그들의 행위는 어떻게 결정되는 것일까?

그 비밀은 협동하여 힘껏 이행하기를 수립하는 데 놓여 있다. 이것이 벤과 샬럿의 협동 전력이행을 대화로 들어가게 하고, 각 시점마다 대화를 지속시키며, 대화로부터 빠져 나가도록 해 준다. 협동 전력이행을 수립하기 위한 가장 일반적인 방식은 협동과제를 통해서이다. 이는 궁극적으로 '최소 협동과제minimal joint projects'가 된다. 이것들이 벤과 샬럿으로 하여금 그들에게 필요한 모든 것에서, 즉 입장 시간과 참여자와 대화에 있는 각 시점의 실행 행위에서 서로간에 조율할 수 있게 해 준다. 만일 그렇다면, 대화의 입장·본체·퇴장은 응당 일반적으로 최소 협동과제들을 수단으로 하여 순차적으로 성취되어야 한다. 이는 실제로도 그러하다. 입장에서는 새로 부각되어 나타나는 것이 시작 마디이며, 퇴장에서는 종결 마디이다.

11-2-2 시작 마디

벤과 샬럿이 결코 서로에게 동일한 시점에 이야기하고 싶다고 결정을 내리지는 않을 것이다. 오히려 한 사람이 개시하고, 다른 사람은 이를 응락하여 따른다. 예를 들어, 벤이 샬럿에게 말을 걸고 싶어 한다. 그는 대화를 제안한다. 만일 그녀도 꺼리지 않고 능력을 갖추고 있다면 수용한다. 두 사람은 모두 벤이 대화를 개시하는 데 어떤 목적을 지니고, 샬럿의 수용 결정이 궁극적으로 그 목적에 동의하는 데 있음을 당연하게 여긴다. 따라서 시작 마디들도 협동과제의 한 유형이 된다.

대화를 시작하는 일에서는 무엇보다도 '입장 시간·참여자들·참여자들의 역할·참여자들이 실행할 공식업무'를 해결해 주어야 한다. 얼굴을 마주보며 이것들을 해결하는 한 가지 방식은 다음과 같이 호명 및 응답 짝으로 이뤄진다(Schegloff, 1968).

Ben : Charlotte?
Charlotte : Yes?
벤 : 샬럿?
샬럿 : 응?

벤은 호명으로 여러 가지 일을 실행한다. 벤이 그 시점을 대화를 위한 입장 시간으로 제안한다. "샬럿?"을 이용하여, 벤은 상대방이 샬럿이고, 특정한 지위(가령 "스또운 씨?" 또는 "여사님?"이라고 말했을 수도 있음)를 지닌 것으로 전제하며, 대화의 참여자가 (그 지위에 있는) 샬럿과 그 자신임을 제안한다. 상승억양을 이용함으로써, 그는 발언권을 샬럿에게 넘기고 있으며, 조심스럽게 아직 구체화되지 않은 어떤 주제에 대하여 그녀가 이야기할 수 있고 꺼려하지 않는지를 묻고 있다.

이제 샬럿은 여러 가지 선택권을 지닌다(제7장을 보기 바람). 제안된 협동과제를 수용할 수도 있고("Yes?[응?]"), 바꿀 수도 있으며("It's Miss Stone. Yes?[저는 스또운입니다. 왜요?]"), 거절할 수도 있고("Sorry, I can't talk now[미안해요. 지금 난 말할 시간이 없어요]"), 고개를 다른 데로 돌려 버림으로써 대화의 제안으로부터 빠져 나갈 수도 있다. 여기서는 그녀가 협동과제를 수용한다고 하자. 그렇게 실행함으로써, 벤의 발화를 그녀는 가능한 대화 속으로의 입장을 표시하는 것으로 받아들이는 것이다. 그녀는 또한 자신의 이름을 샬럿으로 부른 것을 받아들이고, 그들 두 사람을 대화 참여자로 받아들이면서, 벤에 대한 자신의 인식을 보여 준다. 상승억양을 띤 응답 "Yes?[응?]"로 그녀는 벤이 첫 주제를 제기하였음을 제안하고 있다. 이런 방식으로 그녀는 자신이 기꺼이 대화를 지속하려는 마음이, 벤이 첫 번째 주제로 구체화한 것에 조건으로 되어 있음을 보여 준다. 만일 수용할 수 없다고 깨닫는다면, 여전히 그녀는 대화의 제안으로부터 빠져나갈 수 있다. 따라서 두 사람은 바로 간단한 인접쌍만으로도 '입장 시간·참여자들·역할·대화의 조건 내용'을 놓고서 서로간에 조율할 수 있다. 호명은 실제로 대화 속으로의 입장을 위해 마련된 예비주제의 시작인 것이다.

전화통화 시작은 종종 좀더 정교하다. 왜냐하면 서로 보지 않은 채, '참여자들·그들의 역할·마음 쏟음(≒전력이행)'을 찾아내기 위하여 좀더 많은 일을 해야 하기 때문이다(Schegloff, 1968, 1979, 1986). 전화상으로 호명은 전화걸기라는 특별한 형식을 취한다. "Charlotte?샬럿?"과는 달리, 이는 제안된 참여자들이나 그들의 역할을 찾아내지 않으므로, 다음에서와 같이 별개의 움직임으로 실행되어야만 한다(8.1f.624).

Jane : (rings Helen's telephone)
Helen : hello? . Principal's office
Jane : uh this is Professor Worth's secretary? from Pan-American College
Helen : yes?
Jane : u:m could you possibly tell me, what Sir Humphrey Davy's address is, -
제 인 : (헬렌에게 전화를 건다)
헬 렌 : 여보세요? . 비서실입니다
제 인 : 어 저는 워쓰 교수 비서인데요? 범미대학요
헬 렌 : 예?
제 인 : 어엄 제게 혹시 험프뤼 데이뷔 선생님 주소가 어떻게 되는지 말해 줄 수 있으시겠습니까, -

헬렌은 전화에 "hello여보세요"라고 대답하여 제인과의 대화 속으로의 가능한 입장을 표시해 준다. 즉각 (학장의 비서로서) 그녀는 그 대화에서 맡기로 기대된 역할을 알려 주고, 제인은 마치 요구받은 듯이 (워쓰 교수의 비서로서) 그녀 자신의 역할을 상대방에게 알려 줌으로써 응답한다. 이런 직업적 정체성은 그들의 공식적 의무와 책임을 규정하고, 그들의 공식업무로 진행해 나가도록 허용해 준다. 이는 오직 헬렌이 첫 번째 주제("yes?예, 무슨 일로 전화하셨죠?")를 요구하고, 제인이 의무적으로 대답할 때에라야 그러하다.

다른 경우에서는 필요한 것이 직업적 정체성이 아니라 개인적 정체성이다. 다음에서와 같이 그런 정체성을 수립하는 데 시간이 걸릴 수도 있다(7.2k.939).

Karen : (rings Charlie's telephone)
Charlie : Wintermere speaking? -
Karen : hello?
Charlie : he/lo
Karen : Charlie

Charlie : yes
Karen : actually it's
Charlie : hello Karen
Karen : it's me
Charlie : m
Karen : I(– laughs) I couldn't get back last night, [continues]
캐륀 : (촬리에게 전화를 건다)
촬리 : 예 윈터미어입니다만? –
캐륀 : 안녕?
촬리 : 안녕[어리둥절하여 무의식적으로 따라 반응하는 응답 인사말임]
캐륀 : 촬리
촬리 : 예
캐륀 : 나 사실 캐
촬리 : 아, 안녕 캐륀
캐륀 : 그래 나야
촬리 : 음 그래
캐륀 : 나(–웃음) 난 간밤에 되돌아올 수 없었거든, [계속됨]

비록 촬리가 캐륀의 호명에 대답하면서 자기 자신을 밝혀 주지만, 그녀는 간단히 자신의 목소리 표본으로부터("hello?안녕?") 촬리가 자신을 알아보리라고 기대한다. 촬리는 "he*l*lo안녕"라고 응답하지만, 그녀를 알아본 것 같지 않다. 캐륀은 "Charlie촬리, 내 목소리 모르겠어"하고 이름을 부르면서, 두 번째 목소리 표본을 다시 들려준다. 그리고 촬리의 "Wintermere윈터미어입니다" 응답으로부터 "Charlie촬리, 내 목소리 모르겠어"로 이동함으로써, 그녀는 또한 촬리와의 친밀성을 보여 준다. 여전히 촬리는 그녀의 목소리를 알아차리지 못한 듯하다. 그녀는 "actually it's나 사실"라고 말하면서 막 자신의 정체를 밝혀 주려고 하였는데, 그제서야 촬리가 그녀를 알아보고서 상대방의 발화에 끼어들어 중단시키고, 그녀한테 반가운 인사를 건넨다. 실제로 일단 촬리가 캐륀을 알아본 다음에는, 그가 그 전화통화에서 마치 그녀한테 방금 어정쩡한 응답 인사를 "he*l*lo안녕"하고 전혀 건네지 않았던 것처럼 무시하여, 새로 반갑게 "hello Karen안녕 캐륀"하고 인사를 전한다. 개인 신분을 수립하는 일은 쉽지 않은 미묘한 과정이 될 수 있다(Schegloff, 1968, 1979, 1986).

이야기하기 위해 협동 전력이행을 수립하는 데에는 종종 먼저 인사를 요구한다. 이는 면식 또는 재면식을 트게 되는 사회적 과정이다. 일정 기간 별거 뒤에 다시 만나는 사람들(부부임)은 다음 사례(7.2h.677)에서 보듯이, (ㄱ) 그들이 서로의 친교에서 즐거움을 찾게 되거나 이 기회에 서로를 기꺼이 받아들이고, (ㄴ) 이제 끝나 가는 별거가 나쁜 의도나 무관심으로부터 나온 것이 아님을 공통기반으로 만들 수 있다(Goffman, 1971).

Ken : (rings Margaret's telephone)
Margaret : extension five uhu two? ,
Ken : (.giggles) hello? .
Margaret : hello? .
Ken : hi, .
Margaret : how are you
Ken : me? . I'm very well, – . and you? – .
Margaret : fine, –
Ken : are you? .
Margaret : yes, . aren't you? –
Ken : I'm sorry I haven't rung before, . this week [continues]
켄 : (마그릿에게 전화를 건다)
마그릿 : 내선 502번입니다? .
켄 : (.키들키들 웃으면서) 안녕? .
마그릿 : 안녕? .
켄 : 안녕, .
마그릿 : 어떻게 지내?
켄 : 나? . 아주 잘 지내지, – . 그리고 당신은? – .
마그릿 : 잘 지내, –
켄 : 그래? .
마그릿 : 그래,. 당신도 그렇잖아? –
켄 : 미안해 전에 전화 걸지 못했어, . 이번 주 [전화가 계속됨]

켄과 마그릿은 겉으로 서로의 안부를 물으면서 서로 인사를 나눈다. "how are you?어떻게 지내?", "me? . I'm very well나? . 아주 잘 지내지" 등이다(Sacks, 1975). 인사에 포함되어야 하는 바는 문화마다 크게 다르다. 가령 어뷘(Irvine, 1974)를 보기 바란다. 요점은, 인사가 그들 나름의 협동작업 활동으로서 입장이 이뤄지고 퇴장하는 것이며, 그것 나름의 고유한 구조를 만들어 낸다는 것이다.

시작 마디가 끝나고 첫 번째 주제가 도입됨으로써 다음 마디가 개시되었다. 이는 흔히

Did you hear what happened to Wanda?

자네 원더에게 일어난 일을 들었는가?

Let me ask you about the party tonight.

오늘밤 연회에 대하여 물어봐도 되겠니?

와 같은 '예비 공지'로 완수된다. 따라서 시작 마디가 평범한 '입장→ 본체→ 퇴장' 구조로서 새로 부각된다.

시작 마디의 구조

입장	대화의 가능성 쪽으로 지향함 (orienting to the possibility of conversing)
본체	대화하고자 협동하는 데 전념함 (establishing a joint commitment to converse)
퇴장	첫 번째 주제를 개시함 (opening of first topic)

퇴장과 더불어, 참여자들은 본격적인 대화 속으로 들어가서 첫 번째 주제를 놓고 이야기하는데, 시작 마디가 완수해야 하는 바를 응당 막 완수해 놓은 것이다.

11-2-3 종결 마디

거의 대부분의 대화로부터 퇴장도 또한 입장처럼 복잡하다. 두 사람의 참여자인 벤과 샬럿이 단순히 말을 멈춤으로써 퇴장을 만들어 낼 수는 없다. 그들은 반드시 마지막 주제로부터 나와야 하고, 종결하기 위하여 서로 작별인사를 한 뒤에 그들의 실질적인 일탈 disengagement 벗어남을 서로간에 조율한다. 만일 벤이 알려 주지도 않은 채 퇴장한다면, 이는 샬럿을 기분 나쁘게 하면서 그녀의 자존심을 위협할 것이다(무시당한 느낌을 줌 : 뒤친이). 왜냐하면 그녀가 벤도 또한 전력이행한다는 잘못된 믿음을 지니고서 여전히 그들의 협동작업 활동에 마음을 쏟고 있기 때문이다(제10장을 보기 바람). 종결 마디도 그 나름의 '입장 → 본체→ 퇴장' 짜임새를 갖고 있다.

종결 마디의 구조

입장	마지막 주제를 끝냄 (terminating the last topic)
본체	떠나감 (taking leave)
퇴장	접촉을 끝냄 (terminating contact)

하나의 예시로서, 저자는 도시에 사는 미국인이 보여준 전화통화의 종결을 살펴볼 것이다(Schegloff and Sacks, 1973).

첫 번째 과제는 마지막 주제가 완결되었음에 동의하는 것이다. 샬럿이 대화 속으로 들여올 또다른 주제를 갖고 있기 때문에, 끝낼 준비가 되지 않았을 때에라도 벤은 대화를 종결할 준비가 갖춰질 수 있다. 또한 그 역도 성립한다. 따라서 종결 합의에 이르는 일이 애매해진다. 쉬글롭·쌕스(Schegloff and Sacks, 1973)에서 논의되었듯이, 특징적 해법은 가령 벤처럼 한 사람이 대화를 끝낼 준비를 신호해 주기 위하여, "yeah그래요" 또는 "okay좋아요"와 같이 예비종결 진술pre-closing statement을 제시하는 것이다. 만일 샬럿이 대화 속으로 들여올 또다른 주제를 갖고 있다면, 응답으로 그 주제를 실행할 수 있다. 그렇지 않다면, 예비종결 진술을 "yeah그래요" 또는 "okay좋아요"라고 응답하면서 수용할 수 있다. 이는 종결 마디를 열어 놓는다. 예비종결 진술과 그 응답은 예비연결체pre-sequence를 구성한다. 즉, 그것들이 해당 대화의 종결을 투영하는 것이다.

어머니 준June과 딸 대퓌Daphie 사이에 있는 대화의 마지막 부분을 살펴보기로 한다(7.3h.1012).

June	: yes	
Daphie	: thanks very much	
June	: OK?	[apparent closing statement]
Daphie	: right, *I'll see you this*	[response]
June	: *because* there how did you did you beat him?	[initiation of new topic]
Daphie	: no, he beat me, four one(. laughs)	
June	: four one .	
Daphie	: yes, . I was doing quite well in one game, and then then I I - I lost	
June	: oh, how disgusting	
Daphie	: yes	

June	: OK,. *right*	[pre closing statement]
Daphie	: *right*	[response]
June	: see you tonight	[proposal for future]
Daphie	: right,	[uptake]
	bye	[terminal exchange]
June	: bye love	[terminal exchange]
Both	: (hang up telephones)	[contact termination]
엄마	: 응	
딸	: 아주 정말 고마워요 엄마	
엄마	: 그래?	[명백한 예비종결 진술]
딸	: 그래요, *오늘 저녁에 뵐게요*	[응답]
엄마	: *왜냐면* 거기서 네가 니가 어떻게 그를 이겼니?	[새로운 주제 개시]
딸	: 아뇨, 그가 이겼어요, 4대 1로요(.웃음)	
엄마	: 4대 1 .	
딸	: 예, . 스쿼시 한 판은 내가 아주 잘 쳤었는데 그러고 그 뒤 내 내 – 내가 졌어요	
엄마	: 아이구, 기분 안 좋네	
딸	: 그래요 .	
엄마	: 좋아, . *그래*	[예비종결 진술]
딸	: *그래요*	[응답]
엄마	: 오늘밤에 보자꾸나	[장차 일 제안]
딸	: 그래요,	[수용]
	안녕	[종결 교환]
엄마	: 안녕 내 딸	[종결 교환]
모두	: (전화를 끊는다)	[접촉 종결]

맨 처음부터 두 번의 발언기회에서 엄마 준과 딸 대퓌는 (여기에 보여져 있지 않지만) 어떤 주제를 완결하는데, 잠재적으로 그들의 마지막 주제이다. 세 번째 발언기회에서 엄마 준은 예비종결 진술을 “OK?그래?”로 제시하는 듯하다. 대퓌가 종결 마디(“I'll see you this evening오늘 저녁에 뵐게요”)를 시작하기 위하여 이를 “right그래요”로 응답하여 수용한다. 그러나 엄마가 다시 또다른 주제로서 대퓌의 스쿼시 게임을 제기하며, 이 주제가 우선권을 차지한다. 일단 이 주제가 대화 경로를 통해 다 진행된 뒤에, 엄마는 두 번째 예비종결 진술

"OK . right좋아. 그래"을 제시한다. 딸이 이를 "right그래요"으로 응답하며 수용한다. 그리고 그들 두 사람이 적정한 종결 마디로 들어간다.

일단 마지막 주제가 종결된다면, 참여자들은 이내 자신들의 퇴장을 준비해야 한다. 만일 그들이 친한 사이라면, 곧 일어날 중단이 영구적이지 않으며, 장차 접촉을 재개할 것임을 말하여 서로 안심시킬 수 있다(Goffman, 1971). 다음에 작은 작별거리가 다섯 가지 제시되어 있다. 사람들이 헤어지면서 종종 다음 순서로 완수하게 된다(Albert and Kessler, 1976, 1978).

(ㄱ) 막 완결한 대화의 내용을 요약한다.
(ㄴ) 이 시점에서 접촉을 끝냄을 합리화한다.
(ㄷ) 서로에 대하여 만나서 즐거웠음을 표현한다.
(ㄹ) 특정하게("오늘밤에 뵙겠습니다") 또는 막연하게 장차 접촉계획을 말하여 관계의 지속을 나타낸다.
(ㅁ) 서로 잘 지내기를 바란다("안녕").

마지막 두 가지 행위 (ㄹ)과 (ㅁ)은 작별인사로 관례화된다. 행위 (ㄹ)은 여러 언어에서 다음 구절로 표현되고,

see you(또 다시 보자), auf Wiedersehen, tot ziens, au revoir, hasta la vista, …

행위 (ㅁ)은 여러 언어에서 다음 구절로 표현된다.

good bye(잘 가요), good evening(좋은 저녁 보내세요), guten Abend, goede dag, bon soir, bon voyage, buenas noches, adios, shalom, …

이들 행위와 함께 참여자들은 그 대화를 퇴장할 준비가 되었다는 상호간의 믿음에 도달한다.

마지막 문제는 접촉을 함께 끊는 것이다. 전화통화에서 이는 수화기를 내려놓는 일을 의미한다. 만일 샬럿이 끊기 전에 벤이 수화기를 내려놨다면, 또는 그 반대의 경우라면, 상대방에게 기분이 나빠지게 할 수 있다. 그러므로 두 사람이 모두 동시에 중단하려고 하는 것이다. 그들은 함께 "bye안녕"이라고 말하는 데로 치달으면서, 그 시점에 수화기를 내려놓기 시작한다. 만일 이를 올바르게 실행한다면, 아무도 상대방이 수화기를 내려놓는 '딸깍!' 신호음을 듣지 못한다.

만일 두 번째 마디가 명백히 작별을 위한 것이라면, 소원한 관계이어서 친밀함을 다시 단언할 필요가 없을 경우에는 응당 결여되어야 한다. 전화번호 안내원에게 거는 정형화된 전화 호출에서, 통화자와 안내원은 일반적으로 "thank you고마워요"와 "you're welcome 천만에요"을 교환하고, 작별인사 "goodbye안녕히 계세요"를 주고받지 않은 채 전화를 끊는다. 그럼에도 불구하고 통화자가 안내원에게 덜 정형화된 정보를 요구하고, 심지어 약간 더 친해지는 경우에는, 그들이 작별인사 "goodbye"의 교환을 개시할 것 같다(Clark and French, 1981). 그리고 단지 일시적으로 접촉을 끊는 두 사람의 친구도 작별인사 "goodbye"가 필요하지 않을 것이다. 작별인사 "goodbye"를 주고받는 일은, 자유의사에 따라 작별을 하려는 과정으로부터 퇴장하기 위한 것이지, 대화 그 자체로부터 퇴장하는 것은 아니다.

그러므로 종결 마디에 무엇이 포함되고, 포함되지 않는지는, 참여자들이 마지막 주제를 종결하고 접촉 중단을 준비한 뒤, 접촉을 끊기 위해 필요한 협동행위에 달려 있는 것이다. 각 협동행위마다 특징적인 '입장→본체→퇴장' 구조가 부각되어 나타난다.

§.11-3 대화에 있는 짜임새

대화는 흔히 어떤 미리 마련된 계획set plan을 중심으로 하여 짜인 듯이 보이지만, 이는 환상이다. 이런 짜임새가 사실은 참여자들이 실행하려고 노력하는 바를 놓고서 새로 부각되는/발현되는 속성emergent property이다. 벤이 샬럿에게 이야기하는 경우에, 그는 여러 목적들을 지닌다. 일부는 잘 정의되고, 일부는 막연하다. 그리고 샬럿도 또한 그러하다. 그렇지만 벤이 지닌 대부분의 목적들은 그녀의 상호협동을 필요로 한다. 샬럿은 벤이 제안하는 협동과제가 어떤 것이든지, 완결하거나 변경하거나 거절하거나 또는 빠져나갈 권한을 갖고 있으며, 그녀 나름의 협동과제를 제안할 수도 있다. 그들이 합의할 수 있는 가장 큰 과제가 마디들로 새로 부각되어 나타난다. 하위마디 또는 샛길로 빠진 여담 마디로서 더 좁은 과제들도 새로 부각되어 나타난다. 그들의 대화 짜임새는 지엽적으로 계획되며, 기회 닿는 대로 편리하게 실행되는 협동행위들로부터 새로 부각되어 나타난다/발현된다.

이런 환상에 대한 한 가지 원천은, 우리가 일상적으로 대화의 짜임새를 추론하게 되는 녹취 기록물/전사물들이다. 문제는 녹취 기록물이 모래 위에 난 발자국과 같다는 것이다. 그것들은 단지 대화를 산출한 활동들에 대한 수동적인 흔적이며, 더구나 빈약한 흔적에 지나지 않는다. 녹취 기록물/전사물에서 우리가 발견하는 구조는 오직 대화가 어떻게 새롭게 부각되었는지를 암시해 줄 뿐이다.

11-3-1 행위의 짜임새

사실상 대부분의 의도적 행위는 잘 짜여 있는 듯이 보인다. 만일 우리가 벤이 케이크를 굽는 것을 보고, 그가 실행하는 바를 기록한다면, 다음과 같이 일련의 진술들을 만들어 낼 듯하다.

> "Ben gets out a mixing bowl"; "Ben measures two cups of flour"; "Ben puts flour into the mixing bowl"; "Ben answers the telephone"
> 벤이 버무리는 그릇을 꺼낸다. 밀가루 두 컵을 계량한다. 밀가루를 버무리는 그릇[양푼]에 넣는다. 전화를 받는다.

이들 진술이 각각 작은 완결 과제를 서술해 준다. 즉, 벤이 버무리는 그릇(양푼)을 원하고 하나를 꺼낸다. 그리고 이것들은 더 큰 과제의 부분들이다.

과제 1 : 벤이 케이크를 굽는다	
하위과제 1 : 벤이 재료를 버무린다	차하위과제 1-1 : 버무리는 그릇[양푼]을 꺼낸다 차하위과제 1-2 : 밀가루를 계량한다 차하위과제 1-3 : 밀가루를 양푼에 넣는다 … 차하위과제 1-20 : 반죽을 케이크 굽는 팬에 붓는다
하위과제 2 : 벤이 반죽을 굽는다	차하위과제 2-1 : 오븐의 온도를 정하여 맞춘다 차하위과제 2-2 : 오븐을 연다 …
하위과제 3 : 벤이 케이크 당의를 입힌다	차하위과제 3-1 : 가루설탕을 꺼낸다 …

우리는 벤이 케이크 굽는 일을 시작하였다고 추론한다. 이는 특정한 하위과제들을 함의였는데, 이것이 그 자체로 다른 차하위과제들을 함의하였다, 등등.

그렇지만 이런 흔적은 이들 목표과제 및 하위과제의 지엽적이고 편리하게 기회 닿는 대로 진행되는 본성을 가려 버린다. 무엇이 "벤이 버무리는 그릇(양푼)을 꺼낸다"라는 행위로 이끌어 갔는가? 벤은 음식재료를 준비하기 위하여 뭔가 필요하였으므로, 양푼을 꺼내는 일을 (차하위) 목표로 투영하였다. 그 목표에 벤이 어떻게 도달할 수 있었을까? 흔히 그릇이 찬장에 있음을 알고 있으므로 그는 찬장을 찾아보고서 양푼을 발견하고 꺼내 놓았다. 만일 거기 그 그릇이 없었더라면, 대안이 되는 방법을 생각하여 가장 적당한 것을 선택하였을 것이다. 개수대에서 양푼을 찾아보았을 수도 있고, 이웃집에서 양푼을 빌려왔을 수도 있고, 대신 큰 냄비를 꺼냈을 수도 있다. 우리가 아는 모든 것은, 벤이 단지 조리대에 있는 양푼을 보지 못하고서 찬장으로 갔다는 점이다. 그 흔적은 벤이 택하지 않은 선택들, 즉 그가 선택하지 않은 기회들에 대하여 아무런 것도 우리에게 말해 주지 않는다. 반대로 우리로 하여금 벤의 선택이 시작에서부터 존재하였음을 가정하게 한다.

흔적이 표상하는 바는 벤이 실제로 선택한 기회들이며, 이것들이 서로 여러 가지 관계를 낳는다. 두 가지 과제 *s* 및 *t* 사이에 성립하는 세 가지 가장 일반적인 관계는 다음과 같다.[7]

s와 t 사이에 성립하는 일반적 관계

종류 \ 내용	s와 t의 관계 속성	s상의 조건
연속체 관계	t는 s에 곧 이어서 일어난다	s는 반드시 t가 시작되기 전에 완결되어야 한다
부분 및 전체 관계	t는 s의 일부이다	s가 완결되도록 t는 반드시 완결되어야 한다
잠시 일탈 관계	t는 s로부터 벗어난 일이다	t가 시작 또는 완결되기 전에 s가 꼭 완결될 필요는 없다

우리의 사례에서는 반죽을 굽는 일이 재료를 버무리는 일에 이어서 계기적으로 일어나고, 밀가루를 계량하는 일도 버무리는 양푼을 꺼내는 일에 이어서 계기적으로 일어난다. 대조적으로 밀가루를 양푼에 쏟아 넣는 일은 재료를 혼합하는 일의 일부가 된다. 오븐의 온도를 맞춰 놓는 일은 반죽을 굽는 일의 일부분이다. 걸려온 전화를 받는 일은, 해당 케이크를 굽고 재료를 반죽하며 밀가루를 양푼에 쏟아 넣는 일로부터 잠시 벗어나는 일(≒잠시 일탈)이다. 이런 관계들이 각각 특정한 조건에 종속된다. 연속체 관계에 대하여, 벤은 반드시 반죽을 굽기 전에 재료를 반죽하는 일을 끝내 놓아야 한다. 부분 및 전체 관계에 대하여, 벤은 반드시 재료를 반죽하는 일을 완결하기 위하여 밀가루를 계량하는 일을 끝내 놓아야 한다. 잠시 일탈 관계(≒잠시 딴일을 함)에 대하여, 벤은 걸려온 전화를 받기 위하여, 아마 케이크를 만드는 일로 되돌아오기 전에 먼저 전화통화를 끝내게 될 것이지만, 양푼 속에 밀가루를 쏟아 놓는 일을 반드시 완결해야 하는 것은 아니다.

---

[7] 여기에 있는 s와 t는 확대된 협동과제에서 임의의 과제들을 나타내는 기호이며, 특별한 어떤 글자를 줄인 것은 아니다. §.11-3-3의 두 번째 단락을 보기 바란다.

동일한 관계는 협동행위로 나타나는 듯하다. 애너Anna가 잘 알려진 관광명소인 괴테기념관을 찾기 위하여 프랑크푸르트 도심 한복판에 있고, 지나가는 사람 베언트Bernd에게 길 방향을 묻는다. 다음에 그들이 말하는 바가 영어로 번역되어 있다(Klein, 1982 : 171).

Anna : Excuse me, could you tell me how to get to Goethe House?
Bernd : (3.0) Goethe House?
Anna : Yes.
Bernd : Yes, go up that way, always straight ahead, first street to the left, first street go the right.
Anna : First left, first right.
Bernd : Yes.
Anna : Thank you.
애너 : 실례합니다, 괴테기념관으로 가는 길을 말씀해 주실 수 있으세요?
베언트 : (3.0초 흐름) 괴테기념관요?
애너 : 예.
베언트 : 예. 저 길로 올라가서 언제나 곧장 가시되, 첫 도로에서 왼쪽으로, 첫 도로에서 오른쪽으로 가세요.
애너 : 첫 길에서 왼쪽, 첫 길에서 오른쪽으로요.
베언트 : 예.
애너 : 고마워요.

이 대화의 구조는 다음과 같이 나타낼 수 있다.

과제 1 : A와 B가 대화를 나눈다	
하위과제 1 : A와 B가 대화로 들어간다	차하위과제 1-1 : A와 B가 대화하는 데 동의한다
하위과제 2 : A와 B가 대화를 실행한다	차하위과제 2-1 : A와 B가 길 방향을 주고받는다 차차하위과제 2-1-1 : A가 B에게 길방향을 말해 주도록 요청한다 차차하위과제 2-1-2 : B가 A에게 방향을 말해 준다 차하위과제 2-2 : A와 B가 고맙다고 인사를 나눈다 차차하위과제 2-2-1 : A가 B에게 고맙다고 말한다 차차하위과제 2-2-2 : B가 A의 사의를 받아들인다
하위과제 3 : A와 B가 대화에서 퇴장한다	차하위과제 3-1 : A와 B가 접촉을 끊는다

또한 여기서 우리는 연속체 관계와 부분-전체 관계를 찾아낸다. 예를 들어 감사인사의 교환은 길 방향 안내의 교환에 곧 이어져 계기적으로 일어난다. 그리고 이것들이 대화 업무를 실행하는 협동행위에 대하여 각 참여자들이 맡은 부분이다. 심지어 더 낮은 층위에서, 이해에 대한 확증("Goethe House?괴테기념관요?", "Yes예")은 베언트에게 괴테기념관으로 가는 방법을 묻는 일에 대한 애너의 기여 일부분이다. 이 대화에서는 잠시 일탈이 없다. 따라서 애너와 베언트는 많은 협동행위들을 실행하는데, 모두 연속체 관계나 또는 부분-전체 관계를 만들어 낸다.

이런 구조의 위상은 무엇일까? 목표-계획 관점에서는, 한 문장의 통사가 화자가 언표 속에 깃든 행위(§.5-2)를 수행하기 위하여 충실히 따르려고 하는 구조인 것처럼, 그만큼 애너와 베언트가 그들의 목표에 도달하기 위하여 충실히 따르는 어떤 계획을 반영할 듯하다. 편리하게 기회 닿는 대로 실행하는 관점에서는, 해당 구조가 오직 애너와 베언트가 대화에서 제안된 협동과제를 처리하기 위하여 그들이 실행할 필요가 있는 바를 실행해 나감에 따라서만 새로 부각되어 나타난다/발현된다. 이는 택해진 기회의 흔적이지, 미리부터 고려된 기회의 흔적은 아니다.

모든 대화에서와 같이 애너와 베언트의 대면담도 '입장→본체→퇴장'의 단계를 지닌다. 입장은 애너에 의해서 "Excuse me실례합니다"라고 말하면서 눈을 마주쳤을 때 개시되었고, 베언트가 기꺼이 그녀에게 응답해 주려고 함을 확정해 놓는다. 본체는 하나의 주요 협동과제로 이뤄진다. 즉, 애너가 베언트로 하여금 괴테기념관에 가는 방법을 말해 주도록 제안하고, 그가 그녀의 제안을 받아들인다. 비록 그녀가 자신의 제안을 "Could you tell me how to get to Goethe House?괴테기념관까지 가는 길을 말해 주실 수 있습니까?"라고 말하면서 제안하지만, 이는 토대를 마련하기 위하여 자신과 베언트로 하여금 두 번 이상의 발언기회를 취한다("Goethe House?", "Yes"). 일단 이 토대가 마련되었다면, 베언트는 협동과제에 스스로 전념하며, 애너에게 길 방향을 일러 준다. 그리고 그들 둘 모두 길 방향에 대한 토대를 마련하기 위하여 다음 두 번의 발언기회를 취한다. 마지막으로, 애너가 길을 알려준 데 대하여 베언트에게 감사드리고, 접촉을 끊음으로써 해당 대화로부터 퇴장한다.

이런 대화가 진행되어 나감에 따라서, 베언트가 실행한 바에 따라서, 이는 아주 다른 정반대의 방향을 택할 수도 있었다. 다음에 두 가지 대안이 제시되어 있다. 첫째, 베언트가 눈 마주치는 일을 외면하면서, 애너의 "Excuse me실례합니다"를 무시할 수도 있었다. 또는 둘째, 베언트가 대화 속으로 들어갔지만, 괴테기념관이 어디 있는지 몰랐기 때문에 애너의 제안을 거절할 수도 있었다. 이는 애너에 의해서 개시된 다음 두 번째 대화와 같은데, 어떤 친구가 동행하고 있었다(Klein, 1982 : 180).

Anna : Could you tell us how to get to Goethe House?
Carl : Goethe House? No address?
Anna : No, it was Great Hirschgraben, I think.
Carl : Sorry?
Anna : Great Hirschgraben, the street. (5.0) You don't know. We'll ask someone else.
애 너 : 괴테기념관 가는 길을 말해 주실 수 있습니까?
카 알 : 괴테기념관요? 주소 없나요?
애 너 : 없습니다. 제 생각에 대 허슈그하번이었던 것 같군요.
카 알 : 미안하네요?
애 너 : 허슈그하번 대로. (5.0초 흐름) 잘 모르시는군요. 다른 분에게 여쭤 볼게요.

비록 카알이 길 방향을 제시해 주지 않았더라도, 여전히 시작 부분이 있고, 제안되고 고려된 협동과제가 있으며, 종결이 있다.

이런 관점에서 보면, 애너 및 베언트의 대화는 그들에 의해 시도된 협동과제와 행위들에 의해서 구조화되어 있다. '과제 1 : A와 B가 대화를 나누다'는 전체 대화이다. 하위과제 1·2·3(입장·본체·퇴장)은 어떤 대화에서든지 요구되는 협동과제이다. 차하위과제 2-1, 2-2(길 방향 교환 및 감사인사 교환)는 하위과제 2의 일부가 되는 두 개의 협동과제이다, 기타 등등. 비록 과제 구조가 계층적이며, 처음부터 끝까지 거기 있었던 듯이 보일 수 있겠지만, 애너와 베언트가 협동과제를 하나씩 제안하고 받아들이면서 대화에 기여를 한 번씩 해 나감에 따라, 발화마다 오직 하나씩 새로 부각되어 나타난다/발현된다.

길 방향 안내는 특별하지 않다. 모든 대화가 '입장→본체→퇴장'을 지니며, 길 안내의 특징들을 일부 설명해 준다. 모든 기여내용은 토대를 마련하는 일을 요구하는데, 이것이 다른 특징들을 고정해 놓는다. 모든 성공적인 협동과제는 제안되고 수용이 이뤄지지만, 여전히 다른 특징들로 이끌어 간다. 이들 특징들 대부분은 쉽게 변동한다. 왜냐하면 참여자들이 협동하여 전력이행하는 행위들에 달려 있기 때문이다. 대화도 참여자들이 실행하는 경로를 취하는데, 이는 규범적인 얼개를 따르기 때문이 아니라, 오히려 협동행위의 일반적인 원리를 따르기 때문이다.

11-3-2 담화의 주제

대화는 종종 여러 가지 주제들로 나뉜다고 가정된다. 임의의 마디 또는 하위마디에 대한 주제 또는 담화 주제는 해당되는 그 마디가 언급하는 바에 대한 것이다. 이 착상은 두 사람이 어떤 대화를 시작한 뒤에, 대화를 개시한 한 사람이 첫 번째 주제를 도입한다는 것이다. 일단 그들이 첫 번째 주제를 끝마쳤다면, 해당 대화를 종결하기로 결정할 때까지 반복적으로 새로운 주제를 끌어올 수 있다. 차례로 담화 주제는 흔히 각 발화가 언급하는 바, 즉 그 문장 주제와 관련되는 것으로 가정된다.[8]

주제에 대한 개념은 애매하기로 악명이 높으며, 어떻게 정의되고 적용되어야 하는지에 대하여 거의 합의가 이뤄져 있지 않다.[9] 고전 수사학에서는, 주제가 논술문 및 연설의 주제나 소재들을 서술해 주는데, 거기에서 이 개념은 어떤 논리적 근거를 지닌다. 논술문 및 연설은 대체로 설득하기 위하여 계획된 논점들로 짜인 단정으로 이뤄져 있다. 그러므로 "what the discourse is about해당 담화가 언급하는 바"는 사실상

what the writer or speaker is talking about
집필자나 화자가 말하고 있는 바

가 되는데, 이는 각 논점에 대하여 쉽게 찾아질 수 있다. 그리고 논술 집필자와 연설가들은 자신이 쓰고 말할 바를 수정편집하고 연습하면서 홀로 작업하기 때문에, 자신의 주제와 소재들을 원하는 만큼 분명하고 완결되며 일관되게 만들어 낼 수 있다. 그렇다면 논술 및 연설이 주제별로 구분될 수 있다. 그것들이 (ㄱ) 고도로 계획되어 있고, (ㄴ) 산출자의 일방적인 통제 아래 놓여 있으며, (ㄷ) 대체로 단정으로 구성되어 있기 때문이다.

대조적으로 대화는 ① 기회 닿는 대로 편리하게 진행되고, ② 참여자들의 협동 통제 아래 놓여 있으며, ③ 단정보다 더 많은 내용의 것들로 구성되어 있다. 여기서 'what the *speaker* is talking about화자가 말하고 있는 바'는 좀더 미끄러워 붙잡기 어려운 개념인

what the *participants* are talking about
관련된 참여자들이 말하고 있는 바

로 바뀌어야 한다. 그런 주제는 모든 참여자에 의해서 합의되고, 새로운 기여내용으로

[8] 〈원저자 3〉 담화 주제의 개념에 대한 개관을 보려면 브롸운·율(Brown and Yule, 1983)을 보기 바란다. 문장 주제에 대해서는 롸인하앗(Reinhart, 1981)을 보기 바란다.

[9] 현재 '정보 구조' 분야에서 이 개념이 다뤄지고 있다. 그렇지만 번역자는 이런 착종이 주제의 개념을 너무 현학적으로 취급하기 때문이라고 믿고 있다. 주제의 개념은 전형적으로 원시 언어나 피진 어에서 찾아지는 인지상의 두드러짐과 관련해서 재정립되는 것이 옳다고 본다. 즉, 배경과 초점 정보로 나누는 일은 인류의 진화과정에서 자연스럽게 습득하게 된 방식인 것이다.

자주 변경된다. 요청 받는 경우, 참여자들이 심지어 응당 그렇게 간주되어야 하는 바까지도 합의에 이르지 못할 수 있다. 가장 큰 문제는 비-단정문nonassertions이라는 점에서 비롯된다. 벤과 샬럿이 말하고 있는 바가 요구와 응락으로 되어야 할까?

"Please sit down" : "Okay"
자리에 좀 앉아 주십시오 : 좋습니다.

아니면 제안과 수용으로 되어야 할까?

"Have some cake" : "Thanks, I will"
케이크 좀 드세요 : 고마워요, 그럴게요.

또는 감사인사의 교환으로 되어야 할까?

"Thanks" : "Don't mention it"
고마워요 : 천만에 말씀입니다.

아니면 서로간의 인사로 되어야 할까?

"Hi" : "Hi"
안녕 : 안녕

'참여자들이 말하고 있는 바'에 대한 개념은, 협소하게 단정문이나 또는 일방적으로 계획되어 단정의 힘을 지닌 마디에다 적용될 수 있다. 앞의 예들에서 보여 주듯이, 이는 다른 협동과제에는 적용되지 않는 것이다.

저자는 좀더 기본적인 개념이 협동과제라고 제안한다. 애너와 베언트의 대화 주제를 우리는 괴테기념관이나, 괴테기념관까지 가는 경로나, 심지어 괴테기념관에 도착하는 일로 선택한다고 가정할 수 있다. 하지만 그런 주제가 실제로 애너와 베언트가 말한 바, 또는 그들이 실행한 하위주제들을 선택한 이유를 설명해 주는 데에 아무런 도움도 주지 못한다.

예를 들어 이는 애너가 왜 "Could you tell me how to get to Goethe House괴테기념

관까지 가는 길을 말해 주실 수 있습니까?" 물었고, 베언트가 왜 "Go up that way저 길을 곧장 올라 가세요"라고 대답하였는지 등등, 그 이유를 설명해 주지 못한다. 이와는 반대로, 우리가 새로 부각되어 나타나는 협동과제를 "A and B exchanging route directionsA와 B가 길 방향을 교환하고 있다"라고 서술한다면,[10] 어떻게 그것이 애너의 요구로 시작되었고, 베언트의 응답으로 수용되었는지를 알 수 있다. 종전의 담화 주제는 협동행위의 역동적인 경로 및 그 경로로부터 전개되는 바를 합당하게 다룰 수 없는 정태적인 개념이다.

담화 주제를 이렇게 역동적인 방식으로 취급하는 일은 사실상 새로운 것이 아니다. 바버롸 그로슈(Barbara Grosz, 1981) 및 뢰이췰 롸이크먼(Rachel Reichman, 1978)에 따르면, 대화 마디는 참여자들이 수행하려고 애쓰는 과제들의 도막piece들에 대한 직접적인 반영물이다. 그로슈는 이런 도막들을 '초점 공간focus spaces'으로 불렀고, 롸이크먼은 '맥락 공간context spaces'이라고 불렀다. 둘 모두 연속체 관계, 부분-전체 관계, 잠시 일탈 관계로 짜여 있다. 협동과제의 개념은 두 개념의 많은 측면들을 다룬다.

11-3-3 담화 추이discourse transitions

길 방향 교환과 같이 확대된 협동과제는, 케이크 굽기와 같이 확대된 자족적인 과제가 지니지 않는 복잡성을 갖고 있다. 해당 부분들 속으로의 입장 및 거기로부터의 퇴장에 대한 상호조율이다. 많은 협동과제들에 대하여 어떤 협동과제로부터의 퇴장이 다음 협동과제 속으로의 입장에 의해서 상호조율되며, 이것이 확대된 협동과제들에 대하여 성립됨을 상기하기 바란다(제3장을 보기 바람).

하나의 확대된 협동과제 *s*로부터 다음 협동과제 *t*로의 추이/전개는, 전통적으로 '주제 전환topic shift'이라고 불렀는데, *s*와 *t* 사이에 있는 관계에 달려 있다. §.11-3-1에서 다뤘던 세 가지 관계들과 함께, 우리는 다음과 같이 다섯 가지 유형의 추이/전개를 구분할 수 있다.[11]

---

[10] 여기서 두 진술문의 차이는 talk(말하다)과 exchange(교환하다)라는 동사로 대표할 수 있다. 저자는 전자가 협소하게 언어 표현 중에서도 단정 서술문에만 적용되는 것으로 보고 있다. 이와는 달리 후자는, 번역자가 판단하건대, 참여자들의 의도(≒상호작용 의도)와 관련되어 있으므로, 다양한 언어 표현뿐만 아니라 비-언어적인 행위까지도 모두 다 가리킬 수 있는 장점이 있다.

[11] 워커·조쉬·프륀스(Walker, Joshi and Prince eds., 1998 : 47)의 『담화에서 중심소 자리 잡기 이론(*Centering Theory in Discourse*)』(Clarendon)에서는 청자의 주의력 집중 관점에서 세 가지 유형을 언급한다. sibling(형제 관계, 즉 본문 도표의 next 유형임)·push only(심화 진전)·pop only(도로 빠져나옴)이다. 뿐만 아니라 추이 관계의 상위 개념으로 '중심소 자리 잡기(centering)'를 상정하여, 임의의 주제가 중심소를 중심으로 하여 지속(continue)·보류(retain)·전환(smooth and rough shift : 부드러운 전환 및 급격한 전환)되는 관계를 다룬다. 일반적으로 담화 전개는 '지속 〉 보류 〉 전환'으로 선호되며, 세계 여러 언어로부터 이 경향이 논증된다. 이는 담화의 형식화 연구에서 매우 중요한 업적이다. transition은 바뀌어 나가는 흐름을 뜻하므로 '추이'라고 번역하였는데. 전개 또는 전환으로도 번역될 수 있다. 다만 shift(바뀜, 전환)와 혼동을 피해 '전개'를 쓸 수도 있다.

*s*와 *t* 사이에 성립하는 다섯 가지 유형의 추이/전개 관계

유형	추이/전개 내용	*s*와 *t*의 관계
다음으로(next)	다음 과제로 들어간다	*t*가 *s*에 바로 뒤이어진다
심화 진전(push)	하위과제로 들어간다	*t*가 *s*의 일부이다
도로 빠져나옴(pop)	하위과제로부터 도로 빠져나온다	*s*가 *t*의 일부이다
잠시 일탈(digress)	잠시 일탈로 들어간다	*t*는 잠시 *s*로부터의 일탈이다
본론으로 되돌아옴(return)	일탈로부터 본론으로 되돌아온다	*s*는 잠시 *t*로부터의 일탈이다

이들 추이/전개를 완성하기 위한 일정범위의 기제들이 있는데, 이미 몇 가지를 살펴보았다. 다음에 두 가지 주요 유형이 제시되어 있다. 인접쌍과 담화표지이다.

(1) 인접쌍(Adjacency pairs)

확대된 협동과제 속으로 들어가는 한 가지 표준 방식은, 최소 협동과제를 개시하는 것인데, 인접쌍에 대한 첫 번째 부분을 산출하는 일이다(제7장을 보기 바람). "oh it's Professor Worth's secretary, from Pan-American College아 저는 범미대학의 워쓰 교수 비서입니다"처럼 단정을 하거나, "is Miss Pink in?핑크 여사님 계십니까?"처럼 질문을 하거나, 또는 "thank you very much indeed정말 고맙습니다"처럼 감사 표현을 제시한다. 인접쌍이 불러내는 추이의 유형은, 인접쌍과 이전 발화의 관계에 달려 있다. 다음으로next, 심화 진전push, 도로 빠져나옴pop에 대한 사례들을 보기 위하여, 잡화점 계산대에서 일어난 다음 발화 교환을 살펴보기로 한다(Merrit, 1984 : 10).

C : Hi, do you have uh size C flashlight batteries?
S : [Next] Yes sir.
C : [Next] I'll have four please.
S : [Push] Do you want the long life or regular?
[Push] See the long life doesn't last ten times longer than the regular battery.
[Next] Usually last three time as long.
[Next] Cheaper in the long run.
[Next] These're eight-eight.
[Next] These're thirty-five each.
C : [Pop] Guess I better settle for the short life.

S : [Next] How many you want?

C : [Next] Four please.

S : [Pop] Okay (picks four and puts on counter)

[Next] That's a dollar forty and nine tax, a dollar forty-nine.

고객 : 안녕하세요, 어 C 크기 손전등 건전지가 있습니까?

점원 : [다음으로] 예 고객님.

고객 : [다음으로] 전 네 개 사려고 해요.

점원 : [심화 전진] 강력 건전지를 찾습니까 아니면 일반 건전지입니까?

[심화 전진] 헌데 강력 건전지가 일반보다 10배 더 오래 가는 건 아니거든요.

[다음으로] 보통 세 배쯤 오래 가죠.

[다음으로] 지속 시간에서는 더 싸죠.

[다음으로] 이것들은 88전이고,

[다음으로] 이것들은 하나에 35전이에요.

고객 : [도로 빠져나옴] 그렇다면 저는 일반 건전지로 정하는 게 낫겠군요

점원 : [다음으로] 몇 개나 사십니까?

고객 : [다음으로] 네 개입니다.

점원 : [도로 빠져나옴] 좋습니다(건전지 네 개를 꺼내고 계산대 위에다 놓는다)

[다음으로] 네 개가 1불 40전인데 세금이 9전 붙어서 모두 1불 49전이네요.[12]

고객 C는 "Do you have uh size C flashlight batteries?[C 크기 손전등 건전지가 있습니까?]"라는 질문으로 정보를 교환하는 협동과제를 개시한다. 기대되는 다음 발언기회는 응답이므로, "yes sir[예 고객님]"이라고 대답하면서 점원 S가 다음 과제로 진행해 나간다. "I'll have four please[네 개를 사려고 해요]"라는 말로 고객 C는 또다른 다음 발언기회에서 상거래를 개시한다. 그러나 그 교환의 일부로서, 점원 S는 더 많은 정보가 필요하다. 점원은 '심화 진전[a push]'으로서 "Do you want the long life or regular?[강력 건전지를 찾습니까 아니면 일반 건전지입니까?]"라고 말하면서 하위과제를 하나 개시하고 나서, '도로 빠져나옴[a pop]'으로서 "Okay[좋습니다]"라고 하면서 주된 과제(≒본론)로 되돌아오기 전에 '다음으로[a next]'로서 "How many you want?[몇 개나 사십니까?]"라고 물으면서 두 번째 하위과제를 개시한다.

---

12 미국에서는 상품에 미리 세금이 붙어 있지 않고, 오직 거래가 생길 때에라야 비로소 세금이 붙으며, 주마다 세금 비율이 조금씩 다르다(대략 7~9%쯤). 이와는 달리 우리는 상품을 생산할 때 상품 가격에 미리 세금이 다 들어가 있다. 만일 우리의 경우라면, 상품 표시가격이 35전×7%=37.45전으로 붙어 있었을 것이다.

잠시 일탈digression도 다음 예시에서 보듯이 그 입장과 퇴장에서 대략 하위과제처럼 되어 있다(1.4.121).

Adam : and uh so they're probably their own pictures, aren't they
Brian : m - -
Adam : well, I don't know
Brian : [Digress] is there any milk? -.
Adam : yeah there's this this uh powdered milk
Brian : ah yes, - what does that do in tea, does that dissolve in tea
Adam : I've only just discovered that, uh a week ago
Brian : we used to have that in the war,
Adam : I had it in coffee, . *earlier*
Brian : *m*
Adam : the thing is, that it's quite handy, if you run out of *milk*
Brian : *quite,* yeah, will it **melt** in tea though.
Adam : **it keeps**
j- I suppose so -- it's dehydrated milk.
Brian : m - - - to make a pint it says
Adam : [Return] actually, he caught me, on the hop, because uh when you rang up, unfortunately, I was speaking to the bee-est gasbag I've met for years

애덤 : 허고 어 그래서 아마도 그것들은 그들의 사진이겠지, 안 그럴까
브롸이언 : 음 - -
애덤 : 글쎄, 잘 모르겠는 걸 -
브롸이언 : [잠시 벗어남] 어떤 우유라도 있나?
애덤 : 그래 이 이 어 분유가 있지
브롸이언 : 아 그래, - 차에 넣으면 어떻게 되지, 그게 차에 녹을까
애덤 : 난 다만 그 분유를 찾아냈어 어 일주일 전에 말야
브롸이언 : 우리가 전쟁 때 분유를 이용하곤 했었지
애덤 : 난 커피에다 탔었지, . *더 일찍 말야*
브롸이언 : *음*
애덤 : 요점은 *우유가* 떨어졌을 때 분유가 아주 편리하다는 점이야

브라이언 : *정말 그렇지,* 그래, 그렇지만 차 속에서도 **잘 풀어질까**

애덤 : **그게 제대로**

자- 내 짐작으로는 -- 그래 그게 탈수 유유거든

브라이언 : 음 - - - 1파인트(말린 가루 0.47리터)를 만들기 위해서라고 그래

애덤 : [본론으로 되돌아옴] 사실은 그가(=Tim을 가리킴) 날 붙잡고 떠벌리고 있었는데, 어 네가 전화했을 때에 불행하게도 몇 년 동안 만나봤던 떠버리 중 최고 떠버리하고 내가 말하고 있었기 때문이란 말야

애덤과 브라이언은 이야기를 하면서 차를 만들고 있었다. 브라이언이 "Is there any milk?어떤 종류의 우유라고 있나?"라고 물음으로써 '잠시 일탈'을 개시한다. 마침내 애덤이 그들이 말하던 이전 논의를 재개함으로써 본론으로 되돌아오기를 개시한다.

이전에 이미 살펴보았듯이, 더 큰 협동과제들이 종종 예비연결체pre-sequences로 불리는 인접쌍과 함께 들어가 있다. §.7-4-3에 인용된 사례가 다음에 제시되어 있다.

예비연결체	사례
예비질문	Oh there's one thing I wanted to ask you. 아 물어볼 게 하나 있는데
예비공고	tell you who I met yesterday - 어제 내가 누굴 만났는지 얘기해 줄 게
예비초대	What are you doin'? 뭘하고 있니?
예비요구	Do you have hot chocolate? 집에 코코아 갖고 있니?
이름 부름	Hey, Molly 어이 몰리 씨
전화 호출	(rings telephone) (전화를 건다)
예비종결 진술	Well okay 그럼 알겠지
예비 서사이야기	I acquired and absolutely magnificent sewing-machine, by foul means, did I tell you about that? 새로운 방을 차지하려고 반칙을 써서 내가 아주 큰 미싱을 얻어내었는데 너한테 그 이야기를 해 주었니?

각각의 예비연결체는 입장 시간 및 더 큰 협동과제의 내용을 구체화해 준다. 상대편 응

답자는 예비연결체를 수용함으로써

A : Guess what?

짐작해 봐 뭐~게?

B : What?

뭔데?

처럼 전념하여 간여할 수도 있고, 또한 스스로 전력이행하기를 거부하면서 거절하거나 ("Sorry, I've got to run[미안, 난 바빠서 뛰어가야 해]") 온전히 대화로부터 빠져나갈 수도 있다.

(2) 담화표지(discourse markers)

추이/전환/전개 지점을 표시해 주기 위한 또다른 기제는 우리가 담화표지로 불러왔던 것이다.[13] 다음에 한 가지 사례가 제시되어 있다(1.6.387).

A : I mean the fact that you you - study a thing, doesn't mean to say, you can't also feel it, does it .

B : m .

A : [Pop] but, anyway, this is his line, and he's sticking to it, at the moment, till he changes next year.

갑 : 내 말뜻은 말야 네 네가 - 어떤 걸 연구한다 해도, 그 사실이 다음과 같은 뜻이 될 수 없는데, 너도 또한 그걸 느끼지 못하지, 안 그래 .

을 : 음 .

갑 : [심화 진전] 허지만, 어쨌든지, 이게 그의 노선이고, 현재로서는 그가 내년에 바뀔 때까지 거기에 단단히 붙어 있거든.

갑의 두 번째 발언기회에서는, 하위과제로부터 나온 상황 진전을 신호해 주기 위하여 담

---

[13] 〈원저자 4〉 쉬프륀(Schiffrin, 1987)을 보기 바람. 비슷한 의미를 지닌 다른 용어들은 다음과 같다.
이접 표지(disjunct markers; Jefferson, 1978)
담화 운용소(discourse operators; Polanyi, 1985와 Redeker, 1986, 1990)
단서 낱말(clue words; Reichman, 1978)
신호 낱말(cue words; Grosz and Sidner, 1986)
신호 구절(cue phrases; Hirschberg and Litman, 1987)
담화 첨사(discourse particles; Schourup, 1982) 등.

화표지 'but anyway허지만 어쨌든지'를 쓴다. 실제 본론으로 되돌아오기를 구성하고, 명시적으로 을에게 그 과제가 어떻게 의미가 파악될지 말해 주는 것은 최소 협동과제의 서두인 것이다.

서로 다른 담화 추이에서는 서로 다른 방식으로 표지가 질러진다. 다음에 계속 주목받아 온 몇 가지 담화표지들이 제시되어 있다(Reichman, 1978; Schiffrin, 1987을 보기 바람).

담화 추이/전개와 관련된 몇 가지 담화표지

유 형	추이 내용	담화표지의 예
다음으로(next)	다음 과제로 들어간다	and, but, so, now, then; speaking of that, that reminds me, one more thing, before I forget 그리고, 그러나, 그래서, 이제, 그렇다면; 그것에 대해서 말하면, 그게 상기시켜 주는 것이, 한 가지 더 말한다면, 내가 잊어버리기 전에
심화 진전(push)	하위과제로 들어간다	now, like 이제, 과 같이
도로 빠져나옴(pop)	하위과제로부터 도로 빠져나온다	anyway, but anyway, so, as I was saying 어쨌거나, 허지만 어쨌든, 그래서, 내가 말한 바와 같이
잠시 벗어남(digress)	잠시 벗어난다 (일탈로 들어감)	incidentally, by the way 말이 난 김에 덧붙이면, 그런데 말야
본론으로 되돌아옴 (return)	일탈로부터 다시 본론으로 되돌아온다	anyway, what were we saying 어쨌거나, 우리가 말하고 있던 게 뭐였더라

어느 담화표지가 쓰이는지는 제안되고 있는 협동과제에 달려 있다. 예를 들면, and그리고는 다음 제안을 확대된 현행 과제의 지속으로 표시해 줄 수 있다. 반면에 but그러나은 다음 제안을 대조적인 과제로 표시해 놓는다. 그리고 now이제, 시방는 종종 주요 과제의 다음 하위과제들을 표시하는 데 쓰인다. 논술문과 격식 갖춘 연설에서는 다음과 같은 담화표지들을 찾아낸다.

> let me begin by saying, first, for example, then, thus, finally, in conclusion
> 다음처럼 말하면서 시작하겠습니다. 먼저, 예를 들면, 그렇다면, 따라서, 마지막으로, 결론적으로

하위과제들로부터 다시 본론으로 되돌아옴과 잠시 일탈은, 끝내지 않은 업무에 대한 중요한 속성을 드러낸다. 참여자들이 다시 아직 다 끝내지 않은 과제로 되돌아오는 경우에는, 또한 해당 과제에 의해 요구된 공통기반에다 그들의 주의력을 회복시키게 된다.

그 과제를 완전히 떠나버리지 않았다면 이것이 종종 더 앞서 언급되던 과제를 지속하도록 허용해 준다. 이 점은 앞에서 살펴봤던 분유에 대한 일탈로 잘 예시되어 있다. 그 '잠시 일탈'에 앞서서, 애덤과 브롸이언은 팀Tim이란 이름의 사람에 대하여 말하고 있었다. 잠시 일탈 뒤에, 심지어 그 일탈이 10번의 발언기회로 삽입되어 이뤄져 있었다 하더라도, 애덤은 대명사 he그가로 계속하여 팀Tim을 가리켰다("actually, he caught me on the hop사실은 그가 날 붙잡고 떠벌리고 있었는데"). 애덤은 팀Tim을 마치 여전히 그들의 주의력 초점focus of attention 속에 들어 있는 듯이 취급하였던 것이다(Grosz, 1981; Reichman, 1978을 보기 바람). 미완결로 남겨진 협동과제들은 종종 최소노력으로 회복될 수 있다.

§.11-4 대화로 된 이야기

사람들이 대화에서 이야기를 하는 경우에, 가령 농담이나 개인 일화나 서사 이야기를 하는 경우에, 확대된 일정시간 동안 말하게 된다. 이들 이야기를 독자적인 수행으로 취급하고 싶어진다. 저자가 친구에게 농담을 말해 주는 경우에, 저자는 그 이야기를 모두 실행하고 있으며, 이는 저자 나름대로 작업하고 있는 것처럼 보인다. 그러나 더 자세히 검사해 보면, 그렇지 않다. 이야기 서술 주체만큼이나 똑같은 정도로 참여하고 있는 청자와 더불어, 이들 이야기가 그 대화의 중요부분이 된다. 즉, 그것들이 상호조율과 협동 전력이행을 요구하는 확대된 협동과제인 것이다. 만일 그렇다면, 그것들도 응당 '입장→본체→퇴장'을 지녀야 하는데, 하뷔 쌕스(Harvey Sacks, 1974)에서 논의되었듯이 실제로도 그러하다.

입장	들머리
본체	이야기 내용
퇴장	응답 연결체

대화로 말해진 대부분의 이야기 유형에 대해서 이런 구조는 새로 부각되어 나타난다/발현된다.

11-4-1 입장entry

대화에서 대부분의 이야기는 제퍼슨(Jefferson, 1978)에서 지적한 대로 "지엽적으로 일어난다.[locally occasioned"] 하나의 논제가 사람들로 하여금 어떤 이야기를 상기시키게 되므로, 임의의 확대된 협동과제를 도입할 법한 방식으로 정연히 그것을 이야기 속으로 도입한다. 일부 대화에서는 이야기가 그 자체로 목적이 되어, 한 사람의 이야기꾼에 의해서 순환하여 돌아가거나, 또는 계열적으로 차례차례 즐거움을 위해서 말해진다. 이것들은 약간 다른 입장 및 퇴장을 지닌다(Kirshenblatt-Gimblett, 1974). 모든 이야기에는 시간과 노력이 들어가므로, 반드시 제시된 이야기가 그들의 시간과 노력을 들일 가치가 있음이 참여자들에게 확신되어야 한다. 그렇지 않다면 거기에 귀 기울일 여지를 만들지 않을 것이다. 들머리에서 완성되어야 하는 것이 바로 이런 작업(≒귀 기울일 가치가 있음을 확신시킴)이다.

이야기들은 합당한 사유를 제시할[justification] 필요가 있다. 사람들은 반드시 다음 사항에 동의해야 한다.

(ㄱ) 그들은 이 특정한 사람이 어떤 이야기를 해 주기를 바란다.
(ㄴ) 그들이 이 특정한 이야기를 듣기를 원한다.
(ㄷ) 지금 그들이 그 이야기가 말해지기를 원한다.

이들 조건을 수립하는 한 가지 방식은, 다음에서처럼 가망성 있는 청자 구성원 한 사람이 이제 특정한 이야기를 요청하는 것이다(1.3.215).

Kate : how did you get on at your interview, . do tell us
Nancy : , oh -- God, what an experience, -- I don't know where to start, you know, it was just such a nightmare -- [proceeds on long narrative]
케 잇 : 네 면접시험 어떻게 치렀니, . 우리에게 말해 주렴
낸 시 : , 아 -- 맙소사, 살벌한 일인 걸, -- 어디서 시작해야 할지 모르겠어, 잘 알듯이, 그게 완전히 악몽이었어 -- [긴 서사 이야기로 진행해 나감]

케잇이 특정한 협동과제를 제안한다. 이제 낸시로 하여금 면접시험을 어떻게 치렀는지 그들에게 말해 주도록 하는 것이다. 낸시는 30분 동안의 서사 이야기로 이를 수용한다. 질문과 대답은 협동하여 마음 쏟는 일(≒협동 전력이행)을 수립하는 표준 방식이며, 이야기를 할 기회를 만들어 주는 데 유용하다.

만일 참여자들이 누군가 지금 말해 줄 특정한 이야기를 지니고 있음을 깨닫지 못한다면, 그 가능성을 열어 놓는 것은 기대되는(장차의) 서사 이야기 주체에 달려 있다. 이를

실행하는 효과적인 방식은 예비연결체를 이용하는 것이다. 예비연결체와 더불어, 이제 특정한 이야기를 말해 주겠노라 제안하고, 거기에 쏟게 될 시간과 노력을 합당하게 만들어 준다. 일부 예비연결체에서는 잠재적인 서사 이야기 주체가 합당한 사유 제시를 당연하게 여기는 동안에 제안을 하게 된다. 마치 뢰나드Reynard와 대화하는 다음 사례에서 쌤Sam이 하는 바와 같다(1.1.446).

Sam : let me tell you a story - - -

Sam : a girl went into a chemist's shop and asked for . contraceptive tablets - - [proceeds on a three-minute joke]

쌤 : 이야기 하나 해 줄게- - -

쌤 : 어떤 소녀가 약국에 들어가서 . 피임약을 요청했대- - [3분 길이의 농담으로 진행해 나감]

쌤은 뢰나드에게 그 이야기를 해 주겠노라 제안하고, 뢰나드에게 수용하거나 거절할 시간을 준다(story 뒤에 잠깐 쉼 '---' 형태로). 그러고 나서 진행해 나간다. 이야기를 말하는 기본규칙은 사람들이 이전에 들어서 다 아는 이야기를 아는 척하고 말해서는 안 된다는 것이다. 따라서 많은 예비연결체에서는 잠재적인 서사 이야기 주체가 자신들의 이야기를 개관하고, 다음 일화에서 낸시가 하는 일처럼, 청자로 하여금 이전에 들었던 적이 있는지 여부를 묻는다(1.3.96).

Nancy : I acquired an absolutely magnificent sewing-machine, by foul means, did I tell you about that

Kate : no

Nancy : well when I was . doing freelance advertising - [proceeds to five a five-minute narrative]

낸 시 : 반칙을 써서 내가 아주 커다란 재봉틀을 얻어내었거든, 그 일을 너한테 말해 줬었니?

케 잇 : 아니

낸 시 : 글쎄 내가 . 자유계약 광고 일을 하고 있었을 때에 - [5분 길이의 서사 이야기로 진행함]

대화 상대방은 물론 다음과 같이 거절할 수도 있다(2.14.600).

Connie : did I tell you, when we were in this African village, and * – they were all out in the fields, – the*

Irene : *yes you did, yes, – yes*

Connie : babies left alone, –

Irene : yes .

카니 : 내가 말해 줬던가, 우리가 이런 아프리카 마을에 있었을 때, – * 다들 들로 나가 버리고, – 그*

아이륀 : *응 해 줬어, 응, – 응*

카니 : 그 아기들만 홀로 남겨졌는데, –

아이륀 : 응 .

카니는 일단 그 이야기를 충분히 서술하고서 아이륀이 전략적 차단으로 'yes응'라고 대답한다면, 자신의 이야기 진행을 그만두고 빠져 나온다.

농담에서는 들머리가 똑같은 모습을 취하지만, 다음 사례에서는 좀더 정교하게 이뤄졌다(Sacks, 1974, 간략하게 만들어 놓음).

Ken : You wanna hear– My sister told me a story last night.

Roger : I don't wanna hear it. But if you must. (0.7)

Al : What's purple and an island. Grape, Britain. That's what his sister told him.

Ken : No. To stun me she says uh, (0.8) there was these three girls and they just got married?

켄 : 이야기 듣고 싶니– 내 누이가 간밤에 어떤 이야기를 해 줬거든.

롸줘 : 안 듣고 싶어. 허나 꼭 해야만 한다면. (0.7초 흐름)

앨 : 주홍색이며 섬인 것은 뭐게. 포도 영국. 그게 자네 누이가 롸줘한테 해 준 거야.

켄 : 아냐. 충격적이게도 걔가 말한 게 어, (0.8초 흐름) 세 명의 소녀가 있었는데 막 결혼을 했대나?

켄의 첫 번째 발언기회에서, 그는 농담을 한 꼭지 해 주겠노라고 제안하고, 그 농담이 새로운 것임을 시사함으로써 합당한 사유를 제시한다. 즉, 켄이 자신의 여동생으로부터 그 농담을 막 들었다는 것이다(≒새로운 농담이라는 뜻). 롸줘는 우선 거절하는 척 짐짓 가장하고(그런 척하고) 나서 그 제안을 수용한다. 그러나 앨은 그 이야기가 치졸할 것이라고 시사한다. 어쨌거나 켄의 여동생이 단지 12살이기 때문이다. 따라서 켄은 추가적으로 합당한 사유를 의무적으로 제시해 주어야겠다고 느끼며("to stun me[충격이게도]"), 그 내용을 간략히 서술해 준다("there was these three girls and they just got married?[세 명의 소녀가 있었는데 막 결혼을 했대나?]"). 상승억양을 이용하여 말함으로써, 켄은 여전히 청자들에게 계속 진행할 수 있게 허락해 주도록 요구하고 있다. 롸줘와 앨은 마침내 동의하고, 켄이 그 농담을 말한다. 쌕스(Sacks, 1974)에서 분석되었듯이, 이 들머리는 협동과제 속으로 들어가는 서로간에 조율된 입장에 대한 교과서적인 사례가 된다.

이야기들은 또한 다음 사례에서와 같이 이미 작동하고 있는 협동과제의 일부로서 도입될 수도 있다(Jefferson, 1978 : 224, 간략하게 만들어 놓았음).

Ken : He was terrific the whole time we were there.

Louise : I know what you mean. When they- my sister and her boyfriend [continues anecdote]

켄 : 우리가 거기 있던 기간 동안 그는 내내 대단했어.

루이즈 : 니 말뜻 알아. 그들- 내 누이와 걔 남자친구가 [일화를 계속 말해 나감]

루이즈는 켄의 주장("He was terrific the whole time we were there[우리가 거기 있던 기간 동안 그는 내내 대단했어]")의 지속으로서 그녀의 일화를 합당한 사유로 제시하고, 당장 그것에 대해서 말하기 시작한다. 이런 입장 방식에는 다음처럼 비슷하게 합당한 사유를 제시하는 사례가 있다(Jefferson, 1978 : 224~25, 간략히 만들어 놓음).

Fran : I feel sorriest for Warren - how he sits there an' listens to it I don' know? But, um.

Holly : Well he must've known what she was like before he married her.

Fran : I guess. And -

Holly : He can be a bastard too, he uh one- one day we [continues anecdote]

프 륀 : 워런한테 아주 유감이야 - 어떻게 그가 거기 앉아서 그걸 듣는지 잘 모르겠어? 허나, 엄.

할 리 : 글쎄 그가 분명히 그녀랑 결혼하기 전에 그녀의 성격이 어땠는지 알았었거든.

프 륀 : 나도 그렇게 짐작해. 허고 -

할 리 : 그가 또한 개자식일 수도 있어, 그가 어 하루- 하루는 우리가 [일화를 계속 말해 나감]

할리는 워런도 또한 개자식일 수 있다는 프린의 주장을 예시해 주기 위하여 한 가지 일화를 도입하는데, 그것이 충분히 합당함을 입증해 주는 듯하다. 이야기들은 심지어 더욱 단순히 "speaking of that그걸 얘기한다면"과 같은 담화표지에 의해서 도입될 수도 있다. 더더구나 "incidentally말이 난 김에 덧붙이면" 또는 "that reminds me그게 다음 생각이 떠오르게 하는데"란 담화표지를 이용하여 '잠시 일탈'로서도 다양한 이야기들이 도입될 수 있다. 현재 진행 중인 담화와의 관련이 어떠하든지 상관없이, 이야기들은 모든 참여자들에 의해서 상호조율된 입장entry을 요구한다.

11-4-2 이야기해 주기telling

적정한 이야기해 주기telling proper는 자동적으로 보일 수 있지만, 그것과는 상당히 차이가 난다. 이야기 주체들은 여전히 자신의 청자와 '실행 및 주목, 제시 및 확인, 의미 및 이해'의 수준들에서 상호조율한다(제5, 7, 8, 9장을 보기 바람).[14] 비록 입장이 이야기 주체에게 자신들의 이야기를 말하게 될 기회를 주지만, 그들에게는 여전히 '주목·확인·이해'에 대한 증거가 필요하다. 재봉틀에 대한 낸시의 서사 이야기를 통하여 케잇은 'm음', 웃음, 아마 눈 마주침과 고개 끄덕임과 같은 수긍표현으로 반응하면서 두루 그 증거를 제공해 주었다. 이야기 주체들이 명확히 말해 주기 위해 이야기 진행이 중단될 수 있는 단순한 가능성은, 그들의 이야기해 주는 일을 협동적으로 만들어 놓는다.

때로는 이야기 진행 경로가 명백히 이야기 주체와 청자 둘 모두에 의해서 모양새가 잡힌다. 이야기 주체는 어느 방향으로 이야기를 진행할지 결정하는 일을 놓고서 자신의 청자에게서 흥밋거리를 찾아낸다. 지하철에서 겪는 현기증에 대한 이야기에서 마그릿이 하는 바와 같다(Polanyi, 1989 : 95, 간략하게 만들어 놓음).

Margaret : I'm very scared of fainting again – um – I don't know if you've ever
Peter : um
Margaret : experienced –

---

[14]

수준	화자-청자가 주고받는 내용	진전 방향
제4수준	제안/투영한다 및 고려/수용한다	⇧
제3수준	신호/의미한다 및 인식/이해한다	⇧
제2수준	제시한다 및 확인한다	⇧
제1수준	실행한다 및 주목한다	⇧

Peter : I haven't

Margaret: There is *no* experience in the *world* [continue narrative]

마그륏 : 난 다시 현기증이 날까 봐 아주 두려워 – 엄 – 잘 모르겠지만 네가 한 번이라도

피터 : 엄

마그륏 : 겪어 봤는지 –

피터 : 안 겪어 봤어

마그륏 : 그런 경험은 세상 어디에도 전혀 없어 [이야기를 계속해 나감]

마그륏은 피터의 대답이 달랐더라면 또다른 방향으로도 진행해 나갔을 듯하다. 잠시 뒤에 피터는 명백히 그녀에게 이야기 방향을 바꾸도록 촉진하는 대답을 덧붙인다.

Margaret: And it's just dehumanizing.

Peter : But people were pretty nice, hm?

Margaret: People – are – always nice when there's a crisis like that [continues]

마그륏 : 허고 그게 인간성을 말살해 버린단 말야.

피터 : 허지만 사람들이 아주 친절했어, 그러찮아(험)?

마그륏 : 사람들이 그와 같은 위기가 있을 때 언제나 – 친절하거든 [이야기를 계속함]

대화 상대방은 심지어 어떤 이야기를 말하는 도중에도 수동적인 저장고가 아니다. 참여자들이 그 이야기를 좀더 효과적으로 만들어 주면서 세부사항들을 덧붙일 수 있고, 극적 효과를 높일 수도 있으며, 이야기 방향을 바꿀 수도 있다.

일부 이야기들은 두 사람에 의해서 함께 말해진다.[15] 다음에 강도를 당한 일을 놓고서, 낸시Nancy와 쑤즌Susan에 의해 리뷔어Livia와 빌Bill한테 말해진 일화의 일부가 있다(Polanyi, 1989 : 68, 간략하게 만들어 놓음).

Susan : I didn't hear the guy in the car talking. Right?

Nancy : But he was shouting out things the whole time and I couldn't understand a word

Bill : He stayed in the car or whatever and

[15] 〈원저자 5〉 폭(Falk, 1979)에서는 이를 이중주 말하기(dueting)로 불렀다.

Susan : Yeah, he was in the driver's seat

Nancy : He was driving the car and [continues]

쑤즌 : 난 차에 있는 그 녀석이 말하는 걸 듣지 못했어. 그렇지?

낸시 : 허나 그가 내내 뭔가를 외쳐대고 있었는데 난 한 마디도 알아들을 수 없더라

빌 : 그가 그 차에나 뭐에든 간에 머물고 있었는데

쑤즌 : 그래, 그가 운전석에 있었거든

낸시 : 그가 그 차를 몰고 있었고, 허고 [계속 말해 나감]

낸시와 쑤즌이 진행해 나감에 따라서, 그들은 수정하거나 가다듬거나 또는 다른 쪽에서 막 말한 바를 계속 이어 나간다. 그들은 빌이 "He stayed in the car or whatever and 그가 그 차에 또는 뭐에든지 간에 머물고 있었는데"라고 말하는 경우처럼, 청자로부터 나온 이해의 증거를 갖고서 이 모든 것들을 서로간에 조율한다.

적정한 이야기story proper는 특징적인 방식으로 개시되고 종결되는 경향이 있다. 이는 "Once upon a time옛날 옛적에"과 같이 변별적인 얼개로 표시될 수 있다. 이는 그 이야기가 우화인지 농담인지 전설인지 아니면 무엇이든지 상관없이 그 성격에 따라 변동된다(Kirshenbalatt-Gimblett, 1974). 단순히 쌕스Sacks의 농담에서와 같이

> There were these three girls. And they were all sisters. And they had just got married to three brothers
> 세 명의 소녀가 있었는데, 모두 자매였거든. 허고 세 명의 형제들에게 막 시집을 갔어요

어떤 무대만으로 시작할 수도 있다. 퇴장도 또한 보통 변별적이다. 농담의 핵심점punch line 급소 문구에서는 청자들에게 적정한 농담이 언제 끝이 나고, 답변이 언제 시작되어야 하는지를 말해 준다.

11-4-3 반응 연결체response sequence

이야기 주체가 어떤 이야기를 말해 주는 경우에는, 그들의 청자가 수용해야 할 협동과제를 제안하고 있는 것이다. 즉, 웃어야 할 농담, 이야기가 만드는 요점을 식별해야 할 일화, 극적 효과나 타당함 또는 교훈을 음미해야 할 서사 이야기 등이다. 따라서 일단 이야기가 완결된다면, 청자는 그것을 받아들이거나, 바꾸거나, 거절하거나, 또는 심지어 빠

져나갈 것으로 기대된다. 초기 수용은 다음과 같이 쌤의 농담에 대한 핵심점(급소) 뒤에 뢰나드가 말한 존평처럼 간략할 수도 있고(1.1.517)

Reynard : Sam . you're a wicked fellow - that's very nice
쌤 . 넌 별난 놈이로구나 그게 아주 멋지다고 하니 말야

또는 낸시의 재봉틀 일화에서와 같이 단순할 수도 있다(1.3.196).

Nancy : so I've got this fabulous machine
Kate : *oh*
Nigel : *how nice*
Nancy : *which I -* in fact and in order to use it I have to read my *instruction booklet cos it's so complicated*
Kate : *(laughs)* - marvelous
낸시 : 그래서 내가 이 엄청난 기계를 손에 넣었어
케잇 : *아*
나이젤 : *아주 멋있네*
낸시 : *이게 내 -* 사실은 써 보려면 기계가 *너무 복잡하니깐 사용 안내서를* 꼭 읽어봐야 해
케잇 : *(웃음)* - 대단하네

농담에 대해서는 기대된 수용이 웃음이다. 그러나 쌕스(Sacks, 1974)에서 주목하였듯이 웃음을 끌어내기란 간단치 않다. 웃을 대목은 핵심점(급소) 뒤에 즉각적이지만, 여기에는 작동 중인 반대힘도 존재한다. 만일 청자가 웃음을 너무 오래 늦춘다면, 재치가 더딘 사람으로 간주될 수 있다. 즉, 농담이 이해력 검사의 한 가지 유형으로 되는 것이다. 그러나 이해하지도 않은 채 너무 빨리 웃거나, 그 농담 자체가 전혀 재미있지 않다면, 체면을 잃고 무안을 당할 수 있다. 청자는 반드시 그 농담에 주목할 뿐만 아니라, 또한 서로 간의 웃음에도 주목해야 한다. 이는 오히려 예기치 않은 상호조율의 문제이다. 물론 그들이 또한 이해 여부에 무관하게, 또는 성차별주의나 재미없음에 상관없이, 줄곧 웃어댈 수도 있다. 정치적 연설을 듣는 청중은 또한 언제 그리고 얼마나 오래 박수를 쳐야 할지 결정하기 위하여, 반드시 그 연설 자체에 주목해야 할 뿐만 아니라, 또한 서로에게도 주목해야 하는 것이다(Atkinson, 1984; Heritage and Greatbatch, 1986).

반응 연결체와 더불어, 참여자들은 발언기회대로 차례차례 대화에 재진입함에 따라 반드시 새로운 활동을 개시해야 한다. 이야기 그 자체는 종종 새로운 주제의 자원이 된다. 즉, 새로운 협동과제가 되는 것이다(Jefferson, 1978). 쌤은 자신의 농담을 피임에 대한 또다른 농담을 말하기 위한 디딤돌로 이용하였다. 낸시는 새 재봉틀을 들여놓을 특별한 방을 얻고자 하는 일을 말하기 위한 합당한 사유 제시로서 자신의 일화를 이용하였다. 앨Al과 롸줘Roger는, 켄Ken의 농담을 켄의 여동생과 그녀의 성숙도에 대하여 말하기 위한 근거로 이용하였다. 만일 대화가 지속될 예정이라면, 하나의 협동과제로부터의 퇴장은 반드시 다음 협동과제 속으로의 입장으로 이끌어 가야 한다. 참여자들은 어떤 추이(전개)에서든 완성해 내듯이 그런 추이(전개)를 완성해 나간다. 즉, 새로운 협동과제들 개시하는 것이다.

§.11-5 결론

대화는 그렇게 미리 계획되어 있는 것이 아니다. 대화는 참여자들이 실행하고자 하는 바를 실행하려는 노력들로부터 새로 부각되어 나타난다. 벤Ben이 샬럿Charlotte과 대화를 시작하는 경우에, 그는 자신이 완성하고자 하는 것들을 갖고 있을 것이다. 즉, 특정한 협동과제이다. 그러나 이들 과제는 각각 서로 협동하여 마음을 쏟아야 하는데(협동 전력이행), 벤은 결코 샬럿의 마음 쏟는 일(전력이행)을 당연시할 수 없다. 그는 임의의 과제를 제안하지만, 이는 그 과제를 완결 짓기 위하여 그녀의 수용을 필요로 한다. 그리고 그녀는 이를 아주 판이한 과제로 바꿀 수도 있고, 수용하기를 거절할 수도 있으며, 또는 온전히 그 과제로부터 빠져나가 버릴 수도 있다(≒무시하여 협력하지 않음). 심지어 그 방식의 각 단계가 지엽적으로 그리고 기회 닿는 대로 편리하게 성취되었다고 하더라도, 그 결과는 흔히 질서가 잡혀 보이는 대화가 된다.

대부분의 대화 구조는 사실상 새로 부각되어 나타나되, 질서 정연하다. 비록 참여자들이 발언기회 얻어내기에서 규칙들을 따르는 듯이 보이지만, 그들은 단지 대화에 기여하는 일에서 성공하고자 애쓰고 있는 것이다(≒발언기회 배당규칙은 더 심층 차원에서 협동하면서 전력이행하는 서로의 노력으로 환원되어야 한다 : 뒤친이). 참여자가 제안되거나 수용되거나 폐기된 협동과제들 속으로 입장하여 완결 짓고 퇴장함에 따라, 다른 현상들도 새로 부각되어 나타난다. 이것들은 개시 및 종결을 포함하고, 대화의 다른 마디들 및 그런 하위마디들의 계층적 짜임새를 포함한다. 그것들은 또한 여러 가지 이야기들을 담고 있다.

비록 농담, 일화, 다른 서사 이야기들이 특별한 듯이 보일 수 있겠지만, 모두 여전히 제안되고 수용된 협동과제들인 것이다.

협동행위들은 둘 또는 그 이상의 사람들 사이에서 많은 상호조율을 요구하고, 협동과제들은 심지어 더 많은 것을 요구한다. 질서가 잡힌 대화는, 사람들이 자신들의 행위를 서로간에 상호조율할 수 있다는 주목할 만한 기술에 대한 증좌가 된다.

제12장 층렬 도입하기

때때로 사람들은 사실상 아주 다른 어떤 것을 실행하고 있는 경우에, 한 가지 대상을 말하는 것으로 보인다. 자신의 개인교습 시간에 대해서 부부간에 주고받은 다음 대화를 살펴보기로 한다(4.1.129).

Ken : and I'm cheap, - - -
Margret : I've always felt that about you, .
Ken : oh shut up,
(- - laughs) fifteen bob a lesson at home, -
켄 : 허고 난 저임금이란 말야, - - -
마그릿 : 난 당신에 대해서 언제나 그렇게 느꼈거든요, .
켄 : 아이구 닥치지 않구요,
(- - 웃음) 집에서 한 번의 개인교습에 고작 15밥(=45펜스)이라니, -

마그릿이 "I've always felt that about you난 당신에 대해서 언제나 그렇게 느꼈거든요"라고 말할 때에 실제로, 사실상 또는 축자적으로 언제나 남편 켄이 저임금이라고 단정하고 있는 것은 아니다. 자신의 발화를 진지하게 이용serious use하지 않고, 단지 농담을 하고 있는 것이다. 그녀는 오직 남편을 놀려 주기 위하여 그런 단정을 하고 있는 듯이 행동하고 있을 뿐이며, 이른바 자신의 발화에 대한 '진지하지 않은' 사용이다(Austin, 1962).[1] 진지하지 않은 언어는 소설·연극·영화·이야기·농담의 일일 뿐만 아니라, 또한 지분거리며 놀려 대기·반어법·비꼬기·과장법(과대진술)·절제법(과소진술)의 일이다. 이런 표현이 없는 생활을 상상하기란 어렵다. 그럼에도 불구하고, 대부분의 언어사용에 대한 이론에서 이것이 흔히 경시되어 왔다.

진지하지 않은 모든 행위들에 공통된 것은 저자가 '층렬 도입하기layering'로[2] 부르고 있는 현상이다. 마그릿이 단지 언제나 남편 켄이 저임금이었던 것으로 생각했노라고 단정하는 척하는 경우에, 그녀는 두 가지 층렬에 있는 행위를 취하고 있는 것이다. 표면상으로는 진지하지 않은 행위인 단정을 하고 있다. 그렇지만 그 표면층위 아래에서는, 그녀가 이를 단정하는 척하고 있고, 이런 짐짓 가장pretense 그런 척함으로써 남편을 아주 저임금이라고 놀려대고 있는 것이다. 짐짓 가장pretense 그런 척함과 놀려대기, 이것들은 진지한 행위이다. 진지하지 않은 모든 행위는 진지한 행위들의 경로에서 만들어진다. 그러나 마그릿은 어떻게 켄으로 하여금 그녀의 단정이 진지한 것이 아님을 깨닫도록 해 주는가? 그녀가 어떻게 남편의 인색함에 대하여 제대로 놀려대는 것인가? 진지하지 않은 언어는 진지한 분석에 토대를 둔다.

§.12-1 행위 층렬

1952년 샌프란시스코에서 두 명의 10살짜리 앨런과 베쓰가 앨런네의 뒤뜰에서 소꿉장난make believe 소꿉놀이을 하고 있었다.[3] 그들은 서로 그들이 읽은 책의 주인공 사나운 빌Wild Bill과 불행한 제인Calamity Jane이 되기로 결정하였다. 그 주인공들은 1876년 '금광 찾아 대이동' 기간 동안에 남 다코타Southern Dakota(미국 북부) 지역의 고목마을Deadwood에 살고 있었다. 그들은 마당의 구석에 있는 흙덩이를 사금 채굴장으로 지정하고, 낡은 부엌 접시를 사금을 걸러내는 선광냄비로 지정해 두고서, 사금을 찾으려고 선광 냄비질을 한다. 곧 그들은 사금덩이를 몇 개 찾아낸 뒤(=작은 자갈돌임), 쌀롱 10번지로 가서(=뒤뜰 툇마루임) 포커를 치는 탁상에 앉고서는(=소풍용 탁자임) 눈에 안 보이는 한 벌의 카드를 갖고서 판을 몇 번 벌인다. 잠시 뒤에 아빠가 불러서 베쓰가 집으로 들어가자, 그들의 소꿉장난은 그만 끝이 난다.

---

[1] 〈원저자 1〉 진지하지 않은 언어사용은 언어에 대한 전통적인 철학적·언어학적·심리학적 설명으로부터 배제되어 왔다. 대표적인 사례로 오스뜬(Austin, 1962 : 22)를 보기 바란다(장석진 번역, 28~29쪽; 김영진 번역, 43쪽). "[가령 연극이나 연습을 하는] 그런 환경에서의 언어는 이해될 수 있는 특별한 방식들로 되어 있는데, 진지하게 사용된 것이 아니라, 오히려 정상적인 사용 위에 기생하는 방식으로 사용된다. … 이런 모든 것이 고려 대상으로부터 배제된다."(오스뜬의 강조 밑줄임). 진지하지 않음(nonserious)이란 용어는 마그릿의 놀림 뒤에 진지한 의도를 숨겨 버리지만, 그런 척 짐짓 가장함(pretense 그런 척함)의 개념을 포착해 주므로, 따라서 저자는 이 용어를 그대로 써 나갈 것이다.

[2] layer(층렬)는 동일한 어휘 사슬로서 제12장에서 scene(장면/무대)·domain(영역)·world(세계) 등이 같이 쓰인다. 여기서는 여러 층위가 겹겹이 포개어져 있다는 뜻으로 '층렬(層列)'로 번역해 둔다.

[3] 아마 저자 자신의 어린시절 기억을 이용하고 있기 때문에 1952년이라고 하지 않았나 싶다.

앨런과 베쓰의 놀이는 층렬이 도입된 행위들의 사례이다. 층렬 1(=현실층렬)에서[4] 앨런과 베쓰는 1952년 샌프란시스코에 있는 앨런의 집 뒤뜰에서 소꿉장난을 하고 있다. 동시에 층렬 2(=소꿉장난 층렬)에서는, 그들이 1876년 고목마을Deadwood에서 사금을 골라내기 위해 선광 냄비질을 하며, 포커 판을 벌이고 있는 두 사람이 된다. 층렬 1(현실층렬)에 있는 행위들은 진지한데, 앨런과 베쓰가 실제로 또는 현실적으로 또는 진지하게 실행하고 있는 행위이다. 층렬 2(가상층렬)에 있는 행위는 진지하지/심각하지 않다. 앨런과 베쓰가 사실상 사나운 빌과 불행한 제인으로 이름 붙여지지도 않았고, 사실상 사금을 얻으려고 선광 냄비질을 하는 것도 아니며, 포커판을 벌이는 것도 아니기 때문이다. 층렬 2(가상층렬)에 있는 행위들은 협동하는 짐짓 가장joint pretense 그런 척함으로서 사실 무근의 일로부터 만들어져 나왔다. 비유적으로 그 층렬들은 다음처럼 보인다(제1장에서 가져옴).

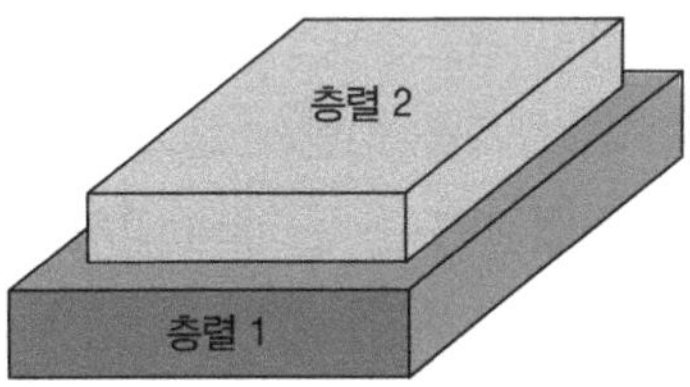

층렬 1(현실층렬)은 토대 또는 기초이며, 층렬 2(소꿉장난의 가상층렬)는 층렬 1의 기반 위에 세워놓은 극장 무대와 같다. 더 많은 층렬이 반복적으로 추가될 수 있다.[5]

이들 행위의 두 층렬은 무엇이며, 이것들이 어디에서 나오는 것일까? 저자가 제시하는 분석에서는 세 가지 자원으로부터 나오는데, 저자 자신의 것을 더 추가해 놓았다. 한 가지 자원은 어빙 고프먼Erving Goffman의 얼개 분석이다. 이는 그 자체로 인간과 동물 세계에서 놀이에 대한 그리고뤼 베이츤Gregory Bateson의 관찰내용으로부터 도출되었다(Bateson, 1972[6]; Goffman, 1974). 또다른 자원은 허구의 토대로서 소꿉장난에 대한 켄들 월튼Kendall Walton의 논의이다(Walton, 1973, 1976, 1978, 1983, 1990).[7] 세 번째 자원은 씌어진 소설에 있

---

[4] 원문에서는 layer 1(층렬 1), layer 2(층렬 2), domain 1(영역 1), domain 2(영역 2) 등으로만 쓰고 있다. 그렇지만 번역에서는 독자들이 쉽게 알아볼 수 있도록 작은 괄호 속에 현실층렬, 가상층렬, 현실세계, 가상세계 등의 내용을 덧붙여 두기로 한다.

[5] 〈원저자 2〉 층렬 도입하기는 때로 내포의 형식으로도 취급된다. 층렬 2가 층렬 1 속에 내포되는 것이다. 이런 시각에서는 사나운 빌과 불행한 제인의 세계가 1952년 샌프란시스코에 있는 앨런과 베스의 일상 활동 속에 내포되어 있을 듯하다. 비록 이런 비유가 몇 가지 목적을 위하여 유용하겠지만, 오도될 소지도 있다. 하나의 절(가령 that he left[그가 떠난 것])이 또다른 절(가령 Veronica said that he left[붜로니커는 그가 떠났다고 말했다])에 내포되었다고 말하는 것은, 첫 번째 절이 두 번째 절의 적정한 일부가 됨을 주장하는 것이다. 그러나 이런 점에서 따지면, 층렬 2(=가상세계)는 층렬 1(=현실세계)의 적정한 일부가 되지 못한다. 사나운 빌과 불행한 제인은 1952년 샌프란시스코 장면의 일부가 되는 것도 아니고, 영역 2(=가상세계)에 있는 어떤 다른 요소가 되는 것도 아니다. 바로 이것이 저자가 내포 비유보다 층렬 도입 비유를 선호하는 한 가지 이유가 된다.

는 층위들 및 작가와 독자 사이에 있는 관계에 대한 버트륌 브루스Bertram Bruce의 분석이다(Bruce, 1981). 비록 세 가지 자원들 모두와 차이가 있지만, 저자의 분석은 세 가지 자원의 기본정신을 포착해 내고자 하는 시도이다.

12-1-1 행위 영역domains of action

앨런과 베쓰의 소꿉장난은 상상놀이로서, 사나운 빌과 불행한 제인이 되고, 사금을 위해 선광 냄비질을 하며, 포커 판을 벌인다. 그렇지만 앨런과 베쓰는 반드시 그들의 상상 내용을 서로간에 조율해야만 한다. 만일 앨런이 자신이 화성에 있는 미래 우주인이었다고 상상하였고, 베쓰가 자신이 16세기 영국에서 여왕 일리저버쓰 1세였다고 상상하였다면, 서로간에 조율이 되지 않아 상상놀이가 제대로 작동하지 않았을 것이다. 그들의 소꿉장난은 협동작업 활동이다. 마치 샌프란시스코에서 함께 놀이를 하는 것처럼, 반드시 그들 스스로 남 다코타에 있는 고목마을에 함께 살고 있다고 상상해야만 한다.

앨런과 베쓰의 행위는 두 개의 세계 또는 두 개의 행위 영역 속에서 일어난다. 각 영역은 다음 도표에서 보듯이, 참여자들·그들의 역할, 장소·시간·상황의 관련 특징, 가능한 행위, 여타 그런 것들에 의해서 특성 지워진다.

요소	영역 1(=현실세계)	영역 2(=소꿉장난 속의 가상세계)
참여자	앨런, 베쓰	사나운 빌, 불행한 제인
역할	소꿉놀이 참여자	사금 채굴장에 있는 동료
장소	샌프란시스코	남 다코타 지역의 고목마을
시간	1952년 5월 1일	1976년 경
특징	흙덩이, 접시, 툇마루, 소풍용 탁자 등	광석 덩이, 선광 냄비, 10번 쌀통, 포커 탁자 등
행위	접시 위에서 흙덩이를 체질하여 걸러냄, 모래를 찾아냄 등	사금을 고르기 위해 선광 냄비질을 함, 사금덩이를 찾아냄 등

6 베이츤 책은 서석봉(1989), 『마음의 생태학』(민음사)로 번역되어 나왔고, 해당 논문은 189~202쪽에 있는 '유희와 환상에 관한 이론'이다. 동물에서 관찰되는 놀이(유희)가, 환경 신호를 느끼는 원시적 의사소통 형식을 넘어서서, 추상적인 상징 신호를 파악하는 고급 의사소통 형식으로 발전해 나가는 중간 단계의 속성들임이 논의된다. 즉, 동물끼리 싸움이 실제 싸움이 아니라, 장난끼로서 벌이는 싸움이다. 여기 참여하는 동물들은 서로 이런 행위의 메타(상위) 의사소통 내용을 자각하고 있는 것이다. 자세한 내용은 서석봉 교수의 해제를 읽어보기 바란다.

7 〈원저자 3〉 또한 써얼(Searle, 1975b)도 보기 바란다.

각 영역은 비록 단지 그 요소의 일부만 구체화되어 있다고 하더라도, 원칙적으로 완벽한 세계가 된다. 심지어 결코 한 번도 생각해 본 적이 없더라도, 앨런과 베쓰는 불행한 제인에게 부모가 있었다고도 가정할 법하다.

행위는 두 영역(=현실세계와 가상세계)에서 모두 일어나는데, 흔히 동일한 행위에 토대를 둔다. 다음 주고받는 대화를 살펴보기로 한다.

Beth : Let's play gold rush.
Alan : Okay, Beth, I'll be Wild Bill.
Beth : And I'll be Calamity Jane.
베 쓰 : 우리 '금광 찾아 대이동' 소꿉놀이를 하자
앨 런 : 그래, 베쓰야, 난 사나운 빌이 될게.
베 쓰 : 그럼 난 불행한 제인이 될래.

비록 앨런과 베쓰가 영역 2(=가상세계)를 수립하기 위하여 여러 가지 일을 실행하지만, 그들의 행위는 영역 1(=현실세계)에 있다. 다음에 일련의 사건들을 살펴보기로 한다.

앨런이 흙덩이를 낡은 접시 위에 올려놓는다. 그걸 중심으로 두드린다. 작은 조약돌이 나온다. 그가 그걸 골라낸다.

Alan : Look, Calamity Jane, I've found a gold nugget.
Beth : We're rich.
앨 런 : 봐요, 불행한 제인, 내가 사금덩이를 하나 찾아냈어.
베 쓰 : 우리 부자가 되었네.

여기서 두 영역(=현실·가상세계)에서 사건들이 일어난다. 사실상 어떤 것은 다음처럼 단순히 두 영역에서 동일한 행위에 대한 서로 다른 의미 파악이다.

영역 1(=현실세계) : 앨런이 흙덩이로부터 조약돌을 하나 골라낸다.
영역 2(=가상세계) : 사나운 빌이 광석으로부터 사금덩이를 골라낸다.

영역 1(현실세계)에서 앨런의 행동은 앨런 본인에 의한 행위로 파악되지만, 영역 2(가상세계)에서는 사나운 빌에 의한 행위로 파악된다. 다른 것들도 또한 두 영역에서 서로 다른 의미파악을 지닌다. 예를 들어, 영역 1(현실세계)에서 접시는 영역 2(가상세계)에서 사금을 선광하는 냄비가 된다.

그렇다면 영역 2(가상세계)에 있는 많은 상태와 사건들이, 영역 1(현실세계)에 있는 상태와 사건들에 대응한다. 앨런과 베쓰는 협동하여 짐짓 가장한다(그런 척한다). 즉, "앨런이 흙덩이에서 조약돌을 하나 골라내고 있음"은, "사나운 빌이 광석으로부터 사금덩이를 골라내고 있음"으로 간주되는 것이다. 우리는 영역 2(가상세계)에 있는 요소들에 대한 해석을, 묵시적 대응함수 $C_{(2)}$에 의해서 결정된다고 생각될 수 있다. 이 함수는 영역 2(가상세계)에 있는 요소들을, 영역 1(현실세계)에 있는 요소들로 사상해 준다. 단, 기호 '='는 '~으로 간주됨'을 의미한다.

> 묵시적 대응함수 $C_{(2)}$
> 앨런=사나운 빌, 베쓰=불행한 제인, 여기=고목마을 안 및 그 마을 근처, 지금=1876년, 이 흙덩이=채굴 광석, 이 흙덩이 속의 조약돌=사금덩이, 이 행위=사금 찾는 냄비질, 이 행위=포커 판을 벌임 등등.

이 착상의 내용은 영역 2(가상세계)가 영역 1(현실세계)에 달려 있으나, 그 역은 성립되지 않는다는 것이다. 영역 2(가상세계)는 묵시적 대응함수 $C_{(2)}$에 의해 표상되듯이, 앨런과 베쓰의 협동해석에 의해서 만들어진다. 반면에 영역 1(현실세계)은 직접적으로 앨런과 베쓰가 1952년 샌프란시스코에서 실제 사례the case로 간주하는 바에 달려 있다. 앨런이 광석으로부터 사금덩이를 골라내는 사나운 빌의 행위를 만들어 내는 것은, 흙덩이로부터 조약돌을 하나 골라내는 것에 의해 이뤄진다. 그러나 그 역은 불가능하다.

완벽한 대응함수 $C_{(2)}$는 일거에 확정되지 않으며, 장시간에 걸친 상호조율에 의해서 확정된다. 일부는 명시적인 합의에 의해서 확정된다.

> "I'll be Wild Bill and you be Calamity Jane" "Okay"
> "난 사나운 빌이 될게, 넌 불행한 제인 해라." "그래!"

다른 부분들은 묵시적으로 수립된다.

> "Look, Calamity Jane, I've found a gold nugget!"

"봐, 불행한 제인, 내가 사금덩이를 하나 찾아냈어!"

앨런은 흙덩이에서 자신이 찾아낸 조약돌에 대해서 말한다. 다른 부분들은 영역 1(현실세계)에서 미리 계획되지 않은 사건과 상태들에 의해 확정된다. 베쓰가 흙덩이에서 더 큰 조약돌을 찾아내고, 비가 내리기 시작하며, 이웃집 개가 짖는다면, 이들 사건은 영역 2(가상세계)에서 자연스런 해석이 주어진다. 즉, 베쓰가 더 큰 사금덩이를 가졌고, 고목마을에 비가 내리기 시작하고 있거나 코요테가 짖어대는 것이다. 다른 많은 측면들도 그들이 확정해 놓은 다른 모든 것과 일관되는 것으로 당연시된다. 일부 측면들이 다음처럼 논쟁으로 발전할 수도 있다.

Beth	: This nugget is on my claim
Alan	: No, it's on mine
베 쓰	: 이 사금덩이는 내 소유야
앨 런	: 아냐, 그건 내 소유야

묵시적 대응함수 $C_{(2)}$가 모두 한꺼번에 단일한 방법으로 의심 없이 확정되는 것은 아니다. 다른 의미파악에서와 마찬가지로, 이는 앨런과 베쓰의 상호조율을 취한다. 이것이 언제나 성공적인 것은 아니다.

영역 1(현실세계)와 영역 2(가상세계)에 대한 접속/접촉은 비대칭적이다. 영역 1(현실세계)에 있는 참여자들은, 영역 2(가상세계)의 요소들에 접속/접촉한다. 그러나 영역 2(가상세계)에 있는 참여자들은 영역 1(현실세계)에 있는 요소들에 접속/접촉할 수 없다. 앨런과 베쓰는 영역 1(현실세계)에서 그들의 행위로써 사나운 빌, 불행한 제인, 그들의 소꿉놀이 세계를 만들어 낸다. 그들은 자신들이 영역 2(가상세계)에 대하여 알고 싶어 하는 모든 것을 알고 있다. 그렇지만 사나운 빌과 불행한 제인은 앨런과 베쓰에 대하여 아무런 것도 알지 못한다. 적어도 그것이 소꿉놀이의 짐짓 가장pretense 그런 척함이다. 주인공 사나운 빌은

I'm going back to being Alan
난 도로 앨런이 될 거야

라고 말할 수 없는 것이다. 영역 2(가상세계)에서 나타나는 것으로 약속된 통나무 오두막이, 영역 1(현실세계)에서 대응하는 임의의 대상이 만들어지도록 할 수는 없다. 간섭 중

단도 또한 비대칭적이다. 앨런이 다음처럼 말할 때

> Beth, your dad is here
> 베쓰야, 너의 아빠가 여기 와 있네

앨런과 베쓰는 층렬 1(현실층렬)로 되돌아가기 위하여, 층렬 2(가상층렬)에 있는 작업활동들을 중단하거나 멈추는 것이다. 그 반대의 상황은 불가능하다.

12-1-2 의미·상상·식별

층렬 도입은 발화의 사용 및 해석에 본질적이다. 다음 앨런에 의한 두 가지 발화를 살펴보기로 한다.

① Alan : Beth, your dad is here now, so I guess you have to go.
베쓰야, 너의 아빠가 지금 여기 와 왔네, 그래서 너 집으로 가야 할 것 같은데

② Alan : Look here, Calamity Jane, now you and I both have nuggets.
여기 봐, 불행한 제인, 이제 너와 나는 둘 모두 사금덩이를 가졌어

비록 앨런이 두 발화에서 상황중심 지시표현[8] 'I[나], you[너], here[여기], now[지금]'을 쓰지만, ①에서는 각각 앨런·베쓰·샌프란시스코·1952년을 가리키며, ②에서는 사나운 빌·불행한 제인·고목마을·1876년을 가리키고 있다. 앨런은 ①에 있는 상황중심 지시표현들을 영역 1(현실세계)에서 해석되도록 의도하고, ②에 있는 상황중심 지시표현들을 영역 2(가상세계)에서 해석되도록 의도한다. 우리는 다음 도표에서처럼 저자가 '상황중심 지시표현 해석얼개[deictic frame]'로 부르는 바에서[9] 각 발화의 네 가지 주요한 상황중심 지시표현 요

---

[8] deictic(희랍어 어원은 '손으로 가리켜 보여 주다')은 잘못된 일본용어 '직시(直示 : 직접 보여줌)'를 그대로 쓰는 경우도 있다. 볼 시(示)가 '보이다' 또는 '보여 주다'로 새기기도 힘들 뿐만 아니라, 이럴 경우에 예시해 주는 일(demonstration)과 서로 구분되지도 않는다. 차라리 선조들이 썼던 직지(直指 : 직접 가리킴)를 써서 '직지표현'이라고 하는 것이 훨씬 더 정확하고 낫다. 여기서는 임의의 상황에서 직접 손으로 가리켜 주는 표현을 중심으로 번역 용어를 만들어, '상황중심 지시표현'이라고 해 둔다. 이는 형식이 동일하지만, 상황에 따라 가리키는 내용이 달라지는 것을 말한다. 'I(나)'라는 형식은, 가리키는 대상이 철수이든 영이이든 무관하게, 임의의 상황에서 말하는 사람을 가리키는 것이다. now(지금) 또한 어떤 시점이든지 상관없이, 이 낱말이 쓰이는 현재 상황만을 가리키게 된다. 상황중심 지시표현에 대한 기본문헌은 필모어(Fillmore, 1997), 『상황중심 지시표현에 대한 강의(*Lectures on Deixis*)』(CSLI Publications, Stanford Univ.)이다. §.6-3-3의 각주 29도 참고 바람.

[9] 〈원저자 4〉 관련된 개념에 대해서는 카알 뷜러(Karl Bühler, 1982)의 origo(영어로는 origin[기원]이며, 지시표현의 기준점인 '현재 화자'를 가리킴 : 뒤친이)에 대한 개념을 보기 바란다.

소들을 표상할 수 있다.

상황중심 지시표현의 해석얼개(deictic frame)

층렬	I(나)	you(너)	here(여기)	now(지금)
층렬 1(현실층렬)	Alan	Beth	San Francisco	1952년
층렬 2(가상층렬)	Wild Bill	Calamity Jane	Deadwood	1876년

발화 ①과 ②는 서로 다른 상황중심 지시표현의 해석얼개를 이용하여 해석이 이뤄질 것이다.

또다른 방식으로 살펴보면, 의미가 표현되고 있는 화자로 보아 발화 ②는 발화 ①과 차이가 난다. '화자의 의미'가 다음에 제시한 그라이스[Grice]의 식형에 들어맞는 것임을 상기하기 바란다.

> In doing *s*, S means that *p*
> 신호 *s*를 실행하면서, 화자 S는 명제 *p*가 사실임을 의미한다.[10]

"Beth, your dad is here now[베쓰야, 너의 아빠가 지금 여기 와 있구나]"를 발화하면서, 앨런은 베쓰의 아버지가 거기 소꿉놀이 장소에 와 있음을 의미하므로, 발화 ①은 베쓰에게 앨런이 의미하는 바를 나타낸다. 그렇지만 발화 ②에서는 만일 우리가 앨런의 발화를 축자적으로 해석하였다면, 다음처럼 추론하였을 것이다.

> Look here, Calamity Jane, now you and I both have nuggets
> 여기 봐, 불행한 제인, 이제 너와 나는 둘 모두 사금덩이를 가졌어

를 발화하면서, 앨런은 이제 <u>자신</u>과 <u>베쓰</u>가 둘 모두 사금덩이를 가졌음을 의미한다. 그러나 이는 옳지 않다. 실제로는 반드시 다음처럼 말해야 한다. 문장 ②를 발화하면서 사나운 빌이 이제 <u>자신</u>과 <u>불행한 제인</u>이 둘 모두 사금덩이를 가졌음을 의미한다. 발화 ②는 'I[나]'로 언급된 사나운 빌이, 'you[너]'로 언급된 불행한 제인에게 의미하는 바를 나타낸다. 이들 사례는 층렬 도입하기의 본질적인 원리를 예시해 준다.

---

[10] §.5-1-2를 보면, 약호 *s*, S, *p*는 각각 신호(sign)・화자(speaker)・명제(proposition)의 첫 문자이다.

◁ **층렬화된 의미의 원리 (Principle of layered meaning)** ▷

The speaker who means what is expressed in an utterance, and the addressee for whom it is meant, belong to the highest current layer of action.

어떤 발화로 표현된 바를 의미하는 화자 및 그 발화 의미를 수신하게 되는 청자는, 행위의 가장 높은 현재 층렬에 속해 있다.

만일 여러분이 행위의 가장 높은 현행 층렬을[11] 안다면, '상황중심 지시표현의 해석얼개'를 찾아낼 수 있다. 가령, 표현된 바를 의미하는 화자와 자신의 청자인 것이다. 반면에, 만일 여러분이 어떤 발화로 누가 무엇을 누구를 위해 의미하는지 헤아릴 수 있다면, 행위의 가장 높은 현행 층렬을 찾아낼 수 있다. 위 원리는 이 두 가지 방식으로 모두 작동한다.

층렬화된 의미의 원리는, 층렬화된 행위들에서 이야기를 해석하는 데 본질적이다. 앨런이

Look here, Calamity Jane, now you and I both have nuggets

여기 봐, 불행한 제인, 이제 너와 나는 둘 모두 사금덩이를 가졌어

라고 말할 때, 베쓰가 만일 이제 앨런으로서의 본래 그와 베쓰로서의 본래 그녀가 둘 모두 사금덩이를 가졌음을 의미했다고 생각했더라면 오해가 생겼을 듯하다. 묵시적으로 베쓰는 사나운 빌이 불행한 제인을 위하여 이를 의미한다고 인식한다. 이런 협동하여 짐짓 가장하기joint pretense 그런 척하기를 어렴풋이 알아차리지도 못한 채 우연히 엿듣는 사람은 이를 오해할 수 있다. 누가 되든지 간에 청자는, 반드시 화자의 의미에서 현실과 짐짓 가장(그런 척함)을 구분해 주어야 하며, 이는 층렬화된 의미의 원리를 요구한다.

층렬들은 1차적 참여자들을 요구하는 과정에서 차이가 난다. 앨런이

Look, Calamity Jane, I've found a gold nugget!

봐, 불행한 제인, 내가 사금덩이를 하나 찾아냈어!

라고 발화하는 경우에, 그는 베쓰로 하여금 그를 불행한 제인과의 대화에서 다음 발언기회를 차지하려는 사나운 빌로 상상해 주도록 하고 있다. 게다가, 그는 또한 왜 그녀로

---

[10] 현실이라는 무대 위에, 차곡차곡 탑을 쌓아 올리듯이 층렬들을 쌓아 올려간다고 비유를 했으므로, 여기서 가장 높은 현행 층렬은 서로간에 합의된 가상의 세계를 가리키게 된다.

하여금 이를 실행하게 하려고 하는지에 대하여, 그녀가 식별하여 알아차리기를 원한다. 그가 그들의 소꿉놀이를 진전시켜 나가고 있다. 즉, 상상의 경험을 모의하는 데 도움을 주려고 애쓰고 있는 것이다. 다시 말하여, 우리는 반드시 층렬 2(가상층렬)에서 상상하는 행위 및 층렬 1(현실층렬)에서 식별하는 행위 간에 구분을 해 주어야 한다. 저자가 제안하는 원리는 다음과 같다.

◁ **상상의 원리** (Principle of imagination) ▷

In layered actions, the primary participants are intended to imagine what is happening in the highest current layer of action.

층렬화된 행위들에서 1차적 참여자들은 가장 높은 현행 층렬의 행위에서 일어나고 있는 바를 상상하도록 의도된다.

◁ **식별의 원리** (Principle of appreciation) ▷

In layered actions, the primary participants are intended to appreciate the instigator's purposes and techniques in creating the highest current layer of action.

층렬화된 행위들에서 1차적 참여자들은 가장 높은 현행 층렬의 행위를 창조해 내는 데에서 이를 주도하는 사람의 목적 및 기법을 식별하여 알아차리도록 의도된다.

앨런과 베쓰는 사나운 빌과 불행한 제인의 세계를 상상할 것이며, 이를 실행하는 동안에 그 세계를 창조하는 과정에서 그들의 선택내용들을 식별하게 될 것이다.

12-1-3 요약

앨런과 베쓰의 소꿉장난 놀이로부터 빠져 나오기 위하여, 층렬화 속성들을 한데 모아 보기로 한다. 첫 번째 속성들은 모두 층렬화의 이중성을 다루게 된다.

관계	층렬화는 두 영역(세계)에 있는 협동행위들 간에 비대칭적 관계이다.
영역(세계)	각 영역은 원칙적으로 참여자·역할·시간·장소·환경·가능한 사건들에 의해서 구체화된다.
상황중심의 지시표현	두 층렬에 있는 협동행위들은 서로 다른 '상황중심 지시표현의 해석얼개'를 지닌다.
동시성	두 영역(세계)은 동시에 출현하거나 다 같이 현재적이다.
반복성	층렬화는 반복적이다.

다음 속성들은 1차적 참여자들로 이뤄진 주요 층렬인 층렬 1(현실층렬) 및 도출 층렬인 층렬 2(가상층렬)이라는 두 개의 인접 층렬 사이에 있는 비대칭성을 다룬다.

대응함수의 사상	1차적 참여자들은 협동하여 영역 2(가상세계)의 개체들을 영역 1(현실세계)의 개체들 속으로 사상하는 대응함수 $C_{(2)}$를 발전시킨다.
의미파악 관점	1차적 참여자들은 영역 1(현실세계)에 있는 개체(대상·상태·사건 등)를 어떤 것이든 한 가지 방식으로 의미를 파악할 수 있고, 동시에 영역 2(가상세계)에서 다른 방식으로 의미를 파악할 수 있다.
인과관계	영역 2(가상세계)에 있는 많은 개체들이 영역 1(현실세계)에서 대응하는 개체들의 출현에 의해서 야기되지만, 그 역은 성립하지 않는다.
접속/접촉성	층렬 1(현실층렬)에 있는 참여자들이 영역 2(가상세계)에 있는 개체들에 대한 정보에 접속/접촉하게 되지만, 그 역은 성립하지 않는다.
화자의 의미(의도)	두 개의 층렬이 있는 경우에, 신호에 의해 표현된 바를 의미하는 화자 및 그 신호 의미를 수신할 청자는 층렬 2(가상층렬)에 속한다.
상상력	두 개의 층렬이 있는 경우에, 1차적 참여자들은 층렬 2(가상층렬)에 있는 행위들을 상상하게 되고, 층렬 1(현실층렬)에 있는 행위들을 식별하게 된다.

층렬 도입이 반복적이므로, 첫 번째 영역(현실세계)과 두 번째 영역(가상세계)이 각각 번호로 1과 2가 붙어 있다. 추가 반복은 또한 더 높은 숫자가 붙게 된다. 이들 속성은 모든 층렬 도입에 필요할 수도 있고, 안 그럴 수도 있다.

앨런과 베쓰의 소꿉장난 놀이에서는, 층렬 2(가상층렬)가 협동하여 짐짓 가장하기joint pretense 그런 척하기에 의해서 창조되었지만, 다른 방식으로도 층렬들이 만들어질 수 있다. 앨런과 베쓰의 두 층렬을 놓고서 예시하였듯이, 층렬들을 줄여서 다음처럼 나타내기로 한다.

층렬 2(가상층렬)	1876년 고목마을에서 사나운 빌과 불행한 제인이 여러 가지 일들을 하고 있다.
층렬 1(현실층렬)	1952년 샌프란시스코에서 앨런과 베쓰가 층렬 2(가상층렬)에 있는 일들이 일어나고 있다고 협동하여 짐짓 가장하고(그런 척하고) 있다.

첫 번째 진술은 층렬 2(가상층렬)에 있는 행위들을 서술해 주며, 두 번째 진술은 이들 행위가 어떻게 층렬 1(현실층렬)에서 만들어지는지를 서술해 준다. 앞으로 밝혀지게 되겠지만, 여기서 협동하여 짐짓 가장하기jointly pretend 그런 척하기로 언급된 층렬 1(현실층렬)에 있는 동사는, 한 가지 유형의 층렬화로부터 다음 유형의 층렬화로 변화할 수 있다.

§.12-2 이야기

층렬화(층렬 도입)는 모든 유형의 이야기에 대한 특징으로, 농담과 일화로부터 시작하여 소설·연극·가곡까지 걸쳐 있다. 예를 들어 여러분이 친구에게 농담을 하는 경우에, 여러분은 실제로 일어나지 않았던 일화를 서술한다. 여러분은 친구로 하여금 두 번째 영역인 허구세계를 상상하는 데 함께 참여하도록 하고 있다. 거기에서는 여러분이 서술하는 일(사건)들이 실제로 일어났다. 즉, 여러분 두 사람이 협동하여 짐짓 가장하기[joint pretense 그런 척하기]로서 그 세계를 창조한 것이다. 모든 허구는 협동하여 짐짓 가장하기(그런 척하기)를 필요로 한다.

12-2-1 대화 속에 있는 이야기

제10장에서 논의된 농담으로 되돌아가 살펴보기로 한다. 다음에 쌤의 들머리가 있다. 쌤의 농담 처음 몇 줄과 뢰나드의 응답이다.

Sam : let me tell you a story, - - -
$_2$[a girl went into a chemist's shop and asked for , . contraceptive tablets, - -
so he said $_3$[well I've got . all kinds, and . all prices, what do you want,]$_3$
...
$_3$[you may well have a baby,]$_3$ - -]$_2$
Reynard : Sam . you're a wicked fellow, - that's very nice
쌤 : 이야기 하나 해 줄게, - - -
$_2$[어떤 소녀가 약국에 들어가서, . 피임약을 요청했대, - -
그래서 그가 말하길 $_3$[근데 모든 종류의, 모든 값의 것이, 다 있는데, 뭘 사시렵니까,]$_3$
...
$_3$[아기가 들어설 수도 있죠,]$_3$ - -]$_2$
뢰나드 : 쌤 . 넌 별난 놈이구나, - 그걸 아주 멋지다고 하니 말야

"Let me tell you a story[이야기 하나 해 줄게]"라고 말하면서, 쌤은 자신이 서술해 주려는 일화가 실제로 일어났던 것인 척 시늉하는 데 동참하도록 요구한다. 그러고 나서 "A girl went into a chemist's shop··· 어떤 소녀가 약국에 들어가서···"로 시작하고, "you may well have a baby 아기가 들어설 수도 있죠"로 끝나는 일화를, 정말 있었던 일처럼 서술해 간다. 샘과 뢰나드는 "Sam, you're a wicked fellow 쌤 넌 별난 놈이구나"라고 말하면서, 뢰나드가 그 농담에 대한 자신의 평가를 언급할 때에 농담의 세계로부터 벗어난다.

쌤의 농담은 세 개의 층렬을 지닌다. 앞의 예시에선 층렬 2와 층렬 3의 시작점 및 끝점이

$_{2}$[··· and ···]$_{2}$

와 같이 아랫첨자의 숫자로 된 꺽쇠괄호로 표시되어 있다. 쌤이 "Let me tell you a story 이야기 하나 해 줄게"라고 말할 때에는 오직 하나의 층렬(=현실층렬)만이 있다. 그러나 "A girl went into a chemist's shop 어떤 소녀가 약국에 들어가서"라고 하면서, 그와 뢰나드는 두 번째 층렬을 만들어 내고 있다.

층렬 2(가상층렬)	정보 제공자가 정보 수용자에게 어떤 소녀가 약국 안으로 들어갔다고 말하고 있다.
층렬 1(현실층렬)	쌤과 뢰나드가 협동하여 층렬 2(가상층렬)에 있는 행위들이 일어나고 있다고 짐짓 가장하고(그런 척하고) 있다.

협동하여 짐짓 가장하기 joint pretense 그런 척하기에서는 쌤이 정보 제공자이고, 뢰나드가 정보 수용자이다. 정보 제공자는 정보 수용자에게 약국에서 실제 일어난 일에 대하여 말하고 있다. 정보 제공자가 그 약사의 말

well I've got all kinds and all prices, what do you want
근데 모든 종류의, 모든 값의 것이, 다 있는데, 뭘 사시렵니까

을 직접인용할 때, 한편 또다른 층렬을 만들어 낸다(제6장을 보기 바람).

층렬 3(약국층렬)	약사가 그 소녀에게 모든 종류의, 그리고 모든 가격의 제품이 있다고 말하고 있다.
층렬 2(가상층렬)	정보 제공자가 정보 수용자에게 층렬 3(약국층렬)에 있는 일들을 예시해 주고 있다.
층렬 1(현실층렬)	쌤과 뢰나드가 층렬 2(가상층렬)에 있는 행위들이 일어나고 있다고 짐짓 가장한다(그런 척한다).

농담은 층렬화(층렬 도입)의 모든 속성들을 보여 준다. "A girl went into a chemist's shop어떤 소녀가 약국에 들어가서"에 대해서, 우리는 동시에 시행되는 두 개의 층렬을 찾을 수 있다. 쌤과 뢰나드의 세계(영역 1, 현실세계) 및 정보 제공자와 정보 수용자의 세계(영역 2, 가상세계)이다. 적어도 두 개의 요소를 지닌 대응함수가 있다. 즉,

쌤 = 정보 제공자
뢰나드 = 정보 수용자

이들 요소가 각각 두 가지 관점 아래 조망된다. 영역 1(현실세계)에서는 두 사람의 남자가 쌤과 뢰나드로 의미파악되고, 영역 2(가상세계)에서는 정보 제공자와 정보 수용자로 파악된다. 인과관계에 관해서 살펴보면, 층렬 2(가상층렬, 농담세계)를 만들어 내는 것이 쌤과 뢰나드의 행위들이다. 영역 1(현실세계)에 있는 쌤과 뢰나드가 영역 2(가상세계, 농담세계)에서 일어난 일들에 접속/접촉한다. 반면에, 영역 2(가상세계)에 있는 정보 제공자와 정보 수용자는 영역 1(현실세계)의 요소들에 접속/접촉할 수 없다. 그리고 약사가 말한 바를 예시해 줌으로써, 정보 제공자가 영역 3(약국세계)을 만들어 낼 때 반복성이 구현된다.

쌤과 뢰나드는 반드시 각 발화에서 누가 무엇을 의미하는지 확정하기 위하여 이런 구조를 추적해야 한다. 다음 도표에는 골라낸 발화 세 가지에 대한 '상황중심 지시표현의 해석얼개'가

[층렬, 화자, 수신자, 장소, 시간]

으로 제시되어 있다(아래 예문들의 오른쪽에 표시되어 있음).

Let me tell you a story. 이야기 하나 말해 줄게.	[층렬 1(현실세계), 뢰나드, 런던, 1964년]
A girl went into a chemist's shop. 어떤 소녀가 약국으로 들어갔어.	[층렬 2(가상세계), 정보 제공자, 수용자, 영국, 영역 1보다 이전]
I've got all kinds and all prices. 모든 종류의, 모든 값의 것이 다 있습니다.	[층렬 3(약국세계), 약사, 소녀, 영국, 영역 2보다 이전]

뢰나드는 반드시 "Let me tell you a story이야기 하나 말해 줄게"로써 쌤이 뢰나드를 위하여 뭔

가를 의미함을 알아차려야 하고, "A girl went into a chemist's shop어떤 소녀가 약국으로 들어갔어"로써 정보 제공자가 정보 수용자를 위하여 뭔가를 의미함을 알아차려야 하며, 또한 "I've got all kinds and all prices모든 종류의, 모든 값의 것이 다 있습니다"로써 약사가 그 소녀를 위하여 뭔가를 의미함을 알아차려야 한다. 뢰나드는 이를 오직 자신과 쌤이 서로간에 조율해야만 알 수 있다. 쌤은 그 이야기를 공지함으로써("Let me tell you a story") 자신의 역할을 실행하는데("he said약사가 말했어"라고 하거나 억양에 변화를 주어), 각각의 억양을 표시하고, (이야기 마지막 억양으로) 핵심 요체를 표시하며, 그런 다른 기제들을 이용한다. 쌤과 뢰나드가 얼마나 부드럽게 하나의 층위로부터 다음 층위로 이동하는지 주목할 만하다.

농담은 대화로 된 한 가지 유형의 층렬이 도입된 이야기일 뿐이다. 또한 새로운 이야기, 옛 이야기를 다시 말해 주기, 우화, 'what if~하면 어떻게 될까' 이야기("What if we do this. We go downtown우리가 이걸 한다면 어떻게 될까, 우리가 시내로 물건 사러 간다") 등이 있다. 이것들이 모두 쌤의 농담과 거의 비슷하게 층렬 도입 구조를 지닌다.

12-2-2 소설

이야기는 소설·짤막한 이야기·희곡·가곡·촌극·패러디parodies 익살스레 개변한 작품·풍자 등 다양한 문학 갈래의 토대가 된다. 이것들에서 층렬 도입하기는 대화에서와 같이 거의 동일한 형태를 취한다. 허먼 멜뷜Herman Melville의 소설『모비딕Moby Dick』에 나오는 고전적인 첫 번째 줄을 살펴보기로 한다.

> Call me Ishmael
> 날 이슈메일로 부르게

이 표현과 더불어, 작가 멜뷜은 이 말이 1800년대 초기에 어떤 '견습 선원'에게 말을 하고 있는 이슈메일로 불리는 어떤 남자의 말이라고 짐짓 가장하도록pretense 그런 척하도록 우리를 초대한다. 이는 상황중심 지시표현의 해석얼개

> [층렬 2(가상세계), 이슈메일, 견습 선원, 보스톤, 1800년대 초기]

를 지닌다. 우리는 다음처럼 두 개의 층렬을 만들게 된다.

층렬 2(소설층렬)	이슈메일이 청자인 자신의 견습선원에게 가근하게 자신을 이슈메일로 부르도록 요구하고 있다.
층렬 1(현실층렬)	멜뷜과 독자가 협동하여 층렬 2(소설층렬)에 있는 일들이 일어나고 있다고 짐짓 가장한다(그런 척한다).

이슈메일은 선장 에이햅Ahab이 큰 흰고래에 미쳐 있는 것에 대하여 말함에 따라, 계속하여 우리는 이 협동하여 짐짓 가장하기joint pretense 그런 척하기를 사실로 받아들인다. 좀 뒤에 이슈메일이 퀴퀙Queequeg의 "Who e debel you?니가 에뚀 누구야?"를 인용할 때, 우리는 역시 또다른 층렬을 만들어 낸다.

층렬 3(소설 속 현장층렬)	퀴퀙이 이슈메일에게 그가 누구인지를 묻고 있다.
층렬 2(소설층렬)	이슈메일이 자신의 청자에게 층렬 3(소설 속의 현장층렬)에 있는 일들을 예시해 주고 있다.
층렬 1(현실층렬)	멜뷜과 독자가 협동하여 층렬 2(소설층렬)에 있는 일들이 일어나고 있다고 짐짓 가장한다(그런 척한다).

소설은 여러 가지 측면에서 대화로 된 이야기와는 차이가 난다. 일반적으로 독자는 시간과 공간상으로 작가로부터 멀리 떨어져 있고, 이 점이 중요성을 지닌다. 1950년대에 집필하면서 작가 멜뷜은 지금은 더 이상 성립되지 않는 독자의 지식과 태도에 대하여 어떤 가정을 하였다. 그리고 협동하여 짐짓 가장하기joint pretense 그런 척하기로 층렬 2(소설층렬)를 상정할 때, 앞에서 살펴본 쌤의 "Let me tell you a story이야기 하나 해 줄게"와 같은 공지 때문이 아니라, 소설에 대한 문학적 관례들을 알고 있기 때문에, 우리가 그렇게 하는 것이다. 우리는 소설책에 내재된 증거를 놓고서도 동일한 인식에 이를 수 있다. 그리고 소설에서는 거의 층렬 1(현실층렬)에 있는 발화들을 볼 수 없다. 『모비딕』에 있는 유일한 사례는 작가 멜뷜의 헌사이다.

> In token of my admiration for his genius this book is dedicated to Nathaniel Hawthorne
>
> 너쌔니얼 호쏘언에게 그의 천재성을 기리는 징표로서 이 책을 바칩니다.

이는 다음과 같은 상황중심 지시표현의 해석얼개를 지닌다.

[층렬 1(현실세계), 멜빌, 독자, 메사추세츠 피츠필드(Pittsfield), 1851년]

일부 문학 이론가들에 따르면(가령 Booth, 1983; Chatman, 1978), 현실세계에 있는 실제 작가는 또한 반드시 함의된 작가implied author로부터 구별되어야만 한다.[12] 예를 들어, 멜빌은 일반적인 모험이야기 작가처럼 보이려고 의도하였을 수도 있겠지만, 반면에 현실적인 그의 동기는 아주 상이하였다. 모비딕은 세 가지 층위를 지닌다.

층렬 3(소설속 현장층렬)	이슈메일이 어떤 견습선원에게 자서전적인 이야기를 말해 주고 있다.
층렬 2(소설층렬)	함의된 작가 멜빌과 그의 함의된 독자들이 협동하여 층렬 3(소설속의 현장층렬)에 있는 일들이 일어나고 있다고 짐짓 가장한다(그런 척한다).
층렬 1(현실층렬)	현실세계에 있는 멜빌과 그의 현실세계 독자들이 협동하여 층렬 2(소설층렬)에 있는 일들이 일어나고 있다고 짐짓 가장한다(그런 척한다).

많은 소설에서 추가된 층렬 2(소설층렬)는 작가의 어조·반어·상징과 다른 수사적 효과를 이해하는 데 핵심적이다.

때로 소설가들은 하나의 층렬을 또다른 층렬 위에 얹어 놓는 데 즐거움을 느끼지만, 그럼에도 우리는 한 걸음에 그 층렬들을 쉽게 뚫고 나간다. 헨뤼 제임스Henry James, 1843~1916의 1898년 유령 소설 『나사못 회전The Turn of the Screw』에서는 첫 번째 이야기 주체가 더글러스Douglas에 의해 그에게 말해진 어떤 이야기를 인용한다. 더글러스 이야기는 어느 여성 가정교사governess로부터 들은 이야기이며, 그녀는 차례로 마일즈Miles라고 부르는 어린이가

I took it
난 어느 편지로부터 이걸 따왔어요.

라고 하는 이야기를 재인용한다.

---

[12] 〈원저자 5〉 부쓰(Booth, 1961 : 70)에서는 다음처럼 언급한다. "작가가 작품을 써 나감에 따라 [실세계에 있는 작가는] 단순히 이상적이고 비개성적인 '일반적인 사람'을 창조하는 것이 아니다. 다른 사람들의 작품에서 만나는 함의된 작가와 구별되어 차이가 나는 '작가 자신의 개성'을 놓고서 함의된 내용을 창조하는 것이다(As he writes, [the actual author] creates not simply an ideal impersonal 'man in general' but an implied version of 'himself' that is different from the implied authors we meet in other men's works)."

층렬 5(마일즈 가정교사의 정담층렬)	마일즈가 자기 가정교사에게 어느 편지에서 가져온 이야기를 해 주고 있다.
층렬 4(가정교사 더글러스 정담층렬)	여성 가정교사가 더글러스에게 층렬 6(마일즈와 가정교사 정담층렬)에 있는 일들을 예시해 주고 있다.
층렬 3(난롯가 정담층렬)	더글러스가 이야기 주체에게 층렬 5(가정교사와 더글러스 정담층렬)에 있는 일들을 예시해 주고 있다.
층렬 2(소설 속의 현장 난롯가층렬)	이야기 주체가 난롯가 청자를 위해 층렬 4(난롯가 정담층렬)에 있는 일들을 예시해 주고 있다.
층렬 1(현실층렬)	현실세계의 작가 제임스와 현실세계의 독자가 협동하여 층렬 2(소설층렬)에 있는 일들이 일어나고 있다고 짐짓 가장한다(그런 척한다).

와싱톤 어빙Washington Irving, 1783~1859의 1820년 작품 『립 빈윙클Rip Van Winkle』에서도, 그리고 다른 많은 문학 작품 속에서도 비슷하게 여러 층렬의 반복이 있다(Bruce, 1981).

소설에서는 소설 속 현재 행위들의 층렬 위에다 다른 층위를 창조하는 것이 아니라, 또한 이들 층렬이 미래 층렬에 놓일 수도 있다. 1921년 에딘버그에서 교장선생이 큰소리로 『모비딕』을 학생들에게 읽어 주기 시작하면서 "Call me Ishmael날 이슈메일로 부르게"이라고 한다고 가정하기로 한다. 이 발화에 대해, 앞에서 상정한 우리의 원래 두 층렬에다 세 번째 층렬을 추가해 놓을 필요가 있다(잠시 현실 작가 및 함의된 작가 사이의 구분을 무시함).

층렬 3(소설속 현장층렬)	이슈메일이 자신의 청자인 견습선원에게 자신을 이슈메일로 부르도록 하고 있다.
층렬 2(소설층렬)	작가 멜뷜과 그의 독자들이 협동하여 층렬 3(소설속의 현장층렬)에 있는 일들이 일어나고 있다고 짐짓 가장한다(그런 척한다).
층렬 1(1921년 현재층렬)	교장선생이 자신의 학생들에게 층렬 2(소설층렬)에 있는 표현들을 읽어준다.

교장선생의 학생들은 세 가지 층렬에 모두 방심하지 말고 주의해야 한다. 만일 멜뷜이나 교장선생이 이슈메일로 불리기를 바란다고 학생들이 생각했다면 잘못이었을 것이다. 층렬은 분석에 대한 상상 대목이 아니다. 일어나고 있는 행위들을 해석하는 데에 필수적인 것이다.

12-2-3 희곡

희곡·영화·가극·텔레비전 상황극sitcoms들은 추가적인 복잡성을 띤다. 우리가 쌔뮤얼

베킷(Samuel Beckett, 1906~1989)의 1969년 희곡 『고도를 기다리며Waiting for Godot』를 읽고 있다고 가정하기로 한다. 이 작품은 얼굴 없는 허구적 이야기 주체가 첫 장면을 서술해 주는 것으로 시작한다.

> Estragon, sitting on a low mound, is trying to take off his boot
> 나지막한 둔덕 위에 앉아 있는 에스트롸곤은 자신의 목긴 신발을 벗으려고 애쓰고 있다.

곧 이야기 주체는 에스트롸곤Estragon의 말을 인용하여 다음처럼 말한다.

> nothing to be done
> 아무것도 실행될 게 없어.

이 발화에서, 우리는 세 가지 층렬을 지닌다(다시 잠시 작가에 대한 두 가지 층렬을 무시하여 하나로 간주하기로 함).

층렬 3(소설 속 현장층렬)	에스트롸곤이 블라드미어한테 아무것도 실행될 게 없다고 말하고 있다.
층렬 2(소설층렬)	이야기 주체가 층렬 3(소설 속 현장층렬)에 있는 일들을 예시해 주고 있다.
층렬 1(현실층렬)	극작가 베킷과 독자인 우리가 협동하여 층렬 2(소설층렬)에 있는 일들이 일어나고 있다고 짐짓 가장한다(그런 척한다).

우리는 소설을 읽듯이 그 희곡을 읽으며, 에스트롸곤Estragon의 촌평에 대한 층렬이 퀴퀙Queequeg의 질문에 대한 층렬과 거의 비슷하다.

극장에서 '고도를 기다리며'를 보는 경우에는 아주 다른 뭔가가 일어난다. 우리가 런던 예술극장Arts Theater Company에서 최초로 올린 이 희곡의 영어공연을 보러 갔는데, 에스트롸곤Estragon과 블라드미어Vladimir의 역을 배우 우드쏘업Woodthorpe과 데인먼Daneman이 맡았다고 가정하기로 한다.[13] 층렬 1(현실층렬)에는 이제 직접 참여자로서 우리와 극장이 있다. 조쥐 루이스 보헤스Jorge Luis Boges가 셰익스피어를 다룬 논문에서 주목하였듯이, 그 배우는

> on a stage play at being another before a gathering of people who play at taking

---

[13] 〈원저자 6〉 최초의 공연은 1955년 런던에 있는 예술극장에서 상연되었다. 피터 우드쏘업(Peter Woodthorpe)과 폴 데인먼(Paul Daneman)이 각각 에스트롸곤과 블라드미어의 역을 맡았다.

him for that other person.

무대에서 그 배우를 다른 그 주인공으로 간주하는 일을 연기하고 있는 여러 사람[=연극 조연]들 앞에서, 다른 사람[=연극속의 주인공]이 되는 일을 맡아 실천한다.

그러나 우드쏘업이 "Nothing to be done아무 것도 실행될 게 없어"라는 말을 전달할 때에, 그와 우리는 단독으로 그 협동 가장행위를 완성하는 것이 아니다. 우리는 극중 친구(=블라드미어)와 해당 극중 장면의 지시내용으로부터 나온 모든 극중 기교에 의해 도움을 받는다. 비록 실제로 극작가 베킷Beckett을 추적한다 해도, 더 이상 우리는 또한 극작가 베킷의 이야기 주체를 깨닫지도 못한다. "Nothing to be done아무 것도 실행될 게 없어"에 대한 한 가지 가능한 분석은 다음과 같이 될 것 같다.

층렬 3(연극속 현장층렬)	에스트뤄곤이 블라드미어한테 아무것도 실행될 게 없다고 말하고 있다.
층렬 2(연극층렬)	극작가 베킷, 배우들, 극중 친구, 연극 애호 관중들이 협동하여 층렬 3(연극속 현장층렬)에 있는 일들이 일어나고 있다고 가장한다(pretend 상상한다).
층렬 1(현실층렬)	배우 우드쏘업(Woodthorpe), 극중 친구, 연극 애호 관중들이 협동하여 층렬 2(연극층렬)를 깨닫는다.

"Nothing to be done아무 것도 실행될 게 없어"는, 극중 주인공 에스트뤄곤Estragon이 극중 친구 블라드미어Vladimir를 위해 의미한 것을 가리킨다. 배우 우드쏘업Woodthorpe이 배우 데인먼Daneman에게 의미한 것도 아니고, 극작가 베킷이 연극 애호 관중들에게 의미한 것도 아니다. 에스트뤄곤의 행위는 극작가 베킷의 각본 및 그 각본에 대한 배우 우드쏘업의 구현에 의해서 결정되었다. 그리고 우리는 극작가 베킷이 연극상으로 이 시점에서 그 행위를 포함하는 데에 어떤 목적을 지녔으며, 어슴프레하게라도 우리가 식별하게 될 목적이라고 가정한다. 만일 배우들이 각본의 이 대목들을 임시 급조하였다고 생각했더라면, 우리는 아주 다르게 가정하였을 것이다.

층렬 도입하기는 영화·텔레비전 상황극·연속극·라디오 드라마에서, 그리고 심지어 노래에서도 유사한 형태를 취한다. 프란츠 슈베르트Franz Schubert 가곡 '마왕Erlking'에서는 바리톤 가수는 괴테Goerthe가 지은 이야기를 슈베르트가 작곡한 음악 반주에 맞춰 말한다. 층렬 1(현실층렬)에서 바리톤 가수가 우리를 위해서 층렬 2(가상층렬)를 연기한다. 거기에서 그 가수와 슈베르트가 우리를 위해 층렬 3(극중 장면 층렬)을 구현하며, 거기에서 관객인 우리와 괴테가 협동하여 층렬 4(마왕이 아이 영혼을 빼앗아가는 장면 층렬)에서 어느 서술자가 청중에게 아기의 목숨을 앗아가는 마왕에 대한 참된 이야기를 말해 주고 있다고 짐짓 가장한다(그런 척한다). 슈베르트의 음악은 그 이야기의 감정을 북돋아 심화시켜 준다. 마치 '마왕'이 서술된 이야기인 것처럼, 모짜르트의 가극 '바람둥이 돈지오바니Don Giovanni'도 연극과 같다. 이 가극에서도 또한 무대 연기자들과 관객인 우리, 음악가 모짜르트와 우리, 가극대본 작가 다폰트Da Ponte와 우리, 그리고 연극 속의 주인공들을 나타내기 위하여 여러 층렬들을 구별해 낼 필요가 있다.

12-2-4 상상imagination과 식별appreciation

이야기·소설·연극에서 우리는 모든 층렬들에 동일한 주의력을 쏟지 않는다. 그럴 필요도 없다. 『모비딕Moby Dick』을 읽으면서(층렬 2, 가상층렬에서) 이슈메일Ishmael·퀴퀙Queequeg·애이햅Ahab·흰고래의 세계로 빠져든다. 이것이 작가 멜빌Melbille이 원하였던 방식이다. 소설가 존 가드너(John Gardner, 1983 : 132)에서 언급하였듯이,

> "작가의 의도는 인쇄된 페이지를 통해서 제시된 장면 속으로 독자가 빠져드는 것이다."

멜빌은 독자인 우리가 읽어 나가면서(층렬 1, 현실층렬에서) 우리로 하여금 그가 선택한 낱말·행위·성격 묘사 속으로 빠져들기를 바란 것이 아니다. 그는 일단 이슈메일의 세계 속으로 들어간 경우에만 우리로 하여금 이것들을 식별하도록 바랐던 것이다. 여기서 다시 한 번, 가드너Gardner가 '통제된 꿈꾸기controlled dreaming'라고 부른 상상을 식별로부터 구별해 놓아야 한다.

소설·연극·이야기들은 부분적으로 우리로 하여금 얼마나 잘 가장 높은 현행 층렬을 상상할 수 있도록 해 주는지, 얼마나 제대로 이야기 세계 속으로 우리를 데려가는지에 의해서 진가가 판정된다. 만일 어떤 모험담이 잘 씌어 있다면, 머릿속에서 막힘없이 진행되어 나가는 영화처럼, 우리는 그 세계를 아주 생생히 상상하게 된다. 무아지경으로 아주 몰입해 있어서 의자에 앉아 책장을 넘기면서 아주 오래도록 머물러 있다는 사실도 잊어버린다. 동일한 일이 좋은 연극과 좋은 영화에도 적용된다.

어떤 이야기를 상상으로 경험하는 일은 놀랄 만한 결과를 지닌다. 한 가지가 뤼처드 거뤼그(Richard Gerrig, 1989a, 1989b, 1993)에서 '비정상적인 긴장감anomalous suspense'이라고 부르는 바이다. 일상적으로 긴장감은 "충분히 중요한 어떤 목표 결과물에 대한 지식이 없는" 상태이다(그의 책 79쪽). 그럼에도 불구하고, 아슬아슬한 긴장감이 들어 있는 이야기를 두 번째로 읽을 때에, 또는 잘 알려진 역사적 사건(가령 미국 사람들에게는 링컨 대

통령 암살)에 대한 설명을 읽을 때, 심지어 그 이야기가 정확히 어떻게 끝나는지 알고 있다고 하더라도 종종 우리는 아슬아슬한 긴장감을 느낀다. 어쨌거나, 우리는 그 이야기에 대한 사전 지식으로부터 스스로 격리되어 있다고 현재 상상하면서, 이야기 속으로 그렇게 깊이 빠져든다. 외부로부터 보면, 그 아슬아슬한 긴장감은 비정상적이지만, 우리의 상상 속에서는 그것이 현실인 것으로 보인다.

아슬아슬한 긴장감은 우리가 상상의 과정에서 만들어 내는 많은 감정들 중에 한 가지인 것이다(Walton, 1978을 보기 바람). 빈 종이로부터 글자가 찍히어 고전작품으로 만들어진 소설은, 대체로 우리로 하여금 경험하도록 해 주는 여러 감정들에 의해서 갈래가 지워진다. 추리소설은 긴장감과 두려움을 불러일으킨다. 모험담은 흥분과 두려움과 분노를 불러일으킨다. 공포소설은 공포감과 혐오감과 두려움을 불러일으킨다. 낭만소설은 가벼운 성적 흥분으로 이끌어간다. 춘화소설은 밑바닥에 있는 성욕의 꿈틀거림으로 이끌어간다. 풍자소설은 흥미를 불러일으킨다. 영화들도 비슷한 갈래에 속한다. 슬픈 영화로 된 허구를 보면서, 마치 일상생활에 있는 현실인 양 눈물을 지을 듯하다. 어쨌거나 상상의 과정을 통하여 우리는 마치 현실인 듯이 여러 감정들을 경험한다. 그런 것이 상상의 힘이다.

소설가·극작가·영화감독들이 우리로 하여금 이들 상상력을 발휘하도록 도와주는 기법들은 아주 다양하다. 소설에서는 효과적인 집필이다. 최상의 소설가는 자신들만의 비결을 갖고 있다(가령 Gardner, 1983을 보기 바람). 연극과 영화에서는 효과적인 대본 및 노련한 제작이다. 좋은 배우들은 주인공 마음속으로 들어가는 법을 알고 있고, 우리들로 하여금 주인공의 행동·사고·감정들을 상상하도록 도와준다. 좋은 영화감독은 이들 배우와 연기를 쉽게 상상되는 장면과 사건 속으로 배치하는 법을 잘 알고 있다. 보잘것없는 연기나 허무한 연출이나 따분한 대사처럼 영화나 연극을 금세 망가뜨리는 것도 없다. 우리 상상력을 돋우는 일은, 문학 기술의 심장부에 놓여 있다. 이 점이 문학 연구자들에게 언어를 언어 연구자만큼 대단한 주제로 만들어 주는 것이다.

한편, 식별appreciation도 또한 대부분의 갈래에 본질적이다. 소설가·극작가·영화감독들은 우리로 하여금 왜 자신들이 지금 하고 있는 바를 실행하고 있는지를 알아차리게 하고 싶어 한다. 그들은 교시해 주고 재미나게 하며, 도덕적 교훈을 주고 자연에 대한 통찰력을 제시하거나, 격정적인 경험을 불러일으키게 하고자 노력할 수 있다. 고전 희랍 극작가들은 이를 실행하기 위하여 합창을 이용하고, 셰익스피어는 자신의 연극을 도입하기 위하여 서술자를 이용하고, 독일 극작가 베르톨트 브레히트Bertolt Brecht, 1898~1956는 무대에서 일어나고 있는 일을 논평하기 위하여 무대 뒤의 목소리 해설voice-overs과 서술자를 이용한다.

반복하여 말하면, 각각의 층렬이 만들어지고, 서로 다르게 다뤄진다. 최상위 층렬(가령 이슈메일의 세계)은 한 사람(이슈메일)이 그 세계 속에서 다른 사람들에게(당시 특정한 견습 선원)에게 의미하는 바를 나타내는데, 가장 명백한 층렬이다. 그 층렬을 다루면서, 제1 참여자(관객인 우리와 작가 멜빌)들은 그런 행동을 취하고 있는 그런 사람들을 상상하게 된다. 더 낮은 층렬(가령 작가 멜빌의 세계)들은 흔히 더 불분명하고, 식별하기가 더욱 어렵다. 최상위 층렬의 상상은 즉각 우리를 몰입시켜 놓는 바이다. 그럼에도 종종 우리가 상상한 바를 이해하도록 만들어 주는 것은, 더 낮은 층렬들에 대한 우리의 식별인 것이다.

상상 및 식별은 문학에서 오랜 동안 인식되어 왔다. 작가·극작가·음악가들은 시작에서부터 광범위한 수사적 효과를 얻어내기 위하여 층렬 도입하기를 활용해 왔다. 문학 이론가들은 그런 층렬 도입 효과들에 대하여 복잡하고 자세한 분석을 제시해 왔다. 문학 갈래에서 층렬 도입·상상·식별에 대하여 더욱 가다듬어진 이론으로 우리가 방향을 돌려야 하는 것은 그런 분석들에 대한 것이다. 여기서 저자의 제안은 오직 시작일 뿐이며, 어떤 언어사용에 대한 설명도 사실상 한 가지 분석 이론이 없다면 완벽해질 수 없다.

§.12-3 무대로 도입된 의사소통 행위

이야기들에서 층렬 도입하기는 언어사용의 확장된 연결체로 나오지만, 또한 단일한 의사소통 행위들에서도 층렬 도입이 있다. 제12장을 시작하면서 부부 사이에서 남편의 개인교습에 대하여 주고받은 이야기를 상기하기 바란다.

Ken : and I'm cheap, ---
Margret : <u>I've always felt that about you, .</u>
Ken : oh shut up,
(--laughs) fifteen bob a lesson at home, -
켄 : 허고 난 저임금이란 말야, ---
마그릿 : <u>난 당신에 대해서 언제나 그렇게 느꼈거든요, .</u>
켄 : 아이구 닥치지 않구요,
(--웃음) 집에서 한 번의 개인교습에 고작 15밥(=45펜스)이라니, -

마그릿은 오직 켄이 언제나 저임금인 것으로 생각했다고 주장하는 척 짐짓 가장하고(그런 척하고) 있다. 켄은 활달한 말대꾸와 웃음으로 이 농담을 깨닫고 있음을 보여 준다. 마그릿의 행위는 두 개의 층렬을 지닌다.

층렬 2(농담층렬)	함의된 마그릿은 함의된 켄이 언제나 저임금이라고 생각했다고 주장한다.
층렬 1(현실층렬)	마그릿과 켄은 협동하여 층렬 2(농담층렬)에 있는 일이 일어나고 있다고 짐짓 가장한다(그런 척한다).

협동 가장을 만들어 내는 일에서, 마그릿은 층렬 2(농담층렬)에서 가상의 상황을 예시하는데, 층렬 1(현실층렬)에 있는 현재상황과 거짓이 빤히 들여다보이도록 대조가 된다. 그녀는 켄이 왜 그 대조점을 자신이 강조하고 있는지 식별하고, 그녀가 남편을 놀리고 있음을 깨닫도록 의도하고 있다.

이와 같은 행위는 저자가 '무대로 도입된 의사소통 행위staged communicative acts'로 부르는 내용이다. 그 착상은, 가령, 앤Ann이라는 화자가 밥Bob에게 간략히 즉석에서 만들어진 장면을 무대로 도입한다. 거기에서 (함의된 작가처럼) 함의된 화자 앤은, 함의된 청자 밥을 향하여 진지한 의사소통 행위를 수행한다. 극작가로서 앤은 밥이 그 장면을 상상하고, 또한 그것을 무대로 도입하는 그녀의 의도를 식별하기를 기대한다. 함의된 화자 앤과 함의된 청자 밥을 각각 A_i와 B_i로 표시하기로 한다(아랫첨자 i는 implied를 뜻함). 청자 B를 향하여 화자 A에 의해서 무대로 도입된 의사소통 행위는 여러 가지 속성을 지닌다.

(1) 협동하여 짐짓 가장하기(joint pretense 협동하여 그런 척하기)

화자 A는 청자 B를 협동하여 짐짓 가장(그런 척함) 속에 간여하도록 만든다.

(2) 의사소통 행위(communicative act)

협동 가장으로서 함의된 화자 A_i는, 함의된 청자 B_i를 향하여 진지한 의사소통 행위를 수행한다.

(3) 대응관계(correspondence)

화자 A는 함의된 화자 A_i로 간주되고, 청자 B는 함의된 청자 B_i로 간주된다.

(4) 대조점(contrast)

화자 A는 A와 B가 둘 모두 예시된 상황과 실제상황 간의 현저한 대조점을 서로간에 식별하도록 의도한다.

(5) **부인 가능성(deniability)**

요청 받는 경우에, 함의된 청자 B_i에게 함의된 화자 A_i가 의미한 바를, 화자 A는 청자 B를 위해서 부인할 수도 있다.

속성 (1)은 무대로 도입된 행위를 거짓행위로부터 구별해 준다. 만일 마그릿이 스스로 진실된 주장을 만들기 위해 언급하였더라면, 그녀의 진술문은 거짓말로 기술되었을 것이다. 놀려대는 말은 거짓말과 구별된다. 속성 (2)는 무대로 도입된 행위를 확대된 이야기와 우스갯소리로부터 구별해 준다. 속성 (3)은 무대로 도입된 행위를 협동하여 짐짓 가장하기(그런 척하기)로부터 구별해 준다. 거기에서 제1 참여자들은 아무런 역할도 하지 않는다. 속성 (4)는 의사소통 행위를 무대로 도입하려는 목적을 표현해 준다. 그리고 속성 (5)는 무대로 도입된 행위를 인사치레의 의례적 행위[ostensible acts]와 구별해 준다. 인사치레 행위에 대해서는 §.12-4에서 다루게 될 것이다.

무대로 도입된 의사소통 행위는 대화에서 일반적인 행위들의 대가족을 구성한다. 즉, 반어법·비꼬기·놀려대기·과장법(과대진술)·절제법(과소진술)·수사의문과 이런 부류의 친족 표현(≒동일한 부류의 표현)들이다. 또한 문학에서도 나오지만, 우리가 전체적인 무대도입을 검토할 수 있는 대화와 더불어 시작해 나가는 것이 유용하다.

12-3-1 반어와 비꼬기

반어는 얼굴을 마주보는 대화에서 일반적이다.[14] 린더 커우츠(Linda Coates, 1992)에서 분석된 사례를 갖고 시작하기로 한다. 쑤즌[Susan]과 앨런[Ellen]으로 불리는 두 명의 여성이 서로 남남이지만, 연구자 커우츠에 의해 마련된 시간 동안 녹화에 참여하면서 여러 가지 주제를 논의하였다. 그 중 한 가지는, 그들이 싫어하는 음식을 마련하여 손님을 초대하는 일이었다. 다음 사례에서 그들은 식사에 누구를 초대할지를 논의하고 있었다. 그들은 이미 마련할 맛없는 음식들에 대해 합의를 보았고, 앨런은 자신이 누굴 초대할지 다 말해 주었다. 아래 예문은 쑤즌이 식사에 초대할 사람들을 떠올리면서 시작된다.

---

[14] 〈원저자 7〉 반어(irony)란 용어로, 저자는 비록 다음 두 종류가 서로 관련되지만, 때때로 언어적 반어 또는 담화 반어로 불리는 것을 의미한다. 상황에 따른 반어를 의미하는 것은 아니다(Fowler, 1965; Gibbs, 1994; Lucariello, 1994).

① Susan : Ahh. Okay. Th- the sergeant that I know who was really nasty. He didn't want any women *on* his course *so* he did his best to get them off. [At "on" Susan begins nodding to mean "you understand the situation" and at "so" Ellen begins a face of disapproval of the sergeant.]

② Ellen : Ah. Okay. [At "okay," Ellen begins nodding.]

③ Susan : Yes to thank him for all of his help in training. [Over "thank" Susan raises her brow to signal "not really"; over "of his help in" she raises her brow to signal "unhelpful"; at the end, she laughs and smiles in humor. Meanwhile, over "of his help in train- " Ellen smiles to signal understanding.]

④ Ellen : Yeah. Yeah. [Over "yeah yeah" Susan smiles in acknowledgment, and Ellen smiles to signal understanding.]

⑤ Susan : Okay. [At "okay" Susan picks up card on table to signal they should move on to next topic.]

① 쑤즌 : 아아. 맞아. 그- 그 내가 아는 주임경사는 정말 못됐어. 자기 강의에다 어떤 아줌마도 듣지 못하게 하려고 아줌마들을 내쫓으려고 온갖 짓을 다 하더구먼. ['에다'에서 쑤즌은 "앨런, 너도 그 상황을 이해하겠지"를 의미하려고 고개를 끄덕이기 시작하고, '하려고'에서 그 주임경사에 대해서 불만의 표정을 짓기 시작함.]

② 앨런 : 아. 그래. ['그래'에서 앨런도 수긍하여 고개를 끄덕이기 시작함.]

③ 쑤즌 : 그래 훈련에서 잘 도와준 데 대해 그 작자한테 정말 고맙지. ['정말 고맙지'로부터 쑤즌이 자신의 미간을 치켜 올리면서 "사실은 그렇지 않았음"을 의미함; '훈련에서 잘 도와준 데 대해'를 말하면서 "도움을 주지 않았음"을 신호해 주려고 자신의 미간을 치켜 올림; 끝에서 그녀가 웃고 농담으로 미소를 지음. 반면에 '훈련에서 잘 도와준 데 대해'를 들으면서 앨런도 이해하였음을 신호해 주기 위하여 미소를 지음.]

④ 앨런 : 맞아. 맞아. ['맞아 맞아'로 대답하는 동안 쑤즌은 인정한다는 뜻으로 미소를 짓고, 앨런도 상대방의 의도를 이해했음을 신호해 주려고 미소를 지음.]

⑤ 쑤즌 : 그래. ['그래'에서 쑤즌은 다음 주제로 넘어가야 함을 신호해 주기 위하여 탁자 위에 있는 카드를 뽑음.]

쑤즌이 "그래 훈련에서 잘 도와준 데 대해 그 작자한테 정말 고맙지!"라고 말하면서도, 사실상 반어법을 쓰고 있으므로 그에게 고마움을 표시하기 위하여 초대하는 것은 아니다. 앨런도 쑤즌의 피상적 제안을 뒷받침하려고 진지한 태도를 지니는 것은 아니다. 쑤즌과 앨런 둘 모두 자신들이 말하는 바를 언급하는 데에 '반어법'을 쓰고 있다.

쑤준과 앨런은 어떻게 이 반어법을 성취하는 것일까? 커우츠Coates가 논의하였듯이, 이 사례는 전반적으로 네 가지 단계로 나뉠 수 있다.

(1) **관점을 서로간에 저울질하여 맞춤**(calibration)

참여자들이 공유된 관점이나 주제에 대한 이해에 서로 합의한다. 이는 쑤즌과 앨런이 발화 ①과 ②에서 실행하는 바이다. 공유된 관점은 다음 단계가 이어지기 위해서 반드시 명백해져야 한다.

(2) **전달**(delivery)

반어법 사용자는 반어적으로 이해되어야 할 발화를 전달한다. 이는 쑤즌이 발화 ③에서 실행하는 바이다. 그러나 그녀는 말하는 것보다 더 많은 내용을 몸짓 시늉으로 실행한다. 자신의 미간을 치켜 올리며 '고맙다, 도와주다'는 뜻이 진정 참되게 간주될 수 없음을 신호해 주고,[15] 전체 제시내용이 농담일 뿐임을 자신의 웃음과 미소로 알려 준다.

(3) **인정**(acknowledgment)

참여자들은 서로에게 반어법이 이해되었음을 깨닫게 해 준다. 쑤즌과 앨런은 미소의 교환과 더불어 발화 ③과 ④에서 이를 실행한다.

(4) **종결**(closure)

참여자들이 서로에게 반어법 일화가 다 끝났음을 신호해 주고, 진지하게 참된 토론이 다시 시작되고 있음을 신호해 준다. 이를 발화 ⑤에서 쑤즌이 실행하며, 앨런도 따라간다.

커우츠Coates에 의해서 녹화된 대형 표본의 사례들을 살펴보면, 84%가 명백히 저울질하여 서로 맞추는 단계(상호조율 단계)를 지녔고, 100%가 전달 단계를 지녔으며, 92%가 적어도 (고개 끄덕임이나 미소 지음과 같이) 한 가지 시인/수긍 형식을 지녔고, 84%가 'so따라서'나 'anyway하여튼'과 같은 담화 전환 표지(≒거시적 담화표지 : 뒤친이)들로써 종결을 신호해 주었다. 그렇다면 커우츠의 자료에서 두드러진 바는, 두 사람의 참여자가 이런 구체적

---

[15] §.6-5-2에서 미국 문화에서 눈썹을 치올리는 일이 어떻게 해석되는지를 언급한 바 있다. 우리 문화에서는 입술을 못마땅하다는 듯이 아래로 내리까는 일(삐죽임)을 할 듯하다.

인 사례를 마련해 놓고 수행해 나가며 종결하는 일에 서로간에 얼마나 긴밀히 조율하는지에 대한 것이다.

그런데 반어법irony이란 무엇일까? 쑤즌과 앨런은 그들의 행위로 뭘 실행하려고 하는 것일까? 한 가지 전통적인 대답은 단지 반전mere inversion 뒤바꿈일 뿐이다. 쑤즌이

"To thank him for all of his in training."

"잘 도와준 데 대해 그 작자한테 정말 고맙지!"

라고 말하는 경우에, 그녀는 간단히 자신이 의미한다고 보이는 바의 반대내용을 의미한다. 앨런은 성차별주의자이며 못돼먹은 주임경사한테 잘 도와줘서 고맙다고 쑤즌이 말하고 싶어 하는 것이 아니다. 따라서 쑤즌이 그 반대내용을 가리키는 것이 틀림없음을 알아차릴 것이다.

그렇지만 이런 설명은 완벽하지 않다. 쑤즌이 다른 곳에서가 아니라, 왜 하필 여기서 뒤바꿈(반전)을 이용한 것일까? 그리고 앨런도 왜 그 뒤바꿈(반전)에 협력하여 그대로 따라갔던 것일까? 더욱이나, 반어irony와 비꼬기sarcasm 풍자의 많은 사례들이 뒤바꿈(반전)을 함의하는 것은 아니다. 단지 뒤바꿈(반전)이란 개념은 답을 제대로 제시해 주지 못한다.

또다른 답변은 댄 스뻐버·디어드뤼 윌슨(Dan Sperber and Deidre Wilson, 1981)에 의해 제시되었는데, 반어가 메아리 언급echoic mention이라는 것이다.[16] 그 착상은 이러하다. 화자가 뭔가를 반어적으로 말하는 경우에, 자신의 문장을 정상적인 방식으로 쓰고 있는 것은 아니다. 단지 그런 문장들을 언급하고mentioning 있을 뿐이다. 특히 멸시 또는 조롱과 같은 태도를 표현하는 방식으로, 동일한 문장들에 대한 더 앞에서의 용법을 언급하거나 메아리처럼 반복하고 있는 것이다. '메아리 언급' 이론에 따르면, 쑤즌이 "잘 도와줘서 그 작자한테 정말 고맙지"라고 말할 때, 이 문장이 표현하는 바에 대하여 조롱 또는 멸시를 보여 주기 위하여 쑤즌이 더 앞에서의 발화를 메아리로 반복하는 것이다.

메아리 언급 이론도 또한 만족스럽지 못한데, 다음 사례에서 쉽사리 그 까닭을 알 수 있다. 쑤즌과 앨런이 자신들의 대화를 나누기 전에는 서로 낯선 사람이었기 때문에, 주임경사에 대하여 앨런이 아는 바는 모두 쑤즌이 막 앨런에게 말해 준 내용이다. 즉, 그 사람이 '정말 못돼먹어서 자신의 강의를 어떤 아줌마도 듣지 못하게 한다'는 사실이다.

---

16 〈원저자 8〉 또한 조핸슨·밀러·스뻐버(Jorgensen, Miller and Sperber, 1984)와 스뻐버·윌슨(Sperber and Wilson, 1986)도 참고하기 바란다. (후자는 김태옥·이현호 뒤침, 1993, 『인지적 화용론 : 적합성 이론과 커뮤니케이션』, 한신문화사로 나와 있으며, 그 책 330쪽 이하에서 echoic mention을 '반향적 해석'이라고 번역하였다 : 뒤친이)

주임경사에게 잘 도와줘서 고맙다고 할 만한 이전 이야기가 전혀 없으며, 따라서 메아리로 반복할 것도 없는 것이다. 그럼에도 불구하고, 쑤즌의 발화는 분명히 반어적으로 들린다. 이를 처리하려고 스뻐버와 윌슨은 메아리 언급이 꼭 특정한 발화가 될 필요는 없으며, 다만 "일반적인 민간지혜나 수용된 의견"으로 될 뿐이라고 논의하였다. 하지만 무엇이 일반적인 민간지혜이거나 수용된 의견인지 알아내기란 어렵다. 쑤즌이 메아리처럼 반복할 수도 있겠다. 비록 일부 반어의 사례가 이전의 사건들을 간접적으로 언급한다고 하나, 많은 사례들은 그러하지 않다. 가장 유명한 반어의 사례 가운데 하나인 조나썬 스위프트(Jonathan Swift, 1729)의 수필『A Modest Proposal가장 겸손한 제안 한 가지』를 보자. 거기서 그는 굶주리는 아일랜드 어린이들을 부자들에게 음식으로 바치자는 제안을 논리가 정연하고, 엄청 진지하게 내 놓는다. 어느 누구라도 전체 수필내용을 한 번이라도 말해 봤다고 할 수도 없고, 아일랜드 어린이들을 식사로 대접받는 일이 일반적인 민간지혜이거나 수용된 의견의 일부가 된 적이 있다고도 할 수 없다. 분명히 스위프트의 반어는, 유일하게 '가장 겸손한 제안'이 너무 불합리해서 결코 진지하게 받아들여질 수 없기 때문에 정확히 제 기능을 발휘한다. 결코 메아리처럼 반복할 만한 게 어떤 것이든 존재한 적도 없는 것이다.

또다른 문제는 '언급한다'는 기술상의 개념과 관련된다.[17] 이는 인용에 대한 전통적 이론으로부터 나오는데, 그 착상은 이러하다. 어떤 문장을 인용하는 경우에, 우리는 그 문장을 이용하는 것이 아니라,

> 'Morris is here' contains three words
> 「<u>모뤼스가</u>₁ <u>여기</u>₂ <u>있다</u>₃」라는 문장에는 세 개의 낱말이 들어 있다.

라고 말하는 경우처럼, 단지 그 문장 형식만을 언급하는 것이다. 그러나 인용은 사실상 제6장에서 살펴본 예시해 주기demonstration의 한 가지 유형이며, 예시해 주기는 협동하여 짐짓 가장하기그런 척하기의 한 가지 유형이다(Clark and Gerrig, 1990). 언급하기에 대한 설명은 어떤 것이든지 하여간 반드시 협동하여 짐짓 가장하기(그런 척하기)에 호소해야 한다.

반어는 협동하여 짐짓 가장하기(그런 척하기)에 의해서 더 잘 개관될 수 있다.[18] 그롸이스(Grice, 1978 : 124)에서 주목되었듯이,

---

[17] 대표적으로 콰인(Quine, 1976),『수리 논리(*Methematical Logic*)』(Harvard University Press)의 제1장 4절에서 'Use versus Mention(사용 대 언급)'을 다루고 있다. 동일한 개념을 다른 학자들은 'object language : metalanguage(대상언어 대 상위언어)'라고도 하며, 'token : type(구체사례 대 일반유형)'이라고도 부른다.

반어는 느낌이나 태도나 평가의 표현과 긴밀히 관련되어 있다. 내가 말하는 바가 적대감이나 경멸적 판단, 또는 분개나 멸시와 같은 느낌을 반영해 주도록 의도되지 않는 한, 우리는 뭔가를 반어적으로 말할 수 없는 것이다.

계속하여 다음처럼 말을 이어갔다.

특히 반어적으로 되는 것은, 어원이[19] 시사해 주듯이 짐짓 가장하는(그런 척하는) 것이다. 그 짐짓 가장(그런 척함)이 그렇게 인식되기를 바라는 동안에 그것을 짐짓 가장(그런 척함)으로 공언해 버리는 것은 그 효과를 반감시켜 버릴 듯하다.

그런데 무엇이 짐짓 가장(그런 척함)일까? 직관적으로 만족스런 대답은 퐈울러(Fowler, 1965 : 305~06) 『현대 영어 용법 사전Dictionary of Modern English Usage』에 제시되어 있다.

반어는 이중 청자를 가정하는 발화의 한 형태이다. 한쪽 청자는 발화를 듣기는 하되 이해하지 못하지만, 다른쪽 청자는 귀에 와 닿는 것보다 더 많은 것이 의미된 경우에 그 더 많은 의미 및 외부자의 이해 불가능성을 모두 깨닫게 된다. 이는 목표로 삼아 개시되지 않은 쪽의 청자에게는 한 가지 의미만 전달하지만, 목표로 삼아 개시된 쪽의 청자에게는 또 다른 의미를 전달해 주려고 의도된 낱말들의 사용으로 정의될 수 있다. 반어법의 즐거움은, 후자 쪽의 청자와 화자 간에 마련된 비밀스런 친밀함에 놓여 있다.

퐈울러의 제안과[20] 그롸이스의 제안을 결합하여, 우리는 반어법의 짐짓 가장(그런 척함) 이론the pretense theory of irony을 갖게 된다.

이제 쑤준의 반어적 진술로 되돌아가 보기로 한다. "잘 도와줘서 그 작자한테 정말 고맙지!"라고 말하면서, 쑤즌과 앨런은 층렬 2(반어층렬)에서 어떤 간략한 장면을 무대로 올린다.

---

18 〈원저자 9〉 관련된 관점을 보려면 깁즈(Gibbs, 1986a, 1994), 크루즈·글럭스버그(Kreuz and Glucksberg, 1989), 구몬나까무라·글럭스버그·브롸운(Kumon-Nakamura, Glucksberg and Brown, 1995)를 참고하기 바란다.

19 옥스퍼드 사전에 보면, 어원은 dissembler(속이다)는 뜻의 희랍어 eirōn을 거쳐 simulated ignorance(모의된 무지, 모르는 척함)를 뜻의 라틴어 eirōneia에서 나왔다.

20 인용된 주장만을 놓고 요약해 보면, 친밀한 두 사람 사이에서는 반어법임을 알지만, 화자에게 낯선 사람들은 단지 축자적으로만 해석하여 반어법임을 알 수 없어야 하는 것이다. 그렇지만 남들은 알 수 없다는 이런 주장을 강하게 해석하면 모순이 생기며, 결코 반어법 그 자체를 일반화해 줄 수 없다. 따라서 오직 주의력이 산만한 사람들이 '눈치 차리지 못하다'는 정도의 약한 해석에서만 퐈울러의 정의에 동의할 수 있는 것이다.

층렬 2(반어층렬)	함의된 쑤즌은 함의된 앨런에게 잘 도와준 데 대해 주임경사에게 감사하고 싶다고 말한다.
층렬 1(현실층렬)	쑤즌과 앨런이 협동하여 층렬 2(반어층렬)에 있는 일들이 일어나고 있다고 짐짓 가장한다(그런 척한다).

쑤즌은 층렬 1(현실층렬)에서 앨런으로 하여금 특정한 장면(장면 2)을 상상하도록 한다. 장면 2(반어 장면)에서 쑤준은 주임경사가 잘 도와주었으므로, 그를 멋진 식사에 초대하여 고마운 마음을 보일 것이다. 하지만 현실세계에서는 성차별주의자이며 못돼먹은 주임경사를 구역질나는 식사에 초대하고 있음(장면 1)을 알고 있다. 따라서 층렬 2(반어층렬)를 만들어 내면서, 쑤즌은 두 장면들 사이에 있는 여러 가지 대조점을 강조하였던 것이다.

장면 2(가상장면)	잘 도와준 데 대해 고마움을 나타내려고 쑤즌이 주임경사를 멋진 식사에 초대하고 있다.
장면 1(실제장면)	성차별과 못 돼먹은 짓에 대해 혼내주려고, 쑤즌이 주임경사를 구역질나는 식사에 초대하고 있다.

층렬 1(현실층렬)에서 실제인물 쑤즌과 실제인물 앨런은 이들 대조점을 식별하고 있으며, 퐈울러가 주목하였듯이, 대조점들을 대상으로 하여 그들이 다져 놓은 비밀스런 친밀성(또는 inner circle '내부자 또는 내부 측근의 일원')으로 즐거움을 만끽한다. 쑤즌과 앨런은 무엇에 대해서 즐거움을 느끼는 것일까? 실제로 응분의 처벌을 받을 때, 주임경사가 고마움을 받고 있는 것으로 착각할 것이라고 앨런과 쑤즌이 인식하는 데에서 그러하다.

그렇다면 짐짓 가장(그런 척함) 이론에서는, 반어가 두 가지 층위를 지닌다. 화자 A와 청자 B가 층렬 1(현실층렬)에 있고, 각각 상응하는 함의된 화자 A_i와 함의된 청자 B_i가 층렬 2(반어층렬)에 있다.

층렬 2(반어층렬)	함의된 화자 A_i는 함의된 청자 B_i에게 어떤 진지한 의사소통 행위를 성심껏 수행하고 있다.
층렬 1(현실층렬)	화자 A와 청자 B가 협동하여 층렬 2(반어층렬)에 있는 일들이 일어나고 있다고 짐짓 가장한다(그런 척한다).

화자 A와 청자 B는 층렬 2(반어층렬)에서 함의된 화자 A_i와 함의된 청자 B_i의 역할을 맡고 있으므로, 특히 대응함수 $C_{(2)}$가

$$A = A_i ; \quad B = B_i$$

화자 = 함의된 화자;　청자 = 함의된 청자

임을 명시해 준다. 쑤즌과 앨런은 두 층위 간의 대조점을 인식하여 즐거움을 만끽한다. 사실상 화자 A와 청자 B는 종종 조롱 말투·과장 말투·풍자 말투로 말함으로써, 대상이 되는 주인공을 놀려댄다. 또한 화자 A는 자신의 짐짓 가장(그런 척함)을 파악하여 따라가는 데에 청자 B가 얼마나 세련되고, 얼마나 눈치가 빠르며, 얼마나 재치가 있는지를 보여 줌에 따라, 서로 즐거움을 만끽한다. 화자 A에 의한 과장된 수행내용이 청자 B가 그 일을 실행하도록 도와주고, 청자 B가 반어법을 파악하였음을 보여 주도록 상응하는 청자의 과장된 수행내용이 도움을 준다.[21]

반어법으로 분류되는 무대로 도입된 의사소통 행위는, 여러 가지 태도를 중심으로 하여 군집을 이룬다. 반어적 행위의 요점은, 일반적으로 장면 2(반어장면)에서 존재해 왔을 바와 장면 1(현실장면)에서 존재하고 있는 바 사이에 있는 예상 밖의 불일치unexpected incongruity 느닷없는 부조화에 주의를 쏟게 하는 것이다. 화자들이 뜻밖의 상황, 특히 부정적인 상황에 대하여 촌평하는 것은 흔한 일이다. 정상적이거나 예기된 바에 대해 "넌지시 암시함alluding"으로써 또는 "일반적인 민간지혜나 수용된 의견들을 메아리로 반복함으로써 echoing popular wisdom or received opinions" 그런 일을 한다(Gibbs, 1994; Kumon Nakamura et al., 1995; Sperber and Wilson, 1981; Wilson and Sperber, 1992). 다음에 비록 인위적으로 만든 예시이지만 한 가지 표준안이 있다.

발화	A : "What a gorgeous day!"(날씨 한 번 엄청 좋구먼!) B : "Yes, isn't it!"(그러게나 말일세!)
실제상황	화자 A와 청자 B가 맑은 날씨를 기대했으나 그날 큰 비가 오고 있다.
무대상황	그날 날씨가 대단히 좋았고, 화자 A와 청자 B가 그 날씨에 도취해 있다.
대조점	그날 날씨는 조금도 화자 A와 청자 B가 기대하였던 바가 아니다.
태도	화자 A와 청자 B는 그날 날씨가 전혀 기대 밖이어서 기쁘지 않다.

무대로 도입된 행위는 그롸이스의 말처럼 "적대감이나 경멸적 판단을 반영하거나 또는 분개나 멸시와 같은 느낌을 반영해 준다."

파울러(Fowler, 1965 : 535)에서 주목하였듯이

[21] 〈원저자 10〉 그롸이스(Grice, 1978 : 125)에서는 다음처럼 논의하였다. "만일 반어적으로 말하는 일이 모종의 느낌이나 태도에 대한 표현이 되어야 하거나, 적어도 그처럼 보여야 한다면, 그런 느낌이나 태도를 나타내기에 적합한 어조(tone 목소리 색깔)가 하여간 최소한 세련된 사례들에 대해서 의무적 요소가 되는 듯하다."

> 비꼬기(sarcasm)가 반드시 반어법을 포함하는 것은 아니며, 반어법도 종종 비꼬는 투를 지니지 않는다.… 비꼬기의 본질은 (반어적이거나 다른) 쓴 소리로 고통을 주려는 의도이다.

따라서 비꼬기가 반어를 실제 포함하는 경우에는, 반어법과 거의 동일하게 작동한다. 화자 A와 청자 B가 협동하여 함의된 화자 A_i가 함의된 청자 B_i에게 진지한 의사소통 행위를 성심껏 수행하고 있다고 짐짓 가장한다(그런 척한다). 이는 바로 그 요점이 청자 B에게 고통을 일으키려는 것이다. 다음에 어느 만화로부터 가져온 사례가 있다(Haiman, 1990).

> Husband, at TV : That's over twelve hours of continuous football action!
> Wife, deadpan : Whoopee.
> TV를 보며 남편 : 이미 12시간이나 넘게 계속 미식축구 행동을 하는구만!
> 무표정한 아내 : 우와.

표면상으로는 아내가 자신의 남편에게 동의하는 듯이 보이지만, 단조로운 어조로써 그렇지 않음을 드러낸다. 그녀는 어떤 장면을 무대로 도입하고 있다. 거기에서 "우와!"라고 감탄을 한다. 남편은 그녀가 무대로 도입한 열정과 실제적인 그녀의 무관심 사이에 대조점을 식별할 것이다. 존 하이먼(John Haiman, 1990)에서 주목하였듯이, 비꼬기는 종종 비웃거나 멸시하는 어조, 단조로운 어조("Whoopee[우와]"), 과장된 억양("You poor baby![불쌍한 아가야!]", 겉치레 동정심을 담은 "My heart bleeds for you[내 마음은 당신 때문에 피 흘리듯 아프다오]"), 또는 단조로운 가락으로 명백히 표시된다. 반어법에서와 같이, 비꼬기에서도 화자가 무대로 도입하는 바는 감상적 통속극보다 덜 강렬한 드라마이다.

12-3-2 짓궂게 놀려대기

짓궂게 놀려대기도 무대로 도입된 의사소통 행위인데, 청자를 놀리거나 장난삼아 조롱하려고 계획된다. 놀려대기는 때로 반어나 비꼬기와 구별하여 말하기 어려운데, 이미 동일한 가족 구성원(≒동일부류)임을 시사해 준다. 어떤 놀려대기는 기분이 좋으며, 놀림 받은 사람도 놀려대는 사람과 똑같은 허구세계 속에서 대꾸한다. 다음 사례에서 제뤌드[Gerald]는 완전히 새로운 스포츠카를 한 대 구입하였다(Drew, 1987).

> Gerald : Hi how are you

Martha : Well, you're late as usual

Gerald : eheh eheh eheh eheh

Lee : What's the matter couldn't you get your car started?

Gerald : hehh That's right. I had to get it pushed, eheh eheh eheh

제뤌드 : 안녕 어떻게 지내니

마싸 : 글쎄, 늘 그러듯이 늦었구나

제뤌드 : 어어 어어 어어 어어

리 : 웬일이니 니 차 시동 걸 수 없었던 거니?

제뤌드 : 허 그래 맞아. 시동 꺼져서 밀어야만 했거든, 어어 어어 어어

리는 제뤌드에게 진지하게 그가 차에 시동을 걸 수 있었는지 여부를 성심껏 묻는 듯이 짐짓 가장한다(그런 척한다). 제뤌드는 그런 짐짓 가장(그런 척함)을 식별하고 있음을 보여주면서, 마치 리의 질문이 진지하였듯이 "그래 맞아. 시동 꺼져서 밀어야만 했거든"이라는 대꾸를 무대로 도입하고 있다. 리의 발화는 두 층위를 지닌다.

층렬 2(놀림층렬)	함의된 화자 리는 함의된 청자 제뤌드에게 그가 차에 시동을 걸 수 있었는지 여부를 묻는다.
층렬 1(현실층렬)	리와 제뤌드가 협동하여 층렬 2(놀림층렬)에 있는 일들이 일어나고 있다고 짐짓 가장한다(그런 척한다).

짓궂게 놀려대기가 작동하기 위해서, 제뤌드는 반드시 층렬 2(놀림층렬)를 인식하고, 그 층렬을 만들어 내는 리의 이유를 식별해 내어야 한다. 그런 가장(그런 척함)에 동조하여 제뤌드의 응답도 또한 두 층렬을 지닌다.

짓궂게 놀려대기가 어떻게 작동하는 것일까? 성심껏 진지한 대꾸를 받게 되는 놀려대기를 놓고서, 한 가지 대답이 폴 드루(Paul Drew, 1987)에 의해 제시되었다. 다음 예문에서(Paul Drew, 1987 : 227)[22]

남편 래뤼가 자신과 부인 앨리스가 함께 그날 저녁 꼭 가야만 하는, 7시에 시작되는 것으로 알고 있는 공식 연회가 있는데, 가볍게 불평을 늘어놓고 있다.

Alice : Uh::::Hey try and get home at a decent hour 'cause

[22] 〈원저자 11〉 표기 약속으로서 'hhh'는 들을 수 있는 숨소리를 가리키고, '(0.5)'는 초 단위로 된 쉼 길이를 나타내며, 등호 '='는 인접한 두 발언 기회가 그것들 사이에 전혀 쉼이 없이 함께 '얽혀' 있음을 나타낸다.

Larry : Yeh I be home by ni:ne

Alice : No: (.) get home pretty early okay? (0.5)

Alice : Please,

Larry : Well I can leave right now if you want,=

Alice : =No::, hhh

Larry : khh- hh

Alice : ih::::hh So : , (0.3) Okay?

앨리스 : 어:::: 여보 우리가 일찍 집에 돌아오도록 합시다 왜냐면

래뤼 : 그래요 아:홉 시 전까지는 집에 돌아오게 되겠지

앨리스 : 안 돼요 : (.) 집에 더 일찍 돌아와야 해요 알겠죠? (0.5초 휴지)

앨리스 : 제발요,

래뤼 : 그래요 괜찮다면 난 먼저 지금 당장 집을 나서려고 하오,=

앨리스 : =안 돼요::, 흐으

래뤼 : 크흐- 흐

앨리스 : 이히::::히 그럼: , (0.3초 휴지) 알았죠?

앨리스가 래뤼에게 집에 일찍 돌아오도록 바가지를 긁은 다음, "괜찮다면 난 먼저 지금 당장 집을 나서려고" 남편은 어떤 제안을 무대로 도입한다. 그의 발화는 두 층렬을 지닌다. 앨리스는 참으로 진지한 제안인 듯이 성심껏 그 제안에 대해 대꾸해 준다. 아내의 발화는 오직 하나의 층렬만 지닌다. 그럼에도 이들은 서로간에 두 사람이 웃음을 주고받을 때, 부인이 남편의 짐짓 가장(그런 척함)을 인식했음을 확인한다. 그렇다면 비록 부인이 협동하여 짐짓 가장하기(그런 척하기)에서 대꾸를 하지 않더라도, 다시 협동하여 짐짓 가장하기(그런 척하기)가 된다.

화자 A는 청자 B를 놀려대는 데에 무슨 일을 하는 것일까? 드루Drew에 따르면, 화자 A의 놀려대기는 청자 B의 더 앞선 행동에 대한 반작용이다. 드루의 사례 모음에서는, 수신자가 언제나 뭔가를 과도하게 실행하였는데, 제 자랑으로 허풍을 떨거나, 다른 사람의 미덕을 극찬하거나, 무례하게 불평을 터뜨리거나, 뭔가에 대해 따지고 덤벼들거나, 가당찮은 이야기를 늘어놓거나, 과도하게 자학적이거나, 바보인 척하는 것이다. 앨리스는 남편이 제 시간에 집에 돌아오는 일에 대한 자신의 관심을 지나치게 과장하고 있다. 청자 B를 놀리려고 하여 화자 A가 하는 바는, 청자 B의 지나친 행동을 한 단계 더 진행하는 척하는 것이다. 그 목적은 청자 B로 하여금 그런 반작용을 일으키기 위하여 청자의 행

동이 얼마나 부풀려졌는지를 깨닫게 하려는 것이다. 남편 래뤼는 장면 2(놀림장면)를 만들어 내는데, 그는 현실 장면 1과 이것이 비교가 되도록 의도하는 것이다.

층렬 2(놀림층렬)	함의된 화자 앨리스는 함의된 청자 래뤼가 일찍 집으로 돌아와야 한다고 크게 조바심내고 있으며, 함의된 청자에게 지금 당장 집을 나서도록 제안하고 있다.
층렬 1(현실층렬)	앨리스는 래뤼가 일찍 집으로 돌아와야 한다고 사뭇 걱정하고 있다.

앨리스는 그 대조점을 식별하고, 따라서 그녀가 너무 걱정하는 것을 래뤼가 비판하고 있음을 깨달을 것이다. 앨리스가 남편의 대답에 대해서 자신을 방어하는 것은 바로 그 비판인 것이다.

놀려대기는 반어·비꼬기와 똑같은 방식으로 새로운 무대가 도입된다. 화자 A와 청자 B가 협동하여 함의된 화자 A_i가 함의된 청자 B_i에게 성심껏 진지한 의사소통 행위를 수행하고 있는 척한다(짐짓 가장한다). 대응함수 $C_{(2)}$는

$A = A_i$; $B = B_i$

화자 = 함의된 화자; 청자 = 함의된 청자

임을 명시해 준다. 무대로 도입된 행위는 청자 B가 과도하게 행한 뭔가에 대한 정상적인 반작용이다. 청자 B의 행위가 비웃음을 살 만함을 보여 주며, 화자 A는 청자 B가 이 점을 식별하도록 의도하는 것이다.[23] 반어와 같이 놀려대기도 순차적이며 상호작용 형식으로 대화 속에 도입된다. 반어에서와 같이, 화자 A와 청자 B가 층렬 2(놀림층렬)에 있는 사건을 상상하게 될 것이지만, 그럼에도 그런 사건들을 만들어 내기 위하여 층렬 1(현실층렬)에서 화자 A의 이유를 식별하게 된다.

모든 놀려대기가 이런 형식을 띠는 것은 아니다. 또다른 형식은 다음 사례에서 보듯이 'put on'[24](거짓말로 둘러대거나 억지 씌워서 남을 놀리는 일)이다(Philips, 1975).

---

23 〈원저자 12〉 드루(Drew, 1987 : 232)에서 다음처럼 언급하였다. "놀려대기란 어떤 행위 등에 대한 아주 분명히 과장된 내용으로 의미가 파악됨으로써, 그리고/또는 화자와 청자가 둘 모두 알고 있거나 한 사람이 다른 사람에게 막 말해 준 뭔가에 대하여 직접 대조적으로 됨으로써, 실제 또는 성심껏 진지한 제안으로 의도되진 않았지만, 그들이 막 하게 될 바를 아주 명백해지도록 하려고 계획된다."

24 『옥스퍼드 고급 학습자 사전』에 보면, 단수 명사로서 사람들을 등쳐먹거나 속이고자 행해지는 일(something that is done to trick or cheat people)로 풀이되어 있다.

여러 학생들이 함께 마이크가 설치된 탁자에서 모둠 작업을 하고 있다. 한 학생이 자리에서 몸을 돌려 선생님을 부르면서 "스미스 선생님, 찰리가 마이크를 갖고 장난하고 있어요"라고 거짓말로 억지 씌워 놀렸다. 찰리는 "전 안 그러는데요."라고 말한다. 호명되었을 때 교사가 그 학생들을 쳐다보았지만, 아무런 응답도 하지 않은 채 도로 자신의 업무로 되돌아간다. 이 사례에서 찰리는 마이크를 건드리지도 않았다.

첫 번째 학생을 벤Ben으로 부르기로 하겠다. 벤이 큰 소리로 스미스 선생님을 부를 때, 벤은 찰리를 거짓말로 억지 씌워 놀려 주려고 '마이크로 장난을 친다'고 말한다. 여기서 차이가 나는 바는, 무대를 도입하는 일에 관계된 참여자들이다. 벤은 스미스 선생님한테 마이크 장난에 대하여 짐짓 고자질하는 척하고 있다. 그렇지만 스미스 선생님은 짐짓 그런 척하는 일에 관여하여 참여하는 것이 아니다. 적어도 처음에는 관여하지 않았다. 오직 찰리만이 관여하고 참여한다. 벤의 짐짓 거짓말로 억지 씌워 놀리기는 다음 두 개의 층렬을 지닌다.

층렬 2(놀림층렬)	함의된 화자 벤은 화가 나서 스미스 선생님에게 함의된 찰리가 마이크로 장난을 하고 있다고 고자질한다.
층렬 1(현실층렬)	벤과 찰리가 협동하여 층렬 2(놀림층렬)에 있는 일들이 일어나고 있다고 짐짓 가장한다(그런 척한다).

거짓말로 억지 씌워 놀리기의 희생자(여기서는 스미스 선생님임)는, 놀리기 개시자인 벤과 사정에 밝은 다른 사람들의 즐거움에 대하여(≒현재 이를 깨닫고서 웃고 있음), 오직 더 뒤에라야 사태를 파악할 것으로 기대된다(≒뒤늦게 사태를 파악하게 됨). 이 사례에서 벤은 스미스 선생님을 거짓말로 억지 씌워 놀리고 있으며, 동시에 찰리를 곤경에 빠뜨리면서 찰리를 놀려대고 있다. 짓궂게 놀려대기와 거짓말로 억지 씌워 놀리기는 다양한 형식을 띨 수 있다. 그러나 그것들도 모두 층렬 도입하기와 그 층렬 도입에 대한 식별을 포함한다.[25]

12-3-3 과장법·절제법·수사의문문

과대진술과 과소진술, 즉 과장법hyperbole과 절제법meiosis도 또한 무대를 도입하는 일이다. 거기서 화자는 모종의 방식으로 과장되거나 축소된 표현을 이용하는 척한다. 다음

[25] 〈원저자 13〉 관련된 현상들을 보려면, 레이봅(Labov, 1972)의 '의례적인 모욕을 위한 규칙(rules for ritual insults)'을 보기 바란다.

에 과대진술 사례가 있다(2.22b.658).

Ann : my room at the moment is covered have you seen it since it was covered in millions of little pots, all growing pips and seeds and things,

Betty : no

앤 : 내 방이 현재 덮여 있는데 너 그거 봤니 수백 만 개의 작은 화분들로 덮여 있는데 모두 자라나고 있는 새싹과 종자와 물건들이거든,

베티 : 아니

앤이 축자적으로 자신의 방이 '수백만 개'의 작은 화분으로 덮여 있음을 선언하는 것은 아니다. 단지 기대했던 것보다 더 많은 화분들이 있다는 것이다. 그녀는 'millions수백 만 개'를 과대진술에서 쓰고 있다.

과대진술은 명백히 놀려대기와 반어법과 비슷하다. 앤과 그녀의 짝인 베티는 간략히 두 개의 층렬을 만들어 낸다.

층렬 2(과장층렬)	함의된 화자 앤은 함의된 청자 베티에게 자신의 방에 덮여 있는 것이 수백 만 개의 작은 화분이라고 말해 준다.
층렬 1(현실층렬)	앤과 베티가 협동하여 층렬 2(과장층렬)에 있는 일들이 일어나고 있다고 짐짓 가장한다(그런 척한다).

앤은 베티로 하여금 장면 2(과장장면)를 상상하고서 장면 1(현실장면)과 대조점을 식별하도록 바라고 있다.

장면 2(과장장면)	그 방이 수백 만 개의 작은 화분들로 덮여 있다.
장면 1(현실장면)	그 방이 가령 40개의 작은 화분으로 덮여 있다.

그녀의 목적은 바로 그녀의 방 크기에 비하여 거기에 얼마나 많은 화분이 있는지를 강조하려는 것이다. 다른 무대 도입하기에서와 같이, 특히 대응함수 $C_{(2)}$는

$A = A_i$; $B = B_i$

화자 = 함의된 화자; 청자 = 함의된 청자

임을 명시해 준다. 과소진술(절제법)도 비슷한 분석을 받게 된다.

수사의문도 또한 무대를 도입한 의사소통 행위들이다. 다음 대화 한 대목을 살펴보기로 한다(1.12.1364).

Betty : well you see her grandchildren, don't go to see her,
Calvin : m
Betty : so why should it matter, I mean I might have hundreds of them, and yet,
Donald : yeah
Betty : they probably would never come to see me,
베 티 : 글쎄 알다시피 그녀 손주들이, 할머니 보러 가지 않는대요,
캘 빈 : 음
베 티 : 그래서 왜 그게 문제가 되는가 하면, 내 말뜻은 수백 명의 손주를 둬 봐야, 그렇더라도,
도널드 : 그래요
베 티 : 아마 걔들도 절대로 날 보러 오지 않을 거야,

"왜 그게 문제가 되는가 하면"이라고 말할 때, 베티는 그게 왜 문제가 되어야 하는지(그 할머니를 중심으로 그녀에게 무슨 일이 일어나는지)를 질문하는 척하고 있다. 그녀는 사실상 대답을 바라고 있는 것이 아니다. 대답이 필요 없다는 사실이 아주 명백하다. 사실상 그녀는 대답할 틈도 주지 않은 채, 자신의 다음 발화로 진행해 가고 있다. 그 목적은 분명하다. 층렬 2(수사의문 층렬)에서 함의된 화자 베티는, 함의된 청자 캘빈과 도널드에게 왜 그게 문제가 되어야 하는지 진지하게 질문을 던지고 있다. 층렬 1(현실층렬)에서는 세 사람이 모두 협동하여, 짐짓 베티가 그 일을 수행하고 있는 척하고 있다. 그들은 베티가 그 질문을 던지고 있고 참여자들이 대답하고 있다고 상상할 것이며, 현실상황과 대조를 통해서 그 대답이 얼마나 명백한지를 식별할 것이다.

그렇다면 무대로 도입된 의사소통 행위는 많은 형식으로 나온다. 반어법·비꼬기·놀려대기·과대진술(과장법)·과소진술(절제법)·수사의문 따위이다. 각각의 경우에서, 화자 A는 현재상황과 판연히 대조가 되는 어떤 간단한 장면을 무대로 도입하는 일에 청자 B를(그리고 아마 다른 참여자들을) 관여케 한다. 화자 A는 청자 B로 하여금 화자 A가 왜 이런 대조점에 주의를 기울이고 있는지를 식별하여 알아차리도록 의도한다. 반어법과 비꼬기에서는 이는 현재의 상황이 얼마나 예상 밖이거나 바람직하지 않은지를 지적하거나, 또는 특정한 사람들이 얼마나 고지식하고 순진하며 어리석은지를 지적하여, 그들을 욕보

이려고 하는 것이다. 한 가지 유형의 놀려대기에서는, 이것이 청자 B가 뭔가를 얼마나 과대진술(과장)하였는지 지적하고, 따라서 그 행위를 조롱하려는 것이다. 과대진술(과장법)에서는, 이것이 현재상황에 대한 한 가지 특징의 정도성을 증가시켜 놓는 것이다. 그리고 수사의문에서는 이것이 현재 논제에 대한 명백성을 지적하려는 것이다. 이런 실례에서 보듯이, 무대로 도입된 의사소통 행위들은 두드러지게 유용한 것이다.

§.12-4 인사치레의 의사소통 행위

어떤 명백한 의사소통 행위는 고유한 이중성을 지닌다. 아이륀Irine이 제이크Jake에게 자신의 새 옷을 어떻게 생각하는지 묻는다고 가정하기로 한다. 제이크는 "I like it좋아"이라고 말하고, 아이륀이 "Oh, thanks아, 고마워"라고 대답한다. 아이륀은 제이크를 어색한 입장에 처하게 하며, 그들이 둘 모두 이 점을 인식한다. 그녀는 그에게 자신의 옷에 대해 논평을 하도록 요청하였다. 공손해지려면 제이크는 마음 놓고서 자신이 그 옷을 싫어한다고 말할 수 없는 것이다. 만일 그가 옷이 아주 많이 썩 마음에 드는 것이 아니라면, 평범하게 "I like it좋아"라고 말할 수 있겠지만, 그 대답에 적합한 열광도, 그렇다고 정교한 수식도 들어 있는 것이 아니다. 그는 아이륀으로 하여금 자신이 오직 인사치레로[26] 그 옷이 좋다고 말하고 있을 뿐임을 식별하여 알아차리길 기대한다. 그가 실제적으로 실행하고 있는 바는, 그가 그녀의 옷이 마음에 든다는 것이 아니다. 그가 거짓으로 마음에 들어 하는 것처럼 보이도록 아주 충분히 배려하는 일과 관련하여 그녀의 관심을 끄는 것임을 그녀한테 보여주고 있는 것이다. 여기서 우리는 아이적스·클락(Isascs and Clark, 1990)에서 인사치레 칭찬ostensible compliment과 그 인사치레 수용ostensible acceptance으로 부른 바를 다뤘다.

인사치레의 의사소통 행위는, 공손한 행보를 조성하여 그것이 의미하는 바를 더 잘 이해하도록 도와주기 때문에 마땅히 주목해야 하는 것이다. (제이크의 칭찬처럼) 공손한 행보는 역설적이다. 오직 공손함의 목적으로만 수행되며, 진지하게 간주되는 것이 아니지만, 그럼에도 불구하고 잘 작동된다. 이것이 어떻게 가능할 것인가? 논의를 시작하기 위하여,

[26] 원문 ostensible(인사치레의)은 '의례적인 빈말' 또는 '예의상의 빈말'로도 번역할 수 있다. 더러 '립 서비스(lip service)'라는 말도 쓰지만, 전통적인 표현은 '빈말'이다. 그렇지만 저자가 인사치레의 표현도 참여자들의 자존심과 자율성을 유지해 주는 효과적이고 미묘한 도구라고 매듭짓기 때문에, 즉, 인사치레 의사소통 행위가 특정 기능을 한다는 주장하기 때문에, 여기서는 '빈말'보다 '인사치레'라는 표현을 써서 번역하기로 한다.

아이적스·클락(Isascs and Clark, 1990)의 탐구에서 서술해 놓은 인사치레의 초대를 살펴나가기로 한다.

12-4-1 인사치레 초대

두 명의 스텐퍼드 대학생 로스Ross와 캐씨Cathy가 어느 날 저녁에 공부를 하려고 모이지만, 로스에게 문제가 생겼다. 남부 캘리포니아로부터 그의 친구들이 그날 저녁에 스텐퍼드에 도착하는데, 로스와 함께 한 시간 정도 떨어진 버클리에서 열리는 농구경기를 보러 가고 싶다고 전화를 했다. 로스는 '그러마'고 대답하였다. 로스는 캐씨에게 전화를 하고서 그 상황을 알려 주는데, 그가 친구들과 그 경기를 관람하러 갈 것임을 설명해 주면서 다음처럼 말한다.

Ross : Do you want to come?
Cathy : That's all right. I'll pass.
Ross : Okay.
로 스 : 너도 같이 가고 싶니?
캐 씨 : 그렇담 좋아. 난 빠질래.
로 스 : 그래.

로스와 캐씨가 각자 좀 뒤에서 설명되었듯이, 단지 공손해지기 위해서 로스가 캐씨를 초대하고 있음을 그들은 인식하였다. 로스는 정직하게 그녀가 제안을 받아들이는 것을 원하지 않았고, 이 점을 인식하면서 그녀는 받아들이지 않았다.[27] 이런 전략과 더불어 그들이 모두 만족스럽게 생각하였다. 표면상으로 로스는 캐씨한테 함께 갈 기회를 주었고, 캐씨는 거절하였다. 동시에 표면 밑바닥에서는 로스가 캐씨한테 자신이 여전히 그녀를 배려하였음을 보여 주었고, 그녀는 도로 로스한테 자신이 그 점을 이해했음을 보여 주었다. 그 공부 모임은 공식적 서운함도 없이 또는 체면의 손상도 없이 취소되었다.

인사치레의 초대도 거기에 두 개의 층렬이 있다고 가정한다면 설명될 수 있는 속성들을 지닌다. 로스의 발화는 이들 두 층렬을 지녔다.

---

[27] 우리말에는 "눈치, 코치"라 표현한다. 즉, 눈치껏 진정한 초대가 아님을 알아차린 것이다. 동일한 행위가 부정적으로 기술되기도 한다. "서로 짜고 치는 고스톱"이라는 말이 그러하다.

층렬 2(인사치레층렬)	함의된 화자 로스가 함의된 청자 캐씨한테 농구경기장에 같이 가자고 진실되게 초대하고 있다.
층렬 1(현실층렬)	로스와 캐씨가 협동하여 층렬 2(인사치레층렬)에 있는 일들이 일어나고 있다고 짐짓 가장한다(그런 척한다).

로스는 캐씨로 하여금 진실되게 그 초대를 제안하고 있는 그를 상상하도록 의도한다. 이런 방식으로 그녀도 또한 로스가 그녀를 친구로서 얼마나 소중하게 여기는지를 상상할 수 있을 것이다. 즉, 로스는 캐씨를 아주 대단히 여기므로 함께 가자고 그녀를 초대하는 것이다. 이 모든 것이 층렬 2(인사치레층렬)에 있다. 로스도 또한 왜 그가 짐짓 가장(그런 척함)을 꾸리고 있는지에 대하여, 캐씨가 식별하여 알아차리도록 의도한다. 그는 자신이 그녀를 얼마나 대단히 여기는지를 보여 주는 행위를 공식적인 모습으로 보여 주고 있는 것이다. 그럼에도 불구하고, 로스는 자신이 사실상 그녀가 따라오지 않기를 바라며, 그녀가 공손히 거절해야 함을 캐씨가 깨닫도록 의도한다. 따라서 로스는 자신이 그녀가 같이 가는 것을 원치 않음에도 불구하고, 그 점을 공식적으로 드러내는 일을 피한다. 체면 손상으로 이끌어 갈 법하기 때문이며, 캐씨가 이 점을 잘 식별하여 알아차리도록 하고 있다. 대신 로스가 공식적으로 보인 바는, 그녀에 대한 그의 존경심을 보여 주는 일이다.

인사치레의 의례적 행위는 무대로 도입된 행위와 같이 동일한 속성들을 지니지만, 여러 가지 차이점들도 있다. 만일 화자 A가 인사치레로 청자 B를 사건 E에 초대한다면, 그 초대 제안은 다음 속성들을 지닌다.

① 협동하여 그런 척함 (joint pretense)	화자 A와 청자 B를 협동하여 짐짓 가장함(그런 척함)에 관여시킨다. (로스와 캐씨는 서로간에 그가 짐짓 가장을 하고 있다고 인식한다.)
② 의사소통 행위 (communicative act)	협동하여 그런 척하는 일에서 함의된 화자 A_i가 성심껏 함의된 청자 B_i를 사건 E에 초대하고 있다. (로스와 캐씨의 협동하여 짐짓 그런 척함에서, 그가 성심껏 그녀를 농구경기장에 함께 가자고 초대하고 있다.)
③ 대응관계 (correspondence)	화자 A는 함의된 화자 A_i로 간주되고, 청자 B는 함의된 청자 B_i로 간주된다. (짐짓 그런 척하는 일에서 각각 로스는 함의된 화자 로스로, 캐씨는 함의된 청자 캐씨로 간주된다.)
④ 대조점 (contrast)	화자 A는 자신과 B가 서로 예시된 상황과 실제상황 사이에 있는 어떤 대조점을 인식하고, 그것을 강조하는 A의 이유를 알아차리도록 의도한다. (로스는 캐씨가 가능하였던 바와 현재 있는 바를 비교하도록 바란다. 전자에서는 그가 실제 그녀와 함께 농구경기장에 가는 것이며, 후자에서는 사실상 그가 그녀와 함께 가지 않기를 바라는 것이다. 그렇다면 상황이 달랐었더라면 그녀는 그가 자신과 함께 있고 싶어 하였을 것, 즉 여전히 기꺼이 그녀의 친구가 되고 싶어 함을 알게 될 것이다.)

⑤ 이중성 (ambibalence)	명확히 해 주도록 요구받는 경우에, 화자 A는 성심껏 진지하게 그가 청자 B로 하여금 사건 E로 진행하도록 바란다고 말할 수 없었거나, 아니면 그가 그 일을 원치 않는다고 말할 수도 없었다. (로스는 정직하게 "Yes, I really want you to come[그래 사실 난 네가 같이 가기를 원해]"라고 말할 수 없었다. 왜냐면 실제 그는 캐씨가 함께 가기를 원하지 않았기 때문이다. 그럼에도 불구하고, 공식적으로 자신과 함께 그녀가 경기장에 가는 것을 원하지 않음을 그녀가 받아들이게 할 수 없었다. 그것이 같이 가도록 초대할 만큼 그녀를 충분히 대단하게 여기는 것이 아님을 함의할 수 있기 때문이었다.)
⑥ 공모/결탁 (collusion)	화자 A는 청자 B가 A의 바람에 적합하도록 그런 척함(짐짓 가장)에 반응해 주기를 기대한다. (만일 캐씨가 협동적이라면, 그녀는 로스의 초대를 거절할 것이다.)

인사치레 행위를 무대로 도입된 행위로부터 구별해 주는 것은, 바로 ⑤와 ⑥의 속성인 이중성과 공모/결탁이다. 만일 로스가 "Do you want to come?함께 가고 싶니?"라고 물을 때 풍자적이었더라면, 실제로 캐씨가 함께 가기를 바랐음을 부정하였을 것이며, 캐씨도 똑같이 풍자적으로 대답하여

> Yeah, I just love hanging out with the guys
> 좋아, 나도 그 치들과 터놓고 사귀면서 지내면 좋겠어.

말할 수 있을 듯하다. 그 초대를 인사치레로 만들어 주는 바는, 로스가 사실 캐씨가 함께 가기를 원하였음을 부인하지 않고, 또한 원치 않았음도 부인하지 않는 것일 듯하다. 로스는 이중성을 보여 주는데, 캐씨가 그런 자신과 공모/결탁하면서 대답해 주기를 바란다. 즉, 그 초대를 진지하게 받아들이는 척하고(짐짓 가장하고), 거절하는 일이다. 이는 캐씨가 실제로 실행한 바이다. 인사치레 초대는 '인사치레 응답'을 투영한다.

인사치레 초대가 제대로 작동하기 위해서, 사람들은 반드시 그 초대가 인사치레일 뿐임이 분명해지도록 그 상황을 제대로 운영해야 한다. 다시 화자 A가 인사치레로 청자 B를 사건 E에 초대한다고 상정하기로 한다. 아이적스·클락(Isascs and Clark, 1990)에서는 사람들이 그 환경을 적어도 다음 방식으로 배치해 놓으려고 함을 찾아내었다.

① 화자 A가 사건 E에 대한 청자 B의 그런 척함(짐짓 가장함)을 불가능하게 만든다.
I know you are too busy, but …(난 자네가 매우 바쁜 줄 잘 알고 있네만, …)
② 화자 A는 오직 청자 B가 환영한 뒤에라야 자신의 초대를 청자 B에까지 확대한다.
③ 화자 A는 그 초대를 단순히 사교적 예절 차원을 넘어서지 않도록 해 놓는다.
④ 화자 A는 청자 B가 공손하게 거절한 뒤에는 그 초대를 다시 주장하지도, 고집하지도 않는다.
⑤ 화자 A는 사건 E에 대한 계획을 애매하게 말한다.
Let's have lunch *sometime*(<u>언제</u> 점심 같이 하십시다)
⑥ 화자 A는 다음과 같은 추궁 대비 표현을 이용하여 울타리를 쳐 두고서[28] 책임 지는 일을 피한다.
"well", "I guess", "maybe", "if you want"
글쎄 내 짐작에는 아마 원한다면
⑦ 화자 A는 아부투 어조·머뭇거림·신속히 말하기 등 부적합한 단서로써 초대 표현을 전한다. 어떤 신호이든지 간에 그 초대에 온전히 마음을 쏟고 있는 것이 아님을 보여 준다.

정확히 화자 A가 어떻게 그 초대를 가동시키는지는 대화상황에 달려 있다. 만일 청자 B가 사건 E에 갈 수 없음이 명백하다면, 화자 A는 원하는 대로 자유롭게 청자 B가 알아볼 수 있도록 열정적으로 초대하기에 몰두한다.

인사치레 초대는 위험하지만, 이는 미덕 중 한 가지이다. 로스가 캐씨와 같이 가기를 원치 않으면서도 로스가 캐씨한테

Do you want to come?
같이 가고 싶니?

라고 말하는 경우에, 그는 여러 가지 위험에 직면한다. 첫째, 그녀가 그의 인사치레 초대를 진정이라고 곡해할 수 있다. 만일 그렇다면, 그녀는 초대에 응할 수 있다. 아니면 그녀가 농구경기에 그 녀석들과 함께 초대받은 일을 후회할 수 있는데, 로스는 캐씨가 농구경기 관람을 즐기지 않는 것으로 알고 있다. 만일 로스가 이를 올바르게 가동하였다면, 이들 위험이 상당히 줄어들 것이다. 적어도 로스가 여전히 캐씨를 잘 이해하고 있음을 캐씨한테 알려 줌으로써 얻는 잠재적 이익보다는 위험이 응당 더 적은 것이다. 둘째, 캐씨가 자신의 응답에서 공모/결탁하지 않는 선택을 하여, 다음과 같이 그가 자신을 데려가고

[28] hedge(울타리 표현, 추궁대비 표현, 완화 표현)는 테일러(Taylor, 1995; 조명원·나익주 뒤침, 1997), 『인지언어학이란 무엇인가? : 언어학과 원형 이론』(한국문화사)의 제4장 4절에서 자세히 다뤄져 있다. 번역자는 축자 번역보다 뜻을 살려 '추궁대비 표현'으로 쓰고 있다. 페어클럽(Fairclough, 1995; 이원표 뒤침, 2004, 5쪽, 121쪽), 『대중매체 담화 분석』(한국문화사)에서는 '완화 표현'으로 번역하였다.

싫어 하지 않는다고 공개적으로 표현할 수도 있다.

Oh, you don't really want me to go
아, 사실은 넌 날 데려가고 싶지 않은 거지.

이런 일이 생기면, 로스는 다음처럼 이내 자신을 변호하여 대답하게 되고

But of course I do — that's why I invited you.
아냐, 말할 필요도 없이 널 데려가고 싶지 — 그게 바로 널 초대한 까닭이지.

그녀를 데려 가는 일에 온 마음을 쏟는다. 요약하면, 화자 A는 간접표현의 이로움에 대해 곡해 받을 위험을 무릅쓰는 쪽을 선호하며, 함의된 청자의 홀대가 어떤 것이든지 (상대방에 의해 명시적으로 부각되는 경우에) 거기에 맞서서 분명히 자신을 변호한다.

12-4-2 인사치레의 다른 의사소통 행위

'초대 및 응락' 이외에도 많은 협동과제들이 또한 인사치레로서 의례적이다. 예를 들면 인사 나누기는 종종 인사치레의 물음과 답변으로 이뤄지며, 다음 사례와 같다 (3.1C.1030).

Detch : *good morning*
Morris : *good morning Miss* Detch how are you
Detch : **fine thank you**
Morris : **would you like to** take the comfortable chair
데취 : *안녕하세요*
모뤼스 : *안녕하세요 데취 여사님* 어떻게 지내십니까
데취 : **잘 지냅니다 감사합니다**
모뤼스 : **이 편안한 의자에** 앉으시겠습니까

모뤼스가 "어떻게 지내십니까?"라고 물을 때, 그는 인사치레로 데취 여사가 어떻게 지내는지를 묻고 있으며, "잘 지냅니다"라는 대답으로써 그녀는 인사치레로 그 질문에 답을

하고 있다. 모뤼스는 데춰 여사가 축자적으로 질문을 해석하여 실제로 어떻게 지내었는지를 말했다면 놀라고 (인사치레 표현을 잘못 파악한 데 대해) 실망했을 것이다. 그녀도 이 점을 인식한다(Sacks, 1975).

모뤼스와 데춰 여사는 그들의 행위에 대한 인사치레 성격을 여러 가지 방식으로 분명하게 만들어 준다. 데춰 여사가 "감사합니다"라고 말할 때에, 이는 모뤼스의 질문 자체에 대한 것이 아니다. 오히려 그녀의 건강에 대하여 관심을 보일 만큼 충분히 배려하고 있음을 보여 주는 모리스의 '태도'에 대한 것이다. 그리고 모뤼스는 그런 배려를 보이는 것이 필요한 모든 것이라고 여긴다. 모뤼스는 심지어 다음 발화를 시작하기 전에 데춰 여사의 답변을 기다리지도 않는다. 따라서 "어떻게 지내십니까?"와 "잘 지냅니다. 감사합니다"의 교환과 더불어, 모뤼스와 데춰 여사는 어떤 교환을 상상한다. 거기에서 관심을 지닌 모뤼스가 데춰 여사에게 건강에 대하여 물으며, 그녀는 모뤼스에게 진지하게 괜찮다고 말해 주는 것이다. 두 사람은 모두 모뤼스의 목적이 그들의 대화에 대한 예비대화(≒준비단계)로서 개인적 관심을 보여 주려는 것이다. 그녀의 답변 또한 잘 지내고 있음을 보여 주어서, 그 이야기로 들어갈 준비가 되었음을 식별하여 알아차린다.

축하와 사과 또한 인사치레(≒의례적)가 될 수 있다. 경기의 패자가 승자에게 축하해 줄 경우에, 그 축하와 수용은 보통 인사치레로 인식된다. 패자는 정직하게 승자가 이긴 데 대해 기뻐하지 않으며, 승자도 이 점을 인식한다. 또는 어머니나 학교 선생님에 의해서 어떤 어린이가 잘못한 일에 대하여 다른 아이에게 사과하도록 요구받을 때에, 그런 사과와 수용은 보통 또한 인사치레(≒의례적)이다. 강압 때문에 사과를 하는 첫 번째 아이는, 사실은 미안하게 느끼지 않으며, 두 번째 아이도 이 점을 인식한다. 이들 축하와 사과는 성심에서 우러나온다기보다는 외려 인사치레(≒의례적)로 듣게 된다. 패자와 사과하는 어린이는, 그들 상대방이 실제 축하와 사과를 상상하도록 요구함으로써, 그것들이 속한 제도나 수신자에 대한 성실한 배려를 보여 준다.

이와 같은 인사치레(≒의례적) 의사소통 과제들은 두 가지 방식으로 작동한다. 첫째 참여자들이 이상적인 의사소통 행위에 합의한다. 그 환경이 이상적이었다면, 그들의 현재 협동과제가 무엇이 되었을지에 대하여 합의하는 것이다. 그것이 그 자체로 어떤 상호간의 존경을 보여 준다. 예를 들어, 로스와 캐씨는 협동하여 어떤 그림을 만들어 내는데, 거기에서 로스는 성심껏 캐씨를 그 농구경기장에 함께 구경 가자고 초대하며, 캐씨는 성심껏 거절한다. 둘째, 이들 이상적인 행위를 만들어 내는 데에서, 참여자들은 그렇지 않았더라면 부각되었을지도 모를 골치 아픈 문젯거리들을 협동하여 일부러 피하고 언급하지 않는다. 로스와 캐씨는 로스가 캐씨와 둘만 외출하는 것이 아니라, 왜 그 녀석들과 함께 나가려는 것인지 따지는 일을 일부러 피하는 것이다.

12-4-3 공손한 행보

대부분의 인사치레(≒의례적) 행위들은 공손함을 잘 처리해 놓도록 마련된다. 사람들이 체면을 어떻게 관리하는지 상기하기 바란다(제10장). 사람들은 남들에 의해 존경받도록 자존심self-worth을 유지하고, 또한 남들에 의해 방해받지 않도록 자율성autonomy을 유지하려고 한다. 인사치레 행위는 이 두 가지 속성을 유지하도록 도와준다. 참여자들이 로스와 캐씨의 초대 거절에서처럼 이상적인 인사치레(≒의례적) 행위를 만들어 가는 경우에, 그들은 자존심을 다루는 것이다. 그들은 그렇지 않았더라면 반대상황을 드러내어 서로의 체면에 위협을 줄 어떤 상황에서, 상호간에 서로 존중하는 의사소통 교환을 보여 준다. 그리고 골치 아프게 문제가 될 논제들을 밖으로 드러나지 않도록 하는 경우에는, 또한 자율성을 다루는 셈이다. 그런 논제들을 명시적으로 꺼내어 다루는 일을 피하는 것이다.

이들 속성은 제10장에서 살펴본 예비요구의 공손성에 대한 더 깊은 설명을 시사해 준다. 다음 주고받기 대화를 떠올리기 바란다.

Clark : Do you know where Goldberg's Grocery is?
Verona : Yes, it's just around the corner.
클락 : 혹시 골드버그 식품가게가 어디 있는지 알고 있나요?
붜로우너 : 예, 바로 저 모퉁이 근처에 있습니다.

저자의 발화에서는 대화상황을 붜로우너가 골드버그 식품가게 위치를 알고 있는지 여부를 저자가 궁금해 하며, 그녀는 그 위치를 알고 있는지 저자에게 말해 줄 것으로 얼개를 투영하였다. 그 반응에서 그녀는 저자가 얼개로 만든 대로 그 상황을 수용하여 "예"라고 대답하였다. 그런 뒤 계속하여 즉각적으로 저자가 바라던 정보를 말하였다("저 모퉁이 근처에 있습니다"). 저자가 얼개로 투영한 그 상황은, 붜로우너에게 식품가게의 위치를 묻고자 하는 예비행위였다. 그녀는 즉각 이를 알았고, 저자에게 해당 정보를 제공해 주었다.

그 질문과 첫 번째 대답은 유익하게 인사치레(≒의례적) 의사소통 행위로 간주될 수 있다. 만일 붜로우너가 골드버그 식품가게의 위치를 몰랐더라면, 그녀에게 질문하는 것이 당황스러웠을지도 모른다. 그런 당황스러움을 피하기 위하여, 저자는 짐짓 그녀가 아는지 여부만을 질문하는 척하였고, 그녀는 "예"라는 대답을 함으로써 저자에게 공모하였다. 그렇지만 그녀는 저자가 왜 인사치레(≒의례적) 질문을 개시하였는지 식별하여 알아차리고, 저자가 골드버그 식품가게를 찾아가려고 함으로 인식하였다. 따라서 그녀는 제안된 협동 과제를 수용하였을 뿐만 아니라, 또한 "바로 저 모퉁이 근처에 있습니다"라고 말해 주었다. 그녀는 저자와 더불어 짐짓 저자가 특정한 질문을 던지고 있는 것으로 간주하고서, 그 대답을 해 줌으로써 저자에게 공모하였다. 만일 그녀가 다음처럼 되물었다면,

> Did you really want to know if I knew?
> 당신은 정말 내가 그 위치를 아는지 여부를 알고 싶은 겁니까?

저자는 정직하게 "Yes, I did.[예 그렇습니다]"라고 대답할 수도 없다. 그렇다고 또한 저자가 그녀를 당황스럽게 했는지 여부를 전혀 배려하지 못했음을 함의할 수 있기 때문에, "No, I didn't.[아뇨, 그런 건 아닙니다]"이라고 대답할 수도 없다.

"Can you···, Could you···, Do you know···, Will you···, Would you···?"와 같이 많은 예비요구들이 일반적 장애점들을 언급하면서 상당히 관례적이며, 관습적 형식[pro forma]으로 간주될 수 있음을 상기하기 바란다. 그러나 '관습적 형식'이 된다는 것이 무슨 뜻일까? 어느 지역의 가게에 건 전화통화로부터 가져온 다음 사례를 살펴보기로 한다(Clark, 1979).

> Susan : Could you tell me what time you close tonight?
> Manager : Six o'clock.
> 쑤즌 : 오늘밤 몇 시에 가게 문을 닫는지 말씀해 주실 수 있습니까?
> 주인 : 여섯십니다.

쑤즌은 아마 짐짓 그 주인이 언제 가게 문을 닫는지 "말해 줄 수 없을[couldn't]" 것인 냥 가장한다. 주인은 쑤즌에게 원하는 시간을 일러 주기 때문에, 그런 짐짓 가장(그런 척함)에 대한 이유를 인식한다. 그러나 먼저 "Yes[예]"라고 대답하면서 그녀와 공모하지는 않았다. 그 주인은 그런 짐짓 가장(그런 척함)을 '관습적 형식'으로서 굳이 가타부타 인정할 필요가 없다고 받아들였다. 그렇더라도 그는 여전히 "yes[예]"라고 대답해 줄 수 있었다. 또 다른 연구에서(Munro, 1977), 얼굴을 마주보는 사람들이

Could you tell me what time is it?
지금 몇 시인지 말해 주실 수 있습니까?

라고 질문을 받는 경우에, 45%의 사람들이 시간을 말해 주기 전에 "Yes예"라고 응답하였다.

비록 심지어 "Could you tell me …?… 말해 주실 수 있으십니까?"가 '관습적 형식'인 경우에도, 여전히 요점을 갖고 있다. 그 주인은 간단히 쑤즌의 짐짓 그런 척함(가장)을 인식함으로써, 자신의 자존심과 자율성을 유지할 수 있다. 즉, 그녀는 주인에게 어떤 구실을 제공해 주고 있으며, 단지 인사치레(≒의례적) 구실이라고 하더라고, 여전히 정중한 표현이 된다. "Could you tell me what time you close? 몇 시에 가게 문을 닫는지 말씀해 주실 수 있습니까?"는

What time do you close?
몇 시에 닫죠?

라는 표현보다 더 공손한 것으로 판정된다(Clark and Schunk, 1980). 그 주인도 또한 쑤즌이 답례로 공손한 속성의 선택권을 주인에게 제시했음을 인식한다. 주인이 해야 하는 것은 모두, 먼저 "yes예"라고 하여 그녀한테 인사치레(≒의례적) 질문에 대답하는 것이다. 이것이 쑤즌도 또한 실행하게 될 체면을 살려 주는 일이다. 사실상 '관습적 형식'인 예비요구 "Could you tell me …?… 말해 주실 수 있으십니까?"에 대하여,

Yes, we close at six.
예, 저희는 여섯시에 닫습니다.

라는 답변이 "We close at six 여섯시에 닫습니다"보다 더 공손한 것으로 판정된다(제10장을 보기 바람).

이것들과 같은 인사치레(≒의례적) 의사소통 행위들은, 종종 의례rituals · 관습habits · 단지 건성으로 표현된 장식물mere gestures로 불리거나, 심지어 신경 쓰지 않는 행위mindless actions로 불리지만, 이런 경멸적 딱지들이 정당한 것은 아니다. 더 자세히 조사해 보면, 인사치레 의사소통 행위들이 자존심 및 자율성을 관리하기 위한 미묘하고 효과적인 도구임이 드러나는 것이다.

§.12-5 결론

가장 단순한 층렬 도입에서, 사람들은 동시에 두 가지 협동행위를 실행한다. 제1 층렬에 있는 행위들은 하나의 영역에서 일어나며, 제2 층렬에 있는 행위들은 두 번째 영역에서 일어난다. 후자는 참여자들에 의해서 협동하여 첫 번째 영역에서 만들어진다. 가장 좋은 사례는 협동하여 짐짓 그런 척함에서 나온다. 1952년 샌프란시스코 도심에서 앨런과 베쓰는 소꿉장난을 한다. 각각 1876년 '금광 찾아 대이동' 기간에 남 다코다 고목마을에 사는 사나운 빌과 불행한 제인이 된다. 앨런이 제1층렬(현실층렬) 샌프란시스코에서 조약돌을 주으면, 그와 베쓰는 동시에 그의 행위를 제2층렬(가상층렬) 고목마을에서 사나운 빌이 사금덩이를 골라내는 것으로 파악한다.

협동작업 활동에서 사람들은 현재의 실제세계와 가상의 어떤 세계를 대조하고 싶은 경우에 층렬 도입하기를 이용한다. 층렬 도입과 더불어 사람들은 가상의 세계를 상징으로 기술하는 것이 아니라, 가상의 세계를 예시해 주는 것이다. 그들과 청중은 사실상 가상세계 속으로 들어갈 필요도 없이 그 새로운 세계를 상상한다. 그들은 멀리 떨어진 채 경험을 모의한다. 사람들은 일정범위의 목적을 위하여 이들 속성들을 잘 활용하는 것이다.

층렬 도입은 이야기에 필수적이다. 이야기꾼과 청중들은 가상의 영역에서 정교한 사건들을 만들어 내기 위하여 함께 작업하며, 협동하여 그 사건들이 실제로 일어나고 있다고 짐짓 가장한다(그런 척한다). 연극과 영화에서 배우와 관객들은 협동하여 거의 동일한 짐짓 가장(그런 척함)으로써 연행들을 창조해 나간다. 이들 모든 사례에서 제1 참여자들은 그 이야기 세계 속에서 일어나고 있는 바를 상상하게 될 것이며, 이내 작가와 배우들이 그 사건들을 만들어내고 있는 까닭을 식별하여 알아차린다.

화자들은 청자로 하여금 무대로 도입된 상황과 실제상황 사이에 있는 특정한 대조점들을 식별하여 알아차리도록 하기 위하여, 개별적인 의사소통 행위를 무대로 도입한다. 반어법에서는 그 요체가 예상 밖의 변칙을 촌평하는 것이다. 비꼬기에서는, 청자에게 상처를 주려는 것이다. 한 유형의 짓궂게 놀려대기에서는, 청자가 과도하게 실행한 어떤 것에 대하여 촌평하려는 것이다. 과장법에서는, 어떤 특성의 정도를 강조하려는 것이며, 절제법에서는 그 정도를 소극적으로 표현하려는 것이다.

층렬 도입의 더 미묘한 형태는, 인사치레(≒의례적) 의사소통 행위에서 찾아진다. 인사치레의 초대에서는 화자와 청자가 협동하여 짐짓 화자가 청자를 어떤 사건에 초대하는 척한다. 그들 두 사람이 모두 그 초대가 진지하게 간주되지 않음을 인식하고, 청자는 화자에게 공모하게 된다. 화자의 짐짓 가장(그런 척함)의 요점은, 청자에게 존중하는 배려를 보여 주고, 마음에 내키지 않는 초대를 공표하지 않은 채 유지하려는 것이다. 감사하기·사과하기·축하하기·안부 묻기 등 다른 인사치레 행위들도 대체적으로 체면을 유지하고, 사회적 관계를 공평하게 유지하는 데 이릅다.

제 6 부

결 론

언어사용 밑바닥에 깔린 원리

Using Language

제13장 결론

사람들은 서로간에 일을 하기 위하여 언어를 쓴다. 그들의 언어사용은 그 자체로 협동행위이다. 이 책자는 대부분 이들 두 가지 내용에 바쳐졌다. 검토 과정에서 저자는 광범위하게 세 가지 점을 논의하였다.

사람들은 오직 더 넓은 협동작업 활동 속에서만 언어를 쓴다.
의사소통 행위는 수준(levels)·경로(tracks)·층렬(layers)로 나뉜다.
만일 언어사용을 설명하려고 한다면, 언어의 개념 그 자체를 더 확대할 필요가 있다.

제13장에서는 마지막으로 이런 논의를 다루기로 한다.

§.13-1 사회적 상호작용 행위

언어가 그 자체로 거의 하나의 목적만을 위해서는 쓰이지 않는다. 언어는 1차적으로 더 광범위한 활동들을 실행해 나가기 위한 도구이다. 물건 사기·연회 계획하기·놀이하기·잡담하기·이야기 주고받기·즐기기·즐거움 얻기 등이다. 다시 말하여, 이것들이 모두 더 큰 기획의 일부로서, 두 사람 또는 그 이상의 사람들이 사회적으로 정의된 역할로서 개별행위를 실행해 나가는 '협동작업 활동'인 것이다. 간단히 말하여, 언어란 그런 개별행위를 맞춰 서로간에 조율해 나가는 하나의 도구인 것이다. 저자가 잡화 약국에서 샴푸를 한 병 사는 경우에, 먼저 점원에게 말을 건다. 그러나 누군가 다음처럼 저자에게 물었다면,

What did you do in the drugstore.

가게에서 당신은 뭘 하였습니까?

비록 점원에게 말을 건네었더라도, 저자는 다음처럼 대답하진 않을 것이다.

I talked to the clerk.

나는 점원에게 말을 걸었습니다.

그 대신에 다음과 같이 대답하였을 것이다.

I bought some shampoo.

난 샴푸를 샀습니다.

이는 더 큰 기획을 기술해 준다. 언어사용은 오직 그런 목적을 위한 하나의 수단이었던 것이다.

협동작업 활동들을 연구하지 않은 채 우리는 언어사용을 연구할 수 없다. 그 역도 또한 참이다. 사람들은 서로간에 신호를 보내 주지 않은 채 협동작업 활동을 실행해 낼 수 없다. 또는 협동작업 활동 지속시간을 제외하면, 일상적으로 서로에게 신호를 보내 주지 않는다. 넓은 뜻으로 본다면, 언어사용은 모든 협동작업 활동에서 필수 요소이다. 언어사용 및 협동작업 활동 사이에 있는 긴밀한 연관은 혼란의 원천이 되어 왔다. 많은 현상들이 실제로 언어가 사용되고 있는 [상위개념인] '협동작업 활동'의 특징인 경우에라도, 그것이 [하위개념인] 언어사용의 특징으로 취급되어 왔다. 이런 협동작업 활동의 현상은

상호조율(coordination), 협동(cooperation), 관례(conventions), 말할 차례/발언기회(turns), 매듭짓기(closure), 협동과제(joint projects), 기회 닿는 대로 편리하게 실행하는 행위(opportunistic actions), 공통기반의 누적(accumulation of common ground)

들을 포함한다.

만일 이 책에 있는 사례들이 어떤 안내 지침의 구실이라도 한다면, 협동작업 활동들은 범위가 더 넓게 펼쳐진다. 협력적인 것에서부터 경쟁적인 것까지, 격식적인 것에서부터 비-격식적인 것까지, 평등주의에서부터 권위주의까지, 확대된 것에서부터 간략한 것

까지, 전체 범위를 가동하여 작동한다. 둘 또는 다수의 참여자들이 있고, (얼굴을 마주보는 대화에서처럼) 동일한 시간과 장소에서 또는 (전화통화에서처럼) 장소상으로 멀리 떨어지거나 (글말에서와 같이) 시간상으로 멀리 떨어져서 협동행위를 할 수도 있다. 대부분의 협동작업 활동들은 '스코틀랜드 사람들·의사들·야구 열광 관객들'과 같이 전문지식의 공동체에 의해 공유된다. 악수를 하거나 카드를 다루는 방법으로부터 시작하여 존경심을 보이거나 감정을 드러내는 방법에 이르기까지, 모든 것을 망라하는 규범norms과 실천관행practices과 기술skills과 기대expectations들에 달려 있다. 비록 협동작업 활동을 분석하려는 노력들이 있어 왔지만, 언어사용에 대하여 조금이라도 알맞은 설명을 하고자 한다면, 더욱 철저한 분석이 필요할 것이다.

'social사회적/사교적'이란 낱말은 'partner짝, 상대방'이나 'companion벗, 동료'을 뜻하는 라틴어 socius에서 나왔다. 언어사용이 일종의 사회행위라는 것은 바로 이런 의미에서 그러하다. 아마도 언어사용에 가장 기본적인 종류가 있을 듯하다.

§.13-2 행위 노선lines of action

언어사용은 마치 숲속에서 오솔길을 따라 걷는 일처럼, 보통 단일 노선의 행위인 것인 양 취급된다. 오솔길에서 바위와 쓰러진 나무들을 피하고, 오솔길에 있는 갈림길마다 왼쪽으로 갈지 오른쪽으로 갈지를 결정하여 선택하며, 오르막과 내리막 그리고 구불구불 막연히 걸어 나가지만, 여러분의 경로는 언제나 지속적이며 일관적이다. 즉, 끊이지 않는 단일한 이동 노선인 것이다. 언어를 쓰는 일은 전혀 그런 방식이 아니다. 그것은 '수준·경로·층렬'라는 세 가지 구별 차원에 따라 별개의 행위 노선들로 이뤄진다. 이들 중에서 가장 기본적인 것이 수준levels이다. 그렇지만 사람들이 말과 몸짓으로써 실행하는 다양한 것들을 설명하기 위해서는 경로tracks와 층렬layers도 또한 필요하다.

13-2-1 수준

의사소통 행위가 지속적인 협동행위joint actions라고 주장하는 것과, 그것이 무엇을 의미하는지를 구체적으로 명시하는 것은 서로 별개의 일이다. 잡화 약국의 점원이 저자에게 다음처럼 말하는 경우에,

I'll be right there

제가 곧 그리로 갈게요.

그녀와 저자가 함께 어떤 일을 해 나가고 있지만, 그게 무슨 일일까? 저자는 지금까지 그런 발화의 수행에서 협동행위의 네 가지 수준을 논의해 왔다.

수준	화자 A의 행위	청자 B의 행위
4	A가 B에게 협동과제 *w*를 제안하고 있다	B가 *w*에 대한 A의 제안을 받아들여 고려하고 있다
3	A가 B에게 *p*가 사실임을 신호 보내고 있다	B가 A로부터 나온 *p*가 사실임을 인식하고 있다
2	A가 B에게 신호 *s*를 제시하고 있다	B가 A로부터 나온 신호 *s*를 확인하고 있다
1	A가 B를 위해 행동 *t*를 실행하고 있다	B가 A로부터 나온 행동 *t*를 주목하고 있다

제1수준에서, 그 점원은 저자로 하여금 그녀의 목소리와 몸짓에 주목하도록 요청하고 있다. 제2수준에서 그녀는 저자로 하여금 자신이 제시하고 있는 다음의 영어표현을 확인하도록 요청하고 있다.

I'll be right there

제가 곧 그리로 갈게요.

제3수준에서는 그 표현이 뭘 의미하는 것으로 간주될지 저자로 하여금 해석하도록 요청하고 있다. 즉, 그녀가 잠시 뒤에 저자에게 와서 '고객 응대'를 할 것이라는 점이다. 제4수준에서는 저자로 하여금 그녀가 제안하고 있는 협동작업 과제를 받아들이는 것을 고려하도록 요청하고 있다. 즉, 그녀가 좀 늦는다는 점을 받아들이라는 것이다. 제4수준을 넘어선 수준은, 좀더 확대된 협동과제를 설명하는 데에 필요하다. 그렇지만 이 책에서는 그것들을 많이 살펴보지 않았다.

행위의 수준들은 저자가 '행위 진전 사다리'라고 부르는 바를 형성한다. 이는 상향식 인과성·상향식 완결·하향식 증거라는 속성을 지닌다. 만일 그 점원의 행위와 고객인 저자의 행위를 별개로 나눠 놓고 살펴본다면, 그것들이 각각 행위 진전 사다리를 형성한다. 그러나 우리의 행위들을 따로 떼어 놓고 살펴본다면, 그것들이 연결되어 각 수준에서 한 쌍의 '청자-화자'에 의한 단일행위의 두 부분으로 함께 묶여 있다는 사실을 놓쳐 버리고 만다. 우리는 각 수준에서 각자 상대방에게 자기가 맡은 부분을 실행하기를 요청하는 '동참행위'를 실행한다. 그 결과가 협동행위의 사다리이다. 그 점원이 발화하는 동안에, 그녀와 저자가 어떻게 협력하여 행동하는지를 구체적으로 명시해 주는 것은 바로 이들 행위 사다리인 것이다.

13-2-2 경로

협동행위에서 대부분의 이야기는, 상품 구매하기·연회 계획하기·놀이하기 등과 같이 공식적인 일에 대한 것이다. 그렇지만 또한 공식적인 일이 실행되는 의사소통 행위에 대하여, 그 배경으로 깔려 있는 말도 있다. 저자는 이들 두 노선의 이야기를, 각각 1차 경로와 2차 경로, 즉 첫 번째 경로(≒실무경로)와 두 번째 경로(≒점검경로)라고 불렀다. 경로들은 반복적이다. 비록 3차 경로(≒추가 점검경로)나 4차 경로(≒추가 재점검경로)를 넘어가는 경우가 실제적으로 거의 없다 하더라도, 새로운 경로들이 무수히 덧붙여질 수도 있을 것이다. 또한 협동행위의 각 층위마다 경로들이 있다. 결국 의사소통 진부분 집합을 이루는, 1차 경로(≒실무경로)에 있는 의사소통 행위는 잘 연구되어 있다. 반면에 2차 경로(≒점검경로)에 있는 의사소통 행위는 대체로 무시되어 왔다. 2차 경로(≒점검경로)에 있는 의사소통은, 종종 체계가 없는 소음이나 수행 오류들로 간주되어 왔었고, 따라서 족히 주목거리가 되지 못하였던 것이다. 그렇지만 사실상 2차 경로(≒점검경로)에 있는 의사소통 행위는 체계적이며, 성공적인 언어사용에 필수적이다.

2차 경로(≒점검경로)에 있는 의사소통 행위들은, 모든 네 가지 수준의 행위에서 대화를 관리하는 데 이용된다. 사람들이 고개를 끄덕이거나 미소를 짓거나 다른 사람의 발화 동안 'uh huh^아하 그렇군요^'하고 말하는 경우에, 그들은

> I understand you so far
> 지금까지 말한 당신의 이야기 내용을 이해합니다.

라고 말하고 있는 것이다. 이는 제3수준(의미 및 이해)에서 매듭짓기를 얻어내는 데 도움을 주는 2차 경로(≒점검경로)에 있는 신호인 것이다. 화자들이 자신의 발화에 'uh^어^'나 'um^음^'을 덧붙이는 경우에도, 또한 제2수준(제시 및 확인)에 있는 문제를 처리하기 위하여, 2차 경로(≒점검경로)에서 그들 자신의 제시하기에 있는 중단^breaks^을 신호해 주고 있다. 화자가 또한 2차(≒점검경로) 경로에서 고치기를 하는 경우에, 어떤 수준에 있든지 간에 문젯거리를 다루고 있을 개연성이 있다. 'uh^어^'와 'um^음^'과 같은 신호는 두드러지게 2차

경로(≒점검경로)에 있는 쓰임을 위해 발달되었다. 고치기의 일부로서 하나의 낱말을 거듭 반복하는 일도 똑같은 절차를 지닌다. 사람들이 쓰는 신호들에 있는 노동분업을 온전히 식별하는 것은, 오직 신호들을 여러 경로로 나눠 놓는 일에 의해서만 이뤄진다. 이야기 관리하기(=2차 경로, 점검경로)는, 진정으로 공식적인 일을 실행하는 것(=1차 경로, 실무경로)과는 구분된다. 이야기 관리하기는 그것 나름대로의 많은 기법과 신호들로써 완전해지게 되는 것이다.

13-2-3 층렬

때로는 사람들이 실제로 의미하지 않는 것을 말하는 듯이 보이는 경우가 있다. 쌤[Sam]이 뢰나드[Reynard]에게 다음처럼 말하는 경우에

I must go down to the bank. (1.1.423)
내가 꼭 그 은행으로 내려가야만 하겠어.

참으로 성심껏 그는 은행으로 내려가야만 함을 의미한다. 이 발화는 어떤 단일 층렬의 행위만을 지닌다. 저자는 '층렬 1'(현실층렬)로 불렀다. 그러나 쌤이 농담으로 뢰나드에게 다음처럼 말하는 경우에

A girl went into a chemist's shop.
한 소녀가 어느 약국으로 들어갔어.

그는 참으로 진지하게 한 소녀가 어느 약국으로 들어갔음을 의미하는 것이 아니다. 오히려 쌤과 뢰나드는, 한 소녀가 어느 약국으로 들어갔음을 쌤이 진지하게 의미한다고 '협동하여 짐짓 그런 척하는 일[joint pretense]'에 관여하고 있다. 이런 발화는 행위의 두 층렬을 지닌다. 층렬 1(현실층렬)에서 쌤과 뢰나드는 층렬 2(농담층렬)에 있는 사건들이 실제 일어난다고 '협동하여 짐짓 그런 척' 꾸민다. 층렬 2(농담층렬)에서 [쌤에게 역할이 맡겨진] 어느 보고자는, [뢰나드에게 역할이 맡겨진] 보고를 받는 어느 사람한테, 약국에 들어가고 있는 어느 소녀에 대하여 말하고 있다. 층렬의 도입도 또한 반복적이다. 한 상황에서 너댓 개나 여섯 개의 층렬처럼 많이 층렬이 도입될 수도 있다.

비록 층렬 도입이 '소설·연극·영화·텔레비전 코미디·농담·짤막한 이야기'처럼 허구의

작업을 어떻게 창조하고 이해하는지를 설명하는 데 필요하지만, 또한 저자가 '무대로 도입된 의사소통 행위'라고 부른 것에 대해서도 층렬 도입이 필요하다. 이들은 '반어법·비꼬기·모든 종류의 놀려대기·과장법·절제법·수사의문'과 다른 그런 수사 어구들을 포함한다. 그것은 또한 빈말로 간주되는 인사치레의 의사소통 행위들에 대해서도 필요하다. 예를 들어, 인사치레 초대를 보면, 화자와 청자는 참으로 화자가 청자를 뭔가를 실행하도록 초청하고 있었던 듯이 행위를 하였지만, 처음부터 끝까지 청자가 그 초대를 받아들일 것이라고 기대되지는 않았다. 층렬 도입은, 그렇지 않았더라면 지니지 못했을 법한 상상력의 활력과 위력과 느낌을 일상적 대화에 불어넣어 주면서, 일상생활 속에 널리 퍼져 있다.

수준·경로·층렬은 전문적인 언어 분석가만이 지닌 상상 속의 허구가 아니다. 그것은 언어를 쓰는 사람들이 식별해 내는 구분내용이다. 비록 일반 사람들의 식별이 언제나 명백한 것이 아니더라도 그러하다. 막연하게 사람들은 청자로서 확인하지 않은 채 화자의 발화에 주목하거나, 이해하지 않은 채 그것을 확인하거나, 또는 화자의 제의를 수용하지 않은 채 그것을 이해하는 것이 무엇인지를 알고 있다. 화자가 'um음'이나 'I mean제 말씀의 뜻은'이라고 말하는 경우에도, 막연하게 사람들은 화자가 뭘 하고 있는지를 알고 있다. 화자가 놀리거나 비꼬게 되거나 인사치레로 초대를 하는 경우에도, 사람들은 막연하게 화자와 청자가 뭘 하고 있는지를 알고 있다. 수준·경로·층렬은 이들 막연한 이해를 표현해 주는 방법인 것이다.

§.13-3 언어란 무엇인가?

종종 언어의 연구는 언어구조에 대한 연구와 언어사용에 대한 연구로 구분된다. 언어구조를 연구하는 일은 영어·북미 수Sioux 인디언의 다코타어Dakota·일본어·미국 수화와 같이, 관례적인 언어들에 대한 '음운론·형태론·통사론·의미론'을 분석하는 것이다. 그러나 언어사용에 대한 연구는 특성지어 놓기가 그리 만만치 않다. 흔히 언어사용 연구가 언어학의 한 갈래인 화용론과 동일시되어 왔다. 그렇지만 그것이 무엇인지에 대해서는 거의 합의가 없다(Davis, 1991; Gazdar, 1979; Levinson, 1983; Lyons, 1977). 화용론은 일반적으로 맥락 속에 있는 언어 발화에 대한 연구를 포함한다. 그렇지만 비-언어적 신호와 [무언극과 같이] '오직' 실행뿐인 현상은 배제해 버린다. 골칫거리는, 이 책에 있는 언어사용의 설명에서는 비-언어적 신호와 실행현상들이 우세하게 그려졌다는 점이다.

저자가 선택한 길은, 언어사용을 신호의 사용과 동일하게 여기는 것이다. 이는 한 사람이 다른 사람에게 뭔가를 의미하는 행위이다. 제6장에서 저자는 신호하기에 대해 세 가지 기본적인 방법이 있음을 논의하였다. '상징유형으로 서술해 주기describing as'와 '가리켜 주기indicating'와 '예시해 주기demonstrating'이다. 우리가 'fish물고기'라는 낱말을 제시하는 경우에는, 뭔가를 물고기 상징유형으로 서술해 주고 있다. 물고기를 손가락으로 가리키는 경우에는, 개별적인 물고기 한 마리를 가리켜 주고 있다. 두 손을 물고기 길이만큼 벌려 보여 주는 경우에는, 어떤 물고기의 크기를 예시해 주고 있다. 대부분의 신호는 이 세 가지 방법의 복합물이다. 이들 방법에 의해 만들어진 신호는, 인간 행위의 어떤 일관된 범주coherent category를 형성한다. 반면에 언어 발화들은 그러하지 않다.

이른바 언어 발화는 사실상 거의 대부분 복합신호들이다(제6장). 바버라Barbara가 어떤 책을 가리키면서 다음처럼 말하는 경우에

> That book is mine.
> 저 책은 내 거야.

그 책에 대한 그녀의 지시내용은 '…상징유형으로 서술하기'와 '가리키기'의 복합물이다. 그 신호는 화자의 언어와 손짓을 둘 모두 요구한다. 그녀가 의미하는 것을 두 가지에 모두 호소함이 없이는 설명해 줄 수 없는 것이다. 앨런Alan이 다음처럼 말하는 경우에

> At the baseball game today, one guy got so mad at the umpire that he went [rude gesture] and yelled 'Go back where you came from' [imitating an angry voice and cupping his hands around his mouth]
> 오늘 그 야구 시합에서, 한 녀석이 심판 판정에 아주 화가 치밀어 올라서, [불손한 몸짓과 함께] 그가 심판에게 가서 [화난 목소리를 흉내 내면서 외쳐대는 모양새로 두 손을 입술 주위로 둥글게 만들면서] '꺼져 버려'라고 외쳤어.

그의 발화는 열성 관객이 실행한 두 가지 예시를 구성요소로 담고 있다. 불손한 몸짓과 언어 인용이다. 앨런이 의미한 바는, 두 가지 요소에 모두 호소하지 않고서는 설명을 시작할 수 없다. 가리켜 주기 및 예시해 주기는 신호하기에 대한 비-언어적 방법이다. 그럼에도 대부분의 발화에서 가리켜 주기를 채택하며, 너욱 많은 발화에서 또한 예시해 주기를 채택한다.

비-언어적 신호는 응당 홀로만으로도 중요하다(제7장에서 제9장까지 보기 바람). 앨런이

여자 친구 바버뤄에게 다음처럼 묻는 경우에

Want some coffee?
커피 마실래?

그녀는 웃거나 웃지 않으면서, 열정적이거나 무심하게 "yes응"이라고 말하거나, 아니면 언어표현이 없이 고개만 끄덕일 수도 있다. "yes응"와 고개 끄덕임이 서로 대안이 되기 때문에, 비-언어적 표현인 고개 끄덕임을 선택하지 않고, 언어표현인 "yes응"를 선택함으로써 바버뤄는 뭔가를 의미한다. 이 점은 비-언어적 신호를 배제하였다면 놓쳐 버렸을 것 같은 내용이다. 또한

'웃음 : 웃지 않음'

의 선택에 의해서, 그리고

'열정을 드러냄 : 열정이 결여됨'

에 의해서, 그녀는 뭔가를 의미한다. 린더Linda가 먼저 자신의 왼쪽 뺨을 가리키고 나서 다시 오른쪽 뺨을 가리키면서 다음처럼 말하는 경우에(제9장 1절 2항)

en I'm getting a sun tan
은 난 햇볕 쬐고 있어.

동시에 일어난 손짓을 무시한다면, 그녀가 의미하는 것에 대하여 설명을 해 내지 못할 듯하다. 고개 끄덕임과 웃음과 몸짓, 이것들이 모두 일상적인 언어 의사소통을 이해하는 데에 필요한 것이다.

2차 경로(≒점검경로)에 있는 신호들은 어떠할까(제9장)? 'uh어'와 'um음'과 낱말을 길게 늘어뜨려 발음하는 일이 언어 발화의 일부인 것인가? 'uh어'와 'huh허'와 웃음과 고개 끄덕거림으로는 뭘 하게 되는 것일까? 눈길을 주고, 말할 차례를 다시 시작하며, 주의력에 대한 신호들로서 재순환된 발언기회 시작하기들은 어떠한가? 언어적 신호와 비-언어적 신호를 둘 모두 고려하지 않고서는, 언어사용에 대한 어떤 설명도 완벽해질 수 없다.

따라서 언어사용에 대한 '언어'가 언어구조에 대한 '언어'와는 동일하지 않다.

$\text{language}_{u} \neq \text{language}_{s}$

$\text{언어}_{\text{사용}} \neq \text{언어}_{\text{구조}}$

'language_{s}(언어$_{\text{구조}}$)'는 전통적으로 일본어나 다코타 어나 미국 수화와 같이, 한 언어의 기호들에 대한 체계이다. 그러나 'language_{u}(언어$_{\text{사용}}$)'는 신호하기에 대한 세 가지 방식들 모두에 의해서 만들어진, 언어적 신호 및 비-언어적 신호 양자 모두에 대한 체계이다. 그 두 언어를 정연하게 대립시켜 유지하기에는 늘상 어려움이 있을 것으로 생각되므로, 저자는 불가피하게 'language_{u}(언어$_{\text{사용}}$)'에 대한 '확대된 의미에서의 언어(광의의 언어)'라는 완곡표현을 계속 써 나가야 할 것이다. 그것들을 정연히 해 주기 위해서 반드시 그래야 하는 것이다. 언어사용에 대한 연구를 오직 'language_{s}(언어$_{\text{구조}}$)'에만 제한하는 일은, 전적으로 그런 기획을 허물어 버릴 것이다. 언어사용에 대하여 우리는 '확대된 의미에서의 언어'를 계속 연구해 나가야 할 것이다.

언어심리학 여행 : 언어사용과 관련하여

고 성 룡(서울대 심리학과 교수)

20세기에 학문은 '말(언어)'을 둘러싸고 기쁨과 좌절을 겪었다. 철학·전산학·언어학·심리학, 그리고 생물학에서 말(언어)에 대한 연구는 크고 작은 성공과 실패를 거치며 발전되어 왔다. 언어심리학은 심리학을 바탕으로 하여 이런 분야들과 함께 과거를 살아왔고, 현재를 살아가고 있으며, 미래를 살아가야 한다. 그래서 언어심리학으로 떠나는 여행은 이 주변 분야들의 모습을 보면서 언어심리학 자신의 모습을 확인하는 일이라 할 수 있다.

말을 둘러싼 놀라운 소식은 20세기 초반 철학에서 들려왔다. 러셀Russell 같은 철학자는 많은 철학의 문제가 이 '말'에서 비롯되었다고 보았다. 그래서 말을 깨끗하게 청소하면 많은 문제가 사라질 것이고, 이 청소는 우리의 생각을 잘 나타내는 인공언어를 통해 가능하다고 보아, 그것을 만들기까지 했다. 그러나 이런 기쁜 소식도 잠시였다. 좌절은 수학을 논리로 말끔하게 정돈하는 일에서 찾아왔다. 많은 철학자들은 논리로 수학이 말끔하게 공리체계로 정리 정돈되리라고 믿었으나, 괴델Gödel은 본래 그 정리 정돈이 완벽하게 이루질 수 없다는 것을 보여주었다.

괴델의 증명은 여러 분야에 영향을 미쳤고, 계산 과정을 연구하던 학자들에게도 큰 영향을 주었다. 튜링Turing은 괴델의 영향을 받아 진행 중인 일이 끝나는지를 알려줄 수 있는 흐름도(알고리즘)를 만들 수 없다는 것을 입증했다. 튜링 같은 학자들이 논의한 이런 계산에 대한 연구는 전산학을 열었다. 튜링의 추종자들은 이 기쁜 소식을 알리면서 과장된 기대도 낳았다. 그 대표적인 경우가 영화 〈스페이스 오디세이 2001〉에 등장하는 HAL 9000컴퓨터 프로그램이다. 이 HAL은 형태 인식과 언어 처리를 하는 지성이 있는 컴퓨터로 묘사된다. 이런 일을 염려했는지, 튜링은 과장 광고를 식별하는 기준으로 유명한 검사를 제안했다. 이 검사에서도 역시 '말'이 문제다. 이 검사를 통과하려면 사람과 더불어 말을 해야 한다. 어쨌든, 전산학은 수리논리학자들의 작업을 프로그램으로 옮기고, 사람들의 특성도 관찰하여 프로그램에 반영하면서 놀라운 발전을 한다. 이 분야가 인공지능Artificial Intelligence인데, 이 분야도 최근에는 기쁨보다는 좌절을 맛보고 있다. 이 분야는 아직 튜링이 제안한 검사를 통과하는 방법을 모른다.

놀라운 소식은 1950년 후반에 언어학에서도 들려왔다. 이 소식은 심리학과 연관이 깊다. 19세기 말에 철학에서 마음의 문제를 경험 학문으로 독립시킨 심리학자들은, 마음 내용을 직접 관찰하여 알아내려 했으나 쉽지 않았다. 무엇보다도 관찰하는 사람마다 그 차이가 컸다. 그래서 겸손하게 학문이 다루는 문제와 설명을 되도록 행동에 제한하려는 움직임이 있었다. 이런 움직임에서는 행동을 자극과 반응의 사슬로 보았다. 이 단순한 설명은 문장 만들기에도 적용되었다. 이런 설명이 문제가 있다는 것을 설득력 있게 지적하고, 대안 설명을 제시한 학자가 바로 촴스끼Chomsky이다.

촴스끼는 문장을 만드는 데에는 일상에서 배운 낱말과 이 낱말들을 엮어 문장으로 만들어주는 체계가 필요하다고 보았다. 우리는 늘 새로운 문장을 만들고 이해한다. 이는 우리가 무한의 문장을 만들고 이해할 수 있다는 말이 된다. 촴스끼는 제한된 머리로 무한의 문장을 다 기억한다는 것은 가능하지 않으므로, 무한의 문장을 만들고 이해하기 위해서는 규칙 체계가 필요하다고 보았다. 또한 촴스끼는 한 낱말 다음의 낱말을 기술하는 '확률적 방식'은 사람의 언어 체계로는 알맞지 않고, 적어도 문장을 한 덩이나 두 덩이와 같은 덩이로 나누어 보는 방식이 알맞다는 것을 입증했다. 또한 이 덩이 구조로 보는 것도 두 층으로 나누어 보았으며, 심층의 덩이 구조에 변형 조작을 가한 표층의 구조가 사람의 언어 체계를 잘 보여준다는 변형생성 문법을 주장했다. 언어학은 촴스끼의 이론과 함께 놀랍게 발전했다. 1980년 중반에는 "원리와 매개변인"이라는 틀을 내놓아 언어학을 한층 더 발전시켰고, 2000년대에 들어오면서 언어만을 위한 독자적이고 고유한 원리도 진화과정에서 획득한 일반 생물학적 원리로부터 도출될 수 있음을 보여 주고자 하였다. 따라서 언어를 지나치게 통사 중심(또는 형식 중심)으로 보았다는 데 대한 자기반성을 하고 있다.

신속하게 발전해 온 전산학과 언어학은 심리학에 큰 동요를 일으켰다. 무엇보다도 큰 영향은 행동주의 심리학에서 다루지 않았던 마음의 특성을 체계 있게 연구할 수 있다는 가능성이었다. 언어학의 발전은 심리학자들로 하여금 언어에 새로운 시각으로 관심을 갖도록 했다. 초기 학자들은 촴스끼의 문법을 바탕으로 하여 언어 처리를 직접 설명해 보려 했다. 그러나 생물학적인 제약을 생각하지 않는 이런 시도는 실패로 끝나고, 적어도 사람이 지닌 지각 특성을 반영하는 이론들이 나타났다. 이런 이론들에 큰 틀을 세운 학자가 심리철학자 포더Fodor이다. 포더는 적어도 사람의 인지체계가 입력부와 중앙처리부서로 나뉘고, 시각 체계와 언어 체계로 구성되는 입력부는 자율적인 체계라고 주장했다. 다시 말해 시각 체계와 언어 체계는 세상사 지식에 기초하여 추리와 판단을 담당하는 중앙처리부서로부터 간섭을 덜 받는다고 보았다. 이 틀에 맞는 연구와 처리 이론이 등장하는데, 아마도 대표적인 이론이 프뢰이지어Frazier가 제안한 문장 처리에 대한 '미로garden-path' 모형이다. 이 모형은 낱말이 들어오면 그것이 명사인지 동사인지 그 품사를 알아내어, 현재 구성되고 있는 구조가 간단해지는 방식으로 붙이거나, 아니면 현재 가장 가까운 구에 붙이는 방식으로 처리한다는 것이다. 이 모형은 1980~90년대에 안구운동 추적연구 방식과 함께 좋은 연구들을 낳는다. 이런 언어학 기반의 접근과 대립하면서, 1980년대에 언어심리학에서 놀라운 발전이 일어난다. 그것이 바로 언어심리학자들이 주도한 인공신경망 접근이다. 반발도 적지 않았지만, 인공신경망 접근은 언어 처리에서 적어도 인식을 모형으로 만들어 주는 중요한 틀이 되었다. 이 접근은 심리학과 전산학을 넘어 다른 여러 분야에 영향을 미쳤다.

위에서 보았듯이 언어심리학은 실험 심리학에 뿌리를 두고서 철학·전산학·언어학 등에서 양분을 얻어 발전했다. 하지만, 이런 발전에서 소홀히 한 중요한 측면이 있다. 언어가 사회적인 의사소통 도구라는 점이다. 위에서 살펴본 발전과정에서, 언어는 주로 한 개인이 마음속에서 처리하는 자극이나 또는 생성하는 반응으로서만 다뤄지고 있다. 그래서 그런지 이런 발전은 대체로 글 연구를 중심으로 이루어져 왔다.

언어의 사회성은 오래전부터 강조되어 왔다. 소쉬르Saussure도 오래전에 말의 사회적 측면을 강조하여 랑그langue 구성원들 사이에 공유된 측면의 언어라고 불렀다. 또한 영국의 일상언어 철학자들도 언어의 중요성은 장면이나 상황에서 그 사용에 있다고 강조했다. 언어 연구 특히 언어 처리 연구에서 언어의 사회적인 측면을 강조하면서 연구해 온 학자가 이 책의 저자인 클락Clark이다. 30년이 더 넘는 연구로부터 온축한 결과를 깔끔히 엮어 내놓은 것이 바로 이 언어사용에 대한 책자이다. 그래서 이 책은 언어 심리학 여행에서 중요한 이정표가 된다.

이 책에서 강조한 '협동행위, 공통기반, 상호조율'과 같은 개념들이 앞으로 언어심리학 연구를 이끌 중요한 개념이다. 아마도 이전의 언어 심리학자들도 언어의 사회적인 측면을 모르지는 않았을 것이나, 이 주제를 실험 심리학에서 단련된 방법으로 체계적으로 연구하는 것이 쉽지 않아서 활발히 다루지 못했을 것이다. 특히, 언어의 사회적인 측면이 잘 드러나는 '대화' 중에 개인의 내부에서 진행되는 과정을 체계 있게 알아보는 것은 가능하지 않았다.

하지만 최근에는 대화 중에 개인의 내부 진행되는 과정을 추측할 수 있는 방법들이 나오고 있는데, 그 중 하나가 대화중에 눈의 움직임을 추적하는 것이다. 이 방법을 써서 "관점" 처리에서 공통기반을 연구한 카이저Keyser와 그 동료들의 연구를 간략히 소개해 본다. 이 연구에서 두 사람 갑과 을은 앞에 있는 책장을 두고 서로 말을 주고받는다. 이때, 갑에게는 책장에 있는 '자동차', '큰 초', '중간 초', '작은 초'가 보인다. 그런데, 을에게는 '자동차', '큰 초', '중간 초'는 보이나 '작은 초'는 칸막이로 가려서 보이지 않는다. 물론 갑은 을에게 '작은 초'가 보이지 않음을 안다. 카이저와 동료들이 던진 물음은 「을에게 작은 초가 보이지 않는다」는 공통기반이 갑의 언어 처리에서 어떻게 쓰이겠느냐는 것이었다.

이 물음에 답하기 위해, 이 연구자들은 을이 "작은 초를 집어 달라."고 말했을 때 갑의 눈 움직임을 추적했다. 갑이 「을에게는 작은 초가 보이지 않는다」는 공통기반을 즉각적으로 쓰면, 을이 말하는 작은 초가 실제로는 '중간 초'라는 것을 알아서 눈이 즉각적으로 중간 초로 갈 것이 예상된다. 이 연구자들이 얻은 결과는, 이런 예상과는 달리 갑은 대체로 눈이 먼저 작은 초로 움직였다가 중간 초로 움직인다는 것이었다. 이 결과로 카이저와 동료들은 사람은 말을 자기중심으로 해석하다가, 공통기반으로 조절하는 것이라는 생각을 내놓았다. 이와 같은 흥미로운 연구들이 근래에 많이 등장하고 있다. 또한 뇌 영상 기술의 발달 덕택에, 일을 하는 동안에 뇌의 상태를 관측할 수도 있게 되었다. 아직 제약이 많지만, 이런 기술의 발전은 살아 움직이는 뇌 상태에서 언어 처리 연구를 가능하게 하고 있다.

이상에서 간략히 과거와 현재의 언어심리학과 그 주변을 살펴보았다. 미래의 언어심리학은 연구자들이 만들어 가는 것이지만, 짐작컨대 가까운 미래에는 서로 연관된 두 가지 문제로 씨름할 것으로 보인다. 우선, 대화 중에 실시간으로 눈·혀·뇌의 상태를 추적하면서 대화의 특성을 알아보는 데에 몰두할 것이다. 이 문제는 또다른 언어 발달이라는 주제로 이어져, 깊이 있게 언어 본질에 대한 탐구로 향할 것이다. 필자는 한 사람의 연구자로서 미래의 언어심리학이 언어에서 본능과 사회가 차지하는 구실에 대해 어떤 답을 내놓을지 몹시 궁금하다. 이런 미래의 언어심리학을 일구어나가는 데에 언어사용에 대한 연구도 중요한 몫으로 이바지하리라는 것을 믿어 의심하지 않는다.

해 제

1.

미국 스탠퍼드 대학 심리학과에 있는 허어벗 허브 클락Herbert Herb Clark, 1940~ 교수는 언어사용과 관련된 인지적 처리과정 및 사회학적 과정을 놓고서, 1965년의 논문 '단순 능동 문장 및 수동 문장의 몇 가지 구조적 속성들Some structural properties of simple active and passive sentences'에서부터 시작하여, 거의 45년 넘게 언어사용에 대하여 독자적인 연구를 일궈온 뛰어난 언어심리학자로서, 오래 전부터 세계적으로 명성이 확고히 알려져 있었다. 언어심리학이란 분야가 뒤늦게 터를 잡은 우리나라의 경우는,[1] 특히 언어학 분야에서, 클락 부부(1977)의 방대한 저서 『언어와 심리』(탑출판사, 1988)가 영어학 전공자 이기동·임상순·김종도 교수에 의해서 공역되어 나오면서부터, 비로소 일반 독자들도 그의 업적을 읽어 볼 수 있게 되었다(단, 소리와 관련된 4개의 장들은 제외되어 있음).

클락은 그 동안 발표했던 언어심리학 관련 논문들 중에서 12편을 뽑아 1992년 『언어사용 무대Arenas of Language Use』(시카고 대학 출판부)로 출간하였고, 4년 뒤에는 언어사용에 대한 연구를 총결산하여 『언어사용 밑바닥에 깔린 원리Using Language』(케임브리지 대학 출판부)를 출간하였는데, 바로 이 번역서이다.

이 책에서는 일상언어 철학·기호학·화용론·언어학·심리학·정보처리·논리학·인지과학·의사소통·사회학 등 관련된 여러 학제적 분야 또는 범학문적 분야들이 총체적으로

---

[1] 서구에서도 1950년대 말 이른바 촘스끼(Chomsky)의 '코페르니쿠스'적 전환 이후에야 심리학에서 비로소 인간의 인지를 다루기 시작하였다. 즉, 미국에서는 동물과 인간을 뒤섞어 놓고서 유물주의 심리학에 비견되는 행동주의 심리학으로부터 벗어나, 인간 고유의 심리와 인지를 다루는 인지심리학이 출발한다. 우리나라에서는 더욱 늦은 시기에 조명한(1985), 『언어심리학 : 언어와 사고의 인지심리학』(민음사)에서부터 시작된다. 심리학을 전공하지 않는 일반 독자들이 제대로 우리말 자료를 다루는 언어심리학의 세부 모습들을 접하는 계기는, 아마 이정모·이재호(1998) 엮음, 『인지심리학의 제문제 II: 언어와 인지』(학지사)로부터 본격화되어, 조명한 외 11인(2003), 『언어심리학』(학지사)로 한결 더 발전되는 것으로 생각된다.

집결되어 있다.[2] 비록 원래 제목이 'Using Language(언어 사용하기, 언어를 사용하는 일)'이지만, 언어사용 표면에 있는 것보다는 그 이면에 들어 있는 심층의 복합적 작동원리들을 유기적으로 다루고 있기 때문에, 번역본의 제목을 좀더 부연하여 독자들이 쉽게 연상할 수 있도록 해 두었다. 언어사용은 피상적으로 언어만 다뤄서는 제대로 설명할 수 없다. 모름지기 언어를 훨씬 넘어서야만 한다. 다시 말하여, 언어사용을 가능하게 만드는 더 깊은 심층의 '협동행위'를 구현하는 상위목적에 초점을 맞춰야 한다.[3] 이때 나와 상대방 사이에서 일치하는 것으로 상정된 공통기반을 바탕으로 하여, 서로 사이에서 긴밀히 협동행위를 진행시켜 나가야 하는 것이다.[4] 여기에는 비단 언어행위뿐만 아니라

---

[2] 흔히 언어심리학에서 다루는 4대 분야가 '언어 산출·언어 처리·언어 습득·언어 병리'라고 한다. 그러나 아직 '언어사용'에 대한 하위 영역은 어디에도 설정되어 있지 않다. 왜 그럴까? 언어사용은 곧 바로 우리의 자유의지와 맞물려 있고, 여러 가지 하위 인지 기관들의 복합적 공조 작용을 한꺼번에 다뤄야 하는 광범위하고 깊은 영역이기 때문이라고 보인다.

이런 이유로 언어사용을 서구에서 처음 본격적으로 논의한 이들은 일상언어 철학자들(특히 영국 옥스퍼드 철학자 Austin·Grice·Strawson, 케임브리지 철학자 Wittgenstein의 후기 철학)과 논리학자(Carnap과 그의 제자 Montague 등)이며, 마침내 화용론 또는 담화로 정착하게 되었다. 이와는 별개로 '인간 의식의 발현 또는 창발'을 두뇌 신경생리학적으로 다룬 이들은 헵(Hebb)을 비롯하여 노벨상 수상자들인 크뤽(Crick), 에클즈(Eccles), 에들먼(Edelman) 등이다. 수학자들도 의사소통의 불명확성(uncertainty)을 줄여나가는 확률적 방식을 채택하여 다루기도 하였지만(Shannon and Weaver, 1949, 『정보소통의 수리이론(*The Mathematical Theory of Communication*)』), 정작 의사소통의 내재적 관점을 다루지는 못하였다. 대신 뉴얼·싸이먼(Newell and Simon 1972)『인간의 문제해결 방식(*Human Problem Solving*)』으로부터 상징적 정보처리 이론이 새롭게 대두되었고, 뉴얼(1990; 차경호 뒤침, 2002), 『통합 인지이론(*Unified Theories of Cognition*)』(아카넷)을 거쳐, 심리학자 앤더슨 등이 ACT* 이론으로 발전시켜 가고 있다.

한마디로, '언어사용'은 기라성 같은 연구자들이 집결하는 영역이라고 말할 수 있다. 인간 의식의 상부구조뿐만 아니라 하부구조까지도 총체적으로 맞물려 들어가는 복잡한 영역이기 때문이다. 아무리 복잡하고 혼란스런 대상이라고 하더라도, 소쉬르(Saussure, 1857~1913)와 피어스(Peirce, 1839~1914)로부터 시작된 기호학의 핵심 착상은 이런 상황을 놓고 제대로 가닥을 잡아 나가도록 도움을 준다. 언어는 기호이다. 다시 말하여, 이는 형식과 내용이 비자연적/관습적으로 결합된 복합 실체이다. 어느 하나의 접근만으로는 기호로서의 언어를 제대로 나타낼 수 없다. 반드시 두 층위 또는 영역이 비자연적/관습적으로 결합해야만 한다. 이 점이 심신 이원론이나 물질 일원론 또는 수반론을 포함하는 환원론이 명시적인 인간 정신/인지를 나타내는 일에서 결코 성공할 수 없는 까닭이다.

정보처리 이론이나 신경생리학 기반을 추구해 나가는 하부구조 접근은 '형식'의 심층 기반만을 공고히 드러내 줄 뿐이다(기계적 작동에 불과함). 결코 자아의식까지 포괄하는 내용까지 적절히 다룰 수 없는 것이다. 이와는 달리, '내용'은 우리가 일상적으로 경험하는 여러 가지 실세계 사건들의 이어져 있는 다발로서, 우리의 머릿속에 기억으로 자리 잡게 된다. 그런데 이 다발이 무질서하게 아무렇게나 흩어져 있는 것이 아니라, 저장과 인출에 편리하도록 어떤 얼개 모습으로 짜여 있다(존슨레어드, 1983, 『정신모형』 따위). 이런 짜임새들의 마지막 포장지는 전통적으로 한 인간의 '가치체계'라고 불려 왔다. 이는 의식적으로든 아니면 무의식적으로든 우리의 말과 행동거지를 통제하는 실체이며, 아직까지는 인문학적 접근(또는 자기 반성적 접근)만이 허용되는 최상부의 구조이다. 그렇지만 이것이 결코 자족적인 체계인 것은 아니다. 반드시 하부구조를 전제로 하고, 하부구조와 긴밀히 상호작용을 하거나 서로 공조해야 된다(상호 공조계를 구성하게 됨). 이것이 기호학을 두 층위의 비자연적/관습적 결합으로 표상하는 핵심이라고 생각된다.

단, 지금까지 흔히 언어에서 다루는 '내용'은 장기기억 속에 들어가 있는 이런 정신모형의 일부(진부분 집합임)를 이루는 상징적 의미 또는 개념들로만 한정된다. 그렇지만 클락의 언어사용을 형식과 내용에 대한 비자연적/관습적 결합으로 나타내자면, 그 내용이 반드시 비언어적 영역인 실세계의 복합사건 연결체들로까지 확대되어야 한다. 여기서 만일 '내용'이라는 동일한 용어를 써서 이런 차이를 드러내는 데에 혼란이 야기된다면, 이를 '언어 의미'와 '실세계 복합사건 경험'으로 서로 구분해 줄 수 있다. 즉, 기호는 형식과 의미의 결합으로 기술되는데, 이들을 결합시키는 매개체는 실세계 사건들에 대한 우리의 경험이 되는 것이다. 언어는 간단히 형식과 내용의 결합이라고 말할 수 있다. 그러나 언어사용은 형식과 내용을 아우르는 더욱 큰 영역으로서 실세계 복합 사건들의 연결체까지 다루어야 하는 것이다. 이 점이 언어와 언어사용을 변별해 주는 차이인 것이다.

비언어적 행위까지도 매우 중요한 몫을 떠맡게 된다. 이런 클락의 착안은, 여느 다른 접근법보다 더 본질적으로 의사소통의 본 모습을 잘 드러내어 주며, 여러 차원으로 융합된 입체적 측면들을 차근히 뜯어볼 수 있도록 길을 열어 준다.

단연 이 책은 클락 교수의 대표 저서로 거론된다. 그가 새롭게 기여한 내용도 또한 소쉬르의 단선적 가정을 극복하는 데에서부터 시작하여, 형식에만 초점을 맞추는 일면적인 언어 접근법의 한계를 해소해 주는 대안에 이르기까지 여러 방면으로 특출한 바 있다. 이 책이 출간되자 여러 분야에서 다양한 긍정적·부정적 반응을 얻으면서, 화용론·전산언어학·심리학 등의 분야로부터 서평이 나왔다. 번역자가 읽어본 것들은 다음과 같다.[5]

① 워커Maryily A. Walker(1997) 『전산 언어학Computational Linguistics』 23권 4호(625~28쪽)
워커는 AT&T 연구소의 전산언어학자로서, 클락 책 속의 내용이 담화의 '계획수정 모형'을 다루는 전산언어학 흐름과 서로 정합적으로 적용될 수 있다고 봄.

② 오우카늘Daniel C. O'Connell(1997) 『화용론 정기 학술지Journal of Pragmatics』 27호(845~856쪽)

---

[3] 번역자는 가끔 '언어'와 '언어사용'의 관계를 비유적으로 다음처럼 표현한다. 언어는 하인/심부름꾼이고, 언어사용은 주인이다. 언어는 도구/수단이고, 언어사용은 목적이다. 주인은 하인이 시원치 않으면 아무 때나 마음대로 다른 하인으로 바꿀 수 있다. 한 마디로, 언어보다 언어사용이 더 상위 개념이며, 언어사용보다 더 높은 최상위 개념은 자유의지이다. 언어는 '언어사용 의도'에 의해서 취사선택되는 대상에 지나지 않는다. 그렇지만, 다시 의도는 더 높은 자유의지에 의해서 결정되는 것이다. 이러한 상위 교점들에 대한 인식을 제대로 챙기지 못하면, 결코 언어사용을 다룰 수 없게 된다.

[4] 이런 까닭에 미드(G.H. Mead, 1863~1931) 또는 고프먼(E. Goffman, 1922~1982)의 작은 사회학 또는 상호작용 사회학이 협동행위를 운영해 나가는 데에 관여하게 된다. 그렇지만 진화론적 관점으로 살펴볼 때에, 인간의 의사소통 능력이 서로 협동하려는 사회적 압력에 의한 누적된 경험으로 획득된 것인지, 아니면 자기표현의 인지적 압력에 의한 누적된 경험으로부터 획득된 것인지에 대해서는 아직 본격적으로 논의되지 않았다. 그렇지만 아마 유물주의 심리학(가령 뷔고츠키 Vygotsky, 1896~1934)을 따른다면 사회적 압력을 우선 요인으로 꼽을 것 같고, 개인의 성장을 다루는 발생학적 심리학(가령 피아제 Piaget, 1896~1980)을 따르면 자기표현 욕구를 우선 요인으로 꼽을 것 같다.
두 가지 선택지에서, 만일 환경에 대한 구조적 압력에 반응하여 형질이 고정된다면, 아마 다른 젖먹이동물들보다 신체상으로 열등한 인류의 종들이 살아남기 위해 불가피하게 무리를 지어야 했을 것이므로, 협동행위를 이루려는 사회적 압력이 보다 자발적 표현 욕구보다 더 컸을 것으로 짐작된다. 또한 인류의 언어진화를 논의하는 자리에서, 시공간을 공유해야만 해석이 가능한 피진(pidgin) 어로부터, 시공간을 초월하여 대상과 사건을 가리킬 수 있는 크뤼오울(creole) 어로 전환된 시점이 대략 20만년에서 15만년 전후로 일어났다고 본다(피진의 어원은 business의 중국 광동 발음이며, 크뤼오울/크뤼얼의 어원은 신대륙으로 건너간 백인 자손들을 가리키는 포르투갈 어 crioulo인데, 원래 인디언 토착어를 기반으로 하여 포르투갈 어를 수용한 혼성어를 가리킴). 우리가 이를 사실로 받아들인다면, 크로마뇽 이전의 인류 종들 사이에서 피진 어가 표현 수단이었을 것이므로, 서로 시공간을 함께 공유할 적에라야 비로소 정보소통이 가능했다는 점에서, 사회적 압력이 개인의 표현 욕구보다 더 본질적이었음을 함의한다. 이를 대립적으로 표현하여 보면, 크뤼오울 어를 획득하기 이전에는 기본적으로 사회적 협동에 대한 구조적 압력으로 인하여 서로 정보를 소통하였다. 그러나 크뤼오울 어를 획득한 이후부터는 개인의 표현 욕구(서로 간의 정보 간격에 의해 뒷받침됨)에 의해서 정보를 소통하게 되었다. 그렇지만 이런 전환이 또한 언어가 마치 개인의 소유물처럼 착각하게 만들고 왜곡하는 실마리가 되었다.

[5] 클락의 협동적 기여 모형을 전산처리로 구현하려는 학술회의도 개최된 바 있는데, 기보엥(Alain Giboin 1998) "The Use of H.H. Calrk's Models of Language Use for the Design of Cooperative Systems," in 『SIGGROUP Bulletin』 vol.19 no.2에 있는 학술대회 논문 8편에 대한 개관을 참고하기 바란다.

오우카늘은 조지타운 대학 심리학 교수로서, 이 책이 관례적 논의 흐름과 다르다는 부정적인 평가를 담고 있다. 즉, 언어사용 그 자체에 대한 내용이 아니라 '신호 사용'에 대한 협동을 논의하는 것이며, 그렇다면 언어사용에 대한 논의가 처음서부터 다시 시작되어야 한다고 폄하함.

③ 샤터John Shotter(1999) "우리가 꼭 협동행위 방법을 '풀어내야만' 하는 걸까?Must We 'Work Out' How to Act Jointly?" 『이론과 심리학Theory and Psychology』 9권 1호(129~44쪽)

샤터는 뉴햄프셔 대학의 심리학 교수로서, 이 책이 실천도덕적 접근phronesis이 아니라 이론-기술적 접근episteme-techne을 통하여, 여태 제대로 다뤄진 적이 없으며 거대한 전체 경치가 차츰차츰 조금씩 드러나게 되는 일상의 사회적 실천분야를 개척하였다는 긍정적 평가를 담고 있음.

이 책은 언어사용을 협동행위의 하위범주로 간주하고서, 이런 협동행위가 만족스럽게 전개되기 위하여 참여자들에게는 어떤 정신과정이 가동되어야 하는지를 놓고서 이론을 세운 뒤에 구체적인 사례들을 중심으로 하여 예증해 나간다. 따라서 피아제Piaget의 인지발생론이나 포더Fodor의 사고언어 등에서 흔히 기대할 법한 '언어와 사고'의 관계, '언어와 개념'의 관계, 개념 발달의 과정 등과 같이 한 개인의 정신 내부에서 찾아지는 측면들은 여기서 다뤄지지 않는다.[6]

---

[6] 피아제(1896~1980)의 어린이 인지발달에 대한 연구 역사는 크게 두 단계로 대분하는데 1970년대가 구획선이 된다. 다시 말하여, 1970년대 이전에는 분류학으로서 인지구조의 유형을 찾아내는 데에 온힘을 기울였었지만, 1970년대 이후에는 역동적인 전환과정이나 변화과정에 새롭게 초점을 모았다. 번역자는 후자 쪽 연구가 더욱 우리에게 절실히 도움을 준다고 믿지만, 대부분의 연구는 그저 초기 분류학적 연구의 소개에만 그치고 있을 뿐이어서 안타깝다. 피아제의 책들은 거의 영역이 되어 있다. 후자의 흐름을 보려면 1974(1980년 영역), 『모순 극복 실험(*Experiments in Contradiction*)』, 1974(1976년 영역), 『의식 붙들기(*The Grasp of Consciousness*)』, 1974(1978년 영역), 『성공과 이해(*Success and Understanding*)』, 1975(1987년 영역), 『가능성과 필연성(*Possibility and Necessity*)』, 1975(1985년 영역), 『인지구조들의 균형 작용』, 1977(2001년 영역), 『성찰과정으로서 추상화 작용에 대한 연구(*Studies in Reflecting Abstraction*)』 등을 읽어보기 바란다.

포더(Fodor, 1935~)는 인지과학의 철학적 기초를 주도해 오면서 십수 권의 책들을 펴냈다. 포더(1975), 『사고언어(*The Language of Thought*)』(Harvard Univ. Press)를 위시하여, 포더(1981; 이영옥·정성호 뒤침, 1991), 『표상 : 인지과학의 기초에 관한 연구』(민음사); 포더(1983), 『정신의 기능별 단원체 속성(*The Modularity of Mind*)』(MIT Press); 포더(1998), 『개념들 : 인지과학이 잘못된 영역(*Concepts : Where Cognitive Science Went Wrong*)』(Clarendon Press); 포더(1987), 『심리의미론: 심리철학에의 의미의 문제(*Psychosemantics : The Problem of Meaning in the Philosophy of Mind*)』(MIT Press); 포더(1998), 『비판적 조건 : 인지과학과 심리철학의 논쟁점들(*In Critical Condition : Polemical Essays on Cognitive Science and the Philosophy of Mind*)』(MIT Press) 등이다.

우리의 인지 속에 자리 잡은 기본개념과 복합개념의 생성에 대한 논의도 매우 중요한데, 마골리스·로렌스(Margolis and Laurence, 1999) 엮음, 『개념들 : 핵심 독본(*Concepts : Core Readings*)』(MIT Press)에 26편의 글이 들어 있어서 크게 도움이 된다. 또한 램버츠·섕크스(Lamberts and Shanks, 1997) 엮음, 『지식·개념·범주(*Knowledge, Concepts, and Categories*)』(MIT Press)에 있는 12편의 글도 참고하기 바란다. 우리말로는 유일하게 신현정(2000), 『개념과 범주화』(아카넷)이 있을 뿐이다.

2.

이 책은 6부로 구성되고, 전체 13장이 들어 있다. 제1부(서론)와 제2부(토대)에서는 집을 짓기 위하여 터를 다지는 일을 진행한다. 제1장 '언어사용'에서는 언어사용이 '협동행위'로서, 두 사람 사이에 얼굴을 마주보며 주고받는 대화가 가장 전형적임을 선언한다. 대화에서는 개인별로 그 협동행위가 진전되도록 때맞춰 각자 이바지해야 하는 몫들이 있다. 그렇지만 여느 행위와는 달리, 목표나 도달점이 미리 주어지거나 정해져 있지 않고, 협동하는 과정을 통하여 비로소 새롭게 부각되어 나온다. 즉 공동의 목표가 합의되어야 하는 것이다. 이는 참여자들 사이에 공통기반을 가늠하고 확인을 한 뒤에, 그 바탕 위에서 서로 긴밀히 상호조율이 이뤄져야 하는 과정이다.

이 책에서는 단일하게 공기의 진동을 통해 전달해 오는 언어사용의 덩어리(즉, 입말)를 네 가지 '수준level'이 응결되어 있는 실체로 분석한다(제5장). 뿐만 아니라, 이상적으로만 보면, 그 입말 덩이를 전달해 주는 주체인 화자는, 그 신호를 받는 청자에게 자신의 의도가 제대로 전달되도록 언어적 신호와 동시에 비언어적 신호도 같이 보내며, 언어 신호와 비언어 신호 둘 모두에 대한 상대방의 반응을 점검할 만반의 준비를 갖춘다. 이를 두 가지 '경로track'라고 부르는데, 1차 경로인 정보전달 경로 및 2차 경로인 점검확인 경로이다(제9장). 만일 화자의 현재 의도를 파악하는 데에 결정적 단서를 지닌 언어 신호 및 비언어 신호를 상대방이 제대로 가늠하지 못할 경우에, 화자는 상위 의도를 통해 현재 의도를 수정하거나, 아니면 현재 의도를 실어주는 언어 표현이나 비언어 표현을 다른 것으로 대체하게 된다. 언어사용에서는 또한 우리가 현재 주어진 공간에 있는 사건이나 대상만을 언급하는 것이 아니라, 시간상으로 떨어져 있고 다른 공간에 있는 사건이나 대상들도 언급하게 된다. 이를 각각 기본적인 현실층렬과 도입된 가상층렬이라고 부른다(제12장).

제2장 '협동작업 활동'에서는 언어사용에 대한 상위 차원으로 협동작업 활동이 논의된다.[7] 협동작업을 실천하기 위해서는 두 사람 이상의 참여자가 있어야 하고, 언어관례에 따라서 또는 언어사용의 상황에 따라서 어떤 목표가 부각되어 나오면 먼저 이를 '공동의 목표'로 확립한 뒤에, 서로 조율해 나가면서 목표를 달성하게 된다. 이때 그 목표는 여러 대목의 하위마디들이 매듭지어 서로 이어지면서 하나씩하나씩 성취해 나가게 된다. 이를 '적시'에 이루어 나가는 협동행위의 진전이라고 부른다. 언어사용에서는 이를 비유

---

[7] 협동작업 활동(joint activity)은 과정 및 결과를 모두 가리키는 최상위 용어이며, 협동행위(joint action)는 지속적인 행위의 연결을 가리키므로 협동작업 활동의 하위개념이 된다. 행위(act)는 단일한 행위(단번에 이뤄지며 하나의 단위로 상정되는 행위)를 가리킨다.

적으로 '담화진행 기록'에서의 누적이라고 말할 수 있다. 이 과정은 공식적인 행위와 비공식적인 행위로 이뤄진다. 그런데 후자의 행위에 대한 해석이나 또는 청자가 화자의 의도를 파악하는 일이 분명치 않거나 잘못될 수도 있으며, 서로 사이에 생겨날 수 있는 오해의 불씨가 될 수 있다. 언어사용이 축자적이지 않고, 많든 적든 간에 간접적으로 이뤄지는 한(속뜻을 깔아놓는 일임), 참여자들 사이에서 부분적인 협동이나 또는 정반대로 불일치가 나올 수밖에 없는 까닭이 바로 이런 점 때문이다.

협동행위가 진전되기 나가기 위해서는 시작 지점에서 먼저 공통기반이 상정되어야 하고, 협동작업 활동의 현재 상태에 대한 자각이 있어야 한다. 이 일이 언제나 쉬운 것만은 아니다. 서로 사이에 이를 명시적으로 확인하지 않는 한, 언어사용에서 쉽게 오해가 깃들 수 있는 것이다. 이상적인 언어사용을 상정할 경우에, 이는 전체 공통기반 위에 담화 표상이 진부분집합으로 자리 잡고, 다시 텍스트 전개 표상과 관련 상황 표상으로부터 담화진행 기록이 도출될 수 있다. 이를 다음처럼 나타낼 수 있다.

전체 공통기반(Total Common ground)

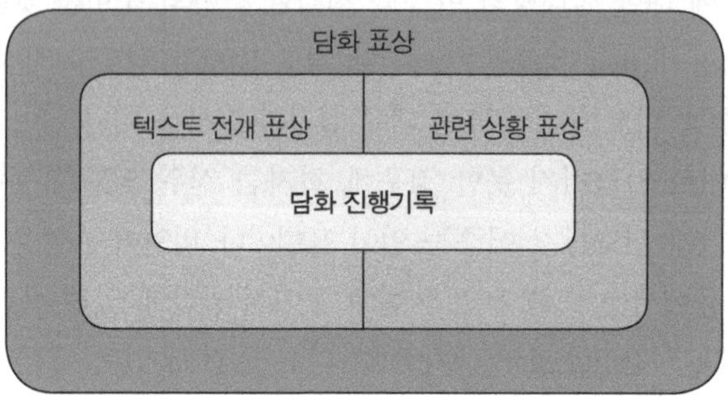

제3장 '협동행위'에서는 협동행위가 참여자들의 개별행위로 이뤄지는데, 이것들이 어떻게 조율되어야 하는지를 자세히 분석하고 있다. 만일 인간의 가장 중요한 고유속성이 '자유의지'라면, 상호조율은 자칫 모순되거나 자유를 속박하는 개념으로 치부될 소지도 있다. 그렇지만, 우리가 태어나기 이전에서부터 사회에 속해 있고, 죽은 뒤에까지도 사회에 속한다면, 자유의지를 사회를 구성하는 특성으로 재조정해 놓을 수 있다. 즉, 사회성의 매듭 아래 인간의 개별적 자유의지가 자리 잡으며, 따라서 모두가 서로 간에 조율해 맞춰 나가려는 방향으로 자유의지를 구가한다는 것이다.

이는 화자와 청자 서로 사이의 '공통기반'과 관련하여 '두드러지고, 쉽게 찾아지며, 분명한' 해법으로 여러 가지 갈래가 주어질 수 있다. ① 임의의 관례가 될 수도 있고, ② 둘 사이에서 바로 앞서 실행했던 선례가 될 수도 있으며, ③ 둘 사이에서 이룬 명백한 합의가 될 수도 있고, ④ 임의의 상황에서 어떤 두드러진 지각적 사건이 될 수도 있다. 이 선택지들에는 서로 협동하기 위해 (ㄱ) 두드러져야 하고, (ㄴ) 해결 가능해야 하며, (ㄷ) 쉽게 실천할 수 있어야 하고, (ㄹ) 즉각 이용될 수 있어야 한다는 전제가 깔려 있다. 설사 상호조율 관행이 수립되어 있지 않다고 하더라도, 서로 충분한 공통기반 위에서 새롭게 조율기제를 합의하면서 마련해 놓을 수도 있는 것이다. 이런 상호조율은 지속적으로 차츰차츰 진행되어 나가므로(마디들이 서로서로 이어져 나감), 서로 사이에서 조율의 정도를 각자 자각하거나 평가할 수 있다. 따라서 '입장·본체·퇴장'의 매듭으로 이뤄지는 각 단계마다, 참여자들이 적시에 각 마디들을 놓고서 알맞은 협동행위를 동시에 맞춰 나가거나 또는 선후로 맞춰 나가야 한다. 이를 적절한 시간 맞춤 원리라고 부른다.

제4장 '공통기반'에서는 공통기반의 개념을 자세히 논의한다. 공통기반은 협동행위를 가능하게 하는 가장 밑바닥의 근거이기 때문에, 무한퇴행의 늪에 빠지기 일쑤이다. 공통기반임을 입증하기 위해서는, 우리가 공통기반 밖으로 빠져 나가서 참여자들이 지닌 임의의 기반을 객관적으로 비교하고 검토해야만 한다. 그렇지만 이런 일은 원천적으로 불가능하다. 만일 참여자 한 쪽에서 상정한 공통기반이, 상대방의 반응으로 공유여부를 확인할 수 있다면, 약한 의미에서 객관적으로 다룰 수 있는 공통기반이 될 수 있다. 이는 자기자각을 토대로 한 공통기반이므로, '재귀적 공통기반'으로 부른다. 이는 클락의 논의에서 핵심적이며, 뤄쓸Russell의 제안과도 서로 정합적이다. 즉, 집합의 역설은 '$A \in A$'의 형식에서 생겨난다. 그렇지만 오직 진부분 집합 관계 '$A \subset A$'만을 허용한다면 이런 역설이 제거되는 것이다. 오직 진부분 집합의 범위 내에서만 재귀적 공통기반이 가동되는 것이다.

이런 접근에서는 크게 공적인 공통기반과 개별적인 공통기반을 나눌 수 있게 된다. 전자일수록 상식에 토대를 두고 마련되며, 후자일수록 특정 경험을 공유하는 소수에 의해서만 공유된다. 따라서 어떤 집단을 상정하였을 때에, '내부자'로서 공유됨직한 공통기반과 '외부자'로서 공유하게 될 공통기반은 현격하게 차이가 날 것이다. 언어사용에 문제가 생겨나게 될 단초는, 서로 간에 마치 동일한 공통기반을 공유한 것처럼 잘못 상정하는 일이며, 이는 첫 단추가 잘못 끼워진 셈이다. 친구와 남들 사이의 구분을 특정 언어 표현을 공유하거나 그렇지 않음으로써 일반적으로 서로 확인할 수 있는 발판이 마련되는 것이다.

제3부 '의사소통 행위'에서부터는 본격적으로 언어를 도구로 사용하는 의사소통의 문제를 다뤄나간다. 비유적으로 말한다면, 앞의 제1부와 제2부에서 다져진 토대 위에서 비로소 기둥을 세우고 지붕을 얹는 일이다. 이 일을 마친 뒤에, 제4부 '지속적 협동행위의 수준'에서는 출입문과 창문을 달아 놓는 일이 이어진다.

제5장 '의미와 이해'에서는 단선적인 입말을 자세히 들여다보면, 적어도 네 가지 수준이 위아래로 점층적이며 유기적으로 결합되어 있음을 논의한다. 이를 협동행위의 '진전 사다리'로 부르는데, 점층적인 4수준이 다음처럼 유기적으로 얽히어 있다.

수준	화자	청자
4	제안하기	받아들여 고려하기
3	신호 보내기(의미하기)	인식하기(이해하기)
2	제시하기	확인하기
1	실행하기	주목하기

더 위에 있는 수준의 완성은 더 아래 있는 수준의 완결을 전제로 한다. 이는 '상향식 완결·하향식 증거·상향식 인과성'이라는 속성을 띤다. 제5장의 제목 '의미와 이해'는 제3수준의 완성을 가리킨다. 만일 언어사용이 축자적이지 않고 우회적이거나 속뜻이 깔려 있다면, '의미하기 및 이해하기' 수준이 쉽게 완결될 수 없다.

여기서 두드러지게 강조해야 할 점은, 클락의 모형에 와서야 비로소 의사소통에서 '청자의 몫'이 제자리를 잡게 된 것이다. 그 이전의 연구(가령 일상언어 철학 등)에서는 청자의 역할을 막연히 느끼고 있었기 때문에, 대부분 화자의 산출에만 초점이 모아져 있었던 것이다. 그렇지만 위 도표에서 보듯이 협동행위로서 나란히 제시되어, 청자의 역할이 또한 화자의 역할만큼 대등하거나 중요함이 처음으로 크게 부각된 것이다.

언어(또는 언어 형식)가 비단 겉으로 드러난 표면적 의미만을 가리키는 것이 아니라, 속뜻으로 깔려 있는 다른 의미까지 담고 있다는 우리들의 소박한 직관은, 1950년대에 와서야 '일상언어 철학'이라는 이름으로 심도 있게 연구되기 시작하였다. 특히, 영국의 옥스퍼드 대학에서와 케임브리지 대학에서 서로 아무 관련이 없이 싹이 텄다. 전자는 오스뜬Austin, 1911~1960과 그롸이스Grice, 1913~1988와 스뜨로슨Strawson, 1919~2006에 의해 주도되었고, 후자는 뷧건슈타인Wittgenstein, 1889~1951에 의해서 주도되었다(뷧건슈타인의 후기철학). 후자는 언어 또는 언어 놀이를 제대로 이해하려면 반드시 언어사용의 맥락과 삶의 양식forms of life에 기대어야 한다고 주장하였다. 그러나 안타깝게도 정작 어떻게 맥락을 다루어야 하고, 삶의 양식을 어떻게 학문적 대상으로 삼아야 하는지에 대한 풀이를 충분히 제시하지 못한 채 타계하였다.

오스뜬은 언어가 단지 진리를 나타내는 수단만이 아니라, 또한 우리가 실천해 나가는 행위임을 자각하였다. 이 언어행위는 세 단계가 복합적으로 함께 작동하는 것이다. 언표행위와 언표 속에 깃든 행위(속뜻으로 깔린 행위)와 이행완료 행위이다. 두 번째 단계는 언어 표현에 따라 관례적으로 주어질 수도 있고, 언어사용 상황에 따라 즉석에서 변통하여 상황별로 주어질 수도 있다.

그롸이스는 한걸음 더 나아가 이런 복합 행위들이 수용되는 대화규범이 칸트Kant, 1724~1804의 상식적 범주 속에서 이뤄진다고 주장하였다. 즉, 양·질·관련성·방식에 대한 규범이다. 이는 상대방이 알아차릴 수 있는 범위 내에서 의도적으로 일부러 어그러뜨릴 수 있다(가령 반어법에서는 이례적인 억양 등과 더불어). 따라서 이제 화자의 '의도'라는 개념이 언어사용의 심층에 도사린 핵심 열쇠임을 자각할 수 있게 되었다. 다시 말하여, 앞의 도표에서 제시된 제3수준과 제4수준은, 단지 언어 표현에 의해서만 매개되는 것이 아니라, 오히려 그 표현을 만들어내는 밑바닥에 깔린 의도에 의해서 매개되는 것이다.[8] 화자의 의도를 청자가 즉석에서 알아차릴 수도 있고, 때로 오해할 수도 있다. 이런 점 때문에 언어사용은 최소한 두 가지 경로로 실행되어야 한다. 즉, 1차 경로인 정보전달용 경로와 2차 경로인 점검확인용 경로가 동시에 작동하는 것이다.

제6장 '신호 보내기'에서는 피어스(1839~1914)의 기호학적 관점에서[9] 기호의 종류들을

---

[8] 그롸이스의 논의를 받아들여 쉬퍼(Schiffer 1972)『의미 Meaning』(Clarendon Press)에서는 모든 것을 '의도'를 중심으로 다루고자 하였다. 이를 의도에 근거한 의미론(intentionbased semantics)라고 불렀다(쉬퍼 1987『의미의 자국들 Remnants of Meaning』 MIT Press). 그렇지만 '의도'를 밖으로 꺼내어 관찰하거나 객관화할 수는 없다. 이런 주관성의 한계를 그롸이스 자신도 철저하게 알고 있었으므로, 의도로부터 모든 것을 도출하려는 접근에는 명시적으로 반대하였다(그롸이스 1988: 95쪽 이하, 299쪽 이하). 아무런 도구도 없이 의도를 다루려는 시도는 마치 손으로 모래를 움켜잡는 일과 같이 무모하다. 의도는 마치 특수한 안경을 써야 자외선이나 적외선이라는 비가시광선을 볼 수 있듯이, 반드시 매개 도구를 이용해야만 잡아낼 수 있는 것이다. 그롸이스의 주장에 대하여 사회심리학적 관점에 근거한 반론이 제기되었는데, 데이뷔스(Davis 1998)『속뜻 깔아넣기: 그롸이스 이론의 실패인 의도·관례·원리 Implicature: Intention, convention, and principle in the failure of Gricean theory』(Cambridge Univ. Press)를 보기 바란다.

[9] 기호학은 언어 중심의 기호학(소쉬르의 경우)과 일반적이고 보편적인 개념을 다루는 기호학(피어스의 경우)로 대분된다. 전자를 협의의 기호학으로 부르고, 후자를 광의의 기호학으로 부를 수 있다. 이 책에서는 전적으로 피어스의 기호학에 기대고 있다. 기호학이란 용어가 탄생하게 된 배경이 있다. 서구 문명에서는 가장 엄격한 학문이 고대에서는 기하학이었다. 그런데 데까르뜨가 좌표계를 도입함으로써 기하학이 대수학으로 흡수된다. 근세에 들어서면서 수학 그 자체의 기초가 논리에 있음을 깨닫게 되면서, 논리학의 근원에 대한 물음이 자연스럽게 제기되었다. 피어스는 논리학의 근원을 '기호학'이라고 상정하였으며, 뤄쓸과 화이트헤드 등은 가설연역적 체계를 지닌 공리계라고 보았다(오늘날 이를 '수학 기초론'이라고 부름). 피어스의 저작물은 처음 하버드 대학 출판부(6권+2권)에서 전집으로 간행되었지만, 로먼 야콥슨(Roman Jakobson 1975)에서 신랄하게 비판하였듯이 "그 같은 편집은… 올바른 이해에 족쇄가 되었고, 이로 인해 불행하게도 기호학의 조화로운 발전이 지연되었다"(김성도 2006:9에서 재인용함). 대신 인디애너 대학 출판부의 출간물들은 정확히 집필 연도를 표시해 주고 있어서, 피어스의 사고 발전과정의 추적에 도움이 된다.

논의하고 나서, 언어사용은 모든 종류의 기호들을 함께 동시에 이용하여 신호하는 것임을 예증한다. 모든 것을 이분법적인 대립으로 보았던 소쉬르(1857~1913)와는 달리, 이분법이 곡해를 조장하는 단초로 보았던 피어스는 기호가 세 가지 갈래가 있다고 보았다(삼분체계). ① 대상과 기호가 그림을 그려내듯이 시각적으로 본뜬 관계를 맺는다. 이를 시각적 본뜸icon 관계라고 부른다. ② 그러나 대상이 시각적 대상이 아닐 경우에는 이런 관계를 표시할 수 없다. 이럴 경우에라도 바람과 지붕위에 설치된 수탉 풍향계의 관계처럼 대상과 기호가 1 : 1로 결합할 수 있다. 이를 가리키기index라고 부르며, 전형적으로 신체적 수단을 이용하여 가리키게 된다. 시각적 본뜸과 가리키기는 모두 대상과 기호가 1 : 1로 결합되어 있으며, 유연성이 있는지 여부에서 차이가 난다.[10] ③ 그렇지만 대상과 기호가 1 : 다多로 결합하거나, 거꾸로 다多 : 1의 결합을 하는 경우가 있다. 이를 비자연적 결합·우연한 결합·자의적 결합·상징적 결합 등 여러 이름으로 불리며, 흔히 상징symbol로 통칭된다. 한마디로 상징이란 대상과 기호의 관계를 해석해 주어야 하는 것이다. 이를 다음 도표로 요약할 수 있다.

기호의 유형	기호와 대상과의 관계	신호를 내보내기
시각적 본뜸(icon)	기호가 지각상으로 대상을 닮음	대상을 예시해 준다(demonstrate)
가리킴(index)	기호가 신체적 수단에 의해 대상과 연결됨	대상을 가리켜 준다(indicate)
상징(symbol)	기호가 규칙에 의해 대상과 연합됨	대상을 유형으로[11] 서술해 준다

이런 기호의 유형을 상대방에게 신호 보내기 위해서는 각각 예시해 주거나, 가리켜 주거나, 상징 유형으로 서술해 주어야 한다. 실제 의사소통에서는 이들 세 가지 방법이 서로 긴밀히 혼합되어 화자의 의도를 드러내어 주는 데 함께 쓰인다는 점을 자각하는 것

[10] 피어스는 전형적으로 자연과학 논문들은 모두 형식과 내용이 1:1로 고정되어 있어야 하므로, 가리키기의 사슬(a chain of indeces)을 이루는 것으로 보았다.

[11] 원문은 'describing as a type of thing'이다. 위 도표에서 시각적 본뜸(icon)과 가리키기(index)가 구체적인 개별대상(token)과 관련되지만, 상징(symbol)은 공통 속성으로써 그것들을 모아놓은 유형(type)과 관련된다는 점에 서로 차이가 있음을 유의하기 바란다. 피어스가 처음 쓰고 뤄쓸(Russell)에 의해 수용된 개별대상(token)과 유형(type)이란 용어는, 칸토어(Cantor, 1845~1918)의 원소(element)와 집합(set)에 대응한다. 달리 말하여, 시각적 본뜸과 가리키기는 반드시 세계 속에 존재하는 구체적 대상이 적어도 하나 있어야 한다. 그렇지만 상징을 이용하려면 개별대상들의 공통 속성을 파악하고 저장해 놓은 장기기억 속의 정보를 인출해야만 하는 것이다. 장기기억에서도 구체사례 기억(episodic memory)에서 인출되는 정보가 아니라, 오히려 의미기억(semantic memory)에서 인출되는 정보이다. 비록 저자가 §.65에 있는 도표에서 어휘부와 문법규칙 정도를 상정해 놓고 있지만, 이런 절차지식 기억 정도에만 국한될 수 없고, 응당 의미기억 속에 들어 있는 내용들로 더 확대되어야 한다. 더욱 뚜렷이 대립시켜 서술하면, 개별대상(token)은 실세계 속에 존재하지만, 유형(type)은 우리 머릿속 장기기억(그중에서도 의미기억)에 들어 있는 것이다.

이 중요하다. 이를 '복합신호'라고 부른다. 가령, 시각적으로 본뜬 기호들로서 몸짓 시늉·얼굴 표정·목소리 색깔 등도 언어 표현과 더불어 의사소통에 중요한 몫을 맡고 있는 것이다.

제4부 '지속적 행위의 수준들'에서는 협동행위가 이뤄지기 위해서 공동의 목표를 지닌 협동과제가 확립되고, 참여자들 사이에 기반이 다져져야 하며, 이 토대 위에서 발화가 이뤄져야 함을 차례차례 다루고 있다. 제7장 '협동과제'에서는, 공동 목표를 지닌 협동과제가 화자와 청자 사이에서 제안되고 받아들여져 비로소 확립됨을 논의한다. 이를 이루기 위하여 화자는 먼저 공식적으로 협동과제를 제안해야 하고, 동시에 청자의 반응을 예의 관찰해야 한다. 이런 상호작용을 위해서 언어사용에서는 이미 '인접쌍'이라는 기제를 만들어 두었다. 인사를 하면 인사를 받고, 질문을 하면 대답을 하며, 단언하면 수긍을 하고, 요구하면 응락을 하는 등, 관련된 일들이 서로 짝을 지어 이뤄지는 것이다. 그렇지만 이런 일들이 동시에 한꺼번에 진행되는 것이 아니라, 한 단계씩 차근차근 이뤄져 나가는 것이다. 다시 말하여 이상적으로는 지엽적인 협동과제들이 이어지면서 마침내 궁극적인 목표에까지 도달하게 되는 것이다.

비록 화자가 청자에게 협동과제를 제안하더라도, 거기에 그대로 응하거나 협동과제를 수정할 수도 있으며, 아니면 거절하고 외면하여 완전히 빠져 나갈 수도 있다. 이렇듯이 다양하게 전개될 수 있기 때문에, 전략상 협동과제를 제안하기 위한 '예비 연결체'를 미리 질러 놓을 수도 있고, 한 단계를 다음 단계의 협동과제로 이어나갈 수도 있다. 그럼에도 불구하고 협동과제를 확립하는 일은 최종적으로 청자에게 맡겨져 있다. 간접적으로든 직접적으로든 화자의 의지나 의도를 표현한 임의의 발화에 대하여, 청자는 응당 해당 의미를 스스로 파악해야 하고 반응을 보여 주는 것이다. 이는 '협동 의미파악 원리'의 모습으로 표현된다. 과거에는 오직 단순하게 '화자가 의미하는 바'만을 정태적이고 피동적으로 청자가 수용한다고 보았었는데, 이는 실제 의사소통의 진면목을 왜곡시킬 소지가 있다. 대신 화자가 청자와 협동하여 상호간의 믿음에서 '화자가 의미하는 것으로 간주될 바'를 확립하는 일이 새로 크게 부각된다. 가령, 간단한 발화 "Sit down"이 명령·요구·제안·권고 등의 힘을 속뜻으로 깔 수 있다. 그 속뜻은 청자가 어떤 응답 표현을 쓰는지에 따라서 의미파악이 이뤄지며(각각 명령에는 "예, 선생님", 요구에는 "그러죠", 제안에는 "아뇨 괜찮습니다", 권고에는 "좋은 생각이로군요"로 응답할 수 있음), 그 응답은 곧장 원래 화자와의 협동을 통하여 합의 내지 일치를 보게 되는 것이다. 이런 합의를 명시적으로 나타내기 위하여 어느 언어사회에서나 많은 관용구들이 쓰인다. 만일 청자의 의미파악이 잘못되었다면, 응당 화자는 그것을 교정하여 다시 말해 줄 수 있으며, 아니면 그대로 넘어갈 수도 있다.

화자의 제안 ⇨ 청자의 의미파악 반응 ⇨ 이에 대한 원래 화자의 인정 또는 수정

에는 다섯 가지 유형이 관찰된다. 인정된 의미파악·수정된 의미파악·좁혀진 의미파악·교정해 놓은 곡해·탐지되지 못한 곡해·청자에게 맡긴 의미파악이다. 이는 의사소통이 결코 일방적인 일이 아님을 잘 드러내어 준다.

제8장 '기반 다지기'에서는 협동과제가 아무런 문제없이 쉽게 완결되는 것이 아니므로, 합의된 공동목표 아래 있는 여러 단계들이 종결될 필요가 있고, 최소 노력으로 완결되어야 하며, 서로 사이에 총체적인 완결 증거를 통해 각 단계들이 성공적이라는 믿음이 필요하다는 논의를 한다. 이를 위하여 참여자들이 지속적으로 기여를 해야 하고, 또한 부차적으로 이런 일들이 제대로 진행되고 있다는 점검 확인이 필요하다. 이를 '1차 경로'와 '2차 경로'로 부른다. 그렇지만 이들을 기능별로 각각 정보를 전달하는 '실무경로'와 이런 전달이 성공적인지 여부를 따지는 '점검경로'라고 부를 수도 있다. 이상적으로만 보면 점검경로가 제대로 가동되려면 특히 청자의 적극적 반응이 요구된다. 이를 경제적이며 적시에 기여하는 투영의 증거라고 부른다.

제9장 '발화'에서는 발화를 관리해 나가는 방법을 다룬다. 제5장에서 다룬 네 가지 수준이 한꺼번에 일어날 수도 있고, 각 수준마다 한 단계씩 일어날 수도 있다. 발화가 성립하려면 하위의 1수준(실행 및 주목)에서 화자는 상대방의 주목을 끌어내어야 한다. 전형적으로 상대방의 이름을 불러서 청자가 눈길을 주는 대로 첫 발언기회를 차지하여 지속해 나가거나, 아니면 주의를 붙들기 위해 일단 발화를 잠시 멈추는 것이다. 곧이어 발언기회를 다시 시작하거나, 발언 도중에 발화를 지연하거나, 다시 한 번 더 발언기회를 반복하거나, 아니면 상대방의 발언 기회 도중에 전략적으로 끼어들 수도 있다. 상대방의 주의력을 계속 붙들어 놓기 위해서는, 멈추고 나서 지속할 수도 있고, 발화에 전념하면서 다시 반복할 수도 있으며, 발화에 전념하면서 고쳐 나갈 수도 있다. 따라서 주의력을 붙들어 두기 위한 발화의 중단 및 재개에도 여러 가지 전략들이 있음을 알 수 있으며, 발화에서 관찰되는 공백이 더 이상 무의미한 것이 아니다. 오히려 의사소통에 대한 상위정보를 드러내 주는 중요한 몫을 맡고 있다.

공백은 일반적으로 여섯 가지 유형으로 나뉜다. ① 순간적인 휴지도 들어 있지 않음, ② 순간적인 휴지가 들어감, ③ 군말, ④ 수정편집 표현, ⑤ 음절 늘여놓기, ⑥ 시각적 몸

짓시늉. 이들은 모두 화자의 의도를 반영하고 있는 신호이며, 주로 2차 경로인 점검경로의 신호로 간주된다. 의사소통이 협동작업 활동이므로, 임의의 공백이나 수정대상이 포착되면 화자가 홀로 처리할 수도 있겠지만, 일단 공식화된 공동의 문제가 되는 경우에 청자의 도움을 받아 해결책이 찾아질 수도 있다. 이것들이 충족된다는 전제 위에서만 3수준의 '의미하기 및 이해하기', 4수준의 '제안하기 및 수용하여 고려하기'가 일어나는 것이다.

한편, 화자들은 발언권을 유지하기 위하여 시간을 허비하지 말고 계속 발화를 만들어 주어야 하고(시간상의 중압감), 그 발화의 내용도 알맞은 표현으로 마련해 주어야 한다(표현 선택의 중압감). 일반적으로 애초에 막연한 계획을 갖고서 '억양단위'로 불리는 짤막한 구절들을 마련하며 대화를 이끌어 나가는 경우에는 두 가지 선택이 있다. 발화를 지속해 나가거나 잠깐 멈추게 되는 것이다. 후자의 경우에 공백은 대략 '1초의 한계'를 기점으로 서로 다른 전략들을 동원하여 발언권을 유지시켜 나간다. 여기에는 크게 멈추고 나서 지속해 나가기 전략, 전념하면서 반복해 나가기 전략, 전념하면서 고쳐 나가기 전략이 있다.

화자는 청자로 하여금 자신에게 주목하게 만들어야 비로소 2수준으로 진행해 나갈 수 있다. 이는 상대방의 주목을 이끌어 내고 이를 계속 붙들어 나가는 기술에 해당한다. 전형적인 대화에서는 서로 눈길을 주어야 한다. 그렇지 않을 경우에는, 상대방의 이름을 부르거나, 발화의 첫 도막을 다시 시작하거나, 발화 도중에 지연을 하거나, 전체 발화를 다시 새로 시작하거나, "한 번에 하나의 1차적 입말 제시" 제약을 이용하여 상대방의 발언 중간에 전략적으로 끼어들 수도 있다. 만일 진행 중인 대화라면 발언권을 차지하고 있는 현재 화자는 자신의 발언권을 끝내는 부분을 투영해 주려고 한다. 이는 발언기회를 넘겨주고 발언기회를 얻어내는 전략들에 해당하며, 2차 경로(점검경로)와 밀접히 관련되는데, 이 일은 자신으로부터 나온 증거와 남으로부터 나온 증거를 모두 이용하여 이뤄진다.

말이 어떤 의도를 지니고 일관되게 이어지거나(늑덩잇말), 글이 줄가리를 지니고 완성된 한 편의 글감(늑덩잇글)으로 긴밀하게 짜얽혀 있는 경우를 '담화'라고 부른다. 언어로 된 산출물에 대한 최상위 개념이 곧 담화인 것이다. 독일 중심의 연구자들은 때로 텍스트라고도 부른다. 제5부 '담화'에서는 참여자들 사이에서 담화가 긴밀한 협동을 통하여 짜얽히는데, 이런 협동 전력이행을 가동시켜 주는 밑바닥 원리를 다루고 나서, 입말로 구현된 담화로서 어떤 대화 사례를 분석하여 이를 입증하게 된다.

제10장 '협동 전력이행'에서는 담화를 가동시켜 주는 밑바닥 원리가 일반 상거래에서 찾아지는 원리와 같다고 주장한다. 즉 '공평성'을 추구하는 것이다. 이는 이익을 처리하는 일과 비용을 처리하는 일 사이에 균형이 맞춰져야 한다. 만일 불공평한 상황에서는 어느 한쪽이 고통을 겪게 되며, 어느 쪽에서든지 그런 고통을 극복하려는 노력이 곧 이어지게 된다.

공평성은 언어사용에서 긍정적 자존심이나 사회적 자아로 불리는 체면과 관련되며, 체면을 높여 주거나 반대로 체면을 위협하게 된다. 전자는 드러내어 주기 또는 회피해 주기 전략으로 이뤄지지만(칭찬·축하·인사·사과 등), 후자는 청자의 자존심을 실추시키거나 자율성을 낮춰 놓는 일, 또는 화자의 자존심을 실추시키거나 자율성은 낮춰 놓는 일로 나타난다(욕설·꾸짖음·책망·비난 등). 매우 단순해 보이지만, 언어사용에서 체면을 관리하는 일은 상호의존성·균형·상호 호혜성·보상 노력 등의 복합개념이 서로 맞물려 일어난다.

담화가 전개되어 나가는 형식은 닫혀 있는 것으로부터 시작하여, 반쯤 열린 것을 거쳐, 활짝 열려 잘 예측할 수 없는 형식으로까지 다양하다. 이를 각각 정형화된 절차·정규적(일반적)인 절차·확대된 절차로 부른다. 정규적(일반적)인 절차는 더 큰 목적을 위해 예비단계들이 함께 주어져 있는 것이며, 거기에서 예상되는 걸림돌들을 언급하여 청자로부터 더 이상 그것들이 문제되지 않음을 보장 받아야 한다. 청자 반응 또한 화자의 제시 조건에 따라, 공손한 응락에서부터 불쾌한 거절에 이르기까지 다시 몇 가지 단계로 나뉠 수 있다.

제11장 '대화'에서는 한 가지 전형적 담화의 갈래로서 두 사람이 얼굴을 마주보면서 주고받는 대화를 다룬다. 대화는 발언기회를 얻어내는 일로 시작하여, 여러 가지 주제가 새롭게 부각되어 나온다는 점에서, 역동적으로 펼쳐진다고 말할 수 있다. 대화 또한 일반적인 행위가 짜이는 방식대로 상위과제나 하위과제 또는 차하위과제, 차차하위과제 등으로 이뤄지며, 참여자들 사이에 협동하여 전력이행이 이어지는 한, 각각 '시작 → 본체 → 퇴장'으로 이뤄진 마디들로 지속되어 나간다. 담화의 전개 또는 추이는 자세하게 다섯 가지 유형으로 나눌 수 있다. ① 다음 마디로 가거나 ② 현재 마디가 심화되거나, ③ 도로 빠져 나오거나, ④ 잠시 일탈하거나, ⑤ 본 마디로 되돌아오게 된다. 아니면 이들을 소략히 '연속체 관계·부분과 전체 관계·잠시 일탈 관계'로도 묶을 수 있다. 이런 담화의 진행을 도와주는 언어 표지들이 많이 있는데, 이를 담화표지 또는 담화의 거시구조 표지라고 부른다.

제12장 '층렬 도입하기'에서는 언어사용의 최대 장점이 논의된다. 언어는 비단 현재 이

공간에 있는 사건들만 가리키는 것이 아니라, 다른 시점의 다른 공간에 있는 별도의 사건들도 가리킬 수 있다. 전자를 층렬layer 1 또는 현실 층렬이라고 부르고, 후자를 층렬 2 또는 새롭게 도입된 층렬이라고 부른다. 새로운 층렬은 거듭거듭 도입될 수 있으며, 그 층렬들이 의미를 지니려면 최소한 '상상의 원리'와 '식별의 원리'가 동시에 함께 작동해야 하는데, 이런 모습들을 '무대로 도입된 의사소통 행위'로 묶고서 다음 속성들을 언급한다. ① 협동하여 짐짓 그런 척하기, ② 그 상태에서의 의사소통 행위, ③ 대응 관계, ④ 대조점, ⑤ 부인 가능성이다. 문학에서는 이런 기제를 익숙히 이용해 오고 있다. 뿐만 아니라, 소꿉장난, 반어나 비꼬기, 과장법이나 절제법(축소표현), 인사치레 표현 등도 동일하게 작동되고 구현된다.

마지막 제6부 '결론'에서는 언어사용이 협동작업 활동이며, 적어도 수준·경로·층렬이 복합적으로 작동하고 있으므로, 좁은 의미의 언어(≒언어학에서 다루는 언어)만으로는 설명될 수 없고, 반드시 언어적 신호와 비언어적 신호를 함께 묶어 더 넓은 의미의 언어사용으로 다뤄져야 함을 매듭 짓고 있다. 즉, 협의의 언어가 아니라 광의의 언어인 것이다.

3.

번역자는 언어사용이 심리학적으로 언어 산출 및 이해의 두 측면이 긴밀히 얽히어 일어나는 일이라고 생각한다. 우선 입말 산출만을 고려한다면(Levelt의 모형을 보기 바람), 언어사용은 화자의 배경지식 속에서 자유의지에 의하여 '의사소통 의도'로 구체화되며, 이 의도는 얼굴을 마주하고 있는 상대방과의 공통기반과 정보 간격을 가늠한 뒤에, 언어적 표현이나 비언어적 표현이 합쳐진 모습으로, 아니면 어느 하나의 모습으로 전달된다. 이 과정에서도 현재의도를 점검하며 고쳐나갈 수 있는 상위의도가 함께 작동하고 있어야 한다. 만일 언어적 표현을 선택하는 경우에도, 거시계획과 미시계획을 짜고 서술관점을 정하고 나서, 축자적으로 직접 표현할지 아니면 간접적으로 표현할지를 결정해야 한다. 간접 표현을 하는 경우에 에둘러 표현할지 비유적으로 표현할지를 결정해 주어야 하며, 비유적 표현을 선택하는 경우에 은유를 택할지 아니면 환유를 택할지 결정해야 한다. 한마디로 언어사용은 주인이 되고, 언어는 주인이 부리는 하인 또는 심부름꾼인 셈이다. 그렇지만 이런 모든 층위의 일들이 순식간에 동시에 일어나고 있더라도 우리는 거의 이를 자각하지 못한다.

언어 이해도 산출 못지않게 여러 가지 복합적인 인지층위가 동시에 작동하여 일어난다. 글말 이해만 고려한다면(Kintsch의 모형을 보기 바람), 언어사용은 덩잇글의 표면구조에서 우선 정보 덜어내기와 정보 더해 놓기 과정을 통하여 덩잇글의 미시구조와 거시구조를 얽어내는 일을 해 나간다. 이를 덩잇글 기반이라고 부르는데, 이를 마련하기 위하여 여러 가지 짐작이나 예측을 능동적으로 해 나가는데, 이 과정에서 소략한 짐작이나 예측이 잘못되거나 더 가다듬어져 나갈 수 있다. 만일 잘못된 짐작이나 예측을 하였다면, 신속히 없애고 새로운 대안을 상정해야 하는데, 이를 '억제기제 가설'이라고 부른다. 정보를 덜어내고 정보를 더해 주는 이런 짐작 및 추론 과정에서 억제기제 가설을 제대로 활용해야 똑똑한 이해 주체가 되는 것이다. 일단 덩잇글 기반을 마련해 놓더라도 이는 다시 장기기억 속에 저장되어야 한다. 이를 위해서 덩잇글 기반을 상황모형으로 바꿔 놓는 일을 해야 한다. 그렇다면 적어도 표면구조·덩잇글 기반·상황모형이란 세 가지 인지층위가 동시에 복합적으로 작동하는 것이지만, 우리는 거의 이를 자각하거나 의식하지 못한다.

만일 입말 이해를 대상으로 한다면, 덩잇글 이해에서처럼 상황모형을 상정하는 일보다는 상대방의 의도를 가늠하고 그 바탕 위에서 어떤 발화를 듣게 될 것인지에 대하여 예측하고 확인하는 일로 대신해야 할 듯하다. 입말을 매개로 한 상황에서는, 언어적 정보만이 아니라 비언어적 정보도 매우 중요한 몫을 맡고 있기 때문에, 이런 비언어적 정보를 언어로 바꾸어 놓고서 추론과 판단의 자료로 삼는 일이 더 많이 요구될 것이다.

언어의 산출 및 이해가 두뇌 신경계가 작동하는 더 깊은 하부구조에서는, 장기기억과 작업기억[12] 사이에 유기적인 인출·저장·수정·확장 과정으로 구현된다. 장기기억은 절차지식 기억과 서술지식 기억으로 나뉜다. 서술지식 기억은 구체사례 기억과 의미론적 기억으로 나뉜다.[13] 언어사용에 대한 자각은 절차지식들을 명시적으로 자각할 수 있게 해

---

[12] 작업기억이란 말은 밀러 외(Miller, Galanter, and Pribram 1960)에서 처음 나왔지만, 주로 영국의 심리학자 배들리(Baddeley 1986)『작업기억 Working Memory』(Oxford University Press)에서 제안된 다중성분 모형(multicomponent model)을 중심으로 발전해 왔다. 지난 20년 넘은 논의의 범위와 깊이가 매우 방대하고 심층적인데, 미야케·샤(Miyake and Shah 1999)『여러 가지 작업기억 모형 Models of Working Memory』(Cambridge University Press), 그리고 최근 나온 배들리(2007)『작업기억·사고·행위 Working Memory, Thought, and Action』(Oxford University Press)에서 도움을 받을 수 있다. 한편, 긴 덩잇글 이해와 관련하여 에뤽슨·킨취(Ericson and Kintsch 1995) "장기 작업기억(Longterm working memory)"에서는 장기기억의 일부를 작업기억으로 전환하여 이용해야 할 필요성을 논의한 바 있다. 털뷩·크뢰익(Tulving and Craik 2000) 엮음『기억에 대한 옥스퍼드 소백과 The Oxford Handbook of Memory』(Oxford University Press)도 참고하기 바란다.

[13] 미국의 심리학자 제임스(James)는 1차 기억·2차 기억이란 용어를 썼고, 브루너(Bruner)는 암묵기억·외현기억이란 말을 썼으며, 영국의 철학자 롸일(Ryle)은 how지식 기억·what지식 기억이란 말을 썼고, 캐나다의 심리학자 털뷩(Tulving)은 절차지식 기억·서술지식 기억이란 용어를 썼다.

주는 일에 다름 아니다. 이는 실전 과제 연속물 등을 통하여 끊임없이 연습하는 일로 얻어질 수 있을 따름이다. 이렇게 볼 때, 이 책에서 다뤄진 언어사용의 여러 단계들은 언어 그 자체의 이해뿐만 아니라, 이를 이용하는 인지 처리과정을 이해하는 데에도 큰 도움을 줄 것으로 생각된다.

두뇌 생리학자들이 기억을 다루는 방법은 크게 두 부류로 나뉜다. 두뇌 신경의 연접부들이 지엽적으로 특성화된 단위군들이 작동하여 '의식의 신경 상관물[NCC, neural correlates of consciousness]'을 만들어낸다는 크뤽-코크[Crick and Koch] 환원주의 가정과,[14] 이에 반대하여 두뇌에 두루 퍼져 있는 여러 신경군들이 유기적으로 함께 작동한다는 에들먼[Edelman] 총체주의 가정이다.[15] 이들 가정은 자기 자각적 의식이 어떻게 발현되는지를 보는 시각에서 서로 다른 것이다. 크뤽-코크의 가정에서는 자기 자각이 없는 기억 또는 낮은 차원의 기억을 쉽게 다룰 수 있다. 이른바 '장기증강[long-term potentiation]'을 촉발하는 켄들[Kandel]의 중간매개 연접부가 새로 생겨나는 일로 구현되기 때문이다. 그렇지만 아직까지 이런 신경생리학적 구현물이 자기자각 또는 재귀적 의식을 보장해 주지는 못한다. 앞으로 기억에 대한 연구가 크게 진보한다면, 아마 같이 이런 논의 내용들에 대한 신경생리학적 기반을 확실히 찾아내어 여러 가지 진단과 처방에 이용할 수 있을 것이다.

---

14 크뤽(1916~2004)은 타계하기 전까지도 의식이 깃들어 있는 자리를 찾는 데 골몰하였는데, 켄들(2006, 전대호 뒤침 2009:420쪽 이하)『기억을 찾아서』(랜덤하우스)에 보면, 크뤽은 claustrum(전장, 담장, 대상핵)이 경험의 통일성을 매개해 준다고 보아 그곳을 의식이 깃든 곳으로 추정하였다고 한다. 에들먼·토노니(2001)을 반박하는 코크(2004:§.55)도 참고하기 바람.

15 에들먼(2005:제4장)에서는 인간이 지닌 고차의식 또는 자기자각(재귀적 의식)이 적어도 ① 피질과 시상 사이의 재유입(reentry), ② 피질과 피질하부구조(≒기저핵) 사이의 상호작용, ③ 피질 내부에서의 상호작용 등이 함께 작동되어 발현된다고 가정한다. 에들먼(1992:제16장)과 에들먼(2004:제6장)에서는 이러한 의식의 '비환원성' 때문에 환원 시도가 모두 범주 오류에 지나지 않는다고 보았다.

마지막 교정을 끝마치면서

번역하는 일은 괴로운 일이면서 동시에 즐거운 일이다. 번역 대상을 전체적으로 잘 이해하지 못하는 경우에는 특히 그런 괴로움이 몇 곱절이나 되며, 좌절을 하면서 이겨내는 과정에서 불현듯 새롭게 깨닫는 일이 더러더러 즐거움을 준다. 옛날 퇴계 이황은 『고문진보』를 읽은 경험에 대해서, 남들은 6백 번을 읽어야 통달하지만 자신은 2백 번을 읽고 완전히 통달했다고 회고하였다. 축자적으로 2백 번을 읽었다면, 충분히 달달 외고도 남음이 있을 것이다.

번역자는 국어교육을 공부하는 일개 서생에 지나지 않는다. 지난 십 년 동안 국어교육의 기초로서 언어심리학과 담화에 힘을 쏟았던 것이 몇 가지 결실을 맺었다. 언어 산출(르펠트)과 언어 이해(킨취)와 언어사용(클락)에 대한 책 등이다. 공부해야 할 목록으로 중요하게 관심을 둬 온 담화는 범위가 넓고 숫자가 너무 많아 하나하나 일컫기 어렵고, 기억에 대한 신경생리학적 연구(환원주의 및 비환원주의)들은 번역자가 앞으로 차분히 공부해 나가야 할 금광산이다.

비록 퇴계만큼은 아니더라도, 이 책을 지겨울 만큼 읽고 또 읽었지만, 여전히 새로움을 느낀다. 이것이 이 책의 매력이 아닌가 싶다. 특히 저자는 이 책을 쓰면서 일반 독자들도 읽어도 좋을 만큼 어려운 수식이나 형식화 내용은 최대한으로 억제해 두었다. 이 책에 이어서 이론을 다룬 자매서인『언어사용의 무대』도 우리나라 독자들에게 읽힐 기회가 있으면 좋겠다.

마지막으로, 자잘한 질문들에 대해서 친절하게 그리고 신속하게 전자 서신으로 답변을 보내 주신 클락 교수께 깊이 감사드린다. 또한 일반 독자들을 위하여 언어심리학의 위상 속에서 언어사용이 대체 어떤 위치에 있는지를 간략히 써 주신 서울대 심리학과 고성룡 교수께도 감사드린다.

찾아보기 항목 표시를 끝내고서
이농 후인 적음

참고문헌

Albert, S., and Kessler, S. (1976). Processes for ending social encounters: The conceptual archeology of a temporal place. *Journal of Theory of Social Behavior*, 6, 147~170.

(1978). Ending social encounters. *Journal of Experimental Social Psychology*, 14, 541~553.

Argyle, M., and Cook., M. (1976). *Gaze and mutual gaze*. Cambridge University Press.

Atkinson, J. M. (l984). Public speaking and audience responses : Some techniques for inviting applause. In J. M. Atkinson and J. C. Heritage (Eds.), *Structures of social action : Studies in conversational analysis*, pp. 370~409. Cambridge University Press.

Atkinson, J. M., and Drew, P. (1979). *Order in court : The organisation of verbal interaction in judicial settings*. Atlantic Highlands NJ : Humanities Press.

Augarde, T. (1986). *The Oxford guide to word games*. Oxford University Press.

Aumarln, R. (1976). Agreeing to disagree. *Annals of Statistics*, 4, 1236~1239.

Austin, J. L. (1962). *How to do things with words*. Oxford University Press.

Bach, K., and Harnish, R. M. (1979). *Linguistic communication and speech acts*. Cambridge MA : MIT Press.

Barwise, J. (1989). *The situation in logic*. Stanford CA : Center for the Study of Language and Information.

Barwise, J., and Etchemendy, J. (1986). *The liar*. London : Oxford University Press.

Bateson, G. (1972). A theory of play and fantasy. In G. Bateson, *Steps to an ecology of mind*, pp. 177~193. New York : Ballantine.

Bavelas, J. B. (1992). Redefining language : Nonverbal linguistic acts in face-to-face dialogue. B. Aubrey Fisher Memorial Lecture, University of Victoria, Victoria, Canada.

(1994). Gestures as part of speech : Methodological implications. *Research on Language and Social Interaction*, 27, 201~221.

Bavelas, J. B., Black, A., Lemery, C. R., MacInnis, S., and Mullett, J. (1986). Experimental methods for studying elementary motor mimicry. *Journal of Nonverbal Behavior*, 10, 102~119.

Bavelas, J. B., Black, A., Lemery, C. R., and Mullett, J. (1986). "I *show* you how you feel" : Motor mimicry as a communicative act. *Journal of Personality and Social Psychology*. 50, 322~329.

Bavelas, J. B., Chovil, N., Lawrie, D. A., and Wade, A. (1992). Interactive gestures. *Discourse Processes*, 15, 469~489.

Beattie, G. W. (1981). Interruption in conversational interaction, and its relation to the sex and status of the interactants. *Linguistics*, 19, 15~35.

(1982). Look, just don't interrupt! *New Scientist*, 95(1324), 859~860.

(1983). *Talk : An analysis of speech and non-verbal behaviour in conversation*. Milton Keynes : Open University Press.

Beattie, G. W., and Barnard, P. J. (1979). The temporal Structure of natural telephone conversations (directory enquiry calls). *Linguistics*, 17, 213~229.

Beattie, G. W., Cutler, A., and Pearson, M. (1982). Why is Mrs. Thatcher interrupted so often? *Nature*, 300, 744~747.

Bell, R. A., and Healey, J. G. (1992). Idiomatic communication and interpersonal solidarity in friends' relational cultures. *Human Communication Research*, 18(3), 307~335.

Bilous, F. R. (1992). The role of gestures in speech production : Gestures enhance lexical access. Ph. D. dissertation, Columbia University.

Blackmer, E. R., and Mitton, J. L. (1991). Theories of monitoring and the timing of repairs in spontaneous speech. *Cognition*, 39, 173~194.

Bock, J. K., and Levelt, W. J. M. (1994). Language production : Grammatical encoding.

In M. A. Gernsbacher (Ed.), *Handbook of psycholinguistics*, pp. 945~984, San Diego : Academic Press.

Bolinger, D. (1985). The inherent iconism of intonation. In J. Haiman (Ed.), *Iconicity in syntax*, pp. 97~108. Amsterdam : John Benjamins.

Boomer, D. S. (1965). Hesitation and grammatical encoding. *Language and Speech*, 8, 148~158.

Booth, W. C. (1961). *The rhetoric of fiction*. University of Chicago Press.

(1983). *The rhetoric of fiction*. 2nd edn. University of Chicago Press.

Bower, G. H., Black, J. B., and Turner, T. J. (1979). Scripts in memory for text. *Cognitive Psychology*, II, 177~220.

Brandenburger, A. (1992). Knowledge and equilibrium in games. *Journal of Economic Perspectives*, 6(4), 83~101.

Bratman, M. E. (1987). *Intention, plans, and practical reason*. Cambridge MA : Harvard University Press.

(1990). What is intention? In P. R. Cohen, J. Morgan, and M. E. Pollack (Eds.), *Intentions in communication*, pp. 15~31. Cambridge MA : MIT Press.

Brennan, S. E. (1990). Seeking and providing evidence for mutual understanding Ph. D. dissertation, Stanford University.

Brennan, S. E., and Williams, M. (1995). The feeling of another's knowing : Prosody and filled pauses as cues to listeners about the metacognitive states of speakers. *Journal of Memory and Language*, 34, 383~398.

Brown, G., and Yule, G. (1983). *Discourse analysis*. Cambridge University Press.

Brown, P., and Levinson, S. (1978). Universals in language usage : politeness phenomena. In E. Goody (Ed.), *Questions and politeness*, pp. 56~311. Cambridge University Press.

(1987). *Politeness*. Cambridge University Press.

Bruce, B. (1981). A social interaction model of reading. *Discourse Processes*, 4, 273~311.

Brunner, L. J. (1979). Smiles can be back channels. *Journal of Personality and Social Psychology*, 37, 728~734.

Buchler, J. (Ed.). (1940). *Philosophical writings of Peirce*. London : Routledge and Kegan Paul.

Bühler, K. (1982). The deictic field of language and deictic words. In R. J. Jarvella and W. Klein (Eds.), *Speech, place, and action*, pp. 9~30. New York : John Wiley.

Burge, T. (1975). On knowledge and convention. *Philosophical Review*, 84, 249~255.

Butterworth, B., and Beattie, G. (1978). Gesture and silence as indicators of planning in speech. In R. N. Campbell and P. T. Smith (Eds.), *Recent advances in the psychology of language : Formal and experimental approaches*, vol. II, pp. 347~360. New York : Plenum Press.

Cargile, J. (1969/70). A note on "iterated knowings." *Analysis*, 30, 151~155.

Cassell, J., and McNeill, D. (1991). Gesture and the poetics of prose. *Poetics Today*, 12(3), 375~404.

Chafe, W. (1979). The flow of thought and the flow of language. In T. Givon (Ed.), *Syntax and semantics 12 : Discourse and syntax*, pp. 159~181. New York : Academic Press.

(1980). The deployment of consciousness in the production of a narrative. In W. Chafe (Ed.), *The pear stories*, pp. 9~50. Norwood NJ : Ablex.

(1992). Intonation units and prominences in English natural discourse. Paper presented at the University of Pennsylvania Prosodic Workshop, Philadelphia.

Chase, W. G., and Simon, H. A. (1973). The mind's eye in chess. In W. G. Chase (Ed.), *Visual information processing*, pp. 215~28l. New York : Academic Press.

Chatman, S. (1978). *Story and discourse : Narrative structure in fiction and film*. Ithaca NY : Cornell University Press.

Chovil, N. (1991). Social determinants of facial displays. *Journal of Nonverbal Behavior*, 15, 141~154.

(1991/2). Discourse-oriented facial displays in conversation. *Language and Social Interaction*, 25, 163~194.

Chovil, N., and Fridlund, A. J. (199l). Why emotionality cannot equal sociality : Reply to Buck. *Journal of Nonverbal Behavior*, 15, 163~167.

Claldini, R. B. (1993). *Influence : Science and practice*. New York : Harper Collins.

Clark, E. V., and Clark, H. H. (1979). When nouns surface as verbs. *Language*, 55, 430~477.

Clark, H. H. (l978). Inferring what is meant. In W. J. M. Levelt and G. B, Flores d'Arcais

(Eds.), *Studies in the perception of language*, pp. 259~322. London : Wiley.

(1979). Responding to indirect speech acts. *Cognitive Psychology*, 11, 430~477.

(1983). Making sense of nonce sense. In G. B. Flores d'Arcais and R. Jarvella (Eds.), *The process of language understanding*, pp. 297~331. New York : Wiley.

(1994). Managing problems in speaking. *Speech Communication*, 15, 243~250.

(1996). Communities, commonalities, and common ground. In J. Gumperz and S. Levinson (Eds.), *Whorf revisited*, pp. 324~355, Cambridge University Press.

Clark, H. H., and Brennan, S. A. (1991). Grounding in communication. In L. B. Resnick, J. M. Levine, and S. D. Teasley (Eds.), *Perspectives on socially shared cognition*, pp. 127~149. Washington, DC : APA Books.

Clark, H. H., and Carlson, T. B. (1982a). Hearers and speech acts. *Language*, 58, 332~373.

(1982b). Speech acts and hearers' beliefs. In N. V. Smith (Ed.), *Mutual knowledge*, pp. 1~36. New York : Academic Press.

Clark, H. H., and Clark, E. V. (1977). *Psychology and language : An introduction to psycholinguistics*. New York : Harcourt Brace Jovanovich.

Clark, H. H., and French, J. W. (1981). Telephone goodbyes. *Language in Society*, 10, 1~19.

Clark, H. H., and Gerrig, R. J. (1983). Understanding old words with new meanings. *Journal of Verbal Learning and Verbal Behavior*, 22, 591~608.

(1984). On the pretense theory of irony. *Journal of Experimental Psychology : General*, 113, 121~126.

(1990). Quotations as demonstrations. *Language*, 66, 764~805.

Clark, H. H., and Haviland, S. E. (1974). Psychological processes in linguistic explanation. In D. Cohen (Ed.), *Explaining linguistic phenomena*, pp. 91~124. Washington : Hemisphere Publication Corporation.

(1977). Comprehension and the given-new contract. In R. O. Freedle (Ed.), *Discourse production and comprehension*, pp. 1~40. Hillsdale NJ : Erlbaum.

Clark, H. H., and Marshall, C. R. (1978). Reference diaries. In D. L. Waltz (Ed.), *Theoretical issues in natural language processing*, Vol. 1l, pp. 57~63. New York : Association for Computing Machinery.

(1981). Definite reference and mutual knowledge. In A. K. Joshi, B. L. Webber, and I. A. Sag (Eds.), *Elements of discourse understanding*, pp. 10~63. Cambridge University Press.

Clark, H. H., and Schaefer, E. F. (1987a). Collaborating on contributions to conversations. *Langage and Cognitive Processes*, 2(1), 19~41.

(1987b). Concealing one's meaning from overhearers. *Journal of Memory and Language*, 26, 209~225.

(1989). Contributing to discourse. *Cognitive Science*, 13, 259~294.

(1992). Dealing with overhearers. In H. H. Clark (Ed.), *Arenas of language use*, pp. 248~297. University of Chicago Press.

Clark, H. H., Schreuder, R., and Buttrick, S. (1983). Common ground and the understanding of demonstrative reference. *Journal of Verbal Learning and verbal behavior*, 22, 1~39

Clark, H. H., and Schunk, D. H. (1980). Polite responses to polite requests. *cognition*, 8, 111~143.

Clark, H. H., and Wilkes-Gibbs, D. (1986). Referring as a collaborative process, *cognition*, 22, 1~39.

Coates, L. (1992). A collaborative theory of inversion : Irony in dialogue. Paper presented at the International Communication Association, Miami.

Cohen, A. A., and Harrison, R. P. (1973). Intentionality in the use of hand illustrators in face-to-face communication situations. *Journal of Personality and Social Psychology*, 28, 276~279.

Cohen, P. R. (1978). On knowing what to say : Planning speech acts. Ph. D. dissertation, University of Toronto.

Cohen, P. R., and Levesque, H. J. (1990). Persistence, intention, and commitment. In P. R. Cohen, J. Morgan, and M. E. Pollack (Eds.), *Intentions in communication*, pp. 33~69. Cambridge MA : MIT Press.

Cohn, D. (1978). *Transparent minds : Narrative modes for presenting consciousness in fiction*. Princeton University Press.

Cruttenden, A. (1986). *Intonation*. Cambridge University Press.

Crystal, D. (1969). *Prosodic systems and intonation in English*. Cambridge University

Press.

Crystal, D., and Davy, D. (1975). *Advanced English conversation*. London : Longman.

Davidson, J. A. (1984). Subsequent versions of invitations, offers, requests and proposals dealing with potential or actual rejection. In J. M. Atkinson and J. Heritage (Eds.), *Structures of social action : Studies in conversation analysis*, pp. 102~128. Cambridge University Press.

(1990). Modifications of invitations, offers and rejections. In G. Psathas (Ed.), *Interaction competence*, pp. 149~180. Washington, DC : International Institute for Ethnomethodology and Conversational Analysis and University Press of America.

Davis, S. (1979). Perlocutions. *Linguistics and Philosophy*, 3, 225~243.

(1991). Introduction. In S. Davis (Ed.), *Pragmatics : A reader*, pp. 3~13. New York : Oxford University Press.

Dawes, R. (1990). The potential nonfalsity of the false consensus effect. In R. M. Hogarth (Ed.), *Insights in decision making*, pp. 179~199. Chicago University Press.

DeLaguna, G. (1927). *Speech : Its function and development*. New Haven CN : Yale University Press.

Downing, P. A. (1977). On the creation and use of English compound nouns. *Language*, 53, 810~842.

Dreckendorff, H. O. (1977). Towards a theory of n-tuple binds. *Sociological Inquiry*, 47(2), 143~147.

Drew, P. (1984). Speakers' reportings in invitation sequences. In J. M. Atkinson and J. Heritage (Eds.), *Structures of social action : Studies in conversation analysis*, pp. 129~151. Cambridge University Press.

(1987). Po-faced receipts of teases. *Linguistics*, 25, 219~253.

DuBois, J. (1974). Syntax in mid-sentence. *Berkeley studies in syntax and semantics*, vol. 1, pp. III.1~III.25. Berkeley CA : University of California, Institute of Human Learning and Department of Linguistics.

Duncan, S. D., Jr. (1972). Some signals and rules for taking speaking turns in conversations. *Journal of personality and Social Psychology*, 23, 283~292.

(1973). Toward a grammar for dyadic conversation. *Semiotica*, 9, 29~47.

Edmonds, P. G. (1993). A computational model of collaboration on reference in direction-giving dialogues. M. Sc. Thesis, Department of Computer Science, University of Toronto.

Efron, D. (1941). *Gesture and environment*. New York : King's Crown Press.

Ekman, P. (1979). About brows : Emotional and conversational signals. In M. V. Cranach, K. Foppa, W. Lepenies, and D. Ploog (Eds.), *Human ethology : Claims and limits of a new discipline*, pp. 169~203. Cambridge University Press.

(1992). An argument for basic emotions. *Cognition and Emotion*, 6, 169~200.

Ekman, P., and Friesen, W. (1969). The repertoire of nonverbal behavior : Categories, origins, usage and coding. *Semiotica*, 1, 49~98.

Ekman, P., Friesen, W. V., O'Sullivan, M., and Chan, A. (1987). Universals and cultural differences in the judgments of facial expressions of emotion. *Journal of Personality and Social Psychology*, 53(4), 712~717.

Engle, R., and Clark, H. H. (1995). Using composites of speech, gestures, diagrams, arid demonstrations in explanations of mechanical devices, Paper presented at the American Association of Applied Linguistics, San Diego CA.

Erman, B. (1987). *Pragmatic expressions in English : A study of you know, you see, and I mean in face-to-face conversation*. Stockholm, Sweden : Almqvist and Wiksell International.

Ervin-Tripp, S. (1976). Is Sybil there? The Structure of American English directives. *Language in Society*, 5, 25~66.

(1981). How to make and understand a request. In H. Parret, M. Sbisà, and J. Verschueren (Eds.), *Possibilities and limitations of pragmatics : Proceedings of the conference on pragmatics at Urbino, July 8~14, 1979*, pp. 195~210. Amsterdam : Benjamins.

Falk, J. (1979). The conversational duet. Ph. D. dissertation, Princeton University.

Fenster, M., Kraus, S., and Rosenschein, J. (1995). Coordination without communication : Experimental validation of focal point techniques. Paper presented at the International Conference on Multiagent Systems, California.

Fillmore, C. (1975). *Santa Cruz lectures on deixis*. Bloomington IN : Indiana University

Linguistics Club.

(1981). Pragmatics and the description of discourse. In P. Cole (Ed.), *Radical pragmatics*, pp, 143~166. New York : Academic Press.

Fowler, H. W. (1965). *A dictionary of modern English usage*. Oxford University Press.

Fox Tree, J. E. (1995). Effects of false starts and repetitions on the processing of subsequent words in spontaneous speech. *Journal of Memory and Language*, 34, 709~738.

Fox Tree, J. E., and Clack, H. H. (1994) Pronouncing 'the' as /thiy/ to signal trouble in spontaneous conversation. Paper presented at the Psychonomies Society, St. Louis MO.

Francik, E. P., and Clark, H. H. (1985). How to make requests that overcome obstacles to compliance. *Journal of Memory and Language*, 24, 560~568.

Freedman, N. (1972). The analysis of movement behavior during the clinical interview. In A. W. Siegman and B. Pope (Eds.), *Studies in dyadic communication*, pp. 153~175. New York : Pergamon.

Fridlund, A. J. (1991). Sociality of solitary smiling : Potentiation by an implicit audience. *Journal of Personality and Social Psychology*, 60, 229~240.

(1994). *Human facial expression : An evolutionary view*. San Diego CA : Academic Press.

Fussell, S. R., and Krauss, R. M. (1991). Accuracy and bias in estimates of others' knowledge. *European Journal of Social Psychology*, 21, 445~454.

(1991). Coordination of knowledge in communication : Effects of speakers' assumptions about what others know. *Journal of Personality and Social Psychology*. 62(3), 378~391.

Galambos, J, A., and Rips, L. J. (1982). Memory for routines. *Journal of Verbal Learning and Verbal Behavior*, 21, 260~281.

Gardner, J. (1983). *The art of fiction : Notes on craft for young writers*. New York: Alfred Knopf.

Garnham, A., Shillcock, R. C., Brown, G. D. A., Mill, A. I. D., and Cutler, A. (1982). Slips of the tongue in the London-Lund corpus of spontaneous conversation. *Linguistics*, 19, 805~817.

Garrod, S., and Anderson, A. (1987). Saying what you mean in dialogue : A study in conceptual and semantic co-ordination. *Cognition*, 27, 181~218.

Gazdar, G. (1979). *Pragmatics : Implicature, presupposition, and logical form*. New York : Academic Press.

Gee, J. P. (1986). Units In the production of narrative discourse. *Discourse Processes*, 9, 391~422.

Geluykens, R. (1987). Tails (right-dislocations) as a repair mechanism in English conversation. In J. Nuyts and G. de Schutter (Eds.), *Getting one's words into line : On word order and functional grammar*, pp. 119~129. Dordrecht : Foris.

(1988). The interactional nature of referent-introduction. *Papers from the 24th regional meeting of the Chicago Linguistic Society*, pp. 151~164. Chicago Linguistic Society.

(1992). From discourse process to grammatical construction : *On left-dislocation in English*. Amsterdam : Benjamins.

Gerrig, R. J. (1989a). Reexperiencing fiction and non-fiction. *Journal of Aesthetics and Art Criticism*, 47, 277~280.

(1989b). Suspense in the absence of uncertainty. *Journal of Memory and Language*, 28, 633~648.

(1993). Experiencing narrative words : *On the psychological activities of reading*. New Haven CN : Yale University Press.

Gibbs, R, W., Jr. (1979). Contextual effects in understanding indirect requests. *Discourse Processes*, 2, 1~10.

(1981). Your wish is my command : Convention and context in interpreting indirect requests. *Journal of Verbal Learning and Verbal Behavior*, 20, 431~444.

(1983). Do people always process the literal meanings of indirect requests? *Journal of Experimental Psychology : Learning, Memory and Cognition*, 9, 524~533.

(1986a). On the psycholinguistics of sarcasm. *Journal of Experimental Psychology : General*, 115, 3~15.

(1986b). What makes some in direct speech acts conventional? *Journal of Memory and Language*, 25(2), 181~196.

(1989). Understanding and literal meaning. *Cognitive Science*, 13, 243~251.

(1994). *The poetics of mind : Figurantive thought, language, and understanding.* Cambridge University Press.

Gilbert, M. (1981). Game theory and convention. *Synthese*, 46, 41~93.

(1983). Agreements, conventions, and language. *Synthese*, 54, 375~407.

Gleitman, L., and Gleitman, H. (1970). *Phrase and paraphrase : Some innovative uses of language.* New York : Norton.

Goffman, E. (1967). *Interaction ritual : Essays on face-to-face behavior.* Garden City NY : Anchor Books.

(1971). *Relations in public.* New York : Harper and Row.

(1974). *Frame Analysis.* New York: Harper and Row.

(1976). Replies and responses. *Language in Society*, 5, 257~313.

(1978). Response cries. *Language*, 54, 787~815.

(1981a). *Forms of talk.* Philadelphia : University of Pennsylvania Press.

(1981b). Radio talk. In E. Goffman (Ed.), *Forms of talk*, pp. 197~327. Philadelphia : University of Pennsylvania Press.

Goldberg, J. (1975). A system for the transfer of instructions in natural settings. *Semiotica*, 14, 269~296.

Goldberg, L. R. (1993). The structure of phenotypic personality trans. *American Psychologist*, 48(1), 26~34.

Goldman, A. I. (1970). *A theory of human action.* Princeton University Press.

Goodman, N. (1968). *Languages of art.* Indianapolis : Bobbs-Merrill.

Goodwin, C. (1981). *Conversational organization : Interaction between speakers and hearers.* New York : Academic Press.

(1986a). Between and within : Alternative sequential treatments of continuers and assessments. *Human Studies*, 9, 205~217.

(1986b). Gestures as a resource for the organization of mutual orientation. *Semiotica*, 62, 29~49.

(1987). Forgetfulness as an interactive resource. *Social Psychology Quarterly*, 50(2), 115~131.

Goodwin, M. H , and Goodwin, C. (1986). Gesture and coparticipation in the activity of searching for a word. *Semitica*, 62, 51~75.

Gordon, D., and Lakoff, G. (1971). Conversational postulates. *Papers from the seventh regional meeting of the Chicago Linguitstic Society*, pp. 63~84. Chicago Linguistic Society.

Gouldner, A. W. (1960). The norm of reciprocity : A preliminary statement. *American Sociological Review*, 25(2), 161~178.

Green, G. M. (1989). *Pragmatics and natural language understanding*. Hillsdale NJ : Lawrence Erlbaum.

Grice, H. P. (1957). Meaning. *Philosophical Review*, 66, 377~388.

(1968). Utterer's meaning, sentence-meaning, and word-meaning. *Foundations of Language*, 4, 225~242.

(1975). Logic and conversation. In P. Cole and J. L. Morgan (Eds.), *Syntax and semantics 3 : Speech acts*, pp. 41~58. New York : Seminar Press.

(1978). Some further notes on logic and conversation. In P. Cole (Ed.), *Syntax and semantics 9 : Pragmatics*, pp. 113~127. New York : Academic Press.

(1982). Meaning revisited In N. V . Smith (Ed.), *Mutual knowledge*, pp. 223~243. London : Academic Press.

Grimes, J. E. (1975). *The thread of discourse*. The Hague : Mouton.

Grimshaw, A. D. (1987). Finishing other's talk : Some Structure and pragmatic features of completion offers. In R. Steele and T. Threadgold (Eds.), *Language topics : Essays m honour of Michael Halliday*, pp. 213~235. Amsterdam: John Benjamins

Grosz, B. (1981). Focusing and description in natural language dialogues. In A. Joshi, B. Webber, and I. Sag (Eds.), *Elements of discourse understanding*, pp. 84~105. Cambridge University Press.

Grosz, B., and Sidner, C. (1986). Attention, intentions, and the structure of discourse. *Computational Linguistics*, 12, 175~204.

(1990). Plans for discourse. In P. R. Cohen, J. Morgan, and M. E. Pollack (Eds.), *Intentions in communication*, pp. 419~444. Cambridge MA : MIT Press.

Hairnan, J. (1990). Sarcasm as theater. *Cognitive Linguistics*, 1, 181~205.

Halliday, M. A. K. (1967). Notes on transitivity and theme in English. Part 2. *Journal of*

Linguistics, 3, 199~244.

Halliday, M. A K., and Hasan, R. (1976). *Cohesion in English*. New York : Longman.

Halpern, J. Y., and Moses, Y. (1990). Knowledge and common knowledge in a distributed environment. *Journal of the ACM*, 37(3), 549~587.

Hancher, M. (1979). The classification of cooperative illocutionary acts. *Language in Society*, 8, 1~14.

Hankamer, J, and Sag, I. A. (1976). Deep and surface anaphora. *Linguistic Inquiry*, 7, 391~426.

Harder, P., and Kock, C. (1976). *The theory of presupposition failure*. Copenhagen : Akademisk Forlag.

Harman, G. (1977). *Review of Linguistic behavior* by Jonathan Bennett. *Language*, 53, 417~424.

Hart, I. T. (1965). Memory and the feeling-of-knowing experience. *Journal of Educational Psychology*, 56, 208~216.

(1967). Memory and the memory-monitoring process. *Journal of Verbal Learning and Verbal Behavior*, 6, 685~691.

Heeman, P. (1991). A computational model of collaboration on referring expressions. M. Sc. Thesis, Department of Computer Science, University of Toronto.

Heeman, P., and Hirst, G. (1992). *Collaborating on referring expressions* (TR 435). Department of Computer Science, University of Rochester, Rochester NY.

Heritage, J. (1984). A change-of-state token and aspects of its sequential placement. In J. M. Atkinson and J. Heritage (Eds.), *Structures of social action : Studies in conversation analysis*, pp. 299~345. Cambridge University Press.

Heritage, J., and Greatbatch, D. (1986). Generating applause : A study of rhetoric and response at party political conferences. *American Journal of Sociology*, 92, 110~157.

Hirschberg, J., and Litman, D. (1987). Now let's talk about "now" : Identifying cue phrases intonationally. *Proceedings of the Twenty-fifth Annual Meeting of the Association for Computational Linguistics*, pp. 163~171. Stanford CA : Association for Computational Linguistics.

Hirst, G., McRoy, S., Heeman, P., Edmonds, P., and Horton, D. (1994). Repairing conversational misunderstandings and non-understandings. *Speech Communication*, 15, 213~229.

Hobbs, J., and Evans, D. (1980). Conversation as planned behavior. *Cognitive Science*, 4, 349~477.

Hoch, S. J. (1987). Perceived consensus and predictive accuracy : The pros and cons of projection. *Journal of Personality and Social Psychology*, 53(2), 221~234.

Hockett, C. F. (1967). Where the tongue slips, there slip I. *To honor Roman Jakobson : Essays on the occasion of his 70th birthday*, pp. 910~936. The : Hague Mouton.

Holmes, J. (1986). Functions of *you know* in women's and men's speech. *Language in Society*, 15, 1~21.

Homans, G. C (1950). *The human group.* New York: Harcourt Brace.

(1958). Social behavior as exchange. *American Journal of Sociology*, 63, 597~606.

Hopper, R. (1992). *Telephone conversation.* Bloomington IN : Indiana University Press.

Hopper, R., Knapp, M. L., and Scott, L. (1981). Couples' personal idioms : Exploring intimate talk. *Journal Communication*, 31, 23~33.

Horn, L. R. (1984). Toward a new taxonomy for pragmatic inference : Q-based and r-based implicature. In D. Schiffrin (Ed.), *Meaning, form and use in context : Linguistic application*, pp. 11~42. Washington : Georgetown University Press.

Houtkoop, H. (1987). *Establishing agreement : An analysis of proposal-acceptance sequences.* Dordrecht : Foris.

Hymes, D. (1974). *Foundations of sociolinguistics : An ethnographic approach.* Philadelphia : University of Pennsylvania Press.

Irvine, J. T. (1974). Strategies of status manipulation in the Wolof greeting. In R. Bauman and J. Sherzer (Eds.), *Explorations in the ethnography of speaking*, pp. 167~191. Cambridge University Press.

Isaacs, E. A., and Clark, H. H. (1987). References in conversation between experts and novices. *Journal of Experimental Psychology : General*, 116, 26~37.

(1990). Ostensible invitations. *Language in Society*, 19, 493~509.

James, D. (1972). Some aspects of the syntax and semantics of interjections. *Papers from the Eighth Regional Meeting of the Chicago Linguistic Society*, pp. 162~172.

Chicago Linguistic Society.

(1973). Another look at, say, some grammatical constraints on, oh, interjections and hesitations. *Papers from the Ninth Regional Meeting of the Chicago Linguistic Society*, pp. 242~251. Chicago Linguistic Society.

Jameson, A., Nelson, T, O., Leonesio, R. J., and Narens, L. (1993). The feeling of another person's knowing. *Journal of Memory and Language*, 32(3), 320~335.

Jefferson G. (1972). Side sequences. In D. Sudnow (Ed.), *Studies in social interaction*, pp. 294~338. New York : Free Press.

(1973). A case of precision timing inordinary conversation : Overlapped tag-positioned address terms in closing sequences. *Semiotica*, 9, 47~96.

(1978). Sequential aspects of storytelling in conversation. In J. Schenkein (Ed.), *Studies in the organization of conversational interaction*, pp. 219~248. New York : Academic Press.

(1989). Preliminary notes on a possible metric which provides for a "standard maximum" silence of approximately one second in conversation. In D. Roger and P. Bull (Eds.), *Conversation*, pp. l66~196. Clevedon : Multilingual Matters.

Jefferson G., Sacks, H., and Schegloff, E. A. (1987). Notes on laughter in the pursuit of intimacy. In G. Button and J. R. E. Lee (Eds.), *Talk and social organization*, pp. 152~205. Clevedon : Multilingual Matters.

Johnson-Laird, P. N. (1983). *Mental models*. Cambridge University Press.

Jorgensen, J., Miller, G., and Sperber, D. (1984). Test of the mention theory of irony. *Journal of Experimental Psychology : General*, 113, 112~120.

Karttunen, L., and Peters, S, (1975). Conventional implicature of Montague grammar. Paper presented at the Berkeley Linguistics Society, Berkeley CA.

Kasher, A. (1977). Foundations of philosophical pragmatics. In R. Butts and J. Hintikka (Eds.), *Basic problems in methodology and linguistics*, vol. III, pp. 225~241. Dordrecht : Reidel.

Kaspar, W. (1976). Gemeinsames Wissen : zu einem wissensorientierten Wahrheitsbegriff. *Zeinchrift füg germanisniche Linguistik*, 4, 17~25.

Kay, P., and Zimmer, K. (1976) On the semantics of compounds and genitives in English. Paper presented at the sixth annual meeting of the California Linguistics

Association, San Diego CA.

Keller, R. (1975). *Wahrheit und kollektives Wissen. Zum begrio der Präsupposition.* Düsseldorf : Pädagogischer Verlag Schwann.

Kendon, A. (1967). Some functions of gaze-direction in social interaction. *Acta Psychologica*, 26, 22~63

(1980). Gesticulation and speech : Two aspects of the process of utterance. In M. R. Key (Ed.), *Relationship of verbal and nonverbal communication*, pp. 207~227. Amsterdam : Mouton de Gruyter.

(1981). Geography of gesture. *Semiotica*, 37, 129~163.

(1983). Gesture and speech : How they interact. In J. M. Weimann and R. P. Harrison (Eds.), *Nonverbal interaction*, pp. 13~45. Beverly Hills CA : Sage.

Kirshenblatt-Gimblett, B. (1974). The concept and varieties of narrative performance in east European Jewish culture. In R. Bauman and J. Sherzer (Eds.), *Explorations in the ethnography of speaking*, pp. 283~308. Cambridge University Press.

Klapp, R. E. (1956/7). The concept of consensus and its importance. *Sociology and Social Research*, 41, 336~342.

Klein, W. (1982). Local deixis in route directions. In R. Jarvella and W. Klein (Eds.), *Speech, place, and action : Studies in deixis and related topics*, pp. 161~182. Chichester : John Wiley.

Krahé, B. (1992). *Personality and social psychology : Towards a synthesis.* London : Sage.

Kraus, S., and Rosenschein, J. S. (1992). The role of representation in interaction : Discovering focal points among alternative solutions. In Y. Demazeau and E. Werner (Eds.), *Decentralized Artificial Intelligence III*, pp. 147~165. Amsterdam : Elsevier Science Publishers.

Krauss, R. M. (1991). What do conversational gestures tell us? Paper presented at the Society of Experimental Social Psychology, Columbus OH.

Krauss, R. M., and Fussell, S. R. (1991). Perspective-taking in communication : Representations of others' knowledge in reference. *Social Cognition*, 9, 2~24.

Krauss, R. M., and Glucksberg, S. (1977). Social and nonsocial speech. *Scientific American*, 236, 100~105.

Krauss, R. M., Morrel-Samuels, P.,and Colasante, C. (1991). Do conversational hand gestures communicate? *Journal of Personality and Social Psychology*, 61(5), 743~754.

Kraut, R. E., and Johnston, R. E. (1979). Social and emotional messages of smiling : An ethnological approach. *Journal of Personality and Social Psychology*, 37, 1539~1553.

Kreuz, R., and Glucksberg, S. (1989). How to be sarcastic : The reminder theory of verbal irony. *Journal of Experimental Psychology : General*, 118, 347~386.

Kumon-Nakamura, S., Glucksberg, S., and Brown, M. (1995). How about another piece of pie : The allusional pretense theory of discourse irony. *Journal of Experimental Psychology : General*, 124, 3~21.

Labov, W. (1972). Rules for ritual insults. In D. Sudnow (Ed.), *Studies in social interaction*, pp. 120~169. New York : Free Press.

Lakoff, R. (1973). The logic of polieteness ; or, Minding your p's and q's. *Papers from the ninth regional meeting of the Chicago Linguistics Society*, pp. 292~305. Chicago Linguistics Society.

(1977). Politeness, pragmatics and performatives. In A. Rogers, B. Walls, and J. P. Murphy (Eds.), *Proceedings of the Texas conference on performatives, presuppositions, and implicatures*, pp. 79~106. Washington DC : Center for Applied Linguistics.

Langer, E. J., and Abelson R. (1972). The semantics of asking a favor : How to succeed in getting help without really trying. *Journal of Personality and Social Psychology*, 24, 26~32.

Langer, E. J., Blank, A., and Chanowitz, B. (1978). The mindlessness of ostensibly thoughtful action : The role of "placebic" information in interpersonal interaction. *Journal of Personality and social Psychology*, 37, 2014~2024.

Latané, B. , and Darley, J . (1968). *The unresponsive bystander : Why doesn't he help?* New York : Appleton-Century-Crofts.

Leech, G. N. (1983). *Principles of pragmatics*. London : Longman.

Lerner, G. H. (1987). Collaborative turn sequences : Sentence construction and social action. Ph. D. dissertation, University of California, Irvine.

Levelt, W. J. M. (1983). Monitoring and self-repair in speech. *Cognition*, 14, 41~104.

(1984). Spontaneous self-repairs in speech : Processes and representations. In M. P. R. Van den Broecke and A. Cohen (Eds.), *Proceedings of the Tenth International Congress of Phonetic Sciences*, pp. 105~118. Dordrecht : Foris Publications.

(1989). *Speaking*, Cambridge MA : MIT Press.

Levi, J. (1978). *The syntax and semantics of complex nominals.* New York : Academic Press.

Levinson, S. C. (1979). Activity types and language. *Linguistics*, 17, 365~399.

(1983). *Pragmatics*. Cambridge University Press.

(1987). Minimization and conversational inference. In J . Verschueren and M. Bertuccelli-Papi (Eds.), *The pragmatic perspective*, pp. 61~130. Amsterdam : John Benjamins.

(1992). Activity types and language. In P. Drew and J. Heritage (Eds.), *Talk at work*, pp. 66~100. Cambridge University Press.

Lewis, D. K. (1969). *Convention : A philosophical study.* Cambridge MA : Harvard University Press.

(1979). Scorekeeping in a language game. *Journal of Philosophical Logic*, 8, 339~359.

Litman, D. J., and Allen, J. F. (1987). A plan recognition model for subdialogues in conversations. *Cognitive Science*, II(2), 163~200.

Lucariello, J. (1994). Situational irony. *Journal of Experimental Psychology : General*, 113, 112~120.

Lyons, J. (1977). *Semantics*, Vol, 1. Cambridge University Press.

Macaulay, R. K. S. (1987). polyphonic monologues : Quoted direct speech in oral narratives. *IPrA Papers in Pragmatics*, 1, 1~34.

Marks, G., and Miller, N. (1987). Ten years of research on the fales-consensus effect : An empirical and theoretical review. *Psycological Bulletin*, 102(1), 72~90.

McCarthy, J. (1980). Circumscription : A form of non-monotonic reasoning. *Artificial Intelligence*, 13, 27~39, 171~172.

(1986). Applications of circumscription for formalizing common sense knowledge.

Artificial Intelligence, 19, 89~160.

(1990). Formalization of two puzzles involving knowledge. In V. Lifschitz (Ed.), *Formalization commonsense : Papers by John McCarthy*, pp. 158~166, Norwood NJ : Ablex Publishing.

McNeill, D. (1992). *Hand and mind.* University of Chicago Press.

Mead, G. H. (1934). *Mind, self, and society.* University of Chicago Press.

Mehan, H. (1979). *Learning lessons : Social organization in the classroom.* Cambridge MA : Harvard University Press.

Merritt, M. (1976). On questions following questions (in service encounters). *Language in Society*, 5, 315~357.

(1984). On the use of okay in service encounters. In J. Baugh and J. Sherzer (Eds.), *Language in use : Readings in sociolinguistics*, pp. 139~147. Englewood Cliffs NJ : Prentice-Hall.

Minsky, M, (1975). A framework for representing knowledge. In P H. Winston (Ed.), *The psychology of computer vision*, pp. 211~277. New York : McGraw-Hill.

Morgan, J. L. (1978). Two types of convention in indirect speech acts. In P. Cole (Ed.), *Syntax and Semantics 9 : Pragmatics*, pp. 261~280. New York : Academic Press.

Morgan, J. L., and Sellner, M. B. (1980). Discourse and linguistic theory. In R. J. Spiro, B. C. Bruce, and W. F. Brewer (Eds.), *Theoretical issues in reading comprehension : Perspectives from cognitive psychology, linguistics, artificial intelligence, and education*, pp. 165~200. Hillsdale NJ : Lawrence Erlbaum.

Morrel-Samuels, P., and Krauss, R. M. (1992). Word familiarity predicts temporal asynchrony of hand gestures and speech. *Journal of Experimental Psychology : Learning, Memory, and Cognition*, 18(3), 615~622.

Morris, D., Collett, P., Marsh, P., and O'Shaughnessy, M. (1979). *Gestures : Their origins and distribution.* New York : Stein and Day.

Morrow, D., Lee, A., and Rodvold, M. (1993). Analyzing problems in routine controller-pilot communication. *International Journal of Aviation Psychology*, 3, 285~302.

Morrow, D., Rodvold, M., and Lee, A. (1994). Nonroutine transactions in controller-pilot communication. *Discourse Processes*, 17(2), 235~258.

Mullen, B., Atkins, J. L., Champion, D. S., Edwards, C., Hardy, D., Story, J. E., and

Vanderklok, M. (1985). The false consensus effect : A meta-analysis of 115 hypothesis tests. *Journal of Experimental Social Psycolosy*, 21, 262~283.

Munro, A. (1977). Speech act understanding in context. Ph. D. dissertation, University of California, San Diego.

Nelson, T. O., Leonesio, R. J., Landwehr, R. F., and Narens, L. (1986). A comparison of three predictors of an individual's memory performance : The individual's feeling of knowing versus the normative feeling of knowing versus base-rate item difficulty. *Journal of Experimental Psychology : Learning, Memory, and Cognition*, 12, 279~287.

Nickerson, R, S., Baddeley, A. D., and Freeman, B. (1987). Are people's esti-mates of what other people know influenced by what they themselves know? *Acta Psychologica*, 64(3), 245~259.

Norman, D. A. (1988). *The design of everyday things*. New York : Doubleday.

Nunberg, G. (1979). The non-uniqueness of semantic solutions : Polysemy. *Linguistics and Philosophy*, 3, 143~184.

(1981). Validating pragmatic explanations. In P. Cole (Ed.), *Radical pragmatics*, pp. 199~222. New York : Academic Press.

Ono, T., and Thompson, S. A. (1994). Unattached NPs in English conversation. Paper presented at the Berkeley Linguistic Society, Berkeley.

Oreström, B. (1983). *Turn-taking in English conversation*. Lund : Gleerup.

Perry, J. (1979). The problem of the essential indexical. *Nous*, 13, 3~21.

Philips, S. U. (1975). *Teasing, punning, and putting people on* (Working Papers in Sociolinguistics 28). Austin TX : Southwest Educational Developmental Laboratory.

Pierrehumbert, J., and Hirschberg, J. (1990). The meaning of intonational contours in the interpretation of discourse. In P. R. Cohen, J. Morgan, and M. E. Pollack (Eds.), *Intentions in communication*, pp. 271~311. Cambridge MA : MIT Press.

Planalp, S. (1993). Friends' and acquaintances' conversations II : Coded differences. *Journal of Social and Personal Relationships*, 10, 339~354.

Planalp, S., and Benson A. (1992). Friends' and acquaintances' conversations I : Perceived differences. *Journal of Social and Personal Relationships*, 9, 483~506.

Planalp, S., and Garvln-Doxas, K. (1994). Using mutual knowledge in conversation : Friends as experts on each other. In S. Duck (Ed.), *Dynamics of relationships*, pp. 1~26. Thousand Oaks CA : Sage.

Polanyi, L. (1978). False starts can be true. *Proceedings of the Berkeley Linguistics Society Fourth Annual Meeting*, pp. 628~639. Berkeley Linguistics Society.

(1985). Conversational storytelling. In T. Van Dijk (Ed.), *Handbook of discourse analysis 3 : Discourse and dialogue*, pp. 183~202. New York : Academic Press.

(1989). *Telling the American story.* Cambridge MA : MIT Press.

Pornerantz, A. (1978). Compliment responses : Notes on the cooperation of multiple constraints. In J. Schenkein (Ed.), *Studies in the organization of conversational interaction*, pp. 79~112. New York : Academic Press.

(1984). Agreeing and disagreeing with assessments : Some features of preferred/ dispreferred turn shapes. In J. M. Atkinson and J. Heritage (Eds.), *Structures of social action : Studies in conversation analysis*, pp. 57~101. Cambridge University Press.

Putnam, H. (1970). Is semantics possible? In H. E. Kiefer and M. K. Munitz (Eds.), *Language, belief, and metaphysics*, pp. 50~63. Albany : State University of New York Press.

Quine, W. V. (1970). Natural kinds. In N. Rescher (Ed.), *Essays in honor of Carl G. Hentpel : A tribute on the occasion of his sixty-fifth birthday*, pp. 5~23. Dordrecht : Reidel.

Radford, C. (1966). Knowing and telling. *Philosophical Review*, 78, 326~336.

Récanati, F. (1986). On defining communicative intentions. *Mind and Language*, 1(3), 213~242.

Redeker, G. (1986). Language use in informal narratives : Effects of social distance and listener involvement. Ph. D. dissertation, University of California, Berkeley.

(1990). Ideational and pragmatic markers of discourse structure. *Journal of Pragmatics*, 14, 367~381.

Reichman, R. (1978). Conversational coherency. *Cognitive Science*, 2, 283~327.

Reinhart, T. (1981). Pragmatics and linguistics : An analysis of sentence topics. *Philosophica*. 27, 53~94.

Rimé, B., Schiaratura, L., Hupet, M., and Ghysselinckx, A. (1984). Effects of relative immobilization on the speaker's nonverbal behavior and on the dialogue imagery level. *Motivation and Emotion*, 8, 311~325.

Robert, H. M. (1970). *Robert's rules of order newly revised.* Glenview IL : Scott, Foresman.

Ross, L., Greene, D., and House, P. (1977). The false consensus phenomenon : An attributional bias in self-perception and social perception processes. *Journal of Experimental Social Psychology*, 13, 279~301.

Sachs, J., Bard, B., and Johnson, M. L. (1981). Language learning with restricted input : Case studies of two hearing children of deaf parents. *Applied Psycholinguistics*, 2(1), 33~54.

Sacks, H. (1974). An analysis of the course of a joke's telling in conversation. In R. Bauman and J. Sherzer (Eds.), *Explorations in the ethnography of speaking*, pp. 337~353. Cambridge University Press.

(1975). Everyone has to lie. In M. Sanches and B. Blount (Eds.), *Sociocultural dimensions of language use*, pp. 57~80. New York : Academic Press.

(1987). On the preference for agreement and contiguity in sequences in conversation. In G. Button and J. R. E, Lee (Eds.), *Talk and social organization*, pp. 54~69. Clevedon : Multilingual Matters.

Sacks, H., and Schegloff, E. (1979). Two preferences in the organization of reference to persons in conversation and their interaction. In G. Psathas (Ed.), *Everyday language : Studies in ethnomethodology*, pp. 15~21. New York : Irvington Publishers.

Sacks, H., Schegloff, E. A., and Jefferson, G. (1974). A simplest systematics for the organization of turn-taking in conversation. *Language*, 50, 696~735.

Sadock, J. M. (1978). On testing for conversational implicature. In P. Cole (Ed.), *Syntax and semantics 9 : progmatics*, pp. 281~297. New York : Academic Press.

Sadock, J. M., and Zwicky, A. (1985). Speech act distinctions in syntax. In T. Shopen (Ed.), *Language typology and syntactic description I : Clause structure*, pp. 155~196. Cambridge University Press.

Sag, I. A. (1981). Formal semantics and extralinguistic context. In P. Cole (Ed.), *Radical pragmatics*, pp. 273~294. New York : Academic Press.

Sag, I. A., and Hankamer, J. (1984). Toward a theory of anaphoric processing. *Linguistics and Philosophy*, 7, 325~345.

Saussure, F. de. (1916/1968). *Cours de linguistique générale*. Paris : Payot.

Schank, R. C., and Abelson R. P. (1975). *Scripts, plans, goals, and understanding.* Hillsdale NJ : Erlbaum.

Scheff, T. J. (1967). Toward a sociological model of consensus. *American Sociological Review*, 32, 32~46.

Schegloff, E. A. (1968). Sequencing in conversational openings. *American Anthropologist*, 70(4), 1075~1095.

(1972). Notes on a conversational practice : Formulating place. In D. Sudnow (Ed.), *Studies in Social interaction*, pp. 75~119. New York : Free Press.

(1979). Identification and recognition in telephone conversational openings. In G. Psathas (Ed.), *Everyday language : Studies in ethnomethodology*, pp. 23~78. New York : Irvington.

(1980). Preliminaries to preliminaries : "Can I ask you a question?" *Sociological Inquiry*, 50, 104~152.

(l982). Discourse as an interactional achievement : Some uses of "uh huh" and other things that come between sentences. In D. Tannen (Ed.), *Analyzing discourse : Text and talk. Georgetown University Roundtable on Languages and Linguistics 1981*, pp. 71~93. Washington, DC : Georgetown University Press.

(1984). On some gestures' relation to talk. In J. M. Atkinson and J. Heritage (Eds.), *Structures of social action Studies in conversation analysis*, pp. 262~296. Cambridge University Press.

(1986). The routine as achievement. *Human Studies*, 9, 111~152.

(l987). Recycled turn beginnings : A precise repair mechanism in conversation's turn-taking organization. In G. Button and J. R. E. Lee (Eds.), *Talk and social organization*, pp. 70~85. Clevedon : Multilingual Matters.

Schegloff, E. A., Jefferson, G., and Sacks, H. (1977). The preference for self-correction in the organization of repair in conversation. *Language*, 53, 361~382.

Schegloff, E. A., and Sacks, H. (1973). Opening up closings. *Semiotica*, 8, 289~327.

Schelling, T. C. (1960). *The strategy of conflict.* Cambridge MA : Harvard University Press.

(1978). *Micromotives and macrobehavior.* New York : Norton.

Schiffer, S. R. (1972). *Meaning.* Oxford University Press.

Schiffrin, D. (1987). *Discourse markers.* Cambridge University Press.

Schober, M. F. (1995). Speaker, addressees, and frames of reference : Whose effort is minimized in conversations about locations? *Discourse Processes*, 20(2), 219~247.

Schober, M. F., and Clark, H. H. (1989). Understanding by addressees and overhearers. *Cognitive Psychology*, 21, 211~232.

Schourup, L. C. (1982). Common discourse particles in English conversation. Ph. D. dissertation, Ohio State University.

Schweller, K. G. (1978). The role of expectation in the comprehension and recall of direct and indirect requests. Ph. D. dissertation, University of Illinois at Urbana-Champaign.

Searle, J. R. (1969). *Speech Acts.* Cambridge University Press.

(1975a). Indirect speech acts. In P. Cole and J. L. Morgan (Eds.), *Syntax and semantics 3 : Speech acts*, pp. 59~82. New York : Seminar Press.

(1975b). The logical status of fictional discourse. *New Literary History*, 6, 319~332.

(1975c). A taxonomy of illocutionary acts. In K. Gunderson (Ed.), *Minnesota studies in the philosophy of language*, pp. 334~369. Minneapolis : University of Minnesota Press.

(1978). Literal meaning. *Erkenntnis*, 13, 207~224.

(1980). The background of meaning. In J. Searle, F Kiefer, and M. Bierwisch (Eds.), *Speech act theory and pragmatics*, pp. 22~43. Dordrecht : Reidel.

(1990). Collective intentions and actions. In P. R. Cohen, J. Morgan, and M. E. Pollack (Eds.), *Intentions in communication*, pp. 401~415. Cambridge MA : MIT Press.

Shriberg, E. E. (1994). Preliminaries to a theory of speech disfluencies. Ph. D. dissertation, University of California, Berkeley.

Smith, V. L., and Clark, H. H. (1993). On the course of answering questions. *Journal of Memory and Language*, 32, 25~38.

Smullyan, R. M. (1978). *What is the name of this book?* Englewood Cliffs NJ : Prentice-Hall.

Snow, C. E., Arlman-Rupp, A., Hassing, Y., Jobse, J., Joosten, J., and Vorster, J. (1976). Mothers' speech in three social classes. *Journal of Psycholinguistic Research*, 5, 1~20.

Sperber, D., and Wilson, D. (1981). Irony and the use-mention distinction. In. P. Cole (Ed.), *Radical pragmatics*, pp. 295~318. New York : Academic Press.

(1986). *Relevance*. Cambridge MA : Harvard University Press.

Stalnaker, R. C. (1978). Assertion. In P. Cole (Ed.), *Syntax and semantics 9 : Pragmatics*, pp. 315~332. New York : Academic Press.

Stenström, A. B. (1984). *Questions and responses in English conversation*. Lund : Gleerup.

Sternberg, M. (1982). Proteus in quotation-land : Mimesis and the forms of reported discourse, *Poetics Today*, 3, 107~156.

Strawson, P. F. (1964). Intention and convention in speech acts. *Philosophical Review*, 75, 439~460.

(1974). *Subject and predicate in logic and grammar*. London : Methuen.

Streeck, J. (1980). Speech acts in interaction : A critique of Searle. *Discourse processes*, 3, 133~154.

Svaetvik, J. (1980). "Well" in conversation. In S. Greenbaum (Ed.), *Studies in English linguistics : For Randolph Quirk*, pp. 167~177. London : Longman.

Svartvik, J., and Quirk, R. (Eds.), (1980). *A corpus of English conversation*, Lund : Gleerup.

Tannen, D. (1989). *Talking voices : Repetition, dialogue and imagery in conversational discourse*. Cambridge University Press.

Thomason, R H. (1990). Accommodation, meaning, and implicature : Interdisciplinary foundations for pragmatics, In P. R. Cohen, J. Morgan, and M. E, Pollack (Eds.), *Intentions in communication*, pp. 325~364. Cambridge MA : MIT Press.

Traum, D. (1994). A computational theory of grounding in natural language conversation.

Ph. D. dissertation, University of Rochester.

Tuomela, R. (1996). *Importance of us : Philosophical studies in basic social notions.* Stanford CA : Stanford University Press.

Tuomela, R., and Miller, K. (1988). We-intentions. *Philosophical Studies*, 53, 367~389.

Van Dijk, T. (1972). *Some aspects of text grammars.* The Hague : Mouton.

(1977). *Text and context : Explorations in the semantics and pragmatics of discourse.* London : Longman.

Van Dijk, T. A., and Kintsch, W. (1983). *Strategies of discourse comprehension.* New York : Academic Press.

Van Wijk, C., and Kempen, G. (1987). A dual system for producing self-repairs in spontaneous speech : Evidence from experimentally elicited corrections. *Cognitive Psychology*, 19, 403~440.

Vanderveken, D. (1990). On the unification of speech act theory and formal semantics. In P. R. Cohen, I. Morgan, and M. E. Pollack (Eds.), *Intentions in communication*, pp. 195~220. Cambridge MA : MIT Press.

Verschueren, J. (1980). *On speech act verbs.* Amsterdam : John Benjamins.

Von Savigny, E. (1983). Sentence meaning and utterance meaning : A complete case study. In R. Bäuerle, C. Schwarze, and A. von Stechow (Eds.), *Meaning, use, and Interpretation of language*, pp. 423~435. Berlin: Walter de Gruyter.

Walster, E. H., Berscheid, E., and Walster, G. W. (1976). New directions in equity research. In L. Berkowitz (Ed.), *Advances in experimental social psychology*, Vol. IX, pp. 1~42. New York : Academic Press.

Walster, E. H., Walster, G. W., and Berscheid, E. (1978). *Equity : Theory and research.* Rockleigh NJ : Allyn and Bacon.

Walton, K. L. (1973). Pictures and make-believe. *Philosophical Review*, 82, 283~319.

(1976). Points of view in narrative and depictive representation. *Nous*, 10, 49~61.

(1978). Fearing fictions, *Journal of Philosophy*, 75, 5~27.

(1983). Fiction, fiction-making, and styles of fictionality. *Philosophy and Literature*, 8, 78~88.

(1990). *Mimesis as make-believe : On the foundation of the representational arts.* Cambridge MA : Harvard University Press.

Wilkes-Gibbs, D. (1986). Collaborative processes of language use in conversation. Ph. D. dissertation, Stanford University.

Wilkins, D. P. (1992). Interjections as deictics. *Journal of Pragmatics*, 17, 119~158.

Wilson, D., and Sperber, D. (1992). On verbal irony. *Lingua*, 87, 53~76.

Wittgenstein, L. (1958). *Philosophical investigations*. Trans, G. E. M. Anscombe. 3rd edn. New York : Macmillan.

Wunderlich, D. (1977). On problems of speech act theory. In R. Butts and J. Hintikka (Eds.), *Basic problems in methodology and linguistics*, Vol. III, pp. 243~258. Dordrecht : Reidel.

Ziff, P. (1977). About proper names. *Mind*, 86, 319~332.

찾아보기

《A~Z》

《0~9》

《ㄱ~ㅂ》

지은이 : 허어벗 허브 클락(Herbert H. Clark, 1940~)
스텐퍼드 대학교 심리학과 교수 http://www-psych.stanford.edu/~herb/

저서
- Clark, H. H. (1976),『의미론과 이해(*Semantics and comprehension*)』, Mouton de Gruyter
- Clark, H. H. & Clark, E. V. (1977), *Psychology and language : An introduction to psycholinguistics*, Harcourt Brace Jovanovich; 이기동·임상순·김종도 뒤침, 1988,『언어와 심리』, 탑출판사
- Clark, H. H. (1992),『언어사용의 무대(*Arenas of language use*)』, University of Chicago Press. (그 동안 언어 사용과 관련하여 써 온 논문 12편을 모아 놓았음)
- Clark, H. H. (1996),『언어사용 밑바닥에 깔린 원리(*Using language*)』, Cambridge University Press

뒤친이 : 김 지 홍
http://nongae.gsnu.ac.kr/~jhongkim
제주대학교 국어교육과를 졸업하고, 1988년 이래 경상대학교 국어교육과 교수로 있다.
저서로『국어 통사·의미론의 몇 측면』,『언어의 심층과 언어교육』,『내포문으로서의 부사형어미구문 논증』이 도서출판 경진문화에서 출간중이다. 번역서로 옥스포드 언어교육지침서 12권 중 8권(말하기·듣기·읽기·쓰기·어휘·문법·담화·평가, 범문사)이 있고, 한국학술진흥재단 명저번역으로 르펠트(1989; 김지홍, 2008),『말하기: 그 의도에서 조음까지』(1~2권, 나남)가 있다. 또 월리스(1998; 김지홍, 2009),『언어교육 현장 조사연구』(나라말)가 있고, 도서출판 경진문화에서 머카씨(1998),『입말과 담화 중심의 언어교육』과 페어클럽(1989, 2001 확대판),『언어와 권력』이 출간중이다. 한문 번역으로 지식을만드는지식에서 유희의『언문지』(2008), 장한철의『표해록』(2009), 최부의『표해록』(출간중) 등이 있다.

언어사용 밑바닥에 깔린 원리
Using Language

1판 1쇄 인쇄 ‖ 2009년 12월 05일
1판 1쇄 발행 ‖ 2009년 12월 10일

지은이 ‖ Herbert H. Clark
뒤친이 ‖ 김 지 홍
펴낸이 ‖ 양 정 섭
펴낸곳 ‖ 경진문화
등　록 ‖ 제25100-1999-30호(구 제10-1854호)
주　소 ‖ 서울특별시 강동구 길동 349-6 정일빌딩 401호
전　화 ‖ 02-488-3280
팩　스 ‖ 02-488-3281
이메일 ‖ wekorea@paran.com

값 34,000원

ISBN 978-89-5996-064-4 93700